Klaus Karrer

Johannes Posthius

Verzeichnis der Briefe und Werke

GRATIA

Bamberger Schriften zur Renaissanceforschung

In Verbindung mit Stephan Füssel und Joachim Knape
herausgegeben
von
Dieter Wuttke

23

1993
Harrassowitz Verlag · Wiesbaden

Klaus Karrer

Johannes Posthius
(1537–1597)

Verzeichnis der Briefe und Werke
mit Regesten
und Posthius-Biographie

1993
Harrassowitz Verlag · Wiesbaden

Umschlagbild: Johannes Posthius, Radierung des Theodor de Bry von ca. 1595, Ausschnitt.
© Kunstsammlungen der Veste Coburg.

Die Deutsche Bibliothek – CIP-Einheitsaufnahme

Karrer, Klaus:
Johannes Posthius : (1537 – 1597) ; Verzeichnis der Briefe und Werke
mit Regesten und Posthius-Biographie / Klaus Karrer. –
Wiesbaden : Harrassowitz, 1993
  (Gratia ; 23)
  Zugl.: Erlangen, Nürnberg, Univ., Diss.
  ISBN 3-447-03331-2
NE: GT

Gedruckt auf alterungsbeständigem Papier der Fa. Nordland, Dörpen/Ems.
Druck und Verarbeitung: Hubert & Co., Göttingen
Printed in Germany
© für das Reihensignet Hans Kaiser, Dieter Wuttke

ISSN 0343-1258
ISBN 3-447-03331-2

PALATIN⁹ IOANNES POSTHIVS ARCHIATER

Te posti, te phoebus amat seu carmina pangas
Pæonia venias seu tibi ab arte decus

Inhaltsverzeichnis

4

Vorwort

Die erste Anregung zur Beschäftigung mit Johannes Posthius verdanke ich Herrn Professor Dr. Peter Lebrecht Schmidt von der Universität Konstanz, der in einem Seminar uns damalige Studenten mit der neulateinischen Elegie bekannt machte und mich auf die Spuren erster Posthiusautographen führte. Herr Professor Dr. Paul Klopsch von der Universität Erlangen griff mein diesbezügliches Interesse auf und ermunterte mich zu systematischen Nachforschungen, indem er mich mit Rat und Tat bei der Suche nach weiteren Posthiusautographen unterstützte, bis daraus schließlich eine Dissertation wurde. Von Professor Dr. Dieter Wuttke kam dann die Anregung, dem Verzeichnis der Briefe des Johannes Posthius ein Verzeichnis der Werke hinzuzufügen, unter Einbeziehung der Quellen, die durch das Projekt VD 16 bereits erschlossen wurden. Es ist jedoch zu erwarten, daß durch die weiteren Arbeiten an VD 16 noch zusätzliche Texte von Johannes Posthius erschlossen werden.

An dieser Stelle möchte ich nicht nur den drei bereits erwähnten Professoren ganz herzlich für ihre Anregungen danken, sondern auch all denen, die mir weitere Hinweise auf Werke, Briefe und Dokumente von und über Posthius gaben, so Herrn Professor Dr. E. Schubert, Frau Oberbibliotheksrätin Dr. I. Bezzel, Herrn Professor Dr. P. O. Kristeller, Herrn Professor Dr. W. Klose, Herrn Dr. W. Taegert, Herrn Dr. H. Wiegand, Herrn A. Post-Zyhlarz, Herrn Zemmrich, Herrn Ch. Däubler, meinem Bruder A. Karrer und vielen anderen, insbesondere den Damen und Herren der Bibliotheken - allen voran denen von der UB Erlangen -, der Archive und der Zentralkartei der Autographen in Berlin, die so bereitwillig und geduldig alle meine Anfragen beantwortet haben und die von mir benötigten Handschriften, Drucke und Dokumente bereitstellten. Danken möchte ich auch meiner Frau Diemut für ihren unermüdlichen Eifer beim Tippen meiner Arbeit und meiner Mutter Anneliese für den ebenso unermüdlichen Eifer beim Korrekturlesen.

A. EINLEITUNG

I. Benutzte Bibliotheken und Archive

Amberg Staatliche Provinzialbibliothek
Annaberg Kirchengemeinde St. Annen
Antwerpen Museum Plantin-Moretus
Augsburg Staats- und Stadtbibliothek (SuStB)
Bamberg Staatsbibliothek (SB)
Basel Öffentliche Bibliothek der Universität (UB)
Berlin Deutsche Staatsbibliothek (DSB)
Berlin Staatsbibliothek Preußischer Kulturbesitz (SBPK)
Bern Burgerbibliothek
Bonn Universitätsbibliothek (UB)
Bremen Staats- und Universitätsbibliothek (SuUB)
Breslau/Wrocław Bibliotheka Uniwersytecka (UB)
Coburg Landesbibliothek (LB)
Coburg Kunstsammlungen der Veste
Dillingen Studienbibliothek
Dresden Sächsisches Hauptstaatsarchiv
Dresden Sächsische Landesbibliothek
Dresden Staatliche Kunstsammlungen Albertinum, Kupfertich-Kabinett
Eichstätt Diözesanarchiv
Eichstätt Universitätsbibliothek (UB)
Erlangen Universitätsbibliothek (UB)
Gießen Universitätsbibliothek (UB)
Göttingen Niedersächsische Staats- und Universitätsbibliothek (NSuUB)
Hamburg Staats- und Universitätsbibliothek, ehemals Stadtbibliothek (SuUB)
Heidelberg Stadtarchiv
Heidelberg Universitätsbibliothek (UB)
Iowa University
Leiden Bibliothek der Rijksuniversiteit (UB)
London British Library (BL)
München Bayerische Staatsbibliothek (BSB)
München Geheimes Hausarchiv
München Hauptstaatsarchiv
München Universitätsbibliothek (UB)
Münster Universitätsbibliothek (UB)
Nürnberg Germanisches Nationalmuseum (GNM)
Nürnberg Stadtbibliothek (StB)
Passau Staatliche Bibliothek (SB)
Regensburg Staatliche Bibliothek (SB)
Speyer Historisches Museum der Pfalz
Stuttgart Hauptstaatsarchiv

8

Stuttgart Württembergische Landesbibliothek (WLB)
Trier Stadtbibliothek (StB)
Ulm Stadtbibliothek (StB)
Uppsala Universitätsbibliothek (UB)
Vatikan Bibliotheca Apostolica Vaticana
Venedig Bibliotheca Nazionale Marciana
Weimar Nationale Forschungs- und Gedenkstätten der klassischen deutschen Literatur
Wien Österreichische Nationalbibliothek (ÖNB)
Wolfenbüttel Herzog August Bibliothek (HAB)

II. Posthius in Literaturgeschichte und Forschung

Der Arzt und Humanist Johannes Posthius (1537-1597) wurde von seinen Zeitgenossen sehr geschätzt, da er dank seiner Aufgeschlossenheit für Freundschaftsverbindungen zu anderen Humanisten und dank der Qualität seiner Gedichte schnell überregional bekannt wurde. Dies führte unter anderem dazu, daß Nicodemus Frischlinus sich auf Posthius berief, als er sich mit Crusius über grundsätzliche Fragen der lateinischen Grammatik stritt[1], und noch dreißig Jahre nach dem Tod des Posthius wurde Opitz damit beauftragt, ein deutsches Gesangbuch nach dem Vorbild der deutschen Kirchenlieder des Posthius zu verfassen[2].

Der erste, der sich wissenschaftlich mit Posthius beschäftigte, war Janus Jacobus Boissardus, als er 1597/98 eine zweibändige illustrierte Sammlung von Gelehrtenbiographien herausbrachte. Da Boissardus in Posthius einen der führenden Späthumanisten sah, räumte er ihm in seiner Sammlung den ersten Platz ein, außerhalb der alphabetischen Reihenfolge und sogar noch vor der Widmungsvorrede. Außerdem ließ er Bild und Vita des Posthius im zweiten Band seiner Sammlung auch an der durchs Alphabet vorgegebenen Stelle abdrucken und fügte dabei, da Posthius vor Erscheinen dieses zweiten Bandes verstorben war, folgenden Nachsatz hinzu: "Obiit Heidelbergae Anno 1597. Mense Augusto"[3]. Über Posthius urteilte Boissardus ausdrücklich: "Poéta doctissimus, & qui in Poësi nulli huius sæculi secundus esse iudicatur"[4]. Sein Wissen über Posthius, mit dem er bisweilen korrespondierte, verdankte Boissardus offenbar nicht nur biographisch deutbaren Gedichten aus der Gedichtsammlung "Parerga", sondern auch einem von Posthius selbst angefertigten Lebenslauf, der die üblichen Angaben über Eltern, Heimat, Schulbildung, besuchte Universitäten, Beruf und Wirkungsstätten enthielt[5].

Die zweite grundlegende Biographie des Posthius stammt von Melchior Adamus, der zu Beginn des 16. Jahrhunderts seine berühmte Sammlung von Lebensbeschreibungen herausgab, geordnet nach den Berufsgruppen Philosophen und Philologen (erschienen 1615), Juristen (erschienen 1620) und Ärzten (erschienen ebenfalls 1620). Unter letzteren ist Posthius angeführt, wobei Adamus außer der erwähnten Posthiusbiographie von Boissardus, die er teilweise wörtlich übernahm, und den biographisch deutbaren Posthiusgedichten aus der Sammlung "Parerga" noch weiteres Material auswertete: Er kannte aus mir unbekannter Quelle die beiden ältesten Posthiusgedichte und zitierte sie[6]. Außerdem erwähnte er einen handgeschriebenen Lebenslauf ("vita M. S.") und eine Leichenrede ("programma fu-

---

1 Frischlinus: Oratio in M. Vaganerum (1587), S. 82f.
2 Brief des M. Opitz vom 15.4.1627 an B. Venator, publiziert von Reifferscheid: Briefe (1889), S. 291f, Nr. 237.
3 Boissardus erfuhr vom Tode des Posthius offenbar mit Verspätung und gab daher ein zwei Monate zu spätes Todesdatum an.
4 vgl. Werkverzeichnis 1597/2; das Zitat stammt aus Bd. 1, S. 11.
5 Dies vermuten auch Brucker/Haid: Ehren-tempel (1747), S. 63, Anmerkung b und Wegele: Posthius (1888), S. 477.
6 vgl. Werkverzeichnis 1557.

nebre")[7]. Auch war dem Adamus der Grabstein des Johannes Posthius bekannt, den er bereits 1612 in einer Inschriftensammlung ediert hatte[8].

Da sowohl Boissardus wie auch Adamus ausgiebig die biographisch verwertbaren Gedichte benutzten, die Posthius während seiner großen Bildungsreise von 1563 bis 1568 verfaßt hatte, nehmen Jugend und Reisen in beiden Biographien einen großen Raum ein; von den Ereignissen nach 1570 künden nur wenige telegrammartige Sätze.

Die meisten kleineren Posthiusviten in den Lexika des 16. bis 19. Jahrhunderts stützen sich auf Boissardus und Adamus und bringen daher nur wenig darüber hinausgehendes Material[9]. Erwähnenswert sind dabei die Biographien von Brucker und von Rotermund. Für Brucker zählte im Jahr 1547 Posthius zu den fünfzig bedeutendsten deutschen Gelehrten, die zwischen 1442 und 1633 geboren wurden, und so nahm er ihn im Jahre 1747 in seinen "Ehren-tempel" mit auf; die Biographie, die auch auf den Freundeskreis des Posthius eingeht, wurde dabei durch ein von Haid gestochenes Porträt des Posthius ergänzt[10]. Rotermund, der 1819 den 6. Band von Adelungs Lexikon harausbrachte, bemühte sich darin um eine relativ umfangreiche Bibliographie zu Posthius[11].

Auch in Frankreich hielt der Ruhm des Posthius bis ins 18. Jahrhundert an: 1725 rühmten ihn Baillet und Monnoye in ihrem Gelehrtenlexikon: "On peut dire à la gloire de Posthius que si on excepte Melissus de Franconie, il n' avoit peut-être point de supérieur dans toute l' Alemagne pour ce genre d' écrire."[12] Das klingt bereits ganz ähnlich wie die Bewertungen des Posthius in neueren Standardwerken. Da heißt es etwa: "Das Erbe seines Freundes Petrus Lotichius führte Johannes Posthius ... weiter, der mit Melissus einen neuen Abschnitt in der neulateinischen Poesie einleitete. Er gilt als das stärkste Talent unter den späten Neulateinern."[13] Die Reihe solcher Zitate läßt sich fortsetzen: Posthius sei "einer der bedeutendsten Neulateiner"[14], "einer der bedeutendsten Vertreter der neulateinischen Dichtung in Deutschland nach 1550"[15] oder gar der "bedeutendste(r) neulateinische(r) Dichter"[16] gewesen.

---

7 Aus den Quellenangaben geht allerdings nicht eindeutig hervor, ob sich diese Texte auf den Vater Johannes oder auf den 1618 verstorbenen Sohn Erasmus Posthius beziehen (Adamus: Vitae medicorum, 1620, S. 338).

8 Adamus: Apographum (1612), S. 62.

9 Als Beispiele seien genannt: Königius: Bibliotheca (1678), S. 660; Zedler: Lexicon (1741), Bd. 28, S. 1801; Jöcher: Lexicon (1751), Bd. 3, Sp. 1728.

10 Brucker/Haid: Ehren-tempel (1747), S. 63-66, der von Haid geschaffene Kupferstich S. 62.

11 Adelung: Fortsetzung zu Jöchers Lexico (1784-1897), Bd. VI, Sp. 730f.

12 Baillet/Monnoye: Jugemens des Savans (1725), Bd. IV/1, S. 322; nahezu wörtlich findet sich diese Formulierung beispielsweise in der Brockhaus Enzyklopädie, Bd. 15, Wiesbaden 1972, S. 55, wo es über Posthius heißt: "... neben Paulus Melissus einer der bedeutendsten Vertreter der neulateinischen Dichtung in der zweiten Hälfte des 16. Jahrh."

13 Rupprich: Die deutsche Literatur (1973), Bd. 2, S. 308; er beruft sich dabei auf Newald: Die deutsche Literatur (1967), S. 33.

14 G. Müller: Deutsche Dichtung von der Renaissance bis zum Ausgang des Barock, Potsdam 1927, S. 129.

15 Meyers Enzyklopädisches Lexikon, Bd. 19, Mannheim-Wien-Zürich 1977, S. 163.

16 G. v. Wilpert: Deutsches Dichterlexikon, Stuttgart 1976, S. 554.

Trotz dieser Jahrhunderte andauernden Hochschätzung des Posthius waren seine Werke kaum bekannt, da sie nur in kleinen Auflagen erschienen waren und auch in Anthologien seit der Mitte des 17. Jahrhunderts kaum mehr Gedichte von ihm Aufnahme fanden. Daher fehlt des Posthius Name ebenso wie der des Melissus in einem für die Unterrichtspraxis zusammengestellten "Verzeichnis der vorzüglichsten neulateinischen Dichter" von 1840[17].

Weil die Literaturgeschichten und Lexika wegen der Seltenheit der Werke des Posthius[18] kaum die bibliographischen Angaben überprüfen konnten, haben sich seit dem 18. Jahrhundert bis in die jüngste Zeit zahlreiche Fehler und Mißverständnisse eingeschlichen: So wird die erste Auflage der Gedichtsammlung "Parerga" als "2. Auflage" bezeichnet[19] und als ihr Erscheinungsort Basel[20] oder Heidelberg[21] statt Würzburg genannt, und die Ausgabe der Kirchenlieder des Posthius von 1608 gilt als erste und einzige Edition[22]. Gravierender sind die Mißverständnisse, wenn es heißt, Posthius habe "in den letzten Jahren seines Lebens" den "Äsop ins Deutsche" übertragen[23], denn die gemeinte Ausgabe von Illustrationen zu Äsopfabeln erschien 1566, als Posthius 29 Jahre alt war, und enthält von Posthius lediglich lateinische Verse, während die deutschen Texte von Hartmannus Schopperus verfaßt wurden[24]. Auch die lateinischen Tetrasticha, die Posthius für eine eigenständige Ausgabe von Holzschnitten über Themen aus den 15 Büchern der Metamorphosen Ovids dichtete, wurden als "illustrierte Tetrastiche zum 15. Buch der Metamorphosen", die angeblich innerhalb der Gedichtsammlung Parerga publiziert worden seien[25], mißverstanden.

Auch die Biographien des Posthius sind nicht frei von Ungenauigkeiten: Beispielsweise wurde des Posthius gescheiterter Plan, Feldarzt im Heere Herzog Albas zu werden, mißverstanden als Tatsache: Er sei "Feldarzt Herzog Albas in den Niederlanden" gewesen[26]. Ältere Lexika geben dabei teils sogar umgekehrt an, Posthius habe im Heer der Niederlande gegen Herzog Alba als Arzt gewirkt[27].

Unter diesen Umständen kann es zunächst kaum verwundern, wenn 1973 G. W. Marigold klagte: "Von Posthius' geistigem Leben weiß man so wenig, daß es kaum

---

17 F. T. Friedemann: Poetische Anleitung zur Kenntniß und Verfertigung lateinischer Verse nebst ... einem Verzeichnisse der vorzüglichsten neulateinischen Dichter, 2. Abteilung/1.Hälfte, Leipzig 1840 (zweite, erweiterte Auflage), S. LXVIII-LXXVII.

18 Von manchen Werken existiert wohl nur noch ein einziges Exemplar (vgl. Werkverzeichnis 1561/2); einige Auflagen scheinen sogar gänzlich verschollen zu seinm (vgl. Werkverzeichnis 1596/1a und 1596/1b).

19 W. Kosch: Deutsches Dichterlexikon, Bd. 3, Bern ²1956, S. 2094.

20 Brucker/Haid: Ehren-tempel (1747), S. 66, Anmerkung q; von dort übernahmen auch andere diese Angabe.

21 Marigold: Die deutschsprachige Dichtung (1973), S. 34.

22 Trunz: Die Entwicklung (1938), S. 432.

23 Newald: Die deutsche Literatur (1967), S. 33.

24 vgl. Werkverzeichnis 1566.

25 Marigold: Die deutschsprachige Dichtung (1973), S. 35.

26 G. v. Wilpert: Deutsches Dichterlexikon, Stuttgart 1976, S. 554; ebenso Müller: Posthius, 1990, S. 207 und auch noch Wiegand: Posthius, 1991, S. 219

27 Erstmals taucht meines Wissens diese Behauptung im Artikel "Posthius" des Dictionaire des Sciences Médicales. Biographie Médicale (Hg. A. J. L. Jourdan), Bd. 6, Paris 1824, S. 484f auf; den Artikel verfaßte R. Desgenettes.

möglich ist, Wesentliches über seinen Umgang und seine dichterischen Verbindungen zu sagen"[28]. So dürftig, wie es nach diesem Zitat den Anschein hat, sind allerdings die bisherigen Forschungsergebnisse zum Leben des Posthius und zu seinem Freundeskreis nicht gewesen:

J. H. Andreae beschäftigte sich seit 1762 in mehreren Schulprogrammen mit den Anfängen des Heidelberger Gymnasiums[29], M. Feder erstellte 1799 eine Biographie über Erasmus Neustetterus und ging dabei auf dessen Verbindungen zu Posthius ein[30], A. Ruland trug in der Mitte des letzten Jahrhunderts Material für eine umfangreichere Posthiusbiographie zusammen, kam aber über einen ersten Entwurf nicht hinaus[31], F. X. Wegele verwendete für den Artikel über Posthius, den er 1888 für die Allgemeine Deutsche Biographie zusammenstellte, auch Akten zur Geschichte der Universitäten Heidelberg und Würzburg, F. Leitschuh berücksichtigte 1902 in seiner Geschichte des fränkischen Geisteslebens auch Posthius, K. Preisendanz zeigte 1913 die Rolle, die Posthius beim Verleih von Handschriften aus Heidelberg spielte, P. de Nolhac widmete sein Augenmerk in Monographien 1921 dem Pierre Ronsard und 1923 dem Paulus Melissus und ging dabei jeweils auch auf Posthius ein, E. Heuser und H. v. Jan studierten 1928 und 1955 das Wappen des Posthius, L. Krauß schrieb 1928 die Geschichte des von Posthius und Melissus gegründeten Mäßigkeitsvereins "Collegium Posthimelissaeum"[32], U. Sieber untersuchte 1969 die Geschichte der Comburger Stiftsbibliothek und fand darin auch Spuren von Posthius, und E. Schubert schließlich erwähnte in mehreren Aufsätzen Details aus dem Leben des Posthius, so 1968 in einem Aufsatz über die Geschichte der Gegenreformationen in Franken oder 1973 in einer Biographie des Conradus Dinnerus. Viel Nützliches und Interessantes über Posthius und seinen Freundeskreis kann man darüber hinaus der jüngst von W. Kühlmann und H. Wiegand herausgegebenen Anthologie "Parnassus Palatinus" entnehmen.[33]

Auch durch die Veröffentlichung verschiedener Briefsammlungen aus dem Bekanntenkreis des Posthius wurde Interessantes über seine geistigen Verbindungen und über die seiner Freunde bekannt: Noch aus dem letzten Jahrhundert, von 1887, stammt die sorgfältig von J. H. Hessels edierte und mit englischen Übersetzungen versehene Ausgabe der Briefsammlungen des Abraham Ortelius und Jacobus Colius; zwei Jahre später erschien, von A. Reifferscheid herausgegeben und erläutert, eine umfangreiche Briefsammlung zum Heidelberger Späthumanismus[34]. 1942 gab

---

28 Marigold: Die deutschsprachige Dichtung (1973), S. 42.
29 Andreae: Conatus (1762ff); außerdem weist Andreae an anderer Stelle mehrfach auf Posthiusgedichte hin und druckt auch zwei davon ab (Andreae: Riesmannus redivivus, 1787f, S. 96, 121, 149, 151f).
30 Feder: Vitam Erasmi Neustetter enarrat (1799); Feder bezieht seine Informationen über Posthius überwiegend aus des Posthius Gedichtsammlung "Parerga", insbesondere aus deren Widmungsvorrede vom 1.1.1595.
31 Dieser Entwurf befindet sich heute mit dem Nachlaß A. Rulands in der Bibliotheca Apostolica Vaticana, Vaticanus latinus 11084, S. 169.
32 Seine ausführliche, 738 Seiten umfassende Monographie über Melissus aus dem Jahre 1918 blieb leider bislang ungedruckt (vgl. Literaturverzeichnis).
33 Die Titel der erwähnten Arbeiten sind im Literaturverzeichnis angeführt.
34 vgl. Literaturverzeichnis.

F. W. T. Hunger in vorbildlicher Weise 195 Briefe von Carolus Clusius an Joachimus II Camerarius mit sehr hilfreichen Inhaltsangaben und Kommentaren heraus[35]. Die Briefe des Johannes Sambucus wurden 1968 von H. Gerstinger herausgegeben und beschrieben[36], die des Vicino Orsini 1985 von H. Bredekamp[37]. Zur Zeit erscheinen die Briefe des Justus Lipsius in einer groß angelegten Edition, herausgegeben von A. Gerlo und anderen[38], sowie die Regesten von Melanchthons Briefwechsel, besorgt von H. Scheible[39].

Weniger ergiebig sind die bisherigen Untersuchungen über die medizinische Leistung des Posthius: Es sind mir nur kürzere ältere Stellungnahmen bekannt. So zitiert J. Douglas in seiner 1734 in zweiter Auflage erschienenen Anatomiebibliographie aus den "Observationes anatomicae" des Posthius Beobachtungen über Art, Zahl und Beschaffenheit von Muskeln[40], und K. Sprengel hebt 1794 in seiner Medizingeschichte hervor, Posthius habe zu Muskeln und Herz- sowie Venenklappen treffende Feststellungen gemacht[41]; in seiner chronologischen Übersicht vermerkt er unter dem Jahr 1560: "Posthius sieht in Montpellier Klappen in den Schenkel-Venen, und die Klappe im Grimmdarm."[42] Diese Beobachtungen des Posthius zeugen von den umfangreichen anatomischen Kenntnissen und Fähigkeiten, die er sich auf seiner großen Bildungsreise erworben hatte; überragende Bedeutung auf dem Gebiete der Medizin konnte er damit jedoch nicht erlangen, und das wollte er wohl auch nicht.

Etwas am Rande wissenschaftlichen Interesses stehen die deutschen Dichtungen des Posthius. E. Trunz stellt 1938 in einer Untersuchung über die Entwicklung des barocken Langverses fest, daß die deutschen Verse, in die Posthius seine Kirchenlieder kleidete, denen Lobwassers qualitätsmäßig nicht nachstünden, weil "Lobwasser und Posthius die französischen Psalmen als feine Gebilde neuer Lyrik verstanden und verständnisvoll nachbildeten, was eine verlockende, aber schwierige Aufgabe war."[43] Kritischer äußerte sich dagegen G. W. Marigold in einer Studie über die Kirchenlieder des Posthius: "Posthius' Evangeliengedichte sind keineswegs

---

35 vgl. Literaturverzeichnis; diese Briefe des Clusius befinden sich heute in der Sammlung Trew in Erlangen; im ersten Band seines Werkes, der bereits 1927 erschien, wertete Hunger im Rahmen der Clusiusbiographie auch die an Clusius gerichteten, in Leiden aufbewahrten Briefe aus.

36 vgl. Literaturverzeichnis.

37 H. Bredekamp, Vicino Orsini und der Heilige Wald von Bomarzo, 2 Bände (die Briefeditionen erfolgten im zweiten Band), Worms 1985 (= Grüne Reihe. Quellen und Forschungen zur Gartenkunst, Bd. 7 in zwei Teilen).

38 Zu dem Projekt vgl. H. D. L. Vervliet: L' édition projetée de la correspondance de Juste Lipse, in: Gulden passer 43, Antwerpen 1965, S. 9-16; M. A. Nauwelaerts: L' Edition de la Correspondance de Juste Lipse, in: Acta Conventus Neo-Latini Lovaniensis, Hg. J. IJsewijn und E. Keßler, Leuven-München 1973, S. 433-436; A. Gerlo und H. D. L. Vervliet: Inventaire de la Correspondance de Juste Lipse 1564-1606, Anvers 1968; von dem Briefwechsel sind bisher drei Bände erschienen (vgl. Literaturverzeichnis unter Gerlo: Lipsi epistulae, 1978ff).

39 H. Scheible: Melanchthons Briefwechsel, Stuttgart-Bad Cannstatt 1977ff (= Melanchthons Briefwechsel. Kritische und kommentierte Gesamtausgabe).

40 Douglas: Specimen (1734), S. 162.

41 Sprengel: Versuch (1794), S. 530 und 538f.

42 Sprengel: Versuch (1794), S. 609; Sprengel datiert dabei den Posthiusaufenthalt in Montpellier fünf Jahre zu früh.

43 Trunz: Die Entwicklung (1938), S. 433.

als von Gott gesegnete Dichtung anzusehen. Zwar halten sie den Vergleich mit den bekannten Werken seiner Vorgänger (wohl mit Ausnahme der Psalmenlieder Schedes) gut aus, doch stehen sie weit unter dem Niveau der Dichtung Weckherlins, die z. T. fast gleichzeitig geschrieben wurde. Bestenfalls sind diese Gedichte ein Glied in der Perikopentradition"[44].

Speziell mit der Bedeutung Posthius' als neulateinischer Dichter setzte sich A. Schröter 1909 in seinen "Beiträge(n) zur Geschichte der neulateinischen Poesie Deutschlands und Hollands" auseinander: Aufgrund umfangreicher eigener Lektüre ließ er sich von den Gedichten des Posthius begeistern und hob das Spontane und Natürliche in ihnen hervor: "Seine Dichtung ist überall Kind des Augenblicks, in seltenen Stunden Ergebnis der Reflexion ... Sonst, wie gesagt, gebiert sein Dichten der lebendige Moment, und die Personen, die diesen bestimmen, bewegen oder erregen, geben den raschen Versen Inhalt, nicht irgend welches Vorbild, nicht außer ihm selber liegende, aufgegriffene oder abgeleitete Motive"[45]. Wenn dieses Urteil auch den Bedingungen literarischer Produktion im 16. Jahrhundert nicht ganz gerecht wird, so erfaßte Schröder damit doch das Besondere an vielen Gedichten des Posthius: Sie wirken natürlich und ungekünstelt und sprechen dadurch auch noch die spärlichen Leser im 20. Jahrhundert an. G. Ellinger drückte dies in seiner "Neulateinische(n) Dichtung Deutschlands im 16. Jahrhundert" folgendermaßen aus: "Von den stilistischen Übertreibungen des Melissus hat sich Posthius so frei gehalten, wie es innerhalb seiner Zeit und Zunft möglich war." Und von des Posthius frühen Gedichten sagt er, sie zeichneten sich "durch Anmut und Natürlichkeit aus, und ihnen gebührt vor den gleichartigen Arbeiten des jüngeren Melissus der Vorzug. Seine in poetische Form gekleideten Reiseberichte fesseln durch die ungesuchte Wiedergabe wirklichen Geschehens."[46]. Auf die artifizielle Art, in der Melissus seine Gedichte verfaßte, ging 1962 K. O. Conrady ein, als er die stilistischen Phänomene in der neulateinischen Dichtung eingehend untersuchte: "Nicht das Normale, Natürliche, das selbstverständlich mit dem notwendigen ornatus ausgestattet ist, wird erstrebt, sondern das Gesuchte, Überraschende, Verblüffende, das geistreich Konstruierte und Aufgeputzte."[47] Conrady verzichtete allerdings auf speziellere Untersuchungen, ob nun des Posthius Stil eigenständig oder mit dem der anderen Neulateiner vergleichbar ist. Das führte dazu, daß F. Gaede in seiner 1971 erschienenen Literaturgeschichte des 15. bis 17. Jahrhunderts keine großen Unterschiede zwischen dem Stil des Posthius und dem des Schede Melissus sah: "Ebenso wie die Gedichte des Johannes Posthius gilt Schedes Lyrik wegen ihrer Neigung zu Antithetik und spielerischer Verabsolutierung des Stils als neulateinische Vorwegnahme deutschsprachiger Barocklyrik"[48].

Einen Versuch zur Bewertung der lateinischen Posthiusgedichte machte erst wieder G. W. Marigold im Jahre 1973, ohne allerdings zwischen den verschiedenen

---

44 Marigold: Die deutschsprachige Dichtung (1973), S. 47f.
45 Schröter: Beiträge (1909), S. 265.
46 Ellinger: Neulateinische Dichtung (1965), S. 631.
47 Conrady: Die Erforschung (1955), S. 169.
48 F. Gaede: Humanismus - Barock - Aufklärung, München 1971, S. 47.

Schaffensperioden des Posthius oder zwischen den Anlässen der Gedichte zu diffe-
renzieren: "Das technische Können imponiert, aber die Gedichte wirken meistens
sehr geglättet und etwas kalt."[49] Ähnlich klingt das 1990 veröffentlichte Urteil A.
Elschenbroichs über des Posthius Epigramme zu den Fabeln Ovids: Posthius habe
"nicht Handlung in sie hineinzupressen gesucht, vielmehr seinen Epigrammen eine
Inhalt und Form zur Deckung bringende Aufgabe zugewiesen", so daß sie sich als
"Maximen und Reflexionen zur Lebensweisheit" lesen ließen; Posthius bediene sich
dabei "antikisierender Redeweise", setze jedoch "Mythologisches nur in zurückhal-
tender Verallgemeinerung ein" und verfechte gegenüber Bedrohungen von außen
"ein persönliches Ideal der Daseinsgestaltung, das auf moralische Belehrung anderer verzichtet".[50]

Gegenüber diesen Betrachtungen, die speziell das Artifizielle an des Posthius
Gedichten betonen, tritt in letzter Zeit verstärkt wieder Intersse an den persönli-
chen Erlebnissen des Posthius und an der Art, wie er diese ausdrückt. So vermutete
H. Wiegand 1984, als er die Reisedichtung des Posthius mit der anderer Autoren
verglich, gerade in deren Unmittelbarkeit den Grund für die Reputation des
Posthius als stärkstes Talent unter den späteren Neulateinern in Deutschland:
Diese Reputation verdanke Posthius "wohl vor allem dem Umstand, daß er wie sein
Lehrer in hohem Maß persönlich Erlebtes auszudrücken vermag. Wie Lotichius
orientiert sich Posthius in der Gestaltung seiner Gedichtbücher am Vorbild
Ovids"[51]. Von H. Wiegand stammt auch eine neue Übersicht über des Posthius Le-
ben, in der er dessen Gedichte recht treffend folgendermaßen charakterisiert: Sie
"spiegeln ... das Reise-, Freundschafts- und Liebeserleben eines neulateinischen
Poeten, dessen Schaffen trotz des Verhaftetseins in der Kausalpoesie stark von der
Persönlichkeit Posthius' geprägt ist: Nicht wenige der Gedichte handeln 'De se
ipso'. Die Poesie Posthius' ... vertritt ein bürgerliches Gelehrten- und Familienideal,
das Motive aus der Spannung von beruflicher Situation als Arzt und an Tibull und
Lotichius orientierter Poetenexistenz gewinnt."[52]

---

49 Marigold: Die deutschsprachige Dichtung (1973), S. 35.
50 Elschenbroich: Die Fabel (1990), Bd. II, S. 141.
51 Wiegand: Hodoeporica (1984), S. 230.
52 Wiegand: Posthius (1991), S. 219.

B. DIE BRIEFE UND WERKE DES POSTHIUS

I. Die Textüberlieferung der Posthiuskorrespondenz

1. Zur Situation der Textüberlieferung

a. Privatpost von und an Posthius

Privatpost von Posthius

Bei der Korrespondenz des Johannes Posthius handelt es sich fast ausschließlich um zum Zwecke der Kommunikation mit den Freunden verfaßte Privatpost; fast alle Briefe sind - wie damals üblich - lateinisch geschrieben, nur wenige aber stilistisch durchgestaltet; Posthius sah in seinen Briefen offenbar keine literarisch-künstlerischen Produkte und bewahrte daher wohl auch nur von wenigen seiner Briefe Kopien auf. Er mußte allerdings damit rechnen, daß die Empfänger seine Briefe sammelten und in Teilen oder vollständig veröffentlichten, vor allem dann, wenn Posthius sich in einem Brief lobend über den Adressaten oder über dessen Werke geäußert hatte oder wenn sich ein Brief dazu eignete, Freundschaftsverbindungen zu dokumentieren. Publiziert wurden solche Briefe gern im Anhang anderer Werke, zumal wenn der Drucker noch einige freie Seiten einer Lage füllen wollte.

Derartige Publikationen von Posthiusbriefen sind mir in drei Werken bekannt: N. Frischlinus ließ 1576 zwei Posthiusbriefe - die vom 31.1.1572 und vom 4.5.1573 - im Anhang seiner "Rebecca" abdrucken[53], J. Schosserus 1585 einen Posthiusbrief - den vom 26.6.1565 - im Anhang seiner Gedichtsammlung "Poëmatum libri XI"[54] und G. Bersmanus 1591 drei Posthiusbriefe - die vom 9.3.1575, 4.1.1578 und 13.12.1579 - in den Anhängen der beiden Teile seiner zweiten, erweiterten Gedichtsammlung[55].

Von diesen Briefen sind die Originale nicht mehr erhalten, da mit der Publikation das Interesse an der Aufbewahrung schwand; Ähnliches gilt auch für den Posthiusbrief vom 25.9.1574 an Carolus Clusius, den Thomas Crenius 1695 publizierte[56] und von dem das Autograph ebenfalls seither verschollen ist.

Alle anderen in dieser Arbeit verzeichneten Privatbriefe des Posthius blieben dank des seit dem 16. Jahrhundert vorhandenen antiquarischen Interesses bis heute in Autographensammlungen aufbewahrt[57], zumeist im Original. Neuere Publikationen gibt es nur von wenigen Briefen: M. Schanz publizierte 1884 Auszüge aus acht an Joachimus II Camerarius gerichteten Schreiben. J. H. Hessels edierte 1887 den

---

53 vgl. Werkverzeichnis 1576/2.
54 vgl. Werkverzeichnis 1585/2; den Hinweis auf diesen Posthiusbrief erhielt ich von Frau Bibliotheksamtsrätin I. Kießling von der UB Münster, die freundlicherweise das im Besitz der UB Münster befindliche Exemplar der Werke des Schosserus nach von Posthius verfaßten Texten hin durchsah.
55 vgl. Werkverzeichnis 1591/2.
56 Crenius: Animadversiones (1695), Bd. III, S. 62f.
57 zu den einzelnen Autographensammlungen vgl. im Adressatenverzeichnis.

an Ortelius gerichteten Posthiusbrief vom 18.9.1587 einschließlich der Begleittexte zu dem mitübersandten Posthiusporträt, F. W. T. Hunger 1927 die den Posthiusbriefen vom 26. und 27.10.1568 beigelegten Posthiusgedichte, K. Preisendanz 1941 die drei Posthiusbriefe vom 8.4.1595, 4.6.1595 und 1.3.1596 an Rittershusius, teils vollständig, teils in Auszügen, und A. Gerlo 1978 den Posthiusbrief vom 15.10.1582.[58]

Privatpost an Posthius

Posthius sammelte vermutlich die von ihm empfangenen Briefe; Reste davon konnte ich bislang allerdings nicht finden[59]. Daher ist von diesen Briefen so gut wie nichts bekannt; erhalten blieb lediglich ein Brief des Crato an Posthius, den Christoph Jakob Trew im 18. Jahrhundert für seine heute in Erlangen aufbewahrte Autographensammlung erwerben konnte[60]. Außerdem wurde ein an Posthius gerichteter Privatbrief des Cisnerus bereits im 17. Jahrhundert publiziert, und zwar in einer von Reuterus 1611 veranstalteten postumen Sammlung kleinerer Texte des Cisnerus[61].

b. Widmungsvorreden von und an Posthius

Widmungsvorreden von Posthius

Ihrer Natur nach unterscheiden sich die Widmungsvorreden inhaltlich und formal sehr von den Privatbriefen: Teils erfüllen sie die Funktion eines Vorwortes und geben so Anlaß und Zweck eines Werkes an, teils stellen sie ein Werk unter den Schutz eines prominenten Adressaten; dabei wird dann nicht nur vom Prestige seines Namens profitiert, sondern es wächst damit auch - zumindest im Selbstverständnis der Autoren - umgekehrt das Prestige dieses prominenten Adressaten, so daß der verpflichtet ist, sich für die Widmung erkenntlich zu zeigen; schließlich kann die Dedikation einer Vorrede an eine bestimmte Person auch dazu dienen, diese Person speziell zu rühmen und die eigene Verbundenheit zu dieser Person zu dokumentieren. Formal enthalten Widmungsbriefe meist keine vollständige Adresse - manche sind nicht einmal an bestimmte Adressaten gerichtet -; bisweilen fehlen auch die Angaben von Absendeort und -datum. Dafür wird auf die stilistische Ausfeilung dieser Texte größter Wert gelegt, ja der Text teils sogar in Verse gefaßt, so daß die Gattungen Widmungsbrief, Dedikationsgedicht und Enkomion dann nahtlos ineinander übergehen.

Von Posthius existieren drei Widmungsvorreden an E. Neustetterus vom 1.12.1560, 1.3.1563 und 1.12.1568, eine an H. Castellanus vom 7.10.1566, ergänzt

---

58 Nähere Angaben unter den erwähnten Posthiusbriefen.
59 Auch Herrn Adolf Post-Zyhlarz aus Zürich, der bei seinen umfangreichen genealogischen Forschungen sich auch mit Johannes Posthius und dessen Nachkommen befaßte, ist von einem noch existierenden persönlichen Nachlaß des Johannes Posthius nichts bekannt.
60 Erlangen UB Trew, Crato 1269; zum Inhalt dieses Schreibens vgl. Brief vom 30.10.1575, zur Autographensammlung Trew vgl. im Adressatenverzeichnis unter Camerarius.
61 vgl. Überblick, Kapitel 20.

durch drei weitere Vorreden an den Leser im selben Band, wohl ebenfalls vom Oktober 1566, sowie je eine Vorrede an N. Cisnerus vom 13.11.1580, an J. Dousa vom 1.5.1587, an J. Ch. Neustetterus vom 1.1.1595 und an Erasmus Posthius vom 13.7.1596.

Widmungsvorreden an Posthius

Zahlreich sind die Widmungsbriefe, die Zeitgenossen an Posthius richteten: G. Bersmanus verfaßte am 9.4.1576 und 26.9.1591 Vorreden an Posthius[62], H. Stephanus eine Vorrede am 26.9.1578[63], F. Modius eine am 7.11.1583[64], I. Dousa eine im Jahr 1583[65], I. Opsopoeus eine am 30.6.1586[66], der Drucker H. Commelinus eine wohl 1589[67], Zacharias Palthenius eine im Namen des Druckers I. Wechelus am 1.1.1593[68] und C. Rittershusius eine am 1.9.1595[69].

Ein Widmungsbrief des S. Pantherus, der im Posthiusbrief vom 7.9.1589 erwähnt wird, war für die Ausoniusedition des Rittershusius bestimmt. Diese sollte 1589 erscheinen, wurde jedoch offenbar nie ediert. Allerdings wurde ein Fragment des Widmungsbriefes in einer Ausoniusausgabe aus dem Jahr 1671 abgedruckt[70].

---

62 vgl. Werkverzeichnis 1576/1 und 1591/2.
63 vgl. Posthiusbrief vom 15.7.1579.
64 vgl. Werkverzeichnis 1583/2.
65 vgl. Posthiusbrief vom 1.5.1587.
66 vgl. Werkverzeichnis 1587/7.
67 Mit dieser undatierten Widmungsvorrede leitete Commelinus den Anhang seiner Vergilausgabe von 1589 ein: P. Vergilius Maro. Opera. ... item, Fabii Planciadis Fulgentii libellum de allegoria Virgilii librorum, cum aliis nonnullis quae ad hunc nostrum Poetam faciunt, seorsum publicabimus. Heidelbergae 1589. (Angaben nach Port: Commelinus, 1938, S. 57, Nr. 60b)
    Der Anhang mit dem Fulgentiustext ist separat paginiert und enthält weitere Texte von Junius Philargyrus, Fulvius Ursinus, Velius Longus und Magnus Aurelius Cassiodorus. Commelinus begründet in seinem Brief die Widmung an Posthius damit, er habe diesem und Pithopoeus schon länger die Publizierung des Fulgentiustextes versprochen und erfülle nun dies Versprechen unmittelbar nach Fertigstellung der Vergilausgabe als deren Anhang; er stütze sich dabei auf die Handschrift im Besitz des Petrus Veckmanus und auf die aus der Fuldaer Bibliothek, die Modius für ihn abgeschrieben habe. Aus dem Text geht hervor, daß Posthius offenbar beide Handschriften aus eigenem Studium kannte. Außerdem verweist Commelinus noch auf die weiteren, mit dem Fulgentius publizierten Texte und berichtet, bei einem davon, einem Text des Grammatikers Velius aus der Hadrianischen Zeit, habe Fr. Iunius ihn unterstützt (der Commelinusbrief an Posthius wurde von Port publiziert: Commelinus, 1938, S. 96).
68 Im Namen des Druckers Ioannes Wechelus begründet Zacharias Palthenius die Widmung des Seideliuswerkes "Liber morborum incurabilium causas explicans" an Posthius und Opsopoeus damit, diese beiden Männer sollten mit ihrer Autorität das Werk gegen mögliche Angriffe schützen; außerdem könne die Widmungsvorrede auch vor den Augen der Nachwelt noch die Hochschätzung und Dankbarkeit des Wechelus gegenüber den beiden Adressaten dokumentieren.
    Die Widmungsvorrede, auf die sogar im Titel der Schrift verwiesen wird, ist außer in der Erstpublikation von 1593 (dort Bl. 2r-7v) auch in dem Neudruck von 1662 (dort Bl. 4r-9r abgedruckt; vgl. Literaturverzeichnis unter Seidelius).
69 vgl. Werkverzeichnis 1588/5a.
70 vgl. Überblick, Kapitel 45.

4. Sonstige zur Publikation bestimmte Briefe von und an Posthius

Zur Publikation bestimmte Briefe von Posthius

Als Posthius im Herbst 1582 erfuhr, daß Justus Lipsius eine Briefedition plane, schrieb er diesem am 15.10.1582, nicht zuletzt, um dadurch selbst einen Platz in der geplanten Edition zu finden: Posthius rechnete wohl mit der Möglichkeit, daß sein Brief mit publiziert würde, doch berücksichtigte Lipsius nur eigene Briefe. Über hundert Jahre später erschien dann der Posthiusbrief doch noch im Druck, und zwar in einer von P. Burmannus 1727 edierten Briefsammlung.

Als Ende 1585 Posthius davon hörte, daß Hagius eine große Lotichiusausgabe plane, setzte er sich sofort brieflich mit Hagius in Verbindung, schickte ihm mit seinem Brief vom 25.12.1584 eigene, in den Rahmen dieser Edition passende Texte und verfaßte schließlich am 31.1.1585 einen ausgefeilten Brief, in dem er seine Texte erläuterte und das gesamte Vorhaben des Hagius lobte; dieser Brief eignete sich daher als empfehlender Begleittext für die Lotichiusbiographie des Hagius, und als solcher wurde er auch von Hagius verwendet und publiziert[71]. Aus dieser Publikation von Hagius wiederum schrieb der Arzt und Hofhistoriograph Johannes Petrus Lotichius (1598-1669) den Posthiusbrief ab, als er eine Sammlung der Korrespondenz seines Onkels Petrus Lotichius Secundus zusammenstellte. Diese Sammlung, die außerdem auch noch die ebenfalls aus Drucken übernommenen Posthiusbriefe vom 1.12.1560 an E. Neustetterus und vom 1.1.1595 an J. Ch. Neustetterus enthält, wurde im Jahre 1754 von Burmannus im zweiten Band seiner bekannten Lotichiusausgabe ediert[72]. Außerdem publizierte Burmannus im selben Band die Anhänge der Lotichius-Gedichtsammlung des Hagius erneut und damit auch den dort abgedruckten Posthiusbrief vom 31.1.1585 an Hagius; dieser Brief ist somit in der Lotichiusausgabe des Burmannus an zwei Stellen abgedruckt[73].

Als sich im Jahre 1590 für Posthius die Gelegenheit bot, seine anatomischen Anmerkungen als Anhang zu einer Neuherausgabe der Anatomiebücher des Realdus Columbus zu publizieren, schickte er am 1.3.1590 dem Verleger Johannes Wechelus zusammen mit seinem wissenschaftlichen Text einen Begleitbrief, der die Funktion eines einleitenden Vorwortes übernehmen konnte[74]; für eine weitere Auflage wurde der Brief dann entsprechend modifiziert, nämlich umadressiert an den neuen Verleger Petrus Fischerus und umdatiert auf den 1.8.1593[75].

Noch kurz vor seinem Tod lag Posthius die Fortführung begonnener Projekte am Herzen, und so ermunterte er am 12.4.1597 den Sebastianus Hornmoldus zu einer baldigen Neuausgabe der von Posthius und Melissus im Jahre 1573 gesammelten Gedichte gegen übermäßigen Alkoholgenuß. Die von Hornmoldus projektierte

---

71 vgl. Werkverzeichnis 1586/1.
72 Ein Manuskript dieser Briefsammlung mit dem Titel "P. LOTJCHJJ ‖ SECVNDJ ‖ EPISTO-LARUM ‖ LJBRJ II. ‖ " befindet sich in Hamburg, SuUB, Supellex epistolica 4° 19; vielleicht handelt es sich dabei um das Autograph des J. P. Lotichius.
73 Nähere Angaben unter dem erwähnten Posthiusbrief.
74 vgl. Werkverzeichnis 1590/1.
75 vgl. Werkverzeichnis 1590/1a.

Edition erschien allerdings erst 1619[76]. Darin publizierte Hornmoldus einen Teil des Posthiusbriefes aus dem Jahre 1597.

Zur Publikation bestimmte Briefe an Posthius

Bereits im Jahr 1571 publizierte Posthius einen Brief, den der Avignoner Petrus Benedictus wohl auf Veranlassung des Posthius hin verfaßt hatte. In diesem undatierten Schreiben verteidigt Benedictus die Lehrtätigkeit des Ioubertus und lobt zugleich das Vorhaben des Posthius, Vorlesungen des Ioubertus zu edieren; offenbar sollte dieser Brief das editorische Anliegen des Posthius unterstützen[77].

Am 25.9.1579 wandte sich Adolphus Mekerchus aus Wilna mit einem Brief an Posthius und bat um die Veröffentlichung seiner dem Brief beigelegten lateinischen metrischen Übersetzungen von Theokritversen. Posthius erfüllte den Wunsch und ließ den Brief wie auch die Nachdichtungen am Ende des "Liber adoptivus" in der ersten Ausgabe seiner Gedichtsammlung "Parerga" von 1580 abdrucken.

Es gab auch an Posthius gerichtete Texte, bei deren Abfassung die Autoren bereits den Plan gefaßt hatten, sie zu publizieren; dazu gehörten Texte von Ancantherus und Modius. Ersterer hatte sich, von Boissardus dazu ermuntert, mit einem undatierten, in Elfsilbler gefaßten Schreiben zum Zwecke der Kontaktaufnahme an Posthius gewandt[78]. Modius dagegen richtete in den Jahren 1582 bis 1584 acht Briefe mit philologischen Erörterungen an Posthius. Er publizierte sie mit 125 weiteren, an andere namhafte Persönlichkeiten gerichteten Schreiben ähnlichen Inhalts; die Briefform diente so dem Modius als Rahmen für die Darbietung seiner wissenschaftlichen Erkenntnisse[79].

---

76 vgl. Werkverzeichnis 1573/1b.
77 vgl. Werkverzeichnis 1571/1.
78 Ancantherus publizierte diesen Text zusammen mit ähnlichen, ebenfalls in Verse gefaßten Schreiben an Melissus und andere im Anhang zu seiner lateinischen Nachdichtung von Epigrammen des Paulus Silentiarius (vgl. Literaturverzeichnis unter Ancantherus: Pauli Silentiarii Hemiambia, 1586).
79 vgl. Werkverzeichnis 1584/1.

2. Die Adressaten

Da eine Trennung zwischen Briefen und anderen handschriftlichen Texten - z. B. Brief-beilagen - oft nicht sinnvoll ist, sind im folgenden nicht nur die Adressaten der publizierten und unpublizierten Posthiusbriefe, sondern auch die von handschriftlichen Gedichten und ähnlichen Texten des Posthius verzeichnet. Neben Kurzbiographien dieser Persönlichkeiten habe ich auch - soweit feststellbar - skizziert, auf welchen mehr oder weniger verschlungenen Wegen und über welche Autographensammlungen die Texte an ihre heutigen Fundorte gelangten.

Ampelander, Rodolphus

Johannes Rodolphus Ampelander/Hans Rudolff Rebman (Thun oder Bern 4.7.1566 - Muri 1605) war Pfarrer in verschiedenen Schweizer Gemeinden und erlangte durch ein deutsches Lehrgedicht in 18.000 Versen über die Beschaffenheit der Welt eine gewisse Bedeutung.

Während er als Theologiestudent von 1586 bis 1588 in Heidelberg weilte, trug sich Posthius am 6.9.1588 mit einem Distichon in sein Stammbuch ein[80].

Dieses Stammbuch kam auf etwas verschlungenen Wegen in die Burgerbibliothek in Bern, zusammen mit anderen Stücken aus dem Besitz der Familie Ampelander: Dort befinden sich heute auch Briefe von und an Johannes Rodolphus Ampelander sowie Teile der Korrespondenz von des Rodolphus Vater Valentinus und von des Rodolphus älteren Brüdern Wolfgangus und Jacobus.

Bersmanus, Gregorius

Gregorius Bersmanus (Annaberg 10.3.1538 - Zerbst 5.10.1611) kam über Philippus Camerarius, mit dem er auf der Fürstenschule in Meißen das Zimmer geteilt hatte, in Kontakt mit dessen Vater Joachimus I Camerarius. So wurde er ein Schüler des Joachimus I Camerarius und bekam nach dessen Tod im Jahre 1575 den freigewordenen Lehrstuhl für Philologie und Ethik an der Universität Leipzig. Wegen seiner Weigerung, die Konkordienformel zu unterzeichnen, wurde er 1580 entlassen. Ab 1581 leitete er dann das neu errichtete Zerbster akademische Gymnasium.

In der zweiten Gesamtausgabe seiner Gedichte von 1591[81] publizierte er an verschiedenen Stellen zahlreiche an ihn gerichtete Briefe, darunter auch drei von Johannes Posthius, und zwar vom 9.3.1575, vom 4.1.1578 und vom 13.12.1579.

Blotius, Hugo siehe Plotius

Boissardus, Janus Jacobus

Boissardus (Besançon 1528 - Metz 30.10.1602) widmete sich nach philologischen Studien an verschiedenen Universitäten - u. a. in Wittenberg bei Melanchthon und

---

80 Bern Burgerbibliothek Ms. hist. helv. V, 142; vgl. Werkverzeichnis 1586/3a.
81 vgl. Werkverzeichnis 1591/2.

Joachimus I Camerarius - und einem Bildungsaufenthalt in Italien (1555-1559) vor allem dem Studium antiker Inschriften, zu dem er abermals mehrere Jahre nach Italien reiste; gegen Ende des Jahrhunderts gab er die beiden bereits erwähnten Bände mit Biographien berühmter Zeitgenossen heraus, darunter der grundlegenden Posthiusbiographie.

Ein handgeschriebener Band vom Ende des 16. Jahrhunderts enthält neben einem handgeschriebenen Lebenslauf des Boissardus, der bis ins Jahr 1587 reicht, auch enkomiastische Gedichte verschiedener Autoren auf das Bildnis des Boissardus, darunter auch ein Epigramm von Johannes Posthius[82].

Dieser Handschriftenband - vielleicht sogar ein Autograph des Boissardus - gelangte in die wertvolle Handschriftensammlung des schottischen Herzogs Alexander Douglas 10. Duke of Hamilton (1767-1852). Von seinen Erben erwarb im Jahre 1882 die preußische Regierung von den 692 Nummern dieser Sammlung 663 für das Berliner Kupferstichkabinett und für die Berliner Bibliothek, mußte aber aus finanziellen Gründen 79 Nummern der Sammlung 1889 wieder verkaufen. Der erwähnte Handschriftenband blieb in Berlin und befindet sich heute in der Deutschen Staatsbibliothek.

Camerarius, Joachimus I, Joachimus II und Ludovicus

Die Familie Camerarius gehört zu den führenden Humanistengeschlechtern. Am berühmtesten wurde Joachimus I Camerarius "Papebergensis" (Bamberg 12.4.1500 - Leipzig 17.4.1574) als Philologe und Melanchthonmitarbeiter; sein Sohn Joachimus II (Nürnberg 6.11.1534 - ibidem 11.10.1598) diente seiner Vaterstadt Nürnberg als einflußreicher Arzt und machte sich auch als Botaniker einen Namen, dessen Sohn Ludovicus (Nürnberg 22.1.1573 - Heidelberg 4.10.1651) spielte als bedeutender Diplomat eine wichtige Rolle im Dreißigjährigen Krieg.

Alle führten eine umfangreiche Korrespondenz, alle sammelten eifrig Briefe, darunter auch zahlreiche von Posthius, und so entstand ein gewaltiges Familienarchiv, das von des Ludovicus Sohn Joachimus IV Camerarius (Heidelberg 1603 - ibidem 1687) noch erweitert wurde[83]. Nach dessen Tod erbte dessen Schwiegertochter Maria Regina Wilhelma von Camerarius zu Stegaurach, geborene von Hülsen, den gesamten Bestand. Sie bewohnte die Familiengüter bei Bamberg und Erlangen - dort den Gutshof auf dem Rathsberg - und wußte offenbar wenig damit anzufangen: Daher versteigerte sie 1749/50 den medizinisch-naturwissenschaftlichen Teil der Familiensammlung an den Nürnberger Arzt und Apotheker Christoph Jakob Trew (Lauf 26.4.1695 - Nürnberg 18.7.1769), der sich das Sammeln von medizingeschichtlichen Dokumenten zur Lebensaufgabe gemacht hatte. Bei diesen

---

82 Berlin DSB Ms. Ham. 103, Bl. 4r; vgl. Werkverzeichnis 1587/6.
83 Diese und die folgenden Angaben entnahm ich folgenden Schriften: Irmischer: Handschriften-Katalog (1852); Halm: Über die Sammlung der Camerarii (1873); J. C. Irmischer, G. Werner und E. Schmidt-Herrling: Die Bibliotheken der Universität Altdorf, Leipzig 1937, Neudruck Wiesbaden 1968 (= 69. Beiheft zum Zentralblatt für das Bibliothekswesen); Schmidt-Herrling: Die Briefsammlung (1940); D. Schug: Christian Jakob Trew, in: Fränkische Lebensbilder Bd. 8, Hg. G. Pfeiffer und A. Wendehorst, Neustadt/Aisch 1978, S. 130-146.

von Trew erworbenen Stücken handelt es sich um die alten Briefbände 10 bis 15 sowie um zahllose Einzelstücke, die aus den übrigen Briefbänden herausgeschnitten worden waren. Trew reihte alle diese Stücke in seine Sammlung ein, die damit 30 Bände umfaßte und der er den Titel "Epistolarum autographarum clarissimorum Medicorum et Philosophorum Tomi I-XXX" gab.

Den immensen Rest der nun leicht verstümmelten Camerariussammlung verkaufte die Tochter der Maria Regina Wilhelma von Camerarius zu Stegaurach, eine Frau von Ehrenstein, im Mai 1769. Obwohl sich auch Trew für den Ankauf weiterer Stücke interessierte, bekam der Mannheimer Hofbibliothekar A. Lamey den Zuschlag, der um 1200 Gulden die Sammlung für die kurfürstlichen Sammlungen in Mannheim erwarb. Wenige Jahre später gelangte die Mannheimer Hofbibliothek einschließlich der verstümmelten Camerariussammlung wegen der Vereinigung der Wittelsbachischen Lande unter Kurfürst Karl Theodor von Neuburg-Sulzbach 1777 nach München. Dort bildet sie heute als "Palatina" einen Teil der Bayerischen Staatsbibliothek.

Da weder in Mannheim noch in München zunächst größeres Interesse an den einzelnen Teilen der Sammlung Camerarius bestand, wurde das Fehlen der an Trew verkauften Stücke erst 100 Jahre später von K. Halm bemerkt[84], ohne daß er zunächst über deren Verbleib etwas wußte, bis M. Zucker feststellte, daß sich das Vermißte fast lückenlos in Erlangen befindet[85].

Als C. J. Trew im Jahr 1769 starb, hatte er nämlich einen bedeutenden Teil seiner Bestände, darunter etwa 15000 Briefe - allein 3737 davon sind an Joachimus II Camerarius gerichtet - und über 20000 Bücher den Universitäten Altdorf und Erlangen vermacht, die sich bis zur Auflösung der Universität Altdorf darum stritten. Seitdem ist die Trewsche Sammlung in Erlangen vereinigt, einschließlich der genannten sechs Bände medizinischer Korrespondenz, die mehrfach umsigniert wurden und schließlich - vor der Auflösung der Bände - die Signaturen Ms. 1815 bis Ms. 1820 trugen.

Von Johannes Posthius enthält der Erlanger Teil der Camerariussammlung drei Briefe an Joachimus I Camerarius und 161 Briefe an Joachimus II Camerarius[86] sowie eine nicht autographe Fassung eines Briefes an Erasmus Neustetterus (siehe dort). Alle diese Posthiusbriefe befanden sich im Trewschen Band Nummer VI, der später die Signatur Ms. 1819 erhielt. Heute sind die Erlanger Handschriftenbände aufgelöst und die einzelnen Briefe nach Verfassern in Mappen geordnet und darin neu durchnumeriert.

Unter den Posthiusbriefen der Camerariussammlung in Erlangen fehlen einige, die C. J. Trew beim Ankauf übersehen hatte und die sich daher heute in der Staatsbibliothek in München befinden. Es sind dies die beiden Briefe an Joachimus I Camerarius vom 18.2.1562 und vom 18.8.1563 samt der Beilage zu diesem Brief vom

---

84 Halm: Über die Sammlung der Camerarii (1873), S. 246-252.
85 Schmidt-Herrling: Die Briefsammlung (1940), S. XIX.
86 Auszüge aus acht dieser Briefe wurden von M. Schanz publiziert, und zwar aus den Briefen vom 25.9.1574, 16.10.1574, 5.4.1575, 12.6.1575, 28.1.1579, 15.7.1579, 15.10.1582 und 18.5.1588 (Schanz: Zum leben, 1884, S. 365f).

18.8.1563 sowie die Beilage zum Brief an Joachimus II Camerarius vom 15.7.1574. Dazu kommen noch zwei an E. Neustetterus gerichtete Briefe (siehe dort).

Ein weiterer Band der Camerariussammlung in München enthält unter anderem ein Blatt mit einem autographen Gedicht des Janus Gruterus an Joachimus II Camerarius, auf dem Posthius im Auftrage des Gruterus eigenhändig Verbesserungen vorgenommen hat und das er mit seinem Brief vom 9.8.1588 an Joachimus II Camerarius sandte.

Ein Gedicht für Ludovicus Camerarius den Jüngeren, das Posthius seinem Brief vom 1.4.1594 an Joachimus II Camerarius nach Nürnberg beigelegt hatte, befindet sich nicht mehr in der Camerariussammlung: Das Blatt wurde offenbar bald an Conradus Rittershusius ausgeliehen, was wegen des engen Kontaktes der Familien Camerarius und Rittershusius wenig verwundert; pflegte doch Posthius seine Briefe an Rittershusius über Joachimus II Camerarius zu leiten. Mit der Sammlung des Rittershusius (siehe dort) gelangte das Blatt nach Hamburg.[87]

Camerarius, Ludovicus (der Ältere)

Ludovicus Camerarius der Ältere (1542-1587), ein Sohn von Joachimus I und Bruder von Joachimus II Camerarius, war von Beruf Arzt, ohne überregionale Bedeutung zu erlangen. Posthius kannte ihn offenbar gut, denn er ließ ihm öfter Grüße von Joachimus II Camerarius ausrichten.

Noch während seines Studiums schrieb ihm Posthius am 8.12.1566. Dieser Brief gelangte wohl noch im 16. Jahrhundert in die Autographensammlung des Paulus Jenisius/Jenisch (Annaberg 1551 - Dresden 9.11.1612)[88]. Jenisius, von 1581 bis 1594 Rektor der Annaberger Lateinschule und danach Hofprediger in Dresden, stiftete seine Sammlung der Annaberger Kirchenbibliothek, die sich zu der Zeit in den Räumen der Schule befand[89]; ab 1627 wurde sie dann in einem speziellen Raum über der Sakristei untergebracht. Noch heute befindet sich die Autographensammlung Jenisius im Besitz der Kirchengemeinde St. Annen in Annaberg.

Von einem weiteren Brief des Posthius an Ludovicus Camerarius den Älteren existiert nur noch eine Abschrift, und zwar in einem wohl bereits im 17. Jahrhundert angelegten Sammelband mit Abschriften von mehreren hundert Briefen aus dem 16. Jahrhundert. Wenn auch die Adresse dieses Briefes vom 30.3.1568 nicht mitkopiert wurde, so geht doch der Adressat eindeutig aus dem Brieftext hervor.

Der Band, der auch noch die Abschrift eines Posthiusbriefes an Johannes Ellingerus enthält (siehe dort), befindet sich jetzt in der Bayerischen Staatsbibliothek in München.

---

87 Hamburg SuUB Supellex epistolica 46, Bl. 272; vgl. Werkverzeichnis 1594/5.
88 Die folgenden Ausführungen entnahm ich Wilisch: Kurtze Nachricht (1724) sowie der freundlichen Auskunft des Annaberger Pfarramtsleiters Zemmrich, dem ich auch eine Abschrift des Annaberger Posthiusbriefes verdanke.
89 Diese Bibliothek war etwa 1500 aus den Beständen des Franziskanerklosters und des Hospitals hervorgegangen und bis 1558 in der Kirche - wohl in der Sakristei - aufbewahrt worden.

Castellanus, Honoratus

Honoratus Castellanus/du Chastel studierte Medizin in Paris und - ab 1544 - in Montpellier und wirkte daselbst ab 1556 als Professor, diente aber auch etwa ab 1550 den französischen Königen Heinrich II., Franz II. und Karl IX. als Hofarzt. Er starb am 4.11.1569[90].

Posthius dürfte ihn während seines Studienaufenthaltes in Montpellier kennengelernt haben. Um von der Autorität des bekannten Arztes zu profitieren, richtete Posthius am 7.10.1566 an ihn eine der Widmungsvorreden, als er Vorlesungen des Ioubertus, eines nicht unumstrittenen Medizinprofessors in Montpellier, herausgab[91].

Christoph, Pfalzgraf

Pfalzgraf Christoph, 1551 geboren, war ein Sohn des Pfalzgrafen und Kurfürsten Friedrich III. und damit ein Bruder von Ludwig und Johann Casimir. Im Alter von 14 Jahren wurde er 1565 zum Rektor der Universität Heidelberg ernannt, hielt sich 1566 bis 1568 in Genf auf und machte in den folgenden Jahren mehrere Reisen im Süddeutschen Raum. Als Kalvinist nahm er dann am Kampf der Aufständischen in den Niederlanden gegen die Spanier teil und fiel in der Schlacht von Mook am 13.4.1574.

Ab seinem 14. Lebensjahr führte er ein Stammbuch; Posthius trug sich darin am 1.3.1567 in Genf mit einem Gedicht ein. Dieses Stammbuch gelangte über die Heidelberger Hofbibliothek "Palatina"[92] in die Bibliotheca Apostolica Vaticana.[93]

Cisnerus, Nicolaus

Nicolaus Cisnerus/Kistner (Mosbach 22. oder 24.3.1529 - Heidelberg 6. oder 7.3.1583) wirkte ab 1552 mit Unterbrechungen als Jurist an der Universität Heidelberg und später auch als kurfürstlicher Rat, dazwischen - von 1567 bis 1580 - als Beisitzer am Reichskammergericht in Speyer.

Posthius war mit Cisnerus gut befreundet, und es gab wohl einen umfangreichen Briefwechsel, von dem allerdings nichts erhalten zu sein scheint bis auf einen in Verse gefaßten Widmungsbrief vom 13.11.1580, mit dem Posthius dem Cisnerus ein Buch innerhalb seiner gesammelten Gedichte "Parerga" dedizierte[94].

Clusius, Carolus

Carolus Clusius/Charles de l'Escluse (Atrecht in der Grafschaft Artois 19.2.1526 - Leiden 4.4.1609) war einer der bedeutendsten Botaniker des 16. Jahrhunderts. Nach seinem Tode ging seine umfangreiche Korrespondenzsammlung 1610 an den

---

90 Dulieu: Montpellier (1979), S.329f.
91 vgl. Werkverzeichnis 1571/1.
92 Näheres zur Bibliotheca Palatina unter Janus Gruterus.
93 Bibliotheca Apostolica Vaticana, Palatinus latinus 2017, Bl. 264v; vgl. Werkverzeichnis 1567/1.
94 vgl. Überblick, Kapitel 29, und Werkverzeichnis 1580/1.

Leidener Gelehrten Bonaventura Vulcanius über (30.6.1538 - 9.10.1614)[95]. Dessen Bruder und Erbe Franciscus Vulcanius verkaufte den gesamten handschriftlichen Nachlaß für 1200 Gulden im November 1614 an die Leidener Universitätsbibliothek, wo er heute noch aufbewahrt wird. Die Clusiuskorrespondenz darin umfaßt 963 Autographen, die auf drei Kapseln verteilt sind[96]. Allerdings handelt es sich dabei nur um eine Art Restbestand. Dies zeigt schon der Umstand, daß sich in Leiden nur neun Briefe von Joachimus II Camerarius an Carolus Clusius befinden, während umgekehrt die Universitätsbibliothek Erlangen aus der Sammlung Trew 195 Briefe von Carolus Clusius an Joachimus II Camerarius aufbewahrt. So dürften auch die in Leiden vorhandenen zehn Posthiusbriefe nur einen Bruchteil des ursprünglichen Bestandes umfassen, der offenbar zerstreut wurde und wohl verloren ging bis auf den Posthiusbrief vom 11.9.1593, der auf mir unbekannten Wegen in das Stadtarchiv Heidelberg gelangte.

Crato, Johannes

Johannes Crato von Krafftheim (Breslau 20. oder 22.11.1519 - ibidem 19.10.1585) stammt aus einer bürgerlichen Breslauer Familie und hieß ursprünglich Johann Krafft. Er studierte ab 1534 mit Unterbrechungen in Wittenberg und gehörte zum engsten Kreis um Martin Luther, für dessen Tischreden er eine der Hauptquellen darstellt. Da er für einen Prediger eine zu schwache Stimme hatte, wandte er sich schließlich vom Theologie- zum Medizinstudium und vollendete seine Ausbildung ab 1545 in Italien, vor allem an der Universität von Padua. Ab 1550 praktizierte er als Arzt in Breslau und wurde so berühmt, daß er als Leibarzt zu den Kaisern Ferdinand I., Maximilian II. und Rudolph II. gerufen wurde und daher von 1563 bis 1581 sich mehr in Wien und Prag als in Breslau aufhielt. Er hatte wegen seiner reformiert-kalvinistischen Anschauungen viele Widersacher unter den Höflingen, wohl auch deshalb, weil er von den Kaisern - namentlich von Maximilian II. - mit Ehren überhäuft wurde: Er wurde geadelt, zum Pfalzgraf ("Comes Palatinus") ernannt und bekam diverse Privilegien. Die letzten Jahre seines Lebens verbrachte er schwerkrank in Schlesien.

Seine Korrespondenz befand sich bis zum Zweiten Weltkrieg in der Universitätsbibliothek Breslau; seitdem ist sie verschollen. Erhalten blieb dagegen in der dortigen Bibliothek (jetzt Bibliotheka Uniwersytecka Wrocław) ein ausführlicher handgeschriebener Katalog mit Inhaltsangaben und teilweisen Abschriften von Briefen aus der Cratokorrespondenz.[97] Dabei sind auch vier Posthiusbriefe vom 20.3.1575, 27.10.1576, 24.11.1576 und 1.5.1579 berücksichtigt. Es dürfte sich jedoch nur um einen kleinen Bruchteil des sicher recht umfangreichen Briefwechsels zwi-

---

95 Die folgenden Ausführungen entnahm ich folgenden Schriften: P. C. Molhuysen: Bibliotheca Universitatis Leidensis. Codices manuscripti I. Codices Vulcaniani, Lugd. Bat. MCMX; Hunger: L'Escluse, Bd. II (1942), S. 14ff; Festschrift anläßlich der 400jährigen Wiederkehr der wissenschaftlichen Tätigkeit von Carolus Clusius (Charles de l' Escluse) im pannonischen Raum, Eisenstadt 1973 (= Burgenländische Forschungen, Sonderheft V).
96 Leiden UB Ms. Vulc. 101.
97 Breslau UB, heute Wrocław Bibliotheka Uniwersytecka AKC 1949/611.

schen Crato und Posthius handeln, von dem ansonsten nur der Cratobrief vom
24.10.1575 an Posthius erhalten zu sein scheint[98]. Der Nürnberger Arzt, Apotheker
und Autographensammler Christoph Jakob Trew konnte ihn im 18. Jahrhundert
aus unbekannter Quelle für seine Autographensammlung erwerben[99]. Es ist dies
der einzige bislang bekannte Originalbrief an Posthius.

Domsdorff, Franz von

Der einem alten Westfälischen Adelsgeschlecht entstammende Franz von Doms-
dorff/Domstorff hatte als Hofmeister des Pfalzgrafen Friedrich und als sein Begleiter auf etlichen Reisen Gelegenheit, zahlreiche namhafte Persönlichkeiten seiner
Zeit kennenzulernen; so konnte er für sein umfangreiches Stammbuch in den Jahren 1569 bis 1587 insgesamt 527 Eintragungen an 30 Orten sammeln, darunter 28
Eintragungen regierender Herren[100]. Bei der Durchreise durch Würzburg trug sich
im Jahre 1580 auch Posthius mit einer griechischen Devise ein[101].

Das Stammbuch wurde im 19. Jahrhundert von Friedrich Warnecke (1837-
1894), dem Gründer des Vereins "Herold", für seine berühmte, 300 Exemplare umfassende private Sammlung von Stammbüchern erworben, die seit ihrer Versteige-
rung im Jahre 1911 zerschlagen ist. Der derzeitige Aufbewahrungsort des Doms-
dorff-Stammbuches wie auch der Wortlaut des Posthius-Eintrages sind mir unbekannt.

Dusa, Janus

Janus Dusa/Douza a Noortwyck/Jan van der Does, Herr von Noordwijk (6.12.1545-
12.10.1604), setzte sich als Staatsmann, Diplomat und Gouverneur für die Sache
der Protestanten in den Niederlanden ein, erreichte aber noch größeren Ruhm als
Gelehrter und neulateinischer Dichter.

Von seiner sicher wesentlich umfangreicheren Korrespondenz mit Posthius
scheinen lediglich zwei Posthiusbriefe erhalten zu sein, und zwar vom 21.1.1591 und
vom 17.5.1593. Sie gelangten über die Autographensammlung des Gelehrten Charles Burney (1757-1817) in die British Library in London.

Außerdem publizierte Posthius einen an Ianus Dousa gerichteten Widmungsbrief in seiner Sammlung von enkomiastischen Gedichten über Dousa[102].

---

98 Erlangen UB Trew, Crato 1269; zum Inhalt dieses Schreibens vgl. Brief vom 30.10.1575.
99 Näheres zu dieser Sammlung unter Joachimus Camerarius.
100 Angaben nach A. Hildebrandt: Stammbücher-Sammlung Warnecke. Berlin, Versteigerungskatalog
     C. G. Boerner, Leipzig 2.5.1911, S. 12-14, Nr. 11 (mit Abb. eines Wappens aus dem Stammbuch)
     sowie nach Klose: CAAC (1988), S. 56, Code 69.DOM.FRA.
101 Diesen Hinweis verdanke ich Herrn Professor W. Klose, der das Stammbuch im Antiquariat N. Is-
     rael in Amsterdam eingesehen hat.
102 Brief vom 1.5.1587; vgl. Werkverzeichnis 1587/3.

Fischerus, Petrus

Der Frankfurter Verleger Petrus Fischerus (Straßburg 15.7.1575 - Frankfurt Oktober 1595) war zunächst Gesellschafter von Johannes Wechelus und ab 1591 selbständiger Verlagsbuchhändler. Im Jahre 1593 brachte er die anatomischen Beobachtungen des Posthius, die 1590 erstmals bei Wechelus erschienen waren, erneut heraus[103]. Da inzwischen Wechelus verstorben war, hatte er keine Bedenken, einen als Vorwort dienenden Posthiusbrief an Wechelus abzuändern - unter anderem setzte er als Datum 1.8.1593 ein - und an sich selbst umzuadressieren; vermutlich hatte Posthius sogar sein Einverständnis dazu signalisiert.

Ellingerus, Andreas und Johannes

Andreas Ellingerus, Universitätsprofessor für Medizin unter anderem in Leipzig und Jena, wurde unter Zeitgenossen hochgeschätzt. Er war mit Posthius befreundet und tauschte mit ihm Gedichte. Nach dem Tod des Ellingerus im Jahre 1582 gab Posthius zusammen mit Henricus Petraeus Epicedia heraus[104], von denen allerdings bislang kein erhaltenes Exemplar aufzufinden war. Auch von dem sicher recht umfangreichen Briefwechsel zwischen Posthius und Ellingerus scheint sich nichts erhalten zu haben. Lediglich von einem Empfehlungsschreiben, das Posthius am 1.10.1587 an des Ellingerus Sohn Johannes richtete, existiert eine Abschrift[105], und zwar in einem vermutlich im 17. Jahrhundert angelegten Sammelband mit Abschriften von mehreren hundert Briefen aus dem 16. Jahrhundert; leider ist in dem Band nicht vermerkt, wo er von den Originalen abgeschrieben wurde; vielleicht handelt es sich sogar um die Kopie einer bereits vorliegenden Abschriftensammlung. Der Band, der sich heute in der Bayerischen Staatsbibliothek in München befindet, enthält außerdem von Posthius einen Brief an Ludovicus Camerarius den Älteren (siehe dort).

Freherus, Marquardus

Marquardus Freherus (Augsburg 29.7.1565 - Heidelberg 13.5.1614) war einer der führenden Juristen am Pfälzer Hof in Heidelberg und machte sich auch als Historiker einen Namen.

Zwei Blätter mit autographen Posthiusgedichten für Marquardus Freherus, beide mit Glückwunschgedichten zur Hochzeit mit Catharina Wiera im Jahre 1593, wurden von Freherus mit anderen zum selben Anlaß erhaltenen Gedichten zusammengestellt und zum Druck vorbereitet; diese Sammlung besaß zu Beginn dieses Jahrhunderts der Universitätsprofessor und Reichsarchivdirektor Ludwig von

---

103 vgl. Werkverzeichnis 1590/1b.
104 vgl. Adamus: Vitae medicorum (1620), S. 241.
105 München BSB Clm 2106. Die Angabe im Münchener Katalog, der Band enthalte Briefe "Ad Joh. et Andream Ellingeros J. Posthii et J. Lipsii", ist ungenau; vgl. Catalogus codicum manu scriptorum Bibliothecae Regiae Monacensis tomi III pars I codices Latinos continens (= Catalogus codicum Latinorum Bibliothecae Regiae Monacensis tomi I pars I codices Num. 1-2329 complectens), Monachii ^{2}MDCCCXCII, S. 313; in der folgenden Ausgabe von 1902 finden sich dieselben Angaben.

Rockinger[106]. Nach seinem Tod am 24.12.1914 wurde der Band aus dem Nachlaß
der Staatsbibliothek München geschenkt. Er enthält neben gebundenen Blättern
auch etliche lose, darunter vier offenbar nicht zu den Hochzeitsgedichten gehörende Briefe und einen Stammbaum.

Einige andere Texte aus dem Besitz des Freherus - Briefe und Gedichte an ihn,
eigene Konzepte, andere von ihm aufbewahrte Schriftstücke - gelangten zusammen
mit der umfangreichen Korrespondenzsammlung der Familie des Michael Maestli-
nus und weiteren Texten in einen Sammelband, der heute unter den Augusteer-
handschriften in Wolfenbüttel aufbewahrt wird[107]. Der Band enthält zwei Blätter
mit autographen Posthiusgedichten. Auf dem einen Blatt preist Posthius eine Dichtung des Freherus[108], auf dem anderen gratuliert er in zwei Gedichten zur Berufung an die Universität Heidelberg und zur Geburt einer Tochter[109].

Fridericus IV./Friedrich IV., Pfalzgraf und Kurfürst

Friedrich IV. (Amberg 5.3.1574 - Heidelberg 19.9.1610) wurde nach dem frühen
Tod seines lutherischen Vaters Ludwig VI. im Jahre 1583 sehr stark von seinem
Vormund Johann Casimir beeinflußt. Als regierender Fürst erlangte Friedrich al-
lerdings mehr durch seine Jagd- und Trinkleidenschaft dauernden Ruhm als durch
politische Taten. Immerhin bewirkte er durch sein Festhalten an der kalvinistischen
Konfession eine gewisse Kontinuität in der Pfalz, und er gehörte zu den größten
Förderern der Bibliotheca Palatina und im Jahre 1608 auch zu den Gründern der
protestantischen Union.

Posthius war unter denen, die von Pfalzverweser Johann Casimir während der
Jugendjahre des Kurfürsten mit dessen Ausbildung beauftragt wurden. Nach dem
Tod Johann Casimirs im Jahre 1592 verfaßte Posthius ein Epicedium, das gleichzeitig als Glückwunschgedicht an Friedrich IV. zum Amtsantritt diente. Das Blatt
mit dem autographen Gedichttext, das lediglich mit "J. P." unterzeichnet ist[110],
wurde zunächst in den Heidelberger Hofsammlungen aufbewahrt, und zwar in einem Band mit ähnlichen Texten etlicher Autoren, die zu den verschiedensten Anlässen an den Heidelberger Hof gerichtet wurden; der Band befindet sich heute in
der Vatikanischen Bibliothek[111].

---

106 München BSB Clm 28289, Bl. 15f; vgl. Werkverzeichnis 1593/3. Der gesamte Band ist beschrieben
     bei G. Glaucke: Katalog der lateinischen Handschriften der Bayer. Staatsbibliothek München Clm
     28255-28460, Wiesbaden 1984, S. 61; doch sind die Autoren der einzelnen Gedichte und Briefe nur
     im Register verzeichnet.
107 Der Inhalt des Bandes wird beschrieben bei O. v. Heinemann: Die Handschriften der Herzoglichen
     Bibliothek zu Wolfenbüttel, 2. Abtheilung. Die augusteischen Handschriften. II, Wolfenbüttel
     1898, S. 118-121, Nr. 2174.
108 Wolfenbüttel HAB Cod. 15.3. Aug. fol., Bl. 445; vgl. Werkverzeichnis 1594/4.
109 Wolfenbüttel HAB Cod. 15.3. Aug. fol., Bl. 445; vgl. Werkverzeichnis 1596/5.
110 Bibliotheca Apostolica Vaticana, Palatinus latinus 1905, Bl. 175; vgl. Werkverzeichnis 1592/2.
111 Näheres zum Schicksal der Bibliotheca Palatina vgl. unter Janus Gruterus.

Frischlinus, Nicodemus

Nicodemus Frischlinus (Erzingen bei Balingen 22.9.1547 - Hohenurach 28./29.11.1590), der wegen seiner lateinischen Dramen in die Literaturgeschichten einging, lehrte mehrere Jahre an der artistischen Fakultät der Universität Tübingen, bis er sich wegen seines überschäumenden Temperamentes mit allen möglichen Leuten - vor allem mit Martinus Crusius und mit Teilen der Ritterschaft - verfeindete. Einer der Anlässe war eine Vorlesung, die sich adelskritisch deuten ließ. Gegen diese Interpretation wehrte sich Frischlinus mit zwei offenen, an Posthius gerichteten Briefen am 28.10. und 20.11.1580, von denen noch mehrere Kopien existieren[112].

Frischlinus führte ein immer unsteteres Leben - von 1582 bis 1584 leitete er dabei die Lateinschule in Laibach - und begann schließlich wegen eines Vermögensstreites eine Auseinandersetzung mit der Württembergischen Regierung. Daher wurde er in Frankfurt verhaftet, an Württemberg ausgeliefert und in der Festung Hohenurach eingekerkert. Bei einem Ausbruchsversuch kam er ums Leben.

Nicodemus Frischlinus publizierte im Anhang seines 1576 erschienenen Dramas "Rebecca"[113] eine kleine, fünf Schreiber umfassende Auswahl aus seiner Korrespondenz, darunter die zwei Posthiusbriefe vom 31.12.1572 und vom 4.5.1573. An anderer Stelle in diesem Anhang ließ Frischlinus ein Gedicht abdrucken, das Posthius wohl im Jahre 1575 als Beilage eines verschollenen Briefes übersandt hatte.

Gruterus, Janus

Janus Gruterus (Antwerpen 4.12.1560 - bei Heidelberg 20.9.1627) gehörte zu den bedeutendsten Philologen seiner Zeit[114]. Er sammelte eifrig alle an ihn gerichteten und auch alle anderweitig erreichbaren Briefe, zumal ihm als unermüdlichem Editor von Anthologien und Biographien alles dazu verwendbare Material willkommen war. Als Hofbibliothekar in Heidelberg war ihm noch dazu die kurfürstliche Korrespondenz weitgehend zugänglich wie auch die berühmten Palatinahandschriften, die er eifrig bearbeitete und veröffentlichte. Zwischen privaten und kurfürstlichen Beständen war so kein großer Unterschied, und als 1620 Heidelberg belagert wurde, suchte er deshalb, seine privaten Sammlungen in der Hofbibliothek untertauchen zu lassen, um sie dadurch zu retten, doch erreichte er damit das Gegenteil: Als nämlich nach der Eroberung Heidelbergs im September 1622 die Hofbibliothek, die "Palatina", auf Betreiben der Kurie zunächst im Februar 1623 nach München geschafft und großteils im April 1623 nach Rom in die Bibliotheca Apostolica Vaticana weitergeleitet wurde, waren dabei auch zahlreiche Stücke aus dem Besitz

---

112 Zwei Kopien von beiden Briefen befinden sich in Stuttgart im Hauptstaatsarchiv A 274, Büschel 42; zu Inhalt und Art der Schriftstücke vgl. Überblick, Kapitel 30.
113 vgl. Werkverzeichnis 1576/2.
114 Die folgenden Ausführungen entnahm ich Smend: Gruter (1939), Wilken: Geschichte (1817; Wilken war als Heidelberger Bibliothekar an der Rückführung der deutschen Palatinahandschriften nach Heidelberg maßgeblich beteiligt), Fechner: Das Schicksal (1967) und H.-O. Keunecke: Maximilian von Bayern und die Entführung der Bibliotheca Palatina nach Rom, in: Archiv für Geschichte des Buchwesens, Bd. XIX, Frankfurt am Main 1978, Sp. 1401-1446.

des Gruterus, einschließlich seiner Notizzettel[115] und einschließlich einer handschriftlichen Anthologie, die er 1600 bis 1602 angelegt hatte und die etliche Gedichte von Johannes Posthius enthält[116]. Sie diente wohl als Vorstufe zu dem wesentlich ausgereifteren und umfangreicheren Sammelwerk "Delitiae", das Gruterus
von 1608 bis 1614 in insgesamt 15 Bänden herausbrachte, geordnet nach italienischen, französischen, deutschen und belgischen Dichtern. Seinen Namen versteckte
er dabei hinter dem Pseudonym "Rhanutius Gherus" und hinter der Abkürzung "A.
F. G. G.". In die sechs Bände umfassende, nach Verfassern alphabetisch geordnete
Abteilung für die Dichter Deutschlands von 1612 nahm er eine repräsentative Auswahl aus des Posthius zweiter Parergaausgabe auf[117].

Ein anderer Band aus dem Besitz des Gruterus in der Bibliotheca Apostolica
Vaticana[118] enthält etwa 250 Originale von Gedichten, die Gruterus zu verschiedenen Anlässen erhielt, darunter auch ein Epigramm des Posthius, mit dem der zur
zweiten Hochzeit am 16.7.1595 mit Anna Kimedontia gratulierte[119].

Zu den Beständen der Heidelberger Hofbibliothek im Vatikan gehört auch ein
Band mit Texten - vor allem Gedichten - etlicher Autoren, die zu den verschiedensten Anlässen an den Heidelberger Hof gerichtet wurden. Darunter sind ein Posthiusgedicht für den Pfalzgrafen Friedrich IV. (siehe dort) und ein Posthiusgedicht
als Begleittext für ein Carmen des Henricus Smetius (siehe dort) an eben diesen
Pfalzgrafen.

Am Beginn des 19. Jahrhunderts unterstützte der preußische König Friedrich
Wilhelm III. den Papst Pius VII., als dieser von Frankreich die Rückgabe der 500
im Jahre 1797 geraubten Vatikanischen Handschriften aus Paris verlangte. Als
Dank dafür schenkte der Papst dem König den deutsch geschriebenen Teil der alten Pfälzer Hofbibliothek nebst einigen weiteren aus Heidelberg stammenden
Stücken. Friedrich Wilhelm III. gab aus Nationalbewußtsein diese Handschriften
an die Universitätsbibliothek Heidelberg zurück; 38 weitere Handschriften
gelangten direkt aus Paris dorthin. Daher kommt es, daß sich von der Korrespondenz des Erasmus Posthius an Janus Gruterus, die sich mit der Neuherausgabe des
"Votum Posthimelissaeum" beschäftigt, ein lateinisch geschriebenes undatiertes
Blatt - vom Anfang des Jahres 1618? - heute wieder in Heidelberg bei anderen
Briefen an Gruterus befindet[120], während vier weitere Briefe aus der ersten Hälfte

---

115 Bibliotheca Apostolica Vaticana, Palatinus latinus 1908-1910; dabei ist auch ein Blatt, auf dem sich
     Gruterus notiert hatte, wessen Biographien er besaß; der Name des Posthius ist dabei (Palatinus
     latinus 1909, Bl. 108f).
116 Bibliotheca Apostolica Vaticana, Palatinus latinus 1821. Nach dem Prinzip der Variatio sind darin
     die Gedichte nicht nach Autoren geordnet. Die Anthologie macht insgesamt einen recht schnell
     und unreflektiert zusammengestellten Eindruck, wobei auch die darin angeführten Posthiusge-
     dichte wahllos herausgegriffen scheinen.
117 Gruterus: Delitiae poetarum Germanorunm (1612), pars V, S. 122-344, wobei zumindest in man-
     chen Exemplaren die Seitenzahlen "321" bis "352" versehentlich als "221" bis "252" gezählt werden.
118 Kopien von diesem wie auch von anderen Gruterusbänden der Vatikanischen Bibliothek befinden
     sich in der Bayerischen Staatsbibliothek in München, Clm 10787-10790.
119 Bibliotheca Apostolica Vaticana, Palatinus latinus 1906, Bl. 137; vgl. Werkverzeichnis 1595/3.
120 Heidelberg UB Palatinus germanicus 834, Bl. 255. Der Sammelband trägt den Titel "Aktenstücke
     zur Geschichte des sechzehnten und siebzehnten Jahrhunderts".

des Jahres 1618 nach wie vor in der Vatikanischen Bibliothek aufbewahrt werden[121]. Ferner befindet sich in einem der in Rom verbliebenen Bände mit der Korrespondenz des Henricus Smetius ein Brief des Erasmus Posthius vom 8.3.1612 aus Padua.[122]

Unter den aus Rom nach Heidelberg zurückgegebenen Schriften war auch die von Johannes Posthius und Johannes Mercurius angefertigte handschriftliche Übersetzung der Tragödie Hamanus des Thomas Naogeorg.[123]

Außerdem liegt in Heidelberg in einem wohl ständig dort verbliebenen Sammelband ein Blatt mit einer von Posthius verfaßten Aufschrift für das Grab mehrerer früh verstorbenen Kinder des Pfalzgrafen Johann Casimir (siehe dort).

Grynaeus, Janus Jacobus

Janus Jacobus Grynaeus (Bern 1.10.1540 - Basel 13.8.1617), Sohn eines Gräzisten und Theologen, wurde nach seiner Konversion von der lutherischen Konfession zur reformierten eine der größten Autoritäten und Verfechter der reformierten Lehre am Ende des 16. Jahrhunderts. Als solcher war er zunächst - ab 1575 - Professor für Altes Testament in Basel, von 1584 bis 1586 Professor in Heidelberg, anschließend Professor für Neues Testament in Basel und Antist der dortigen Kirche. Die umfangreiche Sammlung seiner Korrespondenz, insgesamt zwölf Bände, kam in die Bibliothek der Universität Basel, darunter im Band G II 9 auch sechs Posthiusbriefe.[124]

Herderus, Valentinus

Ein Exemplar der Gedichte, die Posthius zur eigenen Hochzeit erhalten und herausgegeben hatte, widmete er dem Valentinus Herderus. Dieses Exemplar befindet sich heute in der Herzog August Bibliothek Wolfenbüttel.[125]

Heurnius, Johannes

Johannes Heurnius (Utrecht 25.1.1543 - Leiden 11.8.1601) studierte von 1561 bis 1571 in Löwen, Paris, Padua und Pavia Medizin und wirkte zunächst in Utrecht, wo er auch politisch als Ratsherr tätig wurde. Er war Leibarzt des Grafen Lamoral von Egmont und später auch des Wilhelm von Oranien. 1581 wurde er als Professor der Medizin nach Leiden berufen und hielt dort als erster anatomische Seminare. Seine

---

121 Bibliotheca Apostolica Vaticana, Palatinus latinus 1907, Bl. 87-90.
122 Bibliotheca Apostolica Vaticana, Palatinus latinus 1903, Bl. 35.
123 Heidelberg UB Palatinus germanicus 387, 4°; vgl. Werkverzeichnis 1561/4.
124 Eine fortlaufende Abschrift von zahlreichen Schriftstücken des Grynaeusnachlasses in Basel ließ im Jahre 1730 Zacharias Konrad von Uffenbach in elf Bänden anfertigen. Diese Abschrift liegt heute als Foliocodex 55 der Sammlung "Supellex epistolica" in der Staatsbibliothek Hamburg; sie enthält auf den Blättern 203v bis 205v die Posthiusbriefe vom 15.4.1587, 26.7.1586, 28.8. und 3.10.1596. Die Briefe vom 7.3.1585 und 28.9.1592 sowie das Beiblatt zum Brief vom 28.8.1596 dagegen sind mir nur im Original bekannt.
125 Wolfenbüttel HAB 56.25 Poet. (8); vgl. Werkverzeichnis 1569.

Werke - "Institutiones medicinae", "Praxis medicinae", Kommentare zu Hippokrates und Fernelius - wurden wegen ihrer Praxisnähe weit bekannt und viel gelesen.

Ein Brief, den Posthius am 13.9.1592 an ihn richtete, gelangte über die 60 Nummern umfassende Autographensammlung "Marchandiani", die P. Marchand im 18. Jahrhundert zusammentrug, in die Bibliothek der Rijksuniversiteit Leiden.

Hornmoldus, Sebastianus

Sebastianus Hornmoldus stammt aus einer bedeutenden Württemberger Beamtenfamilie: Sein gleichnamiger Großvater (1500-1581) hatte maßgeblichen Anteil an der Nutzbarmachung der Klostergüter für die Rentkasse des Herzogtums[126], und sein Vater Samuel (28.9.1537-1.2.1601) wurde zunächst Juraprofessor in Tübingen, diente dann dem Markgrafen von Baden als Rat und Kanzler und schließlich der Stadt Heilbronn als Syndikus. Dessen Sohn Sebastianus wurde - wie der Großvater - Rat des Herzogs von Württemberg und als solcher 1617 geadelt.

Von der Hand dieses Sebastianus Hornmoldus[127] stammt eine handgeschriebene Textsammlung, die neben eigenen Gedichten auch einige enthält, die ihm von anderen gewidmet waren, darunter ein Posthiusepigramm, das als Stammbucheintrag gedient hatte, allerdings ohne die Angabe einer Datierung. Der Band befindet sich heute in der Stadtbibliothek Ulm[128].

Außerdem publizierte Hornmoldus einen Teil des Briefes, den Posthius ihm am 12.4.1597 geschrieben hatte.

Johann Casimir, Pfalzverweser und Kurfürst

Johann Casimir (Simmern 7.3.1543 - Heidelberg 16.1.1592) übernahm nach dem Tod seines lutherischen Vaters Ludwig VI. am 12.10.1583 die Regentschaft über die Pfalz. Als militanter Vorkämpfer der kalvinistischen Konfession gehörte er auf nationaler wie internationaler Ebene zu den prägenden Gestalten seiner Zeit. Wenig Glück hatte er im familiären Bereich: Die meisten seiner Kinder verstarben früh, und die Ehe mit der lutherischen Elisabeth von Sachsen (Wolkenstein im Erzgebirge 18.10.1552 - Heidelberg 2.4.1590) endete in einer Katastrophe.

Mit eben diesem familiären Bereich beschäftigen sich zwei Texte von Posthius, die beide offenbar auf Johann Casimirs Wunsch hin entstanden: Für einen Grabstein, der an vier früh verstorbene Kinder des Pfalzgrafenpaares erinnern sollte, entwarf Posthius eine Aufschrift in deutschen Versen. Das autographe Blatt wurde in den Heidelberger Hofsammlungen aufbewahrt, und zwar in einem Band mit "Aktenstücke(n) zur Geschichte des sechzehnten und siebzehnten Jahrhunderts".

---

126 vgl. H. Roemer: Sebastian Hornmold, in: Schwäbische Lebensbilder (Hg. H. Haering und O. Hohenstatt), Bd. 1, Stuttgart 1940, S. 281-291.
127 Denselben Vornamen Sebastianus trug auch sein in Bietigheim als Sohn des Stadtschreibers Moses Hornmoldus geborener Vetter, der schließlich wie der Großvater das Amt des Kirchenratsdirektors übertragen bekam.
128 Ulm StB Ms. 6728, Bl. 3r; vgl. Werkverzeichnis 1586/3b.

Dieser Band blieb immer in Heidelberg und befindet sich in der dortigen Universitätsbibliothek[129].

Da der mysteriöse Tod der Pfalzgräfin Elisabeth am 2.4.1590 weites Aufsehen erregte[130], erstellte Posthius im Auftrag Pfalzgraf Johann Casimirs ein Gutachten über Krankheit und Tod der Pfalzgräfin, einschließlich eines Obduktionsberichtes. Dieses Gutachten kursierte in verschiedenen Abschriften, vor allem an mit Johann Casimir verbundenen Fürstenhöfen. Zwei Kopien, die von Pfalzgraf Karl von Birkenfeld an andere Wittelsbacher Pfalzgrafen - am 26.4.1590 an Pfalzgraf Philipp Ludwig nach Neuburg und etwa zur selben Zeit an Pfalzgraf Johann I. von Zweibrücken - geschickt worden waren, befinden sich nach wie vor in den Sammlungen der Familie Wittelsbach, und zwar im Geheimen Hausarchiv in München[131]; eine weitere Kopie, die Andreas Pancratius am 31.5.1590 ebenfalls an den Pfalzgrafen Philipp Ludwig nach Neuburg gesandt hatte, gelangte über die Wittelsbacher Sammlungen ins Hauptstaatsarchiv München.[132] Weitere Kopien scheinen verschollen zu sein.

Kitzingen, Stadt

Drei deutsch geschriebene Posthiusbriefe sind an eine Stadt gerichtet, vermutlich alle drei an die Stadt Kitzingen; sie befinden sich heute, wohl infolge der Wirren des Dreißigjährigen Krieges, an drei völlig verschiedenen Stellen:

In dem einen Brief vom 1.10.1570 kündigte Posthius der Stadt Kitzingen eine Visitation an. Dieses Schreiben gelangte über die medizingeschichtliche Sammlung von Erik Waller in die Universitetsbibliotek in Uppsala.

Ohne Adresse ist ein Schreiben vom 29.4.1577, in dem Posthius einer Stadt auf das Angebot, Stadtphysikus zu werden, antwortet. Über die Autographensammlung des Berliner Industriellen Ludwig Darmstaedter (siehe unter Conradus Rittershusius) kam das Blatt in die Staatsbibliothek Preußischer Kulturbesitz.

Ausdrücklich an Kitzingen ist der Brief vom 3.1.1585 gerichtet: Posthius unterstützt darin die Bewerbung seines Schwagers Petrus Scipio um die Stelle eines Stadtarztes. Heute befindet sich dieser Brief im Germanischen Nationalmuseum in Nürnberg.

Leius, Conradus

Conradus Leius gehörte zu den engsten Freunden des Johannes Weidnerus. Daher korrespondierten beide rege. Einem dieser Briefe fügte Leius die Abschrift eines Gedichtes über sein Wappen bei, das Posthius für ihn angefertigt hatte. Mit der

---

129 Heidelberg UB Palatinus germanicus 832, Bl. 159; vgl. Werkverzeichnis 1585/4.
130 vgl. Überblick, Kapitel 47.
131 München Geheimes Hausarchiv Korrespondenzakt Nr. 983; vgl. Werkverzeichnis 1590/4, Exemplare Nr. 3 und 4.
132 München Hauptstaatsarchiv Kasten blau 336/20, Bl. 119; vgl. Werkverzeichnis 1590/4, Exemplar Nr. 5.

Briefsammlung des Weidnerus kam auch dieser Brief in die Württembergische Landesbibliothek[133].

Lipsius, Justus

Ein Teil des umfangreichen Nachlasses des berühmten Humanisten Justus Lipsius (Overijsche bei Brüssel 18.10.1547 - Löwen 24.4.1606) befindet sich heute in der Rijksuniversiteit Leiden, darunter auch der Posthiusbrief vom 15.10.1582.

Neidhardus à Thungen siehe Thüngen

Neustetterus, Erasmus

Erasmus Neustetterus/Neustetter genannt Stürmer (Schönfeld im Bistum Bamberg 7.11.1522 - Würzburg 23.11.1594) bekleidete verschiedene hohe geistliche Ämter, vor allem das eines Domkapitulars und Domdechanten in Würzburg (ab 1552), das eines Domkapitulars in Bamberg (ab 1561) und das eines Dechanten und Probstes auf der Comburg (ab 1569). Bekannt wurde er wegen seines Mäzenatentums. Er förderte neben anderen den Petrus Lotichius Secundus und kam bei dessen Tod in Kontakt zu Posthius, den er in den folgenden Jahren sehr unterstützte; die freundschaftliche Verbundenheit dauerte über Konfessionsgrenzen hinweg bis zum Tode des Neustetterus.

Posthius publizierte als sichtbares Zeichen dieser Verbundenheit drei an Erasmus Neustetterus gerichtete Widmungsbriefe, und zwar in seiner Sammlung der Epicedia für Petrus Lotichius Secundus[134], in seinen Begleitepigrammen für eine Holzschnittausgabe zu Ovid[135] und in seiner verbesserten Übersetzung der Ernährungslehre des Isaac Iudaeus[136]. Einen weiteren Widmungsbrief, und zwar den für die zweite, erweiterte Ausgabe seiner "Parerga", richtete Posthius im Jahre 1595, nach dem Tod des Erasmus Neustetterus, an dessen Neffen Johannes Christophorus Neustetterus[137], der damals die Ämter eines Domkapitulars in Mainz und Würzburg innehatte.

Im Original erhalten blieben dagegen vier Schriftstücke, die in Zusammenhang mit dem Tod des Lotichius stehen: Dabei handelt es sich zunächst um einen Brief vom 2.11.1560, den Lotichius krankheitshalber dem Posthius diktiert hatte, sowie um die Todesanzeige vom 1.12.1560, in der Posthius dem Neustetterus die Abschiedsworte des Lotichius nebst eigenem Begleittext mitteilte. Beide Schriftstücke kamen über die Camerariussammlung in die Staatsbibliothek in München. Eine kalligraphische, nicht autographe und im Text leicht veränderte Fassung der Todesanzeige vom 1.12.1560 gelangte - wohl ebenfalls über die Camerariussammlung - in die Universitätsbibliothek Erlangen; da sie mit vollständiger Adresse versehen ist

---

133 Stuttgart WLB Cod. hist. 2° 603, Bl. 243; vgl. Werkverzeichnis 1583/3.
134 Brief vom 1.12.1560; vgl. Werkverzeichnis 1560/2.
135 Brief vom 1.3.1563; vgl. Werkverzeichnis 1563/1.
136 Brief vom 1.12.1568; vgl. Werkverzeichnis 1570.
137 Brief vom 1.1.1595; vgl. Überblick, Kapitel 51, und Werkverzeichnis 1580/1a.

und auch einen Empfangsvermerk trägt, wurde sie wohl tatsächlich verschickt, während es sich bei der Münchner Fassung um einen ersten Entwurf handeln könnte.

Eng mit diesen Briefen hängt ein weiteres von Posthius geschriebenes Schriftstück zusammen, das den Entwurf einer Aufschrift für das Grab des Lotichius enthält; dieser Text war wohl auf Veranlassung des Neustetterus von Posthius verfaßt worden[138].

Eine Erklärung dafür, wie die vier erwähnten Schriftstücke aus dem Besitz des Neustetterus und/oder des Posthius in den Besitz der Familie Camerarius kamen, bieten die Posthiusbriefe vom 18.1.1562, 18.2.1562 und 18.8.1563 an Joachimus I Camerarius. Aus ihnen geht hervor, daß sich Neustetterus und Posthius am Sammeln der Werke des Lotichius für eine von Joachimus I Camerarius geplante postume Lotichius-Gedichtsammlung beteiligten; im Zusammenhang damit übersandten wohl beide die vier angeführten Schriftstücke, offenbar zu dem Zweck, daß sie von Camerarius in dieser Gedichtsammlung publiziert würden; Camerarius beschränkte sich allerdings auf eine reine Textausgabe der poetischen Werke des Lotichius.

Mit seinem Tod vermachte Erasmus Neustetterus 1594 seine umfangreichen Bücherbestände dem Stift Comburg, dessen Probst er war. Nach der Säkularisation gelangten die Comburger Bestände 1805 größtenteils nach Stuttgart in die damalige Herzogliche, dann Königliche und heute Württembergische Landesbibliothek[139]. Darunter war auch eine handschriftliche Bibeldichtung aus dem 13. Jahrhundert, die Posthius dem Neustetterus geschenkt hatte.[140] Von einem weiteren Band, der ebenfalls von Posthius dem Neustetterus geschenkt worden war, ist in der Staatsbibliothek Bamberg lediglich die herausgeschnittene Dedikation erhalten.[141]

Zu der Bibliothek des Erasmus Neustetterus gehörten auch die Büchersammlungen des bayerischen Adeligen Oswald von Eck (gestorben 1573). Dessen Vater, der bayerische Kanzler Leonhard von Eck, hatte bedeutende Bestände zusammengetragen, die Oswald noch gewaltig vermehrte, und Neustetterus gelang es, diese wegen Konkurses oder Todes ihres Besitzers 1572 oder 1573 zu erwerben. In einem Katalog dieser Eckschen Bibliothek ist eine von Johannes Posthius zusammengestellte Anthologie angegeben: "Sententiae Poetarum a Posthius collectae"[142]. Da der Katalog jedoch offenbar erst angefertigt wurde, als die alten Comburger Bestände und die neu erworbene Ecksche Bibliothek sich nicht mehr trennen ließen -

138 München BSB Clm 10368 (= Cam. 18), Nr. 319; vgl. Werkverzeichnis 1560/3.
139 vgl. F. D. Gräter: Über die Merkwürdigkeiten der Comburger Bibliothek, Hall 1805; Index Librorum manuscriptorum Eckianae, in: Th. Wiedemann: Dr. Johann Eck, Regensburg 1885, S. 698-750; K. Löffler: Die Bibliotheca Eckiana, in: Zentralblatt für das Bibliothekswesen 36, 9. und 10. Heft, Leipzig 1919, S. 195-210; U. Sieber: Friedrich David Gräter und die Komburger Stiftsbibliothek, in: Württembergisch Franken 52, Schwäbisch Hall 1968, S. 110-119; U. Sieber: Untersuchungen (1969).
140 Stuttgart WLB Bibl. 4° 29. Der Band wird beschrieben bei Sieber: Untersuchungen, S. 52f. Dort ist auch die Seite mit dem Dedikationsvermerk des Posthius abgebildet.
141 Signatur H. V. Msc. 459, I; den Hinweis auf diese Dedikation verdanke ich Herrn W. Taegert, Bamberg.
142 München BSB Clm. 425; zitiert nach der Publikation des Katalogs durch Th. Wiedemann: Dr. Johann Eck, Regensburg 1885, S. 701.

möglicherweise entstand der Katalog sogar erst nach 1600 -, besagt dies nichts über die Herkunft dieser Posthiusanthologie: Sie hat mit Eck nichts zu tun, sondern wurde im Jahre 1571 anläßlich der Geburt von des Sebastianus Neustetterus' Sohn Johannes Christophorus zusammengestellt. Posthius kannte den Vater von der gemeinsamen Bildungsreise nach Italien im Jahre 1563 her. Allerdings bleibt offen, ob es sich bei dem in Stuttgart aufbewahrten autographen Band wirklich um das für Sebastianus Neustetterus bestimmte Exemplar handelt; vielleicht hatte Posthius gleich für dessen Bruder Erasmus Neustetterus eine Zweitschrift angefertigt[143].

Oberith, Marcus

Ein Blatt aus dem Stammbuch des Marcus Oberith aus Leipzig, auf dem sich Posthius am 10.10.1567 in Antwerpen eingetragen hat[144], wurde etwa 1700 von J. Fr. Mayer zusammen etwa 400 weiteren, aus dem Zusammenhang gelösten Stammbucheintragungen und mit einigen Briefen zu einem Band zusammengestellt. Diesen Band konnte Zacharias Konrad von Uffenbach im Jahre 1716 aus Mayers Nachlaß für seine heute in der Staats- und Universitätsbibliothek Hamburg aufbewahrte Sammlung (vgl. unter Rittershusius) erwerben.

Ortelius, Abraham

Abraham Ortelius, der führende Kartograph des 16. Jahrhunderts (Antwerpen 4.4.1527 - ibidem 28.6.1598), sammelte die von ihm erhaltenen Briefe und andere Schriftstücke, hatte aber keinerlei Interesse an der Vollständigkeit: so schickte er im Jahre 1579 bereitwillig und großzügig dem Jacobus Monavius Autographen aus seinem Besitz. Von Abraham Ortelius kam die Sammlung an seinen Neffen Jacobus Colius iun., auch Ortelianus genannt. Der erweiterte sie noch um etliche Stücke und plante auch eine Edition: Dazu wählte er aus der immensen Masse an Schriftstücken, die ihm zur Verfügung standen, einen Teil der Korrespondenz seines Onkels aus und entwarf auch einen Titel[145]. Zu einer Publikation dieser Auswahl kam es jedoch offenbar nicht.

Colius sammelte weiter - vor allem seine eigene Korrespondenz - und vermachte bei seinem Tod 1628 seinen Nachlaß der "Dutch Church" in London, an der er seit 1625 Presbyter gewesen war. In deren Besitz blieben die Schriftstücke bis 1955. Johannes Henricus Hessels, der im Auftrag dieser Kirche 1887 die vorhandenen 320 Stücke der Korrespondenz des Ortelius in vorbildlicher Weise edierte[146], vermutet, daß es sich dabei um die erwähnte Auswahl des Colius handelt und daß die Stücke der Sammlung, die nicht in die von ihm geplante Edition Aufnahme gefunden hätten, als verloren oder verstreut gelten müssen.

---

143 Stuttgart WLB Cod. poet. et philog. 4° 32; vgl. Werkverzeichnis 1571/2.
144 Hamburg SuUB Supellex epistolica 28, Bl. 241.
145 ABRAHAMI ORTELII ANT. ‖ ET ‖ CLL. VIRORUM AD EUM ‖ EPISTOLAE ‖ PAUCAE E PLURIMIS. ‖ Londini ‖ In ordinem alphabeticum redactae ‖ a Jacobo Colio Orteliano. ‖ MDCIII. ‖
146 Hessels: Ortelii epistulae (1887); dieser Ausgabe entstammen die Angaben zur Geschichte der Orteliussammlung.

Bis 1882 waren die Briefe alphabetisch nach den Vornamen ihrer Verfasser geordnet; dann erfolgte eine gründliche Reinigung, Konservierung, Neuordnung nach Nachnamen und Fixierung in drei Foliobänden.

Von 1866 bis 1954 wurden die Briefe zusammen mit anderen Beständen der Londoner "Dutch Church" in der Guildhall Library der City of London aufbewahrt und am 15.2.1955 dann bei Sotheby in London an O. O. Fisher aus Detroit versteigert, der die Sammlung an andere Bibliotheken, vor allem in den USA, weiterverkaufte[147].

Die Sammlung des Ortelius enthielt den Posthiusbrief vom 18.9.1587 sowie ein mit diesem Brief übersandtes Posthiusporträt, unter dem enkomiastische Gedichte über dieses Porträt von N. Reusnerus, C. Dinnerus, I. Sanderus und F. Modius abgedruckt sind; der heutige Aufbewahrungsort von Brief und Posthiusporträt ist mir nicht bekannt.

Plotius, Hugo

Hugo Vleremannus/Plotius/Blotius (Delft 1534 - Wien 29.1.1608) leitete ab 1575 die kaiserliche Hofbibliothek in Wien und vermachte dieser Bibliothek, der heutigen Österreichischen Nationalbibliothek, auch seinen Nachlaß[148]. Dabei ist auch ein Empfehlungsschreiben des Posthius vom 23.10.1593 für Johannes Mallendorfius.

Posthius, Erasmus

Erasmus Posthius (Würzburg 3.8.1582 - Heidelberg 27.12.1618) wurde wie sein Vater Arzt, starb aber bereits bald nach seinen umfangreichen Bildungsreisen, auf denen er an die weitreichenden Freundschaftsverbindungen seines Vaters angeknüpft hatte. Das Stammbuch des Erasmus Posthius mit 75 Einträgen aus den Jahren 1595 bis 1610, ein durchschossenes Exemplar von des Alciatus Emblemata, Lyon 1591, befindet sich heute in der Staatsbibliothek Bamberg.[149]

Johannes Posthius publizierte einen an seinen Sohn Erasmus gerichteten Widmungsbrief 1596 in der Edition seiner Kirchenlieder[150].

Aus dem Familienbesitz Posthius scheint außer dem erwähnten Stammbuch des Erasmus Posthius und dem ebenfalls erwähnten Brief des Crato an Johannes Posthius so gut wie nichts erhalten zu sein: Lediglich bei einem Band in der Staatsbibliothek in München geht aus Besitzereinträgen hervor, daß er ursprünglich dem Johannes Posthius gehörte. Es handelt sich dabei um ein gedrucktes Exemplar einer Hymnensammlung des Andreas Ellingerus, zu der Posthius auch selbst ein en-

---

147 Diese Auskunft erhielt ich 1986 freundlicherweise vom Leiter der Handschriftenabteilung der Guildhall Library, C. R. H. Cooper. Von wem der angeführte Posthiusbrief erworben wurde, ist mir nicht bekannt.

148 vgl. F. Unterkircher: Hugo Blotius, in: Geschichte der Österreichischen Nationalbibliothek (Hg. J. Stummvoll), Erster Teil: Die Hofbibliothek (1368-1922), Wien 1968, S. 81-127 (= Museion - Veröffentlichungen der Österreichischen Nationalbibliothek, N. F., 2. Reihe, Bd.3).

149 Signatur: Inc. typ. Ic II 46; vgl. Taegert: Stammbücher (1989), S. 169, Nr. 29.

150 Brief vom 13.7.1596; vgl. Werkverzeichnis 1596/1.

komiastisches Gedicht beigetragen hatte.[151] Von einem anderen Band aus des Posthius Privatbibliothek ist lediglich noch das Exlibris vorhanden[152], und zwar innerhalb einer fünfbändigen Autographensammlung, der zur Abteilung "in scrinio" der Uffenbachschen Autographensammlung (vgl. unter Rittershusius) in Hamburg gehört.

Rittershusius, Conradus

Der Altdorfer Rechtsprofessor und begeisterte Philologe Conradus Rittershusius (Braunschweig 25.9.1560 - Altdorf 25.5.1613) gehörte seit der Jahreswende 1587/88 zum Freundeskreis des Posthius. Er sammelte planmäßig die Briefe, die er erhielt, und numerierte sie teilweise, darunter auch die ersten fünf Briefe von Posthius. Da Rittershusius und Posthius weiterhin häufig einander schrieben und Anteil aneinander nahmen, ist auch in der übrigen Korrespondenz des Rittershusius oft von Posthius die Rede, vor allem in den Briefen des Lambertus Ludolfus Pithopaeus/ Helm aus den Jahren 1589 bis 1596[153].

Die Briefsammlung des Conradus Rittershusius ging nach dessen Tod in den Besitz des Sohnes Nicolaus (Altdorf 1597 - ibidem 1670) über, der nach umfangreichen Reisen ab 1635 als Jurist an der Universität Altdorf wirkte, zuerst als Professor der Institutionen, ab 1649 als Professor der Pandekten. Dieser bot in der Mitte des 17. Jahrhunderts dem Ludovicus Camerarius Stücke aus der Sammlung zum Kauf an, doch zerschlugen sich die Pläne, so daß die zwei Bände umfassende Sammlung zusammen mit weiteren Stücken aus des Nicolaus Rittershusius eigener Korrespondenz schließlich am Anfang des 18. Jahrhunderts in den Besitz des Frankfurter Patriziers Zacharias Konrad von Uffenbach (1683-1734) gelangte, eines leidenschaftlichen Briefsammlers[154]. Von dessen Erben wurden die schon zu Zeiten Uffenbachs gerühmten Bestände 1735 zu einem großen Teil an den Hamburger Gelehrten und Hauptpastor an St. Katharinen Johann Christoph Wolf (1683-1739) verkauft; dieser vermachte die "Supellex epistolica" genannte Sammlung der Stadtbibliothek Hamburg. Sein Bruder Johann Christian Wolf (1689-1770), Professor am Hamburger Johanneum und späterer Stadtbibliothekar, der das Recht zur Nutzung der Sammlung hatte, erweiterte sie noch, so daß sie heute 126 Folio- und 74 Quartobände mit etwa 40000 Briefen von 7128 Schreibern an 3229 Adressaten - teils als Abschriften - umfaßt.

Die zweibändige Briefsammlung des Conradus Rittershusius, die im "Supellex epistolica" die Signatur Folioband 46 und Folioband 47 erhielt, enthält 16 Briefe

---

151 München BSB Liturg. 317; vgl. Werkverzeichnis 1578/1.
152 Hamburg SuUB cod. 69 in scrin., S. 355, Nr. 1238; vgl. auch Werkverzeichnis 1590/1.
153 Hamburg SuUB Supellex epistolica 46, Bl. 238-255.
154 vgl. Zeidler: Vitae (1770); R. Münzel: Philologia Hamburgensia, Hamburg 1905; J. Becker: Die Bibliothek des Zacharias Konrad von Uffenbach, in: Festschrift Georg Leyh, Leipzig 1937, S. 129ff; T. Brandis: Die Codices in scrinio der Staats- und Universitätsbibliothek Hamburg 1972 (= Katalog der Handschriften der SuUB Hamburg, Bd. VII); N. Krüger: Supellex Epistolica Uffenbachii et Wolfiorum. Katalog der Uffenbach-Wolfschen Briefsammlung, 2 Teilbände, Hamburg 1978 (= Katalog der Handschriften der SuUB Hamburg, Bd. VIII).

des Johannes Posthius[155] und fünf seines Sohnes Erasmus[156] sowie ein Gedicht, das Johannes Posthius für Ludovicus Camerarius (siehe dort) angefertigt hatte. Außerdem befinden sich in dieser Briefsammlung unter den zahlreichen Epithalamien, die Rittershusius zu seinen Hochzeiten mit Helena Theodosia Staudner 1592 und mit Katharina Holzschuher 1609 erhielt, zwei autographe Gedichte des Johannes Posthius, die Rittershusius auch publizierte.[157]

Unter den Briefen des Johannes Posthius fehlt die Nummer "4". Dieses am 7.9.1589 verfaßte Schreiben, das Conradus Rittershusius vermutlich dem Solomo Rysinius geliehen, von diesem aber nicht mehr zurückbekommen hatte, tauchte am Beginn dieses Jahrhunderts wieder im Handel auf und wurde im Jahre 1920 bei der Firma Liepmannssohn für die Sammlung des Berliner Industriellen Ludwig Darmstaedter (1846-1927) erworben. Diese Sammlung hatte Darmstaedter 1907 der Preußischen Staatsbibliothek gestiftet, er erweiterte sie aber auch nach diesem Datum noch[158].

An Rittershusius zurück gelangte statt des Originals eine unvollständige Abschrift, deren Text mitten im Satz abbricht. Das Doppelblatt mit dieser Abschrift enthält außerdem noch ein an Posthius gerichtetes Gedicht des Solomo Rysinius/ Pantherus vom 21.3.1597, wohl ein Autograph des Verfassers. Heute befindet sich das Doppelblatt mit den beiden Texten in einem Band mit Briefen an Nicolaus Rittershusius, der zwar - wie die übrige Ritterhusiussammlung - von Zacharias von Uffenbach erworben wurde, aber nicht 1735 an J. C. Wolf weiterverkauft wurde. So blieb der Band im Uffenbachschen Familienbesitz, bis er mit den umfangreichen Restbeständen der Sammlung Uffenbach von Johann Friedrich Armand von Uffenbach (1687-1769), einem Bruder des Zacharias, der Universitätsbibliothek Göttingen vermacht wurde.[159]

In den Uffenbach-Wolfschen Sammlungen in Hamburg befinden sich drei weitere Autographen von Posthius: Zu der Sammlung "Supellex epistolica" gehört ein Stammbucheintrag des Posthius für Marcus Oberith (siehe dort), zu der Abteilung "in scrinio" eine Dedikation für Ottmarus Stabius (siehe dort) und ein Exlibris des Johannes Posthius sowie ein Autograph des Erasmus Posthius, das aus dem Ende eines Briefes herausgeschnitten wurde[160].

Die Sammlung "Supellex epistolica" in Hamburg enthält auch zwei von Johannes Petrus Lotichius zusammengestellte Bücher mit der Korrespondenz des Petrus Lotichius, die Abschriften der drei bereits im 16. Jahrhundert publizierten Posthiusbriefe vom 1.12.1560, vom 31.1.1585 und vom 1.1.1595 enthalten.[161]

---

155 Hamburg SuUB Supellex epistolica 46, Bl. 263-282. Eine Abschrift dieser Briefe, die in der Mitte des 19. Jahrhunderts der Würzburger Oberbibliothekar Anton Ruland anfertigte, gelangte mit Rulands Nachlaß 1874 nach Rom in die Bibliotheca Apostolica Vaticana, Vaticanus latinus 11059.
156 Hamburg SuUB Supellex epistolica 46, Bl. 257f und 260-262.
157 Hamburg SuUB Supellex epistolica 47, Bl. 256; vgl. Werkverzeichnis 1592/4.
158 vgl. Deutsche Staatsbibliothek 1661-1961, Bd. I: Geschichte und Gegenwart, Leipzig o. J., S. 352ff.
159 Göttingen NSuUB, Ms. philos. 101, Bl. 61. Im Katalog von W. Meyer: Verzeichnis der Handschriften im Preußischen Staate I, Bd. 1, Berlin 1893, S. 204 ist dies Doppelblatt ungenau beschrieben: "Blatt 61 (Abschrift): Joh. Posthius 1597 an Conr. Rittershus, Schluß fehlt".
160 Hamburg SuUB cod. 70 in scrin., S. 317, Nr. 982.
161 Nähere Angaben unter den entsprechenden Posthiusbriefen.

Schosserus, Johannes

Johannes Schosserus (Amalienruh? 11.10.1534 - Frankfurt an der Oder 3.7.1585) erwarb nach Studium in Königsberg und Lehrtätigkeit in Schmalkalden im Jahre 1559 in Wittenberg den Magistertitel und wurde im folgenden Jahr als Rhetorik-professor nach Frankfurt an der Oder berufen, wo er bis zu seinem Tod zwar in ärmlichen Verhältnissen, doch überregional hoch angesehen wirkte, zumal er brief-lich weiter Kontakt zum Wittenberger Poetenkreis, insbesondere zu seinem Lehrer Georg Sabinus pflegte. Seine 1585 in einer Sammlung von elf Büchern herausgege-benen Werke[162] erregten mehr die Aufmerksamkeit der Zeitgenossen als der Nachwelt. Neben den üblichen Gelegenheitsgedichten verdient besonders ein Buch mit Gedichten über die Wappen berühmter Männer hervorgehoben zu werden, mit dem Schosserus seinen Beitrag zu den Modegattungen der damaligen Zeit beisteu-erte. Auch schuf er ein Epos über die Anfänge der Hohenzollern.

In seiner Werkausgabe publizierte Schosserus auch zahlreiche an ihn gerichtete Texte, insbesondere drei Bücher mit Briefen. Darunter befindet sich ein Posthius-brief, und zwar der vom 26.6.1565. Der Sammelband des Schosserus enthält außer-dem vier Posthiusgedichte, die in keinem Zusammenhang mit dem Brief stehen und wohl erst viele Jahre später entstanden sind.

Schwahn, Simon

Der Würzburger Hofmusiker Simon Schwahn legte aus Einzelblättern ein Wappen-stammbuch an, in das sich auch Posthius mit Wahlspruch, Wappen und einem Epi-gramm etwa im Jahre 1578 eintrug[163]. Der Antiquar Philipp Markus aus Worms schenkte dies Stammbuch Jahre 1927 dem Historischen Museum der Pfalz in Speyer.

Smetius, Henricus

Der aus einer vornehmen Familie in Flandern stammende Henricus Smetius/Smet von Leda (Aalst 29.6.1537 - Heidelberg 15.3.1614) war einer der prominenten Geg-ner des Paracelsus, ohne ihn allerdings gänzlich zu verdammen[164]. Er wirkte als Leibarzt der Pfalzgrafen Friedrich III. und Johann Casimir und ab 1585 als Medi-zinprofessor und mehrfacher Rektor an der Heidelberger Universität.

Smetius verfaßte unter anderem ein längeres Gedicht über die Medizin[165], das er dem Pfalzgrafen Fridericus IV./Friedrich IV. widmete. Drei weitere Autoren, darunter Posthius, fügten wohl auf Wunsch des Smetius enkomiastische Gedichte hinzu, in denen sie das "Carmen" des Smetius lobten. Diese Texte wurden gemein-sam mit dem "Carmen" des Smetius und mit einem Widmungsgedicht vermutlich im Jahre 1588 zu einer kleinen Broschüre zusammengestellt, die von einer Hand ge-

---

162 vgl. Werkverzeichnis 1585/2.
163 Speyer Historisches Museum der Pfalz HM 1927/99.
164 vgl. Kühlmann/Telle: Humanismus (1986), S. 280.
165 Zum Inhalt dieses Gedichtes vgl. Kühlmann/Telle: Humanismus (1986), S. 277-281; dort ist auch äl-
      tere Literatur genannt.

schrieben wurde, wohl von einem professionellen Schreiber[166], und dem Kurfürst überreicht; heute befindet sich die Broschüre in einem Band mit Texten - vor allem Gedichten - etlicher Autoren, die zu den verschiedensten Anlässen an den Heidelberger Hof gerichtet worden waren, in der Bibliotheca Apostolica Vaticana[167].

Stabius, Ottmarus

Johannes Posthius schenkte etwa 1560[168] seinem Lehrer Ottmarus Stabius ein Buch, von dem nur ein Teil der autographen Dedikation des Posthius erhalten blieb: "M.[agistro] Ottmaro Stabio praecept[ori] ‖ suo Joañes Postius Ger = ‖ [mershemius]". Das Stückchen Papier, auf dem diese Worte stehen, gehört zu einer fünfbändigen Autographensammlung, die sich als Teil der Uffenbachschen Sammlungen heute in Hamburg befindet[169], und zwar in der Abteilung "in scrinio". Diese Bezeichnung erinnert an den Schrank, in dem früher die besonders wertvollen Bände aufbewahrt wurden und in den im Laufe der Zeit auch so manch anderes mehr aus Zufall hineinkam.

Stephanus, Henricus II

Der bekannte Drucker und Verleger Henricus II Stephanus/Henri Estienne (Paris 1531[170] - Lyon Anfang März 1598) war mit Posthius gut bekannt und hat wohl öfter auf der Durchreise bei ihm in Heidelberg übernachtet. Von den sicher wesentlich zahlreicheren Briefen, die ihm Posthius schrieb, sind nur der vom 12.6.1575 und der vom 16.3.1576 erhalten, und zwar in der Sammlung Goldast. Melchior Goldast von Haimisfeld (Espen im Kanton Thurgau 1578 - Gießen 1635) gehörte trotz seiner relativ bescheidenen Herkunft und seiner kargen Vermögensverhältnisse zu den gebildetsten Universalgelehrten seiner Zeit. Seine umfangreiche Bibliothek brachte er wegen der Wirren des Dreißigjährigen Krieges 1624 nach Bremen in Sicherheit. Die kostbaren Sammlungen wurden vom Rat dieser Stadt nach Goldasts Tod angekauft, doch verlor Bremen einen Teil dieser Bestände an die Königin Christine von Schweden, über die sie in die Stockholmer Staatsbibliothek und in die Bibliotheca Apostolica Vaticana gelangten. Die beiden Posthiusbriefe gehören zu dem in Bremen verbliebenen Bestand.

Thüngen, Neithard von (Thungen, Neidhardus à)

Neidhardus à Thungen/Neidhart von Thüngen gehörte zu den führenden Würzburger Domkapitularen; von 1571 bis 1574 hatte er das Amt des Domscholasters inne, anschließend das des Domdekans, ab 1583 das des Domprobstes. Er galt

---

166 Bibliotheca Apostolica Vaticana, Palatinus latinus 1905, Bl. 89r-104v, das Posthiusgedicht Bl. 90r; vgl. Werkverzeichnis 1588/3.
167 Zum Schicksal der Bibliotheca Palatina vgl. unter Gruterus.
168 Nur in seinen frühen Jahren schrieb Posthius seinen Namen bisweilen ohne "h" als "Postius".
169 Hamburg SuUB cod. 68 in scrin., S. 15, Nr. 56.
170 Früher galt 1528 als Geburtsdatum; vgl. H. Widmann: Der Drucker-Verleger Henri II Estienne (Henricus II Stephanus), Mainz MCMLXX.

zunächst als eher liberal, kandidierte 1573 erfolglos bei der Bischofswahl gegen Julius Echter, opponierte in den folgenden Jahren in gemäßigter Form gegen den Fürstbischof und war 1576 nach dem Fuldaer Handstreich sogar mit Einverständnis der überwiegend protestantischen Stände als Administrator der Fürstabtei Fulda vorgesehen. Später schloß sich Thungen der tridentinischen Richtung an und wirkte ab 1591 bis zu seinem Tod am 26.12.1598 als Fürstbischof in Bamberg.

Ein Exemplar der Gedichte gegen übermäßigen Alkoholgenuß, die Posthius zusammen mit Melissus herausgegeben hatte, überreichte er mit einem Dedikationsgedicht diesem Neidhardus à Thungen. Das Exemplar befindet sich heute in der Herzog August Bibliothek Wolfenbüttel.[171]

Wechelus, Johannes

Der Frankfurter Drucker und Verleger Johannes Wechelus, ein im Juli 1593 verstorbener Sohn des Andreas Wechelus, edierte die anatomischen Beobachtungen des Posthius im Jahre 1590 zusammen mit den Anatomiebüchern des Realdus Columbus[172]. Als Vorwort für die Posthiustexte diente ihm dabei der Posthiusbrief vom 1.3.1590, den Posthius wohl eigens für diesen Zweck abgefaßt hatte.

Weidnerus, Johannes

Johannes Weidnerus, 1545 in ärmlichen Verhältnissen in dem Dorf Lendsiedel bei Kirchberg an der Jagst geboren, hatte angeblich erst als Zwölfjähriger eine Schule besuchen können. Beruflich war er zunächst als Präzeptor in Speyer und als Diaconus in Crailsheim tätig, bis er ab 1572 als Diakon und wenig später als Schulrektor in Schwäbisch Hall seßhaft wurde und schließlich auch den Titel eines Decanus erhielt. Er starb am 29.10.1606.

Weidnerus bewahrte die von ihm in den Jahren 1565 bis 1595 empfangenen Briefe auf, und zwar geordnet nach Autoren und mit einem Vermerk neben der Adresse, um den wievielten Brief des jeweiligen Schreibers es sich dabei handelt, wobei sich die Nummern nach dem Empfangsdatum richten. Diese fast 1000 Blätter umfassende Sammlung wurde später rein chronologisch nach den Datierungen der Briefe in einen Band geordnet, also ohne Rücksicht auf Verfasser und Empfangsdatum[173]. Aus der Bibliothek des Schwäbisch Haller Stadtschultheißen J. Fr. Hezel kam sie wohl im letzten Jahrhundert nach Stuttgart in die heutige Württembergische Landesbibliothek.[174]

---

171 Wolfenbüttel HAB Li 7127; vgl. Werkverzeichnis 1574/3.
172 vgl. Werkverzeichnis 1590/1.
173 Dabei kam es auch zu falschen Einordnungen; z. B. liegt der Posthiusbrief vom 12.8.1582 zwischen den Briefen des Jahres 1581.
174 Stuttgart WLB Cod. hist. 2° 603; vgl. auch W. v. Heyd: Die Historischen Handschriften der Königlichen Öffentlichen Bibliothek zu Stuttgart, 1. Band (= Die Handschriften in Folio), 2. Hälfte, Stuttgart 1889; E. Zinner: Gelegenheitsfunde II. In Briefsammlungen, in: Familiengeschichtliche Blätter, 23. Jahrgang, Berlin 1925, Heft 4, Sp. 107-112 (wieder abgedruckt in: Blätter für württembergische Familienkunde, Jahrgang 7, Stuttgart 1936, Heft 3/4, S. 25-27). Zinner gibt eine brauchbare, wenn auch nicht in allen Details verläßliche Übersicht über die Weidnersche Briefsammlung.

Der Band enthält von Johannes Posthius 22 Briefe an Johannes Weidnerus sowie einen Zettel, den Posthius einem Brief des Rochus Cornelius Veldius vom 18.2.1588 beigelegt hatte, und ein mit dem Brief vom 1.5.1578 übersandtes Blatt mit einem Gedicht.

In der Vatikanischen Bibliothek liegt heute ein Exemplar der zweiten Ausgabe der gesammelten Werke des Posthius, der "Parerga" von 1595, das Posthius mit seinem Brief vom 8.4.1595 an Johannes Weidnerus gesandt hatte. Es enthält eine Dedikation des Posthius.[175]

Werdenstein, Johannes Georgius à

Johannes Georgius à Werdenstein (1542 - 3.11.1608) traf auf seinen umfangreichen Bildungsreisen, die ihn zwischen 1562 und 1564 unter anderem nach Bourges, Siena, Venedig, Padua, Florenz, Ferrara und Bologna führten[176], am 15.1.1564 in Siena auch mit Posthius zusammen; unter diesem Datum trug sich Posthius mit einem griechischen Hippokrateszitat in Werdensteins Stammbuch ein.[177] Dieses Stammbuch, ein durchschossenes Exemplar der reich mit Emblemen illustrierten Schrift "Pegma" des Petrus Costalius[178], enthält über 250 Eintragungen aus den Jahren 1563 bis 1604.[179]

Werdenstein nahm später als Domkapitular eine führende Rolle im Bistum Eichstätt ein. Während ein Großteil seiner umfangreichen Büchersammlungen bereits zu seinen Lebzeiten an Bayerns Herzog Albrecht V. und nach dessen Tod an das Bistum Würzburg verkauft wurden, blieb sein Stammbuch neben anderen Resten des Nachlasses in Eichstätt und gelangte über Werdensteins Sohn 1647 in den Besitz des Eichstätter Jesuitenkollegs und von dort nach der Säkularisation in das Staatsarchiv, das in der Universitätsbibliothek aufging. Seit 1989 wird das Stammbuch mit anderen ähnlichen Stücken im Diözesanarchiv Eichstätt aufbewahrt.

Weyenmarius, Michael

Das Stammbuch des Michael Weyenmarius/Weihenmayer aus Lauingen, der in Ingolstadt, Heidelberg, Bologna, Ferrara und Padua studierte, befindet sich heute in der Zentralbibliothek der deutschen Klassik in Weimar. Es enthält Einträge aus den Jahren 1559 bis 1575[180], darunter auch einen von Posthius vom 1.12.1561[181].

---

175 Bibliotheca Apostolica Vaticana, Racc. gen. Neolat. V, 323 vgl. auch die Angaben im Werkverzeichnis.
176 vgl. H. A. Braun: Das Domkapitel zu Eichstätt, Stuttgart 1991 (= Beiträge zur Geschichte der Reichskirche in der Neuzeit, Bd. 13).
177 Eichstätt Diözesanarchiv C 49 (ehemalige Signatur der Hofbibliothek: M I 124), S. 345.
178 vgl. Literaturverzeichnis.
179 H. Baier: Das Stammbuch des Johann Georg von Werdenstein 1563 - 1604, in: Sammelblatt des Historischen Vereins Eichstätt, 62. Jahrgang 1967/68, erschienen Eichstätt 1969, S. 102-121 (der Posthiuseintrag ist dort S. 114 verzeichnet); Klose: CAAC (1988), S. 30, Code 63.WER.JOH.
180 vgl. G. v. Obernitz: Verzeichnis hervorragender Namen ... aus einem großen Theil der Stammbücher, welche auf der Großherzoglichen Bibliothek zu Weimar sich befinden, in: Vierteljahresschrift für Wappen-, Siegel- und Familienkunde, 29. Jahrgang, Berlin 1901, S. 285-389 (zum Weihenmayer-Stammbuch S. 290f).

Weynerus, Conradus

Ein Exemplar der Gedichte, die Posthius zusammen mit Melissus für einen neugegründeten Mäßigkeitsverein herausgegeben hatte, überreichte er mit einer Widmung dem Würzburger Sekretär Conradus Weynerus. Dieses Exemplar befindet
sich heute in der Trierer Stadtbibliothek.[182]

Wolfius, Henricus

Henricus Wolfius (1520-1581), ein Bruder des bekannten Humanisten und Gräzisten Hieronymus Wolfius, stammte aus Oettingen und wirkte als Arzt in Nürnberg. *(1516 - 1580)*
Einen Brief, den Posthius am 5.3.1571 an Wolfius gerichtet hatte, konnte der Nürnberger Arzt und Apotheker Christoph Jakob Trew (1695-1769) für den Band XIII
seiner Sammlung erwerben, der später in der UB Erlangen die Signatur Ms. 1826
erhielt; heute sind die alten Bände aufgelöst und die Briefe nach Verfassern geordnet[183].

[handwritten marginalia: NB!]

*[handwritten note: Henricus — Matriculated at Montpellier * [in medical school]*

Ms studied at Tübingen ...

* see Montpellier medical matriculation lists (seen on-line).]

---

181 Weimar Nationale Forschungs- und Gedenkstätten der klassischen deutschen Literatur, Stb. 9, S.
     11f; vgl. Werkverzeichnis 1561/5.
182 Trier StB 2 an 5/573.8°; vgl. Werkverzeichnis 1573/1.
183 zur Sammlung Trew vgl. unter Camerarius.

II. Überblick über Leben, Briefe und Werke des Posthius

Die folgenden Zusammenfassungen sind, soweit das möglich war, chronologisch ge-
ordnet. In ihnen sind Ereignisse aus des Posthius Leben dargestellt, die in mehreren
seiner Briefe eine Rolle spielen, wie seine Hilfsbemühungen für Melissus, Franciscus
Modius oder Godefridus Camerarius. Außerdem enthalten sie biographische Daten
zum Leben sowohl von Posthius als auch von seinen wichtigsten Freunden sowie An-
gaben zu den wichtigsten Werken des Posthius.

1. Jugend und Studium (bis 1558)

Posthius wurde am 15.10.1537 in Germersheim geboren und nach seinem Vater
"Johannes" getauft. Seine Mutter, "Anna Vilmanna à Zeysheim"[184], starb wenige
Tage nach der Geburt; sein Vater, ein angesehener und begüterter Germersheimer
Bürger, heiratete zwei bis drei Jahre später abermals, verstarb aber bald darauf,
worauf der kleine Johannes nach eigenen Angaben - in seiner Elegie I,3 - wahrhaf-
tig stiefmütterlich von seiner Stiefmutter und dem Vormund behandelt wurde: erst
mit neun Jahren kam er in die Schule zu einem "Ludi magister"[185]. Der erkannte
die Begabung seines Schülers und sorgte für dessen gründliche Ausbildung durch
die "Praeceptores populares" in Germersheim. Noch keine siebzehn Jahre alt
wurde Posthius nach Heidelberg geschickt, wo er sich - nach erfolgter "Depositio" -
am 1.5.1554 an der Universität immatrikulierte[186] und anfangs der Stipendiatenanstalt "Domus Dionysiana" angehörte. Schon bald zeichnete er sich offenbar auch
dort als hochbegabt aus, denn er stand an erster Stelle unter den zwanzig
Zöglingen, die Kurfürst Friedrich II. am 11.11.1555 dem Dekan und den Senioren
der Philosophischen Fakultät zur Aufnahme in das am 3.9.1555 gegründete
Sapienzenkollegium vorschlug. Friedrich II. hatte nämlich mit Genehmigung durch
Papst Julius III. das Augustinerkloster aufgelöst und in eine Stipendiatenanstalt für
mittellose Hochbegabte umgewandelt, die von zwei Professoren der Artistenfakultät - Jacobus Micyllus und Nicolaus Cisnerus - beaufsichtigt wurde; beide exami-
nierten auch die Stipendiaten vor deren Aufnahme. Wegen einer Seuche in der
Stadt begann der Schulbetrieb allerdings erst ein Jahr später, am 11.11.1556, unter
dem neuen Kurfürsten Ottheinrich. Als Lehrer speziell an dieser Anstalt - heute
würde man sie wohl als Tutoren bezeichnen - wurden Nicolaus Marius, Caspar
Strubinus und Adam Gelphius ernannt; zu den ersten Stipendiaten gehörten neben
Posthius auch Nicolaus Druchlabius/Druchlaub und Hartmann Schopper.[187]
    Im Zuge der Einführung der lutherischen Konfession lud Kurfürst Ottheinrich
im folgenden Jahr Philipp Melanchthon an die Universität. Dieser visitierte dabei

---

184 Angaben nach Boissardus: Icones (1597), Bd. I, S. 10f und nach Adamus: Vitae medicorum (1620),
    S. 331f.
185 Der Name des Lehrers wird nirgends genannt; vielleicht handelt es sich um den Ottmarus Stabius,
    dem Posthius etwa 1560 ein Buch schenkte. Die autographe Widmung ist erhalten (Hamburg
    SuUB cod. 68 in scrin., S. 15, Nr. 56).
186 Toepke: Die Matrikel (1886), Bd. 2, S. 1.
187 Hautz: Geschichte (1862), Bd. 1, S. 441ff.

auch das Sapienzenkollegium und wurde am 24.10.1557[188] dort zu einem Festmahl eingeladen. Als Musterschüler dieser Musterschule durfte der nunmehr zwanzigjährige Johannes Posthius dabei eine Rede und eine kleine selbstverfaßte Elegie vortragen. Posthius präsentierte diese Elegie mit einem einleitenden Tetrastichon[189].

In der Folge dieser Visitation durch Melanchthon ließ Kurfürst Ottheinrich am 13.12.1557 auch die letzten Relikte der klösterlichen Vergangenheit aus den Gebäuden des Sapienzenkollegiums entfernen.

Posthius lernte außer Melanchthon gleich auch einige Persönlichkeiten kennen, die diesen nach Heidelberg begleitet hatten. Darunter waren zunächst Melanchthons Schwiegersohn Caspar Peucer, Professor der Mathematik und Arzt in Wittenberg, sowie der Greifswalder Professor Jacob Runge und der junge Philippus Camerarius, mit dem Posthius zeitlebens freundschaftlich verbunden blieb. Philippus Camerarius (Tübingen 16.5.1537 - Altdorf? 22.6.1624) war nur wenig älter als Posthius und wirkte später als Jurist ab 1573 in Nürnberger Diensten, zunächst als Ratskonsulent, ab 1581 als Prokanzler der Universität Altdorf. Er war der dritte Sohn des bekannten Philologen Joachimus I Camerarius. Dieser traf einige Tage später ebenfalls in Heidelberg ein, weil inzwischen Melanchthons Frau gestorben war und Joachimus I Camerarius die Nachricht davon persönlich überbringen wollte.

An der Universität besuchte Posthius die Medizinische und die Philosophische Fakultät, wurde am 4.9.1556 Bakkalaureus ("Baccalarius artium")[190] und im Januar 1558 Magister der Philosophie[191]. Von seinen Lehrern waren die prominentesten der Arzt, Theologe und kurfürstliche Rat Thomas Erastus/Liebler und der Arzt und Dichter Petrus Lotichius Secundus. Thomas Erastus (1524-1583) gehörte als prominenter Galenist und erbitterter Paracelsusgegner zu den traditionsverhafteten Professoren, deren Wirken die Entwicklung der Medizin vor allem wegen des Verdiktes gegenüber chemischen Präparaten eher hemmte. Auch verteidigte er die Hexenverfolgungen gegenüber Johann Weyer, dem Arzt der Herzöge von Berg in Düsseldorf. Verdienste erwarb sich Erast dagegen durch seine rationalisierende Kritik an Astrologie und an der Überbewertung von Kometen[192]. Bedeutend war sein Einfluß als Theologe: Er hatte maßgeblichen Anteil an der Einführung der reformierten Konfession in der Pfalz, bis er unter dem lutherischen Ludwig VI. 1580 nach Basel umsiedeln mußte. Seine kirchenpolitisch-staatsrechtlichen Lehren

---

188 Datum nach W. Köhler: Melanchthon und die Reform der Universität Heidelberg 1557, in: Neue Heidelberger Jahrbücher, N. F., Heidelberg 1937, S. 19. In älterer Literatur hatte es dagegen geheißen, das Festmahl im Sapienzenkollegium habe am 21.10.1557 stattgefunden, doch wurde das widerlegt von K. Hartfelder: Philipp Melanchthon als Praeceptor Germaniae, Berlin 1889, Nachdruck Nieuwkoop 1964, S. 530.
189 vgl. Werkverzeichnis 1557. Im auf den Gedichtvortrag folgenden Gespräch soll, wie Posthius angeblich oft erzählt hat, Melanchthon den Namen "Germersheim" als einziges Deutschlands auf "Germania" zurückgeführt haben (Adamus: Vitae medicorum, 1620, S. 332).
190 Toepke: Die Matrikel (1886), Bd. 2, S. 1.
191 Adamus: Vitae medicorum (1620), S. 332.
192 vgl. Kühlmann/Telle: Humanismus (1986), S. 267f.

wirkten in England und Schottland weiter, wo die Anhänger einer staatskirchlichen Lehre nach ihm "Erastianer" genannt wurden.

2. Erste Veröffentlichungen unter dem Einfluß des Lotichius (1559/60)

Vor allem Petrus Lotichius Secundus (Niederzell bei Schlüchtern 2.11.1528 - Heidelberg 7.11.1560) übte als Vorbild großen Einfluß auf Johannes Posthius aus. Er war zwar nur neun Jahre älter als Posthius, aber bereits viel in der Welt herumgekommen: Er war im Frankfurter Gymnasium von Jacobus Micyllus unterrichtet worden, hatte in Marburg, Leipzig und Wittenberg studiert, am Schmalkaldischen Krieg teilgenommen und hatte bei seiner Bildungsreise, die ihm der Würzburger Domherr Daniel von Stiebar ermöglichte, in Frankreich - vor allem in Paris und Montpellier -, in Spanien und in Italien - vor allem in Padua und Bologna - geweilt, seine Erlebnisse zu Gedichten verarbeitet und auch viele Humanisten kennengelernt. So war er bereits ein bekannter Dichter, als er 1557 einem Rufe als Professor für Botanik und Medizin nach Heidelberg folgte. Er förderte Posthius nach Kräften und regte ihn zu dichterischer Produktion an. So kann es nicht verwundern, wenn beide - Lotichius und Posthius - Epicedia für eine kleine Sammlung beitrugen, mit der Freunde ihre Verbundenheit mit Nicolaus Druchlabius ausdrückten, einem Mitstudenten des Posthius, der am 20.2.1559 verstorben war. Für die Sammlung zeichnete Adamus Gelphius, einer der Lehrer am Sapienzenkollegium, verantwortlich.[193]

Noch im selben Jahr beteiligte sich Posthius abermals an Epicedia, diesmal für das am 18.8.1559 verstorbene Kind Tilemannus Heshusius/Heßhusius.[194] Dessen gleichnamiger Vater, ein Schüler Melanchthons, war wegen seiner Strenge in Goslar und Rostock in Ungnade gefallen und auf Melanchthons Empfehlung 1558 als Theologieprofessor und Generalsuperintendent nach Heidelberg gekommen. Dort geriet er mit dem Diakon Wilhelm Klebitz, der reformierte Abendmahlsthesen vertrat, im Jahre 1559 in einen unversöhnlichen Streit, was den 1559 auf Ottheinrich folgenden Kurfürsten Friedrich III. den Frommen dazu veranlaßte, beide zu entlassen.

Als im Jahr darauf Lotichius Epicedia für den am 19.4.1560 verstorbenen Melanchthon edierte, ließ er in dieser Publikation an hervorragender Stelle - auf der Rückseite des Titelblattes - zwei Gedichte des Posthius abdrucken[195]. Da die Epicedia zu Melanchthons Tod mehrfach publiziert wurden, wurde des Posthius Name so einem größeren Publikum bekannt.

Wenige Wochen nach Melanchthons Tod verstarb am 21.7.1560 in Regensburg Erasmus Zolnerus/Zollner[196], der erste evangelische Prediger in dieser Stadt, der 1542 in der Kirche zur Schönen Maria, der heutigen Neupfarrkirche, die erste öf-

---

193 vgl. Werkverzeichnis 1559/1.
194 vgl. Werkverzeichnis 1559/2.
195 vgl. Werkverzeichnis 1560/1.
196 Dieses Todesdatum wird in den Epicedia genannt (vgl. Werkverzeichnis 1561/2). Eindeutig falsch sind die davon abweichenden Angaben, die immer wieder in der Literatur auftauchen; so gilt z. B. 1544 als Todesjahr bei C.-J. Roepke: Die Protestanten in Bayern, München 1972, S. 192.

fentliche evangelische Abendmahlsfeier abgehalten hatte. Posthius kannte dessen in Heidelberg lebenden Sohn Georgius und verfaßte daher mehrere Epicedia für eine Sammlung, die Georgius Zolnerus im folgenden Jahr publizierte; dabei erwähnte er Posthius sogar im Titel.

Aus dieser Zeit ist sogar ein Porträt des Posthius erhalten: Eine Zeichnung im Kurpfälzischen Museum in Heidelberg zeigt Posthius im Alter von 22 Jahren.[197]

3. Posthius im Freundeskreis des Beutherus und des Cisnerus (ab 1559)

Michael Beutherus, einer der Mitautoren am erwähnten Bändchen mit Epicedia für Melanchthon, war 1522 in Karlstadt am Main geboren und bekannt als Historiker. Er befand sich 1559/60 vorübergehend am Heidelberger Hof und war offenbar dort der Mittelpunkt eines anregenden geistigen Kreises, zu dem - neben anderen - Lotichius, Posthius und Melissus zählten[198]. Mit Posthius stand er auch nach seiner Übersiedelung nach Straßburg, wo er als Professor Geschichte und später Pandekten lehrte, bis zu seinem Tode am 27.10.1587 in Verbindung. Dies zeigen mehrere Gedichte, die Posthius aus Würzburg und Heidelberg an ihn richtete und in seiner Gedichtsammlung "Parerga" publizierte. Auch korrespondierte er mit Beutherus, wie aus seinem Brief vom 21.11.1582 hervorgeht.

Der bedeutende Jurist Nicolaus Cisnerus/Kistner, 1529 in Mosbach geboren, erhielt 1552 nach Studium in Heidelberg, Straßburg und Wittenberg die Professur der Ethik in Heidelberg, später die der Pandekten. Zu weiteren Studien hielt er sich in Frankreich auf und tätigte dabei Buchankäufe für die Heidelberger Bibliothek; auch in Italien befand er sich studienhalber in der folgenden Zeit; schließlich weilte er wegen seiner Tätigkeit als Beisitzer von 1567 bis 1580 am Reichskammergericht in Speyer und war durch all diese Nebenbeschäftigungen jeweils nur vorübergehend in Heidelberg anzutreffen. Er gehörte zu den Mitgliedern der Artistenfakultät, die die Oberaufsicht über das Sapienzenkollegium hatten; dabei hat er wohl Posthius kennengelernt. Bald schon scheint das gegenseitige Verhältnis recht herzlich geworden zu sein: Cisnerus beteiligte sich 1560 an den von Posthius herausgegebenen Epicedia für Lotichius[199], und Posthius verfaßte 1562 fünf Glückwunschgedichte zur Hochzeit des Cisnerus[200]. Unterwegs auf seinen Studienreisen widmete Posthius dann dem Cisnerus zwei seiner Elegien, I,14 und II,4. Auch später blieb der enge Kontakt erhalten, wenn auch von der gegenseitigen Korrespondenz so gut wie nichts erhalten ist.

4. Erster Kontakt zu E. Neustetterus durch den Tod des Lotichius (1560)

Als Lotichius im November 1560 - angeblich an den Folgen eines überdosierten Liebestrankes, den er in Italien durch eine Verwechslung getrunken hatte, wahrscheinlicher jedoch an den Folgen einer Malariaerkrankung, die er sich in Süd-

---

197 Die Zeichnung ist abgebildet bei Kühlmann/Wiegand: Parnassus (1989), S. 71.
198 Jung: Beuther (1957), S. 48, 123 und 126.
199 vgl. Werkverzeichnis 1560/2.
200 vgl. Werkverzeichnis 1562/1.

frankreich zugezogen hatte[201] - tödlich erkrankte, diktierte er Posthius am 2. und
4.11.1560 zwei Briefe an Erasmus Neustetterus[202]. Da Lotichius unmittelbar darauf,
am 7.11.1560, verstarb, fügte Posthius dem noch nicht abgesandten Brief vom 4.11.
eigene Worte unter dem Datum des 1.12.1560 hinzu, in denen er unter anderem berichtete, er arbeite an einer Elegie zum Tode des Lotichius und plane, diese mit
weiteren Gedichten anderer Autoren zu veröffentlichen. In einer zweiten Fassung
dieses Briefes heißt es, die Elegie sei bereits fertiggestellt. Das Bändchen mit der
Elegie erschien auch kurz darauf; es enthält von Posthius außer der erwähnten Elegie auch neun Epigramme. Zwar ist des Posthius Name nicht im Titel genannt,
doch zeigt die Tatsache, daß er die Widmungsvorrede - ebenfalls am 1.12.1560 -
verfaßte, seine maßgebliche Mitarbeit bei der Herausgabe[203]. In dieser Widmungsvorrede schreibt Posthius, er habe den Verstorbenen nicht nur als glänzenden Lehrer, sondern auch als lieben Vater hochgeachtet. Ähnlich äußert er sich fünfzehn
Jahre später in einem zur Veröffentlichung bestimmten Schreiben vom 31.1.1585 an
den Lotichiusbiographen Johannes Hagius, nun allerdings aus der Warte des selbst
berühmten Dichters: Er sei mit Lotichius wie mit einem leibhaftigen Bruder verbunden gewesen, habe ihn gleichermaßen als Lehrer und Vater geachtet und verdanke ihm sein gesamtes dichterisches Können. Auch habe er ihm, als er starb, die
Augen geschlossen und bei der Beerdigung den Sarg mitgetragen; seine Elegie zum
Tode des Lotichius genüge allerdings seinen jetzigen Qualitätsansprüchen nicht
mehr: Er habe sie daher nicht in seine Parerga Poetica aufgenommen und nur aus
Pietät dem Toten gegenüber zum Druck in des Hagius Lotichius-Gedenkausgabe
freigegeben.

Für die Widmung der Epicedia zum Tode des Lotichius revanchierte sich E.
Neustetterus noch im Dezember 1560, indem er Posthius zu sich auf die Comburg
einlud, ihm dazu sogar Pferde und Reisekost schickte und ihn mehrere Tage be-
wirtete[204]. Auch ließ er offenbar von Posthius eine Aufschrift für den Grabstein des
Lotichius entwerfen, den er zu stiften gedachte[205].

5. Freundschaft mit Georgius Marius (ab 1561)

Posthius verfaßte wohl noch im Jahre 1560 ein weiteres, längeres Gedicht zum
Tode des Lotichius und ließ dies als Anhang eines zum selben Anlaß verfaßten
Epicediums des Georgius Marius erscheinen[206]. Dieser Georgius Marius
(Würzburg 1533 - Heidelberg 5.3.1606) stammte aus Würzburg und bekam - nach
Studienaufenthalten in Heidelberg, Montpellier, Bologna und Padua sowie nach
kurzer Tätigkeit als Arzt in Amberg - im Jahr 1561 den Lehrstuhl des Lotichius in
Heidelberg. Diesem Lehrstuhl zog er jedoch bald eine Tätigkeit als praktischer

---

201 vgl. Elschenbroich: Lotichius, S. 239.
202 Nähere Angaben im Verzeichnis der Briefempfänger.
203 vgl. Werkverzeichnis 1560/2.
204 Davon berichtet Posthius in der Widmungsvorrede zur zweiten Ausgabe seiner Gedichtsammlung
     "Parerga", die er am 1.1.1595 an J. C. Neustetterus richtete.
205 vgl. Werkverzeichnis 1560/3.
206 vgl. Werkverzeichnis 1561/1.

Arzt in Nürnberg vor. Im Jahre 1562 heiratete er eine vermögende Nürnbergerin und lud offenbar Posthius zu seiner Hochzeit ein. Posthius kam auf diese Weise erstmals in seinem Leben nach Nürnberg und gratulierte mit einer Elegie, die auch zusammen mit weiteren Epithalamien zu dieser Hochzeit publiziert wurde[207]. Marius führte auch danach ein relativ unstetes Leben: 1565 wurde er von Landgraf Wilhelm IV. von Hessen als Leibarzt und Medizinprofessor nach Marburg gerufen, verlor aber 1574/75 das Interesse an seinem Lehrstuhl, da er offenbar die Betreuung gut zahlender Privatpatienten vorzog, zu denen er Zeit seines Lebens in vielen Reisen unterwegs war. Unter anderen betreute er Wilhelms Schwester Elisabeth, die mit Pfalzgraf Ludwig VI. verheiratet war, und befand sich daher 1576 beim Pfalzgrafenpaar in Amberg. Als der lutherische Ludwig VI. 1577 die Regierung der Pfalz antrat, zog Marius als Leibarzt mit nach Heidelberg um. Nach Ludwigs Tod am 12.10.1583 behielt er zwar seine Wohnung in Heidelberg (daneben hatte er wohl auch noch in Nürnberg ein Quartier), verlor aber wegen seiner lutherischen Konfession die Stellung am Hof. Während zwei Jahre später Posthius sein Nachfolger als Leibarzt des Pfalzgrafen wurde, übernahm Marius immer wieder auswärtige Aufträge, so 1591 als Leibarzt des Grafen Albrecht zu Nassau-Saarbrücken und angeblich 1597 als Stadtphysikus von Neustadt an der Aisch.[208] Wie sich in diesen späteren Jahren das persönliche Verhältnis zu dem jüngeren Posthius gestaltete, bleibt unklar.

6. Dienst am Heidelberger Pädagogium (1560 bis 1562)

Als im Jahr 1559 nach dem Tode des Pfalzgrafen Ottheinrich Pfalzgraf Friedrich III. die Regierung der Pfalz übernommen hatte, wandelte er das Sapienzenkollegium in eine Ausbildungsstätte für zukünftige Pfarrer um und unterstellte es daher - statt wie bisher der Artistenfakultät - dem neu eingerichteten Landeskirchenrat. Dafür wurde am 28.11.1560 ein Pädagogium, anfänglich mit sechzig Schülern, neu eingerichtet. Aus diesem entwickelte sich das Heidelberger Gymnasium. Als erste Lehrkräfte waren bereits am 19.10.1560, also noch vor der Schulgründung Fridericus Zornius und Johannes Posthius designiert. Ersterer wurde offenbar schon bald durch den als Meistersänger bekannten Augsburger Johannes Sprengius ersetzt, denn am 29.11.1561 wird er mit Posthius zusammen als fest angestellter Lehrer genannt. Als dritter kam dann noch Johannes Heuser dazu[209].

Als 1561 der Philologe und Polyhistor Wilhelm Holtzmann/Xylander, der seit 1558 die Heidelberger Griechischprofessur als Nachfolger des Jacobus Micyllus innehatte, eine Trostschrift an Martinus Crusius wegen des Todes von dessen Gattin Sibilla schickte, trug Posthius - wie auch sein Kollege Ioannes Sprengius - ein Epi-

---

207   vgl. Werkverzeichnis 1562/2.
208   vgl. Heyers: Marius (1957), S. 4-46.
209   vgl. Andreae: Conatus, spicilegium quartum (24.9.1766), S. 7ff sowie Conatus, spicilegium sextum
        (4.4.1770), S. 31f; Andreae wertete dazu das einschlägige Aktenmaterial aus.

cedium bei[210]. Dieses Posthiusgedicht führte dazu, daß Crusius den Posthius kennen- und schätzen lernte[211].

Besonders interessant war für Posthius seine Tätigkeit am Pädagogium offenbar nicht; daher setzte er Anfang 1562 nach eigenem Gutdünken einen Vertreter für sich ein und verließ am 2.1.1562 Heidelberg in Richtung Franken, ohne zuvor vom Senat der Universität, der das Pädagogium angegliedert war, die nach dem Gesetz nötige Erlaubnis erlangt zu haben. Er wurde daher am 4.2.1562 vom Universitätssenat entlassen, zumal man sich sein Verhalten nicht mit Unverstand, sondern mit mangelnder Achtung vor den Universitätsorganen erklärte. Am 6.2.1562 wurde Posthius dann durch Johannes Leonclavius ersetzt.

Als weitere Lehrkräfte am Pädagogium werden in diesen Jahren Hermannus Witekindus und - als Rektor ab 1563 - Lambertus Ludolphus Pithopaeus/Helm genannt[212]. Sprengius verließ ein Jahr nach Posthius das Pädagogium[213].

7. Anteilnahme an der Edition der Lotichiusgedichte (1562/63)

Nach seiner plötzlichen Abreise aus Heidelberg begab sich Posthius offenbar in die Gesellschaft des Erasmus Neustetterus, denn bei diesem weilte er am 18.1.1562 in Bamberg. Zu dieser Zeit kam Philippus Camerarius, den Posthius bereits 1557 während des Heidelbergaufenthaltes von Melanchthon kennengelernt hatte, zu Besuch. Dieser berichtete von den Plänen seines Vaters Joachimus I Camerarius, die Werke des Petrus Lotichius Secundus in einer erweiterten, umfassenden Ausgabe zu edieren. Lotichius hatte nämlich zu seinen Lebzeiten nur wenig veröffentlicht, und so begann nach seinem Tode eine rege Suche und Sammlung seiner Gedichte, die noch im Jahre 1561 zu einer ersten oberflächlichen Gesamtedition von 212 Seiten durch Joachimus I Camerarius führte, der sogenannten "Voegeliana"[214]. Die Widmung dieser Ausgabe erfolgte am 25.8.1561 an Erasmus Neustetterus, der nach wie vor großes Interesse für das Werk seines verstorbenen Freundes zeigte. Unter diesen Umständen wurde Posthius im Jahre 1562 von Philippus Camerarius und Erasmus Neustetterus dazu ermuntert, sich selbst an Joachimus I Camerarius zu wenden, um ihm seine Kenntnisse über Lotichiusgedichte mitzuteilen. Dies tat Posthius dann auch mit seinen Briefen vom 18.1.1562 und vom 18.2.1562. Außerdem machte Posthius in seinem Brief vom 18.1.1562 den Joachimus I Camerarius darauf aufmerksam, er, Posthius, habe noch zu Lebzeiten des Lotichius dessen Elegien in überarbeiteter Form für Christianus Lotichius, einen Bruder des Petrus, abgeschrieben. Mit diesem Christianus Lotichius arbeitete Joachimus I Camerarius dann auch zusammen, als er eine erweiterte, nun 242 Seiten umfassende Gesamtausgabe der Lotichgedichte herausbrachte, die sogenannte "Vulgata", die erstmals

---

210 vgl. Werkverzeichnis 1561/3. [p. 361 below]
211 vgl. Überblick, Kapitel 19.
212 Andreae: Conatus (22.9.1762), S. 55 sowie Conatus, spicilegium quartum (24.9.1766), S. 10.
213 Pfeiffer: Die Meistersingerschule (1919), S. 37.
214 vgl. Literaturverzeichnis unter Lotichius: Poemata (1561) und Coppel: Bericht (1978), S. 98.

1563 erschien[215]. In seiner am 28.7.1563 abgefaßten Widmungsvorrede an Christianus Lotichius schloß sich Joachimus I Camerarius dessen Ansicht an, daß man die von Petrus Lotichius unvollendeten Verse nicht ergänzen solle.

Posthius wies in seinen erwähnten Briefen an Joachimus I Camerarius auch auf seine eigenen Gedichte zum Tode des Lotichius hin und legte diese schließlich seinem Brief vom 18.6.1564 bei, offenbar in der Hoffnung, daß diese und damit sein Name in einer späteren Edition der Lotichiusgedichte genannt würden. Dieser Wunsch ging vorerst nicht in Erfüllung, da Joachimus I Camerarius in seine Ausgaben der Lotichiusgedichte keine anderweitigen Texte aufnahm[216] und Christianus Lotichius, der eine umfangreichere Edition der Werke seines Bruders plante, vor deren Vollendung im Jahre 1568 starb.

Diese umfangreichere Edition einschließlich einer Lotichiusbiographie besorgte zwei Jahrzehnte später Johannes Hagius/Hagen. Als Posthius von den Plänen dazu hörte, schickte er mit seinem Brief vom 31.1.1585 seine Epicedia für Lotichius an Hagius, allerdings in überarbeiteter Form, da sie seinen nunmehrigen Qualitätsansprüchen nicht mehr genügten. Da Posthius sich inzwischen einen Namen gemacht hatte, nahm Hagius - neben Texten anderer Autoren - nicht nur die Posthiusgedichte in seine über 500 Seiten umfassende Lotichiusausgabe mit auf, sondern auch den Posthiusbrief vom 31.1.1585. Dieser Brief diente ihm als schmückendes Vorwort seiner Lotichiusbiographie[217].

Eine weitere, noch wesentlich umfangreichere Edition der Lotichiusgedichte plante des Lotichius Großneffe Johann Peter Lotichius in der Mitte des 17. Jahrhunderts; sein in 40 Jahren zusammengetragenes Manuskript ging in die zweibändige Lotichiusausgabe des Burmannus von 1754 mit ein, in die sogenannte "Burmanniana"; seitdem ist dies Manuskript verschollen.[218]

8. Teilnahme an der Krönung Kaiser Maximilians II. in Frankfurt (1562)

Posthius bemühte sich in dieser Zeit, als Dichter über die engeren Grenzen seiner Heimat hinaus bekannt zu werden und verfaßte daher zur Krönung Maximilians, die am 24.12.1562 in Frankfurt stattfand, ein "carmen gratulatorium" nebst einigen weiteren Gedichten, die rechtzeitig in Frankfurt erschienen[219]. Posthius nahm an der Krönung teil, wohl weil er sich davon Publicity, die Bekanntschaft mit interessanten Persönlichkeiten und wohl auch den Titel eines Poeta Laureatus[220] erhoffte. Im Katalog der Krönungsgäste wird Posthius unter den Intellektuellen aufgeführt, d. h. in der Rubrik "Oratores et Poetae". Außer ihm werden dort Iohannes Sturmius, Cyprianus Vomelius, Michael Toxites, Andreas Rapicius, Iohannes Lauterba-

---

215 vgl. Literaturverzeichnis unter Lotichius: Poemata (1563); Näheres zu dieser Edition bei Coppel: Bericht (1978), S. 101-106 und bei Zon: Lotichius (1983), S. 361ff.

216 Weitere Auflagen erschienen 1572, 1576 und 1580 (Coppel: Bericht, 1978, S. 84); ich benutzte die Ausgaben von 1572 und 1576 (vgl. Literaturverzeichnis).

217 vgl. Werkverzeichnis 1586/1.

218 Coppel: Bericht (1978), S. 55-58; Coppel plant eine neue Lotichiusausgabe auf der Grundlage der "Burmanniana".

219 vgl. Werkverzeichnis 1562/3.

220 vgl. dazu Überblick, Kapitel 24.

chius und Martinus Huberus genannt[221]. Posthius bekam bei den Krönungsfeierlichkeiten eine Fülle von Anregungen und verarbeitete einige Eindrücke - Geld wird in die Volksmenge geworfen, Wein gratis ausgeschenkt, ein Stier gebraten, ein Feuerwerk veranstaltet - zu Gedichten. Natürlich sorgte er dafür, daß diese Verse ebenso wie seine erwähnten Gratulationsgedichte den Brüdern Adamus und Nicolaus Heydenus bekannt wurden, die einen Bericht über die Krönung publizierten und dabei unter den ergänzenden Texten auch die Posthiusgedichte berücksichtigten[222]. Über dies Standardwerk gingen die Posthiusgedichte auch in mehrere zeitgenössische Quellen und Geschichtswerke zwischen 1563 und 1614 ein[223].

9. Das erste größere Werk: Tetrasticha zu Ovids Metamorphosen (1563)

Bei seinem Frankfurtaufenthalt zur Kaiserkrönung kam Posthius offenbar in engeren Kontakt mit dem Frankfurter Buchdrucker Sigismundus Feyerabent. Feyerabent (Heidelberg 1528 - Frankfurt 22.4.1590) war 1559 nach Frankfurt gekommen und dank seiner Geschäftstüchtigkeit zu einem der bedeutendsten Drucker und Verleger des 16. Jahrhunderts geworden. Obwohl er selbst einen alles andere als gewandten deutschen Stil pflegte und des Lateinischen angeblich überhaupt nicht mächtig war[224], gelang es ihm doch immer wieder, fähige Korrektoren und Lektoren einzustellen, darunter auch Franciscus Modius[225]. Und als er von Posthius auf die literarischen Interessen des Erasmus Neustetterus hingewiesen wurde, widmete er diesem sogleich eine Widmungsvorrede, wohl in der berechtigten Hoffnung, Neustetterus werde sich erkenntlich zeigen[226].

Feyerabent tat sich immer wieder mit anderen Druckern und Verlegern zu Verlagsgemeinschaften zusammen, so von 1562 bis 1569 mit Georg Rab/Corvinus und Weigand Han/Gallus Erben zur sogenannten Cumpanei oder von 1585 bis 1589 mit Peter Fischer und Heinrich Tack. Außerdem bemühte er sich um eine exzellente, die Produkte seiner Konkurrenten oft überragende Ausstattung seiner Verlagsartikel und konnte eine Reihe bedeutender Künstler für seinen Verlag gewinnen, so Virgil Solis, Jost Amman, Tobias Stimmer und Hans Burgmair. Vergilius/Virgil Solis illustrierte unter anderem die Metamorphosen Ovids[227], wobei er dazu als Vorlagen die 1557 in Lyon bei Jean de Tournes erschienenen Holzschnitte

---

221 vgl. Werkverzeichnis 1562/3a.
222 vgl. Werkverzeichnis 1562/3a.
223 vgl. Werkverzeichnis 1562/3a.
224 Pallmann: Feyerabend (1881), S. 58f.
225 vgl. Überblick, Kapitel 43.
226 Widmungsvorrede zu einer deutschen Übersetzung der Frankengeschichte "Chronica" des Johannes Trithemius/Tritthemius/Trittenheim, die Feyerabend 1563 mit zwei unterschiedlichen Titelblättern herausbrachte (vgl. Literaturverzeichnis). Er berichtet darin, er habe "von Peter Lotichius selig und von Johann Posthius wiederholt vernommen, wie Neustetter ein besonderer Liebhaber und Förderer aller freien und guten Künste und neben anderen Studien auch allerlei historische Bücher zu lesen geneigt sei." (zitiert nach Schottenloher: Widmungsvorreden, 1942f, S. 149, Nr. 33).
227 Neben Solis waren auch andere Holzschneider beteiligt; einer signierte mit "BV", einer mit "h". Weitere Angaben hierzu und zur Sekundärliteratur über die verschiedenen Ovidbearbeitungen und -illustrationen unter Werkverzeichnis 1563/1.

des Petit Bernard/Bernard Salomon verwendete. Um diese Holzschnitte des Virgil
Solis so ausgiebig wie nur möglich zu vermarkten, ließ Feyerabent 1563 nicht nur
eine illustrierte Textausgabe der Metamorphosen in der Rezension des ehemaligen
Heidelberger Professors Jacobus Micyllus erscheinen[228], sondern auch von Posthius und von Sprengius eigens zu diesen Solisholzschnitten passende Texte
anfertigen. Posthius hatte den Auftrag, lateinische und deutsche Vierzeiler anzufertigen, die die Holzschnitte erläutern sollten. Diese brachte Feyerabent noch im
selben Jahr 1563 zugleich in zwei verschiedenen Formaten heraus[229], wobei die
eine Ausgabe als Stammbuch dienen konnte, da darin nur die Blattvorderseiten bedruckt sind[230]; sie fand - den zahlreichen erhaltenen Exemplaren zufolge - reißen-
den Absatz.

Ioannes Sprengius dagegen, ein alter Bekannter des Posthius, der mit ihm zusammen 1561 am Heidelberger Pädagogium unterrichtet hatte, verfaßte eine Nacherzählung der Metamorphosen, deren lateinische, zu den Holzschnitten passende
Prosatexte durch allegorische Deutungen in lateinischen Distichen ergänzt werden.
Diese Ausgabe erschien etwa gleichzeitig und in ähnlicher Aufmachung wie die mit
den Versen des Posthius, und Posthius zeigte seine Verbundenheit mit seinem
ehemaligen Kollegen Sprengius dadurch, daß er ein enkomiastisches Gedicht über
dessen Ovidbearbeitung verfaßte[231]. Ein Jahr später, 1564, erschien dann diese
Ovidbearbeitung des Sprengius auch auf deutsch[232].

Weitere Editionen der verschiedenen Ausgaben folgten und gipfelten 1581 in
einem aus den Texten von Posthius, von Sprengius und von Jörg Wickram kombi-
nierten Prachtband[233].

In den Ausgaben der Holzschnitte des Virgil Solis mit den Gedichten des Posthius, von denen mindestens noch eine weitere Auflage im Jahre 1569 erschien[234],
folgt auf jeder Seite nach der Inscriptio das dazugehörige lateinische Tetrastichon,
dann in der Seitenmitte das Bild und darunter eine Kurzfassung des betreffenden
Mythos in einem deutschen Vierzeiler. Dabei sind in der oktaven Ausgabe die einzelnen Gedichtzeilen untereinander angeordnet, während in den Auflagen im
Quart-Querformat jeweils zwei Zeilen untereinander und die folgenden daneben
angeordnet sind; auch ist in diesen Ausgaben das Bild von einem prachtvollen Zier-
rahmen umgeben.

Diese Kombination von Bild und kurzem Text sollte nach Aussage des Titels
"allen Malern/Goldtschmiden/ und Bildthauwern/ zu nutz" sein, und sie war es
auch: So orientierte sich an einer der Posthiusausgaben z. B. der Dekorateur des
"Sgraffitohauses" in Retz im niederösterreichischen Weinviertel; dort sind an der
zum Marktplatz gerichteten Außenwand neben anderen Darstellungen einige der

---

228 vgl. Literaturverzeichnis unter Ovidius: Metamorphoseon libri (1563).
229 vgl. Werkverzeichnis 1563/1 und 1563/1a.
230 Außer den im Werkverzeichnis angeführten Exemplaren führt Klose vier weitere Exemplare der
     Ausgabe von 1563 an, die als Stammbuch verwendet wurden (CAAC, 1988, S. 363).
231 vgl. Werkverzeichnis 1563/2.
232 vgl. Literaturverzeichnis unter Sprengius: Ovidii Metamorphoses (1564).
233 vgl. Werkverzeichnis 1563/1d.
234 vgl. Werkverzeichnis 1563/1b.

Holzschnitte zusammen mit den deutschen Versen des Posthius vergröbert als Bild-
schmuck des Hauses wiedergegeben, und zwar in der gleichen Anordnung wie in
den größerformatigen Ausgaben ; die Höhe einer Bild-Text-Einheit beträgt entsprechend über zwei Meter. Das Haus wurde vom Stadtrichter Augustin Resch
wahrscheinlich 1576 erbaut[235]. Auch für die Dekoration anderer Sgraffitohäuser
dienten die Holzschnitte des Solis als Vorbilder, so für die Fassade der
"Fichtenbauer Fleischerei" in Gmünd in Niederösterreich. Der Dekorateur verwendete eine Mischtechnik aus Fresko und Sgraffito. Seine Vorlagen entstammen drei,
vielleicht sogar vier verschiedenen Musterbüchern, vor allem aber benutzte er die
erwähnten Solis-Holzschnitte, zu denen er teilweise die Inscriptiones, teilweise die
deutschen Verse des Posthius aus den "Tetrasticha" hinzufügte[236].

Besonderer Beliebtheit erfreuten sich die Solisschen Holzschnitte auch in Hildesheim; im Gegensatz zu Retz und Gmünd sind dort jedoch - soweit mir bekannt -
nirgends Verse des Posthius den bildnerischen Darstellungen hinzugefügt worden.
Die Verwendung der Holzschnitte als Vorlagen zu Füllbrettern an den Hausfassa-
den erzwang allerdings von vornherein eine Konzentration auf einige wenige,
besonders wichtige Bildelemente und ließ als Begleittext lediglich ein oder zwei
Worte zu, die die Holzschnitzer dann natürlich der Inscriptio entnahmen: Man
sollte die Darstellungen und Worte auf den meist 120 cm breiten und etwa 150 cm
hohen Füllbrettern[237] ja von der Straße aus erkennen können. Bis 1945 waren fünf
nach den Solisschen Holzschnitten gearbeitete und mit den entsprechenden Bei-
schriften versehene Füllbretter an der Fassade des Buntesschen Hauses, Rathaus-
straße 24, in Hildesheim zu sehen[238]; sie verbrannten offenbar gegen Kriegsende.
Zwei weitere, wohl vom selben Haus stammende und vermutlich bei einem Umbau
um 1900 von der Fassade entfernte Füllbretter entgingen diesem Schicksal und befinden sich noch im Besitz der Familie Bunte[239]. Einen Anhaltspunkt zur Datierung

235 heutige Hausnummer: Hauptplatz 15/Kremserstr.1. Das Aussehen des Hauses ist gegenüber dem
ursprünglichen Zustand durch Kriegsschäden von 1620 und durch eine Fenstervergrößerung von
1885 leicht - doch nicht wesentlich - verändert. Auch die Übertünchung der Sgraffiti von 1885 bis
1928 hinterließ kaum Spuren (Hinweise zur Sekundärliteratur unter Werkverzeichnis 1563/1).
236 Die Darstellungen in der obersten Reihe der Fassade wurden nach den Holzschnitten auf Blatt
bzw. Seite (je nach Ausgabe) 8, 56, 159 und 40 aus den "Tetrasticha" (Werkverzeichnis 1561/1 oder
1563/1a) geschaffen, wobei jeweils die entsprechende Inscriptio mit übernommen wurde; im Par-
terre dienten die Holzschnitte auf Blatt bzw. Seite 95, 83 und wohl auch 109 als Vorlage, ergänzt
durch die entsprechenden deutschen Verse des Posthius (Hinweise zur Sekundärliteratur unter
Werkverzeichnis 1563/1).
237 Füllbretter sind im Fachwerkbau beliebte, meist mit Halbrosetten verzierte Holztafeln unter den
Fenstern der oberen Stockwerke. Wo sie, wie in Südniedersachsen, den Raum zwischen zwei Stän-
dern ausfüllen, tragen sie zur Festigung der Konstruktion bei und ersetzen damit Fußstreben.
Konstruktionsbedingt entspricht ihre Breite daher dort dem Ständerabstand, ihre Höhe dem Ab-
stand von Geschoßschwelle und Brustriegel.
238 Als Vorlage dienten die Holzschnitte von Solis, die in den unter Werkverzeichnis 1563/1, 1563/1a
und 1563/1b angegebenen Ausgaben auf Blatt bzw. Seite (je nach Ausgabe) 29, 38, 70, 90 und 95
abgebildet sind (Hinweise zur Sekundärliteratur unter Werkverzeichnis 1563/1).
239 Als Vorlage dienten die Holzschnitte von Solis, die in den unter Werkverzeichnis 1563/1, 1563/1a
und 1563/1b angegebenen Ausgaben auf Blatt bzw. Seite (je nach Ausgabe) 48 und 62 abgebildet
sind (den Hinweis auf diese Füllbretter in Privatbesitz verdanke ich Christian Däubler, Nürnberg).

dieser Bretter gibt eine ehemals im Erdgeschoß des Hauses angebrachte Inschrift "Hanß wie Ilse Kabbos 1610."[240].

Zwei weitere, offenbar von verschiedenen Häusern stammende Füllbretter waren ebenfalls bereits vor etlichen Jahrzehnten im Zuge von Neubauten vom ursprünglichen Platz entfernt und ins Hildesheimer Andreasmuseum verbracht worden; ihre Schnitzer haben von der Vorlage den Wortlaut der Inscriptio so getreu übernommen, daß man sogar auf die verwendete Ausgabe schließen kann: Auf dem einen Brett ist zum Titel "Chaos." auch noch die Nummer "I." übernommen, auf dem anderen ein Druckfehler aus der oktaven Tetrastichaausgabe von 1563: Beide Male heißt es "Hercules rogus" statt "Herculis rogus"[241].

Außer von den Holzschnitzern wurden in Hildesheim die Solisschen Holzschnitte auch von Steinmetzen benutzt, wahrscheinlich von Bildhauer Wolf und seinen Söhnen. Sie arbeiteten danach drei größere und drei kleinere Reliefs für den sogenannten Dianabrunnen, der im Hof des sogenannten Kaiserhauses am Langen Hagen - der Gebäudekomplex wurde um 1586 von einem gewissen Bocholten begonnen - aufgestellt werden sollte. Der Brunnen blieb jedoch unvollständig und wurde allmählich in Teilen anderwärtig verwendet, bis er schließlich 1908 nahe seiner ursprünglichen Stelle in ergänzter, nunmehr vollständiger Form wiedererrichtet und am 22.3.1945 durch einen Bombenvolltreffer endgültig zerstört wurde[242].

---

240 Publiziert von Zeller: Stadt Hildesheim (1912), S. 228 (Literaturnachweis unter Werkverzeichnis 1563/1).

241 Werkverzeichnis 1563/1, Bl. 1 und Bl. 109. Die beiden Füllbretter befinden sich heute im Hildesheimer Roemer- und Pelizaeus-Museum. Sie wurden von Schulte: Knaggen und Füllbretter (1982), S. 21, 23 und 26 publiziert, der auch einen der als Vorlage verwendeten Solisholzschnitte (Werkverzeichnis 1563/1, Bl. 109) dabei abbildete. Die von Schulte geäußerte Vermutung, auch für die bildnerischen Darstellungen am 1587 erbauten "Hexenerker", der am Eckhaus Marktstraße/Osterstraße angebracht war, hätten die Solisschen Holzschnitte aus den Ausgaben mit den Posthiustexten als Vorbild gedient, scheint dagegen nicht haltbar (a. a. O., S. 25; Literaturnachweis unter Werkverzeichnis 1563/1).

242 Welche Holzschnitte von Solis im einzelnen als Vorbild dienten, ist nicht mit Sicherheit zu sagen. Struckmann: Vorlagen (1913), S. 5 nannte nur bei zweien der Reliefs die Solis-Holzschnitte als Vorbild (in den im Werkverzeichnis 1563/1 und 1563/1a angegebenen Ausgaben Blatt bzw. Seite 40 und 43), während er über die Vorlagen der vier übrigen Reliefs schweigt. Ihnen dürften jedoch ebenfalls die Solis-Holzschnitte als Vorbild gedient haben. Sicher ist dies bei einem dieser Reliefs, das auf einer alten Aufnahme deutlich zu erkennen ist und nach dem Solis-Holzschnitt auf Blatt bzw. Seite 125 der angegebenen Ausgaben gestaltet wurde (das Photo ist abgebildet bei Zeller: Stadt Hildesheim, 1912, Tafel 46, Fig. 364). Zeller nennt als Themen der drei weiteren Reliefs "Hero und Leander", die "Rettung Arions durch den Delphin" und "die Verwandlung der Nymphe Syrinx, welche Pan liebte, in Schilfrohr" (a. a. O., S. 388f). Zum letztgenannten Thema gibt es einen Solis-Holzschnitt (in den angegebenen Ausgaben auf Seite bzw. Blatt 18), während die beiden anderen Themen in den Metamorphosen nicht vorkommen. Möglicherweise sind jedoch die Themen dieser beiden Reliefs nicht richtig benannt worden, zumal bei den Brunnenreliefs keine deutenden Inscriptiones mit eingemeißelt sind. Den Solis-Holzschnitt mit der Auffindung der Leiche des Polydorus am Strand durch seine Mutter Hecuba ("Corpus Polydori in littore inuentum.", in den angeführten Ausgaben Blatt bzw. Seite 156) könnte man leicht als Auffindung der Leiche des Leander durch Hero mißdeuten, und den Solis-Holzschnitt mit der Verwandlung der ungetreuen Seeleute in Delphine durch den Gott Bacchus ("Nautæ in Delphinas.", Blatt bzw. Seite 45) möglicherweise als Sprung Arions vom Schiff ins Meer, in dem Delphine schwimmen. Eine endgültige Klärung ist aber nur möglich, falls noch deutliche Aufnahmen oder Zeichnungen der fraglichen Reliefs existieren (Literaturnachweise unter Werkverzeichnis 1563/1).

Die Verwendung der Solis-Holzschnitte in Goldschmiedewerkstätten bezeugt eine aus Blei gegossene Plakette im Germanischen Nationalmuseum in Nürnberg; sie stellt Scylla dar, die von einem Turm aus den die Stadt belagernden Minos erblickt und sich dabei in ihn verliebt[243]; dabei ist die Darstellung des Solis erweitert, und zwar um etliche Figuren und um einen Landschaftshintergrund mit Meer und Wolken. Die Plakette ist signiert mit "HG.", was wahrscheinlich für Hans Gar, einen Nürnberger aus einer Goldschmiedfamilie, steht, und trägt die Jahreszahl "1569"; sonst enthält sie keine weiteren Inschriften[244]. Diese Plakette diente ihrerseits als Vorlage für eine Punzarbeit[245] und für eine vergoldete Silberschale[246].

Auch für Darstellungen an einer 1578 von Isaac Habrecht angefertigten astronomischen Uhr und für Stuckdarstellungen an der Korridordecke des ersten Stockes im Nürnberger Rathaus von 1621 dienten die Solisschen Holzschnitte als Vorlage.[247]

Im 16. Jahrhundert dienten die Holzschnitte außerdem als Muster für getreue Nachschnitte[248] und im 17. Jahrhundert als Vorbilder für Kupferstiche. Diese von Abraham Xübry angefertigten Stiche wurden von Johann Wilhelm Baur mit lateinischen Distichen und vierhebigen deutschen Versen versehen, wobei Baur sich ohne Skrupel weitgehend an die Formulierungen des Posthius anlehnte. Der prachtvoll ausgestattete Band erschien 1641 in Nürnberg und war wie sein Vorbild als Vorlage für bildende Künstler und Handwerker gedacht[249].

10. Das zweite größere Werk: Distichen zu Äsops Fabeln (1563/66)

Wohl kurz nach Fertigstellung der Tetrasticha zu Ovid erhielt Posthius von Feyerabent einen Auftrag zu ähnlichen Versen für eine nach dem Vorbild der Emblematiken gestaltete Ausgabe von Holzschnitten zu den Fabeln des Äsop. Bei der Auswahl der Fabeln orientierte sich Feyerabent dabei an den Editionen des Aldus Manutius, die seit 1505 in zahlreichen Ausgaben erschienen waren, und den darauf fußenden des Joachimus I Camerarius: 149 Fabeln des Äsop und eine Aphthonius-Fabel werden durch 42 weitere Fabeln ergänzt. Feyerabent gab sie im Jahre 1566 gleichzeitig mit lateinischem und deutschem Fabeltext in Prosa heraus[250].

---

243 Als Vorlage diente der Solis-Holzschnitt, der in den in Werkverzeichnis 1561/1 und 1561/1a genannten Ausgaben auf Blatt bzw. Seite 91 abgedruckt ist.
244 Nürnberg GNM K. P. 206, Durchmesser 18,2cm, beschrieben von Fuhse: Aus der Plakettensammlung (1896), S. 18. Fuhse kennt und nennt die Solis-Holzschnitte als Vorlage und weist auch auf eine weitere Plakette mit einer ähnlichen Darstellung, wohl eine Kopie, hin (a. a. O., S. 21; Fundort: Nürnberg GNM K. P. 888; Literaturnachweise unter Werkverzeichnis 1563/1).
245 Nürnberg GNM Kupferstichsammlung Nr. 4015 (Hinweis von Fuhse: Aus der Plakettensammlung, 1896, S. 19; Literaturnachweise unter Werkverzeichnis 1563/1).
246 Diese Schale wurde im 19. Jahrhundert in einem Katalog der Privatsammlung Spitzer angeführt; ihr weiterer Verbleib ist nicht bekannt (Hinweis von Fuhse: Aus der Plattensammlung, 1896, S. 20; Literaturnachweise unter Werkverzeichnis 1563/1).
247 Angaben nach Schulz: Solis (1937), S. 252.
248 vgl. Werkverzeichnis 1563/1c.
249 vgl. Literaturverzeichnis unter Baur/Xübry: Ovidii Metamorphosis (1641?).
250 vgl. Werkverzeichnis 1566 und 1566a; die Ausgabe mit deutschem Fabeltext fand dabei - wie schon die Metamorphosenausgabe - Verwendung als Stammbuch.

Schwierig gestaltete sich allerdings die adäquate Ausstattung dieser Ausgabe mit Holzschnitten, da von Virgil Solis und von dessen Werkstatt vor allem Illustrationen für die Fabelsammlung des Heinrich Steinhöwel vorlagen. Wegen des Todes von Virgil Solis - der war am 1.8.1562 verstorben - konnte Feyerabent aber keine geeigneteren Schnitte nachbestellen; er behalf sich daher mit zahlreichen Wiederholungen und willkürlichen Zuordnungen, teilweise ohne jede Rücksichtnahme auf den Fabelgehalt[251].

Die lateinischen Distichen und Tetrastichen stammen bis zur 150. Fabel von Posthius, ab da ebenso wie die Übersetzungen der Fabeln ins Deutsche von Hartmannus Schopperus, einem ehemaligen Kommilitonen des Posthius am Heidelberger Sapienzenkollegium. Schopperus mußte offenbar einspringen, weil Posthius im August 1563 zu seiner großen Bildungsreise aufbrach. Auf einen gewissen Zeitdruck vor der Abreise ist es wohl auch zurückzuführen, daß Posthius bis Fabel 100 fast ausschließlich Tetrasticha verfertigte und ab da sich meist mit Disticha begnügte.

Inhaltlich versuchte Posthius erst gar nicht, in der gedrängten Form der Zwei- und Vierzeiler viel Handlung unterzubringen, sondern beschränkte sich auf "Maximen und Reflexionen zur Lebensweisheit"[252], oft ohne direkten Bezug zu den jeweiligen Fabeln oder Holzschnitten. Das war schon deshalb notwendig, weil ein gleichzeitiges Eingehen auf Fabeltext und Holzschnitt in vielen Fällen aus den geschilderten Gründen gar nicht möglich war; Posthius mußte also ziemlich allgemein formulieren, wenn seine Texte überhaupt noch zur Ergänzung der Bilder in den Fällen taugen sollten, in denen bildende Künstler die Holzschnitte als Vorlage für eigene Gestaltungen benützten.

11. Unterwegs auf der großen Bildungsreise in Italien (1563 bis 1565)

Im Herbst 1563 verschaffte Erasmus Neustetterus dem Posthius die Möglichkeit zu einem Studienaufenthalt in Italien, indem er ihn zu seinem Bruder Sebastianus Neustetterus nach Mailand sandte. Im Brief vom 18.8.1563 berichtete Posthius davon dem Joachimus I Camerarius, und kurz darauf brach er mit einigen Gefährten auf. Über das Rheintal kam Posthius nach Mailand und traf dort, wie vorgehabt, Philippus Camerarius, dem er wohl Post von seinen Angehörigen mitgenommen hatte. Während dieser jedoch wegen eines Pferdeverkaufes länger in Mailand weilte und später in einer Weise, die internationales Aufsehen erregte, in Rom durch die Inquisition verhaftet wurde und erst nach langwierigen diplomatischen Bemühungen wieder freikam[253], setzte Posthius planmäßig seine Reise fort: In Pa-

---

251 Die Ausgabe mit lateinischem Fabeltext hat bei 205 Schnitten 37 Wiederholungen und 110 falsche Zuordnungen, die mit deutschem Fabeltext bei 194 Schnitten 45 Wiederholungen und 98 Fehler (Angaben nach Küster: Aesop, 1970, Bd. I, S. 121).

252 Elschenbroich: Die Fabel (1990), Bd. II, S.141.

253 Von den Abenteuern, die Philippus Camerarius auf seiner Italienreise erlebte, berichtet die Elegie I von Gregorius Bersmanus mit dem bezeichnenden Titel "In reditum Philippi, Joachimi V. Clariss. F. Camerarij, postquam liberatus esset è custodia Pij IV. Pontif. Maximi" (Bersmanus: Poemata, 1576, S. 269ff; bibliographische Angaben unter Werkverzeichnis 1576/1). Ausführlicher noch wird darüber in einer von J. G. Schelhornius besorgten Monographie über das Leben des Philippus Camerarius von 1740 berichtet (vgl. Literaturverzeichnis).

dua ließ er sich vom dortigen Gartenvorsteher Melchior Guilandius in der Kräuter-
heilkunde fortbilden[254]; dann kam er über Venedig, Bologna, und Florenz schließlich nach Siena, wo er sich offenbar seiner Aufgabe als Gesellschafter des Sebastianus Neustetterus entledigte. In Siena traf er im Janur 1564 mit Johannes Gerogius à
Werdenstein zusammen[255], einem Reichsritter, der sich auf Bildungsreise in Italien
befand, zu der Zeit bereits Domherr in Augsburg war und ab 1567 als Eichstätter
Domkapitular große Bedeutung im dortigen Bistum erlangte. Während der eineinhalb Jahre, die Posthius in Siena studierte, reiste er auch nach Rom[256] und lernte
dabei Laurentius Gambara, Marcus Antonius Muretus und Fulvius Ursinus kennen[257]. Nach einer schweren Erkrankung im Mai und Juni 1565, von der Posthius in
seinem Brief vom 26.6.1565 berichtet, verließ Posthius schließlich Ende Sommer
1565 Siena und erreichte nach einer aufregenden Schiffsreise[258] das südfranzösi-
sche Montpellier.

12. Studium in Montpellier (1565 bis Ende 1566)

In Montpellier, dessen Universität damals in Medizin führend in Europa war, immatrikulierte sich Posthius am 4.10.1565[259] und wohnte bei dem Medizinprofessor
Laurentius Ioubertus[260], der dort seit 1559 lehrte. Ioubertus (Valence 16.12.1529 -
Lombers/Tarn 21.10.1582) gehörte als Schüler des Giovanni Argentieri (1513-1572)
zu den Antigalenisten, d. h. zu denen, die die Medizin von einer spekulativen zu ei-
ner empirischen Wissenschaft umgestalten wollten. Er kämpfte gegen populäre
Vorurteile und profilierte sich z. B. mit der These, daß die menschlichen Exkre-
mente kein Beweis für eine beständige Fäulnis im lebenden Körper seien und daß
Menstrualblut nicht giftig sei; auch verwarf er die Kräftelehre des Galen. Im Jahre
1566 wurde er Nachfolger des Rondeletius und 1573 an Stelle des Antonius Saporta
Kanzler der Universität. Obwohl er Protestant war, diente er mehrfach auch dem
Königshaus; so wurde er 1579 wegen der Unfruchtbarkeit der Königin Louise von
Lothringen nach Paris gerufen, wegen der Impotenz König Heinrichs III. allerdings
ohne Erfolg[261].

---

254 Adamus: Vitae medicorum (1620), S. 332f; der aus Königsberg stammende Guilandinus war von
    1564 bis 1590 Demonstrator des Botanischen Gartens von Padua.
255 Posthius trug sich am 15.1.1564 in dessen Stammbuch ein; vgl. im Verzeichnis der Empfänger der
    Briefe und anderer handschriftlicher Texte unter Werdenstein.
256 Das übersprudelnde Leben in der Stadt Rom schildert Posthius in seiner Elegie I,11, die an
    Christophorus Fuererus gerichtet ist (inc.: "Quid tibi, dulce caput ...").
257 Adamus: Viae medicorum (1620), S. 333. Posthius pries Gambara und Muretus in Gedichten und
    richtete später von Frankreich aus ein Epigramm an Ursinus (die erwähnten Gedichte publizierte
    Posthius in seinen "Parerga", und zwar in der ersten Ausgabe von 1580 Bl. 38v, 39r f und 58v, in der
    zweiten Ausgabe von 1595 Pars prima, S. 68, 69 und 101).
258 Posthius schildert diese Überfahrt in seinen Elegien I,1 und I,2 (inc.: "Hactenus afflictam ..." und
    "Si, mea vita, tuo ...").
259 M. Guron (Hg.): Matricule de l' Université de Médicine de Montpellier 1503-1599, Genève 1957, S.
    163, Nr. 2542.
260 Posthius bedankte sich für die freundliche Aufnahme mit einem Gedicht (inc.: "Dum tua dicta ...",
    Parerga erste Ausgabe Bl. 54r, zweite Ausgabe Pars prima, S. 94).
261 Baas: Grundriss (1876), S. 324; Dulieu: Montpellier (1979), S.340f.

Wegen seiner unorthodoxen Ansichten war Ioubertus mit Publikationen zunächst eher zurückhaltend. Dem versuchte Posthius abzuhelfen, indem er Mitschriften der Vorlesungen dieses Professors von Kommilitonen erwarb und selbst weitere anfertigte, um diese Texte zu publizieren. Im Oktober 1566 verfaßte er die Widmungsvorreden, in denen er die antigalenischen Ansichten des Ioubertus verteidigte, doch verzögerte sich das Erscheinen dieser Sammlung wegen der Bürgerkriegswirren in Frankreich bis 1571, so daß Ioubertus noch Gelegenheit bekam, selbst Einfluß auf die Publikation zu nehmen[262].

Mehr noch als Ioubertus verdankte die Universität Montpellier damals ihren Ruf dem ebenfalls hugenottischen Medizinprofessor Guilielmus Rondeletius (Montpellier 27.9.1507 - ibidem 30.7.1566). Rondeletius lehrte dort seit 1545, war aber mehrfach auf großen Reisen unterwegs: Von 1549 bis 1551 hielt er sich in Italien auf, vor allem in Rom, und als Begleiter und Leibarzt des Kardinals François de Tournon hatte er ausgiebig Gelegenheit, die Unterwasserfauna an der französischen Atlantikküste zu studieren. So wurde er durch seine ichthyologischen Werke[263] fast noch bekannter als durch seine medizinischen Handbücher[264]. Posthius war von ihm sehr beeindruckt, und als Rondeletius im Jahre 1566 verstarb, verfaßte Posthius zu dessen Tod eine Elegie[265]. Mit dem Tode des Rondeletius sank für Posthius die Attraktivität der Universität von Montpellier; in seinem Brief vom 8.12.1566 zeigt er entsprechend Verständnis dafür, falls Ludovicus Camerarius (der Ältere) deswegen nicht in Montpellier studieren wolle. Ludovicus Camerarius begab sich dann aber doch noch für ein Jahr dorthin[266].

13. Erste Kontakte mit Joachimus II Camerarius (1566)

Im Jahre 1566 erreichte den Posthius ein Brief des drei Jahre älteren Nürnberger Arztes Joachimus II Camerarius (geboren am 6.11.1534), der nur wenige Jahre vor Posthius ebenfalls in Italien gewesen war und in Padua und Bologna - dort 1562 - studiert hatte. Dessen Vater, Joachimus I Camerarius, hatte den Kontakt zwischen Posthius und seinem Sohn Joachimus schon 1563 herstellen wollen, doch war Joachimus II Camerarius 1562 und 1563 während seines Italienaufenthaltes und auf der Rückreise, vor seiner Niederlassung in Nürnberg, brieflich nur schwer zu erreichen, so daß es damals noch zu keinem Briefaustausch gekommen war. Auf das neue Freundschaftsangebot von 1566 reagierte Posthius begeistert und schloß mit Joachimus II Camerarius eine innige, zeitlebens dauernde Freundschaft, die durch eine umfassende Korrespondenz aufrechterhalten wurde. Die besondere Offenheit,

---

262   Die Sammlung erschien in Lyon; vgl. Werkverzeichnis 1571/1.
263   Sein bekanntestes Werk ist "De piscibus marinis", 1554f; vgl. Dulieu: Montpellier (1979), S.346.
264   "De materia medicinali et compositione medicamentorum" (1556), "Methodus curandorum omnium morborum corporis humani" (ab 1570 in zahlreichen Auflagen) und "De morbo Gallico" (1566).
265   Elegie I,6 (inc.: "Tristior Oceani ...").
266   vgl. Posthiusbrief vom 30.3.1568.

die sich beide entgegenbrachten, bezeugen viele der in dieser Arbeit angeführten Posthiusbriefe; auch die Zeitgenossen wußten von diesem Vertrauensverhältnis[267].

Joachimus II Camerarius blieb - von einzelnen Reisen abgesehen - bis an sein Lebensende in Nürnberg und war dort hochgeachtet. Er erkrankte, ähnlich wie Posthius, im Alter an mancherlei Leiden, die er sich - wie er selbst diagnostizierte - wohl auch durch den Selbstversuch von Medikamenten zugezogen hatte[268], und starb ein Jahr nach Posthius am 11.10.1598.

14. Promotion und Berufstätigkeit in Frankreich und Belgien

Nach seinem Abschied von Montpellier erwarb Posthius am 23.1.1567 in Valence bei Jacobus Faber die Doktorwürde[269]. In Genf trug er sich am 1.3.1567 in das Wappenstammbuch des Pfalzgrafen Christoph, eines Sohnes des Pfalzgrafen und Kurfürsten Friedrich III., ein[270] und reiste dann nach Bourges, wo er vorübergehend als Arzt praktizierte[271]. Auch in Paris hielt sich Posthius auf und traf dabei mit Pierre Ronsard[272], Henricus Stephanus und Paulus Melissus Schedius[273] zusammen. Als dann aber die Gefahren des Bürgerkrieges zwischen Guisen und Hugenotten größer wurden, zog Posthius weiter nach Antwerpen und praktizierte dort etwas länger als ein Jahr[274]. Zunächst traf er dort Anfang Oktober 1567 mit dem Leipziger Marcus Oberith zusammen und trug sich am 10.10.1567 in dessen Stammbuch ein[275]. Dann lernte Posthius den bekannten Buchdrucker Christophorus Plantinus (St. Avertin? in der Tourraine ca. 1514/20 - Antwerpen 1.7.1589) kennen, der 1555 in Antwerpen eine eigene Druckerei gegründet hatte, die bald zu den berühmtesten in ganz Europa zählte. Über Plantinus bekam Posthius Kontakt zu den nicht minder berühmten Botanikern Carolus Clusius und Rembertus Dodonaeus.

Rembertus Dodonaeus/Rembert Dodoens (Mechel 29.2.1516 oder 29.6.1517 - Leiden 10.3.1585) war nach einem Medizinstudium in Löwen viel unterwegs und diente auch den Kaisern Maximilian II. und Rudolph als Leibarzt, bis er von Crato verdrängt wurde. In den letzten Jahren seines Lebens wirkte er als Professor der

---

267 So schrieb z. B. Adamus: "[Joachimus II Camerarius] Joanni Posthio multa communicavit, etiam quae alii planè arcana haberi volebant" (Adamus: Vitae medicorum, 1620, S. 157).
268 Adamus: Vitae medicorum (1620), S. 156.
269 Adamus: Vitae medicorum (1620), S. 334.
270 vgl. Werkverzeichnis 1567/1.
271 vgl. Posthiusbrief vom 30.3.1568.
272 Posthius verfaßte ein enkomiastisches Distichon zu Ehren des Ronsardus (inc.: "Tum nomen, Ronsarde ...", Parerga erste Ausgabe Bl. 58r, zweite Ausgabe Pars prima, S. 100); Näheres zu der Bekanntschaft von Posthius und Ronsardus findet sich in folgenden Werken: C. Binet: La vie de P. de Ronsard (1586), Edition historique et critique avec introduction et commentaire par Paul Lanmonier, Paris 1909, Neudruck Genève 1969, S. 209; de Nolhac: Ronsard (1921), S. 349; ders.: Un poète Rhènan (1923), S. 22f.
273 vgl. Überblick, Kapitel 18.
274 Leider scheinen keine Dokumente über diesen Aufenthalt mehr zu existieren; nach Auskunft des Antwerpener Stadtarchivs wird sein Name in den dortigen Akten nicht erwähnt, und auch in der Antwerpener Stadsbibliothek und im Museum Plantin-Moretus befinden sich keine Schriftstücke von Posthius.
275 Hamburg SuUB Supellex epistolica 28, Bl. 241.

Botanik an der Universität Leiden. Bekannt wurde er vor allem durch sein "Kräuterbuch", ein botanisches Standardwerk, das ab 1553 zunächst niederdeutsch erschienen war ("Cruydtbook", "CruydeBoeck"). Übersetzungen ins Französische (1557, von Clusius besorgt) und Lateinische ("Historia stirpium", 1558) folgten.

15. Freundschaft mit Carolus Clusius (ab 1567/68)

Carolus Clusius (Atrecht in der Grafschaft Artois 19.2.1526 - Leiden 4.4.1609) hatte zunächst Jura in Löwen, Marburg und Wittenberg studiert, war aber dann auf An-raten Melanchthons zum Medizinstudium übergewechselt. Von 1551 bis 1554 stu-dierte er in Montpellier, vor allem bei Rondeletius. Seine ersten publizierten Ar-beiten in diesen und den folgenden Jahren waren Übersetzungen, darunter 1557 eine Übertragung des erwähnten Kräuterbuchs von Dodonaeus ins Französische. 1564/65 reiste er mit einem Sohn des Anton Fugger nach Spanien und brachte von dieser Reise ein umfangreiches Herbarium mit sowie ein botanisches Werk über die indische Flora. Dieses hatte kurz zuvor Garçia ab Horta (1490-1570) verfaßt, ein portugiesischer Jude, der wegen Progromen nach Goa hatte auswandern müs-sen und dort Hofarzt beim spanischen Vizekönig in Indien war. Das 1561 in portu-giesischer Sprache erschienene Werk beschrieb viele Pflanzen erstmals, so die Rauwolfia. Clusius gab das Werk Hortas, ins Lateinische übersetzt, erweitert und illustriert, 1567 heraus[276]. Posthius erwarb diese Ausgabe im Oktober 1567 bei Christophorus Plantinus. Bei der Gelegenheit ergab sich für Posthius die Möglich-keit, einen Briefwechsel mit Clusius zu beginnen[277]. Ein Jahr später verfaßte Po-sthius auf Bitten des Clusius ein enkomiastisches Epigramm auf das Werk über die indische Flora und schickte das Gedicht mit seinem Brief vom 26.10.1568.

Während dieser Zeit arbeitete Clusius auch daran, seine aus Spanien mitge-brachten Pflanzen in einem botanischen Werk über die spanische Flora systema-tisch darzustellen. Im Oktober 1568 hoffte er auf eine baldige Fertigstellung und bat Posthius um ein enkomiastisches Gedicht für diese Ausgabe. Posthius erfüllte den Wunsch in seinem Brief vom 27.10.1568, doch zog sich die Fertigstellung des Pflanzenwerkes noch mehrere Jahre hin. Als Clusius es 1576 endlich zum Druck gab, benachrichtigte er davon offenbar Posthius, so daß der Gelegenheit bekam, sein enkomiastisches Gedicht zu überarbeiten. Diese Überarbeitung schickte Po-sthius vermutlich Ende August 1576 an Clusius[278] und bekam, wohl als Dank dafür, von Clusius Pflanzen zugesandt[279]. Die spanische Flora des Clusius erschien noch im Jahr 1576 bei Plantinus in Antwerpen[280], jedoch ohne das Gedicht des Posthius. Offenbar schrieb dieser daraufhin längere Zeit nicht mehr an Clusius, was diesen am 20.8.77 zu einem verärgerten Brief an Joachimus II Camerarius veranlaßte. Clu-sius schrieb darin, an allem sei der Drucker schuld, der weder das schon länger vorliegende Gedicht des Nicasius Ellebodius noch das erst kurz vor Druck-

---

276 vgl. Literaturverzeichnis unter Clusius/ab Horto: Aromatum historia (1567).
277 vgl. Posthiusbrief vom 31.10.1567.
278 vgl. Posthiusbrief vom 31.8.1576.
279 vgl. Posthiusbrief vom 18.10.1576.
280 vgl. Literaturverzeichnis unter Clusius: Rariorum stirpium historia (1576).

vollendung eintreffende Gedicht des Posthius abgedruckt habe[281]. Kurz darauf, beim Wienaufenthalt des Posthius im Herbst 1577, war dann offenbar die Verstimmung zwischen ihm und Clusius bereits wieder beseitigt[282]. Das vom Drucker vergessene enkomiastische Posthiusepigramm wurde sieben Jahre später dann doch noch publiziert, und zwar in der zweiten, erweiterten Ausgabe der spanischen Flora des Clusius[283].

Clusius zählt bis heute zu den ganz großen Botanikern. Auf ihn gehen zahlreiche noch gültige Einteilungen und Pfanzenbeschreibungen zurück, die sich auch in den wissenschaftlichen Namen der Pflanzen zeigen. So ist beispielsweise die bekannteste Enzianart nach Clusius "Gentiana Clusii" benannt.

16. Umzug nach Würzburg (1568/69) und Hochzeit am 26.9.1569

Als in den Niederlanden kriegerische Auseinandersetzungen zwischen den kalvinistischen Geusen und der spanisch-katholischen Regierung bevorstanden, war Posthius sehr besorgt und sah sich nach Alternativen um[284]. Im November 1568 versuchte er vergebens, Feldarzt im Heere Herzog Albas zu werden, wie er in seinem Brief vom 16.12.1568 berichtet. Im gleichen Brief kann er mitteilen, daß er von Erasmus Neustetterus, dem damaligen Würzburger Domdekan, als Arzt des Domkapitels und Fürstbischofs nach Würzburg gerufen worden sei.

Auch von Würzburg aus versuchte Posthius, seine Verbindungen in die Niederlande aufrechtzuerhalten, etwa über Begegnungen bei der Frankfurter Messe. So reiste er im Frühjahr 1571 nach Frankfurt und bedauerte es sehr, dort Christophorus Plantinus nicht anzutreffen[285]. Mit seinem Brief vom 9.4.1571 setzte er dafür die Korrespondenz mit Carolus Clusius fort.

Bald nach seiner Ankunft in Würzburg heiratete Posthius am 26.9.1569 Rosina, die am 7.7.1549 geborene Tochter des Kilian Brosamer[286]. Die Epithalamia, die Posthius dazu von Rudingerus, Tydichius und Sleiferus erhielt, edierte er zusammen mit eigenen Gedichten zum selben Anlaß. Ein noch erhaltenes Exemplar der schmalen Schrift schenkte er mit einer persönlichen Widmung seinem Freund Valentinus Herderus[287].

---

281 Hunger: L'Escluse, Bd. II (1942), S. 76f, Nr. 61 (Publikation des Clusiusbriefes an Camerarius) sowie S. 347.
282 vgl. Posthiusbrief vom 20.9.1577.
283 vgl. Werkverzeichnis 1568/2a.
284 vgl. Posthiusbrief vom 16.10.1568.
285 vgl. Posthiusbrief vom 9.4.1571.
286 Der Würzburger Bürger und Botenmeister Adam Kahl vermerkte dazu in sein Tagebuch unter dem Datum des 26. September: "Im jar 1569 hat doctor Johan Posthius mit jungfrau Rosina Morderin hochzeit gehalten" (zit. nach Endres: Adam Kahl, 1952, S. 51, Nr. 309; das Original des Tagebuches ging 1945 verloren).
287 vgl. Werkverzeichnis 1569.

17. Freundschaft mit Frischlinus (ab 1572)

Als Johannes Schleiferus/Sleiferus 1572 von Tübingen aus in seine Heimat zurück-
reiste, verfaßte Nicodemus Frischlinus am 19.4.1572 ein Propemptikon und stellte
dem Abreisenden darin die Städte, in die er auf seiner Rückreise kommen werde,
vor, indem er die jeweils darin wohnenden Humanisten nennt; so heißt es bei
Würzburg:

> "Proximus Herbipolin trames te ducet ad altam,
>   Hîc ubi Phoebeo Posthius ore canit.
> Posthius Aonijs tinctus Sulmonis in undis,
>   Posthius ingenio; Posthius arte potens.
> Illum ubi seu medicas tractare Machaonis Herbas,
>   Et dare purpureae lilia grata rosae:
> seu dignum invenies Musis et Apolline carmen
>   Ludere, et alternis nectere verba modis,
> Protinus acceptam nostro dic ore salutem,
>   Meque eius memorem sic fore, ut ille mei."

Posthius bekam wohl bereits bei der Durchreise des Sleiferus durch Würzburg
eine Abschrift des Gedichtes; er bedankte sich für die rühmende Erwähnung am
31.12.1572 bei Frischlinus und nützte dabei gleich die Gelegenheit, um seine neuesten Pläne - die Gründung eines Freundschafts- und Mäßigkeitsvereins - vorzustellen und Frischlinus zum Mitmachen zu veranlassen. Das Propemptikon des
Frischlinus wurde noch im selben Jahre 1572 in Erfurt publiziert[288].

18. Zusammentreffen mit Paulus Melissus Schedius in Heidelberg (1572)

Im Jahre 1572 besuchte Posthius seine alte Heimat Heidelberg. Davon zeugt ein
dort entstandenes, datiertes Epigramm in des Posthius Gedichtsammlung "Parerga"[289].

Bei diesem Heidelbergaufenthalt traf Posthius auch mit Melissus zusammen,
den er bereits etliche Jahre zuvor in Paris kennengelernt hatte. Paulus Schede
(Mellrichstadt 20.12.1539 - Heidelberg 3.2.1602), der sich nach seiner Mutter Otti-
lia Melissa mit Beinamen Melissus nannte - unter diesem Namen ging er auch in
die Literaturgeschichte ein -, war in Erfurt, Zwickau, Jena und Wien als Philologe
ausgebildet worden und hatte am 2.5.1564 dort von Kaiser Ferdinand I. die Würde
eines Poeta Laureatus und den Rang eines Adligen erhalten. Melissus setzte seine
Studien anschließend in Wittenberg und Leipzig bis 1565 fort und führte anschließend ein rastloses Wanderleben: Über Würzburg, Wien, Augsburg, abermals Wien,

---

288 Auf diese Edition weist Frischlinus in einer Glosse bei seiner Publikation des Posthiusbriefes vom
     31.12.1572 hin, doch scheinen alle Exemplare dieser Edition verschollen. Das Propemptikon wurde
     später auch in der postumen Ausgabe der Frischlinschen Werke abgedruckt, und zwar im Elegien-
     band, dort im 15. Buch (vgl. Literaturverzeichnis unter Frischlinus: Operum pars elegiaca, 1601; da-
     nach habe ich zitiert). Das Propemptikon beginnt "I rediture domum ...".
289 Dies fünf Distichen umfassende Epigramm ist "Heydelbergae Anno 1572." unterzeichnet und be-
     ginnt "Qui faciles quondam ..." (Parerga erste Ausgabe Bl. 99v, zweite Ausgabe Pars prima, S. 167).

Ungarn und Belgien kam er 1567 nach Paris, wo er mit Posthius bekannt wurde[290]. Anschließend zog er weiter durch Frankreich und geriet dabei in Burgund in die kriegerischen Auseinandersetzungen des zweiten Religionskrieges. Über Genf, Speyer, Heidelberg und abermals Burgund kam er schließlich 1570 nach Heidelberg und trat dort in die Dienste des Pfalzgrafen und Kurfürsten Friedrich III., in dessen Auftrag er sämtliche Psalmen in deutsche Kirchenlieder umformte, die aber bald schon durch den Lobwasserpsalter verdrängt wurden. Nach dem Tode Friedrichs III. am 26.10.1576 nahm Melissus sein unstetes Leben wieder auf und bereitete dabei Posthius ziemlich viele Unannehmlichkeiten[291]. Das konnte aber das gute Einvernehmen zwischen Posthius und Melissus nicht auf die Dauer stören[292].

19. Gründung des "Collegium Posthimelissaeum" (1572/73)

Posthius vereinbarte wohl bei seinem Heidelbergaufenthalt 1572 mit Melissus die Gründung eines Freundschaftsbundes, dessen verbindende Klammer das Gelübde sein sollte, insbesondere während der Berufsausübung nur mäßig Wein zu trinken. Ein mit einem Amethyst verzierter Ring diente als äußeres Erkennungszeichen, da der Amethyst wegen seines Namens - griechisch: nicht trunken, dem Rausch widerstehend - als Garant für Nüchternheit galt; außerdem sollte der Ring auf seiner Außenseite mit den Worten "VOTVM SANCTVM DOMINO" an das gemeinsame Gelübde erinnern; die lateinische Gravur konnte noch durch eine griechische ("᾽EN ῎OINΩ ᾽AΣΩTΓΆ", deutsch: im Wein liegt Liederlichkeit) auf der Innenseite des Ringes ergänzt werden[293].

Natürlich durfte bei dem ganzen Unternehmen das Dichten nicht fehlen, und so hatten Posthius und Melissus beschlossen, die dem Bunde beitretenden Freunde um Gedichte zum Thema des Gelübdes zu bitten und diese Gedichte dann auch gesammelt herauszugeben.

Posthius ging mit gutem Beispiel voran und verfaßte eine Elegie gegen die Trunkenheit[294]. Diese verschickte er an seine Bekannten, so auch am 31.12.1572 an Frischlinus, und bat dabei um Beitritt zu dem Bunde und um entsprechende Beitrittsgedichte; außerdem legte er - zumindest dem Brief an Frischlinus - eine Goldmünze bei, damit daraus als äußeres Zeichen des Bundes ein Ring der oben beschriebenen Art hergestellt werden konnte.

Obwohl Frischlinus größerem Weinkonsum keineswegs abgeneigt war und dadurch öfters in unangenehme Situationen geriet, bereitete ihm offenbar das Akzeptieren des doch sehr dehnbar formulierten Gelübdes keine Schwierigkeiten, und so

---

290 Posthius besang in seiner "Parisiis, An. 1567." datierten Elegie I,13 die (fiktive) Geliebte Rosina des Melissus. Das Gedicht beginnt "VT teneram genitrix ...".

291 vgl. Überblick, Kapitel 26.

292 vgl. Überblick, Kapitel 38.

293 Der Ring ist samt Inschriften auf dem Titelblatt der Schrift "Collegii Posthimelissaei votum" abgebildet (vgl. Werkverzeichnis 1573/1).

294 Diese Elegie, die "Quale sit hoc, Domino ..." beginnt, wurde von Posthius sowohl in der Schrift "Collegii Posthimelissaei votum" (vgl. Werkverzeichnis 1573/1, Lage A_2v-A_3r) als auch als Elegie II,12 in seiner Gedichtsammlung "Parerga" publiziert.

verfaßte er eine umfangreiche Elegie gegen die Trunkenheit, die - wohl wegen ihrer Thematik - immer wieder, bis in die Gegenwart, publiziert wurde[295].

Eines der ersten Mitglieder des neuen Freundschaftsbundes muß Ioannes Sleiferus/Schleiferus gewesen sein, der 1572 bei der Durchreise durch Würzburg Posthius besucht hatte[296]. Er schickte seine Beitrittsgedichte nicht nur an Posthius zur Veröffentlichung in der Vereinsschrift, sondern publizierte sie auch selbst separat 1573 in Erfurt[297]. Außerdem kündigte er die Übersendung weiterer Gedichte an[298], womit er wohl die Beiträge anderer Autoren meinte. Tatsächlich sind in der Vereinsschrift auch Verse von zwei weiteren Autoren aus Erfurt abgedruckt, nämlich von Bruno Seidelius, verfaßt am 14.2.1573[299], und von Bartholomaeus Hubnerus, verfaßt am 15.2.1573[300].

In seinem Brief vom 21.8.1573 bittet Posthius den Joachimus II Camerarius um Gedichte für die Vereinspublikation; darüber, was er mit dem Verein bezwecke, hatte er offenbar schon zuvor in einem nicht erhaltenen Brief oder auch persönlich den Joachimus II Camerarius informiert. Wenn Joachimus II Camerarius auch offenbar der Bitte um Gedichte nicht - zumindest nicht rechtzeitig - nachgekommen war, so galt er doch dem Posthius als Mitglied, da er in seinem Brief vom 26.11.1573 Joachimus II Camerarius gegenüber von "unserem" Gelübde spricht und damit den Freund mit einbezieht.

Ähnlich wie Posthius und Sleiferus/Schleiferus betätigte sich Melissus als Sammler von Gedichten, und so waren bereits binnen Jahresfrist genug Beiträge für eine erste Veröffentlichung zusammengekommen. Melissus übernahm die Herausgabe und ergänzte die gesammelten Gedichte um weitere Verse verschiedenster Autoren zum Thema Trunkenheit. Darunter befanden sich allerdings, sehr zum Ärger von Posthius, auch Gedichte, die von Katholiken als beleidigend aufgefaßt

---

295 Sie wurde zunächst in der Vereinsschrift "Collegii Posthimelissaei votum" publiziert (vgl. Werkverzeichnis 1573/1, Lage C_6r-D_1r), fünf Jahre später in des Vincentius Obsopoeus Schrift "De arte bibendi", die auch in den folgenden Jahrzehnten mehrfach erschien (vgl. Literaturverzeichnis unter Obsopoeus: De arte bibendi). Ab 1598 ist die Elegie dann in des Frischlinus Werkausgaben mit abgedruckt (vgl. Literaturverzeichnis unter Frischlinus: Operum pars scenica, 1598, S. 557-564; Frischlinus, Operum pars elegiaca, 1601, Lage Bbb_2r-Bbb_5v; Frischlinus: Operum pars scenica, 1604, S. 557-564). Gruterus nahm die Elegie 1612 in seine große Anthologie mit auf (vgl. Literaturverzeichnis unter Gruterus: Delitiae poetarum Germanorum, 1612, Pars III, S. 397ff). Auszüge aus dieser Elegie erschienen auch mit deutscher Übersetzung in diesem Jahrhundert (H. C. Schnur: Lateinische Gedichte deutscher Humanisten, Stuttgart 1966, S. 164-177 und H. L. Arnold: Deutsche über die Deutschen, München 1972, S. 24f. Arnold benützt dazu Schnur und datiert die Elegie ungenau "um 1590").
296 vgl. Überblick, Kapitel 17.
297 Die beiden Gedichte des Sleiferus beginnen "POsthi Paeoniae decus ..." und "EBria turba vale, ..." (Werkverzeichnis 1573/1, Lage D_4r-D_5v). Der in Erfurt 1573 erschienen Separatdruck scheint verschollen; allerdings findet sich ein Hinweis auf ihn im alten, handgeschriebenen Katalog der Herzog August Bibliothek Wolfenbüttel: "Posthiani voti approbatio. Erph. 1573". Leider ist unter der dabei angegebenen Signatur 264.10.qu nichts auffindbar. Posthius selbst verweist auf diesen Erfurter Druck in seinem Brief vom 4.5.1573.
298 vgl. Posthiusbrief vom 4.5.1573.
299 Collegii Posthimelissaei votum (vgl. Werkverzeichnis 1573/1), Lage B_5v-B_6v; das Gedicht beginnt "CLitorio quicunque sitim ..."
300 Collegii Posthimelissaei votum (vgl. Werkverzeichnis 1573/1), Lage B_6v-B_7v; das Gedicht beginnt "VT impijs votis ..."

werden konnten[301]. Sehr gravierend war dies wohl nicht, denn Posthius konnte dem Würzburger Domdekan Neithard von Thüngen ein Exemplar des fertigen Büchleins schenken, mit einer persönlichen Widmung und einem Widmungsgedicht[302]. Mehr noch ärgerte sich Posthius wohl über den Titel des Büchleins, "Collegii Posthimelissaei Votum", da dieser vielfach verspottet wurde[303]. Auch das Anliegen an und für sich fand keineswegs nur Freunde: Beispielsweise fragte Johann Fischart 1575 in seinem bekannten Werk "Geschichtklitterung", das er nach dem Vorbild von Rabelais' "Gargantua" verfaßte und 1575 erstmals publizierte: "Was geht uns die unpoetisch neu Posthimeliseisch ketzerei an ...?"[304]

Trotz dieser Kritik traten auch in den folgenden Jahren noch namhafte Persönlichkeiten dem "Votum" bei, so Janus Jacobus Boissardus und Valentinus Clessius; sie wurden von Posthius dankbar, meist mit Gedichten, begrüßt[305].

Henricus Stephanus verfaßte, nachdem das Büchlein des Posthius und Melissus erschienen war, Gedichte zum selben Thema, die ausdrücklich das Anliegen des "Votum" unterstützen sollten, und edierte sie in einem zur Frankfurter Messe 1574 herausgegebenen Sammelbändchen, zusammen mit einem Großteil der Gedichte, die Melissus aus des Stephanus eigenen Epigrammbänden zusammengestellt und 1573 im "Votum" publiziert hatte; dazu fügte Stephanus dann noch weitere Gedichte aus der Anthologia Graeca sowie einige antike Prosatexte hinzu, die geeignet erschienen, das Anliegen von Posthius und Melissus zu unterstützen. Außerdem enthält das Bändchen des Stephanus ein längeres Scherzgedicht in Elfsilbern, mit dem sich sein Verfasser bei Posthius für eine Essenseinladung bedankt, und einige Stephanustexte eher scherzhafter Art über die Frankfurter Messe und mit ihr zusammenhängende Erlebnisse[306].

---

301 vgl. Posthiusbrief vom 26.11.1573.
302 vgl. Werkverzeichnis 1574/3.
303 vgl. Posthiusbrief vom 26.11.1573.
304 Zitiert habe ich nach dem Neudruck der Ausgabe von 1590: J. Fischart: Affentheurlich Naupengeheurliche Geschichtklitterung, zur Grensing im Gänsserich 1590, Neudruck Düsseldorf 1963 (Hg. U. Nyssen), S. 29.
305 Posthius nahm seine Begrüßungsgedichte an Boissardus und Clessius mit in seine Gedichtsammlung "Parerga" auf; sein Gedicht für Boissardus beginnt "Votum, docte Iacobe, Posthianum ..." (Parerga erste Ausgabe Bl. 116v, zweite Ausgabe Pars prima, S. 195); das Gedicht für Clessius beginnt "Quod nostro Clessi ..." (Parerga nur zweite Ausgabe Pars altera, S. 102).
     Crusius berichtet von seinem Beitritt in den Verein ausführlich in seinem Werk "Germanograeciae" (vgl. Werkverzeichnis 1573/1a).
306 Der Titel dieses Büchleins bezieht sich auf die Frankfurter Messe: "Francofordiense emporium" (vgl. Literaturverzeichnis unter Stephanus: Emporium, 1574). Die Schrift enthält zwei separat paginierte Teile, deren erster lediglich ein Enkomion des Stephanus über die Frankfurter Messe in Prosa umfaßt. Der zweite Teil beinhaltet zunächst drei mit der Messe in Zusammenhang stehende scherzhafte Texte des Stephanus, dann dessen Gedicht über das Gastmahl bei Posthius ("Coena Posthiana, sive Kyklikodipsia", S. 25-41), dann dessen Hilfsepigramme für das Anti-Alkoholprogramm des Posthius ("Ad Posthimelissaeum bellum subsidiaria epigrammata, sive Methysomisia", S. 43-55) und schließlich die meisten der von Melissus 1573 für die Schrift "Collegii Posthimelissaei votum" zusammengestellten Stephanusgedichte (S. 51-61). Darauf folgen die der Anthologia Graeca entnommenen Epigramme im Originaltext und in der lateinischen Übersetzung des Iosephus Scaligerus (S. 62-71) sowie weitere zum Thema passende Texte antiker Autoren, nämlich von Libanius, Basilius, Lucianus (je griechisch und lateinisch), Lycon, Seneca und Plinius dem Älteren (S. 72-113). Den Abschluß bildet eine undatierte Widmungsadresse an Melissus (S. 115-120).

Ausführlich und penibel berichtet Martinus Crusius/Kraus über seinen Beitritt und Beitrag zu dem Verein in seinem Werk "Germanograeciae": Melissus habe ihm am 23.5.1574 das Vereinsbüchlein "Collegii Posthimelissaei votum" übersandt und ihn gebeten, ebenfalls beizutreten. Daraufhin habe er, Crusius, am 24.7.1574 eine zur Thematik passende griechische Elegie verfaßt und diese dem Posthius und Melissus gewidmet, worauf Melissus am 27.9.1574 aus Heidelberg um eine lateinische Prosaübersetzung gebeten habe. Dieser Bitte habe er, Crusius, am 8.1.1575 entsprochen und später, am 24.7.1575, seine lateinische Übersetzung ebenfalls in Distichen gefaßt[307].

Ebenfalls im Jahre 1575 publizierte Melissus einige Gedichte verschiedener Autoren über den Freundschafts- und Mäßigkeitsverein im Teil "Miscellorum appendix" seiner Gedichtsammlung "Schediasmatum reliquiae"[308].

Als Beitritt oder Beitrag zu diesem Verein sind wohl auch die Epigramme aufzufassen, die Rittershusius im Sommer 1589 an Posthius schickte und für die sich Posthius mit einem eigenen weiteren Gedicht zu diesem Thema am 7.9.1589 bedankte. Zu einer umfassenden Edition von Gedichten über den Verein und seine Thematik kam es jedoch erst lange nach des Posthius Tod durch Sebastianus Hornmoldus im Jahre 1619[309].

20. Wahl Julius Echters zum Fürstbischof (1573)

Als im Herbst 1573 der Würzburger Fürstbischof Friedrich von Wirsberg - er regierte von 1558 bis 1573 - tödlich erkrankte, hoffte Posthius auf einen geeigneten Nachfolger[310]; dabei dachte er wohl an seinen Mäzen Erasmus Neustetterus. Gewählt wurde allerdings am 1.12.1573 Julius Echter von Mespelbrunn, und zwar nach mehreren Wahlgängen mit 11 Stimmen gegen Albrecht Schenk von Limpurg (6 Stimmen), Neithard von Thüngen (3 Stimmen) und Erasmus Neustetterus (2 Stimmen). Posthius scheint von dieser Wahl wenig begeistert gewesen zu sein; zwar schrieb er seinem Freund Nicolaus Cisnerus, der zu der Zeit als Assessor am Reichskammergericht in Speyer wirkte, Echter sei gebildet, ein Freund von Gelehrten, sprachkundig und ihm, Posthius, gegenüber wohlwollend, doch bedeutete eine solche Charakterisierung im Freundeskreis offenbar wenig Gutes: Was man sich erhoffte, waren persönliche Integrität, Einsatz für die Allgemeinheit und Aufgeschlossenheit gegenüber der Reformation oder doch zumindest religiöse Toleranz. Genau diese Punkte vermißte Cisnerus in der Charakterisierung durch Posthius, wie aus seinem Antwortschreiben vom 17.12.1573 hervorgeht, und er beklagte dazu in seiner Enttäuschung, daß nicht der verdienstvollere Erasmus Neustetterus gewählt worden sei oder der ebenfalls geeignetere [Albrecht] Baro Lim-

---

Posthius nahm das ihm gewidmete Gedicht des Stephanus in den Liber adoptivus seiner Parerga mit auf (nur erste Ausgabe Bl. 193r ff; das Gedicht beginnt "HEri quae tibi").
307 vgl. Werkverzeichnis 1573/1a.
308 vgl. Werkverzeichnis 1575/1.
309 vgl. Werkverzeichnis 1573/1b.
310 vgl. Posthiusbrief vom 11.11.1573.

burgicus. Dabei bezeichnete Cisnerus den Erasmus Neustetterus als "Dominus Patronus noster", ähnlich wie Posthius diesen in seinen Briefen nennt[311].

Trotz dieser Vorbehalte nützte Posthius die Bischofswahl als Anlaß zu Gratulationsgedichten; dabei versuchte er sich auch in der für ihn bislang ungewohnten Form des stichischen Hexameters[312].

21. Dienstreisen nach Wien, Wildbad, Bad Kissingen und Karlsbad (1574ff)

Mehrere Posthiusbriefe entstanden auf einer Reise des Baron Gotofridus(?) von Lympurg nach Wien, auf der ihn Posthius als Leibarzt begleitete. In Wien nützte Posthius den Aufenthalt zur Auffrischung alter und zur Schließung neuer Freundschaften[313]. Besonders blieb ihm ein Festmahl, das Crato für ihn gab, in Erinnerung[314].

Bis zu seiner zweiten Wienreise im Herbst 1577 fesselten Posthius dann seine verschiedenen beruflichen Pflichten in Würzburg, unterbrochen von diversen kleineren Reisen zu Patienten in der Umgebung Würzburgs[315] und von drei größeren Badereisen mit Patienten, und zwar nach Wildbad im Mai 1575 mit Gotofridus(?) Baron von Lympurg[316], nach Bad Kissingen im August 1575 mit dem Fürstbischof Julius Echter von Mespelbrunn[317] und nach Karlsbad im Juni 1577 mit Erasmus Neustetterus[318].

22. Gedichte auf des Posthius Wahlspruch und Wappen (1575 bis 1579)

Auch in diesen Jahren pflegte Posthius seinen Freundeskreis weiter, und wieder hatte er - wie vor 1573 mit seinem Freundschafts- und Mäßigkeitsverein "Votum"[319] - Pläne, wie er diese Freundschaften nach außen dokumentieren wollte: Alle Dichter, die sich Posthius verbunden fühlten, sollten Gedichte auf sein Wappen[320] und/oder auf seinen Wahlspruch anfertigen. Solche Gedichte waren damals üblich, und so bereitete die Beschaffung wenig Schwierigkeiten. In seinem Brief vom 9.3.1575 beispielsweise bat Posthius den Bersmanus um solche Gedichte und schickte offenbar gleich eine Abbildung seines Wappens mit. Bersmanus ließ sich nicht lange bitten, verfaßte sieben Gedichte[321] und schickte sie wohl prompt an Posthius.

311 Der Brief des Posthius an Cisnerus ist nicht erhalten, doch das Antwortschreiben des Cisnerus, das 1611 von Reuterus publiziert wurde (vgl. Literaturverzeichnis unter Cisnerus: Opuscula, 1611, S. 989; ein Großteil dieses Briefes wird auch von F. X. Wegele zitiert: Geschichte, 1882, Bd. 1, S. 152).
312 vgl. Werkverzeichnis 1573/3.
313 vgl. Posthiusbrief vom 9.3.1575.
314 vgl. Posthiusbrief vom 20.3.1575 und vom 27.10.1576.
315 vgl. Posthiusbrief vom 17.3.1575.
316 vgl. Posthiusbrief vom 2.6.1575.
317 vgl. Posthiusbrief vom 25.9.1575.
318 vgl. Posthiusbrief vom 24.6.1577.
319 vgl. Überblick, Kapitel 19.
320 zum Wappen des Posthius vgl. Werkverzeichnis 1573/1, 1578/3, 1579/1 sowie Posthiusbrief vom 16.10.1574.
321 Diese Gedichte wurden erstmals von Bersmanus in der Sammlung seiner eigenen Werke 1576 publiziert, und zwar im "Encomiastorum liber II" (vgl. Werkverzeichnis 1576/1, S. 182f). In dersel-

Ende März 1575 hatte Posthius bereits eine kleine Sammlung von Gedichten auf sein Wappen und auf seinen Wahlspruch beisammen und sandte diese am 22.3.1575 stolz an seine Nürnberger Freunde zur Begutachtung. In der Folgezeit sammelte Posthius weiter. Beispielsweise bat er im Herbst 1576 über Bersmanus den Adamus Siberus um Verse auf sein Musenroß ("veredus Musicus"), und der schickte prompt mit seinem Brief vom 7.11.1576 zwei entsprechende Distichen an Bersmanus mit der Bitte, sie an Posthius weiterzuleiten[322].

Ein paar Jahre später, 1579, ließ Posthius die inzwischen auf 35 Gedichte von zwanzig Autoren angewachsene Sammlung in einer von Egenolphus herausgegebenen Anthologie edieren[323]. Diese Anthologie sollte offenbar die Leser zu weiteren ähnlichen Gedichten in ihren Freundeskreisen anregen und enthält dementsprechend viele Leerseiten, so daß sie als Stammbuch oder gar als Wappenstammbuch benutzt werden konnte. Egenolphus fügte außerdem noch sechs eigene Gedichte auf das Wappen des Posthius hinzu.

Posthius nahm einen Großteil dieser Sammlung im folgenden Jahr als eigene Rubrik in den Liber adoptivus seiner Parerga auf, ergänzt um 17 Gedichte von acht weiteren Autoren[324]; in der zweiten Ausgabe von 1595 ließ er elf Gedichte davon weg und nahm dafür - allerdings außerhalb der Rubrik - zusätzliche Gedichte dieser Thematik neu auf[325].

23. Distanz zu astrologischen Kalendern (1575)

Eine der ersten Amtshandlungen des Posthius in Würzburg war es gewesen, das Kalendermachen und die bisher üblichen astrologischen Offenbarungen von sich fernzuhalten und diese Arbeit dem aus Haßfurt gebürtigen Doktor Martin Baiss zu überlassen[326]. Weil dieser dazu offenbar zu viel Zeit benötigte, wurde Posthius am 5.8.1575 vom Domkapitel ermahnt, diese Kalender entweder selbst anzufertigen oder beim Doktor Martin "Bayß" auf deren rechtzeitige Fertigstellung zu drängen[327]. Das Interesse des Posthius an den Kalendern blieb aber weiterhin gering:

---

ben Fassung wurden diese Gedichte auf des Posthius Veranlassung 1579 in der Anthologie des Egenolphus veröffentlicht (vgl. Werkverzeichnis 1579/1, Bl. 184r ff) und abermals ein Jahr später in der Werksammlung "Parerga" des Posthius (erste Ausgabe Bl. 171v f, zweite Ausgabe Pars altera, S. 213f, wobei im ersten der Gedichte eine kleine Änderung vorgenommen wurde). Das erste der Gedichte des Bersmanus erschien auch 1585, in einem Wort gegenüber der Erstversion verändert, in einem Werk des Johannes Schosserus über die Wappen berühmter Männer (vgl. Werkverzeichnis 1585/2, Bl. 122r). Ein Nachdruck dieses Werkes und damit auch dieses Gedichtes wurde 1736 von Sincerus besorgt (vgl. Werkverzeichnis 1585/2a, S. 309). Die Bersmanusgedichte beginnen "Omnia figmentis ...", "Persia placat ...", "Vitae summa ...", "Occipiti calvo est occasio, Posthius ...", "Fronte gerit ...", "Occipiti calvo est occasio, crinibus ..." und "Fronte capillata ..."
322 Publiziert wurde dieser Brief des Siberus von Bersmanus in seiner Werksammlung (vgl. Werkverzeichnis 1591/2, Pars prior, S. 360f).
323 vgl. Werkverzeichnis 1579/1.
324 Parerga erste Ausgabe Bl. 167r-177r, zweite Ausgabe Pars altera, S. 207-221.
325 Neu hinzu kamen unter anderem Gedichte von Paschasius Brismannus (Pars altera, S. 300) und Tobias Scultetus (Pars altera, S. 314).
326 Sticker: Entwicklungsgeschichte (1932), S. 435.
327 Würzburg Staatsarchiv, Protokolle des Domkapitels von 1575, Bl. 203f vom 5. August (diesen Hinweis verdanke ich Professor E. Schubert).

Zwar übersandte er einen solchen am 31.12.1575 an Joachimus II Camerarius, doch sah er dessen Nutzen nicht in den astrologischen Angaben, sondern darin, daß in ihm die Namen und Wappen der Würzburger Domkapitulare angeführt wurden.

24. Poeta-Laureatus-Titel für Epicedia zum Tode Maximilians II. (1576)

Als am 12. Oktober 1576 Kaiser Maximilian II. auf dem Reichstag in Regensburg verstarb, verfaßte Posthius umgehend eine umfangreiche Elegie, in der er den Sterbenden seinen Sohn und Nachfolger Rudolph II. anreden und ihm gute Ratschläge erteilen läßt. Dazu fügte er ein "Epitaphium" und ein weiteres Epicedium und ließ diese Gedichte umgehend drucken[328]. Er stellte ihnen dabei ein Widmungsgedicht an den kaiserlichen Leibarzt Johannes Crato voran, der den Posthius zwei Jahre zuvor bei der ersten Wienreise zu einem Festmahl eingeladen hatte[329]. Posthius hatte sich damals mit zwei Gedichten revanchiert, in denen er die Ähnlichkeit der Gesichtszüge Cratos mit denen des Kaisers gepriesen hatte[330].

Nun nützte Posthius diese Verbindung, indem er am 27.10.1576 ein wohl bereits gedrucktes Exemplar seiner Epicedia an Crato, der übrigens auch selbst eine Leichenrede zum Tode Maximilians II. verfaßt hatte[331], schickte: Crato sollte - wohl als Gegenleistung für die Widmung - diese Posthiusgedichte dem Kaiser überbringen. Als Gegengabe, so schrieb Posthius, wünsche er den Titel eines Poeta Laureatus, falls möglich mit dem Recht, auch anderen diese Auszeichnung verleihen zu dürfen. Dieses Privileg hatte damals außer dem Kaiser nur das Wiener Poetenkollegium und die vom Kaiser ernannten sogenannten Pfalzgrafen ("Comites Palatini"), denen auch eine Reihe weiterer Vorrechte zustanden. Im 16. Jahrhundert errangen diese spezielle Pfalzgrafenwürde nur Martin Eisengrein 1559, Paulus Melissus Ende 1579[332], Nicolaus Cisnerus 1594 und vielleicht auch Georg Sabinus. Die Zunahme der Pfalzgrafen gegen Ende des 16. Jahrhunderts führte dazu, daß durch die massenhafte Verleihung des Poeta-Laureatus-Titels dieser ab etwa 1600 völlig entwertet wurde.

Posthius blieb die Ehre eines Pfalzgafentitels versagt, doch wurde er umgehend, bereits am 1.11.1576[333], zum Poeta Laureatus ernannt. Er erfuhr offenbar erst einige Wochen später davon und bedankte sich für die Vermittlung am 24.11.1576 bei Crato; seinem Namen fügte er dabei den neuen Titel hinzu. In seinem Brief des folgenden Tages an Joachimus II Camerarius berichtete er scheinbar nebenbei am Schluß des Briefes von der erhaltenen Würde und erweiterte auch hier seine Unterschrift um den neuen Titel "P. L.". Welche Gefühle dabei Posthius innerlich bewegten, läßt sich heute nur schwer sagen: Sicher war er stolz auf dieses "P. L.",

---

328 vgl. Werkverzeichnis 1576/3.
329 vgl. Posthiusbrief vom 20.3.1575 und vom 27.10.1576.
330 Diese Gedichte beginnen "Caesaris effigiem ..." und "Sí, quibus est ..." (Parerga erste Ausgabe Bl. 142r, Parerga zweite Ausgabe Pars prima, S. 237). Der Brief, in dem sich Crato dafür am 24.10.1575 aus Regensburg bedankte, ist erhalten (Erlangen UB Trew, Crato 1269). Bescheiden meint Crato darin, auf diese Ähnlichkeit habe ihn bislang noch niemand aufmerksam gemacht.
331 Schottenloher: Dichterkrönungen (1925), S. 672, Anm.2.
332 vgl. Posthiusbrief vom 23.1.1580.
333 vgl. Posthiusbrief vom 25.11.1576.

doch wohl zugleich etwas enttäuscht, daß er nicht zum "Comes Palatinus" ernannt worden war.

Crato erbat sich, wohl weil sie ihm gewidmet waren, weitere Exemplare der Epicedia. Posthius übersandte sie ihm mit seinem Brief vom 24.11.1576. Schon zuvor, am 4.11.1576, als er von seiner Ernennung zum Poeta Laureatus noch nichts wußte, hatte er mehrere Exemplare dieser Gedichte zur Weiterleitung an Joachimus II Camerarius geschickt.

25. Bei der Krönung Rudolphs II. in Wien im Gefolge Julius Echters (1577)

Als Posthius im Herbst 1577 den Fürstbischof Julius Echter nach Wien zu den Feiern der Regierungsübernahme durch Rudolph II. begleitete, verfaßte er über dieses Fest drei Epigramme[334], wohl weniger, weil er doch noch die Pfalzgrafenwürde erhoffte, sondern weil es für ihn als bekannte Persönlichkeit eine Selbstverständlichkeit war, solche Gedichte zu verfertigen: Es gehörte zu seinem Image und sollte vielleicht auch ein Dank für die Verleihung der Poeta-Laureatus-Würde sein und zugleich ein Beweis, daß er diese Würde zu Recht trug.

In Wien schrieb sich Posthius am 13.10.1577 in die Matrikel der Universität ein [335]. Auch besuchte er dort Clusius und überbrachte Pflanzen, die ihm Joachimus II Camerarius bei des Posthius Durchreise durch Nürnberg offenbar mitgegeben hatte[336].

Wenig später erlebte Posthius dann mit, wie Clusius entlassen und der Wiener botanische Garten verwüstet wurde; voll Entsetzen berichtete Posthius davon in seinem Brief vom 19.11.1577.

26. Unterstützung des Melissus (1577 bis 1580)

Nach der Wienreise ging das Leben in Würzburg seinen gewohnten Gang. In den folgenden Jahren sind immer wieder Bettelbriefe des in finanzielle Not geratenen Melissus Gegenstand der Korrespondenz des Posthius[337]. Melissus hatte nämlich 1577 Heidelberg, wo er bis dahin sein Auskommen gefunden hatte, verlassen und reiste drei Jahre lang durch Italien. Besonders lange hielt er sich dabei in Padua auf[338].

Des Melissus Verhalten erregte zwar bisweilen das Mißfallen des Posthius und veranlaßte ihn zu regelrechten Zornausbrüchen[339], doch besorgte oder lieh Po-

---

334 Diese Gedichte beginnen "Austria subnixo ...", "En mea, meaque ..." und "Ingenti tonitru ..." (Parerga erste Ausgabe Bl. 137v, zweite Ausgabe Pars prima, S. 230f).
335 F. Gall: Die Matrikel der Universität Wien, Bd. II, Graz 1959, S. 172.
336 Clusius berichtet von diesem Posthiusbesuch in seinem Brief vom 19.9.1577 an Joachimus II Camerarius (publiziert von Hunger: L'Escluse, Bd. II, 1942, S. 78f, Nr. 63).
337 Von den Bettelbriefen des Melissus und von den Bemühungen des Posthius, Geld aufzutreiben, ist die Rede in den Posthiusbriefen vom 2.12.1577, 13.12.1577, 14.2.1578, 17.4.1578, 20.5.1578, 24.10.1578, 12.1.1579, 16.3.1579, 16.5.1579, 3.6.1579, 19.6.1579, 29.8.1579, 2.11.1579, 25.12.1579, 23.1.1580, 21.3.1580 und 13.5.1580.
338 Taubert: Paul Schede (1864), S. 18f.
339 vgl. Posthiusbrief vom 23.1.1580.

sthius seinem Freunde trotz gegenteiliger Ankündigungen immer wieder Geld. Sein Langmut dabei ist bewundernswert.

27. Geburt und Tod der Tochter Maria (1578)

Am 26.2.1578 wurde des Posthius Tochter Maria geboren; Andreas Ellingerus und Paulus Melissus verfaßten dazu Glückwunschgedichte, die Posthius als eigene Gruppe von Gedichten in den "Liber adoptivus" seiner Gedichtsammlung "Parerga" aufnahm[340]. Als das Mädchen dann noch im selben Jahr, am 25.8.1578, verstarb, tröstete sich Posthius mit einer umfangreichen, ergreifenden Trauerelegie[341]; die Epicedia, die Posthius zum selben Anlaß von seinen Freunden im Laufe der folgenden zwei Jahre[342] erhielt, stellte er ebenfalls zu einer eigenen Rubrik im "Liber adoptivus" seiner Gedichtsammlung "Parerga" zusammen[343]. Zwei Epicedia bekam Posthius nach der Ende 1580 erfolgten ersten Publikation seiner Parerga, so daß er sie erst in der zweiten Ausgabe von 1595 veröffentlichen konnte[344].

28. Aufenthalt in Köln im Gefolge Julius Echters (1579)

Vom April bis zum Oktober 1579 weilte Posthius als Leibarzt des Fürstbischofs Julius Echter von Mespelbrunn in Köln, wo dieser in kaiserlichem Auftrag die Friedensverhandlungen zur Beilegung des Bürgerkrieges in den Niederlanden führte. Posthius war dort sehr an den politischen Ereignissen interessiert und ergriff in Gedichten gegen den spanischen König Philipp II Partei[345]. Zeugnis von seiner regen literarischen Tätigkeit in Köln legen seine dort entstandenen Gedichte ab, die er als zweiten Teil des "Belgica"-Zyklus in seine Gedichtsammlung "Parerga" aufnahm. Von der geistig anregenden Atmosphäre in Köln zeugen die an den dort weilenden Posthius gerichteten Gedichte von Alexander Grapheus und Nicolaus Rudingerus[346]. In Köln machte Posthius auch die Bekanntschaft des Modius[347].

Da sich die Verhandlungen in Köln im Jahr 1579 allzusehr in die Länge zogen, nützte Posthius Ende Oktober die Erkrankung seiner Schwiegermutter als Vor-

---

340 In der ersten Ausgabe Bl. 186r ff, in der zweiten Ausgabe Pars altera, S. 121ff.

341 Diese Elegie beginnt "Unica nata mihi ...", ist dem Erasmus Neustetterus gewidmet und bildet die zehnte Elegie in des Posthius zweitem Elegienbuch.

342 vgl. Posthiusbrief vom 13.12.1579.

343 In der ersten Ausgabe Bl. 189r-193r, in der zweiten Ausgabe Pars altera, S. 235-242. Diese Epicedia wurden noch ein weiteres Mal im selben Umfang publiziert, und zwar von dem Posthiussohn Erasmus innerhalb der Epicedia zum Tode des Vaters, die 1618 erschienen (vgl. Überblick, Kapitel 55).

344 Diese Gedichte stammen von Nathan Chytraeus und von Conradus Dinnerus; sie beginnen "Aureus in ..." und "Non sola hoc ..." (Parerga zweite Ausgabe Pars altera, S. 300f).

345 Zum Beispiel in seinem "Carole fortunae ..." beginnenden, an den Grafen Karl von Egmond gerichteten Gedicht oder in seinen Versen an Laurentius Schradaeus, die "Ad placitum ..." anfangen. Beide Gedichte publizierte Posthius in seiner Sammlung "Parerga" (erste Ausgabe, Bl. 74v f und 76v, zweite Ausgabe Pars prima, S. 128 und 131).

346 Posthius publizierte diese Gedichte im "Liber adoptivus" seiner Gedichtsammlung "Parerga" (in der ersten Ausgabe Bl. 201v ff, in der zweiten Ausgabe - allerdings um ein Gedicht gekürzt - Pars altera, S. 242ff).

347 Näheres zu Modius vgl. Überblick, Kapitel 43.

wand, um nach Würzburg zurückzukehren[348]. Als dann am 1.12.79 auch Julius Echter zurückkam, begrüßte Posthius ihn mit einem Gedicht[349].

29. Die Fertigstellung der ersten Parergaausgabe (1579/80)

In Köln trieb Posthius auch die Pläne zu einer umfangreichen Sammlung seiner Gedichte, eben der Parerga, entscheidend voran; so bat er den Adolphus Mekerchus ums Korrekturlesen einer Reihe von Texten[350], und in seinem Brief vom 15.7.1579 an Joachimus II Camerarius sprach er die Erwartung aus, daß seine Gedichte rechtzeitig zur nächsten Frankfurter Messe erscheinen würden. Die erste Publikation der Parerga erfolgte dann etwa ein Jahr später: Im November 1580 waren sie im Druck[351], und am 27. und 29.12.1580 konnte Posthius die ersten fertigen Exemplare verschicken.

Diese Sammlung ist mit einem Gedicht dem Erasmus Neustetterus gewidmet. Sie enthält zwei Bücher Elegien, fünf Bücher Epigramme und ein Buch mit an Posthius gerichteten Gedichten anderer Autoren, den sogenannten Liber adoptivus.

Durchnumeriert hat Posthius lediglich seine beiden Elegienbücher, von denen das erste vierzehn[352], das zweite zwölf[353] Nummern umfaßt. Die meisten Gedichte im ersten Elegienbuch entstanden unterwegs auf der großen Bildungsreise des Posthius zwischen 1565 und 1568; etwas früher, etwa 1560, verfaßte Posthius die achte Elegie, während die neunte und zehnte Elegie etwa von 1575 stammen. Die zwölf Elegien des zweiten Elegienbuches entstanden ausnahmslos nach 1572.

Seine kürzeren Gedichte hat Posthius nach den Gegenden, in denen sie entstanden, in fünf Bücher eingereiht; von diesen enthält das Buch "Italica" 86 Gedichte, 69 das folgende Buch "Gallica". Zum nächsten Buch "Belgica" gehören neben 52 in den Jahren 1567/68 in Belgien entstandenen Gedichten auch 43 Gedichte, die Posthius während seines Aufenthaltes in Köln[354] im Jahre 1579 verfaßte und wegen der Nähe dieser Stadt zu Belgien mit in dieses Buch aufnahm. Das Buch "Francica" schließlich umfaßt 189 Gedichte, die zwischen 1569 und 1580 in Würzburg abgefaßt wurden, während in das abschließende Buch "Austriaca" die 43 Gedichte Aufnahme fanden, die im Zusammenhang mit den beiden Wienreisen des Posthius in den Jahren 1574 und 1577[355] entstanden.

---

348 vgl. Posthiusbrief vom 2.11.1579.
349 Dies Gedicht beginnt "Maesta diu Herbipolis ..." (Parerga erste Ausgabe Bl. 119v, zweite Ausgabe Pars prima, S. 201).
350 Diese Bitte kleidete Posthius in ein Epigramm, das er in seiner Gedichtsammlung "Parerga" publizierte (in der ersten Ausgabe Bl. 80r f, in der zweiten Ausgabe Pars prima, S. 137). Dies Gedicht beginnt "Si curis vacuum ..."
351 vgl. Posthiusbrief vom 13.11.1580.
352 Dazu kommt noch ein enkomiastisches Epigramm des Ioannes Bottherius, das die sechste Elegie preist und unmittelbar nach dieser abgedruckt ist.
353 Dazu kommt noch Epigramm ("Epitaphium"), das sich an die erste Elegie - ein Epicedium - anschließt.
354 vgl. Überblick, Kapitel 28.
355 vgl. Überblick, Kapitel 21. und 25.

Der "Liber adoptivus" beginnt mit einem eigenen Widmungsbrief in Gedicht-
form an Nicolaus Cisnerus[356]. Darauf folgen 145 von Posthius empfangene Gedichte, wie Glückwünsche zu seiner Hochzeit, zu seinen Geburtstagen, zur Geburt
seiner Tochter Maria, Enkomia auf das Wappen des Posthius, Epicedia zum Tod
der Tochter Maria usw. An diese Gedichte schließen sich zwei Briefe an: In dem
einen, den Nicolaus Cisnerus an Nicolaus Rudingerus am 1.8.1574 richtete, rezen-
siert Cisnerus einige Posthiusgedichte; mit dem anderen übersandte Adolphus Mekerchus am 25.9.1579 aus Wilna dem Posthius seine lateinischen Nachdichtungen
von Theokritversen und bat um deren Veröffentlichung. Posthius erfüllte diesen
Wunsch und ließ diese Gedichte unmittelbar nach diesem Brief am Ende des
"Liber adoptivus" abdrucken.

Insgesamt umfaßt die erste Ausgabe der "Parerga" also 511 Gedichte von Posthius und 145 an ihn.

Innerhalb der einzelnen Bücher erfolgte die Anordnung der Gedichte nach dem
Prinzip der Variatio, also nicht nach thematischen oder chronologischen Gesichts-
punkten, bis darauf, daß die zum selben Anlaß verfaßten Gedichte nicht voneinander getrennt wurden. Eine Ausnahme vom Prinzip der Variatio bildet der "Liber
adoptivus", der größtenteils nach Themen in Rubriken gegliedert ist.

30. Frischlinus rechnet mit Unterstützung durch Posthius (ab 1580)

Der wegen seiner lateinischen Dramen auch heute noch als Dichter sehr geschätzte
Nicodemus Frischlinus (Erzingen 22.9.1547 - Hohenurach 29./30.11.1590) wirkte
seit 1568 als "Professsor Poetices et Historiarum" an der Universität Tübingen.
Spätestens seit dem Jahre 1572, in dem er ein Propemptikon mit einer rühmenden
Erwähnung des Posthius für Schleiferus/Sleiferus verfaßt hatte, stand er in Brief-
kontakt mit Posthius, der ihn zum Beitritt in seinen Mäßigkeitsverein veranlaßte
und sich für rühmende Verse des Frischlinus mit entsprechenden enkomiastischen
Gedichten revanchierte. Wenn auch nur zwei Posthiusbriefe an Frischlinus aus den
Jahren 1572/73 erhalten sind, so riß der gegenseitige Kontakt weder vor noch nach
seinen Auseinandersetzungen mit dem Adel und mit Crusius ab, obwohl Posthius
sehr wohl um das spontane, teils unüberlegt aufbrausende Temperament seines
Freundes wußte.[357]

Frischlinus hatte im November 1578 einer Vorlesung über Vergils "Georgica"
eine Rede über das Landleben ("Oratio de vita rustica") vorausgeschickt, in der er -
gestützt auf antike und humanistische Autoritäten - das bäuerliche Dasein ideali-
siert und positiv vom oft grausamen und räuberischen Verhalten der Adligen ab-
hebt. Zum Eklat kam es erst, als er die Rede zwei Jahre später publizieren wollte:
Obwohl die Auslieferung des gedruckten Textes durch die Universität verhindert

---

356 vgl. Posthiusbrief vom 13.11.1580.
357 vgl. Posthiusbrief vom 16.7.1580; zu des Frischlinus Propemptikon für Schleiferus vgl. Überblick,
   Kapitel 17, so seiner Aufnahme in den Mäßigkeitsverein Überblick, Kapitel 19. Die noch erhaltenen Posthiusbriefe stammen vom 31.12.1572 und 4.5.1573; Hinweise auf weitere Posthiusbriefe finden sich in den Briefen vom 15.11.1575, 1.5.1578 und 5.11.81. Zu enkomiastischen Posthiusgedichten für Frischlinus vgl. Werkverzeichnis 1571/4, 1576/2, 1579/2, 1580/2, 1583/5, 1586/4 und 1588/7.

wurde, um Einverständnis und Rückendeckung des dem Frischlinus wohlgeson-
nenen Württemberger Herzogs Ludwig (1568-1593) für die Publizierung abzuwar-
ten, kam es ab August 1580 zu Protesten mehrerer schwäbischer Adelsgremien gegen den als provozierend empfundenen Text. Dabei muß es den Feinden des
Frischlinus gelungen sein, sich trotz der Beschlagnahmung ein Exemplar der Rede
zu besorgen. Mit aus dem Zusammenhang gerissenen Zitaten und vergröbernden
Übersetzungen ins Deutsche versuchten sie, bei auswärtigen Adligen den Frischlinus als gefährlichen Kritiker der gegenwärtigen Ordnung hinzustellen, und warnten
davor, der Text könnte revolutionäre Gesinnungen im Gefolge der Bauernkriege
von 1525 fördern.

Frischlinus erkannte bald das Existenzbedrohende dieser Vorwürfe, zumal die
Universität Tübingen fürchtete, ihre Reputation bei Studenten aus dem Adel zu
verlieren. Daher wandte sich Frischlinus, um sich zu rechtfertigen, an den Grafen
von Hohenzollern-Hechingen, an den Rektor der Universität und an Herzog Ludwig, insbesondere aber versuchte er, durch offene Briefe an Posthius seinem
schlechten Image beim Adel, insbesondere bei der fränkischen Ritterschaft, entge-
genzuarbeiten. In dem ersten dieser Schreiben vom 3.10.1580 schildert er den Anlaß seiner Rede und deren kritiklose Aufnahme beim Auditorium, zu dem auch
zahlreiche Adlige, darunter Herzog Ludwig, Pfalzgraf Georg Gustav und der Graf
von Falckhenstein gehört hätten. Als Quellen seiner Erörterungen, bei denen es
sich lediglich um eine Kompilation von Texten unumstrittener Autoritäten gehan-
delt habe, nennt er dabei Luther, Selneccer, Vives, Erasmus, Hutten, Plautus, Enea
Silvio Piccolomini, Poggio, Plautus und Terenz.[358]

Ganz ähnlich argumentiert Frischlinus in seinen beiden weiteren offenen Briefen an Posthius vom 28.10. und vom 20.11.1580. In dem vom 28.10. geht er zunächst
auf ein Empfehlungsschreiben des Posthius für einen Sohn des Mergiletus ein, in
dem Posthius sich offenbar auch um den Stand der Auseinandersetzung um die
"Oratio de vita rustica" erkundigt hatte: Frischlinus antwortete, er werde sich natürlich um den jungen Mann kümmern, und erklärte im folgenden, wie die Aufre-
gung um seine Rede "de vita rustica" entstanden sei: Zwei Adelige hätten noch vor
der Veröffentlichung des Redetextes auf entstellende Weise einen Auszug daraus
ins Deutsche übersetzt und an die vier Ordnungen des Reichsstandes der Ritter
versandt, um dadurch diese gegen Frischlinus aufzubringen. Des Frischlinus Herzog [Ludwig von Württemberg] sowie auch die Universität [Tübingen] stünden aber
auf seiner Seite. Seine Schrift sei kein Angriff gegen den gesamten Adel, sondern
lediglich ein Tadel gegenüber einigen Adeligen in ganz speziellen Fällen; es
stamme dabei nicht einmal die Wortwahl von ihm selber: Er habe nur nach Plautus,
Terentius, Erasmus, Vives, Huttenus und Lutherus zitiert. Abschließend bittet

---

358 Angaben nach Strauß: Leben des Frischlin (1856), S. 168-223 und Schreiner: Frischlins Oration
     vom Landleben (1972), insbesondere S.124. Schreiner referiert dabei den Inhalt des offenbar
     deutsch gefaßten (oder in einer zeitgenössischen Übersetzung vorliegenden) Frischlinusbriefes
     vom 3.8.1580, leider ohne den genauen Fundort dieses Briefes anzugeben.

Frischlinus den Posthius, diesen Sachverhalt dem [Würzburger] Bischof [Julius Echter] darzulegen.[359]

Posthius scheint in seiner Antwort auf dieses Schreiben den Frischlinus aufgefordert zu haben, die Zusammenhänge noch ausführlicher darzulegen. Jedenfalls schrieb Frischlinus am 20.11.1580 erneut und wesentlich umfangreicher an Posthius: Seine Rede "de vita rusticana" habe er zwei Jahre zuvor im Beisein des Pfalzgrafen [Georg Gustav], des Grafen [Melchior Friedrich] und vieler weiterer Adeliger vor einem großen Auditorium von Studenten [als Vorspann zu seiner Vorlesung über Vergils Bucolica und Georgica] gehalten, ohne damit Anstoß zu erregen. Daher habe er, als er im Sommer [1580] seine Paraphrase der Bucolica und Georgica drucken ließ, diese Rede über das Landleben mitpublizieren wollen. Es handle sich dabei um ein Lob auf die Bauern aus alten Zeiten, gesteigert durch einige Gegenbeispiele verbrecherischen Handelns durch Adelige, wobei er großenteils wortwörtlich aus folgenden Schriftstellern zitiert habe: Lutherus, Selneccerus, Ludovicus Vives, Plautus und Terentius (Frischlinus gibt dazu teilweise genaue Stellenangaben).

Vor dem Verkauf habe der Drucker dann die Rede dem Rektor der Universität vorgelegt; dieser habe den Inhalt gebilligt, aber befürchtet, daß diejenigen unter den Adeligen, die dem Frischlinus feindlich gesonnen seien, aufgrund ihres schlechten Gewissens gewisse Passagen auf sich beziehen könnten und habe ihm, dem Frischlinus, daher geraten, auch noch eine Publikationsgenehmigung des Herzogs [Ludwig] von Württemberg zu erwirken. Diesem Rat sei er gefolgt und habe ein Exemplar des Druckes an den Herzog geschickt mit dem Angebot, mißverständliche Passagen zu tilgen. Alle übrigen Exemplare habe er zur Vermeidung von Mißbrauch dem Rektor übergeben. Bevor jedoch der Herzog, der gerade auf der Jagd war, eine Entscheidung fällen konnte, seien Teile der Rede auf verfälschende Weise durch des Frischlinus Gegner ins Deutsche übersetzt und hinterhältig an Adelige verschickt worden. Darauf habe der Herzog eine Verhandlung in Stuttgart anberaumt; dafür habe er, Frischlinus, eine Apologie verfaßt. Erwartungsgemäß sei er von allen Vorwürfen freigesprochen worden. Außerdem habe er mit Freude zur Kenntnis genommen, daß einige auswärtige Adelige den württembergischen Adeligen auf die Übersendung der verfälschten Frischlinusrede geantwortet hätten, sie seien durch die darin erhobenen Vorwürfe nicht tangiert, da sie sich frei von solchen Fehlern wüßten; ihrer Ansicht nach seien nur die württembergischen Adeligen davon betroffen. - Doch auch diese Auslegung sei gar nicht in seinem Sinne, versichert Frischlinus. Abschließend weist er darauf hin, er habe vier lateinische aristophanische Komödien gedichtet, von denen er im nächsten Fasching zwei aufführen wolle.

---

359 Ein Absendeort ist nicht genannt; zwei Kopien dieses Briefes von verschiedenen Schreibern befinden sich in den Akten der Universität Tübingen, und zwar unter den Frischlinus betreffenden Dokumenten (Stuttgart Hauptstaatsarchiv A 274, Büschel 42); die eine Hand schrieb sorgfältig und unterstrich im Text und am Textrand die wichtigsten Passagen, die andere kopierte sehr flüchtig und kennzeichnete wichtige Passagen durch die Zeichnung von deutenden Händen am Briefrand. - Aus einer deutschen Fassung dieses Briefes zitiert Schreiner: Frischlins Oration vom Landleben (1972), S.124, leider ohne den genauen Fundort dieser Fassung anzugeben.

Sowohl am Anfang wie am Ende dieses Briefes bittet Frischlinus den Posthius, den Inhalt des Schreibens den fränkischen Adeligen, zu denen Posthius freundschaftlichen Kontakt habe, mitzuteilen, und sie - es handle sich durchweg um von Frischlinus geschätzte Leute - zu grüßen.[360]

Obwohl Herzog Ludwig am 5.1.1581 in einem Schreiben an die schwäbische Ritterschaft den Frischlinus in Schutz nahm, hielten Proteste gegen die "Oratio de vita rustica" von verschiedenen Seiten das ganze Jahr 1581 über an und gipfelten in einer deutsch verfaßten Schmähschrift "Von des Adels ankunfft ..." des sächsichen Theologen und Historikers Marcus Wagner/Vaganerus, die im Herbst 1581 in Magdeburg erschien.[361] Frischlinus reagierte darauf mit einer ebenfalls deutschen Gegenschrift "Grundfeste, warhafte und unvermeidentliche Antwort ..." sowie mit einer lateinischen "Oratio in M. Vaganerum". Darin erweitert er den Kanon der Autoritäten, auf die er sich beruft, um eine Reihe zeitgenössischer Autoren:

Zunächst führt er in dieser "Oratio" als Beleg dafür, daß seinen lateinischen Sprach- und Dichtfähigkeiten in der Gelehrtenwelt höchste Anerkennung zuteil würde, Prosatexte von Hieronymus Wolfius, Davides Chytraeus und Iacobus Monavius an und nennt dann eine Reihe von Verfassern enkomiastischer Gedichte auf seine Werke, wobei er nicht immer die übliche Orthographie verwendet: Melissus, Postius, Reusnerus, Lautterbachius, Silburgius, Pithopeus, Modius, Trelaeus und Weidnerus. Außerdem verweist Frischlinus auf die Tatsache, daß Kaiser Rudolphus persönlich ihn auf dem Reichstag zu Regensburg zum Dichter gekrönt und auch auf andere Weise ausgezeichnet habe.

Im folgenden zählt Frischlinus die großen zeitgenössischen weltlichen Dichter auf und fügt dabei einer von [Hieronymus] Wolfius aufgestellten Liste mit den Namen Schosserus, Frischlinus, Melissus, Reusnerus und Scaligerus noch folgende Namen hinzu: Carolus Utenhovius, Ianus Duza, Iustus Lipsius, Adamus Siberus, Iohannes Maior, Iacobus Strasburgus, Iohannes Posthius, Gregorius Bersmanus, Lampertus Pythopaeus, Fridericus Silburgius, Franc. Modius, Ioannes Ladislaus und Iohannes Weidnerus. Dieselben Namen, um einige weitere ergänzt, werden auch als Beweis für die Berechtigung weltlicher Dichtung genannt: Liebes- und Trinkgedichte seien noch lange kein Beweis für die moralische Verwerflichkeit ihres Autors, und erst recht nicht sei der Titel eines Poeta laureatus etwas Anrüchiges, seien doch dessen Träger Posthius, Melissus, Reusnerus und Lauterbachius über jeden Tadel erhaben.[362]

Eine ähnliche Liste zeitgenössischer Autoritäten führt Frischlinus wenig später in einer Satire gegen den Tübinger Griechischprofessor Martinus Crusius an, der, obwohl Frischlinus sein Schüler gewesen war, in seiner pedantischen Art keinerlei Verständnis für des Frischlinus leidenschaftliches Wesen aufbringen konnte und

---

360 Als Absendeort ist Tübingen angegeben; zwei Kopien dieses Briefes von denselben Schreibern wie beim Brief vom 28.10.1580 befinden sich in Stuttgart, Hauptstaatsarchiv A 274, Büschel 42. Ausgewertet wurde dieser Brief wie auch die übrigen Dokumente dieses Aktenbüschels von Strauß: Leben des Frischlin (1856), S. 168-223. Strauß erwähnt und zitiert dabei den Posthiusbrief mehrfach (S. 122, 173f, 200 und 202).
361 Angaben nach Schreiner: Frischlins Oration vom Landleben (1972), S.128f.
362 Frischlinus: Oratio in M. Vaganerum (1587), S. 82f, 89f und "99" (scilicet 96).

sich auch während der Auseinandersetzung um die "Oratio de vita rustica" von ihm
distanziert hatte. Frischlinus rächte sich in der Form eines fiktiven Briefs des Patri-
archs von Konstantinopel, Hieremias, an Crusius, weil der sich immer wieder mit
seinen Griechischkenntnissen und mit seinen Beziehungen zum Patriarchen von
Konstantinopel gebrüstet hatte und auch selbst etliche Briefe der gegenseitigen
Korrespondenz - meist gelehrten Inhalts - publizierte[363]. Äußerer Anlaß der Satire
war ein philologischer Streit - unter anderem ging es um eine adäquate Lateingrammatik -, und deshalb zählt Frischlinus alias Hieremias auch die zeitgenössischen Autoritäten für guten lateinischen Stil auf: Unter den deutschen stünde an
erster Stelle I. Sambucus; dann folgen Ioannes Lauterbachius, Ioannes Posthius, *(Sambucus)*
Carolus Utenhovius, Clemens Trelaeus, Andreas und Simon Fabricius sowie
Guilielmus Cochlaeus; außerdem werden noch Iustus Lipsius aus Holland, Ios.
Scaligerus aus Frankreich und Scipio Gentilis aus England angeführt.[364]

Des Frischlinus Auseinandersetzungen mit Crusius dauerten auch in den folgenden Jahren an, und so war Frischlinus froh, von Posthius ein enkomiastisches
Gedicht über seine Grammatik erhalten zu haben; er publizierte es möglichst
oft[365].

Währenddessen war des Frischlinus Situation an der Universität Tübingen wegen seiner Auseinandersetzungen mit Crusius und vor allem in der Folge seiner
"Oratio de vita rustica" so verfahren - er hatte nämlich im Dezember 1581 seine
"Oratio de vita rustica", die Gegenschrift des Wagner/Vaganerus und seine Erwide-
rung darauf unter Mißachtung des württembergischen Herzogs und der Tübinger
Universität dem Kaiser zugesandt, um von dem eine Publikationserlaubnis zu erhalten -, daß er im Januar 1582 vom Dienst suspendiert wurde. Obwohl Frischlinus
sich mit dem Herzog wieder aussöhnte, hielt er es für geraten, Tübingen zu verlassen und einen Ruf der Krainer Stände zur Leitung der Landesschule in Laibach
anzunehmen. Diese Stände ließen sich auch durch ein warnendes Schreiben der
freien Reichsritterschaft von Schwaben, Franken und vom Rheinstrom vom September 1582 nicht beirren und verteidigten Frischlinus in ihrer Antwort vom
16.1.1583. Dennoch kehrte Frischlinus im Spätsommer 1584 nach Tübingen zurück,
konnte dort aber trotz einer 1585 publizierten "Entschuldigung" für seine "Oratio de
vita rustica" nicht mehr Fuß fassen und begab sich ab dem Juli 1576 auf eine un-
stete Wanderschaft, die ihn nach Prag, Wittenberg, Braunschweig, Kassel, Marburg, Mainz und Frankfurt führte. Als er dort eine Druckerei eröffnen wollte und
dafür das Erbgut seiner Frau erbat, wurde er von der württembergischen Kanzlei
abschlägig beschieden und reagierte mit öffentlicher Polemik gegen die betreffenden Beamten. Daraufhin wurde er am 27.3.1590 von einem württembergischen
Sonderkommando in Mainz verhaftet und auf die Festung Hohenurach verbracht,

---

363 vgl. Werkverzeichnis 1573/1a.
364 Der Text ist nicht datiert, fällt aber offenbar in die erste Zeit des Grammatikstreites mit
   Frischlinus, der 1583 begann (Strauß: Leben des Frischlin, 1856, S. 236ff; Kohl: Frischlin, 1967, S.
   293ff). Die erste mir bekannte Publikation dieses Textes erfolgte 1587 im Anhang zur grammatischen Streitschrift "Strigilis grammatica" des Frischlinus (vgl. Literaturverzeichnis).
365 vgl. Werkverzeichnis 1586/4, 1586/4a und 1588/7.

wo er in der Nacht vom 29. auf den 30.11.1590 bei einem Fluchtversuch ums Leben kam.[366]

31. Lipsius' Kritik an den "Poetae Laureati" (1581/82)

Mit der massenhaften Verleihung der Poeta-Laureatus-Würde durch die Pfalz-grafen war diese ab etwa 1600 völlig entwertet[367]; doch schon um 1580 galt sie nicht mehr viel und veranlaßte den Lipsius zu einer "Satyra Menippaea", in der er den Dichter Janus Duza/Dousa auftreten läßt. Dieser qualifiziert in der Satire die in Massen auftretenden gekrönten Dichter ab als "semibarbari", "semigraeci" und "semilatini", weil sie ohne vorhergehenden Dichterwettkampf und nicht von Apollo zu Dichtern ernannt würden, sondern vom Kaiser, und sogar Titel wie "equites" und "comites" bekämen[368].

Der Inhalt dieser 1581 erstmals publizierten Satire sprach sich in den entsprechenden Kreisen schnell herum, und bereits im Juli dieses Jahres hatte Posthius davon gehört. Er bat daher am 1.1.1581 den Joachimus II Camerarius um die Besorgung dieser Schrift. Der erfüllte den Wunsch auch prompt.[369]

Da Lipsius befürchten mußte, mit seiner Satire Melissus und Posthius verletzt zu haben, versicherte er noch im Jahre 1581 dem 1564 zum Poeta Laureatus ernannten Melissus, er sei mit der Satire selbstverständlich nicht gemeint[370]. Offenbar gab es anschließend Versuche, den Posthius gegen Lipsius aufzubringen, indem man die Satire auf Posthius bezog; dagegen verwahrte sich Lipsius, indem er in einem Brief den Franciscus Modius[371] bat, Posthius seiner vollsten Hochachtung zu versichern und eventuelle Mißverständnisse auszuräumen: "At etiam Posthium talesque viros in me concitant. Quid? Posthium ego laesi? laesum volui? Peream ego et satyra mea, si id est. Posthium ego amo ignotum, et scio eum esse unum non e multis. ... Eiusque rei ut apud Clarissimum Posthium ... excuser da operam."[372]

Lipsius erwähnte in diesem Brief an Modius auch sein Vorhaben, die eigenen Briefe zu edieren. Posthius benützte die Gelegenheit, um selbst an Lipsius zu schreiben. Er bedankte sich dabei nicht nur für die rühmende Erwähnung seines Namens in dem Brief an Modius, sondern bat auch um Aufnahme seines Namens in die geplante Briefedition des Lipsius[373]. Dieser erfüllte den Wunsch, indem er im Jahre 1586 den erwähnten Brief an Modius publizierte. Dabei arbeitete Lipsius den Text stark um; seine entschuldigenden und rühmenden Äußerungen über Posthius ließ er nun pointiert in dem Wortspiel gipfeln, Posthius gehöre nicht zu

---

366 Angaben nach Schreiner: Frischlins Oration vom Landleben (1972), S.129-131.
367 vgl. Überblick, Kapitel 24.
368 Lipsius: Satyra Menippaea (1581), S. 9f.
369 vgl. Posthiusbrief vom 26.8.1581.
370 Brief vom 3.4.1581 an Paulus Melissus nach Nürnberg, publiziert von Gerlo: Lipsi epistolae, Bd. I (1978), S. 271f, Nr. 141.
371 Näheres zu Modius vgl. Überblick, Kapitel 43.
372 Brief vom 5.8.1582 (Abschrift durch Lipsius' Sekretär), zitiert nach der Publizierung von Gerlo: Lipsi epistulae, Bd. I (1978), S. 362, Nr. 218.
373 vgl. Posthiusbrief vom 15.10.1582.

den kritisierten deutschen ("Germanis") Dichtern, sondern zu den echten ("germanis"): "Tu tantum purga me calumniarum ejusmodi apud Posthium: et animum hunc illi aperi candidiorem vestra nive. De poetis Germanis aliquid dixi aut scripsi: at non de germanis, inter quos mihi ipse."[374]

Auch in den folgenden Jahren scheint die Verbindung zwischen Posthius und Lipsius nie ganz abgerissen zu sein: Ende 1583 ist von einem Brief des Lipsius an Posthius die Rede[375], und im Jahre 1588 bringt Posthius dem Reusnerus Nachrichten und ein Porträt von Lipsius von einer Reise mit[376].

32. Berufliche Aufgaben und Erfolge in Würzburg (1582 bis 1585)

Das Jahr 1582 bildete einen Höhepunkt im bisherigen Leben des Posthius: Vom zweiten bis zum fünften Januar nahm er - allerdings ohne größere Begeisterung[377] - an den Eröffnungsfeierlichkeiten der neugegründeten Universität Würzburg im "Collegium medicorum", das die medizinische Fakultät vertrat, neben Joannes Schonlinus/Schönlein, Wilhelmus Opilio/Upilio und Joannes Floscrus teil[378].

Kurz darauf, am 26. Januar 1582, beschloß dann der Rat der Stadt Würzburg, den Posthius "zu eines erbaren Rathes Medico zu gebrauchen und Ine wie eine andere Rathsperson zu halten"[379].

Das folgende Jahr 1583 brachte wegen einer Seuche und wegen großer Schwierigkeiten bei der Durchsetzung einer neuen Apothekenordnung trübere Erfahrungen für Posthius. Diese Apothekenordnung wurde am 11.6.1583 in Gegenwart der Ärzte Posthius, Schönlein und Upilio elf Apotheken vorgelesen.[380]

Würzburg galt in diesen Jahren als eines der geistigen Zentren Deutschlands, nicht zuletzt wegen Posthius. So rühmte der Freiburger Professor Johann Jakob Beurer in der Widmungsvorrede zu seiner zweisprachigen Ausgabe der Reden des Johannes Chrysostomus, die er 1585 an den Fürstbischof Julius Echter von Mespelbrunn richtete, dessen treffliche Räte und hob besonders den Juristen Konrad Dinnerus, den Leibarzt und Dichter Johannes Posthius und den Juristen Franz Modius hervor[381].

33. Unterstützung der philologischen Bemühungen des Modius (1582)

Posthius besaß eine Properzhandschrift, die er von Johannes Sambucus geschenkt bekommen hatte und die nach ihm "Codex Posthianus" genannt wird. Bereitwillig überließ er sie anderen zur Auswertung, so etwa 1580 dem Janus Mellerus Palme-

---

374 Lipsius: Epistolarum selectarum centuria prima (Antwerpen 1586), S. 120-126, Nr. 28 (die zitierte Stelle S. 124); zu weiteren Auflagen vgl. Gerlo: Lipsi epistolae, Bd. I (1978), S. 16f und S. 360-364.
375 Lipsius weist in seinem Brief vom 11.12.1582 an Modius auf ein vorhergehendes Schreiben an Posthius hin (Gerlo: Lipsi epistolae, Bd. I, S. 461, Nr. 289).
376 Brief des Reusnerus vom 15.10.1588 an Lipsius, publiziert von Gerlo: Lipsi epistolae, Bd. III (1987), S. 137f, Nr. 657.
377 vgl. Posthiusbrief vom 17.1.1582.
378 Wegele: Geschichte, 1882, Bd. II, S. 127ff, Urkunde Nr. 59.
379 Würzburger Ratsprotokoll zum 26.1.1582; zitiert nach Wegele: Geschichte, 1882, Bd. I, S. 228.
380 Sticker: Entwicklungsgeschichte, 1932, S. 438.
381 Schottenloher: Die Widmungsvorrede, 1953, S. 172, Nr. 385.

rius und 1582 dem Franciscus Modius[382], der für Janus Duza aus dieser Handschrift Varianten exzerpierte und diese mit seinem seinem Brief vom 23.3.1582 an Justus Lipsius schickte[383]. Außer den genannten benützten auch Janus Lernutius (1545-1619) und Johannes Livineius (1547-1599) diese Handschrift. Später gehörte der Codex Andreas Schottus (1552-1629), der im Alter in Antwerpen wohnte, und kam zwischen 1628 und 1640 in die Universitätsbibliothek Groningen, wo er sich vorübergehend zu Zeiten von P. Burmannus und K. Lachmann großer Wertschätzung erfreute[384].

Im Jahre 1582 half Posthius auch dem Modius bei der Besorgung von Senecahandschriften, die Modius dann am 29.7.1582 wieder zurückschickte.[385]

34. Auf dem Reichstag in Augsburg im Gefolge des Julius Echters (1582)

Ende Juni 1582 begleitete Posthius den Fürstbischof Julius Echter zum Reichstag nach Augsburg; unterwegs versuchte er vergebens, den Alchimisten. und Wunderdoktor Georgius Amwald in Donauwörth nach dessen Zauberallheilmittel auszuhorchen. In Augsburg wurde Posthius von Georgius Laubius freundlich aufgenommen und traf dort auch Paulus Lutherus, Adolphus Occo III. und Leonhartus Rauwolfius[386], dazu noch Melissus[387] und Nicolaus Reusnerus[388]. So wäre Posthius gerne noch länger dort geblieben, kehrte dann aber wegen der Schwangerschaft seiner Frau bereits am 17.7. nach Würzburg zurück.[389]

35. Geburt des Sohnes Erasmus am 3.8.1582

Am 3.8.1582 wurde dann sein lang ersehnter Sohn geboren und noch am selben Tag im Beisein des Franciscus Modius[390] und des Erasmus Neustetterus - letzterer übernahm die Patenschaft - nach dem Paten "Erasmus" getauft[391].

Erasmus Posthius studierte später wie sein Vater Medizin, erwarb 1613 in Basel den Doktortitel, versuchte in ausgedehnten Reisen, die weitreichenden Freundschaftverbindungen seines Vaters aufzufrischen und starb schließlich 1618 in Heidelberg, wo er auch zwischendurch als Arzt praktiziert hatte. Unter seinen Nachkommen war die im 17. und 18. Jahrhundert bedeutende Berliner Gelehrtenfamilie Posthius.

---

382 Näheres zu Modius vgl. Überblick, Kapitel 43.
383 Gerlo: Lipsi epistolae, Bd. I (1978), S. 420, Nr. 259; vgl. auch Lehmann: Modius (1908), S. 136ff.
384 H. Brugmans: Catalogus codicum manu scriptorum Universitatis Groninganae Bibliothecae, Groningae 1898, S. 73f, Nr. 159.
385 Modius: Novantiquae lectiones, 1584, S. 90-96, Brief Nr. XX (vgl. Werkverzeichnis 1584/1).
386 vgl. Posthiusbrief vom 17.7.1582.
387 Taubert: Paul Schede (1864), S. 53.
388 vgl. Posthiusbrief vom 21.10.1582.
389 vgl. Posthiusbrief vom 17.7.1582.
390 Tagebucheintrag des Modius unter dem 3.8.1582, publiziert von Ruland: Neustetter, S. 17; Näheres zu Modius vgl. Überblick, Kapitel 43.
391 vgl. Posthiusbrief vom 12.8.1582.

36. Badereise mit Erasmus Neustetterus nach Bad Schwalbach (1584)

Im Jahre 1584 begleiteten Posthius und Franciscus Modius[392] den Erasmus Neustetterus nach Bad Schwalbach: Am 9. Mai kamen sie in Frankfurt an und erreichten Schwalbach am 11. Mai. Während Posthius am 28. Mai wieder zur Rückkehr aufbrach, bleiben Neustetterus und Modius noch bis zum 19. Juni 1584[393].

37. Umzug nach Heidelberg und neue Aufgaben (1585)

Trotz des äußeren Glanzes betrübte den Posthius die zunehmende konfessionelle Intoleranz im Fürstbistum Würzburg[394], wenn er auch nur sehr selten in seinen Briefen auf konfessionelle Fragen eingeht. Dazu kam, daß die Verbindungen zu seiner Pfälzer Heimat nie abgerissen waren und daß ab dem 12.10.1583 der agile Pfalzgraf Johann Casimir die Regierungsgeschäfte in Heidelberg führte und das reformierte Bekenntnis, dem Posthius offenbar anhing[395], förderte.

So kann es nicht verwundern, wenn Posthius Anfang 1585 die ihm sich bietende Möglichkeit, Archiater in der Kurpfalz zu werden, ohne Zögern wahrnahm, ohne daß klar ersichtlich wird, wer ihm diese Stelle aus welchen Gründen vermittelt hat. Am 22.2.1585 erfolgte seine Bestallung als "Hofmedicus"[396].

Durch die plötzliche Umsiedelung nach Heidelberg trat eine vorübergehende Trübung im Verhältnis des Posthius zu seinem Mäzen Erasmus Neustetterus ein[397], die jedoch bereits kurz darauf bei seinem Besuch in Würzburg bereinigt wurde[398].

Alte Freundschaften erhielt Posthius aufrecht, unter anderem durch das Abfassen von Gedichten; zum Lobpreis auf Janus Douza gab er sogar ein kleines Büchlein heraus[399], als Gegenleistung dafür, daß Douza eines seiner Werke dem Posthius gewidmet hatte[400].

Für Posthius gab es in Heidelberg gleich viel Arbeit, denn er wurde - abgesehen von seinen Verpflichtungen als Hof- und Stadtarzt - auch von den Räten Johann Casimirs konsultiert; davon zeugt beispielsweise der Brief des Rates Peter Beutterich vom 6.3.1586 aus Neidenfels an den Pfalzverweser Johann Casimir, in dem er seine Absicht erwähnt, sich wegen der Erkrankung seiner Frau schriftlich an Posthius zu wenden[401]. Die Pfälzer Räte veranlaßten später, kurz vor des Posthius

---

392 Näheres zu Modius vgl. Überblick, Kapitel 43.

393 Ruland: Neustetter, 1853, S. 19f. Ursprünglich sollte Joachimus II Camerarius den Neustetterus begleiten (vgl. Posthiusbrief vom 31.3.1584); ob der auch mit nach Schwalbach reiste, geht aus dem Tagebuch des Modius, das Ruland ausgewertet hat, nicht hervor.

394 vgl. Posthiusbrief vom 26.7.1586.

395 vgl. beispielsweise Posthiusbrief vom 7.3.1585.

396 Eintrag im Dienerbuch Johann Casimirs (vgl. M. Krebs: Die kurpfälzischen Dienerbücher 1476-1583, in: Zeitschrift für die Geschichte des Oberrheins N. F. 55, Karlsruhe 1942 = Mitteilungen der Oberrheinischen Historischen Kommission Nr. 1, S. 101, Nr. 2029).

397 vgl. Posthiusbrief vom 28.5.1586.

398 vgl. Posthiusbrief vom 7.7.1586.

399 vgl. Werkverzeichnis 1587/3.

400 vgl. Posthiusbrief vom 1.5.1587.

401 Der Brief wurde publiziert von Bezold: Briefe, Bd. II (1884), S. 360f, Nr. 429.

Tod, sogar seine Übersiedelung nach Mosbach, wohin sie sich im Herbst 1586 vor der Pest geflüchtet hatten[402].

Zusätzlich zu seinen übrigen Pflichten war Posthius bis 1592 an der Erziehung des noch unmündigen Pfalzgrafen Friedrich IV. beteiligt, neben Otto von Grünrad, Georg Michael Lingelsheim, Christoph Perbrand und Bartholomaeus Pitiscus[403]. Posthius unterlag dabei der Unterricht "in anatomischen Dingen"[404].

Neben der Erfüllung der dienstlichen Pflichten - dazu gehörte wohl auch eine Reise nach Sachsen im September 1588, von der allerdings nichts weiter bekannt ist[405] - erwartete man von Posthius die Abfassung von Gedichten: Ein in deutsche Verse gefaßtes Epitaph für vier früh verstorbene Kinder von Pfalzgraf Johann Casimir und seiner Gattin Elisabeth schrieb Posthius wahrscheinlich bereits kurz nach seiner Ankunft in Heidelberg, wohl auf Bestellung[406].

38. Zusammenarbeit mit Melissus bei Gelegenheitsgedichten (ab 1585)

Gedichte zum Tode des Anhalter Fürsten Joachim Ernst[407], zum Tode des jungen Arztes Caspar Peucerus[408] und zu diversen Anlässen am Heidelberger Hof[409] entstanden offenbar jeweils auf das Drängen des Melissus hin, der eigene Verse zu den genannten Anlässen um solche seiner Freunde erweitern wollte und der dann auch jeweils die Publizierung veranlaßte. Melissus war nämlich 1568, ein Jahr nach Posthius, in die Dienste des Heidelberger Pfalzgrafen Johann Casimir getreten, nachdem er zuvor in England bei Königin Elisabeth I. angestellt gewesen war. Seiner neuen Tätigkeit als Hofbibliothekar widmete er sich mit großem Eifer[410].

39. Handschriftenvermittlung an Bersmanus (1586/87)

Gregorius Bersmanus (Annaberg 10.3.1538 - Zerbst 5.10.1611) hatte in Leipzig Medizin und - bei Joachimus I Camerarius - Philologie studiert und nach seinen Bildungsreisen schließlich seit 1575 den Lehrstuhl des Joachimus I Camerarius in Leipzig für Alte Sprachen und Ethik innegehabt. Von dort war er wegen Nichtunterzeichnung der Konkordienformel vertrieben worden[411] und leitete seit dem 30.1.1582 das Gymnasium in Zerbst.

---

402 vgl. Posthiusbriefe vom 30.11.1596 und vom 12.12.1596.
403 Hautz: Geschichte, Bd. I, 1862, S. 172.
404 Häusser: Geschichte, Bd. II, 1845, S. 183.
405 Reusnerus berichtet davon in seinem Brief vom 15.10.1588 an Lipsius in Leiden: Posthius sei vor
     kurzem von einer Reise aus Sachsen nach Straßburg zurückgekehrt und habe Nachrichten und ein
     Porträt des Lipsius von der Reise mitgebracht (publiziert von Gerlo: Lipsi epistolae, Bd. III, 1987,
     S. 137, Nr. 657).
406 vgl. Werkverzeichnis 1585/4.
407 vgl. Werkverzeichnis 1587/1.
408 vgl. Werkverzeichnis 1587/4.
409 vgl. Werkverzeichnis 1587/8.
410 vgl. Posthiusbriefe vom 28.5.1586 und vom 7.7.1586.
411 Von den konfessionellen Spannungen, denen Bersmanus ausgesetzt war, und von den Bemühungen
     des Posthius, ihm eine anderweitige Stellung zu verschaffen, ist in zahlreichen Posthiusbriefen die
     Rede, so am 31.8.1576, 4.1.1578, 15.7.1579, 15.2.1581, 3.5.1581 und 27.10.1581.

Die Jahre, in denen er unter äußerem Druck stand, bremsten seine Schaffens-
freude nicht: Er brachte 1581 eine Vergil- und 1582 eine Ovidedition[412] heraus.

Im Jahre 1586 plante er eine Lukanausgabe. Bei seiner Suche nach dafür ver-
wendbaren Handschriften richtete er sein Augenmerk auch auf einen im Besitz des
Johannes Weidnerus befindlichen wertvollen Kodex[413]. Dieser hatte schon mehrfach das Interesse der damaligen Gelehrten hervorgerufen: Martinus Crusius hatte
ihn bereits am 14.1.1579 ausgeliehen und in seinem Tagebuch beschrieben[414]. Einige Jahre später, 1583/84, hatte dann Franciscus Modius diese Handschrift unter-
sucht und darüber 1584 in seinem philologischen Werk "Novantiquae lectiones" berichtet[415]. Auch hatte er dem Bersmanus versprochen, ihm eine Kollation dieses
"Codex Weidneri" zu schicken. Diesem genügte das jedoch offenbar nicht, und so
erbat er sich das Original. Weidnerus kam der Bitte nach und schickte es im März
1586 an Modius. Der bestätigte am 25.3.1586 den Erhalt[416] und kündigte an, wie
gewünscht den Posthius mit der Weiterleitung an Bersmanus zu betrauen. Das geschah dann offenbar auch, und so konnte Bersmanus diese Handschrift neben drei
weiteren für seine Lukanausgabe verwenden, die 1589 in Leipzig herauskam[417]. Die
Rücksendung erfolgte wieder über Posthius, und zwar mit seinem Brief vom
16.6.1587 an Weidnerus.

40. Unterstützung des Reusnerus bei dessen "Icones" (1586 bis 1589)

Nicolaus Reusnerus (Löwenberg/Schlesien 2.2.1545 - Jena 12.4.1602), Rechts-
gelehrter und Polyhistor, hatte nach seinem Studium in Wittenberg und einer
Lehrtätigkeit in Lauingen 1583 den Lehrstuhl des Juristen Hubert Giphanius in
Straßburg erhalten; dort blieb er bis 1588 und trat dann in die Dienste des Weima-
rer und Coburger Hofes sowie der Universität Jena.

Bekannt wurde Reusnerus vor allem durch seine drei "Icones"-Ausgaben, die
1587 in Straßburg, 1589 in Basel und 1597 in Leipzig erschienen. Bei diesen Ausgaben handelt es sich um Sammlungen von Holzschnitten berühmter Männer, die ergänzt werden durch deren Biographien und durch Elogen, also rühmende Gedichte
auf sie. Die Idee dazu stammt letztlich von dem Italiener Paulus Jovius/Paolo Giovio (1483-1552), der 1521 in seiner Villa in Como eine respektable Sammlung von in
Öl gemalten Porträts berühmter Männer aus Vergangenheit und Gegenwart zu-
sammenbrachte und selbst Elogen und Viten über die Dargestellten verfaßte. Diese
Sammlung wurde sehr berühmt und veranlaßte zahlreiche Fürsten aus dem In- und
Ausland, ihre Künstler zum Kopieren von Porträts aus der Sammlung nach Como
zu schicken. So kann es nicht verwundern, daß sich schließlich, Jahre nach des Jo-

---

412 vgl. Werkverzeichnis 1582/2.
413 Lehmann: Modius (1908), S. 138ff.
414 Tübingen UB Mh. 466, Bd. II, S. 74; von den Tagebüchern des Crusius aus dieser Zeit gibt es bislang keine Publikation.
415 vgl. Werkverzeichnis 1584/1, dort die Briefnummern XXIV, XXXIII, LXV, LXXX, VC, CIII und
CXIX. Von diesen Briefen sind zwei an Posthius gerichtet, die Nummer XXXIII vom 13.12.1583
und die undatierte Nummer LXV.
416 Stuttgart WLB Cod. hist. 2° 603, Bl. 331.
417 vgl. Werkverzeichnis 1589/3.

vius Tod, auch der Basler Drucker Petrus Perna für die Sammlung Jovius interessierte. Er beschloß, zunächst die erwähnten Viten und Elogen des Jovius zu publizieren, und trennte dabei nach berühmten Männern und Feldherren. Die Ausgabe mit den berühmten Männern ("Vitae illustrium virorum") umfaßt sehr ausführliche Viten und erschien 1569, während in der Ausgabe mit den Feldherren ("Elogia virorum bellica virtute illustrium") von 1571 der Hauptakzent bei den Elogen liegt. Um diese Editionen bei folgenden Auflagen attraktiver zu gestalten, schickte Petrus Perna anschließend den Schaffhauser Künstler Tobias Stimmer nach Como mit dem Auftrag, Holzschnitte von einer Auswahl der Porträts aus der Joviussammlung anzufertigen. 1577 waren diese nebst einem Ergänzungsband mit Literaten ("Elogia virorum literis illustrium") druckreif. Während das Interesse an dem trockeneren, nur wenige Holzschnitte beinhaltenden Werk über die berühmten Männer eher mäßig blieb[418], stieß der reich illustrierte Band mit den Feldherren beim Publikum auf die größte Resonanz, zumal er auch in einer deutschen Version erschien[419]. Damit konnte der neu hinzugekommene Literatenband nicht konkurrieren, obwohl er ähnlich wie der Feldherrenband Bild, Kurzvita und Elogen miteinander verband[420]; er wurde durch die Reusnerschen Sammlungen verdrängt:

Vor seiner Berufung nach Straßburg hatte Nicolaus Reusnerus 1583 in Basel den Dr. jur. erworben und dabei wohl die Druckerei des Peter Perna und seines Schwiegersohnes Konrad Waldkirch kennengelernt. Reusnerus wurde dadurch angeregt, nach dem Vorbild der erschienenen Bände ergänzende Porträtsammlungen anzulegen und zu publizieren; wahrscheinlich bekam er auch gleich einen entsprechenden Auftrag der erwähnten Druckerei. Des Reusnerus erstes Projekt war eine Ergänzung des Pernaschen, auf Italien konzentrierten Literatenbandes von 1577 mit Texten und Bildern über deutsche Gelehrte, sein zweites Projekt eine erweiterte Neuausgabe des Pernaschen Literatenbandes.

Reusnerus brauchte für diese Aufgaben Mitarbeiter, die ihm bei der Sammlung von Porträts und bei der Auffindung oder Neuanfertigung von Gedichten auf die Dargestellten helfen sollten, und zu diesen Mitarbeitern gehörte Posthius, den Reusnerus wohl schon vor längerer Zeit kennengelernt hatte[421]. Die Verbindung war durch Vermittlung des Johannes Weidnerus ab etwa 1578 aufrecht erhalten worden: Weidnerus besorgte die gegenseitige Korrespondenz[422]. In Posthiusbriefen aus den Jahren 1582 ist von literarischer Zusammenarbeit zwischen Reusnerus und Posthius[423] sowie von einem Treffen beim Reichstag in Augsburg die Rede[424]. Der

---

418 M. Lemmer, von dem die meisten der angeführten Angaben stammen, kennt von diesem zweibändigen Werk nur eine Ausgabe von 1578 (M. Lemmer: Nachwort zum Neudruck der Reusnerschen Icones von 1587 - vgl. Werkverzeichnis 1587/5 -, S. 433f). Bei dem von mir benutzten Exemplar stammt der erste Teil von 1586, der zweite von 1577 (vgl. Literaturverzeichnis).

419 M. Lemmer (vgl. die vorhergehende Anmerkung) kennt deutsche Ausgaben des Feldherrenbandes von 1577, 1582 und 1588 sowie lateinische von 1577, 1589 und 1598; mir lag eine Ausgabe von 1596 vor (vgl. Literaturverzeichnis).

420 Das von mir benutzte Exemplar der UB Würzburg ist mit den erwähnten anderen Sammlungen zu einem umfangreichen Werk zusammengebunden (vgl. Literaturverzeichnis).

421 vgl. Werkverzeichnis 1578/2.

422 vgl. Posthiusbriefe vom 1.5.1578, vom 21.8.1581, vom 5.11.1581 und vom 4.4.1583.

423 vgl. Posthiusbrief vom 19.5.1582.

Kontakt blieb erhalten und führte dazu, daß Posthius dem Reusnerus für dessen Band mit Porträts deutscher Literaten eigene Gedichte zur Verfügung stellte und auch neue speziell dafür verfaßte[425]. Diese eigenständige Sammlung erschien 1587 in Straßburg[426].

Für seine nächste "Icones"-Ausgabe, die Erweiterung und Ergänzung des Perna-schen Literatenbandes mit den Porträts vornehmlich antiker Gelehrter aus der Jo-viussammlung, stellte Nicolaus Reusnerus ebenfalls eigene Elogen und solche ande-rer Autoren zusammen; Posthius ist jedoch diesmal nicht unter den Beiträgern: Die Aufgabe, Elogen auf die in dieser Ausgabe dargestellten klassischen Gelehrten Ita-liens und Griechenlands zu schreiben, hat ihn offenbar wenig gereizt.

Die geplante Erweiterung dieser Ausgabe mit Bildern von Literaten aus dem übrigen Europa führte zu einem zweiten Teil recht kümmerlichen Umfangs, da of-fenbar die Zeit für die Besorgung weiterer geeigneter Porträts gefehlt hatte; in die-sen zweiten Teil ist eine Sammlung von Epicedia zum Tode des Basler Arztes Theodorus Zwingerus integriert, für die auch Posthius Gedichte beigetragen hat[427].

In den folgenden Jahren erfolgten weitere Auflagen der beiden erwähnten Aus-gaben, während Reusnerus und seine Mitarbeiter offenbar ein weitaus größeres Projekt verfolgten: Es ging um eine Sammlung von Porträts zeitgenössischer Ge-lehrter, die nicht nur durch Elogen ergänzt werden sollte, sondern auch durch Bio-graphien. Davon, wie sich Reusnerus diese Kombination von Bild, Elogen auf das Bild und Biographie vorstellte, kann man sich aufgrund einer schmalen, sechs Blätter umfassenden Handschrift in Berlin ein Bild machen: Diese Handschrift enthält einen kurzen, bis ins Jahr 1587 reichenden Lebenslauf des Janus Jacobus Boissardus, Preisgedichte auf das Porträt des Boissardus von sieben Verfassern - darunter Posthius - und ein weiteres, möglicherweise nicht zugehöriges Gedicht[428].

Des Posthius Enkomion auf Boissardus ist nur eines der vielen Zeugnisse dafür, daß er das große Projekt des Reusnerus mit Interesse und Unterstützung verfolgte. So bat er beispielsweise am 18.9.1587 brieflich den Abrahamus Ortelius um ein Porträt und schickte ihm gleichzeitig sein eigenes. Wenn auch dieser gegenseitige Austausch von Bildern nichts Ungewöhnliches war, so zögerte Posthius doch nicht, die in seinen Besitz gelangten Porträts an Reusnerus zu schicken, darunter das des Justus Lipsius und das des Carolus Clusius. Anschließend an das Sammeln solcher Holzschnitte schrieben Reusnerus und Posthius die betreffenden Männer an und erbaten sich Biographien; so wandte sich Reusnerus am 15.10.1588 an Lipsius[429]

424 vgl. Posthiusbriefe vom 17.7.1582 und vom 21.10.1582.

425 Reusnerus verwendete sechs zuvor bereits publizierte und zwei neu verfaßte Posthiusgedichte. Da-bei er jedoch auch die älteren Posthiusgedichte nicht den gedruckten Quellen, sondern bekam offenbar von Posthius Abchriften übersandt. Dadurch hatte Posthius auch die Möglichkeit, in ei-nem dieser Gedichte Änderungen vorzunehmen (vgl. Werkverzeichnis 1587/5).

426 vgl. Werkverzeichnis 1587/5.

427 vgl. Werkverzeichnis 1589/1.

428 vgl. Werkverzeichnis 1587/6.

429 In diesem Brief weist Reusnerus auch darauf hin, von Posthius bereits ein Porträt des Lipsius erhalten zu haben (der Brief ist publiziert bei Burmannus: Sylloges , Bd. I, 1724, S. 422, Nr. 389 und abermals bei Gerlo: Lipsi epistolae, Bd. III, 1987, S. 137f, Nr. 657).

und Posthius am 8.10.1588 an Clusius; Clusius benützte gleich die Rückseite dieses Posthiusbriefes, um darauf seine Biographie zu entwerfen.

Dann litt jedoch das Gesamtprojekt unter des Reusnerus Übersiedelung nach Jena im Jahr 1588 und trat offenbar immer mehr in den Hintergrund: Reusnerus brachte nur noch im Jahre 1597 einen Iconesband in größerem Format mit den Porträts sächsischer Herrscher heraus, zu dem er die Begleitepigramme selbst verfaßte[430]. Was mit dem von Reusnerus gesammelten Bild- und Textmaterial weiter geschah, ist schwer zu sagen; vielleicht stellte es Reusnerus dem Boissardus für dessen 1597/98 erschienene Iconesausgabe zur Verfügung[431].

41. Hilfsaktion für Godefridus Camerarius (1587/88)

Als der in Ogersheim als Schultheiß lebende Godefridus Camerarius im Herbst 1587 in gesundheitliche und finanzielle Not geraten war, wandte er sich an seinen Bruder Joachimus II nach Nürnberg um Hilfe.

Der antwortete über Posthius[432] und erkundigte sich dabei gleich danach, ob Posthius Genaueres über die Lebensumstände des Godefridus wisse. Posthius konnte nur eine dürftige Antwort geben[433], bot jedoch Anfang 1588 von sich aus dem Godefridus seine Hilfe an[434]. Als sich dann dessen Lage im Mai 1588 drastisch verschlimmerte[435] und der Pfalzgraf Johann Casimir eine Bittschrift des Godefridus mit Verweis auf die Bruderpflichten des Joachimus II Camerarius abschlägig beschied[436], sorgte Posthius als Bürge dafür, daß der Heidelberger Sekretär Johannes(?) Ringlerus wenigstens das zum Lebensunterhalt nötige Geld an Godefridus schickte; auch bemühte er sich um die Aufnahme des Godefridus in das Heidelberger Siechenheim, doch lehnte der Pfalzverweser Johann Casimir wegen Überfüllung ab[437]. Wenige Tage später, noch während sich Posthius nach einer anderweitigen Unterbringung umsah, verstarb Godefridus am ersten August 1588. Posthius benachrichtigte umgehend Joachimus II Camerarius[438]. Kurz darauf traf die erwartete umfangreiche Geldsendung aus Nürnberg für Godefridus ein, und Posthius sorgte für die Rücksendung des Begleitbriefs und der Quittungen[439]. Auch informierte er den Joachimus II Camerarius, wo sich dessen Nichte, die Tochter des Godefridus, aufhielt[440]. Anfang September 1588 war dann alles soweit geklärt, daß Posthius am 12.9.1588 die entsprechenden Urkunden, Abrechnungen und Nachlaßschriftstücke an Joachimus II Camerarius nach Nürnberg abschicken konnte.

430 vgl. Literaturverzeichnis unter Reusnerus: Icones (1597).
431 vgl. Werkverzeichnis 1597/2.
432 vgl. Posthiusbrief vom 10.11.1587.
433 vgl. Posthiusbrief vom 10.11.1587.
434 vgl. Posthiusbrief vom 27.3.1588.
435 vgl. Posthiusbrief vom 18.5.1588.
436 vgl. Posthiusbrief vom 11.6.1588.
437 vgl. Posthiusbrief vom 20.7.1588.
438 vgl. Posthiusbrief vom 4.8.1588.
439 vgl. Posthiusbrief vom 9.8.1588.
440 vgl. Posthiusbriefe vom 4.8.1588 und vom 12.9.1588.

42. Freundschaft mit Janus Gruterus (ab 1587)

Posthius bemühte sich auch in diesen Jahren um den Fortbestand und die Erweiterung seines Freundeskreises; besonders eng wurden die Verbindungen zu
Conradus Rittershusius[441] und zu Janus Gruterus, die er wohl beide im Jahr 1587
kennengelernt hatte.

Janus Gruterus war als Sproß einer alten, reichen und angesehenen Familie am
3.12.1560 in Antwerpen geboren, hatte am 21.5.1584 in Leiden zum Doktor der
Rechte promoviert, aber schon ein Jahr später, wie auch seine Eltern und Geschwi-
ster, wegen seines reformierten Glaubens bei der Belagerung von Antwerpen fliehen müssen[442]. Nach verschiedenen Aufenthaltsorten immatrikulierte er sich im
April 1586 in Rostock und befreundete sich dort mit dem Theologen David Chytraeus. Da keine Aussicht auf eine Rückkehr nach den Niederlanden bestand, er
sich aber auch nicht als praktischer Jurist an einen Hof ketten wollte, widmete sich
Gruterus dem Studium der griechischen und römischen Schriftsteller und betätigte
sich daneben als Dichter. 1587 ließ er seine erste Gedichtsammlung unter dem
Titel "Pericula" bei Commelinus in Heidelberg erscheinen. Durch sie wurde er
bekannt.

In Zusammenhang mit der Publizierung der Gedichte muß auch der Kontakt zu
Posthius entstanden sein. Zum Jahreswechsel 1587/88 war dieser Kontakt dann
schon so eng, daß Gruterus eine selbstgefertigte Elegie über Joachimus II Camerarius mit der Bitte an Posthius sandte, diese durchzusehen und, falls er sie dessen
für wert erachte, an Joachimus II Camerarius weiterzuleiten. Davon berichtete
Gruterus dem Camerarius in seinem Schreiben vom 20.1.1588[443]. Er nannte darin
seine Elegie untertreibend "aliquot versus tibi inscripti". Camerarius erhielt diesen
Brief am dritten Februar 1588. Gruterus bat außerdem, einen beiliegenden Brief an
Posthius weiterzuleiten. Dieser bedankte sich dafür drei Wochen später, am
27.3.1588, bei Joachimus II Camerarius und bedauerte dabei das Schicksal des
Gruterus. Mit der Korrektur der Elegie des Gruterus ließ sich Posthius einige
Monate Zeit: Erst am 9.8.1588 legte er das verbesserte Gedicht seinem Brief an
Joachimus II Camerarius bei.

Der Kalvinist Gruterus erhielt im Herbst 1590 einen Lehrstuhl für Geschichte in
Wittenberg, fühlte sich dort aber offenbar nicht recht wohl und korrespondierte
daher mit Posthius und Henricus Smetius über die Möglichkeit einer Übersiedelung nach Heidelberg[444]. Als dann im September 1591 der sächsische Kurfürst
Christian verstarb und sein Nachfolger Friedrich Wilhelm den Eid auf die Konkordienformel von allen Professoren verlangte, nutzte Gruterus die Gelegenheit,
schloß sich - ohne von den theologischen Differenzen viel zu verstehen - den Eid-
verweigerern an, verlor so seinen Posten und siedelte geradewegs nach Heidelberg
über, wo er sich am 19.5.1592 immatrikulierte und sich kurz darauf, am 12.6.1592,

---

441 vgl. Überblick, Kapitel 44 bis 46.
442 zum Leben des Gruterus vgl. Smend: Gruter (1939), S. 21ff.
443 München BSB Clm 10369 (= Cam. 19), Nr. 204.
444 Brief des Gruterus vom 12.6.1592 an Justus Lipsius, publiziert von Burmannus: Sylloges, Bd. I
     (1724), S. 274f, Nr. 267.

mit der Tochter Johanna des Henricus Smetius verlobte. Zur am 25.5.1592 folgenden Hochzeit verfaßte Posthius natürlich poetische Glückwünsche[445]. Am Beginn des folgenden Jahres bekam Gruterus dann durch den Kurfürsten gegen den Widerstand der Universität eine außerordentliche Professur für Geschichte an der Heidelberger Universität. Im Jahre 1602 wurde er außerdem der letzte und bedeutendste Bibliothekar der berühmten "Palatina". Als solcher mußte er nach der Eroberung Heidelbergs im Jahre 1622 erleben, wie die Hofbibliothek einschließlich zahlreicher Schriftstücke aus des Gruterus persönlichem Besitz über München in die Bibliotheca Apostolica Vaticana geschafft wurde.

Gruterus lebte dann noch einige Jahre auf seinem Landgut bei Heidelberg und verstarb dort am 20.9.1627.

43. Unterstützung für Modius (1585 bis 1589)

Franciscus Modius/de Maulde stammt aus einer adligen niederländischen Familie; er wurde am 4.8.1556 in Aldenburg/Oudenbourg bei Brügge geboren und wuchs nach dem frühen Tod seiner Eltern offenbar bei einem Verwandten, dem Brügger Senator Franciscus Nansius, auf, der sich auch als Gräzist einen Namen gemacht hatte[446]. So wurden des Modius philologische Interessen gefördert, und auch während seines Jurastudiums in Douai, Löwen und Leiden (ca.1570-1578) arbeitete er immer wieder mit alten Handschriften und lernte dabei auch Justus Lipsius kennen. Unter nicht näher bekannten Umständen verlor Modius offenbar während der folgenden Jahre in den Wirrnissen der niederländischen Politik sein wohl beträchtliches Vermögen oder doch zumindest die Möglichkeit, darüber zu verfügen. Bereits 1578 hatte er Probleme, in Leiden die Kosten für Unterkunft und Verpflegung aufzubringen, und war auch in den folgenden Jahren auf die Unterstützung durch Mäzene angewiesen. Zunächst konnte der gelehrte Jurist Hieronymus Berchemius den Modius im Hofstaate des im Kölner Exil weilenden Grafen Karl von Egmont unterbringen, einem Sohne des bekannten, 1568 in Brüssel auf Albas Befehl hin enthaupteten Grafen Lamoral von Egmont. Dadurch konnte Modius ab August 1578 seinen Studien in den dortigen Bibliotheken nachgehen und Kontakte zu Gelehrten wie dem Lübecker Historiker Janus Gulielmus aufnehemen. Mit Posthius wurde er 1579 bekannt, als der sich mit Fürstbischof Julius Echter längere Zeit in Köln aufhielt[447]. Da zu dieser Zeit auch Karl von Egmont in finanzielle Schwierigkeiten geriet, vermittelte Posthius dem Modius eine Sekretärstelle bei dem begüterten hessischen Erbmarschall Adolf Hermann Graf Riedesel von Eisenbach, mit dem Modius sich anschließend in Würzburg und auf Riedesels hessischen Schlössern aufhielt. 1580 und 1581 reiste er zweimal in seine Heimat, um sich um die Rückgabe seines Vermögens und um das des Karl von Egmont zu kümmern, erreichte jedoch für sich gar nichts und geriet im Gegenteil wegen der Rei-

---

445 Zehn zu diesem Anlaß geschriebene Epithalamia publizierte Posthius in der zweiten Ausgabe seiner Gedichtsammlung "Parerga" (nur zweite Ausgabe Pars altera, S. 42-44).
446 Angaben nach Lehmann: Modius (1908), S. 5ff.
447 vgl. Überblick, Kapitel 28.

sekosten - Modius legte auf standesgemäßes Auftreten Wert - und wegen des Verlustes seiner Stellung bei Riedesel in erneute Bedrängnis. Wieder verschaffte ihm Posthius einen Mäzen, diesmal den Erasmus Neustetterus, bei dem Modius ab dem 28.10.1581 sich als Sekretär und Bibliothekar in Würzburg und auf der Comburg aufhielt und den er auch als Gesellschafter auf zahlreichen Reisen begleitete. Mit Posthius verstand sich Modius während dieser Jahre offenbar recht gut[448].

Im August 1584 (andere Quellen nennen den 17.9.1584) wurde Modius von Erasmus Neustetterus zwar äußerlich ehrenvoll und mit 100 Talern Wegegeld, doch in angespannter Atmosphäre entlassen[449]. Zunächst plante er eine Rückkehr in seine Heimat Belgien[450], zögerte dann aber und hoffte auf einen neuen Mäzen. Posthius wies in seinen Briefen an Joachimus II Camerarius mehrfach auf die Situation des Modius hin und bat, nach einem Auskommen für ihn zu suchen[451]. Modius reiste derweil über Frankfurt nach Fulda, arbeitete daselbst in der Bibliothek und kehrte dann nochmals kurz nach Würzburg zurück. Dort verabschiedeten er und Posthius sich im Januar 1585 rührend, und Posthius verfaßte für Modius ein Propemptikon, in dem er von einem gegenseitigen Versprechen berichtet, für den jeweils zuerst Verstorbenen Epicedia anzufertigen[452].

Bereits zu dem Zeitpunkt hatte Modius offenbar das Geld des Neustetterus aufgebraucht; zwar wagte er es nicht, Posthius beim Abschied um Geld zu bitten, doch tat er dies wenige Tage später brieflich. Posthius war wenig begeistert, schickte aber doch zumindest die Hälfte der von Modius erhofften 30 Gulden[453]. Modius brauchte das Geld wahrscheinlich für die geplante Reise in die Heimat, die er dann auch tatsächlich durchführte. Er fand jedoch die Zustände in Brügge so erbärmlich, daß er noch im Juli 1585 nach Frankfurt zurückkehrte. Dort trat er, vielleicht auf Empfehlung oder Fürsprache des Posthius hin, als Korrektor in die Dienste des mit Posthius gut bekannten Druckers Sigmundus Feyerabent und blieb dort bis Ostern 1587. Doch obwohl er überdurchschnittliche Zuwendungen erhielt[454], machte Modius bei seinem Arbeitskollegen Rochus Cornelius Veldius/Vanden Velde und bei Feyerabent Schulden, um sich für eine geplante Italienreise standesgemäß ausrüsten zu können; Modius wollte nämlich Karl von Egmont dorthin begleiten, weil der ihm angekündigt hatte, er werde ihn samt zwei Dienern und den nötigen Pferden in seine Dienste aufnehmen, ohne dafür besonders viele Gegenleistungen zu erwarten.

Die Schulden belasteten anfangs den Franciscus Modius wenig, hatte er doch 1586 ein umfangreiches, repräsentatives Werk über Hoffeste und ähnliche Festivitäten des Adels verfaßt und der schwäbischen, fränkischen und rheinischen Ritter-

---

448 vgl. Überblick, Kapitel 31., 33., 35. und 36.
449 Lehmann: Modius (1908), S. 16ff; vgl. auch Posthiusbrief vom 12.11.1584.
450 vgl. Posthiusbriefe vom 4.12.1584 und vom 25.12.1584.
451 vgl. Posthiusbriefe vom 25.8.1584 und 4.12.1584.
452 Dies Propemptikon ist in den Januar 1585 datiert und beginnt "Tempore difficili ..." Posthius nahm es in seine Gedichtsammlung "Parerga" mit auf (nur zweite Ausgabe Pars altera, S. 126).
453 vgl. Posthiusbrief vom 4.12.1584; Posthius bekam das Geld im Oktober 1589 zurück (vgl. Posthiusbrief vom 12.10.1589).
454 Pallmann: Feyerabend (1881), S. 55.

schaft sowie dem Syndicus der fränkischen Ritterschaft, Marcus Schweickerus, gewidmet[455]. Für diese Widmung rechnete er mit umfangreichen Gegengaben, doch
ließen diese auf sich warten. Daher schickten Modius und Veldius/Vanden Velde
um die Jahreswende 1587/88 mahnende Schreiben über Posthius und Johannes
Weidnerus an Schweickerus[456]. Als auch diese nichts fruchteten, wandte sich offenbar Feyerabent direkt an Posthius: Derselbe sollte doch seine Verbindungen
ausnützen, damit Modius und dessen Gläubiger endlich das erwartete Geld erhiel-
ten. Posthius erfüllte den Wunsch mit seinen Briefen vom 8.2.1588 und vom
14.2.1588 an Weidnerus.

Inzwischen hatten sich des Modius Reisepläne geändert, da Graf Karl von Egmont unter Hintanstellung der Italienreise ihn unter den ehrenvollsten Bedingungen zu sich nach Belgien gerufen hatte[457]. Daher verließ Modius am 12.12.1587
Frankfurt und reiste mit seinen Habseligkeiten per Schiff nach Bonn, wo er auf eine
günstige Gelegenheit zur Weiterreise wartete. Dort geriet er jedoch unversehens in
die Wirren des Kölner Krieges[458]: Am frühen Morgen des 23.12.1587 überfiel nämlich die Freibeuterschar des Martin Schenk von Nideggen die Stadt. Modius wurde
dabei schwer verwundet, ausgeraubt und zwecks Erpressung eines Lösegeldes gefangengenommen. In der Haft schrieb er hilfesuchend ein Gedicht an Posthius[459].

Über Feyerabent erfuhr Posthius vom Unglück des Modius und davon, daß dieser 50 Taler Lösegeld benötige[460]. Als sich Posthius kurz darauf in Frankfurt aufhielt, hörte er dann Näheres, und wieder setzte er sich in Briefen für die Übersendung des Geldes ein, das Modius von der Ritterschaft erwartete; dies war umso
dringender, weil inzwischen auch des Modius Gläubiger Veldius/Vanden Velde
seinerseits in finanzielle Schwierigkeiten geriet[461].

Unterdessen hatte der Bonner Dechant Jacobus Campius, mit dem Modius bei
seinem Kölnaufenthalt 1578/79 Freundschaft geschlossen hatte, am 12.2.1588[462] den
Modius nach siebenwöchiger Gefangenschaft gegen ein Lösegeld von 100 Talern
freigekauft. Modius notierte seine Abrechnungen mit dem Dekan und die Summen,
die er für seine Unterkunft und Verpflegung im Gefängnis entrichten mußte, sorg-

---

455 vgl. Werkverzeichnis 1586/2.
456 vgl. Posthiusbrief vom 18.9.1587.
457 Lehmann: Modius (1908), S. 24; Lehmann zitiert ausführlich aus einem Brief des Modius vom
     10.8.1586 an Joachimus II Camerarius.
458 Zur Vorgeschichte vgl. Posthiusbrief vom 26.7.1586.
459 Dies Epigramm beginnt "Quo te, dum durae ..." Posthius publizierte es im "Liber adoptivus" seiner
     Gedichtsammlung "Parerga" (nur zweite Ausgabe Pars altera, S. 316f) und vermerkte dazu: "F. Mo-
     dius faciebat Bonnae in vinculis letaliter prope vulneratus."
460 vgl. Posthiusbrief vom 8.2.1588.
461 vgl. Posthiusbrief vom 18.2.1588.
462 In der Literatur wird teilweise angegeben, Modius sei erst am 23.2.1588 freigelassen worden (Seibt:
     Modius, 1881, S. 28 und Lehmann: Modius, 1908, S. 25). Doch ist die betreffende Stelle aus des
     Modius Tagebuch wohl eher so zu verstehen, daß Modius bereits am 12.2.1588 freigelassen wurde
     (so versteht diese Stelle auch Roersch: Modius, 1908, S. 82). Das Tagebuch des Modius ist äußerst
     schwer zu entziffern, zumal sich Modius einer Mischung verschiedener Sprachen bedient (vgl. das
     Beispiel in der folgenden Anmerkung). Heute befindet sich das Tagebuch in München (BSB Cod.
     gall. 399, die betreffende Stelle Bl. 74). Es wurde in Teilen von Ruland publiziert (Ruland, Modius,
     1853, die betreffende Stelle S. 132).

fältig in seinem Tagebuch; insgesamt beliefen sich seine Ausgaben auf mehrere hundert Reichstaler[463]; dazu kamen dann noch die alten Frankfurter Schulden in Höhe von etwa 200 Gulden[464].

Offenbar schickte der schwäbische Adel unter der Vermittlung von Marcus Schweickerus relativ bald einen Teil des von Modius erwarteten Geldes; die Auszahlung des Restbetrages war jedoch eineinhalb Jahre später immer noch nicht erfolgt, so daß dann wieder in Posthiusbriefen von den Schulden des Modius die Rede ist: Am 13.8.1589 übersandte Posthius mit seinem Brief an Weidnerus ein Schreiben des Veldius/Vanden Velde, in dem Schweickerus aufgefordert wurde, das noch ausstehende Geld zur Frankfurter Messe mitzubringen. Ein weiterer Posthiusbrief in derselben Angelegenheit und aus derselben Zeit erreichte möglicherweise nie sein Ziel und ist verschollen[465]. Dennoch führten die Mahnungen zu einem raschen Erfolg: Veldius/Vanden Velde erhielt das ausstehende Geld von einem Boten aus Speyer wohl in den ersten Tagen des Oktobers 1589. Am 12.10.1589 julianischer Zeit bedankte er sich für die Vermittlung bei Weidnerus, erfreut darüber, daß so endlich diese Angelegenheit des Modius ihr Ende gefunden habe[466]. Veldius/Vanden Velde teilte das Geld unter den Gläubigern des Modius, zu denen - wie oben erwähnt - auch Posthius gehörte. Diesem konnte er die 15 Gulden, die Posthius fünf Jahre zuvor dem Modius geliehen hatte, sogar persönlich überreichen, da sich Posthius zu der Zeit zur Messe in Frankfurt aufhielt[467]. Insgesamt hatte Modius übrigens, wie er in sein Tagebuch eintrug, von der schwäbischen Ritterschaft zweihundert deutsche Gulden für seine Widmung erhalten, von der fränkischen ebensoviel und von der rheinischen fünfzig.

Nach seiner Freilassung blieb Modius nur wenige Tage noch in Bonn und hielt sich dann längere Zeit in Köln auf. Posthius riet ihm noch im März 1588, nach Frankfurt zu seiner Korrektorstelle bei Feyerabent zurückzukehren[468], und bekräftigte diesen Rat durch ein Epigramm, in dem er vor den Gefahren der Reisen und vor den Launen undankbarer Fürsten warnt[469].

Modius ließ sich jedoch nicht von seinem Vorhaben, in die Hofdienste des Grafen Karl von Egmont zu treten, abschrecken. Er blieb bis zum 23.9.1588 in Köln und reiste dann weiter zu Egmont, der am 15.3.1588 zum Probst von Aire an der Lys bei St. Omer gewählt worden war. Dort bekam Modius im Jahre 1590 zwar ein Kanonikat, verbrachte aber dennoch, physisch und psychisch gebrochen und mit seinem Schicksal hadernd, die nächsten Jahre in großer Unstetigkeit. Dabei kam er Anfang 1591 auch durch Heidelberg und besuchte Posthius. Als Dank für die wohl

---

463 Die Kosten werden von Modius in seinem Tagebuch unter den Titeln "Rationes cum Domino Decano Bonnensi" und "Ausgaeb my Rantzion und costen im Fencknisse antreffende" angeführt (München BSB Cod. gall. 399, Bl. 77r ff, publiziert in Teilen bei Ruland: Modius, 1853, S. 131f).
464 vgl. Posthiusbrief vom 18.2.1588.
465 vgl. Posthiusbrief vom 12.10.1589.
466 vgl. Posthiusbrief vom 12.10.1589.
467 vgl. Posthiusbrief vom 12.10.1589.
468 vgl. Posthiusbrief vom 27.3.1588.
469 Dies Epigramm beginnt "Ergo graves ..." Posthius publizierte es in seiner Gedichtsammlung "Parerga" (nur zweite Ausgabe Pars altera, S. 98).

längere gastliche Aufnahme verfaßte er mehrere Gedichte, darunter am 1.2.1591 eine an des Posthius Sohn Erasmus gerichtete Elegie[470]; auch schrieb er einen dem heranwachsenden Pfalzgrafen Friedrich IV. gewidmeten Fürstenspiegel in der Form einer Elegie, wahrscheinlich, um damit seine Finanzen etwas aufzubessern[471].

In den folgenden Monaten irrte Modius beklagenswert, mittellos und dichtend umher, so daß der Ingolstädter Professor Hubert Giphanius am 31.7.1591 an Justus Lipsius schrieb, Modius müsse sich seinen täglichen Unterhalt durch das Verfassen von Gedichten erbetteln; da dies eines so gelehrten Mannes unwürdig sei, habe er ihm geraten, die Wanderkomödie zu unterlassen, und habe ihn mit einer Empfeh-lung zu dem Würzburger Bischof geschickt[472]. Dort bekam Modius von Julius Echter tatsächlich eine Professur des kanonischen Rechtes angeboten, mußte sie aber ebenso wie ein Angebot nach Bamberg aus gesundheitlichen Gründen ablehnen[473].

Schließlich verzichtete er auf eine weitere Karriere und kehrte 1593 nach Aire zurück. Dort starb er 1597, wahrscheinlich am 22.Januar[474].

44. Bemühungen um die Oppianusedition des Rittershusius (1588 bis 1596)

Conradus Rittershusius wurde am 25.9.1560 in Braunschweig als Sohn des Theolo-gen Balthasar und der Margarethe, geborene Bergius, geboren, besuchte die dorti-gen Schulen und bekam - wie bereits sein Vater - eine Pfründe am seit 1566 lutheri-schen Kollegiatstift St. Blasien in Braunschweig. Ab 1580 studierte er Jura, zunächst in Helmstedt, ab 1584 in Altdorf. Im Jahre 1590 folgte er auf Anraten sei-nes Vaters seinem Lehrer, dem aus Geldern stammenden berühmten Professor Hubertus Giphanius/Hubrecht van Giffen (1534-1604), nach Ingolstadt. Ende 1591 erwarb Rittershusius in Basel die Doktorwürde; im selben Jahr bekam er die Pro-fessor der Institutionen in Altdorf, 1598 dann die der Pandekten. Gleichzeitig be-mühte er sich um den Aufbau eines Freundeskreises und bat beispielsweise 1587 den Joachimus II Camerarius brieflich um entsprechende Adressen in Frankfurt, Würzburg und anderen Orten[475]. Er bekam auf diese Weise wohl den Hinweis auf Posthius und nahm daher, als er auf ausgedehnten Reisen durch Deutschland und

---

470 Diese Elegie, ein "Carmen protrepticum", beginnt "Aureole ŏ vere ..."; sie wurde mit einem "Parcius tu ..." anfangenden Begleitepigramm, das an Posthius selbst gerichtet ist, präsentiert. Po-sthius publizierte beide Gedichte im "Liber adoptivus" seiner Gedichtsammlung "Parerga" (nur zweite Ausgabe Pars altera, S. 281ff).

471 Dies Gedicht beginnt "Principe digna viro ..." (Bibliotheca Apostolica Vaticana, Palatinus latinus 1905, Bl. 65r-73v); es wurde erst 1966 von J. Ijsewijn publiziert (Un poème inédit de François Mo-dius sur l' éducation du prince humaniste, in: Latomus 25, Bruxelles 1966, S. 570-583). Ijsewijn ver-mutet, Posthius habe diese Elegie angeregt, weil er an der Erziehung des noch unmündigen Pfalz-grafen Friedrich IV. beteiligt war.

472 Seibt: Modius (1881/82), S. 29.

473 Lehmann: Modius (1908), S. 26f.

474 Meist wird der 24.6.1597 als Sterbedatum genannt, doch sind die Argumente, die Roersch für den 22.1.1597 vorbringt, überzeugend (Roersch: Modius, 1908, S. 83). Ob Posthius vor seinem Tod am 25.6.1597 noch vom Ableben des Modius erfuhr und sein erwähntes Versprechen, ein Epicedium aus diesem Anlaß zu verfassen, erfüllte, ist nicht mehr festzustellen.

475 Angaben nach Bucker/Haid: Ehren-tempel (1747), S. 101ff und nach Merzbacher: Rittershusius (1977), S. 109ff.

Ungarn um die Jahreswende 1587/88 auch durch Heidelberg kam, ersten Kontakt zu Posthius und Melissus auf. Besonders scheint er sich dafür interessiert zu haben, ob in der Bibliotheca Palatina ein Exemplar der "Ixeutika" aufzufinden sei, eines griechischen Lehrgedichtes über die Vogeljagd, das das byzantinische Lexikon Suda dem Oppianus zuschrieb; heute ist diese Zuschreibung umstritten. Melissus, der damalige Heidelberger Bibliothekar, suchte vergebens nach einer Handschrift, und Posthius mußte dem Rittershusius am 27.3.88 brieflich einen negativen Bescheid geben. Auch eine Nachfrage des Posthius bei Joachimus II Camerarius am 18.5.1588 blieb offenbar ohne Erfolg. Da bis heute die "Ixeutika" verschollen blieben, müssen sie als verloren gelten.

Rittershusius interessierte sich für dieses Lehrgedicht, weil er eine kommentierte Ausgabe der Werke des Oppianus plante, da er den Oppianus, einen griechischen Dichters des zweiten Jahrhunderts n. Chr. aus Korykos in Kilikien, für einen der größten griechischen Dichter ansah. Von diesem Oppianus ist ein Lehrgedicht über die Fischjagd namens "Halieutika" in fünf Büchern erhalten; ein weiteres Lehrgedicht namens "Kynegetika" in vier Büchern - dieses beschreibt die Jagd auf vierfüßige Tiere - stammt von einem namensgleichen Dichter aus Apameia am Orontes, der am Anfang des dritten Jahrhunderts n. Chr. lebte. Beide Dichter wurden lange Zeit für eine Person angesehen.

Während sich Rittershusius Anfang 1588 in Heidelberg aufhielt, verfaßte er als Zeichen seiner Hochachtung für Posthius und Melissus ein "Odarion" zum Lobpreis dieser beiden Männer und bat sie, dieses Gedicht auf etwaige Fehler hin durchzusehen. Dies geschah, und Posthius schickte das mit Korrekturzeichen versehene Gedicht zusammen mit seinem Brief vom 27.3.1588 an den inzwischen nach Altdorf zurückgekehrten Rittershusius, damit dieser es verbessern und zurücksenden könne; Posthius wollte nämlich dies Gedicht in den "Liber adoptivus" der zweiten Ausgabe seiner Gedichtsammlung "Parerga" aufnehmen. Nach einer Mahnung am 15.5.1588 - offenbar dachte Posthius an ein baldiges Erscheinen dieser zweiten Ausgabe der "Parerga" - hatte Posthius das korrigierte Exemplar am 23.1.1589 schließlich wieder in Händen und bedankte sich, nun damit zufrieden, bei dessen Verfasser. Wie versprochen ließ er es in der zweiten Auflage seiner Parerga abdrucken, die 1595 erschien[476].

Dieses "Odarion" des Rittershusius war wohl als Gegenleistung dafür gedacht, daß Rittershusius den Posthius und Melissus gebeten hatte, enkomiastische Gedichte zum Lob der von Rittershusius geplanten Oppianuskommentare zu verfassen. Posthius erkundigte sich in seinem Brief vom 27.3.1588 nach der Dringlichkeit für diese Gedichte und schickte sein diesbezügliches Epigramm am 15.5.1588, zusammen mit einem weiteren eines Freundes, den er vermutlich dazu veranlaßt hatte. Auch versprach er in diesem Brief, den Melissus an die Abfassung eines ebensolchen Gedichtes zu mahnen.

Mit der Publikation der Oppianusausgabe ging es jedoch nicht so schnell: Rittershusius hatte sich offenbar deswegen an den als Philologen bekannten Fridericus

---

476 Dies Gedicht beginnt "Inter Neccarides ..." (Parerga nur zweite Ausgabe Pars altera, S. 311ff).

Sylburgius (gestorben 16.2.1596 in Heidelberg) gewandt, der sich insbesondere durch die Zusammenstellung von Indices, etwa zu Dionysios von Halikarnassos, Clemens Alexandrinos oder Aristoteles, große Verdienste um die Erschließung dieser Autoren erwarb. Sylburgius war zu der Zeit als Korrektor bei der Wechelschen Druckerei in Frankfurt tätig und bemühte sich zunächst vergeblich, das Werk in der Wechelschen Offizin unterzubringen. Als dies nicht gelang, wandte er sich schließlich an Henricus Stephanus, als dieser 1588 zur Frühjahrsmesse in Frankfurt weilte. Stephanus begeisterte sich gleich für das Vorhaben, zumal er selbst noch unedierte griechische Scholien zu Oppianus besaß und außerdem verbessernde Lesarten gesammelt hatte. Daher dachte Stephanus an eine große Sammeledition von Texten zu Oppianus, in die er außer den Texten, Scholien und Lesarten auch noch die Kommentare des Rittershusius sowie die des Brodaeus und die des Johannes Bodinus - auch Turnebus genannt[477] - aufnehmen wollte. Dies alles berichtete Sylburgius am 18.4.1588 dem Rittershusius[478]. Dieser traute offenbar den Ankündigungen nicht ganz und wollte lieber etwas Schriftliches in Händen haben, und dies teilte er auch dem Posthius mit. Der erreichte wirklich eine schriftliche Zusicherung von Stephanus, den Druck zu übernehmen, und sandte sie am 15.5.1588 mit einem Brief an Rittershusius. In diesem Brief forderte er den Rittershusius dazu auf, seinen Oppianuskommentar bis zur nächsten Frankfurter Messe druckfertig zu machen.

Auch von anderer Seite wurde an dem Projekt gearbeitet: So vollendete am 14.7.1588 Lambertus Ludolfus Pithopaeus/Helm in Heidelberg einen Sachindex für die Oppianusschriften. Kurz darauf scheint dann alles zum Druck fertig gewesen zu sein; denn am 1.9.1588 verfaßte Rittershusius in Altdorf je eine Widmungsvorrede zu seinen Kommentaren zu den "Kynegetika" und zu den "Halieutika"; dabei richtete er die eine an seinen Vater Balthasarus, die andere an seinen Onkel und Braunschweiger Lehrer Matthias Bergius. Außerdem schickte er noch einen weiteren Text - eine "Comparatio Vergiliana ab Oppiano expressa" - an Sylburgius. Der leitete diesen Text an Stephanus weiter und antwortete am 10.4.1589 dem Rittershusius, der Druck verzögere sich wegen des Wunsches des Stephanus nach einer zweisprachigen Oppianusausgabe. Daraufhin verfertigte Rittershusius eine lateinische Übersetzung des Oppianus und sandte sie an Stephanus, wieder über Sylburgius. Doch abermals mußte Sylburgius den Rittershusius auf unabsehbare Zeit vertrösten, diesmal wegen der schlechten finanziellen Lage des Stephanus[479]. So ist denn auch von einem entsprechenden Druck des Oppianus bei Stephanus nichts bekannt.

Offenbar ruhte dann das Oppianusprojekt des Rittershusius einige Jahre. Erst 1595 ist davon wieder in einem an Pfingsten verfaßten Brief des Fridericus Sylburgius die Rede, der inzwischen in Heidelberg in der Druckerei des Hieronymus

---

477 Johannes Bodinus (Angers um 1530 - Laon 1596) war durch sechs Bücher "De la république", die 1576 erschienen, bekannt geworden.

478 Hamburg SuUB Supellex epistolica 46, Bl. 380 (in Auszügen publiziert bei Preisendanz: Zur Heidelberger Gelehrtengeschichte, 1913, S. 5).

479 Angaben nach Preisendanz: Zur Heidelberger Gelehrtengeschichte (1913), S. 5f.

Commelinus und an der Universitätsbibliothek war. Sylburgius berichtet darin dem Rittershusius, Posthius und Melissus hätten in der Bibliotheca Palatina nach Oppianushandschriften gesucht und auch zwei "Halieutika"-Texte gefunden, einen vollständigen und einen, der nur zwei Bücher der "Halieutika" enthalte; außerdem besitze er, Sylburgius, selbst eine "Halieutika"-Handschrift, die drei Bücher enthalte, sowie eine Zusammenstellung einiger abweichender Lesarten zum "Kynegetika"-Lehrgedicht; Sylburgius macht in dem Zusammenhang darauf aufmerksam, daß die erwähnten Handschriften auch Interlinear- und Marginalglossen enthielten, die der Publikation wert seien[480]. Während Sylburgius bereitwillig ohne weitere Bedingungen die in seinem Besitz befindlichen Texte zur Verfügung stellte, gestaltete sich die Ausleihe der beiden Palatinahandschriften naturgemäß komplizierter: Rittershusius schrieb ein förmliches Ausleihersuchen und schickte es an Posthius, und der wiederum leitete es an den kurpfälzischen Rat Georg Michael Lingelsheim weiter, der die Angelegenheit im kurfürstlichen Konsistorium vortrug und dort die Genehmigung durch den Kurfürsten Friedrich III. erhielt. Posthius übernahm den Versand und bürgte für die Handschriften, bis die Bestätigung des Rittershusius, die Handschriften erhalten zu haben, eintraf. Insgesamt war es ein umfangreiches Bündel, das Posthius am 4.6.1595 abschickte: Es enthielt neben den beiden erwähnten Handschriften der Hofbibliothek und den erwähnten Texten aus des Sylburgius Besitz einen Begleitbrief des Posthius und weitere Schreiben vom Hofbibliothekar Melissus und von dem kurfürstlichen Sekretär Georgius Regius, der den erkrankten Melissus unterstützte[481], außerdem vielleicht auch noch den bereits erwähnten Brief des Sylburgius. Regius berichtete in seinem Schreiben ausführlich vom Ausleihvorgang und wies darauf hin, er habe dem Überbringer der Sendung - Regius dachte dabei an den vereidigten, fest angestellten Briefboten für die Amtspost zwischen der Pfalz und der Oberpfalz - in Aussicht gestellt, er werde für den Umweg über Altdorf von Rittershusius reichlich entschädigt, falls er die Sendung unbeschädigt überbringe. Melissus seinerseits wiederholte diesen Hinweis in seinem Brief und fügte noch hinzu, die Rücksendung solle möglichst über denselben Boten an die Adresse des Georgius Regius erfolgen; falls Rittershusius jedoch einen anderen Briefboten beauftrage, solle er die Sendung an Melissus selbst adressieren, den Boten jedoch nicht bezahlen, sondern ihm entsprechendes Entgelt durch Melissus beim Abgeben der unversehrten Sendung in Aussicht stellen; offenbar war Melissus bereit, diesen Betrag dann aus der eigenen Tasche zu zahlen[482].

Rittershusius kam mit der Arbeit schnell voran und informierte darüber ausführlich den bekannten kalvinistischen Gelehrten Isaac Casaubonus (Genf 18.2.1558 - London 1.4.1617)[483]. Dabei folgte er dem erwähnten Rat des Sylburgius

---

480 Hamburg SuUB Supellex epistolica 46, Bl. 387 (publiziert von Preisendanz: Zur Heidelberger Gelehrtengeschichte, 1913, S. 2).

481 Regius war mit Melissus verschwägert; Melissus hatte nämlich am 24.9.1593 Juliane Jordana geheiratet, die Tochter des (zu der Zeit bereits verstorbenen) Juristen und Pfälzer Rates Ludovicus Jordanus und der Dorothea Regia, einer Schwester des Georgius Regius.

482 Die erwähnten Schreiben des Sylburgius, Melissus und Regius wurden von K. Preisendanz ausgewertet und in Teilen publiziert (Zur Heidelberger Gelehrtengeschichte, 1913, S. 2f).

483 Zeidler: Vitae (1770), S. 186ff, Anm.mm; Zeidler publizierte auch die betreffenden Briefstellen.

und stellte aus den Marginal- und Interlinearglossen der drei Heidelberger Handschriften eine Scholiensammlung zusammen. Bereits am 1.9.1595 war er soweit, daß
er in Altdorf zwei Widmungsvorreden für die geplante Edition verfaßte. Die eine
davon diente als Vorspann für den Abdruck der erwähnten Scholien; Rittershusius
widmete sie dankbar denen, die ihm behilflich gewesen waren; entsprechend berichtete er darin von den Bemühungen des Posthius, Melissus und Lingelsheim um
die Besorgung der Handschriften. - Die zweite Widmungsvorrede war nötig geworden, weil Rittershusius zwar als Einleitung zu seinen Kommentaren zu den
"Kynegetika" und zu den "Halieutika" die beiden oben erwähnten Widmungsbriefe
vom 1.9.1588 verwenden konnte, aber ergänzen mußte, da der Adressat des einen
Briefes, Matthias Bergius, inzwischen verstorben war. So fügte Rittershusius diesem
Brief eine vierte Widmungsvorrede hinzu, die er an Joachimus II und Philippus
Camerarius richtete. Dann benötigte er jedoch noch einige Wochen, um alles für
die Edition - also auch die Texte selbst und die von ihm 1589 angefertigten Übersetzungen - gar zusammenzustellen. Im Dezember 1595 war er damit fertig und
verfaßte nun noch eine weitere, für den Beginn der gesamten Ausgabe gedachte
Widmungsvorrede; diese wendet sich an Heinrich Julius von Braunschweig, den
evangelischen Bischof von Halberstadt.

Kurz darauf sandte Rittershusius die aus Heidelberg entliehenen Handschriften
zurück. Deren Ankunft in Heidelberg bestätigte ihm am 19.1.1596 Georgius Regius[484]. Auch der offizielle Verleihschein von der Hand des Melissus ist erhalten:
Melissus hatte ihn mit den Handschriften nach Altdorf geschickt und mit einer fir-
mierten und gesiegelten Empfangsbestätigung von Rittershusius zurückerbeten.
Nach der Rücksendung der Handschriften nach Heidelberg hatte Melissus den
Leihschein mit zwei dicken Querstrichen getilgt und an Rittershusius zu-
rückgesandt, der ihn am 4.2.96 wieder in Händen hatte[485].

Bis zum endgültigen Erscheinungstermin des Oppianus verflossen nochmals etliche Monate. Zwar wartete Posthius offenbar schon am 1.3.1596 auf ein Exemplar
dieser Edition, doch hatte er erst im April 1597 von deren Fertigstellung sichere
Kunde[486]. Diese Oppianusausgabe erfolgte in drei separat paginierten Teilen, getrennt in Text/Übersetzung/ältere Kommentare, Kommentare des Rittershusius
und Scholien; sie enthält auch das von Posthius bereits mit seinem Brief vom
15.5.1588 übersandte Enkomion für diese Ausgabe[487].

Die Oppianusübersetzung des Rittershusius ins Lateinische wurde von dem Pa-
riser Philologen und Rechtsgelehrten Nicolaus Rigault (1571-1654) als zu affektiert
abgelehnt: Rittershusius sei als typischer Deutscher zwar fleißig, doch suche er zu
sehr nach ausgefallenen Ausdrücken bei der Übersetzung, was die Verständlichkeit
erschwere[488]. Der Wittenberger, aus der Fränkischen Schweiz stammende Profes-

---

484 Hamburg SuUB Supellex epistolica 46, Bl. 286 (publiziert von Preisendanz: Zur Heidelberger Ge-
     lehrtengeschichte, 1913, S. 4f).
485 Hamburg SuUB Supellex epistolica 46, Bl. 195 (publiziert von Preisendanz: Zur Heidelberger Ge-
     lehrtengeschichte, 1913, S. 3f).
486 vgl. Posthiusbrief vom 16.4.1597.
487 vgl. Werkverzeichnis 1588/5a.
488 Merzbacher: Rittershusius (1977), S. 119.

sor der Poesie und Rhetorik Fridericus Taubmannus (1565-1613) dagegen, der auch sonst von dem mit ihm befreundeten Rittershusius große Stücke hielt, pries die Übersetzung sehr[489].

45. Bemühungen um des Rittershusius Ausoniuskommentar (1588 bis 1597)

Auch für die anderen philologischen Arbeiten des Conradus Rittershusius interessierte sich Posthius lebhaft. Als er zum Beispiel um die Jahreswende 1588/89 von des Rittershusius Beschäftigung mit Ausonius hörte, fragte er bei Melissus nach, ob es in der Bibliotheca Palatina eine alte Ausoniushandschrift gebe; Melissus konnte aber nichts finden. Dafür erfuhr Posthius von dem alten Heidelberger Drucker Hieronymus Commelinus, daß ein Italiener namens Mariangelus (gemeint ist Mariangelus Accursius) etwa hundert Jahre zuvor Kommentare zu Auson und Ovid verfaßt habe. Dies berichtete Posthius am 23.1.1589 dem Rittershusius und teilte ihm außerdem mit, Commelinus habe gerade einen Ausoniustext in der Rezension des Josephus Scaliger zusammen mit eigenen Anmerkungen gedruckt, aber noch nicht herausgegeben. Daher könnten die philologischen Beobachtungen des Rittershusius zu Ausonius noch an das Ende dieses Werkes hinzugefügt werden. Rittershusius machte daraufhin seine in Briefform gekleideten Beobachtungen - diese Briefe waren offenbar, zumindest teilweise, an Salomo Pantherus gerichtet - zum Druck fertig und veranlaßte den Pantherus, dafür eine Widmungsvorrede an Posthius abzufassen. Die Rittershusiustexte und die Widmungsvorrede befanden sich im Sommer 1589 beim Drucker Commelinus und wurden dort von Posthius eingesehen und akzeptiert. In wohlgesetzten Worten bedankte er sich für die Widmung am 7.9.1589 bei Rittershusius, und der wiederum schickte den Posthiusbrief mit der Bitte, ihn aufzuheben und zurückzuschicken, offenbar 1589 an Pantherus weiter.

Inzwischen hatte Commelinus seinen Auson herausgegeben[490], doch der Druck der Texte des Rittershusius verzögerte sich von Jahr zu Jahr[491]. Auch sonst war Commelinus bekanntlich wenig entschlußfreudig, was ihm Kritik von verschiedenen Seiten einbrachte[492]. Schließlich gab er das Projekt ganz auf, und Posthius schickte am 8.1.1597 das Manuskript wieder an Rittershusius zurück.

Dieser benachrichtigte von dieser Entwicklung offenbar auch den Pantherus und richtete ihm im Frühjahr 1597 Grüße des Posthius aus[493]; vielleicht schickte er ihm auch erst zu diesem Zeitpunkt den erwähnten Posthiusbrief vom 7.9.1589. Jedenfalls fertigte sich Pantherus eine Abschrift dieses Briefes vom 7.9.1589 an[494] und verfaßte außerdem am 21.3.1597 in Vilna, wo er als Hauslehrer beim Fürsten

---

489 Zeidler: Vitae (1770), S. 188, Anm.mm; Zeidler zitiert die betreffenden Aussagen von Bigot und Taubmannus.
490 vgl. Literaturverzeichnis unter Commelinus: Ausonius (1588).
491 vgl. Posthiusbrief vom 14.3.1590.
492 Preisendanz: Kleine Commeliana (1941), S. 194.
493 vgl. Posthiusbrief vom 24.2.1597.
494 Diese Abschrift bricht nach den rühmenden Worten des Posthius für Pantherus und Rittershusius mitten im Satz ab. Sie nimmt die erste Seite eines heftartig gefalteten Blattes ein; die zweite Seite blieb leer, auf der dritten folgt das im Folgenden erwähnte Gedicht des Pantherus.

Christophorus Radivilus, "dux in Birze et Dubinkj", weilte, eine Elegie an Posthius[495]. Briefabschrift und Elegie haben sich im Nachlaß des Rittershusius erhalten[496]. Dagegen erfüllte Pantherus offenbar lediglich des Rittershusius oben erwähnte Bitte um Aufbewahrung des originalen Posthiusbriefes, nicht jedoch die um Rücksendung[497].

Über das weitere Schicksal der Rittershusiusbeobachtungen zu Ausonius ist wenig bekannt: Rittershusius bemühte sich zu seinen Lebzeiten nicht mehr um die Veröffentlichung, da dies Werk nicht mehr seinen inzwischen gehobeneren Qualitätsansprüchen entsprach, und auch nach seinem Tod am 25.5.1613 erfolgte zumindest vor 1665 keine Publikation[498]. Erstaunlicherweise kannte jedoch offenbar Iacobus Tollius, der 1671 die Werke des Ausonius einschließlich zahlreicher Kommentierungen herausgab, die Rittershusiusbeobachtungen, denn er führte in einer Sammlung von Qualitätsurteilen verschiedenster Autoren über Ausonius auch zwei Textausschnitte von Rittershusius und Pantherus an, die er nur dem erwähnten Rittershusiuswerk entnommen haben kann; er kannte wohl das Manuskript[499].

46. Bemühungen um die Serenusedition des Rittershusius (1589/90)

Das medizinische Lehrgedicht "Liber medicinalis" des Quintus Serenus aus der zweiten Hälfte des vierten Jahrhunderts n. Chr. enthält in 1107 Hexametern Rezepte für 64 Krankheiten und war wohl deshalb im Mittelalter relativ beliebt, so daß es in etlichen Handschriften tradiert wurde. Conradus Rittershusius bemühte sich im Jahre 1589 um eine verbesserte Textfassung und verfaßte auch Kommentierungen ("notae") dazu. Für die geplante Edition bat er Posthius um ein enkomiastisches Gedicht, und der erklärte sich am 7.9.1589 sofort zur Abfassung solcher Verse bereit und informierte auch den Lambertus Ludolphus Pithopaeus von den Plänen des Rittershusius. Pithopaeus verfaßte daraufhin am 5.10.1589 ein enkomiastisches Epigramm und schickte es mit einem Brief am 24.10.1589 sowie - aus Mißtrauen gegen den Briefboten - drei Tage später, am 27.10.1589, nochmals an Rittershusius[500]. Ein halbes Jahr später, am 14.3.1590, übersandte dann auch Posthius auf eine Mahnung des Rittershusius hin sein Gedicht; dabei wies Posthius auf die Möglichkeit hin, der Rittershusiuskommentar zu Serenus könnte in einer

---

495 Diese Elegie beginnt "Gnaria Palatinae ..."; Pantherus fügte seinem Namen bei der Elegie den Beinamen "Rysinius" hinzu.
496 Göttingen NSuUB Ms. Philos. 102, Bl. 61f.
497 vgl. Posthiusbrief vom 7.9.1589.
498 Zeidler: Vitae (1770), S. 214f, Anm.oooo; Zeidler wertete auch die Korrespondenz der Erben des Rittershusius aus.
499 Diese Sammlung von Testimonien, von Tollius "Testimonia et Iudicia diversorum de Ausonio" genannt, ist direkt nach diversen Vorreden abgedruckt, noch vor dem Index (vgl. Literaturverzeichnis unter Tollius: Ausonius, 1671). Bei dem Testimonium des Rittershusius, das einem Brief an Pantherus entnommen ist, handelt es sich vermutlich um einen Ausschnitt aus den - wie erwähnt - in Briefform gefaßten Beobachtungen des Rittershusius zu Ausonius (a. a. O., Bl. **6r f), bei dem Testimonium des Pantherus wohl um einen Teil der von Pantherus 1589 verfaßten und an Posthius gerichteten Widmungsvorrede zu eben diesen Beobachtungen des Rittershusius (a. a. O., Bl. **6v).
500 Hamburg SuUB Supellex epistolica 46, Bl. 241-244. Das Epigramm beginnt "Qui prius ..." und ist beim Brief vom 24.10.1589 datiert (Bl. 243), beim Brief vom 27.10.1589 dagegen undatiert (Bl. 244).

von Johannes Opsopaeus geplanten Serenusedition mit untergebracht werden. Von einer Verwirklichung dieser Pläne wie überhaupt von einer Serenusedition durch Rittershusius ist mir allerdings nichts bekannt.

47. Gutachtertätigkeit nach dem mysteriösen Tod der Pfalzgräfin (1589/90)

Die Pfalzgräfin Elisabeth, eine Tochter des Kurfürsten August von Sachsen, war streng lutherisch erzogen worden. Das führte während ihrer Ehe mit dem kalvinistischen Johann Casimir oft zu Spannungen; bei der Geburt der Kinder beispielsweise versuchte jeder der beiden Gatten, bei der Taufe seine Konfession durchzusetzen, d. h. dem anderen mit seinem Prediger zuvorzukommen. Zu dieser Belastung kam für Elisabeth der Kummer, daß alle ihre Kinder bis auf eine Tochter früh verstarben[501]. Dadurch, daß sich ihr Vater ständig bemühte, Elisabeth in ihrem lutherischen Glauben zu bestärken und sie vor allen kalvinistischen Einflüssen zu bewahren, blieb sie ein Fremdkörper am Heidelberger Hof. Ihr überwiegend unglückliches Leben endete unter mysteriösen und wohl absichtlich in Dunkel gehüllten Umständen; trotz reichlich vorhandenen Aktenmaterials sind diese Vorgänge nur ohne letzte Gewißheit zu rekonstruieren[502]:

Nach dem Tode ihres Vaters im Jahre 1586 geriet die Pfalzgräfin Elisabeth immer mehr unter Druck, doch zum Kalvinismus überzutreten; zugleich scheint sich die Isolation, in der sie sich befand - ihr Gatte kümmerte sich wohl kaum um sie -, noch verstärkt zu haben. Ein Hobby von ihr war die Beschäftigung mit Medikamenten, und sie besaß eine eigene Apotheke. Diese verwaltete der Hofzwerg Peterchen, den sie innig ins Herz geschlossen hatte, doch suchte sie im Herbst 1589 noch andere Abwechslung: Ein junger polnischer Adliger namens Stanislaus Lubowiezky, der am Heidelberger Hof das Amt eines Vorschneiders und Mundschenks an der fürstlichen Tafel innehatte, erregte ihre Aufmerksamkeit. Sie schrieb ihm Liebesbriefe, die sie ihrem Hofzwerg diktierte[503], und es kam zu einigen Rendezvous, wobei sie ihrem Geliebten jeweils 100 Kronen zugesteckt haben

---

501 vgl. Überblick, Kapitel 38.

502 Für die folgenden Ausführungen benützte ich folgende Werke: Kluckhohn: Die Ehe (1873), S. 163ff (inzwischen weitgehend überholt); F. v. Bezold: Die letzten Jahre der Pfalzgräfin Elisabeth, Gemahlin Johann Casimirs, in: Abhandlungen der königlich bayrischen Akademie der Wissenschaften, Klasse III, Bd. 14, Abt. III, München 1879, S. 1ff (sehr ausführliche Darstellung); S. Ehses (Hg.): Nuntiarberichte aus Deutschland, 1. Abteilung, 2. Hälfte: Ottavio Mirto Francipani in Köln 1587-1590, Paderborn 1899 (=Quellen und Forschungen aus dem Gebiete der Geschichte, Bd. IV), S. 428 und S. 488; F. v. Bezold: Besprechung der angeführten Nuntiarberichte, in: Göttingische gelehrte Anzeigen 162, Göttingen 1900, S. 513ff (zum Tode Elisabeths vor allem S. 527-532; neue Bewertungen); Bezold: Briefe, Bd. III (1903), S. 245ff (nützliche Edition von Quellentexten); M. Kuhn: Die Politik Pfalz-Lauterns in den Jahren 1570-1590 im Spiegel einer pfälzisch-sächsischen Eheverbindung, in: Jahrbuch zur Geschichte von Stadt- und Landkreis Kaiserslautern 2, Kaiserslautern 1963/64, S. 35ff (zum Tode Elisabeths ohne Berücksichtigung der Forschungen Bezolds und daher unergiebig).

503 Dies berichtet Landgraf Georg in einem zur Vernichtung bestimmten, vertraulichen Brief an Landgraf Ludwig am 28.11.1589; er referiert dabei Gerüchte, die einer seiner Diener in Heidelberg erfahren habe (ediert in Auszügen von Bezold: Briefe, Bd. III, 1903, S. 251f, Nr. 269).

soll[504]. Schließlich schmiedeten die beiden Pläne, wie Pfalzgraf Johann Casimir aus
dem Weg geräumt werden könnte, wobei unklar bleibt, ob dieser Mordplan auf
eine Idee Elisabeths zurückgeht oder ob hinter dem polnischen Adligen irgendwelche auswärtigen Auftraggeber mit politischen Motiven standen. Jedenfalls blieb die
Liaison auf die Dauer nicht geheim, vielleicht deshalb, weil sich der junge Adlige in
etwas aufbrausender Art mit etlichen anderen Höflingen verfeindet hatte, zumal er
anderen beim Hofdienst vorgezogen wurde. Schließlich bereitete ein ganz kleiner
Kreis von Eingeweihten, darunter der Pfalzgraf und seine beiden Vertrauten Abrahamus Colbingerus und Baron Fabian von Dohna, in aller Stille eine Verhaftungs-
aktion vor: Dohna sollte ins benachbarte badische Gebiet reisen, wo sich Lubowiezky gerade aufhielt, und diesen unter irgendeinem Vorwande nach Heidelberg
schicken[505]; Colbingerus sollte in Heidelberg bleiben und in einem geeigneten
Moment die Festnahmen veranlassen; Pfalzgraf Johann Casimir selbst begab sich
zum Jagen nach Kaiserslautern, als ob nichts Besonderes vorliege. Da wurde der
Jagdgesellschaft ein dringender Brief an Lubowiezky überbracht, der diesem persönlich übergeben werden sollte und in dem dieser aufgefordert wurde, nun nicht
länger zu zögern und, wie er versprochen habe, den Pfalzgrafen Johann Casimir zu
töten. Der Lage der Dinge nach kann dieser Brief, falls er nicht, wie böswillige
Zungen behaupteten, gefälscht war[506], nur von der Pfalzgräfin Elisabeth gestammt
haben. Johann Casimir riß, so berichtete später ein Gesandter bei einer Fürstenversammlung in Dessau[507], den Brief an sich, noch bevor der Briefbote die
Abwesenheit des jungen Polen registriert hatte, erbrach das Siegel, las ihn und er-
stattete davon Bericht an Colbingerus in Heidelberg. Zugleich kam dort ein Briefbote Fabian von Dohnas an und überbrachte die verschlüsselte Botschaft, Lubowiezky sei, ohne Verdacht zu schöpfen, der Aufforderung zur Rückreise nach Heidelberg nachgekommen. Da der Briefbote sich äußerst verdächtig verhielt, glaubte
Colbingerus, nun dringend handeln zu müssen, und bestellte den immer noch
nichtsahnenden polnischen Adligen am 4.11.1589 in das Haus des Hofmarschalls
Johannes Bock von Erpfenstein, wo er verhaftet, ins Schloß gebracht und noch in
derselben Nacht ins Mannheimer Gefängnis überführt wurde, gemeinsam mit dem
Hofzwerg, der kurz nach dem Adligen festgenommen worden war[508]. Zu einem
förmlichen Gerichtsverfahren gegen die beiden kam es offenbar nicht; es wird von
einem Ausbruch des Adligen und von seiner Wiederverhaftung berichtet; anschließend scheinen beide in schweren Ketten eine Gefängnisstrafe verbüßt zu haben, bis

504 Dies berichten Zeitungen aus Straßburg vom 7.2.1590 (ein Auszug daraus wird zitiert bei Bezold:
     Briefe, Bd. III, 1903, S. 252, Anm.1).
505 Dohna vermerkte in seiner Autobiographie: "November. 2. Jussus sum proficisci nach Baden, prop-
     ter Stanislaum Lubowietzky." (publiziert von Krollmann: Dohna, 1905, S. 125).
506 Elisabeth und der Pole seien Opfer einer gegen sie raffiniert ausgeheckten Intrige geworden, be-
     hauptet der allerdings wenig verläßliche Michel de la Huguerye in seinem Tagebuch (publiziert von
     A. de Ruble: Mémoires Inédits de Michel de la Huguerye, Paris 1877ff, Bd. 3, 1880; die angegebene
     Stelle dort S. 328f).
507 Bericht des Christian von Anhalt vom 7.12.1589 aus Dessau an Kurfürst Christian I. von Sachsen
     (ediert in Auszügen von Bezold: Briefe, Bd. III, 1903, S. 256f, Nr. 273).
508 Dies berichtet Abrahamus Colbingerus in seinem Brief vom 5.11.1589 aus Heidelberg an Baron Fa-
     bian von Dohna (ediert von Bezold: Briefe, Bd. III, 1903, S. 245f, Nr. 262).

sie durch Selbstmorde oder Hinrichtungen - die Quellen widersprechen sich - ums Leben kamen.

Die Pfalzgräfin Elisabeth selbst stellte man ab dem 5.11.1589 unter Hausarrest und entließ einen Großteil ihres Gefolges, wodurch sich dann schnell Gerüchte verbreiteten. Auch benachrichtigte man ihren Bruder Christian I., den Herzog von Sachsen, sorgsam darauf bedacht, daß die Entwicklung der freundschaftlichen Beziehungen zwischen Johann Casimir und Christian nicht gestört würde.

Während man noch die Einweisung Elisabeths in das seit 1556 aufgehobene Augustinerinnenkloster Chumbd bei Simmern erwog[509], schrieb am 15.11.1589 Colbingerus an Dohna, mit der Fürstin habe sich eine "merkliche enderung zugetragen", die - das folgende ist verschlüsselt ausgedrückt - zu ihrem baldigen Tod führen werde. Im weiteren bewertet Colbingerus die Wendung der Ereignisse als entsetzlich, preist aber im selben Atemzug Gottes Vorsehung und Gerechtigkeit[510]. Man kann annehmen, daß sich Elisabeth in ihrer erwähnten Apotheke versehentlich oder absichtlich vergiftet hat. Unwahrscheinlich dagegen ist, daß sie mit Gift hingerichtet wurde[511]. Als gesichert darf jedoch gelten, daß der nahe Tod Elisabeths bereits ungewöhnlich bald vorauszusehen war, daß sie alles tat, diesen eher zu beschleunigen als hinauszuzögern, daß in ihr schließlich eine Art Konversion stattfand - ob unbedingt zum Kalvinismus, wie der Hofprediger Daniel Tossanus in seiner Leichenpredigt angab, mag dahingestellt bleiben[512] - und daß sie schließlich gefaßt ihren Tod erwartete und ihn als Art Buße für "ihren Ehebruch und Mord" betrachtete, wie sie in eines ihrer zahlreichen Gebetbücher schrieb[513]. Entsprechend versöhnlich, ja geradezu herzlich ist in ihren letzten Lebenstagen ihr Verhältnis zur Umwelt: Hofmarschall Bock von Erpfenstein und seine Frau, Hofprediger Tossanus, Colbingerus und andere waren in den letzten Tagen vor ihrem Tod am 2.4.1590 noch bei ihr. Ihr Gatte allerdings weilte zu der Zeit zu einer Konferenz in Kassel. Informiert über ihren Gesundheitszustand beeilte er sich, wie er in seinen Todesanzeigen berichtete, mit seiner Rückkehr, um der Sterbenden beistehen zu können. Er kam allerdings zu spät; in der Nacht vom 4. auf den 5.4.1590 erreichte ihn in der Nähe Marburgs die Nachricht von ihrem Tod.

Elisabeths Tod wurde von vielen als eine Art Erlösung in psychischer, physischer und religiöser Hinsicht betrachtet, und ihr Gatte sprach in seinen Traueranzeigen in den wärmsten Tönen von ihr und rechnete angeblich mit einer baldigen Wiedervereinigung im Jenseits[514]. An der Beerdigung, einem pompösen Staatsakt,

---

509 Dies berichtet Andreas Pancratius in seinem Brief vom 5.2.1590 aus Speyer an Pfalzgraf Philipp Ludwig (ediert in Auszügen von Bezold: Briefe, Bd. III, 1903, S. 278f, Nr. 295).

510 Dieser Brief wurde in Auszügen ediert von Bezold: Briefe, Bd. III, 1903, S. 248f, Nr. 265.

511 Dies behauptet der an sich gut informierte Marcus/Marx zum Lamb in seinem handschriftlichen Werk "Thesaurus picturarum" (Bezold: Briefe, Bd. III, 1903, S. 316, Anm.2).

512 Ausführlich berichtet Andreas Pancratius am 31.5.1590 seinem Auftraggeber Pfalzgraf Philipp Ludwig über die Begräbnisfeierlichkeiten für Elisabeth und stellt dabei die angebliche Konversion Elisabeths zum Kalvinismus in Frage (ediert in Auszügen von Bezold: Briefe, Bd. III, 1903, S. 328f, Nr. 353).

513 Heidelberg UB Pal. germ. 661 (zitiert nach Bezold: Briefe, Bd. III, 1903, S. 317f, Anm.1).

514 Eine ganze Reihe von Todesanzeigen ist noch erhalten, unter anderen die vom 8.4.1590 an Pfalzgraf Philipp Ludwig (München Geheimes Hausarchiv, Korrespondenzakt 983), die vom

nahm Johann Casimir jedoch nicht selbst teil; auch ließ er seine Gemahlin nicht, wie sonst bei den in Heidelberg regierenden Fürsten üblich, im Chor der dortigen Heilig-Geist-Kirche beisetzen, sondern bestimmte einen Platz in derselben Kirche gegenüber der Kanzel.

Die medizinische Betreuung Elisabeths war Posthius übertragen gewesen. Offenbar hatte sie durchaus Vertrauen zu ihrem Arzt, denn sie schenkte ihm auf dem Sterbebett ihren Papagei[515]. Nach ihrem Ableben am 2.4.1590 mußte Posthius ein Gutachten über ihre Krankheit und ihren Tod verfassen; dieses trägt das Datum vom 6.4.1590 und sollte vermutlich dazu dienen, den umlaufenden Gerüchten zu begegnen.

Posthius berichtet darin, nach fünf Monaten in Betrübnis und Fasten sei die Herzogin am 23.3.1590 auch körperlich erkrankt, habe alle gesundheitsfördernden Maßnahmen abgelehnt, verschiedene Vorzeichen gesehen, sich ab dem 27.3.1590 auf den Tod vorbereitet, am 29.3.1590 und in der folgenden Nacht mehrere schwere Anfälle von "paroxysmus epilepticus" erlitten, die anschließenden Tage bei Bewußtsein zu innerer Ruhe gefunden, "gar christlich und herrlich geredet" und sei schließlich am zweiten April um zwei Uhr nachmittags gestorben.

Es folgt ein auf den 8.4. datierter Nachtrag mit dem Befund bei der Einbalsamierung: Das Herz sei "weich, matt und welk", die Milz und rechte Niere "fast vermodert und schier faul" gewesen. Der Bericht endet mit einer Bekräftigung: "Also hat es sich eigentlich mit der gemelten fürstin zugetragen und verloffen bis an ir ende, dessen ich und noch 9 personen neben mir gesehen und gehört; das möcht ir mit warheit wol nachsagen und schreiben."

Der gesamte Bericht wurde in mehreren Abschriften von Posthius, aber auch von anderen Personen, wahrscheinlich im Auftrag des Heidelberger Hofes, versandt und ist in mindestens drei handschriftlichen Exemplaren erhalten.

Eine Ausfertigung seines Berichtes sandte Posthius wohl mit Genehmigung oder sogar im Auftrag des Pfalzgrafen Johann Casimir etwa am 10.4.1590 nach Speyer, offenbar an Andreas Pancratius. Dieser wiederum setzte davon Pfalzgraf Karl von Birkenfeld in Kenntnis, und der ließ seinem Bruder, Pfalzgraf Philipp Ludwig von Neuburg, den Posthiusbericht zukommen, der ihn am 29.4.1590 erhielt.[516]

Philipp Ludwig hatte kurz zuvor eine Todesanzeige von Pfalzgraf Johann Casimir vom 8.4.1590 bekommen, und zwar am 23.4.1590. Diese befriedigte sein Interesse für die Umstände des Todes von Elisabeth keineswegs, und so verfaßte er am

---

10.4.1590 an Pfalzgraf Karl ((München Geheimes Hausarchiv, Korrespondenzakt 983), die vom 10.4.1590 an Markgraf Georg Friedrich (publiziert in Auszügen von Bezold: Briefe, Bd. III, 1903, S. 307, Nr. 323) und die vom 10.4.1590 an Kurfürst Christian I. von Sachsen (publiziert in Auszügen von Kluckhohn: Die Ehe, 1873, S. 163; dort ist der 12.4. als Datum das Briefes angegeben). - Einen Bericht über mündliche Auskünfte vom Heidelberger Hof anläßlich seines Kondolenzbesuches gibt Hans Landschad in einem Brief vom 13.5.1590 an Pfalzgraf Philipp Ludwig (ediert in Auszügen von Bezold: Briefe, Bd. III, 1903, S. 307, Anm.1).

515 Darüber verfaßte Modius - wohl während seines Besuches bei Posthius Anfang 1591 - ein Epigramm ("Psittace, delitiae ...", publiziert von Posthius im Liber adoptivus seiner Parerga, zweite Ausgabe Pars altera, S. 315f).

516 vgl. Werkverzeichnis 1590/4, Exemplar Nr. 3.

26.4.1590 eine Antwort an Pfalzgraf Johann Casimir, die Hans Landschad von Steinach persönlich überbringen sollte. Noch vor der Ablieferung dieser Antwort erhielt Philipp Ludwig über Karl von Birkenfeld - wie berichtet - am 29.4.1590 das Posthiusgutachten, das offenbar einige seiner Fragen beantwortete. Philipp Ludwig forderte daher von Landschad den Brief vom 26.4.1590 zurück, um ihn freundlicher zu gestalten, und Landschad erfüllte diese Anweisung mit einem Begleitschreiben vom 13.5.1590, in dem er ausführlich über seinen Kondolenzbesuch in Heidelberg berichtete: Er sei dabei nur von den Räten Johann Casimirs, aber nicht vom Pfalzgraf selbst empfangen worden. Offenbar war Landschad enttäuscht, dabei nur mit etlichen frommen Redensarten über Jenseitshoffnungen abgespeist zu werden, ohne speziellere Informationen aus erster Hand darüber zu erhalten, was im Spätherbst 1589 vorgefallen sei. Philipp Ludwig hatte die Sendung Landschads am 17.5.1590 in Händen und konzipierte am 20.5.1590 ein geändertes Antwortschreiben an Johann Casimir[517]. Wenig später erhielt Philipp Ludwig, wohl wegen seiner Nachfragen, offenbar auf Anweisung Pfalzgraf Johann Casimirs ein Exemplar des Posthiusgutachtens über Krankheit und Tod Elisabeths, das ihm Pancratius am 31.5.1590 schickte[518].

Posthius berichtete auch dem lutheranischen Theologen David Chytraeus in Rostock vom Tod der Elisabeth, ohne daß allerdings ganz klar wird, ob er eine Abschrift seines Gutachtens beilegte. Chytraeus kommentierte die Todesnachricht in einem Schreiben an den Straßburger lutherischen Theologen Erasmus Marbachius, einen Sohn des bekannten, 1581 verstorbenen Johannes Marbachius: "Faeminae optimae de fine miseriarum gratulor." Dies scheint darauf hinzudeuten, daß er zwar über die jahrelangen Konfessionsstreitigkeiten Elisabeths mit ihrem Gemahl unterrichtet war, nicht aber über die Verfehlungen, die man ihr im November 1589 vorgeworfen hatte.[519]

48. Gelegenheitsgedichte zu besonderen Anlässen am Pfälzer Hof (1592/93)

Als Johann Casimir am 6.1.1592 verstarb und Friedrich IV. die Regierung der Pfalz übernahm, verfaßte Posthius zunächst ein Epicedium, dessen Autograph erhalten ist[520], und offenbar kurz darauf weitere sieben Trauergedichte, die von Melissus in einem Sammelbändchen herausgegeben wurden[521]; in dieser Sammlung befindet sich ein weiteres Epigramm, in dem Posthius dem Philippus Wamboldus zum Tod der Gattin kondoliert und dabei auch auf den Tod Johann Casimirs verweist. Außerdem schuf Posthius mindestens zwei Epitaphien für Johann Casimir[522], dem

---

517 Alle diese Schriftstücke, d. h. die beiden Konzepte vom 26.4.1590 und vom 20.5.1590, das Original des Briefes vom 26.4.1590 und das Original des Briefes von Landschad vom 13.5.1590, befinden sich heute in München Geheimes Hausarchiv Korrespondenzakt 983.
518 vgl. Werkverzeichnis 1590/4, Exemplar Nr. 5.
519 vgl. Werkverzeichnis 1590/4, Exemplar Nr. 7.
520 vgl. Werkverzeichnis 1592/2.
521 vgl. Werkverzeichnis 1592/2a.
522 vgl. Werkverzeichnis 1592/2b.

wohl auch innerlich verbunden war, zumal ihn Johann Casimir 1585 nach Heidelberg gerufen hatte.

Ein gutes Jahr später, im Juli 1593, gratulierte Posthius dann mit elf Epigrammen dem nunmehrigen Kurfürsten Friedrich IV. zur Hochzeit mit Loisa Juliana, einer Fürstin von Uranien/Oranien und Gräfin von Nassau[523].

49. Besuche des Henricus Stephanus bei Posthius (1592/93)

Henricus Stephanus scheint häufiger Gast im Hause des Posthius gewesen zu sein, wenn er auf seinen Reisen durch Heidelberg kam[524]; dies geht auch speziell für die Jahre 1592 und 1593 aus den Posthiusbriefen vom 23.12.1592 und vom 20.2.1593 hervor. Außerdem wurde im Jahr 1592 eine griechische Handschrift aus der Bibliotheca Palatina für Stephanus in das Haus des Posthius geschickt, offenbar deshalb, weil Stephanus dort wohnte und wohl Posthius auch für die Rückgabe bürgte[525]. Diese Handschrift, heute als späte Humanistenhandschrift des 16. Jahrhunderts bedeutungslos, enthält Ausschnitte aus zwei im 2./3. nachchristlichen Jahrhundert verfaßten Geschichtswerken über römische Geschichte, und zwar zwei Bücher aus dem Werk des aus Alexandria stammenden Appianos sowie einen Auszug aus der zweiten Hälfte des Werkes des aus Nizäa stammenden Cassius Dio; diese Auszüge fertigte im 11. Jahrhundert der byzantinische Mönch Johannes Xiphilinos an[526].

50. Besuch des Martinus Braschius bei Posthius (1594)

Als im Sommer 1594 der Rostocker Professor der Logik, Martinus Braschius, auf seiner Deutschlandtournee auch durch Heidelberg kam und dabei am 8.9.1594 von Melissus zum Poeta Laureatus gekrönt wurde, gratulierte Posthius mit einem Gedicht[527]. Braschius war wohl einige Tage Gast im Hause des Posthius; jedenfalls gratulierte er dem Posthiussohn Erasmus zu dessen kurz zuvor, am 3.8.1594, gefeierten 6. Geburtstag mit zwei Epigrammen, die er sogar in Rostock als schmucken Einblattdruck publizierte[528]. Posthius schenkte dem Braschius - vielleicht als Dank für dieses Schmuckblatt - auch ein Exemplar einer damals neu herausgekommenen

523 vgl. Werkverzeichnis 1593/1.
524 vgl. auch Preisendanz: Sylburg (1937), S. 169f, Anm.7.
525 Der Text des Verleihscheines ist abgedruckt bei A. Theiner: Die Schenkung der Heidelberger Bibliothek durch Maximilian I. ... an Papst Gregor XV. und ihre Versendung nach Rom. Mit Originalschriften, München 1844, S. 97, Nr. 57.
526 Bibliotheca Apostolica Vaticana, Palatinus graecus 61; vgl. dazu auch Mittler: Bibliotheca Palatina, Bd. I (1986), S. 396f.
527 vgl. Werkverzeichnis 1595/3.
528 Diese beiden Epigramme beginnen "Quae cunae? Posti ..." und "Hic Myrtilleti ..." (vgl. Literaturverzeichnis unter Braschius: Epigramma, 1594). Beide Gedichte wurden im folgenden Jahr nochmals publiziert, und zwar sowohl von Braschius (vgl. Werkverzeichnis 1595/2) als auch von Posthius; Posthius reihte sie in den "Liber adoptivus" seiner Gedichtsammlung "Parerga" ein (nur zweite Ausgabe Pars altera, S. 207f).

Gedichtsammlung des Taubmannus[529], wofür sich dann wiederum Braschius mit einem Gedicht bedankte[530].

51. Die zweite Ausgabe der Parerga (1595)

Posthius hatte wohl schon bald nach der ersten Publikation seiner umfangreichen Gedichtausgabe - diese war 1580 mit dem Titel "Parerga Poetica" in Würzburg erschienen[531] - an eine erweiterte Neuausgabe oder doch zumindest an einen Ergänzungsband gedacht[532]. Konkrete Formen nahmen diese Pläne dann im Jahre 1590 an, als Posthius seine Gedichte - offenbar sind die "Parerga" gemeint - dem Lambertus Ludolfus Pithopaeus/Helm mit der Bitte gab, sie kritisch durchzusehen; Pithopaeus berichtete davon am 21.6.1590 dem Rittershusius: "Posthius noster sua mihi carmina relegenda dedit ..."[533]

Ende 1593 hatte dann Posthius auch mit dem Drucker alles fest ausgemacht[534], doch verzögerte sich das endgültige Erscheinen der "Parerga", wohl wegen der Erkrankungen des Posthius, nochmals um ein Jahr.

Posthius hatte geplant, auch die zweite Auflage der "Parerga", so wie die erste, seinem Mäzen Erasmus Neustetterus zu widmen, doch starb dieser bereits am 3.12.1594 gregorianischer Zeit. Daher richtete Posthius nun seine Widmungsvorrede vom 1.1.1595 - eine Art Laudatio auf Erasmus Neustetterus - an dessen Neffen Johannes Christophorus Neustetterus, einen Mainzer und Würzburger Domkapitular und Sohn des Sebastianus Neustetterus, den Posthius im Jahre 1563 auf einer Bildungsreise nach Italien begleitet hatte[535].

Bis zur Fertigstellung des Druckes der "Parerga" vergingen allerdings noch einige Monate: Erst im April 1595 konnte Posthius sie an seine Freunde verschicken. Dabei wies er am 7.4.1595 den Joachimus II Camerarius auf ein in der zweiten Auflage neu hinzugekommenes Gedicht an diesen hin, bezeichnete am 8.4.1595 dem Conradus Rittershusius gegenüber sein Werk als Zeichen der Freundschaft und bat, ebenfalls am 8.4.1595, den Johannes Weidnerus, ihm die Adresse des Fridericus Taubmannus zu schicken, um auch diesem ein Exemplar zukommen lassen zu können; dieser werde nämlich durch die Dedikation eines Gedichts in den "Parerga" gewürdigt.

Der erste Teil ("Pars prior") der zweiten "Parerga"-Ausgabe deckt sich weitgehend mit dem Inhalt der ersten "Parerga"-Ausgabe von 1580; allerdings überarbeitete Posthius einige Gedichte und änderte dabei den Wortlaut einzelner Verse; auch verbesserte er die im Druckfehlerverzeichnis der ersten Ausgabe verzeichneten Fehler bis auf einen im 13. Vers der Elegie I,11.

---

529 vgl. Literaturverzeichnis unter Taubmannus: Columbae (1594).
530 vgl. Werkverzeichnis 1595/3.
531 vgl. Überblick, Kapitel 29.
532 vgl. Posthiusbrief vom 27.3.1588 an Conradus Rittershusius.
533 Hamburg SuUB Supellex epistolica 46, Bl. 258 (= Brief 179).
534 vgl. Posthiusbrief vom 12.12.1593.
535 vgl. Überblick, Kapitel 22.

Über den Inhalt der ersten Ausgabe hinaus enthält der erste Teil ("Pars prior") der zweiten Ausgabe neben der erwähnten Widmungsvorrede 22 weitere Gedichte, die an das Buch "Austriaca" angefügt wurden, wobei allerdings das vorletzte Gedicht des Buches "Austriaca" aus der ersten Ausgabe nicht in die zweite übernommen wurde. Außerdem wurde der "Liber adoptivus", der ebenfalls erweitert wurde, in den zweiten Teil ("Pars altera"), und zwar an dessen Ende, verschoben.

Dieser zweite, separat paginierte Teil ("Pars altera") umfaßt zunächst drei Bücher mit Gedichten, die Posthius - mit Ausnahme der Elegie III,3 - zwischen 1580 und 1595 verfaßte: Auf einen einleitenden Brief des Johannes Maudaeus an seinen Schüler Erasmus Posthius vom 1.5.1593 folgen ein drittes Elegienbuch mit zwölf Nummern sowie zwei Bücher vermischter Gedichte, "Silvarum liber I" mit 128 und "Silvarum liber II" mit 181 Gedichten[536]. Daran schließt sich noch ein "Silvarum liber III" an, das zwei Gedichtgruppen enthält, nämlich zum einen 41 Vierzeiler mit der Bestimmung "Emblematibus accomodanda" und zum anderen 148 von den Epigrammen, die Posthius im Jahre 1563 für die 1566 erschienenen Äsopillustrationen des Virgil Solis verfaßt hatte[537].

Der zweite Teil ("Pars altera") der "Parerga" endet mit dem "Liber adoptivus", der eine Auswahl der von Posthius empfangenen Gedichte anderer Autoren enthält. Diesem Buch ist ein Gedicht des Johannes Maudaeus vom 1.5.1593 vorangestellt, in dem dieser seinen Schüler Erasmus Posthius dazu auffordert, die Freunde seines Vaters, deren Namen er im folgenden Buche finden werde, zu lieben. Darauf folgen 110 der 145 Gedichte aus dem "Liber adoptivus" der ersten Ausgabe der "Parerga", wobei Posthius darauf achtete, daß vom jeweiligen Verfasser normalerweise wenigstens ein Gedicht übernommen wurde; lediglich Iohannes Sleiferus, Andreas Papius und Ianus Antonius Saracenus sind nicht mehr vertreten. Zu dem alten Bestand fügte Posthius noch 112 (das erwähnte Maudaeusgedicht mitgerechnet) Gedichte hinzu sowie einen von Hadrianus Junius stammenden, 1568 in Antwerpen verfaßten Prosatext, der zur Ergänzung eines ebenfalls von Junius stammenden Epigramms auf das Wappen des Posthius diente[538]. Außerdem enthält der "Liber adoptivus" ein aus neun Gedichten bestehendes Frage- und Antwortspiel zwischen Henricus Stephanus und Posthius, zu dem letzterer fünf Gedichte beitrug[539]; ein ähnliches Gebilde aus einander antwortenden Gedichten im "Silvarum liber I" enthält neben fünf Posthiusgedichten ebensoviele von Melissus[540]. Außerdem ist im selben Silvenbuch ein Gedicht des Daniel Tossanus abgedruckt, auf das ein Posthiusgedicht antwortet[541].

Insgesamt umfaßt die zweite Ausgabe der "Parerga" also 1046 Gedichte von Posthius und 234 Gedichte an ihn.

---

536 Dazu kommen noch wegen zweier Frage- und Antwortspiele acht Gedichte des Melissus (Pars altera, S. 57-59 und S. 106).
537 vgl. Werkverzeichnis 15666/1.
538 Parerga Pars altera, S. 336f.
539 Parerga Pars altera, S. 284-286.
540 "MELISSI ET POSTHII ‖ Dialogismus.", Parerga Pars altera, S. 57-59.
541 Parerga Pars altera, S. 71f; das Gedicht des Tossanus beginnt "Aspera sors hominum".

Posthius edierte die zweite Ausgabe seiner Gedichte vor allem, um damit seine Freundschaften zu dokumentieren: Auch nach seinem Tod, den er in naher Zukunft erwartete, sollten noch die Verbindungen des Wohlwollens und der Liebe zwischen ihm und seinen Freunden sichtbar sein. Daher nehmen auch die von Posthius empfangenen Gedichte einen großen Raum in der Sammlung "Parerga" ein, während die von Posthius an Adlige gerichteten Gedichte nur eine sehr untergeordnete Rolle spielen. Der Dokumentation des Freundeskreises dienen auch die beiden Register: Im ersten zählt Posthius, alphabetisch nach Vornamen geordnet, alle die Personen auf, denen er Gedichte in seiner Sammlung gewidmet hat, insgesamt fast 300 Namen, darunter nur eine Handvoll Adliger, und hier wiederum vor allem die regierenden Familien in Wien, Würzburg und Heidelberg. Das zweite Register, nach denselben Kriterien aufgebaut wie das erste, listet die 180 Frauen und Männer auf, deren Gedichte Posthius im "Liber adoptivus" publizierte.

Nach der Veröffentlichung der Parerga Poetica verfaßte Posthius nur noch wenige lateinische Gedichte: Er betrachtete die Parergaauflage von 1595 quasi als ein Vermächtnis, mit dem er sein Dichten abrundete. Über die positive Aufnahme seiner Gedichte durch Johannes Weidnerus zeigte er sich in seinem Brief vom 28.8.1595 erfreut, lehnte es jedoch am 3.10.1595 ab, selbst eine Kommentierung der Parerga zu verfassen, wiewohl er den Weidnerus bei einem Versuch, solches zu tun, natürlich unterstützen werde.

In seinem Brief vom 28.8.1595 äußerte Posthius auch sein Vorhaben, Abschied von der Dichtung zu nehmen und sich mit Bibellektüre auf seinen Tod vorzubereiten. Diese regte ihn jedoch zu deutschen Nachdichtungen biblischer Stoffe an[542].

52. Schwere Erkrankung mit beruflichen Beeinträchtigungen (1596)

Nachdem bereits in den Jahren davor sein Podagraleiden dem Posthius zunehmende Schwierigkeiten bereitet hatte, erkrankte er zur Jahreswende 1585/86 so schwer an Podagra und Koliken, daß er den Kurfürsten nicht, wie es seine Aufgabe als Leibarzt gewesen wäre, nach Amberg begleiten konnte, sondern sich zu einer Badekur in den "Thermae Cellenses" (Bad Liebenzell?) entschließen mußte[543]. Erst acht Wochen später kehrte er, ohne genesen zu sein, am 28.5.1596 von dort zurück[544]. Bald darauf machte eine schwere Durchfallerkrankung alle Erholung zunichte, und Posthius bat daher am 14.6.1596 und abermals am 12.7.1596 seinen Freund Joachimus II Camerarius um medizinischen Rat; für diesen dankte er am 8.9.1596. Im selben Brief prognostizierte er einen äußerst negativen Verlauf seiner Erkrankung. Dies veranlaßte Joachimus II Camerarius zu abermaligen medizinischen Ratschlägen, wofür sich Posthius am 20.10.1596 bedankte. Zudem teilte er seinem Freund in diesem Brief mit, daß er bereits seit drei Wochen ans Bett gefesselt sei.

---

542 vgl. Überblick, Kapitel 53.
543 vgl. Posthiusbriefe vom 1.3.1596 und vom 21.3.1596.
544 vgl. Posthiusbriefe vom 14.6.1596 an Joachimus II Camerarius und an Conradus Rittershusius.

Da unter diesen Umständen nicht mehr an die vorgesehene Reise des Posthius zu seinem Herrn Friedrich IV. nach Amberg zu denken war und Johannes Opsopaeus[545], der offenbar vorübergehend als Vertreter eingesprungen war, wegen der bevorstehenden Geburt seiner zweiten Tochter nach Heidelberg zurückkehren wollte, wurde Ptolemeus Gravius im Juli 1596 als Ersatzmann für Posthius nach Amberg geschickt[546]. Posthius hatte vorübergehend auch an eine Vertretung durch Joachimus III Camerarius, einen Sohn des Joachimus II Camerarius, gedacht[547].

Als wenige Monate später Johannes Opsopaeus am 23.9.1596 starb und dadurch dessen Stelle in Heidelberg vakant wurde, außerdem auch Ptolemeus Gravius aus den angeführten Gründen dort seinen Dienst nicht versehen konnte, benachrichtigte Posthius umgehend am 27.9.1596 den Joachimus II Camerarius im Hinblick auf dessen Sohn Joachimus III und am 3.10.96 den Janus Jacobus Grynaeus im Hinblick auf Casparus Bauhinus von der Möglichkeit einer Anstellung an der Heidelberger Universität: Wenn er selbst, so schrieb Posthius am 27.9.1596, in seiner Jugend eine solche Universitätsstelle erhalten hätte, wäre er jetzt wohl gesünder. Seine Erkrankungen wären nämlich mit durch die große Unrast seiner Würzburger und Heidelberger Ämter mit den zahllosen Visiten bei jedem Wetter und zu jeder Jahreszeit bedingt.

53. Deutsche Gesangbuchlieder als Produkte erzwungener Muße (1596)

In seinem Brief vom 28.8.1595 äußerte Posthius zwar sein Vorhaben, Abschied von der Dichtung zu nehmen und sich mit Bibellektüre auf seinen Tod vorzubereiten. Diese Lektüre regte ihn dann jedoch zu deutschen Nachdichtungen biblischer Stoffe an. Zunächst bearbeitete er probeweise den dreiundzwanzigsten Psalm und schickte das Ergebnis seiner Arbeit mit seinem Brief vom 3.10.1595 an Johannes Weidnerus zur Begutachtung. Weidnerus machte dem Posthius offenbar Mut, und so verfaßte Posthius insgesamt 64 deutsche Gesangbuchlieder, als er wegen seiner erwähnten Erkrankungen die ersten Monate des Jahres 1596 ans Bett gefesselt war. Von diesen Liedern stellen 55 Liedfassungen der Sonntagsevangelien dar.

Im Juli 1596 beendete Posthius diese Arbeit, zeigte sie Heidelberger Theologen und wurde von ihnen zur Veröffentlichung ermuntert[548]. Daher verfaßte er am 13.7.1596 eine Widmungsvorrede, die er an seinen Sohn Erasmus richtete, und ließ seine deutschen Lieder unter dem Titel "Newe Gesäng auff die Sontags Evangelia" bei Abraham Smesmans Witwe in Heidelberg drucken[549]. Schon bald darauf konnte er Exemplare dieser Ausgabe an seine Freunde verschicken, so am 28.8.1596 an Janus Jacobus Grynaeus, am 7.9.1596 an Conradus Rittershusius und am 8.9.1596 an Joachimus II Camerarius.

---

545 zu Opsopaeus vgl. Kühlmann/Telle: Humanismus (1986), S. 271-277, besonders S. 275f, wo Briefe des Opsopaeus aus dieser Zeit ausgewertet sind.
546 vgl. Posthiusbrief vom 13.7.1596.
547 vgl. Posthiusbriefe vom 21.3.1596 und vom 14.6.1596.
548 vgl. Posthiusbriefe vom 28.8.1596 und vom 8.9.1596.
549 vgl. Werkverzeichnis 1596/1.

Bald erwies sich die Auflage von fünfhundert Exemplaren als zu klein und qualitativ unbefriedigend: Am 20.10.1596 verschickte Posthius die beiden letzten gebundenen Exemplare aus seinem Besitz. Daher dachte er an eine Neuauflage. Schon am 28.8.1596 hatte er in einem Schreiben an Janus Jacobus Grynaeus einen erneuten Druck in Basel angedeutet und um ein empfehlendes Vorwort gebeten. Am 3.10.1596 drängte er dann Grynaeus zu einer baldigen Auskunft darüber, ob ein Basler Drucker Interesse an dieser Neuauflage zeige; sonst wolle er selber nach einem anderen Drucker suchen. Einen solchen fand Posthius schließlich, wohl durch Vermittlung von Freunden im Gefolge des Pfälzer Kurfürsten, in Amberg; bei diesem erschienen nun die Lieder mit demselben Titel wie in Heidelberg im Frühjahr 1597[550]. Posthius war mit der Qualität auch dieses Druckes völlig unzufrieden[551]. Etwa gleichzeitig wurden die Posthiuslieder auch etwas sorgfältiger in Neustadt gedruckt[552], und so konnte Posthius mit seinem Brief vom 3.5.97 dem Joachimus II Camerarius zwei in verschiedenen Betrieben hergestellte Exemplare seiner "Odae Germanicae", wie er sie in diesem Brief nennt, nach Nürnberg schicken und ihn bitten, sie dem dortigen Buchhandel vorzuführen, da sie nicht im Buchhandelskatalog angeführt seien. Auch in seinem letzten Brief an Camerarius vom 16.6.1597 verweist Posthius auf seine Gesangbuchlieder.

54. Erzwungener Umzug nach Mosbach (1596)

Im Herbst 1596 verbreitete sich eine Seuche in Heidelberg. Als diese größere Ausmaße annahm, verließen die kurpfälzischen Räte und die Universitätsangehörigen die Stadt[553] und veranlaßten wenig später, daß Posthius ihnen nach Mosbach folgte[554]. Dieser litt dort zunehmend an Podagra und - seit dem 11.12.1596[555] - an Nephritis und rechnete daher in seinen Briefen vom 27.2.1597 und vom 12.4.1597 mit seinem baldigen Tod. Im Mai ging es ihm dann wieder etwas besser, und so hoffte er auf die Rückkehr nach Heidelberg[556]. Daneben lag ihm das Schicksal seiner deutschen Gesangbuchlieder am Herzen[557].

55. Tod des Posthius am 24.6.1597

Wenig später, am 24.6.1597, starb Posthius in Mosbach. Nach seiner Überführung nach Heidelberg wurde er am 26. Juni 1597 auf dem dortigen Petersfriedhof begraben. Auf seinem - inzwischen verschollenen - Grabstein konnte man lesen[558]:

550　vgl. Werkverzeichnis 1596/1a.
551　vgl. Posthiusbriefe vom 16.4.1597 und vom 3.5.1597.
552　vgl. Werkverzeichnis 1596/1b.
553　vgl. Posthiusbrief vom 20.10.1596.
554　vgl. Posthiusbriefe vom 30.11.1596 und vom 12.12.1596.
555　vgl. Posthiusbrief vom 27.2.1597.
556　vgl. Posthiusbrief vom 3.5.1597.
557　vgl. Posthiusbriefe vom 3.5.1597 und vom 16.6.1597.
558　Der Text wurde von des Posthius Sohn Erasmus publiziert: Posthuma pietas, (1618), S. 50 (danach habe ich zitiert); eine weitere Publikation erfolgte durch Adamus: Apographum (1612), S. 62 (danach wieder publiziert von Neumüllers-Klauser: Die Inschriften, 1970, S. 293, Nr. 484).

"IOANNES POSTHIVS ‖ FVERAM ‖ NATVS ‖ GERMERSHEMII ‖ ANNO DOMINI ‖ MDXXXVII. ‖ DIE XV. OCTOB. ‖ DENATVS ‖ ANNO DOMINI ‖ M.D.LXXXXVII. ‖ DIE XXIV. IVNII. ‖ "

Eine zweite Gedenktafel gab es im Petersfriedhof mit einer deutschen Inschrift für Posthius und seine Frau Rosina, die wohl erst nach deren Tod im Jahre 1610 angefertigt worden war. Dort las man[559]:

"IM JAHR CHRISTI 1597. DEN 24. JUNII IST DER EHRENVEST VND HOCHGELART HERR JOHANNES POSTHIUS, DER ARTZNEY DOCTOR, UND CHURFÜRSTLICHER PFALTZ HOFFMEDICUS, IN GOTT SEELIG-LICH ENTSCHLAFFEN.

IM JAHR CHRISTI. 1610. DEN 24. APRIL. UMB 2. UHR NACH MITTAG ENTSCLIEF IN GOTT SEELIGLICH DIE EHREN TUGENDSAM FRAW ROSINA BRAESAMERIN, HERRN DOCTORIS JOHANNIS POSTHII CHVRFÜRSTLICHEN PFALTZISCHEN LEIBMEDICI, HINTERLASSENE WITTIB, WARD GEBOREN ZV WURTZBURG DEN 7. IULII, ANNO 1549."

Der Tod des Posthius wurde allgemein mit großer Anteilnahme aufgenommen; Conrad Göbel, Lehrer an einer Heidelberger Schule, verweist darauf in einem seiner Gedichte[560], und Martinus Crusius vermerkte die Nachricht vom Tode des Posthius am 8. Juli 1597 in seinem Tagebuch. Wie aus dem Eintrag hervorgeht, war Crusius von Christophorus Leipfridus, dem Schwiegersohn des Bartholomaeus Haettlerus, benachrichtigt worden; außerdem notierte Crusius, Melissus habe ihn um ein Trauergedicht für Posthius gebeten[561]. Fünf Jahre später, im Mai 1602, wurde Crusius dann auch noch von Sebastianus Hornmoldus um ein solches Epicedium ersucht; Hornmoldus bat dabei auch um Gedichte zum Tod von Melissus und von Carolus Utenhovius, doch störte sich Crusius an der Konfession dieser drei Verstorbenen und notierte daher am 3.6.1602 in sein Tagebuch: "At erant Calvinistae"[562]. Von einem Epicedium des Crusius ist entsprechend nichts bekannt, während die zahlreichen anderen, zum Tode des Posthius verfaßten Gedichte - wenn auch mit langer Verzögerung - schließlich im Jahre 1618 von des Posthius Sohn Erasmus publiziert wurden.

Erasmus Posthius hatte für seine Publikation Epicedia folgender Autoren gesammelt: Paulus Melissus, Ianus Iacobus Boissardus, David Chytraeus, Iac. Lectius, Nathan Chytraeus, I. Gruterus, Sebastianus Hornmolt, Ioannes Adamus, Richardus Hemelius, Bernard. Praetorius, Michael Piccardus, Christophorus à Kreckwitz, Gerhardus Pauli, Ioan. Ulricus, Laurentius Frisaeus, Huldrichus Buchnerus und

---

559 Diese außen am nördlichen Choreingang der Heidelberger Peterskirche angebrachten Inschriften waren um 1900 herum noch teilweise entzifferbar; heute sind sie völlig unleserlich; ihr Text wurde publiziert von Adamus: Apographum (1612), S. 92 (danach wieder von Neumüllers-Klauser: Die Inschriften, 1970, S. 292, Nr. 483).
560 publiziert von Rädle: Carmina (1982), S. 368-371, Nr. XXIII.
561 M. Crusius: Diarium I, 1596-1597 (Hg. W. Göz und E. Conrad), Tübingen 1927, S. 363.
562 M. Crusius: Diarium III, 1600-1605 (Hg. R. Stahlecker, E. Staiger und andere), Tübingen 1958, S. 447.

Georgius Wendelinus Klafschenckel. Auch ließ er ein enkomiastisches Gedicht des Paulus Melissus über das Bildnis des Johannes Posthius, das in den Januar 1587 datiert ist, und die erwähnte Aufschrift vom Grab des Posthius mit abdrucken[563].

Außer den Epicedia zum Tod seines Vaters publizierte Erasmus Posthius im selben Bändchen auch Epicedia zum Tod seiner am 25.8.1578 gestorbenen Schwester Maria von Melissus, Gregorius Bersmanus, Abelus Strasburgus, Laurentius Finckelthusius, Nicolaus Rudingerus, Henricus Petreus, Henr.[icus] Stephanus und Conradus Dinnerus[564] sowie ein Epicedium zum Tod seiner am 24.4.1610 gestorbenen Mutter Rosina von Sebastianus Hornmolt[565].

563 Vgl. Literaturverzeichnis unter Posthius: Posthuma pietas; das Bändchen umfaßt 50, [1] Seiten, ist durch Zierleisten geschmückt, erschien im Format 8° und enthält enkomistische Gedichte von Melior Adamus und Iulius Guil.[ielmus] Zinckgrefius. Das Melissusgedicht über das Posthiusporträt ist dort S. 6f, das Epitaph des Posthius S. 50 abgedruckt.
564 Die Gedichte zum Tod der kleinen Maria Posthius hatte der Vater bereits 1580 im Liber adoptivus seiner Parerga publiziert, allerdings in anderer Reihenfolge (in der ersten Ausgabe Bl. 189r-193r, in der zweiten Ausgabe Pars altera, S. 235-242).
565 Dies längere Gedicht in iambischen Senaren beginnt "ET incolae ..." (Posthius: Posthuma pietas, 1618, S. 37-40).

III. Briefverzeichnis

Die Briefregesten sind chronologisch geordnet und durchnumeriert. Um ihre Einordnung in das Leben und Schaffen des Posthius zu erleichtern, folgt auf das Briefverzeichnis eine Zusammenfassung, die Zusammenhänge zwischen den Briefen aufzeigt und weitere Nachrichten über Leben und Werk des Posthius enthält.

Das Briefverzeichnis umfaßt 269 meist autographe und bis auf wenige Ausnahmen bisher unpublizierte Schreiben, die größtenteils persönlichen Charakter haben. Einen Anspruch auf Vollständigkeit kann das Verzeichnis allerdings nicht erheben, da sich sicher in mancher Privatsammlung und auch in manchem Archiv und mancher Bibliothek weitere der wohl über 1000 Briefe befinden werden, die Posthius im Laufe seines Lebens verfaßte; entsprechende Hinweise wären mir auch künftig sehr willkommen.

Bei der Anführung der Briefe sind zunächst Abfassungsort und -datum genannt, in der nächsten Zeile Absender, Empfänger und, soweit die Briefadressen erhalten sind, Zielort. Darunter folgen Angaben über eventuelle Zusätze des Absenders oder Empfängers zur Adressenangabe; meist ist ein "Praesentatum" vermerkt, also das Datum, wann der Brief beim Empfänger eintraf. Außerdem werden die Art des tradierten Brieftextes (Autograph, Abschrift oder Publikation), der Fundort und das Format angeführt.

Anschließend an diese Angaben ist jeweils der Briefinhalt skizziert, wobei sämtliche im Brief tangierten Themen und alle vorkommenden Namen genannt werden. Dabei sind Personennamen prinzipiell in der im jeweiligen Brief verwendeten Schreibweise wiedergegeben, Ortsnamen und Daten dagegen in der heute üblichen Form. Zitate sind wie üblich gekennzeichnet; die Orthographie habe ich dabei, soweit es möglich war, beibehalten, insbesondere bei den Buchstaben i und j, u und v, ss und ß; nicht differenziert wurde bei Buchstaben, bei denen heute eine Differenzierung nicht mehr üblich ist, beispielsweise zwischen langem und rundem s.

Von mir zur Ergänzung oder Erläuterung zusätzlich eingefügte Namen, Daten und Begleitumstände sind in eckige Klammern gesetzt und gegebenenfalls mit einem Fragezeichen als unsicher gekennzeichnet.

Bis auf wenige Ausnahmen sind alle Briefe lateinisch abgefaßt. Deutsch ist der Text der Schreiben vom 1.10.1570, 29.4.1577 und 31.1.1585. Einige Briefe enthalten einzelne deutsche oder griechische Worte und Sätze; darauf wird im Briefregest hingewiesen, soweit nicht das betreffende Wort zitiert ist. Mit der Sprache wechselt dabei jeweils auch die Schrift, ohne daß das eigens erwähnt wird.

Nicht eigens hervorgehoben wird die Verwendung deutscher oder griechischer Wörter in der Adresse. Ebenso wird nicht eigens erwähnt, wenn - wie es oft der Fall ist - noch die alte Faltung, Reste des Siegels und Reste des zum Trocknen der Tinte verwendeten Sandes zu erkennen sind.

Unter den Briefregesten sind gegebenenfalls noch nähere Erläuterungen zum Brief oder zu Einzelheiten aus dem Brief angeführt; auch wird auf Briefbeilagen hingewiesen, soweit sie noch existieren.

1   Heidelberg, 2.11.1560
Petrus Lotichius Secundus an Erasmus Neustetterus, [Comburg?]
Autograph
Fundort: München BSB Clm 10368 (= Cam. 18), Nr. 322 (Doppelblatt)
Folioformat

Lotichius entschuldigt sich dafür, nicht eigenhändig zu schreiben, mit einem Fieber,
das ihn in der Nacht erfaßt habe; daher müsse er den Brief [dem Posthius] diktie-
ren; wegen der verspäteten Rückkehr des Briefboten aus Speyer, wo dieser durch
den kaiserlichen Orator Zasius aufgehalten worden sei, erfolge seine Antwort [auf
ein Schreiben des Adressaten] erst jetzt.

Dann berichtet Lotichius, die Berufung als Medizinprofessor nach Marburg
würde er wegen des billigeren Lebens in Marburg annehmen, wenn man dort mehr
zahle; ansonsten ziehe er es wegen des [mit dem Adressaten] mehrfach bespro-
chenen Projekts vor, zu bleiben, zumal dann der gegenseitige Gedankenaustausch
mit dem Adressaten über Briefboten und Briefe wesentlich einfacher sei.

Anschließend berichtet Lotichius von politischen Neuigkeiten: In Speyer sei der
von ihm geschätzte betagte Lübecker Gesandte Joannes Rudelius von Gesandten
der [Reichs-]Fürsten dadurch in Bedrängnis geraten, daß die anderen Gesandten
die Lübecker als Verrräter der Russen in Deutschland ("proditores" [interlinear
nachgetragen] "Muscouitarum in Germania") bezeichnet hätten.

Zwei [Söhne] des hessischen [Landgrafen Philipps I. des Großmütigen] seien
mit dem Herzog [Christoph] von Württemberg, dessen Sohn und vielen Begleitern
[in Heidelberg] ehrenvoll am Hofe [des Pfalzgrafen Friedrich III.] aufgenommen
worden und hätten dort drei Tage geweilt.

Auch kündigt Lotichius an, er werde gleich nach seiner Genesung den Adressaten besuchen.

Außerdem stellt er die Übersendung eines Exemplares eines als positiv bewer-
teten Schreibens des Papstes [Pius IV.] an den Magdeburger Bischof Sigismundus
[von Hohenzollern] in Aussicht und erzählt, dies päpstliche Schreiben habe er vom
kursächsischen Gesandten Georgius Cracouius erhalten; das Schreiben sei vom
päpstlichen Sekretär [Antonius] Florebellus unterzeichnet. In dem Zusammenhang
erwähnt Lotichius, des Florebellus Name werde in [dem Titel] der Briefsammlung
("monumenta") des [Jacobus] Sadoletus genannt.

Abschließend weist Lotichius darauf hin, Fischerus habe seinen baldigen Besuch angekündigt.

Dieser Brief war, wie aus dem folgenden Brief vom 1.12.1560 hervorgeht, dem Johan-
nes Posthius diktiert worden; er weist daher mehrere Korrekturen auf.

Die im Brief erwähnte Stadt Lübeck spielte im Ostseeraum als Hansestadt eine
große Rolle; daher wurde sie vom Reichstag beauftragt, die Finanzierung einer Unter-
stützung für den Livländischen Ordensstaat zu übernehmen. Dieser drohte nämlich
zwischen den Ostsee-Großmächten Schweden, Dänemark, Rußland und Polen-Li-
tauen zerrieben zu werden. Zwar war es nach einer kriegerischen Auseinandersetzung
zwischen Schweden und Livland einerseits und Rußland andererseits zu einem Waf-

fenstillstand gekommen, in dem Livland Distanz gegenüber Polen-Litauen zusichern mußte, doch führten die Bemühungen um die Einhaltung dieser Neutralität dazu, daß König Sigismund August von Polen-Litauen den Ordensstaat angriff und 1557 ein Bündnis erzwang, woraufhin Zar Iwan IV. der Schreckliche den Waffenstillstand für gebrochen ansah und seinerseits 1558 militärisch einschritt. Lübeck garantierte nicht, wie vom Reichstag erwartet, die Finanzierung der Unterstützung für den Ordensstaat, so daß sich die Reichshilfe zerschlug. Auf sich selbst gestellt konnte sich der Ordensstaat jedoch nicht halten und zerfiel im Jahre 1561 gänzlich, zumal auch im Ordensstaat selbst völlig unterschiedliche Interessen aufeinanderprallten.

Bei dem im Brief erwähnten päpstlichen Schreiben ging es wohl um die rechtliche Stellung des Erzbischofs von Magdeburg und um dessen Stellung zum Konzil von Trient. Joachim II. von Brandenburg hatte nämlich im Jahre 1552 seinen Sohn Sigismund von Hohenzollern als Erzbischof von Magdeburg durchgesetzt, welcher sich anfangs recht indifferent zeigte, bevor er ab 1561 auf dem Wege einer Visitation die protestantische Kirchenordnung einführte, jedoch die Klöster und das Domkapitel unangetastet ließ. Weniger taktvoll hatte 1558/59 Kurfürst August von Sachsen das Bistum Meißen durch eine List und sanften Druck dem Protestantismus zugeführt.

Die im Brief gegenüber dem Papst gezeigte Hochachtung auch von evangelischer Seite rührt daher, daß man von dem eher maßvollen Papst Pius IV. die Möglichkeit zur Mitwirkung am Konzil von Trient erhoffte, das 1552 unterbrochen worden war und erst 1562 fortgesetzt wurde. Darauf weist auch die Erwähnung des reformatorischem Gedankengut nahestehenden Kardinals Jacobus Sadoletus hin. Dessen Briefsammlung war erstmals 1550 und dann abermals 1560 erschienen, und zwar jeweils mit einer Biographie des Sadoletus, die Antonius Florebellus verfaßt hatte (vgl. Literaturverzeichnis).

Literatur: *E. Winkelmann: Urkundenbuch der Universität Heidelberg, Heidelberg 1886, Bd. 2 (= Regesten), Nr. 1091; J. Dünninger: Petrus Lotichius Secundus, in: Fränkische Lebensbilder 5, 1973, S. 148; Jung: Beuther (1957), S. 126; Coppel: Bericht (1978), S. 77.*

2   Heidelberg, 1.12.1560
Posthius an Erasmus Neustetterus, [Comburg]
Autograph
Fundort: München BSB Clm 10368 (= Cam. 18), Nr. 323 (Doppelblatt)
Folioformat

Nach einer Captatio benevolentiae berichtet Posthius, er habe am 4.11.[1560] nachts zusammen mit anderen am Bett des todkranken Petrus Lotichius gewacht. Dabei habe Lotichius Abschiedsworte an den Adressaten diktiert, die Posthius wörtlich zitiert: Lotichius dankt darin dem Adressaten für alle Gunstbeweise und legt ihm den Sohn seiner Schwester, auf dessen Zukunft er große Hoffnungen setze, ans Herz; auch trägt er dem Adressaten Abschiedsgrüße an den Würzburger

[Dom-]Dekan Huttenus [gemeint ist Wolfgang Theoderich von Hutten] und an den Magister Curia auf.

Anschließend kündigt Posthius an, er werde eine Elegie zum Tode des Lotichius, an der er zur Zeit arbeite und die er dem Adressaten widmen wolle, zusammen mit anderen Epicedia in Kürze veröffentlichen und dem Adressaten zusenden.

Posthius weist außerdem darauf hin, er sei der gewesen, dem Lotichius den Brief vom 2.11. diktiert habe.

Petrus Lotichius verstarb am 7.11.1560.

Der im Brief genannte Wolfgang Theoderich von Hutten war vom 3.5.1558 bis zu seiner Resignation am 10.9.1563 Domdekan von Würzburg; sein Nachfolger wurde 1564 Erasmus Neustetterus, der seinerseits 1570 wegen unüberbrückbarer Differenzen mit dem damaligen Bischof Friedrich von Wirsberg sein Amt niederlegte und damit Julius Echter Platz machte.

Zur Elegie des Posthius zum Tode des Lotichius vgl. Werkverzeichnis 1560/2 und Überblick, Kapitel 4.

Literatur: *Coppel: Bericht (1978), S. 77.*

3   Heidelberg, 1.12.1560
Posthius an Eraßnus (sic!) Neustetter, Comburg
Praesentatum: 16.12.
Kein Autograph
Fundort: Erlangen UB Trew, Posthius 165 (= Ms. 1819, Bl. 766f)

Dieses Schreiben ist bis auf kleinere Änderungen mit dem oben unter Nr. 2 angeführten autographen Posthiusbrief gleichen Datums identisch. Allerdings heißt es nun, Lotichius habe seine Abschiedsworte am 3.11. diktiert; beim Verweis auf den vorhergehenden Lotichiusbrief wird das Datum "2.11." nicht erwähnt.

Außerdem schreibt Posthius, er habe eine Elegie, die er dem Adressaten widme, neulich verfaßt und werde sie in Kürze mit weiteren Gedichten anderer Autoren veröffentlichen und dem Adressaten senden.

Dieser Brief ist in Kalligraphie unter Verwendung von Posthius sonst fremden Buchstabenformen ausgeführt; in der Adresse ist "Erasmo" als "Eraßno", in der Unterschrift "Posthius" unüblicherweise als "Postius" geschrieben. Bei dem Brief handelt es sich daher wahrscheinlich um ein bei einem Berufsschreiber in Auftrag gegebenes Exemplar des zuvor als Nr. 2 angeführten autographen Posthiusbriefes vom 1.12.1560; die Textänderungen beruhen offenbar auf einer Überarbeitung des Briefes nach dem 1.12.; so wird auch die relativ späte Ankunft des Briefes auf der Comburg am 16.12. erklärlich.

Zur Elegie des Posthius zum Tode des Lotichius vgl. Werkverzeichnis 1560/2 und Überblick, Kapitel 4.

Literatur: *Sieber: Untersuchungen (1969), S. 47 (die Signatur ist dort ungenau angegeben).*

4 Heidelberg, 1.12.1560
Posthius an Erasmus Neustetter
Publikation
Fundort: Widmungsvorrede der von Posthius besorgten Edition von Trauergedichten
zum Tod des Petrus Lotichius (vgl. Werkverzeichnis 1560/2), Bl. 2r f

Posthius begründet die Widmung [der von ihm gesammelten Epicedia zum Tode
des Petrus Lotichius Secundus] an den Adressaten mit der tiefen freundschaftlichen Verbindung zwischen dem verstorbenen P. Lotichius Secundus und dem
Adressaten.

Es folgt eine Laudatio auf Lotichius, dessen Tod nach dreijährigem, umfassen-
dem Wirken an der Universität [Heidelberg] die Respublica litteraria eines ihrer
vornehmsten Mitglieder beraubt habe. Er, Posthius, habe den Verstorbenen nicht
nur als glänzenden Lehrer, sondern wie einen liebreichen Vater hochgeachtet.
Trotzdem habe er nach dem Tod des Lotichius wegen der geringen eigenen dichterischen Fähigkeiten lange gezögert, Trauergedichte zu veröffentlichen; schließlich
sei er aber von Freunden doch dazu überredet worden und habe einige wenige Gedichte, die ihm nicht die Musen diktiert hätten, sondern echter Schmerz abgezwun-
gen habe, zusammen mit Schriften weiterer sehr gelehrter Männer ediert und dem
Adressaten gewidmet.

*Der Bescheidenheitstopos gegen Ende des Briefes soll vermutlich vor allem dem Vor-
wurf, ein junger, relativ unbekannter Student maße sich die Herausgabe von Trauergedichten auf den berühmten Lotichius an, zuvorkommen.*

Literatur: *Burmannus: Lotichii poemata omnia (1754), Bd. II, S. 43 (abermalige Publikation dieses Posthiusbriefes, wohl nach einer von J. P. Lotichius angefertigten Abschrift).*

Bamberg, 18.1.1562
Posthius an Joachimus [I] Camerarius, Leipzig
Autograph
Fundort: Erlangen UB Trew, Posthius 1 (= Ms. 1819, Bl. 543f)

Begleitbrief zur Übersendung einiger Gedichte des Lotichius.

    Am Beginn des Schreibens erinnert Posthius an seine Begegnung mit dem Adressaten sowie mit Philippus [Melanchthon], [Caspar] Peucerus und [Jacobus] Rungius in Heidelberg [im Jahre 1557, als Melanchthon zur Reformierung der Universität in Heidelberg weilte]; nun ergreife er, Posthius, die Gelegenheit, den Kontakt fortzusetzen, indem er einige Gedichte des [Petrus] Lotichius schicke, die in der vom Adressaten besorgten Edition [der Lotichiusgedichte von 1561] fehlten; dazu sei er von seinem Patron Erasmus Neustetterus, bei dem er gegenwärtig in Bamberg weile, und von Philippus [Camerarius], einem Sohn des Adressaten, der diesen Neustetterus gerade besuche, ermuntert worden.

    Außerdem weist Posthius darauf hin, er habe einige weitere Lotichiusgedichte gesammelt und an Neustetterus geschickt, welcher sie teils bereits an den Adressaten weitergeleitet, teils aber noch in Würzburg liegen habe.

    Posthius erinnert an seinen vertrauten Umgang mit Lotichius in Heidelberg: Beim Tod des Lotichius habe er selbst dessen Augen geschlossen und zusammen mit neun weiteren Magistern dessen Sarg zu Grabe getragen und eine dem Neustetterus gewidmete Trauerelegie verfaßt, die mit anderen Gedichten in Heidelberg gedruckt worden, dem Adressaten jedoch wahrscheinlich unbekannt sei.

    Ferner weist Posthius auf einen prosodischen Fehler in einem Phaläkischen Vers des Lotichius in dem [vom Adressaten] edierten Band hin, auf den ihn Lotichius selbst noch aufmerksam gemacht habe; auch habe er, Posthius, noch zu Lebzeiten des Lotichius dessen Elegien in verbesserter und neugeordneter Form für dessen Bruder Christianus Lotichius abgeschrieben; sie seien in dessen Besitz und könnten als Grundlage für eine erneute Edition dienen.

Dieser Brief war, wie aus dem folgenden vom 18.2.1562 hervorgeht, dem Philippus Camerarius mitgegeben worden.

    Zur Begegnung des Posthius mit Joachimus I Camerarius in Heidelberg vgl. Überblick, Kapitel 1.

    Zu den verschiedenen postumen Sammelausgaben der Lotichiusgedichte vgl. Überblick, Kapitel 7.

    Zur Trauerelegie des Posthius zum Tode des Lotichius vgl. Werkverzeichnis 1560/2 und Überblick, Kapitel 4.

6   Würzburg, 18.2.1562
Posthius an Joachimus [I] Camerarius, Leipzig
Autograph
Fundort: München BSB Clm 10368 (= Cam. 18), Nr. 324
Folioformat

Begleitbrief zur Übersendung weiterer Gedichte des Lotichius.

Posthius weist auf seinen Brief [vom 18.1.1562] mit den beigelegten Lotichiusgedichten hin, den er Philippus, einem Sohn des Adressaten, mitgegeben habe; die in
diesem Brief angekündigten weiteren Lotichiusgedichte, die er an Neustetterus
nach Würzburg geschickt hatte, lege er nun bei; Posthius charakterisiert sie kurz:
Sie seien teils trefflich gelungene Stegreifprodukte, aus einer Laune heraus entstanden, teils ausgefeilte Meisterstücklein.

Außerdem beschwört Posthius den Adressaten im Namen der Musen und des
Apollo, den Christianus Lotichius, der die Elegienbücher des Lotichius in einer
vom Autor verbesserten Form besitze, zu deren Edition zu drängen. Dieser würde
nämlich sonst, wie er bei einem Besuch in Heidelberg nach des [Petrus] Lotichius
Tod geäußert habe, damit warten, bis er sie mit seinen eigenen, noch unvollendeten
vermischten Gedichten publizieren könne.

Außerdem schlägt Posthius vor, die kleineren, nebenbei entstandenen Gedichte
des Lotichius der [vom Adressaten geplanten] Lotichiusedition gleichsam als Ne-
benwerke ("πάρεργα") hinzuzufügen, da sie den Leser möglicherweise ebenso wie
die [Haupt-]Werke ("ἔργα") erfreuen würden.

Grüße von Erasmus Neustetterus.

*Joachimus I Camerarius teilte für seine zweite Edition der Lotichiuswerke, die 1563 er-
schien, dessen Werke in vier Bücher Elegien, zwei Bücher Carmina - diese enthalten
vermischte kleinere Gedichte - und ein Buch Eklogen ein und fügte gleichsam als Anhang drei Briefe des Lotichius hinzu (vgl. Überblick, Kapitel 7).*

*In den Äußerungen gegen Ende des Briefes zeigt sich des Posthius eigene Dich-
tungsauffassung, nach der poetische Nebenprodukte, sogenannte "Parerga", nahezu
gleichberechtigt neben den eigentlichen Werken - und das heißt für ihn in diesem Zusammenhang: Elegien - stehen. In seiner eigenen, 1580 erstmals erschienenen Gedichtsammlung bezeichnete Posthius mit dem Titel "Parerga" sowohl Elegien als auch kürzere Gedichtformen.*

Literatur: E. Schäfer: Bukolik und Bauernkrieg. Joachim Camerarius als Dichter, in:
Baron: Camerarius (1978), S. 148, Anm. 3; Coppel: Bericht (1978), S. 102f.

7   Heidelberg, 6.3.1562
Posthius an Joachimus [I] Camerarius, Leipzig
Autograph
Fundort: Erlangen UB Trew, Posthius 2 (= Ms 1819, Bl. 545)
Folioformat

Begleitbrief zur Übersendung einiger Verse ("versiculi") des Lotichius auf den vorzeitigen Tod des Sohnes von Sebastianus Hugelius. Posthius berichtet, er habe dies
Gedicht soeben erstmals gesehen und gleich für den Adressaten abgeschrieben, um
es einem gerade aus Heidelberg [nach Leipzig] abgehenden Briefboten mitzugeben.

Posthius weist außerdem auf seinen durch [Erasmus] Neustetterus veranlaßten
Brief aus Würzburg [vom 18.2.1562] mit den beigelegten Lotichiusgedichten hin
und darauf, daß er in [Heidelberg] verfaßte [neue] Epicedia zum Tod des Lotichius
dem Brief beilege für den Fall, daß der Adressat sie nicht bereits besitze.

*Ein Gedicht des Lotichius auf den Tod des Sohnes von Hugelius befindet sich nicht in
der Lotichedition des Camerarius von 1563; auch sonst ist mir nichts über den Verbleib dieses Gedichtes bekannt.*

*Zu den verschiedenen postumen Sammelausgaben der Lotichiusgedichte vgl.
Überblick, Kapitel 7.*

*Mit den Epicedia zum Tode des Lotichius kann nicht die von Posthius Ende 1560
besorgte Sammlung gemeint sein, denn diese hatte Neustetterus spätestens Anfang
1561 in Händen (vgl. Briefe vom 1.12.1560). Vermutlich handelte es sich nun um die
schmale Schrift des Georgius Marius mit den beigefügten Hendekasyllaben des Posthius (vgl. Brief vom 18.6.1564, Werkverzeichnis 1561/1 sowie Überblick, Kapitel 5).*

8   Frankfurt am Main, 1.3.1563
Posthius an Erasmus Neustetter
Publikation
*Fundort: Widmungsvorrede in 32 lateinischen Distichen zu des Posthius "Tetrasticha",
seinen Begleitepigrammen zu einer Holzschnittausgabe mit Themen aus des Ovids
Metamorphosen (vgl. Werkverzeichnis 1563/1, 1563/1a und 1563/1b), vor Beginn der
Paginierung Bl. 2r-3*

   inc.: LIngua velut gustu
   expl.: semper in ore ferat.

Posthius schreibt, der Geist erquicke sich wie die Zunge an Abwechslung; bestän-
diges Studium ernster Werke eines Bartholus [gemeint ist der berühmte Jurist
Bartolo von Sassoferrato, 1313-1357] oder Galenus [gemeint ist der bekannte antike
Arzt, 130-200] erfreue nicht, dafür aber erquicke süßes Spiel und gelehrter Scherz.
Er, Posthius, ergötze sich nicht - wie andere - an Tand und an Wein, sondern ent-
spanne sich, obwohl er sich voll der Arztkunst widme, durch die Lektüre der alten
Dichter und eigenes Dichten. Dabei folge er dem Vorbild des Lotichius, der ihn in
der Dichtkunst angeleitet habe. Empfohlen habe Lotichius zur Lektüre vor allem
[Tibull], [Properz], [Catull] und [Vergil], in zweiter Linie auch Flaminius, Bembo,

Actius und Ovid; aus des letzteren Metamorphosen habe er, Posthius, die Inhalte zu wenigen Versen zusammengefaßt und sie durch Verdeutschungen erläutert.

Außerdem bittet Posthius den Adressaten, seinen Gönner Neustetterus, dieses sein geringes Werk nicht zu verachten, und verspricht dabei, dereinst in geeigneteren Worten des Neustetterus Leben und Taten zu preisen.

Die erwähnten klassischen Dichter werden von Posthius nicht mit ihren Namen, sondern mit charakteristischen Werken genannt. Dazu kommen an Neulateinern Marcus Antonius Flaminius (Serravalle 1498 - Rom 1550), Pietro Bembo (Venedig 1470 - Rom 1556) und Actius Sincerus/Jacopo Sannazaro (Neapel 1456 - ibidem 1530).

Zum Inhalt und zur Bedeutung der dem Brief folgenden Schrift vgl. Überblick, Kapitel 9.

Literatur: *Pfeiffer: Die Meistersingerschule, S. 48ff.*

9   [Frankfurt am Main, 1.3.1563]
Posthius [an den Leser]
Publikation
Fundort: "Vorred in den Ouidium" in 182 paarweise gereimten, vierhebigen alternierenden Versen mit teils männlichen, teils weiblichen Versenden, vom Druck her zu Verspaaren und diese wiederum zu Gruppen von vier bis zehn Verspaaren zusammengefaßt, publiziert als Einleitung zu des Posthius "Tetrasticha", seinen Begleitepigrammen zu einer Holzschnittausgabe mit Themen aus Ovids Metamorphosen (vgl. Werkverzeichnis 1563/1, 1563/1a und 1563/1b), vor Beginn der Paginierung Bl. 4r-6v
   inc.: ES haben viel gelehrten sich
      Befliessen sehr/ auff das fuglich
   expl.: Der auch in solchem ein prob thut.

In dieser "Vorred" betont Posthius den exemplarischen Charakter der Erzählungen Ovids. Diese "Fabeln" bzw. "Exempel" wollten Virgilius Solis mit den für Sigmund Feyrabent angefertigten "Figurn" [gemeint sind die Holzschnitte] und er, Posthius, mit seinen "Reimen" [d. h. mit den die Holzschnitte erläuternden lateinischen und deutschen Versen] dem "gemeinen Mann im Teutschen Land", insbesondere aber den Malern, Goldschmieden und Bildhauern, nahebringen.

Zum Inhalt und zur Bedeutung dieser Kombination aus Holzschnitten und erklärenden Texten vgl. Überblick, Kapitel 9.

10 Würzburg, 18.8.1563
Posthius an Joachimus [I] Camerarius, Leipzig
Autograph
Fundort: München BSB Clm 10368 (= Cam. 18), Nr. 325
Folioformat

Posthius berichtet, von seinem Gönner Erasmus Neustetter habe er erfahren, daß Philippus [Camerarius], ein Sohn des Adressaten, nach Italien aufgebrochen sei. Daher biete er auf Ersuchen seines Gönners an, Post mitzunehmen, weil er in Kürze zu Sebastianus [Neustetterus], einem Bruder seines Gönners, nach Italien zu reisen gedenke. Gegebenenfalls solle diese Post möglichst rasch von Camerarius nach Würzburg geschickt werden.

Außerdem weist Posthius darauf hin, er habe ein kurzes Epigramm auf das Büchlein "de caede episcopj" des Lotichius verfaßt und bitte dringend, dieses - so es gefällt - der neuen Edition voranzustellen, damit wenigstens sein - des Posthius - Name in den gesammelten Werken seines verehrten Lehrers Lotichius erscheine.

Im Postskript bittet Posthius den Adressaten, sein Epigramm nach Gutdünken zu verbessern.

Joachimus I Camerarius antwortete auf diesen Brief, wie aus dem Posthiusbrief vom 20.4.1566 hervorgeht.

Die Schrift des Lotichius "De caede episcopi" erzählt in Prosa, wie der Würzburger Bischof Melchior Zobel von Giebelstadt - er regierte von 1544 bis 1558 - am 15.4.1558 beim Ritt aus der Stadt Würzburg hinauf zur Burg von dem als Kaufmann verkleideten Christoph Kretzer, dem er ein Legat aus dem Testament seines Vorgängers im Bischofsamt nicht ausbezahlt hatte, meuchlings angeschossen und dabei tödlich verwundet wurde. Diese Schrift war vor 1563 nur anonym erschienen; drei solche Ausgaben sind mir bekannt (vgl. Literaturverzeichnis unter Lotichius: De caede Melchioris Zobelli 1558 und 1559 sowie unter Stiblinus: De caede Melchioris Zobell 1561). In der Lotichiusausgabe des Camerarius von 1563 wurde dieser Text - wohl weil er in Prosa war - nicht abgedruckt (vgl. Überblick, Kapitel 7), dafür jedoch, abermals anonym, im Jahre 1574 im Sammelwerk des Schardius: Historicum opus tomus III (1574), S. 1633-1939. Allerdings kannte Schardius den Namen ihres Verfassers, denn im Inhaltsverzeichnis seines Sammelwerkes vermerkte er diesen, wenn auch nicht korrekt geschrieben: "authore Petro Lorichio II." (sic!). Auch Burmannus druckte den Text ab, da Johannes Petrus Lotichius dessen Hinzufügung zu den übrigen Werken seines Onkels Petrus Lotichius gewünscht hatte (Anmerkung von Burmannus: Lotichii poemata omnia, 1754, Bd. II, S. 1).

Das Blatt mit dem im Brief erwähnten enkomiastischen Posthiusepigramm zum Lob auf die angeführte Lotichiusschrift über den Tod des Melchior Zobel befindet sich im selben Band der Camerariussammlung wie der obige Posthiusbrief, nur wenige Blätter vom Brief getrennt (vgl. Werkverzeichnis 1563/5).

11   Siena, 18.6.1564
Posthius an Joachimus [I] Camerarius, Leipzig
Autograph
Fundort: Erlangen UB Trew, Posthius 3 (= Ms. 1819, Bl. 546f)
Folioformat

Posthius verweist zunächst auf den Briefüberbringer Abrahamus Marstallerus, einen ehemaligen Schüler des Adressaten, der nach Erlangung der Doktorwürde nach Deutschland zurückkehren wolle. Mit diesem Marstallerus habe er, Posthius, mehrere Monate in [Siena] zugebracht.

Dann berichtet Posthius von seiner Italienreise: Im Vorjahr habe er in Mailand den Philippus [Camerarius], einen Sohn des Adressaten, der dort wegen eines Pferdeverkaufes länger verweilte, getroffen. Von dort sei er nach Siena weitergereist, zusammen mit [Sebastianus] Neustetterus, den er auf Wunsch von dessen Onkel Erasmus begleite; wegen dieser Aufgabe als Gesellschafter habe er, Posthius, überhaupt erst die Möglichkeit zu der Italienreise erhalten.

Anschließend beschreibt Posthius die Studienverhältnisse in Siena: Die Bevölkerung sei Deutschen gegenüber sehr freundlich gesinnt, die Lebenshaltungskosten seien verhältnismäßig niedrig, die Stadt liege hübsch, das Klima sei wegen der Brunnen erträglich; da zudem in Padua und Bologna Studentenunruhen zwischen den Studierenden verschiedener Nationen an der Tagesordnung seien, sei Siena bei deutschen Studenten trotz seiner mittelmäßigen Universität sehr beliebt; auch daher wünsche er, Posthius, daß des Adressaten Sohn Philippus, der nach Verlassen Paduas zur Zeit in Ferrara weile, bald zu ihnen stoße, zumal er, Posthius, ihn sehr hoch schätze.

Schließlich berichtet Posthius noch, von seinem Patron [Erasmus Neustetterus] habe er in einem Brief erfahren, der Adressat beabsichtige eine Edition der Briefe und des literarischen Nachlasses ("monumenta reliqua") von Petrus Lotichius. Posthius bittet, in dieser Edition auch seine dem Erasmus Neustetterus gewidmete Elegie zum Tode des Lotichius zu berücksichtigen; in diesem Fall möge der Adressat die Elegie kritisch durchlesen und verbessern; außerdem verweist Posthius auf seine ebenfalls zu des Lotichius Tod verfaßten Hendekasyllaben hin, die er dem Adressaten [wohl am 6.3.1562] aus Heidelberg geschickt habe.

Beim Abschiedsgruß redet Posthius den Adressaten als "Germaniae nostrae decus summum" an.

Philippus Camerarius hielt sich nicht an die im Brief ausgesprochenen Empfehlungen des Posthius, sondern reiste nach Rom, wo er in die Mühlen der Inquisition geriet (vgl. Überblick, Kapitel 11).

Die im Brief als so angenehm gepriesene Stadt Siena war das ganze Mittelalter hindurch traditionell reichstreu und deutschfreundlich eingestellt. Sie hatte 1559 ihre Selbständigkeit an die Medici aus der rivalisierenden Stadt Florenz verloren, welche, von Habsburg abhängig, sich in Religionsangelegenheiten verhältnismäßig tolerant verhielten.

Die Elegie zum Tode des Lotichius hatte Posthius bereits in seinem Brief vom 18.1.1562 an Joachimus I Camerarius erwähnt (vgl. Überblick, Kapitel 4 und 7, sowie Werkverzeichnis 1560/2); die ebenfalls im Brief angesprochenen Hendekasyllaben des Posthius waren zusammen mit Texten des Georgius Marius 1561 in Heidelberg erschienen (vgl. Überblick, Kapitel 5 und 7, sowie Werkverzeichnis 1561/1). Die geplante umfangreiche Edition des Nachlasses von Lotichius erfolgte erst 1586 durch Hagius (vgl. Überblick, Kapitel 7, und Werkverzeichnis 1586/1).

Literatur: *Sieber: Untersuchungen (1969), S. 47.*

12   Siena, 26.6.1565
Posthius an Johannes Schosserus, [Bologna]
Publikation
Fundort: Publiziert von Schosserus in seiner Werkausgabe von 1585 (vgl. Werkverzeichnis 1585/2), und zwar innerhalb der darin mit aufgenommenen Briefsammlung im "Epistolarum liber II" (ohne Paginierung)

Für den Fall, daß Schosserus nicht bereits von anderen informiert worden sei, erklärt Posthius, warum er nicht verabredungsgemäß nach Bologna gekommen sei und sich nicht einmal brieflich gemeldet habe: Nach seiner Rückkehr nach Siena am 7. Mai sei er gleich am folgenden Tag schwer an "febris tertiana" erkrankt; dazu seien noch, verursacht durch das Trinken kalten Wassers zu unpassender Zeit, nahezu unerträgliche Schmerzen des Magens und des Zwerchfelles ("ventriculi ac diaphragmatis dolores") gekommen, auf die eine fast drei Tage dauernde Schlaflosigkeit ("vigiliae continuae") gefolgt sei. Außerdem hätten ihn häufiges, massives Nasenbluten ("sanguinis è naribus fluxiones"), Fasten ("inedia") und Abführen ("purgationes") geschwächt; wider Erwarten habe er jedoch diese lebensbedrohliche Erkrankung so gut überstanden, daß er bereits wieder mit dem Dichten ("meditari") begonnen habe, und zwar mit [Epithalamien] zur Hochzeit des Fürsten[sohnes] von Florenz [Francesco de' Medici, Sohn des Cosimo I., der Johanna von Österreich, eine Schwester des Kaisers Maximilian II. heiratete]; Posthius kündigt an, diese Gedichte nach ihrer Fertigstellung zur Überarbeitung und Begutachtung an den Adressaten - der wird dabei mit Aristarchus verglichen - zu schicken.

Abschließend berichtet Posthius, er wolle aus Gesundheitsgründen den Sommer [1565] über in Siena bleiben.

Grüße an Eberhardus Cleinfeldius.

Über den Verbleib der im Brief erwähnten Epithalamien ist mir nichts bekannt.

13   Montpellier, 20.4.1566
Posthius an Joachimus [II] Camerarius, Nürnberg
Der Empfänger vermerkte neben der Adresse: "Respondj 9. Julij"
Autograph
Fundort: Erlangen UB Trew, Posthius 4 (= Ms. 1819, Bl. 548)
Folioformat

In überschwenglichen Worten dankt Posthius dem ihm persönlich unbekannten Adressaten dafür, daß er trotz eines Trauerfalles in der Familie geschrieben [und Freundschaft angeboten] habe; auf des Adressaten Versicherung, Posthius sehr zu schätzen, versichert Posthius seinerseits, ebenso den Adressaten hochzuachten.

Zusätzlich trägt Posthius dem Adressaten briefliche Grüße an dessen Vater [Joachimus I Camerarius] auf, der vor drei Jahren, als er, Posthius, bei [Erasmus] Neustetterus in Würzburg weilte, bereits den Posthius in einem Brief zur Freundschaft mit dem Adressaten aufgefordert habe.

Außerdem weist Posthius auf seinen gleichzeitig abgesandten Brief an seinen Freund [Georgius] Marius hin; Marius werde dem Adressaten sicher den Inhalt dieses Briefes mitteilen.

Im Postskript Grüße an Philippus [Camerarius], den Bruder des Adressaten, und an Petrus Rieter, falls die beiden bereits [vom Bildungsaufenthalt in Italien] zurückgekehrt seien.

Grüße von Antonius Juncker, der den Adressaten in Jena bei [dem Arzt Johannes] Schreter kennengelernt habe.

Mit diesem Schreiben, in dessen Adresse Joachimus II Camerarius bereits als "amicus" angesprochen wird, schließt Posthius mit diesem ein Freundschaftsbündnis, das bis zu seinem Tod praktisch ununterbrochen bestand.

Mit dem Trauerfall in der Familie des Adressaten ist vermutlich der Tod von des Joachimus II Camerarius erster Frau gemeint. Justina, eine geborene Bernbeck, verstarb 1566 bei der Geburt des Sohnes Joachimus III Camerarius.

Mit dem aus Würzburg stammenden Georgius Marius (1533-1606) war Posthius bekannt, seit dieser nach einer ähnlichen Bildungsreise wie Posthius und nach einem Aufenthalt als praktischer Arzt in Amberg im Jahr 1561 an der Heidelberger Universität den freigewordenen Lehrstuhl des Petrus Lotichius erhalten hatte. Marius vernachlässigte jedoch bald seine Lehrtätigkeit und siedelte nach Nürnberg über, wo er heiratete und Posthius zu seiner Hochzeit einlud (vgl. Werkverzeichnis 1562/2). Marius blieb bis 1565 als Arzt in Nürnberg und erhielt am 15.11.1565 den einzigen medizinischen Lehrstuhl an der jungen Universität Marburg, wovon Posthius wohl noch nichts gehört hatte, als er seinen Brief schrieb. Zum weiteren Leben des Marius vgl. Überblick, Kapitel 5.

Johannes Schreter/Schröter (1513-1593) galt wegen seines diagnostischen Geschickes als einer der bedeutendsten Ärzte seiner Zeit. Er war zuletzt Professor der Heilkunde an der Universität Jena und Leibarzt der Herzöge von Sachsen. Clusius korrespondierte mit ihm (Hunger: L'Escluse, Bd. II, 1942, S. 45, Anm. 1).

14   Montpellier, 7.10."1657" [wohl 1566]
Posthius an Honoratus Castellanus, [Montpellier]
Publikation
Fundort: Widmungsvorrede zu der von Posthius besorgten Edition von Vorlesungsmit-
schriften bei Ioubertus, einem Medizinprofessor in Montpellier (vgl. Werkverzeichnis
1571/1); dieser Widmungsbrief wurde durch eine von Ioubertus selbst verfaßte Wid-
mungsvorrede offenbar verdrängt und an entlegenerer Stelle der Vorlesungspublikation
abgedruckt, Teil 3, S. 151-155

Posthius nimmt Laurentius Ioubertus gegen die Vorwürfe seiner Kritiker in Schutz:
Zwar stimme es, daß Ioubertus neue Paradoxa formuliere, doch geschehe dies nur
zum Zwecke der Wahrheitssuche und werde daher auch von den wahrhaft Gelehrten begrüßt; falsch sei dagegen die Behauptung, Ioubertus verwirre durch die Auf-
stellung neuer Dogmata die Sinne seiner Studenten und zerstöre die Autorität der
antiken Ärzte; Ioubertus widerspreche nämlich - wie er, Posthius, und seine Mitstudenten bezeugen könnten - nur dann der Tradition, wenn er stichhaltige Beweise
habe oder sich auf die Autorität anerkannter Gelehrter stützen könne; ansonsten
behandle Ioubertus die Alten mit größtmöglicher philologischer Gründlichkeit.
Zum Beweis habe er, Posthius, im vorliegenden Werk die von Ioubertus einige
Jahre zuvor gehaltene Vorlesung "de facul.[tatibus] natur.[alibus]" ohne Wissen des
Ioubertus ediert; auch möchte er durch die Publikation für die Verbreitung der Erkenntnisse des Ioubertus im Ausland sorgen.
    Mit diesem Brief widme er, Posthius, das Werk dem [Arzt des französischen
Königs und Professor in Montpellier, Honoratus] Castellanus, weil wohl auch Iou-
bertus es diesem gewidmet hätte, und bittet diesen zugleich, den Ioubertus gegen
Kritiker in Schutz zu nehmen.
    Abschließend begründet Posthius sein Unterfangen, fremde Vorlesungen her-
auszugeben, damit, daß einerseits Ioubertus für derartige Publikationen keine Zeit
habe, da er mit der Herausgabe und Überarbeitung des Nachlasses von
Guil.[ielmus] Rondeletius beschäftigt sei, und daß andererseits Bonefidius in ähnlicher Weise wie Posthius ohne das Wissen des Autors eines der Werke des Ioubertus, nämlich dessen Paradoxa, herausgegeben habe, ohne damit Ioubertus zu kränken.

Der Brief wurde einige Jahre nach der Ioubertusvorlesung über die Schrift "De fa-
cultatibus naturalibus" des antiken Arztes Galenus (130-200), die Ioubertus 1563 ge-
halten hatte, verfaßt, aber noch vor des Posthius Abreise aus Montpellier Ende
1566/Anfang 1567; er ist daher sicher ins Jahr 1566 zu datieren und nicht "1657", wie
es im Druck heißt. Das falsche Datum ist eine Folge der Hast, in der die Vorlesung
1567 gedruckt, aber erst 1571 herausgegeben wurde (vgl. Werkverzeichnis 1571/1).
    Zu den im Brief angesprochenen medizinischen Streitfragen vgl. Überblick, Kapitel
12.

15 [Montpellier, Oktober 1566]
Posthius an die Leser
Publikation
Fundort: Nachwort zur von Posthius publizierten Ioubertusvorlesung über die Schrift
"De facultatibus naturalibus" des antiken Arztes Galenus (vgl. Werkverzeichnis
1571/1), Teil 1, S. 170-172

Posthius erklärt, warum an dieser Stelle die [1563 gehaltene] Vorlesung des Ioubertus während der Erläuterungen zum Ende des [zweiten] Buches [der Galenus-
schrift "De facultatibus naturalibus"] abbreche: Das folgende - vor allem seine Erläuterungen zum [dritten und] letzten Buch [dieser Galenusschrift] - habe Ioubertus
seinen Schülern noch nicht vorgetragen.

Als Ersatz dafür veröffentliche er, Posthius, die Vorlesungen des Ioubertus über
des Galenus Bücher "de differentia morborum" und "de differentia symptomatum";
in diesen Vorlesungen widerspreche Ioubertus bei der Suche nach der Wahrheit
stellenweise den Autoritäten [Johannes] Fernelius [Jean Fernel], Argenterius
[Giovanni Argenteri] und sogar [dem bekannten antiken Arzt] Galenus. Er, Posthius, halte diese Vorlesungen für noch scharfsinniger als die bisher publizierten
Werke des Ioubertus und hoffe daher darauf, daß Ioubertus bald Erläuterungen zu
allen Büchern "de Differentiis, & causis Morborum, & Symptomatum" [des Gale-
nus] herausgebe; dabei zerstreut Posthius die möglichen Bedenken des Ioubertus,
dadurch in Konkurrenz zum "Commentarius" des Franciscus Valeriola über dieselben [Galenus]bücher zu treten, mit dem Hinweis, des Ioubertus Hochachtung vor
Valeriola sei allen bekannt und eine wissenschaftliche Auseinandersetzung mit dessen Werk daher keine Kränkung Valeriolas, sondern sicher auch dessen Wunsch.
Bis zur Veröffentlichung einer entsprechenden Ioubertusschrift sollen die vorliegenden Vorlesungspublikationen jedoch für die Leser als Notbehelf dienen.

Dies Nachwort dürfte wie die unmittelbar darauf folgende Posthiuselegie im Oktober
1566 in Montpellier verfaßt worden sein (vgl. Werkverzeichnis 1571/1, Posthiusgedicht
Nr. 1).

Die von Posthius zusammengestellte Ausgabe der Ioubertusvorlesungen (vgl. Werk-
verzeichnis 1571/1) enthält u. a. die Vorlesung über die ersten beiden Bücher des Ga-
lenus "De facultatibus naturalibus" (Teil 1, S. 1-170), die über das Galenusbuch "De
differentia morborum" (Teil 2, S. 1-56) und die über das Galenusbuch "De differentia
symptomatum" (Teil 2, S. 56-87).

Die Ioubertusvorlesungen zeugen von der Auseinandersetzung mit Galen/Galenus,
gegenüber dem Ioubertus seine eigenen abweichenden Anschauungen darstellt, zu
denen er auf empirischem Wege gekommen ist. Von den Autoritäten, denen Ioubertus
nach des Posthius Aussage widerspricht, vertraten zumindest zwei eine ganz ähnliche
Linie wie Ioubertus: Johannes Fernelius/Jean Fernel (1497-1558), französischer Hof-
arzt, Mathematiker und Astronom, zählt zu den bedeutendsten Anatomen des 16.
Jahrhunderts, und Argenterius/Giovanni Argenteri aus Piemont (1513-1572), Medi-
zinprofessor an verschiedenen Universitäten, zuletzt in Turin, gehört zu den eifrigsten

*Gegnern der Lehren des antiken Arztes Galenus/Galen (130-200); Ioubertus war einer
seiner bedeutendsten Schüler (vgl. Überblick, Kapitel 12).*

*Die Schrift des Franciscus Valeriola/Valleriola "Commentarii in sex Galeni libros
de morbis et symptomatiis" galt damals als Standardwerk; sie erschien in zahlreichen
Auflagen ab 1540, darunter 1540 in Lyon und 1548 in Venedig.*

16   [Montpellier?, Oktober 1566?]
[Posthius?] an den Leser
Publikation
*Fundort: Vorwort zu von Posthius mit Ioubertusvorlesungen publizierten, bislang un-
veröffentlichten Anmerkungen des Ioubertus zu seinem Werk "Paradoxa" (vgl. Werk-
verzeichnis 1571/1), Teil 2, S. 134*

Posthius erklärt, warum er diese ergänzenden Anmerkungen des Ioubertus publi-
ziere: Das Werk "τὰ παράδοξα" des Laurentius Ioubertus werde teils sehr gelobt,
teils auch kritisiert. Daher habe er, Posthius, sich über einen engen Freund des
Ioubertus dessen ergänzende Anmerkungen zu dieser umstrittenen Schrift, die Ioubertus für eine eventuelle Neuauflage verfaßt habe, sich besorgt, zu einer kleinen
Schrift zusammengestellt und im folgenden veröffentlicht, um den Anhängern des
Ioubertus zu nützen und seinen Gegnern den Wind aus den Segeln zu nehmen.

*Dies Vorwort dürfte wie die anderen Posthiustexte für seine Sammlung von Ioubertus-
vorlesungen im Herbst 1566, spätestens Anfang 1567, wahrscheinlich in Montpellier
verfaßt worden sein (vgl. Werkverzeichnis 1571/1). Diese Publikation enthält des Ioubertus "Annotationes in Paradoxa" (Teil 2, S. 135-157).*

*Posthius erwähnt die Schrift "Paradoxa", genauer "Paradoxorum decas prima atque
altera" des Ioubertus auch in seiner Widmungsvorrede vom 7.10.1566. Sie gehört zu
den Hauptwerken des Ioubertus und war 1566 in Lyon (Lugduni ad Salamandrae) erschienen (vgl. Dulieu: Montpellier, 1979, S. 341).*

17   [Montpellier?, Oktober 1566?]
Posthius an die Medizinstudenten
Publikation
*Fundort: Vorwort zu der von Posthius zusammen mit anderen Vorlesungen desselben
Professors veröffentlichten außerordentlichen Vorlesung des Ioubertus über die Medi-
kamentenherstellung (vgl. Werkverzeichnis 1571/1), Teil 3, S. 2f*

Posthius erläutert, die folgende Vorlesung, die Ioubertus im Sommer 1566 neben
seiner ordentlichen Vorlesung zusätzlich gehalten habe, habe er, Posthius, zum
einen veröffentlicht, weil Grundkenntnisse in der Medikamentenherstellung auch
für einen Arzt dringend erwünscht seien und es keine ebenso brauchbare Darstellung wie die des Ioubertus gebe, zum andern, um durch das sicher folgende positive
öffentliche Echo auf diese Veröffentlichung den Ioubertus zu einer überarbeiteten,
ausgefeilteren Publikation dieser Vorlesung zu drängen.

Daran anschließend habe er auch noch die Vorlesung des Ioubertus über die Herstellung und Verwendung von eingedickten Säften ("Syropi") veröffentlicht, die Ioubertus 1565 als Ergänzung zu den entsprechenden Angaben aus dem [pharmazeutischen Standard-]Werk "dispensatorium" des Valerius Cordus gehalten habe; diese kleine Vorlesung werde für so wichtig für künftige Ärzte gehalten, daß die Studenten nicht einmal für zehn Goldstücke ("aureis scutatis") ihre Mitschriften verkaufen würden.

Abschließend berichtet Posthius, Ioubertus plane Vorlesungen über weitere Arzneien und medizinische Hilfsmittel.

Dies Vorwort dürfte wie die anderen Posthiustexte für die Publikation der Ioubertusvorlesungen im Herbst 1566, spätestens Anfang 1567, wahrscheinlich in Montpellier verfaßt worden sein.

Die Schrift des Ioubertus über die Medikamentenherstellung "Pharmaceutice, siue Ars componendi medicamenta" wurde in der von Posthius veranstalteten Publikation im 3. Teil, S. 38-64 veröffentlicht, samt einem einführenden Vorwort von Ioubertus S. 4-38; anschließend an diese Vorlesung folgen die beiden Traktate "De syruporum conficiendi modo, et vtendi ratione" (S. 64-79) und "Syroporum omnium differentiae, et vires ad curandi rationem certa methodo accomodatae" (S. 80-102).

Das erwähnte Werk "Dispensatorium" des Valerius Cordus enthält Anleitungen zur Herstellung von Medikamenten, Salben etc. Es war äußerst verbreitet und beliebt, wie die zahlreichen, teils undatierten Auflagen zeigen: Lyon 1552, 1556 und 1559, Venedig 1563, Antwerpen 1580, Nürnberg 1592, 1598, 1612 und 1666; ich benützte eine undatierte, wohl etwa 1570 herausgekommene Nürnberger Ausgabe (vgl. Literaturverzeichnis).

18   Montpellier, 8.12.1566
Posthius an Ludovicus Camerarius [den Älteren], Paris
Autograph
Fundort: Annaberg Pfarrarchiv der Kirchgemeinde St. Annen, Autographen-Sammlung Jenisius, Nr. 54
Folioformat

Begleitbrief zur Übersendung eines Briefbündels, das des Adressaten Bruder [Joachimus II Camerarius] nach [Montpellier] geschickt habe in der Meinung, der Adressat würde demnächst zum Studium dort eintreffen; auf dem Bündel sei vermerkt gewesen, daß Posthius es in Empfang nehmen solle, falls es vor des Adressaten Ankunft eintreffe. Posthius berichtet nun, er habe dies getan und dabei auch gleich in der Meinung, das Bündel enthalte auch einen an ihn gerichteten Brief, dieses erbrochen; für dies Verhalten bitte er den Adressaten um Verzeihung; auch habe er das Bündel wieder sorgfältig verschlossen.

Außerdem berichtet Posthius, er habe bereits vor einiger Zeit von Dortmannus von der Absicht des Adressaten erfahren, in [Montpellier] zu studieren; dies habe dann auch des Adressaten Bruder Joachimus [II Camerarius] in einem Brief bestä-

tigt, den Posthius am 5.9. erhalten habe. Posthius äußert sich über diese Aussichten
sehr erfreut, würde er doch in dem Fall Gelegenheit haben, mit dem Adressaten
Freundschaft zu schließen. In dem Zusammenhang erinnert Posthius an seine Verbindungen zur Familie des Adressaten: Er kenne dessen angesehenen Vater
[Joachimus I Camerarius], der ihm auch einmal persönlich geschrieben habe, und
dessen Bruder Philippus, mit dem er in Bamberg dereinst ins Gespräch gekommen
sei und den er auch [im Jahre 1564] in Italien besucht habe; auch habe er, Posthius,
durch einen Brief [vom 20.4.1566] von [Montpellier] aus Freundschaft mit des
Adressaten Bruder Joachimus [II Camerarius] geschlossen.

Nun habe er, Posthius, jedoch erfahren, daß der Adressat wegen des Todes des
[Guilielmus] Rondeletius, [des berühmten Medizinprofessors an der Universität
Montpellier,] möglicherweise in Paris bleiben werde; dafür äußert Posthius Verständnis, wenn er auch auf diese Weise den Adressaten nicht persönlich kennenlernen könne; nichtsdestoweniger wünsche er, Posthius, [über Briefe] Freundschaft
mit dem Adressaten zu schließen.

Abschließend entschuldigt sich Posthius dafür, nicht ausführlicher zu schreiben,
mit dem Hinweis, er leide seit sieben Wochen an einer fiebrigen Erkrankung.

Im Postskript bittet Posthius, ihm den Erhalt dieses Briefes zu bestätigen.

Der im Brief erwähnte Rondeletius war 1566 verstorben (vgl. Überblick, Kapitel 12).

19   Antwerpen, 31.10.1567
Posthius an Carolus Clusius, Mecheln
Praesentatum: 7.11. in Lier
Autograph
Fundort: Leiden UB Ms. Vulc. 101 (1); Doppelblatt
Folioformat

Schreiben zur Kontakt- und Freundschaftsaufnahme, veranlaßt durch eine Begegnung mit [dem Buchdrucker] Christophorus Plantinus, den Posthius beim Kauf des
Werkes "de Aromat: Indicis Epitome" [gemeint ist die Aromatum Historia] des
Adressaten getroffen hat. Plantinus habe dem Posthius vom Adressaten kurz zuvor
erhaltene Pflanzendarstellungen gezeigt und versprochen, ihn an den Adressaten zu
empfehlen und seinen Brief an ihn zu leiten.

Posthius berichtet, durch Gespräche und eine an den Adressaten gerichtete
Elegie des P.[etrus] Lotichius, seines Lehrers in Medizin und Poesie in Heidelberg,
den er wie einen Vater verehrt habe, habe er bereits vor neun Jahren den Adressaten kennen- und lieben gelernt; wegen des drohenden Bürgerkrieges [zwischen
Guisen und Hugenotten] sei er vor Monatsfrist aus Frankreich nach [Antwerpen]
gekommen und wolle dort den Winter über als Arzt praktizieren und den Adressaten, falls der nicht nach Antwerpen käme, in Mecheln besuchen, um ihn persönlich kennenzulernen. Abschließend kündigt Posthius an, er werde von seiner im
Vorjahr entstandenen Elegie auf den Tod seines Lehrers [in Montpellier, Guiliel-
mus] Rondeletius, dem Adressaten eine Abschrift zuschikken.

Grüße an [den Botaniker] Rembertus Dodonaeus.

Im Postskript erkundigt sich Posthius, ob in [Mecheln] Blätter und Beeren der Einbeere ("Herba Paris"), die er für eine Arznei ("compositio") benötige, erhältlich seien.

Clusius reagierte offenbar recht schnell auf des Posthius Wunsch nach freundschaftlichen Beziehungen, denn im folgenden März erschien der beiderseitige Kontakt bereits selbstverständlich (vgl. Brief vom 30.3.1568).

Zum Werk "Aromatum Historia" des Clusius vgl. Überblick, Kapitel 15.

Die im Brief erwähnte Elegie des Lotichius an Clusius ist nicht in der Lotichedition des Camerarius von 1563 (vgl. Überblick, Kapitel 7) abgedruckt.

Zur Elegie des Posthius zum Tode des Rondeletius vgl. Überblick, Kapitel 12.

Literatur: *Hunger: L'Escluse, Bd. I (1927), S. 99f.*

20   Antwerpen, 30.3.1568
Posthius an Ludovicus Camerarius [den Älteren], [Leipzig?]
Abschrift ohne Adresse
Fundort: München BSB Clm. 2106, Bl. 76r (alte Zählung S. 137)

Posthius bedauert, daß der briefliche Kontakt mit dem Adressaten nicht durch ein persönliches Zusammentreffen [in Frankreich] intensiviert werden konnte, da er, Posthius, bereits in Bourges als Arzt praktiziert habe, als der Adressat nach Montpellier gereist sei.

Posthius berichtet von seinen weiteren Erlebnissen: Im August [1567] sei er nach Paris weitergereist; aus Frankreich habe er sich wegen des drohenden Bürgerkrieges [zwischen Guisen und Hugenotten] am 26.9.[1567] in das noch ruhige Antwerpen begeben; jetzt sei ganz Frankreich in beklagenswertem Zustand; da Posthius fürchtet, daß auch in Antwerpen, wo es ihm ansonsten gut gefalle, die ruhigen Zeiten bald vorbei sein werden, will er sich nach einem politisch ruhigem Ort umsehen, während er den Sommer über noch in Antwerpen bleiben will.

Außerdem weist Posthius darauf hin, daß Carolus Clusius, mit dem er befreundet sei, neulich in [Antwerpen] gewesen sei und ihm einen Brief des Adressaten gezeigt habe, aus dem hervorgehe, daß der Adressat in die Heimat [Leipzig?] zurückgekehrt sei.

Posthius erkundigt sich, mit wem der Adressat in Montpellier zusammengelebt habe, mit welchen Professoren er persönlich Kontakt gehabt und in welchem Zustand sich bei seinem Weggang die Schule befunden habe; auch weist er darauf hin, daß er bei [Laurentius] Joubertus und Fayaeus das bevorstehende Eintreffen des Adressaten empfehlend angekündigt habe.

Grüße an den Vater [Joachimus I Camerarius] und die Brüder [Joachimus II und Philippus] des Adressaten.

21   Antwerpen, 16.10.1568
Posthius an [Joachimus II] Camerarius, Nürnberg
Autograph
Fundort: Erlangen UB Trew, Posthius 5 (= Ms. 1819, Bl. 549)
Folioformat

Posthius berichtet von seiner fluchtartigen Übersiedelung im Vorjahr von
Frankreich nach Antwerpen; dort praktiziere er seither als Arzt und möchte trotz
der hohen Lebenshaltungskosten wegen der sehr guten Verdienstmöglichkeiten
auch bleiben, wenn ihn nicht der [drohende] Bürgerkrieg ("bellum hoc intestinum")
[gemeint sind die Spannungen zwischen den kalvinistischen Geusen und der spanisch-katholischen Regierung] auch von dort vertreibe; wegen der immensen Rü-
stung auf beiden Seiten sei er sehr besorgt um die Zukunft [der Niederlande].

Posthius bedauert, daß er Ludovicus [Camerarius], den Bruder des Adressaten,
nicht in Frankreich getroffen habe; diesem habe er im Vorjahr [gemeint ist wohl:
am 30.3.1568] geschrieben, ohne bislang eine Antwort zu erhalten.

Grüße an den Vater [Joachimus I Camerarius] und an die Brüder [Ludovicus
und Philippus] des Adressaten sowie - im Postskript - an [den inzwischen als Medizinprofessor in Marburg weilenden Arzt] Georgius Marius.

Der Brief trägt am unteren Rand den Vermerk "Noua non licet" in kleiner
Schrift.

Literatur: *Schubert: Dinner (1973), S. 213.*

22   Antwerpen, 26.10.1568
Posthius an Carolus Clusius, Mecheln
Posthius vermerkte zusätzlich zur Ortsangabe: "Chez M. [Jean] de Bran= ‖ cion a la
Court du ‖ Roy."
Praesentatum: 27.10. in Mecheln
Autograph
Fundort: Leiden UB Ms. Vulc. 101 (2)
Folioformat

Begleitbrief zur Übersendung eines enkomiastischen Epigramms auf das Werk
"Historia Aromatum" des Adressaten. Dieser hatte darum in einem Brief gebeten,
den Posthius am Vortag über den [Drucker Christophorus] Plantinus erhielt. Posthius stellt dem Adressaten eine beliebige Korrektur des Gedichtes frei und entschuldigt sich für eventuelle Qualitätsmängel: Er habe das Gedicht in der Nacht
verfaßt, da er zu einem deutschen adeligen Patienten nach 's-Hertogenbosch gerufen worden sei; von dort will er erneut schreiben und auch noch das ebenfalls vom
Adressaten erbetene Enkomiastikon ("Epigramma breve") zum Lobpreis auf ein
vom Adressaten [geplantes] Werk [über die spanische Flora mit dem Arbeitstitel]
"observationes" schicken.

Grüße an Brancionus [Jean de Brancion] und an [den Botaniker Rembertus]
Dodonaeus.

Der zusätzliche Vermerk bei der Adressenangabe war nötig, weil Clusius ab 1568 für fünf Jahre bei dem Hobbybotaniker Jean de Brancion wohnte, einer hohen Persönlichkeit am Hofe der Margarete von Parma in Mecheln. Margarete hatte allerdings zu der Zeit bereits abgedankt und war nach Italien zurückgekehrt.

Das erwähnte enkomiastische Gedicht über das Werk "Historia Aromatum" ist mit in den Text des Briefes eingefügt; es preist die von Clusius angefertigte Übersetzung und Überarbeitung eines botanischen Werkes des portugiesischen, in Goa wirkenden Arztes Garcia ab Horta ins Lateinische (vgl. Werkverzeichnis 1568/1).

Sein angekündigtes Epigramm schickte Posthius bereits am folgenden Tag.

Literatur: *L'Escluse, Bd. I (1927), S. 102f und S. 128.*

23   Antwerpen, 27.10.1568

Posthius an Carolus Clusius, Mecheln
Posthius vermerkte zusätzlich zur Ortsangabe: "Chez M. [Jean] de Branci = ‖ on, a la Court du ‖ Roy."
Praesentatum: 30.10. in Mecheln
Autograph
Fundort: Leiden UB Ms. Vulc. 101 (3)
Folioformat

Begleitbrief zur Übersendung eines enkomiastischen Epigramms auf das Werk "Observationes ... Hispanicae" [gemeint ist die spanische Flora, Rariorum aliquot stirpium per Hispanias obervatarum Historia] des Adressaten. Posthius hatte zum Verfassen des Gedichtes Zeit, weil sich die geplante Abreise [zu einem Patienten nach 's-Hertogenbosch] um einen Tag verschob. Er bittet, das Gedicht kritisch zu begutachten, und stellt dem Adressaten ein beliebiges Verändern des Textes anheim.

Im Postskript weist Posthius auf seinen Brief vom Vortag hin. Ebenfalls im Postskript Grüße an Brancionus [Jean de Brancion, den Gastgeber des Clusius,] und an den [Botaniker] Rembertus [Dodonaeus].

Das erwähnte Gedicht ist in den fortlaufenden Text des Briefes mit eingefügt (vgl. Werkverzeichnis 1568/2).

Literatur: *Hunger L'Escluse, Bd. I (1927), S. 102ff; dort ist das Gedicht auf S. 104 als Faksimile abgedruckt; S. 103 Anm. 3 ist ein Teil des Briefes zitiert, wobei das letzte Wort "iudices" statt "indices" gelesen werden muß.*

24   Antwerpen, 1.12.1568
Posthius an Erasmus Neustetter
Publikation
Widmungsvorrede zu der von Posthius verbesserten lateinischen Übersetzung der ur-
sprünglich arabischen Ernährungslehre des Isaac Iudaeus (vgl. Werkverzeichnis 70/1),
Blatt 2r-3v.

Nach einem allgemeinen Hinweis auf die Wichtigkeit der Ernährungslehre für alle
Gesundheitsbewußten und insbesondere für die Oberschicht - Posthius untermau-
ert dies mit einem griechischen Zitat des Diogenianus - bezeichnet Posthius die
beiden Bücher des Juden Isaac als Standardwerk der Ernährungslehre; dieses sei
jedoch vergriffen gewesen, und die wenigen kursierenden Exemplare wären zudem
voller Fehler, unübersichtlich und außerdem in dem veralteten, ungeglätteten Latein des 15. Jahrhunderts; daher habe sich der Drucker Ioannes Bellerus zu einer
Neuausgabe entschlossen und den Arzt Ioannes Cloots mit einer Überarbeitung
beauftragt; nach dessen Übersiedelung nach Moskau habe dann er, Posthius, die
von Cloots abgebrochene Arbeit binnen weniger Wochen zu Ende geführt; dies sei
sehr mühsam gewesen, da er wegen der vielen Fehler alles habe neu schreiben müssen, obwohl er den veralteten Stil nur selten geglättet und sich eine gründliche stilistische Überarbeitung für die Zukunft aufgehoben habe.

Abschließend informiert Posthius knapp über den Aufbau der beiden Bücher
und begründet die Widmung an Neustetter: Er wolle diesem damit für die vielfäl-
tige Unterstützung danken und ihm gleichzeitig durch die Übersetzung dieses
Handbuches helfen, seine Gesundheit aufrecht zu erhalten.

Der lateinische Übersetzungstext des Iudaeuswerkes geht zumindest bis ins 14. Jahr-
hundert zurück; eine Handschrift aus dieser Zeit, die nahezu denselben Wortlaut wie
die von Posthius bearbeitete Fassung aufweist, besitzt die Bibliotheca Nazionale Mar-
ciana in Vendig (Codex classis XIV., Medicina, cod. 12, Bl. 64-101 und Bl. 106-139;
vgl. I. Valentinelli: Bibliotheca Manuscripta ad S. Marci Venetiarum, codices Mss.
Latini Tom. V., Venetiis MDCCCLXXII, S. 82ff).

Die mir bekannten Exemplare des Iudaeustextes in der Bearbeitung durch Posthius
wurden erst zwei Jahre nach der Abfassung der Widmungsvorrede gedruckt, im Jahre
1570, und zwar nicht bei Bellerus in Antwerpen, sondern bei Sixtus Henricpetri in Ba-
sel (vgl. Werkverzeichnis 1570); erst nach dem Tod des Ioannes Bellerus (1595) wurde
die Posthiusbearbeitung auch in Antwerpen gedruckt, und zwar 1607 auf Veranlassung
des Gaspar Bellerus; dieser verzichtete allerdings auf die abermalige Publizierung des
Widmungsbriefes, vermutlich deshalb, weil er im Titel von 1607 behauptete, es handle
sich um die erste lateinische Übersetzung; dem hätte freilich der Posthiusbrief wider-
sprochen (vgl. Werkverzeichnis 1570a).

25 Antwerpen, 16.12.1568
Posthius an Carolus Clusius, Mecheln
Posthius vermerkte zusätzlich zur Ortsangabe: "En la court du ‖ Roy, chez M. [Jean]
de ‖ Brancion."
Praesentatum: 17.12. in Mecheln
Autograph
Fundort: Leiden UB Ms. Vulc. 101 (4)
Folioformat

Posthius berichtet von den Ereignissen seit seiner letzten Nachricht [vom 27.10.1568]: Bei seiner Ankunft in 's-Hertogenbosch habe der [im Brief vom 26.10.1568 erwähnte] Patient bereits nicht mehr gelebt; daher sei er, Posthius, von einem "Capitaneus" überredet, zu dem [nahe 's-Heerenberg gelegenen Schloß Huis] Bergh bei Emmerich gereist, um im dort sich versammelnden Heer des Herzogs [Fernando Alvarez von] Alba Feldarzt mit einem monatlichen Gehalt von 40 deutschen Gulden ("florini Germ:") zu werden. Da das Heer überraschend vom Herzog wieder entlassen wurde, sei er unter finanziellen Einbußen am Vortag wieder nach Antwerpen zurückgekehrt.

Dort habe er ein Schreiben seines alten Patrons [Erasmus] Neustetterus vorgefunden mit einem Angebot für ihn, als Arzt gegen ein Gehalt von 100 Talern ("thaleri") und mit Freitisch nach Würzburg zu kommen. Wegen der drohenden Kriegsgefahr [in den Niederlanden] will Posthius sobald wie möglich dorthin und bittet daher, Post an ihn künftig nach Würzburg zu senden, da er binnen drei Tagen abzureisen gedenkt.

Da er nun auch nicht mehr bei dem Nürnberger Philip[pus] Remer, einem befreundeten Münzensammler, der in Antwerpen im Fuggerschen Haus weilt, Münzen für den Adressaten heraussuchen könne, soll sich der Adressat direkt mit Remer in Verbindung setzen. Dank der Fürsprache durch Posthius bekäme er dann Münzen, die jener doppelt habe, geschenkt.

Literatur: *Hunger: L'Escluse, Bd. I (1927), S. 104.*

26 Würzburg, 4.11.1569
Posthius an Joachimus [II] Camerarius, Nürnberg
Praesentatum: 6.11.
Autograph
Fundort: Erlangen UB Trew, Posthius 6 (= Ms. 1819, Bl. 550)
Folioformat

Posthius dankt für die Glückwünsche zu seiner Hochzeit [mit Rosina Brosamer am 26.9.1569] und für das Geschenk an seine Frau und bedauert, daß der Adressat nicht persönlich gekommen sei, zumal [Erasmus] Neustetterus ihn bei dieser Gelegenheit wegen seines Gesundheitszustandes konsultieren wollte. Zusammen mit dem Brief übersende er von den "Epithalamia", die er zu seiner Hochzeit erhalten habe, ein [auf seine Veranlassung hin gedrucktes] Exemplar.

Zur Hochzeit des Posthius vgl. Überblick, Kapitel 16; zu den im Brief angesprochenen Epithalamien vgl. Werkverzeichnis 1569.

27   [Würzburg], 1.10.1570
Posthius an Bürgermeister und Rat der Stadt Kitzingen
Praesentatum: 1.10.70(?)
Eine zweite Hand - offenbar ein Beamter der Stadt Kitzingen - notierte neben der Adresse das Datum 1.10.70 - vielleicht nicht nur das Absende-, sondern auch zugleich das Empfangsdatum - und unterhalb der Adresse eine Zusammenfassung des Briefinhaltes: "D. Postius erbeut sich auf negstkunftig ‖ sontag zur Visitation zu kommen vndt ‖ den Apotheker taxt mit zubringen".
Autograph
Fundort: Uppsala UB, Autographensammlung Waller
Folioformat

Posthius bestätigt, soeben die Antwort auf sein vorhergehendes Schreiben erhalten zu haben, und kündigt an, wunschgemäß am Sonntag, den 8.[10.1570], nach [Kitzingen zur Visitation] zu kommen und eine Abschrift der in [Würzburg] gebräuchlichen Gebühren ("Tax") [für Apotheker] mitzubringen.

Der gesamte Brief ist, einschließlich der Adresse, deutsch geschrieben.

28   Würzburg, 5.3.1571
Posthius an Henricus Wolfius, Nürnberg
Posthius nennt in der Adresse den Empfänger "Medicus primarius"
Praesentatum: 6.3.
Autograph
Fundort Erlangen UB Trew, Posthius 166 (= Ms. 1828, ohne alte Blattnummer, dafür mit der offenbar von Wolfius vermerkten Nummer "VII"; es handelt sich wohl um das siebte Schreiben von Posthius an Wolfius)
Folioformat

Dieser Brief wurde einem in Geschäften nach Nürnberg reisenden Nachbarn mitgegeben, damit dieser einen Grund für einen Besuch beim Adressaten habe.

Posthius verweist außerdem auf seinen vorhergehenden Brief vom 1.3.[1573], mit dem er auf ein deutsches Schreiben des Adressaten [über einen schwerkranken Patienten] geantwortet habe: Der Adressat möge dem Überbringer des Briefes gleich brieflich oder mündlich die Nachricht mitgeben, ob dieser Brief in Nürnberg angekommen sei und ob der betroffene Patient noch lebe.

29   Frankfurt am Main, 9.4.1571

Posthius an Carolus Clusius, Antwerpen

Posthius vermerkte zusätzlich zur Ortsangabe: "apud ‖ Christoph:[orum] Plantinum ‖ quaeratur."

Praesentatum: 27.4. in Mecheln

Clusius vermerkte auch, wann er auf den Brief antwortete: "Respondi ‖ Lutetiae ad 19. Augusti."

Autograph

Fundort: Leiden UB Ms. Vulc. 101 (5)

Folioformat

Versuch, den Kontakt mit Clusius, der mit des Posthius Übersiedelung nach Würzburg [nach dem Brief vom 16.12.1568] abgerissen ist, wieder aufzunehmen. Posthius erkundigt sich nach den Verhältnissen des Adressaten, insbesondere danach, wo sich dieser niedergelassen habe, und berichtet seinerseits, er praktiziere als Arzt in Würzburg und habe [15]69 [Rosina Brosamer] geheiratet; das kommentiert er mit den Worten: "Deo ita ordinante: fiunt enim connubia fato".

    Außerdem äußert sich Posthius enttäuscht darüber, daß er den [Drucker Christophorus] Plantinus, dessentwegen er zur Frankfurter Messe gereist sei, dort nicht gefunden habe und ihn deshalb auch nicht nach neuen, bei diesem gedruckten Werken des Adressaten habe fragen können.

    Falls der Adressat noch in Mecheln lebe, soll er [den Hobbybiologen Jean de] Brancion und [den Botaniker] Rembertus [Dodonaeus] grüßen.

Zur Hochzeit des Posthius vgl. Überblick, Kapitel 16.

Literatur: *Hunger: L'Escluse, Bd. I (1927), S. 115f.*

30   Würzburg, 31.12.1572

Posthius an Nicodemus Frischlinus, [Tübingen]

Publikation

Fundort: Publiziert von Frischlinus im Anhang der ersten Ausgabe seiner Komödie Rebecca (vgl. Werkverzeichnis 1576/2), S. 110

Posthius dankt für die Erwähnung seines Namens im "Hodoeporicon", das der Adressat für Ioan[nes] Sleiferus gedichtet hat.

    Mit dem Brief übersendet Posthius sein [in Elegienform gefaßtes] Gelübde gegen die Trunksucht mit der Bitte, zum selben Thema ein Gedicht ("elegia vel Epigramma") zu verfassen und ihm zu übersenden, da er, Posthius, diesbezügliche Texte sammle und publizieren wolle; dem Brief liege eine Goldmünze ("scutatus aureus") bei, für die sich der Adressat zum Zeichen ihrer Freundschaft einen Ring mit der Inschrift auf der Außenseite "Votum sanctum Domino" anfertigen lassen soll.

Zum Propemptikon des Frischlinus für Sleiferus vgl. Überblick, Kapitel 17; zum Gelübde des Posthius gegen die Trunksucht vgl. Überblick, Kapitel 19.

31   Würzburg, 4.5.1573
Posthius an Nicodemus Frischlinus, [Tübingen]
Publikation
Fundort: Publiziert von Frischlinus im Anhang der ersten Ausgabe seiner Komödie
Rebecca (vgl. Werkverzeichnis 1576/2), S. 110f

Voller Bewunderung dankt Posthius für die vom Adressaten verfaßte Elegie gegen
die Trunksucht und verweist auf dem Brief beigelegte, in Erfurt gedruckte Gedichte ("carmina") des [Ioannes] Schleiferus, der wieder in seine Heimat zurückgekehrt sei und demnächst noch weitere Gedichte zum selben Anlaß, nämlich zu des
Posthius "votum" [d. h. zu dem von Posthius gegründeten Freundschaftsbund mit
einem Gelübde gegen übergroßen Alkoholgenuß], schicken wolle; diese Gedichte
will Posthius nach ihrem Eintreffen zusammen mit den übrigen [poetischen Beitrittserklärungen zum geplanten Mäßigkeitsverein] edieren; bis dahin könne der
Adressat an seiner Elegie noch etwas ändern oder hinzufügen; auch bittet Posthius,
ihm gegebenenfalls weitere Gedichte anderer Gleichgesinnter zu übersenden.
      Grüße an [den bekannten Tübinger Gräzisten Martinus] Crusius.

Zur Elegie des Frischlinus, zu den Gedichten des Schleiferus, zu den aus Erfurt an-
gekündigten Gedichten - es sind wohl im Februar 1573 verfertigte Verse des Bruno Sei-
delius und des Bartholomaeus Hubnerus gemeint - und zu der von Posthius geplanten
Gedichtsammlung vgl. Überblick, Kapitel 19, und Werkverzeichnis 1573/1.

32   Würzburg, 21.8.1573
Posthius an Joachimus [II] Camerarius, Nürnberg
Praesentatum: im September 73
Autograph
Fundort: Erlangen UB Trew, Posthius 7 (= Ms. 1819, Bl. 551)
Folioformat

Posthius dankt für den übermittelten Brief des [Helius Eobanus?] Hessus und berichtet, [der Würzburgische Rat Aggaeus] Albada sei vor drei Wochen mit seiner
Frau in die Heimat [d. h. in die Niederlande] gereist und werde zur Messe nach
Frankfurt zurückkehren.
      Wegen der durch die [schwere Krebs-]Erkrankung des Würzburger Fürstbi-
schofs [Friedrich von Wirsberg] verzögerten Reisepläne des Posthius solle der
Adressat den [Nürnberger Arzt] Volckerus [Coiter] befragen.
      Dann kondoliert Posthius dem Adressaten zum Tod der [am 15.7.1573 verstor-
benen] Mutter [Anna, geborene Truchseß auf Grünsberg] und bittet um deren Per-
sonalien zwecks Abfassung einer [vom Adressaten gewünschten?] poetischen Grabaufschrift ("Epitaphium").
      Außerdem bittet Posthius um Übersendung von Gedichten ("carmina") für sein
"Votum" [gemeint ist: für den von Posthius und Melissus gegründeten Freund-
schafts- und Mäßigkeitsverein].

Abschließend geht Posthius offenbar auf eine Frage des Adressaten ein: Der Bildgießer ("statuarius") klage, die eine Figur [von zwei Bronzereliefs?, die für Joachimus II Camerarius kopiert werden sollten?,] sei ihm entwendet worden; der Goldschmied ("aurifaber"), der beide Figuren abformen sollte, könne dies wegen unzureichenden Werkzeuges nicht [in Würzburg] machen; der Bildhauer wolle elf "thaler" haben, um die eine "figur", die die Heilung des Lahmen durch Petrus darstelle, in Nürnberg abgießen zu lassen; der Adressat soll zurückschreiben, wenn er dies wünsche.

Der Würzburger Rat Aggaeus Albada war ein Anhänger der charismatischen Sekte des 1461 in Ulm gestorbenen schlesischen Mystikers Kaspar Schwenkfeld. Er wurde deshalb bereits 1572 vom Domdechanten Julius Echter offiziell ermahnt, kündigte schließlich seine Würzburger Stelle und kehrte in die Niederlande zurück. 1579 gehörte er zu deren Gesandtschaft in Köln.

Mit dem Arzt Volckerus Coiter/Koijter (Groningen 1534 - Brie oder Brienne in der Champagne 2.6.1576) war Posthius vermutlich bereits seit seines Italienaufenthaltes bekannt, weilte doch Coiter von etwa 1559 bis 1566 mit kürzeren Unterbrechungen als Student und Dozent in Bologna. Coiters Karriere in Bologna endete unter mysteriösen Umständen mit einer Verhaftung (vgl. Herrlinger: Coiter, 1952, S. 23-25). Joachimus II Camerarius setzte sich von Nürnberg aus für seine Freilassung ein, und im Herbst 1567 trat Coiter dann in Amberg in Pfälzer Dienste und wechselte schließlich im Herbst 1569 nach Nürnberg, wo er als angesehener Stadtarzt, Chirurg und Anatom bis zu seinem Tod im Jahre 1576 wirkte (vgl. Brief vom 31.8.1576). Posthius nennt ihn in seinen Briefen stets beim Vornamen.

Ein Teil der Ausführungen im Brief über die von Joachimus II Camerarius gewünschte Kopierung von Bronzereliefs(?) ist deutsch geschrieben.

Zum im Brief erwähnten Freundschafts- und Mäßigkeitsverein vgl. Überblick, Kapitel 19.

---

33 Würzburg, 11.11.1573
Posthius an Joachimus [II] Camerarius, Bamberg
Praesentatum: 26.1.74
Autograph
Fundort: Erlangen UB Trew, Posthius 8 (= Ms. 1819, Bl. 553)
Folioformat

Posthius teilt mit, er habe dem Baron [Gotofridus?] Lympurgicus empfohlen, als dieser nach Bamberg abreiste, sich von dem bisweilen in Bamberg weilenden Adressaten weiterbehandeln zu lassen; diese Weiterbehandlung stellt Posthius dem Adressaten anheim und berichtet ausführlich von den Erkrankungen einer ungewöhnlichen Dienerin dieses Barons, die an "Nephritis" und "Melancholia Hypochontriaca" leide, wegen "cachexia" und Menstruationsbeschwerden mit mäßigem Erfolg in den Vorjahren die "thermae Badenses" besucht habe und wegen Magenbeschwerden orale Medikamente ablehne ("est enim aluo difficilj"), einen Aderlaß ("Venae sectio") dagegen dulde.

Abbruch des Briefes, da Posthius wegen der unheilbaren Erkrankung [des Fürstbischofes Friedrich von Wirsberg] zum Hofe gerufen wird. Er hofft auf einen geeigneten Nachfolger [für den im Sterben liegenden Fürstbischof].

Grüße an den Vater [Joachimus I Camerarius] und an die Brüder [Philippus und Ludovicus] des Adressaten sowie an [den Nürnberger Arzt] Volcherus [Coiter].

Dieser Brief erreichte seinen Empfänger erst nach dem folgenden Brief vom 26.11.1573 und lag daher im ehemaliegen Handschriftenband 1819 hinter dem vom 26.11., der die Nummer 552 trägt, als Nummer 553; die Schrift des Briefes wirkt gegen Briefende beschleunigt und fahrig.

Bischof Friedrich von Wirsberg, der am 27.4.1558 gegen Erasmus Neustetterus gewählt worden war, hatte sich im Sommer 1573 der Operation eines Geschwüres unterzogen und war seitdem sprechunfähig. Er verstarb einen Tag nach diesem Posthiusbrief, am 12.11.1573. Zum Nachfolger wurde bereits am 1.12.1573 Julius Echter gewählt (vgl. Überblick, Kapitel 20).

34   Würzburg, 26.11.1573
Posthius an Joachimus [II] Camerarius (ohne Ortsangabe)
Autograph
Fundort: Erlangen UB Trew, Posthius 9 (= Ms. 1819, Bl. 552)
1/3 Folioformat (nur etwa 11cm hoch bei üblicher Breite)

Begleitbrief zur Übersendung des Büchleins "de Voto nostro" [d. h. über den von Posthius initiierten Freudschafts- und Mäßigkeitsverein], mit der Bitte um kritische Beurteilung. Posthius mißbilligt die letzte Überarbeitung des Werkes durch Melissus, der den von fast allen verspotteten Titel ersonnen, die Form des von Posthius eingeführten Ringes geändert und am Ende einige die Katholiken ("Pontificij") beleidigende Gedichte ("Epigrammata") hinzugefügt habe.

Schließlich weist Posthius noch auf seinen Brief [vom 11.11.1573] über den [Gotofridus? Baron von] Lympurg hin.

Bei dem Büchlein, das Posthius mit dem Brief übersandte, handelt es sich um das von Melissus so betitelte "Collegii Posthimelissaei votum" (vgl. Werkverzeichnis 1573/1 sowie Überblick, Kapitel 19). Die im Brief erwähnten, konfessionell einseitigen Gedichte stehen in diesem Büchlein unter der Rubrik "Epigrammata eiusdem argumenti, ex variis nostri seculi poetis excerpta" ab Blatt 41.

35
Posthius an Joachimus [II] Camerarius, Nürnberg
Würzburg, 15.7.1574
Praesentatum: 30.7.
Autograph
Fundort: Erlangen UB Trew, Posthius 10 (= Ms. 1819, Bl. 554)
Folioformat

Posthius berichtet, von seinem Patron [Erasmus Neustetterus] habe er erfahren, daß der Vater des Adressaten [Joachimus I Camerarius] am 17.4.74 gestorben sei. Als Zeichen seiner Liebe und Hochachtung gegenüber dem Verstorbenen habe er einige Gedichte ("Epigramma unum atque alterum") zu dessen Tod verfaßt; diese lege er dem Brief bei, damit sie, falls sie dessen für wert erachtet werden, mit anderen derartigen Gedichten veröffentlicht werden können.

Grüße an die Brüder [Philippus und Ludovicus] des Adressaten.

Dieser Brief war einem Kaufmann mitgegeben worden, der ihn überbringen sollte (vgl. Brief vom 15.8.1574).

Das Wort "Epigramma" bezeichnet offenbar im Sprachgebrauch des Posthius ganz allgemein kürzere Gedichte, auch wenn diese nicht in Distichen abgefaßt sind (vgl. Werkverzeichnis 1574/1).

Die Beilage des Briefes mit den Epicedia zum Tode des Joachimus I Camerarius wird heute vom Brief getrennt aufbewahrt (München BSB Clm 10368, Nr. 321; vgl. Werkverzeichnis 1574/1). Möglicherweise sollten sie mit anderen Gedichten zum selben Anlaß veröffentlicht werden. In demselben Band, in dem heute diese Briefbeilage aufbewahrt wird, befinden sich nämlich auch Trauergedichte zum Tod des Joachimus I Camerarius von Henricus Petreus Hardesianus (Nr. 318), P. Melissus Schedius (Nr. 326 und Nr. 327), Johannes Albinus (Nr. 328) und Nicolaus Rudingerus (Nr. 338; vgl. Posthiusbrief vom 15.8.1574). Von diesen Gedichten ist das des Petreus (inc.: "Aspera quod rapti ...") dem Posthius gewidmet und zeigt so, daß zu der Zeit bereits die Freundschaft zwischen Posthius und Petreus bestand.

Die Hochschätzung Joachimus I Camerarius gegenüber, die aus all diesen Gedichten und auch aus dem angeführten Posthiusbrief spricht, steht in auffallendem Gegensatz zur Reaktion in Leipzig, wo man sich an der Universität nicht einmal mehr zu der zunächst geplanten Errichtung eines offiziellen Grabmonumentes durchringen konnte. Joachimus I Camerarius wurde nämlich wegen seiner engen Verbindungen zu Melanchthon zu den Philippisten gezählt und wäre wohl daher mit in den Strudel der Verfolgungen gezogen worden, wie seine Freunde - so Zacharius Ursinus - und Feinde - so der Leipziger Bürgermeister Rauscher - übereinstimmend berichteten (Pfeiffer: Camerarius, 1977, S. 102). Der Schwiegersohn Melanchthons, Caspar Peucerus, wurde wegen seines Bekenntnisses von 1574 bis 1586 inhaftiert (vgl. Brief vom 4.2.1590), der zunächst als Nachfolger des Joachimus I Camerarius vorgesehene Esrom Rudingerus floh zu den Mährischen Brüdern in der Nähe von Brünn und Gregorius Bersmanus, der 1575 die Professur für Philologie und Ethik an der Leipziger Universität übernahm, mußte schließlich 1580 Leipzig verlassen, weil er sich geweigert hatte, die Konkordienformel zu unterschreiben (vgl. Überblick, Kapitel 39).

36   Würzburg, 15.8.1574
Posthius an Joachimus [II] Camerarius, Nürnberg
Autograph
Fundort: Erlangen UB Trew, Posthius 11 (= Ms. 1819, Bl. 555)
Folioformat

Begleitbrief zur Übersendung der auf des Posthius Aufforderung hin von Nicolaus
Rudingerus verfaßten Trauergedichte ("Senarii") zum Tode von [Joachimus I Ca-
merarius], die Posthius am Vortag aus Wertheim erhalten hat; Posthius bittet den
Adressaten, den Verfasser dieser Gedichte unter seine Freunde aufzunehmen, und
fragt, ob seine eigenen Trauergedichte ("Epigrammata") zum Tod des [Joachimus I
Camerarius], die er [am 15.7.1574] einem Kaufmann mitgegeben habe, angekommen seien; falls nicht, könne er sie von neuem schicken.
     Grüße an die Brüder [Philippus und Ludovicus] des Adressaten.

Das Angebot des Posthius, seine Epicedia zum Tode von Joachimus I Camerarius er-
neut zu schicken, sowie deren Aufnahme in die Gedichtsammlung "Parerga" des Po-
sthius (vgl. Werkverzeichnis 1574/1) zeigen, daß Posthius von seinen verschickten Ge-
dichten zumindest teilweise eine Abschrift zu behalten pflegte (vgl. Brief vom
18.8.1582).
     Die Beilage des Briefes mit dem Epicedium des Rudingerus zum Tode des
Joachimus I Camerarius wird heute vom Brief getrennt aufbewahrt (München BSB
Clm 10368, Nr. 338). Das Blatt war möglicherweise deshalb vom dazugehörigen Brief
getrennt worden, um mit anderen Gedichten zum selben Anlaß veröffentlicht zu wer-
den (vgl. Brief vom 15.7.1574). Das Epicedium des Rudingerus beginnt "Camerarium
fatj ...".

37   [Würzburg?], 25.9.1574
Posthius an Joachimus [II] Camerarius, Nürnberg
Praesentatum: 27.9.
Autograph
Fundort: Erlangen UB Trew, Posthius 12 (= Ms. 1819, Bl. 556)
Folioformat

Empfehlungsschreiben, dem Henricus Stephanus mitgegeben, mit der Bitte, diesem
einen verläßlichen Reisebegleiter nach Wien zu vermitteln, da in [Würzburg] keiner
zu finden gewesen sei, weshalb ihm Posthius sein Pferd bis Nürnberg geliehen und
der Fürst[bischof Julius Echter] ihm einen Diener mitgegeben habe. Im übrigen
werde der Adressat von Henricus Stephanus selbst erfahren, wie er vom
Fürst[bischof] und von [Erasmus] Neustetterus aufgenommen worden sei.
     Außerdem bestätigt Posthius, er werde die ein Grundstücksgeschäft betreffen-
den Papiere ("literae ... feudales") des Adressaten aufbewahren, bis dessen Bruder
[Philippus Camerarius] oder ein Vertrauter sie abhole.
     Posthius erklärt ferner, auf die [vom Adressaten angekündigte?] Büchersendung
mit der von [Joachimus I Camerarius] verfaßten [handgeschriebenen] Gnomen-

sammlung ("Senarii") und mit der [gedruckten] Werkausgabe [der Gedichte] der [beiden] Strozii freue er sich; letzteres Werk werde er, sobald er den Preis wisse, bezahlen.

Im Postskript Grüße an Philip[pus Camerarius], den Bruder des Adressaten.

Joachimus II Camerarius gab dem Henricus Stephanus seinerseits ein Empfehlungsschreiben nach Regensburg mit, wofür der sich am 2.10.1574 von dort aus bedankte (Erlangen UB Trew. Stephanus 1).

Die erwähnten Gnomen ("Senarii") hatte Joachimus I Camerarius offenbar kurz vor seinem Tod verfaßt, zu Beginn des Jahres 1574. Joachimus II Camerarius schickte sie noch vor Mitte Oktober an Posthius, der sich am 16.10.1574 dafür bedankte und für deren Publikation im Jahre 1579 sorgte (vgl. Werkverzeichnis 1579/1). - Joachimus I Camerarius hatte sich auch früher schon mit Gnomen befaßt und eine umfangreiche Sentenzensammlung mit dem Titel "Libellus gnomologicus" herausgegeben, die in mehreren Auflagen in Leipzig erschien, so in den Jahren 1555 und 1565; bei dem von mir benutzten Exemplar fehlt allerdings die Jahresangabe (vgl. Literaturverzeichnis unter Camerarius: Libellus gnomologicus, 1555?).

Bei dem Werk der beïden Strozii/Strozzi handelt es sich um die gesammelten, ohne besonderen Titel erschienenen Gedichte von Vater Titus Vespasianus (1422?-1505) und Sohn Hercules (1471-1508) Stroza, die nach der von A. P. Manutius erfolgten Ausgabe bei Aldus in Venedig/Venetii von 1513 noch in etlichen weiteren Ausgaben erschienen waren, so in Paris und in Basel. Das von mir benutzte Exemplar der UB Erlangen ist ohne Orts- und Jahresangabe, wurde jedoch im Jahre 1577 weiterverschenkt; es könnte sich daher um ein Exemplar der Ausgabe handeln, von der Posthius im obigen Brief schreibt (vgl. Literaturverzeichnis unter Stroza/Strozius: Werke, o. J.).

Literatur: Schanz: Zum leben (1884), S. 365.

---

38   Würzburg, 25.9.1574
Posthius an Carolus Clusius, Wien
Publikation
Fundort: Publiziert von Crenius in einer Sammelschrift mit philologisch-historischen Beobachtungen (vgl. Literaturverzeichnis unter Crenius: Animadversiones, 1695), Bd. III, S. 62f.

Empfehlungsschreiben für den nach Wien reisenden Henricus Stephanus, in dem Posthius verspricht, seinerseits vom Adressaten empfohlene Gäste freundlichst aufzunehmen.

Posthius bittet ferner um die genaue Wiener Anschrift des Adressaten zwecks häufigerer Briefe und schlägt ihm vor, die Antwortbriefe über Joachimus [II] Camerarius in Nürnberg zu senden.

Dem letztgenannten Vorschlag stimmte Clusius in seinem Brief vom 16.10.1574 aus Wien an Joachimus II Camerarius zu (Hunger: L'Escluse, Bd. II, 1942, Brief Nr. 9, S.

38). In der Tät bedankte sich Posthius im Brief vom 31.12.1575 bei Joachimus II Camerarius für die Übermittlung eines Schreibens des Clusius.

Literatur: *Schanz: Zum Briefwechsel (1884), S. 554.*

39   [Würzburg?], 16.10.1574
Posthius an Joachimus [II] Camerarius, Nürnberg
Autograph
Fundort: Erlangen UB Trew, Posthius 13 (= Ms. 1819, Bl. 557f)
Folioformat

Posthius dankt für den Brief des Adressaten und für die Büchersendung, besonders für die [handschriftliche Sentenzensammlung] "Gnomae" von [Joachimus I Camerarius] und für die "libelli medici" [gemeint ist wohl eine handschriftliche Zusammenstellung medizinischer Erkenntnisse des Joachimus II Camerarius]. Posthius verspricht, daß er diese Sammlung, sobald er sie gelesen habe, durch einen verläßlichen Briefboten zurücksenden werde.

Im Gegenzug übersendet Posthius mit dem Brief seine eigenen "collectanea medica" [d. h. eine handschriftliche Sammlung medizinischer Beobachtungen] und bemerkt dazu, er habe sie lustlos zusammengeschrieben und sei daher mit ihrer Qualität unzufrieden.

Außerdem beantwortet Posthius den Brief des Adressaten: [Erasmus] Neustetterus sei bereit, wegen der [im Brief vom 25.9.1574 erwähnten Grundstücks-]Angelegenheit mit Philippus [Camerarius], dem Bruder des Adressaten, zu verhandeln; allerdings werde dieser nur bis Allerheiligen in [Würzburg] bleiben; daher solle Philippus bald nach [Würzburg] kommen. - Adamus Kalus werde die von ihm farbig illustrierten "Insignia nobilium" bald dem Adressaten senden. - Den "comes" des Adressaten [gemeint ist wohl ein Brief- oder Päckchenüberbringer] habe er, Posthius, bezahlt; es wäre also nicht nötig gewesen, das Geld zu übersenden.

Ferner teilt Posthius mit, mittlerweile habe Henricus Petreus ihn in [Würzburg] besucht; er habe diesem den Plan des Adressaten bezüglich der Schriften von dessen Vater [Joachimus I Camerarius; - vielleicht ging es um eine groß angelegte Edition oder auch nur um die oben erwähnten "Gnomae" -] dargelegt; Petreus sei, wo auch immer er sich befinde - er wolle nämlich an irgendeine Universität zurückkehren -, einverstanden.

Es folgt eine vermutlich auf die oben genannten "libelli medici" des Adressaten bezogene Bemerkung: "Symptoma quintum est sitis: caetera rectè observastj".

Außerdem versichert Posthius, er werde den [ironisch] "Jupiter noster" genannten [Fürstbischof Julius Echter] an sein Weinversprechen zu erinnern, falls dies der Adressat wünsche.

Schließlich kündigt Posthius an, Lucas Meyer werde dem Adressaten ein in Holz geschnitztes Wappen des Posthius übergeben, und bittet, dieses bei Gelegenheit nach [Würzburg] zu senden; es sei bereits bezahlt.

Abschließend erkundigt Posthius sich nach Post von Hen[ricus] Stephanus und entschuldigt sein eiliges Schreiben mit dem Aufbruch zu einer Reise; deswegen könne er auch nicht mehr erneut mit [Petrus] Rieterus sprechen.

Grüße von [Erasmus] Neustetterus; Grüße an Philippus [Camerarius].

Am Rande des Briefes ist zu dem Namen "Lucas Meyer" erklärend auf Deutsch beigefügt: "Ist bei dem Jobst Aman." [gemeint ist der bekannte Graphiker Jost Ammann, 1539-1591].

Zur Gnomensammlung des Joachimus I Camerarius vgl. Werkverzeichnis 79/1 und Brief vom 25.9.1574.

Mit den "Insignia nobilium" des Adamus Kalus/Kahl ist vermutlich ein von Kahl persönlich zusammengestelltes, selbst geschriebenes und mit Wappen illustriertes Werk über die Geschichte Würzburgs gemeint. Einen ähnlichen Band - vielleicht sogar gleichen Inhalts - schenkte Kahl 1577 oder kurz zuvor der Stadt Würzburg (Endres: Adam Kahl, 1952, S. 12), einen weiteren seinem Gevatter Barthel Hoffmann im Jahre 1580; dieser Band ist noch in der UB Würzburg erhalten (M. ch. f. 316a; Angaben nach Endres: Adam Kahl, 1952, S. 13f).

Die von Posthius erwarteten Nachrichten von Henricus Stephanus trafen bald darauf ein: am 24.10.1574 schrieb Stephanus aus Wien an Joachimus II Camerarius (Erlangen UB Trew, Stephanus 2).

40 [in Nürnberg?], 14.11.[1574]
Posthius an Joachimus [II] Camerarius, [Nürnberg?]
Autograph
Fundort: Erlangen UB Trew, Posthius 102 (= Ms. 1819, Bl. 758)
Folioformat

Posthius bittet um die Weiterleitung der beigelegten Briefe an Henricus Petreus nach Frankfurt und an seine Frau [Rosina] nach Würzburg; im Brief übersendet er ein soeben nachts ("ad lucernam") angefertigtes Epigramm auf die vorzeitig ergrauten Haare des Adressaten.

Das erwähnte Epigramm schließt sich unmittelbar an den Brieftext an (vgl. Werkverzeichnis 1574/5).

Dieser Brief wurde, wohl wegen des enthaltenen Gedichtes, außerhalb der übrigen Briefe aufbewahrt, wie aus seiner ehemaligen Nummer in Ms. 1819 hervorgeht: Er lag hinter dem letzten Posthiusbrief vom 16.6.1597 (Nr. 757) bei den Beilagen. Bei der Neuordnung der Briefe nach Autoren wurde dieser Brief, dem dabei die ehemalige Nr. 762 (vgl. Brief vom 29.9.1576) als "Beilage" zugewiesen wurde, aus mir unklaren Motiven unter dem Datum des 14.11.1581 eingeordnet, unter welchem er auch im Katalog von Schmidt-Herrling verzeichnet ist (Schmidt-Herrling: Die Briefsammlung, 1940, S. 15f).

Der Brief gehört wohl in das Jahr 1574, weil er auf einer Reise (vgl. Überblick, Kapitel 21) verfaßt sein muß, das im Brief erwähnte Schreiben an H. Petreus mit dessen Besuch im Oktober 1574 bei Posthius in Zusammenhang stehen kann (vgl. Brief vom

16.10.1574), Posthius auch seinem folgenden Brief vom 17.11.1574 ein Schreiben an
seine Frau beigelegt hat und das nachts angefertigte Gedicht über die vorzeitig er-
grauten Haare des Joachimus II Camerarius offenbar auf einen kurz zuvor erfolgten
Besuch des Posthius bei diesem hindeutet, zumal an dieser Stelle erstmals von diesen
grauen Haaren die Rede ist. Dasselbe Thema greift Posthius in seinem nächsten Brief
an Camerarius vom 17.11.1574 wieder auf.

41   Regensburg, 17.11.1574
Posthius an Joachimus [II] Camerarius, Nürnberg
Praesentatum: 29.11.
Autograph
Fundort: Erlangen UB Trew, Posthius 14 (= Ms. 1819, Bl. 559)
Folioformat

Posthius berichtet von der Reise [mit Gotofridus? Baro Lympurgicus Richtung
Wien]: Am Vortag habe man wegen der beschwerlichen Wegverhältnisse und wegen des schlechten gesundheitlichen Befindens der "iunior Domina" nur drei Meilen zurückgelegt und sei erst abends nach Regensburg gekommen, so daß er [an
dem Tage] Scheubius nicht mehr habe besuchen können; nun will er ihn durch
einen Diener zu sich bitten. Die Abreise sei für den nächsten Morgen geplant.

Anschließend notiert Posthius ein am Vortag unterwegs gedichtetes Epigramm,
das sich mit den vorzeitig ergrauten Haaren des Adressaten befaßt, und den
Beginn eines zweiten Gedichtes, in dem Posthius seinen Unmut über den Dienst
am Hof ausdrückt.

Außerdem bittet Posthius, den beigelegten Brief an seine Frau [Rosina] nach
Würzburg weiterzuleiten.

Zu den beiden in den Brieftext eingefügten Gedichten vgl. Werkverzeichnis 1574/6.

42   "Buchemiae", 11.12.1574
Posthius an Joachimus [II] "Camerius" [sic; scilicet Camerarius], Nürnberg
Praesentatum: 26.12.
Autograph
Fundort: Erlangen UB Trew, Posthius 15 (= Ms. 1819, Bl. 560)
Folioformat

Posthius berichtet von der beschwerlichen Rückreise aus Wien: Zwanzig Meilen
habe er zu Fuß zurückgelegt; gestern sei er nach "Buchemia" zu [Gotofridus?] Baron Lympurgicus gekommen, wisse aber noch nicht, wann er endlich nach Hause
zurückkehren könne; er bitte daher den Adressaten um die Weiterleitung des beigelegten Briefes an seine Frau [Rosina nach Würzburg].

Neuigkeiten gebe es keine außer dem in Wien umgehenden Gerücht, der Kaiser
[Maximilian II.] werde in Kürze nach Prag ziehen.

Außerdem berichtet Posthius, [der kaiserliche Leibarzt Johannes] Crato, der ihn [in Wien] freundlichst aufgenommen habe, habe ihm einen Brief an den Adressaten mitgegeben; er, Posthius, hoffe, diesen Brief bald selbst überbringen zu können.

Wie aus dem Text dieses Briefes hervorgeht, wurde der Brief von Posthius einem der Leute mitgegeben, die die Reise von Wien zurück mitgemacht hatten.

Kaiser Maximilian II. wollte noch vor seinem Tod die Wahl seines Sohnes Rudolph zum Nachfolger sichern (vgl. Brief vom 25.9.1575) und dazu - nachdem Rudolph bereits 1572 zum König von Ungarn gekrönt worden war - Rudolph zunächst die böhmische Krone verschaffen. Er berief zu diesem Zweck und für Steuerbewilligungen Ende Februar 1575 einen Landtag nach Prag und eröffnete ihn selbst am 21.2.1575, doch verzögerte sich das Wahlverfahren bis zum September, weil die überwiegend protestantischen Stände als Vorbedingung für die Akzeptierung Rudolphs die Zusicherung freier Religionsausübung verlangten und sich Lutheraner wie Böhmische Brüder vorübergehend zu einer gemeinsamen "Böhmischen Konfession" zusammenschlossen. Man einigte sich schließlich am 25.8.1575 in einem Kompromiß: Die Stände akzeptierten ohne Ausübung eines freien Wahlrechts Rudolph als König, und Maximilian II. und Rudolph versprachen dafür mündlich Religionsfreiheit. Da ältere restriktive Gesetze dabei nicht eingeschränkt wurden, entstand ein Jahrzehnte dauernder rechtlicher Schwebezustand, der nach dem Ende des Landtages am 27.9.1575 immer wieder zu Einschränkungen und Verboten freier Religionsausübung durch die Behörden führte, ohne daß die Auflagen ernsthaft durchgesetzt wurden.

43 Würzburg, 9.3.1575
Posthius an Gregorius Bersmanus, [Leipzig]
Publikation
Fundort: Publiziert von Bersmanus in der zweiten Ausgabe seiner gesammelten Werke (vgl. Werkverzeichnis 1591/2), Pars prior, S. 348-350

Posthius entschuldigt sein langes Schweigen mit seiner fast dreimonatigen Abwesenheit von Würzburg und berichtet von der Reise, von der er am 1.2. zurückgekehrt sei: Er habe einen Baron Lympurgicus bei einer Geschäftsreise nach Österreich als Leibarzt begleitet und dabei in Wien freundschaftliche Kontakte mit etlichen Gelehrten angeknüpft, unter anderem mit den kaiserlichen Leibärzten [Johannes] Crato und Rembertus Dodonaeus, mit dem Arzt, Dichter und Mathematiker Paulus Fabricius, mit dem Arzt, Dichter und Hofhistoriker Iohan. Sambucus, mit dem Medizinprofessor und Rektor der Wiener Universität Ioan.[nes] Aicholtzius und mit dem Vorsteher der [kaiserlichen] Gärten, Carolus Clusius.

Sambucus

Anschließend dankt Posthius überschwenglich für den ihm höchst willkommenen freundlichen Brief des Adressaten und versichert diesen seiner Freundschaft.

Außerdem lobt er die vom Adressaten verfaßten [und offenbar zusammen mit dessen Brief übersandten] Dichtungen "Alcon" und "carmen ... in funere clariss. viri D. Camerarij". Posthius bittet um weitere Zusendungen, da er des Adressaten

Werke sehr schätze und liebe, und versichert, daß er den Adresssaten für den wortgewandtesten und gelehrtesten ("suauissimum, & doctissimum") zeitgenössischen deutschen Dichter halte.

Schließlich gratuliert Posthius dem Adressaten zur Hochzeit und berichtet, sein [des Posthius] Verwandter Andreas Eckius habe [selbstverfaßte?] Epithalamia ("carmina") zu dieser Hochzeit dem Posthius geschickt [Posthius legte diese Gedichte vermutlich dem Brief bei]; diesen Hochzeitsgedichten wolle er, Posthius, baldmöglichst ein eigenes Gedicht ("Epigramma") hinzufügen.

Außerdem bittet Posthius den Adressaten um Verse auf sein Wappen, das er dem Adressaten mit dem Brief übersende.   1584

Der Ungar Iohannes Sambucus (Tyrnau/Trnava 25.7.1531 - Wien 13.7.1484) machte sich während ausgiebigen Studienaufenthalten und Reisen einen Namen als Philologe und Handschriftensammler, studierte nebenbei in Padua auch Medizin und bekam bereits ab 1558 als "Familiaris aulae" des Wiener Hofes ein festes Jahresgehalt, wurde aber erst im Frühjahr 1564 dort als Hofhistoriograph und "Medicus titularis aulae" seßhaft. Trotz hoher Auszeichnungen - er bekam die Titel eines Comes Palatinus und eines kaiserlichen Rates - und einer reichen Heirat geriet er etwa 1573 in Geldschwierigkeiten und mußte schließlich beträchtliche Teile seines kostbaren Handschriften- und Buchbesitzes an die Wiener Hofbibliothek verkaufen. Diese Kaufverhandlungen sowie philologische und editorische Probleme spielen in den Briefen des Sambucus an Crato Ende 1574/Anfang 1575 eine Rolle; des Posthius Name wird dagegen in ihnen nicht erwähnt (Gerstinger: Die Briefe, 1968, S. 165-173, Nr. LXXVIII-LXXXV). Andere Briefe - so der des Posthius vom 2.6.1575 an Sambucus - scheinen verschollen zu sein.

Bei Johannes Aicholtzius, der über einen eigenen botanischen Garten verfügte, wohnte Clusius während seines Wienaufenthaltes von 1573 bis 1588; mit Aicholtzius und dem ebenfalls von Posthius erwähnten Paulus Fabricius unternahm Clusius auch nähere und weitere Exkursionen in Niederösterreich. Zum selben Freundeskreis gehörten auch der Medizinprofessor Andreas Dadius und der Hofbibliothekar Hugo Plotius/Blotius (vgl. J. Aschbach: Die Wiener Universität und ihre Gelehrten 1520-1565, Wien 1888, S.350f, zitiert in der Festschrift Carolus Clusius, 1973, S.83, Nr.1a).

Bei den beiden Dichtungen "Alcon" und "carmen" des Bersmanus handelt es sich jeweils um Epicedia zum Tode des am 17.4.1574 verstorbenen bekannten Humanisten Joachimus Camerarius, und zwar bei dem Gedicht "Alcon" um eine "HUNC etiam Philyreia ..." beginnende Ekloge aus 130 Hexametern, die 1574 gedruckt in Leipzig erschien (vgl. Literaturverzeichnis unter Bersmanus: Alcon, 1574), während mit dem "carmen" des Bersmanus nur dessen griechisch "ΘΡΗΝΟΣ." betitelte Elegie aus 51 Distichen gemeint sein kann, die "LEVcoris atra, sui si ..." beginnt und von Bersmanus 1576 in der ersten Ausgabe seiner Gesammelten Werke im Buch "Epicediorum liber II" publiziert wurde (vgl. Werkverzeichnis 1576/1, S. 229-233, wieder abgedruckt in der zweiten Ausgabe von 1591, Werkverzeichnis 1591/2, dort ebenfalls S. 229-233).

Die Hochzeit des Bersmanus fand am 7.2.1575 statt, und zwar heiratete Bersmanus eine Magdalena Helbornia, die Tochter des Leipziger Theologieprofessors Petrus Helborn/Heleborn; deren Schwester war mit Simon Stenius verheiratet.

Bersmanus publizierte 1576 in seinen Gesammelten Werken einen Großteil der von ihm zu seiner Hochzeit erhaltenen Glückwunschgedichte, und zwar im vierten Buch seiner "Epithalamia". Darunter sind auch drei Epithalamia von Posthius, jedoch keine Gedichte eines Andreas Eckius (vgl. Werkverzeichnis 1576/1).

Bersmanus erfüllte den Wunsch des Posthius nach Versen auf des Posthius Wappen (vgl. Überblick, Kapitel 22).

44   Haßfurt, 17.3.1575

Posthius an Joachimus [II] Camerarius, Nürnberg
Praesentatum: 18.3.
Autograph
Fundort: Erlangen UB Trew, Posthius 16 (= Ms. 1819, Bl. 561)
Folioformat

Von Erasmus Neustetterus veranlaßt, der am Vortag nach [Haßfurt] kam, bestellt Posthius den Adressaten dringend zu dem seit dem 5.3.[1575] an "febris tertiana" und an Koliken ("lumborum dolor") erkrankten Sebastianus Neustetterus, wenngleich Posthius selber eine optimistische Prognose stellt; er berichtet in dem Brief ausführlich vom Verlauf der Krankheit und den angewandten Behandlungsmethoden - von einem "medicamentum purgans" und einem Aderlaß ("vena aperta") -, damit der Adressat die ihm passend erscheinenden Medikamente mitbringen könne. Zur bequemeren Anreise werde Erasmus Neustetterus dem Adressaten ein Pferd schicken.

45   Würzburg, 20.3.1575

Posthius an Jo[h]an[nes] Crato, [Prag]
Kopie
Fundort: Ehemals Breslau UB Crato I 150, seit 1945 verschollen; Inhaltsangabe des Briefes mit Zitaten: Breslau/Wrocław UB Akc 1949/611, Bl. 49v

Posthius berichtet, der Würzburger Kanzler [Balthasar von Hellu] werde dem Adressaten als Bezahlung für eine medizinische Behandlung im Herbst Wein übersenden.

Außerdem kündigt Posthius an, er werde ein von [Johannes] Crato ausgerichtetes Festmahl durch ein Gedicht verherrlichen.

Schließlich bittet er um die Übersendung des Wappens des Adressaten samt Erläuterung.

Der Brief sollte vermutlich nach Prag geleitet werden, da Crato als Leibarzt Maximilians II. den Kaiser dorthin zu einem Landtag begleitet hatte, auf dem des Kaisers Sohn Rudolph als König Böhmens bestätigt werden sollte (vgl. Brief vom 11.12.1574).

Der im Brief erwähnte Balthasar von Hellu stammte aus einer verarmten nieder-
ländischen Adelsfamilie; sein Vater hatte in den Elsaß auswandern müssen und in
Hagenau eine neue Heimat gefunden, wo Balthasar etwa 1518 geboren wurde. Nach
einem Jurastudium in Freiburg wurde Hellu Syndikus der Stadt Colmar und vertrat
diese vorübergehend 1555 auf dem Augsburger Reichstag. Dabei machte er wohl die
Bekanntschaft des Würzburger Bischofs Melchior Zobel, der ihn Anfang 1556 als
Kanzler nach Würzburg berief. Der auf diese Weise kometenhaft Aufgestiegene nützte
sein Amt zu ausgiebiger diplomatischer Tätigkeit und vielen damit verbundenen Rei-
sen, die vor allem der Förderung des Landsberger Bundes dienten; in dieser Funktion
und auch wegen seiner katholischen Konfession war Hellu fast beständig in gutem
Kontakt zum bayrischen Herzog Albrecht V. Ab 1570 mußte er allerdings mehrfach
Termine absagen wegen Erkrankungen, so im Oktober 1573 wegen Rückenschmerzen.
Wahrscheinlich begann er aber bereits da an einem Geschwür zu leiden, denn im Ok-
tober 1574 bezeichnete das Domkapitel den noch nicht 60jährigen bereits als
"unvermüglich und alt" und beriet über seine Ablösung (zitiert nach Mogge: Hellu,
1980, S. 140). Obwohl er selbst in dieser Zeit den Augsburger Stadtkanzler Adam Zech
als Nachfolger vorschlug und im November 1575 sich einer Operation unterziehen
mußte (vgl. Briefe vom 15.11.1575 und vom 14.12.1576), blieb er weiterhin, bis zu sei-
nem Tod am 9.1.1577, im Amt und war bis dahin auch noch zweimal dienstlich in
Regensburg. - Bis zu der ersten dieser Dienstreisen im Oktober 1575 wartete Hellu mit
der Einlösung seines im obigen Brief erwähnten Weinversprechens (vgl. Brief vom
30.10.1575).

Posthius kommt auf das im Brief genannte Festmahl, das Crato offenbar zu seinen
Ehren gegeben hat, auch in seinem Brief vom 27.10.1576 zu sprechen. Er nennt es
darin "convocatis Viris aliquot doctissimis convivium lautissimum" und widmet als
Dank dafür seine anläßlich des Todes von Kaiser Maximilian II. geschriebenen Ge-
dichte dem Crato (vgl. Überblick, Kapitel 24).

Das Wappen des Johannes Crato wollte Posthius vermutlich, um enkomiastische
Gedichte über dieses Wappen anfertigen zu können, so wie er es umgekehrt von seinen
Freunden zur Verherrlichung seines eigenen Wappens erwartete (vgl. Überblick, Kapitel
22, und Werkverzeichnis 1579/1.).

46   Würzburg, 22.3.[1575]
Posthius an Joachimus [II] Camerarius, [Haßfurt]
Praesentatum: 22.3.75
Autograph
Fundort: Erlangen UB Trew, Posthius 17 (= Ms. 1819, Bl. 562f)
Folioformat

Übersendung zweier unterwegs beim Reiten verfaßter kurzer Gedichte ("versiculi"),
von denen das eine das Landgut des Adressaten preist; das andere spielt auf Weinschößlinge an, die Posthius dem Adressaten für eben dies Landgut bei nächster
Gelegenheit schicken will und die eigentlich bereits unterwegs sein sollten; der

Auftrag zur Übersendung sei jedoch nicht ausgeführt worden, da Posthius auswärts [in Haßfurt bei dem Patienten Sebastianus Neustetterus] gewesen sei.

Abschließend bittet Posthius den Adressaten, die (dem Brief beigelegten] Gedichte ("Epigrammata") auf den Wahlspruch und das Wappen des Posthius dem Bruder Philippus [Camerarius] zu zeigen und diesen zu grüßen.

Im Postskript teilt Posthius dem Adressaten mit, er habe dessen Brief seinem Patron [Erasmus Neustetterus] überbracht; dieser habe die Entschuldigung des Adressaten "de equo" akzeptiert.

In einem weiteren Postskript Grüße an Sebastianus Neustetterus und dessen Frau.

Zu den beiden Gedichten vgl. Werkverzeichnis 1575/2.

Wie den Grüßen an Sebastianus Neustetterus zu entnehmen ist, folgte Joachimus II Camerarius offenbar dem Ruf vom 17.3.1575 an das Krankenbett in Haßfurt; dabei ist möglicherweise dem von E. Neustetterus an Camerarius geschickten, im Brief vom 17.3.1575 erwähnten Pferd etwas zugestoßen, wofür sich Camerarius mit dem im obigen Brief erwähnten Schreiben bei E. Neustetterus entschuldigte.

47   Würzburg, 29.3.1575
Posthius an Joachimus [II] Camerarius, Nürnberg
Praesentatum: 1.4.
Autograph
Fundort: Erlangen UB Trew, Posthius 18 (= Ms. 1819, Bl. 564)
Folioformat

Posthius dankt für den dem Hubertus Languetus mitgegebenen Brief und bedauert, daß Languetus nicht früher gekommen sei, da er ihn dann dem Fürst[bischof Julius Echter] hätte vorstellen können; dies will er bei der Rückreise des Languetus nachholen.

Weiter berichtet Posthius, eine Gelegenheit zur Übersendung der [im Brief vom 22.3.1575 erwähnten] Weinschößlinge habe sich noch nicht ergeben.

[Melchior?] Hagius werde wegen des [als Gegengabe für ein übersandtes Buch? vom Fürstbischof Julius Echter versprochenen] Weines beim scherzhaft "Jupiter" genannten Fürstbischof vorsprechen.

Hagius habe außerdem [wohl auf Bitte des Posthius hin, der dazu von Joachimus II Camerarius offenbar aufgefordert worden war,] Rosenschößlinge versprochen.

Adamus Kalus habe den Brief des Adressaten und die von diesem übersandten Bücher erhalten und werde den [nicht näher erläuterten] Wunsch des Adressaten erfüllen.

Dem Adamus Kalus habe er, Posthius, auch die Grundstücksangelegenheit ("negotium de feudis") [der Brüder Ludovicus und Philippus Camerarius] übertragen und ihm daher den an Posthius gerichteten diesbezüglichen Brief des Adressaten ausgehändigt. Kalus sei zuversichtlich, einen Aufschub zu erreichen, wenn auch Schlehenriedt und Andreas Hartmannus, mit denen Posthius deshalb verhandelt habe, meinten, es sei ein feierliches Schreiben an den Fürst[bischof] vonnöten. Mit all diesen Auskünften will Posthius verhindern, daß die Brüder des Adressaten [Ludovicus und Philippus] in dieser Angelegenheit etwas vernachlässigen.

Grüße an den Bruder [Philippus] des Adressaten sowie an [den Nürnberger Arzt] Volcherus [Coiter].

Im Postskript weist Posthius darauf hin, daß [Erasmus] Neustetterus, der sich über die Genesung seines Bruders Sebast[ianus] sehr freue, am vergangenen Donnerstag zur Comburg abgereist sei; außerdem bittet Posthius um die Weiterleitung des beigelegten Briefes an [den kaiserlichen Leibarzt Johannes] Crato [nach Prag].

Von dem durch Fürstbischof Julius Echter versprochenen Wein ist auch in den folgenden Briefen vom 8.4.1575 und vom 24.4.1575 die Rede; erfüllt wurde das Versprechen erst vor dem Posthiusbrief vom 12.6.1575.

Hubertus Languetus war Schriftsteller und Politiker und beteiligte sich an der damals in Frankreich und in den Niederlanden verbreiteten Diskussion über die Einschränkung der absoluten Gewalt eines Herrschers bzw. über die Rechte des Volkes gegen solche Herrscher. Er wurde 1518 in Vitteaux (Bourgogne) geboren und starb am 30.9.1581 in Antwerpen.

48   Würzburg, 7.4.1575
Posthius an Joachimus [II] Camerarius, Nürnberg
Praesentatum: 8.4.
Autograph
Fundort: Erlangen UB Trew, Posthius 19 (= Ms. 1819, Bl. 565)
Folioformat

Posthius bedauert, noch immer habe sich keine Gelegenheit zur [bereits in den vorhergehenden Posthiusbriefen angekündigten] Übersendung der Weinschößlinge ergeben, die inzwischen in einem Weinkeller geschützt aufbewahrt würden. Es folgen präzise Angaben, wie diese Schößlinge gesetzt werden müssen. Dies Wissen habe er, so berichtet Posthius, von Weinbauern erfragt. Zusammen mit den Weinschößlingen würden dem Adressaten dann auch die von [Melchior?] Hagius als Geschenk versprochenen [und im Brief vom 29.3.1575 angekündigten] Rosenschößlinge gebracht werden.

Posthius empfiehlt, wegen der [bereits mehrfach in den vorhergehenden Posthiusbriefen angesprochenen] Grundstücksangelegenheit ("Feuda") im Namen der Brüder [Ludovicus und Philippus Camerarius] an den Fürst[bischof Julius Echter] zu schreiben, um die Verzögerung zu entschuldigen. Dies rate auch [Adamus] Kalus.

Weiterhin bietet Posthius dem Adressaten an, er könne ihm - falls er es noch nicht besitze - ein Büchlein des Henricus Stephanus zuschicken, das er, Posthius, von diesem zugesandt bekommen habe und das unter anderem Trauergedichte

("Epigrammata") auf den Tod des Vaters [Joachimus I Camerarius] des Adressaten enthalte.

Im Postskript schreibt Posthius, er erwarte stündlich den [abermaligen] Besuch des Hubertus Languetus.

Von dem erwähnten Büchlein des Henricus Stephanus ließ sich bislang nicht der Titel ermitteln; Stephanus erwähnt es auch in seinen Briefen vom 24.10. und 15.11.1574 an Joachimus II Camerarius (Erlangen UB Trew, Stephanus 2 und 3, publiziert von Schanz: Zum briefwechsel, 1884, S. 551f). Camerarius ging offenbar auf des Posthius Angebot ein und erbat sich noch im April oder Mai 1575 dessen Exemplar, das Posthius dann auch am 12.6.1575 übersandte.

Dies wäre jedoch nicht nötig gewesen, denn am 29.5.1575 erhielt Camerarius ein undatiertes Schreiben des Stephanus, in dem dieser die Übersendung eines Exemplares des Büchleins für den Fall anbietet, daß Camerarius noch keines erhalten habe. Zwar habe er, Stephanus, seinen Frankfurter [Angestellten?] Hieronymus mit der Übersendung beauftragt, doch könne das in dem Durcheinander, das nach dem Untergang eines Schiffes mit den [für die Frankfurter Messe bestimmten] Büchern des Stephanus entstanden sei, vergessen worden sein.

In demselben Schreiben an Camerarius bittet Stephanus auch, einen beigelegten Brief an Posthius weiterzuleiten, und fragt, ob Posthius verreist oder krank sei, da er so lange nicht mehr geschrieben habe. (Der Brief befindet sich heute in Erlangen UB Trew, Stephanus 4; publiziert von Schanz: Zum briefwechsel, 1884, S. 555). Posthius antwortete darauf prompt am 12.6.1575.

Zu einem früheren Besuch des Languetus bei Posthius vgl. Brief vom 29.3.1575.

Literatur: *Schanz, Zum leben (1884), S. 366; dort ist versehentlich der 5.4.1575 als Datum des oben angeführten Briefes angegeben.*

49 Würzburg, 8.4.[1575]
Posthius an Joachimus [II] Camerarius, Nürnberg
Praesentatum: 15.4.75
Autograph
Fundort: Erlangen UB Trew, Posthius 20 (= Ms. 1819, Bl. 566)
Folioformat

Voll Freude teilt Posthius mit, soeben habe er von [Melchior?] Hagius erfahren, daß dieser am Vortag den Fürst[bischof Julius Echter] ermahnt habe und der daraufhin zum Dank für das elegante Präsent des Adressaten Wein und einen Becher versprochen habe. Posthius begründet seine Freude unter anderem mit dem (in griechische Worte und Schrift gefaßten) Hinweis, Freunden sei alles gemeinsam.

Vermutlich hatte Joachimus II Camerarius dem Fürstbischof ein Buch gewidmet oder übersandt; die Verpflichtung zur Gegengabe von Wein ist auch in den Briefen vom 16.10.1574 und vom 29.3.1575 erwähnt; sie wird erst nach dem Brief vom 24.4.1575 erfüllt (vgl. Brief vom 12.6.1575).

50   [Würzburg?], 24.4.1575
Posthius an Joachimus [II] Camerarius, Nürnberg
Praesentatum: 6.5.
Autograph
Fundort: Erlangen UB Trew, Posthius 21 (= Ms. 1819, Bl. 567)
Folioformat

Posthius freut sich darüber, daß der Adressat nun endlich die [bereits in den vorhergehenden Posthiusbriefen angekündigten] Weinstöcke erhalten habe.

Außerdem versichert Posthius, das [im Brief des Adressaten] Angesprochene
[gemeint ist vielleicht, den Fürstbischof Julius Echter an sein Weinversprechen zu
erinnern] beim [Fürstbischof] nach Wunsch zu erledigen.

Dann berichtet Posthius vom Aufbau des [Würzburger] Hofgartens; Aufträge
[für Pflanzenlieferungen?] zu diesem Garten werde der Adressat so bald wie möglich, d. h. sobald der Boden vorbereitet sei, erhalten.

Schließlich empfiehlt Posthius dem Adressaten, dem [Fürstbischof Julius
Echter] erst den gewünschten medizinischen Rat zu erteilen, wenn dieser sein
[bereits mehrfach in Posthiusbriefen erwähntes] Weinversprechen eingelöst habe.

Posthius teilt ferner mit, [Melchior?] Hagius habe einen Aufschub von sechs
Monaten in der [bereits mehrfach in Posthiusbriefen angesprochenen Grundstücks-
] Angelegenheit der Brüder [Philippus und Ludovicus] des Adressaten erreicht.

Abschließend kündigt Posthius an, er werde in Kürze mit Gotofridus Baro Lympurgicus nach Wildbad aufbrechen.

Auch bittet er um die Weiterleitung des beigelegten Briefes [an den Hofhistoriographen Johannes Sambucus oder den Hofbotaniker Carolus Clusius] nach
Wien; Auslagen dafür werde er ersetzen.

51   [Würzburg?], 2.6.1575
Posthius an Joachimus [II] Camerarius, Nürnberg
Praesentatum: 5.6.
Autograph
Fundort: Erlangen UB Trew, Posthius 22 (= Ms. 1819, Bl. 568)
Folioformat

Am Beginn des Briefes berichtet Posthius kurz von seinem Besuch in Wildbad im
Mai, wo sich das dem Adressaten bekannte Leiden ("affectus") des Patienten Gotofridus Baro Lympurgicus gebessert habe.

Er, Posthius, habe in der Ruhe Wildbads eine Elegie über dieses Bad verfaßt
und übersende sie als kleine Gabe mit dem Brief. Anschließend bittet Posthius um
die Weiterleitung des beigelegten Briefes an [den kaiserlichen Hofhistoriographen
Johannes] Sambucus [nach Wien] und teilt mit, bisher habe er noch nichts aus dem
"liber medicus" des Adressaten abgeschrieben, doch sei er wegen der langen Zeit,
die er die Schrift bereits bei sich habe, bereit, sie auf Wunsch zurückzusenden.

Schließlich berichtet Posthius noch, [Fürstbischof Julius Echter] sei am Pfingst-
fest konsekriert worden.

[Erasmus] Neustetterus werde in Kürze von [Würzburg] zur Comburg reisen.

*Mit der medizinischen Schrift des Joachimus II Camerarius meint Posthius vermutlich
ein handschriftliches Werk, wohl dasselbe, das im Brief vom 16.10.1574 als "libelli
medici" erwähnt wird.*

*Der am 1.12.1573 zum Bischof gewählte Julius Echter hatte zwar bereits als Kind
durch Vermittlung seines in Mainzer Diensten stehenden Vaters Peter mehrere Pfrün-
den erhalten, war aber von seiner Ausbildung her Jurist und hatte auch entsprechend
sein Studium mit dem kanonischen Lizentiat der Universität Pavia abgeschlossen. Er
ließ sich erst nach langem Zögern und nach mehreren Ermahnungen durch den päpstlichen Diplomaten Nikolaus Elgard schließlich am 20.5.1575 zum Priester und am
22.5.1575 zum Bischof weihen. Posthius stand den Feierlichkeiten, an denen sechs
Äbte und drei Bischöfe teilnahmen und die mit einem Festmahl im Jesuitenkolleg en-
digten, eher reserviert gegenüber und relativierte den Begriff "Consecratio" in seinem
Brief daher mit den Worten "ut vocant", wobei als Subjekt dieses Ausdruckes offenbar
die Katholiken gemeint sind. Überhaupt vermeidet Posthius auch sonst nach Möglichkeit "katholisches" Vokabular wie den Begriff "Episcopus" für Julius Echter.*

*Die Beilage des Briefes mit der Elegie über Wildbad befindet sich heute getrennt
vom Brief ebenfalls in Erlangen (vgl. Werkverzeichnis 1575/3).*

52   Würzburg, 12.6.1575
Posthius an Henricus Stephanus, [Genf]
Der Brief ist ohne Adresse
Autograph
Fundort: Bremen SuUb, Ms. a 8, Brief 279.
Folioformat

Posthius antwortet auf den am Vortag erhaltenen Brief des Adressaten: Sein letztes
Schreiben an Stephanus, das er noch während der Frankfurter Messe abgefaßt
habe, also bevor ihn des Adressaten Brief erreichte, sei von Melissus offenbar noch
nicht weitergeleitet worden. Posthius wiederholt daher dessen Inhalt:

Er, Posthius, habe längere Zeit nicht geschrieben, weil er wegen seiner Öster-
reichreise fast ein Vierteljahr unterwegs gewesen sei.

Dann geht er auf ein vom Adressaten geplantes umfangreicheres Werk ein: In
dieser Angelegenheit habe er, Posthius, wegen [finanzieller?] Unterstützung mit
dem Fürst[bischof Julius Echter] gesprochen, könne aber dem Adressaten wegen
des Geizes des Würzburger Hofes wenig Hoffnung machen (dieser Satz ist als vertraulich gekennzeichnet). [Der kaiserliche Leibarzt Johannes] Crato rate davon ab,
dies Werk zu verfassen, da es zwar nützlich, aber sehr arbeitsaufwendig sei und sich
finanziell nicht rentiere.

Außerdem weist Posthius darauf hin, er habe bislang die [vom Adressaten in
Aussicht gestellten] Bücher wohl wegen des Schiffbruches [darauf befanden sich

die Bücher des Stephanus für die Frankfurter Messe] noch nicht vom Frankfurter Auslieferer ("Jastitor") [Hieronymus] erhalten.

Dann berichtet Posthius, den gesamten Monat Mai habe er mit [Gotofridus] Baron [Lympurgicus] in Wildbad verbracht, aber noch nicht seine poetische Geübtheit wiedererlangt; wenn er diese wieder habe, werde er als Dank [für die versprochenen Bücher] und zur Dokumentation seiner Freundschaft zum Adressaten ein Gedicht anfertigen.

Zusammen mit dem Brief übersende er, Posthius, ein Scherzgedicht ("carmen iocosum") des Nicolaus Rudingerus "de Coena Posthiana" und bitte darum, auf dessen Verfasser, einen gebürtigen Pfälzer, der jetzt bei dem Grafen von Wertheim und Königstein als Kämmerer ("Quaestor aerarius") arbeite und mit dem Posthius seit langem befreundet sei, ein kurzes enkomiastisches Gedicht, wenigstens ein "distichon", zu verfassen.

Abschließend weist Posthius den Adressaten darauf hin, daß dieser in einem seiner Verse "equidem" auf die dritte Person bezogen habe, was er selbst für sprachlich unkorrekt halte.

Im Postskript Grüße an [Theodorus] Beza.

Der Brief lief über Joachimus II Camerarius, über den Posthius auch das Schreiben des Stephanus erhalten hatte (vgl. Briefe vom 7.4.1575 und vom 12.6.1575).

Die aus dem Brief erkennbare Situation - Henricus Stephanus sieht sich nach möglichen Geldgebern für eine seiner teuren Folioausgaben antiker Autoren oder seiner Thesauren um - ist typisch für den berühmten Drucker und Verleger. Die bekanntesten Mäzene, die er gewinnen konnte, waren von 1558 bis 1568 Ulrich Fugger und ab 1579 der französische König Heinrich III. In der Zeit dazwischen, vor allem ab 1571, war er besonders in finanziellen Schwierigkeiten. In derselben Angelegenheit, in der sich Posthius bei Julius Echter für Stephanus bemühte, wurde offenbar auch Johannes Sambucus tätig: In des Stephanus Auftrag sollte er bei Mitgliedern der Familie Fugger um Unterstützung werben, sah aber wenig Hoffnung auf Erfolg; dies schrieb er am 9.3.1575 aus Wien an Crato in Prag (Gerstinger: Die Briefe, 1968, S. 173f, Nr. LXXXVI). Vermutlich hat sich dort Crato bei Kaiser Maximilian II. ebenfalls für Stephanus eingesetzt; von den vergeblichen Bemühungen informierte er dann offenbar Posthius, wie aus obigem Posthiusbrief hervorgeht.

Bei dem erwähnten Dankgedicht des Posthius an Stephanus handelt es sich wohl um das im Buch "Francica" der Gedichtsammlung "Parerga" des Posthius abgedruckte Gedicht "Ad. Hen. Stephanum, Typographum Phoenicem", das "Donasti mihi ... " beginnt (Parerga erste Ausgabe Bl. 124v f, zweite Ausgabe Pars prima, S. 210).

Das erwähnte Gedicht des Rudingerus bezog sich möglicherweise auf das themengleiche, umfangreiche Gedicht "Coena Posthiana, sive Kyklikodipsia" des Henricus Stephanus (vgl. Überblick, Kapitel 19).

Theodorus Beza (Vezelay 1519 - Genf 1605) wurde, nach einem längeren Aufenthalt in Paris, wo er auch dichtete, 1549 Griechischprofessor in Lausanne und 1558, von Calvin berufen, Theologieprofessor in Genf. Bekannt wurde er dadurch, daß er nach Calvins Tod eine führende Rolle in den reformierten Kirchen übernahm.

53 Würzburg, 12.6.1575
Posthius an Joachimus [II] Camerarius, Nürnberg
Praesentatum: 29.6.
Autograph
Fundort: Erlangen UB Trew, Posthius 23 (= Ms. 1819, Bl. 569)
Folioformat

Posthius dankt für den ·Bericht von der Bildungsreise des Adressaten, auf der dieser besonders Gärten und Pflanzen studierte.

Er trauert über den Tod des freigebigen und wissenschaftsfördernden Augsburger Bischofs [Johann Egolf von Knöringen].

Ferner dankt er für den übermittelten Brief des Henricus Stephanus und bittet um Weiterleitung seiner Antwort; Auslagen will er ersetzen.

Zusammen mit dem Brief übersendet Posthius die "Epitaphii Versus" [d. h. die Trauergedichte des Henricus Stephanus zum Tode von Joachimus I Camerarius, die Posthius von Stephanus geschickt und in seinem Brief vom 7.4.1575 dem Joachimus II Camerarius angeboten hatte].

Erfreut äußert Posthius sich darüber, daß seine [mit dem Brief vom 2.6.1575 übersandte] Elegie auf Wildbad dem Adressaten gefallen habe.

Für die weitere leihweise Überlassung von Büchern ("librj tuj") bedankt sich Posthius [gemeint sind offenbar die im Brief vom 2.6.1575 erwähnten handschriftlichen medizinischen Texte des Joachimus II Camerarius].

Außerdem berichtet er, [Erasmus] Neustetterus zürne dem Adressaten wegen der Verzögerung der Lieferung der "symbola Italica" nicht.

Abschließend versichert Posthius, er werde dem [Fürstbischof] den Dank des Adressaten für eine Weinsendung übermitteln [Julius Echter hatte schon vor dem Posthiusbrief vom 29.3.1575 diesen Wein als Gegengabe für ein Präsent versprochen].

Grüße an den Bruder [Philippus] des Adressaten.

Literatur: Schanz: Zum leben (1884), S. 366.

54 Vorderfrankenberg, 3.8.1575
Posthius an Joachimus [II] Camerarius, Nürnberg
Praesentatum: 5.8.
Autograph
Fundort: Erlangen UB Trew, Posthius 24 (= Ms. 1819, Bl. 570)
Folioformat

Posthius berichtet von den Krankheitsfällen in der Familie Huttenus: Über den Tod des Knaben Guilielmus trauere er sehr und mache sich große Sorgen um das Leben von dessen Geschwistern [Carolus Sigismundus, Fridericus, Anna Kunegunda und Philippus?], denn kurz nach der Abreise des Adressaten [der hatte Guilielmus behandelt] sei auch Carolus Sigismundus erkrankt, und zwar an einer Durchfallerkrankung ("Dysenteria"); daher sei er, Posthius, vor einer Woche nach

Vorderfrankenberg gerufen worden, habe aber bislang wenig ausrichten können. Posthius beschreibt seine Behandlungsmethoden - unter anderem habe er es mit Einläufen von "lac caprinum chalybeatum addito bolo Arm:[enia]" versucht - und bittet dringend, daß der Adressat oder [der Nürnberger Arzt Georgius] Palma komme, da seit dem 30.7. auch noch Fridericus erkrankt sei, er, Posthius, aber baldmöglichst abreisen wolle. Auch weist Posthius auf ein [dem Brief beigelegtes?] Schreiben von Bernhardus [Huttenus], dem Vater der erkrankten Knaben, hin.

Abschließend dankt er für die Vermittlung des Besuches von Nicasius Hellebodia, bei dessen Durchreise [durch Würzburg] er jedoch bedauerlicherweise nicht daheim gewesen sei.

Grüße an den Bruder [Philippus] des Adressaten.

Guilielmus/Wilhelm Hutten war am 21.7.1575 verstorben; dessen Schwester Anna Kunegunda erlag wohl kurz nach der Abfassung des obigen Posthiusbriefes ihrer Krankheit. Zum Tod der beiden Kinder verfaßte Posthius zwei Epigramme, die im Anhang der 1577 publizierten Leichenpredigt veröffentlicht wurden (vgl. Werkverzeichnis 1577/3). Von den übrigen Geschwistern scheint auch Philippus die Infektion nicht überstanden zu haben (vgl. Werkverzeichnis 1577/3).

Der aus Altdorf stammende Arzt Georgius Palma (1543-1591) war ein Schwiegersohn des bekannten Humanisten Hieronymus I Baumgartnerus; er praktizierte, finanziell vom Nürnberger Rat unabhängig, seit 1568 in Nürnberg und Umgebung (auch als Arzt des Eichstätter Bischofs) und gehörte zu den besten Freunden des Joachimus II Camerarius (vgl. König: Palma, 1961, S. 23ff und S. 34ff).

Der flandrische Philologe und Arzt Nicasius Hellebodia/Ellebodius (ca. 1535-1577), der von 1571 bis zu seinem Tode bei seinem Freund und Mäzen Stephan Radéczi, Bischof von Eger, in Preßburg wohnte, unternahm im Juli 1575 eine Besuchsreise über Wien, Prag und Nürnberg - dort suchte er Joachimus II Camerarius auf - weiter nach seinem Heimatort Cassel in Flandern; nach einem dreiwöchigem Aufenthalt bei seinen Eltern kehrte er über Antwerpen - dort besuchte er Christophorus Plantinus -, Brüssel, Nürnberg, Regensburg, Prag und Wien zurück und kam Mitte Oktober wieder in Preßburg an (Wagner: Zur Biographie, 1573, S. 21f). Auch bei der Rückreise traf Hellebodia den Posthius nicht zu Hause an (vgl. Brief vom 25.9.1575).

55   Würzburg, 25.9.1575
Posthius an Joachimus [II] Camerarius, Nürnberg
Praesentatum: 28.9.
Autograph
Fundort: Erlangen UB Trew, Posthius 25 (= Ms. 1819, Bl. 571)
Folioformat

Posthius entschuldigt sein langes Schweigen damit, daß er vor Monatsfrist den [Fürstbischof Julius Echter] zu einem Badeaufenthalt nach Bad Kissingen begleitet habe und daß er seit dem 14.9. wegen einer Erkrankung von dessen Bruder Seba stianus an Wassersucht ("Hydrops Anasarca" und "Ascites") täglich zweimal zum Hof [auf die Marienburg] hinaufsteigen müsse; auch weist Posthius darauf hin, daß sich der Fürstbischof für einen medizinischen Rat des Adressaten bezüglich seines Bruders erkenntlich zeigen werde.

Dann berichtet Posthius, Byrckmannus habe neulich bei ihm übernachtet; er sei hingegen wiederum nicht zu Hause gewesen, als Nicasius Ellebodius abermals vorbeikam.

Zusammen mit dem Brief schicke er, Posthius, ein [nicht näher bezeichnetes] Büchlein des Adressaten über den Bernstein zurück, das er am Vortag in seinem Schreibtisch gefunden habe.

Schließlich bestelle er für [Erasmus] Neustetterus ein Buch über alte Münzen, von dem einige Seiten dem Brief beigelegt seien.

Außerdem kündigt Posthius an, die [vom Adressaten erbetenen] Haselnüsse ("nuces avellanae") werde er demnächst schicken.

Ferner bittet er um die Weiterleitung des beigelegten Briefes nach Erfurt.

Im Postskript teilt er mit, daß der Mainzer Kurfürst [Daniel Brendel von Hornburg] am 27.9. in [Würzburg] erwartet werde.

Zu den vergeblich versuchten Besuchen des Ellebodius bei Posthius vgl. Brief vom 3.8.1575.

Die drei geistlichen Kurfürsten Salentin von Isenburg (Köln), Daniel Brendel von Hornburg (Mainz) und Jakob III. von Eltz (Trier) machten Ende September/Anfang Oktober in Würzburg Station, bevor sie nach Regensburg zum Kurfürstentag weiterreisten, auf dem sie auf Wunsch des Kaisers Maximilians II. dessen Sohn Rudolph II. zum römischen König wählen sollten (vgl. Brief vom 11.12.1574). Vermutlich verhandelte man in Würzburg über das umstrittene, scharf gegenreformatorische Vorgehen des jungen Fuldaer Fürstabtes Balthasar von Dernbach gegen seine protestantischen Untertanen und über die Folgen dieser Politik auf Reichsebene. Dabei waren Konflikte mit den drei weltlichen Kurfürsten in konfessionellen Fragen insbesondere bei den Wahlkapitulationen, die Rudolph vor der Wahl akzeptieren mußte, vorauszusehen. Tatsächlich wäre es dann wegen des Streites um die Declaratio Ferdinandea - diese hätte die Gegenreformation in den Fürstbistümern unmöglich gemacht - beinahe zum Scheitern der Wahl gekommen, wenn nicht August von Sachsen sich im letzten Moment mit einer Verschiebung der Entscheidung auf den nächsten Reichstag begnügt hätte (Ritter: Deutsche Geschichte, Bd.I, 1889, S. 469-472).

56   [Würzburg?], 30.9.1575
Posthius an Joachimus [II] Camerarius, Nürnberg
Praesentatum: 3.10.
Autograph
Fundort: Erlangen, UB Trew, Posthius 26 (= Ms. 1819, Bl. 572)
Folioformat

Empfehlungsschreiben für Henricus Wyerus, den Leibarzt des Trierer Kurfürsten
[und Erzbischofs Jakob III. Freiherr von Eltz] und Sohn des berühmten Johannes
Wyerus, der neben anderen Vorzügen den habe, dem reformierten Bekenntnis
("pura religio") anzuhängen.

Außerdem berichtet Posthius, aus einem am Vortag erhaltenen Brief von Melissus habe er erfahren, der Bruder [Franz von Alençon] des französischen Königs
[Heinrich III.] habe sich bei der Jagd zusammen mit dem Sohn des [François de
Bourbon, Duc de Montpensier] abgesetzt und sei in die Normandie zu den Aufständischen ("ad Malè-contentos") geflohen; falls der Adressat mehr darüber wisse,
möge er ihn unterrichten.

Henricus Wyerus gehörte zum Gefolge des Trierer Erzbischofs, der auf der Durchreise
zum Regensburger Kurfürstentag durch Würzburg kam (vgl. Brief vom 25.9.1575). Da-
bei verhandelte die Trierer Delegation mit dem Würzburger Kanzler Balthasar von
Hellu über einen Beitritt zum Landsberger Bund, einer theoretisch überkonfessionellen
Vereinigung süddeutscher Fürsten und Städte unter Bayerns Führung, die jedoch von
Hellu im Geheimauftrag Herzog Albrechts V. zu einem primär katholischen, reichs-
weiten Bündnis erweitert werden sollte (Mogge: Hellu, 1980, S. 134).

Der Vater des Henricus Wyerus, Johannes Wyerus/Weyer (1515-1588) gehörte als
Arzt der Herzöge von Berg in Düsseldorf mit Interesse für psychische Krankheiten zu
den ersten prominenten Kritikern des Hexenwahns ("De praestigiis daemonum", 1563).

Der Bruder des französichen Königs Heinrich III., der Herzog Franz von Alençon,
sympathisierte mit den Reformierten und machte der englischen Königin Elisabeth I.
den Hof. Er verstand sich gut mit mit seinem protestantisch erzogenen Schwager, dem
König Heinrich von Navarra. Dieser hatte am 18.8.1572 die Schwester von Heinrich
III. und Franz, Margarete von Valois, geheiratet und war in der direkt darauf folgenden
Bartholomäusnacht (24.8.1572) zwangsweise zum Katholizismus übergetreten, stand
aber als politisch unzuverlässig weiterhin unter der Aufsicht des Hofes. Franz von
Alençon und Heinrich von Navarra versuchten bereits Anfang 1574 zu fliehen, doch
wurde dieser Versuch vereitelt. Da ein weiterer Verbleib am Hof zunehmend gefährli-
cher wurde, setzten sich beide getrennt voneinander auf eigene Faust ab, Franz von
Alençon im September 1575 und Heinrich von Navarra am 5.2.1576.

57   [Würzburg?], 30.10.1575
Posthius an Joachimus [II] Camerarius, Nürnberg
Praesentatum: 4.11.
Autograph
Fundort: Erlangen UB Trew, Posthius 27 (= Ms. 1819, Bl. 573)
Folioformat

Posthius zeigt sich erfreut über den Besuch von Ludovicus [Camerarius], einem Bruder des Adressaten, und berichtet, er habe diesem ein Buch, das der Adressat dem Posthius geliehen hatte, wieder mitgegeben [vielleicht handelte es sich um die in den Briefen vom 2.6.1575 und vom 12.6.1575 erwähnten medizinischen Texte]; Posthius bittet, dies Buch abschreiben zu lassen und ist bereit, dafür zehn Taler zu zahlen.

Außerdem erkundigt sich Posthius [im Auftrag des Fürstbischofs Julius Echter] nach den Preisen für die letzte lateinische sowie die deutsche Ausgabe des "Mathiolus" und nach dem Preis für deren Kolorierung ("pictura").

Schließlich bittet er, den [kaiserlichen Leibarzt Johannes] Crato darauf hinzuweisen, der [Würzburger] Kanzler [Balthasar von Hellu] befinde sich [beim Kurfürstentag] in Regensburg und könne dort von Crato persönlich an das Versprochene erinnert werden.

Mit "Mathiolus" sind die Erläuterungen des Sieneser Arztes Petrus Andreas Matthiolus (1500-1577) zum Hauptwerk "De materia medica" des berühmten antiken Pharmakologen Dioscurides Pedanius gemeint, der im ersten nachchristlichen Jahrhundert in Rom lebte. Die Erläuterungen des Matthiolus erschienen 1554 mit dem Titel "Commentarii, in libros sex Pedacii Dioscoridis Anazarbei, de medica materia" in Venedig/Venetiis. Weitere Auflagen folgten, beispielsweise Lugduni 1562, Lugduni 1563, Venetiis 1565, Venetiis 1569, Venetiis 1570. Im obigen Brief ist wohl die zuletzt genannte Auflage von 1570 gemeint (vgl. Literaturverzeichnis unter Matthiolus: Commentarii, 1570). Posthius bestellte diese Auflage, farbig koloriert, mit seinem Brief vom 25.11.1575 für Fürstbischof Julius Echter. Eine deutsche Übersetzung des "Matthiolus" erschien 1563 (vgl. Literaturverzeichnis unter Matthiolus: New Kreüterbuch, 1563). Diese Übersetzung wurde von Joachimus II Camerarius überarbeitet und ab 1586 in mehreren Auflagen reich illustriert herausgebracht (vgl. Brief vom 28.5.1586 und Literaturverzeichnis unter Camerarius/Matthiolus: De plantis epitome, 1586).

Der Würzburger Kanzler Balthasar von Hellu hatte dem Crato im Frühjahr 1575 für eine medizinische Behandlung Wein versprochen (vgl. Brief vom 20.3.1575), dies Versprechen jedoch bis zum Oktober 1575 noch nicht erfüllt. Darüber hatte sich Crato am 24.10.1575 in einem Brief aus Regensburg an Posthius beklagt und hinzugefügt, wegen seiner für Anfang November geplanten Heimreise nach Pannonien rechne er auch gar nicht mehr mit der Erfüllung des Versprechens (dieser Brief ist im Original erhalten: Erlangen UB Trew, Crato 1269). Crato, der Leibarzt Kaiser Maximilians II., hielt sich in Regensburg wegen des dortigen Kurfürstentages auf, bei dem Rudolph II. zum Römischen König gewählt wurde (vgl. Brief vom 25.9.1575). Hellu, der sich - wie Posthius berichtet - ebenfalls dort befand und wohl der Krönung Rudolphs II. am

1.11.1575 beiwohnte, erfüllte sein Weinversprechen noch im November 1575 (vgl. Brief vom 25.11.1575).

58   Würzburg, 15.11.1575
Posthius an Joachimus [II] Camerarius, Nürnberg
Praesentatum: 18.11.
Autograph
Fundort: Erlangen UB Trew, Posthius 28 (= Ms. 1819, Bl. 574)
Folioformat

Begleitbrief zur Übersendung der [vom Adressaten bestellten und im Posthiusbrief vom 25.9.1575 angekündigten] Haselnüsse.

[Posthius wiederholt zwei Bitten, die er in seinem vorhergehenden Brief vom 30.10.1575 bereits geäußert hatte]: Der Adressat möge das über den Bruder des Adressaten [Ludovicus Camerarius] zurückgesandte Buch [mit handschriftlichen medizinischen Texten] kopieren lassen und wegen der "Matthiolij commentarij" Bescheid geben [d. h. was dieses Werk des Matthiolus mit und ohne Kolorierung kostet].

Ferner weist Posthius darauf hin, der Adressat könne das geliehene Buch [vielleicht ist das im Brief vom 7.4.1575 erwähnte Bändchen des Henricus Stephanus gemeint, das Posthius am 12.6.1575 übersandt hatte] dem Briefüberbringer mitgeben.

Posthius berichtet außerdem, der Würzburger Kanzler [Balthasar von Hellu] leide an einer Erkrankung seiner Geschlechtsorgane ("affectus ... Virgae internus") und habe sich daher wegen entsprechender Behandlung brieflich an den [Nürnberger Spezialisten für Operationen an Geschwüren,] Volckerus [Coiter,] gewandt.

Dann geht Posthius auf Politik ein: [Pfalzgraf] J.[ohannes] Casimirus sei zur Stuttgarter Hochzeit [des Herzogs Ludwig III. von Württemberg mit Dorothea Ursula von Baden] gereist und werde sich von dort aus zu seinem Heer begeben; in Frankreich stehe ein politischer Umsturz bevor; er, Posthius, hoffe, daß [Deutschland] vom Krieg verschont bleibe, und bitte um Mitteilung eventueller Neuigkeiten.

Anläßlich der genannten Stuttgarter Hochzeit schrieb Nicodemus Frischlinus sein erstes Drama "Rebecca", über das Posthius ein dort abgedrucktes enkomiastisches Epigramm verfaßte (vgl. Werkverzeichnis 1576/2).

Johannes Casimirus/Johann Casimir, der zweite Sohn des Pfälzer Kurfürsten Friedrich III., hatte bereits 1567 sich bei kriegerischen Auseinandersetzungen in Frankreich auf Seiten der Hugenotten beteiligt. Nun ließ er sich im Dezember 1575 - Heinrich III. war eben erst französischer König geworden - von Heinrich I. Prinz von Condé wieder zum Mitmachen beim Kampf der Hugenotten bewegen, mit dem Ziel, die Bistümer Metz, Toul und Verdun für sich zu gewinnen. Dieser fünfte Religionskrieg endete Anfang Mai 1576 mit dem "Frieden von Monsieur" und dem Edikt von Beaulieu, das den Hugenotten volle Glaubensfreiheit in ganz Frankreich gewährte; zu dem im Brief erwarteten Umsturz zugunsten der Hugenotten kam es erst 1589 mit Heinrich IV. von Navarra, der allerdings 1593 zum Katholizismus konvertierte und 1598 schließlich mit dem Edikt von Nantes für den Ausgleich zwischen den Konfessionsparteien sorgte. Johann Casimir erhielt 1576 zwar nicht die erstrebten Bistümer, aber reichliche Kriegsentschädigung, verlor diese jedoch noch im Jahre 1576 in den Wirren der Hugenottenkriege großteils wieder.

Literatur: *Strauß: Leben des Frischlin (1856), S. 109.*

59 Würzburg, 25.11.1575
Posthius an Joachimus [II] Camerarius, Nürnberg
Praesentatum: 30.11.
Autograph
Fundort: Erlangen UB Trew, Posthius 29 (= Ms. 1819, Bl. 575f)
Folioformat

Da der Adressat offenbar einen vorhergehenden Posthiusbrief nicht erhalten hat, wiederholt Posthius dessen Inhalt: Sein Patron [Erasmus Neustetterus] habe die Sendung des Adressaten mit dem Becher und den Büchern erhalten sowie einen Brief, den ein Nürnberger überbracht habe; das in diesem Brief erwähnte Buch "Ruscellj ... symbola" hätte der Briefüberbringer jedoch nicht von Antonius Mülholtzerus mitbekommen.

Weiter bestellt Posthius die neuere lateinische Auflage des [im Brief vom 30.10.1575 erwähnten] Werkes des "Matthiolus" mit farbigen Illustrationen für den Fürst[bischof Julius Echter]; der Einband dafür solle nicht zu aufwendig sein. Als Anzahlung [die Posthius offenbar im Auftrag des Fürstbischofs dem Briefboten mitgab] würden sechzehn Taler übersandt.

Posthius verweist außerdem auf seinen Wunsch nach einer [bereits mehrfach in Posthiusbriefen erwähnten] Kopie [eines handgeschriebenen Buches mit medizinischen Texten].

Er bestätigt den Erhalt seines [vom Adressaten im Brief vom 15.11.1575 zurückerbetenen] Buches.

Erfreut zeigt sich Posthius darüber, daß [der kaiserliche Leibarzt Johannes] Crato endlich seine [im Posthiusbrief vom 20.3.1575 angekündigte] Belohnung [für eine medizinische Behandlung] von [dem Würzburger Kanzler] Balthasar von Hellu [in Form einer Sendung mit Wein] erhalten habe.

Posthius sorgt sich um das Leben des [Nürnberger Arztes] Volckerus [Coiter], da dieser sich trotz angeschlagener Gesundheit und trotz winterlicher Reisebeschwerlichkeiten [nach Veitshöchheim] zu Balthasar von Hellu [dieser litt nach Aussage des Posthiusbriefes vom 15.11.1575 an einer Erkrankung der Geschlechtsorgane] begeben habe, wohl wegen der Aussicht auf gute Bezahlung.

Dann berichtet Posthius, in Frankreich stehe ein Umsturz bevor, und fragt, ob die Gerüchte vom Tod der Königin von Frankreich [Louise de Vaudémont?] und vom Tod des [Heinrich? von] Guise wahr seien.

Abschließend bittet Posthius, das dem Brief beigelegte Epigramm dem Ludovicus [Camerarius], dem Bruder des Adressaten, zuzusenden.

Im Postskript fügt Posthius noch weitere Nachrichten hinzu:

[Erasmus] Neustetterus befinde sich auf der Comburg.

Bei der Württemberger Hochzeit [des Herzogs Ludwig III. mit Dorothea Ursula von Baden] sei der Graf Albertus ab Hohenlohe vom Anhalter Fürsten [Joachim Ernst?] bei einem Turnier ("in certamine ludicro") versehentlich mit der Lanze durchbohrt worden.

Sebastianus Echterus [über dessen Erkrankung an Wassersucht hatte Posthius in seinem Brief vom 25.9.1575 berichtet] sei am 7.11. verstorben.

Außerdem im Postskript Grüße an Philippus und Ludovicus [Camerarius], die Brüder des Adressaten.

Mit den "Ruscelli symbola" sind vermutlich die "Secreti del reverendo donno Alessio piemontese" (so der Titel der ersten Auflage, Venetia 1555) des Girolamo Ruscelli gemeint, der 1566 starb; das Werk wurde vom Stadtarzt von Colmar, I. I. Weckerus/H. J. Wecker ins Lateinische (De secretis libri sex, Basileae 1559f, Antverpiae 1560) und ins Deutsche (Kunstbuch ..., Basel 1569, 1571, 1573, 1577, 1581 usw.) übersetzt.

Die im Brief referierten Gerüchte über Todesfälle in Frankreich beruhen offenbar auf Mißverständnissen oder Fehlinformationen: Mit "Königin von Frankreich" könnten vier Damen gemeint sein: die Mutter von König Heinrich III., seine Frau und die Frauen seiner verstorbenen älteren Brüder. Alle vier starben allerdings wesentlich später: Katharina von Medici, Heinrichs Mutter, im Jahre 1589, Louise de Vaudémont, seine im Gegensatz zu ihm integre und daher auch "La Reigne Blanche" geheißene Gattin, am 29.1.1601, Maria Stuart, die Gemahlin seines Bruders Franz II., im Jahre 1587 und Elisabeth von Österreich, die Gemahlin seines Bruders Karls IX., im Jahre 1592. Ebenso dubios erscheint die Nachricht vom Tode eines führenden Mitgliedes der herzoglichen Familie Guise im Jahre 1575: Karl von Guise, der ältere "Kardinal von Lothringen", war bereits ein Jahr zuvor, 1574, gestorben, so daß die Kunde von seinem Ableben eigentlich schon längst hätte bekannt sein müssen. Sein Neffe Heinrich von Guise dagegen spielte noch weitere dreizehn Jahre eine führende politische Rolle, bis er Ende 1588 auf Geheiß des Königs Heinrich III. ermordet wurde.

Die Beilage zum Brief mit dem Gedicht für Ludovicus Camerarius befindet sich heute ebenso wie der Brief in Erlangen (vgl. Werkverzeichnis 1575/4).

Zum Tode des Sebastianus Echterus verfaßte Posthius seine Elegie II, 3; sie beginnt "Ergo tuus misera ..."

Würzburg, 14.12.1575

Posthius an Joachimus [II] Camerarius

Der in Erlangen unter diesem Datum geführte Brief gehört ins Jahr 1576 (vgl. Brief vom 14.12.1576).

60 Würzburg, 19.12.[1575]
Posthius an Joachimus [II] Camerarius, Nürnberg
Praesentatum: 23.12.75
Autograph
Fundort: Erlangen UB Trew, Posthius 31 (= Ms. 1819, Bl. 577f)
Folioformat

Begleitschreiben zur Übersendung eines speziellen weinhaltigen Getränkes ("Vinum Helenij ... coctum"), das der Adressat bei Posthius bestellt hatte und von dem der Würzburger Apotheker Petrus Kolmanus zwölf Maß ("mensuras") kostenlos liefere; Posthius beschreibt ausführlich, wie man dies Getränk durch Mischen mit altem Wein, wie ihn des Adressaten Gattin [Maria, geborene Rummelia a Lonerstad] liebe, trinkfertig mache, und bietet an, noch mehr davon - dann gegen Bezahlung und aus anderer Quelle - zu besorgen.

Außerdem dankt Posthius für die beiden erhaltenen Briefe, von denen er den einen über den Schreiber ("scriba") des [Erasmus] Neustetterus bekommen habe.

Dann berichtet Posthius, den Brief des Adressaten an Julius Thüngenus habe er wunschgemäß an dessen Diener weitergegeben.

Der Fürstbischof sei von einer gefährlichen Halsentzündung ("inflammatio faucium") in den letzten Tagen wieder genesen und werde sich für die angekündigte Mithilfe des Adressaten beim Ausstatten des [Würzburger] Hofgartens ("Herbarium") erkenntlich zeigen [Posthius hatte von der Anlage des Gartens in seinem Brief vom 24.4.1575 berichtet].

Außerdem dankt Posthius für die Ankündigung des Adressaten, das von Posthius gewünschte Medikamentenbuch kopieren zu lassen [Posthius hatte bereits mehrfach darum gebeten, zuletzt am 25.11.1575]); Posthius fügt ein diesen Freundschaftsdienst preisendes Distichon in den Brieftext ein; als Anzahlung sende er über den [Würzburger?] Apotheker sieben Taler.

Schließlich teilt Posthius noch mit, [Henricus] Petraeus wohne in Basel, wo wahrscheinlich das Buch "apparatus ... Aulicus" bereits gedruckt werde.

Von [Erasmus] Neustetterus, an den er des Adressaten Brief weitergeleitet habe, habe er soeben brieflich erfahren, daß dieser das [im Brief vom 25.11.1575 für vermißt erklärte] Buch "Ruscellj Symbola" doch erhalten habe und daß [Johannes] Mathesius aus Italien mit einer Erkrankung an "febris quartana" zu ihm zurückgekehrt sei.

Abschließend erkundigt sich Posthius [offenbar unter dem Eindruck einer drohenden Epidemie], was der Adressat von "Pilulae Pestilentiales" und Aderlaß ("Venae sectio") als Pestgegenmittel halte und mit welchem Gegenmittel ("Alexipharmacum") er die meiste Erfahrung habe; Byrckmannus habe ihm mitgeteilt, er habe mit einem Extrakt von Leichenteilen ("Mumia") und mit Schwefelblüten ("flores Sulphuris") einige Pestkranke heilen können.

Im Postskript Grüße an den Bruder [Philippus] des Adressaten.

Zum in den Brieftext eingefügten Distichon vgl. Werkverzeichnis 1575/5.

Mit dem "apparatus Aulicus" des Henricus Petraeus/Petreus ist eine Anthologie gemeint, in der kritische Texte über die Nachteile des Hoflebens gesammelt sind; Posthius war bei der Zusammenstellung behilflich und stellte auch ein eigenes Gedicht dafür zur Verfügung. Die Schrift erschien jedoch nicht in Basel, sondern in Frankfurt, und zwar erst zwei Jahre später (vgl. Werkverzeichnis 1575/1b.)

"Mumia", ein Extrakt aus Leichenteilen kräftiger Personen, war als Heilmittel umstritten: Paracelsus (1494-1541) war von der Wirkung dieses Extraktes überzeugt, der bekannte Anatom Andreas Vesal (1514-1564) lehnte ihn ab. Posthius selbst scheint das Präparat als Pestmittel geschätzt zu haben; er bekam es - wohl auf Bestellung - im Sommer 1583 von Joachimus II Camerarius (vgl. Brief vom 11.7.1583).

61   Würzburg, 31.12.1575
Posthius an Joachimus [II] Camerarius, Nürnberg
Praesentatum: 4.1."75" (offenbar verschrieben)
Autograph
Fundort: Erlangen UB Trew, Posthius 32 (= Ms. 1819, Bl. 579f)
Folioformat

Posthius entschuldigt sich, weil wegen der Schlamperei der Apothekergehilfen die [im Posthiusbrief vom 19.12.1575] versprochene Lieferung eines weinhaltigen Getränkes ("vinum") übersehen worden sei.

Mit dem Brief übersende er, Posthius, einen Würzburger [gedruckten] Kalender ("Calendarium Wirzeburg:"), der wegen der darin enthaltenen Namen und Wappen der [Würzburger] Domkapitulare nützlich sei.

Auch habe er, Posthius, dem Brief eine Beschreibung einer schweißtreibenden Flüssigkeit ("descriptio aquae sudorificae") beigelegt, die in Heidelberg bereits häufig gebraucht werde, wie er vom Apotheker Stephanus brieflich erfahren habe, und die er, Posthius, auch bereits erfolgreich angewendet habe.

Außerdem dankt Posthius für den übersandten Brief des [Carolus] Clusius und bittet um die Weiterleitung seines Antwortbriefes an Clusius [nach Wien].

Dann berichtet er von politischen Gerüchten: Der Kaiser [Maximilian II.] soll zum polnischen König gewählt worden sein; Belgien soll sich vor dem Heer [Pfalzgraf Johann] Casimirs fürchten, und daher würde in Westfalen Reiterei angeworben; die englische Königin [Elisabeth] habe den Statthalter von Belgien [Don Luis de Requeséns] vor dem Herzog Alenzonius [Franz von Alençon, Herzog von Anjou] gewarnt, da dieser mit Hilfe von Vranius [Wilhelm I. von Nassau, Fürst von Oranien] Seeland und Holland in seine Gewalt bringen wolle.

Abschließend weist Posthius darauf hin, zum Reichstag ("comitia") im Februar werde er den Fürstbischof begleiten müssen.

Die Anzeichen der Pest ("contagia") seien auch in [Würzburg] wieder verschwunden.

Grüße an den Bruder [Ludovicus Camerarius] des Adressaten.

Die wechselseitige Briefübermittlung über Joachimus II Camerarius hatte Posthius mit Carolus Clusius schon 1574 vereinbart (vgl. Brief vom 25.9.1574); daß auch in der Zwischenzeit heute verschollene Briefe gewechselt wurden, bezeugt der Brief des Clusius aus Wien vom 13.6.1575 an Joachimus II Camerarius, in dem er um Weiterleitung beigelegter Briefe an Posthius in Würzburg und an Georgius Marius in Marburg bittet (Hunger: L'Escluse, Bd. II (1942), S. 44, Nr. 15).

Das Gerücht von der Wahl des Kaisers zum König von Polen beruht auf folgenden Hintergründen: Nach dem Tode des letzten Polenkönigs aus dem Hause der Jagellonen, Sigismund-August, im Juli 1572 bewarben sich sowohl die Anjou als auch die Habsburger um den vakanten Thron, und es setzte sich schließlich im Mai 1573 Heinrich durch, der Bruder des französischen Königs Karl IX. Weil aber Karl IX. am 30.5.1574 starb, erbte Heinrich als Heinrich III. den Thron und verließ daher Polen, worauf es zu einer erneuten Wahl im Jahre 1575 kam. Habsburg bewarb sich wieder und wurde von den katholischen Kräften gegen Stephan Báthory von Siebenbürgen unterstützt, doch wurde schließlich nicht Erzherzog Ernst, der Habsburger Kandidat, gewählt, sondern dessen Vater, der Kaiser Maximilian II. Gleichzeitig erkor ein zweites Wahlgremium den Stephan Báthory, welcher sofort nach Polen eilte, während Maximilian II. zauderte und eine endgültige Entscheidung bis zum Reichstag in Regensburg verschob, auf dem er dann starb.

Zu den militärischen Zielen Johann Casimirs vgl. Brief vom 15.11.1575.

Die Gerüchte über die Vorgänge in Belgien beziehen sich auf den Krieg zwischen Philipp II. von Spanien bzw. seinem Vertreter, dem als Ersatz für Alba in die Niederlande entsandten Don Luis de Requeséns einerseits und den Aufständischen mit ihrem Führer Wilhelm von Oranien andererseits. Dieser suchte zu der Zeit Philipp II. zu verdrängen, indem er einen anderen Repräsentanten der Niederlande suchte; er verhandelte diesbezüglich mit Königin Elisabeth von England - sie war traditionell spanienfeindlich eingestellt und unterstützte den Freiheitskampf der Niederlande, wollte aber auch eine zu starke Konkurrenz in den Niederlanden für die englischen Handelsinteressen vermeiden - und ab April 1575 offen auch mit Franz von Alençon, dem Bruder des französischen Königs Heinrich III.

62   [Würzburg?], 2.1.[1576]

Posthius an Joachimus [II] Camerarius, [Nürnberg?]
Praesentatum: 8.1.76
Autograph
Fundort: Erlangen UB Trew, Posthius 33 (= Ms. 1819, Bl. 584)
Folioformat

Begleitschreiben für einen Brief an [Carolus] Clusius, den Posthius seinem Brief [vom 31.12.1575] hatte mitgeben wollen, den aber der Briefbote vergessen hatte; Posthius bittet um die Weiterleitung zu Clusius nach Wien.

Außerdem weist er darauf hin, der Fuhrmann Vogel werde das [in den Posthiusbriefen vom 19.12.1575 und vom 31.12.1575 angekündigte] weinhaltige Getränk ("vinum Helenij") überbringen.

63   Würzburg, 21.3.1576
Posthius an Joachimus [II] Camerarius, Nürnberg
Praesentatum: 29.3.
Autograph
Fundort: Erlangen UB Trew, Posthius 34 (= Ms. 1819, Bl. 581f)
Folioformat

Posthius dankt für eine vom Adressaten erhaltene Büchersendung und für einen
übermittelten Brief des [Carolus] Clusius; den [in einem Begleitschreiben des
Joachimus II Camerarius genannten] Cellarius habe der Überbringer der Sendung
jedoch nicht erwähnt.

Anschließend macht Posthius einige Bemerkungen über medizinische Werke:
Des Tussanus Text "de Podagra" sei brauchbar, des Aubertus Abhandlung [über
die Entstehung der Metalle] nur teilweise treffend; an anderen Stellen mache der
sich zum Gespött der Chemiekundigen; des Quercetanus Gegenschrift [gegen die
Thesen des Aubertus] sei vortrefflich. Posthius wünscht, selbst von Chemie mehr zu
verstehen, vor allem, soweit sie die Medizin tangiert.

Außerdem berichtet Posthius, der [Fürstbischof Julius Echter] habe ihm am
Vortag mitgeteilt, er warte gerne auf die Edition des Pflanzenbuches ("Herbarium")
von Lobelianus, [schätze die Brüder [Joachimus II, Ludovicus und Philippus] Camerarius sehr und wünsche Abschriften der vom Adressaten [in einem Schreiben]
erwähnten Urkunden ("epistolae"), da er diese nur teilweise besitze [es handelt sich
wohl um Urkunden über Grundbesitz der Familie Camerarius].

Abschließend erkundigt sich Posthius nach dem Aufenthaltsort des [Johannes]
Mathesius.

Grüße an den Bruder Philippus [Camerarius] des Adressaten.

Im Postskript fragt Posthius nach Neuigkeiten aus Frankreich.

Den erwähnten Brief des Clusius aus Wien an Posthius hatte Joachimus II Came-
rarius vermutlich mit einem heute verlorenen Brief vom Februar 1576 erhalten; der fol-
gende Clusiusbrief vom 10.3.76 traf erst am 26.3. in Nürnberg ein (Hunger: L'Escluse,
Bd. II (1942), S. 51, Nr. 24; Hunger weist hierbei auf den verlorenen Brief hin).

Wer mit "Tussanus" gemeint ist, konnte bislang nicht ermittelt werden. Von Jacobus
Aubertus (gestorben 1586) erschien 1575 eine gegen die Chemiker gerichtete Schrift
über die Entstehung der Metalle (vgl. Literaturverzeichnis unter Aubertus: De metal-
lorum ortu); darauf antwortete Josephus Quercetanus/Duchesne/du Chesne (1521-
1609), ein Verfechter paracelsischer Antimonialmittel, mit einer Gegenschrift (vgl.
Literaturverzeichnis unter Quercetanus: Ad Auberti explicationem, 1575). Beide
Schriften kamen offenbar, obwohl sie von verschiedenen Lyoneser Druckern
herausgebracht worden waren, teilweise gemeinsam in den Handel (ein
zusammengebundenes Exemplar befindet sich z. B. in Erlangen UB Trew M 154/155).

Mit dem "Herbarium" des Lobelianus/Matthias de L'Obel (1538-1616) ist offenbar
dessen "Plantarum historia" gemeint, die 1576 bei Plantinus in einer exklusiven, kost-
baren Aufmachung erschien (vgl. Literaturverzeichnis). Joachimus II Camerarius hatte

wohl von dieser Neuerscheinung gehört und geraten, dieses Buch an Stelle des im Brief vom 25.11.1575 bestellten Pflanzenbuches des Matthiolus zu erwerben.

Würzburg, 24.4.[1576?]

Posthius an Joachimus [II] Camerarius

Der in Erlangen unter diesem Datum geführte Brief gehört ins Jahr 1584 (vgl. Brief vom 24.4.1584).

64   [Würzburg?], 20.5.[1576]

Posthius an Joachimus [II] Camerarius, Nürnberg
Posthius vermerkte bei der Adressenangabe :"Jn seinem abwesen ‖ D. Philippo Camerario ‖ zuerbrechen."
Praesentatum: 24.5.76
Autograph
Fundort: Erlangen UB Trew, Posthius 36 (= Ms. 1819, Bl. 585)
Folioformat

Posthius dankt für die beiden Briefe des Adressaten mit den beigelegten Informationen. [Erasmus] Neustetterus lasse für die den Briefen beigelegte Arrianusausgabe des [Henricus] Stephanus danken; weitere Wünsche äußere Neustetterus in einem separaten Brief.

Außerdem berichtet Posthius, der Fürst[bischof Julius Echter] möchte zum Reichstag ("ad comitia") nach Regensburg und wünsche die Begleitung durch Posthius; Posthius hofft, dabei den Adressaten in Nürnberg besuchen zu können.

Grüße an Phil[ippus Camerarius], den Bruder des Adressaten.

Die geplante Reise zum Reichstag nach Regensburg verzögerte sich, weil Julius Echter in die Kontroverse zwischen dem streng gegenreformatorischen Fuldaer Fürstabt Balthasar von Dernbach und seinen evangelischen Untertanen als Vermittler eingeschaltet war, heimlich jedoch mit den Evangelischen am 25.2.1576 ein Bündnis abgeschlossen hatte. Der Konflikt spitzte sich zu, als Dernbach sich am 1.5.1576 in die Stadt Hammelburg begab, um diese zwangsweise zu rekatholisieren. Echter seinerseits begab sich daraufhin in sein Grenzschloß Aschach, von wo aus er dann am 21.6.1576 in Hammelburg direkt eingriff (vgl. Brief vom 31.8.1576). Auffällig ist, daß Posthius all diese aufsehenerregenden Ereignisse mit keinem Wort in seinen Briefen erwähnt.

Stephanus gab im Jahre 1575 die von Arrianos (95-175) verfaßte Geschichte Alexanders des Großen heraus, und zwar im Folioformat mit dem Titel "Arriani (qui alter Xenophon vocatus fuit) de expeditione Alex. Magni, Historiarum libri VIII, gr. et lat. ex Bonavent. Vulcanii Brug. nova interpretatione ... Alexandri Vita, ex Plut. Ejusdem libri II de fortuna vel virtute Alexandri, gr. et lat. M.D.LXXV. Excudebat Henricus Stephanus" (Angaben nach Renouard: Annales, 1843/1960, Bd. 1, S. 142, Nr. 1575/7).

65   Würzburg, 31.8.[1576]
Posthius an Joachimus [II] Camerarius, Nürnberg
Praesentatum: 6.9.76
Autograph
Fundort: Erlangen UB Trew, Posthius 37 (= Ms. 1819, Bl. 586f)
Folioformat

Der Brief beginnt mit einem Scherzgedicht über des Posthius Ernennung zum
"Episcopus" (=Bischof/Aufseher) des fürstbischöflichen Gartens und mit einer
Bitte um Unterstützung - gegen Bezahlung - bei dieser Aufgabe.

Mit dem Brief übersendet Posthius Tabaksamen ("Nicosianae herbae semen")
aus selbstgezüchteten Pflanzen; die Samen habe er im Frühling von Ludovicus Comes à Lewenstein bekommen; die Wirkung des Tabakes als Heilkraut bei eiternden
Wunden soll von einem Franzosen beschrieben worden sein. Posthius bittet den
Adressaten um diesbezügliche weitere Auskunft.

Außerdem wünscht er die Rücksendung seines [dem Brief beigelegten] Gedichtes über die vorzeitig ergrauten Haare des Adressaten ("Epigramma de canitie
tua"), da er dies Gedicht zusammen mit anderen edieren wolle.

Über den Tod des [Nürnberger Arztes] Volckerus [Coiter] trauere er.

Im folgenden erkundigt sich Posthius nach den Verhältnissen an der Leipziger
Universität, insbesondere nach [Gregorius] Bersmanus, da er sich um diesen Sorgen mache, und bietet an, dessen dem Posthius gewidmeten Gedichtband
("poemata") dem Adressaten zu schicken, falls dieser ihn noch nicht vom Autor
hätte.

Dann berichtet Posthius, die [im Brief vom 20.5.1576 angekündigte] Reise des
Fürst[bischofs Julius Echter] zum Reichstag ("ad Comitia") sei noch ungewiß.

Auch erbittet er Nachricht darüber, ob der Adressat das [von Fürstbischof Julius Echter im Brief vom 21.3.1576 bestellte Pflanzenbuch] "Herbarium" [des Lobe-
lianus] bereits vom [Drucker Christophorus] Plantinus [aus Antwerpen] erhalten
habe und ob das [wohl bereits mehrfach in Posthiusbriefen, so im Brief vom
19.12.1575, erwähnte Medikamentenbuch] "liber Medicamentarius" für ihn, Posthius, kopiert werde.

Grüße an die Brüder des Adressaten und an [Christophorus] Herdesianus.

Im Postskript wünscht Posthius ironisch-eigensüchtig, der Adressat möge viel in
seinem Landgut arbeiten [scilicet, damit er entsprechend viel Pflanzen und Samen
für den am Briefbeginn erwähnten Würzburger Kräutergarten beisteuern kann].

Außerdem bittet er um die Weiterleitung des beigelegten Briefes an [Carolus]
Clusius [nach Wien].

Das erwähnte Scherzgedicht nimmt die erste Seite des Briefes ein (vgl. Werkverzeichnis
1576/4).

Bei dem Gedicht über die vorzeitig ergrauten Haare des Joachimus II Camerarius
handelt es sich um zwei Hexameter, die Posthius wunschgemäß zurückerhielt; er wollte
mit diesem Verfahren wohl den Gedichttext durch den Besungenen absegnen lassen
und diesem die Möglichkeit zu Textänderungen einräumen. Joachimus II Camerarius

wünschte sich bei der Rücksendung ein erneutes Autograph, das Posthius dann am 29.9.1576 schickte (Näheres dort). Über die grauen Haare des Joachimus II Camerarius hatte Posthius bereits am 14.11.1575 und am 17.11.1575 Verse übersandt.

Volckerus Coiter, ein öfter in Posthiusbriefen erwähnter Nürnberger Arzt, Chirurg und Anatom aus Friesland (vgl. Brief vom 21.8.1573), hatte sich zu Beginn des Jahres 1576 vom Nürnberger Rat beurlauben lassen, um am Frankreichfeldzug Johann Casimirs als Lagerarzt teilzunehmen (vgl. Brief vom 15.11.1575); vermutlich hoffte er, dabei mehr Möglichkeiten zu anatomischen Studien für seine geplanten anatomischen Werke zu haben als in Nürnberg, wo ihm in fünf Jahren nur vier Leichen von Hingerichteten zur Verfügung gestellt worden waren und wo er wegen illegaler Anatomien im Jahre 1574 vom Rat eine Verwarnung erhalten hatte (vgl. Herrlinger: Coiter, 1952, S. 40). Kurz vor Ende des Feldzuges war Coiter am 2.6.1576 in der Champagne einer Infektion erlegen.

Gregorius Bersmanus bekam nach dem Tode des Joachimus I Camerarius im Jahre 1575 dessen Professur für Philologie und Ethik an der Leipziger Universität. Posthius machte sich wohl deshalb um ihn Sorgen, weil Bersmanus dem Kalvinismus nahestand und Kurfürst August von Sachsen ab 1574 in mehreren Säuberungswellen die nicht orthodox lutherischen Gelehrten verbannte oder gar, wie Casparus Peucerus von 1574 bis 1586, einkerkerte. Bersmanus mußte schließlich 1580 Leipzig verlassen, weil er sich geweigert hatte, die Konkordienformel zu unterschreiben (vgl. Überblick, Kapitel 39).

Der erwähnte Gedichtband des Bersmanus erschien 1576 (vgl. Werkverzeichnis 1576/1).

Die Abreise Julius Echters zum Reichstag in Regensburg war wohl deshalb in Frage gestellt, weil der Fürstbischof kurz zuvor, Ende Juni 1576, zusammen mit vornehmlich protestantischen Kräften aus der Fürstabtei Fulda den dortigen Fürstabt Balthasar von Dernbach in Hammelburg nach einem Handstreich in seine Gewalt und zur Abdankung gezwungen hatte. Diese Aktion hatte damals weithin großes Aufsehen erregt, zumal Dernbach sofort nach seiner Resignation am 23.6.1576 sich hilfesuchend an Kaiser und Reichstag gewandt hatte. Maximilian II. erließ bereits am 28.6.1576 ein Restitutionsedikt, doch gelang es Julius Echter durch hartnäckiges Taktieren, die Rückkehr Dernbachs fast 30 Jahre hinauszuzögern. Dabei halfen ihm zunächst auch evangelische Stände, die kein Interesse an der Wiedereinsetzung des scharf gegenreformatorischen Dernbachs hatten, so daß die Fürstabtei im Einvernehmen von Kaiser und Reich am 5.10.1576 zunächst dem Deutschordensgroßmeister Heinrich von Bubenhoven zur Verwaltung übertragen wurde.

Christophorus Herdesianus/Hardesheim war 1523 in Halberstadt geboren und wirkte in Nürnberg als Rechtskonsulent des Rates. Posthius hatte ihn wohl über Joachimus II Camerarius kennen und schätzen gelernt, und so ließ er ihn immer wieder in seinen Briefen grüßen, bis Herdesianus am 23.12.1585 verstarb. Daneben nutzte Posthius Möglichkeiten zu persönlichen Zusammenkünften, so 1577 in Würzburg (vgl. Brief vom 2.12.1577) oder 1580 in Nürnberg, wobei er Herdesianus auch ein heiteres Gedicht versprach (vgl. Briefe vom 3.7.1580 und vom 27.7.1580). Auch eine literarische Fehde, in die Herdesianus 1584 wohl wegen seiner kalvinistischen Anschauungen verwickelt wurde, trübte die gegenseitige Freundschaft nicht (vgl. Briefe vom 25.8.1584 und folgende).

   Möglicherweise wünschte Posthius in seinem Schreiben an Clusius nach Wien auch Samen. Jedenfalls berichtet Clusius am 25.9.76 aus Wien dem Joachimus II Camerarius, er wolle Posthius und dem Johannes Schröter in Jena noch früher als dem Adressaten Samen zukommen lassen (Hunger: L'Escluse, Bd. II, 1942, S. 60f, Nr. 38). Dieses Vorhaben führte Clusius wohl gleich mit einem beigelegten Brief an Posthius aus; Joachimus II Camerarius erhielt diese Briefsendung nämlich am 7.10.76 und leitete offenbar bald darauf ein Schreiben des Clusius an Posthius weiter, wofür der sich bereits am 18.10.1576 bei Joachimus II Camerarius bedankt.

66   [Würzburg?], 11.9.[1576]
Posthius an Joachimus [II] Camerarius, Nürnberg
Praesentatum: 14.9.76
Autograph
Fundort: Erlangen UB Trew, Posthius 38 (= Ms. 1810, 588f)
Folioformat

Posthius dankt für die Auskunft über die Wirkungsweise des Tabakkrautes ("Nicotiana herba") und bittet um Ausleihe des [vom Adressaten erwähnten] deutschen Büchleins [über Medikamente aus Tabak] oder um eine kurze Mitteilung, wie Medikamente verschiedener Darreichungsform ("Oleum, Aqua, et Unguentum") aus Tabak bereitet werden, damit er diese Dinge vor dem Winter zubereiten könne; auch fragt er, ob männliche oder weibliche Pflanzen zu Heilzwecken geeigneter seien; in des Adressaten "Catalogus" finde er nur unter dem Stichwort "Balsamina" den Hinweis auf das Vorkommen männlicher und weiblicher Pflanzen.

   Weiter bittet Posthius um Auskunft über die bei Vergilius, Georgica Buch vier genannte Pflanze "Amellum" (Aster) und zitiert die entsprechenden Vergilverse [Georgica IV, 271-278].

   Was der Adressat [bezüglich des von Fürstbischof Julius Echter im Posthiusbrief vom 21.3.1576 bestellten Pflanzenbuches] "de Herbario" [des Lobelianus] geschrieben habe [wohl die Ankündigung der Lieferung oder Kolorierung], werde dem Fürst[bischof Julius Echter] sehr willkommen sein.

   Weiter berichtet Posthius, sein und des Adressaten gemeinsamer Patron [Erasmus Neustetterus] werde am 18.9. nach Bamberg reisen; dort könne ihn der Adressat treffen.

   Grüße an den Bruder [Philippus] des Adressaten und an [den Nürnberger Ratskonsulenten] Christh[ophorus Herdesianus].

67 Würzburg, 29.9.1576
Posthius an Joachimus [II] Camerarius, Nürnberg
Praesentatum: 16.10.
Autograph
Fundort: Erlangen UB Trew, Posthius 39 (= Ms. 1819, Bl. 590f)
Folioformat

Posthius dankt für die [im Brief vom 11.9.76 erbetenen] Auskünfte über die Zubereitung von Medikamenten aus der Tabakpflanze ("ex Nicotiana") und über die von Vergilius mit "Amellum" bezeichnete Pflanze.

Außerdem dankt Posthius noch für die vom Adressaten übersandten Gedichte ("carmina"): Besonders habe ihm das "Epigramma" des [Henricus] Husanus gefallen; dieses habe sein zufällig anwesender Patron [Erasmus Neustetterus] sich gleich abschreiben wollen; auch habe es ihm, Posthius, Gelegenheit zu einem das Thema des Husanusgedichtes fortführenden [und dem Brief an Camerarius beigelegten] Gedicht gegeben; Gedichte von Husanus kenne er, Posthius, im übrigen schon länger durch Vermittlung des inzwischen verstorbenen Michael Voland und wisse daher von des Husanus Begabung zu Produkten dieser Gattung.

Abschließend bemerkt Posthius zu einer Bestellung des Adressaten, "Nicotiana angustifolia" gebe es [in Würzburg] nur mit reifen Samen; auf Wunsch könne er gern solche schicken.

Grüße an [Henricus] Husanus, falls dies möglich sei.

Im Postskript weist Posthius auf ein [mit dem Brief übersandtes] Briefbündel des Melissus an Cropatius hin.

Wie aus dem Posthiusbrief vom 18.10.1576 hervorgeht, lag obigem Brief noch ein heute verschollener Zettel bei.

Henricus Husanus/Haussen (Eisenach 6.12.1536 - Lüneburg 9.12.1587) war Jurist, und zwar seit April 1574 in den Diensten der Stadt Lüneburg.

Das Gedicht zur Ergänzung der Verse des Husanus lag dem Brief auf einem separaten Blatt bei, das auch noch ein zweites Posthiusgedicht enthält, und zwar über die vorzeitig ergrauten Haare des Joachimus II Camerarius (vgl. Werkverzeichnis 1576/5).

68 [Würzburg], 18.10.[1576]
Posthius an Joachimus [II] Camerarius, Nürnberg
Posthius vermerkte als Absendeort "è pharmacopolio nostro"
Praesentatum: 27.10.76
Autograph
Fundort: Erlangen UB Trew, Posthius 40 (= Ms. 1819, Bl. 592)
Folioformat

Posthius dankt für das erhaltene Schreiben, mit dem er einen Brief des [Carolus] Clusius und Samen bekommen hat.

Da der Adressat noch nicht den Erhalt des Posthiusbriefes vom Michaelstag [29.9.] bestätigt habe, fragt Posthius nach dem Verbleib dieses Schreibens, dem auch noch ein Bündel mit Melissusbriefen an Cropatius und ein von Posthius im Auftrag des [Erasmus Neustetterus] geschriebener Zettel mit einer Einladung an den Adressaten, [nach Würzburg] zu kommen, beigelegt waren. Posthius rät, dieser Einladung bald Folge zu leisten, da [Neustetterus] wegen einer Sitzung ("Capitulum ... peremtorium") nur noch acht Tage in [Würzburg] bleiben werde.

Grüße an den Bruder Philippus [Camerarius] des Adressaten und an [den Nürnberger Ratskonsulenten Christophorus] Hardesianus.

Im Postskript fordert Posthius den Adressaten auf, wegen des vermißten Briefes [vom 29.9.1576] bei Johannes Hofmanus anzufragen.

Den vermißten Posthiusbrief vom 29.9.1576 hatte Joachimus II Camerarius erst am 16.10.1576 erhalten und daher noch nicht in der von Posthius empfangenen Sendung berücksichtigen können.

Clusius berichtete am 25.9.1576 dem Joachimus II Camerarius von seinem Vorhaben, dem Posthius Samen zu schicken (vgl. Brief vom 31.8.1576 und Überblick, Kapitel 15).

69   Würzburg, 27.10.1576
Posthius an Jo[h]an[nes] Crato, [Regensburg?]
Abschrift
Fundort: Ehemals Breslau UB Crato I, 151, seit 1945 verschollen; (vollständige?) Abschrift: Breslau/Wrocław UB Akc 1949/611, Bl. 49v f

Posthius bittet, die im Brief beiliegenden, untertreibend "versiculi" genannten Epicedia zum Tode des [am 12.10.1576 in Regensburg verstorbenen] Kaisers [Maximilian II.] dem neuen Kaiser Rudolphus [II.] zu überbringen, und charakterisiert kurz die Art dieser Verse: Er, Posthius, lasse darin den sterbenden Kaiser [Maximilian II.], dem er einst zu seiner Königswahl in Gedichten gratuliert habe, von seinem Sohn und Nachfolger Rudolphus Abschied nehmen. Als etwaige Gegengabe für diese Gedichte möchte Posthius statt Geld den Titel eines Poeta Laureatus, falls möglich mit dem Recht, auch anderen diesen Titel verleihen zu können. Auslagen des Adressaten will er ersetzen. Die Gedichte habe er als äußeres Zeichen der Freundschaft und als Dank für ein Festmahl vor zwei Jahren dem Adressaten gewidmet.

In den Brieftext ist folgendes Distichon eingeschoben:
"Si mea digna tamen videantur carmina Lauro,
    Auro laurus erit mi preciosa magìs."

Zu den erwähnten Glückwunschgedichten zum Regierungsantritt Maximilians II. vgl. Überblick, Kapitel 8; die Epicedia für denselben Kaiser lagen dem Brief in gedruckter Form bei; Posthius hatte diesen Druck in Würzburg anfertigen lassen. Das mit dem Brief übersandte Exemplar dieser Publikation ist offenbar erhalten, und zwar in der Österreichischen Nationalbibliothek in Wien (vgl. Werkverzeichnis 1576/3 und Überblick, Kapitel 24).

Zum Festmahl des Crato für Posthius vgl. Brief vom 20.3.1575 und Überblick, Kapitel 24; zum angeführten Distichon des Posthius vgl. Werkverzeichnis 1576/6.

70 Würzburg, 4.11.1576
Posthius an Joachimus [II] Camerarius, Nürnberg
Posthius vermerkte als Absendeort: "Auff der post"
Praesentatum: 13.11.
Autograph
Fundort: Erlangen UB Trew, Posthius 41 (= Ms. 1819, Bl. 593f)
Folioformat

Posthius fragt an, ob seine beiden vorausgegangenen Briefe [vom 29.9. und 18.10.1576] angekommen seien und bittet, die dem Brief beigelegten Exemplare seiner Epicedia ("Carmina") zum Tod des Kaisers [Maximilian II.] denen zu geben, an die er sie adressiert habe, und sie zu grüßen.

Ferner berichtet Posthius, der Kurfürst von der Pfalz [Friedrich III.] sei am 26.10. verstorben.

Außerdem teilt er mit, sein Patron [Erasmus Neustetterus] befinde sich auf der Comburg; falls der Adressat diesen besuchen wolle, solle er das bald tun.

Zu den erwähnten Epicedia für Maximilian II. vgl. Werkverzeichnis 1576/3 und Überblick, Kapitel 24.

71 Würzburg, 24.11.1576
Posthius an Jo[h]an[nes] Crato, [Breslau?]
Abschrift
Fundort: Ehemals Breslau UB Crato I, 152, seit 1945 verschollen; (vollständige?) Abschrift: Breslau/Wrocław UB Akc 1949/611, Bl. 50r.

Posthius zeigt sich erfreut darüber, daß sein Freundschaftsdienst [die Widmung der Epicedia zum Tode des Kaisers Maximilian II. an den Adressaten] dem Adressaten und seine Gedichte dem Kaiser [Rudolph II.] gefallen hätten, und dankt für die Vermittlung der Poeta-Laureatus-Würde ("laurea poetica"). Er will sich Zeit seines Lebens dieser Würde wert erzeigen.

In der Unterschrift des Briefes hat Posthius laut Abschrift seinem Namen die Titel "M. et P. L." ("Medicus et Poeta Laureatus") hinzugefügt.

Posthius schickte mit diesem Brief gedruckte Exemplare seiner Gedichte zum Tod des Kaisers Maximilian II. (vgl. Werkverzeichnis 1576/3) an Crato. Die gesamte Sendung leitete er am 25.11.1576 über Joachimus II Camerarius.

72   [Würzburg?], 25.11.[1576]
Posthius an Joachimus [II] Camerarius, Nürnberg
Praesentatum: 27.11.76
Autograph
Fundort: Erlangen UB Trew, Posthius 42 (= Ms. 1819, Bl. 595f)
Folioformat

Posthius entschuldigt seine verspätete Antwort mit seiner Abwesenheit bei der Durchreise des Frankfurter Briefboten.

Die Salbe aus Tabakblättern ("Unguentum de Tabaco") habe er noch nicht zubereiten können, zumal der Gärtner die Blätter inzwischen ohne sein Wissen gepflückt und getrocknet habe.

Außerdem bittet Posthius um Weiterleitung der beigelegten Exemplare seiner Epicedia ("Carmina") [zum Tod des Kaisers Maximilian II.] nach Schlesien an [Johannes] Crato, der darum gebeten habe.

Dann berichtet Posthius [wie schon in seinem Brief vom 4.11.76], daß sein Patron [Erasmus Neustetterus] sich auf der Comburg aufhalte und daß der Kurfürst von der Pfalz [Friedrich III.) am 26.10. um vier Uhr nachmittags gestorben sei.

Am Schluß des Briefes erzählt Posthius scheinbar nebenbei, der neue Kaiser [Rudolph II.] habe ihn wegen seiner Epicedia ("Carmina") zum Tode von [Kaiser] Max[imilian II.] am 1.11. zum Poeta Laureatus ernannt.

Grüße an den Bruder [Philippus Camerarius] des Adressaten.

In der Unterschrift des Briefes hat Posthius seinem Namen die Titel "M. et P. L." ("Medicus et Poeta Laureatus") hinzugefügt.

Dem Brief lag außer den erwähnten Exemplaren der Epicedia (vgl. Werkverzeichnis 1576/3 und Überblick, Kapitel 24) auch ein Posthiusbrief an Crato bei, und zwar der vom 24.11.1576.

Die Angabe der exakten Todeszeit des Kurfürsten Friedrich III. geschah vermutlich aus astrologischen Gründen; vielleicht sollte sie auch Interessierten bei der Abfassung von Epicedia hilfreich sein.

73   Würzburg, 3.12.[1576]
Posthius an Joachimus [II] Camerarius, Nürnberg
Praesentatum: 8.12.76
Autograph
Fundort: Erlangen UB Trew, Posthius 43 (= Ms. 1819, Bl. 599f)
Folioformat

Posthius äußert sich entsetzt über die Plünderung Antwerpens durch [meuternde] spanische Soldaten [die sogenannte "Spanische Furia" am 4.11.1576]; unter anderen Ausdrücken des Schmerzes heißt es: "Quid facerent Turcae capta crudelius urbe?" und "Equidem Auguror extremum non procul esse diem"; in der Situation könne man nur klagen, doch nichts bessern oder abwenden.

Dann übermittelt Posthius Nachrichten aus Heidelberg: Der neue Kurfüst Ludovicus [VI.] sei am 10.11. nach Heidelberg gekommen, habe drei Tage später den Kirchenrat ("Senatus Ecclesiasticus") aufgelöst, den Doktor [Caspar] Olivianus entlassen und die Zensur eingeführt; nun soll er wegen der bevorstehenden Entbindung seiner Gattin [Elisabeth, einer Tochter ses Landgrafen Philipp von Hessen] nach Amberg abgereist sein. Zwischen den Brüdern [Ludovicus VI. und Johannes Casimirus] soll größte Eintracht, auch in religiösen Dingen, bestehen.

Der sächsische Kurfürst [August] soll einem Heidelberger Gerücht zufolge mondsüchtig und verrückt sein (diese Nachricht ist durch "sed hoc tibj in aurem" als vertraulich gekennzeichnet).

Im Postskript Grüße an den Bruder [Philippus] des Adressaten.

Die Plünderung Antwerpens war indirekt eine Folge des Todes von Luis de Requeséns, dem Statthalter der Niederlande, am 5.3.1576. Philipp II. zögerte lange, einen Nachfolger zu benennen, und so konnten die spanischen Truppen zwar noch am 30.6.1576 Zierikzee einnehmen, zogen dann aber, weil sie nicht bezahlt wurden, plündernd durch die Gegend und bemächtigten sich am 25.7.1576 der Stadt Alost, worauf sich die aufständischen Provinzen Holland und Seeland mit den meisten übrigen Generalstaaten zu einem Bündnis gegen die spanischen Besatzungssoldaten zusammentaten; sie konnten einen Angriff auf Brüssel verhindern, nicht aber die im Brief geschilderte Plünderung Antwerpens, die im Schutze eines starken spanischen Forts geschah.

Posthius nahm an dem Schicksal Antwerpens deshalb so großen Anteil, weil er längere Zeit in dieser Stadt gelebt hatte (vgl. Überblick, Kapitel 14). Daß Posthius dabei die spanischen Plünderer mit den Türken vergleicht, ist typisch für das späte 16. Jahrhundert, galt doch der Türke als Inbegriff des Bösen schlechthin; so heißt es dann auch in einer Zeitung aus Leipzig vom 27.5.1593 über eine Wirtshausrandaliererei, "daß kein türgg erger het handeln konden" (W. Schulze: Reich und Türkengefahr im späten 16. Jahrhundert, München 1978, S. 54; das Zitat aus der Zeitung von 1593 ist dort Anm. 81 angeführt). Posthius selbst benützt dieselbe Wendung nochmals in seinem Brief vom 26.7.1586.

Die erwähnte Eintracht zwischen den Pfalzgrafen Ludwig VI. und Johann Casimir bestand nur kurz: Der verstorbene Friedrich III., der Vater der beiden, hatte den Kalvinismus in der Pfalz begünstigt und dem ebenfalls kalvinistischen Johann Casimir Rückendeckung bei dessen Kriegszügen in Frankreich zur Unterstützung der Hugenotten gewährt, während der im Amberg als Statthalter der Oberpfalz residierende Ludwig VI. dort gegen den Willen des Vaters lutherische Prediger eingesetzt und die Altäre in den Kirchen wieder eingeführt hatte, so daß es dabei fast zum Bruch zwischen Vater und Sohn gekommen wäre. Nach Friedrichs Tod fürchtete man nun ein ähnliches Verhalten Ludwigs auch in Heidelberg, und so predigte Olivianus, als Ludwig zur Beerdigung nach Heidelberg kam: "Jetzt werden die Wölfe von oben [gemeint war die Oberpfalz] herabkommen und die Schafe fressen" (zitiert nach Kuhn: Pfalzgraf, 1960, S. 78). Das war der verständliche Grund für seine Entlassung. Ansonsten suspendierte Ludwig den Kirchenrat und verbot den Verkauf und das Drucken kalvinistischer Schriften, nahm aber noch keine größeren Änderungen vor, sondern kehrte nach Am-

berg zurück und überließ seinem Bruder Johann Casimir die Verwaltung Heidelbergs.
Der konfessionelle Schwebezustand dauerte allerdings nur kurz: Obwohl sich Johann
Casimir vehement gegen radikale Maßnahmen einsetzte, erzwang Ludwig nach seiner
Rückkehr nach Heidelberg am 4.4.1577 eine Rückkehr der Pfalz zum Luthertum. Nach
Ludwigs frühem Tod am 12.10.1583 setzte Johann Casimir als Vormund Friedrichs
IV., des Sohnes von Ludwig VI., jedoch wieder den Kalvinismus durch.

74   Würzburg, 14.12.[1576]
Posthius an Joachimus [II] Camerarius, Nürnberg
Autograph
Fundort: Erlangen UB Trew, Posthius 30 (= Ms. 1819, Bl. 597f)
Folioformat

Posthius beantwortet einen Brief des Adressaten: Den Bericht über Antwerpens
Plünderung [Posthius erwähnte sie bereits in seinem Brief vom 3.12.1576] habe er
mit großer Trauer gelesen, zumal er selbst eineinhalb Jahre dort gelebt und dabei
viele Bürger der Stadt sowie Händler aus der Umgebung kennengelernt habe. Über
die mangelnden Sicherheitsvorkehrungen der Stadtväter ("praefecti urbani") sei er
sehr verwundert, doch sei er sicher, daß alles durch Gottes gerechten Ratschluß
geschehe.
    Den Brief des Adressaten und den Bericht über Antwerpens Plünderung werde
er, sobald möglich, an [Erasmus] Neustetterus übermitteln.
    Die Nachricht, in Würzburg sei ein [antiker?] Text mit Weissagungen über
Mittelmeeranrainer ("Prognosticon ... de Africa, Cypro etc:") gefunden worden, sei
ihm neu gewesen; er habe bislang nur herausfinden können, daß er aus Italien her-
gebracht worden sein solle.
    Anschließend berichtet Posthius von der unheilbaren Erkrankung des Würzbur-
ger Kanzlers [Balthasar von Hellu] an eitrigem Urin ("Urina ... purulenta") und
fragt in dessen Auftrag nach einem Arzt, der ein Geschwür an den Geschlechtsor-
ganen ("caruncula in meatu virgae enata") des Kranken beseitigen könne; [der kurz
zuvor verstorbene Nürnberger Chirurg] Volkerus [Coiter] habe das gekonnt und
die Heilmethode in seinen Büchern, vor allem in den handgeschriebenen, beschrieben.
    Grüße an den Bruder des Adressaten.

Die Einordnung des Briefes ins Jahr 1576 ergibt sich aus der am 4.11.76 erfolgten
Plünderung Antwerpens; in der UB Erlangen ist dieser Brief unter dem Datum des
14.12.75 eingeordnet, weil - offenbar von späterer Hand - "1575" der Datumsangabe
"14.12." des Briefes hinzugefügt ist. Die alte Numerierung - Ms. 1819, Bl. 597 - bestätigt
jedoch die Einordnung ins Jahr 1576 (so trägt zum Beispiel der Brief vom 25.11.1576
die Nummer Ms. 1819, Bl. 595f).
    Der erkrankte Würzburger Kanzler Balthasar von Hellu starb drei Wochen später,
am 6.1.1577; Posthius verfaßte zu dessen Tod ein Epigramm, das er zusammen mit
den Epicedia für Albertus Baro Lympurgicus publizierte (vgl. Werkverzeichnis 1577/1).

Zum Tod des Nürnberg Arztes, Chirurgen und Anatomen Volkerus Coiterus vgl. Brief vom 31.8.1576.

75   Würzburg, 15.1.1577

Posthius an Joachimus [II] Camerarius, Nürnberg
Praesentatum: 18.1.
Autograph
Fundort: Erlangen UB Trew, Posthius 44 (= Ms. 1819. 601)
Folioformat

Begleitbrief zur Übersendung eines an den Adressaten gerichteten Briefbündels von Melissus, das er, Posthius, soeben zusammen mit einem Brief des Melissus erhalten habe.

Posthius erwähnt dabei, auch sein Freund [Nicolaus] Cisnerus habe ihm geschrieben und einige [gedruckte] Exemplare von vor kurzem entstandenen eigenen Gedichten ("Carmina") auf die Pfalzgrafen mitgeschickt. Er, Posthius, lege das für den Adressaten bestimmte Exemplar diesem Brief bei, außerdem in einer Abschrift die am 1.1. publizierten "Capita pacificationis Belgicae", die er ebenfalls von Cisnerus erhalten habe.

Sodann berichtet Posthius, der [prominente Würzburger Domherr] Albertus Baro Lympurgicus sei am 20.12.[1576] um 6 Uhr früh bei Neumond nach fast fünfzehnwöchiger Krankheit an "febris quartana" an einer Erkrankung der Atmungsorgane ("catarrhus") erstickt; Posthius äußert sich dabei sehr rühmend über diesen Mann; zu dessen Tod habe er eine Elegie verfaßt, die sich im Druck befinde und die er demnächst dem Adressaten schicken wolle.

Neujahrsglückwünsche.

Grüße an Philippus und Ludovicus [Camerarius], die Brüder des Adressaten.

Bei den erwähnten Gedichten des Cisnerus handelt es sich um dessen Epicedia zum Tode des Pfalzgrafen Friedrich III: Sie erschienen mit dem Titel "Memoriae ... Friderici tertii Com. Palat. ad Rhenum, Ducis Bavariae" 1576 in Heidelberg/Heidelberga.

Albertus Baron von Lympurg war ein liberaler, den Evangelischen gegenüber aufgeschlossener Domkapitular gewesen, der 1573 bei der Bischofswahl vergebens gegen Julius Echter kandidiert hatte (vgl. Überblick, Kapitel 20). Posthius machte die genauen Angaben über seine Todeszeit offenbar aus astrologischen Gründen (vgl. Brief vom 25.11.76); seine Epicedia zu diesem Todesfall erschienen 1577 in Würzburg (vgl. Werkverzeichnis 1577/1).

76   [Würzburg?], 31.1.[1577]
Posthius an Joachimus [II] Camerarius, Nürnberg
Praesentatum: 5.2.77
Autograph
Fundort: Erlangen UB Trew, Posthius 45 (= Ms. 1819, Bl. 602f)
Folioformat

Posthius dankt für die erhaltenen Neuigkeiten, die er auch dem [Erasmus] Neustetterus, der in Kürze in [Würzburg] erwartet werde, zu lesen geben werde.

Außerdem berichtet er, Valentinus Echterus, ein [jüngerer] Bruder des [Fürst-
bischofs Julius Echter], habe am 29.1. mit großem Aufwand [Otilia Rau von Holtz-
hausen] geheiratet; dazu habe er, Posthius, gegen seinen Willen unter Zeitdruck
Gedichte ("tumultuaria opera") anfertigen müssen, mit deren Qualität er nicht zufrieden sei. Er lege sie dem Brief bei.

Abschließend fragt Posthius den Adressaten, der sicher als Arzt zugezogen
worden sei, nach den Heilungsaussichten für den linksseitig gelähmten Bamberger
Bischof [Vitus II. von Würzburg, gestorben 1577].

*Bei den dem Brief beigelegten Gedichten handelt es sich vermutlich um ein gedrucktes
Exemplar der Hochzeitsglückwünsche für Valentinus Echterus. Von dieser Schrift
scheinen alle Exemplare verschollen. Posthius publizierte seine Glückwünsche in sei-
ner Gedichtsammlung "Parerga" als Abschluß des Buches "Francica" nach den an den
Fürstbischof Julius Echter gerichteten Gedichten (erste Ausgabe Bl. 132v-136r, zweite
Ausgabe Pars prima, S. 222-228). Die Gedichte beginnen "Ecce dies optatus ...", En
Hymenaeus adest ..." und "Hanc tua cum nuper ..."*

77   Würzburg, 14.3.1577
Posthius an Joachimus [II] Camerarius, Nürnberg
Praesentatum: 16.3.
Autograph
Fundort: Erlangen UB Trew, Posthius 46 (= Ms. 1819, Bl. 604)
Folioformat

Posthius dankt für die erhaltenen Samen und bittet - gegen Bezahlung - um Besorgung des botanischen Werkes "Praedium Latinum" des Carolus Stephanus; außerdem wünscht er seltene Pflanzen für den seit einem Jahr kultivierten [Würzburger
Kräuter]garten und verspricht, dafür zu sorgen, daß sich der Fürst[bischof Julius
Echter] erkenntlich zeigen werde.

Schließlich weist Posthius darauf hin, [Erasmus] Neustetterus wolle in Kürze
von Würzburg zur Comburg reisen; dorthin solle der Adressat die von Neustetterus
bestellten Gartenbücher ("opera") des [Antonius] Mizaldus senden.

Grüße an den Bruder [Philippus Camerarius] des Adressaten.

Bei dem erwähnten Werk des Carolus Stephanus handelt es sich um eine Art Pflanzen- und Gartenlexikon (vgl. Literaturverzeichnis unter Stephanus: Praedium rusticum, 1554).

Mit den Gartenbüchern des Mizaldus ist wohl die 1574 in Köln in Einzeltiteln herausgekommene Ausgabe gemeint; diese Einzeltitel wurden offenbar nicht separat, sondern zu einem Band gebunden in den Handel gebracht; ein derartiges Exemplar befindet sich in der StB Nürnberg (vgl. Literaturverzeichnis).

78   Würzburg, 20.3.[1577]
Posthius an Joachimus [II] Camerarius, Nürnberg
Praesentatum: 21.3.77
Autograph
Fundort: Erlangen UB Trew, Posthius 47 (= Ms. 1819, Bl. 605f)
Folioformat

Posthius dankt - auch im Namen des Fürst[bischofs Julius Echter] - für die [im Brief vom 14.3.1577 erbetenen] seltenen Samen und für die versprochenen Pflanzen, die der Adressat gleich dem Briefüberbringer mitgeben könne; außerdem rät Posthius dem Adressaten, das [im Posthiusbrief vom 21.3.1576 für Fürstbischof Julius Echter bestellte, wohl inzwischen fertig kolorierte Pflanzenwerk] "Herbarium" [des Lobelianus] selbst zu überbringen, um dadurch den Fürstbischof mehr zu beeindrucken.

Dann weist Posthius darauf hin, mit dem Brief übersende er zehn Taler, die er für den Adressaten im Namen des [verstorbenen] Albertus Baro Lympurgicus von [Erasmus Neustetterus] erhalten habe.

Er bittet um die Weiterleitung eines Schreibens an [Johannes] Mathesius, das er, Posthius, im Auftrag des [Neustetterus] verfaßt habe.

Dazu teilt Posthius noch mit, [Neustetterus] sei am vergangenen Samstag von [Würzburg] zur Comburg abgereist.

Ferner versichert Posthius, die [vom Adressaten geschickten] Kürbissamen ("Cucurbitarum semina") werde er samt einer Empfehlung des Adressaten dem Würzburger Dechant [Neithard von Thüngen] überbringen.

Abschließend wiederholt Posthius seine [im Brief vom 14.3.1577 erfolgte] Bestellung des Pflanzenwerkes "Praedium Rusticum" des Carolus Stephanus.

Grüße an den Bruder [Philippus Camerarius] des Adressaten.

79   Würzburg, 29.4.1577
Posthius an [den Bürgermeister und Rat einer Stadt]
Der Brief ist ohne Adresse
Autograph
Fundort: Berlin SBPK Slg. Darmst. 2b 1580 (1) (= 1920.89)
Folioformat

Posthius bestätigt den Erhalt eines Briefes mit dem Angebot, [Stadt-]Physicus zu
werden; er will sich binnen acht Tagen entscheiden.

Der gesamte Brief ist auf deutsch geschrieben.

80   Würzburg, 4.5.1577
Posthius an Joachimus [II] Camerarius, Nürnberg
Praesentatum: 11.5.
Autograph
Fundort: Erlangen UB Trew, Posthius 48 (= Ms. 1819, Bl. 607f)
Folioformat

Posthius dankt für die [bereits im Brief vom 20.3.1577 erwähnten,] vom Fuhrmann
wohlbehalten überbrachten Pflanzen. Der Fürst[bischof Julius Echter] werde sich
erkenntlich zeigen, sobald er das [im Brief vom 21.3.1576 bestellte] illustrierte
Pflanzenbuch "Herbarium" [des Lobelianus] in Händen habe.

Dann weist Posthius darauf hin, mit dem Brief übersende er ein Exemplar des
gemeinsamen Werkes "Aula", [einer Anthologie über die Nachteile des Hoflebens,]
das endlich erschienen sei; [der Herausgeber Henricus] Petreus habe in seiner Vorrede dazu auch den Adressaten ehrenvoll erwähnt, wenn auch poetisch ("ποιητι-
χῶς"); außerdem habe Petreus berichtet, alle Exemplare seien bei der letzten
Messe verkauft worden.

Weiter berichtet Posthius, [Erasmus Neustetterus], der auf der Comburg weile,
sei an einer Hautentzündung ("erysipelas") erkrankt gewesen, aber nach Purgation
und Aderlaß ("phlebotomia") wieder genesen.

Außerdem bittet Posthius um die Weiterleitung des beigelegten Briefes an den
Dichter Claudius Ancantherus, der Posthius zu einer Antwort herausgefordert
habe, nach Padua, falls die Wege nicht wegen einer Seuche ("pestis") in Italien ge-
sperrt seien.

Grüße an den Bruder [Philippus Camerarius] des Adressaten, an Christoph[o-
rus] Fuerer und an Petrus Rieterus.

Im Postskript bemerkt Posthius, Auslagen [für die Weiterleitung des Briefes
nach Padua] werde er ersetzen.

Die erwähnte Anthologie über die Nachteile des Hoflebens erschien 1577 erstmals.
Petreus war bei ihrer Zusammenstellung von Posthius und Joachimus II Camerarius
unterstützt worden (vgl. Werkverzeichnis 1575/1b). Wie von Posthius erwartet, erschien

bald eine Neuauflage, beträchtlich erweitert, im folgenden Jahre (vgl. Literaturverzeichnis unter Petreus: Aulica vita, 1578).

Claudius Ancantherus hatte vermutlich des Posthius Antwort provoziert, indem er in einem seiner Gedichte des Posthius Name erwähnte. Posthius hatte diesen Dichter wahrscheinlich während seines Italienaufenthaltes, bei dem er auch durch Padua kam (vgl. Überblick, Kapitel 11), kennengelernt. Er widmete Ancantherus eines seiner Gedichte in der Sammlung "Parerga"; dies beginnt "Phoebi gloria ..." (in der ersten Ausgabe Bl. 47v f, in der zweiten Ausgabe Pars prima, S. 83). - Zu der in dem Zusammenhang erwähnten Seuche in Italien vgl. auch Brief vom 11.7.1583.

---

81   [Würzburg?, 31.5.[1577]

Posthius an Joachimus [II] Camerarius, Nürnberg
Praesentatum: 2.6.77
Autograph
Fundort: Erlangen UB Trew, Posthius 49 (= Ms. 1819, Bl. 609)
Folioformat

Posthius berichtet, er sei am Vortag mit [Erasmus] Neustetterus von der Comburg nach [Würzburg] zurückgekehrt. Zur Comburg sei er wegen der abermaligen Erkrankung des Neustetterus an Hautentzündung ("erysipelas") des rechten Fußes, vielleicht auch an Podagra, gerufen worden. Auf der Comburg sei er, Posthius, mit dem Augsburger Arzt und Philosophen Johan[nes] Scheürle zusammengetroffen, der im Jahr zuvor die Universität abgeschlossen habe, ein glänzender und wortgewandter Gesellschafter sei (dies drückt Posthius in griechischen Worten aus) und daher dem stets nach Abwechslung begierigen Patron [Erasmus Neustetterus] sehr gut gefalle; Posthius selbst ist skeptischer und erinnert den Adressaten, wie klug sie beide sich bei Abschluß ihres Studiums vorgekommen seien.

Weiter berichtet Posthius, Neustetterus möchte, daß der Adressat an Fronleichnam nach Bamberg komme, um mit ihm über eine geplante Reise nach Karlsbad zu reden.

Außerdem dankt Posthius für erhaltene Pflanzen.

Den Brief [des Adressaten?] habe er [wunschgemäß] an [Henricus] Petreus weitergeleitet.

Grüße an die Brüder [Philippus und Ludovicus Camerarius] des Adressaten.

In dem erwähnten Brief an Petreus bedankte sich Joachimus II Camerarius vermutlich für die Erwähnung seines Namens in der Anthologie "Aulica vita" (vgl. Werkverzeichnis 1575/1b und Brief vom 4.5.1577) und kündigte wohl auch gleich eine ergänzende Sendung thematisch passender Gedichte für die geplante zweite Auflage der Anthologie an (vgl. Brief vom 28.7.1577).

82   Karlsbad, 24.6.[1577]
Posthius an Joachimus [II] Camerarius, [Nürnberg]
Praesentatum: 1.7.77
Autograph
Fundort: Erlangen UB Trew, Posthius 50 (= Ms. 1819, Bl. 610)
Folioformat

Posthius berichtet von der Kur des Patrons [Erasmus Neustetterus]: Vor 14 Tagen
seien sie in Karlsbad eingetroffen; [Neustetterus] mache nach einer Entschlackung
("evacuatio") und einer Trinkkur nun eine Badekur; sie wollten noch acht Tage
bleiben.

 Weiter berichtet Posthius von seinem Plan, den Rubigerus, der noch nicht geschrieben habe, [bei der Rückreise?] zu besuchen.

Am Ende des Briefes nennt Posthius den Adressaten "animae dimidium meae".

83   Würzburg, 28.7.[1577]
Posthius an Joachimus [II] Camerarius, Nürnberg
Praesentatum: 4.8.77
Autograph
Fundort: Erlangen UB Trew, Posthius 51 (= Ms. 1819, Bl. 611f)
Folioformat

Posthius kondoliert dem Adressaten zum Tode der Gattin [Maria, geb. Rummel
von Lonerstadt, 1544-1577]: Bei der Rückkehr [von seiner Badereise mit Erasmus
Neustetterus nach Karlsbad] vor zwei Tagen habe er die Anzeige des Adressaten
erhalten; Posthius kündigt an, er möchte, soweit ihm die täglichen Inspektionen
dazu Zeit lassen, Trauergedichte ("Carmina") verfassen, und bittet dafür um die
Angaben von Namen, Familie, Heimat, Alter, Todestag, Zahl der Kinder, eventuelle frühere Ehen, Dauer der Ehe mit dem Adressaten und Krankheit der Verstorbenen, außerdem um die Nachricht, ob die vor kurzem geborene Tochter noch
am Leben sei.

 Als Trost berichtet Posthius von eigenen Sorgen: Der Bruder seiner Frau sei
ihm todfeind, weil er, Posthius, von seiner Schwiegermutter diesem vorgezogen
werde und das Haus der Familie bewohne; daraus wolle ihn sein Schwager vertrei-
ben.

 Außerdem bestätigt Posthius, die Sendung des Adressaten habe er erhalten einschließlich der Gedichte ("carmina") [für die geplante erweiterte Ausgabe der im
Brief vom 4.5.1577 erwähnten Anthologie über die Nachteile des Hoflebens "Aulica
vita"]. Er, Posthius, habe [wunschgemäß] diese Gedichte korrigiert und werde sie
mit der Bitte um baldige Edition an [Henricus] Petreus senden.

 Abschließend berichtet Posthius, er habe an seinen Patron [Erasmus Neustette-
rus], der auf der Comburg weile, am Vortag geschrieben.

 Grüße an den Bruder [Philippus Camerarius] des Adressaten.

84   Wien, 20.9.1577
Posthius an Joachimus [II] Camerarius, Nürnberg
Praesentatum: 11.10.
Autograph
Fundort: Erlangen UB Trew, Posthius 52 (= Ms. 1819, Bl. 613f)
Folioformat

Posthius entschuldigt sich dafür, mit dem Brief keine Epicedia ("Epigrammata")
zum Tode von des Adressaten Gattin [Maria] übersenden zu können; zwar habe er
zusätzlich zu den Versen, [die er dem Adressaten bei seiner Durchreise durch
Nürnberg mitbrachte], mehrere Gedichte begonnen, doch stören ihn mannigfache
Abhaltungen an einer druckreifen Überarbeitung: Mehrere Mitglieder [der Be-
gleitung des Fürstbischofs Julius Echter bei dessen Zug nach Wien zur Krönung
Kaiser Rudolphs II.] seien an Fieber und Leibschmerzen ("tormina, et alvj fluxus")
erkrankt, darunter er, Posthius, selbst; ein besonders schweres Fieber habe den
[Würzburger Hofjuristen Conradus] Dinnerus am 1.9. befallen. Dazu kämen der
Lärm der Stadt [Wien], Besuche von Freunden und Hofdienst.
    Weiter berichtet Posthius, in und um Wien herrsche eine Epidemie ("pestis").
    Zu einer [lutherischen] Predigt ("concio") des [Josua] Opicius sollen achttau-
send Menschen in Wien gewesen sein.
    Die Rückreise [nach Würzburg] sei für Monatsende geplant.
    Grüße von [Conradus] Dinnerus und [Carolus] Clusius; Grüße an den Bruder
[Philippus Camerarius] des Adressaten.

*Der Text der erwähnten Epicedia für des Camerarius Gattin Maria, geb. Rummel von
Lonerstadt, ist verschollen; weder von den von Posthius persönlich überreichten Versen noch von denen, die er wenig später mit einem - offenbar nicht mehr existierenden
- Brief übersandte (vgl. Brief vom 19.11.1577) scheint das Autograph erhalten zu sein,
und von einer Publikation ist auch nichts bekannt.*
    *Der lutherische Theologe Josua Opitz/Opicius (1542-1585) war von 1571-1574 Su-
perintendent von Regensburg, wurde dann wegen seiner Flacianischen Theologie entlassen und von den evangelischen Ständen von Österreich unter der Enns zu ihrem
Prediger berufen; er war sehr beliebt, wurde aber am 21.6.1578 von Kaiser Rudolph II.
aus Österreich verbannt.*

Literatur: Schubert: Dinner (1973), S. 227.

85   Würzburg, 19.11.[1577]
Posthius an Joachimus [II] Camerarius, Nürnberg
Praesentatum: 24.11.77
Autograph
Fundort: Erlangen UB Trew, Posthius 53 (= Ms. 1819, Bl. 615)
Folioformat

Resümee der Wienreise, von der Posthius am 15.11.[1577] mit dem Fürst[bischof
Julius Echter] nach beschwerlicher Reise zurückgekehrt ist: Die Reise sei ihn teuer
zu stehen gekommen, denn die eigenen Studien und die Praxis in [Würzburg] seien
vernachlässigt; doch habe er, was für ihn am meisten gelte, neue Freunde gewonnen.

Außerdem fragt Posthius, ob sein Brief mit den Epicedia ("Epithaphia carmina") [zum Tod der Gattin Maria des Adressaten] angekommen sei.

Weiter berichtet Posthius, [der Hofbotaniker Carolus] Clusius sei vom Kaiser
entlassen und der mit viel Mühe angelegte botanische Garten verwüstet und in eine
Reitbahn ("in ἱππόδρομον") verwandelt worden.

Abschließend weist Posthius darauf hin, [Erasmus] Neustetterus wolle am folgenden Tage zur Comburg reisen.

Die Seuche ("Febris pestilenz") in Würzburg sei im Abklingen.

Grüße an den Bruder [Philippus Camerarius] des Adressaten.

Im Postskript bittet Posthius um die Übersendung eines Büchleins über Karlsbad ("de Thermis Carolinis"), das [Fabianus] Sommerus verfaßt habe.

Das erwähnte Schreiben des Posthius an Joachimus II Camerarius mit den beigelegten
Epicedia ist verschollen (vgl. Brief vom 20.9.1577).

Die Abreise von Wien war offenbar ziemlich kurzfristig anberaumt worden: Clusius
beklagte sich nämlich am 29.10.77 bei Joachimus II Camerarius, er habe keine Gele-
genheit mehr gehabt, sich von Posthius zu verabschieden; daher bitte er, dies bei Po-
sthius zu entschuldigen; dieser werde Joachimus II Camerarius auch über das traurige
Schicksal des kaiserlichen Gartens informieren, der, ohne daß er, Clusius, davon ver-
ständigt worden sei, über Nacht in einen Reitplatz umfunktioniert worden sei (Hunger,
L'Escluse, Bd. II (1942), S. 79f, Nr. 65; (vgl. Überblick, Kapitel 26).

Das Büchlein des Fabianus Sommerus über Karlsbad war 1571 lateinisch erschie-
nen (vgl. Literaturverzeichnis unter Sommerus: De inventione thermarum D. Carolis
IIII., 1571). Eine Übersetzung ins Deutsche, angefertigt durch Matthias Sommer,
wurde 1572 in Leipzig veröffentlicht. Weitere Auflagen dieses deutschen Textes folgten
1580 in Nürnberg, 1592 und 1609 in Leipzig und 1647 abermals in Nürnberg. Von den
deutschen Ausgaben benützte ich die von 1592 (vgl. Literaturverzeichnis unter Som-
mer: Ein kurtzes Buechlein von des Keyser Carls Warmbad, 1592).

86   Würzburg, 2.12.1577

Posthius an Joachimus [II] Camerarius, Nürnberg
Praesentatum: 8.12.
Autograph
Fundort: Erlangen UB Trew, Posthius 54 (= Ms. 1819, Bl. 616)
Folioformat

Posthius dankt für den übermittelten Brief des Melissus, bittet um Weiterleitung seines beigelegten Antwortschreibens darauf und referiert den Inhalt des Melissusbriefes: Melissus habe gebeten, beim [Fürstbischof Julius Echter], bei [Erasmus] Neustetterus und beim Domdekan [Neithard von Thüngen] Geld zu erbetteln und dieses samt Briefen über Abel Unterholtzerus, der in Venedig im Haus der deutschen Kaufleute wohne, an ihn [nach Italien] zu schicken; Posthius vermutet, daß Melissus dem Adressaten Ähnliches geschrieben habe.

Außerdem berichtet Posthius, mit [dem Nürnberger Ratskonsulenten] Christoph[orus] Herdesianus, der geschäftehalber am [Würzburger] Hof weile, habe er nur kurz reden können, obwohl er ihn gerne zu sich in die Stadt hinunter eingeladen hätte.

Mit dem Fürst[bischof Julius Echter] habe er, Posthius, seit der Rückkehr von Wien [am 15.11.1577] noch nicht gesprochen und ihn daher noch nicht darauf hinweisen können, daß das [von Posthius in seinem Brief vom 21.3.1576 für den Fürstbischof Julius Echter bestellte Pflanzenbuch] "Herbarium" [des Matthias Lobelianus] vom Adressaten nun geschickt worden sei. Falls dafür noch Bezahlung ausstehe, soll ihm das der Adressat schreiben.

Abschließend wiederholt Posthius die Bestellung des Büchleins [über Karlsbad], das [Fabianus] Sommerus verfaßt habe [Posthius hatte es bereits am 19.11.77 bestellt]. Er, Posthius, habe nämlich dem Lazarus à Schwendi versprochen, es zu senden.

Grüße an den Bruder [Philippus] des Adressaten.

Der im Brief erwähnte Lazarus à Schwendi gehört zu den bedeutendsten Diplomaten und Heerführern des 16. Jahrhunderts. Als uneheliches Kind 1522 in Mittelbiberbach in Schwaben geboren und unter der Vormundschaft der Stadt Memmingen aufgewachsen, gewann er sich dank seiner reichstreuen Gesinnung bald das Vertrauen Kaiser Karls V. und diente ihm als treuer Diplomat, wobei er auch vor heiklen Aufträgen nicht zurückschreckte. Einsätze in den Niederlanden, auch im Dienste König Philipps II., ließen ihn zunehmend kritischer gegenüber einer restaurativen Politik und zu einem der schärfsten Gegner Kardinal Granvellas werden. Nachdem er als Generalkapitän von 1565 bis 1568 die deutschen Streitkräfte gegen die Türken in Ungarn geführt hatte, legte er seine Dienstverpflichtungen gegenüber Philipp II. nieder und kümmerte sich um seine beträchtlichen Besitzungen im Elsaß und im Breisgau, die er sich dank seiner hohen Besoldungen erwerben konnte. Daneben diente er als Ratgeber Kaiser Maximilian II. und versuchte, durch seine umfangreiche Korrespondenz und persönliches Auftreten, unter anderem auf Reichstagen, einen Ausgleich der Konfessionen in Deutschland zu erzielen und den Einfluß Spaniens und Frankreichs in den

Niederlanden zurückzudrängen. Obwohl Schwendi dabei zunehmend mit der Pfälzer Politik sympathisierte, blieb er bis zu seinem Tod am 28.5.1584 in Kirchhofen im Breisgau katholisch. Posthius hatte ihn offenbar in Wien kennengelernt, als beide dort zur Kaiserkrönung Rudolphs weilten (vgl. Überblick, Kapitel 25).

87   Würzburg, 13.12.[1577]
Posthius an Joachimus [II] Camerarius, Bamberg
Praesentatum: 19.12.77
Autograph
Fundort: Erlangen UB Trew, Posthius 55 (= Ms. 1819, Bl. 617)
Folioformat

Antwortbrief auf eine erhaltene Sendung des Adressaten: Posthius dankt für die Übermittlung eines Briefes des Melissus und bittet um die Weiterleitung eines beigelegten Antwortschreibens an denselben.

Sobald er, Posthius, von Ochsenfurt, wohin er gerade aufbreche, zurückgekehrt sei, will er den [Fürstbischof Julius Echter] an [das von Camerarius übersandte, im Posthiusbrief vom 21.3.1576 für den Fürstbischof bestellte kolorierte Pflanzenbuch "Herbarium" des Lobelianus] erinnern und die ausstehenden acht Taler sobald wie möglich senden.

Außerdem wünscht Posthius Erfolg für eine schwierige Behandlung ("ϑεραπεία").

Den Adressaten werde er wunschgemäß bei [Henricus] Petreus entschuldigen.

Grüße an den Bruder [Philippus Camerarius] des Adressaten sowie an Adamus [Schillingus?] und an [den Nürnberger Ratskonsulenten Christophorus] Herdesianus.

88   Würzburg, 4.1.1578
Posthius an Gregorius Bersmanus, [Leipzig?]
Publikation
Fundort: Publiziert von Bersmanus in der zweiten Ausgabe seiner Gesammelten Werke (vgl. Werkverzeichnis 91/2, dort Pars prior, S. 361ff)

Posthius dementiert das Gerücht von seinem Ableben, das auch nach Würzburg gelangt sei; es habe wohl eine Verwechslung mit Conradus Dinnerus vorgelegen, der in Wien lebensgefährlich erkrankt war, inzwischen jedoch wieder gesundet nach Würzburg zurückgekehrt sei.

Weiterhin berichtet Posthius, er habe dem [Drucker Christianus?] Egenolphus, der ihn um Vergebung [wegen der Verbreitung der Todesnachricht] gebeten habe, verziehen, und schließt einige (teilweise griechisch gefaßte) Betrachtungen über die Hinfälligkeit des Menschen an.

Auch weist Posthius darauf hin, mit dem Brief schicke er ein Schreiben "literas de negotio aedium", das er vom Adressaten erhalten hatte und das früher zurückzusenden er aus Eile vergessen habe, nun endlich an denselben zurück; das darin enthaltene, durch die [Leipziger] Universität ausgestellte Zeugnis sei für den Adressaten höchst ehrenvoll.

Seine Gedanken über Höflinge ("de aulicis") wage er, Posthius, nicht schriftlich darzulegen.

Weiterhin dankt Posthius für den Brief des Adressaten, lobt dessen [übersandte] Gedichte ("Carmina") und bedauert (teils in griechischen Worten), daß der Adressat gegenwärtig von Problemen bedrängt werde, die die dichterische Begabung beeinträchtigten [gemeint sind wohl die Anfeindungen wegen zu wenig orthodox-lutherischer religiöser Ansichten]; er, Posthius, kenne derartige Behinderungen des Dichtens aus eigener Erfahrung. Abschließend macht Posthius dem Adressaten Hoffnung auf eine bessere Zukunft und bittet um Benachrichtigung, wenn [der kursächsische Rat] Andreas Paulli zurückkehre, um diesem dann schreiben zu können.

Grüße an die Frau [Magdalena] des Adressaten, auch von seiner Frau [Rosina].

Posthius hätte seine Einstellung gegenüber Höflingen nicht spielerisch versteckt - wie er es im Brief macht - andeuten müssen, da seine diesbezüglichen Antipathien bekannt waren. Er hatte sich nämlich an einer einschlägigen Anthologie beteiligt, die 1577 und 1578 publiziert wurde (vgl. Werkverzeichnis 1575/1b).

Zu den angedeuteten konfessionellen Schwierigkeiten des Bersmanus vgl. Brief vom 31.8.1576.

Der Kontakt des Posthius zur Druckerei Egenolphus in Frankfurt hatte unter anderem auch dazu geführt, daß Posthius dem gleichnamigen Sohn des bekannten, 1555 gestorbenen Drucker Christianus Egenolphus einen Band Gedichte des Bersmanus - vermutlich dessen 1576 in Leipzig erschienene "Poemata" (vgl. Werkverzeichnis 1576/1) - als Geschenk übersandt hatte. Egenolphus bedankte sich dafür mit einem vierundzwanzigzeiligen Gedicht in Elfsilblern, das auch in die Hände des Bersmanus kam; dieser ließ es am Ende des zweiten Teiles der zweiten Auflage seiner Werke (vgl. Werkverzeichnis 1591/2) nebst weiteren ähnlichen Gedichten abdrucken; das Gedicht beginnt "Bersmani lepidissimas Camoenas ...".

Literatur: Schubert: Dinnerus (1973), S. 227.

89   Würzburg, 30.1.1578
Posthius an Joachimus [II] Camerarius, Nürnberg
Praesentatum: 4.2.
Autograph
Fundort: Erlangen UB Trew, Posthius 56 (= Ms. 1819, Bl. 620f)
Folioformat

Posthius berichtet, das ausstehende Geld [für das im Posthiusbrief vom 21.3.1576 für Fürstbischof Julius Echter bestellte Pflanzenwerk "Herbarium" von Matthias Lobelianus] habe er über [Antonius] Mulholtzerus an den Adressaten geschickt.

Der Fürst[bischof Julius Echter] habe versprochen, dem Adressaten als Dank für dessen Bemühungen [um die Besorgung des Lobeliusbuches?] Wein zukommen zu lassen, müsse aber nochmals gemahnt werden, da - so bemerkt Posthius ironisch - solche Dinge leicht vergessen würden.

Die vor längerer Zeit [am 19.12.1575?] von Posthius für die Kopie ("scriptura") eines Textes vergebens übersandten Münzen soll der Adressat für die Besorgung von Briefboten und für Geschenke an seine Kinder [Joachimus III, Balthasar und Ludovicus den Jüngeren] verwenden. Das vom Adressaten angebotene medizinische Werk ("liber ... Medicamentarius") würde Posthius gern haben, doch soll sich der Adressat nicht selbst die Mühe des Abschreibens machen.

Sodann dankt Posthius für die Weiterleitung der Briefe seiner Freunde an ihn und bietet ebensolche Dienste an.

Außerdem berichtet er, das Briefbündel für [Erasmus] Neustetterus, das der Adressat in seiner letzten Sendung erwähnte, habe er nicht erhalten.

Den Text über das Ende der Streitigkeiten um den polnischen Thron ("Transactio Polonia") habe er dem Fürstbischof [Julius Echter] gezeigt und werde ihn nun am folgenden Tag an [Erasmus Neustetterus] schicken.

Dieser werde an den "Bacchanalia" (Fasching) wahrscheinlich in [Würzburg] sein. Posthius wünscht, daß auch der Adressat käme.

Im Postskript Grüße von [Conradus] Dinnerus sowie Grüße an Philippus [Camerarius], den Bruder des Adressaten, und an [den Nürnberger Ratskonsulenten Christophorus] Herdesianus.

Im Brief ist davon die Rede, Posthius habe vergebens Geld für die Kopie einer Schrift übersandt; vermutlich hatte sich Posthius um eine Kopie der Texte des Joachimus II Camerarius über die Landwirtschaft bemüht; da diese Texte jedoch 1577 in publizierter Form erschienen, bekam Posthius sicher ein Exemplar davon, ohne daß ihm Joachimus II Camerarius dafür eine Rechnung stellte (vgl. Literaturverzeichnis unter Camerarius: De re rustica, 1577).

Zu den Streitigkeiten um den polnischen Königsthron vgl. Brief vom 31.12.1575.

90   [Würzburg?], 14.2.1578
Posthius an Joachimus [II] Camerarius, Nürnberg
Praesentatum: 19.2.
Autograph
Fundort: Erlangen UB Trew, Posthius 57 (Ms. 1819, Bl. 618)
Folioformat

Posthius bedauert, für Melissus könne er ohne die persönliche Anwesenheit des [Erasmus] Neustetterus, der wegen eines Vermächtnisses des verstorbenen Petrus [Echter, des 1576 verstorbenen Vaters von Julius Echter] in Kürze [nach Würzburg] kommen werde, beim [Fürstbischof Julius Echter] nichts erreichen und wolle daher auch nicht einen inhaltslosen Brief an Melissus schreiben.

Weiter bittet Posthius um die Besorgung eines lesenswerten Buches über einen Kometen, falls es ein solches in [Nürnberg] gebe.

Der beigelegte Brief nach Wien [an Georgius Purkircherus?] möge möglichst rasch weitergeleitet werden, da ihm ein zum Druck bestimmtes Gedicht ("carmen") beiliege.

Grüße an den Bruder [Philippus Camerarius] des Adressaten.

Im Postskript bestellt Posthius für den Würzburger Domdekan [Neithard von Thüngen] des Adressaten Büchlein über die Landwirtschaft ("de re rustica").

Bei dem im Brief erwähnten Gedicht des Posthius handelt es sich vermutlich um sein Epicedium zum Tod des Aristotelesforschers und Arztes Nicasius Hellebodia/Ellebodius; dieser war am 4.6.1577 in Preßburg gestorben, und Georgius Purkircherus plante daraufhin als Dank an den verstorbenen Freund eine Sammelpublikation von "Epitaphia"; er wandte sich daher mit der Bitte um entsprechende Gedichte an des Hellebodia Freunde. Clusius unterstützte ihn dabei und ging beispielsweise in seinem Brief vom 6.8.1577 an Joachimus II Camerarius diesen um ein Epicedium an (Hunger: L'Escluse, Bd. II, 1942, S. 347, Nr. 60). In ähnlicher Weise wurde sicher auch Posthius um ein Gedicht gebeten. Purkircherus verstarb jedoch noch vor der Publikation der Gedichte (Wagner: Zur Biographie, 1973, S. 22), und so ist mir eine Veröffentlichung von des Posthius Trauergedicht nur in seiner eigenen Gedichtsammlung "Parerga" bekannt; das Gedicht beginnt: "Ista Nicasius ..." (Parerga erste Ausgabe Bl. 140v, Parerga zweite Ausgabe Pars prima, S. 235; wieder abgedruckt bei Wagner: Zur Biographie, 1973, S. 23).

Zum Büchlein des Joachimus II Camerarius über die Landwirtschaft vgl. Literaturverzeichnis unter Camerarius: De re rustica, 1577.

---

91   Würzburg, 22.2.[1578]

Posthius an Joachimus [II] Camerarius, Nürnberg
Praesentatum: 28.2.78
Autograph
Fundort: Erlangen UB Trew, Posthius 58 (= Ms. 1819, Bl. 619
Folioformat

Begleitbrief zu einer Geldübersendung: Posthius weist darauf hin, der Überbringer des Briefes werde dem Adressaten im Auftrage des Balthasarus Külwein vierundvierzig Gulden ("florini") und sieben Würzburger Schillinge ("solidi nostrates") übergeben. Dreißig Gulden davon seien für die an [Erasmus] Neustetterus geschickten Bücher, die übrigen für Wein ("Vinum Reticum").

Außerdem kündigt Posthius an, Neustetterus werde den Adressaten in Kürze zu sich nach Bamberg rufen, da der Adressat nicht, wie Posthius und Neustetterus erwartet hatten, am Vortag im Gefolge des [neugewählten] Bamberger Bischofs [Johann Georg Zobel von Giebelstadt] nach [Würzburg] gekommen sei.

Grüße an den Bruder [Philippus Camerarius] des Adressaten.

Im Postskript Grüße von Neustetterus.

92 Würzburg, 17.4.[1578]
Posthius an Joachimus [II] Camerarius, Nürnberg
Praesentatum: 28.4.78
Autograph
Fundort: Erlangen UB Trew, Posthius 59 (= Ms. 1819, Bl. 622f)
Folioformat

Posthius weist auf einen vorhergehenden [heute verschollenen] Brief hin, den er zusammen mit einem Schreiben und Geld für Melissus über Antonius Mülholtzerus
geschickt habe, und entschuldigt sich dafür, daß er dem Adressaten die Mühe der
Geld- und Briefübermittlung an Melissus auflade.

Weiter berichtet Posthius, der Fürst[bischof Julius Echter] sei am 5.4.[1578] im
Auftrag des Kaisers [Rudolph II.] als sogenannter "Commissarius" in Reichsangele-
genheiten nach Worms gereist und habe als Arzt Antonius [Hubnerus] mitgenommen, da er, Posthius, kurz zuvor wegen seiner schwachen Gesundheit Medikamente
genommen und sich zur Ader gelassen hatte.

Außerdem verspricht Posthius, den Fürst[bischof] nach dessen Rückkehr abermals an den [im Brief vom 30.1.1578 angekündigten] versprochenen Wein zu erinnern.

Im Abschiedsgruß am Briefende redet Posthius den Adressaten mit "amicorum
optime" an.

Im Postskript lädt er den Adressaten zu sich ein, wenn dieser auf einer Reise
wegen einer Grundstücksangelegenheit ("feudorum causa") nach Remlingen durch
[Würzburg] komme.

*Offenbar hatten des Posthius Bemühungen, Geld für Melissus zu besorgen, von denen
er in seinen Briefen vom 2.12.1577 und vom 14.2.1578 berichtet, Erfolg. Vermutlich
hat er das Geld nach dem 22.2.1578 über Mülholtzerus an Joachimus II Camerarius
geschickt. Das am Briefbeginn erwähnte Begleitschreiben des Posthius blieb offenbar
nicht erhalten.*

*Julius Echter versuchte als Kommissar Kaiser Rudolphs II. im April 1578 bei ei-
nem Deputationstag in Worms vergebens, eine für den Kaiser akzeptable Lösung in der
Frage der Regentschaft über die Niederlande zu erreichen (vgl. Briefe vom 31.12.1575
und vom 24.4.1584).*

93 Würzburg, 1.5.1578
Posthius an Johannes Weidnerus, Schwäbisch Hall
Praesentatum: 4.5.
Autograph
Fundort: Stuttgart WLB Cod. hist. 2° 603, Bl. 87f
Folioformat

Posthius zeigt sich erfreut über den Brief des Adressaten mit dem Angebot,
Freundschaft zu schließen: Er gehe gerne darauf ein, zumal ihm nichts erwünschter
sei als viele Freunde.

Die Mitteilung des Adressaten, derselbe habe eine Zeitlang in des Posthius Heimat gelebt und kenne ihn daher, erinnere ihn, Posthius, in angenehmer Weise an des Adressaten Schwager S. Feuchterus.

Weiter versichert Posthius, er habe die [dem Brief des Weidnerus beigelegten, handgeschriebenen und] dem Weidnerus gewidmeten frommen und ausgefeilten Gedichte ("carmina") mit Genuß gelesen und bitte daher, deren Autoren [Conradus Leius und Sebastianus Artomedes] zu grüßen.

Den beigelegten Brief möge der Adressat an [Nicodemus] Frischlinus weiterleiten.

Abschließend teilt Posthius mit, Friderius Braesamerus, der Onkel seiner Frau, lebe in Würzburg als Advokat ("Causidicus").

Offenbar hatte Weidnerus die im Brief erwähnten Gedichte des Artomedes und Leius auch an Nicolaus Reusnerus geschickt, denn dieser bedankte sich am 15.5.78 von Lauingen aus dafür. Das Gedicht des Artomedes bezeichnete er dabei als "Elegia de S.[ancto] Joan: Baptista" (Stuttgart WLB Cod. hist. 2° 603, Bl. 90).

Von Conradus Leius befinden sich in der Korrespondenzsammlung des Weidnerus über fünfzig Briefe aus den Jahren 1572 bis 1595, von Sebastianus Artomedes zwei vom 5.5.1572 (Bl. 17f) und vom 14.3.1573 (Bl. 24).

Diesem Brief an Weidnerus lag ein Blatt mit einem Posthiusgedicht bei, in dem Posthius fragt, wo Leius und Artomedes, die dem Weidnerus so köstliche Gedichte geschenkt hätten, lebten und warum sie ihre Gedichte nicht veröffentlichten; solche Literatur sei nämlich wegen ihres frommen Gehaltes erhaltenswert (vgl. Werkverzeichnis 1578/4).

94   Würzburg, 20.5.[1578]
Posthius an Joachimus [II] Camerarius, Nürnberg
Praesentatum: 23.5.78
Autograph
Fundort: Erlangen UB Trew, Posthius 60 (= Ms. 1819, Bl. 624)
Folioformat

Posthius fragt besorgt, ob der Adressat seine Briefe, vor allem den für Melissus, erhalten und das Geld für diesen weitergeleitet habe.

Weiterhin bittet Posthius, dem [Fürstbischof Julius Echter] eine Kleinigkeit zu schicken, um diesen bei deren Überreichung an das [im Brief vom 30.1.1578 erwähnte] Weinversprechen erinnern zu können.

Außerdem weist Posthius darauf hin, [Erasmus Neustetterus] weile auf der Comburg.

Die von Posthius geäußerte Sorge um den Verbleib des Geldes für Melissus war unbegründet (vgl. Briefe vom 17.4.1578 und vom 24.10.1578).

95   Würzburg, 24.10.1578
Posthius an Joachimus [II] Camerarius, Nürnberg
Praesentatum: 29.10.
Autograph
Fundort: Erlangen UB Trew, Posthius 61 (= Ms. 1819, Bl. 625)
Folioformat

Posthius freut sich, daß der Adressat gesund von seiner Reise zurückgekehrt sei,
und dankt im Namen von Melissus, der geschrieben habe, für das [nach Italien]
weitergeleitete Geld.

Dann kündigt Posthius an, die [vom Adressaten gewünschten] Samen
("Molucae, et Chrysanthemj Perunianj semina") werde er, sobald er sie bekommen
könne, schicken. Zusammen mit dem Brief übersende er den Schößling eines wil-
den Pflaumenbaumes ("Viviradix prunorum sylvestrium").

Abschließend hofft Posthius auf ein baldiges Ende des [Bürger]krieges [in den
Niederlanden], nachdem [der spanische Statthalter] Janus Austriacus [Don Juan
d'Austria], an einer Seuche ("pestis") [am 1.10.1578] gestorben sei.

Grüße an den Bruder [Philippus Camerarius] des Adressaten und an [den
Nürnberger Ratskonsulenten Christophorus] Herdesianus.

96   Würzburg, 20.11.1578
Posthius an Joachimus [II] Camerarius, Nürnberg
Praesentatum: 24.11.
Autograph
Fundort: Erlangen UB Trew, Posthius 62 (= Ms. 1819, Bl. 626f)
Folioformat

Posthius berichtet, das vom Adressaten erhaltene Buch "de Xenodochio" habe er -
wie er bereits in einem vorangegangenen [heute verschollenen] Brief nach Frankfurt geschrieben habe - am folgenden Tag dem Fürst[bischof Julius Echter] überreicht. Dieser habe das Buch noch nicht gekannt, sei davon sehr angetan gewesen
und habe eine Gegengabe [wie von Posthius in seinem Brief vom 20.5.1578 erwar-
tet] versprochen; Posthius will ihn daran erinnern. Am [19. und 20.11.1578] sei ihm
das wegen des Besuches der Grafen von Eysenburg noch nicht möglich gewesen.

Dann dankt Posthius für ein Buch "de Palmario"; nach dessen Lektüre will er
sein Urteil dem Adressaten mitteilen.

Auch berichtet Posthius von Gerüchten: Ein Bruder [gemeint ist offenbar Wen-
zel] des Kaisers [Rudolph II.] und der erstgeborene Sohn oder die Tochter des
spanischen Königs sollen gestorben sein.

Abschließend weist Posthius darauf hin, mit dem Brief übersende er die Samen
von Sonnenblumen und "Moluca" ("semina flor: Solis, et Molucae") sowie große
Waldpflaumen ("fructus prunorum sylvestr. maiorum") und bemerkt dazu, er habe
schon mit seinem vorhergehenden Brief solche übersandt, vermute aber, der Briefbote habe sie weggeworfen oder aufgegessen.

Grüße an den Bruder [Philippus Camerarius] des Adressaten und an [den Nürnberger Ratskonsulenten] Christoph[orus Herdesianus].

Mit dem Buch "de Palmario" ist vermutlich ein Exemplar das 1578 in Paris bei Diony-
sius du Val erschienenen Werkes "De morbis contagiosis libri septem" des Julius Pal-
marius gemeint, von dem Joachimus II Camerarius ein weiteres Exemplar dem Nürn-
berger Arzt Georgius Palma schenkte (Nürnberg StB Med. 115.4°; Angaben nach Kö-
nig: Palma, 1961, S. 100, Nr. 35).

Die im Brief referierten Gerüchte beruhen nur teilweise auf Tatsachen: Wenzel, das
jüngste Kind Kaiser Maximilians II. und damit ein Bruder Kaiser Rudolphs II., war
1578 verstorben. Der erstgeborene Sohn des spanischen Königs Philipp II., Don Car-
los, war dagegen bereits am 24.7.1568 verstorben und kann daher kaum gemeint sein;
Philipps zweites Kind, Isabella, lebte bis ins 17. Jahrhundert; das dritte Kind, der am
14.4.78 geborene Philipp III., starb erst am 31.3.1621.

97 Würzburg, 12.1.1579
Posthius an Joachimus [II] Camerarius, Nürnberg
Praesentatum: 18.1.
Autograph
Fundort: Erlangen UB Trew, Posthius 63 (= Ms. 1819, Bl. 628f)
Folioformat

Posthius ist verärgert über den erneuten Bettelbrief des Melissus an ihn, den der Adressat an [Erasmus] Neustetterus weitergeleitet hatte: Melissus habe darin abermals um ein Jahresstipendium ("annui sumptus") ersucht.

Weiter versichert Posthius, er werde den Fürst[bischof Julius Echter] baldmöglichst auf die vom Adressaten angekündigte Sendung hinweisen und ihn dabei auch an das [bereits in etlichen Posthiusbriefen seit dem 30.1.1578 erwähnte] Weinversprechen erinnern.

Auch dankt Posthius für die vom Adressaten persönlich angefertigte Abschrift eines Briefes des [Tobias?] Scultetus.

Dann berichtet er, der Fürst[bischof Julius Echter] plane, [in kaiserlichem Auftrag zu Verhandlungen über eine Beilegung des Bürgerkrieges in den Niederlanden) nach Köln zu reisen, und er, Posthius, solle ihn begleiten; dies tue er wegen der voraussichtlichen Dauer nur ungern. Auch sei die Reise wegen des Verhaltens der Trierer und Jülicher Delegationen in Frage gestellt, da der Fürst[bischof Julius Echter] nur dann persönlich zu der Versammlung ("Comitia") kommen werde, wenn die anderen Fürsten persönlich erscheinen. Wenn die Reise doch stattfinde, werde er, Posthius, dem Wunsch des Adressaten entsprechen [d. h. versuchen, Informationen von dem Alchimisten Birckmanus über dessen Experimente zu erhalten.

Ferner fragt Posthius, ob sich Schwefelblüten ("Flores Sulphuris") so gut, wie behauptet, zur Behandlung von Asthma eignen, da sich in [Würzburg] jemand befinde, der dieses Schwefelpräparat zubereiten könne.

Die [in den Briefen vom 24.10.1578 und vom 20.11.1578 erwähnten] Samen der
"Moluca" seien aufgrund der Regenfälle wahrscheinlich unbrauchbar, da der Gärtner sie nicht rechtzeitig geerntet habe.

Zur Information des Adressaten teilt Posthius noch mit, er habe die in Senare
gefaßte Gnomensammlung ("Sententiae") [des Joachimus I Camerarius] nach
Frankfurt geschickt, damit sie dort mit anderen derartigen Gedichten ("carmina")
gedruckt würden; dabei solle auch der Name des Adressaten Erwähnung finden.

Abschließend bittet Posthius, das dem Brief beigelegte Schreiben nach Breslau
[an Johannes Crato?] weiterzuleiten.

Neujahrsglückwünsche.

Grüße an den Bruder [Philippus Camerarius] des Adressaten und an [den
Nürnberger Ratskonsulenten Christophorus] Herdesianus.

*Zu den Erfahrungen des Posthius beim Alchimisten Birckmanus vgl. Brief vom
16.5.79.*

*Die erwähnte Gnomensammlung wurde von Christianus Egenolphus, dem ältesten
Sohn des 1555 verstorbenen bekannten gleichnamigen Drukkers, redigiert. Des Posthius Bemühungen waren offenbar nicht vergeblich: Neben vielen anderen Sprich-
wörtern enthält die Sammlung auch die in Senare gefaßten Sentenzen des Joachimus I
Camerarius (vgl. Werkverzeichnis 1579/1).*

98   Würzburg, 17.1.1579
Posthius an Joachimus [II] Camerarius, Nürnberg
Praesentatum: 22.1.
Autograph
Fundort: Erlangen UB Trew, Posthius 64 (= Ms. 1819, Bl. 630)
Folioformat

Posthius weist auf seinen vorausgegangenen Brief [vom 12.1.1579] hin und berichtet, der Fürst[bischof Julius Echter], den er abermals an die [seit dem 30.1.1578
immer wieder in Posthiusbriefen erwähnte] versprochene Gegengabe erinnert habe,
bitte um einen geheimen, eigenhändigen Bericht vom Gesundheitszustand des
Bamberger Bischofs [Johann Georg Zobel von Giebelstadt], da er fürchte, dieser
könne wegen seiner Kränklichkeit und wegen seiner ungesunden Lebensweise
schon bald sterben [Zobel starb 1580].

Posthius fügt weitere Nachrichten hinzu: Der Bruder des Bamberger Bischofs
habe sich mit der Schwester des Fürst[bischofs Julius Echter] verlobt und werde sie
bald heiraten.

In Frankreich werde wegen neuer Steuern ("exactiones") und, weil die Friedens-
verträge nach Königsbrauch ("more regio") ständig verletzt würden, ein Aufstand
befürchtet.

Über die Verhältnisse in Belgien dürfte der Adressat wohl mehr als Posthius
wissen.

Im Postskript weist Posthius darauf hin, daß die [im Brief vom 12.1.1579 ange-
kündigte] geplante Reise [des Fürstbischofs Julius Echter nach Köln zu Verhandlungen über die Niederlande] noch ungewiß sei.

99   Würzburg, 28.1.1579
Posthius an Joachimus [II] Camerarius, [Frankfurt]
Der Empfänger vermerkte neben der Adresse: "kumpt von franckfurt"
Praesentatum: 6.2.
Autograph
Fundort: Erlangen UB Trew, Posthius 65 (= Ms. 1819, Bl. 631)
Folioformat

Posthius bittet, die beigelegten Briefe, die an Henricus Stephanus und Janantonius
Saracenus gerichtet sind und auf vor vier Wochen erhaltene Schreiben antworten,
einem Kaufmann nach Genf mitzugeben; eventuelle Unkosten werde er ersetzen.

Außerdem weist Posthius auf seine beiden vorausgegangenen Briefe [vom
12.1.1579 und vom 17.1.1579] hin.

Grüße an Philip[pus Camerarius], den Bruder des Adressaten, und an [den
Nürnberger Ratskonsulenten Christophorus] Herdesianus.

Literatur: Schanz: Zum leben (1884), S. 366.

100   Würzburg, 16.3.1579
Posthius an Joachimus [II] Camerarius, Nürnberg
Praesentatum: 18.3.
Autograph
Fundort: Erlangen UB Trew, Posthius 66 (= Ms. 1819, Bl. 632f)
Folioformat

Begleitbrief zu einer Geldübersendung für Melissus. Posthius bittet, die hundert
Gulden ("florini"; [in margine:] "gantze gulden groschen"), die er sich seinerseits
habe borgen müssen, über dieselben Kaufleute [wie bei der Geldübermittlung ein
Jahr zuvor] möglichst rasch an den mittellosen Melissus [nach Italien] weiterzuleiten. Ihm, Posthius, sei dies peinlich und lästig; er habe daher Melissus [brieflich]
geraten, nach Erlangung der Doktorwürde nach [Deutschland] zurückzukehren, da
er selbst ihm nicht mehr Geld schicken wolle und könne, zumal er sein ganzes Geld
im Weinkeller angelegt habe.

Dann weist Posthius darauf hin, mit dem Brief übersende er Samen von
"Moluca", der nach Auskunft des Gärtners vor zwei Jahren gesammelt worden sei
[und damit nicht so durch die Nässe verdorben ist wie der im Posthiusbrief vom
12.1.1579 erwähnte Same].

Posthius kündigt außerdem an, die [vom Adressaten bestellten] Schwefelblüten
("Flores Sulphuris") würden in Kürze zubereitet werden [Posthius hatte in seinem
Brief vom 12.1.1579 erwähnt, er kenne einen, der dies Präparat herstellen könne].

Der Fürst[bischof Julius Echter] sei von dem Brief des Adressaten [mit einem vertraulichen, im Posthiusbrief vom 17.1.1579 erbetenen Gutachten über den Gesundheitszustand des Bamberger Bischofs Johann Georg Zobel von Giebelstadt], sehr angetan gewesen; er habe, als Posthius persönlich den Brief überbrachte, eine Gegengabe versprochen und dies Versprechen, sooft ihn Posthius darauf ansprach, erneuert. Damit gleiche er dem antiken Kaiser [gemeint ist der antike König Antigonos III. von Makedonien] mit dem bezeichnenden Beinamen "Doson" [zu deutsch: der, der geben wird].

Anschließend berichtet Posthius, der Termin für die inzwischen beschlossene Reise [des Fürstbischofs Julius Echter zu Verhandlungen über einen Frieden in den Niederlanden] nach Köln hänge vom Eintreffen der Antwort des Kaisers [Rudolph II.] ab; auch sei ungewiß, welcher Arzt den Fürstbischof begleiten werde. Er, Posthius, bliebe lieber in [Würzburg], wäre aber aus Pflichtgefühl zur Mitreise bereit.

Im Postskript Grüße an die Brüder [Philippus und Ludovicus Camerarius] des Adressaten sowie an [den Nürnberger Ratskonsulenten Christophorus] Herdesianus, an Christ[ophorus] Fuerer und an Petrus Riter.

In einem weiteren, deutsch geschriebenen Postskript berichtet Posthius, der Domdekan [Neithard von Thüngen] habe ihm [auf die Bitte um eine Spende für den in Italien weilenden Melissus] eine Geldgabe mit der Begründung verweigert, es sei zu spät, um aus Italien "ettwaß" [zum Dank] zu schicken; Posthius kommentiert das Verhalten mit den lateinischen Worten: "Crescit amor nummj etc."

Zu der Geldübersendung an Melissus im Vorjahr vgl. Briefe vom 17.4.1578 und vom 25.10.1578.

Posthius kennzeichnet seinen Vergleich des Fürstbischofs mit dem antiken König Antigonos Doson (263/2-221 v. Chr.) durch die hinzugefügten Worte "Sed hoc tibj in aurem" als vertraulich. Des Posthius Unmutsäußerungen über das ihm peinliche Verhalten des Fürstbischofs werden verständlich, wenn man bedenkt, daß Julius Echter im Januar 1578 eine Gabe versprochen hatte (vgl. Brief vom 30.1.1578) und dieses Versprechen mehrfach seitdem erneuerte, so daß fast in jedem Posthiusbrief an Joachimus II Camerarius aus den dazwischenliegenden eineinhalb Jahren von dem Versprechen die Rede ist. Posthius wiederholt den Vergleich des Fürstbischofs mit König Antigonos Doson in seinem Brief vom 27.7.1580.

101   Köln, 5.4.[1579]
Posthius an Joachimus [II] Camerarius, Nürnberg
Praesentatum: 23.4.79
Autograph
Fundort: Erlangen UB Trew, Posthius 67 (= Ms. 1819, Bl. 634)
Folioformat

Posthius antwortet auf den unterwegs [auf der Reise nach Köln] erhaltenen Brief des Adressaten, in dem dieser versichert, das [von Posthius mit seinem Brief vom

16.3.1579 übersandte] Geld [wunschgemäß] an Melissus [nach Italien] weitergeleitet zu haben.

Posthius teilt mit, über die Krankheit des Bamberger Bischofs [Johann Georg Zobel von Giebelstadt, gestorben 1580] wisse er nichts Genaueres.

Adamus Schilling wolle den Bamberger Bischof zu einer erneuten Geldschenkung an Melissus bewegen und das Geld an den Adressaten schicken; dieser solle es dann an des Posthius Frau [Rosina nach Würzburg] weiterleiten als Entschädigung für die hundert Gulden, die er, Posthius, an Schulden für Melissus aufgenommen habe.

Anschließend berichtet Posthius von den Vorgängen in Köln und vom Kriegsschauplatz: Am Vortag [4.4.1579] seien sie selbst [gemeint ist die Würzburger Delegation von Fürstbischof Julius Echter] angekommen, tags darauf [am 5.4.1579] sei der Herzog von Terranova [mit der Spanischen Gesandtschaft] eingetroffen; für den folgenden Tag würden die Bischöfe und Kurfürsten von Köln und Trier [Gebhard Truchseß von Waldburg und Jakob III. Freiherr von Eltz] erwartet. Wann der Herzog von Jülich komme, sei ihm, Posthius, unbekannt. Maastricht werde noch von den Spaniern [d. h. von dem neuen Statthalter der Niederlande, Herzog Alessandro Farnese] belagert, könne sich aber wahrscheinlich halten. Er, Posthius, wünsche den Frieden.

Abschließend verspricht Posthius, den Adressaten an allem, was er von [dem Alchimisten] Birckmanus erhalten oder erfahren werde, teilhaben zu lassen; momentan sei aber Birckmanus noch von [Köln] abwesend.

102   Köln, 1.5.[1579]
Posthius an Jo[h]annes Crato, [Breslau?]
Inhaltsangabe
Fundort: Ehemals Breslau UB Crato I 150, seit 1945 verschollen; Inhaltsangabe des Briefes: Breslau/Wrocław UB Akc 1949/611, Bl. 49v

Posthius ersucht den Adressaten, dem Bartholom.[aeus] Spatafora Siculus das Doctorat der Rechte zu erteilen.

Außerdem berichtet er von politischen Neuigkeiten [ohne genauere Angaben in der angegebenen Quelle].

Der Brief ist wegen des Absendeortes zweifelsfrei in das Jahr 1579 zu datieren.

Crato hatte zu seiner Pfalzgrafenwürde, die er 1568 erhalten hatte und die ihn unter anderem dazu befähigte, Doktoren der Philosophie und der Medizin zu ernennen (vgl. Überblick, Kapitel 24), im Jahr 1575 von Kaiser Maximilian II. auch noch das Privileg bekommen, Doktoren des Zivilrechts ernennen zu dürfen. Posthius bat offenbar in diesem Brief für Spatafora um die Ausübung dieses Privilegs.

103								Köln, 16.5.1579
Posthius an Joachimus [II] Camerarius, Nürnberg
Praesentatum: 22.5.
Autograph
Fundort: Erlangen UB Trew, Posthius 68 (= Ms. 1819, Bl. 635)
Folioformat

Posthius berichtet von den Schwierigkeiten bei den Kölner Verhandlungen: Nachdem am 4.5.[1579] die Gesandten der belgischen Stände eingetroffen seien, werde seit dem 11.5. verhandelt; wegen des Verhaltens der Spanier, die die Belagerung Maastrichts aufrecht erhalten und im Trüben fischen wollten, bestehe jedoch keine Aussicht auf Erfolg.

Dann weist Posthius darauf hin, Melissus wolle nach Frankreich zurückkehren und den [Juristen Jacobus] Cuiacius [in Bourges] hören; er Posthius, gönne ihm dies, könne und wolle ihm jedoch kein Geld schicken. Er habe aber an [Bernhardus?] Huttenus [wegen einer Unterstützung für Melissus?] geschrieben.

Weiter berichtet Posthius, er hab dem [Frankfurter Drucker Christianus] Egenolphus einen Protestbrief geschickt, da er mit den Illustrationen, mit denen dieser ohne sein, des Posthius, Wissen das [gemeinsame] Büchlein [- eine Anthologie von Sentenzen, "Anthologia gnomica" genannt -] ausgestaltet habe, völlig unzufrieden sei. Egenolphus habe das vermutlich auf die Bitte des Druckers hin getan, damit das Büchlein leichter verkäuflich wäre. Er, Posthius, habe lediglich von Egenolphus das Manuskript ohne eine Abbildung zugesandt bekommen, einiges daraus in lateinische Verse übertragen und außerdem, wie er dem Adressaten bereits [am 12.1.1576] mitgeteilt habe, die Sentenzensammlung "Gnomica" von des Adressaten Vater [Joachimus I Camerarius] der Schrift des Egenolphus beigefügt.

Außerdem klagt Posthius, dem [Alchimisten] Birckmanus, der ein rechter Geheimniskrämer und Großsprecher sei, habe er noch keine Informationen von Belang entlocken können.

Abschließend bittet Posthius, den beigelegten Brief rasch an Abelus Strasburgus weiterzuleiten; dieser habe nämlich um Epithalamia zu seiner am 1.6.[1579] in Leipzig stattfindenden Hochzeit gebeten, und er, Posthius, habe einige entsprechende "Epigrammata" verfaßt.

Der im Brief genannte Jacobus Cujacius/Jacques Cujas (1522-1590) war einer der berühmtesten Zivilrichter Frankreichs; zu seinen Lebzeiten bereits hatte er einen fast legendären Ruf. Nach häufigem Ortswechsel lehrte er seit 1575 in Bourges.

Zu der erwähnten Anthologie des Egenolphus, an der Posthius mitarbeitete, vgl. Werkverzeichnis 1579/1.

Von den Epithalamia für Abelus Strasburgus und die Braut Martha Thomingia ist mir keine separate Edition bekannt; Posthius nahm sie jedoch in seine Gedichtsammlung "Parerga" mit auf; es handelt sich dabei um zwei Epigramme "Ante sacras nova ..." und "Qui numerosa prius ..." sowie um ein Gedicht in epodischem Versmaß "Quid celebraturus ..." (Parerga erste Ausgabe Bl. 83r f, zweite Ausgabe Pars prima, S. 141f).

104 Köln, 3.6.[1579]
Posthius an Joachimus [II] Camerarius, Nürnberg
Praesentatum: 12.6.79
Autograph
Fundort: Erlangen UB Trew, Posthius 69 (= Ms. 1819, Bl. 636)
Folioformat

Begleitbrief zu einem endgültigen Absagebrief an Melissus, der erneut einen Bettelbrief geschrieben hatte. Posthius bittet den Adressaten, diesen Brief an Melissus möglichst schnell weiterzuleiten, um vor Melissus endlich Ruhe zu haben.

Außerdem bittet Posthius um Nachricht, ob der Adressat den [am 16.5.1579] beigelegten Brief an Abelus Strasburgus [mit den Epithalamia des Posthius] erhalten [und weitergeleitet] habe.

Posthius berichtet abschließend, die Friedensverhandlungen [in Köln] kämen wegen Religionsstreitigkeiten und der Belagerung von Maastricht nicht voran.

105 Köln, 19.6.1579
Posthius an Joachimus [II] Camerarius, Nürnberg
Praesentatum: 12.7.
Autograph
Fundort: Erlangen UB Trew, Posthius 70(= Ms. 1819, Bl. 637)
Folioformat

Posthius verweist auf die dem Brief beigelegten Berichte von den Ereignissen in Belgien und fügt die neuesten Nachrichten hinzu: Aus Deventer seien alle Priester ("clerici") vertrieben worden, Groningen werde angeblich von den Staaten belagert; gegen den Willen des Kaisers [Rudolph II.] und der Fürsten belagerten die Spanier weiterhin Maastricht; dadurch sei die Aussicht auf Frieden gering, wenn nicht Gott helfe (Posthius zitiert dabei auch eine griechische Sentenz).

Außerdem berichtet Posthius, er glaube nicht mehr, von [dem Alchimisten] Byrckmanus, der keinen Garten besitze und allein auf die Chemie sein Augenmerk richte, etwas Interessantes erfahren zu können; in [Köln] gebe es viele Gärten, in denen jedoch außer Lorbeer ("laurus") keine exotischen Pflanzen gezogen würden.

Abschließend bittet Posthius, den [beigelegten] Brief an Melissus weiterzuleiten.

Grüße an Philippus [Camerarius], den Bruder des Adressaten, sowie an [den Nürnberger Ratskonsulenten Christophorus] Herdesianus.

106   Köln, 15.7.[1579]
Posthius an Joachimus [II] Camerarius, Nürnberg
Praesentatum: 27.7.79
Autograph
Fundort: Erlangen UB Trew, Posthius 71 (= Ms. 1819, Bl. 638f)
Folioformat

Posthius bittet, dem [Gregorius] Bersmanus eine Stelle am Altdorfer Gymnasium
zu vermitteln, da sich Bersmanus an der Leipziger Universität wegen der dortigen
[konfessionellen] Zustände unwohl fühle und fürchte, entlassen zu werden
[Bersmanus weigerte sich, die Konkordienformel zu unterschreiben]. Des Posthius
beigelegtem Brief an Bersmanus soll der Adressat einen eigenen hinzufügen.

Außerdem bittet Posthius, den Brief an Hen[ricus] Stephanus [nach Genf] weiterzuleiten, in dem er, Posthius, sich für die Widmung einer Theokritausgabe
("Theocritus & alia quaedam Graeca poëmatia") bedanke; nach seinen bescheidenen Kräften wolle er sich bei der nächsten [Frankfurter] Messe revanchieren
[gemeint ist, er werde in der geplanten eigenen Sammlung "Parerga" mehrere Gedichte von und an Henricus Stephanus publizieren und dadurch die Verbundenheit
mit Stephanus dokumentieren].

Im folgenden klagt Posthius über die Ergebnislosigkeit der Friedensverhandlungen und über die sich ausbreitende religiöse Intoleranz [in den Niederlanden], die
bewirke, daß die jeweils Herrschenden - seien es nun Katholiken ("pontificij") oder
Reformierte ("qui reformatâ profitentur religionem") - die Andersdenkenden vertrieben. Die Grausamkeiten nach der Eroberung Maastrichts [am 29.6.1579, wobei
sechstausend Einwohner ums Leben kamen] veranlassen Posthius zu der [schon im
Brief vom 3.12.76 geäußerten] Frage: "Quid facerent Turcae capta crudelius urbe?".
Alenconius, der die englische Königin geheiratet habe, soll angeblich den belgischen Provinzen und Ständen [falls sie von Philipp II. abfallen] goldene Berge versprechen. Die Zukunft kenne nur Gott [zur Bekräftigung des letzten Satzes zitiert
Posthius griechisch den Vers X, 173 der Ilias].

Im Postskript schreibt Posthius, er hoffe, am Ende der Hundstage zu Hause zu
sein.

Zu den konfessionellen Problemen des Bersmanus in Leipzig vgl. Briefe vom
31.8.1576 und vom 4.1.1578.
   Die dem Posthius gewidmete Theokritausgabe des Henricus Stephanus erschien
1579 in des Stephanus Druckerei in Genf (vgl. Literaturverzeichnis unter Stephanus:
Theocriti Idyllia, 1579). Darin rühmt Stephanus in seiner am 26.9.1578 in der "villa
Grieriana" verfaßten Widmungsvorrede die poetische Leistung des Posthius und ver-
gleicht ihn mit dem milesischen Arzt Nicias, dem ja Theokrit in ähnlicher Weise einige
seiner Gedichte gewidmet habe.
   Zur Gedichtsammlung "Parerga" des Posthius vgl. Überblick, Kapitel 29.
   Alenconius (Hercule François Duc d'Anjou/Alencon, 1554-1584), der Bruder des
französischen Königs Heinrich III., sympathisierte schon lange mit den Reformierten
und hatte auch am Krieg Heinrichs I., des Prinzen von Condé, und Johann Casimirs

gegen Heinrich III. im Jahr 1576 teilgenommen (vgl. Brief vom 15.11.1575). Außerdem war er 1575 von Wilhelm von Oranien angegangen worden, Repräsentant der Niederlande an Stelle des spanischen Gouverneurs zu werden (vgl. Brief vom 31.12.1575). Er war zeitweilig mit Königin Elisabeth I. von England verlobt, doch schwankte die sehr in ihren Entschlüssen. Mit der oben erwähnten "Hochzeit" war, wie sich später herausstellte, dann auch nur ein Bündnis zwischen Elisabeth und Franz/François gemeint (vgl. Brief vom 11.12.1579).

Literatur: *Schanz: Zum leben (1884), S. 366.*

107   Köln, 29.8.[1579]
Posthius an Joachimus [II] Camerarius, Nürnberg
Praesentatum: 11.9.79
Autograph
Fundort: Erlangen UB Trew, Posthius 72 (= Ms. 1819, Bl. 640)
Folioformat

Posthius dankt für die Weiterleitung seiner Briefe. Auslagen will er ersetzen.

Dann berichtet Posthius, dem Melissus könne er, wie er diesem auch in zwei Briefen mitgeteilt habe, nichts mehr zukommen lassen, zumal er von seinem [mit dem Brief vom 16.3.1579 übersandten, vorgestreckten] Geld noch nichts zurückbekommen habe. Adamus [Schillingus] habe sich zwar [wie von Posthius am 5.4.1579 angekündigt] mit der Bitte um Geld an den [Bamberger] Fürst[bischof Johann Georg Zobel von Giebelstadt] gewandt, doch keinen Erfolg gehabt. Posthius bittet nun den Adressaten, an den [Bamberger Bischof] in dieser Angelegenheit zu schreiben; dasselbe will auch er, Posthius, selbst tun, um von seinem Geld etwas wiederzusehen, obwohl ihm diese Bettelei peinlich sei.

Anschließend berichtet Posthius von der Lage in den Niederlanden: der Herzog [Alessandro Farnese] von Parma habe nach dem Fall von Maastricht einen Vertrag mit den Aufständischen ("Malcontentj") geschlossen, den Großteil seiner deutschen Reiterei entlassen und marschiere mit dem restlichen Heer nach Brabant. Dem Brief liege ein [Bericht oder Brief] aus Antwerpen bei, den er, Posthius, vor kurzem erhalten habe; die Friedensrichter (εἰρηνοποιοί") [in Köln, darunter Fürstbischof Julius Echter] erwarteten die Antwort der Stände ("Ordines") auf ihren Vertragsvorschlag ("ad Articulos") und fürchteten, alle Versuche seien vergeblich und sie müßten, von allen verlacht, unverrichteter Dinge wieder heimkehren.

Abschließend erinnert Posthius an das [von ihm in seinem Brief vom 15.7.1579 vorgebrachte] Anliegen des [Gregorius] Bersmanus [dieser suchte für den Fall seiner Entlassung eine neue Stelle].

Grüße an die Brüder [Philippus und Ludovicus Camerarius] des Adressaten und an [den Nürnberger Ratskonsulenten Christophorus] Herdesianus.

108   [Würzburg?], 2.11.[1579]
Posthius an Joachimus [II] Camerarius, Nürnberg
Praesentatum: 14.11.79
Autograph
Fundort: Erlangen UB Trew, Posthius 73 (= Ms. 1819, Bl. 641f)
Folioformat

Resümee der Reise nach Köln, von der Posthius wegen einer Erkrankung seiner
Schwiegermutter vorzeitig zurückgekehrt ist: Die Reise sei lästig und ein großer fi-
nanzieller Schaden gewesen. Der [Fürstbischof Julius Echter] müsse gegen seinen
Willen mit den anderen Fürsten in Köln bleiben, bis der Kaiser [Rudolph II.] die
Rückkehr gestatte. Er, Posthius, glaube nicht an einen Erfolg der Verhandlungen,
solange nicht beide Parteien in den Niederlanden völlig ausgeblutet seien (zwei
Worte davon sind griechisch geschrieben), und fürchte eine Ausweitung des
Krieges.

Außerdem berichtet Posthius von einer Weinmißernte wegen schlechten Wetters, die die Preise in die Höhe schnellen lasse. Ein prominenter [Nürnberger] habe
bereits eine Wagenladung ("plaustrum"; [in margine:] "Ein fuder") mit hundert Gulden ("florini") bezahlt. Er, Posthius, besitze reichlich Wein und erwarte Käufer.

Schließlich weist Posthius noch darauf hin, von Melissus habe er erneut Bettelbriefe erhalten.

Im Postskript Grüße an den Bruder [Philippus Camerarius] des Adresssaten
und an [den Nürnberger Ratskonsulenten Christophorus] Herdesianus.

109   [Comburg?], 11.11.[1579]
Posthius an Joachimus [II] Camerarius, Nürnberg
Praesentatum: 15.11.79
Autograph
Fundort: Erlangen UB Trew, Posthius 74 (= Ms. 1819, Bl. 643)
Folioformat

Im Auftrage des [Erasmus Neustetterus], bei dem Posthius gerade weilt, dankt er
für eine an diesen gerichtete Sendung des Adressaten.

Im Postskript weist er auf einen dem Brief beigelegten Bericht mit Neuigkeiten
aus Köln hin, den der Adressat auch dem [Hieronymus II] Baumgartnerus zeigen
soll.

*Bei dem erwähnten Baumgartnerus handelt es sich vermutlich um den Nürnberger
Hieronymus Baumgartnerus/Paumgartner a Paumgarten (gestorben 18.9.1602), einen
Sohn des bekannten gleichnamigen Humanisten. Dieser Sohn hatte eine führende
Stellung im Nürnberger Rat und wirkte seit 1578 als Kurator der Universität Altdorf;
entsprechend zeigte er reges Interesse an den politischen und religiösen Auseinander-
setzungen seiner Zeit, wobei seine Sympathien den Kalvinisten galten.*

110 Würzburg, 11.12.[1579]
Posthius an Joachimus [II] Camerarius, Nürnberg
Praesentatum: 12.12.79
Autograph
Fundort: Erlangen UB Trew, Posthius 75 (= Ms. 1819, Bl. 644)
Folioformat

Posthius dankt für die beiden vor acht Tagen bei seiner Rückkehr von der Comburg, wohin er den [Erasmus Neustetterus] als Gesellschafter begleitet hatte, vorgefundenen Briefe. Auf das Angebot, über den Obduktionsbefund des verstorbenen bayrischen Herzogs [Albrecht V.] zu diskutieren, gehe er gerne ein.

Was der Adressat bezüglich des [von einem Mäzen, wohl von Erasmus Neustetterus für Melissus gespendeten] Geldes geschrieben habe, habe er, Posthius, seinerseits dem [Balthasar] Rufferus mitgeteilt; dieser habe versprochen, einen [Nürnberger] Kaufmann anzuweisen, das Geld in harter Währung ("in maiorj moneta"), also in Talern ("Thaleri") oder Gulden ("floreni solidi"), an die Unterholtzeri oder an den Adressaten auszuzahlen, damit Melissus dadurch keinen Verlust erleide.

An politischen Neuigkeiten berichtet Posthius, der [Fürstbischof Julius Echter] sei am 1.12. zurückgekehrt; die Stände [der niederländischen Provinzen] hätten auf die [bereits im Posthiusbrief vom 29.8.1579 erwähnten] Vertragsvorschläge immer noch nicht geantwortet; die [im Brief vom 15.7.79] sogenannte "Englische Hochzeit" ("nuptiae Anglicae") der englischen Königin [Elisabeth I.] mit dem Franzosen [Alenzonius/Hercule François Duc d' Anjou] habe ein Bündnis der beiden zur Verwüstung der [niederländisch-belgischen] Provinzen König Philipps [II. von Spanien] bedeutet.

Grüße an den Bruder [Philippus Camerarius] des Adressaten und an [den Nürnberger Ratskonsulenten Christophorus] Herdesianus.

Im Postskript bittet Posthius um eine Anleitung, wie man "fontanellae" herstelle.

111 Würzburg, 13.12.1579
Posthius an Gregorius Bersmanus, [Leipzig?]
Publikation
Fundort: Publiziert von Bersmanus in der zweiten Ausgabe seiner Gesammelten Werke (vgl. Werkverzeichnis 1591/2) Pars altera, S. 284ff.

Posthius kondoliert zum Tode des [am 5.9.1579 verstorbenen] Sohnes [Johannes Henricus] des Adressaten mit mehreren tröstenden lateinischen und einer griechischen Sentenz [Menander Fr. 111] sowie mit einem Hinweis auf sein, des Posthius, eigenes Schicksal [Posthius meint damit den Tod seiner im Alter von sechs Monaten am 25.8.1578 verstorbenen Tochter Maria].

Dann berichtet Posthius, am Vortag habe er die [nicht näher charakterisierte Lieder- oder Gedichtsammlung] "Panegyricae" des [Laurentius] Finckelthusius erhalten, zusammen mit dessen Epicedium auf den Tod von seiner, des Posthius,

Tochter [Maria]. Posthius äußert seine Freude über diese Zuneigung des jungen Finckelthusius; er, Posthius, will diesen bei seiner literarischen Ausbildung unterstützen und bittet den Adressaten, einen [beigelegten] Antwortbrief an Finckelthusius weiterzuleiten.

Anschließend weist Posthius darauf hin, mit dem Brief übersende er den Traktat über die richtige [d. h. nicht-byzantinische] Aussprache des Griechischen ("de recta pronuntiatione linguae Graecae commentarius") des Adolphus Mekerchus und bitte den Adressaten um dessen Meinung über die vor allem in Norddeutschland umstrittenen Ansichten des Mekerchus. Er, Posthius, halte die Aussprachregeln des Mekerchus für das Griechische für vorteilhafter zum Lehren und Lernen als die gewöhnliche Ausspracheweise. Auch bietet Posthius an, einen eventuellen Brief des Adressaten an Mekerchus weiterzuleiten; mit Mekerchus habe er nämlich vor kurzem in Köln, wo derselbe als Mitglied einer Zehnmännergesandtschaft ("legatio Decemviralis") die belgischen Stände vertrat, Freundschaft geschlossen.

Abschließend fragt Posthius nach den Zuständen [d. h. nach dem konfessionellen Freiraum] an der [Leipziger] Universität.

Grüße an die scherzhaft "Lamprocrenis tua suavissima" genannte Gattin [Magdalena] des Adressaten, auch von des Posthius Gattin "Blandina" [eigentlich: Rosina].

Dem Brief lag vermutlich ein Blatt mit zwei Epicedia zum Tode von des Bersmanus Sohn Iohannes Henricus bei. Bersmanus publizierte diese Posthiusgedichte zusammen mit weiteren Kondolationen in der zweiten Ausgabe seiner Gesammelten Werke im Jahr 1591 (vgl. Werkverzeichnis 1591/2).

Was mit den "Panegyricae" des Finckelthusius gemeint ist, konnte bislang nicht festgestellt werden (vgl. auch Brief vom 31.12.1579).

Das Epicedium des Finckelthusius auf den Tod von des Posthius Tochter Maria (vgl. Überblick, Kapitel 27) nahm Posthius in den "Liber adoptivus" seiner Gedichtsammlung "Parerga" mit auf; es beginnt "Si decet ..." (erste Ausgabe Bl. 190v, zweite Ausgabe Pars altera, S. 238f).

Die Untersuchung des Adolphus Mekerchus/Adolf von Meetkercke (1528-1591) über die richtige Aussprache des Griechischen war erstmals 1565 in Brügge/Brugis Flandorum erschienen. Wie Erasmus setzte Mekerchus sich darin gegenüber der byzantinischen Aussprache für die klassisch-antike ein und untermauerte seine Argumente unter anderem mit Münzaufschriften und transkribierten lateinischen Worten in antiken griechischen Texten. Sein nüchtern geschriebenes Büchlein eignete sich wegen seiner Übersichtlichkeit - nach einer Einleitung geht Mekerchus darin Buchstaben für Buchstaben durch - gut für den Schul- und Universitätsgebrauch und erschien daher, in überarbeiteter Form, mehrfach, so 1576 und 1586 bei Plantinus und 1587 bei Stephanus; vor wenigen Jahren erfolgte eine Neuherausgabe nach der Fassung von 1576 einschließlich einer Übersetzung ins Deutsche durch J. Kramer: Adolphi Mekerchi Brugensis De veteri et recta pronuntiatione linguae Graecae commentarius, Meisenheim am Glan 1981 (= Beiträge zur Klassischen Philologie Heft 136).

Zu den konfessionellen Schwierigkeiten des Bersmanus vgl. die Posthiusbriefe vom 31.8.1576, 4.1:1578 und 15.7.1579.

Am Ende des Briefes werden die Gattinnen Magdalena Bersmanus und Rosina Posthius nicht mit ihren Taufnamen, sondern mit den von den beiden Dichtern in ihren Gedichten verwendeten Namen angeführt. Dabei handelt es sich bei "Blandina" um eine höchstwahrscheinlich fiktive Geliebte, die Posthius in seinen jungen Jahren - vor allem während seiner großen Bildungsreise - oft besang und deren Namen daher in den auf den Reisen entstandenen Gedichtzyklen "Italica", "Gallica" und "Belgica" mehrfach begegnet; später übertrug er deren Namen auf seine Frau. So schreibt Posthius in seinem Gedicht "De eadem [Rosina] ad Erasmum Neustetterum", Blandina sei bisher eine rein fiktive Person gewesen; daher könnten die ihr gewidmeten Gedichte nachträglich nun auf die "wirkliche" Geliebte bzw. Frau Rosina übertragen werden. ("Blandinam cecini ..."; Parerga erste Ausgabe Bl. 88r, zweite Ausgabe Pars altera, S. 284ff).

---

112 Würzburg, 25.12.1579
Posthius an Joachimus [II] Camerarius, Nürnberg
Praesentatum: 28.12
Autograph
Fundort: Erlangen UB Trew, Posthius 76 (= Ms. 1819, Bl. 645f)
Folioformat

Posthius berichtet, Melissus habe erneut um Geld gebeten, doch wisse er, Posthius, nicht, woher er es nehmen solle, da vom Fürst[bischof Julius Echter] nichts mehr zu erwarten sei und [Erasmus] Neustetterus schon so viel gegeben habe, daß er, Posthius, es nicht wage, ihn erneut daraufhin anzusprechen; falls jedoch Neustetterus auf das wiederholte Bitten des Melissus hin - der habe nämlich auch Neustetterus selbst geschrieben - wider Erwarten nochmals Geld schicken sollte, möge der Adressat Posthius davon in Kenntnis setzen.

Weiter berichtet Posthius, er habe wieder einmal [den Fürstbischof Julius Echter] auf das [seit dem 30.1.1578 immer wieder in Posthiusbriefen erwähnte, dem Joachimus II Camerarius gegebene] Weinversprechen erinnert, und der habe darauf um Zedernöl ("Cedrus") gebeten, wie es der Adressat nach Auskunft des Herman Adolff Riedesel auch dem Landgrafen [Wilhelm von Hessen, einem Gartenliebhaber und Brieffreund des Adressaten] geschickt habe; dies solle Posthius dem Adressaten schreiben.

Neujahrsglückwünsche.

Der zweite Teil dieses Briefes ist, bedingt durch wörtliche Wiedergabe der Antworten des Fürstbischofs, auf deutsch geschrieben, einschließlich der Neujahrsglückwünsche. Dem Posthius war das Verhalten seines Fürstbischofs sichtlich peinlich (vgl. auch Brief vom 16.3.1579).

113							Würzburg, 31.12.1579
Posthius an [Joachimus II Camerarius, Nürnberg]
Das Blatt mit der Adresse des Briefes fehlt.
Autograph
Fundort: Erlangen UB Trew, Posthius 77 (= Ms. 1819, Bl. 647)
Folioformat

Posthius berichtet, aus einem kurz zuvor von Nicolaus Cisnerus erhaltenen Brief habe er erfahren, daß die belgischen Stände die von den Fürsten vorgeschlagenen Friedensbedingungen unter der Auflage angenommen hätten, daß alle Konfessionen, einschließlich sowohl der reformierten als auch der lutherischen ("religio et reformata et juxta Augustanae confessionis formulam") gleichberechtigt seien. Dann äußert sich Posthius kritisch über das heruntergekommene Gefolge des Herzogs von Terranova und des päpstlichen Nuntius [in Prag, Erzbischof Castagna von Rossano], die [bei ihrer Rückkehr vom Kölner Kongreß] vom 23. bis zum 28.12.[1579 Würzburg] einen [offiziellen] Besuch abgestattet hätten und dabei glänzend empfangen worden seien.

Außerdem weist Posthius auf die dem Brief beigelegten Gedichte ("carmina") des [Laurentius] Finckelthusius hin, die ihm, dem Posthius, gewidmet seien, und bittet den Adressaten, diesem Finckelthusius eine Hofmeisterstelle ("paedagogia") bei jungen Adeligen zu besorgen, damit er als deren Begleiter [auf einer Bildungsreise] eine [entfernte] Universität besuchen könne; Posthius charakterisiert Finckelthusius kurz: Sein Fach sei Jura, Griechisch könne er vortrefflich.

Schließlich fragt Posthius, ob der Adressat die Untersuchung des Adolphus Mekerchus über die richtige, ursprüngliche Aussprache des Griechischen kenne und was er davon halte. Er, Posthius, sei der Ansicht, diese Aussprache sollte an den Schulen eingeführt werden.

Abschließend verweist Posthius auf ein mit dem Brief übersandtes, in Köln angefertigtes Porträt des Fürst[bischofs Julius Echter] und verspricht, diesen bei Gelegenheit erneut an sein [zuletzt im Brief vom 25.12.1579 erwähntes] Versprechen zu erinnern.

Neujahrsglückwünsche.

Worum es sich bei den erwähnten Gedichten des Finckelthusius handelt, konnte bislang nicht festgestellt werden; es ist wohl dieselbe Sammlung wie die im Brief vom 13.12.1579 erwähnten "Panegyricae" gemeint.

Zur Untersuchung des Mekerchus über die Aussprache des Griechischen vgl. Brief vom 13.12.1579.

114 Würzburg, 23.1.1580
Posthius an Joachimus [II] Camerarius, Nürnberg
Weil offenbar der Adressat bei der Ankunft des Briefes nicht zu Hause war, nahm ihn
ein Beauftragter in Empfang und notierte neben der Adresse: "Diesen brief hatt den 28.
Jan. 1580 || der Richele[?] wirdt am Milchmarck [dem heutigen Albrecht-Dürer-Platz]
|| gebracht, Jst erbuetig[?] 54 fl || wenn du solche haben wilst zuerlegen. || "
Praesentatum: 6.2.
Autograph
Fundort: Erlangen UB Trew, Posthius 78 (= Ms. 1819, Bl. 648)
Folioformat

Die Nachricht, Melissus sei in Padua zum Ritter und Pfalzgrafen ("Eques et Comes
Palatinus") ernannt worden, kommentiert Posthius mit bissigen Bemerkungen: Melissus verschaffe sich leere Titel, die ihm nichts einbrächten, sei dabei bettelarm
und bürde Posthius die Mühe auf, Geld für ihn zu besorgen. Zusammen mit dem
Brief übersende er, Posthius, abermals 54 Gulden ("floreni"), die er mit Mühe vom
[Fürstbischof Julius Echter] und vom Domdekan [Neithard von Thüngen] erbettelt
habe; von diesen Gulden solle der Adressat zwei für seine Vermittlungsdienste und
Auslagen behalten und die übrigen über die [Kaufleute] Unterholtzeri an den
scherzhaft "Ritter ohne Pferd" ("Eques ἄνιππος") genannten [Melissus] weiterleiten.

Grüße an den Bruder [Philippus Camerarius] des Adressaten und an [den
Nürnberger Ratskonsulenten Christophorus] Herdesianus.

Im Postskript weist Posthius in deutschen Worten auf die vom "Brieffszeiger"
abzuliefernden "54 gantzer gulden groschen" hin [offenbar für den Fall, daß ein des
Lateinischen Unkundiger den Brief in Empfang nimmt].

Die Verleihung des Pfalzgrafentitels schloß verschiedene Privilegien mit ein, so das
Recht, Dichter zum "Poeta Laureatus" zu ernennen. Des Posthius Verärgerung darüber,
daß Melissus diesen Titel erhalten hatte, wird noch verständlicher, wenn man bedenkt,
daß Posthius sich im Herbst 1576 vergebens um eben diese Würde beworben hatte
(vgl. Brief vom 27.10.1576 sowie Überblick, Kapitel 24).

115 Würzburg, 21.3.[1580]
Posthius an Joachimus [II] Camerarius, Nürnberg
Praesentatum: 25.3.80
Autograph
Fundort: Erlangen UB Trew, Posthius 79 (= Ms. 1819, Bl. 849)
Folioformat

Posthius dankt im Auftrag des [Erasmus] Neustetterus für die am Vortag eingetroffene Sendung des Adressaten mit den Neuigkeiten und einem vor kurzem in
Nürnberg gedruckten Buch.

Dann geht er [wie in seinem Brief vom 23.1.1580] auf die Situation des Melissus
ein: Neustetterus sei über dessen erneute Bettelbriefe zu Recht erbost, da Melissus

von ihm bereits mehr Geld als von allen anderen bekommen habe und sich außerdem nicht an seine Versprechungen halte: Statt Ernsthaftes zu lernen bemühe er sich um leere Titel, die weder ihm selbst noch dem Staat Nutzen brächten. Posthius habe daher dem Melissus geschrieben, daß er absolut kein Geld mehr aus [Würzburg] erwarten könne.

Dann berichtet Posthius, er habe den Fürst[bischof Julius Echter] wieder einmal - diesmal schriftlich - an das vor Jahresfrist [eigentlich vor zwei Jahren, mit dem Brief vom 30.1.1578] dem Adressaten gegebene Weinversprechen erinnert, glaube aber nicht an einen Erfolg.

Grüße an den Bruder [Philippus Camerarius] des Adressaten und an [den Nürnberger Ratskonsulenten Christophorus] Herdesianus.

Im Postskript weist Posthius im Auftrag des Neustetterus darauf hin, daß dieser durch andere Geschäfte an der Reise nach Bamberg verhindert sei und seine Bücher betreffenden Wünsche [dem Adressaten] von der Comburg aus mitteilen werde.

116   Würzburg, 13.5."1588" [scilicet 1580]
Posthius an Joachimus [II] Camerarius, Nürnberg
Praesentatum: 16.5.80
Autograph
Fundort: Erlangen UB Trew, Posthius 80 (= Ms. 1819, Bl. 650f)
Folioformat

Posthius dankt für die Hochzeitseinladung, die er mit seiner Frau [Rosina], die noch nie in Nürnberg gewesen und daher sehr neugierig auf die Stadt sei, gerne annehme.

Außerdem weist Posthius auf die fünfzig Gulden für Melissus hin, die er im April über [die Kaufleute?] Hellerus und Jobus Fridericus ([in margine:] "Jobst Friderich") bzw. Antonius Mülholtzerus an den Adressaten zur Weiterleitung an Melissus geschickt habe. Das Geld stamme von Posthius, doch habe [Erasmus] Neustetterus versprochen, ihm 30 Gulden ("Flor:") zu ersetzen. Schließlich äußert Posthius seinen Unmut über die Unverschämtheit des Melissus mit den Worten: "Sic Eques ille auratus ἐπίτροπον suum beare solet".

Grüße an die Braut [Ursula von Till] und an die Kinder [Joachimus III, Balthasar und Ludovicus den Jüngeren] des Adressaten sowie an dessen Bruder Philippus [Camerarius] und an [den Nürnberger Ratskonsulenten Christophorus] Herdesianus.

Im Postskript fragt Posthius nach dem Namen der Braut des Adressaten.

In einem weiteren, deutsch geschriebenen Postskript bittet Posthius um die Weiterleitung seines beigelegten Briefes an Melissus: "hab Im ein gutten filtz darin geschrieben".

Posthius erkundigt sich in dem Brief vermutlich nach dem Namen der Braut, um ihn bei der Abfassung von Epithalamia zu verwenden, und tatsächlich verfaßte er dann auch ein Akrostichon, dessen Anfangsbuchstaben das Wort "Ursula" ergeben; das Gedicht beginnt "Ut tu felici ..." (Parerga erste Ausgabe Bl. 122v, zweite Ausgabe Pars prima, S. 206). Ob Posthius noch weitere Gedichte zu dieser Hochzeit verfertigte, ist nicht ganz klar: In seinem Brief vom 3.7.1580 übersandte er ein offenbar von Joachimus II Camerarius erbetenes Epigramm, doch kann dieses auch zu einem anderen Anlaß als gerade zur Hochzeit verfaßt sein.

117 Würzburg, 3.7.1580
Posthius an Joachimus [II] Camerarius, [Nürnberg]
Autograph
Fundort: Erlangen UB Trew, Posthius 81 (= Ms. 1819, Bl. 652f)
Folioformat

Posthius berichtet von seiner körperlichen allgemeinen Schwäche nach seiner Rückkehr aus [Nürnberg] von der Hochzeit des Adressaten mit Ursula von Till]: Wohl durch die Anstrengungen der Reise und durch die Sonnenhitze habe sich sein Bronchialkatarrh ("destillatio ad pulmones") verschlimmert, so daß er vorübergehend trotz der ergriffenen Gegenmittel Entschlackung ("purgationes"), Fasten ("inedia"), Hautöffnungen (?; "errhina") und Inhalationen ("suffitus") beinahe dahingesiecht wäre; seine Veranlagung zu Erkrankungen der Atemwege ("Catarrhi") führt Posthius auf die ungleichen Temperaturen seiner Leber ("epar") und seines Gehirnes ("cerebrum") zurück. Falls der Adressat ein vorbeugendes Mittel ("προφυλακτικὸν") kenne, soll er ihm das mitteilen.

Zusammen mit dem Brief sendet Posthius ein "Epigramma" [auf die Hochzeit des Adressaten?]; mehr und besseres bringe er wegen seiner derzeitigen tristen Gemütsverfassung nicht zuwege.

Anschließend setzt sich Posthius ausführlich mit den unorthodoxen Heilmethoden des [Martinus] Rulandus, die dieser in seinen [in mehreren Fortsetzungen erschienenen medizinischen Schriften] "Centuriae" beschrieben habe, auseinander und zählt dessen Spezialbehandlungen auf: Rulandus benütze folgende Medikamente: "Spiritus vitae aureus", "Oleum Lignj Heraclij", "Aqua Benedicta", "Extractum Esulae" und "Ol[eum] seu Balsamum Sulfuris"; bei stechenden Schmerzen ("pleuritis") reinige er gleichzeitig oral und rectal ("per os et alvum"); vor Aderlaß lasse er schwitzen; harntreibende Mittel ("diuretica") wende er zusammen mit purgierenden an. Posthius erkundigt sich nach des Adressaten Ansicht über diese Methoden.

Außerdem bittet Posthius, mit der [mit dem Adressaten während des Posthiusbesuches zu den Hochzeitsfeierlichkeiten in Nürnberg vereinbarten] Medikamentenherstellung schon zu beginnen; besonders interessierten ihn, den Posthius, die Mittel, die ein Engländer ("Anglus") dem Adressaten beschrieben habe, und zwar eines gegen Wassersucht und Blasenstein ("contra Hydropen, et Calculum") sowie ein Schwefelpräparat ("Balsamum Sulfuris"), das wohl wegen seiner geringen Wärmewirkung dem des Rulandus ähnlich sei. Posthius versichert in dem Zusammenhang, seinen Anteil an den Unkosten [für ein von Joachimus II Camerarius initiiertes Labor, das im Auftrag eines Vier-Ärzte-Kollegiums chemische Präparate herstellen sollte,] nach Abruf durch den Adressaten in Nürnberg auszahlen zu lassen, und fragt, ob der Adressat inzwischen einen vierten [Arzt] als weiteren Teilnehmer ("sozius") [an dem erwähnten Projekt] bestimmt habe.

Auch erkundigt sich Posthius, ob der Fürst[bischof Julius Echter], der vor kurzem ehrenvoll vom Adressaten gesprochen habe, sein [seit dem 30.1.1578 mehrfach wiederholtes Wein-]Versprechen nun endlich eingelöst habe.

Dann berichtet Posthius, [Erasmus] Neustetterus befinde sich in Bischofsheim, um einen Streit zwischen dem Mainzer Erzbischof [Daniel Brendel von Hornburg] und dem Fürst[bischof Julius Echter] zu schlichten.

Posthius schließt mit der Bitte, ihn bei [dem Nürnberger Ratskonsulenten Christophorus] Herdesianus zu entschuldigen, weil er das versprochene heitere "Epigramma" wegen seiner momentanen Gemütsverfassung noch nicht habe anfertigen können.

Grüße - auch von seiner Frau [Rosina] - an die Frau [Ursula] und an die Kinder [Joachimus III, Balthasar und Ludovicus den Jüngeren] des Adressaten sowie an dessen Bruder Philippus [Camerarius] und an [Christophorus] Herdesianus.

Im Postskript schlägt Posthius den [Basler Arzt Theodorus] Zwingerus oder den [Martinus] Rulandus als weitere Genossen [für das genannte Projekt einer gemeinsamen Medikamentenherstellung] vor, überläßt aber die Wahl dem Adressaten.

Die medizinischen Schriften des Rulandus erschienen in insgesamt zehn einzelnen Zenturien zwischen 1578 und 1595; zur Abfassungszeit seines obigen Briefes kannte Posthius wohl nur die erste Zenturie (vgl. Literaturverzeichnis unter Rulandus: Curationum centuria, 1578). Posthius verfaßte auch ein enkomiastisches Gedicht über diese Zenturien, wahrscheinlich erst etwa 1590 (vgl. Werkverzeichnis 1591/6).

Erasmus Neustetterus war 1555-1564 Landrichter von Ostfranken gewesen; möglicherweise wurde er deswegen und weil sein zweiter Nachfolger in diesem Amt, Philipp Voit von Rieneck, am 14.4.80 gestorben war, mit der im Brief genannten Aufgabe betraut.

Posthius erfüllte sein Versprechen, ein heiteres Gedicht für Herdesianus anzufertigen, mit seinem Brief vom 27.7.1580.

118 Würzburg, 16.7.1580

Posthius an Johannes Weidnerus, Schwäbisch Hall
Praesentatum: 28.7.
Autograph
Fundort: Stuttgart WLB Cod. hist. 2° 603, Bl. 141 (Weidnersche Nr. 2)
Folioformat

Posthius dankt für die übersandten Gedichte ("carmina"), die er mit großem Genuß gelesen habe, und für die vom Adressaten verfaßte gelehrte Rede über die neue Haller Schule; er lobt die Qualität der Schule, die dem Adressaten zu verdanken sei, und beglückwünscht dazu die Stadt.

Über des [Nicodemus] Frischlinus Abschied von Tübingen und seine Übersiedelung nach Freiburg äußert Posthius Verwunderung, da Frischlinus auf solche Weise sowohl die Gunst seines Fürsten [gemeint ist Herzog Ludwig von Württemberg] verliere als auch wohl wegen konfessioneller Verschiedenheit in seiner neuen Umgebung nicht lange ohne Streit ("ἄνευ πολέμου") leben und sich mit dem Horazzitat "Obsecro et obtestor vitae me redde priorj" zurücksehnen werde.

Abschließend erkundigt sich Posthius nach der Meinung des [bekannten Tübinger Gräzisten Martinus] Crusius über die antike Aussprache des Griechischen.

Grüße an [Conradus] Leius.

Die geplante Übersiedelung des Frischlinus nach Freiburg fand nicht statt. Posthius trat mit Frischlinus ab Oktober 1580 wieder enger in Verbindung (vgl. Überblick, Kapitel 30).

Zu der Frage nach der antiken Aussprache des Griechischen war Posthius durch seine Gespräche mit Adolphus Mekerchus angeregt worden (vgl. Brief vom 13.12.1579).

119　　　　　　　　　　　　　　　　　　　　　　　　Würzburg, 27.7.1580
Posthius an Joachimus [II] Camerarius, [Nürnberg]
Praesentatum: 3.8.
Autograph
Fundort: Erlangen UB Trew, Posthius 82 (= Ms. 1819, Bl. 654f)
Folioformat

Posthius vergleicht den [Fürstbischof Julius Echter], der immer noch nicht sein [seit dem 30.1.1578 mehrfach in Posthiusbriefen erwähntes] Weinversprechen eingelöst hat, mit dem [unzuverlässigen Athener Feldherrn] Chares [gestorben 324 v. Chr.], von dem die Wendung "αἱ Χάρητος ὑποσχήσεις" ("die Versprechungen des Chares") stamme, und mit dem [antiken] König Antigonos [III. von Makedonien, gestorben 221 v. Chr.], der nach der Auskunft des Plutarchus [Aemilius Paulus 8,2] den Beinamen "Doso" erhielt, weil er Bittstellern stets mit "δώσω" ("ich werde geben") antwortete.

Dann berichtet Posthius, den vom Adressaten erhaltenen Bericht mit Neuigkeiten habe er dem Comburger Briefboten für [Erasmus] Neustetterus, der sich wieder auf der Comburg aufhalte, mitgegeben.

Zusammen mit dem Brief übersendet Posthius sein [bei seinem Nürnbergaufenthalt zur Hochzeit des Joachimus II Camerarius dem Herdesianus] versprochenes [und im Brief vom 3.7.1580 angekündigtes] "Epigramm" für Christophorus [Herdesianus]; dies Gedicht sei "in Vulcanum" überschrieben und solle anonym bleiben.

Außerdem bittet Posthius, baldmöglichst mit der [im Brief vom 3.7.1580 besprochenen] Herstellung der chemischen Präparate ("medicamenta") zu beginnen und davon auch den [Thomas] Mermannus zu unterrichten.

Genesungswünsche für die Kinder des Adressaten.

Grüße an die Familie des Adressaten, und zwar an seine Kinder [Joachimus III, Balthasar und Ludovicus den Jüngeren], an seine Frau [Ursula], an seinen Schwiegervater [von Till] und an seinen Bruder Philip[pus Camerarius]; außerdem Grüße an [den bereits erwähnten Nürnberger Ratskonsulenten] Christophorus [Herdesianus].

Im Postskript fragt Posthius nach der Meinung des Adressaten über die [im Posthiusbrief vom 3.7.1580 geschilderten] Medikamente des [Martinus] Rulandus.

Außerdem bittet Posthius, bei der Versendung des [wohl bei seinem Besuch zur Hochzeit des Adressaten in Nürnberg mündlich bestellten] "Spiritus Vitriolj" auf eine sorgfältige Verpackung zu achten.

Posthius hat seine angeführten Unmutsäußerungen über den Geiz des Fürstbischofs Julius Echter mit den Worten "sed haec inter nos" als vertraulich gekennzeichnet; ganz ähnlich hatte sich Posthius bereits in seinem Brief vom 16.3.1579 dem Joachimus II Camerarius gegenüber in der gleichen Angelegenheit geäußert.

120   [Würzburg?], 31.7.1580
Posthius an Joachimus [II] Camerarius, Nürnberg
Praesentatum: 2.8.
Autograph
Fundort: Erlangen UB Trew, Posthius 83 (= Ms. 1819, Bl. 656)
Folioformat

Posthius hat diesen Brief geschrieben, damit der Briefbote ("tabellarius") beim Adressaten vorbeigehe und so der Adressat, falls er bereits von seiner Reise zurückgekehrt sei, dem Briefboten die angekündigte Sendung [von Medikamenten und Chemikalien] für Posthius mitgeben könne.

Außerdem teilt Posthius mit, [Erasmus] Neustetterus werde, wie er, Posthius, von dessen Verwalter ("oeconomus") erfahren habe, an diesem oder dem folgenden Tag nach [Würzburg] kommen.

121   Würzburg, 7.8.[1580]
Posthius an Joachimus [II] Camerarius, Nürnberg
Praesentatum: 12.8.80
Autograph
Fundort: Erlangen UB Trew, Posthius 84 (= Ms 1819, Bl. 657)
Folioformat

Posthius dankt für eine soeben vollständig eingetroffene Sendung und kündigt an, die bestellten Trauben werde er sofort nach dem Eintreffen des [Johannes] Crato [in Nürnberg?] übersenden.

Dann berichtet Posthius, von Vorbereitungen zu einer Reise des [Fürstbischofs Julius Echter] zu einer [vom Adressaten erwähnten, nicht näher bezeichneten] Fürstenversammlung ("Comitia illa") sei in Würzburg nichts zu bemerken.

Auch weist Posthius darauf hin, er habe den vom Adressaten an [Erasmus] Neustetterus gesandten Bericht mit [politischen?] Neuigkeiten gelesen und werde [ein Exemplar dieses Berichtes] am folgenden Tage persönlich dem Fürst[bischof] überreichen, um diesen dabei an den Adressaten [d. h. an das seit dem 30.1.1578 immer wieder in Posthiusbriefen erwähnte und noch nicht eingelöste Weinversprechen] erinnern zu können.

Anschließend stimmt Posthius der [als Antwort auf Anfragen in den Briefen vom 3.7.1580 und vom 27.7.1580] vom Adressaten geäußerten Kritik an den [im Brief vom 3.7.1580 geschilderten] unorthodoxen Heilmethoden des [Martinus] Rulandus zu. Posthius benützt dazu das Horatiuszitat "Multa fidem promissa leuant" [Epistulae II 2, Vers 10].

Posthius vermerkt abschließend, sein [dem Brief beigelegtes] Schreiben an Melissus bräuchte der Adressat nicht weiterzuschicken; Melissus habe nämlich in einem soeben eingetroffenen Brief aus Augsburg mitgeteilt, er werde nach Nürnberg weiterreisen [und könne so das erwähnte Posthiusschreiben persönlich in Empfang nehmen].

Grüße an die Familie und insbesondere an die Frau [Ursula] des Adressaten.

Im Postskript Grüße von des Posthius Frau [Rosina] an die Frau [Ursula] des Adressaten sowie an Catharina Rumelia.

Mit der Fürstenversammlung ist wohl die sogenannte Nürnberger Zusammenkunft gemeint (vgl. Brief vom 3.11.1580).

122   Würzburg, 24.9.[1580]
Posthius an Joachimus [II] Camerarius, Nürnberg
Praesentatum: 27.9.80
Autograph
Fundort: Erlangen UB Trew, Posthius 85 (= Ms. 1819, Bl. 658f)
Folioformat

Empfehlungsschreiben für den französischen Dichter und Schreiber Stephanus Claverius aus Orléans, der durch den Bürgerkrieg ("bellis civilibus") aus Frankreich vertrieben worden sei, sich seit mehr als zwei Jahren in Deutschland - unter anderem bei [Henricus] Petreus in Frankfurt - durchschlage und nun eine Stellung als Hauslehrer ("paedagogus") bei einem Bürger oder als Lektor ("corrector") bei einem Drucker suche; falls in Nürnberg nichts zu finden sei, soll ihn der Adressat an den Rektor des Altdorfer Gymnasiums weiterempfehlen.

Abschließend beschreibt Posthius seine auszehrende Erkrankung an "catarrhus" und an "tussis periculosa" - vor allem nächtliches Schwitzen setze ihm zu - und bittet um medizinischen Rat der [Nürnberger] Ärzte, weniger, weil er Angst vor dem Tod habe, als vielmehr, um sich nicht selbst aufzugeben.

Grüße an Phil[ippus Camerarius], den Bruder des Adressaten, sowie an [den Nürnberger Ratskonsulenten Christophorus] Herdesianus und an Melissus, falls der noch in [Nürnberg] sei.

123   Würzburg, 6.10.1580
Posthius an Joachimus [II] Camerarius, Nürnberg
Praesentatum: 17.10.
Autograph
Fundort: Erlangen UB Trew, Posthius 86 (= Ms. 1819, Bl. 660f)
Folioformat

Posthius berichtet ausführlich von seiner [bereits in seinem Brief vom 27.9.1580
kurz geschilderten] Erkrankung an "tussis" und "catarrhus": Er habe kein Fieber,
esse zweimal täglich mit Appetit, komme aber nicht zu Kräften; er trinke in ko-
chendem Wasser aufgelösten, gezuckerten Wein; sein Husten ("tussis") lasse seit
drei Tagen nach, doch der "catarrhus" dauere an. Posthius bedankt sich für die medizinischen Ratschläge des Adressaten, die er teilweise befolge, und für dessen Angebot, notfalls auch persönlich zu kommen.

Mit diesem Brief schickt Posthius ein [gedrucktes?] "Consilium" des [bekannten
Arztes Thomas] Erastus [vermutlich über die Wirkung von Guajakholz] an den
Adressaten zurück. In dem Zusammenhang erkundigt sich Posthius nach des
Adressaten Erfahrungen mit Absud aus Guajakholz ("Guaiacj d[ecoc]tum").

Außerdem berichtet Posthius, der bereits erwähnte Erastus habe ihn neulich
besucht und versprochen, ihm in einem Brief medizinische Ratschläge zu seiner
Krankheit zu übermitteln, habe aber noch nichts geschickt, wohl weil er mit dem
Umzug nach Basel beschäftigt sei.

Schließlich geht Posthius auf einen Brief des Adressaten ein: Dem [Janus Mel-
lerus] Palmerius habe er bei dessen Durchreise durch [Würzburg] vor sieben Monaten [Empfehlungs]schreiben mitgegeben; bei dessen erneuter Durchreise vor einigen Tagen sei er aber nicht zu Hause gewesen, weil er einen kranken Nachbarn
besucht habe. Für die Bemühungen um den [von Posthius in seinem Brief vom
24.9.1580 empfohlenen] Franzosen [Stephanus Claverius] danke er dem Adressaten.

Dann teilt Posthius noch mit, [Erasmus] Neustetterus werde in Kürze von der
Comburg nach [Würzburg] kommen.

Abschließend berichtet er, seine Gedichte "Poëmata mea" [gemeint sind die
Parerga] befänden sich bereits im Druck.

Grüße an des Adressaten Bruder Philip[pus Camerarius] sowie an [den Nürnberger Ratskonsulenten Christophorus] Herdesianus und an Melissus.

Im Postskript kündigt Posthius an, er werde einen Mantel ("pallium"), den Palmerius bei ihm vergessen habe, in dessen Auftrag an den Adressaten schicken: Der
solle ihn vorläufig aufheben.

In weiteren Postskripten weist Posthius auf den Tod des Alexander Reifsteck
hin, erkundigt sich, ob ein Sirup aus Beinwell ("Syrupus, vel Conser: Symphytj") in
[Nürnberg] in Gebrauch sei und bittet den Adressaten, ihn zu informieren, falls er
mehr als [Carolus] Clusius über den Stein Bezahar ("de Lapide Bezahar") wisse.

Das tropische Hartholz von Bäumen der Gattung Guajak war nach der Ent-deckung
Amerikas in Europa schnell als Arznei und Droge bekannt geworden: Schon 1519 pu-

blizierte Ulrich von Hutten in Straßburg einen Traktat "Von der wunderlichen Arzney des Holtz Guaiacum". Aus Guajak hergestellte Präparate dienten vorrangig der Behandlung von Geschlechtskrankheiten, weshalb das Holz auch "Franzosenholz" genannt wurde. Doch auch bei anderen Erkrankungen wurde seine schweiß- und harntreibende Wirkung geschätzt, so bei Epidemien, Wassersucht, Bronchitis, Koliken, Gicht, Frauenkrankheiten usw. Im 18. Jahrhundert galt Guajak nahezu als Allheilmittel: In Zedlers Lexikon sind dem "Frantzosen = Holz", das auch als "Lignum sanctum", "Lignum Indicum", "Lignum benedictum" oder "Lignum Vitae" bezeichnet wird, acht Spalten gewidmet (Bd. 9, Sp. 1753-1760). Bis vor wenigen Jahrzehnten war es auch als Mittel gegen Zahnschmerzen sehr beliebt; heute dient es als Grundstoff für technisches Vanillin.

Bei dem im Postskript erwähnten Stein Bezahar handelt es sich um Gallensteine und ähnliche Bildungen im Körper von Wiederkäuern, die sogenannten Bezoare, die als Droge verwendet wurden.

---

124   [Würzburg?], 3.11.1580

Posthius an Joachimus [II] Camerarius, Nürnberg
Praesentatum: 7.11.
Autograph
Fundort: Erlangen UB Trew, Posthius 87 (= Ms. 1819, Bl. 662)
Folioformat

Posthius verweist auf den vor kurzem [am 6.10.1580] zusammen mit dem Mantel des [Janus Mellerus] Palmerius übersandten Brief des [Franciscus] Dumsdorffius und auf eine zu diesem Brief gehörende Schachtel, die Posthius mitzuübersenden vergessen hatte und die er nun schicke.

Anschließend berichtet er von seiner Erkrankung an "tussis" und "catarrhus" - es gehe ihm etwas besser - und fragt, ob und wann ihm der Adressat die von [Thomas] Erastus beschriebene [und im Posthiusbrief vom 6.10.1580 erwähnte] Behandlung mit Guajakholz ("cura Lignj") anrate.

Abschließend erkundigt sich Posthius nach einer [in seinem Brief vom 7.8.1580 erwähnten] Fürstenversammlung ("Comitia") und danach, was Melissus dort treibe und auf wessen Kosten er lebe.

Im Postskript bemerkt Posthius auf deutsch, er habe dem Briefboten "24 Meintzer pfenning Zum trinckgelt geben."

Mit der Fürstenversammlung ist wohl die sogenannte Nürnberger Zusammenkunft gemeint, wo auf Betreiben von Kaiser Rudolph II., Erzherzog Matthias und Julius Echter in der Folge des Kölner Kongresses nochmals ergebnislos versucht wurde, einen Ausgleich in den Niederlanden zu erzielen (vgl. Überblick, Kapitel 28).

125   Würzburg, 13.11.1580
Posthius an Nicolaus Cisnerus
Publikation
Fundort: Widmungsvorrede in lateinischen Versen zum "Liber adoptivus" der Ge-
dichtsammlung "Parerga" des Posthius, in der ersten Ausgabe Bl. 146r ff, in der zweiten
Ausgabe nicht abgedruckt
    inc.: SVPRESSVRVS eram nouum hunc libellum
    expl.: leguntur in libello.
    46 Hendekasyllaben

Posthius rechtfertigt die Hinzufügung des folgenden Buches [gemeint ist der Liber
adoptivus, der die von Posthius empfangenen Gedichte enthält] zu seiner Gedichtsammlung: Er habe zunächst die ihm gewidmeten Gedichte nicht mit seinen eigenen publizieren wollen, da er befürchtet habe, man könne ihm diese Annektion
fremder Gedichte vorwerfen, doch habe ihm [Conradus] Dinnerus anhand etlicher
berühmter Juristen nachgewiesen, Posthius dürfe und müsse nach dem Recht der
Adoption die ihm gewidmeten Gedichte aufbewahren und der Nachwelt über-
liefern. Für diese Sammlung habe er, Posthius, sich keinen geeigneteren Schirm-
herrn als den Adressaten denken können.

Zur Gedichtsammlung "Parerga" des Posthius vgl. Überblick, Kapitel 29.

126   Würzburg, 5.12.1580
Posthius an Joachimus [II] Camerarius, Nürnberg
Praesentatum: 11.12.
Autograph
Fundort: Erlangen UB Trew, Posthius 88 (= Ms. 1819, Bl. 663)
Folioformat

Posthius weist darauf hin, den Brief des Adressaten [an den Adligen Johannes
Christophorus? Fuchsius] habe er weitergeleitet; er werde den Fuchsius an ein
Antwortschreiben gemahnen, sobald der nach [Würzburg] komme.
    Dann berichtet Posthius, seit über einem Monat leide er an Koliken ("Colica
flatuosa"); die Schmerzen seien erträglich, orale und rektale ("per clysterem") Medikamente zeigten zwar keine Wirkung, doch habe er keinen Brechreiz ("nausea")
und keine Probleme mit dem Magen ("alvus"). Posthius bittet um medizinischen
Rat, da er aufgrund eines Aphorismus des Hipp[ocra]tes fürchte, daraus könne sich
eine Wassersucht ("hydrops siccus") entwickeln; auch fragt er, ob ein bestimmter
Fischlaich ("Sperma Cetj") sich wirklich zur Behandlung der Koliken ("Colica flatuosa") eigne, da er diese Behandlung nicht an sich als erstem ausprobieren wolle.
    Ferner kündigt Posthius an, er werde in Kürze seine "Poëmata" [gemeint ist die
Gedichtsammlung "Parerga"] übersenden.
    Grüße an den Bruder [Philippus Camerarius] des Adressaten und an [den
Nürnberger Ratskonsulenten] Christophorus Herdesianus.

Im Postskript bittet Posthius um die Weiterleitung des beiliegenden Briefes durch einen Laufburschen ("per puerum") an Melissus.

Bei Fuchsius handelt es sich vermutlich um den als Literaten bekannten Hans Christoph den Älteren, den Erbherren von Wallenburg und Arnschwang, der nach dem Vorbild von Georg Rollenhagens "Froschmeuseler" ein deutsches makkaronisches Gedicht "Mückenkrieg" - erschienen 1580 in Schmalkalden - verfaßte.
Zur Gedichtsammlung "Parerga" des Posthius vgl. Überblick, Kapitel 29.

127   Würzburg, 27.12.1580
Posthius an Johannes Weidnerus, Schwäbisch Hall
Der Empfänger vermerkte neben der Adresse, er habe den Brief von einem Diener des Erasmus Neustetterus überbracht bekommen: "à puero seu famulo Decani Comburgensis"
Praesentatum: 3.1.81
Autograph
Fundort: Stuttgart WLB Cod. hist. 2° 603, Bl. 154 (Weidnersche Nr. 3)
Folioformat

Begleitbrief zur Übersendung seiner "Poëmata" [d. h. der Gedichtsammlung "Parerga"]. Posthius berichtet, diese Gedichte seien endlich in [Würzburg] gedruckt worden, und wünscht, sie brächten ihm bleibenden Ruhm. Dabei weist Posthius darauf hin, das [Buch] "Austriaca" enthalte ein Gedicht ("Epigramma"), das an den Adressaten gerichtet sei und die freundschaftliche Verbundenheit mit diesem der Nachwelt dokumentieren solle.

Die Kürze des Briefes entschuldigt Posthius damit, daß er noch mehr derartige Schreiben zu verfassen habe.

Im Postskript weist er darauf hin, daß seine Gedichte ("Poëmata mea") auf der nächsten Frankfurter Messe bei den Erben des Kölner Druckers [Johann] Byrckmanus erworben werden könnten.

Zur Gedichtsammlung "Parerga" des Posthius vgl. Überblick, Kapitel 29.
Das erwähnte Epigramm hatte Posthius mit seinem Brief vom 1.5.78 an Johannes Weidnerus übersandt und sich offenbar eine Abschrift davon aufbewahrt.
Der Kölner Verleger Johann Byrckmanus/Birckmann war am 3.12.1572 verstorben; eine Verlagsgemeinschaft mit Franz Behem und dessen Sohn Kaspar bestand allerdings noch bis in die 90er Jahre fort.

128   [Würzburg?], 29.12.[1580]

Posthius an Joachimus [II] Camerarius, Nürnberg
Posthius vermerkte neben der Adresse: "Dem botten ein ‖ trinckgelt".
Praesentatum: 6.1.81
Autograph
Fundort: Erlangen UB Trew, Posthius 105 (= Ms. 1819, Bl. 685)
Folioformat

Begleitbrief zur Übersendung seiner Gedichte [Poëmata mea", gemeint ist die Gedichtsammlung "Parerga"] mit der Bitte, das mitübersandte zweite Exemplar an
Melissus weiterzuleiten, da er, Posthius, momentan keine Zeit für einen Brief an
diesen habe; auch bietet Posthius die Übersendung weiterer Exemplare an.

    Außerdem dankt er für die [im Brief vom 5.12.1580 erbetenen und nun] vom
Adressaten übersandten Medikamentenbeschreibungen und berichtet, es gehe ihm
wieder besser.

    Das dem Brief des Adressaten beigelegte Schreiben habe er wunschgemäß [an
den Adligen Johannes Christophorus Fuchsius?] weitergeleitet.

    Grüße an den Bruder [Philippus Camerarius] des Adressaten sowie an [den
Nürnberger Ratskonsulenten Christophorus] Herdesianus und an Philip[pus] Geuderus.

    Im Postskript deutsch geschriebene Neujahrsglückwünsche von Posthius und
seiner Frau [Rosina].

Zur Gedichtsammlung "Parerga" des Posthius vgl. Überblick, Kapitel 29.

    *In der UB Erlangen, wo dieser Brief aufbewahrt wird, ist er unter Mißdeutung des
Empfangsdatums versehentlich ins Jahr 1581 eingeordnet.*

129   Würzburg, 15.2.1581

Posthius an Joachimus [II] Camerarius, Nürnberg
Praesentatum: 20.2.
Autograph
Fundort: Erlangen UB Trew, Posthius 89 (= Ms. 1819, Bl. 664)
Folioformat

Posthius entschuldigt sein spätes Schreiben mit Arbeitsüberlastung und weist darauf hin, mit dem Brief übersende er die beiden gewünschten Exemplare seiner Gedichte ("Poëmatum meorum exempla") [gemeint ist die Gedichtsammlung
"Parerga"] für den Bruder [Philippus Camerarius] des Adressaten und für Philippus
Geuderus.

    Außerdem erkundigt sich Posthius, warum und auf wessen Kosten Melissus so
lange in [Nürnberg] lebe; auch [Erasmus] Neustetterus, der in Kürze nach
[Würzburg] kommen werde, interessiere sich dafür.

    Abschließend klagt Posthius über die Entlassung des [Gregorius] Bersmanus
wegen Nichtunterzeichnung der [Konkordienformel] ("infelix iste liber") und bittet,
diesem eine Stellung in Altdorf zu vermitteln.

Grüße an die Familie, die Frau [Ursula], an den Schwiegervater [von Till] und an den Bruder [Philippus Camerarius] des Adressaten sowie an Philippus Geuderus.

Zur Gedichtsammlung "Parerga" des Posthius vgl. Überblick, Kapitel 29.

Die Schwierigkeiten des Bersmanus wegen seiner religiösen Ansichten dauerten schon Jahre an (vgl. Brief vom 31.8.1576). Posthius hatte deshalb bereits im Juli 1579 bei Joachimus II Camerarius angefragt, ob Bersmanus in Altdorf unterkommen könne (vgl. Briefe vom 15.7.1589 und vom 29.8.1579). Die Stadt Nürnberg, zu der Altdorf gehörte, unterschrieb übrigens die Konkordienformel nicht, so daß Bersmanus von daher keine Komplikationen zu befürchten brauchte.

130   Würzburg, 4.4.1581
Posthius an Joachimus [II] Camerarius, Nürnberg
Praesentatum: 8.4.
Autograph
Fundort: Erlangen UB Trew, Posthius 90 (= Ms. 1819, Bl. 665f)
Folioformat

Posthius bedauert sehr, daß er nicht daheim war, als der Adressat bei der Rückreise von Gotofridus Baro Lympurgicus durch [Würzburg] kam, da er sich über viele Dinge gerne persönlich mit dem Adressaten unterhalten hätte. Daß der Adressat den erwähnten Baron besucht hat, findet Posthius gut, denn selbiger Baron habe auf die Einnahme eines vom Adressaten übersandten Heilmittels ("morsellum solutivum") hin schwere Koliken ("colici dolores") bekommen. Posthius versichert, den Adressaten dem Patienten gegenüber voll gedeckt und die Schmerzen auf die Menge an "cruda humora" zurückgeführt zu haben, zumal der Patient keine verdauungsfördernden Mittel ("digestiva") eingenommen hatte. Die Gattin [Agnes] selbigen Barons klage über eine Vielzahl von Beschwerden, die nicht einmal [der bekannte antike Arzt] Galenus heilen könne. Er, Posthius, habe ihr, um sie zufrieden zu stellen, einen Sirup ("Syr:[upus] Viol:[ae] Sol:[is]") übersandt.

Schließlich weist Posthius auf den Überbringer des Briefes hin, der aus einer dem Adressaten bekannten [im Brief nicht genannten] Leipziger Familie stamme.

Zuletzt äußert Posthius die Bitte, ihm gegen Bezahlung das Büchlein des [Fabianus] Sommerus über Karlsbad ("de Thermis Carolinis") in der deutschen oder lateinischen Fassung zu besorgen.

Der erwähnte Gotofridus Baro Lympurgicus erlag seiner Erkrankung in der Nacht vom 16 zum 17.6.1581, seine Gattin Agnes ihren Leiden bereits am 1.5.1581 (vgl. Briefe vom 19.6.1581 und vom 3.5.1581).

Das Büchlein des Sommerus über Karlsbad hatte Posthius schon einmal bestellt, und zwar für Lazarus à Schwendi (vgl. Briefe vom 19.11.1577 und vom 2.12.1577).

131   Würzburg, 3.5.1581
Posthius an Joachimus [II] Camerarius, Nürnberg
Praesentatum: 7.5.
Autograph
Fundort: Erlangen UB Trew, Posthius 91 (= Ms. 1819, Bl. 667f)
Folioformat

Posthius berichtet von seinem Aufenthalt bei Gotofridus Baro Lympurgensis, wohin
er vierzehn Tage zuvor wegen des erneuten Auftretens schwerer Koliken gerufen
worden sei; als weiterer Arzt sei Paulus Belhoverus dort anwesend gewesen und
habe mit Posthius zusammengearbeitet. Während des Posthius Aufenthalt daselbst
sei auch die Frau [Agnes] des Barons an sehr schweren Koliken, an einem Er-
stickungsanfall ("praefocatio matricis") und am folgenden Tag an "Epilepsia" erkrankt. Posthius beschreibt den weiteren Verlauf dieser Erkrankung: Nach dem
vierten Anfall ("paroxysmus") sei sie vier Tage lang apathisch ("ἄλαλον") da-
gelegen, habe nicht gegessen und getrunken und anschließend neue Anfälle bekommen. Da jede weitere ärztliche Hilfe vergeblich sei, folge er, Posthius, dem Ruf
der - ebenfalls sehr schwer erkrankten - Comitissa à Leonstein nach Speckfeld. Die
Reise dorthin [von Würzburg aus, wo er sich die letzten Tage aufgehalten hat] will
Posthius noch am [3.5.1581] antreten; er fürchtet aber, daß die Gräfin bereits verstorben sei.

Weiter berichtet Posthius [offenbar auf eine Anfrage hin], der Fürst[bischof Julius Echter] sei zu seinem Bruder Valentinus [Echter] anläßlich der Geburt von des
Valentinus Sohn gereist und noch nicht zurück. Vor der Abreise habe er mit Posthius über einen Badeaufenthalt in Karlsbad gesprochen, ohne [ein zuvor erfolgtes
diesbezügliches Gespräch mit dem] Adressaten dabei zu erwähnen, Er, Posthius,
habe aber aus medizinischen Gründen, nämlich "ob calidum et siccum tempera-
mentum", abgeraten. Ebenfalls zu einer Kur nach Karlsbad wolle [Erasmus] Neustetterus zusammen mit dem kurpfälzischen Rat und Juristen Nicolaus Cisnerus
reisen.

Im übrigen warte er, Posthius, gespannt auf die Zubereitung der chemischen
Medikamente [in dem vom Adressaten initiierten und von insgesamt drei oder vier
Ärzten finanzierten Labor, das Posthius erstmals in seinem Brief vom 3.7.1580 er-
wähnte]. Posthius will, sobald der Spezialist ("artifex") zu der Anfertigung der chemischen Präparate beim Adressaten eingetroffen sei, seinen finanziellen Beitrag
dazu schikken. Weiterhin erkundigt sich Posthius danach, wen der Adressat zum
dritten Teilhaber ("socius") [des erwähnten Labors] bestimmen werde; Posthius will
in dieser Angelegenheit die Rolle des Harpocrates [des römischen Genius des
Schweigens] spielen.

Außerdem dankt Posthius für das übersandte Buch über das Bad [Karlsbad; es
handelt sich um das im Brief vom 4.4.1581 bestellte Buch des Fabianus Sommerus];
Posthius will es, da ihm der Adressat keinen Preis angegeben habe, bei Gelegenheit
zurücksenden.

Abschließend bittet Posthius darum, den [Gregorius] Bersmanus an Landgravius [gemeint ist Landgraf Wilhelm von Hessen, mit dem Joachimus II Camerarius freundschaftlich verbunden war] zu empfehlen [Bersmanus hatte wegen Nichtunterzeichnung der Konkordienformel seine Stelle an der Universität Leipzig verloren, wie Posthius dem Joachimus II Camerarius am 15.2.81 berichtete].

Die schwer erkrankte Frau Agnes des Gotofridus Baro Lympurgensis, eine geborene Gräfin zu Wiedt, starb kurz nach der Abreise des Posthius am 1.5.1581, wie aus ihrem Grabstein hervorgeht, der heute vor der Kirche von Markt Einersheim aufgestellt ist; der Stein ist zwar sehr beschädigt, doch es sind noch folgende Zeilen zu erkennen:
"ANNO DOMINI 1581 am [---] 1. MAY ist im Herrn seelig[klich entschlaffen] die wolgeborne Fraw [---] zu Limburg geborene [---] Wiedt dern der Allmächt[ige e]in fröliche Ofers[tehung ve]rleihen wol[le]."
Unter der Inschrift ist ein Wappen eingemeißelt. In der Kirche selbst befindet sich ein großes Epitaph für das Ehepaar Limpurg (vgl. Brief vom 19.6.1581).

132   Würzburg, 19.6.[1581]
Posthius an Joachimus [II] Camerarius, Nürnberg
Praesentatum: 22.6.81
Autograph
Fundort: Erlangen UB Trew, Posthius 92 (= Ms. 1819, Bl. 669)
Folioformat

Posthius berichtet, [Gotofridus] Baro Lympurgicus sei am 17.6. nachts, zwischen der zehnten und elften Stunde, gestorben, nachdem er, wie der Adressat wohl bereits von Wellerus erfahren habe, drei Tage lang durch eine Lungenerkrankung ("catarrhus ad pulmones delapsus") stumm ("ἄφωνος") gewesen sei. Alleinerbe sei Fridericus Baro Lympurgicus, der am Heidelberger Hof die Stelle des sogenannten "magnus magister" bekleide und sieben Söhne und sieben Töchter habe.

Weiterhin wünscht Posthius Auskunft über die Entwicklung der [im Brief vom 3.7.1580 erstmals erwähnten] gemeinsamen Unternehmung [zur Herstellung chemischer Präparate] und bittet, den Jüngling [gemeint ist ein angeworbener Laborassistent], der wohl noch in Frankfurt weile, bei seiner Durchreise durch Würzburg bei sich, Posthius, vorsprechen zu lassen, da er einige Auskünfte von ihm wünsche.

Dann berichtet Posthius, der beiderseitige Bekannte [Nicolaus] Rudingerus sei am 18.5.[1581] in Bad Wiesbaden, wohin er sich wegen einer drohenden Wassersucht ("hydrops") begeben hatte, verstorben.

Abschließend fragt Posthius, ob der Bruder [Philippus Camerarius] des Adressaten [von der Kur in Bad Schwalbach] zurückgekehrt sei.

Grüße an die Familie des Adressaten und an [den Nürnberger Ratskonsulenten Christophorus] Herdesianus.

Gotofridus Baro Lympurgicus wurde in der Kirche von Markt Einersheim begraben, wo sein prachtvolles Epitaph bis heute erhalten blieb. Darauf sind Gotofrid und seine Frau in einem lebensgroßen Relief abgebildet, wie sie links und rechts eines Kruzifixes

betend knien. In zwei Inschriften werden außer Gotofrid seine kurz zuvor verstorbene
Frau Agnes (vgl. Brief vom 3.5.1581), sein bereits im Oktober 1580 verstorbener einzi-
ger Sohn Johann und die "Großfrawmuter" Adelheit erwähnt. Als Todesdatum des
Gotofrid wird dort der 16.6.1581 angegeben.

Zum Tod des Nicolaus Rudingerus verfaßte Posthius einen "Tumulus", eine fiktive
Grabaufschrift, die er 1595 in seiner Gedichtsammlung "Parerga" publizierte. Sie be-
ginnt "Hic iacet Aonidum ..." (nur zweite Ausgabe Pars altera, S. 106).

133   [Würzburg, [7.7.1581]
Posthius an Joachimus [II] Camerarius, Nürnberg
Praesentatum: 9.7.
Autograph
Fundort: Erlangen UB Trew, Posthius 93 (= Ms. 1819, Bl. 670f)
Folioformat

Posthius dankt, von einem Diener benachrichtigt, im Namen des [Erasmus] Neustetterus, der wegen einer Sitzung "in Senatu Ecclesiastico" verhindert sei, für die
empfangene Sendung. Anschließend tröstet Posthius den Adressaten, der [wegen
einer umstrittenen, im Posthiusbrief vom 4.4.1581 geschilderten Medikamentengabe
an den inzwischen am 16./17.6.1581 verstorbenen Gotofridus Baro Lympurgicus] ins
Gerede gekommen ist: Posthius weist den Adressaten darauf hin, daß die Zeit alles
heile, und bestätigt das vom Adressaten in einem Brief angeführte Demostheneszi-
tat in seinem Wahrheitsgehalt. Im übrigen versichert Posthius, er werde den Adressaten voll decken, wo dies nötig sei. Den [Erasmus] Neustetterus habe er bereits
von der Unschuld des Adressaten überzeugt.

Sodann gratuliert Posthius zum Erwerb des Gesner-Nachlasses ("Bibliotheca
Gesnerj") und bittet, ihm Interessantes daraus mitzuteilen.

Im Postskript weist Posthius darauf hin, daß [Neustetterus] noch in der Sitzung
des Domkapitels weile.

Grüße an den Bruder [Philippus Camerarius] des Adressaten und an [Christo-
phorus] Herd[esianus].

Der bekannte Arzt und Naturforscher Konrad Gesner (1516-1565) hatte kurz vor sei-
nem Tod seinen Nachlaß seinem Schüler Caspar Wolf anvertraut; da dieser mit des-
sen Bearbeitung und Edition überfordert war, verkaufte er unter Einwilligung der Erben
im Jahr 1580 den gesamten botanischen Nachlaß an Joachimus II Camerarius für ins-
gesamt 175 Gulden; dieser benützte Teile des Nachlasses für eigene Werke. Zu einer
Publikation des Gesner-Nachlasses kam es erst 1753-1759 durch C. Ch. Schmiedel im
Auftrag des Ch. J. Trew, der seinerseits den Nachlaß von der Familie Camerarius er-
worben hatte. Heute befindet sich der Gesner-Nachlaß mit einem großen Teil der
Trewschen Sammlungen in der UB Erlangen.

134 [Würzburg?], 17.7.[1581]
Posthius an Joachimus [II] Camerarius, Nürnberg
Praesentatum: 20.7.81
Autograph
Fundort: Erlangen UB Trew, Posthius 94 (= Ms. 1819, Bl. 672)
Folioformat

Nachts geschriebenes Empfehlungsschreiben für den Bildungsreisenden Graf von Hochstraten, der Deutschland und Italien bereisen wolle und einige Tage in [Würzburg] verbracht habe, und für seinen Begleiter Joachimus Typotius Dysdensis, einen Doktor der Theologie und Kanonicus am [Würzburger] Neumünster, bei dem er, Posthius, soeben gespeist habe und der, obwohl er Katholik ("pontificius") sei, sich sehr aufgeschlossen gegenüber Reformierten ("nostrae sententiae homines") zeige. Zur rechten Einschätzung des Grafen weist Posthius darauf hin, Geschenke oder Geld seien vom Grafen nicht zu erwarten, doch Herzlichkeit und Dankesworte.

Außerdem zeichnete Posthius unter seine Unterschrift vier Kreise [als Geheimzeichen?].

135 Würzburg, 1.8.1581
Posthius an Joachimus [II] Camerarius, Nürnberg
Praesentatum: 16.8.
Autograph
Fundort: Erlangen UB Trew, Posthius 95 (= Ms. 1819, Bl. 673f)
Folioformat

Posthius lobt die deutsch geschriebene Verteidigungsschrift des Adressaten [Camerarius hatte darin offenbar dargelegt, daß seine im Posthiusbrief vom 4.4.1581 geschilderte Behandlung des Gotofridus Baro Lympurgicus nicht ursächlich für den Tod des Patienten am 16/17.6.1581 gewesen sei]. Posthius meint, diese Schrift werde ihren Zweck bei den Grafen, Baronen, Adligen und anderen nicht verfehlen; er habe [ein Exemplar davon] auftragsgemäß zusammen mit dem Begleitschreiben an [Paulus] Belhoverus weitergeleitet.

Außerdem teilt Posthius mit, den Brief [des Adressaten] für [den Adligen Johannes Christophorus?] Fuchsius habe er dessen Schwager ("affinis"), einem Bruder des Fürst[bischofs Julius Echter], mitgegeben.

Sodann erkundigt sich Posthius, was der Adressat und sein Bruder [Philippus Camerarius] von dem deutsch geschriebenen, begeisterten Büchlein des Jacobus Theodorus über den Sauerbrunnen [in Bad Schwalbach] hielten; [Philippus Camerarius] habe ja erst vor kurzem dort gekurt.

Auch weist Posthius auf die Notlage des [Gregorius] Bersmanus hin, von dem er vor kurzem einen hilfesuchenden Brief erhalten habe; er, Posthius, habe für ihn noch keine adäquate Stelle finden können und bitte daher den Adressaten, seinerseits tätig zu werden und weitere Freunde brieflich in die Sache einzuschalten.

Abschließend fragt Posthius, ob der Adressat die Schrift des [Justus] Lipsius gegen die gekrönten Dichter besitze; in diesem Falle möge er sie ihm, dem Posthius, zuschicken.

Jacobus Theodorus Tabernaemontanus (ca. 1520-1590), ein Arzt und Botaniker aus Bergzabern, diente dem Bischof von Speyer als Leibarzt. Bekannt wurde er durch ein Kräuterbuch, das ab 1588 in etlichen Auflagen erschien. Posthius kannte ihn wohl von seiner Studienzeit in Heidelberg her (vgl. Brief vom 23.8.1581). Das im Brief erwähnte Büchlein über Langen-Schwalbach erschien erstmals 1581 (vgl. Literaturverzeichnis unter Theodorus: Neuw Wasserschatz, 1581). Es folgten etliche weitere Auflagen, so 1584, 1593 und 1605. Posthius war von den Texten des Theodorus so angetan, daß er zwei deutsche Gedichte über das neue Bad und zwei lateinische über das Büchlein des Theodorus verfaßte (vgl. Werkverzeichnis 1582/1). Im Jahre 1584 besuchte Posthius auch selbst dieses Bad, als Begleiter des Erasmus Neustetterus (vgl. Überblick, Kapitel 36).

Zur Notlage des Bersmanus und zu den Hilfsversuchen des Posthius vgl. die Briefe vom 31.8.1576, 4.1.1578, 15.7.1579, 15.2.1581 und 3.5.1581.

Bei der erwähnten Schrift des Lipsius handelt es sich um eine Satire auf die massenweise Verleihung der Poeta-Laureatus-Würde, wodurch zahlreiche Dichter gekrönt wurden, die dies nicht verdienten (vgl. Überblick, Kapitel 31).

136   Würzburg, 11.8.1581
Posthius an Joachimus [II] Camerarius, Nürnberg
Praesentatum: 12.8.
Autograph
Fundort: Erlangen UB Trew, Posthius 96 (= Ms. 1819, Bl. 675)
Folioformat

Antwortschreiben in Sachen einer Grundstücksangelegenheit [offenbar ging es um Lehensbriefe für Philippus Camerarius]: Posthius berichtet, die Petition, die er am Vortag vom Bruder [Philippus Camerarius] des Adressaten erhalten habe, habe er noch am selben Tag auftragsgemäß an den Fürst[bischof Julius Echter weitergeleitet, der sie mit einem Hinweis auf die Ungewöhnlichkeit des Erbetenen seinem zufällig anwesenden Bruder gegeben und diesen beauftragt habe, am folgenden Tag mit den Räten darüber zu verhandeln. [Der Würzburger Hofjurist Conradus] Dinnerus, den er, Posthius, am Vortage von dieser Angelegenheit informiert habe, stehe auf der Seite des Bruders [Philippus Camerarius] des Adressaten.

Außerdem rät Posthius dem Adressaten, die deutsche [bereits im Posthiusbrief vom 1.8.1581 erwähnte] Verteidigungsschrift [gegen den Vorwurf, daß ein vom Adressaten verabreichtes Medikament die Erkrankung des Gotofridus Baro Lympurgicus eher zu verschlechtern als zu verbessern schien,] auch an die Familie Limpurg ("ad Barones Lympurgicos") zu schicken [gemeint ist wohl: an den Pfälzer Beamten Fridericus Baro Lympurgicus].

Abschließend weist Posthius auf seinen vorausgegangenen Brief [vom 1.8.1581] hin und fragt, ob sich Blutegel ("sanguisugae") zum Öffnen von Hämorrhoiden ("Haemorrhoides caecae") eignen; an diesen leide er seit drei Tagen.

Literatur: Schubert: Conrad Dinner (1573), S. 227.

137   Würzburg, 21.8.[1581]
Posthius an Johannes Weidnerus, Schwäbisch Hall
Praesentatum: 25.8.81
Autograph
Fundort: Stuttgart WLB Cod. hist. 2° 603, Bl. 179 (Weidnersche Nr. 4)
Folioformat

Posthius bemitleidet den gemeinsamen Freund [Nicolaus] Reusnerus, da dieser [wie Posthius offenbar aus einem Brief des Weidnerus erfahren hat] an Arthritis, einer nicht heilbaren Krankheit ("ἀνίατον κακόν") leide; an derselben Krankheit habe auch Nic[olaus] Rudingerus gelitten, der schließlich wassersüchtig ("hydropicus") im Mai in Bad Wiesbaden gestorben sei. In dem Zusammenhang weist Posthius darauf hin, in seiner Gedichtsammlung "parerga" komme der Name des Rudingerus oft vor.

Abschließend bittet Posthius, den beigelegten Brief baldmöglichst an Reusnerus weiterzuschicken.

Auch freut sich Posthius, daß sein Werk ("mea") [gemeint ist die Gedichtsammlung "Parerga" dem Adressaten gefallen habe; diesen Erfolg wünsche er sich bei allen seinen Lesern.

Zur Gedichtsammlung "Parerga" des Posthius vgl. Überblick, Kapitel 29. Posthius hatte ein Exemplar davon dem Weidnerus mit dem Brief vom 27.12.1580 zukommen lassen. Es enthält insgesamt dreizehn an Rudingerus gerichtete Gedichte, zu denen in der zweiten Ausgabe noch ein weiteres Gedicht über Rudingerus dazukam: Ein Epicedium über dessen Tod, von dem Posthius in seinem Brief vom 19.6.1581 dem Joachimus II Camerarius berichtete.

138   Remlingen, 23.8.1581
Posthius an Joachimus [II] Camerarius, Bad Schwalbach
Praesentatum: 30.8.
Autograph
Fundort: Erlangen UB Trew, Posthius 97 (= Ms. 1819, Bl. 676)
Folioformat

Empfehlungsschreiben für die beiden Würzburger Stadträte ("Senatores") Balthasarus Rufferus und Philippus Mercklinus, zwei Nachbarn oder Verwandte ("affines") des Posthius, die den Schwalbacher Sauerbrunnen besuchen wollen. Diesen soll der Adressat, der sich wohl bereits dort befinde, mit Rat und Tat beistehen, da eine persönliche ärztliche Betreuung wertvoller sei als eine -

wenngleich ausführliche - schriftliche Beschreibung, wie sie durch das [bereits im Posthiusbrief vom 1.8.1581 erwähnte] Büchlein des Jacobus Theodorus, eines alten Heidelberger Bekannten des Posthius, vorliege. Eventuelle neue Erkenntnisse über das Bad soll der Adressat dem Posthius mitteilen.

Anschließend berichtet Posthius, nach dem Tode des [Gotofridus] Baro Lympurgicus hätten sich dessen Erben am 20.8.[1581] im Schloß Speckfeld versammelt. Da Baro Fridericus [Lympurgicus] dazu aus Heidelberg einen Juristen mitgebracht habe, seien Gerüchte von einer Erbauseinandersetzung entstanden. Doch Fridericus sei nach herkömmlicher Weise in Würzburg mit den Gütern belehnt worden. Diesem Fridericus habe er, Posthius, auch die [vom Adressaten] übersandte Beschreibung eines umstrittenen Medikamentes ausgehändigt [dieses hatte Camerarius dem Gotofridus Baro Lympurgicus verabreicht, bevor sich dessen Erkrankung verschlimmerte und schließlich zum Tode führte]. Dabei habe er, Posthius, das Vorgehen des Adressaten voll in Schutz genommen. Fridericus habe diese Entschuldigung offenbar akzeptiert und außerdem mitgeteilt, daß Nicol[aus] Cisnerus seit dem 14.8.[1581] rechtsseitig gelähmt sei; diese Nachricht habe vor allem den [Erasmus] Neüstetterus, der mit Cisnerus zusammen kurz zuvor Karlsbad besucht hatte, erschüttert. Abschließend lädt Posthius den Adressaten ein, ihn bei der Rückreise [von Langen-Schwalbach] zu besuchen.

Dieser Brief wurde erst drei Tage später mit dem vom 26.8.1581 übersandt.

Posthius hatte in seinem Brief vom 11.8.1581 den Joachimus II Camerarius aufgefordert, das im Brief erwähnte Rechtfertigungsschreiben, in dem die Behandlung des todkranken Gotofridus Baro Lympurgicus erläutert wird, auch dem Fridericus Baro Lympurgicus zukommen zu lassen.

Von der Badereise des Erasmus Neustetterus nach Karlsbad zusammen mit Nicolaus Cisnerus war bereits im Brief vom 3.5.1581 die Rede.

139   Würzburg, 26.8.1581
Posthius an Joachimus [II] Camerarius, Nürnberg
Praesentatum: 30.8.
Autograph
Fundort: Erlangen UB Trew, Posthius 98 (= Ms. 1819, Bl. 677)
Folioformat

Begleitschreiben zur Übersendung des Posthiusbriefes vom [23.8.1581] nach Nürnberg, da Balthasarus Rufferus auf seiner Reise nach Langen-Schwalbach nicht über Remlingen gekommen sei [und daher das Empfehlungsschreiben dort nicht hatte in Empfang nehmen können] und da der Adressat noch - wie er, Posthius, aus dessen Brief ersehen habe - in Nürnberg weile. Falls der Adressat doch noch nach Langen-Schwalbach reise, könne er so den Brief [vom 23.8.1581] zum Vorwand nehmen, um eine Bekanntschaft mit Rufferus anzuknüpfen.

Außerdem bedankt sich Posthius für die [in seinem Brief vom vom 1.8.1581 erbetene] Übersendung der [mit ihrem Kurtitel] "Satyra" [bezeichneten Schmäh-schrift gegen gekrönte Dichter] des [Justus] Lipsius.

Abschließend berichtet Posthius, am Vortag habe er erfahren, daß [Nicolaus] Cisnerus am 20.8.[1581] noch in Lebensgefahr schwebte [Cisnerus hatte am 14.8.1581 einen Gehirnschlag erlitten].

Zur Satire des Lipsius gegen die gekrönten Dichter vgl. Überblick, Kapitel 31.

Von der Erkrankung des Cisnerus berichtete Posthius bereits in seinem Brief vom 21.8.1581.

140   Würzburg, 21.10.1581
Posthius an Joachimus [II] Camerarius, Nürnberg
Praesentatum: 23.10.
Autograph
Fundort: Erlangen UB Trew, Posthius 99 (= Ms. 1819, Bl. 678)
Folioformat

Posthius bestellt den Adressaten im Auftrag des [Erasmus] Neustetterus für den 24. oder 25.[10.81] nach Bamberg, da Neustetterus bei der Durchreise des Adressaten durch [Würzburg] abwesend gewesen sei, aber aus verschiedenen Gründen mit ihm reden wolle.

Für den Transport des [vom Adressaten bestellten] alten und jungen Weines werde er, Posthius, sobald die Gärung abgeschlossen sei, sorgen; er hoffe, das Geld [dafür?] in Kürze vom Leiter der Würzburger Briefboten ("tabellariorum magister") zu erhalten.

141   Würzburg, 27.10.1581
Posthius an Joachimus [II] Camerarius, Nürnberg
Praesentatum: 1.11.
Autograph
Fundort: Erlangen UB Trew, Posthius 100 (= Ms. 1819, Bl. 679)
Folioformat

Begleitbrief zur Übersendung des bestellten [im Brief vom 21.10.1581 angekündig-ten] Weines: Der [Würzburger] Apotheker Petrus Kolman schicke als Geschenk ein halbes Gefäß ("amphora") alten Weines; ein kleines Gefäß ("vasculum") [alten Weines] habe er, Posthius, [für den Adressaten in dessen Auftrag] gekauft, aber dafür nicht das gesamte [vom Adressaten übersandte] Geld benötigt; den Rest gebe er dem Fuhrmann [der die Weinsendung nach Nürnberg transportiert] mit. Dieser Fuhrmann habe auch etliche Gefäße mit Heurigem ("novum mustum") dabei, die der Apotheker [Petrus Kolman] mit derselben Sendung an seinen Schwager [Johannes?] Hoffmannus schicke; davon könne der Adressat beliebige Mengen beziehen. Eine entsprechende Anweisung gebe der Apotheker seinem Schwager in einem Begleitbrief zum Weintransport.

Außerdem bestätigt Posthius den Erhalt einer Sendung des Adressaten mit Büchern und mit einem Brief, der sich auf [Erasmus] Neustetterus bezieht; er, Posthius, nehme an, daß der Adressat inzwischen den Neustetterus [wie dieser im Posthiusbrief vom 21.10.1581 gewünscht hatte] in Bamberg besucht habe.

Dann kündigt Posthius an, den Lehensbrief ("Diplomata feudalia") [für Philippus Camerarius, von dem bereits im Brief vom 11.8.1581 die Rede war,] werde er nach seiner Ausfertigung wetterfest verpackt abschicken.

An Medikamenten bestellt Posthius dringend das Pestmittel des [Henricus] Stapes ("aqua Stapedij contra pestem"), da es möglicherweise bald benötigt werde.

Dann teilt er mit, er trauere sehr über den [vom Adressaten mitgeteilten] Tod des [Hubertus] Languetus [am 30.9.1581] und über den des [Philippus] Geuderus.

Schließlich weist Posthius noch darauf hin, mit dem vorliegenden Brief übersende er auch ein Schreiben des Fürst[bischofs Julius Echter] an den Adressaten, das er, Posthius, erst jetzt vom Leiter der [Würzburger] Briefboten ("tabellariorum magister") erhalten habe, nachdem es offenbar dort längere Zeit gelegen hatte [in Erwartung einer sicheren Transportmöglichkeit nach Nürnberg].

Im Postskript weist Posthius darauf hin, daß [Gregorius] Bersmanus vom Anhalter Fürsten [Joachim Ernst] eine Stellung erhalten werde; das habe ein durch [Würzburg] reisender Anhalter Theologe mitgeteilt.

In seinem weiteren Postskript beantwortet Posthius noch eine Anfrage des Adressaten: Das "Extractum Heydelberg:" ziehe er, Posthius, dem des Magenbuchius vor.

In dem Postskript berichtet Posthius außerdem, der Heidelberger Apotheker Ezechia Fettich sei gestorben; er habe davon durch einen Diener des [Nicolaus] Cisnerus erfahren [dieser Diener brachte wohl dem Posthius einen Brief des Cisnerus].

Von der erwähnten Grundstücksangelegenheit war bereits im Brief vom 11.8.1581 die Rede.

Auf den Tod des Hubertus Languetus verfaßte Posthius ein Epicedium, das - handschriftlich oder publiziert - verbreitet wurde; Fabian zu Dohna (1550-1621) erwähnt dies Gedicht in seiner Selbstbiographie, als er von seiner Begegnung mit Languetus im Jahre 1578 berichtet: "Johannes Posthius, Medicus Electoris Palatini, hat ihme ein Epitaphium gemacht, so unter meiner Skartegken zu finden" (zitiert nach der Edition dieser Biographie durch C. Krollmann: Die Selbstbiographie des Burggrafen Fabian zu Dohna, Leipzig 1905, S. 14). Eine separat überlieferte Fassung dieses Posthiusepicediums für Languetus ist mir allerdings nicht bekannt; Posthius publizierte sein Epicedium, das in der Form einer fiktiven Grabaufschrift gehalten ist, in seiner Gedichtsammlung "Parerga" (nur zweite Ausgabe Pars altera, S. 113). Das Gedicht beginnt "Hic tandem, Languete ..."

Zum Tod des Philippus Geuderus am 2.10.1581 verfaßten Melissus, Laurentius Dyrnhoferus und Michael Ravensbuschius Gedichte, die in Nürnberg publiziert

wurden ("Naenia ad Nobiles ...", ein Exemplar in der UB Würzburg 19 an L. rr. q. 95).
Posthius beteiligte sich an dieser Sammlung von Epicedia nicht, wurde wohl auch gar
nicht um einen Beitrag gebeten.

Bersmanus bekam tatsächlich, wie im Brief berichtet, eine Stelle im Fürstentum
Anhalt, wo Fürst Joachim Ernst (er regierte 1570-1586) eine gemäßigt lutherische Linie
verfolgte. Bersmanus wurde vom Rat der Stadt Zerbst 1581 als Rektor an das neu ge-
gründete akademische Gesamtgymnasium gerufen, trat die Stelle am 30.1.1582 an und
behielt sie bis zu seinem Tode am 5.11.1611 (vgl. Überblick, Kapitel 39).

142   Würzburg, 5.11.1581
Posthius an Johannes Weidnerus, Schwäbisch Hall
Praesentatum: 18.11.
Autograph
Fundort: Stuttgart WLB Cod. hist. 2° 603, Bl. 186 (Weidnersche Nr. 5)
Folioformat

Antwort auf einen Brief des Adressaten, mit welchem dieser offenbar auch eine
Sendung des [Nicolaus] Reusnerus übersandt hatte: [Erasmus] Neustetterus habe
sich über die Gedichte ("Poëmata") des Reusnerus sehr gefreut, Posthius mit einem
Dankschreiben beauftragt, Reusnerus auf die Comburg eingeladen und ihm für die
Widmung der "Hilaria" [eines nicht näher bezeichneten Werkes] zehn Taler ge-
schenkt [Brief und Geld lagen offenbar dem Brief des Posthius an Weidnerus zur
Weiterleitung bei].

Das [vom Adressaten erwähnte] neue Werk des [Martinus] Crusius [gemeint
sind wohl die "Turcograeciae libri"] möchte Posthius [gleich nach dessen Erschei-
nen] einsehen; in dem Zusammenhang berichtet er, er habe vorgehabt, ein [enko-
miastisches] Gedicht ("Epigramma") [über dieses Werk] zu verfassen, sei aber bislang nicht dazugekommen.

[Dann beantwortet Posthius eine Frage, die sich für Weidnerus gestellt hatte, als
er die Gedichtsammlung "Parerga" - Posthius hatte sie ihm am 27.12.80 übersandt -
las]: Bei dem durch seine Verse getadelten "Corydon" handle es sich um eine beim
Kaiser [Rudolph II.] in hohen Würden stehende Persönlichkeit, die völlig dem im
Gedicht gezeichneten Bilde entspreche.

Schließlich bittet Posthius, seinen beigelegten Brief an [Nicodemus] Frischlinus
weiterzuschicken; zu dem Brief gehöre auch ein Büchlein ("libellus") des [Grego-
rius] Bersmanus [gemeint ist dessen Gedichtsammlung "Poemata", die dem Posthius
gewidmet ist]. Posthius entschuldigt sich dafür, daß er nicht auch ein Exemplar dieses Büchleins für den Adressaten beilege: Er habe leider kein [überschüssiges?] Exemplar mehr.

Abschließend erwähnt Posthius, das Gedicht ("Epigramma") des Adressaten
habe dem [Erasmus] Neustetterus sehr gefallen.

Der erwähnte "Corydon", der offenbar wegen Herkunft, Aussehen, Stimme und Ge-
sinnung mit dem aus Vergil, Ekloge 7,70 übernommenen Hirtennamen bezeichnet

*wird, wird von Posthius angegriffen, weil er Dichter nicht nur nicht fördere, sondern ih-
nen sogar schade. Das Gedicht ist an Crusius gerichtet, beginnt "In caula genitus ..."
und umfaßt vier Distichen; (Parerga erste Ausgabe Bl. 144; in der zweiten Auflage Pars
prima, S. 241 ist im 3. Pentameter "dirus" durch "bardus" ersetzt).*

*Posthius setzte seinen im Brief erwähnten Vorsatz, enkomiastische Verse für Cru-
sius zu verfassen, bald in die Tat um, denn Franciscus Modius konnte am 17.2.1582
dem Crusius berichten, Posthius habe ihm fertiggestellte enkomiastische Gedichte über
das geplante Werk "Germanograeciae libri" des Crusius gezeigt (der Modiusbrief ist
abgedruckt bei Crusius: Germanograeciae libri, 1584, Bl. 8r). Crusius publizierte die
von Modius erwähnten Posthiusgedichte an der dafür vorgesehenen Stelle, doch hätte
sich Posthius mit dem Dichten ruhig noch mehr Zeit lassen könne: Das geplante Werk
des Crusius erschien erst 1584 (vgl. Werkverzeichnis 1584/2).*

*Die Gedichtsammlung "Poemata" des Bersmanus war 1576 erschienen (vgl. Werk-
verzeichnis 1576/1). Zu des Posthius Kontakt mit Frischlinus vgl. Überblick, Kapitel
30.*

143   Würzburg, 9.11.1581
Posthius an Joachimus [II] Camerarius, Nürnberg
Praesentatum: 14.11.
Autograph
Fundort: Erlangen UB Trew, Posthius 101 (= Ms. 1819, Bl. 680f)
Folioformat

Klärung von Mißverständnissen: Der Würzburger Apotheker [Petrus Kolman] habe
nach der Abfassung des letzten Briefes von Posthius [vom 27.10.80] zweimal seine
Absicht geändert und sich schließlich doch mit einem Gulden und siebzehn Schilling ("florenus unus, et 17 solidi nostrates"; in margine: "wurtzburgische schilling")
bezahlen lassen [ursprünglich wollte er den gewünschten Wein gratis senden]. Von
dem Geld, das der Adressat über den Leiter der [Würzburger] Briefboten ("magister tabellariorum") an ihn, den Posthius, geschickt hatte, seien dann nur noch "7
solidi" übrig gewesen, und die habe er, Posthius, für ein neues Gefäß ("vasculum")
ausgegeben, so daß der Fuhrmann das im Brief [vom 27.10.81] angekündigte Geld
nicht habe überbringen können.

Weiter berichtet Posthius, [Erasmus] Neustetterus werde in Kürze zusammen
mit Fran[ciscus] Modius, zur Comburg zurückkehren und den Modius zumindest
den Winter über bei sich behalten. In dem Zusammenhang stellt Posthius den Modius vor: Er sei ein Patrizier aus Brügge und habe sich als Dichter und Historiker
einen Namen gemacht.

Außerdem dankt Posthius für die [in seinem Brief vom 27.10.1581 bestellte]
Arznei ("de aqua") [gegen die in Würzburg drohende Seuche]. Er hofft, sie nicht
anwenden zu müssen, und bittet um die Zusammenstellung einer Rechnung aller
bisher vom Adressaten übersandten Medikamente, um abrechnen und den Fehlbe-
trag an den Adressaten schicken zu können.

Auch wünscht Posthius, er könnte mit dabei sein, wenn der Adressat zusammen mit dem beiderseitigen Freund [Johannes] Mathesius und dem Chemiker des Adressaten den Neustetterus auf der Comburg besuche; davon wisse er, Posthius, durch Neustetterus.

Im Postskript versichert Posthius, das Zeugnis der [Nürnberger Ärzte, vermutlich mit der Bestätigung, daß dem Joachimus II Camerarius bei Gotofridus Baro Lympurgicus kein Behandlungsfehler unterlaufen sei,] bei erster Gelegenheit nach Heidelberg [an Fridericus Baro Lympurgicus?] zu schicken; jetzt sei er, Posthius, gerade beim Aufbruch nach Remlingen.

Posthius blieb auch in der Folgezeit in Kontakt mit Modius; dieser richtete beispielsweise in seinem Brief vom 8.3.1582 aus Nürnberg an Fulvius Ursinus in Rom Grüße des Posthius an Fulvius Ursinus sowie an Laurentius Gambara aus (P. de Nolhac: La Bibliothèque de Fulvio Orsini, Paris 1887, S. 441). Posthius hatte Ursinus und Gambara 1563 in Rom kennengelernt (vgl. Überblick, Kapitel 11).

Über Probleme bei der Behandlung des Gotofridus Baro Lympurgicus ist ab dem Posthiusbrief vom 4.4.1581 immer wieder die Rede, von Rechtfertigungsschreiben und Entlastungen beispielshalber in den Briefen vom 1.8.1581, vom 11.8.1581 und vom 23.8.1581.

Posthius an Joachimus [II] Camerarius [Würzburg, 14.11.[1581]

Der in Erlangen unter diesem Datum geführte Brief gehört ins Jahr 1574 (vgl. Brief vom 17.11.1574).

144

[Würzburg?], 30.11.1581

Posthius an Joachimus [II] Camerarius, Nürnberg
Posthius vermerkte neben der Adresse "Jl porto è pagato."
Praesentatum: 6.12.
Autograph
Fundort: Erlangen UB Trew, Posthius 103 (= Ms. 1819, Bl. 683f)
Folioformat

Posthius entschuldigt die noch nicht erfolgte Übersendung des [in seinem Brief vom 27.10.1581 angekündigten] Lehensbriefes ("Diploma feudale") [für Philippus Camerarius] damit, daß nach Auskunft des Schreibers noch das fürstbischöfliche Siegel [Julius Echters] fehle.

Dann bittet Posthius um einen ärztlichen Rat gegen die Sterilität eines älteren Ehepaares - beide seien über 50 - , das seit zwanzig Jahren verheiratet sei, vor achtzehn Jahren ein Kind bekommen habe, seit fünfzehn Jahren an "impotentia $\pi\varepsilon\varrho\grave{\iota}$ $\tau\grave{\alpha}$ $\dot{\alpha}\phi\varrho o\delta\acute{\iota}\sigma\iota\alpha$" leide und dieses Übel auf einen Giftmischer ("veneficius") zurückführe. Posthius verspricht für diesen Rat dem Adressaten das halbe Honorar.

Außerdem fragt er, ob ein von Galenus und anderen antiken Ärzten gepriesenes Pulver ("Diospoliticus pulvis") in [Nürnberg] in Gebrauch sei oder ob es womöglich die Gesundheit schädige, da es das antike natürliche Soda ("veterum nitrum") womöglich nicht mehr gebe.

Schließlich weist Posthius auf seinen [im Brief vom 9.11.1581 erwähnten] Beitrag [für das vom Adressaten initiierte Labor, an dem Posthius als "socius" mit beteiligt ist,] hin: Von dem Geld [für die Herstellung und Übersendung chemischer Präparate] könne er die Hälfte der Gesamtsumme von 25 Gulden ("florini") jederzeit schicken.

Im Postskript notiert Posthius auf deutsch, der Apotheker auf dem Fischmarkt bitte um einen "Lehrjungen".

145   [Würzburg?, ca.20.12.1581]
Posthius an Joachimus [II] Camerarius, Nürnberg
Praesentatum: 27.12.81
Autograph
Fundort: Erlangen UB Trew, Posthius 104 (= Ms. 1819, Bl. 682)
Folioformat

Posthius berichtet, die [in seinen Briefen vom 27.10.1581 und vom 30.11.1581 angekündigte] Lehensurkunde ("Diploma") [für Philippus Camerarius] sei noch nicht gesiegelt, obwohl er den Schreiber ("scriba") dringend darum ersucht habe.

Dann dankt er für die Beschreibung von Medikamenten [gemeint sind vermutlich Mittel gegen die Impotenz eines älteren Ehepaares, die Posthius in seinem Brief vom 30.11.1581 erbeten hatte].

Anschließend weist Posthius darauf hin, mit dem Brief übersende er eine Abschrift einer Gebrauchsanweisung für ein Heilwasser ("usus aquae Theriacalis") [gegen die Pest], wie er sie von [Henricus] Stapedius erhalten habe, und bittet um Benachrichtigung, falls der Adressat davon eine andere Version besitze [Posthius hatte nämlich in seinem Brief vom 27.10.1581 dies Heilwasser des Stapedius beim Adressaten bestellt und bald darauf auch, nach der Herstellung in dem vom Adressaten initiierten Labor, erhalten].

Außerdem fragt Posthius nach der Dosierung für ein schwefelhaltiges Präparat ("flores Sulfuris").

Schließlich weist Posthius noch darauf hin, mit diesem Brief übersende er [wie im Brief vom 30.11.1581 angekündigt] 25 Silbergulden ("florenj argentej integrj") als Vorauszahlung für beliebige [in dem erwähnten Labor herzustellende] Medikamente.

Auch fragt Posthius nach der Herstellung und dem Gebrauch von Kampferöl ("oleum Camphorae").

Abschließend erkundigt er sich noch, wann der Adressat zur Comburg reisen werde, da er [wie in seinem Brief vom 9.11.1581 angekündigt] nach Möglichkeit ebenfalls dorthin kommen wolle.

Im Postskript fragt Posthius nach der Herstellung von verschiedenen Ölen und Heilmitteln, durch die [Martinus] Rulandus spektakuläre Heilerfolge erzielt haben wolle, und zwar nach "Oleum seu Balsamum Sulfuris", nach "Oleum Lignj Heraclij", nach "Spiritus Vitae aureus", nach "Aqua panchymagoga benedicta" und nach "Extractum Esulae".

In einem weiteren Postskript bittet Posthius um eine lateinische Bestätigung, das mit dem Brief übersandte Geld erhalten zu haben.

Den opiumhaltigen Theriak stellte man aus verschiedensten Stoffen zusammen.

Posthius kannte die erwähnten Medikamente des Rulandus aus dessen Werk "Centuriae" (vgl. Brief vom 3.7.1580).

[Würzburg?], 29.12.[1581]

Posthius an Joachimus [II] Camerarius

Der in Erlangen unter diesem Datum geführte Brief gehört ins Jahr 1580 (vgl. Brief vom 29.12.1580).

145   Würzburg, [ca.17.1. und] 24.1.1582
Posthius an Joachimus [II] Camerarius, Nürnberg
Praesentatum: 31.1.82
Autograph
Fundort: Erlangen UB Trew, Posthius 106 (= Ms. 1819, Bl. 686f)
Folioformat

Begleitbrief zur Übersendung der [in den Posthiusbriefen vom 27.10., 30.11. und 20.12.1581 angekündigten] Urkunden ("Diplomata") [für Philippus Camerarius].

Daran schließt sich ein ausführlicher, sehr kritischer Bericht von den Gründungsfeierlichkeiten der Universität Würzburg an: Als am 2.1. die kaiserlichen und päpstlichen Privilegien öffentlich verkündet wurden, seien sämtliche Domkapitulare ("Canonici") demonstrativ fern geblieben. Zum Rektor sei der Fürst[bischof Julius Echter] gewählt worden und habe den Dekan von Stift Haug [Wilhelm Ganzhorn] zum Prorektor ernannt. Als Dekane seien für die theologische Universität der Weihbischof ("Suffraganius") [Anton Resch], für die juristische Vitus Crebserus, der [Würzburger] Kanzler, und für die medizinische Jonas Albertus [= Adelwerth, Kapitularius am Neumünster], ein Anhänger des Paracelsus ("Paracelsista"), Spruchbeutel ("nugator maximus") und Verächter aller Schulmedizin, bestimmt worden. Öffentliche Vorlesungen gebe es bisher nur in Theologie und Philosophie, wo es angeblich in Kürze zur Ernennung von vierundzwanzig "Baccalaurej" und - wenig später - einiger Magister kommen werde, da die Jesuiten alles willkürlich handhaben. Das [Universitäts]gebäude ("Collegium novum") soll nahe dem Haus des [Erasmus] Neustetterus "Jm Katzen Weicker" gebaut werden; Milchlingus wohne derzeit noch an dieser Stelle.

Anschließend bestätigt Posthius den Empfang der [im Brief vom 20.12.1581 erbetenen] Quittung und äußert die Vermutung, daß sich die geplante Reise des Adressaten zu Neustetterus wegen des schlechten Wetters verzögere.

Es folgt ein späterer Vermerk: Den obigen Brief habe er acht Tage zuvor, direkt bevor er nach Remlingen abgereist sei, abgefaßt, doch nicht rasch genug einen verläßlichen Briefboten finden können. Jetzt aber könne er den Brief samt den Urkunden, wetterfest verpackt, einem Würzburger Fuhrmann mitgeben. Das Porto sei noch zu zahlen.

An den erwähnten Eröffnungsfeierlichkeiten der Universität hatte Posthius als Mitglied des "Collegium medicorum" teilgenommen (vgl. Überblick, Kapitel 32). Bei der Aufzählung der Dekane der einzelnen Fakultäten fehlt Michael Suppan, Generalvikar und Vorsitzender des Geistlichen Rates, der das Dekanat der juristischen Fakultät übernahm. Der von Posthius heftig kritisierte Dekan der medizinischen Fakultät, Jonas Albertus, war nur zu dieser Würde gekommen, weil er in Medizin promoviert war und Echter einen Evangelischen auf diesen Posten nicht berufen wollte. Es scheint dann auch gar kein rechter Vorlesungsbetrieb in Medizin begonnen zu haben, und auch in den folgenden Jahrzehnten gelangte die medizinische Fakultät nicht zu Ansehen.

Der im Brief erwähnte, von Sagen umwobene Hof "Zum Katzenwicker" hatte bereits im 12. Jahrhundert eine Rolle gespielt: Kaiser Friedrich Barbarossa soll dort 1157 Beatrix von Burgund geheiratet haben und - nachdem die Gebäude völlig umgebaut waren - den Hof 1172 vom Würzburger Bischof geschenkt bekommen haben. Um 1400 wurde der Hof vom Bischof Johann von Egloffstein für die neue Universität erworben; nach dem Verfall dieser Hochschule ging der Hof an das Domkapitel über. Julius Echter wollte zunächst mit dem Hof bewußt an alte Universitätstraditionen anknüpfen, doch kam es zu einem Tauziehen mit dem Domkapitel - es residierte dort ein Domherr, dem das Kapitel bereits 1580 den Verkauf des Hauses an Echter für ein Priesterseminar verboten hatte -, bis Echter schließlich trotz Einlenkens des Domkapitels auf dieses Gebäude verzichtete und das Gelände des leerstehenden Benediktinerinnenkloster St.Ulrich mit päpstlicher Genehmigung für die Universität hernahm und dort im Juli 1582 mit dem Neubau begann. Der Hof zum Katzenwicker mußte erst 1853 einem Neubau weichen, dem der Maxschule (vgl. J. A. Oegg: Entwicklungsgeschichte der Stadt Würzburg, Hg. A. Schäffler, Würzburg 1881, S. 81-83, 394, 408; F. Leitschuh: Würzburg, Leipzig 1911, S. 276).

147   Würzburg, 13.2.1582
Posthius an Joachimus [II] Camerarius, Nürnberg
Praesentatum: 20.2.
Autograph
Fundort: Erlangen UB Trew, Posthius 107 (= Ms. 1819, Bl. 688)
Folioformat

Posthius dankt für die Übersendung eines Briefes von [Henricus] Stapedius, auf den er bei Gelegenheit antworten wolle, und für ein [nicht näher bezeichnetes]

Büchlein mit Gedichten von [Janus] Duza. Posthius fügt hinzu, diesen Duza habe er in seiner [publizierten] Gedichtsammlung ("πάρεργα") gepriesen.

Dann äußert Posthius (teils in griechischen Worten) den Wunsch, bei den chemischen Zubereitungen [in dem vom Adressaten initiierten Labor, an dem auch Posthius beteiligt war,] Augenzeuge zu sein.

Weiter berichtet Posthius, [Erasmus Neustetterus] sei vor wenigen Tagen nach [Würzburg] zurückgekehrt, trauere sehr über den unerwarteten Tod seines [Freundes?/Dieners?] Fridericus und sehe darin ein schlechtes Omen für die eigene Zukunft; Posthius hofft dagegen auf ein langes Leben seines Patrons.

Anschließend berichtet Posthius, er habe mit dem Würzburger Apotheker [Petrus Kolman] über die Möglichkeit gesprochen, daß ein Diener ("famulus") des Adressaten dort Lehrjunge wird [Posthius hatte im Auftrag des Apothekers in seinem Brief vom 30.11.1581 nach einem Bewerber für diese Stelle gesucht]. Der Lehrjunge solle sich möglichst bald zum Aushandeln der Bedingungen persönlich vorstellen.

Dem Dichter Janus Duza sind in des Posthius Gedichtsammlung "Parerga" von 1580 zwei Gedichte gewidmet, die beide 1579 in Köln entstanden. In dem einen erklärt Posthius, daß er einen Besuch bei Duza einer Rückkehr nach Würzburg vorziehen würde. Dies Gedicht beginnt "Si volucres ..." (vgl. Werkverzeichnis 1587/3, Nr. 3). Im anderen Gedicht preist Posthius die keusche Liebe, den "castus amor". Dies Gedicht beginnt "Quod tua te ..." (Parerga erste Ausgabe Bl. 77v f, zweite Ausgabe Pars prima, S. 133). Einige Jahre später, 1587, gab Posthius sogar ein Büchlein mit enkomiastischen Gedichten diverser Autoren auf Janus Duza heraus (vgl. Werkverzeichnis 1587/3).

148 Würzburg, 22.3.1582

Posthius an Joachimus [II] Camerarius, Nürnberg
Praesentatum: 5.4.
Autograph
Fundort: Erlangen UB Trew, Posthius 108 (= Ms. 1819, Bl. 689f)
Folioformat

Posthius berichtet, der [im Posthiusbrief vom 13.2.1582 zum Vorstellungsgespräch bei dem Würzburger Apotheker [Petrus] Kolman eingeladene] Lehrjunge ("puer") des Adressaten habe wegen der Bedingungen des Apothekers - nämlich Verpflichtung auf vier Jahre ohne Gehalt - die Stelle nicht angenommen und suche nun in Bamberg einen anderen Herrn.

Dann weist Posthius darauf hin, [Erasmus] Neustetterus habe sich vor etwa 15 Tagen zur Comburg begeben mit Helbichius im Gefolge, einem Mann, der dort nach dem Urteil des Posthius weniger leisten werde als er verspreche.

Anschließend bestellt Posthius einen Süßholzextrakt ("extractum Glycyrhizae"), da er seit vielen Tagen an einer Erkrankung der Atemwege ("Catarrhus" und "tussis") leide.

Außerdem teilt er mit, aus einem soeben aus Heidelberg erhaltenen Brief habe er vom Tod der Pfälzer Kurfürstin [Elisabeth] am 14.3. durch "catarrhus suffocativus" erfahren.

Auch berichtet Posthius ausführlich von dem Besuch des Erzherzogs Matthias in Würzburg: In dessen Anwesenheit seien am 20.3.[1582] insgesamt 16 "Magistrj" und "Baccalaurej" feierlich promoviert worden; anschließend habe es ein Festbankett im neuen [Julius-]Spital gegeben, bei dem neben sämtlichen promovierten Teilnehmern des Universitätsaktes auch die vornehmsten Stadträte ("Senatores") teilgenommen hätten. Dann hätten glänzend gekleidete Zöglinge der Jesuiten ein langes hexametrisches Gedicht ("Heroicum carmen") auf das Haus Habsburg in Dialogform vorgetragen, wobei die verstorbenen Kaiser und Herzöge des Hauses Habsburg als stumme Personen aufgetreten seien. Bei seiner Abreise am Vortag sei dann der Erzherzog Matthias vom Fürst[bischof Julius Echter] bis zum Kloster Ebrach begleitet worden.

Im Postskript bittet Posthius in deutschen Worten, ihm ein "Schachspil" gegen Bezahlung zu besorgen (die beiden letzten Worte "remittam precium" sind wieder lateinisch geschrieben).

Das von Posthius angeführte Todesdatum "14.3." der Pfälzer Kurfürstin Elisabeth, einer Tochter des Landgrafen Philipp von Hessen, scheint wahrscheinlicher als das Datum "21.3.", das in manchen Lexika angegeben wird, denn dann müßte Posthius bereits einen Tag nach ihrem Tod davon gewußt haben. Bei dieser Kurfürstin handelt es sich um die Gemahlin Pfalzgraf Ludwigs VI., der am 12.10.1583 starb. - Übrigens hieß die nächste Pfalzgräfin, die Gemahlin des Johann Casimir, ebenfalls Elisabeth.

---

149   Würzburg, 19.5.1582
Posthius an Johannes Weidnerus, Schwäbisch Hall
Praesentatum: 23.5.
Autograph
Fundort: Stuttgart WLB Cod. hist. 2° 603, Bl. 213 (Weidnersche Nr. 6)
Folioformat

Posthius dankt für die übersandten Briefe [von Martinus Crusius und von Nicolaus Reusnerus], bietet entsprechende Gegenleistungen an und referiert den Inhalt der Briefe: Crusius habe für die zu seinem Lob von Posthius verfaßten Gedichte ("Epigrammata") gedankt, Reusnerus um dasselbe wie im vorausgegangenen Brief, den Posthius bereits beantwortet hätte, gebeten.

[Dann beantwortet Posthius eine seine Gedichtsammlung "Parerga" betreffende Frage des Adressaten, ähnlich wie bereits im Posthiusbrief vom 5.11.1581:] Der Sienenser [Camillus] Falconetus sei, wie Posthius von ihm persönlich erfahren habe, vor vierzig Jahren im Alter von 18 Jahren an einer Krankheit erblindet; über die Blindheit des Homerus denke er, Posthius, wie der Adressat: Sie könne keineswegs angeboren gewesen sein. Posthius verweist dabei auch darauf, daß [der antike Historiker Velleius] Paterculus derselben Ansicht sei [gemeint ist eine Stelle im Buch I,5 über Homer: "quem si quis caecum genitum putat, omnibus sensibus orbus est"].

Zu den Epigrammen des Posthius für Crusius vgl. Brief vom 5.11.1581.

Über den Sienenser Camillus Falconetus ist so gut wie nichts bekannt. Von den einschlägigen Lexika führt nur das von Jöcher seinen Namen auf, doch sind alle dort gemachten Angaben dem Posthiusgedicht an Falconetus entnommen, in dem Posthius den Falconetus mit Homer vergleicht. Es beginnt "Maeonides fuerit ..." Dies Gedicht verfaßte Posthius während seines Aufenthaltes in Siena (1564/65); er publizierte es in seiner Gedichtsammlung "Parerga" (erste Ausgabe Bl. 33v, zweite Ausgabe Pars prima, S. 59). Das Gedicht ist auch in Jöchers Lexikon abgedruckt (vgl. Literaturverzeichnis unter Jöcher: Lexikon 1750f, Bd. II, S. 510).

150   Würzburg, 15.6.[1582]
Posthius an Joachimus [II] Camerarius, Nürnberg
Praesentatum: 21.6.82
Autograph
Fundort: Erlangen UB Trew, Posthius 109 (= Ms. 1819, Bl. 690f)
Folioformat

Posthius dankt für eine umfangreiche Sendung des Adressaten. Diese enthielt Medikamente, darunter als Ersatz für den von Posthius [in seinem Brief vom 22.3.1582 bestellten Süßholzextrakt] andere ähnliche Mittel ("Extracta") sowie Terpentinbalsam ("Balsamum Terebinthinae"). In dem Zusammenhang erkundigt sich Posthius nach Herstellung, Anwendung und Dosierung von Bibernellenextrakt ("Extractum Pimpinellae"). Außerdem bestätigt er, die vom Adressaten übersandten Pflanzen habe er an die beiden angegebenen Empfänger auftragsgemäß weitergegeben. Von diesen habe der Apotheker [Petrus Kolman] wohl bereits dem Adressaten geschrieben, während dagegen die Antwort des [Dom]dekans [Neithard von Thüngen] auf die Wünsche des Adressaten - gemeint ist wohl eine Gegengabe für die erhaltenen Pflanzen - möglicherweise auf sich warten lassen werde. Posthius kommentiert dies Verhalten mit dem Sprichwort: "Magnates dare parva pudet, dare magna recusant".

Weiter berichtet Posthius, er werde den Fürst[bischof Julius Echter] zum Reichstag ("ad Comitia") [nach Augsburg] begleiten, aber wegen der bevorstehenden Geburt [seines Sohnes Erasmus] vor dem 25.7.[1582] nach Würzburg zurückkehren.

Abschließend fragt Posthius nach des Adressaten Urteil über die neue Heilerde ("terra sigillata") des Donauwörther Stadtphysikus Georgius am Wald, über die ihr Erfinder Erstaunliches, doch kaum Glaubwürdiges berichte.

Georgius am Wald berichtete von seiner Heilerde, die unter anderem Eierschalen, Safran und Zinnober enthielt, in einer Publikation, von der zahlreiche Ausgaben erschienen: 1582 bei Straub in St. Gallen, 1591 und 1592 in Frankfurt, 1594 in Ursel und 1601 in Stuttgart (ich benutzte die Auflage von 1591; vgl. Literaturverzeichnis unter Am

Wald: Kurtzer Bericht, 1591). Im Titel des Werkes werden die Krankheiten aufgezählt, gegen die die Heilerde helfen soll, und das sind praktisch alle, von Aussatz über Zauberei und Podagra bis zu Gift, Pest, Epilepsie und "Gewalt Gottes".

151   Würzburg, 17.7.[1582]
Posthius an Joachimus [II] Camerarius, Nürnberg
Praesentatum: 24.7.82
Autograph
Fundort: Erlangen UB Trew, Posthius 110 (= Ms. 1819, Bl. 692f)
Folioformat

Posthius dankt für den in Augsburg erhaltenen Brief, aus dem er Kunde von dem traurigen Ereignis [Tod der Frau oder eines Kindes?] erhalten habe, das Ludovicus Camerarius, einem Bruder des Adressaten, widerfahren sei, doch müsse alles in dieser Welt mit Gleichmut ertragen und auf ein besseres jenseitiges Leben gehofft werden. In diesem Sinne habe er in der vorausgegangenen Nacht ein Gedicht ("Epigramma") angefertigt und dem Brief beigelegt.

[Anschließend berichtet Posthius von seiner Reise über Donauwörth nach Augsburg, seinem Aufenthalt in Augsburg und der Rückkehr davon]: In Donauwörth habe er den Georgius Am Waldt, der bei den Augsburger Ärzten keinen guten Ruf genieße, besucht, aber, obwohl er sich lernbegierig stellte, nichts Konkretes erfahren können; Posthius charakterisiert Am Waldt: Derselbe sei überheblich, er verachte sogar Theophrastus [Paracelsus], sei stolz darauf, Autodidakt ("αὐτοδίδακτος") in der Medizin zu sein und sei überzeugt von der umfassenden Heilkraft seiner [bereits im Posthiusbrief vom 15.6.1582 erwähnten] Heilerde ("Terra Sigillata"); außerdem habe er ihm, dem Posthius, versprochen, ein Heilmittel gegen "catarrhus und "phthisis" (Schwindsucht) zu schicken, das Posthius jedoch nur einnehmen wolle, wenn er seine Zusammensetzung kenne. [In Augsburg selbst] sei er von Georgius Laubius, einem vielbeschäftigten Augsburger Arzt, nicht zuletzt wegen eines ihn ankündigenden und empfehlenden Schreibens des Adressaten freundlich aufgenommen worden. Laubius und Posthius wollten den freundschaftlichen Kontakt durch Briefe aufrechterhalten, zumal sie sich wegen der zahlreichen Besuche des Laubius bei Patienten in der Umgebung [Augsburgs] nur wenig hätten fachlich unterhalten können. Am 13.7.[1582] sei er wegen der bevorstehenden Entbindung seiner Frau [Rosina] mit Erlaubnis des Fürst[bischofs Julius Echter vom Reichstag in Augsburg] nach [Würzburg] zurückgekehrt und habe dort den [am 22.3.1582 als Arznei für sich selbst bestellten] Süßholzextrakt ("Extractum Glycyrh.") erhalten und auch gleich benützt.

Im Postskript berichtet Posthius, in Augsburg sei er vom Arzt [Sigismundus?] Kolreüter zu einem Essen eingeladen worden, an dem auch Paulus Lutherus teilgenommen habe. Auch habe er, Posthius, Freundschaft mit den Ärzten Adolphus Occo [III] und Leonhartus Rauwolffius geschlossen und wäre wegen der anregenden Gespräche gern noch länger in Augsburg geblieben, wenn seine Frau nicht schwanger wäre (diese Ausführungen sind mit "sed haec παρεργῶς" als nebensächlich gekennzeichnet).

In einem weiteren Postskript fragt Posthius nach dem "nomen proprium" des Kolreüterus.

Dieser Brief war, wie aus dem vom 18.8.1582 hervorgeht, einem Diener des Kaufmanns Ertenbergerus mitgegeben worden.

Das Trostgedicht über den Unglücksfall, der den Ludovicus Camerarius getroffen hatte, nahm Posthius offenbar nicht in seine Gedichtsammlung "Parerga" auf; es muß daher als verschollen gelten.

Georgius Laubius (Augsburg 1554 - ibidem 1597) hatte - ähnlich wie Posthius - in Montpellier, Padua, Pisa und Florenz Medizin studiert.

Adolphus Occo III (1524-1606) wirkte als bedeutender Arzt in Augsburg und hatte auch verschiedene städtische Ämter inne, bis er diese wegen seiner ablehnenden Haltung gegenüber der Einführung des Gregorianischen Kalenders verlor. Einen Namen machte er sich auch durch seine klassischen Studien, vor allem als Numismatiker. Für seine Verdienste wurde er von Kaiser Maximilian II. im Jahre 1573 geadelt.

Der Botaniker und Arzt Leonhartus Rauwolffius (1540-1596) hatte wie Posthius in Italien und Südfrankreich studiert, dabei vor allem in der Umgebung Montpelliers Pflanzen und Kräuter gesammelt und wie Posthius den Doktor der Medizin in Valence erworben, allerdings etwas früher, 1562. Seine Tätigkeit als Arzt in Augsburg unterbrach er 1573-1576 wegen einer Orientreise; von dieser berichtete er in einem 1582 in Frankfurt (und wohl gleichzeitig auch in Lauingen) erschienenen Buch (vgl. Literaturverzeichnis unter Rauwolff: Beschreibung der Reyß (1582). Rauwolffs Herbarium ist erhalten und befindet sich heute in der UB Leiden.

In Augsburg traf Posthius auch den Melissus und den Nicolaus Reusnerus (vgl. Überblick, Kapitel 34).

---

152   Würzburg, 12.8.1582
Posthius an Johannes Weidnerus, Schwäbisch Hall
Praesentatum: 18.8.
Autograph
Fundort: Stuttgart WLB Cod. hist. 2° 603, Bl. 176 (Weidnersche Nr. 7)
Folioformat

Posthius bedauert, daß er nicht mit dem Adressaten auf der Comburg habe zusammentreffen können. Den Grund dafür habe ihm sicher bereits [Franciscus] Modius erzählt [dieser war nämlich Gast der unten erwähnten Taufe]: Nachdem er, Posthius, wegen der bevorstehenden Entbindung seiner Frau [Rosina] schon am 13.7.[1582] mit Erlaubnis des Fürst[bischofs Julius Echter vom Reichstag in Augsburg] nach [Würzburg] zurückgekehrt sei, sei am 3.8.[1582] ein Sohn geboren und nach dem Paten Erasmus Neustetterus getauft worden. Posthius wünscht inständig, sein Sohn möge ihn überleben.

Abschließend bittet Posthius um Weiterleitung der beigelegten Briefe [an Conradus Leius und Martinus Crusius?] und bietet umgekehrt entsprechende Dienste an.

Zum Aufenthalt des Posthius beim Reichstag in Augsburg vgl. Überblick, Kapitel 34, zur Geburt seines Sohnes vgl. Überblick, Kapitel 35.

153   Würzburg 18.8.1582
Posthius an Joachimus [II] Camerarius, Nürnberg
Praesentatum: 21.8.
Autograph
Fundort: Erlangen UB Trew, Posthius 111 (= Ms. 1819, Bl. 694f)
Folioformat

Posthius fragt, ob sein vorausgegangener Brief [vom 17.7.1582], den er einem Diener des Kaufmannes Ertenbergerus mitgegeben hatte, angekommen sei, da der Adressat in seinem Schreiben nach Augsburg den Brief nicht erwähnt habe. Für den Fall, daß der Brief verloren gegangen sein sollte, bietet Posthius die erneute Übersendung des Trostgedichtes ("Epigramma") [zum Unglücksfall des Ludovicus Camerarius] an, das dem Brief beigelegt gewesen sei.

Außerdem berichtet Posthius scheinbar nebenbei, am 3.8.[1582] sei sein Sohn geboren; Erasmus Neustetterus habe die Patenschaft übernommen. Posthius wünscht, sein Sohn möge möglichst lange leben und ein Glied der Kirche werden.

Schließlich verweist Posthius noch auf ein [dem Brief beigelegtes] Blatt mit einer Bücherbestellung des Erasmus Neustetterus; diese Bände soll der Adressat besorgen und gebunden zusammen mit der Rechnung zur Comburg schicken.

Im Postskript weist Posthius auf eine in und bei [Würzburg] grassierende Ruhr-("Dysenteria"-)Epidemie hin.

Zur Geburt des Erasmus Posthius vgl. Überblick, Kapitel 35.

154   Würzburg, 15.10.1582
Posthius an Joachimus [II] Camerarius, Nürnberg
Praesentatum: 18.10.
Autograph
Fundort: Erlangen UB Trew, Posthius 112 (= Ms. 1819, Bl. 696]
Folioformat

Posthius bittet um die rasche Weiterleitung des beiliegenden Briefes mit Glückwunschgedichten ("Epithalamii aliquot versus") für die Ende Oktober in Breslau stattfindende Hochzeit des kaiserlichen Rates Daniël Printzius; er, Posthius, habe nämlich dessen Bitte um Epithalamia nicht abschlagen wollen.

Dann weist Posthius darauf hin, mit seinem Brief übersende er einen Brief des [Janantonius] Saracenus an den Adressaten; diesen Brief habe ihm Hen[ricus] Stephanus von der [Frankfurter] Messe aus geschickt.

Schließlich erkundigt sich Posthius noch nach Fortschritten bei der Bereitung chemischer Präparate [in dem vom Adressaten initiierten und von Posthius mitgetragenen Labor] und danach, ob sich das Heilwasser "aqua Stapediana" als Mittel gegen die in [Nürnberg] auftretende Seuche ("pestis") bewährt habe.

Grüße an Phil[ippus Camerarius], den Bruder des Adressaten, und an [den Nürnberger Ratskonsulenten] Christoph[orus Herdesianus].

Seine Epithalamia für Printzius und seine Frau Ursula Hannivvalda nahm Posthius 1595 in seine Gedichtsammlung "Parerga" auf (nur zweite Ausgabe Pars altera, S. 123). Die Gedichte beginnen: "Ursula quae thalamo ..." und "Omnia nominibus ..."

Henricus Stephanus übersandte vermutlich mit seinem oben erwähnten Brief an Posthius auch ein Exemplar seiner zweiten Xenophonausgabe von 1581 mit einer autographen Widmung (L.Dindorf: Die Handschrift des Enricus Stephanus, in: Jahrbücher für class. Philologie 17, 1871, S. 563f; Ludwig Dindorf fand dies Exemplar in der Stadtbibliothek Leipzig).

Literatur: Schanz, *Zum leben (1884), S. 366.*

155   Würzburg, 15.10.1582
Posthius an Justus Lipsius, Leiden
Autograph
Fundort: Leiden UB Ms. Lips. 4 (100 bzw. 9)
Folioformat

Ein Brief zum Zwecke der Kontaktaufnahme: Posthius berichtet, Hieronymus Berchemius habe ihm bei seinem Aufenthalt in Köln [1579] die Tacitusausgabe des Adressaten geliehen, und da das Sprachvermögen ein Abbild von Veranlagung und Geist sei, habe er sofort den Adressaten bewundert (Posthius zitiert dazu den rühmenden Homervers 367 des 11. Gesanges der Odyssee in griechischer Sprache und Schrift). Als öffentliches Zeugnis dieser Hochschätzung habe er, Posthius, in seiner Gedichtsammlung ("Poemata") [gemeint sind die Parerga Poetica] ein [enkomiastisches] Gedicht ("Epigramma") über die besagte Tacitusedition publiziert.

Posthius erzählt weiter, Rühmendes über den Adressaten habe er auch von dem im März verstorbenen Arzt und Dichter Andreas Ellingerus und von [Franciscus] Modius vernommen. Dieser habe ihm soeben freudestrahlend einen Brief des Adressaten gezeigt, in dem des Posthius Name rühmend erwähnt werde. Diese Gelegenheit ergreife nun er, Posthius, um seine Bereitschaft zu freundschaftlichem Kontakt zu dem Adressaten zu zeigen.

Schließlich berichtet Posthius noch, er habe von Modius ein Exemplar der vom Adressaten vor kurzem veröffentlichten [kulturgeschichtlichen Studie] "Saturnalium Sermonum libri" geschenkt bekommen, aber erst wenig darin lesen können.

Abschließend bittet er um die Aufnahme seines Namens in die geplante Briefedition des Adressaten.

Grüße an den Dichter Janus Duza.

An den Rand des Briefes notierte Burmannus im 18. Jahrhundert eine Glosse (vgl. unten unter Literaturangaben).

Das Epigramm des Posthius auf die berühmte Tacitusausgabe des Lipsius, die ab 1574 in vielen Auflagen erschien, beginnt: "Lipsius eloquio ..." und umfaßt drei Distichen. Posthius nahm sie in seine Gedichtsammlung "Parerga" mit auf (erste Ausgabe Bl. 74v, zweite Ausgabe Pars prima, S. 128).

Bei den "Saturnalium sermonum libri" des Lipsius handelt es sich um eine kulturgeschichtliche Studie über Gladiatorenkämpfe im alten Rom; ich benützte die Ausgabe von 1585, die mit Kupferstichen von solchen Kämpfen illustriert ist und eine Einheit mit ähnlichen Studien über römische Amphitheater bildet (vgl. Literaturverzeichnis).

Posthius bat um die Berücksichtigung eigener Briefe bei der Briefedition des Lipsius, da dieser am 5.8.1582 aus Leiden an Modius über entsprechende Pläne Mitteilung gemacht hatte: "Sed et de Epistulis meis edendis aliquid cogitabam, si quas colligere aut servare potui in hoc naufragio nostrarum rerum". In demselben Brief wird Posthius auch von der durch Lipsius an den Poetae Laureati geäußerten Kritik ausgenommen und hochgelobt (vgl. Überblick, Kapitel 31).

Lipsius erfüllte die Bitte des Posthius um Aufnahme seines Namens in die geplante Briefedition, indem er den erwähnten Lipsiusbrief an Modius vom 5.8.1582 mit abdrucken ließ. Posthius hatte wahrscheinlich auch gehofft, sein eigener Brief würde mit publiziert, doch vergebens (vgl. Überblick, Kapitel 31).

Literatur: *Burmannus: Sylloges, Bd. I (1724), S. 105f, Brief 101 (Publikation des Briefes mit einem Verweis auf den von Burmannus als Zenturie I, Nr. 28 ebenfalls publizierten Lipsiusbrief vom 5.8.1582: "I. Cent. Mis. 28. ubi se Posthio vult excusari, quod de Poëtis Germanis inclementius in Satyra Menippaea erat invectus"; dasselbe Zitat ist auch, wohl von der Hand des Burmannus, am Rand des originalen Briefes notiert); Ruland: Neustetter (1853), S. 13; Lehmann: Modius (1908), S. 10; A. Gerlo und H. D. L. Vervliet: Inventaire de la Correspondance de Juste Lipse 1564-1606, Antwerpen/Anvers 1968, S. 44; Gerlo: Lipsi epistolae, Bd. I (1978), S. 387-389, Nr. 237 (Regest und Publikation des Briefes).*

156   Würzburg, 21.10.1582
Posthius an Johannes Weydnerus, Schwäbisch Hall
Praesentatum: 20.11.
Autograph
Fundort: Stuttgart WLB Cod. hist. 2° 603, Bl. 228 (Weidnersche Nr. 8)
Folioformat

Posthius dankt für das [Glückwunsch-]Gedicht ("Hendekasyllabi") des Adressaten zur Geburt seines Sohnes [Erasmus].

Außerdem fragt er, wann das von [Martinus] Crusius geplante Buch "Turco-Graecia" erscheinen werde, da er von Crusius und von [Conradus] Leius noch keine Antwort [auf seine mit dem Brief vom 12.8.1582 mitgeschickten Briefe] erhalten habe.

Abschließend bittet Posthius um die Weiterleitung des beigelegten Briefes an [Nicolaus] Reusnerus, den er wegen seiner vorzeitigen Abreise von Augsburg dort nur kurz gesehen habe.

Unter den Text des Briefes schrieb Posthius ein Distichon, in dem er sich für die Glückwünsche zur Geburt seines Sohnes bedankt:

"Quae tu fata meis; Weydnere, penatibus optas,
  Jlla eadem domuj sint precor usquè tuae."

Dieser Brief wurde über Franciscus Modius an Weidnerus geleitet, wie aus dem Modi-usbrief vom 15.11.1582 aus Würzburg an Weidnerus hervorgeht (Stuttgart WLB Cod. hist. 2° 603, Bl. 229).

Das erwähnte Werk des Crusius erschien 1584 (vgl. Werkverzeichnis 1584/2). Po-sthius hatte Ende 1581 oder Anfang 1582 zwei enkomiastische Gedichte für diese Schrift verfaßt (vgl. Brief vom 5.11.1581).

Zur Reise des Posthius zum Reichstag in Augsburg vgl. Überblick, Kapitel 34.

Sein angeführtes Distichon nahm Posthius nicht in seine Gedichtsammlung "Parerga" auf (vgl. Werkverzeichnis 1582/4), doch ließ er das Glückwunschgedicht des Weidnerus, von dem im Brief die Rede ist, im "Liber adoptivus" der "Parerga" unter den Gedichten abdrucken, die er zur Geburt seines Sohnes erhielt. Dies Gedicht des Weidnerus beginnt "Salve festa dies ..." (nur zweite Ausgabe Pars altera, S. 268). An derselben Stelle in den "Parerga" finden sich neben zahlreichen anderen auch drei Ge-dichte des im Brief erwähnten Conradus Leius zum selben Anlaß; diese beginnen "Sicne igitur ...", "Abstulerat, Posthi ..." und "Quando fortibus ..." (nur zweite Ausgabe Pars altera, S. 267f).

---

157   Würzburg, 21.11.1582
Posthius an Joachimus [II] Camerarius, Nürnberg
Praesentatum: 4.12.
Autograph
Fundort: Erlangen UB Trew, Posthius 113 (= Ms. 1819, Bl. 697)
Folioformat

Posthius fragt, ob sein vorausgegangener Brief [vom 15.10.1582] zusammen mit dem diesem beigelegten Schreiben an Daniel Printzius angekommen sei.

Dann bittet er um eine Abschrift von den in [Nürnberg] erprobten Ersatzmitteln ("Succedanea") für [Ingredienzien von] Theriak und Gegengift ("Therica et Mithri-datium"), da diese Mittel in Kürze von dem [Würzburger] Apotheker Petrus Kol-mannus zubereitet würden. Insbesondere erkundigt sich Posthius, ob man in [Nürnberg] bei der Gewichtung von Fünfblattwurzeln und Sagapenum ("Rad.[ices] Quinquefolij, et Sagapenj") den vom Üblichen abweichenden Vorschriften des [Bartolomeo] Maranta folge.

Weiter berichtet Posthius, er habe aus einem soeben von Michaël Beutherus er-haltenen Brief erfahren, daß in Straßburg zwischen dem 28.7. und dem 3.11.[1582] eintausendundfünfzehn Menschen an einer Seuche ("pestis") gestorben seien. Posthius hofft, daß [Würzburg] von dieser Epidemie ("lues") weiterhin verschont bleibe, und fragt nach [Nürnberger] Erfahrungen mit den zwei Gegenmitteln "aqua Stapedij" und "Aqua de Nucibus virid.[ibus]" gegen das mit der Seuche auftretende Fieber.

Abschließend weist Posthius darauf hin, [Erasmus] Neustetterus sei vor einer Woche zur Comburg abgereist.

Im Postskript erkundigt sich Posthius nach dem Aufenthaltsort des Melissus.

Michael Beutherus war Professor der Geschichte, später der Pandekten in Straßburg (vgl. Überblick, Kapitel 3).

Die Rezeptvorschläge zu Theriak und Gegengift des Bartolomeo Maranta (gestorben 1571), auf die Posthius im obigen Brief anspielt, waren 1572 in Venedig auf italienisch erschienen (vgl. Literaturverzeichnis unter Maranta: Della theriaca libri due, 1572). Joachimus II Camerarius übersetzte sie ins Lateinische; diese Fassung kam 1576 in Frankfurt heraus (vgl. Literaturverzeichnis unter Maranta: Libri duo de theriaca, 1576).

158   Würzburg, 2.2.1583
Posthius an Joachimus [II] Camerarius, Nürnberg
Praesentatum: 6.2.
Autograph
Fundort: Erlangen UB Trew, Posthius 114 (= Ms. 1819, Bl. 698)
Folioformat

Posthius entschuldigt die Kürze seines Schreibens mit Arbeitsüberlastung und bedankt sich für die Ratschläge zur Verbesserung des Medikamentes "Theriaca" und zur Destilierung eines bestimmten Öles ("ol. Mast."); die Zubereitung von Theriak habe der [Apotheker] Petrus [Kolmannus] allerdings - vielleicht sogar bis zum nächsten Sommer - verschoben. Er, Posthius, habe für diese Verzögerung kein Verständnis.

Weiter berichtet er, ihm und seiner Familie gehe es gesundheitlich erträglich.

Der [Erzbischof] von Köln [Gebhard Truchseß von Waldburg] stehe in [Würzburg wegen seiner Verheiratung und seinem Übertritt zum Protestantismus] in schlechtem Ruf ("malé apud nos audit"). Posthius hofft, daß daraus kein größerer Konflikt entstehe.

Es freut ihn, daß Melissus an den Hof des polnischen Königs [Stephan Báthory] gerufen worden sei; dies habe ihm der Augsburger Arzt [Adolphus III.] Occo geschrieben.

Im Postskript weist Posthius darauf hin, daß [Erasmus] Neustetterus täglich in [Würzburg] erwartet wird.

Der Kölner Erzbischof und Kurfürst Gebhard Truchseß von Waldburg war an und für sich mit Julius Echter befreundet, sofern man bei dem verschlossenen Charakter Echters überhaupt von Freundschaft sprechen kann. Entsprechend erhoffte man sich von Echter Einfluß auf Waldburg, als dieser an Weihnachten 1582 zum Protestantis-

mus übergetreten war und das dortige Domkapitel zum 27.1.1583 einen Landtag nach Köln einberufen hatte. Pfalzgraf Johann Casimir wandte sich an Julius Echter, weil er von diesem eine Unterstützung Waldburgs erwartete; andere nahmen sogar an, daß Echter Waldburgs Beispiel folgen werde. Daß diese Annahme irrig war, zeigt bereits des Posthius Formulierung im obigen Brief. Auch die katholische Seite rechnete mit Echter, und Kaiser Rudolph berief ihn schließlich in die kaiserliche Kommission, die einen größeren Konflikt vermeiden sollte. Echter suchte zunächst einen Ausgleich, ergriff dann aber Partei für den gegen Waldburg gewählten Herzog Ernst von Bayern, dem er in anderer Angelegenheit verpflichtet war (vgl. Brief vom 18.3.1583). In der Folge eskalierte der Konflikt zum Kölner Krieg zwischen Waldburg und Herzog Ernst, welcher auch von Papst und Kaiser und natürlich von seinem Bruder Herzog Wilhelm V. unterstützt wurde. Eine noch größere Auseinandersetzung - wie sie Posthius im obigen Brief befürchtet - hätte sich insofern ergeben können, als im Falle eines Sieges des Gebhard Truchseß die Evangelischen die Mehrheit im Kurfürstenkolleg und damit bei der Kaiserwahl gehabt hätten, was die katholischen Reichsstände wohl nicht kampflos akzeptiert hätten.

159   Würzburg, 16.3.1583
Posthius an Henricus Stephanus, [Genf?]
Autograph
Fundort: Bremen SuUB, Ms. a8, Brief 280
Folioformat

Posthius geht zunächst auf einen Brief des Adressaten ein: Er dankt für ein auf der [Frankfurter] Messe vom Adressaten verfaßtes Glückwunschgedicht ("Epigramma") zur Geburt seines Sohnes [Erasmus] und bemitleidet den Adressaten, weil diesem ein Geldbeutel mit Goldmünzen ("scutatis aureis") gestohlen wurde.

Dann berichtet er, an Neuigkeiten in Würzburg sei die vom Fürst[bischof Julius Echter] gegründete Universität zu nennen, für die gerade ein sehr prachtvolles Gebäude ("Collegium") errichtet werde; zum Leidwesen vieler führten die Jesuiten jedoch in der Universität nahezu allein das Regiment und hätten aus ihren Reihen auch schon einige Magister und Doktoren promoviert; auswärtige Studenten gebe es kaum. Er, Posthius, kümmere sich um das Seine und könne zu seinem Bedauern - vor allem wegen seiner sonstigen Verpflichtungen und [Dienst-]Reisen - nur selten an Universitätsveranstaltungen teilnehmen.

Vor einer Woche sei er zudem von heftigen Podagraschmerzen befallen worden und sei seitdem zeitweise ans Bett gefesselt.

Abschließend erkundigt sich Posthius nach [der geplanten, doch erst 1598 erfolgten] Publikation des [botanisch-pharmazeutischen Werkes "Materia medica" des antiken Pharmakologen Pedanius] Dioscorides, die [Janantonius] Saracenus erarbeite.

Grüße an [Janantonius] Saracenus.

Das Glückwunschepigramm des Stephanus nahm Posthius in den "Liber adoptivus" seiner Gedichtsammlung "Parerga" unter die Gratulationsgedichte mit auf, die er zur Geburt seines Sohnes erhielt. Das Gedicht beginnt: "Me tibi ventura ..." (nur zweite Ausgabe Pars altera, S. 206).

Für die erwähnte Dioscoridesausgabe verfaßte Posthius zwei enkomiastische Epigramme (vgl. Werkverzeichnis 1598/2).

160   Würzburg, 18.3.[1583]
Posthius an Joachimus [II] Camerarius, Nürnberg
Praesentatum: 3.4.83
Autograph
Fundort: Erlangen UB Trew, Posthius 115 (= Ms. 1819, Bl. 699ff)
Folioformat

Ans Bett gefesselt berichtet Posthius von seiner Erkrankung an Podagra, die er sich seiner Ansicht nach vor allem durch die Kälte, insbesondere auf den [Dienst-] Reisen im vergangenen Winter, zugezogen habe. Er will deshalb künftig eine Kutsche benutzen und außerhalb seiner Wohnung keinen Wein mehr trinken, um so alle Möglichkeiten, sich zu berauschen, zu vermeiden.

Weiter berichtet Posthius, seine Schwiegermutter sei am 9.3.[1583] an "catarrhus suffocativus" verstorben; er wünsche ihr eine glückliche Auferstehung ("ἀνάστασιν").

Ebenfalls verstorben sei der Dompropst [Richard von der Kere am 14.2.1583], dem mit Zustimmung des Kapitels der bisherige Domdekan [Nithardus] Thungenus im Amt gefolgt sei, wobei ein gewisser, angeblich vor einigen Jahren in Rom vom Papst designierter Bayer ("Bavarus") [gemeint ist Herzog Ernst, der Bruder des bayerischen Herzogs Wilhelm V.,] übergangen worden sei.

Sodann berichtet Posthius, die Pestfälle ("τὰ λοιμικὰ contagia") in der [Würzburger Gegend] seien wieder abgeklungen.

Der Fürst[bischof Julius Echter] treibe den Bau des Universitätsgebäudes ("Collegium novum") rasch voran und habe einen neuen Gärtner, einen Franzosen, eingestellt; daher würde der Adressat dem Fürstbischof mit der Übersendung seltener Samen oder Setzlinge einen großen Gefallen erweisen; er, Posthius, könne aber nicht für eine Gegengabe bürgen.

Außerdem erkundigt sich Posthius nach dem Fortgang der chemischen Zubereitungen des Adressaten [in dem vom Adressaten initiierten, von Posthius mitfinanzierten Labor].

Dann berichtet er, er habe das Heilwasser [gegen die Pest] des [Henricus] Stapedius ("Stapedij aqua") bisher nur für sich selbst zur Prophylaxe verwendet, und erkundigt sich, wie man bestimmte schwefelhaltige Präparate ("oleum Sulphuris, et flores eiusdem") herstelle.

Anschließend weist Posthius darauf hin, von [Georgius] Laubius habe er schon lange keine Briefe mehr erhalten.

Abschließend erkundigt sich Posthius, ob der Adressat mit dem Augsburger Arzt Gutmannus befreundet sei.

Auch bittet er um die Weiterleitung des beigelegten Briefes an [Carolus] Clusius.

Außerdem teilt Posthius [wohl auf eine Anfrage des Adressaten hin] mit, daß sein Sohn Erasmus gesund sei.

In einem Postskript bittet Posthius darum, die Anschrift seines erwähnten Briefes an Clusius zu komplettieren; er, Posthius, kenne nämlich dessen Adresse nicht.

In einem weiteren Postskript berichtet Posthius, Rembertus Dodonaeus habe ihm vor einigen Monaten aus Antwerpen geschrieben, daß sein botanisches Werke "Stirpium historia" erschienen sei.

In einem dritten Postskript schreibt Posthius, soeben habe er aus einem Brief aus Heidelberg erfahren, daß [Nicolaus] Cisnerus am 6.3.[1583] verstorben sei.

Über seine Erkrankung an Podagra berichtete Posthius auch dem Henricus Stephanus in seinem Brief vom 16.3.1583. Er nahm die erzwungene Muße außerdem zum Anlaß, ein längeres Gedicht - seine Elegie III,4 - über dieses Leiden zu verfassen. Diese Elegie ist "De Podagra" überschrieben und in das Jahr 1583 datiert. Sie beginnt "Quicunque ille ...". Posthius widmete sie Johannes Burkhardus, dem Abt von Banz und Münsterschwarzach.

Vom Streit um die Besetzung des Würzburger Domprobstamtes ist auch in späteren Posthiusbriefen die Rede, so im Brief vom 20.1.1584.

Für das im Brief erwähnte Werk "Stirpium historia" des Dodonaeus hatte Posthius ein enkomiastisches Gedicht verfaßt, in dem er zur Edition aufforderte. Dies Gedicht wurde auch in des Dodonaeus Werk publiziert (vgl. Werkverzeichnis 1583/4).

---

161   Würzburg, 23.3.158[3?]

[Posthius an Joachimus II Camerarius, Nürnberg]
Autograph
Fundort: Erlangen UB Trew, Posthius 116 (= Ms. 1819, Bl. 701)
Folioformat

Überweisungsschreiben für den Gerolzhofener Bürger Philippus Kurtz, der an einem Polypen ("polypus"; tumor") an der Nase leide: Eine von Posthius Ende des vorausgegangenen Augustes verordnete Behandlung mit verschiedenen abführenden und entwässernden Mitteln ("medicamentum purgans", Aqua ex astringentibus destillata", "digestivum", "pilulae ordinatae"), um das Wachstum der Geschwulst zu stoppen, habe nichts genützt, da die Medikamente eine durchschlagende Wirkung hatten und der Patient sie daher nur einmal genommen habe. Da die Geschwulst nun die Atemwege zu verstopfen drohe, sei eine operative Behandlung angebracht. Der Adressat soll zu diesem Zwecke den Briefüberbringer an einen [Nürnberger] Chirurgen weiterempfehlen, möglichst an den italienischen Arzt (am Briefrand ist zusätzlich deutsch vermerkt: "welch man den Welsch Doctor nennet"), der den in-

zwischen verstorbenen Andreas Jm Hof vor Jahren in einem ähnlichen Fall erfolg-
reich behandelt habe. Entsprechende Bezahlung sei zu erwarten, auch für
Vermittlungstätigkeit. Außerdem bittet Posthius, den Patienten auf den Wert seines
Empfehlungsschreibens hinzuweisen.

Grüße an Philippus [Camerarius], den Bruder des Adressaten, und an [den
Nürnberger Ratskonsulenten Christophorus] Herdesianus.

*Die fehlende Adresse dieses Briefes kann aus dem Brieftext erschlossen werden. Wegen
einer Beschädigung des Blattrandes ist die letzte Zahl der Datumsangabe am Ende des
Briefes nicht eindeutig lesbar.*

162   Würzburg, 4.4.1583
Posthius an Johannes Weidnerus, Schwäbisch Hall
Praesentatum: 7.4.
Autograph
Fundort: Stuttgart WLB Cod. hist. 2° 603, Bl. 246 (Weidnersche Nr. 9)
Folioformat

Posthius berichtet, er sei an Podagra erkrankt gewesen; davon habe der Adressat
wohl schon durch Modius gehört. Nun gehe es ihm wieder besser, doch müsse er
seine Beine noch schonen.

[Dann geht Posthius auf seine Korrespondenz ein, soweit sie Bekannte des
Adressaten tangiert:] Wegen anderweitiger Verpflichtungen habe er keine Zeit gehabt, einen Brief für den [Conradus] Leius beizulegen; Posthius wünscht, er könnte
mit diesem, mit [Christophorus] Homagius und mit dem Adressaten zu einem gemeinsamen Gespräch zusammenkommen. An [Martinus] Crusius habe er vor drei
Tagen geschrieben. Auch bitte er um die Weiterleitung des beigelegten Briefes an
[Nicolaus] Reusnerus.

Zusammen mit dem Brief übersende er ein [Gratulations-]Gedicht
("Epigramma") [zur Geburt der Tochter Katharina] für den Adressaten, in dem
dieser weniger ein künstlerisches Produkt als ein Zeichen freundschaftlicher Verbundenheit sehen möge.

*Das geplante Schreiben an Leius steht wohl mit einem von Posthius 1583 verfertigten
Epigramm auf das Wappen des Leius in Zusammenhang (vgl. Werkverzeichnis
1583/3).*

*Das gute Verhältnis zwischen Leius und Homagius führte dazu, daß Homagius zu
seiner Hochzeit im Jahre 1583 Gratulationsgedichte von Melissus und Leius erhielt
(ein gedrucktes Exemplar dieser "Gamelia in nuptias ..." befindet sich in der UB Würzburg, 29 an L. rr. q. 95).*

*Das Glückwunschepigramm des Posthius zur Geburt der Weidnerustochter Katha-
rina, die am 29.12.1582 geboren war, übertrug Weidnerus handschriftlich im Jahre
1595 oder später in sein Exemplar der zweiten Ausgabe der Gedichtsammlung
"Parerga" des Posthius (vgl. Werkverzeichnis 1596/1).*

163   Würzburg, 11.7.1583
Posthius an Joachimus [II] Camerarius, Nürnberg
Praesentatum: 17.7.
Autograph
Fundort: Erlangen UB Trew, Posthius 117 (= Ms. 1819, Bl. 702)
Folioformat

Posthius dankt - auch im Namen von [Conradus] Dinnerus und von [Johannes] Schönlinus - für die vom Adressaten geschickten Exemplare der [1583 erschienenen] Briefsammlung des [Joachimus I Camerarius] ("Epistolae paternae") und für das [bestellte?] Präparat "Mumia".

Dann weist Posthius darauf hin, mit dem Brief übersende er eine Lehensurkunde ("diploma feudale"); zuvor habe er keinen verläßlichen Boten dafür gehabt.

Alles Gute wünscht Posthius für das begonnene botanische Werk (einige Wörter sind griechisch abgefaßt), durch dessen Vollendung der Adressat ewigen Ruhm erwerben werde.

Außerdem berichtet Posthius, [Erasmus] Neustetterus sei erneut zur Kur nach Karlsbad gefahren.

Es folgen kritische Bemerkungen über einen nur verschlüsselt genannten Mann ("Noster ille ... Scis, quem dicam"): Dieser [gemeint ist offenbar Fürstbischof Julius Echter] werde immer unzugänglicher ("δυσπρόσοδος") und verkehre nur noch mit ganz wenigen Menschen, obwohl er von Natur aus sehr aufgeschlossen ("φιλόκαινος καὶ ἀψίχορος ") sei.

Abschließend bittet Posthius um Mithilfe beim Weinverkauf und fragt, was man in [Nürnberg] über die Kölner Angelegenheit denke.

Die Edition der Briefsammlung des Joachimus I Camerarius enthält etwa vierhundert Briefe, insbesondere philosophischen Inhalts, an etwa sechzig Adressaten. Ein Brief an Posthius ist nicht dabei (vgl. Literaturverzeichnis unter Camerarius: Epistolarum libri VI, 1583).

Bei dem von Joachimus II Camerarius übersandten Präparat "Mumia" handelt es sich um einen Extrakt aus Leichenteilen, der als Pestgegenmittel Verwendung fand (vgl. Brief vom 19.12.1575). Joachimus II Camerarius beschäftigte sich 1583 intensiv mit epidemischen Erkrankungen; so edierte er in eben diesem Jahr eine Sammlung von verschiedenen Texten über Seuchen. Er übersetzte dafür verschiedene Berichte über Epidemien in Italien in den Jahren 1575 bis 1577 ins Lateinische, einschließlich einiger wegen dieser Epidemien erlassener Gesetze italienischer Städte mit Hygiene- und Desinfektionsvorschriften, und fügte eigene Betrachtungen über die Möglichkeiten für Prophylaxe gegen solche Seuchen hinzu. Auch beschrieb und diskutierte er zwei Medikamente aus Heilerden, nämlich "Bolos Armenia" und "Terra Lemnia". Am Schluß des Büchleins folgt eine Bibliographie über die Werke in italienischer oder lateinischer Sprache, die sich mit den erwähnten Seuchen in Italien befassen, mit dem ausdrücklichen Zweck, deutsche Ärzte sollten so auf entsprechende Titel aufmerksam gemacht werden, falls sie am deutschen Buchmarkt auftauchten; auch bat Camerarius um die Mitteilung ergänzender Titel und um Belegexemplare davon (vgl. Literaturver-

zeichnis unter Camerarius: Synopsis commentariorum de peste, 1583). Posthius wußte offenbar schon länger von diesem Arbeitsgebiet des Joachimus II Camerarius und teilte entsprechend in seinen Briefen jeweils die Informationen über Seuchen mit, die ihm zu Ohren gekommen waren.

Bei dem von Joachimus II Camerarius geplanten Werk handelt es sich wohl um dessen Neubearbeitung der Kommentare des Petrus Andreas Matthiolus zum Werk des Dioscorides, die 1586 erschien (vgl. Literaturverzeichnis unter Camerarius/Matthiolus: De plantis epitome, 1586).

Zur Situation in Köln vgl. Brief vom 2.2.1583.

Literatur: *Schubert: Dinner (1973), S. 227.*

164   Würzburg, 12.9.1583
Posthius an Joachimus [II] Camerarius, Nürnberg
Praesentatum: 23.9.
Autograph
Fundort: Erlangen UB Trew, Posthius 118 (= Ms. 1819, Bl. 703)
Folioformat

Posthius dankt für einen Brief des Adressaten und für die beiden mitübersandten Schachteln mit [Blumen]zwiebeln ("bulbj"); von diesen habe er auftragsgemäß die eine nach Remlingen weitergeleitet, [doch sei von dort vorläufig keine Antwort zu erwarten], da die [Remlinger] Gräfin mit ihrem Mann [gemeint ist wohl Georg von Castell, 1527-1597] zum Landgrafen [Wilhelm] von Hessen gereist sein soll; die andere Schachtel habe er persönlich dem [Würzburger Dom-]Probst [Neithart von Thüngen] überreicht, der sie schmunzelnd in Empfang genommen und eine Gegengabe versprochen habe.

Dann weist Posthius auf ein dem Brief beigelegtes Schreiben hin, das er am Vortag aus Speyer erhalten habe und das, dem Siegel nach, von Varnbulerus [dem württembergischen Rat D. Varenbüler?] stamme; der habe seinen Prozeß gegen den Adeligen Buschius gewonnen und werde daher künftig in Steinbach, in der [Würzburger] Nachbarschaft, wohnen.

Abschließend erbittet Posthius verläßliche Informationen [vom Kölner Krieg], da er nur durch vage Gerüchte gehört habe, die Truppen des [Johann] Casimir hätten einige größere Kriegsmaschinen ("tormenta") verloren, wobei auch etliche Soldaten ums Leben gekommen seien.

Zum in Brief erwähnten Kölner Krieg vgl. Brief vom 2.2.1583. Pfalzgraf Ludwig VI. hatte eine protestantische Hilfsaktion für Gebhard Truchseß von Waldburg in die Wege geleitet und etwas Geld aufgetrieben. Johann Casimir, damals noch Pfalzgraf des kleinen Gebietes Kaiserslautern, sammelte mit diesem Geld und mit eigenen, ebensowenig ausreichenden Finanzen ein Heer und zog damit im Kölner Gebiet auf und ab, ohne daß es dabei zu größeren Kampfhandlungen mit den auf der anderen, östlichen Rheinseite stehenden katholischen Truppen gekommen wäre. Johann Casimir erhoffte sich weitreichende finanzielle und machtpolitische Zugeständnisse von Gebhard Truchseß, womöglich sogar die Abtretung des Erzbistums, erhielt aber nur mündliche Zusagen und kam immer mehr in finanzielle Schwierigkeiten. So ergriff Johann Casimir mit Freuden die Gelegenheit, unverrichteter Dinge vom Kölner Kriegsschauplatz zu verschwinden, als am 12.10.1583 Pfalzgraf Ludwig VI. starb und er dessen Nachfolge als Pfalzverweser antreten konnte.

165   Würzburg, 28.10.1583

Posthius an Joachimus [II] Camerarius, Nürnberg
Praesentatum: 29.10.
Autograph
Fundort: Erlangen UB Trew, Posthius 119 (= Ms. 1819, Bl. 704)
Folioformat

Posthius dankt für die vom Adressaten übersandte Beschreibung von gezuckertem Weingeist ("Spiritus Vinj Saccharantj").

Dann weist er darauf hin, mit seinem Brief sende er den Bittbrief eines Neustädter jungen Mannes zurück, da er für diesen keinen Mäzen ("patronus") in [Würzburg] habe finden können; Posthius bedauert, daß für solche Begabungen die entsprechende finanzielle Förderung fehle.

Weiter berichtet Posthius, [Franciscus] Modius hoffe, durch Vermittlung des Adressaten eine Stellung bei der [Frankfurter] Wechelschen [Druckerei] zu erhalten.

Auch macht er darauf aufmerksam, der Sohn des [Andreas?] Hartmannus [ab Eppingen] sieche dahin.

Außerdem weist Posthius auf einen dem Brief beigelegten Zettel mit Wünschen von Varnbulerus hin.

Abschließend erkundigt er sich nach Neuigkeiten vom rheinischen [Kölner] Krieg; soweit er, Posthius, gehört habe, lösten sich die Truppen des [Pfalzgrafen Johannes] Casimirus aufgrund eines kaiserlichen Mandates allmählich auf. [Der im Jahre 1577 abgedankte Kölner Erzbischof, Graf] Salentinus [von Isenburg] soll in den vergangenen Tagen heimlich in [Würzburg] gewesen sein, doch habe er, Posthius, bislang nicht in Erfahrung bringen können, zu welchem Zweck und mit welchem Ziel er abgereist sei.

Die Frankfurter Druckerei des Andreas Wechelus wurde seit dessen Tod im Jahr 1581 von seinem Sohn Johannes und vor allem von seinen Schwiegersöhnen Claude Marny und Johann Aubry mit großem Erfolg weitergeführt.

Die Erwähnung des schwerkranken Kindes im Brief erfolgte vermutlich, weil der Adressat wohl den Fall kannte; ab dem Posthiusbrief vom 12.11.1583 wurde dann auch noch der Nürnberger Krebsspezialist Antonius Fuchsius mit diesem Fall betraut, doch blieb alles ärztliche Bemühen vergeblich; das Kind verstarb am 28.2.1583 (vgl. Brief vom 29.2.1583).

Zur Rolle des Pfalzgrafen Johann Casimir im Kölner Krieg vgl. Brief vom 12.9.1583.

166   Würzburg. 12.11.1583
Posthius an Joachimus [II] Camerarius, Nürnberg
Praesentatum: 16.11.
Autograph
Fundort: Erlangen UB Trew, Posthius 120 (= Ms. 1819, Bl. 705)
Folioformat

Im Auftrage des "Doctor" [Andreas?] Hartmannus [ab Eppingen] bittet Posthius
den Adressaten, der solle den [Nürnberger Arzt und Krebsspezialisten Antonius]
Fuchsius, sobald derselbe zurückgekehrt sei, nach den Heilungsaussichten für den
an einem eiternden Geschwür ("cancer exulceratus", zu "crancer" verschrieben) lei-
denden Sohn des Hartmannus fragen [den Fall erwähnte Posthius bereits in seinem
Brief vom 28.10.1583]; von der Schwere der Krankheit habe er, Posthius, sich persönlich vor acht Tagen überzeugt. Als Bezahlung für die erwartete Beratung werde
Hartmannus in Kürze Wein an den Adressaten schicken.

Weiter berichtet Posthius, [Erasmus] Neustetterus werde in Kürze zur Comburg
zurückkehren.

Auch weist er darauf hin, dem Brief liege die kleine Schrift "Thermae Carolinae" des [Franciscus] Modius [über eine Reise mit Erasmus Neustetterus nach
Karlsbad] bei; diese Schrift sei ihm, dem Posthius, gewidmet. In dem Zusammenhang äußert Posthius seine Sorge, Modius ruiniere seine Gesundheit, da er wegen
gesellschaftlicher Verpflichtungen zu häufigem Alkoholgenuß gezwungen sei; als
Folge habe Modius bereits öfter an Koliken gelitten.

*Der erwähnte Nürnberger Arzt Antonius Fuchsius (Stadtarzt von 1575 bis 1599) hatte
durch Zufall ein Mittel gegen Krebs entdeckt, durch welches er sich ein Vermögen erwarb und das er entsprechend geheim hielt (Adamus: Vitae medicorum, 1620, S. 157).
Er war als Krebsspezialist so berühmt, daß ihn 1592 sogar Königin Elisabeth nach
London rief (Nürnberger Ratsverlässe, ausgewertet von Wolfangel: Ayrer, 1957, S. 24).*

*Modius edierte mit seinem Reisebericht auch einige Posthiusgedichte (vgl.
Werkverzeichnis 1583/2).*

167   Würzburg, 20.1.1584 Gregorianischer Zeit
Posthius an Joachimus [II] Camerarius, Nürnberg
Praesentatum: 17.1. [Julianischer Zeit]
Autograph
Fundort: Erlangen UB Trew, Posthius 121 (= Ms. 1819, Bl. 706f)
Folioformat

Ausführlicher Bericht von der drohenden Absetzung des [Würzburger Dom-]prob-
stes [Neithard von Thüngen] durch den Kölner Erzbischof [Herzog Ernst], der dabei auf sein vom Papst autorisiertes Recht poche und auch bereits Gesandte nach
[Würzburg] geschickt habe. Daraufhin habe der Dompropst seinerseits vor wenigen
Tagen eine Bittgesandtschaft zum bayrischen Herzog [Wilhelm V.] nach München
geschickt, damit derselbe sich bei seinem Bruder [Herzog Ernst] für den Dom-

probst einsetze. Die Ausgaben für diese Gesandtschaft hätten den Dompropst, der durch die unglaublich hohen Aufwendungen für den Erwerb seines Amtes bereits große Schulden habe, noch mehr in Bedrängnis gebracht; daher sei auch vorläufig nicht damit zu rechnen, daß sich der Dompropst für die übersandte Kiste mit Pflanzen erkenntlich zeige [Posthius hatte diese Sendung bereits in seinem Brief vom 12.9.1583 erwähnt]; Posthius entschuldigt dies Verhalten des Domprobstes unter anderem mit dem Sprichwort "Magnates dare parua pudet, dara magna recusant"; er, Posthius, schätze Neithard sehr und bedauere, daß dieser das Amt [des Dompropstes] übernommen habe.

Anschließend berichtet Posthius, er habe am Vortag zusammen mit einem Chirurgen den Sohn des [Andreas?] Hartmannus [ab Eppingen] aufgesucht; dessen Geschwür ("apostema") sei erstaunlich groß und wund, die Salbe ("Unguentum Petj") werde, weil sie eher geschadet habe, schon lange nicht mehr verwendet, und das vom Adressaten empfohlene Pulver ("pulvis ex Manna praeparatus") habe bislang auch keine Besserung bewirkt. Der Vater des Knaben erwarte sehnlichst die Ankunft des [auf Geschwüre spezialisierten, im Posthiusbrief vom 12.11.1583 um Mithilfe ersuchten Nürnberger Arztes Antonius] Fuchsius. Er, Posthius, halte alle ärztlichen Bemühungen für vergeblich.

Außerdem weist Posthius darauf hin, [Erasmus] Neustetterus befinde sich seit mehreren Wochen auf der Comburg, wolle aber, wie sein Verwalter ("Oeconomus") dem Diener ("famulus") des Posthius mitgeteilt habe, in Kürze nach [Würzburg] kommen.

Abschließend erwähnt Posthius, der Adlige ab Eybe habe vor einiger Zeit an Podagra gelitten und verlasse auch sonst selten sein Haus.

Neujahrsglückwünsche.

Im Postskript berichtet Posthius, daß der Lehrjunge ("puer") des [Würzburger] Gärtners nicht zum Adressaten kommen werde, da er woandershin gereist sei.

In einem weiteren Postskript bestätigt Posthius, den Antwortbrief des Adressaten [auf die Anfragen des Varnbulerus, die Posthius seinem Brief vom 28.10.1583 beigelegt hatte,] wunschgemäß an Varnbulerus weitergeleitet zu haben.

Der von Cäsar 46 v.Chr. eingeführte Julianische Kalender war 1582 von Papst Gregor XIII. durch den Ausfall der zehn Tage vom 5. bis 14.10.1582 und andere Änderungen reformiert worden. Als Folge davon ging die in katholischen Gegenden ab da gebräuchliche Gregorianische Zeitrechnung der in den evangelischen Gegenden noch lange beibehaltenen Julianischen um zehn Tage voraus. Um Mißverständnisse zu vermeiden, wies Posthius in den meisten seiner Briefe aus dem Jahr 1584 mit dem Vermerk "stylo nouo" bei der Angabe des Absendedatums darauf hin, daß er den zu der Zeit in Würzburg üblichen Gregorianischen Kalender verwendete.

Vom Streit um das Amt des Würzburger Domprobstes war bereits im Brief vom 18.3.1583 die Rede.

168   [Würzburg?], 29.2.1584 Gregorianischer Zeit
Posthius an Joachimus [II] Camerarius, Nürnberg
Praesentatum: 23.2. [Julianischer Zeit]
Autograph
Fundort: Erlangen UB Trew, Posthius 122 (= Ms. 1819, Bl. 708)
Folioformat

Posthius weist auf den Briefüberbringer, einen [ihm unbekannten, auf Wander-schaft befindlichen] Gärtner hin, der in [Nürnberg] eine Stelle suche. Der Adressat soll ihn vor einer eventuellen Anstellung vorsichtshalber examinieren.

Weiter berichtet Posthius, der [Fürstbischof Julius Echter] sei [wieder?] gesund, habe aber ihm, Posthius, gegenüber kein Wort über des Adressaten Sendung mit einem Stärkungsmittel ("ρωστικόν") verloren, von der der Adressat dem Posthius in einem Brief berichtet hatte.

Dann weist Posthius darauf hin, [Erasmus] Neustetterus habe den Brief des Adressaten samt dem Bericht über türkische Angelegenheiten vor einigen Tagen erhalten, aber noch kein Antwortschreiben verfassen können.

Außerdem bittet Posthius den Adressaten, durch seinen Diener ("famulus") den beigelegten Brief an die Firma des Kaufmannes Jrtenbergerus weiterzuschicken.

Abschließend schreibt er, in der Umgebung [Würzburgs] breite sich Berichten zufolge allmählich eine Seuche ("τὰ λοιμικὰ") aus.

Im Postskript teilt Posthius mit, der Sohn des [Andreas?] Hartmannus [ab Ep-pingen] sei, wie ihm mitgeteilt wurde, am Vortag um die Mittagszeit verstorben.

169   Würzburg, 5.3.1584 [Gregorianischer Zeit]
Posthius an Joachimus [II] Camerarius, Nürnberg
Praesentatum: 27.2. [Julianischer Zeit]
Autograph
Fundort: Erlangen UB Trew, Posthius 123 (= Ms. 1819, Bl. 709)
Folioformat

Empfehlungsschreiben für den Medizinstudenten Jacobus Christmannus, der über Prag nach Konstantinopel reisen wolle und - wie er, Posthius, festgestellt habe - über gute Arabischkenntnisse verfüge. Der Adressat möge ihm weitere Empfeh-lungsschreiben mitgeben.

Der Text dieses Briefes läßt auf Arabischkenntnisse des Posthius schließen (vgl. auch Brief vom 1.12.1568).

170   Würzburg, 31.3.[1584] Gregorianischer Zeit
Posthius an Joachimus [II] Camerarius, Nürnberg
Praesentatum: 25.3.84 [Julianischer Zeit]
Autograph
Fundort: Erlangen UB Trew, Posthius 124 (= Ms. 1819, Bl. 710)
Folioformat

Antwortbrief auf eine durch einen Gärtner überbrachte Sendung des Adressaten: Posthius berichtet, den Parmesan ("Caseus parmensis") und die Rosinen ("passulae") habe er auftragsgemäß an [Erasmus] Neustetterus weitergeleitet. Dieser wolle im kommenden Sommer das Bad Schwalbach besuchen und sich dabei vom Adressaten begleiten lassen. Posthius hält diese Kur für gut und erwartet, daß der Adressat dort für eine angemessene Ernährungs- und Lebensweise des Neustetterus sorgen werde.

    Dann ergänzt Posthius [seinen Brief vom 29.2.1584]: Von der nahen Seuche ("περὶ τὸν λοιμικὸν") habe er nichts mehr gehört; er hoffe, daß [Würzburg] weiter davon verschont bleibe.

    Außerdem weist er [offenbar auf eine Anfrage des Adressaten, ob er einen Johannes Posthius in Ilfeld kenne,] darauf hin, dieser Posthius an der Schule von [Ilfeld] sei nicht mit ihm verwandt, habe aber vor Jahresfrist Kontakt zu ihm aufgenommen; er, Posthius, habe ihm daraufhin empfohlen, sich "Posthius Secundus" zu nennen, zumal er den jungen Mann wegen seiner Begabungen schätze.

    Abschließend berichtet Posthius, zwei Tage lang von Podagraschmerzen geplagt worden zu sein. An demselben Übel leide, wie er wisse, der Adressat.

Der als "Posthius Secundus" bezeichnete Namensvetter besuchte den Johannes Posthius offenbar im Herbst 1584 in Würzburg (vgl. Brief vom 1.10.1584).

171   Würzburg, 6.4.1584 [Gregorianischer Zeit]
Posthius an Joachimus [II] Camerarius, Nürnberg
Der Empfänger vermerkte neben der Adresse: "Respondi 10. Ap."
Praesentatum: 9.4. [Julianischer Zeit]
Autograph
Fundort: Erlangen UB Trew, Posthius 125 (= Ms. 1819, Bl. 711)
Folioformat

Posthius weist auf seinen vorausgegangenen Brief [vom 31.3.1584] hin und bittet um beliebige seltene Samen für seinen eigenen Garten.

    Sodann erkundigt er sich nach dem Aufenthaltsort des Pincierus und fragt, ob der Adressat bei seinen chemischen Zubereitungen [in dem vom Adressaten initiierten, von Posthius mitfinanzierten Labor] Neues erreicht habe.

    Weiter berichtet Posthius, der [Fürstbischof Julius Echter] sei ohne einen Begleitarzt nach Rothenburg [zu einer Fürstenversammlung] abgereist und werde bald zurückkehren. Posthius hofft auf einen lang währenden Erfolg der Friedensverhandlungen, doch könne man als Mensch nur um das Gute beten, müsse aber das Gegebene hinnehmen (der letzte Satz des Briefes ist griechisch abgefaßt).

Im Postskript freut sich Posthius, nach seiner [im Brief vom 31.3.1584 erwähnten] Erkrankung an Podagra bereits wieder das Haus verlassen zu können.

Kaiser Rudolph II. hatte die erwähnte Fürstenversammlung zum 12.4.1584 nach Rothenburg einberufen, um sich über die Zerrüttung der Rechtspflege im Reich - insbesondere über die rechtswidrige militärische Selbsthilfe - zu beklagen; dabei ging es vor allem um den Kölner Krieg und um die Anerkennung von Herzog Ernst als Kölner Erzbischof (vgl. Briefe vom 2.2.1583 und 12.9.1583). Zu der Versammlung waren die Kurfürsten - außer denen von Köln und der Pfalz - sowie zahlreiche Fürsten, unter anderem die Herzöge von Bayern und Württemberg, eingeladen (Ritter: Deutsche Geschichte, Bd. I, 1889, S. 618f).

172   [Würzburg?], 12.4.1584 [Gregorianischer Zeit]
Posthius an Joachimus [II] Camerarius, Nürnberg
Praesentatum: 2.5. [Julianischer Zeit]
Autograph
Fundort: Erlangen UB Trew, Posthius 126 (= Ms. 1819, Bl. 712)
Folioformat

Posthius weist auf einen dem Brief beigelegten Zettel mit einer Samenbestellung des Gärtners von [Erasmus] Neustetterus hin und berichtet, am Vortag habe er von des Neustetterus Verwalter ("oeconomus") erfahren, daß dessen Herr in Kürze [nach Würzburg] kommen werde.

Anschließend berichtet Posthius von der Erkrankung der Gräfin von Castell an Trommelwassersucht ("Tympanites"): Er, Posthius, habe die vergangenen Tage bei ihr verbringen und nachts an ihrem Bett wachen müssen, da sie dann die größten Schmerzen hàbe. Die Gräfin habe vor, den Adressaten oder den Samuël Schlegel zu sich rufen zu lassen. Er, Posthius, halte die Krankheit für unheilbar ("ἀνέλπιστον") und überlasse daher den hoffnungslosen Fall gern anderen.

Grüße an den Bruder [Philippus Camerarius] des Adressaten und an [Christophorus] Herdesianus.

173   Würzburg, 24.4.[1584] Gregorianischer Zeit
Posthius an Joachimus [II] Camerarius, Nürnberg
Praesentatum: 16.4. [Julianischer Zeit]
Autograph
Fundort: Erlangen UB Trew, Posthius 35 (= Ms. 1819, Bl. 583)
Folioformat

Antwortbrief auf eine erhaltene Sendung. Posthius ist erfreut über die Genesung des Adressaten und dankt für die [von ihm in seinem Brief vom 6.4.1584 erbetenen] Samen.

Dann berichtet er, [Daniel] Prinzius befinde sich, nach Auskunft eines von dort kommenden Schreibers, in Prag.

Auch kündigt Posthius an, dem [Henricus] Stapedius werde er in Kürze [auf einen über den Adressaten übersandten Brief] antworten.

Außerdem bittet Posthius den Adressaten im Auftrag des [Erasmus] Neustetterus, am 3. oder 4.5.[1584] neuen [Gregorianischen] Kalenders nach [Würzburg] zu kommen, um von dort mit Neustetterus zu der geplanten Reise nach Bad Schwalbach aufzubrechen; Neustetterus wolle deswegen auch noch selbst schreiben.

Anschließend geht Posthius auf politische Neuigkeiten ein: Der [Fürstbischof Julius Echter] werde an diesem oder dem folgenden Tag von [der im Brief vom 6.4.1584 erwähnten Fürstenversammlung] aus Rothenburg zurückerwartet. - Alanzonius [eigentlich Alenzonius/Hercule François Duc d' Anjou, 1554-84] soll angeblich erneut von den [General-]staaten aufgenommen bzw. - nach dem Bericht anderer - tot sein. - Der Princeps Auraicus [Wilhelm I. von Oranien und Nassau?] soll einen Schlaganfall ("Apoplexia") erlitten haben.

Dieser Brief ist in Erlangen ins Jahr 1576 eingeordnet, was schon wegen des darin verwendeten Gregorianischen Kalenders, des "stylus novus" (vgl. Brief vom 20.1.1584), unmöglich ist. Der Brief ist durch den darin erwähnten Aufenthalt des Fürstbischofs Julius Echter in Rothenburg zweifelsfrei ins Jahr 1584 datierbar.

An der Badereise des Erasmus Neustetterus nach Bad Schwalbach nahm auch Posthius teil (vgl. Überblick, Kapitel 36).

Alenzonius war von Wilhelm von Oranien veranlaßt worden, sich gegen die spanischen Gouverneure an die Spitze der Niederlande zu stellen (zu den Gründen hierfür vgl. Brief vom 31.12.1575). Als er jedoch durch die Besetzung verschiedener Städte mit französichen Soldaten versucht hatte, militärisch Fuß zu fassen, mußte er mehrere Niederlagen - vor allem in Antwerpen - hinnehmen und sich im Juni 1583 wieder zurückziehen. Er starb am 10.6.1584.

Der ebenfalls erwähnte Wilhelm von Oranien wurde am 10.7.1584 von einem burgundischen Fanatiker namens Balthasar Gérard ermordet.

174   Würzburg, 25.8.1584 Gregorianischer Zeit
Posthius an [Joachimus II Camerarius, Nürnberg?]
Der Brief ist ohne Adressenangabe.
Autograph
Fundort: Erlangen UB Trew, Posthius 127 (= Ms. 1819, Bl. 713)
Folioformat

Posthius erkundigt sich, ob und wie der Adressat von seiner Reise [zu oder mit einem Patienten] zurückgekehrt sei und fragt, wie es diesem Patienten gehe, der scherzhaft "ὁ ξιφόφορος" ("der Schwertträger") genannt wird.

Dann berichtet Posthius, aus der Umgebung von [Würzburg] würden Fälle einer fiebrigen Seuche ("pestiferae febres") gemeldet, während in der Stadt nur die Magenruhr ("Lienteriae"), eine weitere Durchfallerkrankung ("dysenteriae cum torminibus") sowie Fiebererkrankungen ("febres tertianae, et quartanae") aufträten. Gegen die "dysenteriae" habe er mit Erfolg die sogenannte Schlesische Heilerde ("Terra Sigillata Silesiaca") angewandt. Posthius fragt nach den Erfahrungen des Adressaten mit diesem Heilmittel.

Außerdem weist er darauf hin, [Erasmus] Neustetterus werde den ersten September von der Comburg nach [Würzburg] kommen und den [Franciscus] Modius wahrscheinlich in Kürze entlassen; das habe Modius auch selber bereits dem Adressaten geschrieben. Posthius bittet, wenigstens für die Dauer des Winters nach einem Auskommen für Modius zu suchen.

Außerdem bittet er den Adressaten auszukundschaften, ob Melissus vor seiner Abreise seinen [Nürnberger] Gastgeber entschädigt oder ob er nennenswerten Hausrat zurückgelassen habe.

Schließlich fragt Posthius noch, was Fabellus in seiner deutsch ("lingua vulgarj") abgefaßten und edierten [allerdings nicht näher bezeichneten] Streitschrift ("Inuectiua") gegen [den Nürnberger Ratskonsulenten Christophorus] Herdesianus vorgebracht habe.

Christophorus Herdesianus nahm lebhaften Anteil an den dogmatischen Streitigkeiten seiner Zeit, wobei er - persönlich dem Kalvinismus zuneigend - um einen Ausgleich zwischen Lutheranern und Kalvinisten bemüht war (Reifferscheid: Briefe, 1889, S. 686). Möglicherweise ging es in der Invektive des Fabellus um diese konfessionelle Haltung.

175   Würzburg, 1.10.1584 Gregorianischer Zeit
Posthius an Johannes Ellingerus, [o.O.]
Abschrift
Fundort: München BSB Clm 2106, Bl. 75v (alte Zählung S. 236)

Empfehlungsschreiben, dem Joh.[annes] Posthius Secundus, einem Kandidaten der Medizin, mitgegeben, der in Ilfeld bei Michael Neander in den Artes liberales, in den beiden Sprachen [Griechisch und Latein] und in der Dichtkunst ausgebildet worden sei.

Posthius ermuntert den Adressaten, seiner Sohnespflicht nachzukommen und die Gedichte seines verstorbenen Vaters [Andreas Ellingerus] herauszugeben.

Der Überbringer des Briefes, ein mit Posthius nicht verwandter Namensvetter, hatte einundeinhalb Jahre zuvor von Ilfeld aus brieflich Kontakt zu Posthius aufgenommen, worauf dieser ihm zur Namensunterscheidung empfahl, sich "Posthius Secundus" zu nennen (vgl. Brief vom 31.3.1584).
Mit der Ermunterung an Johannes Ellingerus, die Gedichte seines verstorbenen Vaters herauszugeben, wollte Posthius wohl dem unbekannten Sohn einen Vorwand liefern, sich an die Edition der Werke seines bekannten Vaters zu wagen; Posthius mußte damit rechnen, daß dann dieser sein Brief von Johannes Ellingerus mit publiziert worden wäre, gleichsam als Rechtfertigung der Publikation. Die von Posthius angeregte Gedichtausgabe scheint jedoch nicht erfolgt zu sein; jedenfalls findet sich in

den Frankfurter Meßkatalogen kein entsprechender Eintrag, nur ein Hinweis auf eine bereits 1577 erschienene Sammlung von Gedichten des Andreas Ellingerus (vgl. Literaturverzeichnis unter Collectio, S. 565)

176   [Würzburg], 2.11.1584 Gregorianischer Zeit
Posthius an Joachimus [II] Camerarius, Nürnberg
Praesentatum: 30.10. [Julianischer Zeit]
Autograph
Fundort: Erlangen UB Trew, Posthius 128 (= Ms. 1819, Bl. 714)
Folioformat

Im Auftrag des geschäftehalber verhinderten [Erasmus] Neustetterus antwortet Posthius zur Essenszeit aus dem Hause des [Neustetterus] auf einen Brief des Adressaten: Mit dem Zahlungstermin [für eine vom Adressaten bestellte Weinsendung?] sei Neustetterus einverstanden; eine handschriftliche Bestätigung ("chirographum") liege bei. Der Adressat möge daher möglichst schnell Weingefäße ("vasa vinaria") schicken und mitteilen, ob er lieber alten Wein oder Most möchte; zusätzliche Weingefäße für Neustetterus brauche der Adressat nicht zu kaufen, da Neustetterus bereits seinen Bedarf woanders her gedeckt habe.

Außerdem weist Posthius darauf hin, die [vom Adressaten empfohlene] Therapie ("θεραπεία") habe Neustetterus wegen anderer Geschäfte noch nicht beginnen können.

Im übrigen bitte Neustetterus, ihm eventuelle [politische] Neuigkeiten mitzuteilen.

177   Würzburg, 12.11.1584 Gregorianischer Zeit
Posthius an Joachimus [II] Camerarius, Nürnberg
Praesentatum: 8.11. [Julianischer Zeit]
Autograph
Fundort: Erlangen UB Trew, Posthius 129 (= Ms. 1819, Bl. 715f)
Folioformat

Posthius dankt für den vom Adressaten weitergeleiteten und von einem Fuhrmann überbrachten Brief und berichtet über Inhalt und Absender: Der Brief stamme vom fränkischen Apotheker Nicolaus Rotschuch, der in [Würzburg] bei Petrus [Kolman] gelernt habe, aber wegen drükkender Schulden unter Zurücklassung von Frau und Kindern in die Türkei gereist sei. Von dort habe er nun am 22.7.1584, zwei Tage nach seiner Ankunft in Konstantinopel, geschrieben, er habe einen in seinem Brief nicht namentlich genannten Herrn gefunden, der ihm außer dem Lebensunterhalt jährlich fünfzig Dukaten ("ducati") zahlen wolle. Außerdem werde in dem Brief mitgeteilt, der Sultan ("Imperator" Murad III.?) sei gestorben.

Anschließend beantwortet Posthius noch einen Brief des Adressaten: Er, Posthius, trauere sehr um den im Alter von etwa achtundzwanzig Jahren verstorbenen

Janus Guilielmius, der - soweit dies seine wenigen Publikationen erschließen ließen
- zu hohen literarischen Erwartungen Anlaß gegeben hätte.

Vom Tod des [Johannes] Sambucus, mit dem er, Posthius, persönlich gut befreundet gewesen sei, habe er schon vor einigen Wochen gehört. Posthius erkundigt
sich in dem Zusammenhang, wie alt Sambucus gewesen und woran er gestorben sei.

Weiter schreibt Posthius, den Sigonius habe er nicht gekannt.

Dann berichtet er, [Franciscus] Modius habe sich von der letzten [Frankfurter]
Messe nach Fulda begeben, um in der dortigen Bibliothek philologisch zu arbeiten;
dort befinde er sich noch. Von [Erasmus] Neustetterus sei Modius ehrenvoll entlassen und mit fünfzig Talern beschenkt worden. Weitere fünfzig Taler sollen noch
über ihn, Posthius, folgen.

Schließlich kündigt Posthius dem Adressaten an, er werde ihm das [neueste
philologische] Werk "Novantiquae [lectiones]" des Modius baldmöglichst durch
einen Fuhrmann übersenden.

Außerdem bittet Posthius, ihm gegen Rechnung ein auf einem beigelegten Zettel näher bezeichnetes [chemisch-pharmazeutisches] Büchlein "de Secretis Antimo-
nij" sowie das Standardwerk "Institutiones" [Christianae religionis] des [Johannes]
Calvinus - dieses gebunden oder kompakt - zu besorgen. Das letztgenannte Werk
benötige er möglichst rasch für einen in beiden Sprachen kundigen Pfarrer [Vitus
Trew?] aus einem Nachbarort.

Dann weist Posthius darauf hin, die [von Posthius am 22.3.1582 bestellten und
nun offenbar vom Adressaten angekündigten?] Schachfiguren ("Typi ... Scachici")
habe er noch nicht gesehen.

Auch äußert er sich besorgt, von [Carolus] Clusius schon lange keinen Brief
mehr erhalten zu haben; daher fragt er, ob derselbe sich wirklich in Wien aufhalte.

Schließlich berichtet Posthius, er habe in den vergangenen Tagen wegen seiner
Erkrankung an Podagra im zweiten Buch der "Astronomia magna" des Theophrastus Paracelsus geblättert und einiges Interessante darin gefunden. Posthius erkundigt sich daher, welchen Eindruck der Adressat von diesem Buch habe.

Grüße an den Bruder [Philippus Camerarius] des Adressaten und an [den
Nürnberger Ratskonsulenten Christophorus] Herdesianus.

Im Postskript erkundigt sich Posthius nach dem Befinden des [Georgius] Laubius.

In einem weiteren Postskript weist Posthius darauf hin, er könne wegen seiner
Erkrankung an Podagra den zur Zeit mit der Weinlese beschäftigten [Erasmus]
Neustetterus nicht aufsuchen.

*Was mit der im Brief referierten Nachricht vom Tode des Sultans gemeint ist, wird
nicht ganz klar; Sultan Murad III. regierte 1574-1595.*

*Bei dem philologischen Werk des Modius handelt es sich um eine Sammlung von
(wohl fiktiven) Briefen, in denen Modius allerlei Bemerkenswertes aus seinen Studien
verschiedener Texte und Handschriften darbietet (vgl. Werkverzeichnis 1584/1).*

*Die Nachricht vom Tode des Sambucus am 13. oder 14.6.1584 hatte Joachimus II
Camerarius durch einen Brief des Clusius vom 20.6.1584 aus Wien erhalten; in diesem*

Brief hatte Clusius gebeten, den Todesfall auch Melissus und Posthius mitzuteilen und sie aufzufordern, auf den Tod dieses berühmten Mannes Trauergedichte anzufertigen (Hunger: L'Escluse, Bd. II, 1942, S. 134 f, Nr. 130). Posthius verfaßte ein entsprechendes Gedicht und schickte es am 8.2.1585 an Joachimus II Camerarius nach Nürnberg mit der Bitte, es an Carolus Clusius oder Jacobus Monavius weiterzuschicken (Näheres vgl. Brief vom 8.2.1585). - Clusius hatte in seinem genannten Brief vom 20.6.1584 an Camerarius unter anderem auch darauf hingewiesen, er habe die Nachricht vom Tode des Sambucus über [Christophorus] Plantinus auch an Janus Douza, Justus Lipsius, Victor Giselin und andere weitergeleitet. Vermutlich erwartete er von diesen ebenfalls Trauergedichte und wollte mit dieser Bemerkung die Möglichkeit einer Sammelausgabe der Gedichte zum Tod des Sambucus andeuten. Am 10.6.1585 konnte Clusius dann aus Wien dem Joachimus II Camerarius mitteilen, Plantin habe ihm versprochen, für Epicedia auf Sambucus von der Hand niederländischer Dichter, so von Janus Douza und von Janus Lernutius/Jan Leermont, Sorge zu tragen (Hunger: L'Escluse, Bd. II, 1942, S. 140, Nr. 136). Eine Edition dieser Trauergedichte war bislang allerdings nicht festzustellen.

Von Werk "Institutiones Christianae religionis" des Calvinus gab es zahlreiche Auflagen vor und nach der Ausgabe letzter Hand (lateinisch 1559 und französisch 1560). Posthius mußte dieses Buch deshalb für den evangelischen Pfarrer eines Nachbarortes besorgen, weil Fürstbischof Julius Echter 1584 allen Buchhändlern Würzburgs bei Vermögens- und Freiheitsstrafen verboten hatte, evangelische Schriften zu führen (Pölnitz: Echter, 1934, S. 372). In der Folgezeit führte diese Zensur sogar dazu, daß Büchersendungen aus Reichsstädten beim Transport durch Würzburg beschlagnahmt wurden. Bei dem Pfarrer, für den Posthius das Buch besorgen sollte, handelt es sich vermutlich um Vitus Trew, der sein Theologiestudium in Wittenberg mit dem Magistergrad abgeschlossen hatte und von Johannes Brenz in Stuttgart zum Pfarramt zugelassen worden war. Nach verschiedenen anderen Pfarrstellen wirkte er seit etwa 1581 in dem kleinen Ort Winterhausen südlich von Würzburg, der zum Gebiet des evangelischen Fridericus Baro Lympurgicus gehörte. Trew kam im Herbst 1585 in offenen Konflikt mit der restriktiven Religionspolitik Julius Echters, als er sich zu einem Hausgottesdienst für die Frau Helena des Conradus Dinnerus in Würzburg aufhielt und anschließend auf Betreiben des jesuitisch beeinflußten Geistlichen Rates eine Woche eingesperrt wurde (F. J. Bendel: Die Gefangennahme des Pfarrers zu Winterhausen, Mag. Vitus Trew, in Würzburg im Jahre 1585, in: Zeitschrift für bayerische Kirchengeschichte 14, 1939, S. 94-105).

Das Werk "Astronomia magna" des Paracelsus war 1571 erschienen (vgl. Literaturverzeichnis unter Paracelsus: Astronomia magna, 1571).

Literatur: *P. Lehmann: Franciscus Modius als Handschriftenforscher, Diss. München, gedruckt Nördlingen 1907, S. 32; ders.: Modius (1908), S. 66.*

178   Würzburg, 4.12.1584 Gregorianischer Zeit
Posthius an Joachimus [II] Camerarius, Nürnberg
Praesentatum: 3.12. [Julianischer Zeit]
Autograph
Fundort: Erlangen UB Trew, Posthius 130 (= Ms. 1819, Bl. 717)
Folioformat

Posthius berichtet, nach vierzehntägiger Erkrankung an [Podagra] könne er endlich wieder das Haus verlassen. Das [vom Adressatenen als Quelle guter Behandlungsmethoden gegen Podagra empfohlene] medizinische Werk des [Johannes] Fernelius "Consultationes medicae" habe er noch nicht gesehen und sich daher bei der Behandlung seiner Erkrankung nach dem Rat des [antiken Arztes] Celsus sämtlicher Medikamente enthalten und nur durch Ruhe und Abstinenz seine Schmerzen gelindert.

Anschließend beantwortet Posthius einen Brief des Adressaten: Er traure über den Tod des Stromerus, mit dem er befreundet gewesen sei.

Das [vom Adressaten angesprochene, im Brief nicht näher bezeichnete] Büchlein des Alex.[ander] Süchtenius habe er [vor längerer Zeit] gelesen, da es ihm von einigen empfohlen worden sei.

In der "Astronomia magna" des The[ophras]tus [Paracelsus, von deren Studium Posthius bereits in seinem Brief vom 12.11.1584 berichtet hat,] habe er Gutes, Mittleres und viel Schlechtes gefunden; Posthius zitiert dabei [Martial I, 16] wörtlich, der mit eben diesen Worten die eigenen Gedichte charakterisieren würde.

Die [vom Adressaten übersandte] Goldmünze ("nummus aureus") habe er, Posthius, soeben [am 4.12.1584] durch seinen Diener an den Kellermeister ("Cellarius") des [Erasmus] Neustetterus geschickt [als Bezahlung oder Anzahlung für die im Brief vom 2.11.1584 erwähnte Weinbestellung].

In dem Zusammenhang erwähnt Posthius, Neustetterus sei vor acht Tagen zur Comburg aufgebrochen und werde den Winter über dort bleiben.

Außerdem weist Posthius auf ein dem Brief beigelegtes Schreiben hin, das er selbst am Vortag von [Franciscus] Modius erhalten habe, und berichtet, daß Modius ihn beauftragt habe, ein Exemplar des philologischen Werkes "Novantiquae [lectiones]" an den Adressaten zu schikken. Das habe er, Posthius, aber ja bereits [mit seinem Brief vom 12.11.1584 getan. Außerdem habe Modius geschrieben, entgegen seiner früheren Absicht wolle er nun doch nicht in seine Heimat zurückkehren, sondern er ersuche, ihm einen Gönner zu vermitteln. Daher möge der Adressat in diesem Sinne beim Bamberger [Fürstbischof Ernst von Mengersdorf] vorsprechen. Er, Posthius, will sich beim [Würzburger Bischof Julius Echter] und bei anderen für Modius einsetzen.

Grüße an den Bruder [Philippus Camerarius] des Adressaten und an [den Nürnberger Ratskonsulenten Christophorus] Herdesianus.

Das erwähnte Werk des Fernelius war 1584 erschienen (vgl. Literaturverzeichnis unter Fernelius: Consiliorum medicinalium liber, 1584).

179 Würzburg, 25.12.1584 Gregorianischer Zeit
Posthius an Joachimus [II] Camerarius, Nürnberg
Posthius vermerkte neben der Adressenangabe: "Citò ‖ Citò" und "Jn abwesen seinem
bruderm [Philippus Camerarius] ‖ zuerbrechen".
Praesentatum: 26.12. [Julianischer Zeit]
Autograph
Fundort: Erlangen UB Trew, Posthius 131 (= Ms. 1819, Bl. 718)
Folioformat

Eilbrief: Posthius bittet, das mit dem Brief übersandte Briefbündel baldmöglichst
einem der wöchentlich von Nürnberg nach Leipzig abgehenden Briefboten mitzugeben; für eine rasche, sorgfältige Beförderung habe er eine Silbermünze ("nummus
argenteus") beigelegt.

[Dabei berichtet Posthius über den Inhalt dieses Briefbündels:] [Johannes] Hagius plane eine Neuausgabe der Gedichte ("Poëmata") des [Petrus] Lotichius in
Leipzig und habe dies wohl auch dem Adressaten bereits mitgeteilt [die bis dahin
erschienenen Ausgaben der Lotichiusgedichte waren von des Camerarius Vater
Joachimus I zusammengestellt worden]. Da nun er, Posthius, eine Aufnahme seiner
Elegie [III,3] auf den Tod des Lotichius in diese neue Edition wünsche, übersende
er diese Elegie im beigelegten Briefbündel; außerdem enthalte dieses Bündel auch
eine Elegie des [Franciscus] Modius zum selben Anlaß.

Abschließend berichtet Posthius, Modius [habe seine im Brief vom 4.12.1584 geschilderten Pläne geändert und] wolle nun doch in seine Heimat zurückkehren.

Im Postskript weist Posthius darauf hin, den Briefboten bezahlt zu haben.

Das zusammen mit diesem Brief übersandte Briefbündel verwandte Hagius für den
Anhang seiner Lotichedition. Dort sind die Elegien von Posthius aus dem Jahre 1560
und von Modius aus dem Jahre 1580 abgedruckt, nur von einem 1584 von Posthius an
Hagius gerichteten Epigramm getrennt, das offenbar ebenfalls dem Brief beigelegt war.
In diesem Epigramm rechtfertigt sich Posthius dafür, daß er seine als minderwertiges
Jugendwerk eingestufte Elegie zur erneuten Veröffentlichung freigebe, mit seiner Pietät
gegenüber dem Toten (vgl. Werkverzeichnis 1586/1 und Überblick, Kapitel 7).

180 Würzburg, 3.1.1585 Gregorianischer Zeit
Posthius an Bürgermeister und Ratsverwandte von Kitzingen
Autograph
Fundort: Nürnberg GNM
Folioformat

Deutsch abgefaßtes Empfehlungsschreiben für des Posthius Schwager Petrus Scipio, der sich um die Stelle des verstorbenen Stadtarztes Paulus Pelhoverus bewerbe
und der nicht nur auf den deutschen Universitäten Philosophie und Medizin, sondern auch lange in Italien studiert habe.

181   Würzburg, 31.1.1585 [Gregorianischer Zeit]
Posthius an Johannes Hagius, Leipzig
Publikation
*Fundort: Publiziert von Hagius <u>am Ende seiner Lotichiusbiographie</u> (vgl. Werkver-
zeichnis 1586/1), S. 580-583)*

Lob der Lotichiusausgabe des Adressaten, verbunden mit eigenen dankbaren Erinnerungen an Petrus Lotichius Secundus: Er, Posthius, habe den Adressaten dazu
aufgefordert, eine Biographie von Lotichius zu verfassen, und freue sich, daß dies
nun geschehen sei. Der Adressat sei nämlich für diese Aufgabe prädestiniert gewesen, da er ein beständiger Studien- und Reisegenosse des Lotichius gewesen sei.

Weiterhin dankt Posthius für die Aufnahme seines Namens in diese Biographie
und berichtet von seinen Erlebnissen mit Lotichius: Er sei mit Lotichius, während
dieser als Professor in Heidelberg wirkte, so eng wie ein leibhaftiger Bruder verbunden gewesen und habe in Lotichius gleicherweise den Lehrer und den Vater gesehen, zumal er, Posthius, sein gesamtes dichterisches Können allein diesem verdanke. Als dann Lotichius tödlich erkrankt sei, habe er, Posthius, beständig am
Krankenlager geweilt und manches niedergeschrieben, was dieser ihm diktierte.
Nach des Lotichius Tod habe er, sich zu dem auf dem Boden liegenden Leichnam
niederbeugend, vor vielen Anwesenden weinend dessen Augen geschlossen. Bei
der Beerdigung habe er zusammen mit sieben weiteren Magistern in der üblichen
Trauerkleidung den Leichnam vor die Mauern der Stadt zum Petrusfriedhof getra-
gen. Später habe er in jugendlichem Eifer eine Trauerelegie ("Elegia") verfaßt, die
er zusammen mit ähnlichen Gedichten in [Heidelberg] habe drucken lassen, jedoch
[1580] nicht in seine in Würzburg erschienene Gedichtsammlung "Parerga ... Poëtica" aufnahm, da sie seinem abgeklärteren Qualitätsideal nicht mehr entsprochen
habe. Auf den Wunsch des Adressaten hin habe er jedoch diese Elegie dem Adressaten übersandt und ihren Druck im Anhang zum Werk des Lotichius erlaubt, da in
diesem Falle die Ehre des Petrus Lotichius dem eigenen Ruf des Posthius vorange-
he.

Überhaupt begrüße er, Posthius, das Konzept des Adressaten, mit den Werken
des Lotichius dessen Biographie und einige Gedichte von Freunden herauszugeben; auch finde er die Widmung des Werkes an Erasmus Neustetterus höchst passend.

Neujahrsglückwünsche.

*Diesen Brief verfaßte Posthius offenbar auf eine Bitte des Hagius hin als Art Klap-
pentext für die Lotichiusbiographie des Hagius. Der Brief wurde über Joachimus II
Camerarius nach Leipzig geleitet (vgl. Brief vom 8.2.1585) und von Hagius am Ende
seiner Lotichiusbiographie publiziert (vgl. Überblick, Kapitel 7).*

Zur Trauerelegie zum Tod des Lotichius vgl. Werkverzeichnis 1560/2).

Literatur: *Kühlmann/Telle: Humanismus (1986), S. 265.*

182   [Würzburg?], 8.2.1585 [Gregorianischer Zeit]
Posthius an Joachimus [II] Camerarius, Nürnberg
*Posthius vermerkte neben der Adressenangabe "Jn abwesen seinem ‖ Bruder
[Philippus Camerarius], oder der hauß- ‖ frawen [Ursula Camerarius] zuerbrechen"
sowie "Der bott Jst ‖ bezalt".*
Autograph
Fundort: Erlangen UB Trew, Posthius 132 (= Ms. 1819, Bl. 719f)
Folioformat

Posthius verweist auf den beigelegten, am Vortag erhaltenen Brief des [Franciscus]
Modius, der bis zur Frühjahrsmesse in Frankfurt bleiben wolle und ihm, Posthius,
brieflich - da er es persönlich nicht gewagt hätte - um 30 Gulden ("floreni") dringend angebettelt habe. Er, Posthius, befinde sich in einer Zwickmühle: Er wolle das
wenige Geld, das er habe, nicht vergeuden, andererseits aber auch einen in Not geratenen Freund nicht im Stich lassen. Ironisch bemerkt er: "Ita me solent beare scilicet Poëtae" und kennzeichnet die gesamte Briefpassage mit den Worten: "Sed
haec tibj [in] aurem" als vertraulich.

Weiterhin dankt Posthius für die gewissenhafte Weiterleitung seiner Briefe [an
Johannes Hagius und vielleicht zugleich auch an Abelus Strasburgus; das Briefbündel wurde von Posthius am 25.12.1584 über Joachimus II Camerarius nach Leipzig
geschickt]. Abelus Strasburgus habe prompt [auch im Auftrag des Hagius?] geantwortet und mitgeteilt, er sei inzwischen "Syndicus" in den sächsischen Salinen
[außerdem scheint Strasburgus mitgeteilt zu haben, Posthius möge doch seine Erinnerungen an des Lotichius Leben und Sterben in Briefform dem Hagius schicken;
dieser Brief könne dann mit der von Hagius verfaßten Lotichiusbiographie publiziert werden].

Daher bittet Posthius, seinen beigelegten Brief [vom 31.1.1585], der in der
[geplanten] Lotichiusedition abgedruckt werden solle, an "Doctor" [Johannes] Hagius [nach Leipzig weiterzuleiten.

Am Briefrand hat Posthius dazu notiert [für den Fall, daß der Adressat nicht zu
Hause ist und seine des Lateins unkundige Gattin Ursula den Brief - wie von Posthius bei der Adresse vermerkt - öffnet]: "kan bey dem Apotecker Stöberle bestelt
werden".

Schließlich berichtet Posthius noch, der Bruder des [Johannes] Hagius, der
Würzburger Bürger Melchior Hagius, habe nach einer mehrere Wochen andauernden Erkrankung an schweren Depressionen und Schlaflosigkeit ("melancholia, &
vigilijs") vor acht Tagen Selbstmord begangen; davon wolle allerdings er, Posthius,
nicht selbst den Johannes Hagius benachrichtigen. Im übrigen bittet Posthius den
Adressaten dringend, mit Rücksicht auf die Familie Hagius den Selbstmord nicht
publik zu machen.

Im Postskript weist Posthius darauf hin, daß er die nach [Nürnberg] abgehenden
Briefboten immer zu bezahlen pflege und der Adressat ihnen daher künftig nichts
mehr geben solle.

In einem zweiten Postskript fragt Posthius, ob [Carolus] Clusius noch in Wien weile, und bittet, an diesen oder an Jacobus Monavius sein dem Brief beigelegtes Trauergedicht ("epitaphium") auf den Tod des [Johannes] Sambucus weiterzuschicken.

Jacobus Monavius (6.12.1546-6.10.1603) war von seiner Vaterstadt Breslau her dem Johannes Crato bekannt und von diesem dem damals in Altdorf lehrenden bekannten Juristen Hubertus Giphanius empfohlen worden. Er hatte gute Kontakte nicht nur zu Giphanius, sondern auch zu sektiererischen Kreisen in Altdorf, über deren chaotische Umtriebe an der Universität sich Giphanius zu eben dieser Zeit, am 29.1.1585, bei Georgius Michael Lingelshemius beschwerte (publiziert von Reifferscheid: Briefe, 1889, S. 3f, Nr. 2). Später, 1590, trat Monavius - ein überzeugter Kalvinist - als Rat in den Dienst des Herzogs Joachim Friedrich von Brieg.

Sein Gedicht zum Tode des Sambucus nahm Posthius 1595 in die zweite Ausgabe seiner Gedichtsammlung "Parerga" auf (nur zweite Ausgabe Pars altera, S. 70). Es beginnt: "Sambuci exuviae ..." Da Clusius das Gedicht im Juni 1585 noch nicht in Händen hatte, wie aus seinem Brief vom 10.6.1585 aus Wien an Joachimus II Camerarius hervorgeht, wurde das Epigramm wohl über Monavius geleitet. (Hunger: L'Escluse, Bd. II, 1942, S. 140, Nr. 136). Am 17.9.1585 konnte dann Clusius aus Wien dem Joachimus II Camerarius berichten, die Gedichte auf den Tod des Sambucus seien in seinem Besitz; Clusius plante wohl deren Veröffentlichung (vgl. Brief vom 12.11.1584). Im selben Brief erkundigte sich Clusius auch bei Joachimus II Camerarius, warum Posthius den Fürstbischof Julius Echter, seinen Herrn, verlassen habe (Hunger: L'Escluse: Bd. II, 1942, S. 140, Nr. 137).

183   Würzburg, 7.3.1585 [Gregorianischer Zeit]
Posthius an Johannes Jacobus Grynaeus, Heidelberg
Posthius vermerkte neben der Adresse, er habe den Briefboten bezahlt: "Tabellario s. f."
Autograph
Fundort: Basel UB G II.9, S. 1005f
Folioformat

Begleitbrief zur Übersendung eines Dankschreibens eines nur verschleiert genannten Mannes, der - wie er Posthius mitgeteilt habe - zu Lebzeiten von Mutter und Bruder, die durch Alter und Krankheit geschwächt seien, nicht offen zum reformierten Glauben ("ad nos") übertreten wolle, um diese nicht zu kränken. Doch auch so könne dieser Mann die reformierte Lehre in der Kirche Gottes verbreiten.

Ferner berichtet Posthius von der von ihm gewünschten und bereits vollzogenen ehrenvollen Entlassung durch den Fürst[bischof Julius Echter] und von der nach Ostern geplanten Umsiedelung mit seiner Familie nach Heidelberg.

Grüße an die Kollegen des Adressaten.

Um wen es sich bei der verschlüsselt genannten Person handelt, ist mir nicht bekannt. Die Formulierung des ganzen Briefes spiegelt die angeheizte Atmosphäre in Würzburg in der Mitte der achtziger Jahre wieder, als Julius Echter die systematische Rekatholisierung in seinem Herrschaftsgebiet vorantrieb.

Der Adressat des Briefes, J. J. Grynaeus, bis 1584 Theologieprofessor in Basel und dem reformierten Bekenntnis zugetan, war von 1584-1586 im Auftrag des Pfalzgrafen Johann Casimir mit der Restauration der Heidelberger Universität auf reformierter Grundlage beschäftigt. Danach kehrte er als Theologieprofessor und Repräsentant ("Antist") der dortigen Kirche nach Basel zurück. Dorthin ist daher der nächste Brief des Posthius an Grynaeus vom 26.7.1586 adressiert.

184   Heidelberg, 28.5.1586 [Julianischer Zeit]
Posthius an Joachimus [II] Camerarius, Nürnberg
Praesentatum: 2.6. [Julianischer Zeit]
Autograph
Fundort: Erlangen UB Trew, Posthius 133 (= Ms. 1819, Bl. 721f)
Folioformat

Posthius verweist auf den Überbringer des Briefes, den Heidelberger Bürger Ulricus Episcopus, von dem der Adressat Auskunft über des Posthius persönliche Verhältnisse bekommen könne; ihm bleibe nämlich nur wenig Zeit zum Schreiben, da Episcopus bereits beim Aufbruch [Richtung Würzburg] sei.

Posthius gratuliert dem Adressaten zur gediegenen Ausgabe des botanischen Werkes "de herbarijs" [gemeint ist die Matthiolus-Neubearbeitung "De plantis epitome"].

Dann berichtet Posthius, Melissus sei [- wie er offenbar dem Posthius geschrieben hatte -] von der Königin [Elisabeth I.] von England ehrenvoll aufgenommen und mit einem lebenslangen jährlichen Ehrensold beschenkt worden; nun werde er in Kürze [in Heidelberg] erwartet und die Leitung der Hofbibliothek übernehmen.

Außerdem fürchtet Posthius, bei [Erasmus] Neustetterus [wegen seines Umzuges nach Heidelberg] in Ungnade gefallen zu sein, da er auf seinen Brief keine Antwort erhalten habe (letzteres ist mit "sed hoc tibj in aurem" als vertraulich gekennzeichnet).

Grüße an den Bruder [Philippus] des Adressaten.

Mit dem botanischen Werk des Joachimus II Camerarius ist dessen Neubearbeitung des bekannten botanischen Werkes, das der Sieneser Arzt Petrus Andreas Matthiolus verfaßt hatte, gemeint (vgl. Brief vom 30.10.1575). Das Werk erschien in einer sorgfältig ausgestatteten Aufmachung 1586 in Frankfurt (vgl. Literaturverzeichnis unter Camerarius/Matthiolus: De plantis epitome, 1586).

Erasmus Neustetterus hatte bereits im Frühjahr 1585 dem Joachimus II Camerarius gegenüber seine Verwunderung oder gar Verärgerung über das Verhalten des Posthius zum Ausdruck gebracht, wie aus einer Bemerkung im Antwortschreiben des Camerarius vom 22.6.1585 an Neustetterus hervorgeht (eine Abschrift dieses Briefes vielleicht das Konzept - befindet sich in der Stadtbibliothek Nürnberg: Will. III, 327.2°,

Nr. 6, S. 3-5). Die Verstimmung des Neustetterus war jedoch nur vorübergehend (vgl. Brief vom 7.7.1586).

185　　　　　　　　　　　　　　　　　　　　　　　　　　"Panorium", 7.7.1586
Posthius an Joachimus [II] Camerarius, Nürnberg
Praesentatum: 20.7.
Autograph
Fundort: Erlangen UB Trew, Posthius 134 (= Ms. 1819, Bl. 723)
Folioformat

Posthius zeigt Verständnis dafür, daß der Adressat so selten schreibt, und bittet umgekehrt um Entschuldigung für die Seltenheit seiner eigenen Briefe; das sei sowohl durch seine beruflichen Pflichten als auch durch die Vielzahl seiner Freunde bedingt. Er hoffe auf ein Wiedersehen bei der nächsten Frankfurter Messe.

Außerdem berichtet Posthius, bei seinem Besuch vor kurzem in Würzburg habe [Erasmus] Neustetterus ihm gegenüber die alte Freundschaft gezeigt.

Weiter erzählt er, Guisius [der Herzog Heinrich von Guise] solle im Gesicht vom eigenen Hund beim Schwimmen verletzt worden sein.

Abschließend weist er [wohl zur Erklärung, warum seinem Brief keiner von Melissus beiliege] darauf hin, Melissus sei in der kurfürstlichen Bibliothek mit Ordnen sehr beschäftigt.

Erasmus Neustetterus war zunächst über den Wegzug des Posthius nach Heidelberg verstimmt gewesen (vgl. Brief vom 28.6.1586).

186　　　　　　　　　　　　　　　　　　　　　　　　　　Heidelberg, 26.7.1586
Posthius an Johannes Jacobus Grynaeus, Basel
Autograph
Fundort: Basel UB, G II 9, S. 993f (eine Abschrift des Briefes befindet sich in Hamburg SuUB Supellex epistolica 55, Bl. 204v, Brief 179)
Folioformat

Posthius dankt für die bisher erhaltenen Geschenklein [gemeint sind vermutlich literarische Erzeugnisse] und kündigt an, er wolle bald ein [poetisches] Gegengeschenk ("ἀντίδωρον") verfertigen.

Dann weist er darauf hin, am [Heidelberger] Hof sei alles wohlbehalten. Beim jungen [Kur]fürsten [Friedrich IV., d. h. bei dessen Unterricht durch Posthius] sei oft und wohlwollend vom Adressaten die Rede.

Posthius berichtet ferner vom Aufbruch des [Pfalz]verwesers [Johann Casimir] vor acht Tagen nach Darmstadt zu Verhandlungen mit dem Landgrafen Gulielmus [Wilhelm von Hessen].

Entsetzt äußert sich Posthius über das Morden durch die Spanier nach der Eroberung von Neuss; er fragt: "Quid facerent Turcae capta crudelius urbe?".

Ebenfalls bestürzt sei er, Posthius, über die Vertreibung aller nicht-katholischen ("reformatae religionis") Untertanen, die das päpstliche Götzenbild nicht anbeten wollten, durch den Würzburger Bischof [Julius Echter] aus seinem Gebiet. Da dies mitten in Deutschland geduldet werde, fürchte er, daß die Heidelberger Gesandten vom französischen König [Heinrich III.] verspottet werden (Letzteres ist mit "Sed haec tibj in aurem, quae iustus dolor mihj expressit" als vertraulich gekennzeichnet).

Grüße an [Theodorus) Zwingerus.

Bei den Verhandlungen mit dem Landgrafen Wilhelm von Hessen ging es um die Unterstützung der Hugenotten in Frankreich durch protestantische Reichsstände, da der französische König Heinrich III. im Jahre 1585 die Friedensedikte mit den Hugenotten aufgekündigt hatte. Weil Sachsens Herzog August bremste, kam es zunächst zu keiner militärischen Hilfe; dafür wurde im Sommer 1586 eine Gesandtschaft an den französischen König vereinbart, an der sich außer den protestantischen Kurfürsten auch die Reichsstädte Frankfurt, Straßburg, Nürnberg und Ulm beteiligten. Die Gesandtschaft mußte in Paris zwei Monate auf eine Audienz warten; als sie am 10.10.1586 endlich ihr Anliegen vortragen konnte, reagierte der König verärgert und wies die Gesandten an, noch am selben Tage die Heimreise anzutreten.

Neuss war im Mai 1585 vom Statthalter von Geldern, dem Grafen Adolph von Neuenar, besetzt worden, der damit die Kämpfe des Kölner Krieges (vgl. Briefe vom 2.2.1583 und vom 12.9.1583) fortführte. Als weiteren Verbündeten für die Interessen der Generalstaaten und für die des durch Herzog Ernst vertriebenen Erzbischofs Gebhard Truchseß von Waldburg gewann Adolf von Neuenar den Landsknechtsführer Martin Schenk von Nideggen, einen Meister von Handstreichen und verwegenen Streifzügen, dessen berüchtigtste Tat im Dezember 1587 die Einnahme Bonns wurde (vgl. Überblick, Kapitel 43). Der Wittelsbacher Herzog Ernst, der neue katholische Erzbischof von Köln, setzte sich zur Wehr und rief, da er vom Reich zu wenig Unterstützung erhielt, den Generalstatthalter der Niederlande, den Herzog Alessandro Farnese von Parma, zu Hilfe; der belagerte mit seinen spanischen Truppen ab dem 10.7.1586 Neuss und eroberte die Stadt am 27.7.1586. Darauf folgte ein entsetzliches Plündern, Morden und Brandschatzen, zu dem sich die katholischen Söldner umso mehr berechtigt glaubten, als kalvinistische Fanatiker zuvor den Leib des Schutzpatrons von Neuss, Quirinus, aus der Kirche entfernt und verbrannt hatten. Bei der Rückeroberung von Neuss fanden nach den Angaben Herzog Parmas fünfzehnhundert Menschen den Tod. - Barbarisches Verhalten von Söldnerheeren hatte Posthius bereits in seinem Brief vom 3.12.1576 mit dem Verhalten von türkischen Truppen verglichen.

Fürstbischof Julius Echter hatte 1585 begonnen, eine Stadt nach der anderen in seinem Herrschaftsgebiet zu visitieren und die Bevölkerung vor die Wahl zu stellen, entweder zu kommunizieren oder binnen bestimmter Frist ihre Immobilien zu verkaufen und auszuwandern. Dabei kam es naturgemäß zu heftigen Auseinandersetzungen zwischen manchen Gemeinden und dem Fürstbischof, so im Frühjahr 1586 in Gerolzhofen und Dettelbach. Im Jahre 1587 schloß Echter die Protestantenaustreibungen mit der Verbannung evangelischer Ratspersonen aus Würzburg und einem absoluten

Versammlungsverbot der Protestanten in Würzburg ab; die Gegenreformation in den dem liberaleren Domkapitel unterstehenden Gemeinden zog sich noch einige Jahre hin.

187   Heidelberg, 15.4.1587
Posthius an Johannes Jacobus Grynaeus, Basel
Autograph
Fundort: Basel UB G II 9, der Brief S. 991f, die Adresse S. 1014 (bzw. Rückseite von S. 992a; eine Abschrift des Briefes befindet sich in Hamburg SuUB Supellex epistolica 55, Bl. 203v, Brief 178)
Folioformat

Posthius entschuldigt seine seltenen und kurzen Briefe mit der schweren Krankheit der [Pfalzgräfin Elisabeth] im vergangenen Winter, mit seiner eigenen schweren Erkrankung an Podagra, die durch seine langen winterlichen Wege [zu den Patienten] verursacht worden, jetzt aber überstanden sei, und mit Arbeitsüberlastung.

Dann weist Posthius darauf hin, zusammen mit dem Brief übersende er ein Schreiben des [Pfälzer Pfarrers?] Kesselius sowie dessen [handgeschriebene?] Kommentierungen der von [Theodorus] Beza angefertigten Übersetzung des Neuen Testamentes ("observationes nonnullae ... in D.Bezae Versionem Novj Testamentj"). Posthius bittet den Adressaten, diese Schrift zu lesen und anschließend mit Empfehlungen an Beza weiterzuleiten; Kesselius sei nämlich weder habsüchtig noch ehrgeizig, führe einen tadellosen Lebenswandel und betätige sich volksmissionarisch. Posthius wünscht, die Pfalz hätte sehr viele Beamte solcher Art.

Grüße an [Theodorus] Zwingerus, dem Posthius sobald wie möglich antworten will.

Im Postskript dankt Posthius für die bisher erhaltenen literarischen Gaben.

188   Heidelberg, 1.5.1587
Posthius an Janus Dousa, [o.O.]
Publikation
Fundort: Widmungsvorrede für das Bändchen "Encomia Dousana", eine von Posthius herausgegebene Sammlung von enkomiastischen Gedichten verschiedener Autoren zum Lobpreis des Dousa (vgl. Werkverzeichnis 1587/3), S. 3f

Posthius erklärt, er habe die folgende Sammlung [enkomiastischer Gedichte auf Janus Dousa] als Dank dafür zusammengestellt, daß der Adressat seine beiden Jambenbücher ("Iambica"; "aureoli Epodon libelli") ihm, dem Posthius, gewidmet habe.

Posthius berichtet, er habe diese Jambenbücher erstmals drei Jahre zuvor von einem nach Italien durchreisenden belgischen Adeligen gezeigt bekommen, sei davon überrascht und erfreut gewesen und habe sich über den Inhalt köstlich amüsiert. Das könnten sowohl sein Freund [Franciscus] Modius, mit dem er in Ostfranken viel zusammengewesen sei, als auch alle die bezeugen, von denen er, Posthius,

Gedichte in die folgende Sammlung aufgenommen habe, vor allem aber Melissus, der ja im vorletzten Jahr dem Adressaten in England begegnet sei; Melissus lebe nämlich jetzt in Heidelberg.

Abschließend verspricht Posthius, falls seine Lebenszeit dafür ausreiche, Passenderes zu schicken.

Die Jambenbücher Dousas waren 1584 in Antwerpen erschienen (vgl. Literaturverzeichnis unter Dousa: Epodon libri II, 1584). In seiner 1583 in Leiden abgefaßten Widmungsvorrede bittet Dousa dabei den Posthius, diese Jambenbücher gegenüber Verleumdern mit seiner Autorität in Schutz zu nehmen, und begründet im übrigen ausführlich, was ihn zum Abfassen dieser Jambenbücher veranlaßt und berechtigt habe (a. a. O., Bl. 2r-3v; darauf folgt noch ein an Posthius gerichtetes Widmungsgedicht, Bl. 4r-6v).

189   Heidelberg, 16.6.1587
Posthius an Johannes Weidnerus, Schwäbisch Hall
Praesentatum: 1.7.
Autograph
Fundort: Stuttgart WLB Cod. hist. 2° 603, Bl. 413f (Weidnersche Nr. 10)
Folioformat

Begleitbrief zur Rücksendung der Lucanushandschrift des Adressaten, die Posthius zwei Jahre zuvor über Fran.[ciscus] Modius erhalten und an Gregorius Bersmanus weitergeleitet hatte:

Posthius berichtet, Bersmanus werde bald eine kommentierte Lukanausgabe herausbringen und darin wohl auch den Adressaten erwähnen.

Ferner weist Posthius auf einen dem Brief beigelegten Gedichtband des Bersmanus hin, der vor kurzem erschienen und ihm, dem Posthius, gewidmet sei.

Grüße an [Conradus] Leius.

Zur Lucanushandschrift des Weidnerus vgl. Überblick, Kapitel 39, zu der von Bersmanus geplanten Edition vgl. Werkverzeichnis 1589/3.

Worum es sich bei dem Gedichtband des Bersmanus mit der Widmung an Posthius handelt, ist nicht ganz klar; die Gesamtausgabe der Gedichte des Bersmanus, die 1591 in erweiterter Form erschien (vgl. Werkverzeichnis 1591/2), enthält in ihrem zweiten Teil drei Gedichtbücher, die dem Posthius gewidmet sind; möglicherweise war eines davon bereits 1587 in separater Form erschienen.

Literatur: *Lehmann: Modius (1908), S. 138ff.*

190   Heidelberg, 18.9.1587
Posthius an Abrahamus Ortelius, Frankfurt
Publikation; Autograph wohl in einer Sammlung in den USA
Fundort: bis 1954 City of London, Guildhall, Dutch Church, Ortelius Nr. 153, dann in
die USA versteigert; publiziert von Hessels: Epistulae (1887), S. 351f
Posthius vermerkte zur Adresse: "bej Christophorj Planti- ‖ *ni factorn zu er-* ‖ *fragen".*

Posthius knüpft an seine kürzlich erfolgte Wiederbegegnung mit dem Adressaten
bei der Frankfurter Messe an und erinnert ihn, daß er ihn bereits zwanzig Jahre zu-
vor in Antwerpen kennengelernt habe.
　　Dann weist Posthius darauf hin, dem Brief liege ein [enkomiastisches] Gedicht
("Epigramma") über den Adressaten bei, das er einige Wochen zuvor verfaßt habe
und das dem Adressaten zeigen solle, daß Posthius ihn nicht vergessen habe.
　　Außerdem weist Posthius noch auf ein beigelegtes Porträt von sich hin und bit-
tet den Adressaten, dieser möge ihm ebenfalls sein Porträt schicken.
　　Grüße an Christophorus Plantinus und an Philippus Gallaeus.
　　Im Postskript Grüße von Melissus.

Das Blatt mit dem Posthiusporträt befand sich 1887 noch bei dem Brief. Es handelt
sich dabei um eine Kombination von Holzschnitt und gedruckten Begleittexten. Das
ganze entstand wohl im Zusammenhang mit des Reusnerus Bemühungen um die Edi-
tion von Porträts zeitgenössischer Gelehrter (vgl. Überblick, Kapitel 40). Überschrieben
ist das Blatt "IMAGO D.(omini) JOHANNIS PO- ‖ *STII MED.(icinae)*
DOCT.(oris) ET AR- ‖ *CHIATRI PALATINI SEPTEM-* ‖ *VIRALIS. P.(oetae)*
L.(aureati) V. C. L." Unter dem Porträt sind vier Epigramme abgedruckt, die das Bild-
nis des Posthius zum Gegenstand haben, von Nicolaus Reusnerus ("Effigiem pictura
tuam ..."), Conradus Dinnerus ("Ne vultum mors ..."), Ioan. Sanderus ("Depictus ta-
bulâ quum ...") und Franciscus Modius ("Exemplum uerum ..."). Diese vier Gedichte
wurden von Hessels publiziert: Epistulae (1887), S. 906.

Literatur: *Hessels: Epistulae (1887), S. 351f und S. 906; daraus stammen die Angaben*
zu diesem Brief.

191   Heidelberg, 10.11.1587
Posthius an Joachimus [II] Camerarius, Nürnberg
Posthius vermerkte neben der Adressenangabe: "Dem Pottenn ‖ *ein Trinckgelt"*
Praesentatum: 27.11.
Autograph
Fundort: Erlangen UB Trew, Posthius 135 (= Ms. 1819, Bl. 724)
Folioformat

Antwort auf eine am Vortag erhaltene Sendung des Adressaten:
　　Posthius versichert, den Brief des Adressaten an dessen [in Not geratenen] Bruder [Godefridus] sofort weitergeleitet zu haben, und bemerkt dazu, persönlich
kenne er, Posthius, diesen [Godefridus], der Schultheiß ("scultetus") in Ogersheim

sei, nicht, habe jedoch nichts Nachteiliges über ihn gehört; auch dessen persönliche Verhältnisse seien ihm nicht näher bekannt.

Weiter berichtet Posthius, den [Christophorus] Ehemius, der zur Zeit fiebrig erkrankt sei, wunschgemäß mehrfach daran erinnert zu haben, dem Adressaten für die Weiterleitung von Briefen die Auslagen zu ersetzen. Ehemius sei jedoch der Ansicht, daß ein gewisser italienischer Kaufmann namens Calendrinus, der zur Zeit in [Nürnberg] weile, die aus Italien nach Heidelberg weiterzuleitende Post besorge und dafür auch vom Pfälzer [Kur]fürsten [Johann Casimir] einen Wagen voll Wein übersandt bekommen habe. Der Adressat solle deshalb in einem Schreiben an Ehemius den Sachverhalt klären.

Dann erwähnt Posthius noch einige Neuigkeiten: [Georgius Ludovicus] Huttenus habe die Stelle in [Heidelberg] angenommen und werde in Kürze aus seiner Heimat zurückerwartet.

Der [Pfalzgraf Johann Casimir] befinde sich zur Zeit in Kaiserslautern ("Lutrea") und beschäftige sich mit Jagen.

Abschließend bemerkt Posthius, man berichte in [Heidelberg] über die [politischen] Verhältnisse in Frankreich und in Polen dasselbe, was der Adressat geschrieben habe.

Grüße an den Bruder [Philippus Camerarius] des Adressaten.

Im Postskript äußert Posthius Besorgnis darüber, ob alle seine Briefe beim Adressaten angekommen seien, da der Adressat in seinen Antwortschreiben nicht auf alle eingegangen sei.

Die Andeutungen am Briefbeginn über den Bruder Godefridus des Joachimus II Camerarius beziehen sich darauf, daß Godefridus offenbar nicht nur finanziell, sondern auch gesundheitlich zu der Zeit schwer angeschlagen war und dringend Hilfe benötigte (vgl. Überblick, Kapitel 41).

Christophorus Ehemius/Eheim (Augsburg 24.3.1528 - Heidelberg 1.6.1592) stammt aus einer Augsburger Patrizierfamilie und machte als Professor für Philosophie in Tübingen *und als Professor der Rechte in Heidelberg Karriere. Unter Pfalzgraf Ottheinrich wurde er Präsident des Kirchenrates, diente auch den Pfalzgrafen Friedrich II., Johann Casimir und Friedrich IV. als Rat und stand - von 1578 bis 1584 - als Kanzler in Johann Casimirs Diensten. Sein Einfluß wurde nur von dem des umtriebigen Pragmatikers Peter Beutterich (Mömpelgard 1545 - Heidelberg 12.2.1587) übertroffen.*

Georgius Ludovicus Huttenus/Georg Ludwig von Hutten war seit dem 10.4.1587 Hofmeister des jungen Fürsten Friedrich IV. und sorgte dadurch, daß er Friedrich von Verwaltungsgeschäften fernhielt und für Reiten, Ritterspiel und Hofleben begeisterte, dafür, daß Friedrich auch nach seiner Regierungsübernahme 1592 sich wenig für die Regierungsgeschäfte interessierte und so die faktische Regierungsgewalt immer mehr auf die Oberräte überging; dabei prägte Hutten von 1592 bis 1597 maßgeblich die Pfälzer Politik (Press: Calvinismus, 1970, S. 371ff).

Zu den angedeuteten Neuigkeiten aus Frankreich vgl. Briefe vom 23.11.1587 und vom 14.2.1588.

✳ see Hofmann Artistenfakutät, index s.v. 'Ehem'.

192   Heidelberg, 23.11.1587
Posthius an Johannes Weidnerus, Schwäbisch Hall
Praesentatum: 27.11.
Autograph
Fundort: Stuttgart WLB Cod. hist. 2° 603, Bl. 453 (Weidnersche Nr. 11)
Folioformat

Posthius weist darauf hin, er habe diesen Brief [als Antwort auf eine Bitte des
Adressaten um ein Gedicht] schon vor der Ankunft des aus Frankfurt zurückkehrenden Briefboten geschrieben, damit der Brief auf jeden Fall mitgenommen
werde, auch wenn er, Posthius, wie üblich tagsüber nicht zu Hause anzutreffen sei.

Mit dem Brief übersende er sein [vom Adressaten erbetenes enkomiastisches]
Gedicht ("Epigramma") auf das Wappen des Adressaten und bitte, dieses entsprechend zu würdigen, da er kaum Zeit finde für solche Betätigungen.

In dem Zusammenhang berichtet Posthius, von [Christophorus] Homagius habe
er vor kurzem ein treffliches Gedicht ("Epigramma") [ähnlichen Inhaltes?] erhalten,
von [Conradus] Leius noch nichts bekommen; von [Gregorius] Bersmannus erwarte
er bald einen Brief.

Dann geht Posthius auf politische Neuigkeiten ein: In Frankreich seien [in der
Schlacht bei Coutras] über viertausend Menschen, darunter der Herzog von
Joieuse samt dem französischen Hochadel, von den Navarrenern [unter dem evangelischen König Heinrich von Navarra] getötet worden. Posthius bezeichnet dies als
gute Nachrichten ("bona nova") und äußert den Wunsch nach Frieden.

Abschließend antwortet Posthius auf eine Buchbestellung des Adressaten: Das
Werk "Academia" [dabei handelt es sich um einen neu erschienenen Leitfaden für
Studierende von dem Heidelberger Professor Franciscus Junius] sei momentan in
[Heidelberg] vergriffen.

Im Postskript versichert Posthius, den Brief des Adressaten wunschgemäß nach
Marburg weitergeleitet zu haben.

Das Autograph des Posthiusgedichtes für Weidnerus ist verschollen. Posthius nahm es
auch nicht in seine Gedichtsammlung "Parerga" auf, doch trug es Johannes Weidnerus
handschriftlich in sein Exemplar der Parerga des Posthius ein (vgl. Werkverzeichnis
1595/6).

Worum es sich bei dem Gedicht des Christophorus Homagius handelt, wird nicht
ganz klar; vielleicht sind damit die Verse gemeint, die Homagius an Melissus und Po-
sthius richtete und die "Posthi et Melisse literis ..." beginnen; Posthius publizierte dies
Homagiusgedicht im Jahre 1595 im "Liber adoptivus" seiner Gedichtsammlung
"Parerga" (nur zweite Ausgabe Pars altera, S. 294f).

Mit den "guten" Neuigkeiten aus Frankreich ist auf den Sieg König Heinrichs von
Navarra über die dritte Armee des französischen Königs Heinrich III. unter der Leitung
des Herzogs von Joyeuse bei Coutras am 20.10.1587 angespielt. Ausgelöst worden wa-
ren diese Kämpfe durch den Streit um die Nachfolge des kinderlosen französichen
Königs Heinrich III, der zwar noch regierte, aber zu schwach war, um die Auseinan-
dersetzungen zwischen dem in der Thronfolge am ersten Platz stehenden evangelischen

Heinrich von Navarra und der katholischen Gegenpartei unter Heinrich von Guise zu verhindern. Heinrich III. hatte überdies 1585 den Religionsfrieden mit den Hugenotten aufgekündigt, was zunächst zu einer diplomatischen Intervention deutscher Reichsstände führte (vgl. Brief vom 26.7.1586). Pfalzgraf Johann Casimir sicherte darüber hinaus auch militärische Hilfe zu und schloß am 21.1.1587 mit Heinrich von Navarra einen Vertrag, in dem er sich diese militärische Hilfe mit großen Versprechungen der Gegenseite bezahlen ließ. Anschließend wurde mit völlig unzureichenden Mitteln, die Königin Elisabeth I. von England, König Friedrich II. von Dänemark und Heinrich von Navarra aufgebracht hatten, ein Söldnerheer angeworben, das von Herzog Robert von Bouillon als oberstem Leiter, von Burggraf Fabian von Dohna - einem Vertrauten Johann Casimirs - und von Claude Antoine de Vienne, Seigneur de Clervant - dieser war zuständig für die Schweizer Söldner - geführt wurde. Die drei Führer arbeiteten mehr gegen- als miteinander, die Soldaten ernährten sich von Plünderungen, Seuchen dezimierten die Truppen, und das ganze Unternehmen hatte lediglich den einen Erfolg, daß durch dies Hilfskorps die erste und zweite Armee des französischen Königs unter Heinrich von Guise und unter dessen Onkel Claude de Mayenne gebunden waren und so Heinrich von Navarra zunächst allein der dritten Armee unter dem Herzog Anne von Joyeuse gegenüberstand, wodurch er den erwähnten Sieg bei Coutras erringen konnte, aber nur wenig Nutzen davon hatte (vgl. Brief vom 14.2.1588).

Franciscus Junius war Theologieprofessor in Heidelberg und Neustadt an der Haardt (bzw. an der Weinstraße); sein Werk "Academia", ein Leitfaden für das Studium, erschien mit einem Universitätsverzeichnis 1587 in Heidelberg (vgl. Literaturverzeichnis unter Junius: Academia, 1587). Weidnerus benötigte dieses Buch vermutlich zur Information für seine Schüler.

193 Heidelberg, 8.2.1588
Posthius an Johannes Weidnerus, Schwäbisch Hall
Posthius vermerkte neben der Adresse: "dem botten ein trinckgelt".
Praesentatum: 23.2.
Autograph
Fundort: Stuttgart WLB Cod. hist. 2° 603, Bl. 463 (Weidnersche Nr. 13)
Folioformat

Posthius kümmert sich, offenbar vom [Frankfurter Drucker Sigismundus] Feyrabendius dazu veranlaßt, um die Beschaffung von Geldern für den in Not geratenen [Franciscus] Modius:

Zunächst weist Posthius auf zwei Briefe des [Franciscus] Modius und des Rochus [Cornelius] Veldius hin, die er vor einigen Wochen dem Adressaten geschickt habe [und in denen Modius und dessen Gläubiger Veldius daran erinnerten, daß Modius ein umfangreiches Werk mehreren Ritterschaften gewidmet hatte und dafür entsprechendes Honorar erwartete]. Auch bittet Posthius, bei Herrn Marcus [Schweickerus, dem Syndikus der fränkischen Ritterschaft,] vorzusprechen, damit Feyrabendius spätestens bei der nächsten Frankfurter Messe einen Teil des vom

Schwäbischen Adel dem Modius versprochenen Geldes erhalte und so die Gläubiger des Modius endlich befriedigt würden.

Auch berichtet Posthius, aus einem Brief des Feyrabendius habe er erfahren, daß Modius in Bonn gefangen und ausgeplündert worden sei und fünfzig Taler Lösegeld zusätzlich zu seinen früheren Frankfurter Schulden benötige.

Abschließend bemerkt Posthius, mit dem Brief übersende er das [bereits im Brief vom 23.11.1587 erwähnte] Buch "Academia" des Fr.[anciscus] Junius als Geschenk.

Grüße an Herrn Marcus [Schweickerus].

Zur Notlage des Modius wie auch zu seinen Schulden vgl. Überblick, Kapitel 43.

Einen Brief des Rochus Vanden Velde/Veldius vom 17.12.1587 erhielt Weidnerus am 16.2.1588 (Brieforiginal heute in Stuttgart WLB Cod. hist. 2° 603, Bl. 464). Ein Schreiben von Modius, das in Frankfurt am 6.11.1587 geschrieben und über Johannes Lauterbachius geleitet worden war, hatte Weidnerus bereits am 3.12.1587 in Händen (Brieforiginal heute in Stuttgart WLB Cod. hist. 2° 603, Bl. 455f).

194   Heidelberg, 14.2.1588
Posthius an Johannes Weidnerus, Schwäbisch Hall
Praesentatum: 20.2.
Autograph
Fundort: Stuttgart WLB Cod. hist. 2° 603, Bl. 468 (Weidnersche Nr. 12)
Folioformat

Posthius weist auf seinen vorausgegangenen Brief [vom 8.2.1588] hin: Mit diesem Brief habe er das vom Adressaten gewünschte Buch "Academia" des Fr.[anciscus] Junius übersandt, und in dem Brief habe er über das Schicksal des [Franciscus] Modius berichtet. Außerdem erinnert Posthius nochmals an zwei etwa sechs Wochen zuvor übersandte Schreiben des Modius und des Rochus [Cornelius] Veldius und bittet dringend, wegen Modius bei Herrn Marcus [Schweickerus] vorstellig zu werden.

Es folgen kurze politische Nachrichten: Den unglücklichen Verlauf des Feldzuges nach Frankreich halte er, Posthius, für eine Strafe Gottes für die Deutschen; der polnische Krieg sei ebenfalls unglücklich ausgegangen.

Abschließend äußert Posthius Sehnsucht nach Gottes Erbarmen mit seiner Kirche ("Ecclesia sua") [d. h.: mit den Reformierten] und nach Frieden.

Im Postskript weist Posthius darauf hin, der Adressat werde mehr von seinem Nachbarn erfahren.

Wie aus dem Postskript hervorgeht, war der Brief offenbar einem Nachbarn des Adressaten mitgegeben worden und erreichte den Weidnerus noch vor dem Posthiusbrief vom 8.2.1588 (vgl. die jeweiligen Praesentatum-Angaben).

Zur Notsituation des Franciscus Modius vgl. Überblick, Kapitel 43.

Vom Feldzug des Jahres 1587 hatte Posthius bereits in seinem Brief vom 23.11.1587 berichtet. Nach dem darin erwähnten Sieg in der Schlacht bei Coutras am

20.10.1587 war es mit den Erfolgen für die evangelische Seite vorbei: Am 22.11.1587 desertierten die Schweizer Söldner aus dem von Pfalzgraf Johann Casimir veranlaßten deutschen Hilfskorps, und kurz darauf, in der Nacht vom 23. zum 24.11.1587, griff Herzog Heinrich von Guise das Hilfskorps bei Auneau an und besiegte es so, daß es wenig später unter der Bedingung freien Abzuges kapitulierte; nur etwa 2000 von 10000 Soldaten (die Zahlenangaben schwanken beträchtlich) gelang die Rückkehr in ihre Heimat. Doch auch Heinrich von Guise brachten diese Kämpfe kein Glück: Weil er nun glänzend dastand und noch weitere Erfolge errang, wurde er für König Heinrich III. zu einem gefährlichen Rivalen und daher auf dessen Anstiften hin am 24.12.1588 ermordet.

In Polen war 1586 Stephan Báthory während Kriegsvorbereitungen gegen Rußland - Boris Godunòv - verstorben; ein Jahr darauf wurde der schwedische Thronfolger Sigismund III. Wasa zum neuen polnischen König gewählt und plante - er war katholisch - ein Großreich aus Schweden, Polen und Rußland, das er in einer Art Kreuzzug zum Katholizismus führen wollte. Nach dem Tode seines Vaters Johann III. (1592) versuchte Sigismund jedoch vergeblich - zunächst mit Zugeständnissen an die Protestanten -, seinen Herrschaftsanspruch in Schweden zu festigen; er wurde schließlich dort von seinem Bruder Karl IX. verdrängt, und auch seine Feldzüge gegen Rußland 1611/12 hatten nur geringen Erfolg.

195   [Frankfurt?, wohl 18.2.1588]
Posthius an Johannes Weidnerus, [Schwäbisch Hall]
Weidnerus vermerkte zusätzlich zum Empfangsdatum: "accepi ... litteris Rochi Cornelij Veldij Antverpiani inclusam".
Praesentatum: 17.3.88
Autograph
Fundort: Stuttgart WLB Cod. hist. 2° 603, Bl. 477a (Weidnersche Nr. 14)
Kleinformatiger Zettel

Posthius weist darauf hin, [Franciscus] Modius sei in Bonn gefangengenommen und ausgeplündert worden; nun erwarte er finanzielle Hilfe vom Schwäbischen Adel. Der Adressat und Marcus Schweickerus sollen dafür sorgen, daß diese möglichst rasch an [Sigismundus] Feyerabendius nach Frankfurt geschickt werde.

Auf der Rückseite des Zettels weist Posthius darauf hin, daß Modius auch in Frankfurt noch etwa zweihundert Gulden ("floreni") Schulden habe.

Dieser Brief war, wie aus dem Empfangsvermerk des Weidnerus hervorgeht, dem Schreiben des Rochus Cornelius Veldius/Vanden Velde aus Frankfurt vom 18.2.1588, das ebenfalls das Empfangsdatum des 17.3. trägt, beigelegt gewesen. In diesem Schreiben berichtet Veldius/Velde, er habe Modius Geld geliehen, werde aber selbst von Gläubigern bedrängt und erwarte dringend das ausstehende Honorar des Modius, über das er bisher nichts weiter habe in Erfahrung bringen können als die Nachricht des Posthius, es werde bald geschickt werden. (Stuttgart WLB Cod. hist. 2° 603, Bl. 473). Auf

*die Geldsorgen des Modius hatte Posthius bereits in seinen Briefen vom 8.2.1588 und
vom 14.2.1588 hingewiesen (vgl. Überblick, Kapitel 43).*

196   Heidelberg, 27.3.1588
Posthius an Joachimus [II] Camerarius, Nürnberg
Praesentatum: 12.4.
Autograph
Fundort: Erlangen UB Trew, Posthius 136 (= Ms. 1819, Bl. 725)
Folioformat

Posthius geht zunächst auf einen Brief des Adressaten ein: Er dankt für die Übersendung eines Schreibens von Janus Gruterus und bemerkt dazu, dieser verdiene
ein besseres Geschick[; seine Familie hatte nämlich wegen ihres reformierten
Glaubens die Heimatstadt Antwerpen verlassen müssen].

Außerdem versichert Posthius, gewissenhaft die Briefe des Adressaten an dessen [in Not geratenen] Bruder Gotefridus [Camerarius in Ogersheim] weitergeleitet
zu haben; auch habe er, Posthius, diesem brieflich seine Dienste angeboten, ohne
allerdings bisher eine Antwort zu erhalten.

Weiter berichtet Posthius von den Erlebnissen des [Franciscus] Modius: Der sei
bei dem Überfall auf Bonn gefangen, ausgeplündert und außerdem, eigenen Angaben nach, am Kopf schwerst verwundet worden. Schließlich habe ihn der Bonner
Dekan Jacobus Campius um 100 Reichstaler ("Thaleri Jmperial.") Lösegeld freigekauft; nun befinde sich Modius mittellos in Köln, von wo er sich um Hilfe an den
Posthius gewandt habe; er, Posthius, habe ihm darauf geraten, nach Frankfurt zu
seiner gewohnten Arbeit [als Korrektor bei Sigismundus Feyerabend] zurückzukehren.

Außerdem weist Posthius darauf hin, [der Arzt Theodorus] Zuingerus sei am
10.[3.1588] an einer Seuche ("febris Epidemica") in Basel verstorben. Diese Krankheit grassiere auch in der [Pfalz] und werde dort erfolgreich mit einer aus Bezoaren
gewonnenen Arznei ("pulvis Bezoardicus") bekämpft, einem Mittel, das er, Posthius, einige Jahre zuvor in Würzburg zusammen mit Antonius Hubnerus hergestellt und ebenda auch publiziert habe. Abschließend erkundigt sich Posthius nach
den in Nürnberg üblichen Gegenmitteln gegen dieses [epidemische] Fieber.

Grüße an den Bruder Philip[pus Camerarius] des Adressaten.

*Dieser Brief und der folgende desselben Datums an Conradus Rittershusius wurden
vermutlich gemeinsam übersandt.*

*Dem Schreiben des Janus Gruterus war ein enkomiastisches Gedicht über Joachi-
mus II Camerarius beigelegt (vgl. Überblick, Kapitel 42).*

*Zu Notsituation des Godefridus Camerarius vgl. Brief vom 10.11.1587 und Über-
blick, Kapitel 41).*

Zu den Erlebnissen des Franciscus Modius vgl. Überblick, Kapitel 43.

*Anläßlich des erwähnten Todes des Basler Arztes Theodorus Zuingerus/Zwingerus
verfaßte Posthius Epicedia, die von Valentinus Thilo mit Gedichten anderer Autoren*

zum selben Anlaß gesammelt und von Nicolaus Reusnerus herausgegeben wurden (vgl. Werkverzeichnis 1589/1).

Von der Posthiusschrift über die aus Bezoaren gewonnene Arznei "pulvis Bezoardicus" ließ sich bislang kein Exemplar ermitteln. Zu Bezoaren allgemein vgl. Brief vom 6.10.1580.

197   Heidelberg, 27.3.1588
Posthius an Conradus Rittershusius, Altdorf
Praesentatum: 15.5.
Autograph
Fundort: Hamburg SuUB Supellex epistolica 46, Bl. 263 (= Brief 192, Rittershusius-Nummer 1)
Folioformat

[Antwortbrief auf eine Bitte des Adressaten um Unterstützung bei einer geplanten Edition von antiken Lehrgedichten:]

Posthius entschuldigt seine späte Antwort mit Arbeitsüberlastung und teilt mit, auf die vom Adressaten geplante kommentierte Oppianusedition freue er sich, zumal ihm dieser Dichter sehr gefalle. Er bitte um Benachrichtigung, ob der Adressat derethalben bereits mit einem Verleger verhandelt habe, damit er, Posthius, seine vom Adressaten erbetenen enkomiastischen Gedichte ("Epigrammata") [über diese Edition] rechtzeitig schicken könne.

Außerdem weist Posthius darauf hin, das [Lehrgedicht über die Vogeljagd] "Ixeutikà" des Oppianus befände sich laut Auskunft des Melissus nicht in der Bibliotheca Palatina; anderenfalls hätte er es auf eigene Kosten für den Adressaten abschreiben lassen.

Mit dem Brief sende er, Posthius, das ihm selbst und Melissus gewidmete Gedicht ("Odarion") des Adressaten zurück, über das sie sich sehr gefreut hätten: [Wunschgemäß] hätten sie darin die verbesserungswürdigen Stellen angestrichen. Nach deren Korrektur solle der Adressat das Gedicht abermals nach [Heidelberg] schicken, damit Posthius und Melissus es in die Neuausgabe ihrer Gedichtsammlungen ("Poëmata") mit aufnehmen könnten.

Abschließend berichtet Posthius, den Brief des Adressaten an Modius habe er sogleich weitergeleitet, und schildert [ähnlich wie im Brief vom 27.3.1588 an Joachimus II Camerarius] das Schicksal des Modius: Der sei auf seiner Reise nach Belgien in Bonn gefangen, ausgeplündert und außerdem, eigenen Angaben nach, am Kopf schwerst verwundet worden. Schließlich habe ihn der Bonner Dekan Jacobus Campius um 100 Reichstaler Lösegeld freigekauft; nun befinde sich Modius mittellos in Köln.

Bis Nürnberg wurde dieses Schreiben vermutlich zusammen mit dem Posthiusbrief gleichen Datums an Joachimus II Camerarius geschickt.

Mit dem oben erwähnten Brief des Rittershusius an Posthius und diesem Antwortbrief des Posthius beginnt eine rege Korrespondenz, aus der sich eine Freundschaft entwickelte; dies kann man auch aus den Anreden des Posthius ablesen: Im obigen Brief schreibt er förmlich: "Rittershusj doctiss."; diese Anrede behält er im nächsten Brief vom 15.5.1588 noch bei. Am 23.1.1589 formuliert er ähnlich "Rittershusj cultissime" und in den Briefen vom 7.9.1589 und vom 14.3.1590 schließlich "Rittershusj suavissime". Die weiteren Briefe beginnen meist persönlicher mit der doppelten Anrede "Vir clariss. et amice cariss." (so am 17.9.1595, 1.3.1596, 31.7.1596 und 19.2.1597). Am 14.6.1596 heißt es nur "Rittershusj clariss.", am 18.5.1597 "Clariss. Domine Doctor, amice cariss."

Zur geplanten Oppianusedition des Rittershusius und zu seinem enkomiastischen Gedicht für Posthius und Melissus vgl. Überblick, Kapitel 44.

Im obigen Brief ist neben dem ausführlichen Bericht über die Unglücksfälle des Modius (vgl. Überblick, Kapitel 43) am linken Rand handschriftlich (von Rittershusius?) vermerkt, daß Modius selbst über sein Geschick in der Vorrede zu seiner Liviusausgabe erzähle. Diese Liviusausgabe erschien 1588 in Frankfurt/Francofurti bei Sigismundus Feyrabendius mit dem Titel "T. Livii Patavini ... Libri omnes, quotquot ad nos pervenere; nove editi, et recogniti, et ad vetustissimorum manu exaratorum codicum Fuldensium, Moguntinensium & Coloniensium fidem emendati a Francisco Modio Brugensi" (Angaben nach Lehmann: Modius, 1908, S. 46f, Nr. 7).

198   Heidelberg, 15.5.1588
Posthius an Conradus Rittershusius, Altdorf
Praesentatum: 10.6.
Autograph
Fundort: Hamburg SuUB Supellex epistolica 46, Bl. 264 (= Brief 193a, Rittershusius-Nummer 2)
Das Blatt im Folioformat ist am unteren Rand um etwa ein Viertel gekürzt.

Posthius weist auf einen dem Brief beigelegten handschriftlichen Zettel des Genfer Buchdruckers Henricus Stephanus hin, in dem dieser sich auf des Posthius Anfrage hin bereit erkläre, den [bereits im Brief vom 27.3.1588 erwähnten] Oppianuskommentar des Adressaten zu drucken. Der Adressat solle daher sein Konzept komplettieren, damit bis zur nächsten [Frankfurter] Messe alles fertig sei.

Außerdem vermerkt Posthius, dem Brief läge das [im Brief vom 27.3.1588 angekündigte] enkomiastische Posthius-"Epigramma" [über den Oppianuskommentar] bei sowie ein weiteres Gedicht zum selben Anlaß, das ein [nicht näher bezeichneter] Freund des Posthius [Gregorius Bersmanus?] verfaßt habe. Eventuelle Änderungswünsche [an diesen Gedichten] solle der Adressat mitteilen. Den Melissus, den er, Posthius, noch nicht getroffen habe, werde er an die Abfassung eines Gedichtes [zum selben Anlaß] erinnern.

Abschließend bittet Posthius, daß der Adressat sein [dem Posthius und Melissus gewidmetes] Gedicht ("Oda") nach entsprechenden Verbesserungen abermals sende [Posthius hatte es mit dem Vermerk verbesserungswürdiger Stellen am 27.3.1588 dem Adressaten zurückgeschickt].

Wie aus dem Posthiusbrief vom 18.5.1588 an Joachimus II Camerarius hervorgeht, war diesem der angeführte Brief an Rittershusius beigelegt.

Zum Oppianuskommentar des Conradus Rittershusius vgl. Überblick, Kapitel 44; das Blatt mit dem Posthiusgedicht über diesen Oppianuskommentar befindet sich heute noch beim Brief; es hat nur etwa die halbe Größe des von Posthius sonst benützten Blattformates (Hamburg SuUB Supellex epistolica 46, Bl. 265 = Brief 193 b; vgl. Werkverzeichnis 1588/5).

199   Heidelberg, 18.5.1588
Posthius an Joachimus [II] Camerarius, Nürnberg
Praesentatum: 7.6.88, mit dem zusätzlichen Vermerk "Volkart". Offenbar nahm dieser Volkart - vielleicht ist Georgius Volckartus gemeint (vgl. Werkverzeichnis 1592/4a) - den Brief in Abwesenheit des Adressaten in Empfang.
Autograph
Fundort: Erlangen UB Trew, Posthius 137 (= Ms. 1819, Bl. 726)
Folioformat

Begleitbrief für ein Schreiben vom Bruder [Godefridus Camerarius] des Adressaten; Posthius berichtet, diesem gehe es sehr schlecht; dies habe ihm ein [Heidelberger] Sekretär [wohl Johannes Ringlerus] mitgeteilt.

Außerdem fragt Posthius [im Auftrag des Pfälzer Rates Christophorus Ehemius], ob der Adressat als Dank für die [bereits im Brief vom 10.11.1587 erwähnte] Übermittlung von Briefen aus Italien lieber Wein, einen Becher oder Geld bekommen möchte.

Auch bittet er, seinen beigelegten Brief [vom 15.5.1588] an [Conradus] Rittershusius nach Altdorf weiterzuleiten. Im Zusammenhang damit erwähnt Posthius, [der Genfer Drucker] Hen.[ricus] Stephanus habe versprochen, den Oppianuskommentar des Rittershusius zu drucken, und fragt, ob der Adressat in seiner oder einer anderen Bibliothek ein Exemplar des Lehrgedichtes "Ἰξευτικά" des Oppianus kenne.

Abschließend berichtet Posthius, das Mädchen von "SchmidtWeiler" bei Kaiserslautern ("Lutrea"), das zehn Jahre und fünf Wochen lang nichts gegessen und getrunken habe, esse und trinke seit dem 30. März wieder.

Grüße an den Bruder Philippus [Camerarius] des Adressaten.

Zur Notsituation des Godefridus Camerarius vgl. Überblick, Kapitel 41.

Von den als Honorar für Briefübermittlungsdienste angebotenen Präsenten wählte Joachimus II Camerarius offenbar den Wein (vgl. Brief vom 20.7.1588).

Zum Oppianuskommentar des Conradus Rittershusius vgl. Überblick, Kapitel 44.

Über das Wundermädchen von Schmidtweiler verfaßte Posthius ein Epigramm mit der Widmung "Ad Casparum Peucerum, Med.", in dem er das Kuriosum auf Gottes Ratschluß zurückführte: Dieser habe damit seine Allgewalt zeigen wollen, damit die Menschen ihn preisen; das Gedicht beginnt: "Percelebrem fama vidi ..." und wurde von Posthius in seiner Gedichtsammlung "Parerga" publiziert (nur zweite Ausgabe Pars altera, S. 93).

200　　　　　　　　　　　　　　　　　　　　　　Heidelberg, 11.6.1588
Posthius an Joachimus [II] Camerarius, Nürnberg
Posthius vermerkte neben der Adresse:"dem botten ein ‖ trinckgelt".
Praesentatum: 17.6.
Autograph
Fundort: Erlangen UB Trew, Posthius 138 (= Ms. 1819, Bl. 727)
Folioformat

Begleitschreiben zur Übersendung einer Bittschrift ("Supplex libellus"), die der
Bruder des Adressaten [Godefridus Camerarius] über den Sekretär [Johannes?]
Ringlerus an den Pfalzgrafen [Johann Casimir] gerichtet hatte. Der sei jedoch der
Ansicht, daß die Brüder [Philippus und Joachimus II] für den Bruder sorgen würden und daß die Bittschrift daher an den Adressaten weitergeschickt werden solle;
nach der Auskunft des Ringlerus vom Vortag gehe es dem Bruder des Adressaten
gesundheitlich wie finanziell sehr schlecht. Außerdem weist Posthius auf seinen
vorausgegangenen Brief [vom 18.5.1588] hin, dem ein Schreiben [des Godefridus
Camerarius] beigelegt gewesen sei.

　　Abschließend berichtet Posthius, wegen der bisher durch den Adressaten besorgten Briefe des Sindelinus habe er vor kurzem [an den Adressaten?] geschrieben
[und angeboten, künftig selbst die Briefvermittlung zu übernehmen]; nun erwarte er
dienstbereit die Antwort des Adressaten.

Zur Notsituation des Godefridus Camerarius vgl. Überblick, Kapitel 41.

201　　　　　　　　　　　　　　　　　　　　　　Heidelberg, 20.7.1588
Posthius an Joachimus [II] Camerarius, Nürnberg
Praesentatum: 26.7.
Autograph
Fundort: Erlangen UB Trew, Posthius 139 (= Ms. 1819, Bl. 728)
Folioformat

Posthius teilt mit, das Schreiben des Adressaten an dessen Bruder Godefridus
[Camerarius] habe er sofort weitergeleitet. Dann berichtet er ausführlich über die
zu dessen Hilfe getroffenen Maßnahmen: Das zum Lebensunterhalt nötige Geld sei
dem Godefridus durch den Sekretär [Johannes?] Ringlerus schon längst übersandt
worden, wobei er, Posthius, die Bürgschaft übernommen habe. Daher habe er diesem Sekretär auch die zwanzig Gulden ("floreni") gegeben, die er von Julius Pacius
erhalten habe; der Adressat bräuchte sich also über seine, des Posthius, Handschrift [auf der Quittung] nicht zu wundern. - Nach Angabe des Pacius beliefen sich
die Schulden des Godefridus auf sechzig Gulden ("floreni"). - Der Pfalzverweser
[Johann Casimir] habe die Aufnahme des Godefridus in das Heidelberger Siechenheim ("Nosodochium") wegen Überfüllung abgelehnt. Er, Posthius, werde daher die
Suche nach einer anderweitigen Unterbringungsmöglichkeit für Godefridus fortsetzen, falls der Adressat nichts anderes [d. h. wohl eine Übersiedelung des Godefridus nach Nürnberg] im Sinn habe.

Außerdem berichtet Posthius, die Besorgung des [im Brief vom 18.5.1588 ange-
botenen] Weines [als Dank für Briefübermittlungen] verzögere sich, da der Hof in
ungewöhnlicher Weise einen Großteil des gehandelten Weines zum eigenen Gebrauch aufgekauft habe; der Sekretär Abrahamus Colbingerus habe jedoch zugesi-
chert, sich um die Weinbesorgung zu kümmern.

Abschließend weist Posthius darauf hin, die Grüße an [Georgius Ludovicus]
Huttenus werde er nach dessen Rückkehr von der am Anfang des Monats begonnenen Reise nach Franken ausrichten.

Grüße an den Bruder Philippus [Camerarius] des Adressaten; Grüße von dem
[aus Augsburg stammenden Pfälzer Rat Abrahamus] Colbingerus.

Zu der im Brief erwähnten Notsituation des Godefridus Camerarius vgl. Überblick,
Kapitel 41.

Julius Pacius a Beriga (Vicenza 9.4.1550 - Valence 1635), ein bedeutender Jurist,
lehrte von 1585 bis 1595 an der Universität in Heidelberg (vgl. Brief vom 25.11.1590).

202
Heidelberg, 4.8.1588
Posthius an Joachimus [II] Camerarius, Nürnberg
Posthius vermerkte neben der Adresse: "Dem botten ‖ ein trinckgelt"
Praesentatum: 9.8.
Autograph
Fundort: Erlangen UB Trew, Posthius 140 (= Ms. 1819, Bl. 729)
Folioformat

Ein in Eile abgeschickter Begleitbrief zu einem Zettel mit der Nachricht vom Tode
des Bruders Godefridus [Camerarius] des Adressaten, der am 1.8.[1588] gestorben
sei; Posthius vermerkt dazu, diesen Zettel mit der Todesnachricht habe er am Vor-
abend vom Sekretär [Johannes] Ringlerus erhalten. Außerdem weist Posthius auf
die in Ogersheim zurückgebliebene Tochter des Godefridus hin.

Grüße an den Bruder [Philippus Camerarius] des Adressaten.

Zur Hilfsaktion für den im Brief erwähnten Godefridus Camerarius vor dessen Tod
vgl. Überblick, Kapitel 41.

203
[Heidelberg], 9.8.1588
Posthius an Joachimus [II] Camerarius, Nürnberg
Posthius vermerkte neben der Adresse: "Dem botten ‖ ein trinckgelt"
Praesentatum: 16.8.
Autograph
Fundort: Erlangen UB Trew, Posthius 141 (= Ms. 1819, Bl. 730)
Folioformat

Begleitbrief zur Rücksendung eines Briefes des Adressaten, den dieser an seinen
[inzwischen verstorbenen] Bruder Godefridus [Camerarius] geschrieben hatte. Posthius verweist dabei auf seinen vorausgegangenen Brief [vom 4.8.1588]; die Ab-

rechnung über das für den Bruder übersandte Geld werde der Adressat von den damit beauftragten Leuten erhalten.

Außerdem vermerkt Posthius, dem Brief habe er eine dem Adressaten gewidmete "Elegia" des Janus Gruterus beigelegt, in der er, Posthius, auf die Bitte des Verfassers hin einen Pentameter verbessert habe.

Abschließend geht Posthius auf politische Neuigkeiten ein: Von der spanischen Flotte [d. h. vom Untergang der Armada] habe er dasselbe wie der Adressat gehört.

Bei den Ereignissen in Bonn rechne er mit einem schlimmen Ausgang und bete, daß der Konflikt nicht eskaliere.

Das dem Brief beigelegte Blatt mit der erwähnten Elegie des Janus Gruterus (vgl. Überblick, Kapitel 42) befindet sich heute in München (BSB Clm 10370, Nr. 404). Die Elegie ist "Clariss. Viro D. Ioachimo Camerario ‖ salutem nuncio. & amorem." überschrieben.

inc.: Iam ter & undecies
expl.: CVM DEDERIM, ECCE, DVOS?
50 Distichen in zwei Kolumnen.

Im 42. Distichon hat Posthius eigenhändig den Pentameter "quam de puteo aquae privo aqua, nixque nivi" durchgestrichen und das Wort "puteo" unterstrichen, da es wegen der beiden kurzen Vokale "u" und "e" metrisch an dieser Stelle nicht in den Vers paßt. An den linken Rand des Verses hat er ein Korrekturzeichen gefügt; dieses hat er am unteren Rand der Seite wiederholt und dahinter den verbesserten Vers notiert: "De puteo unico aquae quàm est aqua, nixque nivj."

Die spanische Flotte, etwa 130 Hochseeschiffe, war von König Philipp II. im Frühjahr 1588 zusammengezogen worden. Unter dem Oberbefehl des Herzogs Alonso von Medina-Sidonia sollte sie, nach Vereinigung mit den Schiffen des niederländischen Statthalters Alessandro Farnese vor der flandrischen Küste, England angreifen. Stürme, Schiffbrüche, Irrfahrten und Kämpfe mit englischen Schiffen kosteten etwa 15000 spanischen Soldaten das Leben, so daß sich Medina-Sidonia im Sommer 1588 schließlich mit dem Rest, d. h. mit gut der Hälfte der ursprünglichen Flotte, nach Spanien zurückziehen mußte.

Bonn war seit Dezember 1587 von Martin Schenk besetzt (vgl. Überblick, Kapitel 43). Gegen ihn hatte Erzbischof Ernst die Spanier zu Hilfe gerufen, die seit März 1588 unter Karl von Croy, dem Fürsten von Chimay, die Stadt belagerten und schließlich im September 1588 erobern konnten (vgl. auch den Brief vom 26.7.1586).

204 [Heidelberg], 12.9.1588

Posthius an Joachimus [II] Camerarius, Nürnberg

Praesentatum: 28.9.

Autograph

Fundort: Erlangen UB Trew, Posthius 142 (= Ms. 1819, Bl. 731)

Folioformat

Begleitbrief zur Übersendung von Schriftstücken des [verstorbenen] Godefridus [Camerarius]. Posthius berichtet, er habe die Sendung am Vortag von Ernestus Vögelinus, der die Nachlaßangelegenheiten des Godefridus besorgt habe, samt einem Begleitschreiben erhalten [Vögelinus war Pfälzer Landschreiber zu Neustadt an der Weinstraße]; dieses Begleitschreiben habe er, Posthius, ebenfalls dem Brief beigelegt. Nun habe er vor, die ganze Sendung an den [Frankfurter] Buchhändler [Sigismundus] Feyrabendus zu schicken und ihn um die Weiterleitung nach Nürnberg zu bitten. In Frankfurt weile wohl auch die Tochter des Godefridus.

Außerdem weist Posthius darauf hin, dem Brief habe er ein gedrucktes Exemplar einer Verteidigungsschrift des Barons [Fabian] à Donau gegen ein populäres Pamphlet, das einige Monate zuvor gegen diesen verbreitet worden sei, beigelegt.

Grüße an den Bruder Philippus [Camerarius] des Adressaten.

Zu den Umständen vor dem Tod des Godefridus Camerarius vgl. Überblick, Kapitel 41.

Baron Fabian von Donau/Dohna hielt sich auf seinen Gütern im Osten - in Ostpreußen und Litauen - relativ selten auf und auch dann vor allem, um sich Geld zu verschaffen. Er war relativ unabhängig, rechtschaffen, gebildet und ein Sympathisant der Kalvinisten und erwarb sich daher im Laufe der Zeit das Vertrauen Pfalzgraf Johann Casimirs, so daß er dessen engster Freund und Berater wurde. Im Auftrag des Pfalzgrafen übernahm er auch 1587 zusammen mit zwei anderen Feldherren die Führung der Hilfstruppen für Heinrich von Navarra, ohne diesem Amte gewachsen zu sein und ohne sich gegen seine Kollegen - von denen einer ihm sogar übergeordnet war - durchsetzen zu können oder zu wollen (vgl. Brief vom 23.11.1587). Nach dem Scheitern der Expedition sahen viele in ihm den Hauptschuldigen für den Mißerfolg, und so notierte Dohna in seiner Autobiographie: "Wie ich wieder in Deutschland und naher Heydelberg gekommen, armsehlig genug, die Wahrheit zu sagen, ist mir hart hin und wieder zugesetzt worden." (publiziert von Krollmann: Dohna, 1905, S. 63). Insbesondere die Vertreter Heinrichs von Navarra - allen voran Jacques Ségur, Seigneur de Pardaillan - griffen die Taktik des deutschen Heeres heftig an. François comte de Coligny, Seigneur de Châtillon schrieb am 17.2.1588 allerdings ausführlich an Pfalzgraf Johann Casimir, daß und warum Dohna am Scheitern des Unternehmens keine Schuld treffe, und dies Schreiben wurde im Juni 1588 im Auftrage des Pfalzgrafen durch Adam Gans Edler zu Putlitz den protestantischen Reichsfürsten überbracht. Außerdem verteidigte sich Dohna auch selbst mit einem gedruckten "Kurzen und wahrhaftigen Bericht", den er von Pfalzgraf Johann Casimir hatte absegnen lassen. Diese Schrift brachte er am 31.3.1588 in Frankfurt in Umlauf. Heinrich von Navarras Gesandte reagierten darauf ihrerseits mit einer polemischen "Responsio ad scriptum Fabiani a Do-

naw", die Jacques Bongars verfaßt hatte, ohne allerdings seinen Namen zu publizieren. Voll Zorn über diese polemische Schrift eilte Dohna daraufhin nach Frankfurt und veröffentlichte dort ein dreisprachiges - deutsch, lateinisch und französisch - Plakat, in dem er den anonymen Verfasser der "Responsio" zum Duell forderte. Bongars seinerseits reagierte mit einem im Stil der Dunkelmännerbriefe gehaltenen lateinischen Pamphlet (Bezold: Briefe, Bd. III, 1903, S. 95-97, Nr. 112).

205   Heidelberg, 8.10.1588
Posthius an Carolus Clusius, Frankfurt
Posthius vermerkte zur Adresse: "bey ‖ hern [Andreas] Wechels Erben [d. h.: bei seinem Sohn Johannes Wechel oder seinen Schwiegersöhnen Claude Marny und Johann Aubry] ‖ zuerfragen".
Clusius vermerkte außer dem Empfangsdatum: "ad meas 3. ejusdem [Octobris] novo [calendario]. ‖ Accepi ‖ francoforti ... cum germanicis rythmis ipsius in obitum Aicholtzij ‖ Respondi 7. Novembris".
Praesentatum: 21.10. Gregorianischer Zeit
Autograph
Fundort: Leiden UB Ms. Vulc. 101 (6)
Folioformat

Posthius versichert, den Brief und die Schachtel mit den seltenen Wurzelknollen ("scatula bulbis rarioribus referta") habe er wunschgemäß an den jungen Fürsten [Pfalzgraf Friedrich IV.] weitergeleitet; dieser wolle sich beim geplanten Aufenthalt des Adressaten in Heidelberg im Sommer [1589] erkenntlich zeigen.

Dann verweist Posthius darauf, dem Brief habe er seine auf die Bitte des Adressaten hin angefertigten deutschen Verse ("Rhythi [sic!] Germanici") zum Tode des [Johannes] Aicholtzius beigelegt.

Posthius bittet außerdem, ihm möglichst bald eine kurze Biographie zu schicken, damit er sie nach Straßburg an Nicolaus Reusnerus für dessen geplantes Werk von Biographien zeitgenössischer Gelehrter mit illustrierenden Porträts dieser Männer ("doctorum virorum Jmagines unà cum brevj annotatione vitae & studiorum vniuscuiusque") weiterleiten könne. Posthius vermerkt in dem Zusammenhang, er habe an Reusnerus bereits vor längerer Zeit ein Porträt des Adressaten geschickt; Clusius erweise daher mit einer eventuellen Überweisung seiner Biographie sowohl sich selbst als auch ihm, dem Posthius, und Reusnerus einen Gefallen.

Im Postskript Grüße von Melissus, der damit die Grüße des Adressaten erwidere.

Wie aus den oben angeführten Vermerken des Empfängers hervorgeht, hatte dieser am 3.10.1588 Gregorianischen Kalenders einen Brief an Posthius geschickt, in dem er offenbar um die Weiterleitung der Sendung an den jungen Fürsten und um das Verfassen von Trauergedichten für Aicholtzius gebeten hatte. Posthius antwortete am 8.10.1588 Julianischen Kalenders, was dem 18.10.1588 Gregorianischen Kalenders entspricht. Clusius erhielt diesen Brief am 21.10.1588 Gregorianischen Kalenders in Frankfurt

und antwortete am 7.11.1588. Dabei notierte er sich den Entwurf für den von Posthius
erbetenen Lebenslauf auf die Rückseite des obigen Posthiusbriefes vom 8.10.1588
(publiziert und zusätzlich als Faksimile abgebildet bei Hunger: L'Escluse, Bd. I, 1927,
Beiblatt I; zu den Biographiensammlungen des Reusnerus vgl. Überblick, Kapitel 40).

Über den Verbleib des Beiblattes mit deutschen Versen zum Tod des Johannes Ai-
choltzius ist mir nichts bekannt; Posthius nahm in seine Gedichtsammlung "Parerga"
zwar kein deutsches, dafür aber ein lateinisches, dem Carolus Clusius gewidmetes Epi-
cedium zum Tode des Aicholtzius/Aicholtus auf, das dem Carolus Clusius gewidmet
ist und "Ergo tuus, Clusi ..." beginnt (nur zweite Ausgabe Pars altera, S. 116). - Clusius
und Paulus Fabricius hatten übrigens bereits einige Monate zuvor je ein Epicedium für
Aicholtzius verfaßt und an Posthius und an Joachimus II Camerarius je eine Abschrift
davon geschickt, wie aus dem Clusiusbrief vom 18.6.1588 an Joachimus II Camerarius
hervorgeht (Hunger: L'Escluse, Bd. II, 1942, S. 161, Nr. 163). - Zum Wiener
Freundeskreis um Clusius, Aicholtzius und Fabricius vgl. Brief vom 9.3.1575.

Literatur: *Hunger, L'Escluse, Bd. I (1927), S. 170.*

206   Heidelberg, 12.12.1588
Posthius an Joachimus [II] Camerarius, Nürnberg
Posthius vermerkte neben der Adresse: "abwesendt, ‖ *seinem bruder [Philippus Came-*
rarius] ‖ *zuerbrechen"*
Praesentatum: 1.1.89 sowie - wohl von anderer Hand - 3.1.
Autograph
Fundort: Erlangen UB Trew, Posthius 143 (= Ms. 1819, Bl. 732)
Folioformat

Posthius verweist auf das umfangreiche Schriftbündel von [Ernestus] Vögelinus [in
der Angelegenheit des verstorbenen Godefridus Camerarius], das er, Posthius,
während der vergangenen Frankfurter [Herbst]messe [am 12.9.1588] an [den
Frankfurter Drucker Sigismundus] Feyrabendus zur Weiterleitung an den Adressaten geschickt habe. In dem Zusammenhang bietet Posthius weitere Dienste in
den Angelegenheiten des [verstorbenen] Bruders des Adressaten [Godefridus Ca-
merarius] an.

Außerdem bittet Posthius, die beiden beigelegten Briefe - sie seien von ihm, Posthius, und vom Heidelberger Drucker [Hieronymus] Comelinus - an [Janus] Gruterus weiterzuleiten. [Posthius berichtet über Anlaß und Inhalt seines Briefes an
Gruterus:] Diesem sei die Professur der Institutionen an der juristischen Fakultät in
[Heidelberg] in Aussicht gestellt gewesen, wegen seines langen Schweigens aber einem anderen versprochen worden; nun habe Gruterus [zu spät] aus Rostock geschrieben, er [habe durchaus Interesse an dieser Professur und] plane einstweilen,
die Universitäten in Wittenberg und Leipzig zu besuchen; daselbst erwarte er die
Antwort aus Heidelberg.

Außerdem weist Posthius darauf hin, Comelinus plane eine weitere Plautusausgabe, für die er auch die Anmerkungen ("notae") von des Adressaten verstorbenem

Vater [Joachimus I Camerarius] mitverwenden möchte. Daher bitte Comelinus um
die Übersendung dieser "notae" zur nächsten Messe nach Frankfurt; eine Gegenleistung stelle er in Aussicht.

Abschließend rät Posthius dem Adressaten, an den pfälzischen Sekretär Abrahamus Colbingerus wegen des [im Brief vom 20.7.1588 angekündigten, aber immer
noch] ausstehenden Honorares [für Briefübermittlungen an Christophorus Ehe-
mius] einen Mahnbrief zu schicken.

Grüße an des Adressaten Bruder Philippus [Camerarius].

*Die Bemerkung von Posthius neben der Adresse, wegen der Abwesenheit des Adressa-
ten solle dessen Bruder - gemeint ist Philippus Camerarius - den Brief öffnen, zeigt,
daß Posthius von der überraschenden Italienreise des Joachimus II Camerarius im
November 1588 informiert war: Camerarius hatte nämlich die sich bietende Gelegenheit, den Bamberger Bischof Ernst von Mengersdorf nach Kärnten als Leibarzt zu
begleiten, wahrgenommen und dabei auch von Villach aus einen Abstecher nach
Venedig und Padua gemacht, um alte Studienfreundschaften wieder aufzufrischen
(Adamus: Vitae medicorum, 1620, S. 159).*

Zu Godefridus Camerarius vgl. Überblick, Kapitel 41.

*Janus Gruterus erhielt im Herbst 1590 einen Lehrstuhl für Geschichte an der Uni-
versität Wittenberg, korrespondierte jedoch weiter mit Heidelberg und siedelte dorthin
über, als er 1592 wegen seines reformierten Bekenntnisses seine Wittenberger Stelle
verlor. In Heidelberg bekam er schließlich 1593 gegen den Widerstand der Universität
auf Betreiben des Kurfürsten Friedrich IV. hin eine außerordentliche Professur (vgl.
Überblick, Kapitel 42).*

*Bei dem Brief des Heidelberger Druckers Hieronymus Comelinus/Commelinus an
Gruterus, den Posthius mit seinem obigen Brief übersandte, handelte es sich wohl um
eine positive Antwort auf eine Anfrage des Gruterus, ob Commelinus Interesse an einer von Gruterus zu besorgenden neuen Edition der Plautuskomödien habe. Die bis
dahin gültige Ausgabe war die, die Joachimus I Camerarius 1558 herausgegeben hatte
(vgl. Literaturverzeichnis unter Camerarius: Plauti Comoediae, 1558). Er hatte dazu
zwei hervorragende Plautushandschriften, den sogenannten "Codex vetus" und den
"Codex decurtatus", aus seinem eigenen Besitz verwenden können, und wenn Posthius
sich nun im Auftrag des Comelinus/Commelinus an Joachimus II Camerarius
wandte, wünschte er offenbar einen handschriftlichen Variantenapparat. Die geplante
Edition verzögerte sich allerdings, obwohl Gruterus in den folgenden Jahren die Pläne
zu einer Plautusausgabe weiter verfolgte. Als erstes erschien 1595 eine Ausgabe der
Prosakomödie "Querolus", an der auch Conradus Rittershusius mitarbeitete:
"Querolus, sive Aulularia, ad Camerii codicem veterem denuo collata. Eadem a
Vitale Bleseni elegiaco carmine reddita, et nunc primum publicata. Additae P. Danielis, C. Rittershusii, J. Gruteri notae. Ex typographeio H. Commelini 1595" (Angaben
nach Port: Commelinus, 1938, S. 66, Nr. 118). Für die von Comelinus/Commelinus
geplante Gesamtausgabe der 20 Komödien des Plautus überarbeitete Gruterus das in
seinem Besitz befindliche Exemplar der erwähnten Plautusausgabe des Joachimus I
Camerarius, doch verhinderte der Tod des Druckers im Jahre 1597 die Publizierung.*

*Dabei hatte Gruterus inzwischen neben den Plautushandschriften der Palatina auch
die beiden erwähnten Plautushandschriften aus dem Camerariusbesitz einsehen und
exzerpieren können, zumal etwa zu der Zeit die diese beiden Handschriften in den Besitz der Palatina übergingen. Diese Exzerpte des Gruterus dienten dann auch als
Grundlage für die großen, einander konkurrierenden Plautusausgaben des Fridericus
Taubmannus von 1605 und 1612 - sie erschienen in Wittenberg - und des Johannes
Philippus Pareus (1576-1648) von 1610, die in Frankfurt herauskam. Für seine nächste, in Neustadt an der Hardt 1619 erschienene Ausgabe konnte Pareus dann selbst auf
die Handschriften zurückgreifen, worauf auch Gruterus diese nochmals durchsah und,
da Taubmannus 1613 verstorben war, selbst eine verbesserte dritte Taubmannsche
Plautuseditionen herausbrachte (F. Ritschl: Opuscula philologica/Kleine philologische
Schriften, Bd. 2, Leipzig 1868, S. 125-152; H. A. Gärtner: Gruters Plautus-Ausgabe
1621, in: Bibliotheca Palatina, 1986, Bd. I, S. 431f; ibidem Bd. II, S. 281 ist das Titelblatt der Plautusausgabe von 1558 abgebildet, und zwar von dem erwähnten Exemplar
des Gruterus mit dessen handschriftlichen Einträgen).*

207   Heidelberg, 23.1.1589
Posthius an Joachimus [II] Camerarius, Nürnberg
Praesentatum: 29.1."88" (sic!)
Autograph
Fundort: Erlangen UB Trew, Posthius 144 (= Ms. 1819, Bl. 733)
Folioformat

Nach einem Hinweis auf seinen vorausgegangenen Brief [vom 12.12.1588] und auf
das damals beigelegte Schreiben an [Janus] Gruterus berichtet Posthius, er habe
lange an einer Erkrankung der Atemwege ("catarrhus") gelitten und diese mit einem Absud aus Guajakholz ("d[ecoc]tum Lignj Guaiacj") erfolgreich bekämpft.

Anschließend geht Posthius kurz auf die Neuigkeiten aus Frankreich ein: Der
König [Heinrich III.] verfolge zum großen Ärger der Katholiken ("pontificij") die
Guisen, wodurch Gott seiner Kirche [gemeint sind die Reformierten] wenn nicht
festen Frieden, so doch wenigstens erholsame Ruhe (Posthius benützt dafür die
Metapher "dies Halcyonios") bereite.

Neujahrsglückwünsche.

Im Postskript rät Posthius [wie schon im Brief vom 12.12.1588] dem Adressaten,
an den pfälzischen Sekretär Abrahamus Colbingerus wegen des [im Brief vom
20.7.1588 angekündigten, aber immer noch] ausstehenden Honorares [für Briefübermittlungen an Christophorus Ehemius] einen Mahnbrief zu schicken.

*Dieser Brief wurde vermutlich mit dem gleichen Datums an Conradus Rittershusius
bis Nürnberg gemeinsam übersandt.*
*Über die Wirkung der im Brief erwähnten Guajakholzes hatte Posthius Jahre zuvor
schon einmal mit Joachimus II Camerarius korrespondiert (vgl. Brief vom 6.10.1580).*
*Die Nachrichten aus Frankreich beziehen sich darauf, daß im Sommer 1588 Her-
zog Heinrich von Guise die Macht in Paris übernommen hatte, teils mit, teils gegen*

den Willen des immer ohnmächtiger werdenden Königs Heinrich III., der schließlich
Paris verließ, zwischen der evangelischen Partei unter Heinrich von Navarra und der
katholischen unter Heinrich von Guise hin- und herschwankend (vgl. Brief vom
14.2.1588): Zuerst wollte er zu Heinrich von Navarra nach Chartres fliehen, ernannte
aber dann Heinrich von Guise zum Oberkommandierenden des Heeres und berief
eine Ständeversammlung nach Blois ein. Als er merkte, welche Ehrerbietung dort
Heinrich von Guise entgegengebracht wurde, ließ er diesen am 24.12.1588 ermorden,
kurz danach auch noch dessen Bruder, den Kardinal Ludwig von Guise. Darauf kam
es zu einer kriegerischen Auseinandersetzung mit Karl von Lothringen, dem Herzog
von Mayenne und jüngeren Bruder der Ermordeten. Nachdem sich König Heinrich III.
daher am 30.4.1589 mit König Heinrich von Navarra verbündet hatte, wurde er beim
Marsch auf Paris am 1.8.1589 von Jacques Clément, einem fanatischen Dominika-
nermönch, meuchlings so verwundet, daß er am folgenden Tage verstarb.

208   Heidelberg, 23.1.1589
Posthius an Conradus Rittershusius, Altdorf
Praesentatum: 2.2.
Autograph
Fundort: Hamburg SuUb Supellex epistolica 46, Bl. 266 (= Brief 194, Rittershusius-
Nummer 3)
Folioformat

[Antwort auf ein Schreiben des Adressaten:]
    Posthius dankt für ein ihm gewidmetes Gedicht ("epigramma") und dafür, daß
der Adressat seine "Oda" [zum Lobpreis des Posthius und Melissus, die Posthius
am 27.3.1588 mit dem Vermerk verbesserungswürdiger Stellen zurückgeschickt
hatte, nun nach entsprechenden Verbesserungen] abermals gesandt habe; Posthius
vermerkt dazu, der Wortlaut werde nun [von ihm und Melissus] für gut befunden.
    Dann beantwortet er Anfragen zu [dem spätantiken Dichter] Ausonius [etwa
310-395]: In der Bibliotheca Palatina gebe es nach des Melissus Auskunft kein altes
Exemplar der Werke dieses Dichters. Der Heidelberger, beider Sprachen [Latein
und Griechisch] kundige Buchdrucker Hieronymus Commelinus habe im Vorjahr
einen Ausoniustext in der Bearbeitung des [Josephus] Scaliger zusammen mit eigenen Beobachtungen zu diesem Autor gedruckt, doch noch nicht veröffentlicht. Daher könnte des Adressaten Kommentar ("observationes") noch zusammen mit diesem Werk publiziert werden. In dem Zusammenhang weist Posthius darauf hin,
nach des Commelinus Auskunft habe ein Italiener namens Mariangelus [Accursius]
etwa 100 Jahre zuvor Anmerkungen zu Ausonius verfaßt und außerdem einiges zu
den Metamorphosen des Ovidius. Möglicherweise besitze [Joachimus II] Camerarius das Werk von Mariangelus. Hätte Posthius selbst Einschlägiges zur Verfügung,
würde er es dem Adressaten bereitwillig ("ἀφθόνως") senden.
    Außerdem erwähnt Posthius, dem Brief liege ein Bericht vom englischen Siege
[über die spanische Armada im Jahre 1588] bei.

Abschließend berichtet er, der französische König [Heinrich III.] verfolge die Guisen.

Grüße an Matthias Bergius und an [Philippus] Scherbius.

Dieser Brief wurde vermutlich bis Nürnberg zusammen mit dem oben angeführten Posthiusbrief desselben Datums an Joachimus II Camerarius geschickt.

Bei dem Epigramm des Rittershusius handelt es sich möglicherweise um dessen dem Posthius gewidmetes Gedicht "In Philosophiae vituperatores", das Posthius 1595 im "Liber adoptivus" seiner Gedichtsammlung "Parerga" publizierte; dieses Gedicht beginnt "Quis credat ..." (nur zweite Ausgabe Pars altera, S. 299).

Zur wissenschaftlichen Beschäftigung des Conradus Rittershusius mit Ausonius vgl. Überblick, Kapitel 45.

Auf den englischen Sieg über die Spanier bzw. auf den Untergang der Armada war Posthius auch in seinem Brief vom 9.8.1588 eingegangen.

Zur Verfolgung der Guisen durch König Heinrich III. vgl. Brief vom 23.1.1589 an Joachimus II Camerarius.

209   Heidelberg, 18.3.1589

Posthius an Carolus Clusius, Frankfurt
Clusius vermerkte zusätzlich zum Empfangsdatum: "Respondi 22. [Martij]"
Praesentatum: 20.3. in Frankfurt
Autograph
Fundort: Leiden UB Ms. Vulc. 101 (7)
Folioformat

Posthius erklärt sein Nichterscheinen zur Frankfurter Messe mit den verschiedensten Abhaltungen, über die der beiderseitige Freund [Henricus] Stephanus den Adressaten unterrichten werde.

Weiter berichtet Posthius, im vergangenen Winter habe er so sehr an Erkrankungen der Atemwege ("catarrhus und tussis") gelitten, daß er 21 Tage lang einen Absud ("decoctum Guaiacj") habe einnehmen müssen. Nach wie vor sei er sehr geschwächt. Er führe dies auf sein Alter und seine häufigen Erkrankungen an Fieber und Podagra zurück.

Im folgenden lädt Posthius den Adressaten nach Heidelberg ein, weil er sich dadurch Zerstreuung erhoffe.

Abschließend fragt er, auf welchen Pflanzen als Früchte die "Nux vomica" und die Kokosnüsse ("Cocculj" oder "Coccalj") wüchsen.

Der Brief war, wie aus seinem Text hervorgeht, offenbar dem Genfer Buchdrucker Henricus Stephanus bei dessen Durchreise durch Heidelberg zur Frankfurter Messe mitgegeben worden; wahrscheinlich hatte Stephanus dabei Posthius besucht.

Posthius erwähnt seine Erkrankung und deren Behandlung auch in seinem Brief vom 23.1.1589 an Joachimus II Camerarius.

Von den Plänen des Carolus Clusius zu einem Aufenthalt in Heidelberg im Sommer 1589 war bereits im Posthiusbrief vom 8.10.1588 die Rede.

Literatur: Hunger: L'Escluse, Bd. I (1927), S. 173.

210   Heidelberg, 13.8.1589
Posthius an Johannes Weidnerus, Schwäbisch Hall
Praesentatum: 29.8.
Autograph
Fundort: Stuttgart WLB Cod. hist. 2° 603, Bl. 558 (Weidnersche Nr. 15)
Folioformat

Begleitschreiben für einen Brief des Rochus [Cornelius] Veldius, der in Frankfurt
bei Sigismundus Feyerabendius arbeite; Posthius teilt in dem Zusammenhang mit,
in dem Brief des Veldius an den Adressaten gehe es um die Schulden des [Francis-
cus] Modius, über die Veldius auch ihn, den Posthius, informiert habe. Der Adressat möge nun den Brief des Veldius dem Marcus [Schweickerus, dem Syndikus der
fränkischen Ritterschaft,] zeigen und diesen bitten, das noch ausstehende Honorar
[dafür, daß Modius sein Werk "Pandectae Triumphales" diesem Marcus Schweickerus sowie verschiedenen Ritterschaften gewidmet habe,] zur nächsten Messe nach
Frankfurt zu schicken, um die Gläubiger des Modius - darunter sei auch er, Posthius - endlich zu entschädigen. Er werde umgekehrt dem Adressaten in ähnlichen
Fällen behilflich sein.
     Sodann berichtet Posthius, der französische König [Heinrich III.] sei von einem
Mönch [Jacques Clément] ermordet worden.
     Martinus Schenckius [von Nideggen] sei bei Nijmegen ertrunken, die Leiche sei
geborgen und gevierteilt worden.
     Grüße an Marcus [Schweickerus].

Bei dem diesem Brief beigelegten Schreiben des Rochus Cornelius Veldius handelt es
sich vermutlich um dessen Brief vom 10.8.1589 aus Frankfurt (Brieforiginal heute in
Stuttgart WLB Cod. hist. 2° 603, Bl. 555f); zu der darin angeführten finanziellen Not-
lage des Franciscus Modius vgl. Überblick, Kapitel 43.
     Der französische König Heinrich III. hatte sich die unversöhnliche Feindschaft ra-
dikaler Katholiken dadurch zugezogen, daß er die Anführer der katholischen Liga
hatte ermorden lassen (vgl. Brief vom 23.1.1589 an Joachimus II Camerarius).
     Martinus Schenkius/Martin Schenk von Nideggen hatte am 23.12.1587 Bonn
überfallen und dabei Modius ins Unglück gestürzt (vgl. Briefe vom 18.2.1588 und vom
27.3.1588 sowie Überblick, Kapitel 43). Im Jahre 1589 verlor er bei einem versuchten
Überfall auf die Stadt Nijmegen das Leben; darauf bezieht sich die erwähnte Notiz des
Posthius.

211 [Heidelberg], 7.9.1589
Posthius an Conradus Rittershusius, Altdorf
Rittershusius vermerkte - offenbar als er den Brief verlieh - auf der Briefrückseite: "Hoc
autographum ‖ asservari mihique ‖ remitti cupio. ‖ C. R."
Praesentatum: 14.9.
Autograph
Fundort: Berlin SBPK Sammlung Darmstaedter 3d 1582 (1)
Folioformat

Antwortbrief auf ein Schreiben des Adressaten, mit dem dieser eigene Gedichte
("epigrammata") gegen die Trunksucht übersandt hatte: Durch diese Gedichte in-
spiriert habe nun er, Posthius, seinerseits Verse über dasselbe Thema in anderem
Versmaß verfaßt und übersende sie mit dem Brief; auch bitte er den Adressaten,
diese Verse zu verbessern.

Anschließend berichtet Posthius, er habe inzwischen beim [Heidelberger
Drucker Hieronymus] Comelinus den in Briefform gekleideten Ausoniuskommentar ("Epistolicae Exercitationes") des Adressaten sowie die durch Solomo Pantherus erfolgte Widmung dieses Kommentares an ihn, den Posthius, gesehen; mit dieser Widmung ("προσφώνησις") erkläre er sich gerne einverstanden und bedanke
sich sehr herzlich dafür.

Außerdem kündigt Posthius an, er werde ein enkomiastisches Gedicht
("epigramma") auf die geplante, durch den Adressaten verbesserte Neuausgabe des
Q.[uintus] Serenus verfassen.

Schließlich bittet Posthius noch um Informationen über die [vom Adressaten
geplante] Italienreise.

Grüße an [Solomo] Pantherus.

Wie aus dem Vermerk des Conradus Rittershusius auf der Briefrückseite hervorgeht,
hatte er diesen Brief verliehen, vermutlich an Solomo Pantherus. Seiner dort ver-
merkten Bitte um Aufbewahrung wurde offenbar entsprochen, der Bitte um Zurück-
sendung jedoch nicht, da dieser Brief nicht in der Korrespondenzsammlung des Rit-
tershusius die Jahrhunderte überdauerte, sondern 1920 aus mir unbekannter Quelle für
die Sammlung Ludwig Darmstaedter in der Preußischen Staatsbibliothek erworben
wurde. In den Besitz von Rittershusius gelangte statt dieses Originalbriefes eine ver-
mutlich von Pantherus angefertigte vollständige Kopie (vgl. die Angaben im Kapitel
über die Briefempfänger unter Conradus Rittershusius).
Zu des Posthius Gedichten gegen Trunkenheit vgl. Überblick, Kapitel 19.
Zum Ausoniuskommentar des Conradus Rittershusius vgl. Überblick, Kapitel 45.
Zur Serenusedition des Conradus Rittershusius vgl. Überblick, Kapitel 46.

212   Heidelberg, 12.10.1589
Posthius an Johannes Weidnerus, Schwäbisch Hall
Praesentatum: 19.10.
Autograph
Fundort: Stuttgart WLB Cod. hist. 2° 603, Bl. 566 (Weidnersche Nr. 16)
Folioformat

Posthius fragt, ob seine beiden Briefe, die er im Sommer geschickt habe [darunter
der vom 13.8.1589], angekommen seien, da der Adressat weder geantwortet noch
den Namen des Posthius in seinem Brief an Rochus [Cornelius] Veldius erwähnt
habe; Posthius berichtet, er habe Veldius vor kurzem auf der [Frankfurter] Messe
getroffen und von ihm die 15 Gulden ("floreni") erhalten, die er fünf Jahre zuvor
dem [Franciscus] Modius geliehen hatte. In dem Zusammenhang erwähnt Posthius,
Modius - der jetzt in Belgien beim jüngeren Grafen [Carolus] Egmondanus lebe -,
habe ihm zu seiner Enttäuschung bislang nicht geschrieben (dies ist mit "Sed hoc
tibj in aurem" als vertraulich gekennzeichnet).

Abschließend berichtet Posthius, daß die französischen Gesandten in Kürze von
anderen deutschen Fürstenhöfen nach [Heidelberg] zurückkehren würden; über
Ergebnisse der Gesandtschaft sei ihm nichts bekannt; die [Pfalz] sei zwar zu [militä-
rischer] Hilfe [für Heinrich IV. gegen die katholische Opposition in seinem Land]
bereit, doch fehlten die Mittel.

Der eine der erwähnten beiden Posthiusbriefe vom Sommer 1589 erreichte mögli-
cherweise den Weidnerus nie, denn mir ist aus dieser Zeit nur der Brief vom 13.8.1589
bekannt. Mit diesem Brief hatte Posthius ein Mahnschreiben des Rochus Cornelius
Veldius an Marcus Schweickerus übersandt, das diesen an noch ausstehende Dankes-
gelder für eine Widmung erinnerte, die Modius Jahre zuvor an Schweickerus und an
verschiedene Ritterschaften gerichtet hatte. Schweickerus schickte das Geld prompt;
Veldius erhielt es von einem Boten aus Speyer und bedankte sich dafür am 12.10.1589
bei Weidnerus. Dabei äußerte er seine Freude darüber, daß so die Angelegenheit des
Modius endlich zu einem Ende gelangt sei (dieses Schreiben befindet sich in Stuttgart
WLB Cod. hist. 2° 603, Bl. 568; Weidnerus erhielt es am 18.10. Weiteres vgl. Überblick,
Kapitel 43).

Die im Brief erwähnten französischen Gesandten sollten Darlehen für den franzö-
sischen König und die Erlaubnis zu Truppenanwerbungen bei den evangelischen
Schweizern und bei evangelischen Reichsfürsten erbitten; zwei von ihnen, Nicolaus de
Harley Sieur de Sancy und Wilhelm von Baradat, waren bereits im Februar 1589 von
Heinrich III. losgeschickt worden, der mit der Ermordung Heinrichs von Guise einen
Kampf gegen die katholische Liga begonnen hatte (vgl. Brief vom 23.1.1589 an
Joachimus II Camerarius). Baradat sprach am 13.5.1589 in Dresden vor, mit Erfolg:
Kurfürst Christian von Sachsen und der hessische Landgraf Wilhelm vereinbarten kurz
darauf, ein Darlehen zu gewähren. Nach der Ermordung Heinrichs III. Anfang August
1589 (vgl. Brief vom 13.8.1589) führte der evangelische Thronfolger Heinrich IV. von
Navarra diesen Kampf fort und sandte weitere Agenten, denen gegenüber sich beson-
ders Sachsen und die Pfalz aufgeschlossen zeigten. So kam es Anfang März 1590 zu

einem Treffen in Plauen zwischen Christian und Johann Casimir, auf dem nicht nur über die Unterstützung Heinrichs IV. gesprochen wurde, sondern generell über ein Bündnis evangelischer Reichsstände (vgl. auch Brief vom 6.12.1591).

---

213   Heidelberg, 4.2.1590

Posthius an Carolus Clusius, Frankfurt

Posthius fügte zur Adresse hinzu: "bey ‖ dem hern [Johannes] Wecheln ‖ wonhafft".
Clusius notierte neben der Adresse außer dem Empfangsdatum: "ad meas 25.Decembris ‖ ... Respondi 9. Martij".
Von dritter Hand ist noch bei der Adresse "bezalt dem Botten" vermerkt.
Praesentatum: 28.2. in Frankfurt
Autograph
Fundort: Leiden, UB Ms. Vulc. 101 (8)
Folioformat

Posthius berichtet, das vom Adressaten samt einem Begleitschreiben übersandte Briefbündel des [in Zerbst wohnenden Casparus] Peucerus habe er schon vor längerer Zeit persönlich an Otho von Grunrad weitergeleitet [Grunrad war wie Posthius an der Erziehung des noch unmündigen Pfalzgrafen Friedrich IV. beteiligt].

Dann weist Posthius darauf hin, mit seinem Brief übersende er ein Schreiben des dänischen Arztes Jonas Charisius an den Adressaten; dieser Charisius, der in Padua praktiziere, habe ihm geschrieben, er sei dank der Empfehlung des Adressaten von Pinellus [gemeint ist der Gelehrte und Sammler Johannes Vincentius Pinelli in Padua] freundlichst aufgenommen worden und bitte daher den Adressaten, ihn, den Charisius, auch in seinem nächsten Brief an Pinellus zu erwähnen.

Anschließend wünscht Posthius dem Adressaten alles Gute zur Fertigstellung der geplanten Werke, von denen dieser auf der vergangenen [Frankfurter] Messe erzählt habe, und bittet, seine für diese Werke verfaßten "Epigrammata" dort als Erinnerungsmal ihrer Freundschaft mitabzudrucken.

Posthius erzählt außerdem, er habe im Winter fast ständig an Erkrankungen der Atemwege ("catarrhus") gelitten, sei aber von Podagra ("Tyrannus ... Cyprius") in letzter Zeit verschont geblieben.

Der Melanchthonschwiegersohn Casparus Peucerus wirkte seit seiner Freilassung aus sächsischem Gewahrsam, also seit 1586 (vgl. Brief vom 15.7.1574), als Arzt in Zerbst.

Aus dem Text des Briefes geht nicht hervor, ob ihm Gedichte beilagen. Möglicherweise dachte Posthius an seine beiden schon Jahre zuvor verfaßten Gedichte für Clusius: Das eine davon, für die "Historia Aromatum", hatte er am 26.10.1568 übersandt, das zweite, für das Werk über die spanische Flora, am 27.10.1568 in einer ersten Fassung und im Herbst 1576 in überarbeiteter Form (vgl. Brief vom 18.10.1576). Das erste Gedicht wurde ab 1574 in den Editionen der "Historia Aromatum" abgedruckt (vgl. Werkverzeichnis 68/1), das zweite in der 1583 erschienenen "stirpium ... Historia" des Clusius (vgl. Werkverzeichnis 1568/2).

214   Heidelberg, 1.3.1590
Posthius an Johannes Wechelus, [Frankfurt]
Publikation
Fundort: Einleitender Brief zu den anatomischen Beobachtungen des Posthius, die
Wechelus im Anhang einer Neuausgabe der Anatomiebücher des Realdus Columbus
publizierte (vgl. Werkverzeichnis 1590/1), S. 496.

Posthius berichtet, daß der Adressat, [der Frankfurter Drucker und Verleger Jo-
hannes] Wechelus, das Werk des Realdus [Columbus] auf sein Anraten hin neu
aufgelegt habe, sich aber erst kurz vor Fertigstellung des Druckes mit der dringenden Bitte an ihn gewandt habe, seine Anmerkungen zu dem Werk des Realdus
möglichst bald zu übersenden; daher habe er nur rasch aus seinen Aufzeichnungen
einige Exzerpte angefertigt. Ein umfangreicheres Werk wolle er folgen lassen, falls
seine Lebenszeit dazu ausreiche.

215   Heidelberg, 14.3.1590
Posthius an Conradus Rittershusius, Altdorf
Praesentatum: 22.3.
Autograph
Fundort: Hamburg SuUB Supellex epistolica 46, Bl. 268 (= Brief 195, Rittershusius-
Nummer 5)
Folioformat

Posthius entschuldigt sein verspätetes Schreiben mit seinen beruflichen Pflichten,
vor allem mit denen als Hofarzt, sowie mit seinem Vorsatz, er habe erst nach der
Fertigstellung seines [in seinem Brief vom 7.9.1589] angekündigten enkomiastischen
Gedichtes ("Epigramma") für die vom Adressaten überarbeitete Neuausgabe des
Q.[uintus] Serenus schreiben wollen. Dieses Gedicht habe er nun beigelegt.
    Außerdem empfiehlt Posthius dem Adressaten, seine Anmerkungen ("notae")
zu Serenus an den Heidelberger Medizinprofessor Johannes Opsopaeus zu
schicken; dieser beabsichtige nämlich, sein in Paris erworbenes, von mehreren Gelehrten korrigiertes und mit eigenen Glossen versehenes Serenusexemplar drucken
zu lassen. Er, Posthius, habe dieses Exemplar vom beiderseitigen Freund [Lamber-
tus Ludolfus] Pithopaeus gezeigt bekommen.
    Abschließend rät Posthius dem Adressaten, wegen der Verzögerung der Publi-
kation seines in Briefform abgefaßten Kommentares ("Epistolicae ... exercitationes") [zu Ausonius] dem Drucker [Hieronymus Commelinus] einen Mahnbrief zu
senden.
    Grüße an Salomo [Pantherus] und an [Matthias] Bergius.

Posthius hatte schon Anfang Dezember 1589 dem Conradus Rittershusius schreiben
wollen, wie aus einer Bemerkung des Lambertus Ludolfus Pithopaeus in seinem Brief
vom 8.12.1589 an Rittershusius hervorgeht (Brieforiginal heute in Hamburg SuUB Su-
pellex epistolica 46, Bl. 245). Anfang März erhielt Pithopaeus einen Brief von Rit-
tershusius, dem weitere Schreiben an Posthius und Commelinus beigelegt waren (der

Antwortbrief des Pithopoeus vom 16.3.1590 befindet sich in Hamburg SuUB Supellex epistolica 46, Bl. 247). Auf dieses über Pithopaeus geleitete Schreiben des Rittershusius reagierte Posthius offenbar mit dem angeführten Brief.

Die Anspielung des Posthius im obigen Brief auf seine Pflichten als Hofarzt enthalten einen versteckten Hinweis auf seine unangenehme Aufgabe, nämlich die medizinische Betreuung der Pfalzgräfin Elisabeth, die sich ab Mitte November 1589 auf ihren Tod vorbereitete (vgl. Überblick, Kapitel 47).

Das von Posthius erwähnte Blatt mit seinem enkomiastischen Gedicht über den Serenuskommentar des Rittershusius (vgl. Überblick, Kapitel 46) liegt heute unmittelbar vor dem Brief (vgl. Werkverzeichnis 1590/5).

Zum Ausoniuskommentar des Conradus Rittershusius vgl. Brief vom 7.9.1589 und Überblick, Kapitel 45.

216   Heidelberg, 25.11.1590
Posthius an Johannes Weidnerus, Schwäbisch Hall
Praesentatum: 29.11.
Autograph
Fundort: Stuttgart WLB Cod. hist. 2° 603, Bl. 558 (Weidnersche Nr. 17).
Folioformat

Nahezu ausschließlich deutsch abgefaßtes Antwortschreiben: Posthius dankt für ein Gedicht ("Carmen") auf seinen Sohn [Erasmus] und berichtet über die Studiensituation [für Juristen] in Heidelberg: Vornehmster Juraprofessor sei der Italiener [Julius] Pacius [von Beriga], der wöchentlich private Disputationen abhalte, der zweite sei [Henricus] Krefftingus, der dritte Heumannus [gemeint ist Petrus Heymann]. Das billigste Essen gebe es im "Contubernium novum" für vierzehn "Albi" oder "weißepfenning" wöchentlich ohne Wein. In der Stadt zahle man normalerweise mindestens zwei "Gülden" oder 25 bzw. 26 "batzen". Habilitationen seien wohlfeil.

Im Postskript Grüße an [Conradus] Leius.

In einem weiteren Postskript berichtet Posthius, [Fridericus] Sylleburgius sei von seinen Herren entlassen worden.

Der Unterschrift sind die Worte "podagra iam laborans" hinzugefügt.

Einen ähnlichen Bericht über die Studienverhältnisse im Fache Jura in Heidelberg wie im obigen Posthiusbrief enthält der Brief des Huldreich Trog vom 26.9.1585 aus Heidelberg an Jakob Forer in Bern. Unter den Juraprofessoren werden darin "Julius Pacius - Ille pactus tractat Juris", "Valentinus Forsterus - Hic pseudorum Titulum [tractat]" und "Casparus Agricola - Tertius Ius Canonicum interpretatur" genannt (ediert von Hagen: Briefe, 1886, S. 74ff).

Der unter den Juraprofessoren erwähnte Henricus Krefftingus (1562-1611) stammte aus Bremen und wirkte nach Abschluß seines Studiums zunächst als Professor und Rat in Heidelberg, bis er Ostern 1591 in die Dienste seiner Vaterstadt wechselte.

Der im Postskript erwähnte Fridericus Sylleburgius (ca. 1536 - 17.2.1596) zählte zu
den führenden Philologen seiner Zeit, der mit etlichen Druckern - unter anderem auch
mit Henricus Stephanus - zusammenarbeitete. Seit 1581 oder 1582 war er als Korrektor
bei der Wechelschen Druckerei angestellt, doch gerieten deren Prinzipale im Jahre 1589
in finanzielle Schwierigkeiten, weil die fortlaufenden Kriege in Frankreich und Belgien
schwere Einbußen für den Buchhandel brachten. Sylleburgius Stellung wurde dadurch
höchst unsicher, doch blieb er bis zum Herbst 1591 in Frankfurt; da er keine Familie
hatte, konnte er es sich leisten, so lange von Einzelaufträgen zu leben. Dann wechselte
er zu Hieronymus Commelinus in Heidelberg. Wenn seine Anstellung in dessen
Druckerei zunächst auch nur als vorübergehend gedacht war, so blieb er dann doch bis
zu seinem Tode im Jahre 1596 dort, wohl nicht zuletzt wegen der guten
Arbeitsmöglichkeiten.

217   Heidelberg, 13.1.1591
Posthius an Carolus Clusius, Frankfurt
Clusius vermerkte außer Empfangsdatum und -ort noch "Respondi 28. febr.[uarii]"
Praesentatum: 17.1. in Frankfurt
Autograph
Fundort: Leiden UB Ms. Vulc. 101 (9)
Folioformat

Posthius entschuldigt die späte Antwort auf den Brief des Adressaten vom September [1590] mit seiner schweren Erkrankung an Podagra und bittet, seine dem Brief
beigelegten Gedichte ("Epigrammata") an den entsprechenden Stellen eines [nicht
näher genannten] Werkes des Adressaten einzufügen oder sie am Ende des Werkes
abzudrucken. Posthius hofft, dadurch in den Büchern des Adressaten lebendig zu
bleiben.
   Weiter berichtet Posthius, er habe den Janus Gruterus aus Antwerpen, einen
Doctor Juris, der zur Zeit Geschichtsprofessor an der Universität Wittenberg sei
und sich unter anderem als Dichter hervortue, gebeten, enkomisatische Verse über
die Werke des Adressaten zu verfassen. Gruterus habe brieflich ein "Epigramma"
und eine "Elegia" angekündigt. Posthius zitiert dabei diese und einige weitere Stellen aus dem Brief des Gruterus wörtlich; darin lobt Gruterus die treffliche Übersetzung eines [botanischen Werkes des Petrus] Bellonius durch Clusius, hält den
Clusius für einzigartig unter den lebenden Belgiern und hofft, diese Hochschätzung
dem Clusius auch zeigen zu können.
   Weiterhin dankt Posthius für die Übersendung [eines Exemplars] von Trauergedichten ("Epitaphia") zum Tode des [am 1.7.1589 verstorbenen Antwerpener
Druckers Christophorus] Plantinus und fragt, ob dem Adressaten Gualterus Bruele
bekannt sei, wo der wohne und wo dessen Schrift "Corollarii Philosophici", die er in
seinem Werk "Praxis medica" [eigentlich Praxis medicinae] erwähne, erschienen sei;
Posthius möchte diese Schrift nämlich bei der nächsten [Frankfurter] Messe kaufen.

Im Postskript Grüße an [des Plantinus Schwiegersohn Franciscus] Raphelengius.

Bei den im Brief erwähnten Gedichten für Carolus Clusius handelte es sich um zehn Gedichte über bestimmte Pflanzen und natürliche Heilmittel, die zur Ausschmückung einer durch Clusius besorgten Neubearbeitung eines pharmazeutischen Werkes des Nicolaus Monardes gedacht waren und auch bei der Publikation dieser Neubearbeitung berücksichtigt wurden (vgl. Werkverzeichnis 1593/4.)

Petrus Bellonius/Pierre Belon hatte während seiner weiten Reisen botanische Beobachtungen gemacht und diese 1553 in französischer Sprache ediert (Les observations de plusiers singularitez et choses memorables, trouvées en Grèce, Asie, Judée, Egypte, Arabie etc., Paris 1553). 1587 übersetzte Clusius dies Werk ins Lateinische (Plurimarium singularium et memorabilium rerum in Graecia, Asia, Aegypto, Judaea, Arabia ... Observationes, Antverpiae, ex officina Christ. Plantini 1589). Noch im selben Jahr folgte die Übersetzung eines weiteren Belloniuswerkes über die Kultivierung von Pflanzen (De neglecta stirpium cultura; vgl. Hunger: L'Escluse, Bd. II, 1942, S. 139, S. 165 und S. 168).

Das Sammelbändchen mit Gedichten zum Tode des Christophorus Plantinus, das Posthius von Clusius geschickt bekommen hatte, war 1590 von Johannes Bochius herausgegeben worden; es enthielt auch ein Gedicht des Posthius (vgl. Werkverzeichnis 1590/2.)

Bei der "Praxis medicinae" des Gualtherus Bruele handelt es sich um ein Lehrbuch zur Behandlung innerer Krankheiten, das sich wegen seiner Übersichtlichkeit als Standardwerk anbot und an dessen Terminologie sich Posthius des öfteren orientiert zu haben scheint. Es erschien in mehreren Auflagen über einen längeren Zeitraum hinweg; ich benutzte Ausgaben von 1579 und 1612 (vgl. Literaturverzeichnis). Das von mir benutzte Exemplar der Ausgabe von 1579 war von Joachimus II Camerarius dem Nürnberger Arzt Georgius Palma geschenkt worden. Palma trug auf den Leerseiten dieses Bandes - es handelt sich nämlich um ein durchschossenes Exemplar - handschriftlich zahlreiche Ergänzungen ein; darunter sind medizinische Gutachten von Adolphus Occo für Erasmus Neustetterus, von Johannes Crato für Kaiser Maximilianus II. und für Paulus Rubigallus sowie von einem Ungenannten für Hieronymus Baumgartner (zu weiteren Eintragungen Palmas vgl. König: Palma, 1961, S. 75).

218
Posthius an Janus Dusa, Leiden
Autograph
Fundort: London BL Burney 370, Bl. 39 (ehemals Nr. 34)
Folioformat

Heidelberg, 21.1.1591

Posthius berichtet, er habe im Oktober des vorhergehenden Jahres [1590], als er an Podagra litt, von Gulielmus Cripius ein Exemplar von dessen in Köln publiziertem Trauergedicht ("Elegia") über den [angeblichen] Tod des Adressaten erhalten und als Antwort darauf ein an Cripius gerichtetes Gedicht in Hendekasyllaben verfaßt, in dem er seinen Schmerz über die Todesnachricht ausgedrückt habe; dennoch aber habe er die Hoffnung darauf, daß es sich dabei lediglich um eine Falschmeldung handle, nicht aufgegeben. Nun, da Melissus von einem Sohn des Adressaten [von Janus dem Jüngeren?] einen Brief ohne schlechte Nachrichten erhielt, seien er, Posthius, und Melissus sehr erleichtert.

Der Brief endet mit Neujahrsglückwünschen.

Im Postskript dankt Posthius dem erwähnten Sohn des Adressaten für die Übersendung eines Exemplars seiner Gedichte ("doctiss.[ima] ... carmina").

In einem weiteren Postskript Grüße an [den Leidener Arzt Johannes] Heurnius.

Auf die Rückseite des Briefes notierte Posthius außer der Adresse auch ein Tauergedicht, in dem er dem Janus Dousa/Dusa zum Tod eines Sohnes kondoliert (vgl. Werkverzeichnis 1591/7). Dieser Todesfall war wohl von Cripius versehentlich auf den Vater bezogen worden.

Dem Brief lag offenbar eine Abschrift der an Cripius gerichteten, im Brieftext erwähnten Hendekasyllaben des Posthius über den vermeintlichen Tod des Janus Dusa bei; diese Briefbeilage scheint verschollen, doch ließ Posthius sein Gedicht 1595 in seiner Gedichtsammlung "Parerga" abdrucken; es beginnt: "Terroris mihi plena ..." (nur zweite Ausgabe Pars altera, S. 38).

Wahrscheinlich lag dem Brief noch ein weiteres, drittes Gedicht bei, mit dem sich Posthius für den Gedichtband bedankte, den ihm - wie im obigen Brief erwähnt - ein Sohn des Dusa übersandt hatte. Dies Gedicht lobt die poetische Begabung des Sohnes; es ist an den Vater Janus Duza gerichtet und beginnt: "Quae maiora tibi ..." Posthius publizierte es in seiner Gedichtsammlung "Parerga" (nur zweite Ausgabe Pars altera, S. 41).

Bei dem im Brief erwähnten Sohn des Dusa handelt es sich vermutlich um Janus den Jüngeren (1571 oder 1572 bis 1596), der nach literarischen, philosophischen und mathematischen Studien 1591 Bibliothekar in Leyden wurde und sich mehrfach literarisch hervortat; so brachte er 1590/91 bei Raphelengius in Leiden den Gedichtband "Rerum Coelestium liber primus" heraus. Lipsius erwähnt diesen Band in seinem Brief vom 7.10.1590 an Heinrich von Rantzau (Gerlo: Lipsi epistolae, Bd. III, 1987, S. 320, Nr. 800).

219   [Heidelberg], 17.7.1591
Posthius an Joachimus [II] Camerarius, Nürnberg
Neben der Adresse ist außer dem Empfangsdatum noch folgender schwer lesbare Vermerk notiert: "Adij 22.Julij 1591 ‖ im maigyster[?] badt von ‖ preßlein[?]".
Praesentatum: 23.7.
Autograph
Fundort: Erlangen UB Trew, Posthius 145 (= Ms. 1819, Bl. 734)
Folioformat

Ein im [Heidelberger Schloß] ausgestelltes Empfehlungsschreiben für den Magister [Bartholomaeus] Pitiscus, einen Lehrer des jungen [Kur]fürsten [Friedrich IV.], einen gottesfürchtigen und an Theologie interessierten Mann, der auf einer Besuchsreise nach seiner Heimat Schlesien auch den Adressaten kennenlernen wolle und dabei mehr von dem mehrtägigen Aufenthalt des Johannes Mathesius in Heidelberg berichten werde.

Außerdem weist Posthius darauf hin, der junge [Kur]fürst [Friedrich IV.] sei wieder genesen.

Grüße an den Bruder [Philippus Camerarius] des Adressaten.

220   Heidelberg, 6.12.[1591]

Posthius an Joachimus [II] Camerarius, Nürnberg
Praesentatum: 15.12.91
Autograph
Fundort: Erlangen UB Trew, Posthius 146 (= Ms. 1819, Bl. 735)
Folioformat

Antwort auf ein Schreiben des Adressaten: Posthius berichtet, da er den gesamten November schwer an Podagra gelitten habe, habe er den [Heidelberger Drucker Hieronymus] Comelinus zu sich gerufen, um ihm die Wünsche des Adressaten auszurichten; nun übersende er das Antwortschreiben des Comelinus nebst einem [offenbar vom Adressaten bestellten] Werk über das Konzil von Ephesus ("Concilium Ephesinum").

Außerdem versichert Posthius, dem bereits nach Heidelberg zurückgekehrten [Bartholomaeus] Pitiscus werde er die Grüße des Adressaten ausrichten.

Über die Verhältnisse in Sachsen [nach dem Tod des kalvinistischen Kurfürsten Christian I.] sei er ebenso wie der Adressat betrübt; [Georgius Ludovicus] Huttenus, der die vergangenen Tage in Heidelberg gewesen sei, habe bestätigt, daß er in der Angelegenheit des Sindelinus nach Sachsen reisen werde.

Anschließend berichtet Posthius [anscheinend auf Bitten des Adressaten hin] ausführlich von den Ereignissen in Frankreich: Der französische König [Heinrich IV.] sei tatsächlich in England gewesen; Rouen sei, wie [Johannes] Lobetius vor kurzem aus Straßburg geschrieben habe, jetzt in der Hand des Königs; das deutsche Heer halte sich unversehrt in der Picardie auf, um den Spaniern den Zugang zu versperren; der Vice Comes Turenius [Henri de la Tour, Vicomte de Turenne] habe die bislang dem Lotharingus [Herzog Karl von Lothringen] folgende Stadt Esternay im Handstreich eingenommen.

Grüße an den Bruder [Philippus Camerarius] des Adressaten und an Christoph[orus] Fuererus.

Bei dem Werk über das Konzil von Ephesus handelte es sich um eine Ausgabe der Konzilsakten, die der auch philologisch bewanderte Heidelberger Drucker Hieronymus Comelinus/Commelinus 1591 herausgab (vgl. Literaturverzeichnis unter Commelinus: Acta, 1591).

Mit den geänderten Verhältnissen in Sachsen ist auf den Tod des mit Johann Casimir befreundeten, zum Kalvinismus neigenden Kurfürsten Christian I. von Sachsen am 25.9.1591 (Julianischen Kalenders) angespielt. Nach Christian I. setzten sich in Sachsen recht schnell wieder die Gegner einer kalvinistisch ausgerichteten Konfession und Politik durch; so wurde der Kanzler Nikolas Crell, der Hauptverfechter der Allianz zwischen Sachsen und der Pfalz (vgl. unten), schon kurz nach dem Tode Christians I. auf Befehl des für den noch unmündigen Christian II. regierenden Herzogs Friedrich Wilhelm von Sachsen-Weimar-Altenburg abgesetzt und verhaftet. Der anschließende Prozeß gegen Crell dauerte bis 1595 und endete mit dessen Hinrichtung im Jahre 1601.

Bei dem deutschen Heer handelt es sich um das Hilfskontingent für König Heinrich IV. von Frankreich unter der Führung des Christian von Anhalt, das am 2.2.1591 in Torgau bei einer protestantischen Tagsatzung unter Federführung von Pfalzgraf Johann Casimir und Sachsenherzog Christian I. beschlossen worden war; an dieser Sitzung hatten neben Sachsen und der Pfalz auch Brandenburg, Magdeburg, Ansbach, Hessen (alle drei Landgrafen), Braunschweig-Wolfenbüttel und Mecklenburg teilgenommen. - Heinrich von Navarra hatte nämlich, nachdem er den französischen Königsthron geerbt hatte, wie schon sein Vorgänger Heinrich III. bei deutschen Fürsten und Städten um Hilfe gegen die katholische Liga nachgesucht (vgl. Brief vom 12.10.1589). Am 21.9.1589 gewann Heinrich IV. in Arques bei Dieppe eine erste Schlacht gegen den neuen Führer der Liga, Karl von Lothringen Herzog von Mayenne, worauf Königin Elisabeth von England auf der Seite Navarras und König Philipp II. von Spanien auf der Seite Lothringens unterstützend eingriffen. Letzterer wollte als Schwager des verstorbenen Heinrichs III. den französischen Königsthron für seine Tochter Clara. Obwohl Heinrich IV. auch aus dem nächsten Kampf am 14.3.1590 bei Ivry als Sieger hervorging, konnte er Paris trotz langer Belagerung nicht einnehmen, zumal der spanische Statthalter der Niederlande, Alessandro Farnese Herzog von Parma, der Liga zu Hilfe eilte. In dieser Situation war für Heinrich IV. die erwähnte militärische Hilfe der deutschen Fürsten, die am 29.9.1591 unter der Führung Christians von Anhalt endlich eintraf, sehr willkommen. Auf die Dauer drohte Heinrich IV. jedoch trotz dieses Hilfsheeres den spanischen Truppen zu unterliegen. Daher konvertierte er schließlich im Juli 1593 zum Katholizismus ("Paris ist eine Messe wert") und schaffte so die Voraussetzung für Friedensschlüsse mit dem Papst (1595) und mit Philipp II. (1598).

Johannes Lobetius/Lobbetius, mit dem Posthius offenbar in Briefkontakt stand, war in Bischweiler geboren und wirkte als einflußreicher Jurist und überzeugter Reformierter in Straßburg, bis er dort Anfang August 1601 hochbetagt starb.

221   Heidelberg, 11.3.1592
Posthius an Johannes Weidnerus, Schwäbisch Hall
Praesentatum: 16.3.
Autograph
Fundort: Stuttgart WLB Cod. hist. 2° 603, Bl. 661 (Weidnersche Nr. 18)
Folioformat

Ein einem jungen Mann mitgegebener Brief, um den Kontakt mit dem Adressaten nicht abreißen zu lassen:

Posthius vermerkt, er trauere über den Tod des Pfalzgrafen [Johann Casimir am 6.1.1592], hoffe aber, dessen Nachfolger [Friedrich IV.] werde im Laufe der Zeit eine ebenso große Persönlichkeit werden. Auch kündigt Posthius an, ein Exemplar der aus diesem Anlaß verfaßten Trauergedichte ("in obitum ... carmina") [verschiedener Autoren] werde der Adressat zusammen mit weiteren Texten von Mosellanus erhalten.

Außerdem berichtet Posthius, die [katholischen] Rebellen hätten eine Schlacht gegen den französischen König [Heinrich IV.] verloren.

Abschließend bittet Posthius um Auskunft über die Verhältnisse auf der Comburg, nämlich ob sich [Erasmus] Neustetterus dort aufhalte und wie es demselben gehe, ob der Syndicus Jo.[hannes] Philippus Geltzerus noch lebe und im Amt sei und welche Tätigkeit Gotthardus ausübe.

Abschließend weist Posthius darauf hin, daß der Adressat sein Antwortschreiben dem Überbringer dieses Briefes mitgeben könne.

Die Epicedia zum Tode Johann Casimirs wurden von Melissus herausgegeben; darunter befinden sich auch neun Gedichte des Posthius (vgl. Werkverzeichnis 1592/2).
Zum Bürgerkrieg in Frankreich vgl. Brief vom 6.12.1591.

222   Heidelberg, 13.9.1592
Posthius an Johannes Heurnius, Leiden
Autograph
Fundort: Leiden UB Ms. March. 3, Bl. 130 (ehemals Nr. 8)
Folioformat

Antwortbrief auf ein Empfehlungsschreiben, das der Adressat einem eine Hospitantenstelle suchenden Medizinstudenten mitgegeben hatte:

Posthius dankt für das als Geschenk übersandte medizinische Werk "Institutiones Medicinae" des Adressaten, lobt es überschwenglich und weist dabei die bescheidene Selbsteinschätzung des Verfassers, das Werk sei kraftlos ("ἐξάμβλωμα") zurück.

Dann berichtet Posthius, dem ihm vom Adressaten empfohlenen Medizinstudenten habe er nicht in der gewünschten Weise helfen können, da die Heidelberger Patienten Studenten in Begleitung des Arztes bei der Visite nicht zuließen. Der Student wolle sich deshalb zur Erfüllung seiner Wünsche nach Italien begeben.

Grüße an [den Leidener Dichter und Politiker Janus] Dousa sowie an dessen Sohn und an [Dominicus?] Baudius.

In der Unterschrift vermerkte Posthius, er sei nun 55 Jahre alt.

Das medizinische Werk des Johannes Heurnius war erst kurz zuvor erschienen (vgl. Literaturverzeichnis unter Heurnius: Institutiones medicinae, 1592). Posthius bedankte sich für dieses Werk mit einem Epigramm, das er wohl mit seinem Brief übersandte. Das Blatt mit diesem Epigramm ist verschollen, doch publizierte Posthius sein Ge-

dicht in seiner Gedichtsammlung "Parerga"; es beginnt "Nuper quod mihi, candissime Heurni, ..." (nur zweite Ausgabe Pars altera, S. 109).

Unmittelbar hinter diesem angeführten Posthiusbrief befindet sich heute in dem Leidener Sammelband aus der Sammlung Marchandiana ein nur etwa 10 cm hohes Blatt mit der Abschrift eines Posthiusgedichtes, in dem Heurnius gepriesen wird und das "Jllustrat Medicam ..." beginnt. Als Vorlage für diesen Text diente, wie aus der Quellenangabe "Silvar. lib. II" unter dem Gedicht hervorgeht, die zweite Ausgabe der Gedichtsammlung "Parerga" des Posthius (nur zweite Ausgabe Pars altera, S. 90). Die Abschrift entstand offenbar erst nach dem Tod des Posthius und erfolgte wohl nicht durch Heurnius selbst, da es im Titel des Blattes heißt: "JOHANNIS POSTHII || ARCHIATRI, cùm viveret, WIRCEBVRGICI || Elogium ...". Heurnius hätte den Posthius nämlich postum schwerlich als Würzburger, sondern als Heidelberger Archiater bezeichnet. Wahrscheinlich wollte der Kopist aus dokumentarischen Gründen - um die Hochachtung des Posthius vor Heurnius zu zeigen - ein Posthiusgedicht dem Brief an Heurnius hinzufügen. Der Schrifttypus des Blattes weist auf eine relativ frühe Entstehung, wohl auf die erste Hälfte des 17. Jahrhunderts, hin.

223   Heidelberg, 28.9.1592
Posthius an Johannes Jacobus Grynaeus, Basel
Autograph
Fundort: Basel UB, G II 9, S. 995f
Folioformat

Empfehlungsschreiben für Johannes Mallendorffius Transylvanus, einen Hausgenossen des Posthius, der mit einigen anderen Studenten eine Bildungsreise durch die Schweiz plane und dabei mit dem Adressaten, dem Antisten der Basler reformierten Kirche ("qui inter Orthodoxos Ecclesiae purioris ministros Basileae primum locum obtinet"), zusammentreffen wolle.

Posthius weist dabei darauf hin, von diesem könne der Adressat mehr über die [persönlichen] Verhältnisse [des Posthius] erfahren.

Weiteres Empfehlungsschreiben für Johannes Mallendorffius richtete Posthius am 17.5.1593 an Janus Dusa in Leiden und am 23.10.1593 an Hugo Plotius in Wien.

224   Heidelberg, 15.11.1592
Posthius an Joachimus [II] Camerarius, Nürnberg
Praesentatum: 28.11.
Autograph
Fundort: Erlangen UB Trew, Posthius 147 (= Ms. 1819, Bl. 736)
Das Blatt mit diesem Brief ist oben um etwa 1/4 gekürzt; es hat nur eine Höhe von ca. 24 cm.

Begleitbrief zur Übersendung von Schreiben des Sindelinus und des [Heidelberger Druckers Hieronymus] Comelinus.

Außerdem geht Posthius auf einen Brief des Adressaten ein: Dessen Bemerkung "de Thessalo vestro" habe ihn, den Posthius, wegen der treffenden Beobachtung [- Camerarius hatte scherzhaft die Ähnlichkeit zweier Personen oder Sachen festgestellt -] zum Lachen gebracht.

Dann berichtet Posthius, der Heidelberger Kurfürst [Friedrich IV.] sei gesund und auf der Jagd. Von der Fürstenversammlung ("conuentus"), die der Adressat in seinem Brief erwähnt habe, wisse er nichts.

Auch teilt Posthius mit, wegen der Nähe des Konfliktes mache er sich Sorgen über die Belagerung Molsheims durch die Straßburger. Letzteren wünsche er den Sieg.

Grüße an den Bruder [Philippus Camerarius] des Adressaten und an [Christophorus] Fuererus.

Der Kleinkrieg um Straßburg war entstanden, als nach dem Tode des dortigen Bischofs der evangelische wie der katholische Teil des Domkapitels getrennt voneinander Neuwahlen vornahmen. Die evangelischen Domherren erkoren in Straßburg den fünfzehnjährigen Johann Georg von Hohenzollern, einen Sohn des Administrators von Magdeburg, während die katholischen in Zabern den Kardinal Karl von Lothringen zum Bischof wählten. So kam es zur bewaffneten Auseinandersetzung. Die evangelische Seite, anfangs schwächer, erhielt bald Unterstützung durch die aus Frankreich nach einem ehrenvollen Abschied von Heinrich IV. zurückkehrenden deutschen Hilfstruppen unter Christian von Anhalt (vgl. Brief vom 6.12.1591). Dem gelang es im November 1592, Molsheim zu erobern. Durch Vermittlung einer Kommission Kaiser Rudolphs II. erfolgte am 27.2.1593 schließlich ein Waffenstillstand, durch den das Bistum de facto geteilt wurde. 1599 belehnte Rudolph schließlich Karl mit dem Stift, nachdem er zuvor seinen elfjährigen Neffen Leopold von Habsburg als Koadjunktor durchgesetzt hatte. Die protestantische Seite wurde durch einen am 22.11.1604 geschlossenen Vergleich finanziell entschädigt.

225   Heidelberg, 23.12.1592
Posthius an Johannes Weidnerus, Schwäbisch Hall
Praesentatum: 26.12.
Autograph
Fundort: Stuttgart WLB Cod. hist. 2° 603, Bl. 698 (Weidnersche Nr. 19)
Folioformat

Nach einem besinnlichen Briefbeginn über den Tod, über die eigenen Erkrankungen und über die Zukunft ihrer beiden Söhne - sie sollen die Freundschaft der Väter fortsetzen - bedauert Posthius, von seinen eigenen medizinischen Beobachtungen ("Anatomicae Observationes"), die in Frankfurt lediglich als Anhang zum Anatomiewerk ("libri Ànatomici") des Realdus Columbus erschienen seien, nur noch ein Exemplar zu besitzen; daher sende er mit dem Brief gleichsam als Ersatzbeilage einige in Heidelberg kurz zuvor gedruckte, [nicht näher bezeichnete] "Epigrammata" des Henricus Stephanus.

Im Postskript bittet Posthius um Benachrichtigung, sobald [Erasmus] Neustetterus [nach der Comburg bei Schwäbisch Hall] zurückkehre.

Das im Brief erwähnte anatomische Werk des Realdus Columbus mit den anato-
mischen Beobachtungen des Posthius im Anhang war 1590 erschienen (vgl. Werkver-
zeichnis 1590/1). Eine weitere Auflage erschien 1593 (vgl. Werkverzeichnis 1590/1a).

226   Heidelberg, 20.2.1593
Posthius an Carolus Clusius, Frankfurt
Clusius vermerkte außer dem Empfangsdatum und -ort noch: "Respondi 4. Martij".
Praesentatum: 25.2. in Frankfurt
Autograph
Fundort: Leiden UB Ms. Vulc. 101 (10)
Folioformat

Ein medizinischer Rat anläßlich der Erkrankung des Adressaten an kräftigem
Schnupfen ("destillationes et tussis"): Posthius teilt mit, er habe von dieser Erkran-
kung soeben durch einen Brief des Adressaten an [Henricus] Stephanus erfahren.
Dann verweist er auf ein beigelegtes Rezept ("descriptio Morsellorum"), dessen
Wirksamkeit er selbst erprobt habe; dieses Medikament dürfe nur abends einge-
nommen werden; tagsüber seien schleimlösende Mittel ("Expectorantia") wie
Skabiosensirup ("Syrupus de Scabiosa") anzuwenden. Außerdem rät Posthius zu
Ruhe und zu Enthaltsamkeit von geistiger Anstrengung ("Abstinendum à medita-
tionibus, lectione, et scriptione") und empfiehlt, abends nur wenig zu essen und zu
trinken und sich nur in geheizten Räumen aufzuhalten. Bei Fieberfreiheit sei das
Trinken von abgelagertem, gezuckertem Weißwein möglich.

227   Heidelberg, 17.5.1593
Posthius an Janus Dusa, [o.O., wohl Leiden]
Autograph
Fundort: London BL Burney 370, Bl. 40 (ehemals Nr. 35).
Folioformat

Empfehlungsschreiben für Johannes Mallendorpius, der bei ihm, dem Posthius,
wohne und den Adressaten während einer Belgienreise besuchen wolle; von diesem
Mallendorpius könne der Adressat mehr über die Angelegenheiten des Posthius
erfahren.

Posthius entschuldigt sein kurzes Schreiben mit Arbeitsüberlastung.

228   Heidelberg, 1.8.1593

Posthius an Petrus Fischerus, Frankfurt
Publikation
Fundort: Einleitender Brief zu den anatomischen Beobachtungen des Posthius, die Fi-
scherus im Anhang der Anatomiebücher des Realdus Columbus publizierte, nach dem
Vorbild der 1590 bei Johannes Wechelus erschienenen Ausgabe (vgl. Werkverzeichnis
1590/1a), S. 496.

Leicht abgeänderter Text des Posthiusbriefes vom 1.3.1590: Posthius berichtet, daß
der Adressat, [der Verleger Petrus] Fischerus, das Werk des Realdus [Columbus]
auf sein, des Posthius, Anraten hin bereits erneut aufgelegt habe, sich aber erst
kurz vor der Fertigstellung des Druckes mit der dringenden Bitte an ihn gewandt
habe, weitere Anmerkungen zu dem Werk des Realdus möglichst bald zu übersenden; daher habe er nur rasch zusätzlich zu seinen bisherigen, bereits am 1.3.1590
übersandten Exzerpten Ergänzungen über den Mastdarm ("intestinum Rectum")
angefertigt. Ein umfangreicheres Werk wolle er folgen lassen, falls seine Lebenszeit
dazu ausreiche.

229   Heidelberg, 11.9.1593

Posthius an Carolus Clusius, Frankfurt
Clusius vermerkte außer Empfangsdatum und -ort noch: "Respondi 24."
Praesentatum: 13.9. in Frankfurt
Autograph
Fundort: Heidelberg, Stadtarchiv (auf dem Blatt sind als Numerierung "nr 91" und -
von anderer Hand - "225" rechts oben vermerkt).
Folioformat

Abschiedsbrief an den von Frankfurt in seine Heimat zurückkehrenden
Adressaten. Posthius bedauert die Erkrankung des Adressaten und weist darauf
hin, er habe den [Henricus] Stephanus, als dieser einen Brief an den Adressaten
geschrieben habe, beauftragt, ihm die Anwendung der Faserbinde ("Emplastrum
Nervinum") des [Johannes da] Vigo zu empfehlen.
    Weiter erzählt Posthius, er sei im vergangenen Sommer von Podagra verschont
geblieben, spüre es jetzt jedoch wieder; daher habe er auch nicht, wie vorgehabt,
nach Frankfurt zur Messe kommen und den Adressaten ein letztes Mal vor dessen
Abreise nach Holland treffen können. Als Ersatz für dieses Treffen schicke er diesen Brief mit der Bitte, seine [am 13.1.1591] übersandten Gedichte über bestimmte
Grundstoffe ("de Simplicibus ... carmina") sollten als Erinnerungszeichen der beiderseitigen Freundschaft in den Werken des Adressaten veröffentlicht werden.
    Grüße an [Janus] Dusa und an [Franciscus] Raphelengius.

Johannes da Vigo (Rapallo ca. 1460 - Rom? ca. 1520) war einer der bedeutendsten
Chirurgen seiner Zeit und Leibarzt des Kardinals Giuliano della Rovere, des späteren
Papstes Julius II.

230 Heidelberg, 23.10.1593
Posthius an Hugo Plotius, Wien
Plotius vermerkte neben der Adresse unter anderem: "Commendat (sed frustra Joan-
nem ‖ Mallendorfium Transyluanum"(sic) und: "Huic respondendum"
Autograph
Fundort: Wien ÖNB Blotius Cod. 9737 z 17, Bl. IV, 279
Folioformat

Empfehlungsschreiben für Johannes Mallendorffius, der über ein Jahr bei ihm, Posthius, gelebt habe, jetzt in seine Heimat Transsilvanien zurückgerufen worden sei
und wegen der Angriffe der Türken auf Pannonien möglicherweise dazu gezwungen würde, in Wien zu überwintern. Vom Briefüberbringer könne der Adressat
mehr über [des Posthius private?] Verhältnisse erfahren.

Außerdem bietet Posthius seine Dienste für vom Adressaten empfohlene Leute
an.

Plotius hatte zum Wiener Bekanntenkreis des Clusius gehört (vgl. Festschrift Carolus
Clusius, 1973, S.83, Nr.1a) und war von daher wohl dem Posthius ein Begriff.
Die Bemerkung "commendat (sed frustra", die sich Plotius neben der Adresse no-
tierte, scheint darauf hinzudeuten, daß Mallendorffius doch wie geplant in seine Hei-
mat zurückkehren konnte und daher auf des Plotius Hilfe nicht angewiesen war.

231 Heidelberg, 12.12.1593
Posthius an Joachimus [II] Camerarius, Nürnberg
Praesentatum: 30.12.
Autograph
Fundort: Erlangen UB Trew, Posthius 148 (= Ms. 1819, Bl. 737f).
Folioformat

Posthius geht zunächst auf eine Sendung des Adressaten ein: Er dankt für das als
Geschenk gesandte Emblematikbuch ["Symbola"] des Adressaten. Als Gegengeschenk ("ἀντίδωρον") kündigt er die für den kommenden Winter geplante Edition einer Ergänzung seiner Gedichtsammlung ("poëmatum meorum paralipomena") [gemeint ist die zweite Ausgabe der "Parerga"] an.

Sodann lobt Posthius ein Gedicht des Ludovicus [Camerarius], eines Sohnes des
Adressaten, und empfiehlt dem Adressaten, die offensichtliche poetische Begabung
seines Sohnes zu fördern.

Weiterhin fragt Posthius, ob der Adressat die [bereits im Brief vom 15.6.1582
erwähnte] Heilerde des [Georgius] Am Wald ("Panacea Am Waldina") getestet
habe. Er selbst, Posthius, habe durch eine entsprechende Versuchsanordnung
(diese wird von ihm bis ins einzelne dargelegt) in dieser Heilerde Schwefel und
Quecksilber ("Sulphur, et Mercurium") nachweisen können. Posthius fordert daher
den Adressaten auf, den Nürnberger Rat zu einer öffentlichen Kritik an den Betrü-
gereien des Am Wald zu veranlassen, um körperlichen und finanziellen Schaden
von den Bürgern abzuwenden.

Abschließend bittet Posthius um einen Erklärungsversuch, wieso Herzog Alba monatlich einmal morgens fünf Unzen heißes Wasser getrunken habe.

Grüße an den Bruder [Philippus Camerarius] des Adressaten.

Im Postskript erwähnt Posthius seinen Kontakt mit einem in der Nähe [Heidelbergs?] wohnenden Sohn des Adressaten [Balthasarus? Camerarius].

Mit dem Emblamatikbuch des Joachimus II Camerarius ist dessen Sammlung "Symbola" gemeint, von der eine erste Zenturie 1590 erschienen war (vgl. Literaturverzeichnis unter Camerarius: Symbola, 1590). Für die Übersendung des folgenden Bandes, der im Jahre 1595 erschienenen zweiten Zenturie, bedankte sich Posthius in seinem Brief vom 17.9.1595 an Joachimus II Camerarius.

Die Heilerde Panacea des Am Wald bestand unter anderem aus Eierschalen, Safran und Zinnober.

232   Heidelberg, 30.1.1594

Posthius an Joachimus [II] Camerarius, Nürnberg
Praesentatum: 4.2.
Autograph
Fundort: Erlangen UB Trew, Posthius 149 (= Ms. 1819, Bl. 739)
Folioformat

Ein wegen Arbeitsüberlastung in Eile geschriebener Antwortbrief: Der Adressat habe mit seiner Ansicht, daß die Behandlung ("θεραπεία") der Krankheit des Fürsten [Friedrich IV.] schwierig sein würde, recht gehabt, doch sei der Fürst inzwischen genesen. Über die Drohungen der Gegner [von Friedrich IV.?] werde den Adressaten sein Sohn Balthasarus [Camerarius] informieren. Diesem habe er, Posthius, [vermutlich für einen medizinischen Rat zur Therapie Friedrichs IV.] acht Goldstücke ("aurei Rhenenses") gegeben.

Dann teilt Posthius mit, er erwarte interessiert das [offenbar vom Adressaten in seinem Brief angekündigte] Weihnachtsgedicht ("Carmen in natalem Dominj nostrj Jesu Christj") des Ludovicus [Camerarius], eines Sohnes des Adressaten.

Das [vom Adressaten erwähnte] Italienbuch ("Libellus Italicus") des Antonius Persius habe er, Posthius, noch nicht gesehen, wolle es sich aber bei der nächsten [Frankfurter] Messe kaufen.

Auf die Antwort des Adressaten [zur von Posthius in seinem Brief vom 12.12.1593 geäußerten Frage, warum Herzog Alba regelmäßig heißes Wasser getrunken habe], erwidert Posthius, die Erklärung decke sich mit seiner eigenen, doch glaube er noch zusätzlich, daß das Wasser durch das lange Kochen einen mäßigenden Einfluß auf erhitzte Körpersäfte ("ad humorum acrimoniam") ausübe. Auch die Alten [d. h. die Römer] hätten schon heißen Wein getrunken, wie aus den [Komödien] "Miles gloriosus" und "Trinummus" des Plautus hervorgehe.

Grüße an den Bruder [Philippus Camerarius] des Adressaten, an Herrn [Christophorus] Furerus und an Ludovicus [Camerarius], den Sohn des Adressaten.

Im Postskript äußert Posthius die Überzeugung, daß die Sprüche ("Elogia") des [im Posthiusbrief vom 12.12.1593 erwähnten Georgius] Am Wald sich in Kürze in Rauch auflösen würden.

Posthius erhielt das von Joachimus II Camerarius angekündigte Weihnachtsgedicht kurz nach der Abfassung dieses Briefes (vgl. Brief vom 1.4.1595).

233   Heidelberg, 1.4.1594
Posthius an Joachimus [II] Camerarius, Nürnberg
Praesentatum: 15.4.
Autograph
Fundort: Erlangen UB Trew, Posthius 150 (= Ms. 1819, Bl. 740)
Folioformat

Posthius dankt für den Brief des Adressaten, auf den er wegen seiner fast zweimonatigen lebensgefährlichen Erkrankungen nicht früher habe antworten können; er habe an Podagra gelitten und sich [durch die von ihm versuchte Therapie] mit übermäßigem Genuß von Wasser auch noch Koliken und eine langwierige Magenerkrankung ("diuturnus alvj fluxus") zugezogen.

Dann teilt Posthius mit, das Weihnachtsgedicht ("Carmen in Natalem Dominj et Salvatoris nostrj Jesu Christj"), das der Sohn des Adressaten, Ludovicus, angefertigt habe, habe ihm sehr gefallen; als Zeugnis seiner freundschaftlichen Zuneigung zu diesem Ludovicus [Camerarius] für die Nachwelt habe er, Posthius, das dem Brief beigelegte Gedicht in Elfsilblern ("Hendecasyllabi") verfaßt.

Das Blatt mit dem enkomiastischen Posthiusgedicht auf Ludovicus Camerarius hat sich in der Korrespondenzsammlung des Conradus Rittershusius erhalten (vgl. Werkverzeichnis 1594/5).

234   Heidelberg, 25.8.1594
Posthius an Johannes Weidnerus, Schwäbisch Hall
Posthius vermerkte neben der Adressenangabe: "dem botten ein trinckgelt"
Praesentatum: 14.9.
Autograph
Fundort: Stuttgart WLB Cod. hist. 2° 603, Bl. 828 (Weidnersche Nr. 20)
Folioformat

Posthius berichtet resigniert von seinen Erkrankungen in diesem Jahr: Zuerst hätten ihn Podagra, Magenschmerzen und Koliken ("podagricae inflammationes, et tormina, et lumborum dolores") gequält und zu einer Kur, die eine Besserung erbracht hätte, gezwungen; dann habe er an einer in [Heidelberg] verbreiteten Hustenerkrankung ("catarrhus, et tussis") über mehrere Wochen hin gelitten. Er fühle sich daher des Lebens überdrüssig, als Greis, der auf seinen Tod und auf ein besseres Leben im Jenseits warte. Bis dahin sehe er einen Lebenssinn in der gegenseitigen Freundschaft, die er an die Kinder weitergeben möchte [Ähnliches äußerte Posthius bereits in seinem Brief vom 23.12.1592].

Sodann entschuldigt Posthius seine Schreibfaulheit: Schuld seien sein Alter und seine Erkrankungen; er bedauere, daß sein [1582 geborener] Sohn [Erasmus] noch zu jung sei, um seinerseits die Korrespondenz mit dem Adressaten weiterführen zu können.

Außerdem weist Posthius darauf hin, mit dem Brief übersende er ein Exemplar des Kalender-Lehrgedichts ("Fastorum libri") des Nathan Chytraeus, das sich seiner Ansicht nach als Schullektüre eigne.

Abschließend bittet Posthius um die Weiterleitung seines beigelegten Briefes an [Fridericus] Taubmannus nach Wittenberg, da dies, wie er von Melissus erfahren habe, für den Adressaten leicht sei.

Grüße an den Syndikus der Comburg [Johannes Philippus Geltzerus], an den [Schwäbisch Haller] Apotheker [Godefridus] und an Nicolaus Wincklerus.

Das Lehrgedicht des Nathan Chytraeus war 1594 in Hannover erschienen. Es handelt sich dabei um einen in Verse gefaßten, ausführlichen Kalender mit der Angabe von Festen, der Entstehung von Gedenktagen, astronomischen Hinweisen, Charakterisierungen der Monate und Jahreszeiten usw. (vgl. Werkverzeichnis 1579/3a). Johannes Weidnerus bestellte auf die obige Empfehlung des Posthius hin offenbar einen Klassensatz dieses Werkes. Posthius legte die Rechnung dafür aus und übersandte die bestellten Exemplare im Frühjahr 1595 (vgl. Brief vom 8.4.1595 an Johannes Weidnerus).

Fridericus Taubmannus war ein berühmter Wittenberger Professor der Poesie und Verfasser komischer Versepen, der selbst zum Mittelpunkt zahlreicher schwankhafter Anekdoten wurde; er lebte von 1565 bis 1613. Posthius schrieb ihm, um ihm mit einem enkomiastischen Gedicht zur Edition einer 1594 erschienenen Gedichtsammlung mit dem Titel "Columbae poeticae" (vgl. Literaturverzeichnis unter Taubmannus: Columbae, 1594) zu gratulieren und um damit eine Freundschaftsverbindung zu erneuern oder zu gründen. Dies Posthiusgedicht beginnt "Quas emisisti nuper ...". Posthius nahm es in seine Gedichtsammlung "Parerga" auf (nur zweite Ausgabe Pars altera, S. 149) und wollte daher auch dem Taubmannus ein Exemplar seiner "Parerga" nach deren Erscheinen schikken (vgl. Brief vom 8.4.1595 an Johannes Weidnerus).

---

235   Heidelberg, 6.12.1594
Posthius an Joachimus [II] Camerarius, Nürnberg
Praesentatum: 12.12.
Autograph
Fundort: Erlangen UB Trew, Posthius 151 (= Ms. 1819, Bl. 741)
Folioformat

Posthius bedauert, daß er nicht zu Hause gewesen sei, als Doldius einen Brief des Adressaten überbracht habe; auch sei Doldius kein zweites Mal erschienen und also wohl bereits nach [Nürnberg] zurückgekehrt. Der Adressat soll ihn in diesem Fall von ihm grüßen.

Anschließend geht Posthius auf die Frage des Adressaten ein, was er von den Schriften des [Andreas] Libavius [gegen die Heilerde des Am Wald] halte: Er, Posthius, habe als Antwort ein [an den Adressaten gerichtetes, dem Brief beigelegtes] Gedicht ("Epigramma") verfaßt. Posthius bietet an, dies Gedicht in der erweiterten Neuausgabe seiner Gedichtsammlung ("Poëmata mea tàm vetera, qàm nova"), die gerade bei [dem Heidelberger Drucker Hieronymus] Comelinus gedruckt werde, zu publizieren, falls der Adressat das wünsche. Außerdem bittet Posthius, ihm freundschaftliche Beziehungen zu Libavius zu vermitteln, falls der Adressat diesen kennenlerne. In dem Zusammenhang verweist Posthius auch noch darauf, Melissus müsse sich nun wegen eines [die Heilerde des Georgius Am Wald] preisenden Gedichtes ("Elogium") schämen.

Abschließend fragt Posthius, woran der Adressat zur Zeit arbeite.

Grüße an den Bruder [Philippus Camerarius] des Adressaten.

Mit der Heilerde "Panacea" des Georgius Am Wald hatte sich Posthius bereits öfters kritisch auseinandergesetzt (vgl. Briefe vom 15.6.1582, vom 17.7.1582 und vom 12.12.1593). Der Chemiker und Paracelsusgegner Andreas Libavius aus Halle (1540-1616) hatte eine Streitschrift gegen diese Heilerde des Am Wald in Briefform abgefaßt und 1594 im Anhang einer medizinisch-pharmakologischen Schrift publiziert (vgl. Literaturverzeichnis unter Libavius: Tractatus duo physici, 1594). Dieses Werk des Libavius hatte Posthius offenbar von Joachimus II Camerarius geliehen bekommen; wahrscheinlich hatte es der oben genannte Doldius mit nach Heidelberg gebracht. Dem Posthius gefiel die Schrift des Libavius sehr, denn er äußerte sich sowohl bei der Rücksendung des geliehenen Buches am 14.6.1596 als auch im oben erwähnten Epigramm an Joachimus II Camerarius lobend darüber. Dieses Posthiusepigramm ist zwar nicht im Autograph erhalten, doch wünschte Camerarius offenbar dessen Veröffentlichung in der Gedichtsammlung "Parerga", so daß es Posthius dort abdrucken ließ. Es beginnt "Ut nobis placeat rogas libellus ..." (nur zweite Ausgabe Pars altera, S. 155). Dies Epigramm ist übrigens das einzige an Joachimus II Camerarius gerichtete Gedicht im zweiten, 1595 neu hinzugekommenen Teil "Pars altera" der Parerga. Umgekehrt befinden sich unter den von Posthius empfangenen Gedichten, also im "Liber adoptivus" der Gedichtsammlung "Parerga", keine Gedichte von Joachimus II Camerarius, was insofern nicht weiter verwundern kann, als Joachimus II Camerarius in für seine Zeit direkt auffallender Weise sich der poetischen Produktion praktisch völlig enthielt.

Melissus hatte sein im Brief erwähntes "Elogium", eine Art Hymne auf die Heilerde "Panacea" des Am Wald, bereits 1593 verfaßt; seine Reue über sein positives Urteil kam zu spät: Obwohl - darauf scheint zumindest der obige Brief hinzudeuten - Melissus sich bereits Ende 1594 vom Inhalt seines Gedichtes distanzierte, diente es dem Am Wald als willkommener Beitrag zu seiner Verteidigungsschrift gegen Libavius, die 1595 in Hanau erschien (vgl. Literaturverzeichnis unter Am Wald: Vortrab, 1595). Das aus zehn alkäischen Strophen bestehende Gedicht des Melissus beginnt darin "AMBALDE, terris cognite in Italis ..." (a. a. O., S. 99f).

236   Heidelberg, 1.1.1595

Posthius an Johannes Christophorus Neustetterus, [o.O.]
Publikation

Fundort: Widmungsvorrede zur zweiten Ausgabe der Gedichtsammlung "Parerga" des Posthius, dort vor der Paginierung Bl. 2r-4v; eine Abschrift davon in Hamburg SuUB Supellex epistolica 19, 4°, Bl. 106v/Nr. 46

Laudatio auf des Posthius Mäzen Erasmus Neustetterus, mit persönlichen Erinnerungen: Posthius berichtet zunächst, wie er Neustetterus kennenlernte: Als er, Posthius, 35 Jahre vor [Abfassung der Widmungsvorrede, also im Jahr 1560] nach dem frühen Tode des P.[etrus] Lotichius Secundus seine zu diesem Anlaß verfaßte Elegie dem Erasmus Neustetterus [mit dem Brief vom 1.12.1560] gewidmet habe, sei er sofort von Neustetterus eingeladen worden. Dieser habe ihm dabei sogar Pferde und Reisekost geschickt, ihn mehrere Tage auf der Comburg bewirtet und ihn schließlich mit einer Gabe entlassen.

Im folgenden bedauert Posthius, daß er vor einigen Monaten, als er mit seinem Sohn Erasmus dessen Paten Erasmus Neustetterus auf der Comburg noch einmal habe besuchen wollen, diesen dort nicht angetroffen habe.

Posthius preist sodann die Tugenden des Erasmus Neustetterus, vergleicht dessen Sprachkenntnisse mit denen des fränkischen Ritters Daniel Stibarus und nennt als Freunde des Neustetterus die Familie Camerarius [gedacht ist wohl vor allem an den Philologen Joachimus I und an den Mediziner Joachimus II Camerarius], Petrus Lotichius Secundus, Nicolaus Cisnerus, Conradus Dinnerus, Iohannes Gelchsheimerus, Paulus Melissus, den Arzt Iohannes Mathesius, Ieremias Baunachius, Richardus Hemelius und Franc[iscus] Modius.

Schließlich lobt Posthius das Engagement des Neustetterus für die Comburg, den Aufbau ihrer Bibliothek, die Renovierungsarbeiten, die dort neu angebrachte Turmaufschrift "Sic vos non vobis nidificatis aves", das schon vor vielen Jahren errichtete Grabmonument für Erasmus Neustetterus, des Neustetterus Reisen nach Würzburg und Bamberg, dessen politische und kirchliche Würden und Sonderaufgaben und dessen Abscheu gegen Schmeichler; Posthius begründet die letzte Feststellung mit einer Inschrift auf der Comurg:
"Sit bonus interpres, nil mala verba nocent,
Sit malus interpres, nil bona verba juvant".
Schließlich führt Posthius auch das Interesse des Erasmus Neustetterus für Poesie an und erzählt, wie er einst als unangemeldeter Gast Neustetterus begrüßt habe mit den Worten: "Non invitatus venio coenare paratus" und von diesem prompt die Antwort erhalten habe: "Et quia sponte venis, gratior hospes eris".

Abschließend begründet Posthius die Widmung an Johannes Christophorus Neustetterus, den Sohn des Haßfurter Präfekten Sebastianus Neustetterus, damit, der erbe gewissermaßen die Widmung, die eigentlich an seinen kurz zuvor [am 23.11.1594 Julianischer bzw. am 4.12.1594 Gregorianischer Zeit] verstorbenen Onkel Erasmus Neustetterus geplant gewesen sei.

Die in der Widmungsvorrede angeführte Zeile "Sic vos non vobis nidificatis aves" bildet den ersten Pentameter eines acht Distichen umfassenden, "Tot posui turres, nec non nova moenia feci ..." beginnenden Epigrammes, das auf einer großen, noch existierenden Sieintafel in der Klosterkirche der Comburg eingemeißelt ist. Diese Tafel wurde offenbar von Erasmus Neustetterus selbst in Auftrag gegeben, denn sie trägt die Überschrift: "Erasmus Neustetter, Dictus Sturmer, a. Schonfeld, Decanus, etc: sibi, suisque in Collegio Chomburg:[ensi] successoribus [posuit]" und ist in das Jahr 1570 datiert.

Das erwähnte Grabmonument für Erasmus Neustetterus befindet sich noch in der Comburger Klosterkirche. Es ist mit den Worten "Vivus P[onendum] C[uravit] MD-LXX" in dasselbe Jahr wie die oben genannte Steintafel datiert und wurde somit zu Lebzeiten des Neustetterus, und zwar lange vor seinem Tod, errichtet. Das Monument enthält ein großes Relief, das den Stifter vor einem Kreuz im Gebet kniend zeigt und von Säulen gerahmt ist. Darüber befindet sich eine Schrifttafel. Gekrönt wird das Epitaph von einem giebelähnlichem Aufbau, dessen drei Ecken durch allegorische Figuren - Fides, Caritas und Spes - hervorgehoben werden. Auf der Schrifttafel sind Namen und Titel des Neustetterus angeführt. Eine abschließende Zahl bezüglich seiner Regierungsjahre auf der Comburg - "praefuit Annis XXXXIII" - wurde offenbar erst nach seinem Tode hinzugefügt; es wird dabei seine Zeit als Dechant (1551-1583) und als Propst (1583-1594) erfaßt. Eine weitere unter dem Relief angebrachte Schrifttafel enthält die genauen Angaben über Todestag und Lebensalter. Begraben wurde Neustetterus allerdings nicht auf der Comburg, sondern im Würzburger Dom, wo ein Epitaph im nördlichen Seitenschiff den vor einer Ansicht der Comburg Knieenden zeigt.

Literatur: *Burmannus: Lotichii poemata omnia (1754) Bd. II, S. 59-62 (Publikation dieser Widmungsvorrede); Feder: Vitam Erasmi Neustetter enarrat (1799) S. 8 und S. 17.*

237   Heidelberg, 7.4.1595
Posthius an Joachimus [II] Camerarius, Nürnberg
Posthius vermerkte neben der Adresse: "Dem botten ein ‖ trinckgelt"
Praesentatum: 15.4.
Autograph
Fundort: Erlangen UB Trew, Posthius 152 (= Ms. 1819, Bl. 742)
Folioformat

Begleitbrief zur Übersendung der zweiten Ausgabe der Gedichtsammlung "Parerga ... poëtica":

Posthius berichtet, er habe diese seine Gedichtsammlung dem Johannes Christophorus Neustetterus aus alter Verbundenheit mit dessen Familie, vor allem mit dessen Onkel [Erasmus], dem mit dem Adressaten gemeinsamen Mäzen, gewidmet, um damit diese Verbundenheit öffentlich zu dokumentieren. Zudem weist Posthius auf sein in dieser Gedichtsammlung abgedrucktes, an den Adressaten gerichtetes

Gedicht ("carmen") hin, in dem er, Posthius, sich gegen die Heilerde ("Panacea") [des Georgius Am Wald] ausspreche. In dem Zusammenhang erwähnt Posthius Gerüchte, der Hersteller der Heilerde sei gestorben. Abschließend meldet Posthius, die [Pfälzer Kur]fürstin [Loisa Juliana] erwarte im Juli ihr zweites Kind.

Grüße an den Bruder des Adressaten [Philippus Camerarius] und an [Philippus] Strasburgus.

Sein Gedicht gegen die Heilerde des Georgius Am Wald hatte Posthius dem Joachimus II Camerarius mit seinem Brief vom 6.12.1594 geschickt.

238   Heidelberg, 8.4.1595
Posthius an Conradus Rittershusius, Altdorf
Posthius vermerkte neben der Adresse: "Dem botten ein ‖ trinckgelt."
Praesentatum: 18.4.95 "am Kharfritage"
Autograph
Fundort: Hamburg SuUB Supellex epistolica 46, Bl. 269v (= Brief 196v; eine Abschrift davon befindet sich in der Bibliotheca Apostolica Vaticana, Vaticanus latinus 11059, Bl. 7)
Folioformat

Begleitbrief zur Übersendung der zweiten Ausgabe der Gedichtsammlung "Parerga": Posthius vermerkt dazu, diese Gedichtsammlung solle ein Zeichen seiner Freundschaft mit dem Adressaten sein.

Außerdem berichtet Posthius, Melissus, dem es nach einer längeren Erkrankung wieder besser gehe, wolle seine [Gedichte] nach der [Frankfurter] Messe bei [dem Heidelberger Drucker Hieronymus] Comelinus drucken lassen.

Abschließend erwähnt Posthius, die [Pfälzer Kur]fürstin [Loisa Juliana] sei zum zweiten Male schwanger.

Dieser Brief wurde vermutlich zusammen mit dem vom Vortag über Joachimus II Camerarius in Nürnberg geleitet, da dieser gewöhnlich die Posthiuskorrespondenz nach Altdorf besorgte.

Die Gedichtsammlung "Parerga" konnte deshalb die Verbindung zwischen Posthius und Conradus Rittershusius bezeugen, weil darin sowohl Gedichte von Posthius an Rittershusius als auch Gedichte von Rittershusius an Posthius abgedruckt sind, und zwar insgesamt sechs Gedichte an Rittershusius (nur zweite Ausgabe Pars altera, S. 100, 114, 138, 141 und 149). Zwei von Rittershusius empfangene Gedichte ließ Posthius im "Liber adoptivus" seiner Parerga abdrucken (nur zweite Ausgabe Pars altera, S. 299 und 311).

Mit angekündigten Edition einer Gedichtsammlung des Melissus sind dessen "Melematum libri" gemeint, die noch 1595 erschienen (vgl. Literaturverzeichnis unter Melissus: Melematum libri, 1595). Diese Sammlung enthält auch ein an Posthius gerichtetes Gedicht, das "POSTHI quid ..." beginnt (a. a. O., S. 376).

Literatur: Preisendanz: Zur Heidelberger Gelehrtengeschichte (1913), S. 2, Anm. 1
(mit nahezu vollständiger Publikation dieses Posthiusbriefes).

239   Heidelberg, 8.4.1595
Posthius an Johannes Weidnerus, Schwäbisch Hall
Posthius vermerkte neben der Adresse: "dem botten ein trinckgelt"
Weidnerus notierte mit roter Tinte zusätzlich zum Empfangsdatum: "Mittit novae edi-
tionis suor: Poem. exemplum".
Praesentatum: 15.5.
Fundort: Stuttgart WLB Cod. hist. 2° 603, Bl. 889 (Weidnersche Nr. 21)
Folioformat

Begleitbrief zur Übersendung der zweiten Ausgabe der Gedichtsammlung
"Parerga": Posthius vermerkt dazu, diese seine Gedichtsammlung solle ein Zeichen
seiner Freundschaft mit dem Adressaten sein.

Außerdem fragt Posthius, ob sein Brief an [Fridericus] Taubmannus, den er [am
25.8.1594] über den Adressaten geschickt habe, angekommen sei; dieser Brief habe
nämlich sein - auch in den zweiten Teil seiner [Gedichtsammlung "Parerga"] aufge-
nommenes - enkomiastisches Gedicht ("Epigramma") über das Werke "Columbae"
des Taubmannus enthalten. Dabei erkundigt sich Posthius auch nach der Adresse
des Taubmannus, um diesem ebenfalls seine Spielereien ["lusus"; gemeint ist die
Gedichtsammlung "Parerga"] schicken zu können.

Abschließend bittet Posthius um Auskunft über die Verhältnisse auf der Comburg, insbesondere darüber, wer der Nachfolger des Erasmus Neustetterus sei.

Grüße an den Syndikus [Philippus Geltzerus] und an einen zweiten Syndikus
[Marcus Schweickerus?].

Im Postskript Grüße an Nico.[laus] Wincklerus und an den Apotheker Godefridus.

In einem weiteren Postskript weist Posthius darauf hin, daß er für den Druck
des [bereits im Brief vom 25.8.1594 erwähnten] kalendarischen Lehrgedichtes
"Fasti" des [Nathan] Chytraeus dem Drucker 20 Gulden ("floreni") ausgelegt habe.

Das mit dem Brief übersandte Exemplar der Gedichtsammlung "Parerga" ist erhalten
und befindet sich heute in der Bibliotheca Apostolica Vaticana, Racc. gen. Neolat. V,
323 (vgl. Werkverzeichnis).

Die Gedichtsammlung "Parerga" konnte deshalb die Verbindung zwischen Posthius
und Johannes Weidnerus bezeugen, weil darin sowohl ein Gedicht von Posthius an
Weidnerus als auch ein Gedicht von Weidnerus an Posthius abgedruckt ist. Bei dem
Gedicht an Weidnerus handelt es sich um das Epigramm, das Posthius bereits mit
seinem Brief vom 1.5.1578 übersandt hatte und das daher schon in der Parergaaus-
gabe von 1580 publiziert worden war (Näheres unter dem erwähnten Brief), bei dem
von Weidnerus um einen Geburtstagsglückwunsch an Erasmus, den Sohn des Po-
sthius ("Salve festa dies ..."; Parerga nur zweite Ausgabe Pars altera, S. 268).

240 Heidelberg, 4.6.1595
Posthius an Conradus Rittershusius, Altdorf
Praesentatum: 16.6.
Autograph
Fundort: Hamburg SuUB Supellex epistolica 46, Bl. 270 (= Brief 197; eine Abschrift davon befindet sich in der Bibliotheca Apostolica Vaticana, Vaticanus latinus 11059, Bl. 8)
Folioformat

Begleitbrief zur Übersendung [von zwei aus der Bibliotheca Palatina stammenden Handschriften des Lehrgedichtes "Halieutika"] des Oppianus: Posthius berichtet, diese Übersendung habe der Jurist und Pfälzische Rat Georgius Michaël Lingelshemius ermöglicht. Eine Bestätigung über den Empfang der Handschrift ("Chirographum de Oppiano restituendo tuum") möge der Adressat dem Briefboten mitgeben; einstweilen habe er, Posthius, selbst die Bürgschaft [für die beiden Handschriften] übernommen. Aus Kostengründen habe er auf einen speziellen Briefboten verzichtet.

Außerdem erwähnt Posthius, Melissus sei zur Zeit erkrankt.

Abschließend erkundigt sich Posthius, ob der Adressat die [mit einem Brief am 8.4.1595 abgeschickte] Gedichtsammlung "Parerga" erhalten habe.

Grüße an Scipio Gentilis.

Dieser Brief war vermutlich Teil eines umfangreichen Schriftbündels mit den beiden Oppianushandschriften und mit den Briefen des Fridericus Sylburgius, Georgius Regius und Melissus (vgl. Überblick, Kapitel 44).

Scipio Gentilis (1563-1616) wirkte als Jurist in Altdorf.

Literatur: *Preisendanz: Zur Heidelberger Gelehrtengeschichte (1913), S. 2, Anm. 1 (mit Publikation des angeführten Posthiusbriefes).*

241 Heidelberg, 28.8.1595
Posthius an Johannes Weidnerus, Schwäbisch Hall
Praesentatum: 7.9.
Autograph
Fundort: Stuttgart WLB Cod. hist. 2° 603, Bl. 920 (Weidnersche Nr. 22)
Folioformat

Antwortbrief auf ein Schreiben des Adressaten: Posthius freut sich über die positive Aufnahme seiner [mit einem Brief am 8.4.1595 übersandten] Gedichtsammlung "Parerga ... Poëtica" durch den Adressaten und berichtet, mit dieser Gedichtsammlung habe er nun sein Dichten und andere Spielereien beendet und wolle sich ferner durch Bibellesen auf seinen Tod vorbereiten.

Außerdem weist Posthius darauf hin, das vom Adressaten zusammen mit dessen Brief übersandte Blatt habe er sofort an den Lizentiaten Trigelius weitergeleitet; dieser werde wohl des Adressaten Wunsch erfüllen.

Grüße von [dem Philologen Fridericus] Sylburgius, der damit Grüße des Adressaten erwidere.

Grüße an [Nicolaus] Wincklerus und an den [Schwäbisch Haller] Apotheker Gotfridus.

Im Postskript Grüße von [Johannes] Maudaeus.

242   Heidelberg, 17.9.1595
Posthius an Joachimus [II] Camerarius, Nürnberg
Praesentatum: 2.9.
Autograph
Fundort: Erlangen UB Trew, Posthius 153 (= Ms. 1819, Bl. 743)
Folioformat

Posthius dankt für den übersandten zweiten Band ("Centuria secunda") des Emblematikwerkes ("Emblemata") des Adressaten und beantwortet dessen Begleitschreiben:

Posthius berichtet, der Bruder des Adressaten habe ihn inzwischen besucht, den [Christophorus?] Fuererus habe er aber noch nicht gesehen. Über die [Rück]eroberung von Gran [von den Türken] freue er sich.

Außerdem erwähnt Posthius, auch in der [Heidelberger] Gegend seien Erkrankungen an "Diarrhoeae" und "Dysenteriae" häufig und gäben Anlaß zu Sorge. Die Fürsten von Anhalt würden angeblich noch vor Monatsende [Heidelberg] verlassen. Das Zusammensein mit dem [trotz seiner jahrelangen Inhaftierung] körperlich wie geistig noch erstaunlich frischen [Melanchthonschwiegersohnes Casparus] Peucerus habe er genossen.

Abschließend wünscht Posthius den Spaniern, die Cambrai belagern, eine Niederlage.

Diesem Brief lag vermutlich der folgende gleichen Datums an Conradus Rittershusius bei.

Der zweite Band des Emblematikwerkes des Joachimus II Camerarius war 1595 erschienen (vgl. Literaturverzeichnis unter Camerarius: Symbola, 1595). Für den 1590 herausgekommenen ersten Band dieses Werkes hatte sich Posthius am 12.12.1593 bedankt.

Nach dem Tod des Joachim Ernst von Anhalt teilten sich seine teils noch minderjährigen vier Söhne das Land, und der älteste, Johann Georg, führte ab 1587 die Regentschaft. Während der Vater eine gemäßigt lutherische Linie verfolgt hatte, übernahm Johann Georg unter dem Eindruck des aus Wittenberg vertriebenen Caspar Peucerus (vgl. Brief vom 4.2.1590) verschiedene reformierte Bräuche, so Weißbrot beim Abendmahl oder einen Tisch statt eines Altares, ohne sich allerdings offiziell dem Kalvinismus anzuschließen. Er heiratete die am 6.1.1581 geborene Tochter Johann Casimirs und Elisabeths, Dorothea.

Cambrai, an der Grenze zwischen Frankreich und den Niederlanden gelegen, gehörte traditionell als Reichsstadt und ihr Bischof als Reichsfürst zum Reich, doch hatte ihr Gouverneur d'Inchy 1580 ein Abkommen mit dem Herzog Franz von Alençon/Alenzonius abgeschlossen, so daß der die Stadt in Besitz nehmen konnte und sie dadurch auf die Dauer dem Reich verlorenging. Nach wechselnden Schicksalen wurde Cambrai 16 Jahre später von den Spaniern zurückerobert.

243   Heidelberg, 17.9.1595

Posthius an Conradus Rittershusius, Altdorf
Praesentatum: 27.9.
Autograph
Fundort: Hamburg SuUB Supellex epistolica 46, Bl. 271v (= Brief 198a; eine Abschrift davon befindet sich in der Bibliotheca Apostolica Vaticana, Vaticanus latinus 11059, Bl. 9)
Folioformat

Posthius entschuldigt seine späte Antwort mit seinem Alter. Dann berichtet er, [Joachimus II] Camerarius habe ihm den zweiten, vor kurzem erschienenen Band ("secunda Centuria") seiner Emblematiksammlung ("Emblemata") als Geschenk übersandt.

Anschließend beantwortet Posthius einen Brief des Adressaten: Richardus Hemelius habe trotz seiner ausgezeichneten Bildung - unter anderem in der griechischen Sprache - nur die Stellung eines sogenannten "Corrector" am [Heidelberger] Pädagogium inne. Von einem durchreisenden Würzburger Rat habe er, Posthius, bereits [noch vor dem Brief des Adressaten] von der schweren psychischen Erkrankung des [Conradus] Dinnerus an "melancholia" und "delirium" erfahren.

Außerdem weist Posthius darauf hin, er habe die Grüße des Adressaten an [den Pfälzer Rat Georgius Michael] Lingelshemius ausgerichtet [Lingelshemius hatte sich für die im Brief vom 4.6.1595 erwähnte Ausleihe von Handschriften aus der Bibliotheca Palatina an Rittershusius eingesetzt].

Weiter berichtet Posthius, das Scherzgedicht des [Altdorfer Juristen] Scipio Gentilis auf die Muse und auf das Podagra des Posthius habe ihm sehr gefallen, da daraus hervorgehe, daß dem Gentilis des Posthius Verslein ("nugae ... poëticae") gefielen.

Abschließend erwähnt Posthius, dem Melissus gehe es besser; [Janus] Gruterus kränkele.

Grüße an Scip.[io] Gentilis.

Dieser Brief wurde vermutlich zusammen mit dem obigen gleichen Datums über Joachimus II Camerarius geleitet. Das heute unmittelbar dahinter eingeordnete Blatt 272 (Nummer 198b) war von Posthius mit seinem Brief vom 1.4.1594 an Joachimus II Camerarius übersandt worden.

Zur Emblematiksammlung des Joachimus II Camerarius vgl. den Brief gleichen Datums (17.9.1595) an Joachimus II Camerarius.

244   Heidelberg, 3.10.1595
Posthius an Johannes Weidnerus, Schwäbisch Hall
Praesentatum: 9.10.
Autograph
Fundort: Stuttgart WLB Cod. hist. 2° 603, Bl. 929f (Weidnersche Nr. 23)
Folioformat

Antwort auf ein Schreiben des Adressaten: Posthius gratuliert darin dem Adressaten zur Übernahme eines kirchlichen Amtes ("Ecclesiastica ... condito"; gemeint ist wohl die Würde eines Decanus) und berichtet, er habe von diesem Amtswechsel des Adressaten erst jetzt [offenbar aus dessen Brief] erfahren, da Melissus vergessen hatte, ihn davon zu unterrichten.

[Dann beantwortet Posthius spezielle Anfragen zur Gedichtsammlung "Parerga":] Einen Kommentar zu seinen Gedichten ("Poëmata") wolle er, Posthius, nicht verfassen, aber dem Adressaten, falls der einen solchen schreiben wolle, behilflich sein; die [in der Gedichtsammlung "Parerga" mehrfach erwähnte] Anna Palantia stamme aus der vornehmen Familie der Palantii und sei von Carolus Utenhovius privat im Glauben wie in den Künsten, besonders in der Poesie, vortrefflich gebildet worden.

Außerdem weist Posthius darauf hin, wegen der [vom Adressaten bestellten?] Bibel werde [Johannes] Maudaeus selber antworten.

Sodann berichtet Posthius, er habe am Vortag, als des Adressaten Brief eingetroffen sei, gerade Besuch vom Valent.[inus] Clessius gehabt; in dessen Begleitung sei ein von Melissus zum "Notarius" ernannter Lehrer gewesen.

Abschließend erkundigt sich Posthius nach den Verhältnissen auf der Comburg und nach dem Nachfolger des [Erasmus] Neustetterus.

Grüße an die Comburger, besonders an den Apotheker Gotofridus und an Thomas Schweickerus, dessen Name von seinem Sohn "Erasmulus" häufig erwähnt werde.

Grüße von [Valentinus] Clessius.

Im Postskript weist Posthius darauf hin, er habe dem Brief seine vor kurzem angefertigte Fassung des 23.Psalms in deutsche Verse beigelegt und erwarte das Urteil des Adressaten darüber.

Anna Palantia galt fast als Wunderwesen wegen ihrer umfassenden Bildung und ihrer brillanten Intelligenz. Posthius widmete ihr vier in seine Gedichtsammlung "Parerga" aufgenommene Gedichte, die er 1579 in Köln verfaßt hatte (in der ersten Ausgabe Bl. 78r, 80v und 82v, in der zweiten Ausgabe Pars prima, S. 133, S. 137, S. 139 und S. 141). Auch Melissus pries sie in einem "Dextra candidulo nitens colore ..." beginnenden Gedicht (Werkverzeichnis 74/4, S. 88, wieder abgedruckt bei Conrady: Lateinische Dichtungstradition, 1962, S. 339). Die Verehrung des Posthius und Melissus für Anna Palantia führte noch hundertfünfzig Jahre später zu einem Artikel über sie im Lexikon von Jöcher (1750f), Bd. 3.

Melissus konnte den Titel "Notarius" verleihen; das Recht zu derartigen Ernennungen hatte er dank seiner Pfalzgrafenwürde (vgl. Brief vom 23.1.1580).

"Erasmulus", der dreizehnjährige Sohn des Posthius, hatte den Thomas Schweicke-
rus, wohl einen etwa gleichaltrigen Sohn des öfters in Posthiusbriefen erwähnten Syn-
dikus Marcus Schweickerus, vermutlich am Ende des Jahres 1594 kennengelernt, als
Posthius mit seinem Sohn die Comburg besuchte (vgl. Brief vom 1.1.1595).

245   Heidelberg, 1.3.1596

Posthius an Conradus Rittershusius, Altdorf
Praesentatum: 14.3.
Autograph
Fundort: Hamburg SuUB Supellex epistolica 46, Bl. 273 (= Brief 199; eine Abschrift
davon befindet sich in der Bibliotheca Apostolica Vaticana, Vaticanus latinus 11059,
Bl. 11r)
Folioformat

Posthius entschuldigt sein spätes Antwortschreiben mit seiner zweimonatigen Erkrankung an Podagra, zu der schließlich auch noch Koliken ("Colicj ... dolores")
gekommen seien, und antwortet auf Einzelheiten aus des Adressaten Brief: Wegen
seiner Erkrankung habe er noch nicht [nach Amberg reisen und dabei] den Adressaten besuchen können.

    Dann gratuliert er dem Adressaten zur Geburt seines Sohnes [Georgius Ritters-
husius am 22.10.1595].

    Auch verweist Posthius darauf, die [vom Adressaten zuvor an Posthius ge-
schickten] "carmina" [des Scipio Gentilis?] schicke er wunschgemäß mit dem Brief
zurück und bitte den Adressaten, dem Scipio Gentilis für die rühmende Erwähnung
seines, des Posthius, Namens in dessen an T.[obias] Scultetus gerichteter [nicht näher bezeichneter] Elegie zu danken.

    Anschließend erwähnt Posthius, er kenne das [aus dem 13. Jahrhundert stam-
mende historische Epos] "Ligurinus" des Guntherus nicht selbst, habe aber von
[Marquardus] Freherus gehört, es sei lesenswert.

    Über die [bereits im Posthiusbrief vom 17.9.1595 an Conradus Rittershusius er-
wähnte] Erkrankung des [Conradus] Dinnerus habe er nichts Neues gehört.

    Er hoffe, daß sich der Traum des Adressaten über die Zukunft von Posthius'
Sohn [Erasmus] erfülle; die gegenwärtigen Grammatikkenntnisse seines Sohnes
reichten jedoch noch nicht für ein eigenes Antwortschreiben an den Adressaten
aus.

    Dann berichtet Posthius, [Lambertus Ludolfus] Pithopaeus und [Fridericus]
Sylburgius seien vor kurzem [am 29.1.1596 bzw. am 16./17.2.1596] in [Heidelberg]
gestorben.

    Abschließend erwähnt Posthius, den Oppianus[kommentar] des Adressaten er-
warte er mit Freude.

    Grüße von seinem Sohn [Erasmus Posthius] und von Richardus Hemelius.

Im Januar 1596 hatte Posthius offenbar noch fest damit gerechnet, bald zu Kurfürst
Friedrich IV. nach Amberg reisen zu können, denn am 7.1.1596 hatte Lambertus Lu-

*dolfus Pithopaeus in seinem letzten Brief an Rittershusius diesem mitgeteilt, er wolle
den Brief durch Posthius persönlich überbringen lassen, da dieser den Kurfürsten nach
Amberg begleiten solle (dieser Brief befindet sich heute in Hamburg SuUB Supellex
epistolica 46, Bl. 255 = Brief 186).*

*Georgius Rittershusius (1595-1664) wurde wie sein Vater Jurist, und zwar als
Nürnberger Anwalt und als markgräflich-brandenburgischer Geheimer Hof- und
Justizrat.*

*Bei dem Werk "Ligurinus" des Guntherus/Gunther von Pairis (um 1150 - nach
1210) handelt es sich um ein historisches Epos über Kaiser Friedrich I. Barbarossa.
Conradus Rittershusius interessierte sich deshalb dafür, weil er eine Neuausgabe
plante, die dann 1598 in Tübingen erschien (vgl. Literaturverzeichnis unter Rittershusius: Guntheri Ligurinus, 1598).*

*Zum Oppianuskommentar des Conradus Rittershusius vgl. Brief vom 4.6.1595 und
Überblick, Kapitel 44.*

Literatur: *Preisendanz: Zur Heidelberger Gelehrtengeschichte (1913), S. 2, Anm. 1
(dort ist der Posthiusbrief fast vollständig publiziert).*

246   Heidelberg, 21.3.1596
Posthius an Joachimus [II] Camerarius, Nürnberg
Praesentatum: 9.4.
Autograph
Fundort: Erlangen UB Trew, Posthius 154 (= Ms. 1819, Bl. 744)
Folioformat

[Posthius antwortet auf ein am Vortag [20.3.1596] erhaltenes Schreiben:] Er berichtet, er sei wegen seiner Koliken abermals zu einer Kur in den "thermae Cellenses" [Bad Liebenzell?] gezwungen, könne daher kaum vor Ostern von [Heidelberg
aus in die Oberpfalz] aufbrechen und werde also später als vom Adressaten erwartet zum [Pfälzer Kur]fürsten [Friedrich IV. nach Amberg] kommen. Daher emp-
fehle er dem Adressaten, persönlich nach Amberg zu reisen, dort dem Kurfürsten
seinen Sohn [Joachimus III Camerarius als Vertreter für den erkrankten Posthius
und für den Heidelberger Medizinprofessor Johannes Opsopaeus, der einstweilen
als Ersatz eingesprungen war,] vorzustellen und mit [Georgius Ludovicus] Huttenus
und den übrigen Freunden über dieses Vorhaben zu verhandeln. Dazu habe er, Posthius, ein diesbezügliches Schreiben an Huttenus verfaßt und dem Brief so gefaltet
beigelegt, daß es der Adressat öffnen, lesen und - falls es ihm nicht gefalle - an Posthius zurückschicken könne; falls es den Vorstellungen des Adressaten entspreche,
solle er es möglichst persönlich überbringen. Auch mit der Unterstützung durch
des [Johannes] Opsopaeus könne gerechnet werden, da dieser [wegen der bevorstehenden Entbindung seiner Frau] nach Hause zurückkehren möchte.

Zuletzt spricht Posthius seine Hoffnung aus, daß die Tochter des Adressaten
inzwischen wieder gesundet sei.

Grüße an den Bruder [Philippus Camerarius] des Adressaten und an [Philippus] Strasburgus.

Der Wunsch des Posthius, Joachimus III Camerarius würde zu seinem Vertreter am Pfälzer Hof in Amberg ernannt, erfüllte sich nicht, da Johannes Opsopaeus die Tätigkeit am Amberger Hof nach der Entbindung seiner Frau wieder aufnehmen wollte; er zog sie offenbar seiner eigentlichen Stelle an der Heidelberger Universität vor (vgl. Brief vom 14.6.1596 an Joachimus II Camerarius).

247   Heidelberg, 14.6.1596

Posthius an Joachimus [II] Camerarius, Nürnberg
Praesentatum: 29.7. (verschrieben statt 29.6.?)
Autograph
Fundort: Erlangen UB Trew, Posthius 155 (= Ms. 1819, Bl. 745f)
Folioformat

Posthius bedauert, daß der Sohn [Joachimus III Camerarius] des Adressaten nicht die gewünschte Anstellung beim [zu der Zeit einschließlich Pfalzgraf Friedrich IV. in Amberg weilenden Pfälzer] Hof erhalten habe, zumal er, Posthius, mit dem entscheidenden Einfluß des beiderseitigen Freundes [Georgius Ludovicus Huttenus] gerechnet habe und diesem auch [mit einem dem Brief vom 21.3.1596 beigelegten Schreiben] Entsprechendes geschrieben hätte.

Weiter berichtet Posthius, Ludovicus [Camerarius der Jüngere, ein weiterer Sohn des Adressaten,] habe vergebens versucht, ihn in [Heidelberg] zu besuchen, doch sei er erst am 28.5.[1596] von seinem achtwöchigen Kuraufenthalt [aus Bad Liebenzell?] zurückgekehrt.

Sein durch diesen Kuraufenthalt gebessertes Befinden sei jedoch durch einen mehrtägigen Durchfall ("diarrhea") wieder gänzlich zerstört worden. Deswegen könne er ohne Gefahr für sein Leben nicht nach Amberg reisen und habe daher den [Georgius Ludovicus] Huttenus gebeten, ihn beim [Kur]fürsten [Friedrich IV.] zu entschuldigen. In dem Zusammenhang berichtet Posthius auch, [Johannes] Opsopaeus wolle trotz des Widerstandes seiner Kollegen [an der Medizinischen Fakultät der Universität Heidelberg] nach der Entbindung seiner Frau an den Hof [nach Amberg] zurückkehren, zumal er dort fürstlich belohnt worden sei [Opsopaeus war als Vertretung für Posthius an den Hof nach Amberg entsandt worden und, wie im Brief vom 21.3.1596 erwähnt, wegen der bevorstehenden Entbindung seiner Frau nach Heidelberg zurückgekehrt].

Abschließend gibt Posthius der Hoffnung Ausdruck, daß ein [namentlich nicht genannter] Sohn des Adressaten von einer Ungarnreise wohlbehalten zurückkehre.

Grüße an den Bruder [Philippus Camerarius] sowie an den zum Arzt ausgebildeten Sohn [Joachimus III Camerarius] des Adressaten.

In einem langen Postskript zu diesem Brief berichtet Posthius detailliert von Blutbeimengungen bei seinen rektalen Ausscheidungen ("cruentae ... aluj excretiones"), besonders infolge der [bereits im Brief erwähnten] Durchfälle ("diarrhea").

Die Kur in den "thermae Cellenses" [Bad Liebenzell?] sowie starke blutstillende Medikamente ("m[e]d[icamen]ta validè adstringentia") hätten nur vorübergehende Besserung gebracht; zwei Jahre zuvor habe er schon einmal an derselben Erkrankung gelitten. Zur Diagnose zitiert Posthius eine Stelle [aus dem "Enchiridion"] des Petrus Bayrus, und zwar aus dem Kapitel "de Dysenteria et excoriatione", und fragt nach der Ansicht des Adressaten dazu.

Außerdem weist Posthius darauf hin, zusammen mit dem Brief sende er eine Schrift des [Andreas] Libavius [vielleicht die im Posthiusbrief vom 6.12.1594 erwähnte Streitschrift gegen die Heilerde "Panacea" des Georgius Am Wald], die ihm sehr gefallen habe, zurück.

Diesem Brief lag der Brief gleichen Datums an Conradus Rittershusius zur Weiterleitung nach Altdorf bei. Falls das von Joachimus II Camerarius notierte Empfangsdatum stimmen sollte, muß dieser Brief irgendwo mehrere Wochen liegengeblieben sein, während sowohl der Brief gleichen Datums an Rittershusius als auch der nächste Brief vom 12.7.1596 an Joachimus II Camerarius innerhalb der üblichen Zeit ihre Empfänger erreichten. Denkbar wäre allenfalls, daß Joachimus II Camerarius längere Zeit von Nürnberg abwesend war, für die Weiterleitung von Briefen an Rittershusius jedoch vorgesorgt hatte und den Posthiusbrief vom 12.7.1596 außerhalb Nürnbergs bekam, da dieser Brief ja persönlich überbracht wurde. Jedenfalls scheint Posthius erst relativ spät eine Antwort bekommen zu haben, denn er bedankte sich dafür erst am 8.9.1596.

Das im Brief angesprochene Werk des Petrus Bayrus war unter dem Titel "De medendis humani corporis·malis Enchiridion" in mehreren Auflagen erschienen (vgl. Literaturverzeichnis). Darin handelt das 13. Buch von Magenerkrankungen ("De affectibus ventris & intestinorum"), und in diesem wiederum das vierte Kapitel von schmerzhaften Durchfällen: "De Dysenteria et excoriatione" (in der Lyoner Ausgabe von 1565 S. 346-357).

248   Heidelberg, 14.6.1596
Posthius an Conradus Rittershusius, Altdorf
Praesentatum: 6.7.
Autograph
Fundort: Hamburg SuUB Supellex epistolica 46, Bl. 276 (= Brief 201; eine Abschrift davon befindet sich in der Bibliotheca Apostolica Vaticana, Vaticanus latinus 11059, Bl. 12)
Folioformat

Posthius sagt seine geplante Reise nach Amberg [zum Pfalzgrafen und Kurfürsten Friedrich IV.] wegen seines Gesundheitszustandes ab, der ihn dazu zwinge, sich statt dessen auf die Reise ins Jenseits vorzubereiten.

Weiter berichtet Posthius, bei der Rückkehr am 28.5.[1596] von einer achtwöchigen Kur in den "thermae Cellenses" [Bad Liebenzell?], während der Ludovicus Camerarius [der Jüngere] vergebens versucht habe, ihn zu besuchen, habe er den

Brief des Adressaten und die zusammen mit diesem Brief übersandte Jesaiaparaphrase ["paraphrasis ex Jsaia Propheta desumpta"] des Adressaten vorgefunden.
Diese habe ihm sehr gefallen; daher rate er, mehr derartige Texte zu verfassen,
zumal der Adressat sich dadurch großen Ruhm erwerben werde.

Dann teilt Posthius mit, er freue sich sehr über die Genesung des beiderseitigen
Freundes Conradus Dinnerus [von der im Posthiusbrief vom 17.9.1595 an Conradus
Rittershusius erwähnten psychischen Erkrankung]; von dieser Genesung habe er
durch ein [mit dem Brief des Adressaten übersandtes] Schreiben [von des Dinnerus
Sohn Andreas?] erfahren; dem Dinnerus könne man zu so einem Sohn [gemeint ist
wohl der 1579 geborene Andreas, der später Juraprofessor in Altdorf wurde] nur
gratulieren.

Außerdem beantwortet Posthius offenbar Fragen des Adressaten: [Marquardus]
Freherus wisse nicht, was [Franciscus] Raphelengius über den [geplanten] Oppianus[kommentar] des Adressaten geschrieben habe; selbiger Raphelengius werde
möglicherweise, da [der Heidelberger Drukker Hieronymus] Comelinus zu sehr zö-
gere, das [im Posthiusbrief vom 1.3.1596 erwähnte historische Lehrgedicht
"Ligurinus" des] Guntherus, dessen Text der Adressat edieren möchte, drucken.

Grüße vom beiderseitigen Freund Richardus Hemelius, der damit die Grüße
des Adressaten erwidere.

Grüße an [Scipio] Gentilis.

*Dieser Brief an Rittershusius wurde bis Nürnberg zusammen mit dem Brief gleichen
Datums an Joachimus II Camerarius übersandt.*

*Die Jesaiaparaphrase hatte Conradus Rittershusius 1596 zusammen mit ähnlichen
Texten publiziert und dem Conradus Dinnerus gewidmet: "In caput LIII. Isaiae Pro-
phetae, quod est illustre vaticinium, de Iesu Christi D.[omini] N.[ostri] Passione,
morte, sepultura et resurrectione, paraphrasis, in gratiam cl.[arissimi] V.[iri] pietate,
doctrina et virtute praestantissimi D.[omini] Conradi Dinneri, I.[uris] C.[onsulti]
Consiliarii Francici, &c. conscripta editaque. Addita sunt eiusdem argumenti scripta
Henrici Husani I.[uris] C.[onsulti], Actii Sinceri Sannacarii, et Hieronymi Vidae, et
Conradi Rittershusii. Noribergae, 1596." (Angaben nach Zeidler: Vitae, 1770, S. 181).*

Zum Oppianuskommentar des Conradus Rittershusius vgl. Überblick, Kapitel 44.

Literatur: *Preisendanz: Kleine Commeliana (1941), S. 194.*

---

249   Heidelberg, 12.7.1596
Posthius an Joachimus [II] Camerarius, Nürnberg
Praesentatum: 18.7.
Autograph
Fundort: Erlangen UB Trew, Posthius 156 (= Ms. 1819, Bl. 747)
Folioformat

Posthius verweist auf Cliverius, [der diesen Brief überbringen werde und] von dem
der Adressat mehr erfahren könne.

Außerdem bittet er, seinen Brief [vom 14.6.1596] an [Conradus] Rittershusius weiterzuleiten, falls dieś noch nicht geschehen sein sollte; er habe nämlich soeben einen Brief des Rittershusius erhalten, bei dessen Abfassung des Posthius vorhergehender Brief noch nicht angekommen war.

Weiter erkundigt sich Posthius, warum der Adressat nach Amberg abgereist sei. Er, Posthius, sei nach Amberg gerufen worden, habe aber wegen der dem Adressaten bekannten Ursache [nämlich wegen seines Gesundheitszustandes] nicht gewagt abzureisen. Als Vertreter für ihn sei [Ptolemeus] Gravius geschickt worden.

Abschließend weist Posthius darauf hin, er warte auf die vom Adressaten brieflich angebotene [und von Posthius in seinem Brief vom 14.6.1596 an den Adressaten erbetene] Beurteilung seines [Gesundheits-]Zustandes.

250   Heidelberg, 13.7.1596
Posthius an seinen Sohn Erasmus, [Heidelberg]
Publikation
Fundort: Widmungsvorrede in deutschen Versen für des Posthius Kirchenlieder zu den Sonntagsevangelien (vgl. Werkverzeichnis 1596/1), S. 3f
  inc.: Als im vergangen [im Druckfehlerverzeichnis verbessert zu "vergangnen"] Wintter mich
    expl.: Da sie wuert leben ewiglich.
    26 vierhebige, paarweise gereimte Verse

Posthius berichtet, er habe im vorausgegangenen Winter, als ihn seine Erkrankung an Podagra zu Hause festhielt, "auff die Evangelia ‖ Gedichtet newe Cantica"; in diesen Liedern habe er zusammengefaßt, was man sich aus den Evangelien merken müsse. Abschließend bittet Posthius Gott um Gnade für seinen Sohn [Erasmus] zu einem gottgefälligen Leben und für sich selbst zu einem geduldigen Leiden und Sterben.

251   Heidelberg, 31.7.1596
Posthius an Conradus Rittershusius, Altdorf
Praesentatum: 14.8.
Autograph
Fundort: Hamburg SuUB Supellex epistolica 46, Bl. 274f (= Brief 200; eine Abschrift davon befindet sich in der Bibliotheca Apostolica Vaticana, Vaticanus latinus 11059, Bl. 14)
Folioformat

Posthius weist auf seinen vorangegangenen Brief [vom 14.6.1596] hin, in dem er von seinem Gesundheitszustand und von seinem Kuraufenthalt in den "Thermae Cellenses" berichtet habe, und dankt für den [im Brief vom 12.7.1596 an Joachimus II Camerarius erwähnten] Brief des Adressaten und für die beigelegte Ausgabe des "Orpheus" des Cassius Parmensis, die der Adressat seinem Sohn Erasmus [Posthius] gewidmet habe. Posthius äußert in dem Zusammenhang die Hoffnung, daß er selbst oder sein Sohn [Erasmus] sich einst revanchieren könnten.

Dabei berichtet er von seinem Sohn [Erasmus], dieser werde am 3.8.[1596] 14 Jahre alt, sei grazil, kränklich, ausreichend intelligent, aufgeweckt und in Vokal- und Instrumentalmusik soweit ausgebildet, daß er ihn, seinen Vater, nach dem Essen meist musikalisch erfreue.

Abschließend vermerkt Posthius, dem Brief lägen zwei Goldstücke ("aurei Rhenenses") seines Sohnes Erasmus als Geschenk an die Gattin [Helena Staudneria] des Adressaten bei.

Grüße an [den Altdorfer Juristen] Scipio Gentilis.

Cassius Parmensis, einer der Cäsarmörder (hingerichtet 31 v.Chr.), verfaßte Satiren, Elegien, Epigramme und Tragödien, wovon allerdings nichts erhalten ist. Welchen Text Rittershusius ihm unter dem Titel "Orpheus" zuschrieb und edierten, ließ sich bislang nicht feststellen; möglicherweise ist damit das spätantike Epos "Argonautica" gemeint.

Diesem Brief lag offenbar ein vom Posthiussohn Erasmus sorgfältig geschriebener, auf den 1.8.1596 datierter Brief bei, der heute im selben Band wie der obige Brief aufbewahrt wird (Hamburg SuUB Supellex epistolica 46, Bl. 257f = Brief 187). Erasmus Posthius bedankt sich darin für die Widmung eines Werkes des Conradus Rittershusius. Besonders erfreut zeigt sich Erasmus Posthius dabei darüber, daß der Adressat die Freundschaft mit dem Vater auch auf ihn übertragen wolle.

252   Heidelberg, 28.8.1596

Posthius an Johannes Jacobus Grynaeus, Basel
Posthius vermerkte neben der Adresse: "Dem botten ein || trinckgelt"
Autograph
Fundort: Basel UB G II 9, S. 1001f (eine Abschrift davon befindet sich in Hamburg SuUB Supellex epistolica 55, Bl. 205r/Brief 180) sowie S. 999.
Folioformat sowie kleinformatiger (ca. 11x11 cm) Nachtrag

Begleitbrief zur Übersendung eines Exemplars der Gesangbuchlieder ("Cantiones ... super Evangelia Dominicalia"). Posthius schreibt, er habe diese Lieder während seiner durch seine Erkrankung an Podagra verursachten unfreiwilligen Muße gedichtet, zumal ihn sein Podagra auch an der Begleitung seines Fürsten [Pfalzgraf Friedrich IV.] nach Amberg gehindert habe; dann habe er seine Lieder - nachdem dies durch die Heidelberger Theologen gebilligt worden sei - auf eigene Kosten in [Heidelberg] drucken lassen, um nach seinem Tod auch in der Kirche eine Erinnerung an sich zu hinterlassen.

Grüße an [Felix?] Platerus und an [Casparus?] Bauhinus.

In einem Nachtrag auf einem eigenen, dem Brief offenbar beigefügten kleinformatigen Zettel berichtet Posthius, von seinen Gesangbuchliedern ("Cantiones") seien in [Heidelberg] nur 500 Exemplare gedruckt worden. Falls ein [Baseler]

Drucker sie erneut auflegen wolle, erlaube er das gerne; in diesem Falle möge der
Adressat dafür ein kurzes, empfehlendes Vorwort an den Leser verfassen.

Zu den Gesangbuchliedern des Posthius vgl. Überblick, Kapitel 53, sowie Werk-
verzeichnis 1596/1.

Bei dem im Brief genannten Platerus handelt es sich vermutlich um den Medizin-
professor und Baseler Stadtarzt Felix Platter (1536-1614), der wegen seiner medizini-
schen Kenntnisse und vor allem wegen seines Tagebuches heute noch bekannt ist; die-
ses wurde zuletzt von Valentin Lötscher mit umfangreicher Kommentierung im Auftrag
der Historischen und Antiquarischen Gesellschaft zu Basel herausgegeben (= Basler
Chroniken Bd. 10, Basel/Stuttgart 1976).

Caspar Bauhinus (1560-1624), ein Anatom und Botaniker aus Basel, legte die
heute noch gebräuchliche Nomenklatur für die Muskeln fest.

253   [Heidelberg], 7.9.1596
Erasmus Posthius an Conradus Rittershusius, Altdorf
Praesentatum: 6.10.
Autograph des Erasmus Posthius
Fundort: Hamburg SuUB Supellex epistolica 46, Bl. 259 (= Brief 188)
Folioformat

Offenbar im Auftrag des Johannes Posthius von seinem Sohn abgefaßtes Begleitschreiben zur Übersendung eines Exemplars der Gesangbuchlieder des Johannes
Posthius:

Erasmus Posthius dankt zunächst für den am 4.9.[1596] erhaltenen Antwortbrief
mit rührenden Außerungen auf sein [dem Brief vom 31.7.1586 beigelegtes] Dankschreiben [vom 1.8.1596].

Außerdem teilt er mit, dem Brief habe er die Gesangbuchlieder ("Cantiones super Evangelia Dominicalia") seines Vaters beigelegt, die dieser im letzten Winter
während seiner Erkrankung an Podagra verfaßt habe.

Schließlich verweist Erasmus Posthius noch darauf, den Brief des Adressaten an
[Marquardus] Freherus habe er [wunschgemäß] diesem übergeben.

Zu den Gesangbuchliedern des Posthius vgl. Überblick, Kapitel 53, sowie Werk-
verzeichnis 1596/1.

Der Kontakt zwischen Conradus Rittershusius und Erasmus Posthius setzte sich,
wenn auch recht sporadisch, über den Tod des Johannes Posthius hinaus fort, wie drei
heute in Hamburg befindliche Briefe des Erasmus Posthius aus den Jahren 1606 bis
1610 an Conradus Rittershusius zeigen (Hamburg SuUB Supellex epistolica 46, Bl.
260-262/Briefe 189-191).

254   Heidelberg, 8.9.1596
Posthius an Joachimus [II] Camerarius, Nürnberg
Praesentatum: 17.9.
Autograph
Fundort: Erlangen UB Trew, Posthius 157 (= Ms. 1819, Bl. 748f)
Folioformat

Posthius bedankt sich überschwenglich für den [in seinem Brief vom 14.6.1596 er-
betenen] medizinischen Rat und berichtet ausführlich von seiner Erkrankung: Seine
rektalen Ausscheidungen - er habe täglich einmal, selten zweimal Stuhlgang
("excretiones") ohne Schmerzen - seien weiterhin mit Bluttropfen durchsetzt
("excrementa sanguineis guttis & interius, & in superficie sunt conspersa"); dies
Leiden führe er darauf zurück, daß er aus Eisenkraut hergestellte Pillen ("pilulae
de Hiera simplicj") mehrere Jahre lang häufig eingenommen habe. Nun benütze er
keine abführenden Medikamente ("m[e]d[icamen]ta purgantia") mehr und ver-
wende statt dessen Balsamtee mit Rosinen ("decoctum Myrobalanor. cum passulis")
oder - nach dem Vorbild eines Patienten des Adressaten - Rhabarber ("Rhabar. in
substantia"). Posthius erkundigt sich nach dem Erfolg dieser Behandlung bei diesem [Nürnberger] Patienten und berichtet weiter, während seiner beiden Reini-
gungskuren in den "Aquae Cellenses" [Bad Liebenzell?] seien zwar die blutigen
Beimengungen des Stuhles nicht aufgetreten ("nihil sanguinis apparebat"), doch sei
sein Stuhl ("excrementa") in ähnlicher, für ihn unerklärlicher Weise beschaffen gewesen wie der des [Nürnberger] Patienten, von dem der Adressat geschrieben
habe. Blutstillende Medikamente ("adstringentia") nehme er schon lange nicht
mehr, weil er sich bei übermäßiger Verwendung dieser Mittel vor gravierenden Ne-
benwirkungen fürchte. Seine Erkrankung halte er für unheilbar und vermute, daß
er wassersüchtig ("hydropicus") werde. Im Vertrauen auf Gott erwarte er dennoch
ruhig seinen Tod.
     Ferner schreibt Posthius, er freue sich über die Geburt des Sohnes [Friedrich
V.] des Kurfürsten [und Pfalzgrafen Friedrich IV. und seiner Gemahlin Loisa Juliana von Uranien und Nassau].
     Auch weist er darauf hin, zusammen mit dem Brief übersende er seine Gesang-
buchlieder ("Cantiones sacrae"), und bezeichnet sie dabei scherzhaft als Kind
seiner Gicht ("podagrae ... foetus"); er habe nämlich diese Lieder während seiner
Podagraerkrankung im letzten Winter verfaßt und auf das Drängen der
Heidelberger Theologen hin zum Nutzen des Volkes und der Jugend publiziert.
     Abschließend berichtet Posthius, Ludovicus [Camerarius der Jüngere], ein Sohn
des Adressaten, habe ihn im vergangenen Monat [August 1596] besucht; er, Posthius, werde ihn gerne bei seinem [nicht näher genannten] Anliegen unterstützen.
     Grüße an [Christophorus] Fürerus, an den Bruder Philip[pus Camerarius] des
Adressaten und an [Philippus] Strasburgus.

*Zu den Gesangbuchliedern des Posthius vgl. Überblick, Kapitel 53, sowie Werk-
verzeichnis 1596/1.*

255   Heidelberg, 27.9.1596
Posthius an Joachimus [II] Camerarius, Nürnberg
Praesentatum: 2.10.
Autograph
Fundort: Erlangen UB Trew, Posthius 158 (= Ms. 1819, Bl. 750)
Folioformat

Posthius berichtet, er trauere sehr über den Tod des [Johannes] Opsopaeus am
23.[9.1596] um zehn Uhr vormittags, drei Wochen nach der Geburt von dessen
zweiter Tochter.

In dem Zusammenhang empfiehlt Posthius, daß sich der Sohn [Joachimus III
Camerarius] des Adressaten - falls demselben das akademische Leben zusage - für
die so freigewordene Stelle des Opsopaeus an der Universität [Heidelberg] bewerben solle, wobei [Ptolemeus] Gravius ihn bei der Universität und der gemeinsame
Freund [Georgius Ludovicus] Huttenus ihn beim Kurfürsten [Friedrich IV.] unterstützen würden. Auch er, Posthius, würde selbstverständlich helfen, wenn er gebraucht würde, und meint, wenn sich ihm selbst dereinst eine solche Stellung ge-
boten hätte, wäre er jetzt wohl gesünder.

Abschließend fragt Posthius, ob seine [am 8.9.1596 abgeschickten] Gesangbuchlieder ("Cantica") beim Adressaten angekommen seien und wie sie diesem gefallen
hätten.

Grüße an den Bruder [Philippus Camerarius] des Adressaten und an
[Philippus] Strasburgus.

256   Heidelberg, 3.10.1596
Posthius an Johannes Jacobus Grynaeus, Basel
Autograph
*Fundort: Basel UB G II 9, S. 1003f (eine Abschrift davon befindet sich in Hamburg
SuUB Supellex epistolica 55, Bl. 205 v/Brief 181)*
Folioformat

Posthius erinnert an seinen im Vormonat [am 28.8.1596] abgesandten Brief mit dem
beigelegten Exemplar seiner Gesangbuchlieder ("Cantica") und bittet den Adressaten, dieser solle in diesem Exemplar den schlimmsten Druckfehler in der sechsten Zeile auf Blatt siebzig, wo es "allhir in diesem Lande" heißen müsse, verbessern, falls nach diesem Exemplar eine Neuauflage [in Basel] gedruckt würde [dies
hatte Posthius in seinem Brief vom 28.8.1596 ausdrücklich genehmigt]. Wenn jedoch kein [Baseler] Drucker das Büchlein erneut drucken wolle, bitte er um möglichst rasche Benachrichtigung, um sich dann selbst nach einem anderen Drucker
umsehen zu können.

Abschließend weist Posthius darauf hin, daß durch den Tod des [Johannes] Opsopaeus [am 23.9.1596] momentan eine Stelle an der Heidelberger Universität vakant sei, für die sich [Casparus?] Bauhinus bewerben könne; [Ptolemeus] Gravius

befinde sich in Vertretung für ihn, den an Podagra erkrankten Posthius, in Amberg beim Kurfürsten.

Grüße an [Felix?] Platerus und an [Casparus?] Bauhinus.

Im Postskript weist Posthius auf erste Anzeichen einer ähnlichen Seuche [wie in Basel] auch in [Heidelberg] hin.

257   Heidelberg, 20.10.1596
Posthius an Joachimus [II] Camerarius, Nürnberg
Praesentatum: 27.10.
Autograph
Fundort: Erlangen UB Trew, Posthius 159 (= Ms. 1819, Bl. 751f).
Folioformat

Posthius dankt für die beiden Briefe, die er am 16.[10.1596] erhalten habe und denen sowohl die Abschrift eines Werkes des Electuarius über den Stahl ("de Chalybe") als auch die Beschreibung eines Pflasters ("Emp[las]trum") beigelegt waren, das gegen seine, des Posthius, Krankheit verwendbar sei.

Weiter berichtet er, sein Podagra halte ihn schon fast drei Wochen zu Hause fest.

Er freue sich darüber, daß seine [mit dem Brief vom 8.9.1596 übersandten] Gesangbuchlieder ("Cantica") dem Adressaten gefallen hätten; [wunschgemäß] übersende er von diesen Gesangbuchliedern einstweilen zusammen mit dem Brief zwei weitere Exemplare, und zwar für den Adressaten [dieser hatte sein Exemplar anscheinend weiterverschenkt] und für [Philippus] Strasburgus; mehr gebundene Exemplare habe er derzeit nicht zur Verfügung.

Dann erzählt Posthius, die meisten der pfälzischen Räte und der Angehörigen der Universität seien aus der Stadt [Heidelberg] wegen einer pestartigen Seuche ("τὰ λοιμιχά") geflohen.

Auch äußert sich Posthius besorgt über die Entwicklungen der Verhältnisse [d. h. des Türkenkrieges] in Ungarn.

Außerdem lobt Posthius das Gedicht ("carmen"), das der momentan in Speyer wohnende Sohn des Adressaten [Ludovicus Camerarius der Jüngere] für die Hochzeit des [Georgius Michael] Lingelshemius, verfaßt habe.

Abschließend weist Posthius auf die zahlreichen Bewerber für die [durch den Tod des Johannes Opsopaeus] frei gewordene Stelle an der Universität [Heidelberg] hin [Posthius hatte diese Stelle bereits in seinen Briefen vom 27.9.1596 und vom 3.10.1596 erwähnte].

Daneben übt er scharfe Kritik an einer führenden Persönlichkeit des [Heidelberger?] Hofes: Dieser "Polypus", dessen Habsucht, Ehrgeiz und Unaufrichtigkeit er, Posthius, schon mehrfach erfahren habe, werde versuchen, [auf die vakante Stelle der Universität?] einen Esel zu bekommen, mit dem er machen könne, was er wolle [Posthius hat diese Äußerungen mit "sed hoc tibj in aurem" als vertraulich gekennzeichnet].

Der im Brief erwähnte Georgius Michael Lingelshemius heiratete am 21.9.1596 in zweiter Ehe Agnes, die Tochter des Geheimrats Michael Loefenius (Reifferscheid: Briefe, 1889, S. 728ff).

258   Mosbach, 30.11.1596
Posthius an Conradus Rittershusius, Altdorf
Praesentatum: 13.12.
Autograph
Fundort: Hamburg SuUB Supellex epistolica 46, Bl. 277 (= Brief 202; eine Abschrift davon befindet sich in der Bibliotheca Apostolica Vaticana, Vaticanus latinus 11059, Bl. 15)
Folioformat

Empfehlungsschreiben für Albertus Zürnius, der in [Altdorf] studieren wolle und von dem der Adressat die [bereits im Brief vom 20.10.1596 angedeuteten] Gründe für die Übersiedelung des Posthius und seiner Familie nach Mosbach erfahren werde.

Außerdem erkundigt sich Posthius, ob sein Brief [gemeint ist der von seinem Sohn Erasmus in seinem Auftrag geschriebene vom 7.9.1596] mit den beigelegten deutschen Gesangbuchliedern ("Odae Germ.[anicae]") angekommen sei.

Grüße an [den Altdorfer Juristen] Scipio Gentilis.

259   Mosbach, 12.12.1596
Posthius an Joachimus [II] Camerarius, Nürnberg
Neben der Adresse ist (von einem Sekretär des Camerarius?) vermerkt: "Recommandé a Monsieur ‖ Calandrin"
Praesentatum: 23.12.
Autograph
Fundort: Erlangen UB Trew, Posthius 160 (= Ms. 1819, Bl. 753)
Folioformat

Posthius berichtet, er wohne jetzt mit seiner Familie in Mosbach, wohin zu kommen ihm die kurfürstlichen Räte wegen der in Heidelberg grassierenden Seuche ("pestis") befohlen hätten.

Dann erkundigt sich Posthius nach der Verbreitung der Seuche ("dysenteriae ... contagiosae") in Nürnberg und nach dem gesundheitlichen Befinden der Familie des Adressaten.

Es folgt ein Bericht über die eigene Erkrankung: Sein Zustand sei gleichbleibend; er habe blutige rektale Ausscheidungen ("cruentae excretiones", dazu bisweilen leichte [Leib]schmerzen ("tormina"), doch guten Appetit.

Abschließend vermerkt er, über Politik, besonders über den [bereits im Brief vom 20.10.1596 erwähnten Türken-]Krieg in Ungarn wolle er nichts weiter schreiben, hoffe aber, daß Gott Schlimmeres verhüte.

Grüße an den Bruder Philippus [Camerarius] des Adressaten und an [Philippus] Strasburgus.

260   Mosbach, 5.1.1597
Posthius an Joachimus [II] Camerarius, Nürnberg
Praesentatum: 20.1.
Autograph
Fundort: Erlangen UB Trew, Posthius 161 (= Ms. 1819, Bl. 755)
Folioformat

Posthius dankt für den am Vortag erhaltenen Brief vom 23.12.[1596] mit den medizinischen Ratschlägen und zweifelt nicht, daß der darin empfohlene Sirup ("Syrupus de Rhapontivo") ihm nützen werde.

Dann verweist er darauf, den vorausgegangenen Brief, den der Adressat in seinem Brief erwähnt habe, habe er [wohl wegen seiner Umsiedelung nach Mosbach] nicht erhalten und bitte daher, das Wichtigste daraus nochmals zu schreiben.

Sodann berichtet Posthius, die noch andauernde Seuche ("pestis") habe angeblich in Heidelberg bereits achthundert Todesopfer gefordert, während Speyer bislang davon verschont geblieben sei [in Speyer war des Camerarius Sohn Ludovicus der Jüngere am Reichskammergericht tätig].

Vor einer in Mosbach umgehenden Hustenepidemie ("Catarrhj et tusses") fürchte er, Posthius, sich wegen seiner Anfälligkeit für solche Erkrankungen.

Neujahrsglückwünsche.

Anschließend fragt Posthius nach dem Aufenthaltsort von des Adressaten [Sohn] Balthasarus [Camerarius].

261   Mosbach, 8.1.1597
Posthius an Conradus Rittershusius, Altdorf
Praesentatum: 31.1.
Autograph
Fundort: Hamburg SuUB Supellex epistolica 46, Bl. 278 (= Brief 203; eine Abschrift davon befindet sich in der Bibliotheca Apostolica Vaticana, Vaticanus latinus 11059, Bl. 16)
Folioformat

Posthius dankt für die seinem Sohn [Erasmus] gesandten Gesangbuchlieder ("sacrae Meditationes") des Matthias Bergius. Er berichtet, diese Lieder habe er noch nicht gekannt; sie hätten ihm aber so gut gefallen, daß er sie seinen Sohn [Erasmus] auswendig lernen lassen wolle.

Dann weist Posthius darauf hin, zusammen mit dem Brief übersende er [im Auftrag des Heidelberger Druckers Hieronymus Comelinus] zwei kleinere [handgeschriebene] Werke des Adressaten, nämlich dessen in Briefform abgefaßten Ausoniuskommentar ("Epistolicae ... Exercitationes ad Ausonium") und die Schrift "Prodromus Symmachj". Posthius vermerkt dazu, er halte beide Werke für der Publikation würdig und zürne daher dem Comelinus, weil der die Manuskripte so lange ungenutzt bei sich zurückgehalten habe.

Außerdem fragt Posthius nach dem Aufenthaltsort des Salomo Pantherus.

Abschließend dankt er dem Adressaten für dessen Fürsorge um den [von Posthius am 30.11.1596 empfohlenen Albertus] Zürnius, von der er aus einem Brief des Zürnius erfahren habe.

Grüße an Solomo Pantherus, an den jungen Casparus Schoppius und an [Scipio] Gentilis, dessen dichterische Fähigkeitenm er schätze.

Im Postskript Grüße von [Georgius Michael] Lingelshemius und von seinem Sohn [Erasmus Posthius].

Mit den Gesangbuchliedern des Rittershusiusonkels Matthias Bergius sind wohl dessen "Carmina evangelica: libri duo. Henricopolis 1573" gemeint (Angaben nach München BSB AK, Bd. 4, S. 112; das darin angeführte Exemplar der BSB München ist 1945 verbrannt).

Bei dem Ausoniuskommentar des Conradus Rittershusius handelte es sich offenbar um das Manuskript, das der heidelberger Drucker Hieronymus Commelinus/Comelinus, ohne es gedruckt zu haben, seit 1589 in Händen hatte und offenbar jetzt erst dem Posthius zur Zurücksendung an den Autor zukommen ließ (vgl. Überblick, Kapitel 45). Diese Schrift enthielt eine an Posthius gerichtete Widmung des Solomo Pantherus. Darauf ist wohl die Nachfrage des Posthius nach dem Wohlergehen des Solomo Pantherus im obigen Brief zurückzuführen.

Über den Inhalt und über das weitere Schicksal des Rittershusiuswerkes "Prodromus Symmachj" ließ sich bislang nichts feststellen.

Casparus Schoppius/Schoppe/Scioppus (Neumarkt 27.5.1776 - Padua 19.11.1649) war mit Rittershusius gut bekannt und beteiligte sich auch an dessen Publikationen (vgl. Brief vom 16.4.1597); er blieb auch in den folgenden Jahren in Kontakt mit Rittershusius, den er 1599/1600 über den römischen Inquisitionsprozeß gegen den Philosophen Giordano Bruno informierte (Merzbacher: Rittershusius, 1977, S. 118).

262					Mosbach, 19.2.1597
Posthius an Conradus Rittershusius, Altdorf
Praesentatum: 26.2.
Autograph
Fundort: Hamburg SuUB Supellex epistolica 46, Bl. 279 (= Brief 204)
Folioformat

Posthius dankt für den Brief des Adressaten, den er am 1.2.[1597] zusammen mit einem Brief des beiderseitigen Freundes [Hieronymus?] Arconatus durch Philippus Strasburgus erhalten habe, und antwortet dann auf Einzelheiten: Den Keckermannus habe er bislang weder gesehen noch von ihm eine Nachricht bekommen. Die von Pithaeus [gemeint ist P.Pithou] herausgegebenen und vom Adressaten kommentierten Fabeln ("Fabellae") [des Phädrus] möchte er, Posthius, gerne lesen und bitte daher um Nachricht, wo und bei welchem Drucker sie erscheinen würden.

Außerdem weist Posthius auf die [seinem Brief vom 8.1.1597 beigelegten Kommentare zu Ausonius] "Epistolicae Quaestiones" des Adressaten hin.

Dann klagt er über das Andauern der Seuche in Heidelberg und in der Pfalz.

Abschließend entschuldigt er die Kürze seines Briefes mit seinen Erkrankungen an Podagra und an Blasenstein ("Calculj dolores"); er sei nach wie vor bettlägerig.

Grüße an [den Altdorfer Juristen] Scipio [Gentilis].

Bei der Phädrusedition handelt es sich um eine erweiterte, kommentierte Ausgabe der Edition princeps von P.Pithou aus dem Jahre 1594, die in Troyes erschienen war. Des Rittershusius Ausgabe kam wohl erst 1598 in Leiden heraus (vgl. Werkverzeichnis 1598/1). C. S. Zeidler datiert allerlings diese Ausgabe ins Jahr 1596 (Zeidler: Vitae, 1770, S. 182).

263   Mosbach, 24.2.1597

Posthius an Conradus Rittershusius, Altdorf

Praesentatum: 5.3.

Autograph

Fundort: Hamburg SuUB Supellex epistolica 46, Bl. 280 (= Brief 205)

Folioformat

Posthius berichtet, obwohl bettlägerig wegen seiner Erkrankung an Podagra, habe er das vom Adressaten erbetene enkomiastische Gedicht ("Epigramma") für die [vom Adressaten geplante] Ausgabe der Fabeln des Phaedrus verfaßt und warte auf diese [schon im Posthiusbrief vom 19.2.1597 erwähnte] Edition.

Außerdem dankt er für die Übersendung der "Strenae sacrae" [einer Sammlung von Psalmendichtungen] des [Scipio] Gentilis und wünscht, dieser möge den gesamten Psalter in dieser Weise poetisch bearbeiten.

Dann vermerkt er, den vorausgegangenen Brief des Adressaten habe er [am 1.2.1597 zusammen mit dem des [Hieronymus?] Arconatus erhalten [Posthius hatte sich dafür bereits am 19.2.1597 bedankt].

Grüße an Salomo Pantherus und an Scipio Gentilis.

Im Postskript Grüße von seinem Sohn [Erasmus Posthius].

Dieser Brief wurde offenbar, wie aus dem vom 27.2.1597 hervorgeht, über Joachimus II Camerarius geschickt.

Diesem Brief lag wohl ein Blatt mit zwei enkomiastischen Gedichten für des Rittershusius Phädrusausgabe bei, das Rittershusius offenbar an den Drucker seiner Phädrusausgabe weiterleitete, damit der diese Enkomia mit abdrucken konnte. Nach der Publikation wurde das Blatt offenbar - wie üblich - vernichtet. Posthius verwendet in seinem Brief zwar den Singular "Epigramma", doch bezieht sich diese Wendung sicher auf die beiden in der Phädrusausgabe abgedruckten Posthiusgedichte (vgl. Werkverzeichnis 1598/1).

Die Sammlung von Psalmendichtungen "Strenae sacrae" des Scipio Gentilis enthält als Neujahrsglückwünsche an die Familie Rittershusius Versifizierungen von Psalmen, und zwar zum Jahr 1597 von Psalm 67 und 70, zum Jahr 1595 von Psalm

90, zum Jahr 1596 von Psalm 2, 15, und 63 und zum Jahr 1593 von Psalm 128, 1 und 23; all diese Psalmenversifizierungen gab Gentilis Anfang Januar 1597 gesammelt heraus, mit zwei am 1.1.1597 in Altdorf verfaßten und an Conradus Rittershusius gerichteten Widmungsbriefen; Rittershusius versandte diese kleine Schrift in seinem Freundeskreis; das mit einer persönlichen Widmung an den Augsburger Patrizier Marcus Velserus/Welser geschickte Exemplar ist erhalten (vgl. Literaturverzeichnis unter Gentilis: Paraphrasis epica, 1597).

264   Mosbach, 27.2.1597
Posthius an Joachimus [II] Camerarius, Nürnberg
Posthius vermerkte neben der Adresse: "Abwesent, seinem Sohn [Joachimus III Camerarius?] ‖ zuerbrechen"
Praesentatum: 3.3.
Autograph
Fundort: Erlangen UB Trew, Posthius 162 (= Ms. 1819, Bl. 754)
Folioformat

Posthius berichtet von seinen seit dem 11.12.[1596] andauernden Leiden an Podagra und von der kurz darauf hinzugekommenen qualvollen Erkrankung an Nierenentzündung ("nephritis"), an der er acht Tage akut gelitten habe; während dieser Zeit sei mit dem Urin viel Blut abgegangen ("sanguinem unà cum vrina copiosè excreuj"). Nachdem dann endlich noch einige Blasensteine ("lapilli") gefolgt wären, hätten sich die Podagraschmerzen gewaltig verschlimmert, so daß er immer noch ans Bett gefesselt sei. All diese Schmerzen hätten ihn völlig zermürbt; mehrfach habe er sich nach dem Tod gesehnt, und er wünsche, daß sich endlich sein Körper auflöse [diese Worte hat Posthius mit "Haec in sinum tuum" als vertraulich gekennzeichnet].

Abschließend erzählt Posthius, die Seuche in Heidelberg gehe zurück.

Auch bittet er, den beigelegten Brief [vom 24.2.1597 an Conradus Rittershusius] nach Altdorf weiterzuleiten.

Grüße an Philippus [Camerarius], den Bruder des Adressaten.

265   Mosbach, 12.4.1597
Posthius an Sebastianus Hornmoldus
Publikation
Fundort: Auszugsweiser Abdruck dieses Posthiusbriefes in der von Sebastianus Hornmoldus erst 1619 herausgegebenen erweiterten Ausgabe der 1573 von Posthius und Melissus veranstalteten Sammlung von Gedichten gegen übermäßigen Alkoholgenuß (Werkverzeichnis 1573/1b), S. 25

Posthius ruft zur Beschleunigung der vom Adressaten geplanten erweiterten Ausgabe ("De Voto contra Ebrietatem amplificando ... opera") der [von Posthius und Melissus 1573 veranstalteten] Vereinspublikation mit Gedichten gegen übermäßigen Alkoholgenuß ("Votum Posthi-Melißaeum") auf, damit diese Ausgabe noch zu seinen Lebzeiten erscheine, und lobt die Erweiterung der Ausgabe.

Zur Vereinspublikation von Posthius und Melissus aus dem Jahre 1573 vgl. Werkverzeichnis 1573/1. Die recht umfangreiche Erweiterung dieser Gedichtsammlung durch Sebastianus Hornmoldus erschien erst 1618/1619 (vgl. Werkverzeichnis 1573/1b). In Zusammenhang mit der Edition seiner Sammlung nahm Hornmoldus auch Kontakt zu Janus Gruterus und Erasmus Posthius auf, wie die Schreiben des Erasmus Posthius an Janus Gruterus in der Universitätsbibliothek Heidelberg (Palatinus germanicus 834, Bl. 255) und in der Bibliotheca Apostolica Vaticana (Palatinus latinus 1907, Bl. 87-90) zeigen, die wohl sämtlich aus der ersten Hälfte des Jahres 1618 stammen. Dem Text dieser kurzen Schreiben nach muß bereits im März 1618 ein erster Druck von der Sammlung des Hornmoldus erschienen sein.

266   Mosbach, 16.4.1597

Posthius an Conradus Rittershusius, Altdorf
Posthius(?) vermerkte neben der Adresse: "Der herr Jacob Bering ‖ wolle unbeschwerden ‖ diß Packhet zu rechn[ung?] ‖ bestellen"
Autograph
Fundort: Hamburg SuUB Supellex epistolica 46, Bl. 281 (= Brief 206)
Folioformat

Posthius bestätigt, er habe des Adressaten Briefe erhalten und dessen beigelegtes Gedicht ("Elegia") [wunschgemäß] an Melissus weitergeleitet.

Dann wünscht er der Frau des Adressaten [Helena Staudneria], die an Ischias ("Jschiadicis doloribus") leidet, gute Besserung und viel Erfolg bei der ihr von [Joachimus II] Camerarius verordneten Behandlung mit "Cataplasmata".

Anschließend teilt Posthius mit, die vom Adressaten verfaßte [und dem Posthius übersandte] Einleitung ("Prolegomena") zu der [vom Adressaten geplanten, in den Briefen vom 19.2.1597 und vom 27.2.1597 erwähnten] Phaedrus[ausgabe] finde er, Posthius, in der vorliegenden Form gelungen und ausreichend; daher sende er sie nun samt einem Gedicht ("Epigramma") des beiderseitigen Freundes Nathan [Chytraeus?] zurück und bitte um Empfangsbestätigung.

Außerdem geht Posthius auf andere Werke des Adressaten ein: Er freue sich über die endlich erfolgte Publikation des Oppianus[kommentars] und möchte diesen gerne sehen; nun solle der Adressat auch auf die Editionen des [in den Briefen vom 1.3.1596 und vom 14.6.1596 erwähnten historischen Lehrgedichtes "Ligurinus"] des Guntherus und des [oben erwähnten] Phaedrus drängen.

Auch bittet Posthius, dem jungen G.[asparus] Schoppius sein [in den Brieftext eingefügtes enkomiastisches] Distichon [über des Schoppius Ergänzungen zu den erwähnten Phaedrusfabeln] zu zeigen:

"Talia cùm scribat iuvenilj Schoppius aevo,
   Quos olim fructus proferet ille senex?"

Auch fragt Posthius nach den Aufenthaltsorten des [Franciscus] Modius und des Jgnatius Haniel; beide würden von Schoppius [in der erwähnten Schrift] genannt.

Schließlich teilt Posthius noch mit, er habe das vom Adressaten dem Keckermannus Mitgegebene noch nicht erhalten.

Außerdem weist er darauf hin, mit dem Brief übersende er ein Exemplar seiner deutschen Gesangbuchlieder ("Odae ... Germ."), das ein Amberger Drucker vor kurzem höchst fehlerhaft gedruckt habe; Posthius bittet, dieses Exemplar bei Gelegenheit an [den kalvinistischen Rat der Herzöge von Brieg, Jacobus] Monavius [nach Schlesien] weiterzuschicken [Posthius hoffte wohl, daß dadurch seine Gesangbuchlieder auch in Schlesien Verbreitung fänden].

Grüße an [Gasparus] Schoppius.

Im Postskript weist Posthius darauf hin, noch immer durch sein Podagraleiden lahmgelegt zu sein.

Helena Staudneria war infolge eines Beinleidens gelegentlich gehbehindert und konnte sich dann manchmal nur mit Hilfe von Stützen und Stäben fortbewegen (Merzbacher: Rittershusius, 1977, S. 114).

Zum Oppianuskommentar des Conradus Rittershusius vgl. Überblick, Kapitel 44; zur im Brief erwähnten Phaedrusausgabe einschließlich der Ergänzungen durch Gasparus Schoppius vgl. Werkverzeichnis 1598/1 und 1597/3.

Schoppius (die Orthographie des Vornamens schwankt zwischen Gasparus, Casparus und Kaspar) war von Posthius bereits in seinem Brief vom 8.1.1597 erwähnt worden. Des Posthius Erwartungen in die Zukunft des jungen Mannes erfüllten sich nicht so, wie Posthius es erwartet hatte, da Schoppius in übergroßer Eitelkeit die eigene Bedeutung überschätzte und sich mal mit, mal gegen die Jesuiten als großer Kritiker empfand: Um 1610 herum verfaßte er vom katholisch-jesuitischen Standpunkte aus mehrere recht dubiose Schmähschriften gegen Joseph Justus Scaliger und gegen Isaac Casaubonus, was wiederum entsprechende Gegenschriften zur Folge hatte (Reifferscheid: Briefe, 1889, S. 698ff). In den 30er Jahren wandte er schließlich seine Polemiken gegen die Jesuiten (Reifferscheid: Briefe, 1889, S. 915f).

Zu den Gesangbuchliedern des Posthius vgl. Überblick, Kapitel 53, sowie Werkverzeichnis 1596/1; von der im Brief erwähnten Amberger Edition von 1597 scheinen alle Exemplare verschollen zu sein.

Literatur: *Preisendanz: Zur Heidelberger Gelehrtengeschichte (1913), S. 5.*

267 Mosbach, 3.5.1597
Posthius an Joachimus [II] Camerarius, Nürnberg
Praesentatum: 12.5.
Autograph
Fundort: Erlangen UB Trew, Posthius 163 (= Ms. 1819, Bl. 756)
Folioformat

Begleitbrief zur Übersendung zweier Exemplare der deutschen Gesangbuchlieder
("Odae ... Germ.") von zwei verschiedenen Druckern. Posthius berichtet, in dem
mangelhaft gedruckten Amberger Exemplar habe er die gröbsten Fehler korrigiert;
das Neustädter Exemplar sei etwas sorgfältiger hergestellt. Posthius bittet, beide
Exemplare den [Nürnberger] Buchhändlern zu zeigen, damit die Drucker ihre Exemplare schneller verkaufen könnten; im neuen Buchkatalog seien diese Editionen
nämlich nicht vermerkt.

Weiter vermerkt Posthius, er sei wegen seiner Krankheiten noch schwach, hoffe
aber, da die Seuche ("contagiosa lues") in Heidelberg fast gänzlich vorbei sei, auf
eine baldige Rückkehr in die Stadt.

Anschließend erkundigt sich Posthius, welche Krankheiten in [Nürnberg] verbreitet seien, und fragt, wie ein bestimmtes, vom beiderseitigen Freund [Johannes]
Crato in einer seiner Schriften erwähntes schwefelhaltiges Pestgegenmittel besonders effektiv mit Hilfe von Wachs ("fit Sulphuris multiplicj fusione in ceram") hergestellt werde.

Weiter berichtet Posthius, [Theodorus?] Simmelbeckerus habe ihm geschrieben,
es sei ihm gelungen, einige Pestkranke mit Hilfe von Wermutsalz, Wermut, Guajakholz, Raute und Theriak zu heilen ("... seque ad eam curam praecipue Salibus ex
Arthemisia, Absinthio, Ligno Jndico, Rutha, et Theriaca praeparatis usum esse affirmat, cum pauca quant.[itate] Antidotj à [Petro Andrea] Mathiolo descriptj").

Grüße an Philip[pus Camerarius], den Bruder des Adressaten, an [Philippus]
Strasburgus und an Christophorus Fuerer.

Zu Gesangbuchliedern des Posthius vgl. Überblick, Kapitel 53, sowie Werkverzeichnis
1596/1; von den im Brief erwähnten Amberger und Neustädter Editionen von 1597
scheinen alle Exemplare verschollen zu sein.

268 Mosbach, 18.5.1597
Posthius an Conradus Rittershusius, Altdorf
Autograph
Fundort: Hamburg SuUB Supellex epistolica 46, Bl. 282 (= Brief 207)
Folioformat

Posthius weist auf seinen vorausgegangenen Brief [vom 16.4.1597] mit der beigelegten Phaedruseinleitung ("Prolegomena in Phaedrum") des Adressaten hin und
bittet, ihm den Empfang des Briefes zu bestätigen, da er wegen der Nachlässigkeit
der Briefboten besorgt sei. Ein Brief des beiderseitigen Freundes [Janus] Gruterus
an den Adressaten sei, wie Gruterus aus den Antwortbriefen des Adressaten ge-

schlossen und ihm, dem Posthius, geschrieben habe, offenbar verlorengegangen; daher übersende er, Posthius, nun [im Auftrage des Gruterus] dessen [vom Adressaten erwartete enkomiastische] Gedichte ("Elegia et Epigramma") [über die Phaedrusedition des Adressaten?].

Außerdem erkundigt sich Posthius nach der Gesundheit der Frau [Helena Staudneria] des Adressaten.

Grüße an [den Altdorfer Juristen] Scipio [Gentilis] und an [Gasparus] Schoppius.

Das heute diesem Brief folgende Blatt 283 (= Brief 208) mit einem Glückwunschgedicht des Posthius zur Geburt des Sohnes Henricus des Conradus Rittershusius war vermutlich bereits Anfang Oktober 1593 abgefaßt und übersandt worden (vgl. Werkverzeichnis 1593/2).

269   Mosbach, 16.6.1597
Posthius an Joachimus [II] Camerarius, Nürnberg
Praesentatum: 20.6.
Autograph   Fundort: Erlangen UB Trew, Posthius 164 (= Ms. 1819, Bl. 757)
Folioformat

Posthius erläutert, dies Schreiben habe er einem Nachbarn aus Mosbach mitgegeben, der in Kürze [aus Nürnberg] nach [Mosach] zurückkehren werde und dabei einen Antwortbrief des Adressaten mitnehmen könne.

Dann fragt er, ob sein Schreiben [vom 3.5.1597] mit den beiden verschiedenen Exemplaren seiner deutschen Gesangbuchlieder ("libelli Germ.") angekommen sei.

Außerdem berichtet er, ein Termin für die Rückreise nach Heidelberg stehe noch nicht fest.

IV. Werkverzeichnis

Das Werkverzeichnis enthält die handschriftlichen und publizierten Schriften, die ganz oder teilweise von Posthius stammen. Verzeichnet sind also auch die Werke, für die Posthius irgendwelche marginalen Texte beigetragen hat, etwa nur ein enkomiastisches Gedicht oder einen medizinischen Traktat. Zu solchen marginalen Texten gehören auch Epicedia, Epithalamia, Glückwunschgedichte zu verschiedensten Anlässen, Gedichte über das Bildnis, das Wappen oder den Wahlspruch einer Person oder über Neuerscheinungen auf dem Buchmarkt.

Das Verzeichnis ist chronologisch geordnet nach der jeweils ältesten, mir bekannten Fassung eines Textes oder eines Textteiles, unabhängig davon, ob ein Text handschriftlich oder publiziert überliefert wurde; überarbeitete oder ergänzte Fassungen, auch ergänzende Gedichte zu Zyklen, sind unmittelbar nach der frühesten Anführung des jeweiligen Textes bzw. Textteiles angeführt.

Das Verzeichnis ist numeriert mit der jeweiligen Jahreszahl der ältesten Textfassung; bei mehreren Texten innerhalb eines Jahres ist /1, /2, /3 etc. an die Jahreszahl hinzugefügt; bei mehreren Fassungen eines Textes sind die der ältesten Fassung folgenden mit a, b, c etc. gekennzeichnet.

Außer auf Umfang, Format und benutztes Exemplar bzw. Fundort wird auch auf besondere Ausstattung verwiesen. Anschließend werden nach dem Vorbild des Projektes VD 16 die Autoren von epideiktischen Gedichten und ähnlichen Texten, die sogenannten literarischen Beiträger, angeführt, soweit solche vorhanden sind. Dabei wurde die Schreibweise von Personennamen grundsätzlich beibehalten.

Auch andere orthographische Besonderheiten wurden, soweit es ging, übernommen, insbesondere bei der Unterscheidung von i und j, u und v, ss und ß. Nicht imitiert wurden heute unübliche Differenzierungen wie zwischen langem und rundem s oder zwischen verschiedenen r-Typen. Ligaturen und gebräuchliche Abbreviaturen wurden aufgelöst, z.B. q; zu que.

Bei den Gedichten des Posthius sind außer Incipit, Explicit und Umfang auch Besonderheiten bei der Über- oder Unterschrift angeführt; innerhalb der einzelnen Werke habe ich die Gedichte in eckigen Klammern durchnumeriert; kamen zu Gedichtzyklen später weitere Gedichte hinzu, habe ich die Numerierung fortgesetzt. Wo in einem Werk nur ein Posthiusgedicht anzuführen war, wurde es der Übersichtlichkeit halber als [1.] gezählt.

Die Gedichte aus den umfangreichen Sammlungen des Posthius sind nur im Index angeführt; Prosatexte des Posthius über medizinische Themen - dabei handelt es sich teils um eigene Aufsätze, teils um die Herausgabe von Texten anderer Autoren - wurden nicht näher beschrieben.

1556
Ein enkomiastisches Gedicht für eine Elementargrammatik des Lehrers Mercurius
in: Mercurius: Institutionis puerilis rudimenta (1556):

INSTITV= ‖ tionis puerilis Ru ‖ DIMENTA GRAMMATICES, EX ‖ Donati
methodo, et alijs Elementalibus libellis, spar= ‖ sim adiecta Germanica explicatione sententiae potißi= ‖ morum praeceptorum, pro primò incipientibus ‖ pueris, tradita à Ioanne Mercurio ‖ Morsheymero, ‖ [Es folgt ein vier Distichen umfassendes enkomiastisches Gedicht des Micyllus, überschrieben mit "D. IACOBVS
MICYLLVS. ‖]"
FRANCOFORTI EXCVDEBAT PE- ‖ trus Brubachius, Anno. 1556. ‖

Umfang und Format: [191] Bl., 8°.
Ausstattung: Initialen.
Keine weiteren Beiträger außer dem im Titel erwähnten Micyllus und Posthius.
Benutztes Exemplar: München SB L. lat. 227/1 (mit dem alten Besitzereintrag "Coll.
Soc. JESV Monachij." auf dem Titelblatt).

*Bei diesem Büchlein handelt es sich um eine lateinische Elemantargrammatik, in der
vor allem die Fachterminologie - z. B. die Wortarten - mit lateinischen und oft auch
deutschen Definitionen erläutert wird. Mercurius orientierte sich dabei, wie er selbst
angibt, an der berühmten Elementargrammatik des spätantiken Gelehrten Aelius Donatus.*

*Die Widmungsvorrede, die an Georgius Iunior Comes in Erpach gerichtet ist, den
Sohn des Eberhardus Comes in Erpach, verfaßte Mercurius am 29.2.1556.*

*Mercurius konnte mit seiner Elementargrammatik zwei Gedichte in Distichen pu-
blizieren, in denen diese Grammatik gepriesen wird. Das eine, verfaßt von dem bekannten Heidelberger Universitätsprofessor Iacobus Micyllus, ließ Mercurius als
Empfehlung für potentielle Käufer auf dem Titelblatt abdrucken, das andere, verfaßt
von dem damals erst 16½jährigen Posthius, einem Schüler des Mercurius, am Ende
des Werkes:*

[1.] *mit dem Titel "... in D. Ionannis Mercu*= ‖ *rij Morsheimeri praeceptoris sui*
‖ *colendissimi institutiones* ‖ *pueriles.* ‖ *"*
inc.: SI cupis in totum
expl.: Nestoreosque dies.
8 Distichen (Bl. 191r).

Literatur: VD 16, M 4828.

1557 (verfaßt 1557 und 1586)
Zwei Begrüßungsgedichte für Philippus Melanchthon (vorgetragen am 24.10.1557)
und ein Epigramm über die Freilassung des Caspar Peucerus (freigelassen am
8.2.1586 Julianischer Zeit)
in: Adamus: Vitae medicorum (1620):

[RS:] VITAE ‖ GERMANORUM ‖ MEDICORUM: ‖ QVI ‖ SECULO SU-
PERIORI, ET ‖ QUOD EXCURRIT, ‖ CLARUERUNT: ‖ CONGESTAE ‖ et
‖ Ad annum usque MDCXX. ‖ DEDUCTAE ‖ A ‖ MELCHIORE ADAMO. ‖
Cum indice triplici: personarum gemino, ‖ tertio rerum. ‖
HAIDELBERGAE, ‖ Impensis heredum JONAE ROSAE, ‖ Excudit Johannes
Georgius Geyder, Acad. Typogr. ‖ ANNO M.DC.XX. ‖

Umfang und Format: [16] Bl., 452, [27] S., 6°.
Ausstattung: Druckermarke; kleinerer Zierrat wie Zierleisten.
Beiträger enkomiastischer Gedichte vor Beginn der Paginierung: Julius Guilielmus
Zincgrefius, Janus Gebhardus, Georgius Arbogastus und Jacobus Crucius; zahlreiche
weitere Beiträger innerhalb der einzelnen Viten.
Benutztes Exemplar: Erlangen UB Trew B*67 (zusammengebunden mit des Adamus
"Vitae jureconsultorum" und "Vitae philosophorum"; vgl. Literaturverzeichnis).
Weitere Auflagen: Geschlossene große Neuausgaben sämtlicher Biographienbände des
Adamus erschienen 1653 bis 1663 (mehrbändig) und 1706.

Der Band "Vitae medicorum" ist Teil einer umfangreichen, von Adamus verfaßten Bio-
graphiensammlung; die beiden anderen Bände mit Viten von Philosophen und Juri-
sten erschienen in ähnlicher Aufmachung 1615 und 1620. Adamus zitierte in seinen
Biographien zahlreiche Gedichte, aber auch Briefe, Epitaphien usw., um damit ein-
zelne biographische Details zu veranschaulichen oder um die Bewertung der be-
schriebenen Person zu belegen. Unter diesen Zitaten sind in den Bänden "Vitae philo-
sophorum", "Vitae medicorum" und "Vitae jureconsultorum" zahlreiche Po-
sthiusgedichte, die Adamus meist der zweiten Ausgabe der "Parerga Poetica" entnahm.
Daneben benutzte er auch andere Quellen, so das Werk "Icones" des Reusnerus von
1587 (vgl. Werkverzeichnis 1587/5) und des Opsopoeus Hippocratesausgabe aus dem
gleichen Jahr (vgl. Werkverzeichnis 1587/7). Aus mir unbekannter Quelle stammen
drei in Zusammenhang mit Melanchthon stehende Gedichte, und zwar zwei
Begrüßungsgedichte für Philippus Melanchthon, als der am 24.10.1557 Heidelberg be-
suchte (vgl. Überblick, Kapitel 1), sowie ein Epigramm über die Freilassung des
Melanchthonschwiegersohnes Caspar Peucerus, der wegen seines unorthodoxen Be-
kenntnisses auf Befehl des sächsischen Kurfürsten August von 1574 bis zu Augusts
Tod 1586 inhaftiert worden war.

Die beiden Begrüßungsgedichte für Melanchthon sind in den Text der Vita des Po-sthius (S. 331-338) eingefügt:
[1.] mit einer Widmung an Philippus Melanchthon
   inc.: Salve Castalidum decus
   expl.: rebus adesse queas.
   5 Distichen (S. 331f).
[2.] ohne Überschrift
   inc.: Clare Vir, et certè
   expl.: carmina pauca manu.
   Tetrastichon (S. 332).
   Das Gedicht über die Befreiung des Caspar Peucerus ist in die Vita des Peucerus
   (S. 376-391) eingefügt:
[3.] ohne Überschrift
   inc.: Imperium muliebre
   expl.: fert quoque rursus opem.
   3 Distichen (S. 384).

Parerga: *Die angeführten Gedichte wurden nicht abgedruckt.*

1559/1
Drei Epicedia zum Tod des Nicolaus Druchlabius (gestorben am 20.2.1559)
in: Gelphius: Daphnis ecloga (1559):

DAPHNIS˙ ‖ ECLOGA, ADAMI GELPHII, ‖ SCRIPTA PIIS MANIBVS NICO = ‖ lai Druchlabij Oppenhemensis, Adolescentis ‖ pietate et eruditione ornatissimi: ad ‖ Clariss: Virum Erhardum Cris = ‖ pum Iur: Doctorem ‖ de-signatum: ‖ ITEM. ‖ ELEGIAE TRES, PRIMA IOANNIS ‖ Mercurij Morshe-mij, secunda CASPARI ‖ STRVBINI, tertia IOAN = ‖ NIS POSTII, in obitum ‖ eiusdem.
HEYDELBERGAE. ‖ Ex Officina Ióànnis Carbonis Typographi. ‖ [1559].

Umfang und Format: *[19] Bl., 8°.*
Weitere Beiträger: *P.[etrus] Lotichius Secundus und Carolus Hugelius.*
Benutztes Exemplar: *Göttingen NSuUB 8° Poet. lat. rec. VI,121.*

Datierbar ist das Bändchen nach der Widmungsvorrede, die am 5.6.1559 im Heidelberger Sapienzkollegium von Adamus Gelphius verfaßt wurde und an Erhardus Crispus gerichtet ist.
   Der Grabstein des Nicolaus Druchlabius, eines Mitstudenten von Posthius im Hei-delberger Sapienzenkollegium (vgl. Überblick, Kapitel 1 und 2), befindet sich an der Südseite der Heidelberger Peterskirche; er ist noch gut lesbar. Als Todestag ist darauf der 20.2.1559 genannt; außerdem ist auf ihm anonym ein Epigramm angeführt, das - mit teilweise leicht geändertem Text - auch in der Sammlung der Epicedia abgedruckt wurde; es stammt vom Herausgeber der Schrift, von Adamus Gelphius ("INgenij dederat mihi ...", Bl. 19r).

Gedichte von Posthius in dieser Schrift:
[1.] *mit einer Widmung an Ioannes Paulus Resslerus*
    inc.: Si non cura grauis
    expl.: fata serena domus.
    5 Distichen (Bl. 14r).
[2.] *mit der Angabe: "PATER LOQUITVR" in der Überschrift*
    inc.: Et dura tamen
    expl.: perfruiturque bono.
    97 Distichen (Bl. 14v-18r).
[3.] *mit einer Widmung an Fridericus Zornius und der Angabe "DE INSIG=* ‖
    NIBVS DRVCHLABIO= ‖ *RVM* ‖ *" in der Überschrift*
    inc.: DRuchlabiae mirans
    expl.: signa monere Domus.
    10 Distichen (Bl. 19r f).

Parerga: *Die angeführten Gedichte wurden nicht abgedruckt.*
Literatur: *VD 16, G 1049 und P 4486.*

1559/2
Ein Epicedium zum Tod des Tilemannus Heshusius (gestorben am 18.8.1559)
in: Heshusius: Epitaphium (1559):

EPITAPHIVM ‖ INFANTIS TILEMANNI ‖ HESHVSII, SCRIPTVM A ‖ PA-
TRE TILEMANNO ‖ HESHVSIO ‖ (Obijt .18. die Augusti, Anno ‖ 1559.
Heydelbergae. ‖)
HEYDELBERGAE EXCV= ‖ debat Ióànnes Carbo. ‖

Umfang und Format: *Einblattdruck, 1°.*
Ausstattung: *Rahmen von prachtvollen Holzschnittzierleisten.*
Weiterer Beiträger: *Carolus Hugelius.*
Benutztes Exemplar: *Wolfenbüttel HAB 95.10 Quod. 2° (135).*

*Das verstorbene Kleinkind war der Sohn eines bekannten Heidelberger Theo-
logieprofessors (vgl. Überblick, Kapitel 2).*
    Das Blatt enthält von Posthius ein Gedicht.
[1.] *mit der Überschrift "INFANS* ‖ *AD PATREM.* ‖ *"*
    inc.: DEsine chare parens
    expl.: pace, bonoque frui.
    19 Distichen.

Parerga: *Das angeführte Gedicht wurde nicht abgedruckt.*

1560/1
Zwei Epicedia zum Tod des Philippus Melanchthon (gestorben am 19.4.1560)
in: Lotichius: In obitum Melanchtonis (Heidelberg 1560):

In Obitum ‖ CLARISS: ‖ VIRI D. PHILIPPI ME = ‖ LANCHTONIS, AD D.
GEORGI = ‖ um Cracouium Iureconsultum, Illustriß. ‖ Principis Augusti Ducis
Saxoniae: Elec = ‖ toris, etc. Consiliarium, ‖ P. LOTICHII SECUNDI ‖ ELE-
GIA. ‖
HEYDELBERGAE. EXCV = ‖ sum apud Ioannis Carbonis ‖ Viduam. ‖
[Datierbar nach der Widmungsvorrede ins Jahr 1560].

Umfang und Format: [8] Bl., 8°.
Weitere Beiträger: "F. B.", Michael Beutherus, Stephanus Cirlerus und Carolus Huge-
lius.
Benutztes Exemplar: Dillingen Studienbibliothek 8° BW 32/3, mit dem handschriftli-
chen Besitzervermerk "D Hieronymo" (der Nachname ist abgeschnitten) auf dem Titel-
blatt.
Weitere Ausgaben: Dieselben Epicedia zum Tode Melanchthons erschienen im selben
Jahre auch in Wittenberg (vgl. Literaturverzeichnis). Der Abdruck der Posthiusgedichte
erfolgte unverändert (Bl. 1v). Ein Jahr später wurden diese Texte bis auf die
Lotichiuselegie abermals publiziert, und zwar in der offiziellen Sammlung der Wit-
tenberger Universitätsschriften (vgl. Literaturverzeichnis unter Wittenberg, Universitäts-
schriften, 1561). Sie umfaßt fast drei Kalenderjahre und enthält Bl. 103r bis Bl. 122r
Epicedia für Melanchthon, und zwar - außer von den bereits erwähnten Autoren - von
Georgius Maior (Prosatext), Ioachimus [I] Camerarius, Iohan. Maior, Henricus Mol-
lerus, Iosephus à Pinu, Georgius Sabinus, Iohannes Stigelius, Caspar Peucerus, Mat-
thaeus Collinus, Martinus Cuthaenus, einem "amicus" in Thüringen und Johan. Ma-
thesius (deutsch). Die beiden Posthiusgedichte zum Tode Melanchthons wurden in
unverändertem Wortlaut abgedruckt (Bl. 117v f, Lage P ɣ und P ɽ).

Die Widmungsvorrede des Bändchens, die Petrus Lotichius Secundus am 7.5.1560 in
Heidelberg verfaßte (vgl. Überblick, Kapitel 2), ist an den sächsischen Rat Georgius
Cracovius gerichtet.
    Gedichte von Posthius in dieser Schrift:
[1.] mit der Überschrift "AD PHILIPPI MELANCHTONIS ‖ tumulum ... ‖ "
    inc.: Has lacrymas, hos
    expl.: turba nouena Deo.
    3 Distichen (Bl. 1v).
[2.] mit der Überschrift "... AD ALBIM FL. [FLUVIUM]"
    inc.: Albi pater liquidum
    expl.: non dabit ulla dies?
    5 Distichen (Bl. 1v).
    Ein unveränderter Abdruck der beiden Posthiusgedichte zum Tode Melanchthons
erfolgte im Jahre 1587 durch Reusnerus in seinen "Icones", wahrscheinlich nach einem
von Posthius selbst übersandten Exemplar (vgl. Werkverzeichnis 1587/5).

Parerga: *Die angeführten Gedichte wurden nicht abgedruckt.*
Literatur: *Schottenloher: Pfalzgraf (1927), S. 96, Nr. 15.*

1560/2
Zehn Epicedia zum Tod des Petrus Lotichius (gestorben am 7.11.1560)
in: In funere Lotichii lachrymae (1560):

In Funere ‖ CLARISS: ‖ VIRI D. PETRI LOTICHII ‖ SECVNDI, PHILOSO-
PHIAE AC ‖ Medicinae Doctoris, et Poëtae per Ger = ‖ maniam elegantissimi,
Amicorum ‖ et gratorum discipulorum ‖ lachrymae. ‖ AVTORUM NOMINA ‖
suis locis indicantur. ‖
HEYDELBERGAE. EXCV = ‖ sum apud Ioannis Carbo = ‖ nis Viduam. ‖
[Datierbar nach der Widmungsvorrede ins Jahr 1560].

Umfang und Format: *[27] Bl., 8°.*
Weitere Beiträger: *Georgius Cracovius, Abrahamus Löscherus, Hartmannus Hartman-*
nus ab Eppingen, Carolus Hugelius, Georgius Ostermarius, Iohannes Nervius, Iohan-
nes Mercurius und Nicolaus Cisnerus.
Benutztes Exemplar: *Stuttgart WLB HBK 195 (unvollständig; offenbar wurden beim*
Binden sämtliche acht Blätter des Bogens C vergessen).

Die Widmungsvorrede des Bändchens, die Posthius am 1.12.1560 in Heidelberg ver-
faßte, ist an Erasmus Neustetter gerichtet (vgl. Überblick, Kapitel 4, sowie Brief vom
1.12.1560/Publikation).
    Gedichte des Posthius in dieser Schrift:
[1.] Widmung an Erasmus Neustetter
    inc.: MOEsta quòd à Nicro
    expl.: funera Lotichij.
    113 Distichen (Bl. 10v-12v).
[2.] mit der Überschrift "De nobili Viro D. Erico à Berlebsch, ‖ et Rheno fl. [fluvio]"
    inc.: MAgnanimi Rhenus
    expl.: uix capit antè meas.
    Tetrastichon (Bl. 25r in vollständigen Exemplaren).
[3.] ohne Überschrift
    inc.: MOrtis et Inuidiae
    expl.: Mortis et Inuidiae.
    Tetrastichon (Bl. 25r).
[4.] ohne Überschrift
    inc.: NE pater aspiceret
    expl.: lumina lumen habent.
    3 Distichen (Bl. 25v).
[5.] ohne Überschrift
    inc.: CVr solito grauius
    expl.: lumina Solis habet.
    3 Distichen (Bl. 25v).

[6.] mit der Überschrift "GERMANIA."
   inc.: SI modò uera licet
   expl.: uel genui medicum.
   3 Distichen (Bl. 25v).
[7.] mit der Überschrift "NICER."
   inc.: DElitiae nostri cum
   expl.: iam sequar ipse meum.
   7 Distichen (Bl. 25v f).
[8.] mit der Überschrift "De Io: Philippo Gelcero et ‖ Coccio fl: [fluvio] ‖ "
   inc.: DVm properata gemit
   expl.: salsa fit unda tuis.
   Tetrastichon (Bl. 26r).
[9.] ohne Überschrift
   inc.: CVm patriae decus
   expl.: postmodò, dixit, eris.
   3 Distichen, Bl. 26r f).
[10] ohne Überschrift
   inc.: HAEc ego, dum tumulum
   expl.: care Secunde, Vale.
   4 Distichen (Bl. 26v).

Parerga: *vgl. unter Nr. 1560/2a.*
Literatur: *Schottenloher: Pfalzgraf (1927), S. 96, Nr. 16; das von Schottenloher be-*
nutzte vollständige Exemplar der DSB Berlin - Signatur Xd 7920 - ist zur Zeit (d. h.
wohl seit 1945) "verlegt"; VD 16, P 4492.

1560/2a
Wiederabdruck derselben Epicedia zum Tod des Lotichius in einem späteren
Sammelband, überarbeitet und um ein Begleitepigramm ergänzt
in: Lotichius: Opera omnia (1586)

Ein Abdruck der angeführten Schrift "In funere Lotichii lachrymae", jedoch mit teil-
weise veränderter Reihenfolge der einzelnen Autoren und um mehrere Stücke erweitert,
erfolgte 1586 durch Hagius in seiner Lotichiusausgabe (vgl. Werkverzeichnis 1586/1);
dabei lag dem Hagius ein von Posthius selbst überarbeitetes Exemplar vor (vgl. Brief
vom 31.1.1585).
   Hagius gab dem Teil seiner Sammlung, in dem er die Trauergedichte zum Tode
des Lotichius publizierte, folgende Überschrift: SEQVVNTVR ‖ FVNERALES IN ‖
morte PETRI LOTICHII SECVN- ‖ DI moerentium amicorum, disci- ‖ pulorumque
gratorum ac pio- ‖ rum lacrymae & lamen- ‖ tationes. ‖
   Dieser Teil der Sammlung von Hagius enthält von Posthius:
[1.] den anonymen Entwurf einer Grabaufschrift für Lotichius (S. 131f; vgl. Werkver-
   zeichnis 1560/3).
[2.] das zu dieser Grabaufschrift gehörende, ebenfalls anonyme Epigramm (S. 314;
   vgl. Werkverzeichnis 1560/3).

*[3.] die oben als Nr. 1 angeführte Elegie; in ihr sind die beiden letzten Distichen völlig
neu gefaßt und um ein weiteres Distichon ergänzt:*
inc.: MOEsta quòd à Nicro
expl.: ad pia busta sedent
114 Distichen (S. 321-329).
*[4] ein 1584 als Begleittext für die erneute Publikation dieser Elegie verfaßtes, an Ioan-
nes Hagius gerichtetes Epigramm:*
inc.: SVppressurus eram carmen juuenile
expl.: culte Secunde, tuae.
4 Distichen (S. 329f).
*[5.] die 1561 erschienenen Hendekasyllaben (vgl. Werkverzeichnis 1561/1); ihr Text ist
gegenüber der ersten Publikation stark abgeändert:*
inc.: DVm te carmina melle dulciora
expl.: Aequent syderibus poloque famam.
57 Hendekasyllaben (S. 372-374).
*[6. =] I. das oben als Nr. 2 angeführte Epigramm "MAgnanimi Rhenus ..." mit unver-
ändertem Text (S. 375).*
*[7. =] II. das oben als Nr. 3 angeführte Epigramm "Mortis et inuidiae ...", an einer
Stelle geändert (S. 375).*
*[8. =] III. das oben als Nr. 4 angeführte Epigramm "Ne pater aspiceret ..." mit
unverändertem Text (S. 375).*
*[9. =] IV. das oben als Nr. 5 angeführte Epigramm "Cur solito grauius ..." mit
unverändertem Text bis auf einen Druckfehler im ersten Wort, wo es versehentlich
"Cum" heißt (S. 375f).*
[10. =] V. das oben als Nr. 6 angeführte Epigramm, um ein Distichon erweitert:
inc.: Si modo vera licet
expl.: gaudia surripuit.
4 Distichen (S. 376).
*[11. =] VI. das oben als Nr. 7 angeführte Epigramm "Deliciae nostri cum ...", im
fünften sowie im letzten Pentameter geändert:*
expl.: subsequar Elysios (S. 376f).
*[12. =] VII. das oben als Nr. 8 angeführte Epigramm "Dum properata gemit ..." mit
unverändertem Text (S. 377).*
*[13. =] VIII. das oben als Nr. 9 angeführte Epigramm "Cum patriae decus ..." mit un-
verändertem Text (S. 377).*
*[14. =] IX. das oben als Nr. 10 angeführte Epigramm, an mehreren Stellen -so schon
am Anfang- überarbeitet:*
inc.: Posthius haec tumulum
expl.: care Secunde, vale.
4 Distichen (S. 377f).
Zu den weiteren Ausgaben der Sammlung des Hagius vgl. Werkverzeichnis 1586/1.

Parerga: *Posthius nahm seine "Moesta quod" beginnende Elegie (obige Nr. 1) im Jahre
1595 in die zweite Ausgabe seiner Parerga mit auf; der Wortlaut ist dabei sowohl ge-*

*genüber der ersten Fassung von 1560 als auch gegenüber der Fassung, die Hagius 1586
publizierte, verändert:*
>   *inc.: Maesta quod a Nicro*
>   *expl.: ad pia busta sedent.*
>   *114 Distichen (Elegie III, 3).*

1560/3
**Zwei Aufschriften in Prosa und Versen für das Grab des Petrus Lotichius
(gestorben am 7.11.1560)**
Autograph (geschrieben vermutlich 1562)

Umfang und Format: *Einzelblatt (beidseitig beschrieben), 2°.*
Fundort: *München BSB Clm 10368 (= Cam. 18), Nr. 319.*

*Bei dem Blatt handelt es sich offenbar um eine von Posthius persönlich angefertigte
Kopie seiner Textentwürfe für das Epitaph des Lotichius; vermutlich hat er sie mit einem seiner Briefe in den ersten Monaten des Jahres 1562 an Joachimus I Camerarius
geschickt (vgl. Briefe vom 18.1.1562, vom 18.2.1562 und vom 6.3.1562); dieser Umstand wie auch der Stil des Epigramms lassen vermuten, daß Posthius die Texte des
Blattes im Auftrage von Erasmus Neustetterus verfaßt hat (vgl. Überblick, Kapitel 4);
des Posthius Name wird allerdings weder auf dem Autograph noch bei den Publikationen der Texte erwähnt.*

   *Das Schriftstück enthält zwei Texte: Der eine ist in Prosa abgefaßt, beginnt und en-
det mit tradierten sakralen Wendungen in abgekürzter Form und enthält Angaben über
das Leben des Petrus Lotichius Secundus - Alter, Beruf, Studium und Tod - sowie etliche den Verstorbenen rühmende Sätze, beim anderen handelt es sich um ein Epigramm.*
*[1.] mit dem Titel D. O. M. S. S. [= DEO OPTIMO MAXIMO SANCTO SANC-
TORUM)*
>   *inc.: Petro Lotichio Secundo, Artium et Medicinae*
>   *expl.: E.[rasmus] N.[eustetterus] D.[ictus] S.[turmerus] amicitiae ac memoriae
>   ergò H.[oc] M.[onumentum] F.[ecit] et P.[onendum] C.[uravit] A.[nno]
>   M.D.LX.*
>   *Prosa (recto).*
[2.] ohne eigene Überschrift
>   *inc.: Hoc situs est tumulo Lotichius*
>   *expl.: astra petita tenet.*
>   *3 Distichen (recto und verso).*

Parerga: *Die angeführten Texte wurden nicht abgedruckt.*
Literatur: *Catalogus Codicum Manu Scriptorum Bibliothecae Regiae Monacensis
Tomi IV Pars I, München 1874, S. 232; Zon: Lotichius (1983), S. 378 (Publikation
des Gedichtes mit englischer Übersetzung; Zon zitiert dabei nach dem Abdruck des
Gedichtes bei Burmannus, vgl. unten).*

1560/3a
Publikation der angeführten Aufschriften für das Grab des Lotichius in einem späteren Sammelband
in: Lotichius: Opera omnia (1586)

Die Texte des angeführten Münchner Blattes wurden zusammen mit etlichen Epicedien zum Tode des Lotichius 1586 von Hagius publiziert (vgl. Werkverzeichnis 1560/2a und 1586/1); dabei lag dem Hagius vermutlich ein Autograph des Posthius vor (vgl. Brief vom 31.1.1585), in dem Posthius den Wortlaut des Münchner Blattes in Kleinigkeiten abgeändert hatte; z. B. wird bei der abgekürzten Nennung des Grabstifters die üblichere Reihenfolge der Namensbestandteile gewählt: "E.[rasmus] N.[eustetterus] D.[ictus] S.[turmerus]".

Zu den weiteren Ausgaben der Sammlung des Hagius vgl. Werkverzeichnis 1586/1.

Die Publikation des Hagius diente vermutlich dem Burmannus als Grundlage für eine weitere Veröffentlichung dieser Texte; Burmannus schrieb dabei den Namen des Grabstifters aus: "ERASMUS NEUSTETER DICTUS STURMER" (Lotichii poemata, 1754, Bd. II, S. 207). Merkwürdigerweise weicht allerdings der Wortlaut von Burmannus an zwei Stellen von dem bei Hagius ab.

1561/1
Ein weiteres Epicedium zum Tod des Petrus Lotichius (gestorben am 7.11.1560)
in: Marius: Epicedion in obitum Lotichii (1561):

EPICEDION ‖ IN OBITVM ‖ VIRI CLARISS: ‖ D· PE= ‖ TRI LOTICHII SECVNDI POETAE ‖ Franci, Professione Philosophi, & Medici ‖ Doctoris in Academia Hey- ‖ delbergensi, ‖ ˋA GEORGIO MARIO VVirzeburgense P. et M. Docto- ‖ re Ambergae scriptum ad Clarßimum [sic] I. V. Docto- ‖ rem IO-ANNEM CNODIVM; Illustriß: Pala- ‖ tino Rheni et Bauariae Principi ‖ Electori ibidem à con- ‖ siliis. ‖ Adiectum est Iohannis Posthij de eiusdem ‖ obitu Carmen.
HEIDELBERGAE ‖ Excudebat Ludouicus Lucius. ‖ M.D.LXI. ‖

Umfang und Format: *[8] Bl., 8°*
Benutztes Exemplar: *Heidelberg UB 8550 5/1.*

Die Widmungsvorrede des Bändchens stammt offenbar von Georgius Marius, einem aus Würzburg stammenden Arzt, der im Frühjahr 1561 auf den Lehrstuhl des verstorbenen Lotichius berufen wurde (vgl. Überblick, Kapitel 5). Die Widmungsvorrede ist ohne Orts- und Datumsangabe und richtet sich an den Pfälzer Rat Ioannes Cnodius in Amberg, wo Marius zuvor praktiziert hatte.

Posthius trug für die schmale Schrift ein weiteres Trauergedicht zum Tode des Lotichius bei.

[1.] mit einer Widmung an Nicolaus Rudingerus gewidmet.
inc.: IMmortale nouem decus sororum
expl.: Aequent sideribus, poloque famam.
59 Hendekasyllaben (Bl. 7r-8r).

Parerga: *Posthius nahm sein Gedicht, am Anfang gekürzt und auch sonst überarbeitet,*
in seine Parerga auf:
inc.: DVM te carmina melle dulciora
expl.: AEquent sideribus, poloque famam.
Datiert in der Überschrift "Heidelbergae Anno 1559. [sic] Mense Nouembri."
58 Hendekasyllaben (in der ersten Ausgabe Bl. 93r-94r, in der zweiten Ausgabe
Pars prima, S. 157-159. Dort ist der Text der ersten Ausgabe bis auf zwei Änderun-
gen in den Versen 24 und 25 übernommen; die Datierung am Ende ist in "Anno
1560" verbessert).-

1561/1a
Wiederabdruck desselben Epicediums zum Tod des Lotichius in einem späteren
Sammelband
in: Lotichius: Opera omnia (1586)

Das angeführte Trauergedicht in Hendekasyllaben wurde zusammen mit etlichen wei-
teren Texten zum Tode des Lotichius 1586 von Hagius publiziert (vgl. Werkverzeichnis
1560/2a, 1560/3a und 1586/1); dabei lag dem Hagius vermutlich eine von Posthius
selbst übersandte und überarbeitete Fassung des Gedichtes vor (vgl. Brief vom
31.1.1585). Bei dieser Fassung handelt es sich um dieselbe, die Posthius zehn Jahre
später in die zweite Ausgabe seiner Parerga aufnahm (vgl. oben), doch fehlt - wohl
versehentlich - Vers 29 (S. 372-374).
*   Zu weiteren Auflagen der Hagiussammlung vgl. Werkverzeichnis 1586/1; von Ha-*
gius übernahm Burmannus das Gedicht in seine Ausgabe der Werke des Lotichius
(Lotichii poemata, 1754, Bd. II, S. 249).

1561/2
Vier Epicedia zum Tod des Erasmus Zolnerus (gestorben am 21.7.1560)
in: Posthius: In obitum Zolneri (1561):

In Obitum ‖ VENERAN= ‖ DI VIRI DOMINI ERASMI ‖ ZOLNERI QVI
PRIMVS IN EC= ‖ clesia Ratisponensi ueram Euangelij ‖ doctrinam magno cum
fructu ‖ profeßus est, ‖ IOANNIS POSTHII ‖ GERMERSHEMII ‖ ELEGIA. ‖
ADIECTA SVNT EPIGRAM= ‖ mata et Epitaphia in eiusdem obitum ‖ diuer-
sorum Autorum. ‖
HEYDELBERGAE EXCV= ‖ debat Ioannis Carbonis ‖ Vidua. ‖ M.D.LXI. ‖

Umfang und Format: *[12] Bl., 8°.*

Beiträger: *Georgius Zolnerus, Io. Mercurius, Ioannes Schwartzmeyerus, Carolus Hugelius, ein Anonymus und Iacobus Sechelius.*

Benutztes Exemplar: *University of Iowa.*

Erasmus Zolnerus, wohl im Jahr 1503 geboren, hatte am 15.10.1542 in der Kirche zur Schönen Maria das erste evangelische Abendmahl in Regensburg gehalten; er wirkte als Pfarrer - später weniger aufsehenerregend - bis zu seinem Tode am 21.7.1560 in Regensburg. Georgius Zolnerus, ein in Heidelberg wohnender Sohn des Verstorbenen, erhielt, wie er in seiner am 1.8.1561 in Heidelberg verfaßten Widmungsvorrede an Bürgermeister und Rat von Regensburg schrieb, Trostworte aus seinem Heidelberger Bekanntenkreis sowohl in Gesprächen als auch in Form von Gedichten; besonders hob er dabei Mercurius, Posthius und Hugelius hervor (vgl. Überblick, Kapitel 2).

Am Ende der Schrift sind Todestag und Alter des Verstorbenen genannt; außerdem wird auf zwei Druckfehler hingewiesen.

Gedichte von Posthius in dieser Schrift:

[1.] eine "ELEGIA" mit der Überschrift "Vxor superstes loquitur."
   inc.: IAm mediam coeli nox
   expl.: dona suprema feres.
   74 Distichen (Bl. 3r-5v).

[2.] mit der Überschrift "EPITAPHIUM:"
   inc.: HOc placidum tumulo
   expl.: fama superstes erit.
   4 Distichen (Bl. 5v f).

[3.] mit der Überschrift "Aliud ad tummulum" [sic]
   inc.: HOspes habe breuiter
   expl.: sunt data summa choris. [sic]
   4 Distichen (Bl. 6r).

[4.] mit einer Widmung an Iohannes Lauterbachius
   inc.: DVM tu Caesaris
   expl.: in orbe uiuent.
   35 Hendekasyllaben (Bl. 11v f).

Parerga: *Die angeführten Gedichte wurden nicht abgedruckt.*

Literatur: *Philippus Albertus Christfelsius: B. Caroli Christiani Hirschii De Vita Pamingerorum Commentarius, ..., Schulprogramme, Oettingae o. J. (1764-1767), S. 81; Schottenloher: Pfalzgraf (1927), S. 97f, Nr. 17 (das von Schottenloher benutzte Exemplar der DSB Berlin (xd 7920) scheint seit 1945 verschollen zu sein); VD 16, P 4493.*

1561/2a
Wiederabdruck von zweien der angeführten Epicedia zum Tod des Zolnerus in einem Band mit Epicedia zum Tod von dessen Gattin Anna Weinzirlin
in: Paminger: Olophyrmos (1586):

ΟΛΟΦΥΡΜΟΣ ‖ SOPHO- ‖ NIAE PAMINGE= ‖ RI P. IN INCLYTA NORIM-
‖ bergensi Repub: Priuatim docentis, de ‖ morte pijß: honestißimaeque Matronae,
‖ ANNAE VVEINZIR- ‖ LIN, Vxoris suae cariß: ab ‖ eodem in medio luctu ‖
scriptus. ‖
Norimbergae, excudebat Nicolaus Knorr. ‖ Anno, M.D.LXXXVI. ‖

Umfang und Format: [22] Bl., 4°.
Ausstattung: Titeleinfassung, Holzschnitt (Grabstein der Verstorbenen an der Oettinger
Jakobskirche).
Beiträger von Gedichten zum Tod der Anna Weinzirlin: Pamingerus, Eberhardus
Herrnschmid und Hieronymus Besslerus; Beiträger von Gedichten zum Tod des Eras-
mus Zolnerus: Iohannes Posthius, Ioan. Mercurius Morshemius, Carolus Hugelius
und Iacobus Sechelius;
Außerdem sind am Ende der kleinen Schrift mehrere Bibelsprüche abgedruckt.
Benutztes Exemplar: München BSB 4° P. o. lat. 750 (5.

Diese schmale Schrift brachte Sophonias Pamingerus zum Tode seiner Frau Anna
Weinzirlin (gestorben am 11.10.1585) heraus, die in erster Ehe mit Zolnerus verheiratet
gewesen war. Das Bändchen enthält ab Blatt 17 auch einen Auszug aus den Epicedia
zum Tode des Zolnerus, wohl deshalb, weil in diesen Gedichten die Verstorbene
mehrfach rühmend erwähnd wird. Eingeleitet wird dieser Auszug mit den folgenden
Worten: "EXTAT INTER ALIA D. ERASMI ‖ Zolneri (piae memoriae) ab aliquot,
pijs doctisqúe viris ‖ scripta, et typis excusa epicedia excellentis poëtae, Ioannis ‖
Posthij Germerßhemij, ad hanc nostram ANNAM ‖ (tunc eiusdem Zolneri viduam)
quae sequitur ‖ προσωποποιͺα elegiaca. ‖ "
Der Abdruck der Posthiuselegie zum Tode des Zolnerus erfolgte mit kleineren Än-
derungen, so daß anzunehmen ist, daß dem Pamingerus ein von Posthius überar-
beitetes Exemplar der Elegie vorlag; auffällig ist vor allem die komplette Neufassung
des 66. Distichons. Außerdem sind in margine einige Erläuterungen inhaltlicher Art
hinzugefügt.
Daran schließt sich eine im Text unveränderte Wiedergabe des oben unter Nr. 3 an-
geführten Epigramms "Hospes habe breuiter" an; die Posthiusgedichte Nr. 2 und Nr. 4
wurden dagegen nicht übernommen.

Literatur: VD 16, P 68.

1561/3
Ein Epicedium zum Tod der Sibylla Raunera (gestorben am 16.8.1561)
in: Xylander: In obitum Raunerae (1561):

IN OBITUM ‖ HONESTISSIMAE MATRO= ‖ NAE SIBYLLAE RAVNE-
RAE, QVAE ‖ coniux fuit ornatissimi uiri M. Martini Krusij ‖ Tubingae bonas li-
teras docentis, ‖ Guilielmi Xylandri Augustani schediasma. ‖ Cui addita sunt et
aliorum carmina. ‖
HEIDELBERGAE. ‖ (HEIDELBERGAE, EX OFFICINA LVDO- ‖ uici Lucij,
Vniuersitatis typographi, Anno ‖ salutis humanae, M.D.LXI. ‖)

Umfang und Format: 30, [1] S., 4°.
Ausstattung: Druckermarke, Initialen.
Weitere Beiträger: Sigismundus Melanchthon, Ioannes Sprengius und Carolus Huge-
lius.
Benutztes Exemplar: München BSB P. o. lat. 754(38.

Sibylla Raunera, die Frau des Tübinger Professors Martinus Krusius/Crusius, war we-
nige Tage nach ihrer zweiten Entbindung im Alter von 26 Jahren und 129 Tagen ver-
storben.

Den an Martinus Krusius gerichteten Widmungsbrief verfaßte Xylander am
5.11.1561 in Heidelberg.

Das Bändchen enthält ein Posthiusgedicht:
[1.] ohne Überschrift.
  inc.: PArce tuae, Crusi
  expl.: candida fata tuae.
  33 Distichen (S. 26-29).

Crusius ließ die ersten beiden Distichen der Posthiuselegie zusammen mit Frag-
menten aus anderen Gedichten der angeführten Schrift im Jahre 1575 in seinen
"Germanograeciae" mit abdrucken (vgl. Werkverzeichnis 1573/1a, S. 135).

Parerga: Das angeführte Gedicht wurde nicht abgedruckt.
Literatur: VD 16, H 4560.

1561/4
Mitübersetzung eines Dramas des Naogeorgus
Autograph? (geschrieben etwa 1561)

[RS:] HAMANUS TRAGOEDIA ‖ AVSSER DEM BVCH HESTER, VON ‖
Hern Thoma Naogeorgo latinisch ‖ erstlich beschrieben, vnd hernachmals ‖ Churfürstlicher genaden Zu gefallen, ‖ von neuwem verteutscht, von Joanne ‖ Mercurio Morßhemio, vnd M. Joanne ‖ Postio Germerßhemio. ‖

Umfang und Format: [99] Bl., 4°.
Fundort: Heidelberg UB Pal. Germ. 387, 4°.

Das Manuskript ist in Schweinsleder gebunden und enthält keinerlei Hinweise auf Ent-
stehungsjahr oder -anlaß; da Posthius in den Jahren 1556 bis 1562 mehrfach mit
Mercurius zusammenarbeitete (vgl. Werkverzeichnis 1556, 1560/2, 1561/2, 1562/1 und
1562/2), entstand wahrscheinlich auch die Hamanusübersetzung in diesen Jahren; den
lateinischen Text hatte Naogeorgus (1508/9-1563) bereits 1543 verfaßt.

Der Übersetzung geht ein paarweise gereimter "Prologus." mit einer Widmung an
den Kurfürsten (gemeint ist wohl Friedrich II.) voraus:

> *inc.: Durchleuchtigster Hochgeborner*
> *Genegigister Churfürst vnnd herr,*
> *Gnedigste fraw, Großgünstig freundt,*
> *Wie Ir durch Gott versamlet seindt;*
> *expl.: Drumb hört waß Inhalt der Haman.*
> *138 vierhebige Verse (Bl. 2r-5r).*
> *Auch der Text des Dramas ist in vierhebige Jamben gefaßt.*

Parerga: *Die angeführten Texte wurden nicht abgedruckt.*
Literatur: *Wilken: Geschichte (1817), S. 460; Wille: Handschriften (1903), S. 52f; H.-*
G. Roloff: Thomas Naogeorg. Sämtliche Werke, 3. Band, 2. Teil (Dramen IV:
Hamanus mit der deutschen Übersetzung von Johannes Chryseus), Berlin - New York
1983, S. 675 (= Ausgaben deutscher Literatur des XV. bis XVIII. Jahrhunderts, Bd.
106).

1561/5
Ein Gedicht als Stammbucheintrag für Michael Weyenmarius
Autograph (geschrieben am 1.12.1561)

Umfang und Format: *Ein Blatt in einem Stammbuch, 12°.*
Fundort: *Weimar Nationale Forschungs- und Gedenkstätten der deutschen Literatur*
(Zentralbibliothek der deutschen Klassik), Stb. 9, S. 11f.

Das Stammbuch enthält von Posthius ein Gedicht, in dem er Weyenmarius daran
erinnert, wie beide während Wanderungen oft über die beste Konfession ("de relligione
puriorj", gemeint ist wohl der Kalvinismus) diskutierten und über den desolaten Zu-
stand der eigenen Zeit klagten ("Atque tempora, tempora illa nostra ‖ Perditissima,
pessimosque mores ‖ Deplorauimus").

> *[1.] mit einer Widmung an Michael Weyenmarius und der Datierung "Heydelbergae*
> *An: 1561 ‖ Kalendis Decemb: ‖ "*
> *inc.: Quamuis te memorem*
> *expl.: contigit beatam.*
> *15 Hendekasyllaben.*
> *Unter dem Gedicht vermerkte Posthius als Motto "ἐχ πόνου χλέος."*

Parerga: *Das angeführte Gedicht wurde nicht abgedruckt.*
Literatur: *Klose: CAAC (1988), S. 15f, Code 59.WEI.MIC.*

1562/1

Fünf Epithalamia zur Hochzeit von Nicolaus Cisnerus und Anna Hartmanna, die 1562 heirateten

in: In nuptias Cisneri epithalamia (1562):

IN NVPTIAS ‖ CLARISS· VIRI NICOLAI CIS= ‖ NERI, I. C. ET PRAESTANTISS: VIRGINIS ‖ Annae Hartmannae, ampliss. uiri D. Hartmanni Hartmanni ‖ ab Eppingen, Palatini Electoris, dum uixit, Cancel- ‖ larij, &c. filiae Epithalamia & bonorum amico- ‖ rum congratulationes. ‖ HEIDELBERGAE. ‖ (HEIDELBERGAE, EX OFFICINA LVDO- ‖ uici Lucij, Vniuersitatis typographi, Anno ‖ salutis humanae, M.D.LXII. ‖)

Umfang und Format: 55 S., 4°.
Ausstattung: Druckermarke, Initialen.
Weitere Beiträger: Ioh. Mercurius, Carolus Hugelius, Georgius Ostermarius, Ioannes Martinus Huberus, Iacobus Sechelius und Zacharias VVagnerus.
Benutztes Exemplar: München BSB 4° Bav. 2120 VI(11.

Bei dem prominenten Hochzeitspaar handelt es sich um den mit Posthius befreundeten Heidelberger Juraprofessor Nicolaus Cisnerus (vgl. Überblick, Kapitel 3) und Anna Hartmanna, die Tochter des verstorbenen Pfälzer Kanzlers Hartmannus Hartmannus ab Eppingen.

Das Bändchen enthält eine undatierte Widmungsvorrede des Mercurius, der sich offenbar um die Edition der Gedichtsammlung gekümmert hat, an den Bräutigam; von Mercurius stammen auch das erste und das letzte Gedicht des Bändchens.

Gedichte von Posthius in dieser Schrift:
[1.] mit der Überschrift "Sponsus loquitur."
inc.: HAnc bone Christe diem
expl.: uiuere luce uelim.
34 Distichen (S. 48-51).
[2.] ohne besondere Überschrift
inc.: Hos, Cisnere, tibi flores
expl.: candidiora tibi.
7 Distichen (S. 51f).
[3.] ohne Überschrift
inc.: Mirabar solito citius
expl.: ornet et ipsa tuos.
4 Distichen (S. 52).
[4.] ohne Überschrift
inc.: Tympana dum resonant
expl.: carpite pignoribus.
5 Distichen (S. 52f).

[5.] ohne Überschrift
  inc.: Cum gemmis auroque tuam
  expl.: nunc licet ire uia.
  Tetrastichon (S. 53).

Parerga: *Die angeführten Gedichte wurden nicht abgedruckt.*

1562/2
Ein Epithalamium zur Hochzeit von Georgius Marius und Helena Wencka, die am 15.6.1562 heirateten
in: In nuptias Marii epithalamia (1562):

IN NVPTIAS CLARISS. ‖ VIRI, ‖ GEORGII MARII VVIRCE= ‖ BVRGEN-SIS; PHILOSOPHIAE ET ME- ‖ dicinae Doctoris, & honestissimae uirginis He-lenae, Ar- ‖ noldi Vuencki ciuis Norimbergensis filiae, e- ‖ pithalamia, & bonorum amicorum ‖ congratulationes. ‖
HEIDELBERGAE. ‖ (HEIDELBERGAE, EX OFFICINA ‖ Ludouici Lucij, Vniuersitatis typographi, ‖ Anno salutis humanae, ‖ M.D.LXII. ‖)

Umfang und Format: *23, [1] S., 4°.*
Ausstattung: *Titelholzschnitt (Druckermarke?).*
Weitere Beiträger: *Io. Mercurius, Carolus Hugelius und Ioannes Piscator.*
Benutztes Exemplar: *Nürnberg StB Phil. 673, 4°; im selben Band befinden sich zahlrei-che weitere kleine Schriften sowie am Beginn und am Ende des Bandes etliche handgeschriebene Seiten mit Gedichten und anderen Texten; da die angeführten Hochzeitsgedichte das erste gedruckte Werklein in dem Band darstellen, stammt der Band möglicherweise aus dem Besitz des Marius.*

Das Bändchen ist ohne Widmungsvorrede, doch deutet die Tatsache, daß die umfang-reiche Glückwunschelegie des Posthius gleich auf den Titel folgt, darauf hin, daß die Epithalamia auf Betreiben des Posthius gesammelt und herausgegeben wurden. Den Bräutigam, einen jungen Arzt, kannte Posthius aus Heidelberg (vgl. Überblick, Kapitel 5); die Braut, eine Tochter des Anton Wenck, stammte aus einer begüterten Nürnberger Familie. Marius hatte als Auswärtiger dabei verschiedene juristische Hür-den zu umgehen, an denen zwei Jahre zuvor eine Eheschließung mit Anna, der Tochter eines Sebald Hayd, gescheitert war (vgl. Heyers: Marius, 1957, S. 23). Wie aus dem Text der Posthiuselegie hervorgeht, nahm Posthius an den Hochzeitsfeierlichkeiten in der Nürnberger Sebalduskirche teil; auf Nürnberg bezieht sich der Anfang seines Ge-dichtes:
[1.] mit der Überschrift "Elegia."
  inc.: TEutonici Regina
  expl.: aureus adsit amor.
  93 Distichen (S. 3-10; das 59., 86. und 87. Distichon sind in dem von mir benutz-ten Exemplar - möglicherweise von Posthius selbst - handschriftlich getilgt).

Parerga: *Das angeführte Gedicht wurde nicht abgedruckt.*

1562/3

Sechs Glückwunschgedichte zur Krönung Kaisers Maximilians II. in Frankfurt am 24.12.1562 mit einem Widmungsepigramm
Posthius: Carmen gratulatorium (1562):

Carmen gratulatorium, ‖ INVICTISSIMO ‖ ET POTENTISS. PRINCIPI AC ‖ DOMINO, D. MAXIMILIANO, ROM. DE- ‖ signato Bohemiaeque coronato Regi, Archiduci Au- ‖ striae: Duci Burgundiae, Lucenburgensi, utriusque ‖ Silesiae: Marchioni Morauiae, ac Lusatiae: Comiti ‖ Habspurgi, Tirolensi ac Goricensi &c. Do- ‖ mino suo benigniss. scriptum à ‖ IOHANNE POSTHIO GER- ‖ mershemio. ‖
1562. ‖ (FRANCOFVRTI, EX OFFICINA LVDO- ‖ uici Lucij, Anno salutis humanae ‖ M.DLXII. ‖)

Umfang und Format: 14, [1] S., 4°.
Ausstattung: Holzschnitt (Druckermarke?), Initialen.
Beiträger: Iohannes Martinus Huberus.
Benutztes Exemplar: Nürnberg GNM L 2520 ⁵.

Die Schrift enthält außer den Posthiusgedichten ein Preisepigramm des Baslers Huberus auf die "GERMANIA" betitelte Posthiuselegie ("Dum tibi Caesareos ...", 10 Distichen, S. 14). Posthius nahm persönlich als offizieller Gast an den Krönungsfeierlichkeiten teil (vgl. Überblick, Kapitel 8).

Gedichte von Posthius in dieser Schrift:
[1.] mit einer Widmung an den Kämmerer König Maximilians, Nicolaus â Vuarmsdorff
 inc.: MAximus ille nouos
 expl.: mens tibi nota sat est.
 12 Distichen (S. 3f).
[2.] mit der Überschrift "GERMANIA."
 inc.: OCeani tandem felicibus
 expl.: siue ferenda mari.
 85 Distichen (S. 5-12).
[3.] mit der Überschrift "Moenus, de Principum concordia."
 inc.: Saepe duces inter
 expl.: regnet in orbe quies.
 3 Distichen (S. 12)
[4.] mit der Überschrift "Electores."
 inc.: Quod patriae felix
 expl.: cuncta fauere tuis.
 4 Distichen (S. 12).

[5] mit der Überschrift "Religio."
  inc.: Mille premant quamuis
  expl.: sit tibi cura precor.
  Distichon (S. 13).
[6.] mit der Überschrift "Musae."
  inc.: Ex Helicone sacra
  expl.: semper amore colas.
  3 Distichen (S. 13).
[7.] mit der Überschrift "Ad aquilam."
  inc.: Quid uolucrum regina
  expl.: purior orbe dies.
  3 Distichen (S. 13).

Parerga: *Posthius nahm fünf seiner erwähnten Gedichte in seine Parerga mit auf, und zwar die obigen Nummern 3 bis 7 (erste Ausgabe Bl. 103v-104r, zweite Ausgabe Pars prima, S. 174f). Dabei ließ er in Nr. 3, Nr. 5 und Nr. 7 den Text unverändert und strich lediglich in der Überschrift von Nr. 3 das Wort "Moenus"; die beiden anderen Gedichte überarbeitete er teilweise stark:*
[4.] mit der Überschrift "Electores."
  inc.: QVod patriae faustum
  expl.: sis decus, Orbis amor.
  4 Distichen (erste Ausgabe Bl. 103v, zweite Ausgabe Pars prima, S. 174)
[6.] mit der Überschrift "Musae."
  inc.: EX Helicone sacra
  expl.: carmine facta canent.
  3 Distichen (erste Ausgabe Bl. 104r, zweite Ausgabe Pars prima, S. 175).
Literatur: *VD 16, P 4485.*

1562/3a
Wiederabdruck der angeführten Gratulationsgedichte sowie vier weitere Gedichte zur Krönung Kaiser Maximilians II.
in: Heydenus/Heydenus: De electione Maximiliani (1563):

DE ELECTIONE ET ‖ INAVGVRATIONE MAXIMILIA- ‖ ni Austrij II. Rom. Regis, Francofurti ‖ ad Moenum, Anno ‖ 1562. ‖ HISTORIA EX GERMANICO LATINE ‖ reddita, per Adamum et Nicolaum Heydenos ‖ fratres, Gemellos. ‖ VNA CVM CATALOGO ELECTORVM, ‖ Principum, Comitum, Baronum, Nobilium, necnon ‖ aliorum Doctorum clarissimorumque uiro- ‖ rum, qui huic designationi ‖ interfuerunt. ‖ ACCESSIT EBRAHIMI STROTSCHII TVR = ‖ cici Legati coram Caesarea Maiestate, Rom. Rege, caeterisque Imperij ‖ Electoribus, Principibus atque Statibus, ha= ‖ bita Propositio. ‖ HIS ADDITA SVNT IO. POSTHII GER. ‖ Io. Martini Huberi, Io. Lauterbachij, & Andreae Ra- ‖ picij, Carmina, in honorem Regis ‖ conscripta. ‖
M.D.LXIII. ‖ (IMPRESSVM FRANCOFORTI, APVD GE- ‖ orgium Coruinum, Sigismundum Feyerabend, ‖ & haeredes VVygandi Galli. ‖)

Umfang und Format: *[44] Bl., 4°.*
Ausstattung: *kleinerer Zierrat (Initialen).*
Beiträger: *vgl. Titel der Schrift.*
Benutzte Exemplare: *München BSB 4° Exeg. 863:3 (Beiband);*
München BSB 4° J. publ. G. 579;
Wolfenbüttel HAB 264.45 qu.

Die Schrift enthält eine am 18.3.1563 in Heidelberg verfaßte Widmungsvorrede der Brüder Heydeni an den Trierer Erzbischof Iohannes à Leyhen, zwei ursprünglich deutsche, von Nicolaus bzw. Adamus Heydenus ins Lateinische übertragene Berichte über Wahl und Krönung von Maximilian II., eine Liste der Mitglieder der türkischen Gesandtschaft, die ins Lateinische übertragene Rede des türkischen Gesandten Strotschius, einen umfangreichen Katalog der Krönungsgäste und die Glückwunschgedichte zur Krönung von Posthius, Lauterbachius und Rapicius nebst dem das eine Posthiusgedicht preisenden Epigramm des Huberus (vgl. Werkverzeichnis 1562/3)

Der Katalog der Krönungsgäste ist gegliedert nach den Gefolgschaften der einzelnen Fürsten, nach dem Status der übrigen Gäste und nach Berufsgruppen. Im Gefolge des Würzburger Fürstbischofs werden dabei u. a. Erasmus Neustetterus, Iohannes Egenolphus à Knöringen und Balthasarus ab Hell angeführt. Die innerhalb der Literaten-Berufsgruppe eigene Abteilung für die Künstler ("Oratores & Poetae") setzt sich aus Iohannes Sturmius, Cyprianus Vomelius, Michael Toxites, Andreas Rapicius, Iohannes Posthius, Iohannes Lauterbachius und Martinus Huberus zusammen.

Von den sieben separat publizierten Glückwunschgedichten des Posthius (vgl. Werkverzeichnis 62/3) ist lediglich das Widmungsepigramm - obige Nr. 1 - nicht wieder abgedruckt worden; die umfangreiche Elegie "Germania" - obige Nr. 2 - wurde an vier Stellen leicht überarbeitet (Bl. 38r-40v); im Titel der obigen Nr. 3 fiel das Wort "Moenus" weg; sonst gab es keine Änderungen (Bl. 40v f). Unmittelbar an diese Gedichte schließen sich vier weitere Epigramme an, in denen Posthius skizzenhaft eher nebensächliche Momente der Krönungsfeierlichkeiten schildert:
[8.] mit der Überschrift "Pecuniae in uulgus missae."
   inc.: Aede coronatum sacra
   expl.: munera tanta fluunt.
   3 Distichen (Bl. 41r f).
[9.] mit der Überschrift "Vinum publicè profusum."
   inc.: Artifici quoque facta manu
   expl.: femina, uirque meis.
   7 Distichen (Bl. 41v).
[10.] mit der Überschrift "Taurus tostus,"
   inc.: Repletus dudum uarijs
   expl.: lusus in urbe fuit.
   6 Distichen (Bl. 41v f).

[11.] mit der Überschrift "Ignes nocturni."
  inc.: Luciferis emensus equis
  expl.: regia celsa Iouis.
  5 Distichen (Bl. 42r).
    Sämtliche zehn Posthiusgedichte aus der Sammlung der Brüder Heydenus wurden,
einschließlich des enkomiastischen Gedichtes des Huberus, im Jahre 1574 im dritten
Band des großen historischen Sammelwerkes von Schardius abgedruckt; der Wortlaut
ist - bis auf die Korrektur von Druckfehlern und bis auf neue Druckfehler - mit dem
von den Brüdern Heydeni publizierten identisch (Historicum opus tomus III, Spalten
2078-2083); der Band enthält auch die anderen Stücke aus der Sammlung der Brüder
Heydenus, allerdings in anderer Anordnung.
    Über diese Sammlung des Schardius fanden die erwähnten Posthiusgedichte auch
Eingang in Neuauflagen dieses Sammelwerkes (z. B. in den "Schardius redivivus", hg.
von H. Thomae, Giessae 1673, S. 1008ff) sowie in das Sammelwerk des Melchior
Goldast von Haiminsfeld (vgl. Literaturverzeichnis unter Goldast: Politica Imperialia,
1614, S. 151-153).

Parerga: Von den vier neu hinzugekommenen Gedichten nahm Posthius die Num-
mern 8 und 11 mit unverändertem Text in seine Parerga auf (erste Ausgabe Bl. 104r f,
zweite Ausgabe Pars prima, S. 175).
Literatur: Klöss: Weigand Han (1958-60), S. 362, Nr. 227.

1562/3b
Wiederabdruck von einigen der Glückwunschgedichte zur Krönung Kaiser Maxi-
milians als Ergänzung einer Holzschnittausgabe
in: Posthius: Tetrasticha (1563, oktav)

Ein Großteil der Posthiusgedichte zur Krönung Kaiser Maximilians, die separat 1562
und in erweiterter Form 1563 im Sammelwerk der Brüder Heydenus erschienen waren,
wurde im Jahre 1563 am Ende der "Tetrasticha" des Posthius (vgl. Werkverzeichnis
1563/1) abgedruckt, vermutlich deshalb, weil auf der letzten Lage noch entsprechend
Platz vorhanden war; es handelt sich dabei um die obigen Nummern 2 bis 7 und 11
sowie um das enkomiastische Gedicht des Huberus (Bl. 179r-183v; die Blattzählung
endet allerdings bereits auf Bl. 178); als Textgrundlage diente die bei den Brüdern
Heydenus publizierte Fassung (vgl. Werkverzeichnis 1562/3a).
Weitere Auflagen: Dieselben Posthiusgedichte wurden mit demselben Wortlaut auch in
den quartformatigen Ausgaben der "Tetrasticha" von 1563 (vgl. Werkverzeichnis
1563/1a) und von 1569 (vgl. Werkverzeichnis 1563/1b) abgedruckt (jeweils S. 182-191;
die Paginierung endet allerdings beide Male bereits mit S. 178).

1562/4

Ein enkomiastisches Gedicht für die Epigrammbücher des Lauterbachius
in: Lauterbachius: Epigrammatum libri (1562):

IOANNIS LAV= ‖ terbachij Lobauiensis, He ‖ xapolitani, è Germanis ‖ Lusatij,
poetae laureati ‖ EPIGRAMMATVM LIBRI VI. ‖
FRANCOFVRTI, EX OF- ‖ ficina Ludouici Lucij. ‖ M.D.LXII. ‖

Umfang und Format: 258 S., 4°.
Keine weiteren Beiträger.
Benutztes Exemplar: München UB 4° P. lat. rec. 315 (mit einem ins Jahr 1565 datier-
ten Exlibris des aus Stuttgart stammenden Ingolstädter Theologieprofessors Martinus
Eisengrein).

Der Band enthält nur das eine Posthiusgedicht:
[1.] mit der Überschrift "IN EPIGRAMMATVM LIBROS IOHAN- ‖ nis Lauter-
bachy, Poetae laureati ... ‖ "
inc.: Heroum laudes & Caesaris
expl.: nominis ille tui.
3 Distichen (S. 2).

Parerga: Posthius nahm sein Epigramm mit unverändertem Wortlaut in seine Parerga
auf (erste Ausgabe Bl. 98r, zweite Ausgabe Pars prima, S. 166).
Literatur: VD 16, L 746.

1562/5

Zwei enkomiastische Gedichte für ein Lehrbuch des Mercurius über die lateini-
schen Bezeichnungen von Zahlen
in Mercurius: Propaideumata (1562):

ΠΡΟΠΑΙΔΕΥ ‖ MATA ARITHMETICA ‖ EROTEMATICA PRO ‖ PVERIS,
DE EXPEDITA ET ‖ uerê latina cuiusque numeri quantum ‖ uis magni enun-
ciatione, quae cadit ‖ in numerationem (quam sic uocant) à nemine ferè hactenus
satis explica ‖ tè traditam, sed uulgò quasi alienum ‖ opus ad solos Grammaticos
‖ relegatam. ‖ Accesserunt autem ab initio Prolegomena ‖ de partitione totius
Arithmetices. ‖ IOAN. Mercurio Morsshemio ‖ Autore. ‖
M.D.LXII. ‖ (FRANCOFORTI EX ‖ Officina Typographica Petri ‖ Brubacchij
Anno Domini ‖ millesimo, quingente- ‖ simo sexagesimo ‖ secundo. ‖)

Umfang und Format: 69, [1] S., 8°.
Keine weiteren Beiträger.
Benutztes Exemplar: Wolfenbüttel HAB 18.2 Arithmetica (3).

Die an Philippus Albertus Spannegelius gerichtete Widmungsvorrede verfaßte Mer-
curius am 1.10.1561 in Heidelberg.

Das Buch enthält zwei Posthiusgedichte:
[1.] mit der Überschrift "Liber ad Lectorem."
  inc.: Ingentem numerum
  expl.: Seculo Ciceronis usitatum.
  7 Hendekasyllaben (S. 2).
[2.] ohne besondere Überschrift
  inc.: Cui non est ratio
  expl.: sceptra tenente fuit.
  Tetrastichon (S. 2).

Parerga: *Die angeführten Gedichte wurden nicht abgedruckt.*
Literatur: *VD 16, M 4832.*

1562/6

Zwei Epicedia zum Tode der Anna Dolmetia (gestorben etwa 1562)
in: Posthius: In obitum Dolmetiae (o. J., 1562?):

In Obitum ‖ HONESTIS ‖ SIMAE FOEMINAE; AN= ‖ NAE DOLMETIAE;
NOBILISS: ‖ et Clariß: Viri, Domini Viti Polanti. I. V. ‖ Doctoris, ac Comitis Pa-
latij Lateranen= ‖ sis, Illustriß: Principis Palatini ‖ Electoris etc. Consiliarij, di=
‖ lectißimae coniugis. ‖ ELEGIA ‖ IOHANNIS POSTHII GER= ‖ MERS-
HEMII. ‖
Heydelbergae Excudebat Iohannes ‖ Mayer. ‖

Umfang und Format: *[6] Bl., 8°.*
Ausstattung: *Holzschnitt (Wappen des Polantus und seiner Frau).*
Weiterer Beiträger: *Iacobus Sechelius.*
Benutztes Exemplar: *Bremen SuUB IV C 756 Nr. 29.*

*Die kleine Schrift ist nicht datiert, doch ist auf der Rückseite des Titelblattes ein Holz-
schnitt abgedruckt, der die vereinigten Wappen des Pfälzer Rates Vitus Polantus und
seiner Frau Anna Dolmetia zeigt, zusammen mit der Jahreszahl 1554. In diesem Jahr,
in dem also beide offenbar schon verheiratet waren, wurde Polantus geadelt; auf dies
Ereignis beziehen sich daher wahrscheinlich Wappen und Datum. - Aus dem Epitaph
des Posthius geht hervor, daß Anna Dolmetia nach zwölfjähriger Ehe mit 33 Jahren
verstarb; ihr Todesjahr kann also spätestens 1566 sein. Da die Schrift auch ein Gedicht des Sechelius enthält, mit dem Posthius in den Jahren 1561/62 mehrfach
zusammenarbeitete (vgl. Werkverzeichnis 1561/2 und 1562/1), dürfte diese Schrift wohl
ebenfalls in diesen Jahren entstanden sein.*

Die Schrift enthält zwei Posthiusgedichte:
[1.] mit der Überschrift "MARITVS ‖ LOQVI FINGITVR: ‖ "
  inc.: QVid querar? unde noui
  expl.: finiet una meos.
  83 Distichen (Bl. 2r-5r).

[2.] mit der Überschrift "EPITAPHIVM"
  inc.: Anna mihi nomen
  expl.: colloquioque Dei.
  4 Distichen (Bl. 5v).

Parerga: *Die angeführten Gedichte wurden nicht abgedruckt.*

1563/1
Versifizierte Begleittexte für eine Holzschnittausgabe zu Ovid
Posthius: Tetrasticha (1563, oktav):

IOHAN. POSTHII ‖ GERMERSHEMII TETRA- ‖ STICHA IN OVIDII
METAMOR. LIB. XV. ‖ quibus accesserunt Vergilij Solis figurae ‖ elegantiss. &
iam primùm in ‖ lucem editae. ‖ Schoene Figuren/ auß dem fuertreffli = ‖ chen
Poeten Ouidio/ allen Malern/ Goldt = ‖ schmiden vnd Bildthauwern/ zuo nutz
vnnd guotem mit fleiß ‖ gerissen durch Vergilium Solis/ vnd mit Teutschen Rei =
‖ men kuertzlich erkleret/ dergleichen vormals im ‖ truck nie außgangen/ ‖ Durch
‖ Johan. Posthium von Germerßheim. ‖
M.D.LXIII. ‖ (IMPRESSVM FRANCOFVR- ‖ ti, apud Georgium Coruinum, Si-
‖ gismundum Feyerabent, & haeredes ‖ VVygandi Galli. ‖ 1563. ‖)

Umfang und Format: *[8], 178, [6] Bl., 8°.*
Ausstattung: *Druckermarke, Holzschnitte.*
Beiträger: *Carolus Hugelius und Iohannes Martinus Huberus.*
Benutzte Exemplare: *Nürnberg StB Amb. 3737, 8°; in diesem Exemplar fehlt das letzte*
Blatt mit dem Impressum und dem Druckerzeichen; auf dem Titelblatt sind die Worte
"allen" bis "Solis" - von der Zensur? - geschwärzt. Dies Titelblatt enthält auch mehrere,
teils unleserliche Besitzervermerke, darunter "Sum ex libris Joannis Melchioris Heili-
ger", "Coll. soc. Jesu Bab." und "Andreas Rumpf". Nürnberg GNM 8° L. 2520ˢ; in die-
sem Exemplar ist das unterste Stück abgeschnitten, wohl weil ein darauf befindlicher
handschriftlicher Eintrag einer Autographensammlung einverleibt wurde.
Würzburg UB L. Rr. o. 216; dies Exemplar stammt aus dem Besitz eines "Eucharius
Tolz" (der erste Buchstabe des Nachnamens kann auch anders gelesen werden) und
wurde auf seinen Leerseiten für handschriftliche Einträge des Wortes "maria" (23x)
oder von zu den Holzschnitten passenden hexametrischen Versen genutzt; darunter
sind die Verse 163ff aus dem sechsten Buch der Metamorphosen Ovids (Bl. 67v) und
die Verse 35-48 aus Tibulls Elegie I,3 (Bl. 2v); der letzgenannte Eintrag ist auf den
12.8.1563 datiert. Auch in diesem Exemplar fehlt der untere Teil des Titelblattes.
Göttingen NSuUB Cod. ms. Uffenb. 53; an dies Exemplar ist eine Äsopausgabe ange-
bunden (vgl. Werkverzeichnis 1566a); mit dieser zusammen diente es auf seinen Leer-
seiten und auf zusätzlich angebundenen Blättern in den Jahren 1569 bis 1571 als
Stammbuch einem Joannes Stollius, dem es von seinem Freund Vincentius Brendelius
am 17.3.[15]71 geschenkt worden war. Ein weiterer Besitzereintrag aus dem Jahr 1636
nennt Iustus Sebastianus Faber als Eigentümer; neben dessen Eintrag ist auch sein
Wappen koloriert eingetragen.

München BSB Cod. germ. 3275; dies Exemplar ist sehr verstümmelt (Titelblatt und etwa 50 weitere Blätter fehlen); es wurde von dem Radolfzeller Johannes Jacobus Gutt/Guott im 16. Jahrhundert als Stammbuch benutzt und enthält innen auf dem Umschlag auch Angaben über die Kosten für Erwerb und Binden des Buches und über das Jahr des Erwerbes: "Cost 4 batzen Uneingebunden", "Cost 3 batzen Einzubinden" und "1565". Die meisten der Einträge des Stammbuches erfolgten während Gutts Studentenzeit in Tübingen in den Jahren 1565 bis 1568; teils sind sie passend zum Holzschnitt des Solis gewählt; oft enthalten sie Wappen. Ziemlich häufig sind auch Kolorierungen der Stiche, halbe Sätze und andere Schmierereien. Einige wenige Einträge erfolgten noch 15 Jahre später, im Jahre 1563; deren Autoren sind natürlich nicht mehr Studenten, sondern ein Arzt, ein Bürgermeister, ein "Wachmeister", ein "Sackhpfeiffer" usw.

Bibliotheca Apostolica Vaticana R. G. Neo lat. V, 231.

Venedig Bibliotheca Nazionale Marciana 29.D.257 (mit einem Exlibris "P. V. ‖ Georgius Bergonci ‖ EX TESTAMEN: ‖ ").

Der Band enthält lateinische und deutsche Vierzeiler des Posthius als Begleittexte für Holzschnitte zu Themen aus des Ovids Metamorphosen, die Virgil Solis im Auftrage Feyerabents nach französischen Vorbildern angefertigt hatte (vgl. Überblick, Kapitel 9); die Ausgabe erschien unter dem Namen des Posthius wohl von vornherein in zwei verschiedenen Formaten; die Ausgabe in 8°, bei der nur jeweils die Vorderseiten der Blätter bedruckt wurden, ließ sich als mögliches Stammbuch besonders leicht verkaufen. Sie wurde auch gerne als solches genutzt (vgl. oben die Anführung der von mir eingesehenen Exemplare).

    Der Band beginnt noch vor der Paginierung mit einer in 32 lateinische Distichen gefaßten Widmungsvorrede des Posthius an Erasmus Neustetterus (vgl. Brief vom 1.3.1563 an Neustetterus) sowie mit einer ebenfalls von Posthius stammenden "Vorred in den Ouidium" in 91 deutschen Verspaaren (vgl. Brief vom 1.3.1563 an den Leser); darauf folgt ein vier Distichen umfassendes enkomiastisches Gedicht des Carolus Hugelius auf die Vierzeiler des Posthius ("Effigies rerum pictura ...") und ein "INDEX FABVLARVM".

    Die gezählten Blätter 1 bis 178 enthalten jeweils auf ihrer Vorderseite in der Mitte einen nach dem Vorbild des Bernard Salomon geschaffenen Holzschnitt des Vergilius Solis; oberhalb des Holzschnittes ist auf jeder bedruckten Seite ein dazu passendes lateinisches Tetrastichon des Posthius, unterhalb ein ebenfalls von Posthius verfaßtes entsprechendes deutsches Gedicht in vier paarweise gereimten, je vierhebigen Versen abgedruckt; die Posthiusverse enthalten inhaltliche Zusammenfassungen und moralische Lehrsätze. Jedes bedruckte Blatt enthält außerdem am oberen Rand die Angabe, in welchem Buch der Metamorphosen sich die jeweilige Geschichte findet, und darunter eine Überschrift mit der ergänzenden Angabe, um den wievielten Holzschnitt zum entsprechenden Metamorphosenbuch es sich handelt.

    Da von der letzten Lage nur zwei Blätter bedruckt waren, ließ der Drucker auf den fünf übrigen Blättern nochmals des Posthius Glückwunschgedichte zur Krönung Kaiser Maximilians abdrucken in der Form, wie diese Gedichte im Werk der Brüder

Heydenus publiziert worden waren. Dabei wurden - wohl aus Platzgründen - einige Epigramme weggelassen (vgl. Werkverzeichnis 1562/3b). Das letzte Blatt schließlich enthält auf seiner Vorderseite Impressum und Druckerzeichen; die Rückseite blieb leer.
Parerga: *Die erwähnten Gedichte wurden nicht abgedruckt.*
Literatur: *Bolte: Georg Wickrams Werke, Bd. 7 (1905), S. XXXIII und Bd. 8 (1906), S. 243-269; Pfeiffer: Die Meistersingerschule (1919), S. 45-51; Schulz: Solis (1937), S. 250 und S. 252; Klöss: Weigand Han (1958-60), S. 333; B. Guthmüller: Picta Poesis Ovidiana, in: Renatae Litterae. Studien zum Nachleben der Antike und zur europäischen Renaissance, August Buck zum 60. Geburtstag, Hg. K. Hetmann und E. Schroeder, Frankfurt 1973, S. 171-192; M. Moog-Grünewald: Metamorphosen der Metamorphosen. Rezeptionsarten der ovidischen Verwandlungsgeschichten in Italien und Frankreich im XVI. und XVII. Jahrhundert, Heidelberg 1979; H.-J. Horn: Die Tetrasticha des Johannes Posthius zu Ovids Metamorphosen und ihre Stellung in der Überlieferungsgeschichte (Vortrag im April 1991 beim Symposion "Die Rezeption der Metamorphosen des Ovid in der Neuzeit: der antike Mythos in Text und Bild"; eine Publikation der Kongreßakten ist geplant); VD 16, P 4488 und P 4496.*
Spezielle Literatur zur Verwendung des angeführten Werkes für Fassadendekorationen:
1. in Retz:

O. E. Deutsch: Die Vorlagen der Retzer Sgraffiti, in: Josef Strzygowski - Festschrift, Klagenfurt 1932, S. 34-37; ders.: Das Sgraffitohaus in Retz, in: Die Denkmalpflege (Berlin), VII. Jahrgang 1933, S. 175-177 (mit Abbildung der Fassade S. 176); ders.: Das Riesenbilderbogenhaus in Retz, in: Bergland. Illustrierte Alpenländische Monatsschrift, XVII. Jahrgang 1935, Heft 11, S. 19-22 (mit Abbildung); R. Resch: Retzer Heimatbuch, 2. Bd., 1951, S. 81-84 (mit Abbildungen S. 77 und S. 79).

2. in Gmünd:

L. Peyscha: Kurzgefaßte Legende zu den Sgraffitohäusern am Stadtpark in Gmünd (hektographiertes Einzelblatt aus dem Jahr 1968, in dem die Darstellungen auf der Fassade beschrieben werden, jedoch nichts über deren Vorlagen gesagt wird; weitere Publikationen sind der Stadt Gmünd nicht bekannt).

3. in Hildesheim:

A. Zeller: Stadt Hildesheim. Bürgerliche Bauten, Hannover 1912 (= Die Kunstdenkmäler der Provinz Hannover, Bd. II/5), S. 228f (über das Buntesche Haus) und S. 388f (über den Dianabrunnen); G. Struckmann: Vorlagen aus dem Jahr 1563 für Hildesheimer Bildhauer- und Schnitzarbeiten, in: Hildesheimer Allgemeine Zeitung vom 9.8.1913, S. 5; E. W. Braun: Zu den Vorlagen der Bildhauerarbeiten im 16. und 17. Jahrhundert, in: Die Denkmalpflege, XV. Jahrgang 1913, S. 78; (unsigniert): Die Vorlagen zu mittelalterlichen Bildwerken, in: Die Denkmalpflege, XV. Jahrgang 1913, S. 96; G. Struckmann: Vorlagen aus dem Jahr 1559 für Hildesheimer Bildhauer- und Schnitzarbeiten, in: Hildesheimer Allgemeine Zeitung vom 9.4.1914, S. 1; H. Küsthardt: Der Dianabrunnen im Hofe des sog. Kaiserhauses, in: Alt-Hildesheim. Eine Zeitschrift für Stadt und Stift Hildesheim, Heft 19, 1941, S. 24-28; R. Schulte: Knaggen und Füllbretter, Hildesheim 1982 (= Hildesheimer Miniaturen 8), S. 21-28.
Spezielle Literatur zur Verwendung des angeführten Werkes in Goldschmiedewerkstätten:

F. Fuhse: Aus der Plakettensammlung des Germanischen Nationalmuseums, in: Mitteilungen aus dem Germanischen Nationalmuseum, Jahrgang 1896, S. 15-23 und S. 97-108, speziell S. 18-21 (Fuhse referiert dabei auch spezielle Beobachtungen zu den in den "Tetrasticha" verwendeten Holzschnitten, S. 18, Anm. 2).

1563/1a
Dieselben Texte und Illustrationen zu Ovid, doch in anderem Format
Posthius: Tetrasticha (1563, quarto):

[RS:] IOHAN. POSTHII ‖ GERMERSHEMII TETRA- ‖ STICHA IN OVIDII METAM. LIB. XV. QVI = ‖ bus accesserunt Vergilij Solis figurae elegantiss. ‖ & iam primùm in lucem editae. ‖ Schoene Figuren/ auß dem fuertrefflichen ‖ Poeten Ouidio/ allen Malern/ Goldtschmiden/ ‖ vnd Bildthauwern/ zuo nutz vnnd guotem mit fleiß gerissen durch ‖ Vergilium Solis/ vnnd mit Teutschen Reimen kuertzlich ‖ erklaeret/ dergleichen vormals im Truck nie ‖ außgangen/ Durch ‖ Johan. Posthium von Germerßheim. ‖
M.D.LXIII. ‖ (IMPRESSVM FRANCOFVR- ‖ ti, apud Georgium Coruinum, Si- ‖ gismundum Feyrabent, & haeredes ‖ VVigandi Galli. ‖ M.D.LXIII. ‖)

Umfang und Format: [8] Bl., 178, [14] S., Quer-4°.
Ausstattung: Titeleinfassung, Holzschnitte, weiterer Zierrat wie Initialen.
Beiträger: Carolus Hugelius, Iohannes Lauterbachius und Iohannes Martinus Huberus.
Benutztes Exemplar: Wien ÖNB 603.444 B (diese Signatur wird möglicherweise geändert); das Exemplar ist an eine ganz ähnliche Holzschnittausgabe angebunden, in der ebenfalls die Holzschnitte von lateinischen und deutschen dazu passenden Vierzeilern ergänzt werden, nämlich an das Werk "Neuwe Biblische Figuren deß Alten und Newen Testaments", das 1564 bei S. Feyerabend erschien und zu dem Bocksperger die Texte und Amman die Holzschnitte anfertigte (vgl. Literaturverzeichnis).- Auf den Ledereinband des Gesamtbandes sind neben diversem Zierrat der Name "ERHART HEBERL" und die Jahreszahl "1565" eingeprägt.
Weitere Auflagen: Eine praktisch unveränderte weitere Auflage der Tetrasticha im Querformat erfolgte erst sechs Jahre später (vgl. Werkverzeichnis 1563/1b); daß es in den Jahren zwischen 1563 und 1569 eine oder mehrere weitere Auflagen - wie in der Literatur teilweise behauptet wird - gegeben hat, erscheint eher unwahrscheinlich; bei der im gedruckten Katalog der Österreichischen Nationalbibliothek genannten Ausgabe von 1564 handelt es sich um ein durch Verwechslung mit einer anderen Schrift im selben Band versehentlich ins Jahr 1564 datiertes Exemplar der oblongen Quartausgabe von 1563 (Signatur im April 1985: 603.444 B). Eine im Auktionskatalog von Gilhofer & Ranschburg vom 15./16.5.1908, Nr. 293 (Katalog der Büchersammlung Z. v. Lachnit, Wien 1908, S. 47) genannte Ausgabe von 1565 dürfte ähnlich versehentlich falsch datiert oder lediglich vom Setzer falsch gelesen sein (1565 für 1563 oder 1569: Nach den Angaben im Auktionskatalog könnten die oblongen Ausgaben von 1563 oder 1569 gemeint sein). Auch sind in sämtlichen Zentralkatalogen der Bundesrepublik Ausgaben von 1564 oder 1565 nicht verzeichnet.

Diese Ausgabe ist repräsentativer als die im kleineren Oktavformat gestaltete und sollte wohl bildende Künstler und kunstinteressiertes gehobenes Bürgertum zum Kauf reizen; der Titel ist zweifarbig gedruckt, auf die Leerseiten wurde verzichtet.

Der Inhalt beider Ausgaben deckt sich weitgehend, doch kam nun vor der Paginierung ein weiteres enkomistisches Gedicht auf die Tetrasticha des Posthius hinzu, und zwar von Iohannes Lauterbachius ("AVrea picturae quondam ...", 12 Distichen).

Im Bildteil sind die Holzschnitte nun durch prachtvolle Zierornamentik gerahmt; dem Format angepaßt stehen die vier Verse der lateinischen Tetrasticha und deutschen Vierzeiler nicht mehr untereinander: Je ein lateinisches Verspaar ergänzt Holzschnitt mit Rahmung links und rechts oben, je ein deutsches links und rechts unten. Die Blätter sind recto und verso bedruckt. Der drei Seiten umfassende "INDEX FABVLARVM" folgt auf den 178. Holzschnitt; daran schließen sich dann wieder die Glückwunschgedichte für Kaiser Maximilian im selben Umfang wie in der oktaven Ausgabe an; auf der Rückseite des letzten Blattes steht das Impressum.

Literatur: G. Duplessis: *Essai bibliographique sur les différentes editions des oeuvres d'Ovide ornées de planches publiées aux 15e et 16e siècles,* in: Bulletin du bibliophile 1889, S. 1-28 und 97-123, S. 107, Nr. 106; Klöss: Weigand Han (1958-60), S. 362, Nr. 231 (Klöss führt unter dieser Nummer auch Exemplare der oktaven Ausgabe an), S. 363, Nr. 240 (Klöss verzeichnet unter dieser Nummer das angeblich aus dem Jahre 1564 stammende Exemplar der ÖNB; vgl. oben) und S. 363, Nr. 245 (Klöss verzeichnet unter dieser Nummer die im Katalog von Gilhofer & Ranschburg ins Jahr 1565 datierte Ausgabe; vgl. oben); VD 16, P 4489 und 4497; weitere Literaturangaben unter *Werkverzeichnis 1563/1.*

1563/1b

Dieselben Texte und Illustrationen zu Ovid, doch einige Jahre später neu gesetzt Posthius: Tetrasticha (1569, quarto):

[RS:] IOHAN. POSTHII ‖ GERMERSHEMII TETRASTI = ‖ CHA IN OVIDII METAM. LIB. XV. QVI- ‖ bus accesserunt Vergilij Solis figurae elegantiss. ‖ & iam primùm in lucem editae. ‖ Soene Figuren/ auß dem fuertrefflichen ‖ Poeten Ouidio/ allen Malern/ Goldtschmiden/ ‖ vnd Bildthauwern zu nutz vnd gutem mit fleiß gerissen durch ‖ Vergilium Solis/ vnnd mit Teutschen Reimen kuertzlich ‖ erklaeret/ dergleichen vormals im Druck nie ‖ außgangen/ Durch ‖ Johan. Posthium von Germerßheim. ‖ M.D.LXIX. ‖ (IMPRESSVM FRANCOFVRTI, ‖ apud Georgium Coruinum, Si- ‖ gismundum Feyrabent, & haeredes ‖ VVigandi Galli. ‖ M.D.LXIX. ‖)

Umfang und Format: [8] Bl., 178, [14] S., Quer-4°.
Ausstattung: Titeleinfassung, Holzschnitte, weiterer Zierrat wie Initialen.
Beiträger: Carolus Hugelius, Iohannes Lauterbachius und Iohannes Martinus Huberus.
Benutzte Exemplare: Erlangen UB 4° Phl. VIII, 527.
Bibliotheca Apostolica Vaticana R. G. Arte Arch. V, 17.

In dieser Ausgabe, die sich weitgehend mit der Quartausgabe von 1563 deckt, wurden beim erneuten Setzen lediglich einige Druckfehler verbessert.

Literatur: *Duplessis: Essai (1889; vgl. Werkverzeichnis 1563/1a), S. 110, Nr. 113; M. Rosenheim: The Album Amicorum, in: Archaeologia Bd. 52, London 1910, S.273-275, Nr. XII (Rosenheim beschreibt ein von Johann von Thau als Stammbuch verwendetes Exemplar aus London, B. M. Bibl. Eg. 1194); Klöss: Weigand Han (1958-60), S. 367, Nr. 276; Klose: CAAC (1988), Code 78.THA.JOH; VD 16, P 4490 und P 4498; weitere Literaturangaben unter Werkverzeichnis 1563/1.*

1563/1c

Verwendung einiger der Tetrasticha des Posthius zu Ovid einige Jahre später in einer Anthologie antiker Mythen
in: Reusnerus: Picta poesis Ovidiana (1580):

PICTA POESIS OVI- ‖ DIANA. ‖ THESAVRVS PRO = ‖ PEMODVM OM- NIVM ‖ FABVLARVM POETICARVM, FAVSTI ‖ SABAEI BRIXIANI, aliorumque clarorum viro- ‖ rum (quorum Nomenclatura Dedicationem proximè sequitur) tam Veterum, quàm Re- ‖ centium, Epigrammatis ‖ expositarum. ‖ OPVS SANE LEPIDVM, ET ARGVTVM, ‖ lectuque in primis vtile, ac iucun- dum. ‖ EX RECENSIONE NICOLAI REVS- ‖ neri, Iurisconsulti, & Poëtae ‖ Laureati. ‖
Impressum Francoforti ad Moenum. ‖ M.D.LXXX. ‖ (IMPRESSVM FRANCO- ‖ forti ad Moenum, per Iohannem Spies, ‖ impensis Sigismundi Feyer- ‖ abendij. ‖ M.D.LXXX. ‖)

Umfang und Format: *183, [1] Bl., 8°.*
Ausstattung: *Holzschnitte, weiterer Zierrat wie Initialen.*
Beiträger: *Elias Reusnerus (Widmungsbrief) sowie Gedichte von 44 antiken und modernen Autoren.*
Benutzte Exemplare: *Wolfenbüttel HAB 136. 1. Poet.*
Nürnberg StB Phil. 1150, 8°.

Reusnerus orientierte sich bei seiner Anthologie an den Metamorphosen Ovids; er illustrierte sie mit Kopien der Holzschnitte des Vergil Solis.

Der Band enthält nach einem auf den 1.8.1579 datierten Widmungsbrief des Elias Reusnerus an die Brüder Marcus und Ioannes Fuggerus und einer Liste der 44 verwendeten Autoren thematisch geordnet nach dem Vorbild der Solisschen Holzschnitte neu geschnittene Illustrationen, wobei allerdings der Name des Vergilius Solis in dem Band nicht genannt wird. Die Holzschnitte werden ergänzt durch dazu passende lateinische Verse antiker sowie neuzeitlicher Autoren, darunter von Act. Syncerus Sannazarius, Alb. Tibullus, And. Alciatus, Ang. Politianus, Aur. Propertius, C. Claudianus, Corn. Gallus, Dec. Jacob. Micyllus, Ioan. Lauterbachius, Ioan. Secundus, Ioan. Stigelius, L. An. Seneca, M. Valer. Martialis, M. Tull. Cicero, Nicol. Reusnerus, P. Melissus, Petron. Arbiter, P. Lotichius Secundus, P. Ouidius Naso, P. Virgilius Maro, Q. Flaccus Horatius, Tit.[us] Lucretius und T.[itus] Vesp.[asianus] Stroza.

Bild und dazugehörende Verse werden jeweils von einer charakterisierenden Über-
schrift zusammengefaßt, z. B. "IN CHAOS.", "DE CVPIDINE COELESTI." oder "DE
PROMETHEO, FA- || BRICATORE HOMINVM. || " Damit die Tetrasticha des Po-
sthius, die ja ursprünglich zur Erklärung je eines Holzschnittes verfaßt wurden, zu den
veränderten Anforderungen dieser Ausgabe passen, also dem jeweiligen Thema ent-
sprechen, sind sie teils zu längeren Epigrammen von vier oder sechs Distichen Umfang
zusammengefaßt worden, teils auch um ein Distichon erweitert oder im Inhalt abgeän-
dert worden; ob diese Umgestaltungen von Reusnerus oder Posthius vorgenommen
wurden, ist nicht klar ersichtlich; insgesamt wurden 42 der Tetrasticha des Posthius
verwendet. Unverändert blieben dabei folgende Tetrastichen (angegeben ist jeweils die
Seiten- bzw. Blattnummer der Tetrastichaausgaben 1563/1, 1563/1a und 1563/1b): 1
(Blatt 6v bei Reusnerus), 29 (Bl. 28r), 55 (Bl. 51v), 56 (Bl. 53r), 62 (Bl. 58r), 65 (Bl.
59v f), 70 (Bl. 63r), 85 (Bl. 79r), 103 (Bl. 92r), 120 (Bl. 120r), 124 (Bl. 121v f), 125 (Bl.
106v), 127 (Bl. 107v), 134 (Bl. 123v), 135 (Bl. 124r), 136 (Bl. 124v), 139 (Bl. 126r),
149 (Bl. 144r), 150 (Bl. 135r), 164 (Bl. 152r), 165 (Bl. 149r), 167 (Bl. 152v). Um ein
Distichon ergänzt wurden folgende Tetrasticha: 46 (Bl. 39r), 67 (Bl. 61v), 101 (Bl. 91r)
und 123 (Bl. 121r); 71 (Bl. 67v) wurde sogar um zwei Distichen erweitert. Folgende
Tetrasticha wurden zu längeren Gedichten zusammengefaßt: 25 und 26 (Bl. 25v), 52
bis 54 (Bl. 49v), 86 und 87 (Bl. 79v), 91 und 92 (Bl. 82v), 98 und 99 (Bl. 89r), 113 und
114 (Bl. 110r, außerdem um ein Distichon ergänzt), 115 und 116 (Bl. 111v f).

Die Anthologie endet mit einem Nachtrag unter der separaten Überschrift
"SVPPLEMENTVM || AGALMATVM, SI- || VE EMBLEMATVM || OVIDIA-
NORVM. || " (Bl. 163v bis 183v); darauf folgt nur noch auf der folgenden Seite das
Impressum.

Literatur: *VD 16, R 1471.*

1563/1d

Verwendung der Tetrasticha des Posthius zu Ovid einige Jahre später in einer
deutschen versifizierten Fassung der Metamorphosen Ovids
in: Feyerabendt: P. Ovidii Metamorphosis (1581):

[RS:] P. OVIDII || METAMORPHOSIS. || oder: || Wunderbarliche vnnd ||
seltzame Beschreibung/ von der Men = || schen/ Thiern/ vnd anderer Creaturen
veraende = || rung/ auch von dem Wandeln/ Leben und Thaten der || Goetter/
Martis/ Veneris/ Mercurij/ etc. || Allen Poeten/ Malern/ Goldschmiden/ Bild = ||
hauwern/ vnd Liebhabern der edlen Poesi vnd fuer = || nembsten Kuensten/
Nuetzlich vnd lustig zu lesen. || Jetzt widerumm auff ein newes/ dem gemeinen
Vatter = || landt Teutscher Sprach zu grossem nutz vnd dienst/ auß sonderli = ||
chem fleiß mit schoenen Figurn/ auch deß Hochgelehrten Herrn || Gerardi Lori-
chij der Fabeln Außlegung/ reno = || uiert / corrigiert/ vnd an Tag geben/ || Durch
|| Sigmund Feyerabendt Buchhaendlern/ etc. ||
Franckfort am Mayn. || M.D.LXXXI. || (Gedruckt zu Franckfurt am Mayn/ || bey
Johann Feyerabendt/ in verlegung || Sigmund Feyerabendts. || M.D.LXXXI. ||)

Umfang und Format: *[8], 198, [7] Bl., 2°.*
Ausstattung: *Titeleinfassung, Druckermarke, Holzschnitte.*
Beiträger: *Albrecht von Halberstatt, Jerg Wickram und - ohne namentlich genannt zu werden - Johannes Sprengius und Johannes Posthius.*
Benutztes Exemplar: *Erlangen UB 2° Phl. VIII, 505 (in diesem Exemplar fehlt das vierte Blatt im Register am Ende des Bandes).*

Als der Frankfurter Verleger Sigmund Feyerabendt 1581 eine deutsche versifizierte Fassung der Ovidischen Metamorphosen im repräsentativen Folioformat herausgab, verwendete er als Textgrundlage die bereits 1545 und 1551 erschienenen Verse Jörg Wickrams, die ihrerseits durch eine Überarbeitung des mittelhochdeutschen versifizierten Metamorphosentextes Albrechts von Halberstadt entstanden waren.

Wickrams Übersetzung enthält ein Vorwort des Lorich, das dem Feyerabendt bei der Abfassung seiner Widmungsvorrede als Vorlage diente und von dem er einen Großteil seiner Sätze übernahm. In dieser auf den 1.1.1581 datierten Widmungsvorrede an Nicolaus Reußner wird die Herausgabe einer Ovidverdeutschung gegen die Vorwürfe der Immoralität gerechtfertigt und auf die mit abgedruckten Auslegungen des Gerhart Lorich von Hadamar hingewiesen, die einem falschen - d. h. zu verwerflichem Handeln führenden - Textverständnis vorbeugen sollen. Darauf folgt ein kurzer Abriß der Biographie des Ovidius, "P. Ouidij Nasonis Leben Kurtz = ‖ lich auß seinen eygenen Schrifften/ zu gut ‖ den Teutschen/ verfasset. ‖ ", sowie "Ein kurtz erinnerung von dem Teut = ‖ schen Poeten/ der diese Buecher Ouidij verteutscht/ ‖ vnd in Reimen gebracht hat. ‖ " In dieser "Erinnerung" berichtet Feyerabendt, die mittelhochdeutsche Ovidübersetzung des Albrecht von Halberstatt sei im Auftrage des Thüringer Landgrafen Herman 1212 entstanden; deren Prolog habe er als Muster der ursprünglichen Ovidverdeutschung auf der folgenden Seite im originalen Wortlaut wiedergegeben. Diese alte Verdeutschung sei von Jerg Wickram in zeitgemäße Verse gebracht worden, doch habe Wickram wegen mangelnder Lateinkenntnisse manches fehlerhaft dargestellt und auch einige wichtige Mythen ausgelassen; daher habe er, Feyerabendt, die Wickramsche Versifizierung nochmals überarbeitet und die fehlenden Stücke ergänzt; daß er für die Ergänzungen die deutschen Verse des Sprengius verwendet hat, verschweigt allerdings Feyerabendt dabei. Ebensowenig nennt er Posthius als Verfasser der die gerahmten Holzschnitte begleitenden lateinischen und deutschen Verse.

Auf dieses Vorwort folgt, wie angekündigt, "Meister Albrechts Prologus". Mit Beginn der Blattzählung fängt dann auch der Metamorphosentext in deutschen Versen an; in den Text sind nach der Art der Quartausgaben der Tetrasticha von 1563 und 1569 die gerahmten Holzschnitte des Solis zusammen mit den sie begleitenden 356 Posthiusgedichten eingefügt; die Posthiusverse sind - mit größeren Typen - neu gesetzt und weichen teilweise in Einzelheiten vom Wortlaut der früheren Ausgaben ab; teils ist auch die Reihenfolge etwas geändert; auch ist einmal ein anderer Holzschnitt verwendet (Bl. 178v); fünf Holzschnitte sind zusätzlich eingefügt (Bl. 52v, Bl. 176v - dort zwei neue Holzschnitte -, Bl. 177r und Bl. 195r); zwei dieser zusätzlichen Holzschnitte sind mit Versen nach dem Vorbild der Posthiusgedichte ergänzt: Auf Blatt 52v sind oben

ein Tetrastichon ("Portitor ille Charon ...") und unten vier paarweise gereimte vierhe-
bige deutsche Verse ("Charon vber die Hellisch Flut ...") an den Holzschnitt angefügt,
auf Blatt 195r entsprechend oben vier lateinische Hexameter ("Vna est ...") und unten
wieder vier paarweise gereimte vierhebige deutsche Verse ("Phönix sich selbst ..."). Au-
ßerdem ist auf Blatt 191r der Solissche Holzschnitt von Blatt 2v wiederholt, diesmal
ohne die Begleitverse des Posthius.

Der fortlaufende Text der Verdeutschung des Ovid ist nach den 15 Büchern Ovids
und innerhalb der Bücher nach Kapiteln gegliedert; am Ende jeden Buches ist die
Auslegung des Lorichius hinzugefügt, außerdem am Ende des 15. Buches das Nach-
wort des Jörg Wickram in deutschen Versen (Bl. 196r). Der Band schließt mit einem
13seitigen "Register" und dem Impressum.

Neudrucke des gesamten Bandes erfolgten in kleinerem Format - in 4° - 1609 und
1631, doch enthalten sie weder die deutschen noch die lateinischen Vierzeiler des Po-
sthius (ein Exemplar der Ausgabe von 1609 befindet sich in Hildesheim, Stadtarchiv
And. 3903).

Literatur: *Bolte: Georg Wickrams Werke, Bd. 7 (1905), S. VIff (Bolte zitiert dort die*
"Erinnerung" Feyerabendts) sowie Bd. 8 (1906), S. 243-269 (mit Publikation der Verse
des Sprengius und der mit ihnen thematisch zusammenhängenden lateinischen wie
deutschen Vierzeiler des Posthius); außerdem nennt Bolte neben den Ausgaben mit
Sprengiustexten auch alle anderen ihm bekannten Ausgaben der Solisschen Holz-
schnitte (Bd. 7, 1905, S. XXXIII); Pfeiffer: Die Meistersingerschule (1919), S. 51; VD
16, O 1665.

1563/2

Ein enkomiastisches Gedicht für die Metamorphosenbearbeitung des Sprengius in: Sprengius: Metamorphoses Ovidii (1563):

METAMORPHO= ‖ SES OVIDII, ARGVMENTIS QUI- ‖ dem soluta ora-
tione, Enarrationibus autem & ‖ Allegorijs Elegiaco uersu accuratissimè ex- ‖ po-
sitae, summaque diligentia ac stu- ‖ dio illustratae, per ‖ M. IOHAN. SPREN-
GIVM AVGVSTAN. ‖ Vnà uiuis singularum transformationum Iconibus, ‖ à
Vergilio Solis, eximio pictore, delineatis. ‖
1563. ‖ (IMPRESSVM FRANCOFVR- ‖ TI APVD GEORGIVM CORVINVM,
SI= ‖ gismundum Feyerabent, & haeredes ‖ Wygandi Galli. ‖ 1563. ‖)

Umfang und Format: *[12], 178, [1] Bl., 6°.*
Ausstattung: *Druckermarke, Holzschnitte.*
Keine weiteren Beiträger.
Benutztes Exemplar: *Nürnberg StB Phil. 1147, 8°.*

Die Widmungsvorrede von Sprengius an die Erzherzöge Rudolphus und Ernestus
wurde am 22.2.1563 in Heidelberg abgefaßt. Jedes gezählte Blatt des Bandes enthält
nach dem Vorbild der Emblematiken eine Bild-Text-Einheit zu einem der Mythen
Ovids: Auf die Angabe des betreffenden Ovidbuches folgen ein zusammenfassender
Titel, der entsprechende Holzschnitt, eine Nacherzählung in Prosa, "ENARRATIO."

genannt, sowie eine "ALLEGORIA." in Distichen, die allerdings auf dem ersten Blatt bei der Schöpfungsgeschichte abweichend als "VERA INTERPRETATIO." bezeichnet wird. Alle Texte sind lateinisch.

Von Posthius enthält der Band nur ein Gedicht:
[1.] ohne Überschrift

    inc.: TER quinque libris
    expl.: Hos iunget aetas postera.
    7 x Trimetrum iambicum sequitur dimetrum iambicum (vor Beginn der Blattzählung Bl. 12r).

Parerga: *Das angeführte Gedicht wurde nicht abgedruckt.*
Literatur: *Bolte: Georg Wickrams Werke, Bd. 7 (1905), S. XXXIII; Pfeiffer: Die Meistersingerschule (1919), S. 37 (Pfeiffer zitiert die drei ersten Verspaare des Posthiusgedichtes).*

1563/3

Ein enkomiastisches Gedicht für ein topographisches Werk des Heydenus über Jerusalem

in: Heydenus: Ierusalem (1563):

IERVSALEM, ‖ VETVSTISSIMA IL= ‖ LA ET CELEBERRIMA TOTIVS MVNDI ‖ CIVITAS, EX SACRIS LITERIS ET APPRO = ‖ batis Historicis ad unguem ‖ descripta: ‖ VNA ` CVM ORTHODOXIS FIGVRAE ‖ ac ueritatis explicationibus, iuxta Scripturarum Veteris ac Noui ‖ Testamenti accuratam collationem. ‖ AC QVAENAM HVIVS VERBIS, TEMPLI- ‖ que, & omnium aliorum, tam intra quàm extra moenia locorum at- ‖ que gestorum mystica sit repraesentatio. ‖ QVID ETIAM PEREGRINA PROPRIA NOMINA, ‖ in tota paßim Historia commemorata, significent atque denotent. ‖ QVAE ADAMVS REISNERVS MAGNO PRI= ‖ mùm labore Germanica lingua delineata edidit: nunc autem La- ‖ tinè omnia perscripta, ac fusius plerisque in locis, ueterum Eccle= ‖ siasticorum Scriptorum testimonijs adhibitis, tra- ‖ ctata, & in septem libros dige- ‖ sta sunt. ‖ PER IOHANNEM HEYDENVM ‖ Eyflandrum Dunensem. ‖
FRANCOFVRTI, ‖ ... ‖ ... ‖ M.D.LXIII. ‖ (FRANCOFVRTI AD MOENVM, PER ‖ GEORGIVM CORVINVM, SIGISMVNDVM ‖ Feirabent, & Haeredes Vui- ‖ gandi Galli. ‖)

Umfang und Format: *[6] Bl., 635, [33] S., 2°.*
Ausstattung: *Druckermarke, Holzschnitte.*
Keine weiteren Beiträger.
Benutztes Exemplar: *München BSB Reserve 2° Exeg. th. 471.*

Bei diesem Werk handelt es sich um eine von Iohannes Heydenus erweiterte und ins lateinische übertragene Fassung einer historisch-archäologischen Stadtbeschreibung Jerusalems, die Adamus Reisnerus auf deutsch verfaßt hat.

Die an Iohannes Iacobus Fuggerus gerichtete Widmungsvorrede verfaßte Heydenus am 13.3.1563 in der Druckerei des Georgius Coruinus in Frankfurt.

Das auf der Rückseite des Titelblattes abgedruckte Posthiusgedicht skizziert kurz den Inhalt des Werkes und erfüllte so die Funktion eines Klappentextes.
[1.] mit einer Anrede an den Leser
 inc.: Quae Solymae facies
 expl.: non prius ulla dies.
 4 Distichen (Bl. 1v).

Parerga: *Das angeführte Gedicht wurde nicht abgedruckt.*

1563/4

Ein enkomiastisches Gedicht für eine Zusammenfassung der Sonntagsevangelien durch Lauterbachius
in: Lauterbachius: Evangelia (1563):

EVANGELIA ‖ TOTIVS ANNI, COMPEN= ‖ DIOSA EXPOSITIONE IN VSVM ‖ scholasticae iuuentutis descripta, à ‖ Iohanne Lauterbachio ‖ P. L. ‖ Summarische Be= ‖ schreibung der Euangelien durchs ‖ gantze Jar/ der Schuol-jugent ‖ sehr dienlich. ‖
FRANCOFVRTI, EX OFFICINA ‖ Ludouici Lucij. ‖ 1563 ‖ (... ‖ ... ‖ ... ‖ mense Aprili. ‖)

Umfang und Format: 60, [2] S., 4°.
Keine weiteren Beiträger.
Benutztes Exemplar: *Wolfenbüttel HAB 221.1 Th.(4); in den Einband des aus mehreren Einzelschriften bestehenden Bandes sind die Initialen "I. M. A", die Jahreszahl "1583" und ein Reichswappen eingeprägt.*

Die in lateinische und deutsche Verse gefaßte Widmungsvorrede vom 8.9.1562 richtete Lauterbachius an Schultheiß, Bürgermeister und Rat von Öhringen, wo er diese Verse auch verfaßte. Auch im eigentlichen Text des kleinen Werkes, das als Lehrbuch für den Religionsunterricht konzipiert war, wechseln lateinische Distichen und deutsche versifizierte Erläuterungen einander ab.

 Am Ende des eigentlichen Textes ist ein Posthiusgedicht hinzugefügt:
[1.] ohne besondere Überschrift
 inc.: Hunc, pij iuuenes
 expl.: laudibus parentem.
 23 Hendekasyllaben (S. 61).

Parerga: *Das angeführte Gedicht wurde nicht abgedruckt.*
Literatur: *VD 16, L 748.*

1563/5
Ein enkomiastisches Gedicht für einen Lotichiusbericht über die Ermordung eines Würzburger Bischofs

Autograph (geschrieben vermutlich am 18.8.1563)

Umfang und Format: Einzelblatt, 2°.
Fundort: München BSB Clm 10368 (= Cam. 18, Nr. 320).

Posthius hatte dieses Gedicht verfaßt, damit es zusammen mit dem Lotichiusbericht über den Tod des Würzburger Fürstbischofs Melchior Zobel publiziert werde (vgl. Brief vom 18.8.1563). Es wurde jedoch offenbar nie veröffentlicht.
[1.] ohne besondere Überschrift
   inc.: Editus incerto fuit
   expl.: libera fama pium.
   4 Distichen.

Parerga: Das angeführte Gedicht wurde nicht abgedruckt.

1564 (verfaßt vermutlich 1563)
Ein enkomiastisches Gedicht für eine postume Ausgabe der Gedichte des Micyllus
in: Micyllus: Sylvarum libri (1564):

IACOBI MI ‖ CYLLI ARGENTORA= ‖ TENSIS SYLVARVM LI= ‖ BRI QNINQVE. ‖ QVIBVS ACCESSIT APELLES ‖ AEGYPTIVS, SEV CALVM-NIA, ‖ antehac, ut & caetera pleraque, ‖ nondum edita. ‖ [Es folgt ein Epigramm des Acontius, mit Überschrift 12 Zeilen]. ‖
EX OFFICINA PETRI ‖ Brubacchij, 1564.

Umfang und Format: [20] Bl., 679 S., 8°.
Ausstattung: Initialen.
Weitere Beiträger: enkomiastische Gedichte von Melchior Acontius, Mathias Ritterus, Zacharias Monzerus und Ioannes Fichardus; Widmungsvorrede von Iulius Micyllus.
Benutztes Exemplar: München BSB P. o. lat. 956, mit dem alten Besitzervermerk "Ex Bibl. Wrzezovec." oben auf dem Titelblatt.

Diese Sammlung veröffentlichte ein Sohn des am 28.1.1558 verstorbenen Heidelberger Universitätsprofessors Iacobus Micyllus. Die am 1.1.1564 in Heidelberg abgefaßte Widmungsvorrede richtete dieser Sohn, Iulius Micyllus, an Eberhardus Comes Erbacensis.
   Die Seiten, auf denen das Posthiusgedicht abgedruckt ist, tragen den Seitentitel "Commentatio Syluarum.", ebenso auch die folgenden beiden Seiten mit den Gedichten des Monzerus und Fichardus. Posthius hatte sein Gedicht wohl bereits einige Monate vor der Publikation dieses Werkes verfaßt, bevor er im August 1563 zu seiner großen Bildungsreise aufbrach.

[1.] mit einer Widmung an Iulius Micyllus.
   inc.: SParsa tui patris
   expl.: dum monumenta patris.
   18 Distichen (Bl. 4v f).

Parerga: *Das angeführte Gedicht wurde nicht abgedruckt.*
Literatur: *VD 16, M 6096.*

1566 (verfaßt wohl 1563)
Versifizierte Begleittexte für eine Holzschnittausgabe zu Äsop
Posthius: Aesopi fabulae (1566):

AESOPI PHRY= ‖ GIS FABVLAE, ELEGANTIS- ‖ SIMIS EICONIBVS VERAS ANIMA- ‖ lium species ad viuum adum- ‖ brantes. ‖ HIS ACCES-SERVNT IOANNIS PO- ‖ sthij Germershemij in singulas Fabulas ‖ Epigram-mata. ‖
FRANCOFORTI AD MOENVM, ‖ M.D.LXVI. ‖ (FRANCOFORTI AD MOE- ‖ NVM APVD GEORGIVM CORVI- ‖ num, Sigismundum Feyerabent, et hae- ‖ red. VVigandi Galli. ‖ 1566. ‖)

Umfang und Format: *130, [2] Bl., 8°.*
Ausstattung: *205 Holzschnitte, Druckermarke.*
Beiträger: *Maximus Planudes, Iohannes Lauterbachius und Hartmannus Schopperus.*
Benutztes Exemplar: *München BSB Einbandsammlung A. gr. b. 245.*

Bei diesem Werk handelt es sich um eine Ausgabe von 111 Holzschnitten zu Fabeln der Steinhöwel-Sammlung und von 57 nach zur Camerariusschen Äsopausgabe pas-senden Holzschnitten; wahrscheinlich waren weitere Motive geplant, doch verstarb Vir-gil Solis, bevor das ganze Projekt zu einem sinnvollen Abschluß gelangt war. S. Feyer-abent wollte dennoch auf die Vermarktung der Holzschnitte nicht verzichten und ver-wendete sie daher im Jahre 1566 als Illustrationen für zwei parallele Äsopausgaben, nämlich für eine mit lateinischem und für eine mit deutschem Fabeltext. Beide Ausga-ben sind nach dem Vorbild der Emblematiken angelegt: Jede der 192 Fabeln Äsops trägt eine eigene Überschrift, auf die ein zusammenfassendes lateinisches Epigramm folgt; anschließend ist der lateinische bzw. deutsche Fabeltext abgedruckt; in diesen Text, bisweilen auch zwischen Epigramm und Fabeltext, ist jeweils ein Holzschnitt des Virgil Solis eingefügt (in der deutschen Ausgabe sind die Holzschnitte immer zwischen Epigramm und Fabeltext plaziert; vgl. Werkverzeichnis 1566a). In der lateinischen Ausgabe endet nahezu jede Fabel mit einer abschließenden Erläuterung, einer "affabulatio" (eine Seite ist bei Klöss: Weigand Han, 1958-60, S. 335 abgebildet).
   Bei der Auswahl der Fabeln orientierte sich Feyerabent an der Edition des Aldus Manutius, die seit 1505 in zahlreichen Ausgaben erschienen war: Er entnahm dieser Edition sämtliche 149 Prosafabeln des Äsop und ergänzte sie aus derselben Quelle durch eine Aphthonius-Fabel. Von diesen 150 Kernfabeln setzte Feyerabent deutlich 42 ergänzende Fabeltexte ab.

Die lateinischen Distichen und Tetrastichen stammen bis zur 150. Fabel von Po-
sthius, ab da (ab Bl. 107r) von Schopperus (vgl. Überblick, Kapitel 10).

Die lateinische Ausgabe enthält vor den Fabeln zwei Zitate von Aphthonius und
Philostratus (Bl. 2r f), die mit 13 Holzschnitten illustrierte Äsopbiographie des Maxi-
mus Planudes (Bl. 2r-27r) und zwei enkomiastische Epigramme auf die Verse des Po-
sthius von Lauterbachius und Schopperus (Bl. 27r f).

Die Anfänge der Posthiusgedichte sind im Gedichtverzeichnis im Anhang dieser
Arbeit angeführt.

Parerga: *Posthius ließ 148 von seinen Epigrammen auf die Fabeln Ovids - 103 Tetra-*
sticha sowie 45 Disticha - in der zweiten Ausgabe seiner Parerga abdrucken; sie bilden
dort den zweiten Teil des Silvarum liber tertius (Pars altera, S. 170-190). Es fehlen le-
diglich die beiden Disticha zu Fabel 102 (Saepe aliquis ...) und zu Fabel 146 (Nemo
senex ...).

Literatur: *Schulz: Solis (1937), S. 250f; Klöss: Weigand Han (1958-60), S. 364, Nr.*
250; Küster: Aesop (1970), Bd. I, S. 121f und Bd. II, S. 260, Nr. 216; Elschenbroich:
Die Fabel (1990), Bd. I, S. 285-288 (Abdruck der Fabeln Nr. 3, 4 und 10 einschließ-
lich der Posthiusepigramme) und Bd. II, S. 139-141 sowie 273f; Index Aureliensis
101.219; VD 16 A 521.

1566a

Verwendung der Begleittexte des Posthius zu den Fabeln Äsops in einer deutschen
versifizierten Nachdichtung dieser Fabeln
in: Schopper: Aesopi fabulae (1566):

AESOPI PHRY = ‖ GIS FABVLAE, ELEGANTIS- ‖ SIMIS ICONIBVS
VERAS ANIMA- ‖ lium species ad viuum adumbrantes, ‖ Ioannis Posthij Germershemij ‖ Tetrastichis illu- ‖ stratae. ‖ CVM PRAEFATIONE ET ALIQUOT
‖ Epigrammatibus Hartmanni Schopperi ‖ Nouoforensis, Norici. ‖ Schoene vnnd
kunstreiche Figuren ‖ vber alle Fabeln Esopi/ allen Studenten/ ‖ Malern/ Gold-
schmiden/ vnd Bildthauwern/ zu nutz ‖ vnd gutem mit fleiß gerissen durch Vergilium Solis/ ‖ so sein letzter Rissz gewest/ vnnd mit Teutschen Rei = ‖ men kuertzlich erklaeret/ dergleichen vormals ‖ in Truck nie außgangen/ ‖ Durch ‖ Hartman
Schopper von Neuwmarck. ‖
FRANCOFORTI AD MOENVM. ‖ M.D.LXVI. ‖ (FRANCOFORTI AD MOE-
‖ NVM APVD GEORGIVM CORVI- ‖ num, Sigismundum Feyrabend, et hae- ‖
red. VVigandi Galli. ‖ M.D.LXVI. ‖)

Umfang und Format: *[8], 194, [2] Bl., 8°.*
Ausstattung: *194 Holzschnitte, Druckermarke.*
Beiträger: *Ioannes Lauterbachius.*
Benutzte Exemplare: *München BSB A. gr. b. 198 (in dem Exemplar fehlt das vierte*
Blatt der ersten Lage mit einem Teil der deutschen Vorrede des Schopperus; das Ex-
emplar trägt oben auf dem Titelblatt den alten Besitzereintrag "Collegij Soc. Jesu Mo-

nachij."; innen auf dem Deckblatt ist außerdem vermerkt, das Buch sei 1595 in den Katalog des Münchner Jesuitenklosters eingetragen worden).
Göttingen NSuUB Cod. ms. Uffenb. 53 (angebunden an Werkverzeichnis 1563/1); auf seinen Leerseiten enthält das Exemplar etwa 20 zur jeweiligen Fabel passende hand- schriftliche Stammbucheinträge aus den Jahren 1569-1571.

Diese Ausgabe enthält eine Widmung des Hartmannus Schopperus an den Mainzer Bürger und Apotheker Ioannes Frens Rebius in lateinischen Hendekasyllaben sowie eine deutsche Vorrede in paarweise gereimten, vierhebigen Versen "An den gemeinen Laeser.", in der Schopperus seine in deutsche Verse gefaßten Fabelnacherzählungen damit begründet, die bisherigen Übersetzungen wären zu lang; die Neuausgabe der Äsopschen Fabeln soll dazu beitragen, den Bildungsabstand des Volkes zum Adel zu verringern und das Volk anhand der Beispiele im rechten Leben zu unterweisen.
   Auf diese beiden Vorreden folgen dieselben Epigramme von Lauterbachius und Schopperus wie in der Ausgabe mit den lateinischen Fabeltexten (vgl. Werkverzeichnis 1566), ein Index sowie - von elf Holzschnitten illustriert - eine Biographie des Aesopus ("IN VITAM AESOPI"), die Schopperus in lateinische und deutsche "EPIGRAMMATA" kleidete.
   Im Hauptteil des Buches ist nach dem Vorbild der Emblematiken jede Fabel drei- gliedrig dargestellt: Auf die Überschrift folgt wie in der lateinischen Ausgabe ein lateini- sches Epigramm mit der Funktion einer Inscriptio, das bis Holzschnitt 145 (Bl. 156) von Posthius stammt und bei den restlichen Holzschnitten von Schopperus; darunter ist der entsprechende Holzschnitt des Virgil Solis als Pictura abgebildet, in einer Art Subscriptio erläutert durch sechs bis zehn paarweise gereimte, vierhebige deutsche Verse, in denen Schopperus den Inhalt der dargestellten Fabel zusammenfaßt. Jede dieser insgesamt 183 Einheiten bildet eine Seite; da jeweils nur die Blattvorderseite be- druckt ist, eignete sich das Buch hervorragend als Stammbuch.

Literatur: J. F. A. Kinderling: Über einige wenig bekannte Teutsche Dichter. 3. Der Fa- beldichter Hartmann Schöpper von Neumark, in: Bragur. Ein Litterarisches Magazin der Deutschen und Nordischen Vorzeit, Hg. Häßlein und Gräter, Bd. 3, Leipzig 1794, S. 319-329; Schulz: Solis (1937), S. 250f; Klöss: Weigand Han (1958-60), S. 364, Nr. 249; Küster: Aesop (1970), Bd. I, S. 121f und Bd. II, S. 260f, Nr. 217; Elschenbroich: Die Fabel (1990), Bd. I, S. 288-290 (Textproben) und Teil II, S. 141f sowie 275f; Index Aureliensis 101.220; VD 16, A 544.

1566b
Dieselben Texte und Illustrationen zur lateinischen Phädrusausgabe, doch einige Jahre später neu gesetzt
in: Posthius: Aesopi fabulae (1574):

AESOPI PHRY= ‖ GIS FABVLAE, ELEGANTIS- ‖ SIMIS EICONIBVS VERAS ANIMA- ‖ lium species ad viuum adum- ‖ brantes. ‖ HIS ACCES-SERVNT IOANNIS ‖ Posthij Germershemij in singulas ‖ Fabulas Epigrammata. FRANCOFORTI AD MOENVM, ‖ M.D.LXXIIII. ‖ (FRANCOFORTI AD MOE= ‖ NVM EX TYPOGRAPHEO KI- ‖ LIANI GALLI, IMPENSIS ‖ Hae-redum VVigandi ‖ Galli. M. D. LXXIIII. ‖)

Umfang und Format: 130, [2] Bl., 8°.
Ausstattung: 205 Holzschnitte, Druckermarke, Initialen.
Benutzte Exemplare: München BSB A. gr. b. 249.
Dillingen Studienbibliothek XVII 930/3, angebunden an den "De ortu Monstrorum commentarius" von Martinus VVeinrichius, [Breslau] 1595; auf den Einband sind Porträt und Wappen Kaiser Rudolphs II. eingeprägt samt der Jahreszahl 1588; innen ist handschriftlich vermerkt: "Societatus JESV Dilingae 1614".

Es handelt sich bei dieser Auflage um einen praktisch unveränderten Neudruck der lateinischen Ausgabe von 1566.

Literatur: Klöss: Weigand Han (1958-60), S. 361f, Nr. 215; Küster: Aesop (1970), Bd. I, S. 121f und Bd. II, S. 261, Nr. 218 sowie Bd. II, Tafel 92 (Abbildungen zweier Seiten); Index Aureliensis 101.246; VD 16, A 526.

1567/1
Ein Epigramm als Stammbucheintrag für Pfalzgraf Christophorus

Autograph (geschrieben am 1.3.1567)

Umfang und Format: Eines der zusätzlichen Blätter in einem durchschossenen Exemplar des Werkes "Heroica" von Paradinus aus dem Jahr 1563 (vgl. Literaturverzeichnis), 12°.
Fundort: Bibliotheca Apostolica Vaticana, Palatinus latinus 2017, Bl. 264v.

Das Stammbuch enthält zwar keinen direkten Besitzereintrag des Pfalzgrafen Christoph, doch sind auch die zahlreichen weiteren Einträge - sie stammen v. a. aus den Jahren 1566 bis 1570 - an diesen Pfalzgrafen gerichtet. Eine Auswahl der über 120 Persönlichkeiten, die sich eintrugen, führt K. Schottenloher an (vgl. unten).
Posthius war dem Pfalzgrafen Christophorus während seiner großen Bildungsreise Anfang März 1567 in Genf begegnet und hatte sich in dessen Stammbuch mit einem Gedicht eingetragen. Dabei nahm Posthius Bezug zu einem auf der gegenüberliegenden Seite abgebildeten Holzschnitt: Dort sind mehrere Bündel "grüner" Halme abgebildet mit dem erläuternden Text, damit sei - mit Berufung auf Horatius und Farnesius

Camerinus - gemeint, die Jugend eines edlen Prinzen werde sich dereinst in reifes Alter verwandeln.

[1.] *mit einer Widmung an Pfalzgraf Christophorus*

   inc.: Non ego te ueneror

   expl.: nomen in ar= ‖ ce tuum.

   3 Distichen.

   mit der Unterschrift "Celsitu: tuae ‖ addictiss: ‖ cliens Johan: Pos= ‖ thius Germ: ‖ "

   und mit der Datierung unten links: "Geneuae, Kal: Mar: ‖ An: 1567. ‖ "

Parerga: *Posthius nahm sein Epigramm im selben Wortlaut in seine Parerga mit auf (in der ersten Ausgabe Bl. 54v f, in der zweiten Pars prima, S. 95).*
Literatur: *Schottenloher: Pfalzgraf (1927), S. 130f, Nr. 56; Mittler: Bibliotheca Palatina (Ausstellungskatalog 1986), Textband S. 223f, Nr. E 5.2.1; Klose: CAAC (1988), S. 37f, Code 65.PFA.CHR.*

1567/2

Ein Epigramm über eine Begegnung mit Clusius

Autograph (geschrieben Ende 1567 oder Anfang 1568)

Umfang und Format: *Einzelblatt, 2°.*
Fundort: *Leiden UB Ms. Vulc. 101 (11).*

Das Blatt enthält nur ein Gedicht; Posthius erinnert darin den Clusius an den verstorbenen Lotichius und an eine Begegnung von Posthius und Clusius, die offenbar kurz vor Abfassung des Gedichtes stattgefunden hatte. Diese Begegnung war von Posthius in seinem Brief vom 31.10.1567 angekündigt worden; da zur Zeit des nächsten bekannten Posthiusbriefes an Clusius vom 26.10.1568 die Freundschaft bereits gefestigt scheint, hatte diese Begegnung offenbar zwischen diesen beiden Briefen stattgefunden (vgl. Überblick, Kapitel 15).

[1.] *mit einer Widmung an Carolus Clusius*

   inc.: Carole, Pieridum decus

   expl.: sic, ut amaris, ames.

   6 Distichen.

Parerga: *Das angeführte Gedicht wurde nicht abgedruckt.*

1568/1

Ein enkomiastisches Gedicht für ein von Clusius herausgegebenes Heil-pflanzenbuch

Autograph (geschrieben am 26.10.1568)

Umfang und Format: Einzelblatt, 2°; der Text wurde auf dem Blatt des Begleitbriefes vom 26.10.1568 so notiert, daß er davon hätte abgeschnitten werden können; dies un-terblieb jedoch.
Fundort: Leiden UB Ms. Vulc. 101 (2)

Carolus Clusius hatte ein Heilpflanzenbuch des Garcia ab Horto ins Lateinische über-setzt, dabei überarbeitet und diese Überarbeitung 1567 erstmals herausgegeben (vgl. Überblick, Kapitel 15, und Literaturverzeichnis unter Clusius: Aromatum historia, 1567). Das Posthiusgedicht war für eine eventuelle Neuauflage gedacht. Daher notierte Posthius auch oberhalb des Gedichtes seinen Namen, damit das Gedicht nicht anonym erscheine.
[1.] ohne besondere Überschrift
    inc.: Gratia magna tibj
    expl.: pharmaca mittet agris.
    3 Distichen.

Parerga: Posthius nahm das Gedicht unverändert in seine Parerga auf (in der ersten Ausgabe Bl. 72v f, in der zweiten Pars prima, S. 124).
Literatur: Hunger: L'Escluse, Bd. I (1927), S. 102f und S. 128; bei Hunger ist das Epi-gramm des Posthius auf die Aromatum Historia aus dem obigen Brief als Faksimile abgedruckt (Bd. I, S. 103).

1568/1a

Publikation des angeführten enkomiastischen Epigramms für ein Heil-pflanzenbuch des Clusius in eben diesem Werk
in: Clusius: Aromatum historia (1574):

AROMATVM, ‖ ET ‖ SIMPLICIVM ALIQVOT ‖ MEDICAMENTORVM APVD ‖ INDOS NASCENTIVM ‖ HISTORIA: ‖ Primùm quidem Lusitanica lingua per Dialogos ‖ conscripta, D. GARCIA AB HORTO, Pro- ‖ regis Indiae Medico, auctore. ‖ Nunc verô Latino sermone in Epitomen contracta, et ico- ‖ ni-bus ad viuum expreßis, locupletioribusque annotatiun- ‖ culis illustrata à CA-ROLO CLVSIO Atrebate. ‖
ANTVERPIAE, ‖ Ex officina Christophori Plantini, ‖ Architypographi Regij. ‖ M.D.LXXIIII. ‖

Umfang und Format: 227, [5] S., 8°.
Ausstattung: Druckermarke, Holzschnitte.
Keine weiteren Beiträger außer einem von I. de Witte unterzeichneten königlichen Pri-vileg.
Benutztes Exemplar: Augsburg SuStB Med. 3303.

Weitere Auflagen: 1579 (vgl. Literaturverzeichnis), 1593 (vgl. Literaturverzeichnis und Werkverzeichnis 1593/4) und 1605 (als siebtes Buch der "Exoticorum libri decem"; vgl. Literaturverzeichnis; das Posthiusgedicht ist in diesem Sammelband auf S. 146 abgedruckt.)

Clusius ließ das enkomiastische Gedicht auf seine Bearbeitung des Heilpflanzenbuches des Garcia ab Horto in allen Ausgaben ab der zweiten unverändert abdrucken; die zweite Ausgabe erschien allerdings erst sechs Jahre nach der Abfassung des Gedichtes.

Das Posthiusgedicht ist in der Ausgabe von 1574 auf S. 4 abgedruckt.

Literatur: Hunger: L'Escluse, Bd. I (1927), S. 103 Anm. 2 und S. 128.

1568/2

Ein enkomiastisches Gedicht für ein botanisches Werk des Clusius

Autograph (geschrieben am 27.10.1568)

Umfang und Format: Einzelblatt, 2°; das Epigramm ist in den Text des Begleitbriefes vom 27.10.1568 eingefügt.
Fundort: Leiden UB Ms. Vulc. 101 (3).

Carolus Clusius wollte die Ergebnisse seiner Forschungsreise durch Spanien (Anfang 1564 bis Mitte 1565) zu einem botanischen Werk über die spanische Flora verarbeiten, das allerdings erst 1576 publiziert wurde. Posthius rechnete mit der Veröffentlichung seines Gedichtes in dieser Publikation (vgl. Überblick, Kapitel 15) und setzte daher seinen Namen über das Gedicht, um einem versehentlich anonymen Abdruck vorzubeugen.

[1.] ohne besondere Überschrift
    inc.: Millia multa uides
    expl.: nomen in ore feret.
    3 Distichen.

Parerga: vgl. unter Nr. 1568/2a.
Literatur: Hunger: L'Escluse, Bd. I (1927), S. 102ff; dort ist das Gedicht auf S. 104 als Faksimile abgedruckt.

1568/2a

Publikation einer überarbeiteten Version des angeführten enkomiastischen Epigramms für ein botanisches Werk des Clusius in eben diesem Werk
in: Clusius: Rariorum stirpium historia (1583):

CAROLI ‖ CLVSII ‖ ATREBATIS ‖ Rariorum aliquot Stirpium, ‖ per Pannoniam, Austriam, & vicinas ‖ quasdam Prouincias obseruatarum ‖ Historia, ‖ QVATVOR LIBRIS ‖ expressa: ‖ AD ‖ RVDOLPHVM II. IMP. ‖ ERNESTVM, ‖ MATTHIAM, ‖ MAXIMILIANVM, ‖ AVSTRIAE ARCHIDVCES, &c. ‖

ANTVERPIAE, ‖ Ex officina Christophori Plantini, ‖ M.D.LXXXIII. ‖

Umfang und Format: *[4] Bl., 766 S. (dazu kommen noch offenbar später gedruckte Appendices, Indices usw. verschiedenen Umfangs, vgl. unten), 4°.*
Ausstattung: *Druckermarke, Holzschnitte.*
Weitere Beiträger: *Iustus Lipsius und Achilles Cromerus.*
Benutzte Exemplare: *Erlangen UB Med. II, 75 (angebunden sind, nach einem Zwischenblatt, ein "APPENDIX EORVM ‖ QVAE POSTEA AB ‖ AUCTORE SVNT ‖ OBSERVATA: ‖ ", 7 S., sowie ein "STIRPIVM NOMENCLATOR ‖ PANNO-NICVS. ‖ ANTVERPIAE, ‖ Ex officina Christophori Plantini, ‖ M.D.LXXXIIII. ‖ ", mit Druckermarke, 15 S.)*
Erlangen UB Trew L 204 (angebunden sind, nach einem Zwischenblatt, ein "APPENDIX ..." - wie oben -, dann "PAVCA QVAEDAM ‖ CIRCA NONNVLLAS ‖ PLANTAS AB IPSO AVCTORE OB- ‖ seruata ..." mit Holzschnitten, 15 S., zwei Indices von 10 bzw. 5 S., der "STIRPIVM NOMENCLATOR ..." - wie oben -, ein weiterer Index von 15 S. und ein Druckfehlerverzeichnis von 3 S.).

Posthius überarbeitete sein enkomiastisches Gedicht für die spanische Flora des Clusius im Herbst 1576 grundlegend und erweiterte es dabei auch um zwei Distichen, da er mit dessen Abdruck in der für dieses Jahr geplanten Edition rechnete; diese erschien auch pünktlich mit dem Titel "Rariorum stirpium historia" (vgl. Literaturverzeichnis), jedoch wurde durch ein Verschulden des Druckers Plantinus das Gedicht darin nicht abgedruckt, worüber sich Posthius vorübergehend ärgerte (vgl. Überblick, Kapitel 15). In der sieben Jahre später erfolgten erweiterten Ausgabe der Spanischen Flora wurde das Posthiusgedicht dann allerdings doch noch publiziert, und zwar in der Form von 1576.

    Das Werk enthält nur dies eine Posthiusgedicht:
[1.] mit der Überschrift "IN CAROLI CLVSII OBSERVATIONES ‖ PLAN-TARVM."
    inc.: TVRBA frequens hominum
    expl.: quae prius indigenae.
    5 Distichen (Bl. 4r).

Parerga: *Posthius übernahm sein Gedicht in der umgearbeiteten, erweiterten Fassung in seine Parerga (in der ersten Ausgabe Bl. 139r, in der zweiten Ausgabe Pars prima, S. 233).*

1569

Fünf Gedichte zur eigenen Hochzeit am 26.9.1569 und ein Widmungsgedicht anläßlich der Herausgabe der zur Hochzeit empfangenen Epithalamia in: In nuptias Posthii carmina (1569):

IN NVPTIAS ‖ IOHANNIS ‖ POSTHII GERMERSHE= ‖ MIJ, Medici, & honestissimae Virgi- ‖ nis Rosinae, Chiliani Brosame= ‖ ri ciuis VVirzeburgen- ‖ sis, filiae, ‖ CARMINA ‖ Amicorum congratulantium.
‖ Anno Domini. ‖ M.D.LXIX. [o. O., wohl Würzburg].

Umfang und Format: *[12] Bl., 8°.*
Ausstattung: *Titeleinfassung.*
Weitere Beiträger: *Nicolaus Rudingerus, Ioachimus Tydichius und Iohannes Sleiferus.*
Benutztes Exemplar: *Wolfenbüttel HAB 56.25 Poet. (8); das Exemplar enthält eine autographe Widmung des Posthius: "D. Valentino Herdero L. L. dno [für domino], amico, ‖ & fratrj suo cariss:[imo] ddt [für: dono dedit] Sponsus ‖ ".*

Zur Hochzeit des Posthius vgl. Überblick, Kapitel 16.
    Gedichte von Posthius in dieser Schrift:
[1.] mit einer Widmung an Erasmus Neustetterus
    inc.: DVM Solymas tecum
    expl.: inde redire lares.
    8 Distichen (Bl. 2r).
[2.] mit der Überschrift "VOTVM SPONSI CVM AM= ‖ biret Rosinam. ‖ "
    inc.: SI mihi iuncta toro
    expl.: dormiat illa meo.
    3 Distichen (Bl. 10v f).
[3.] mit der Überschrift "AD SPONSAM OSCULA ‖ sibi denegantem. ‖ "
    inc.: CAra Rosina, Rosina rosis
    expl.: fac eat iste pudor.
    4 Distichen (Bl. 11r).
[4.] mit der Überschrift "ALIVD DE ROSI= ‖ na sua. ‖ "
    inc.: AEstibus in medijs succo
    expl.: adijcit illa meo.
    Tetrastichon (Bl. 11r).
[5.] mit der Überschrift "ALIVD."
    inc.: Blandinam cecini, vanum
    expl.: aliquando gaudeas meo.
    3 x Hexametrum sequitur trimetrum iambicum (Bl. 11v).
[6.] mit der Überschrift "ALIVD."
    inc.: MEnsis adest, Blandina
    expl.: gaudia lucis erunt.
    5 Distichen (Bl. 11v).

Parerga: *Posthius nahm seine genannten Gedichte mit Ausnahme des letzten in seine Parerga auf; dabei blieb der Text von Nr. 1 bis Nr. 4 unverändert (in der ersten Aus-*

gabe Bl. 87v f, in der zweiten Pars prima, S. 148f); Nr. 5 gestaltete Posthius zu drei Di-
stichen um:
Überschrift: "De eadem, ‖ AD ERASMVM NEV- ‖ stetterum. ‖ "
    inc.: BLandinam cecini, vanum
    expl.: nata Rosina meis.
    3 Distichen (Bl. 88r bzw. Pars prima, S. 149).
Außerdem ließ er im Liber adoptivus der ersten Ausgabe seiner Parerga - nicht aber in
dem der zweiten Ausgabe - die Hochzeitsglückwunschgedichte von Rudingerus und
Sleiferus abdrucken (Bl. 147v ff und 157v ff). Ebendort sind auch weitere Glück-
wunschgedichte zum selben Anlaß von Iohannes Lauterbachius, Paulus Melissus und
Carolus Utenhovius publiziert.

1570 (fertiggestellt 1568)
Überarbeitung der lateinischen Übersetzung einer arabischen Diätlehre des
Isaacus Iudaeus aus dem Mittelalter
Isaacus Iudaeus: De diaetis libri (1570):

ISAACI IV- ‖ DAEI, SALOMONIS ‖ ARABIAE REGIS ADO ‖ ptiui filij, De
diaetis uniuersalibus ‖ & particularibus, Libri II. ‖ Hoc est, ‖ DE VICTVS
SALVBRIS ‖ RATIONE, ET ALIMENTORVM ‖ facultatibus, quinque Tractatus summopere utiles: in ‖ quibus non solùm de ciborum uarietate atque dele- ‖
ctu generatim, sed etiam de quibuslibet herbarum, ‖ fructuum, leguminum, gra-
norum, carnium, piscium ‖ liquorumque formis, naturis & facultatibus, ‖ quaque
ratione in cibos quaelibet sint ‖ adhibenda, clarè & perspi- ‖ cuè agitur. ‖ LIBER
OMNIBVS PHILOSO = ‖ phiae et Medicinae, imò Sanitatis studiosis, apprimè
neces = ‖ sarius, superiori seculo ex Arabica lingua in Latinam con ‖ uersus, nunc
uerò opera D. Ioannis Posthij Ger- ‖ mershemij sedulò castigatus et ‖ in lucem
editus. ‖
BASILEAE. ‖ (BASILEAE, EX OFFICINA ‖ Sixti Henricpetri, Anno Salutis
humanae ‖ M.D.LXX. Mense ‖ Nouembri. ‖)

Umfang und Format: *[8] Bl., 605, [1] S., 8°.*
Ausstattung: *Initialen.*
Keine Beiträger.
Benutzte Exemplare: *Bamberg SB Hegg. o. 121, mit dem alten Besitzervermerk "Ad bi-*
bliothecam Quanthensem (?)." auf der Titelseite.
München BSB Path. 653.
Bibliotheca Apostolica Vaticana Stamp. Barb. M VI/88.
Venedig Bibliotheca Nazionale Marciana 14. D. 205 (mit einem Exlibris dieser Bi-
bliothek von 1722).

Diese Diätlehre verfaßte Isaacus Iudaeus/Yishaq ibn Sulaiman, Al-Isra'ili im 9. oder
10. Jahrhundert in arabischer Sprache. Posthius hatte den Auftrag, eine veraltete Über-
setzung des Textes ins Lateinische zu überarbeiten. Er schrieb auch die Wid-
mungsvorrede am 1.12.1568 aus Antwerpen an Erasmus Neustetterus.

Literatur: Nach dem Index-Catalogue of the library of the Surgeon-General's office U. S. Army, Washington 1880ff, erschien das Werk 1568 in Basel im Format 16°; die Formatangaben in diesem Index sind jedoch nicht immer verläßlich, und die Datierung ins Jahr 1568 könnte wegen des Datums der Widmungsvorrede erfolgt sein.

1570a
Wiederabdruck der von Posthius überarbeiteten lateinischen Fassung des Diätwerkes des Isaacus Iudaeus etliche Jahre später
Isaac Iudaeus: Thesaurus sanitatis (1607):

THESAVRVS ‖ SANITATIS ‖ DE VICTVS SALVBRIS ‖ RATIONE ‖ ALI- MENTORVM FACVL- ‖ TATIBVS CIBORVMQ. VA- ‖ RIETATE AC DELECTV. ‖ Siue ‖ De dietis vniuersalibus & par- ‖ ticularibus Libri II. ‖ Ab ISAACO IVDAEO Salomonis Arabiae Regis ‖ adoptiuo filio lingua Arabica conscripti, & nunc ‖ primum latinitate donati, opera 10. POSTHII. ‖ Philosophis, Medicis, imò quibuscunque ‖ sanitatis studiosis summopere necessarij. ‖ ANTVERPIAE. ‖ Sumptibus GASPARIS BELLERI ‖ suo insigni Aquilae aureae, 1607. ‖

Umfang und Format: [4] Bl., 605 S., 8°.
Ausstattung: Druckermarke.
Benutztes Exemplar: München BSB Path. 653ᵇ *(mit dem Besitzervermerk "Collegij Societatis JESV Burghusij. A°. 1633." am oberen Rand des Titelblattes).*

Diese Ausgabe enthält außer dem Text des Isaacus Iudaeus nur noch einen Index (Bl. 2r-4r), jedoch nicht die Widmungsvorrede des Posthius vom 1.12.1568; der Titel dieser Ausgabe von 1607 ist irreführend, weil es darin heißt, es handle sich um das erste Erscheinen einer lateinischen Übersetzung.

1571/1 (zusammengestellt 1566)
Herausgabe mehrerer Medizinvorlesungen des Ioubertus
Ioubertus: Opuscula (1571):

LAVR. ‖ IOVBERTI ‖ VAL. ‖ DELPH. ‖ RE- ‖ gii Medici, & in schola Mon ‖ speliensi Professoris ‖ clarissimi. ‖ OPVSCVLA, ‖ Olim discipulis suis publicè dictata, quae nunc ‖ Iohan. Posthius typis excudenda curauit. ‖ AD ‖ SERENISS. ‖ DVCEM FRAN. ‖ MOMMORANCIVM FRANCIAE ‖ Parem & Polemarchum. ‖ Opusculorum argumenta sequenti pagina continentur. ‖ LVGDVNI ‖ APVD SALAMANDRAM. ‖ M.D.LXXI. ‖

Umfang und Format: [8] Bl., 174 S., [2 Leerseiten], neu paginiert 157, [49] S., [2 Leerseiten], neu paginiert 159, [71] S. (die Seiten [169-184] sind unbedruckt), 8°.
Ausstattung: kleinerer Zierrat (Zierleisten, Initialen), Kupferstich.
Beiträger: Albértos ho Andrasíonos, Iânos Antónios ho Sarakenû, Malboetius, der Drucker, Fran. à Sancto Vertuniano, Ioannes Hucherus, Petrus Benedictus, Valentinus

Hessus, zwei Medizinstudenten -einer mit den Initialen A. le T. C.-, Ren. Morenius, P. Pogetius und Alex Gaudinus.

Benutztes Exemplar: *Erlangen UB Med. II, 544 (mit dem Besitzervermerk "Sum Chr' Meisneri M. D."; ein zweiter handschriftlicher Vermerk am unteren Rand des Titelblattes wurde bereits beim Binden abgeschnitten; auf dem Schweinsledereinband sind die Initialen "*F*T*D*", ein Porträt, die Jahreszahl "1579" und die Titulatur Herzog Augusts von Sachsen eingeprägt).*

Der Band enthält diverse Vorlesungen des Ioubertus (vgl. Überblick, Kapitel 12) und besteht aus drei separat paginierten Teilen, die jeweils durch ein unbedrucktes Blatt getrennt sind; dazu fügte der Drucker eine Lage - acht Blätter - an den Beginn des Werkes, drei Lagen an den zweiten Teil sowie eine halbe Lage an den dritten Teil; daran schließen sich am Ende des Werkes eine unbedruckte Lage und weitere drei Lagen an. Dieses drucktechnische Durcheinander sowie die zahlreichen Druckfehler erklärt der Drucker am Beginn des Druckfehlerverzeichnisses damit, daß er ebenso wie Posthius im Jahre 1567 mit offenen Feindseligkeiten [zwischen Guisen und Hugenotten] gerechnet habe; während aber Posthius aus diesem Grunde Frankreich vorzeitig verlassen habe, habe er versucht, noch vor Kriegsbeginn den Druck fertigzustellen. Dies sei ihm jedoch erst jetzt, drei Jahre später, gelungen (Teil 3, S. 186).

Die drei Teile enthalten vor allem Mitschriften von Vorlesungen und Reden des Ioubertus aus den Jahren 1557 bis 1567, die Posthius zum Teil selbst mitgeschrieben, zum Teil von Mitschriften seiner Studienkollegen kopiert und - wie er angibt - ohne Wissen des Ioubertus dem Drucker übersandt hatte. Inhaltlich handelt es sich dabei um Kommentare zu Werken des Galenus, um Anweisungen zur Medikamentenherstellung und um Stellungnahme zu medizinischen Streitfragen, ergänzt durch einige Texte des Ioannes Hucherus, die im Zusammenhang mit Disputationen in Montpellier im Februar 1567 stehen.

Ergänzt werden diese Schriften durch einige Indices (Bl. 5v-8v vor Teil 1, am Ende des 2. Teiles S. [158-206] sowie am Ende des Bandes Teil 3, S. [191-230]) und durch einige Begleitschreiben des Posthius: Am Ende des ersten Teiles begründet Posthius dem Leser Anlaß und Umfang der in Teil 1 publizierten Ioubertusvorlesung (Teil 1, S. 170-172; vgl. Brief vom Oktober 1566 an die Leser) und widmet diesen Teil dem Heidelberger Medizinprofessor Sigismundus Melanchthon, indem er ihm in einer Elegie seine bisherigen Reiseerlebnisse schildert (Teil 1, S. 173f). Im zweiten Teil wird der Leser vom Drucker auf geplante umfangreichere Publikationen des Ioubertus verwiesen (Teil 2, S. 133) und in einem zweiten Text gebeten, einstweilen mit den im folgenden abgedruckten Ergänzungen zu Publikationen des Ioubertus vorliebzunehmen (Teil 2, S. 134; möglicherweise stammt dieser zweite Text von Posthius; vgl. Brief vom Oktober 1566 an den Leser). Am Beginn des dritten Teiles schließlich zeigt Posthius in einer Vorrede die Wichtigkeit der in diesem Teil abgedruckten Erläuterungen des Ioubertus zur Medikamentenherstellung und bittet den Leser darum, den Ioubertus zu einer ausgearbeiteten Fassung dieser Erläuterungen zu drängen (Teil 3, S. 2f; vgl. Brief vom Oktober 1566 an die Medizinstudenten). Außerdem verteidigt er in einem offenen Brief an Honoratus Castellanus - dieser war Leibarzt des französischen Königs und Profes-

sor in Montpellier - die teils unkonventionellen Ansichten des Ioubertus gegen Ver-
leumder und widmet die vorliegenden Vorlesungspublikationen dem Castellanus in der
Hoffnung, daß dessen Autorität den Ioubertus schütze (Teil 3, S. 151-155; vgl. Brief
vom 7.10.1566); direkt nach diesem Posthiusbrief ist ein weiterer den Ioubertus vertei-
digender Brief abgedruckt; er stammt von dem Avignoner Petrus Benedictus und ist an
Posthius gerichtet; Benedictus lobt darin das editorische Vorhaben des Posthius (das
Schreiben ist undatiert; Teil 3, S. 156-159). Mit einem Katalog der Schriften des Iou-
bertus sollte offenbar das Werk schließen (Teil 3, S. [160f]).

Ursprünglich sollten offenbar unmittelbar nach dem Titelblatt enkomiastische Ge-
dichte verschiedener Autoren auf das Vorhaben des Posthius sowie enkomiastische
Gedichte des Posthius auf Ioubertus stehen. Da jedoch im Oktober 1571, unmittelbar
vor der endgültigen Publikation, Ioubertus zufälligerweise bei der Durchreise durch
Lyon von dem Publikationsvorhaben erfuhr und daher noch eine eigene Widmungs-
vorrede an den Herzog Mommorancius dem Werk voranstellen wollte, mußten die ur-
sprünglich für diese Stelle vorgesehenen Gedichte auf vier Blättern an das Ende des
dritten Teiles angefügt werden. Ioubertus nahm in seiner Vorrede eine zwiespältige
Haltung gegenüber der gesamten Publikation ein: Einerseits lobte er den Fleiß des Po-
sthius und dessen Bemühen, durch eine gedruckte Vervielfältigung der Vorlesungen die
zahlreich kursierenden handgeschriebenen und oft sehr fehlerhaften und entstellenden
Kopien von Vorlesungsmitschriften zu ersetzen; andererseits kritisiert er die durch die
Eile des Druckers und die Abwesenheit des Posthius hervorgerufenen Unzuverlässig-
keiten im Wortlaut der vorliegenden Publikation. An diese Widmungsvorrede des Iou-
bertus schließen sich lateinische und griechische Epigramme des Andrasion, Sarake-
nos und Malboetius auf Ioubertus an.

Bei den ursprünglich für den Beginn des Werkes vorgesehenen Gedichten handelt
es sich neben den unten angeführten Posthiusepigrammen um Verse von Valentinus
Hessus, Franciscus à Sancto Vertuniano, Ren. Morenius und von zwei nicht näher ge-
nannten Medizinstudenten.

Im Anschluß an die unbedruckte Lage sind dann noch weitere Gedichte auf Iou-
bertus abgedruckt, und zwar von Pogetius. Darauf folgen das erwähnte Druckfehlerver-
zeichnis, ein durch ein Distichon des Gaudinus erläutertes Porträt des Ioubertus und
ein Index.

Gedichte von Posthius in diesem Band:
[1.] mit einer Widmung an den Heidelberger Medizinprofessor Sigismundus Me-
lanchthon: "CLARISS. VIRO, D. ‖ SIGISMVNDO MELANCH- ‖ thoni, Aca-
demiae Heidelbergensis in ‖ Medicina professori publico, IO. PO- ‖ STHIVS
Germ. sequentes D. Iouber ‖ ti in Gal. Annotationes dedicat. ‖ "
inc.: QVattuor Autumni iam
expl.: dilige more, Vale.
15 Distichen (Teil 1, S. 173f),
mit der Unterschrift: "Ex monte Pessulano, ‖ Mense Octobr. An. ‖ M.D.LXVI. ‖ "

[2.] mit einer Widmung an Ioubertus, die sich auch auf die folgenden Epigramme be-
   zieht: "EPIGRAMMATA IN HONO- ‖ REM CLARISS. DOCTISSIMIQVE ‖
   viri, D. Laur. Iouberti, &c. Medici exper- ‖ tiss. & in caeleberrima Academia
   Mons- ‖ peliensi Professoris Regij, Ioan. Posthio ‖ Germershemio. M. D. Autore."
   inc.: Quis varias melius
   expl.: Phoebe: Iubertus erit.
   Tetrastichon (Teil 3, S. [163]).
[3.] ohne besondere Überschrift
   inc.: Qualis erat, quantusque fuit
   expl.: deinde Bohinus aget.
   3 Distichen (Teil 3, S. [163]).
[4.] ohne besondere Überschrift
   inc.: Non mea, quod laetor
   expl.: hinc doleántque magis.
   4 Distichen (Teil 3, S. [163f]).
[5.] ohne besondere Überschrift
   inc.: Quòd tibi sunt hostes
   expl.: gloria maior erit.
   Distichon (Teil 3, S. [164]).
[6.] ohne besondere Überschrift
   inc.: Sume animos, Iouberte
   expl.: sed malè grata malis.
   Distichon (Teil 3, S. [164]).

Parerga: *Posthius nahm von seinen Gedichten nur die obige Nummer 2 in seine*
Parerga auf, in der Mitte um ein drittes Distichon erweitert (in der ersten Ausgabe Bl.
58r, in der zweiten Pars prima, S. 100).

1571/1a
**Wiederabdruck des einen enkomiastisches Gedichts in einem botanischen Werk
des Iohannes Bauhinus/Bohinus
in: Bauhinus: De plantis a divis sanctisque nomen habentibus (1591):**

DE ‖ PLANTIS ‖ A ` DIVIS SAN- ‖ CTISQVE NOMEN ‖ HABENTIBVS. ‖
CAPVT ‖ Ex magno volumine de Consensu & ‖ dissensu Authorum circa stir- ‖
pes, desumptum. ‖ IOHAN. BAVHINI ILLVSTR. ‖ Princip. D. Friderici Comitis
Vuir- ‖ tembergici, Montisbelgard. etc. ‖ Medici. ‖ ADDITAE SVNT ‖ CON-
RADI GESNERI MEDICI ‖ Clariss. Epistolae hactenus ‖ non editae, ‖ A ` ‖
CASPARO BAVHINO ME = ‖ dico et Professore Basiliensi ‖ ordinario. ‖
BASILEAE ‖ Apud CONRAD. VVALDKIRCH. ‖ MDXCI.

Umfang und Format: *163, [1] S., 8°.*
Ausstattung: *Druckermarke, Zierleisten, Initialen.*
Weiterer Beiträger *eines enkomiastischen Gedichtes: Ioannes à Gilley.*
Benutzte Exemplare: *München BSB Phyt. 27.*

Wolfenbüttel HAB 582.11 Theol. 8° (2).

Die von Iohannes Bauhinus am 1.2.1591 in Montbéliard verfaßte Widmungsvorrede ist an den Abt Iacobus des Klosters "Goiliacum" gerichtet.

Dieser botanisch-historische Band enthält - wie im Titel angekündigt - auch Briefe des berühmten Schweizer Arztes Gesnerus. In seinem 1571 publizierten Epigramm über Ioubertus (Werkverzeichnis 1571/1, Nummer 3.) bezeichnet Posthius den Bohinus als geigneten Nachfolger des Gesnerus; von daher bot sich der Abdruck des Epigramms, das unverändert übernommen wurde, in das Werk des Bauhinus/Bohinus an. Ob es von Posthius für diesen Zweck eigens übersandt worden war oder der Publikation von 1571 entnommen wurde, bleibt ungewiß. Das Epigramm ist S. 7 abgedruckt.

Bauhinus verstarb noch 1591. Als zwei Jahre später, im Jahre 1593, Marcus Morelotus das Kapitel "De plantis Absynthii nomen habentibus" des Bauhinus neu herausgab, ließ er dabei die enkomiastischen Gedichte des Posthius und des à Gilley abermals abdrucken, und zwar unverändert (vgl. Literaturverzeichnis; das Posthiusgedicht steht dort Bl. 5v).

Literatur: *VD 16, B 854; Index Aureliensis 114.868.*

1571/2
Zusammenstellung einer Anthologie

Autograph (geschrieben 1571):
Sententiae ex diuersis Poëtis ‖ per Iohan: Posthium ‖ conscriptae ‖ in gratiam ‖ Sebastianj Neustetterj, cog[nomen]to ‖ Sturmer, etc: ‖ Anno M.D.LXXI. ‖ [o. O., wohl Würzburg].

Umfang und Format: *72 Bl., 4° (Bl. 3 ist unbeschrieben, Bl. 4 trägt die Nummern 4 und 5; es handelt sich also um 70 beschriebene Blätter).*
Beiträger: *Neben Posthius und anonymen Autoren sind vertreten: Claudianus, Propertius, Vergilius, Flaminius, Juvenalis, Horatius, Ovidius, Cornelius Gallus, Martialis, Mantuanus, Alciatus, Catullus, Tibullus und Ausonius.*
Fundort: *Stuttgart WLB Cod. poet. et philol. 4° 32 (mit dem Herkunftsvermerk: "Ex bibliotheca Chombergica.").*

Diese teils thematisch, teils nach Autoren geordnete Gedicht- und Zitatensammlung erstellte Posthius für Sebastianus Neustetterus als Geschenk zur Geburt von dessen Sohn Iohannes Christophorus. Der erste Teil der Anthologie (bis Bl. 26r) enthält Gedichte und Zitate aus Gedichten verschiedenster Autoren zu Themen wie göttliche Vorsehung, Gebete, Bewahrung des rechten Maßes, Kürze des Lebens, Geld, Armut und Vergänglichkeit, wobei die Themen fließend ineinander übergehen. Im zweiten, nach Autoren geordneten Teil sind Vergilius, Ovidius, Tibullus, Propertius und Mantuanus umfangreicher sowie Catullus und Ausonius mit wenigen Versen berücksichtigt; die Sammlung endet mit zwei anonymen Gedichten.

Posthius stellte der Sammlung ein Widmungsgedicht an Sebastianus Neustetterus voraus, in dem er diesem zur Geburt seines Sohnes gratuliert:

[1.] mit der Überschrift "... de Iohan: Christo = ‖ phoro filiolo, gratulatio. ‖ "
   inc.: Cum tibj filiolum peperit
   expl.: stirpe resurget honos.
   9 Distichen (Bl. 2r f).
   Vielleicht stammt auch das dem ersten Gedicht von Claudianus vorangestellte Di-
stichon
      "Nullius est felix conatus, & utilis unquam,
         Ni statuat finem, principiumque, DEVM."
von Posthius.

Parerga: *Posthius nahm sein Widmungsgedicht, in der Mitte und am Ende stark über-*
arbeitet, in seine Parerga auf (in der ersten Ausgabe Bl. 90r f, in der zweiten Pars
prima, S. 153f):
   expl.: iam meliore domus.
Literatur: *F. D. Gräter: Über die Merkwürdigkeiten der Comburger Bibliothek. Ein*
Programm an der Jahresfeier des glorreichen Geburtstagsfestes ... Friedrichs II., Her-
zogs von Württemberg, ..., [Schwäbisch] Hall 1805/1806, S. 23 Nr. 78 (wieder abge-
druckt in: ders.: Bragur. Ein literarisches Magazin der Teutschen und Nordischen Vor-
zeit Bd. 8, 1812 = Braga und Hermode Bd. 5 = Odira und Teutona Bd. I); K. Löffler:
Die Bibliotheca Eckiana, in: Zentralblatt für Bibliothekswesen 36. Jg., 9. und 10. Heft,
Leipzig 1919, S. 195-210, Nr. 107 auf S. 202; Sieber: Untersuchungen (1969), S. 51f.

1571/3
Ein enkomiastisches Gedicht für ein botanisches Werk des Wincklerus
in: Wincklerus: Chronica herbarum (1571):

CHRONICA HER= ‖ BARVM, FLORVM, SEMINVM, FRV- ‖ CTVVM,
RADICVM, SVCCORVM, ANIMALIVM, ‖ atque eorundem partium, quo ni-
mirum tempore singu- ‖ la eorum colligenda, atque in vsum adferenda sint ‖ Medicum, res ut scitu pharmacopoeis ‖ dignissima, ita reipublicae ma- ‖ xime
necessaria: ‖ Authore, ‖ NICOLAO VVINCKLERO FOR- ‖ chemio, Medico, &
Halae Suaeuorum ‖ physico ordinario ‖
AVGUSTAE VINDELICO- ‖ rum, in officina Typographica ‖ Michaëlis Man-
geri. ‖ Anno M.D.LXXI. ‖

Umfang und Format: *[92] Bl., 4°.*
Keine weiteren Beiträger.
Benutztes Exemplar: *München BSB 4° A. gr. b. 376:1.*

Bei diesem Werk handelt es sich um eine Heilpflanzenkunde des Schwäbisch Haller
Stadtphysicus Nicolaus Wincklerus, den Posthius wohl über den auf der nahen Com-
burg residierenden Erasmus Neustetterus kennengelernt hatte. An Neustetterus ist auch
die von Wincklerus am 1.1.1571 in Schwäbisch Hall geschriebene Widmungsvorrede
gerichtet.
   Die Schrift enthält nur ein Gedicht von Posthius:

[1.] mit der Überschrift "IN LIBELLVM D. NICOLAI ‖ VVinckleri Medici. Epigramma ... ‖ ... ‖ "
inc.: RAdices, herbas, flores
expl.: melius, & famae suae.
4x Hexemetrum sequitur trimetrum iambicum (Bl. 1v).

Parerga: *Das angeführte Gedicht wurde nicht abgedruckt.*

1571/4

**Ein enkomiastisches Gedicht für eine Kallimachusausgabe des Frischlinus
in: Callimachus: Hymni (1571):**

Callimachi Cyrenaei Hymni et Epigrammata, quae extant, cum duplici interpretatione et commentariis: Praeterea A. Lic. Archiae Epigrammata quaedam Graeca, cum Lat. interpretatione: Omnia Nic. Frischlini ... opera et studio in lucem edita. Accesserunt eiusdem Frischlini aliquot Graeca Epigrammata cum nonnullis aliis: et Hymnus Graecus in Christum proditum.
Genev. 1571.

Umfang und Format: *mir nicht bekannt.*
Benutztes Exemplar: *Über die Fernleihe war kein Exemplar in der Bundesrepublik Deutschland zu ermitteln. Der Titel wurde zitiert nach Kohl: Frischlin (1967), S. 286.*
Weitere Auflage: *Eine weitere, im Titel weitgehend der Ausgabe von 1571 entsprechende Ausgabe erschien im Jahre 1589 (genaue Angaben: VD 16, C 269 und C 271).*

In dieser zweisprachigen Kallimachusausgabe des Frischlinus, die erstmals 1571 in Genf erschien, war vermutlich bereits das Posthiusepigramm abgedruckt, das unten unter Nr. 1571/4a angeführt ist.

1571/4a

**Wiederabdruck (?) des angeführten enkomiastischen Gedichtes für Frischlinus in einer weiteren Auflage
in: Callimachus: Hymni (1577):**

CALLIMACHI CYRE- ‖ naei Hymni (cum suis scholiis Grae- ‖ cis) & Epigrammata. ‖ EIVSDEM POEMATIVM ‖ De coma Berenices, à Catullo versum. ‖ NICODEMI FRISCHLINI ‖ Balingensis interpretationes duae Hymnorum: vna, ‖ oratione soluta: altera, carmine. ‖ Eiusdem interpretatio Epigrammatum, et Annotationes in Hymnos. ‖ HENRICI STEPHANI PARTIM ‖ Emendationes partim Annotationes in quosdam Hymnorum ‖ locos. Eiusdem duplex interpretatio Hymni primi, ‖ carmine vtraque: quarum vna, adstrictae, alte- ‖ ra, liberae & paraphrasticae interpre- ‖ tationis exemplum ‖ esse possit. ‖ Excudebat Henricus Stephanus, ‖ ANNO M.D.LXXVII. ‖ [o. O., offenbar Genf].

Umfang und Format: *[8] Bl., 134 S., 4° (nahezu 2°).*
Ausstattung: *Druckermarke.*

Weitere Beiträger: Iacobus Schegkius, Martinus Crusius, Erhardus Cellius, Leonhardus Engelhart, VV. Virnius, Nicolaus Rudingerus, Georgius Ostermarius, Carolus Christophorus Baierus und Lascar.
Benutztes Exemplar: Erlangen UB 4° Phl. VII, 507.

Die von Frischlinus am 1.7.1571 in Tübingen verfaßte Widmungsvorrede ist an den Hanauer Grafen Philippus Ludovicus gerichtet.
   Das Werk enthält nur ein Gedicht von Posthius:
[1.] ohne besondere Überschrift
     inc.: Callimachus superas
     expl.: me facit ore loqui.
     4 Distichen (Bl. 6v).

Parerga: Posthius nahm sein Epigramm erheblich überarbeitet in seine Parerga auf (in der ersten Ausgabe Bl. 97r, in der zweiten Pars prima, S. 164).
Literatur: Index Aureliensis 129.591.

1573/1

Eine programmatische Elegie und sechs weitere Gedichte gegen übermäßigen Alkoholgenuß für eine Vereinspublikation
in: Collegii Posthimelissaei votum (1573):

COLLEGII ‖ POSTHIMELIS = ‖ SAEI VOTVM: ‖ HOC EST, ‖ EBRIETA-
TIS DETESTATIO, AT- ‖ QVE POTATIONIS SALTA- ‖ tionisque eiuratio. ‖
FRANCOFORTI AD MOENVM, ‖ APVD IOANNEM LVCIEN- ‖ bergium.
1573. ‖

Umfang und Format: [56] Bl., 8°.
Ausstattung: Titelholzschnitt, Holzschnitt, Zierleisten.
Weitere Beiträger: P.[aulus] Melissus Schedius, N.[icolaus] Clemens, Conradus Albinus, Henricus Stephanus, Bruno Seidelius, Bartholomaeus Huberus, Iohannes Lauterbachius, Nicolaus Rudingerus, Benedictus Arias Montanus, Nicodemus Frischlinus, Stephanus Feierabent, Iohannes Christoferus Fuchs, Ioannes Sleiferus, Sebastianus Fridelius, Ioannes Lambinus, Andreas Vvilkius, Henricus Petreus, Iohannes Lucienbergius und Iohannes Stechmannus; in einem Anhang des Büchleins (ab Bl. 41) sind außerdem von Melissus thematisch zum Büchlein passende Gedichte zeitgenössischer Autoren, die deren publizierten Werken entnommen wurden, zusammengestellt, und zwar von Iulius Caesar Scaliger, Th.[eodorus] Beza, Georgius Buchananus, Henricus Stephanus, M.[arcus] Antonius Muretus, M.[arcus] Ant.[onius] Flaminius, H.[elius] Eobanus Hessus, Georgius Sabinus, Ioannes Stigelius, Ianus Douza, Io.[hannes] Iacobus Boissartus und Nathan Chytraeus.
Benutzte Exemplare: Trier Stadtbibliothek 2 an 5/573. 8°, mit einer autographen Widmung des Posthius an den Würzburger Sekretär Conradus Weynerus auf dem Titelblatt: "Ornatiss[im]o Viro, D[omi]no Conrado Weyn = ‖ ero, Secretario Ducis Franconiae, d[omi]no ‖ & amico suo opt:[imo] d[ono] d[edi]t Jo:[hannes] Posthius. ‖ "

Bibliotheca Apostolica Vaticana Racc. I. V. 846 int. 3.
Wolfenbüttel HAB Li 7127, mit einer autographen Widmung des Posthius an den
Würzburger Domdekan Neidhardus à Thungen (vgl. Werkverzeichnis 1574/3).
Ein Exemplar in der früheren Herzoglichen Landesbibliothek in Gotha - heute For-
schungsbibliohtek Gotha - enthielt eine autographe Widmung des Posthius an den
Würzburger Botenmeister Adamus Kalus/Kahl; dieses Exemplar ist seit 1945 verschol-
len (Angaben nach Endres: Adam Kahl, 1952, S. 10).

Diese von Posthius mit herausgegebene Schrift sollte einen Bund von Gleichgesinnten
gründen, die übermäßigen Alkoholgenuß ablehnen (vgl. Überblick, Kapitel 19).
Auf dem Titelblatt ist unter der erklärenden Überschrift "AMETHYSTVS PRIN-
CEPS ‖ SOBRIETATIS. ‖ " in einem Zierkranz ein Ring mit einem Amethyst abge-
bildet; auf dem Ring sind außen die Worte "VOTVM SANCTVM DOMINO" und in-
nen "ΕΝ ΟΙΝΩ ΑΣΩΤΙΑ" ("Im Wein liegt Liederlichkeit") eingraviert; darauf folgt
eine leere Seite und ein Widmungsgedicht des Melissus auf Pfalzgraf Friedrich
III./Fridericus Tertius. Es schließen sich programmatische Gedichte von Posthius und
Melissus an sowie die in Verse gefaßten Beitrittserklärungen der weiteren Mitglieder zu
dem von Melissus und Posthius initiierten Mäßigkeitsverein (vgl. oben unter Beiträger),
durchsetzt von weiteren themenbezogenen Gedichten des Posthius und Melissus, mit
denen sie teilweise auch direkt bestimmte Freunde und Interessenten zum Beitritt auf-
gefordert haben. In einem Anhang sind dann thematisch passende Gedichte zeitgenös-
sischer Autoren zusammengestellt (zu den Autoren vgl. oben). Daran schließt sich
noch ein Gedicht des Lucienbergius an (Bl. 54r). Es folgt eine Liste der dem Verein
Beigetretenen - sie enthält, einschließlich Posthius, alle oben angeführten Beiträger au-
ßer Stephanus - (Bl. 54v) und eine Liste der im Anhang vertretenen Dichter (Bl. 55r).
Das Bändchen schließt mit zwei Zitaten aus dem Propheten Jesaja/Esaias (Bl. 55r),
mit einem von Posthius und Melissus gemeinsam verfaßten Gedicht (Bl. 55v) und ei-
nem Holzschnitt, der das Wappen des Posthius zeigt (Bl. 56r), sowie dem Kolophon.
Weitere Gedichte zum selben Thema publizierte Melissus in seinen
"Schediasmatum reliquiae" im Jahre 1575 (vgl. Werkverzeichnis 1575/1).
Posthius steuerte für das Büchlein eine programmatische Elegie und sechs weitere
Gedichte bei, von denen eines - wie erwähnt - in Zusammenarbeit mit Melissus ent-
stand:
[1.] mit der Überschrift "VOTVM SANCTVM DOMINO." und einer Widmung an
Paulus Melissus.
inc.: QVale sit hoc, Domino
expl.: tu quoque lege bibas.
15 Distichen (Bl. 2v f).
[2.] mit der Überschrift "De Vxore sua."
inc.: EBria quòd fugio
expl.: displiceantque chori.
4 Distichen (Bl. 5r).

[3.] mit der Überschrift "In Ebrietatem."
   inc.: EBrietas docuit
   expl.: ebria turba choros.
   Tetrastichon (Bl. 5r).
[4.] mit der Überschrift "ALIVD."
   inc.: VT bibat haud sitiens
   expl.: qui vorat ante satur.
   Tetrastichon (Bl. 5v).
[5.] mit der Überschrift "Piè. Iustè. Temperanter."
   inc.: VIue pius, magnoque animo
   expl.: pone gulaeque modum.
   3 Distichen (Bl. 5v).
[6.] mit der Überschrift "Ad Amicum quendam."
   inc.: ECquid adhuc dubitas
   expl.: nomine nomen habent.
   3 Distichen (Bl. 5v).
[7.] mit der Überschrift "POETIS CASTIS, PIIS, ‖ SOBRIIS. ‖ "
   inc.: SI quis erit vatum
   expl.: sobria, casta, pia est.
   4 Distichen (Bl. 55v).
   unterzeichnet: "Posthius et Melissus."
   Die unter Nummer 4 und 5 angeführten Gedichte wurden im Jahre 1624 von Fabricius in seine Schrift "Schlafftrunck" übernommen (vgl. Werkverzeichnis 1595/5).

Parerga: *Posthius nahm von den genannten Gedichten die Nummern 1 und 5 jeweils leicht überarbeitet in seine Parerga auf (Elegie II, 12 bzw. in der ersten Ausgabe Bl. 55r, in der zweiten Pars prima, S. 95).*
Literatur: *Taubert: Paul Schede (1864), S. 17f; Pallmann: Feyerabend (1881), S. 47; Krauß: Melissus (1918), Bd. I, S. 217-228; idem: Ein Mäßigkeitsverein (1928), passim; Benzing: Die deutschen Verleger (1959), S. 478; E. Schäfer: Deutscher Horaz, Wiesbaden 1976, S. 41; VD 16, C 4559.*

1573/1a

Verwendung von Zitaten aus den angeführten Gedichten in einer Kommentierung eigener Gedichte des Crusius
in: Crusius: Germanograeciae libri (1585):

GERMANO = ‖ GRAECIAE ‖ LIBRI SEX: ‖ In quorum prioribus tribus, ORATIO- ‖ NES: in reliquis CARMINA, Graeca ‖ & Latina, continentur. ‖ OB GRAECAE LINGVAE STVDIVM, QVOD ‖ iampridem Alpes in Germaniam transvolauit, diligenter ‖ retinendum, & ad plurimarum rerum, quae ab anno ‖ M.D.LXVI. usque ad tempus praesens contige- ‖ runt, non iniucundam cognitio- ‖ nem, editi. ‖ AVCTORE ‖ MARTINO CRVSIO, VTRIVSQVE LIN- ‖ guae in Tybingensi Academia Professore. ‖ Cum Indice copiosissimo. ‖

BASILEAE, ‖ PER LEONARDVM OSTENIVM, ‖ SEBASTIANI HENRIC-
PETRI ‖ IMPENSA. ‖ [Datierbar nach der Widmungsvorrede ins Jahr 1585].

Umfang und Format: *[8] Bl., 355, [1] S., 2°.*
Ausstattung: *Druckermarke, Holzschnitte, Randleisten, Initialen.*
Beiträger *am Beginn des Gesamtbandes: Iohannes Lauterbachius, Leonhardus Engel-*
hart, Salomon Frenzelius, Paulus Dolscius und Dauid Sigemundus; Beiträger von
Epicedia für Sibilla Crusius: Ioan. Posthius, Sigismundus Melanchthon, Ioan. Spen-
gius (gemeint ist Sprengius) und Carolus Hugelius (jeweils nur Fragmente); zahlreiche
weitere Beiträger im Gesamtband.
Benutztes Exemplar: *Erlangen UB 2° Phl. IX, 22 (angebunden sind die Turcograeciae,*
vgl. Werkverzeichnis 1584/2).

In seinem Werk "Germanograeciae" gab Crusius seine Reden und Gedichte nebst
Kommentierungen heraus.
   Die Widmungsvorrede des Gesamtbandes verfaßte Crusius am 17.2.1585 in Tübin-
gen; sie ist an den Herzog Ludovicus von Württemberg gerichtet.
   Das dritte Kapitel des vierten Buches enthält den zweisprachig - griechisch und la-
teinisch - parallel gedruckten Text einer Crusiuselegie gegen die Trunksucht (S. 133-
135; vgl. Überblick, Kapitel 19) sowie einen von Crusius selbst verfaßten Kommentar
("Annotationes") zu seiner Elegie (S. 135-138); darin begründet er die Widmung dieser
Elegie an Posthius und Melissus, letzterer habe ihn zum Beitritt zu dem Mäßigkeitsver-
ein aufgefordert (vgl. Überblick, Kapitel 19); den Posthius habe er schon über zehn
Jahre zuvor kennen- und schätzengelernt, als dieser 1561 einem griechischen Trostge-
dicht des Xylanders zum Tode von des Crusius Gattin Sibilla eine eigene lateinische
Elegie hinzufügt habe; Crusius zitiert dabei die beiden ersten Distichen dieser Elegie
sowie Fragmente aus Epicedia anderer Autoren, die 1561 in einer kleinen Schrift er-
schienen waren (vgl. Werkverzeichnis 1561/3). Außerdem führt Crusius bei der Angabe
der Quellen, die seiner Elegie gegen die Trunkenheit zugrunde gelegen hätten, das 13.
und 14. Distichon aus der oben unter Nr. 1 verzeichneten Posthiuselegie an, wobei al-
lerdings mehrere Druckfehler auffallen (so schon der zu "Poschius" verschriebene
Name des Posthius, S. 136). Von dem oben unter Nr. 4 verzeichneten Tetrastichon
übernahm Crusius sogar den kompletten Text (S. 137).

Literatur: *Pfeiffer: Die Meistersingerschule (1919), S. 45 (Pfeiffer spricht in mißver-*
standener Deutung des Crusiustextes von einem Posthiusbrief an Xylander; als Quel-
lenangabe nennt er versehentlich das sechste Buch der Germanograeciae).

1573/1b
**Verwendung von Texten aus der angeführten Vereinspublikation nebst weiterer
drei Posthiusgeichte ähnlicher Thematik etliche Jahre später in einer erweiterten
Neufassung dieser Vereinspublikation
in: Hornmoldus: In crapulam (1619):**

In ‖ CRAPVLAM ‖ PRO ‖ SOBRIETATE: ‖ SEV ‖ VOTVM POSTHI- ‖
MELISSAEVM, ‖ DE ‖ VITANDA ET FVGIENDA ‖ EBRIETATE. ‖ Red-
integratum, auctum, & ex diversis authoribus ‖ decem Epigrammatum centuriis ‖
celebratum, ‖ à ‖ SEBASTIANO HORNMOLDO Tubing. ‖ Aulae. Imp. & S.
Pal. Lat. Com. Consil. Wirtemb. ‖ P. L. ‖
1619. ‖ BASILEAE. ‖ Typis JOAN.[NIS] JACOBI GENATHII, ‖ Acad. Typographi. ‖

Umfang und Format: 464, [7] S., 8°.
Ausstattung: Druckermarke, Holzschnitt.
Mit zahlreichen Beiträgern.
Benutztes Exemplar: Stuttgart WLB fr. D. 6021.

*Die Schrift enthält eine Widmungsvorrede an Erasmus Posthius (S. 3-24), die Horn-
moldus am 1.11.1617 in Heilbronn verfaßte und in der er schreibt, er habe nach einer
Lektüre der Publikation von Posthius und Melissus aus dem Jahre 1573 (vgl. Werkverzeichnis 1573/1) begeistert mit Posthius Kontakt aufgenommen und sich als Ziel gesetzt, die nicht einmal 100 Gedichte aus dieser alten Publikation durch aufmerksames
Sammeln auf 1000 Gedichte zum Thema Nüchternheit aufzustocken. Daran anschließend ist ein Teil eines Posthiusbriefes vom 12.4.1597 abgedruckt (S. 25).*

*Am Beginn der ersten Zenturie zeigt ein Holzschnitt einen auf einem Tisch stehen-
den nackten Knaben mit Hörnern, der ein Schwert und ein Szepter, an dem eine Krone
hängt, trägt und auf das Tischtuch uriniert; sein linkes Bein ist von einer Kette um-
schlossen, die ein knieender Teufel festhält (S. 29). Einen ähnlichen Holzschnitt
veröffentlichte 1624 Guilhelmus Fabricius (vgl. Werkverzeichnis 1595/5). Den Sinn eines solchen Bildes erläutert Posthius in einem etwa 1566 entstandenen Gedicht aus
sechs Hexametern, das "In Ebrietatis Imaginem" überschrieben ist:*

> *QVIS typus hic? Stolidae vera Ebrietatis imago est,*
> *Cur ea veste caret? demens secreta reuelat.*
> *Quid gladius? caedes et vulnera. Cornua quid nam*
> *Designant? reddit petulantes. Illa corona*
> *Quid sceptro suspensa? adimit nempe ista Monarchis.*
> *Cur velati oculi? occaecat quia lumina mentis.*
> *(Parerga erste Ausgabe Bl. 56r, zweite Ausgabe Pars prima, S. 97).*

*Die Sammlung des Hornmoldus enthält insgesamt 35 Posthiusgedichte, die ver-
schiedenen Quellen entnommen wurden: Von den 1573 im "Votum" publizierten Posthiusgedichten übernahm Hornmoldus fünf, eines davon außerdem noch in einer anderen Fassung; 22 Gedichte - darunter zwei Fragmente - stammen aus den Parerga des
Posthius; eines dieser Gedichte wurde sogar doppelt abgedruckt; aus den "Tetrasticha"*

des Posthius schließlich entnahm Hornmoldus drei Epigramme und aus weiteren Quellen nochmals drei Gedichte; vielleicht hatte Posthius diese ihm mit seinem erwähnten Brief zugesandt.

Von den sieben im "Votum" publizierten Posthiusgedichten übernahm Hornmoldus die Nummern 1 bis 4 und 6 im selben Wortlaut (S. 40f, S. 46f, S. 276, S. 183 und S. 47), die Nummer 4 außerdem noch ein zweites Mal in einem etwas abweichenden Wortlaut, wohl aus einer anderen Quelle (S. 384); die Nummer 5 übernahm er ebenfalls, doch in der geänderten Textfassung der Parerga (S. 278).

Folgende Gedichte entnahm Hornmoldus den Parerga des Posthius unverändert:

QUòD natura parùm (S. 116f; Parerga in der ersten Ausgabe Bl. 37r bzw. in der zweiten Pars prima, S. 65),

VOLUNTARIA potio bibendi (S. 157 und abermals - im selben Wortlaut - S. 277; Parerga nur zweite Ausgabe, Pars altera, S. 79),

TU quoque Laurigeris (S. 158; Parerga nur zweite Ausgabe, Pars altera, S. 102),

QUòD nostro, Cleßi (S. 158; Parerga nur zweite Ausgabe, Pars altera, S. 102),

HAUSTO multa (S. 277; Parerga Bl. 47r bzw. Pars prima, S. 82),

ECQUOD Ebrietate (S. 277; Parerga Bl. 47r bzw. Pars prima, S. 82),

CONTINUA Ebrietas (S. 278; Parerga Bl. 47r bzw. Pars prima, S. 82),

VIVE pius (S. 278; Parerga Bl. 57r bzw. Pars prima, S. 95),

QUIS typus hic (S. 278; Parerga Bl. 56r bzw. Pars prima, S. 97),

VNDE rogas, hominum (S. 278; Parerga Bl. 69r bzw. Pars prima, S. 118),

ME gula castravit (S. 279; Parerga Bl. 71r bzw. Pars prima, S. 122),

SI Veneri et (S. 279; Parerga Bl. 71r bzw. Pars prima, S. 122),

OMNIBUS Ebrietas (S. 279; Parerga Bl. 86r f bzw. Pars prima, S. 146),

QUALIA Socratico (S. 279f; Parerga Bl. 132r bzw. Pars prima, S. 222),

LANGUERE ingenitum (S. 384f; Parerga nur zweite Ausgabe, Pars altera, S. 60

VINO vita simillima (S. 386; Parerga Bl. 47r bzw. Pars prima, S. 82),

EBRIA quin etiam (S. 386; es handelt sich um ein Distichon aus einem "Cùm tuus Italiae ..." beginnenden Epigramm, Parerga Bl. 49v f bzw. Pars prima, S. 86),

TE meritò oderunt (S. 387; Parerga Bl. 73r bzw. Pars prima, S. 125),

EBRIETAS genitrix (S. 387; Parerga Bl. 111r f bzw. Pars prima, S. 187),

ASTRLOGUS liquidâ (S. 387; Parerga Bl. 99r bzw. Pars prima, S. 167),

QUI verè esse pius (S. 388; es handelt sich um zwei Verse aus einem "QVI trahere infelix ..." beginnenden Gedicht aus stichischen Hexametern, Parerga Bl. 117v f bzw. Pars prima, S. 197),

MUlta quidem facimus (S. 388; Parerga nur zweite Ausgabe, Pars altera, S. 52).

Folgende Gedichte entnahm Hornmoldus den "Tetrasticha" des Posthius (angegeben sind Incipit, Seite bei Hornmoldus und Blatt bzw. Seite in den Tetrastichaausgaben von 1563 bzw. 1569; vgl. Werkverzeichnis 1563/1, 1563/1a und 1563/1b):

MATRUM turba frequens (S. 392; Tetrasticha Bl. bzw. S. 132),

PIRITHOO celebrante (S. 400; Tetrasticha Bl. bzw. S. 149) und

IN turpes abiêre (S. 400; Tetrasticha Bl. bzw. S. 165).

Folgende Gedichte entnahm Hornmoldus anderen Quellen:

[8.] mit einer Widmung an Melissus
  inc.: TE bibulum quereris
  expl.: cognitus esse mero.
  3 Distichen (S. 65).
[9.] mit der Überschrift "MUSCAE."
  inc.: TURPE, voluptatem
  expl.: denique, causa fuit.
  Tetrastichon (S. 159).
[10.] mit der Überschrift "In Buffalum."
  inc.:QUòD vasta te mole
  expl.: anteferendus erit.
  Tetrastichon (S. 386).

1573/2

**Ein Epigramm über die Erscheinung eines Kometen im Jahre 1572 und ein
Glückwunschgedicht zur Wahl des Johannes Aegolphus von Knöringen zum
Augsburger Bischof am 18.5.1573**

Autograph (geschrieben vermutlich im Mai 1573)

Umfang und Format: *Einzelblatt (beidseitig beschrieben), 2°.*
Fundort: *Erlangen UB Trew, Posthius Beilage a (=Ms. 1819, Bl. 759).*

*Das Blatt, das wohl aus dem Besitz des Joachimus II Camerarius stammt, enthält auf
Vorder- und Rückseite je ein von Posthius unterzeichnetes Epigramm:*
[1.] mit der Überschrift "De Stella noua."
  inc.: Qualis hyperboreo
  expl.: summa repentè dies.
  6 Distichen.
*[2.] mit einer Widmung an den Augsburger Bischof Johan[nes] Aegolphus [von Knö-
  ringen].*
  inc.: Rumor ut hîc, AEgolphe
  expl.: iam sibj, iure dolet.
  Tetrastichon.
  *In dem zweiten Gedicht gratuliert Posthius dem Aegolphus/Egolf von Knöringen
zur Bischofswahl; diese Wahl fand am 18.5.1573 statt und kann daher als terminus
post quem für das vorliegende Gedicht gelten.*
  *Das erste Gedicht entstand möglicherweise bereits einige Zeit zuvor, denn es han-
delt von einem Kometen, der 1572 im Sternbild Kassiopeia zu sehen war. Auch
Frischlinus verfaßte über diesen Kometen eine Elegie ("QVAE nova siderio ..."; die
Elegie bildet das fünfte Buch der Elegien in Frischlinus: Operum Poeticorum Pars elegiaca, 1601, unpaginiert).*

Parerga: *Posthius nahm beide Gedichte getrennt voneinander in seine Parerga mit auf,
das zweite nur leicht geändert und mit der Angabe "... cùm in Episcopum Au-* ‖ *gusta-*

num esset electus." im Titel (in der ersten Ausgabe Bl. 94r, in der zweiten Pars prima,
S. 159), das erste dagegen stark überarbeitet, mit der ergänzten Überschrift "DE
STELLA NOVA ANNO ‖ 1572. exorta" und einer Widmung an den Nürnberger Se-
nator Philippus Geuderus:

 inc.: QValis Hyperboreo
 expl.: cernere nemo velit?
 6 Distichen (Bl. 102v bzw. Pars prima, S. 173).

1573/3

**Acht Glückwunschgedichte und ein Widmungsepigramm zur Wahl des Julius
Echter zum Würzburger Bischof am 1.12.1573
in: Reverendissimo Principi Iulio carmina (1573):**

REVERENDISSIMO PRINCIPI, AC ‖ DOMINO, ‖ D. IVLIO EX NO= ‖ BI-
LISSIMA ECHTERORVM FAMILIA ‖ ELECTO EPISCOPO VVirzeburgensi,
& Fran= ‖ ciae Orientalis Duci illustrissimo, ‖ CARMINA ‖ Summae tum obse-
ruantiae, tum gratulationis ergò inscripta. ‖ Autorum nomina suis locis habentur. ‖
Vuirceburgi excudebat Dauid Heyn. ‖ [o. J.; datierbar nach dem Anlaß in den De-
zember 1573].

Umfang und Format: [16] Bl., 4°.
Ausstattung: Titelholzschnitt (Wappen der Familie Echter), Zierleisten.
Weitere Beiträger: Nicolaus Rudingerus und Iohannes Gelsamerus.
Benutztes Exemplar: Würzburg UB Rp. XXIV. 104 (angebunden daran sind die Gra-
tulationsgedichte des Dinnerus; vgl. Werkverzeichnis 1573/4).

Zur Bischofwahl Julius Echters vgl. Überblick, Kapitel 20.
 Gedichte von Posthius in dieser Schrift:
[1.] mit einer Widmung an Erasmus Neustetterus
 inc.: NVper ad herbosi
 expl.: dilige more tuum.
 6 Distichen (Bl. 2r).
[2.] mit der Überschrift "... CARMEN ‖ HEROICVM."
 inc.: VNde nouus tam
 expl.: Moenus ab undis.
 197 Hexameter (Bl. 2v-5v).
[3.] mit der sich auch auf die folgenden Gedichte beziehenden Überschrift "AD EVN-
 DEM PRINCIPEM ... ‖ ... Epigrammata. ‖ "
 inc.: HERBIPOLIS dum laeta
 expl.: pectore & ore senem.
 5 Distichen (Bl. 6r).
[4.] ohne besondere Überschrift
 inc.: ORta pruinosi lux
 expl.: frigore mittit hyems?
 4 Distichen (Bl. 6r).

[5.] ohne besondere Überschrift
   inc.: QVacunque ingrederis
   expl.: conciliatur amor.
   5 Distichen (Bl. 6r f).

[6.] mit der Überschrift "DE Eclipsi Lunae VIII. Decembris.
   Anno etc: LXXIII. ‖ ET FRANCIA: ‖ "
   inc.: QValis per tenebras
   expl.: restituit patriae.
   4 Distichen (Bl. 6v).

[7.] ohne besondere überschrift
   inc.: ESse tibi curae
   expl.: Principe uota ferat?
   4 Distichen (Bl. 6v).

[8.] mit der Überschrift "AD CHRISTVM DEVM PRO FELICI ‖ nouo Anno Vo-
   tum. ‖ "
   inc.: IAnus adest reseratque
   expl.: non peritura tui.
   4 Distichen (Bl. 7r).

[9.] mit der Überschrift "... DE MENSA PRINCIPIS."
   inc.: Qualia Socratico
   expl.: Caesaris esse dapes.
   7 Distichen (Bl. 7r).

Parerga: *Posthius nahm diese Gedichte großteils in seine Parerga auf (in der ersten Ausgabe Bl. 127r-132r, in der zweiten Pars prima, S. 213-222); dabei überarbeitete Posthius die Gedichte teilweise:*
obige Nr. 1: zweiter Teil geändert und gekürzt:
   expl.: hîc fuit vsa modis.
   5 Distichen (Bl. 127r bzw. Pars prima, S. 213);
obige Nr. 2: Verse 19, 28, 29, 87, 131, 142, 168 und 190 geändert;
obige Nr. 3: nicht abgedruckt;
obige Nr. 4: erster und zweiter Pentameter geändert;
obige Nr. 5: unverändert;
obige Nr. 6: unverändert;
obige Nr. 7: unverändert;
obige Nr. 8: nicht abgedruckt;
obige Nr. 9: unverändert.

1573/4

Ein enkomiastisches Epigramm über ein Gedicht des Dinnerus
in: Dinnerus: De electione Iulii gratulatio (1573):

DE ELECTIONE ‖ REVERENDISSIMI IN CHRISTO PRIN= ‖ CIPIS AC DOMINI, DN. IVLII EX NOBILISSIMA ‖ vetustissimáque ECHTERORVM stirpe Episcopi ‖ Vuirceburgensis, & Franciae Orientalis Ducis ‖ illustrissimi, CONRADI DINNERI ‖ Acroniani, I. C. & suae Celsitudinis ‖ CONSILIARII ‖ GRATVLATIO ‖
Vuirceburgi excudebat Dauid Heyn. ‖ [o. J.; datierbar nach dem Anlaß in den Dezember 1573].

Umfang und Format: [4] Bl., 4°.
Ausstattung: Titelholzschnitt (Wappen der Familie Echter).
Keine weiteren Beiträger.
Benutztes Exemplar: Würzburg UB Rp. XXIV. 104 (angebunden an die Gratulationsschrift des Posthius; vgl. Werkverzeichnis 1573/3), mit einer beim Binden bzw. beim Beschneiden verstümmelten handschriftlichen Widmung - vermutlich von Dinnerus - auf dem Titelblatt: "Vere nobili Viro Dn. Friderico Alberto ab ‖ Hessenburg etc. Vrbis praefecto, et Consiliario ‖ [ab da sind am unteren Blattrand nur noch einige Oberlängen erkennbar] dedic."

Die schmale Schrift enthält ein längeres hexametrisches Gedicht, in dem der Würzburger Hofjurist Conradus Dinnerus dem Iulius Echter zur Wahl zum Fürstbischof von Würzburg am 1.12.1573 gratulierte, sowie ein dies Gedicht preisendes Epigramm von Posthius:
[1.] mit einer Widmung an Fürstbischof Iulius.
  inc.: CVm noua Pierio
  expl.: Principe digna sonat.
  8 Distichen (Bl.1v).

Parerga: Das angeführte Gedicht wurde nicht abgedruckt.
Literatur: VD 16, D 1767.

1573/5

Vier enkomiastische Gedichte über Begleitepigramme des Lauterbach für eine Holzschnittausgabe
in: Lauterbachius: Enchiridion (1573):

[RS:] ENCHIRIDION ‖ VETERIS ET NO- ‖ VI TESTAMENTI, AVTORE ‖ IOHANNE LAVTERBACHIO, POE- ‖ TA CORONATO, LIB. VI. ‖ compraehensum. ‖ IN QVO THESAVRVM NOVVM, AMICE ‖ Lector, omnium vtriusque instrumenti Historiarum, et do- ‖ ctrinarum argumenta, in vsum Christianae adolescentiae, ‖ adeoque omnium pietatis amantium, doctißimis concinnata ‖ distichis, compraehendentem tibi exhibemus, additis ‖ iconibus historias ad viuum expressas re- ‖ praesentantibus. ‖ CVM PRAEFATIONE D. IOHANNIS ‖

Brentij. P. ‖ Handbuechlein deß Alten vnd Neuwen ‖ Testaments/ gestellt von Johann Lauterbach/ ‖ gekroenten Poeten/ in sechß Buecher/ vnd mit schoe = ‖ nen Figuren gezieret. ‖ Mit einer Vorred H. Johannis ‖ Brentij. ‖
Gedruckt zu Franckfurt am Mayn/ ‖ M.D.LXXIII. ‖ (IMPRESSVM FRAN-COFVRTI ‖ AD MOENVM, ‖ APVD PAVLVM ‖ REFFELER, IMPENSIS SI- ‖ gismundi Feyerabent ‖ M.D.LXXIII. ‖)

Umfang und Format: [471] Bl., 8°.
Ausstattung: Druckermarke, viele Holzschnitte.
Beiträger von Prosatexten: Neben dem im Titel bereits erwähnten Brentius noch VVilhelmus Bidenbachius (Teil eines Briefes an Iohannes Strubinus) und Martinus Crusius; Beiträger enkomiastischer Gedichte am Ende der ersten fünf Bücher: Stephanus Feierabent IV., Iohannes Posthius, Sebastianus Artomedes, Nicodemus Frischlinus und Georgius Ostermarius.
Benutztes Exemplar: München BSB B metr. 301.

In diesem Band werden Holzschnitte mit Themen aus der biblischen Geschichte durch deutsche und lateinische Verse erläutert.

Vor Beginn des ersten Buches sind verschiedene Texte mehrerer Autoren als Vorworte und Anreden an den Leser abgedruckt, alle undatiert. Die einzelnen Bücher werden dann jeweils durch ein mit einer Widmung versehenes Gedicht des Lauterbachius eingeleitet und durch ein oder mehrere Gedichte je eines anderen Autors abgeschlossen, mit Ausnahme des sechsten Buches, wo am Ende verschiedene Nachträge des Lauterbachius abgedruckt sind, u. a. ein "Satellitium Christianum" mit einem eigenen, in Prosa gehaltenen und am 15.3.1573 verfaßten Widmungsbrief des Lauterbachius an Iohannes Huldrichius de Talhaim.

Die Gedichte des Posthius schließen das zweite Buch ab:
[1.] mit einer Widmung an Iohan.[nes] Lauterbachius
    inc.: QVâm benè deducis
    expl.: sic tua fundat aquas.
    6 Distichen (Bl. 130v, Lage P$_2$y).
[2.] ohne besondere Überschrift
    inc.: Vrbs ea, qua sedem
    expl.: nunc Helicone, bibunt.
    4 Distichen (Bl. 130v, Lage P$_2$y).
[3.] mit der Überschrift "MORS ET VITA."
    inc.: Si patrem potuit
    expl.: quo minor ipse Deo.
    3 Distichen (Bl. 131r, Lage P$_3$f).
[4.] ohne besondere Überschrift
    inc.: Infelix hominum genus
    expl.: postera labe salus.
    3 Distichen (Bl. 131r, Lage P$_3$f).
Als Reusnerus im Jahre 1605 seine "Germania", einen Band über die Reichsstädte, herausbrachte (vgl. Literaturverzeichnis), fügte er seinen Prosaerläuterungen zu den

einzelnen Städten eigene sowie Gedichte anderer Autoren über die betreffenden Städte bei; dabei beschrieb er S. 168-170 auch "HAILPRVNNA"/Heilbronn und fügte S. 170-175 dann Gedichte über Heilbronn bei, darunter das oben unter Nr. 2 angeführte Posthiusgedicht "VRbs ea", das er dabei im selben Wortlaut abdruckte, also nicht im Wortlaut der Parerga (S. 170f). Die übrigen von Reusnerus verwendeten Gedichte über Heilbronn stammen von Ioan.[nes] Lauterbachius und Gasp.[arus] Bruschius.

Eine weitere Auflage der "Germania" des Reusnerus besorgte Philippus Ludovicus Anthaeus im Jahre 1651, allerdings mit dem geänderten Titel "Urbes imperiales" (vgl. Literaturverzeichnis); dort ist das Posthiusgedicht auf S. 141 abgedruckt, bis auf einen Druckfehler mit der früheren Auflage identisch.

Parerga: *Von seinen vier angeführten Gedichten nahm Posthius nur das zweite, ein Enkomion auf Lauterbachius, im Jahre 1580 in seine Parerga auf; dabei überarbeitete er den letzten Hexameter:*

> expl.: spreto Helicone, bibunt. (in der ersten Ausgabe Bl. 87r, in der zweiten Pars prima, S. 147).

Literatur: *VD 16, L 743.*

1573/6

Ein enkomiastisches Distichon für die versifizierten Sonntagsevangelien des Rudingerus

in: Rudingerus: Elegiarum evangelicarum libri (1573):

NICOLAI RV= ‖ DINGERI PISOVERNA- ‖ TIS ELEGIARVM EVANGE = ‖ LICARVM, IVXTA ORDINEM ‖ Dominicorum & Festorum die- ‖ rum totius anni, Li- ‖ bri tres. ‖ [Es folgen ein mit Überschrift fünf Zeilen umfassendes Gedicht des Autors "AD ZOILVM." und ein zwei Zeilen umfassendes Druckerprivileg.] ‖ NORIBERGAE, ‖ IN OFFICINA THEODO= ‖ RICI GERLATZENI. ‖ M.D.LXXIII. ‖

Umfang und Format: *[154] Bl., 8°.*
Weitere Beiträger *enkomiastischer Gedichte: Iacobus Piscator, Sebastianus Fridelius, Ioannes Lambinus, Marcus Eyrichius und Ioannes Premerus.*
Benutztes Exemplar: *Wolfenbüttel HAB A 200 Helmst. 8° (2).*

Das an Ludovicus a Stolbergk gerichtete Widmungsgedicht ist undatiert; der Band enthält nur ein Gedicht von Posthius:
[1.] *mit einer Widmung an Rudingerus:* "... ‖ ... ‖ ... ad Autorem Epi- ‖ gramma ‖ "
   inc.: *MVsa, Dei cum*
   expl.: *iam sonat Aula Dei.*
   3 Distichen (Bl. 3r).

Parerga: *Für den Abdruck in seinen Parerga arbeitete Posthius sein Gedicht so stark um, daß zwar noch ungefähr die gedankliche Linie der ursprünglichen Verse verfolgt wird, die Worte sich aber nahezu nirgends mehr decken:*

mit der Überschrift "IN ELEGIAS EVANGELI- || *cas Nicolai Rudingeri.* || *"*
    inc.: DOnum insigne Dei
    expl.: lucida templa sonant.
    4 Distichen (in der ersten Ausgabe Bl. 87r, in der zweiten Pars prima, S. 148).
Literatur: *VD 16, R 3485.*

1574/1

Vier Epicedia zum Tod des Joachimus I Camerarius (verstorben am 17.4.1574)

Autograph (geschrieben vermutlich Ende April/Anfang Mai 1574)

Umfang und Format: *2 Blätter, 2°.*
Fundort: *München BSB Clm 10368 (= Cam. 18), Nr. 321.*

Die beiden Blätter enthalten folgende Gedichte von Posthius:
[1.] mit der Überschrift "De obitu || *Clariss: ac doctiss: Virj D. Joachimj* || *Camerarij,*
    Epigrammata || *Johan: Posthij, M. D.* || *"*
    inc.: Ergò tristia fata sustulerunt
    expl.: Plena ac flumina lacrymationum.
    32 Hendekasyllaben (Bl. 1r f).
[2.] mit der Überschrift "Aliud."
    inc.: Jam septem numerans
    expl.: mente habitare domos.
    3 Distichen (Bl. 2r).
[3.] mit der Überschrift "Aliud."
    inc.: Phoebum quj Camerarium utriusque
    expl.: Lumen suppeditat perenne mundo.
    7 Hendekasyllaben (Bl. 2r).
[4.] mit der Überschrift "Aliud."
    inc.: Bis septem lustris
    expl.: Lipsia docta tuas.
    Tetrastichon (Bl. 2v).
Vermutlich wurden diese Gedichte des Posthius zusammen mit denen anderer Verfasser zum gleichen Anlaß von Joachimus II Camerarius publiziert (vgl. Brief vom 15.7.1574); bislang konnte ich jedoch noch kein erhaltenes Exemplar finden.

Parerga: *Posthius nahm seine angeführten Gedichte in seine Parerga in überarbeiteter Form und anderer Reihenfolge auf: Die obigen Nummern 2 und 3 sind miteinander vertauscht (in der ersten Ausgabe Blatt 106v-107v, in der zweiten Pars prima, S. 179ff); dabei wurden in obiger Nr. 3 auch Gedichtanfang und -ende geändert:*
    inc.: QVI Phoebum Camerarium vtriusque
    expl.: Lumen suppeditat perenne terris (Bl. 107r f).

1574/1a

Zeitgenössische Abschrift der Epicedia zum Tod des Joachimus I Camerarius

Manuskript (geschrieben vermutlich im Sommer 1574)

Umfang und Format: 2 Blätter, 2°.
Fundort: Dresden SLB Mscr. Dresd. R 185, Bl. 245f.

Die Trauergedichte des Posthius zum Tode des Joachimus I Camerarius wurden vermutlich nur durch Abschriften verbreitet; eine solche Abschrift hat sich in Dresden erhalten.

Diese beiden Blätter enthalten die oben angeführten Posthiusgedichte mit demselben Wortlaut wie die Münchner Blätter, doch sind die Überschriften durch Hinweise auf Franken als Heimat von Joachimus I Camerarius (vgl. die Überschrift oben) und auf Würzburg als Abfassungsort der Gedichte in auffälliger Weise verändert:
die obige Nr. 2 ist "Aliud Ex metropoli ‖ Francorum ‖ ",
die obige Nr. 3 ist "Aliud Ex Vircenb." und
die obige Nr. 4 ist "Al. Fran:" überschrieben.

Literatur: L. Schmidt: *Katalog der Königlichen Öffentlichen Bibliothek zu Dresden,* Bd. III, Leipzig 1906, S. 251.

1574/2

Ein enkomiastisches Gedicht für die Geschichte der römischen Kaiser des Goltzius
in: Goltzius: Caesar Augustus (1574):

CAESAR AVGVSTVS ‖ SIVE HISTORIAE ‖ IMPERATORVM CAESARVMQVE ‖ ROMANORVM EX ANTIQVIS ‖ NVMISMATIBVS RE-STITVTAE ‖ LIBER SECVNDVS ‖ ACCESSIT CAESARIS AVGVSTI ‖ VITA ET RES GESTAE ‖ HVBERTO GOLTZIO HERBIPOLITA ‖ VENLO-NIANO CIVE ROMANO ‖ AVCTORE ET SCVLPTORE ‖ BRVGIS FLANDRORVM ‖ AN• A• CHR• NAT• ‖ M•D•LXXIIII. ‖

Umfang und Format: [24] S. Text, 83 ganzseitige Tafeln, [1], 248, [40] S., 2°.
Ausstattung: Titeleinfassung, Münzabbildungen.
Weitere Beiträger: Adolphus Mekerchus, Ludovicus Carrio, Victor Giselinus, Hadrianus Iunius, Ioachimus Tydichius, Carolus Utenhovius, Georgius Fabricius und Ioachimus Camerarius.
Benutztes Exemplar: Nürnberg StB 157.2° (Liber primus und Liber secundus sind zusammengebunden).

Das durch Abbildungen von Münzen illustrierte Werk des Goltzius erschien in zwei Bänden, deren erster bereits im Jahr zuvor herausgekommen war ("C• IVLIVS CAESAR ‖ SIVE HISTORIAE ‖ ... ‖ ... ‖ LIBER PRIMVS ‖ ... ‖ ... ‖ ... ‖ ... ‖ ... ‖ ANN•M•D•LXIII ‖ "; [34] S. Text, 57 ganzseitige Tafeln, [7], 231, [49] S., Titeleinfas-

sung, 2°). Während im ersten Band keine Texte von Posthius enthalten sind, ist im zweiten eines seiner Gedichte abgedruckt:
[1.] mit einer Widmung an Hubertus Goltzius
   inc.: DE patria magni lis
   expl.: quod facis, omne facis.
   5 Distichen (Bl. 4v).

Parerga: *Posthius nahm sein Gedicht, im Text stark überarbeitet und ohne das letzte Distichon, in seine Parerga auf:*
   inc.: DE Patria magni lis
   expl.: viuet in orbe tuus.
   4 Distichen (in der ersten Ausgabe Bl. 67v, in der zweiten Pars prima, S. 116).

1574/3
Ein Epigramm für ein Buchgeschenk an Neidhardus à Thungen

Autograph (geschrieben vermutlich 1574)

Umfang und Format: *Vor den Beginn des Textes eingebundenes Blatt in ein Exemplar des "Votum" von 1573 (vgl. Werkverzeichnis 1573/1), beidseitig beschrieben, 8°.*
Fundort: *Wolfenbüttel HAB Li 7127, ungezähltes Blatt.*

Posthius schenkte mit diesem Epigramm ein Exemplar der Vereinsschrift "Votum" dem Neidhardus à Thungen, der von 1574 bis 1583 das Amt eines Domdekans innehatte; da Posthius ihn mit diesem Titel anspricht, muß die Widmung während dieser Amtszeit erfolgt sein, wahrscheinlich bald nach dem Erscheinen der Vereinsschrift "Votum", die 1573 herausgekommen war.
[1.] mit der Widmung "Re[veren]do ac Nobilj Viro, Domino ‖ Neidhardo à Thungen, ‖ Cathedral: Ecclesiae ‖ Wirzeburg: Decano ‖ digniss[im]o, Domino & ‖ Patrono suo ob = ‖ seruando. s. ‖
   inc.: Haec, Neidharde, tibj
   expl.: lux hodierna tuis.
   4 Distichen (verso und recto),
   mit der Unterschrift: "R. D. V. addictissimus Jo: Posthius M. D."

Parerga: *Das angeführte Gedicht wurde nicht abgedruckt.*

1574/4 (verfaßt 1564 oder 1565)
**Ein enkomiastisches Gedicht für von Melissus verfaßte Lieddtexte
in: Melissus: Schediasmata poetica (1574):**

MELISSI ‖ SCHEDIASMATA ‖ POETICA. ‖ Item ‖ FIDLERI FLVMINA. ‖ (F. FIDLERI ‖ FLVMINA, ‖ CARMINE ‖ DESCRI- ‖ PTA. ‖) FRANCOFORTI AD MAENVM, ‖ Anno Christi 1574. ‖ (FRANCOFVRTI AD MAE- ‖ NVM, APVD GEORGIVM CORVI- ‖ num, impensis Matthaei Harnisch, ‖ Bibliopolae Heydelber- ‖ gensis. ‖ M.D.LXXIIII. ‖)

Umfang und Format: *[8] Bl., 195 S., [3] Leerseiten, neu paginiert 31 S., [1] Leerseite, 8°.*

Ausstattung: *Titeleinfassung, Druckermarke, Holzschnitte, Zierleisten.*

Weitere Beiträger *am Anfang des Gesamtbandes: Ioachimus [I] Camerarius, Carolus Utenhovius, Henricus Stephanus, G. Fabricius, Gerhartus Falkenburgius, Io. Lauterbachius, I. B. Rotanus, N. Clemens Trelaeus, N. Rudingerus, François d' Averly/Franciscus Averlius und der Drucker; Beiträger enkomiastischer Gedichte für des Fidlerus "Flumina": Melissus, VVolfgangus Hallerus und G. Fabricius.*

Benutzte Exemplare: *Nürnberg StB Phil. 2861, 8°; das Exemplar enthält auf den vor das Titelblatt gebundenen Leerseiten ein mit Hand gezeichnetes, koloriertes Wappen des Melissus und ein autographes Widmungsgedicht von Melissus an Georgius Palma, das "Noribergae XII Kal. Junij A° ‖ MDLXXXI Melissus" unterzeichnet ist ("En tibi nunc ...", 4 Distichen); auch enthält das Exemplar vereinzelt handschriftliche Streichungen; an den Band sind, wohl auf Veranlassung des Melissus, dessen 1575 erschienene "Schediasmatum reliquiae" angebunden (vgl. Werkverzeichnis 1575/1).*
München UB 8° P. lat. rec. 279; auch hier sind die 1575/76 erschienenen "Schediasmatum reliquiae" angebunden (vgl. Werkverzeichnis 1575/1a).
München BSB Einbandsammlung P. o. lat. 922, angebunden an die 1575/76 erschienenen "Schediasmatum reliquiae"; das Exemplar stammt aus dem Besitz von des Melissus Gattin (vgl. Werkverzeichnis 1575/1a).

Im Jahre 1566 war des Melissus Liedersammlung "Cantionum musicarum quatuor et quinque vocum liber unus" mit Musiknoten erschienen, und zwar in fünf Heften für Tenor, Diskant, Alt, Baß und fünfte Stimme (eine Abschrift des Tenorheftes befindet sich in Erlangen UB Handschrift B 77, Anlage; vgl. auch Krauß: Melissus, 1918, Bd. II, S. 337, Nr. 2). Für diese Liedersammlung schrieb Posthius ein enkomiastisches Gedicht, vielleicht bereits während seines Italienaufenthaltes 1564 oder 1565, da er es in seinen Parerga in das Buch "Italica" einordnete. Melissus publizierte dies Gedicht vermutlich erstmals in seinen "Schediasmata":
[1.] mit der Überschrift "De cantionibus Melissi, musici ‖ & poëtae laureati. ‖ "
    inc.: ARte fuit gemina
    expl.: mulcet eas modulis.
    4 Distichen (Bl. 5r f).

Parerga: *Posthius nahm sein Gedicht unverändert in seine Parerga auf (in der ersten Ausgabe Bl. 39v, in der zweiten Pars prima, S. 69).*
Literatur: *Adamus: Vitae philosophorum (1615), S. 447; Krauß: Melissus (1918), Bd. I, S. 243-259; Mittler: Bibliotheca Palatina (Ausstellungskatalog), Textband (1986), S. 422, Nr. G 2.4.*

1574/5

Ein Scherzepigramm über die vorzeitig ergrauten Haare des Joachimus II Camerarius

Autograph (geschrieben am 14.11.1574)

Umfang und Format: Einzelblatt; 2°.
Fundort: Erlangen UB Trew, Posthius 102 (= Ms. 1819, Bl. 758).

Dies Gedicht folgt unmittelbar auf den Text des Posthiusbriefes vom 14.11.1574.
[1.] mit einer Widmung an Joachimus II Camerarius
    inc.: Vix, Joachime, aeuj
    expl.: crinibus esse potest.
    Tetrastichon.
    Weitere die vorzeitig ergrauten Haare des Joachimus II Camerarius besingende Gedichte übermittelte Posthius zusammen mit den Briefen vom 17.11.1574 und vom 29.9.1576, nahm aber nur das letzte dieser Gedichte in seine Gedichtsammlung "Parerga" auf.

Parerga: Das angeführte Gedicht wurde nicht abgedruckt.

1574/6

Ein Scherzepigramm über die vorzeitig ergrauten Haare des Joachimus II Camerarius und eine Invektive gegen das Hofleben

Autograph (geschrieben am 17.11.1574)

Umfang und Format: Einzelblatt, 2°.
Fundort: Erlangen UB Trew, Posthius 14 (= Ms. 1819, Bl. 559)

Diese beiden Gedichte sind in den fortlaufenden Text des Posthiusbriefes vom 17.11.1574 mit eingefügt. Es handelt sich dabei um noch nicht fertig ausgearbeitete Entwürfe.
[1.] ohne Überschrift
    inc.: Candescunt, Joachime, tibj
    expl.: Posthius führt zwei Schlußverse zur Auswahl an:
      a) Qualia longaeuj uix potuêre senes.
      b) Qualia sub canis paucj habuêre comis.
    Tetrastichon.
[2.] mit der Überschrift "Jtem in Aulam."
    inc.: Quam sequor, et cuius
    expl. (des 5.Verses): ore pudorem (Abbruch nach dem 5. stichischen Hexameter mit den Worten "Caetera adhuc meditor.")
    Weitere die vorzeitig ergrauten Haare des Joachimus II Camerarius besingende Gedichte übermittelte Posthius zusammen mit den Briefen vom 14.11.1574 und vom 29.9.1576, nahm aber nur das letzte dieser Gedichte in seine Gedichtsammlung "Parerga" auf.

Ein Gedicht gegen das Hofleben, das dem zweiten Epigramm dieses Briefes ähnelt, steht in den "Parerga" des Posthius (vgl. Werkverzeichnis 1575/1).

Parerga: *Die angeführten Gedichte wurden nicht abgedruckt.*

1575/1

Vier an Melissus gerichtete Gedichte, darunter zwei enkomiastische Epigramme über das Wappen des Melissus
in: Melissus: Schediasmatum reliquiae (1575):

MELISSI ‖ SCHEDIASMA = ‖ TVM RELIQVIAE. ‖ (Es folgen ein griechisches Distichon, das Bildnis des Melissus und ein lateinisches Distichon.) ‖ ANNO CHRISTI 1575. ‖ [o. O., wohl Frankfurt].

Umfang und Format: *[8] Bl., 450, [1] S., 8°.*
Ausstattung: *Titeleinfassung (Rahmung des Namens des Melissus), Porträts des Melissus und Abbildung seines Wappens, Zierleisten.*
Beiträger von Gedichten *innerhalb der Musenbücher: Johannes Utenhovius (u. a. griechische Fassung eines deutschen und lateinischen Akrostichons des Melissus), N. Clement (Übersetzung mehrerer Melissusgedichte ins Französische, darunter auch eines Gedichtes über des Posthius Wahlspruch, S. 36) und ein "S. G. S."; Beiträger zweier Briefe innerhalb der Musenbücher: Claudius Goudimel; Beiträger von Texten am Beginn der Nachdichtungen aus der griechischen Anthologie: C. Utenhovius und Nicolas Clement (Gedichte) sowie Henr. Stephanus (Prosatext); Beiträger von Gedichten im "Lilietum cygneum": Franciscus Portus, Hieronymus Wolfius, Xylander, Martinus Crusius, ein "T. B. V.", L. Masurius/Louis des-Masures, Henr. Stephanus, Ios. Scaliger, Gerartus Falkenburgius, C. Utenhovius, Io. Sambucus, François d'Averly, Fridericus Syllaepurgius, I. B. Rotanus, Io. Posthius, Nathan Chytraeus, N. Clement Vizelisian, N. Rudingerus, Io. Lauterbachius, Sebastianus Schefferus, Io. Maior Ioachimus, Andreas Mergiletus und A. Ducros; Beiträger von Gedichten im "Miscellorum appendix": Henricus Stephanus, Martinus Crusius, Ioan. Iac. Boissartus, N. Clement de Treles, N. Rudingerus, Andreas Mergiletus, N. Reusnerus, Io. Posthius, ein "T. B.", Fridericus Syllaepurgius, François d'Averly/Averlius, André du Cros, Nicodemus Frischlinus, Car. Utenhovius, Titus Vespas. Stroza, Iohannes Utenhovius, Iohannes Ladislaus, G. Fabricius, A. Charopus und Georgius Averlius; Beiträger von Briefen im "Miscellorum appendix": Ein "T. B.", Ludovicus Masurius, Iohannes Utenhovius und Fr. Averlius.*
Benutzte Exemplare: *Nürnberg StB Phil. 2861, 8° (angebunden an die "Schediasmata" von 1574, mit einer autographen Widmung des Melissus (vgl. Werkverzeichnis 1574/4). Wolfenbüttel HAB 125.4 Poetica, mit den Initialen "PSM" auf dem Einband, vielen handschriftlichen Eintragungen im Text und einem handschriftlichen Eintrag eines "Christophorus Basileus Becker" von 1620 unten auf dem Titelblatt; ein weiterer Besitzereintrag auf diesem Titelblatt wurde offenbar herausgeschnitten.*

Diese Gedichtsammlung des Melissus bildet eine Art Ergänzungsband zu der im Jahr zuvor erschienenen Sammlung "Schediasmata" (vgl. Werkverzeichnis 1574/4). Sie enthält einige Gedichtzyklen, beispielsweise die Musenbücher (S. 1-193), ergänzende Epigramme zu den Musenbüchern (S. 194-210) oder Nachdichtungen aus der griechischen Anthologie (S. 211-267) und "Spinae" (ab S. 385). Außerdem publizierte Melissus eine Sammlung von Gedichten verschiedenster Autoren auf sein Wappen und sein Bildnis; dieser Teil des Gesamtbandes beginnt mit dem eigenen Titel "LILIETVM ‖ CYGNEVM, ‖ In quo leguntur ‖ CLARISS. VIRORVM EPI- ‖ GRAMMATA IN MELISSI ‖ VIRI EQVESTRIS INSIGNIA ‖ EIVSQVE EFFIGIEM ‖ SCRIPTA. ‖ " (S. 269-301; nach S. 270 ist in einigen Exemplaren, so in dem Nürnberger, nicht aber in dem Wolfenbütteler, ein Blatt mit dem Porträt des Melissus recto und seinem Wappen verso eingebunden, vgl. unten unter Werkverzeichnis 1575/1a). Dann folgt, nach einem an den "Philomusus" gerichteten Prosatext des Melissus, ein "MISCELLORVM ‖ APPENDIX. ‖ ", der ebenfalls Texte verschiedenster Autoren enthält (S. 305-383). Dieser Appendix beginnt mit etlichen Gedichten, die in Zusammenhang mit dem von Posthius und Melissus gegründeten Mäßigkeitsverein "Votum" stehen (vgl. Werkverzeichnis 1573/1); er enthält Verse von Henricus Stephanus "In votum Postimelissaeum" ("EBrietas solio ...", S. 307-309), von Martinus Crusius ("Τίς κακότης ...", mit lateinischer Übersetzung, an Posthius und Melissus gerichtet, S. 310-317), von Ioan. Iac. Boissartus ("QVàm bene de ...", an Melissus gerichtet, S. 318-321), von N. Clement de Treles "Contre les ivrognes." ("Dvsse-je perdre ...", an Melissus und Posthius gerichtet, S. 321-324), von N. Rudingerus ("QVi cyanthis primus ...", an Posthius gerichtet, S. 324-326, und "QVi choreas docuit ...", an Melissus gerichtet, S. 326-328) und von Andreas Mergiletus "IN VOTVM MELISSI" ("FRatris ut alterius ...", S. 328f). Außer den bereits erwähnten Widmungen an Posthius sind auch einige Gedichte von Melissus und von Nicolas Clement de Treles an den verschiedensten Stellen des Gesamtbandes an Posthius gerichtet.

 Gedichte von Posthius in der Sammlung "Lilietum cygneum":

[1.] mit der Überschrift "Ad insignia Melissi"
 inc.: QVi cygnum superat
 expl.: carmina digna facis.
 Tetrastichon (S. 294).

[2.] ohne besondere Überschrift
 inc.: PHoebi munus olor
 expl.: numina tanta suis!
 Tetrastichon (S. 295).

 Gedichte von Posthius in der Sammlung "Miscellorum appendix":

[3.] mit der Überschrift "IN VITAM AVLICAM, ‖ Ad Melissum ‖ "
 inc.: QVi trahere infelix
 expl.: qui liqueris aulam!
 17 Hexameter (S. 331).

[4.] an Melissus gerichtet
   inc.: OMnia praesentem
   expl.: somnia vana, nihil.
   5 Distichen (S. 363).

Parerga: *Posthius nahm seine vier Gedichte jeweils leicht überarbeitet in seine Parerga auf. Die beiden Gedichte auf das Wappen des Melissus publizierte er in umgekehrter Reihenfolge und änderte in der obigen Nr. 2 den Beginn des letzten Pentameters, in der obigen Nr. 1 das Ende des letzten Hexameters:*
   expl.: carmina digna canis. (in der ersten Ausgabe Bl. 92v, in der zweiten Pars prima, S. 156).
   Im Gedicht über das Hofleben wurde nur das vorletzte Wort verändert:
   expl.: qui liquerit aulam. (in der ersten Ausgabe Bl. 117v f, in der zweiten Pars prima, S. 197).
   In der obigen Nr. 4 verbesserte Posthius zwei Stellen, darunter das Ende des Gedichtes:
   expl.: somnia, verba, nihil. (in der ersten Ausgabe Bl. 144v f, in der zweiten Pars prima, S. 241).
Literatur: *Krauß: Melissus (1918), Bd. I, S. 270-290; Richter: Egenolffs Erben (1967), Sp. 979, Nr. 391.*

1575/1a
Wiederabdruck der angeführten Posthiusgedichte für Melissus in einer weiteren Auflage der Melissusgedichte
Melissus: Schediasmatum reliquiae (1576):

MELISSI ‖ SCHEDIASMA= ‖ TVM RELIQVIAE. ‖ (Es folgen ein griechisches Distichon, das Bildnis des Melissus und ein lateinisches Distichon.) ‖ FRANCOFORTI AD MAENVM, ‖ Anno Christi 1575. ‖

Umfang und Format: *[8] Bl., 450, [1] S., 8°.*
Ausstattung: *Titeleinfassung, Holzschnitt (Porträt des Melissus), Zierleisten.*
Beiträger: *wie unter Nr. 1575*
Benutzte Exemplare: *München UB 8° P. lat. rec. 279:2, angebunden an des Melissus "Schediasmata" von 1574 (vgl. Werkverzeichnis 1574/4); das Melissusporträt nach S. 270 ist herausgerissen. München BSB Einbandsammlung P. o. lat. 922, mit zu "1576" verbesserter Jahreszahl und mit dem autographen Besitzervermerk von des Melissus Gattin "AEmilia ‖ melißin" unten auf dem Titelblatt. Auf dem Einband ist das Wappen des Melissus eingeprägt; angebunden sind des Melissus "Schediasmata" von 1574 (vgl. Werkverzeichnis 1574/1).*

Von des Melissus Gedichtsammlung "Schediasmatum reliquiae" erschien offenbar im Jahr 1576 eine erneute, inhaltlich praktisch unveränderte Auflage, deren Titelblatt zwar von dem der Auflage von 1575 abweicht, auf dem jedoch - wohl aus Versehen - ebenfalls die Jahreszahl "1575" angegeben ist; in dem aus des Melissus Familienbesitz stammenden Exemplar der Münchner Staatsbibliothek ist diese Jahreszahl mit Hand zu "1576" verbessert. Die Posthiusgedichte sind im selben Wortlaut wie in Nr. 1575/1 abgedruckt.

Dem angeführten Exemplar aus der Bayerischen Staatsbibliothek liegt ein von Dr. Ant. Ruland am 22.7.1850 in München angefertigter Vermerk bei: "Die Merkwürdigkeit dieses Exemplars besteht darin, dass dasselbe

a) der Bibliothek des Verfassers, wie der mit seinem Wappen bezeichnete Einband lehrt, selbst angehörte;

b) dass dasselbe auf dem Titel, dessen Jahreszahl übrigens verfälscht ist, die eigne Handschrift seiner Gattin -'Emilia Melissin' trägt, und

c)endlich zwischen Pag. 270 und 271 das Bildniss u. Wappen des P. Melissus, welches fast in allen Exemplaren, die sich vorfinden, zu fehlen pflegt - enthält.

In soferne ist dieses Exemplar für die Kenner dieses berühmten Dichters eine grosse Merkwürdigkeit."

1575/1b
Verwendung eines der angeführten Gedichte für Melissus in einer Anthologioe über die Nachteile des Hoflebens.
in: Petreus: Aulica vita (1577):

AVLICA VITA, ‖ Et opposita huic ‖ VITA PRIVATA; ‖ A DIVERSIS TVM VETE- ‖ RIBVS TVM RECENTIORIBVS ‖ Autoribus luculenter descripta, ‖ vt proxima indicabit pa- ‖ gella. ‖ Cum INDICE locupletißimo. ‖ NVNC PRIMVM IN HOC EN- ‖ chiridion collecta, atque in lu- ‖ cem edita, ‖ AB ‖ HENRICO PETREO HERDE- ‖ siano, Scholae Francofurtensis ad ‖ Moenum Rectore. ‖ Francofurti ad Moenum. ‖ Anno M.D.LXXVII. ‖ [das Erlanger Exemplar ist ohne Impressum; nach VD 16, P 1749 gibt es auch Exemplare mit Impressum, so München BSB Ph. Pr. 261 f/1: (A- ‖ pud Ioannem Feyrabendt, expen- ‖ sis Sigismundi Feyer- ‖ abendts ‖)]

Umfang und Format: [12], 164, [3] Bl., 8°.
Ausstattung: kleinerer Zierat.
Benutzte Exemplare: Erlangen UB Hist 125[bo].
München BSB Ph. Pr. 947a, *mit einem eingeklebten bedruckten Blatt, in dem darauf hingewiesen wird, daß dieses Buch zusammen mit 1003 weiteren Büchern und mit mathematischen Instrumenten im Jahre 1588 vom Augsburger Domprobst VVolfgangus Andreas Rem à Ketz per Testament dem Augsburger Kloster Heilig Kreuz vermacht wurde.*
Weitere Auflage: Bereits im folgenden Jahr 1578 erschien eine zweite, erheblich erweiterte und teilweise neu gesetzte Ausgabe (vgl. Literaturverzeichnis unter Petreus); das Posthiusgedicht ist in dieser Ausgabe neu gesetzt, doch inhaltlich unverändert (Bl. 147r f).

Die Sammlung enthält im ersten, dem Hofleben gewidmeten Teil u. a. Texte von Aeneas Sylvius Picolomini, Ulrichus Huttenus, Lucianus Samosatensis, Erasmus Roterodamus, Conradus Heresbachius, Henricus Cornelius ab Nettersheim, Plato, Xeno-

phon, Cicero, P. Melissus, Thomas Morus, Henricus Stephanus, Petrus Lotichius Se-
cundus und Henricus Petreus, der auch am 18.10.1575 in Basel die Widmungsvorrede
an Johannes Fichardus verfaßte. Aus ihr geht hervor, daß Posthius dem Petreus beim
Besorgen der Texte half, indem er ein Exemplar des Huttendialoges "Mare aulicum"
aus dem Besitz des Joachimus Camerarius an Petreus vermittelte. Auch stellte er eines
seiner Gedichte, in dem er die Nachteile des Hoflebens herausstreicht, für die Antho-
logie zur Verfügung.

Die Widmungsvorrede des zweiten, dem ruhigen Privatleben gewidmete Teil ver-
faßte Petreus ebenfalls 1575 in Basel; in ihm sind vor allem antike Texte von Virgilius,
Horatius, Boetius, Claudianus etc. vereinigt.

Das Posthiusgedicht - oben Nr. 3 - ist im ersten Teil der Sammlung in derselben
Fassung wie in den "Schediasmatum reliquiae" des Melissus von 1575 abgedruckt (Bl.
132r f).

Das Posthiusgedicht über das Hofleben wurde im selben Wortlaut 1583 auch in ei-
ner bei Feyerabend in Frankfurt erschienenen, von Hegelundus herausgegebenen An-
thologie, die vor allem Melanchthongedichte enthält, publiziert (vgl. Literaturverzeich-
nis unter Hegelundus, darin S. 115f).

Literatur: *VD 16, P 1749.*

1575/2

Zwei Gedichte über ein von Joachimus II Camerarius erworbenes Landgut

Autograph (geschrieben am 22.3.1575)

Umfang und Format: *Doppelblatt, 2°.*
Fundort: *Erlangen UB Trew, Posthius 17 (= Ms. 1819, Bl. 562f).*

Diese beiden Gedichte fügte Posthius in den Text seines Briefes vom 22.3.1575 ein.
[1.] mit der Überschrift "Jn Praedium rusticum || Joachimj Camerarij || "
   inc.: Candida Flora
   expl.: pandere cunctis.
   3 Hexameter.
[2.] mit der Überschrift "De Vitibus D.Joach: || Camerario missis. || "
   inc.: Mitto tibj omnigenas
   expl.: nomen in ore feres.
   Tetrastichon.

Parerga: *Die angeführten Gedichte wurden nicht abgedruckt.*

1575/3

Eine Elegie über Wildbad

Autograph (geschrieben wahrscheinlich am 2.6.1575)

Umfang und Format: Doppelblatt, 2°.
Fundort: Erlangen UB Trew, Posthius Beilage b (= Ms. 1819, Bl. 760f).

Posthius übersandte diese Abschrift seiner Elegie dem Joachimus II Camerarius mit seinem Brief vom 2.6.1575.
[1.] mit der Überschrift "De Thermis Ferinis ‖ Elegia Jo: Posthij. ‖ "
  inc.: Quanta dej bonitas
  expl.: uiue, ualeque diu.
  18 Distichen.

Parerga: Posthius nahm diese Elegie als Elegie I,10 in seine Parerga auf; dabei überarbeitete er sie: Die Verse 32 und 36 wurden ganz neu gefaßt:
  expl.: damna leuarit ope.
Literatur: Von dieser Elegie gibt es eine neuere Übersetzung bei Krauß: Ein Mäßigkeitsverein, 1928, S. 14; wieder abgedruckt bei Becker: Arzt, Dichter und Postreiter, 1936, S. 8; als Grundlage der Übersetzung diente die Textfassung der Parerga; weder Krauß noch Becker ewrwähnen das Autograph.

1575/4

Ein Anagramm für Ludovicus Camerarius den Älteren

Autograph (geschrieben wahrscheinlich am 25.11.1575)

Umfang und Format: Einzelblatt, 2°.
Fundort: Erlangen UB Trew, Posthius Beilage c (= Ms. 1819, Bl. 763).

Posthius übersandte dies Epigramm mit seinem Brief vom 25.11.1575.
[1.] mit der Überschrift "Epigramma ‖ Jn Cl: V. D. Ludouicj Camerarij ‖ Anagrammatismum, quj est, ‖ Culmus radice suauior. ‖ "
  inc.: Et nomen, Ludouice, tuum
  expl.: laeta complet horrea.
  6 Distichen.

Parerga: Posthius nahm dies Gedicht in etwas überarbeiteter Form in seine Parerga auf (in der ersten Ausgabe Bl. 141v, in der zweiten Ausgabe Pars prima, S. 236).

1575/5

Ein Distichon als Dank für eine angekündigte Buchkopie

Autograph (geschrieben am 19.12.1575)

Umfang und Format: Doppelblatt, 2°.
Fundort: Erlangen UB Trew, Posthius 31 (= Ms. 1819, Bl. 577f).

Posthius fügte dies Gedicht in den Text seines Briefes vom 19.12.1575 an Joachimus II
Camerarius ein.
[1.] ohne Überschrift
   inc.: Nempe mihj accendis
   expl.: luceat usquè tibj.
   Distichon.

Parerga: Das angeführte Gedicht wurde nicht abgedruckt.

1576/1 (verfaßt 1575)

Drei Epithalamia zur Hochzeit des Gregorius Bersmanus mit Magdalena Helbor-
nia, die am 7.2.1575 heirateten
in: Bersmanus: Poemata (1576):

POEMATA ‖ GREGORIJ Bersmani ‖ Annaebergensis, ‖ IN LIBROS DVODE-
‖ CIM DIVISA. ‖
LIPSIAE. ‖ (LIPSIAE ‖ Imprimebat Iohannes Steinman. ‖ TYPIS VOEGELIA-
NIS. ‖ Anno M.D.LXXVI. ‖)

Umfang und Format: [9] Bl., 333 S., 8°.
Ausstattung: Druckermarke.
Beiträger enkomiastischer Gedichte am Werkanfang: Iohan. Posthius; Beiträger eines
Gedichtes an Bersmanus im "Carminum sacrorum ‖ LIBER I.": Ioach.[imus I] Ca-
mer.[arius]; Beiträger von Hochzeitsglückwünschen: Adamus Siberus, Michael Barth,
Christophorus Schellenbergius, Laurentius Finckelthusius, Christophorus Finckelthu-
sius, Christophorus Profius, Hieronymus Rhudenus und Iohann. Posthius; Beiträger
von Briefen: Georgius Fabricius und Ioachim.[us I] Camerarius.
Benutztes Exemplar: Erlangen UB Phl. IX,98 (Beiband).

Bersmanus publizierte die Glückwunschgedichte zu seiner Hochzeit in den Ge-
samtausgaben seiner Gedichte, die 1576 und 1591 (vgl. Werkverzeichnis 1591/2) er-
schienen. Die Ausgabe von 1576 enthält einen an Posthius gerichteten Widmungsbrief
vom 9.4.1576 aus Leipzig (Bl. 2r-8v), gefolgt von zwei "ELOQUIO teneros" und "IN
NOVA migrarent" beginnenden Posthiusgedichten (Bl. 9r), ein Buch "Carmina sacra",
vier Bücher "Epithalamia" - das vierte ist ein "[Liber] Adoptivus" -, drei Bücher
"Encomiastica", zwei Bücher "Epicedia", ein Buch "Tumuli", ein Buch "Elegiae", ein
Buch "Lusus" und fünf Briefe an Bersmanus, die der Drucker nach eigenen Worten
deshalb hinzufügte, weil noch Platz vorhanden war.

Von den vier Büchern "Epithalamia" stammen drei von Bersmanus selbst; das vierte enthält die von ihm an seiner Hochzeit am 7.2.1575 erhaltenen Gedichte und trägt folgenden Titel: "EPITHALAM. LIBER IV. ‖ GREG: BERSMANO ‖ ANNAEBERGIO ET ‖ MAGDALENAE HELBORNIAE ‖ Lipsensi sponsis scriptorum ‖ Epithalamiorum ‖ LIBER I. ADOPTIVVS." (S. 108-136).

Den Abschluß dieser Hochzeitsglückwünsche bilden drei Gedichte von Posthius, darunter die beiden bereits erwähnten, die somit jeweils doppelt im Sammelband des Bersmanus vertreten sind. Posthius pries in ihnen die dichterischen Fähigkeiten des Bersmanus, ohne daß er dabei auf die Hochzeit direkt Bezug nahm, und gab ihnen so den Charakter allgemein gehaltener Elogen, die auch einem beliebigen anderen Werk des Bersmanus hätten vorangestellt werden können.

Der Gedichtband des Bersmanus enthält also insgesamt fünf Posthiusgedichte, darunter zwei Duplikate:

[1.] mit der Überschrift "EPIGRAMMA DE ‖ GREGORIO BERSMANO, ‖ Poëtices in Academia Lipsensi ‖ Professore ordinario. ‖ "

inc.: ELoquio teneros

expl.: par hic, et arte mihi est.

Tetrastichon (Bl. 9r und S. 135).

[2.] mit der Überschrift "Aliud de eodem."

inc.: IN noua migrarent

expl.: Elegos poliret qui tuos.

2x Hexametrum sequitur dimetrum iambicum (Bl. 9r und S. 135).

[3.] mit der Überschrift "ALIVD DE ‖ MAGDALENA HELBORNIA ‖ eiusdem vatis coniuge honestiss. ‖ "

inc.: MAGDALIN è puro genitrix

expl.: gurgite vena fluit.

4 Distichen (nur S. 135f).

Die drei Posthiusgedichte wurden, ebenfalls unverändert, 1591 in der erweiterten, zweiten Werkausgabe des Bersmanus abermals abgedruckt, allerdings jeweils nur einmal (vgl. Werkverzeichnis 1591/2).

Parerga: *Posthius nahm seine drei Gedichte unverändert in seine Parerga auf (in der ersten Ausgabe Bl. 110r, in der zweiten Pars prima, S. 185).*

Literatur: *VD 16, B 2165; Index Aureliensis 117.934.*

1576/2 (verfaßt 1575)
Ein enkomiastisches Gedicht für ein Drama des Frischlinus:
in: Frischlinus: Rebecca (1576):

REBECCA ‖ COMOEDIA NOVA ‖ ET SACRA, EX XXIIII. CAPITE ‖ GE-
NESEΩS, AD PLAVTI ET TERENTII ‖ imitationem scripta: & ad nuptias ILLV-
STRISS. ‖ Principis ac Domini, D. LVDOVICI Ducis ‖ Wirtembergici ac Teccij:
Comitis ‖ Montis Peligardi, &c. ‖ adornata ‖ A ‖ Nicodemo Frischlino Acade- ‖
MIAE TVBINGENSIS PRO- ‖ FESSORE PVBLICO, &c. ‖
FRANCOFVRTI ‖ Ex Typographia Andreae Wecheli. ‖ 1576. ‖

Umfang und Format: 112 S., 4°.
Ausstattung: Druckermarke, Randleisten, Initialen.
Beiträger von Gedichten: Balthasar Bidembachius, Hieronymus Wolffius, Ioannes Po-
sthius, Paulus Melissus, Leonhardus Engelhart, Christianus Egenolphus, Aegidius Pe-
riander, Petrus Paganus, Ioannes Lauterbachius, Nicolaus Rudingerus, Georgius Ca-
laminus, Iosias Simlerus und Heinricus Becker
Beiträger von Briefen: Ioann. Oporinus, Ioannes Mageirus, Dauid Chytraeus, Ioannes
Posthius und Carolus Christophorus Beierus.
Benutztes Exemplar: Erlangen UB 4° Phl. IX, 6ᶜ.
Weitere Auflagen: Frischlinus gab ab 1585 seine Dramen gesammelt in einem Band
heraus als "Operum poeticorum pars scenica". Davon erschienen zahlreiche Ausgaben,
so in Straßburg 1585, 1587, 1589, 1592, 1595, 1596, 1598 und 1604 sowie in Wittenberg
1596. In allen von mir benutzten Ausgaben (vgl. Literaturverzeichnis) ist das Po-
sthiusgedicht mit abgedruckt, und zwar vor den "Helvetiogermani", nach den übrigen
Dramen; der Wortlaut des Gedichtes ist dabei unverändert (in der Ausgabe von 1587
auf S. 538, in der von 1589 auf S. 519, in sämtlichen weiteren Straßburger Ausgaben
ab 1592 stets auf S. 461f, in der Wittenberger Ausgabe S. 748f). Unmittelbar vor und
nach dem Posthiusgedicht sind ähnliche enkomiastische Texte abgedruckt, und zwar
ein Ausschnitt aus einem Brief des David Chytraeus an Iacobus Monauius vom
17.3.1580 sowie Gedichte von Hieronymus VVolffius, Iohannes Lauterbachius und
Rupertus à Stozingen.

Diese Schrift enthält außer der im Titel genannten Komödie zwei Widmungsgedichte
des Frischlinus an Ioannes Fichardus und an den Kaiser Maximilianus II. sowie eine
Sammlung von an Frischlinus gerichteten Gedichten - u. a. Gratulationen zur Geburt
der Tochter Rebecca - und eine Sammlung von an Frischlinus gerichteten Briefen.
Der Titel der Gedichtsammlung lautet: "ELOGIA CLARISSI- ‖ MORVM ALI-
QVOT VIRORVM ‖ DE NICODEMO FRISCHLINO DI- ‖ uersis temporibus
edita. ‖ " (S. 89-106). Sie enthält ein Posthiusgedicht, in dem dem Frischlinus nicht
nur zur Fertigstellung des Dramas Rebecca gratuliert wird, sondern auch zur Geburt
der gleichnamigen Tochter, die allerdings Ende 1575 bereits wieder verstarb:

[1.] mit einer Widmung an Nicodemus Frischlinus
  inc.: TEmpore quod geminas
  expl.: Orbis sonabunt cardines.
  4x Hexametrum sequitur dimetrum iambicum (S. 91).

    Der Titel der Briefsammlung lautet: "EPISTOLAE ALI- ‖ QVOT CLA-RISSIMORVM AC DO- ‖ ctissimorum virorum, ad Nicodemum Frischlinum, diuer- ‖ sis temporibus scriptae: & è magno aceruo paucae ‖ selectae, quae quo consilio huc additae ‖ sint: aliàs ostendetur. ‖ " (S. 107-112). Zu ihr gehören die beiden Posthiusbriefe vom 31.12.1572 und vom 4.5.1573.

Parerga: *Posthius nahm sein Gratulationsgedicht in seine Parerga auf (in der ersten Ausgabe Bl. 142r, in der zweiten Pars prima, S. 237).*
Literatur: *VD 16, F 2984; eine Neuausgabe der Dramen Frischlins wird von Adalbert Elschenbroich vorbereitet.*

1576/3
Drei Epicedia zum Tod des Kaisers Maximilian II. (verstorben am 12.10.1576 in Regensburg) sowie ein Widmungsgedicht an Crato
Posthius: De obitu Maximiliani II. (1576):

DE OBITV ‖ DIVI MAXIMI = ‖ LIANI .II. ROMANI IMPERA: ‖ TORIS, SEMPER AVGVSTI, ‖ &c. ‖ Carmina, sripta ‖ à ‖ IOHANNE POSTHIO GERMERSHE = ‖ mio, Reuerendiss: Episcopi Herbipol: & Ducis ‖ Fran: Orient: Medico. ‖
VVIRZEBVRGI EXCVDEBAT ‖ Dauid Heyn. ‖ ANNO M.D.LXXVI. ‖

Umfang und Format: *[4] Bl., 4°.*
Ausstattung: *Titelholzschnitt (Kaiserwappen).*
Keine weiteren Beiträger.
Benutztes Exemplar: *Wien ÖNB +35.E.173.*

Posthius erhielt für seine Epicedia zum Tode Maximilians II. den Poeta-Laureatus-Titel (vgl. Überblick, Kapitel 24).
    Die Schrift enthält nur Gedichte des Posthius:
[1.] mit einer Widmung an Iohannes Crato à Crafthaim
  inc.: NVper ut è viuis
  expl.: Crato vale, & nos dilige (ohne Punkt).
  6x Hexametrum sequitur dimetrum iambicum. (Bl. 2r)
[2.] mit der Überschrift "DIVVS ‖ MAXIMILIA = ‖ NVS .II. ROM: IMP: SEMPER AV= ‖ gustus &c. RODOLPHVM Filium, succes= ‖ sorem designatum, moriturus ‖ alloquitur. ‖ "
  inc.: VLtima iam properant
  expl.: fronte notate mei.
  32 Distichen (Bl. 2v-3v).

[3.] mit der Überschrift "EPITAPHIVM:"
  inc.: ROmani Imperij dum
  expl.: malit habere polum?
  3 Distichen (Bl. 3v).

[4.] mit der Überschrift "RODOLPHVS ‖ II. ROM: IMPERATOR ELECTVS ‖
SEMPER Augustus, Vngariae, & Bohemiae ‖ Rex &c. patris mortem deflet. ‖ "
  inc.: SIc igitur, sic, magne parens
  expl.: Sim semper, vni seruiam.
  20x Hexametrum sequitur dimetrum iambicum (Bl. 4r f).

Parerga: *Posthius nahm von seinen angeführten Gedichten die obigen Nummern 2 bis 4 in seine Parerga auf, Nummer 3 und 4 mit unverändertem Wortlaut, Nummer 2 an etlichen Stellen überarbeitet und um ein Distichon gekürzt (in der ersten Ausgabe ist Nr. 2 auf Bl. 18v ff als Elegie II,1 agedruckt, Nr. 3 auf Bl. 19v und Nr. 4 auf Bl. 136v f; in der zweiten Ausgabe stehen die Texte Pars prima, S. 32ff, S. 34 und S. 229f).*

  Die Nummern 2 bis 4 wurden außerdem in der Form, wie sie in den Parerga abgedruckt wurden, im Jahre 1624 von Turnemainnus in seiner Anthologie (vgl. Werkverzeichnis 1592/2b) angeführt (die Nr. 2 auf S. 69-71, Nr. 3 auf S. 73 und Nr. 4 auf S. 71f).
Literatur: *VD 16, P 4494.*

1576/4
Ein Scherzgedicht über die eigene Ernennung zum Aufseher des Würzburger Hofgartens

Autograph (geschrieben am 31.8.1576)

Umfang und Format: Doppelblatt, 2°.
Fundort: *Erlangen UB Trew, Posthius 37 (= Ms. 1819, Bl. 586f).*

Posthius begann mit diesem Gedicht seinen Brief vom 31.8.1576 an Joachimus II Camerarius.
[1.] ohne Überschrift
  inc.: Rarior à nobis solitò
  expl.: haec data regna mihj.
  9 Distichen.

Parerga: *Das angeführte Gedicht wurde nicht abgedruckt.*

1576/5

Ein Dankgedicht für ein übersandtes Epigramm sowie ein scherzhaftes Gedicht über Joachimus II Camerarius

Autograph (geschrieben vermutlich am 29.9.1576)

Umfang und Format: Einzelblatt, beidseitig beschrieben, 2°.
Fundort: Erlangen UB Trew, Posthius zu 102 (= Ms. 1819, Bl. 763).

Dies Blatt lag dem Posthiusbrief vom 29.9.1576 an Joachimus II Camerarius bei. Im ersten Gedicht führt Posthius eine Thematik aus einem Epigramm des Henricus Husanus fort, im zweiten scherzt er mit den vorzeitig ergrauten Haaren des Joachimus II Camerarius.
[1.] mit einer Widmung an Joachimus II Camerarius
   inc.: Legimus Husanae
   expl.: Ego, & Patronus optimus.
   & Hexametrum sequitur dimetrum iambicum (recto).
[2.] mit der Überschrift "De Canitie Joach:[imi] Camerarij ‖ Medicj feliciss:[imi] ‖ "
   inc.: Prudentem aequiparas
   expl.: praeuenit annos.
   2 Hexameter (verso).
   Dies zweite Gedicht ist wohl das, das Posthius seinem Brief vom 31.8.1576 beigelegt und um dessen Rücksendung er gebeten hatte; Camerarius hatte diesem Wunsch wohl mit der Bitte entsprochen, eine Abschrift zu erhalten.

Parerga: Dies Gedicht ist das einzige auf die vorzeitig ergrauten Haare des Camerarius (vgl. Briefe vom 14.11.1574 und vom 17.11.1574), das Posthius 1580 in seine Parerga mit aufnahm (in der ersten Ausgabe Bl. 113r, in der zweiten Ausgabe Pars prima, S. 190); der Text ist unverändert abgedruckt.
Literatur: Schmidt-Herrling: Die Briefsammlung (1940); darin wird das Blatt als Beilage zum Brief vom 14.11.74 geführt.

1576/6

Ein an Crato gerichtetes Distichon mit der Bitte um den Poeta-Laureatus-Titel

Abschrift (geschrieben im 19. Jahrhundert nach dem Autograph vom 27.10.1576)

Umfang und Format: Teil von Exzerpten aus verschiedenen, im 2. Weltkrieg verloren gegangenen Posthiusbriefen an Crato; 2°.
Fundort: Breslau/Wrocław UB Akc 1949/611, Bl. 50r.

Posthius fügte dies Distichon in den Text seines Briefes vom 27.10.1576 an Johannes Crato ein (vgl. auch Überblick, Kapitel 24).
[1.] ohne Überschrift
   inc.: Si mea digna tamen
   expl.: mi preciosa magis.
   Distichon.

Parerga: Das angeführte Gedicht wurde nicht abgedruckt.

1577/1

Drei Epicedia zum Tod des Albertus Baro Lympurgicus (verstorben am 20.12.1576) sowie ein Epicedium zum Tod des Würzburger Kanzlers Balthasar ab Hellu (verstorben am 6.1.1577)
in: Posthius: In obitum Alberti Baronis Lympurgici (1577):

IN OBITVM ‖ R• ET GENERO = ‖ SI D. D. ALBERTI BARONIS LYM = ‖ PVRGICI, S. R. Imp. PINCERNAE HAEREDI = ‖ tarij, S. L. & Ecclesiar: Bamberg: & Her = ‖ bipol: Canonici &c. ‖ Elegia ad ‖ R. AC NOBILEM D. ERASMVM ‖ Neustetterum cognomento Sturmerum, earundem Ec = ‖ clesiar: Canonicum, & Decanum Comburgen = ‖ sem &c. Eq. Fr. Dom: & Patronum ‖ suum fide summa colendum. ‖ Autore ‖ IOHAN.POSTHIO ‖ M. & P. L. ‖ VVIRZEBVRGI EXCVDEBAT ‖ Dauid Heyn. ‖ 1577. ‖

Umfang und Format: [5] Bl., 4°.
Ausstattung: Titelholzschnitt.
Weitere Beiträger: Nicolaus Rudingerus und P. Melissus Schedius.
Benutztes Exemplar: Würzburg UB Rp. XXIV, 1838.

Gedichte von Posthius in dieser Schrift:
[1.] mit der Überschrift "ELEGIA"
  inc.: DVm te felicem
  expl.: gaudia falce metit.
  58 Distichen (Bl. 2r-3v).
[2.] mit der Überschrift "EPITAPHIVM."
  inc.: HOc lapide Albertus
  expl.: nominis ampla nequit.
  4 Distichen (Bl. 4r).
[3.] mit der Überschrift "ALIVD."
  inc.: Quo, Lympurge
  expl.: spesque, decusque soli.
  Distichon (Bl. 4r).
[4.] mit der Überschrift "EPITAPHIVM ‖ NOBILIS ET ‖ CLARISS: V. D.
  BALTHASARIS ‖ ab Hellu, LL. & Cancellarij Vuir = ‖ zeburgensis. ‖ "
  inc.: BAlthasar hoc requiem
  expl.: gaudia lucis habet.
  5 Distichen (Bl. 5v).
  Unterhalb des Gedichtes ist das Todesdatum vermerkt: "OBIIT VI. DIE IANVA-
  RII Anno 1577."

Parerga: Posthius nahm seine angeführten Gedichte in seine Parerga auf (in der ersten Ausgabe Bl. 119f, in der zweiten Pars prima, S. 201). Er überarbeitete jedoch die Texte:

Die Elegie (oben Nr. 1) ist - neben anderen Änderungen - durch Zusammenfassung des 48. bis 51. Distichons in zwei Distichen um zwei Distichen kürzer; sie bildet die Elegie II,2.

Von den drei anderen Gedichten, die in gleicher Reihenfolge im Buch "Francia" abgedruckt sind, blieb das Epitaphium (oben Nr. 2) unverändert.

Im Distichon (oben Nr. 3) wurde der Pentameter neu gefaßt:
expl.: lumen honorque soli.

Im Epitaphium für Hellu (oben Nr. 4) wurde der letzte Pentameter neu gefaßt:
expl.: viuit in arce poli.

Die Nummern 1 und 2 wurden außerdem in der Form, wie sie in den Parerga abgedruckt wurden, im Jahre 1624 von Turnemainnus in seiner Anthologie (vgl. Werkverzeichnis 1592/2b) angeführt (dort S. 758-762).

1577/2

Ein enkomiastisches Gedicht für eine pädagogische Schrift des Mokerus in: Mokerus: Libri de disciplina liberorum (1577):

[RS:] LIBRI TRES ‖ DE PIA ET ‖ LIBERALI DISCIPLINA ‖ ATQVE EDV-CATIONE ‖ liberorum, salutaria vitae praecepta ac morum ‖ honestatis & pietatis exempla, ex sacris & ‖ prophanis Autoribus desumpta, tam animo ‖ quàm corpori hominis profutura, conti- ‖ nentes, iuxta tres distinctas aetates, Jnfan- ‖ tiam, Pueritiam & Adolescentiam, ‖ dispositi & conscripti. ‖ Autore M. ANTONIO MOKERO, &c. ‖ CATALOGVM CAPITVM, QVAE ‖ hoc tripartito opusculo tractantur, proxima ‖ post praefationem pagella: INDICEM verò ‖ rerum ac verborum memorabilium locuple- ‖ tem in calce reperies. ‖ (Es folgt das Epigramm des Posthius, mit der Überschrift zehn Zeilen umfassend) ‖ .
FRANCOFORTI, Anno 1577. ‖ (IMPRESSVM ‖ FRANCOFORTI AD ‖ MOE-NVM, EX OFFICINA ‖ HAEREDVM CHRISTIANI ‖ EGENOLPHI, Impensis Adami ‖ Loniceri, Ioannis Cnipij, ‖ Doctorum, & Pauli ‖ Steinmey- ‖ ers. ‖ Anno M.D.LXXVII. ‖)

Umfang und Format: *[16] Bl., 143, [18] S., 8°.*
Ausstattung: *Druckermarke.*
Weitere Beiträger *enkomiastischer Gedichte: I. C. A. (wohl Joannes Cnipius Andronicus), Ioannes Mylius, Ioannes Gallus, Ioannes Lauterbachius und Christophorus Ehrbachius.*
Benutztes Exemplar: *München BSB Einbandsammlung A. gr. b. 863 (1 (Beiband).*

Die von Mokerus ohne genaue Datierung im Jahr 1577 in Erfurt geschriebene Widmungsvorrede ist an Joannes Fichardus, Adamus Lonicerus und Joannes Cnipius Andronicus gerichtet.

Das enkomiastische Epigramm des Posthius für diese Schrift ist nicht bei den übrigen derartigen Gedichten abgedruckt, sondern auf dem Titelblatt, vermutlich deshalb, weil es erst nach Beendigung des Drukkes eintraf oder aber beim Druck übersehen wurde:

[1.] mit der Überschrift *"IOANNIS POSTHII MEDICINAE DOCTORIS ∥ et poëtae Laureati, Epigramma. ∥ "*
inc.: *QVA ratione pater*
expl.: *deget in arce poli.*
4 Distichen.

Parerga: *Posthius nahm sein Epigramm in seine Parerga auf und gestaltete dabei das letzte Distichon völlig um:*
expl.: *post sua fata decus. (in der ersten Ausgabe Bl. 106r f, in der zweiten Pars prima, S. 178).*
Literatur: *Im Lexikon von Jöcher-Adelung, Bd. 6 (1819), Sp. 731 ist unter den Werken des Posthius als Nr. 13 der Titel des oben angeführten Werkes des Mokerus genannt, ohne daß dabei auf Mokerus hingewiesen wird (der Verfasser des Artikels vermutete wohl in Posthius den Autor des gesamten Werkes, da auf dem Titelblatt der Name des Posthius in roter Farbe erscheint); VD 16, M 5956.*

1577/3 (verfaßt vermutlich 1575)
Zwei Epitaphia zum Tode zweier Kinder aus der Familie Hutten (verstorben am 21.7.1575 und Anfang August 1575)
in: Bischoff: Eine Christliche Leichpredigt (1577):

Eine Christliche Leich = ∥ predigt/ aus dem 4. Capitel des Buchs ∥ der Weisheit Salomonis/ Darinnen ne = ∥ ben andern Christlichen notwendigen ∥ Lehren/ wes sich fromme hertzen ∥ ∥ in zeitlicher abforderung jhrer ∥ selbs/ oder der jhren/ fuer = ∥ nemlich zu troesten/ ∥ zu befinden. ∥ Geschehen vber der Christlichen Leiche ∥ vnd Begrebnus/ VVILHELMI, des Edlen ∥ vnd Ehrnvhesten Bernhardts von Hutten/ ∥ auff foerdern Franckenberg vnnd ∥ Michelfeldt/ geliebten ∥ Soenleins. ∥ Durch ∥ Melchior Bischoff/ Pfarrherr ∥ zu Seckenhaim. ∥ Mit angehenckten Epitaphijs ∥ oder Grabschrifften. ∥ 1575. ∥
(SMALCHALDIAE MICHAEL ∥ Schmuck imprimebat, Anno ∥ M.D.LXXVII.)

Umfang und Format: *[46] Bl., 4°.*
Weitere Beiträger *von Epitaphien: Christophorus Bilg, Lucas Schrimpff und Ioannes Kesselius.*
Benutztes Exemplar: *Wolfenbüttel HAB 519.4 Theol. 4°.*

Bei den beiden verstorbenen Kindern, denen des Posthius Verse gelten, handelt es sich um den am 21.7.1575 verstorbenen zwölfjährigen Wilhelmus und um die wohl Anfang August 1575 verstorbene Anna Kunegunda, Kinder des Bernhardt von Hutten und seiner Frau Amelia von Thüngen. Joachimus II Camerarius und Posthius hatten diese Kinder vergebens ärztlich betreut (vgl. Brief vom 3.8.1575).
Die Epitaphia wurden im Anhang einer Publikation der Leichenpredigt veröffentlicht: Das Bändchen enthält eine undatierte deutsche Vorrede an die Eltern Bernhardt und Amelia von Hutten, die Leichenpredigt vom 23.7.1575 für Wilhelmus, ebenfalls deutsch, und, wiederum deutsch, ein Trostgebet des Vaters. Darauf folgen eine Zu-

sammenfassung der Predigt in lateinischen Versen, eine lateinische Trostelegie und ein lateinisches Epitaphium in Distichen zum Tode des Wilhelmus sowie eine "Grabschrifft" in deutschen Versen für Wilhelmus und Anna Kunegunda. Soweit stammen alle Texte, vermutlich auch das Trostgebet, von Melchior Bischoff. Das Bändchen schließt mit den beiden Posthiusepigrammen und drei weiteren Gedichten. In zweien davon - sie stammen vom Hauslehrer Bilg und von Kesselius - wird der Tod des Wilhelmus betrauert, während es sich bei dem dritten um ein von Schrimpff verfaßtes Epitaph für einen Philippus Huttenus handelt; dies war wohl ein Bruder von Wilhelmus und Anna Kunegunda.

    Gedichte von Posthius in dieser Schrift:

[1.] mit der Überschrift "Epitaphium Guilielmi Hutte= ‖ ni, & Annae Kunegundae soro- ‖ ris infantis, ... ‖ ... ‖ "
    inc.: HAc Guilielmus humo
    expl.: vita sit ista vitro?
    5 Distichen (Bl. 45r).

[2.] ohne besondere Überschrift
    inc.: Dum nimium properant
    expl.: continuare nefas.
    Tetrastichon (Bl. 45r).

Parerga: *Posthius nahm seine beiden Gedichte in seine Parerga auf; dabei änderte er im ersten den Text an zwei Stellen; das zweite blieb unverändert (in der ersten Ausgabe Bl. 110v, in der zweiten Pars prima, S. 186).*
Literatur: *VD 16, B 5632; Index Aureliensis 119.647.*

1578/1

Ein enkomiastisches Gedicht für eine Hymnensammlung des Ellingerus
in: Ellingerus: Hymnorum libri (1578):

HYMNORVM ‖ ECCLESIASTICORVM, ‖ Ab ‖ ANDREA ELLINGERO, ‖ V. Cl. emendatorum, ‖ LIBRI III. ‖ Acceßêre ‖ IOSEPH LIB. II. ‖ Autore ‖ HIERONYMO FRACASTORIO. ‖ ET ‖ MARC. ANT. FLAMINII, HERCVL. STROZAE, ‖ Basilij Zanchij, & aliorum quorundam huc ‖ pertinentes Hymni. ‖ Omnia nunc primùm ita edita, vt studiosae Iuuentuti in ‖ Scholis vtiliter proponi poßint: de sententia Henric. ‖ Petrei Herdesiani, Rectoris Sch. Francof. ‖ M.D.LXXVIII. ‖ FRANCOFVRTI AD MOENVM, ‖ (IMPRESSVM FRANCO- ‖ FVRTI AD MOENVM, APUD ‖ Franciscum Bassaeum, Impensis ‖ Nicolai Bassaei fratris. ‖ M.D.LXXVIII. ‖)

Umfang und Format: *[8] Bl., 84 S., [15] Bl., 8°*
Ausstattung: *Druckermarke.*
Beiträger *von Prosatexten zu Beginn des Werkes: Zvinggerus und der Drucker (datiert Basel 1577 bzw. Frankfurt 1.1.78); Beiträger von enkomiastischen Gedichten zu Beginn des Werkes: Iohannes Posthius, Adamus Siberus und Christianus Egenolphus; Beiträger eines enkomiastischen Gedichtes zu Beginn der Fracastoriusverse: Basilius*

Zanchius; außerdem sind zahlreiche Hymnendichter mit originalen oder überarbeiteten Texten vertreten.

Benutztes Exemplar: *München BSB Liturg. 317, mit einem autographen Besitzereintrag des Posthius unten auf dem Titelblatt "Sum Johan: Posthij, M. D." sowie nochmals auf dem Titelblatt des zweiten, mit den Fracastoriusversen beginnenden Werkteiles: "Sum Johan: Posthij, ‖ M. D. ‖ "; der Band kam über die "Bibl. Metzler" in die BSB München.*

Der Band enthält zwei in Verse gefaßte, undatierte Widmungsvorreden des Ellingerus an den Meißner Bischof Ioannes IX. vor Beginn des ersten und des dritten Buches. Die drei Hymnenbücher enthalten zahlreiche anonyme Texte sowie Verse von 22 namentlich genannten Autoren, darunter Texte von Ambrosius, Beda, Gregorius, Iacobus Meierus, Prudentius, M. Antonius Flaminius und Georgius Fabricius. Dazu kommen dann noch im zweiten Teil des Werkes neben den im Titel erwähnten Versen des Fracastorius hymnenähnliche Texte von 16 weiteren Verfassern, von Prudentius über Aeneas Siluius Pius II bis zu Basilius Zanchius und Henricus Petreus. Dieser zweite Teil verfügt über eine eigene Widmungsvorrede in Prosa, die Henric. Petreus am 1.2.1578 an Iohannes Stephan, Christophorus und Oierus zum Iungen, an Georgius Weiß und an die Schulleiter, Ratsherren usw. richtete.

Posthius ist in der Sammlung nur mit einem enkomiastischen Gedicht vertreten:
[1.] ohne besondere Überschrift.
inc.: HYmnos composuit
expl.: Nomen polo notißimum.
6x Hexametrum sequitur dimetrum iambicum (Bl. 2r).

Parerga: *Posthius nahm sein Gedicht mit einer kleinen Änderung in seine Parerga auf (in der ersten Ausgabe Bl. 117r, in der zweiten Pars prima, S. 196).*
Literatur: *VD 16, E 1024 und P 1748.*

1578/2 (verfaßt ca. 1564)
Ein enkomiastisches Gedicht über ein Porträt des Reusnerus
in: Reusnerus: Summorum regum libri (1578):

NICOLAI REVSNERI ‖ Leorini. ‖ SVMMORVM ‖ REGVM, SIVE ‖ IMPERATO = ‖ RVM, ‖ ASSYRIORVM, PER- ‖ SARVM, GRAECORVM, ‖ Romanorum, Byzantinorum, ‖ Germanicorum. ‖ LIBRI SEPTEM. ‖ Eiusdem Chronologia Hi = ‖ storica.
M.D.LXXVIII. ‖ (AVGVSTAE VINDE = ‖ LICORVM EXCVDE- ‖ bat Michael Man- ‖ ger. ‖)

Umfang und Format: *[227] Bl., 12°.*
Ausstattung: *Randleisten, Kupferstich (Porträt des Reusnerus).*
Beiträger *von enkomiastischen Gedichten für den Gesamtband: Ioachimus Camerarius, Hieronymus Wolfius, Adolphus Occo, Petrus Cortoneus, Reinerius Solinander, Ioannes Lithodius, Martinus Crussius, Georgius Fabricius, Paulus Melissus, Ioannes*

Lauterbachius, Nicodemus Frischlinus, Gregorius Bersmanus, Laurentius Gualtherus Cuchelius, Martinus Rulandus, Gregorius Frobenius, Caspar Rudolphus, Ioannes Sturzelius, Iacobus Cellarius, Wenceslaus Caldestenius, Ioannes Ortelius, Elias Reusnerus, Ieremias Reusnerus, Aegidius Periander und Michael Fendius; Beiträger enkomiastischer Gedichte auf das Bildnis des Reusnerus: Ioannes Sambucus, Ioannes Posthius, Paulus Melissus, Nicodemus Frischlinus, Ioannes Lauterbachius, Georgius Frobenius, Ioannes Ortelius, Henricus Wellingus, Ioannes Laetus, Michael Fendius und Ieremias Reusnerus; Beiträger einer Erläuterung an den Leser: der "Librarius" (Michael Manger?).
Benutztes Exemplar: *Augsburg SuStB NL 927 (Beiband).*

Bei diesem auch kurz "Monarchae" genannten Werk handelt es sich um sieben Bücher über die Herrscher der bisherigen Großreiche. Die Herausgabe zog sich offenbar über mehrere Jahre hin: Von Reusnerus sind nämlich am Beginn des Werkes eine Widmungsvorrede vom 27.4.1572 an die Erzherzöge Matthias und Maximilianus abgedruckt, ein Widmungsgedicht in Form eines "Carmen heroicum" vom 1.1.1573, eine zweite Widmungsvorrede vom 1.11.1576 an den Kaiser Rudolphus II. und schließlich noch ein am 1.1.1578 in Lauingen verfaßtes Widmungsgedicht an denselben Kaiser.

Eine erste Ausgabe dieses Reusneruswerkes, allerdings ohne den Anhang mit dem Reusnerusporträt und damit ohne das Posthiusgedicht, war 1576 erfolgt.

In der Ausgabe von 1578 folgt auf den Text der "Monarchae" eine Sammlung von enkomiastischen Gedichten für diese "Monarchae" sowie über das Bildnis des Reusnerus; diese Sammlung ist "EPIGRAMMA = ‖ TA CLARISSIMO- ‖ rum Virorum, in Nicolai Reusneri ‖ Leorini Monarchas, ‖ eiusque ‖ effigiem scripta. ‖ " überschrieben (ab Bl. 205v bzw. ab Lage dₓy); sie enthält den Wahlspruch des Reusnerus und ein offenbar von Reusnerus verfaßtes Epigramm über den zum Wahlspruch passenden Psalm 118. Auf der folgenden, gegenüberliegenden Seite ist das Bildnis des Reusnerus abgedruckt, und auf dessen Rückseite beginnen die Gedichte auf die "Monarchae" mit einem eigenen Titel: "IN MONAR = ‖ CHAS NICOLAI ‖ Reusneri Leorini, Iurisc. ‖ & Poetae claris- ‖ simi. ‖ EPIGRAMMATA. ‖ " Dabei fand das von Posthius ca. 1568 verfaßte enkomiastische Gedicht für dieses Werk "Monarchae" jedoch keine Verwendung (vgl. unten).

Ab Blatt 216v (Lage e₄y) sind die Gedichte auf das Bildnis des Reusnerus abgedruckt, ebenfalls nach einem eigenen Titelblatt: "IN EFFIGIEM ‖ NICOLAI REVS- ‖ NERI LEORINI, IV- ‖ risc., & Poëtae Cae- ‖ sarei. ‖ EPIGRAMMATA. ‖ " Das Posthiusgedicht nimmt die zweite Stelle ein:
[1.] ohne besondere Überschrift.

    inc.: SAlue cara mihi

    expl.: Caesaris ore legi.

    4 Distichen (Bl. 217r f, Lage e₅ f).

Reusnerus publizierte das enkomiastische Posthiusgedicht über sein Porträt unverändert auch in seiner 1591 erschienenen Sammlung "Agalmatum corollarium" (vgl. Werkverzeichnis 1591/1) sowie im dritten Band seiner gesammelten poetischen Werke (vgl. Literaturverzeichnis unter Reusnerus: Operum pars tertia, 1593, dort Bl. 7v).

Parerga: *Posthius nahm sein Gedicht mit einem an einer Stelle abgeänderten Wortlaut in seine Parerga auf (in der ersten Ausgabe Bl. 45v, in der zweiten Pars prima, S. 80). Da das Gedicht ins Buch "Italica" eingeordnet ist, entstand es möglicherweise bereits auf des Posthius großer Bildungsreise etwa im Jahr 1564.*

In den Parerga publizierte Posthius auch im ersten Teil seines Buches "Belgica", das vor allem die 1567/68 in und um Antwerpen verfaßten Gedichte enthält, ein Gedicht zum Preise der "Monarchae" des Reusnerus mit dem entsprechenden Titel "IN MONARCHAS NICOLAI || Reusneri Leorini I. C. & P. L. || "

> *inc.: VT legi numerose*
> *expl.: dignus honore coli.*
> *Tetrastichon (in der ersten Ausgabe Bl. 70v, in der zweiten Pars prima, S. 12).*

1578/3
Ein Tetrastichon als Stammbucheintrag

Autograph (geschrieben möglicherweise 1578)

Umfang und Format: *Doppelblatt, im 19. Jahrhundert mit den übrigen Blättern der Sammlung zu einem Band vereinigt, der [30] Bl. mit kolorierten Abbildungen sowie [2] leere Blätter umfaßt; 4°.*
Fundort: *Speyer Historisches Museum der Pfalz HM 1927/99, Bl. 6v.*

Dies Blatt gehört zu einer Sammlung des Würzburger Hofmusikers Simon Schwahn, die in der Art eines Wappenstammbuches 30 Wappen und Einträge von Kanzleibeamten aus Würzburg und aus anderen Fürstentümern aus den Jahren 1570 bis 1580 enthält; dazu kommen noch kulturgeschichtlich interessante Abbildungen von einigen der Wappenträger, teilweise auch von ihren Frauen und von weiteren Personen, z. B. von Musizierenden.

Von Posthius, der als Arzt in diesem Kreis von Kanzleiverwandten auffällt, enthält das Album ein Doppelblatt, das aufgeschlagen links ein Gedicht und rechts das kolorierte Wappen sowie darüber den Wahlspruch "Μηδὲν ἀναβαλλόμενος" des Posthius zeigt. Auffällig am Wappen ist eine Lorbeerzier, die wohl auf die Poeta-Laureatus-Würde hinweisen soll; demnach ist der Eintrag in die Jahre ab 1577 datierbar. Das Wappen ist mit dem Monogramm "cm" gezeichnet, wohl von dem Würzburger Maler Cilian Marcks, und von Posthius unterschrieben: "Johan: Posthius Germershemius. M:[edicinae] D.[octor]". Eventuelle weitere ergänzende Worte oder Daten sind beim Binden abgeschnitten worden (Bl. 7r).
[1.] ohne Überschrift

> *inc.: Jngenuo ingenuus delector*
> *expl.: semper amare fide.*
> *Tetrastichon (Bl. 6v).*

Parerga: *Das angeführte Gedicht wurde nicht abgedruckt.*
Literatur: *Beide Seiten - die mit dem Wappen und die mit dem Epigramm - sind in der Zeitschrift Pfälzisches Museum 44. Jg./Pfälzische Heimatkunde 23. Jg., 1927, Heft 6/7*

abgebildet (die Tafel mit den Abbildungen ist, wie die anderen Tafeln in dieser Zeitschrift auch, nicht numeriert; ein kurzer erläuternder Text zu den erwähnten Abbildungen steht S. 143); weitere Literatur: E. Heuser: Ein altes Wappenstammbuch. Johann Posthius von Germersheim, in: Pfälzische Rundschau (Zeitung) vom 28.8.1927, S. 12 (mit ungenauer Anführung des Posthiuswahlspruches); Heuser: Posthius (1928), Sp. 52, 55f (Abbildungen) und 58; Becker: Arzt, Dichter und Postreiter (1936), S. 8 (Abbildung des Wappens) und 9f; H. von Jan: Das Familienwappen des Johann Posthius. Eine Studie über das Posthorn in der Heraldik, in: Pfälzische Postgeschichte 10, 1955, S. 7-9 (mit einer beigelegten Farbtafel des Posthiuswappens); Die Renaissance (Ausstellungskatalog 1986), Bd. 2, S. 462f, Nr. G 47 (mit einer Abbildung des Wappens; im Begleittext wurde der Posthiuswahlspruch, den Becker und von Jan richtig anführten, wie bei Heusers Darstellung entstellt wiedergegeben); Klose: CAAC (1988), S. 66, Code 70.$WA.SIM.

1578/4
Ein enkomiastisches Gedicht über geistliche Dichtungen des Leius und Artomedes

Autograph (geschrieben vermutlich am 1.5.1578)

Umfang und Format: Einzelblatt, 2°.
Fundort: Stuttgart WLB Cod. hist. 2° 603, Bl. 89.

Das Blatt mit diesem Gedicht hatte Posthius seinem Brief vom 1.5.1578 an Weidnerus beigelegt. Er erkundigt sich darin, wo Conradus Leius und Sebastianus Artomedes lebten und warum sie ihre geistlichen Gedichte nicht veröffentlichten.
[1.] mit einer Widmung an Johannes Weidnerus
   inc.: Quj, Weidnere, tibj
   expl.: gutture digna canj.
   3 Distichen.

Parerga: Posthius nahm das Gedicht in etwas überarbeiteter Form in seine Gedichtsammlung "Parerga" auf (erste Ausgabe Bl. 143v, zweite Ausgabe Pars prima, S. 240).

1579/1
Förderung einer Sentenzensammlung des Egenolphus
in: Egenolphus: Anthologia gnomica (1579):

ANTHOLOGIA GNOMICA. ‖ ILLVSTRES ‖ VETERVM GRAECAE ‖ CO-MOEDIAE SCRIPTORVM ‖ sententiae, priùs ab HENRICO STEPHANO, ‖ qui & singulas Latinè conuer- ‖ tit, editae; ‖ NVNC DVPLICI INSVPER IN-TERPRE- ‖ tatione metrica singulae auctae, inque gratiam studiosorum, qui ‖ bus et variae scutorum natalitiorum imagines libello paßim ‖ insertae vsui erunt, in hoc Enchiridion, V. CL. D. IOH. ‖ POSTHII, GERMERSH. Archiatri VVir- ‖ zeburg. et P. L. auspicijs col- ‖ lectae ‖ A ` ‖ CHRISTIANO EGENOLPHO FR. ‖ (IOACHIMI CA = ‖ MERARII, V. CL. MO- ‖ NOSTICHA GNO- ‖ mica. ‖)

(IN SYMBOLVM ET INSIGNIA ‖ IOHANNIS POSTHII GERM. DI- ‖ uersorum Poëtarum Car- ‖ mina. ‖)
M.D.LXXIX. ‖ (IMPRESSVM FRANCO- ‖ FVRTI AD MOENVM, APVD ‖ Georgium Coruinum, Impensis ‖ Sigismundi Feyera- ‖ bendij. ‖ M.D.LXXIX. ‖)

Umfang und Format: [8], 190 Bl., 8°.
Ausstattung: Druckermarke, Holzschnitte.
Beiträger am Beginn des Werkes: Iohan. Lundorpius; Beiträger von Preisgedichten auf das Wappen des Posthius: Hadrianus Iunius, Adamus Siberus, Paulus Melissus Schedius, Nicolaus Clemens, Iohan. Lauterbachius, Nicolaus Rudingerus, Iohannes Lambinus, Gerhardus Falkenburgius, Sebastianus Fridelius, Nicodemus Frischlinus, Henricus Petreus, Andreas Mergiletus, Iohan. Sambucus, And. Ellingerus, Nathan Chytraeus, Gregorius Bersmanus, Paulus Fabricius, Nicolaus Steinberg, Daniel Hermannus und Michaea Ubiserus; ergänzende Gedichte am Buchende von Simonides, Posidippos und Metrodorus.
Benutztes Exemplar: Coburg LB Cas A 939, mit zwei schwer lesbaren Besitzervermerken; der erste Eintrag beginnt "Johanni Casp.", der zweite endet "Lud. Reicharti"; beide Einträge sind datiert, und zwar 1742(?) und 1734(?).

Posthius vermittelte für die Anthologie des Egenolphus einige Texte: die Gnomensammlung des Joachimus I Camerarius und eine Sammlung von Gedichten diverser Autoren auf sein, des Posthius, Wappen; auch überarbeitete er möglicherweise einige kleinere, am Ende des Bandes mit abgedruckte Nachdichtungen des Egenolphus. Wegen dieser tatkräftigen Mitarbeit und wohl auch, um mit des Posthius Autorität für den Verkauf des Büchleins zu werben, ist des Posthius Name im Titel angeführt, obwohl kein darin abgedruckter Text ausdrücklich von ihm stammt:

Der Vorspann des Werkes enthält - neben zwei Indices - ein enkomiastisches Epigramm des Lundorpius, das Wappen des Posthius sowie zehn Gedichte des Egenolphus: Sechs davon haben das Wappen des Posthius, zwei den Namen des Posthius zum Gegenstand. Zwei weitere dienen als Praefatio; diese sind in Elfsilblern abgefaßt, an Posthius gerichtet und auf den 28.3.1579 datiert. Egenolphus bedankt sich in ihnen für die Ermunterung zur Vollendung des Werkleins.

Dann folgen die im Titel angekündigten Sentenzen, dazu etliche Holzschnitte - teils zum Text passend, teils Wappen abbildend - und viele unbedruckte Seiten; die einzelnen Sentenzen sind thematisch zu Gruppen zusammengefaßt (z. B. "Amici", "Amor", "Ars").

Das Bändchen schließt mit der Sentenzensammlung des Joachimus I Camerarius, mit Gedichten über das Wappen das Posthius und mit einem Nachwort des Egenolphus:

Die Gnomensammlung des Camerarius verfügt über ein eigenes, oben angeführtes Titelblatt (Bl. 173r) und über ein Widmungsgedicht des Egenolphus vom 24.3.1579 an Joachimus II Camerarius. An die "GNOMAE SIVE SEN= ‖ TENTIAE GENERALES ‖ senariae. ‖ " schließen sich noch einige "SEPTENARIAE GNOMAE:" an (ab Bl. 177v); am Ende der Sammlung wird nochmals ihr Verfasser genannt: "Ioachimus Camerarius pater ‖ Anno 1574. faciebat. ‖ " Joachimus II Camerarius *hatte diese von seinem Vater kurz vor dessen Tod verfaßten Merksätze im Oktober 1574 an Posthius gesandt (vgl. Brief vom 16.10.1574), offenbar mit der Bitte, für deren Publikation zu sorgen. Posthius tat das, wie u. a. sein Brief vom 12.1.1579 zeigt.*

Auch der zweite Anhang mit Gedichten und Erläuterungen zum Wappen des Posthius wurde offenbar von Posthius übersandt (ab Bl. 178v, mit einer abermaligen Abbildung des Wappens von Posthius; zu den Beiträgern vgl. oben, zum Inhalt vgl. Überblick, Kapitel 22).

Das Bändchen schließt mit einer Nachbemerkung des Egenolphus an den Leser (ab Bl. 186v), in der von einer erst begonnenen, mit Posthius abgestimmten Überarbeitung der Übersetzungen bzw. Nachdichtungen berichtet wird; auch werden einige Beispiele angeführt, darunter drei Gedichte von Simonides, Posidippos und Metrodorus im Urtext und mit je zwei Nachdichtungen.

Das Büchlein sollte von seiner Aufmachung her offenbar als Wappenstammbuch verwendbar sein; die abgebildeten Wappen, die antiken Sentenzen und die Gedichte auf das Wappen des Posthius konnten und sollten als Anregung und Muster dienen; diese Aufmachung entsprach jedoch nicht den Vorstellungen des Posthius, wie er am 16.5.1579 an Camerarius schrieb; im selben Brief erwähnt er eigene Musterübersetzungen, wobei nicht klar wird, wie sehr diese von Egenolphus bei der Edition berücksichtigt wurden.

Parerga: *Posthius nahm nahezu alle im angeführten Werk publizierten Elogen anderer Dichter auf sein Wappen in den "Liber adoptivus" seiner Parerga auf, und zwar in derselben Reihenfolge wie in der "Anthologia gnomica" (in der ersten Ausgabe Bl. 167r-173r, dazu noch zwei der Epigramme des Egenolphus vom Vorspann Bl. 173v; in der zweiten Ausgabe Pars altera, S. 207-216 wurden allerdings vier Gedichte weggelassen).* **Literatur:** *VD 16, E 579.*

1579/2

Ein enkomiastisches Gedicht über ein Porträt des Frischlinus in: Frischlinus: Hildegardis (1579):

Nicodemi Frischlini ‖ Alemanni Hildegardis ‖ Magna, ‖ COMOE- ‖ DIA NOVA: DE AD = ‖ MIRANDA FORTVNA HILDEGAR = ‖ dis, quae Hilte-brandi Sueuorum et Alemanno- ‖ rum Ducis filia, et Caroli Magni Re- ‖ gis Francorum vxor fuit: scripta ‖ in laudem totius Ale- ‖ manniae. ‖ Inseruntur multa passim: quae ad illorum tempo = ‖ rum historiam pertinent. ‖ TVBINGAE. ‖ Apud Georgium Gruppenbachium. ‖ M.D.LXXIX. ‖

Umfang und Format: *[8] Bl., 127 S., 8°.*
Ausstattung: *Holzschnitt (Porträt des Frischlinus).*
Weitere Beiträger: *Henricus Wellingius und Hieronymus Megiserus Iunior.*
Benutztes Exemplar: *München UB 8° P. lat. rec. 185:1.*
Weitere Auflage: *In einer weiteren Ausgabe der "Hildegardis", die 1583 bei Hockius in Tübingen erschien, ist das Posthiusgedicht nicht vertreten (vgl. VD 16, F 2938).*

Die Widmungsvorrede vom 18.1.1579 richtete Frischlinus aus seinem Arbeitszimmer ("Musaeum") an den Kemptener Abt Eberhardus.

Anschließend an den Dramentext sind die Namen der Schauspieler bei der Stuttgarter Uraufführung am 3.1.1579 angeführt, gefolgt von einer Elegie des Frischlinus, die er drei Mitgliedern der Adelsfamilie von Bodman widmete. Das Büchlein schließt mit einem Epigramm des Posthius, einem Porträt des Frischlinus, zwei weiteren Epigrammen von Wellingius und Megiserus und dem Druckfehlerverzeichnis.

Das Epigramm des Posthius ist auf dem Blatt vor dem Porträt des Frischlinus abgedruckt, so daß beim Lesen des Posthiusgedichtes das Porträt mit betrachtet werden kann.

[1.] mit der Überschrift "Ad Imaginem ‖ CLARISS. V. D. ‖ NICODEMI FRISCH-‖ LINI, COMITIS PALATINI, ET POE- ‖ tae Caesarei, &c. Epigramma ‖ ... ‖ ... ‖ "

inc.: Qvam rosa, quam violae
expl.: clara Tubinga foro.
3 Distichen (S. 124).

Parerga: *Das angeführte Gedicht wurde nicht abgedruckt.*
Literatur: *VD 16, F 2937; eine Neuausgabe der Dramen Frischlins wird von Adalbert Elschenbroich vorbereitet.*

1579/3 (verfaßt vermutlich etwa 1567)
Eine Elegie über die Freundschaft mit Chytraeus
in: Chytraeus: Poematum libri (1579):

POEMATVM ‖ NATHANIS CHYTRAEI ‖ PRAETER SACRA ‖ OMNIVM. ‖ LIBRI SEPTENDECIM. ‖
ROSTOCHII ‖ Imprimebat Stephanus Myliander. ‖ Anno M.D.LXXIX. ‖

Umfang und Format: *362, [6] Bl., 8°.*
Ausstattung: *Druckermarke, kleinerer Zierrat.*
Weitere Beiträger: *Briefe von Iohannes Schosserus (vom 1.1.1567 an Nathan Chytraeus) und Georgius Fabricius (vom 13.8.1567 an David Chytraeus); ein Klappentext des Druckers (Ankündigung der erst 1594 publizierten Fastenausgabe; vgl. Werkverzeichnis 1579/3a); ein Gedicht von P. Melissus.*
Benutztes Exemplar: *Wolfenbüttel HAB 142 Poet.*

Da Chytraeus mehrere Texte aus dem Jahre 1567 in diese Edition aufnahm, plante er wohl bereits in diesem Jahr eine Ausgabe seiner Werke. Ob eine solche bereits zu dem Zeitpunkt oder in den zwölf Jahren bis 1579 herauskam, ließ sich bislang nicht feststellen. Das Widmungsgedicht der Ausgabe von 1579 ist undatiert und an den dänischen und norwegischen König Fridericus Secundus gerichtet.

Die von Chytraeus publizierte Posthiuselegie stammt vermutlich auch aus dem Jahre 1567; voll Optimismus vergleicht Posthius darin seinen Lebenslauf mit dem des Chytraeus: Die Heimat sei dieselbe, da Posthius aus Germersheim, Chytraeus aus

dem nahen Menzingen stamme; die Bildungsreisen beider seien ähnlich; doch während er, Posthius, als Arzt Großes leisten wolle, strebe Chytraeus mittels seines Werkes "Fasti" unsterblichen Ruhm an.
[1.] mit einer Widmung an Nathan Chytraeus
    inc.: PAtria communis
    expl.: plurimus aeger opem.
    24 Distichen (Bl. 4v-5v).

Parerga: *Posthius nahm seine Elegie in seine Parerga als Elegie II,5 auf, allerdings in einem teilweise - vor allem im 13. und im 20. Pentameter - abweichenden Wortlaut.*
Literatur: *VD 16, C 2799.*

1579/3a
**Wiederabdruck der Elegie des Posthius über seine Freundschaft zu Chytraeus in einem anderen Werk des Chytraeus
in: Chytraeus: Fastorum libri (1594)**

NATHANIS CHYTRAEI ‖ FASTORVM ‖ ECCLESIAE CHRI- ‖ STIANAE LIBRI ‖ DVODECIM. ‖ Quidnam iis contineatur, ex PRAE- ‖ FATIONE & INDICE operi ‖ praemisso patet. ‖
HANOVIAE ‖ Apud Guilielmum Antonium, impensis ‖ Petri Fischeri Fr. ‖ MDXCIIII. ‖

Umfang und Format: *[24] Bl., 567 S., 8°.*
Ausstattung: *Druckermarke, Zierleisten.*
Weitere Beiträger: *Georgius Fabricius, Iohannes Sambucus, Ioan. Seccervitius, Conradus Albinus, Christophorus Videmanus, Caspar Stolshagius, Paschasius Brismannus und Ioach. Meisterus.*
Benutztes Exemplar: *Regensburg SB Lat. rec. 230.*

In seiner am 13.12.1583 in Rostock verfaßten Widmungsvorrede an den Leser berichtet Nathan Chytraeus, er habe bereits vor über 20 Jahren, als er noch im Hause seines berühmten Bruders David lebte, auf Betreiben und mit Unterstützung seines Bruders begonnen, in einem Lehrgedicht den christlichen Jahreslauf in Hexameter zu fassen; die ersten Ergebnisse seien von Georgius Fabricius sehr gelobt worden, doch habe er, Nathan, wegen seiner dreijährigen Bildungsreise die Arbeit daran unterbrochen. Die bereits fertiggestellten Teile seien in der Akademie seines Bruders aufbewahrt worden und trotz Seuchen, Krieg und Brand unversehrt geblieben. So habe er nach seiner Rückkehr, nunmehr gereifter, mit der Überarbeitung begonnen, wobei sich vor allem die Auswahl aus der unermeßlichen Stofffülle als sehr schwierig herausgestellt habe: Neben jüdischen und christlichen Festen, Gedenktagen und Heiligen, astronomischen Angaben - auf astrologische habe er verzichtet, da sie nicht in einen christlichen Kalender paßten - und Charakterisierungen der einzelnen Jahreszeiten und Monate sei es auch noch nötig gewesen, auf die Diskussion einer Kalenderreform einzugehen; Chytraeus plädiert dabei für eine Fixierung der beweglichen Feste.

Des weiteren nimmt Chytraeus sein Werk gegenüber möglichen Vorwürfen in Schutz, es sei nicht genug ausgefeilt oder enthalte inhaltliche Unzulänglichkeiten: Seine geistige Kraft lasse nach, und so könne er nur wenig noch verbessern, möchte aber, daß sein Werk noch zu seinen Lebzeiten erscheine, damit es nicht verloren gehe oder verstümmelt werde. Abschließend weist er darauf hin, als Entkräftung möglicher Kritiker habe er Texte - vor allem Gedichte - seiner Freunde und Gönner am Ende seines Werkes mit publiziert, in denen sein Unterfangen sehr begrüßt werde; darunter sei in erster Linie das ihm (am 1.10.1583 aus Wien) durch Iohannes Sambucus verliehene Doktordiplom.

Vor und nach seiner Widmungsvorrede ließ Chytraeus je ein eigenes Epigramm abdrucken; anschließend weist er in einem weiteren, sieben Distichen umfassenden Epigramm "De DN. IOANN. POSTHII ‖ IN HOC OPVS LIBERA- ‖ LITATE. ‖ " den Leser darauf hin, daß ohne den Einsatz des Posthius das vorliegende Werk nicht erschienen wäre ("OMnia proela ferê ..."; Bl. 9r). Daran schließt sich ein ausführliches Inhaltsverzeichnis an (bis Bl. 19r), gefolgt von vier Distichen des Georgius Fabricius auf die vier Jahreszeiten (Bl. 19v) und einigen der Bibel entnommenen "PROGNOSTICA ‖ GENERALIA, ET NVM- ‖ QVAM FALLENTIA. ‖ "

Das mit Seite 1 beginnende, nach Monaten gegliederte Lehrgedicht selbst umfaßt 547 Seiten, je Monat etwa tausend bis zweitausend Hexameter.

Der Band endet mit dem erwähnten Diplom des Sambucus (S. 548-550) und den aufmunternden Gedichten der Freunde und Gönner; das erste ist ein Hochzeitsglückwunsch des Georgius Fabricius vom Dezember 1568 in zehn aus je vier jambischen Dimetren bestehenden Strophen ("TVm rigorem flectere ..."), das zweite ein auf den 12.8.1567 datiertes Epigramm desselben Autors ("FVluius ad nostros ...", 11 Distichen). Darauf folgt die angeführte Posthiuselegie, und zwar im selben Wortlaut wie in der Werkausgabe des Chytraeus von 1579 (S. 554f).

Der Band schließt mit den Gedichten der weiteren oben genannten Beiträger, von denen das des Brismannus auf den Oktober 1584 datiert ist; der gesamte Band wurde also offenbar, wie die Datierungen - v. a. die der Widmungsvorrede - zeigen, in den Jahren 1583/84 zum Druck zusammengestellt, blieb aber noch zehn Jahre unediert liegen, bis offenbar Posthius die Veröffentlichung durchsetzte; entsprechend setzte sich Posthius auch in seinen Briefen für die Verbreitung des Werkes als Schullektüre ein (vgl. Brief vom 25.8.1594).

Literatur: *VD 16, C 2779.*

1580/1
Gesamtausgabe der eigenen Gedichte
Posthius: Parerga (1580):

IOHAN: POSTHII ‖ GERMERSHE- ‖ MII, ARCHIATRI ‖ Wirzeburgici, ‖ Parerga Poë- ‖ tica. ‖ Ad ‖ ERASMVM NEV- ‖ stetterum, cognomento ‖ Sturmerum, Eq: ‖ Francum. ‖ (THEOCRITI SYRACVSA- ‖ ni Epigrammata ab Adol- ‖ pho Mekercho Bru- ‖ gensi, Latino carmi- ‖ ne reddita).
WIRZEBVRGI, ‖ EX OFFICINA HEN- ‖ rici Aquensis, Episcopalis ‖ Typographi. ‖ M.D.LXXX· ‖

Umfang und Format: [1], 219, [1] Bl., 12°.
Ausstattung: Titeleinfassung, Zierleisten.
Beiträger von Briefen im Liber adoptivus: *Nicolaus Cisnerus (an Nicolaus Rudingerus, Bl. 214v ff) und Adolphus Mekerchus (an Posthius, Bl. 215v f)*
Beiträger eines geschlossenen Epigrammzyklusses: *Adolphus Mekerchus (ab Bl. 216v).*
Beiträger von Gedichten für den Liber adoptivus: *Nicolaus Rudingerus, Iohannes Lauterbachius, Paulus Melissus Schedius, Iohannes Sleiferus, Carolus Utenhovius, Nicolaus Reusnerus, Christianus Egenolphus, Conradus Dinnerus, Iohannes Sanderus, Thomas Poppelius, Iacobus Strasburgus, Franciscus Modius, Claudius Ancantherus, Anna Palanda, Laurentius Finckelthusius, Iohannes Lambinus, Hadrianus Iunius, Adamus Siberus, Gerhardus Falckenburgius, Sebastianus Fridelius, Nicodemus Frischlinus, Henricus Petreus, Andreas Mergiletus, Iohannes Sambucus, Andreas Ellingerus, Nathan Chytraeus, Gregorius Bersmanus, Paulus Fabricius, Nicolaus Steinbergius, Daniel Hermannus, Michea Ubiserus, Iohannes Guilielmus, Iohannes Metellus, Iohannes Ortelius, Iohannes Lundorpius, Richardus Hemelius, Andreas Papius (französisch), Iohannes Bottherius, Iohannes Passeratius, Antonius Contius, Carolus Hugelius, Iohannes Langius, Erasmus Ligsalzus, Helias Corvinus, Ianus Antonius Saracenus, Abelus Strasburgus, Henricus Stephanus, VVendelinus ab Helbach, Alexander Grapheus, Iohannes Sanderus und Iacobus Didymus.*
Benutzte Exemplare: *Würzburg UB L. rr. d. 116, mit dem Besitzervermerk "E Bibliotheca Monasterij ‖ S. Stephanj Herbipolj. ‖ " auf dem Titelblatt; dies Blatt ist am unteren Rand um ca. 2 cm verkürzt: vermutlich wurde hier eine autographe Widmung des Posthius zur Einverleibung in eine Autographensammlung herausgeschnitten; in den Besitz des Würzburger Stephansklosters war das Buch vermutlich über den damaligen Abt des Klosters, Johannes Burckhardt/Burckhardus gelangt, mit dem Posthius befreundet war und dem er auch mehrere seiner Gedichte gewidmet hatte, darunter seine Elegie III,4.*
Bibliotheca Apostolica Vaticana R. G. Neo-lat. VI-58 (1); dieses Exemplar war 1581 zunächst im Besitz des Georgius Fabritius, dann im dem des Joannes Lieberichius; der schenkte es noch im selben Jahr seinem Lehrer Henricus Leichterus, und der wiederum schenkte es 1596 weiter an Conradus Bachmannus (auf dem Titelblatt stehen die Besitzervermerke "Georgii Fabritii Solitariensii liber ‖ M.D.XXCI ‖ ", "Joannis Lieberichij Wetzlariensis ‖ M.DLXXXI ‖ " und "Co[nradi Bachmanni do]natione Henrici Leuchteri Theologi Marspurgensis"; auf dessen Rückseite folgen die Einträge

"Hunc libellum ornatiss.[imo] doctissi- ‖ moque D[omi]n[o] m.[eo] Henrico Leuchte- ‖ ro Praeceptori suo obseruando ‖ dono dedit Joannes Lie- ‖ berichius Wetzlariensis ‖ 28 die Septemb. A[nn]o salutis ‖ nostrae MDLXXXI ‖ " und "Henricus Leuchterus S.[anctae] Th.[eologiae] D.[octor] ex ‖ Sup[er]int[endent] Mar[spur]g[ensis] dono dedit Conrado Bach- ‖ manno. Mense Junio A[nn]o 1596"). Das Exemplar weist zahlreiche Benutzerspuren - u. a. Unterstreichungen, marginale Zusätze von Namen etc. - auf, vor allem in den Elegienbüchern.

Zum Inhalt dieser Ausgabe vgl. Überblick, Kapitel 29; die Anfänge der Posthiusgedichte sind im Gedichtverzeichnis im Anhang dieser Arbeit angeführt.

Literatur: Collectio (1592), S. 585 (dort ist 1581 als Erscheinungsjahr genannt, wohl deshalb, weil die Parerga des Posthius in diesem Jahre erstmals auf der Frankfurter Messe zum Verkauf kamen); VD 16, P 4487 und 4495.

1580/1a
Erweiterte Gesamtausgabe der eigenen Gedichte
Posthius: Parergorum pars prima/pars altera (1595):

IOHANNIS ‖ POSTHII ‖ GERMERSHEMII ‖ PARERGORVM POETI-CORVM ‖ PARS PRIMA, ‖ AD IO. CHRISTOPH. NEVSTETTERVM, ‖ cognomento Sturmerum, ‖ Equit. Francum. ‖ Eiusdem POSTHII PARERGORVM ‖ PARS ALTERA, ‖ nunc recens edita cum Adoptiuis. ‖ [Heidelberg] Ex Typographeio Hieronymi Commelini; ‖ Anno M.D.XCV. ‖

Umfang und Format: [4] Bl., 248 S., neu paginiert 347, [1] S., 8°.
Ausstattung: Titelholzschnitt, Zierleisten.
Beiträger von Gedichten im Silvarum liber I: Melissus und Daniel Tossanus.
Beiträger eines versifizierten Briefes: Johannes Maudaeus (an seinen Schüler Erasmus Posthius vom 1.5.1593).
Beiträger eines Prosatextes im Liber adoptivus: Hadrianus Iunius.
Beiträger von Gedichten für den Liber adoptivus: Alle Beiträger zum Liber adoptivus der ersten Ausgabe von 1580 mit Ausnahme von Andreas Papius und Ianus Antonius sowie folgende weitere Beiträger: Paschasius Brismannus, Conradus Leius, Iohannes VVeidnerus, Martinus Braschius, Marquardus Freherus, Ianus Gruterus, Iohannes Adamus, Iohannes Maudaeus, Iohannes Mallendorfius, Iohannes Posthius Secundus, Balthasar Pancratius, Martinus Praetorius, David Pareus, Christophorus Homagius, Valentinus Clessius, Ioannes Iacomotus, Gulielmus Cripius, Conradus Rittershusius, Iohannes Maior, Iohannes de la Riviere, Iulius Pacius, Volradus a Plessen, Lambertus L. Pithopoeus, Theodorus Beza, Christophorus VVinerus, Cornelius a VVerdenborch, Eilardus Alma, Iohannes Esychius, Tobias Scultetus, Bernardus Praetorius, Ioannes Iacobus Boissardus, Bartholomaeus Hubnerus, Ianus Kotteritius, Isaac Memmius, Hieronymus Arconatus, Anna Utenhovia, Georgius VVendelinus Klafschenkel und Fridericus Sylburgius.
Benutzte Exemplare: Würzburg UB L. rr. o. 244, mit dem Besitzervermerk "Ad biblio: Schúúartzachensem" auf dem Titelblatt; in den Besitz des Klosters Münsterschwarzach

*war das Buch vermutlich über seinen damaligen Abt Johannes Burckhardt/Iohannes
Burkhardus gelangt, mit dem Posthius befreundet war und dem er auch mehrere seiner
Gedichte gewidmet hatte, darunter seine Elegie III,4.*

*Bibliotheca Apostolica Vaticana Racc. gen. Neolat. V, 323, mit der autographen Wid-
mung des Autors auf dem Titelblatt: "Cl.[arissimo] V.[iro] D.[omino] Johannj Weidnero, P.[oetae] L.[aureato] ‖ amico cariss[im]o d[ono] d[edi]t Auctor. ‖ "; darunter
vermerkte der Empfänger "Accepi Halae die 15. Maij, Anno 95"; oben rechts auf demselben Blatt notierte er im Jahr 1597 nach des Posthius Tod: "Die 24. Junij, dica= ‖
ta Joh. Baptistae, ‖ obiit Mosbachij do= ‖ loribus arthriticis ‖ et Epilepsia, Joh. ‖
Posthius, An. 97 ‖ aetatis suae ‖ [60]". Die Altersangabe "60" am Ende des Eintrages
fehlt, weil Weidnerus offenbar das Geburtsjahr von Posthius nicht kannte. Das Exemplar enthält weitere Einträge von Weidnerus. So verwies Weidnerus handschriftlich im
Anschluß an die Vorrede auf den Posthiusbrief, mit dem er das Buch erhalten hat,
und zitierte aus dem Brief: "D. Posthius, epistola 21. ad ‖ Johan. Weidnerum, scriptâ
‖ d. 8. Aprilis, A[nn]o 1595. ‖ Habebis unà cum hisce Parergorum meorum ‖ recens
editorum exemplar, amicitiae nostrae ‖ symbolum. etc. ‖ ". Die Einträge des Weidnerus dienten offenbar als Vorarbeiten zu einer geplanten Kommentierung der Parerga
(vgl. Brief vom 3.10.1595). Zu diesem Zweck ließ Weidnerus auch beim Binden - der
Deckel trägt außen seine Initialen "I. W. L." und die Jahreszahl "1597" - acht zusätzliche Blätter nach Textende mit einfügen, um so Platz für Nachträge zu haben; dort hat
er dann auch drei in den Parerga fehlende Gedichte notiert (vgl. Werkverzeichnis
1595/6). - Später gehörte das Exemplar des Weidnerus einem "Ferdinandus ‖ Blümus
‖ " und schließlich dem Würzburger Bibliothekar Anton Ruland; mit dessen Nachlaß
kam es am 8.1.1874 in die Vatikanische Bibliothek, wie das entsprechende Exlibris im
vorderen Einband innen bezeugt.*

*Bamberg SB L. r. r. o. 93, mit den Besitzervermerken "Wilhelmus Hönigke", JHFaber"
und "Conventus Bambergensis ‖ ordinis Praedicatorum ‖ " auf dem Titelblatt.*

*Stuttgart WLB fr. D. 8° 6288, mit dem Besitzervermerk "M. Johannes-Cunradus ‖ Vi-
scher Studg.[ardensis] ‖ Jn simplicitate ‖ cordis. ‖ " auf der Innenseite des Deckels
und mit Benutzungsspuren (Untertreichungen vor allem in den ersten Elegienbüchern).*

Zum Inhalt dieser in zwei separat paginierte Teile gegliederten Ausgabe vgl. Überblick,
Kapitel 51; die Anfänge der Posthiusgedichte sind im Gedichtverzeichnis im Anhang
dieser Arbeit angeführt.

Literatur: Wiegand: Hodoeporica (1984), S. 230-235 und S. 516f.

Übernahme von Gedichten in Anthologien und Biographien: Zahlreiche Gedichte aus
den "Parerga" wurden nach des Posthius Tod in gedruckte wie in handschriftliche Anthologien übernommen, wobei vor allem die Liebes- und Scherzgedichte berücksichtigt
wurden; daneben dienten enkomiastische Gedichte zur Ausschmückung von Biographien. Im folgenden sind chronologisch einige Beispiele für diese Rezeptionen angeführt:

    1580: **Melissus** ließ ein Posthiusgedicht aus dem Buch "Francica" der "Parerga" un-
verändert in seiner Cropaciusausgabe abdrucken (vgl. Literaturverzeichnis unter Cro-

pacius: Poemata, 1581, dort S.255). Auf dies Gedicht, in dem Posthius die dichteri-schen Qualitäten des Cropacius preist, antwortet Melissus mit eigenen Versen, in denen er Posthius vom überraschenden Tod des Cropacius in Kenntnis setzt ("DVm vagor Ausonijs ..."; 6 Distichen). Das Gedicht des Posthius beginnt "DAmna ferunt interdum ..." (Parerga Bl. 125r f, in der zweiten Ausgabe Pars prima, S. 207).

1596: **Abelus Strasburgus** *nahm ein Epicedium des Posthius zum Tod des am 15.8.1576 verstorbenen Thomingius aus den "Parerga" unverändert in eine Edition juri-stischer Texte des Thomingius mit auf (vgl. Literaturverzeichnis unter Thomingius: De-cisionum editio secunda, 1596, Bl. 25r vor Beginn der Paginierung); dies juristische Werk war erstmals 1576 von den Söhnen des Thomingius ohne das Posthiusgedicht herausgegeben worden (vgl. Literaturverzeichnis unter Thomingius: Decisiones, 1579). Das Posthiusgedicht beginnt "COnditur hoc tumulo ..." (Parerga Bl. 122r f, in der zweiten Ausgabe Pars prima, S.206).*

1597: **Rittershusius** *nahm ein Posthiusgedicht aus den "Parerga" in seine Oppia-nusausgabe mit auf (vgl. Werkverzeichnis 1588/5a).*

1600: **Blyenburgus** *nahm in seine umfangreiche Anthologie von Liebesgedichten ("Veneres Blyenburgicae") auch 20 Posthiusgedichte aus den Parerga an verschiedenen Stellen mit auf.*

1602: **Gruterus** *nahm 22 Gedichte aus den Parerga ohne erkennbare Auswahlkrite-rien in seine erste, mir nur handschriftlich bekannte Anthologie mit auf, dazu noch vier Gedichte aus dem Frage-Antwort-Spiel Posthius-Stephanus, das Posthius im Liber adoptivus seiner Parerga publiziert hatte (nur zweite Ausgabe Pars altera, S. 284ff). Diese Anthologie befindet sich heute in der Bibliotheca Apostolica Vaticana, Pa-latinus Latinus 1821.*

1612: **Gruterus** *nahm zahlreiche, sehr bewußt aus den Parerga ausgewählte Ge-dichte in den fünften Band seiner Delitiae mit auf (S. 122-344, wobei S. 344 zu "244" verdruckt ist; von S. 321 bis S. 352 verwendete der Drucker nämlich die Ziffern "221" bis "252").*

1615: **Adamus** *verwendete ein Enkomion auf Utenhovius für seine Utenhoviusvita (Vitae Philosophorum, S. 444; vielleicht dienten auch für das Posthiusgedicht in der Melissusvita, ibidem S. 447, die Parerga als Quelle).*

1619: **Dornavius** *nahm in seine Anthologie humorvoller Gedichte "Amphitheatrum sapientiae" 20 Gedichte aus der zweiten Ausgabe der Parerga des Posthius sowie ein weiteres Posthiusgedicht aus einer anderen Quelle auf (vgl. Werkverzeichnis 1585/1b).*

1620: **Adamus** *verwendete mehrere Posthiusgedichte für seine Juristen- und Ärzte-biographien "Vitae jureconsultorum" und "Vitae medicorum" zur Ausschmückung der einzelnen Viten; zumeist entnahm er diese Gedichte den Parerga, doch verwendete er auch andere Quellen (vgl. Werkverzeichnis 1557 und 1587/5).*

1624: **Turnemainnus** *nahm insgesamt 14 Posthiusgedichte in seine Anthologie "Triumphus mortis" mit auf; bei neun Gedichten davon dienten offenbar die Parerga als Quelle (vgl. Werkverzeichnis 1592/2).*

1787f: **Andreae** *verwendete zwei Posthiusgedichte in seinem "Riesmannus redivi-vus" (S. 121 und 151f).*

1792: **Feder** *verwendete 20 Posthiusgedichte aus den Parerga für seine Vita des Erasmus Neustetterus (S. 30-69).*

1795: Franc. **Noel** *nahm mehrere Posthiusgedichte in seine Anthologie "Erycina ridens seu recentiorum poetarum qui Latine cecinerunt deliciae deliciarum" mit auf, die mir nur handschriftlich bekannt ist ("Venetie MDCCXCV"; Fundort: Paris, Bibliothèque Nationale, Nouv. acq. lat. 737, 738 und 1831; Angaben nach Kristeller: Iter Italicum, Vol. III, S. 283f und S. 293).*

1893: **Ellinger** *nahm acht Posthiusgedichte in seine Anthologie "Deutsche Lyriker des 16. Jahrhunderts" mit auf (S. 24-26).*

1962: **Conrady** *nahm drei Posthiusgedichte in die seinem Werk über die lateinische Dichtungstradition hinzugefügte Anthologie mit auf (S. 358f).*

1989: **Kühlmann und Wiegand** *nahmen drei Gedichte von und ein Gedicht an Posthius aus den "Parerga" mit Übersetzungen und Erläuterungen in ihre Anthologie "Parnassus Palatinus" mit auf (S. 66-79 und 235-239).*

1580/2

Zwei enkomiastische Gedichte für eine Komödie des Frischlinus
in: Frischlinus: Priscianus vapulans, kürzere Ausgabe (1580):

PRISCIANVS VAPVLANS. ‖ NICODEMI ‖ FRISCHLINI ALEMAN- ‖ NI COMOEDIA LEPIDA, FACE- ‖ ta & vtilis, in qua demonstrantur soloe- ‖ cismi & barbarismi, qui superioribus seculis omnia ‖ artium & doctrinarum studia, quasi quodam ‖ diluuio inundarunt: scripta in lau- ‖ dem huius seculi. ‖ Spectatum admißi risum teneatis amici. ‖
ARGENTORATI. ‖ Apud Bernhardum Iobinum. ‖ ANNO M.D.LXXX. ‖

Umfang und Format: [69] Bl., 8°.
Ausstattung: Titelholzschnitt, Initialen.
Beiträger eines Prosatextes: David Sigemundus (datiert Tübingen 1.5.1579); Beiträger enkomiastischer Gedichte: Hieronymus Vuolffius (mit einem Antwortepigramm des N. Frischlinus), Iohannes Posthius, Nicolaus Reusnerus, Iohannes Vveidnerus, David Sigemundus, Henricus VVellingius und Iac. Graeter.
Benutztes Exemplar: München BSB P. o. lat. 1663$\frac{r}{}$, mit einer teilweise beim Beschneiden abgetrennten Widmung unten auf dem Titelblatt: "Fratri suo Germano Lu= ‖ douico Wilhelmo M[...] ‖ "

Die am 15.5.1579 in Tübingen verfaßte Widmungsvorrede ist an den Württemberger Herzog Fridericus gerichtet. Ab Bl. 11r bis Bl. 15r sind enkomiastische Gedichte abgedruckt mit einer eigenen Überschrift: "EPIGRAMMATA QVAE ‖ DAM DOCTISSIMORVM VI- ‖ rorum in Priscianum Nicodemi ‖ Frischlini. &c. ‖ ". Unter diesen Gedichten sind zwei von Posthius:
[1.] mit der Überschrift "DE PRISCIANO NICO- ‖ demi Frisclini. ‖ " (sic)
     inc.: INflicta misero
     expl.: Muneribus est Regum omnium.
     3x Trimetrum iambicum sequitur Dimetrum iambicum (Bl. 12r).

[2.] mit einer Widmung an Nicodemus Frischlinus
   inc.: PErge sacer uates
   expl.: Frischline, mandant Caelites.
   3x Hexametrum sequitur Dimetrum iambicum (Bl. 12rf).

Parerga: *Die angeführten Gedichte wurden nicht abgedruckt.*
Literatur: *VD 16, F 2971; eine Neuausgabe der Dramen Frischlins wird von Adalbert Elschenbroich vorbereitet.*

1580/2a

Wiederabdruck der enkomiastischen Gedichte für eine Komödie des Frischlinus nebst einem weiteren Enkomiastikon über Frischlinus in einer erweiterten Ausgabe der angeführten Frischlinuskomödie
in: Frischlinus: Priscianus vapulans, erweiterte Ausgabe (1580):

[RS:] PRISCIANVS VAPVLANS. ‖ NICODEMI ‖ FRISCHLINI ALEMAN- ‖ NI COMOEDIA LEPIDA, FACE- ‖ ta & vtilis, in qua demonstrantur soloe- ‖ cismi & barbarismi, qui superioribus seculis omnia ‖ artium & doctrinarum studia, quasi duluuio ‖ quodam inundarunt: scripta in lau- ‖ dem huius seculi. ‖ Specta- tum admißi risum teneatis amici. ‖
ARGENTORATI. ‖ Apud Bernhardum Iobinum. ‖ ANNO M.D.LXXX. ‖

Umfang und Format: *[1] Bl., 149 S., 8°.*
Ausstattung: *Titelholzschnitt, Initialen.*
Beiträger von Prosatexten: *David Sigemundus sowie Rektor und Senat der Universität Tübingen; Beiträger enkomiastischer Gedichte auf die Komödie "Priscianus": Hieronymus Vuolffius (mit einem Antwortepigramm des Frischlinus), Iohannes Posthius, Ioannes Lauterbachius, Nicolaus Reusnerus, Iohannes Vveidnerus, Dauid Sigemundus, Henricus VVellingius, Iacobus Graeter und Hieronymus Megiserus Iunior; Beiträger weiterer, meist den Frischlinus preisender Gedichte: Nathan Chytraeus, Iohan: Posthius, Ioan. Lauterbachius (von diesem Autor stammen insgesamt 18 Gedichte), Melissus Schedius und ein "M. A. P.".*
Benutztes Exemplar: *Wolfenbüttel HAB 374.4 Quodl.*
Weitere Ausgabe: *Diese erweiterte Ausgabe erschien in nahezu unveränderter Form, allerdings neu gesetzt und ohne Paginierung (83 Blatt) im folgenden Jahr 1581 in Erfurt (vgl. Literaturverzeichnis unter Frischlinus: Priscianus vapulans, 1581).*

Der Band beginnt mit einem undatierten Widmungsgedicht an den Württemberger Herzog Fridericus und mit einer am 1.5.1580 in Tübingen verfaßten Prosavorrede an den Leser. Auf diese beiden von Frischlinus stammenden Texte folgt die von David Sigemundus am 1.5.1579 verfaßte Prosavorrede an den Leser, die bereits in der Erstauflage von 1580 abgedruckt war.

An den eigentlichen Dramentext schließt sich ab S. 109 ein "Epicedion" des Frischlinus zum Tode seines Vaters an und ein aus dem Jahre 1576 stammendes

Empfehlungsschreiben, das die Universität Tübingen dem nach Regensburg zum Reichstag abreisenden Frischlinus mitgab. Darauf folgt mit der Überschrift "EPIGRAMMATA QVAE || DAM DOCTISSIMORVM VI- || rorum in Priscianum Nicode- || mi Frischlini. &c. || ", *eine Sammlung enkomiastischer Gedichte verschiedener Autoren für die Komödie "Priscianus vapulans". Darunter sind auch die oben angeführten beiden Posthiusgedichte (vgl. Werkverzeichnis 1580/2), und zwar in unverändertem Wortlaut (S. 130f).*

Unter den anschließenden weiteren Enkomia ist auch ein bis dahin noch unpubliziertes Posthiusgedicht mit einem Glückwunsch an Frischlinus zu einer Auszeichnung durch den Kaiser:

[3.] *mit der Überschrift* "IN LAVREATVM FRISCHLI- || ni Mercurium. || "
    inc.: QVi tibi nascenti
    expl.: Numinaque, ipsa fauent?
    3 Distichen (S.142).

Parerga: *Das angeführte Gedicht wurde nicht abgedruckt.*
Literatur: *VD 16, F 2972.*

1580/3 (verfaßt 1579)
Ein enkomiastisches Gedicht für ein umfangreiches philologisches Werk des Palmerius
in: Palmerius: Spicilegiorum commentarius (1580):

SPICILEGIORVM || IAN. MELLE = || RI PALMERII COM- || MENTARIVS PRIMVS. || QVIBVS PLERAQVE SAL- || LVSTII, LVCRETII, PLAVTI, || TERENTII, PROPERTII, PETRONII || Arbitri, tum fragmenta apud Marcellum: || multa Cornelij Taciti: quaedam etiam Ca- || tulli, & aliorum scriptorum, aliàs concla- || mata, tentantur primùm, aut impari || ausu atque successu tentata iam ante, || cum dijs volentibus ema- || culantur. || Benè collocata opera, vt linguae Latinae meliùs || sit: hoc primum: deinde, nè tam multis || locis Scriptorum sensus ab- || horreant. ||
M.D.LXXX. || (FRANCOFVRTI AD MOE- || num, apud Georgium Coruinum, || impensis Sigismundi || Feyrabendij. || Anno M.D.LXXX. ||)

Umfang und Format: *[8] Bl. (Bl. 8 ist unbedruckt), 259, [1] Bl., 8°.*
Ausstattung: *Titeleinfassung, kleinerer Zierrat, Druckermarke.*
Weitere Beiträger *enkomiastischer Gedichte am Buchanfang: Hieronymus Berchemius, Franciscus Modius und Ian. Gulielmus.*
Benutztes Exemplar: *Augsburg SuStB LR 882 (Beiband).*

Die Widmungsvorrede, die Ianus Mellerus Palmerius/Janus Meller Palmier am 1.1.(o. J.) in Mainz schrieb, ist an Ioannes Crato gerichtet. Das Werk enthält nur ein Gedicht des Posthius:

[1.] ohne besondere Überschrift.
  inc.: NEmpe suum sua
  expl.: Quod est, cluet Palmerius.
  10x Hexametrum sequitur dimetrum iambicum (Bl. 5r f, vor Beginn der Paginie-
  rung, Lage)(5r f).

Parerga: *Posthius veröffentlichte in seinen Parerga ein inhaltlich wie formal ähnliches
Gedicht zum selben Anlaß, das er offenbar während seines Aufenthaltes in Köln verfaßt hatte, da er es in den zweiten Teil seines Gedichtbuches "Belgica" einreihte; dieser
Teil enthält die im Sommer 1579 in Köln verfaßten Gedichte. Der in den Parerga
publizierte Wortlaut weicht jedoch völlig von dem des oben angeführten Gedichtes ab
und zeugt damit von einer gründlichen Überarbeitung:*
  Mit der Überschrift "IN SPICILEGIA IANI MEL- ‖ leri Palmerij, ad lectorem. ‖ "
  inc.: MVsarum Iuuenis
  expl.: Victor triumphat aurea.
  *7x Hexametrum sequitur dimetrum iambicum. (in der ersten Ausgabe Bl. 75v, in
  der zweiten Pars prima, S. 129).*
Literatur: *VD 16, P 171.*

1581
**Ein enkomiastisches Gedicht für ein Emblematikbuch des Reusnerus
in: Reusnerus: Emblemata (1581):**

EMBLEMATA ‖ NICOLAI REVS- ‖ NERI IC. PARTIM ETHI- ‖ CA, ET
PHYSICA: PARTIM ‖ verò Historica, & Hieroglyphica, sed ad virtutis, mo- ‖
rumque doctrinam omnia ingeniosè traducta: & in ‖ quatuor libros digesta, cum
Symbolis & inscri- ‖ ptionibus illustrium & clarorum virorum. ‖ QVIBVS
AGALMATVM, SIVE EM- ‖ blematum sacrorum Liber vnus super- ‖ additus. ‖
EX RECENSIONE ‖ Ieremiae Reusneri Leorini. ‖
15 FRANCOFORTI. 81. ‖ (IMPRESSVM FRAN= ‖ COFORTI AD MO-
ENVM, ‖ PER IOANNEM FEYER- ‖ abendt, Impensis Sigismundi ‖ Feyer-
abendij. ‖ M.D.LXXXI. ‖)

Umfang und Format: *[13] Bl., 371, [1] S., 4°.*
Ausstattung: *Druckermarke, Titeleinfassung, Holzschnitte, Randleisten.*
Weitere Beiträger *von enkomiastischen Gedichten am Beginn des Buches: Hieronymus
VVolffius, Ioannes Ortelius, Paulus Melissus, Nicodemus Frischlinus, Henricus Por-
schius, Ioannes Ortelius, Matthaeus Frobenius, Michael Fendius, Ioannes Sambucus,
Ieremias Reusnerus und Petrus Albinus; Beiträger innerhalb des Buches (Angaben
nach VD 16, R 1409): Philippus Lonicerus, Georgius Frobenius und Adam Klos; Beiträger von literarwissenschaftlichen Texten am Ende des Buches (ab S. 337): Hieronymus VVolfius, Paulus Manutius und Iulius Caesar Scaliger (drei Verse); Beiträger
von Briefen am Ende des Buches (ab S. 347): Ioachimus Camerarius, Georgius Fabricius, Adolphus Occo, Iacobus Monavius, Theodorus Zvingerus, Ioan. Sambucus,*

Rich. Streinius Baro, Rupertus a Stotzingen, Nicolaus Cisnerus und Dauid (verschrieben zu "Daiud") Peiferus nebst einem Gedicht von Carolus Utenhovius.
Benutztes Exemplar: *München BSB 4° L. eleg. m 170 (Reserve), mit einer autographen Widmung des Reusnerus: "CL. V. D. D. ADOLPHO OCCONI: ‖ Medico & Historico excellentiss. ‖ REVSNERVS. ‖ "*

Zu Beginn des Bandes sind mehrere Texte von und an Ieremia Reusnerus abgedruckt, darunter eine an Adamus a Dietrichstein gerichtete Widmungsvorrede, die am 1.8.1580 in Wien verfaßt wurde, und zwei Texte an bzw. über Ioannes Fichardus.

Darauf folgen enkomiastische Gedichte unter einer eigenen Überschrift: "IN EM-BLEMATA ‖ NICOLAI REVSNE- ‖ RI IVRIS CONSVLTI ‖ EPIGRAMMATA: ‖ "; unter diesen steht das des Posthius an zweiter Stelle. Posthius fordert darin den bekannten Juristen, Publizisten und Mäzen ("Poetarum Mecaenatem") Joannes Fichardus/Fischart auf, für die Vervielfältigung der Abbildungen und für die Publikation des Emblematikbuches des Nicolaus Reusnerus zu sorgen:
[1.] mit einer Widmung an Joannes Fichardus
   inc.: TE noua rumor ait
   expl.: Phoebus et ipse rogant.
   4 Distichen (Bl. 8r).

Parerga: *Posthius nahm sein Epigramm, an mehreren Stellen leicht überarbeitet, in seine Parerga auf (in der ersten Ausgabe Bl. 123r, in der zweiten Pars prima, S. 207).*
   expl.: Phoebus et ipse rogat.
Literatur: *VD 16, R 1409.*

1582/1

Vier Gedichte über die Heilquellen von Bad Schwalbach
Gruendtlicher Bericht (1582):

Gruendtlicher vnd warhaff= ‖ tiger Bericht/ von dem neuwen erfundenen ‖ Sauwrbrunnen zu Langen Schwalbach/ in der Nider ‖ Graffschafft Catzenelbogen gelegen/ Durch einen/ welcher den= ‖ selben Brunnen getruncken/ vnd jhm nutzbarlichen bekommen ist/ in ‖ foermliche wolgeschickliche Teutsche Reimen/ ‖ daselbst gebracht. ‖
Gedruckt zu Franckfurt am Mayn. ‖ M.D.LXXXII. ‖ (Gedruckt zu Franckfurt am ‖ Mayn/ durch Nicolaum Bas= ‖ seum/ Jm Jahr ‖ Anno MDLXXXII. ‖)

Umfang und Format: *[10] Bl., 4°.*
Ausstattung: *Titelholzschnitt, kleinerer Zierrat (Initialen).*
Keine Beiträger.
Benutztes Exemplar: *London BL 11517 cc 30 (Mikrofilmsignatur PB MC 21676; mit einem Exlibris "EX BIBLIOTHECA SOBOLEWSKIANA").*

Die kleine Schrift enthält vier Gedichte des Posthius, zwei deutsch und zwei lateinisch. In dem einen lateinischen preist Posthius das 1581 erschienene bäderkundliche Standardwerk des Arztes Iacobus Theodorus Tabernaemontanus, eines alten Freundes des

*Posthius (vgl. Werkverzeichnis 1582/1a), in dem anderen lobt er den vorzüglichen Ge-
schmack des Heilwassers. Den Hauptteil der Schrift bilden die umfangreichen deutschen Gedichte, die wohl den Frankfurter Drucker Basseus zur Verlegung der kleinen
Schrift bewegten, ohne daß er dabei allerdings den Namen des Verfassers im Titel
nannte. Beim einen dieser deutschen Gedichte handelt es sich um ein Lehrgedicht
über die Lage und den Nutzen des Bades, beim anderen um einen Dialog: Ein
Neuankömmlung aus Würzburg - damit meinte Posthius offenbar sich selbst - un-
terhält sich mit einem einheimischen Bauern über Nutzen und Gebrauch des Heilwassers.*

[1.] mit einer Widmung an Iacobus Theodorus
   inc.: PRodijt in lucem
   expl.: nominis inde feras.
   4 Distichen (Bl. 1v).

[2.] mit der Überschrift "In Acidulam Macrosualbacensem vini saporem ‖ *referen-
tem ..."*
   inc.: ISte liquor Nymphis
   expl.: nobilitauit aquas.
   6 Distichen (Bl. 1v).

[3.] mit der Überschrift "Von dem Sauwer= ‖ *brunnen zu vnd vmb Lan=* ‖ *gen-
schwalbach.* ‖ *"*
   inc.: ES ligt ein gegent wol bekandt/
     Jm nider Katzenelbogner Landt/
   expl.: Was vns dient zeitlich vnd ewig/
     Der sey vns allen genedig.
   *339 vierhebige deutsche Verse, davon 336 paarweise gereimt; ein Mal sind drei
   Verse miteinander durch Reim verbunden (Bl. 2r-7v).*

[4.] mit der Überschrift "Ein Gesprech von ‖ *dem Weinbrunn zu Lan=* ‖ *gen
Schwalbach.* ‖ *"; Personen: "Gast." und "Bawer."*
   inc.: Gast. Glueck zu glueck zu mein lieber Mann/
     Jch bitt dich wolst mir zeigen an/
   expl.: (Bawer.) Vnd worinn ich dir dienen kan/
     Solen mich allzeit willig han.
   mit der Unterschrift: "I.[oannes] P.[osthius] ‖ *Scriptum in acidulis Schvualba-
   chensibus* ‖ *Mense Iunio. P. C. D.* ‖ *"*
   144 vierhebige, paarweise gereimte deutsche Verse (Bl. 8r-10v).

Parerga: *Die angeführten Gedichte wurden nicht abgedruckt.*

1582/1a

**Wiederabdruck der lateinischen Gedichte über die Heilquellen von Bad Schwalbach in einer Schrift des Theodorus über eben diese Quellen
in: Theodorus: Neuw Wasserschatz (1584):**

[RS:] Neuw Wasserschatz/ ‖ Das ist: ‖ Von Allen ‖ heylsamen Metallischen Mine = ‖ rischen Baedern vnd Wassern/ Sonderlich aber ‖ von den neuwen erfundenen Sawerbrunnen zu Langen Schwall = ‖ bach in der Nidergraffschafft Katzenelenbogen/ vnd im Schwartz = ‖ wald in dem loeblichen Stifft Straßburg in S. Petrsthal vnnd ‖ der Greißbach/ bey dem Weiler Greißbach gelegen/ auch aller an = ‖ derer Sauwerbrunnen/ eygentliche Beschreibung/ sampt ‖ derselben Gehalt/ Krafft vnnd ‖ Wirckung. ‖ [Es folgen weitere sechs Zeilen Titel] ‖ Alles auß langwiriger Obseruation vnd Erfahrung/ auffs ‖ fleissigst widerumb vbersehen/ verbessert/ gemehret/ be = ‖ schrieben vnd an Tag geben/ durch ‖ Iacobum Theodorum Tabernaemontanum, ‖ der Artzeney Doctorem vnd Medicum ordinarium ‖ der freyen Reichstatt Wormbs. ‖
Gedruckt zu Franckfurt am Mayn/ etc. ‖ M.D.LXXXIIII. ‖ (Gedruckt zu ‖ Franckfurt am Mayn/ ‖ durch Nicolaum Bassee. ‖ M.D.LXXXIIII. ‖)

Umfang und Format: [8] Bl., 649, [1] S., 8°.
Ausstattung: Druckermarke.
Keine weiteren Beiträger.
Benutzte Exemplare: München UB 8° Med. 3020.
München BSB M. med. 1022 (in diesem Exemplar, das aus dem Münchner Augustinerkonvent stammt, folgt auf die Seite 649 nicht - wie im Exemplar der Münchner UB - das Impressum, sondern ein Index, der allerdings bereits nach der 9. Seite beim Buchstaben B abbricht; die übrigen Lagen sind offenbar verloren).
Weitere Auflagen: Von dem Werk des Theodorus erschienen noch mehrere weitere Auflagen, in denen ebenfalls die Posthiusgedichte unverändert abgedruckt wurden (ein Exemplar der Auflage 1588-91: München BSB 2° Phyt. 279(1.2, ein Exemplar der Auflage 1593: München BSB M. med. 1023).

Das Werk des Theodorus über Bad Schwalbach war 1581 erstmals erschienen (vgl. Literaturverzeichnis); Posthius verfaßte im Jahr darauf ein enkomiastisches Gedicht über dieses Werk und publizierte es nebst einem weiteren lateinischen Gedicht über den Geschmack der Heilquellen von Bad Schwalbach zusammen mit deutschen Versen über diese Quellen (vgl. Werkverzeichnis 1582/1). Sicher ließ Posthius dem ihm persönlich gut bekannten Theodorus ein Exemplar dieser Publikation zukommen, ohne dabei offenbar am Wortlaut seiner lateinischen Gedichte Änderungen vorzunehmen. Die beiden lateinischen Epigramme ließ Theodorus in den folgenden Ausgaben seines Werkes über Bad Schwalbach abdrucken, wobei die Texte samt Überschriften identisch sind mit der angeführten Erstpublikation von 1582 bis darauf, daß im Titel des ersten Gedichtes noch zum Namen des Posthius die Angabe "Medicus Herbipolensis" hinzugefügt ist. Die Posthiusgedichte stehen auf Bl. 8r f.

1582/2

Ein enkomiastisches Epigramm für eine kommentierte Ovidausgabe des Bersmanus

in: Ovidius: Metamorphoseon libri (1582):

PVB: OVIDII ‖ NASONIS METAMOR- ‖ PHOSEON LIBRI XV. ‖ EX POSTREMA IACOBI ‖ Micylli recognitione, ‖ ET RECENSIONE NOVA ‖ GREGORII BERSMANI, ‖ cum eiusdem notationibus: ‖ ET SINGVLARVM FABVLA- ‖ rum argumentis, partim veteribus, par- ‖ tim recentibus. ‖ LIPSIAE, ‖ Anno M.D.XIIXC. ‖ (Lipsiae, ‖ IMPRIMEBAT IOANNES ‖ STEINMAN. ‖ ANNO ‖ M.D.LXXXII. ‖)

Umfang und Format: [8] Bl., 639, [30] S., 8°.
Ausstattung: Druckermarke, Holzschnitte, Initialen.
Weitere Beiträger: Aldus M.[anutius] R., Gulielmus Canterus, Iul. Caes. Scaliger, Michael Barth und Adamus Siberus.
Benutztes Exemplar: Erlangen UB G. N. A. 96 (mit Unterstreichungen und einigen nicht zeitgenössischen handschriftlichen Eintragungen).
Weitere Auflagen: Das Posthiusgedicht wurde unverändert auch in den folgenden, von Bersmanus redigierten dreibändigen Ovidausgaben abgedruckt, und zwar in jedem Band der Ausgabe von 1590 (vgl. Literaturverzeichnis; im Bd. I auf Bl. 12v, im Bd. II auf Bl. 7v und im Bd. III auf Bl. 6r) und in der Auflage von 1596 (vgl. Literaturverzeichnis; in dem von mir benützten Bd. II auf Bl. 8r).

Diese Ovidausgabe, die von des Posthius Freund Gregorius Bersmanus herausgegeben wurde, enthält ein Posthiusgedicht:
[1.] mit einer Widmung an Bersmanus
   inc.: FAma tibi doctis ingens
   expl.: nox metuenda tibi.
   3 Distichen (S. 31).

Parerga: Posthius nahm sein Gedicht in unveränderter Form in seine Parerga auf (nur zweite Ausgabe Pars prima, S. 246).
Literatur: VD 16, O 1659.

1582/3

Zwei Glückwunschgedichte zum Priesterjubiläum des Würzburger Domprobstes Richardus à Kher (gefeiert am 9.10.1581)
in: Wengerus: Oratio (1582):

ORATIO HABI= ‖ TA IN CELEBERRIMO CON- ‖ VENTV REVEREN: ATQVE ILLVSTRISS: ‖ PRINCIPIS IVLII, EPISCOPI WIRTZBVRGENSIS, ‖ ac Franciae Orientalis Ducis, Reuerendorum, Generosorum, ‖ Nobilium, Dominorum, Abbatum, Cathedralis Ecclesiae Ca- ‖ nonicorum, totiusque Cleri, & quamplurimorum, tum gene- ‖ ris nobilitate, tum doctrina clarissimorum hominum, quan- ‖ do Reuerendo ac Nobili Domino, D. RICHARDO à ‖ KHER, primae

sacrae aedis Praeposito, ac Seniori, ‖ Iubilaei honor conferebatur. a. d. ‖ VII. Id.
Octobris. ‖ M.D.LXXXI. ‖ HVIC ACCESSERVNT VARIA DIVERSO- ‖ rum
Cl: hominum poëmatia, in eiusdem Ampliss: D. ‖ Praepositi honorem ac gratula-
tionem, ‖ EDITA OPERA ET STVDIO ‖ M. SIXTI VOLHARDI VVENGERI.
WIRTZBVRGI, ‖ Ex Officina Henrici Aqensis Episcopalis ‖ Typographi Anno.
1582. ‖

Umfang und Format: [28] Bl., 4°.
Ausstattung: Druckermarke, Randleisten, Holzschnitt (Wappen Khers).
Weitere Beiträger: Iohannes Schonlinus, Nicolaus Teilingius, Iohannes Hoffet und
Valentinus Kirchen.
Benutzte Exemplare: Wolfenbüttel HAB 181.4 Theol.
Würzburg UB Rp XXIV, 269.

*Die undatierte Widmungsvorrede des schmalen Bändchens richtete VVengerus an den
Würzburger Domdekan Nydhardus a Thungen; das Bändchen enthält eine Abbildung
des Wappens von Kher (Bl. 1v), eine längere Rede des VVengerus sowie Glückwunschgedichte der genannten Beiträger, darunter auch lateinische und griechische
Verse des VVengerus.*

   *Unter den Glückwunschgedichten sind, direkt nach der Rede, als erstes die beiden
Gedichte des Posthius abgedruckt:*
[1.] mit einer Widmung an Richardus a Kher
   inc.: SVstinuit varios aetas
   expl.: Perpetua sunt vbi iubila.
   23 x Hexametrum sequitur dimetrum iambicum (Bl. 15r f).
[2.] mit der Überschrift "... ‖ Epigramma. ‖ "
   inc.: LAEta pater Maenus nuper
   expl.: vera beatus agas.
   6 Distichen (Bl. 16r).

Parerga: Die angeführten Gedichte wurden nicht abgedruckt.

1582/4
**Ein an Weydnerus gerichtetes Distichon zum Dank für Glückwünsche zur Geburt
des Sohnes Erasmus**

Autograph (geschrieben am 21.10.1582)

Umfang und Format: Einzelblatt, 2°.
Fundort: Stuttgart WLB Cod. hist. 2° 603, Bl. 228.

*Posthius fügte dies Epigramm in den Text seines Briefes vom 21.10.1582 an Johannes
Weydnerus/Weidnerus ein.*

[1.] ohne Überschrift
   inc.: Quae tu fata meis
   expl.: sint precor usquè tuae.
   Distichon.

Parerga: *Das angeführte Gedicht wurde nicht abgedruckt.*

1583/1
Drei enkomiastische Epigramme für eine Gedichtausgabe des Modius
in: Modius: Poemata (1583):

FRANCISCI ‖ MODII BRVGENSIS ‖ POEMATA, ‖ Ad ‖ AMPLISSIMVM
ET SPLENDIDISS: ‖ ERASMVM NEVSTETTERVM, ‖ cognomento STVR-
MERVM, ‖ Equitem Francum, ‖ &c. ‖ [es folgt ein Tetrastichon des Deodatus
Marivorda].
WIRTZEBVRGI, ‖ Ex Officina Henrici Aquensis, Episcopalis ‖ Typographi.
M.D.LXXXIII. ‖

Umfang und Format: *[8] Bl., 159, [1] S., 8°.*
Ausstattung: *Druckermarke.*
Weitere Beiträger: *Adeodatus Marivorda (siehe Titel), Iacobus Didymus, Robertus*
Matthanus, Joachimus Matthanus und Conradus Leius.
Benutzte Exemplare: *Augsburg SuStB NL 727.*
München UB 8° P. lat. rec. 33:4.

Diese von Modius redigierte Ausgabe seiner dichterischen Werke enthält drei Gedichte
von Posthius:
[1.] mit einer Widmung an Modius
   inc.: VIsné, MODI, verum
   expl.: versibus incutiunt.
   4 Distichen (Bl. 3v).
[2.] ohne besondere Überschrift
   inc.: LVgebant Moeni tristes
   expl.: constituetque loco.
   6 Distichen (Bl. 3v).
[3.] ohne besondere Überschrift
   inc.: CVm celebrata tuo nostri
   expl.: te feret ille gradu.
   4 Distichen (Bl. 4r).

Parerga: *Von diesen drei Gedichten nahm Posthius nur das dritte in seine Parerga auf*
(nur zweite Ausgabe Pars altera, S. 50); der Wortlaut blieb unverändert.
Literatur: *VD 16, M 5741.*

1583/2
Zwei Glückwunschgedichte zu Geburtstagen von Neustetterus und Modius und ein
Epigramm über das eigene Altern
in: Modius: Hodoeporicum Francicum (1583):

FRANCISCI ‖ MODII ‖ BRVGEN= ‖ SIS, ‖ HODOEPORICVM FRAN-
CICVM ‖ seu, ‖ THERMAE CAROLINAE ‖ ad Cl. v. ‖ IOANNEM
POSTHIVM, Archiatrum ‖ Wirzeburgicum ‖ Cum ‖ Eiusdem MODII Elegia in
Natalem Ampliss. ‖ splendidiss. ‖ ERASMI NEVSTETTERI ‖ cognomento
STVRMERI, ‖ Eq. Francj &c. ‖
WIRZEBVRGI, ‖ Ex Officina Henrici Aquensis, Episcopalis ‖ Typographi.
M.D.LXXXIII. ‖

Umfang und Format: 56 S., 8°.
Ausstattung: Druckermarke.
Keine weiteren Beiträger.
Benutztes Exemplar: Würzburg UB 4 an L. rr. o. 162.

Die Widmungsvorrede des Modius vom 7.11.1583 ist an Posthius gerichtet (S. 3f). Das
Bändchen enthält ein längeres hexametrisches Gedicht des Modius über eine Reise mit
Erasmus Neustetterus nach Karlsbad (S. 3-44; vgl. Brief vom 12.11.1583) und einen
poetischen Geburtstagsglückwunsch des Modius an Neustetterus (S. 45-48); daran
schließen sich drei Gedichte von Posthius an: Im einen gratuliert er dem Neustetterus
zum Geburtstag, im zweiten vergleicht er die nur einen Tag auseinanderliegenden Ge-
burtstage von seinem Sohn Erasmus Posthius und von Modius, und im dritten sinniert
er - offenbar als Antwort auf einen Geburtstagsglückwunsch des Modius - über das ei-
gene Altern nach; die Schrift schließt mit drei Gedichten von Modius über die
Geburtstage von Erasmus Posthius, über seinen eigenen und über den Geburtstag des
Posthius, der auf denselben Tag wie der Geburtstag des Virgilius - nämlich auf die
Iden des Oktober - falle.

Für die Widmung dieser Schrift bedankte sich Posthius offenbar mit der Übersen-
dung eines in Gold gefaßten Pyrits; Modius berichtet davon in seinem Tagebuch:
"Januario 84 misit mihi dono Posthius pyrrhitem auro inclusum" (Ruland: Neustetter,
1853, S. 18).

Die Posthiusgedichte sind ohne gemeinsamen Titel.
[1.] mit der Überschrift "In eundem Amplissimi STVRMERI natalem ‖ ... ‖ Ele-
gia. ‖ "
inc.: Natalis, Sturmere, tuus
expl.: candida saepe dies.
18 Distichen (S. 48f).
[2.] mit der Überschrift "Idem POSTHIVS de filij sui ERASMI, & ‖ FRAN: MODII
Natali ‖ "
inc.: Tertia Sextilis nato
expl.: sit tibi posse frui.
4 Distichen (S. 49f).

[3.] mit der Überschrift "... ‖ FRAN. MODIO S. ‖ "
inc.: Lustra nouem celeri
expl.: quae trahitur miseros.
5 Distichen (S. 50).

Parerga: *Posthius nahm zwei seiner angeführten Gedichte in seine Parerga auf, und zwar die Elegie (oben Nr. 1) als erste des dritten Elegienbuches (nur zweite Ausgabe Pars altera, S. 9f) und das Glückwunschepigramm (oben Nr. 2) unter den Gedichten des zweiten Silvenbuches (nur zweite Ausgabe Pars altera, S. 110). Dabei überarbeitete er die Elegie an etlichen Stellen; auch vertauschte er das 7. und 8. Distichon und fügte nach dem 6. Distichon ein weiteres ein, so daß die Elegie nun 19 Distichen umfaßt. Anfang und Ende blieben gleich.- Auch das Glückwunschepigramm ist an einer Stelle verändert.*
Literatur: *Wiegand: Hodoeporica (1984), S. 277-283 und S. 511f.*

1583/3

Ein enkomiastisches Gedicht über das Wappen des Leius

Abschrift von der Hand des Leius

Umfang und Format: *Einzelblatt, 2°.*
Fundort: *Stuttgart WLB Cod. hist. 2° 603, Bl. 243r.*

Conradus Leius fügte seinem Brief vom 16.2.1583 aus Windsbach an Johannes Weidner/Weidherus in Schwäbisch Hall (Bl. 241f) ein Blatt mit ergänzenden Texten hinzu; darunter sind Verse des Posthius über das Wappen des Leius.
[1.] mit der Überschrift "Ad Conrad. Leium ‖ de insigniis eiusdem. ‖ "
inc.: Quid facis, oh nimium
expl.: tutus ab hoste, modo.
4 Distichen
mit der Unterschrift "Joh. Posthius Medicinae D." und der Datierung "Vuirtzeburgi [anno 15]83."

Parerga: *Das angeführte Gedicht wurde nicht abgedruckt.*

1583/4

Ein enkomiastisches Gedicht für ein pflanzenkundliches Werk des Dodonaeus
in: Dodonaeus: Stirpium historiae libri (1583):

REMBERTI ‖ DODONAEI ‖ MECHLINIENSIS ‖ MEDICI CAESAREI ‖
STIRPIVM HISTORIAE ‖ PEMPTADES SEX. ‖ SIVE ‖ LIBRI XXX. ‖
ANTVERPIAE, ‖ Ex officina Christophori Plantini. ‖ M.D.LXXXIII. ‖

Umfang und Format: *[10] Bl., 860 S., [14] Bl., Groß- 2°.*
Ausstattung: *Druckermarke, zahlreiche Holzschnitte mit Pflanzendarstellungen, Initialen.*

Beiträger *enkomiastischer Gedichte für das Werk: Iohan. Posthius, Iacobus D. F. P.*
N. Susius und Franco Estius; Beiträger des kaiserlichen Privilegs: S. Vieheuser und A.
Erstenberger im Namen des Kaisers Rudolphus (datiert Prag 11.8.1580); Beiträger des
Privilegs des französischen Königs: De Neufuille (datiert Fontainebleau 5.8.1582).
Benutztes Exemplar: *Wolfenbüttel HAB Ng 2° 6 (mit folgendem handschriftlichen*
Eintrag innen im vorderen Einbanddeckel: "Das buch kostet zu Leipzig bestelt ‖ *SR*
15 g guts geld ‖ *Darvon zu binden geben 3/4 taler.* ‖ *").*

Die im Jahr 1582 in Antwerpen verfaßte Widmungsvorrede richtete Dodonaeus an
Konsulen, Rat und Beamte der Stadt Antwerpen. Das Werk enthält ein Po-
sthiusgedicht:
[1.] mit einer Widmung an Rembertus Dodonaeus
    inc.: REMBERTE, ingenio
    expl.: maius, amice, petas?
    11 Distichen (Bl. 5r, unmittelbar nach der Widmungsvorrede).

Parerga: *Posthius publizierte sein Gedicht in unveränderter Form in seinen Parerga,*
und zwar im dritten Elegienbuch als Nummer 10, wobei jedoch der Drucker versehent-
lich die Nummer "9" angab (nur zweite Ausgabe Pars altera, S. 30).

1583/5 (verfaßt vor 1581)
Ein enkomiastisches Gedicht für eine Komödie des Frischlinus:
in: Frischlinus: Susanna (1583):

Susanna, ‖ COMOEDIA ‖ NOVA, SACRA ET LECTV ‖ IVCVNDA ATQVE
VTI- ‖ lis: in qua foeminei pudoris ex- ‖ emplum proponitur: ‖ scripta à ‖ NICO-
DEMO FRISCHLINO, ‖ Poëta Coronato, Com. Palat. Caes. ‖
Apud Alexandrum Hockium, 1583. ‖ [Tübingen].

Umfang und Format: *[56] Bl., 8°.*
Ausstattung: *Titelholzschnitt (Porträt des Frischlinus).*
Weitere Beiträger *enkomiastischer Gedichte: Nicolaus Reusnerus, Hieronymus Megise-*
rus, Michaël Fendius, Iohannes Lauterbachius, Henricus Wellingius, Matthias Haffen-
refferus und Valentinus Cleßius; Beiträger an anderer Stelle: Melissus.
Benutztes Exemplar: *Wolfenbüttel HAB P 1693. 8° Helmst. (3).*

Das undatierte Widmungsgedicht richtete Frischlinus an Kaiser Rudolphus II. Unmit-
telbar auf dieses Widmungsgedicht folgt ein Posthiusepigramm über die Komödie
"Susanna" des Frischlinus, das offenbar bereits einige Jahre zuvor verfaßt worden war;
Posthius hatte es nämlich bereits 1580 publiziert (vgl. unten):
[1.] mit der Überschrift "IN SVSANNAM FRISCHLINI, ‖ *...* ‖ *"*
    inc.: SPectabit quicunque
    expl.: ipsa Susanna fuit.
    Tetrastichon (Bl. 3v).

Parerga: *Posthius nahm sein Gedicht mit unverändertem Text in seine Parerga auf (in der ersten Ausgabe Bl. 143v, in der zweiten Pars prima, S. 239).*
Literatur: *VD 16, F 2995; eine Neuausgabe der Dramen Frischlins wird von Adalbert Elschenbroich vorbereitet.*

1584/1
**Zwei enkomiastische Gedichte für ein philologisches Werk des Modius
in: Modius: Novantiquae lectiones (1584):**

Franc.[isci] ModI [für: Modii] Brug.[ensis] || NOVANTIQVAE || LECTIONES, TRI- || butae in Epistolas centum, || & quod excurrit: || In quibus infinitis locis Silius, Censorinus, Hygi- || nus, Macrobius, Fulgentius; plurimis Cicer || Seneca, Martialis, Plinius, Calpurnius; non- || nullis Propertius, Ouidius, Lucanus, Valerius || Maximus, Statius, alij, supplentur, emendan- || tur, illustrantur, notantur. || CVM TRIPLICI INDICE. ||
FRANCOFVRTI || Apud heredes Andreae Wecheli, || MDLXXXIIII. ||

Umfang und Format: *[26] Bl., 583, [18] S., 8°.*
Ausstattung: *Druckermarke.*
Weitere Beiträger: *Paschasius Brismannus, Nicolaus Reusnerus, Paulus Melissus, Conradus Leius, Iohannes Weidnerus, Gregorius Bersmanus, Henr. Petreus und Frid. Sylburgius.*
Benutztes Exemplar: *Erlangen UB Phl. I, 65 (mit Besitzervermerken auf dem Titelblatt: "Abraham Paulj La= || vingâ-Palatinus. || ", "Ex donatione Domini M. || Matthiae Pauli, Jure || possidet Georgius Tho= || mas Schopper A. P. || " und "Jure emtionis || me || tenet || Johannes Bingius || Buchla' 1710' || Buchlav. || ").*

Das Werk enthält 133 Briefe des Modius an hervorragende Freunde und Gönner, an die sich jeweils philologische Beobachtungen des Modius anschließen; acht dieser Briefe sind an Posthius gerichtet und zeugen von der Unterstützung, die Posthius dem Modius bei dessen Bemühungen angedeihen ließ, beispielsweise durch die Vermittlung von Handschriften (vgl. Überblick, Kapitel 33).

Die Widmungsvorrede des Modius ist an Erasmus Neustetterus gerichtet. Unmittelbar daran anschließend sind zwei Posthiusgedichte abgedruckt, gefolgt von den enkomiastischen Epigrammen der erwähnten Beiträger und von den im Titel angekündigten Indices.
[1.] mit der Überschrift "... IN FRANCISCI MODII LECTIO= || nes Nouantiquas ..."
   inc.: Ecce NOVANTIQVAS MODIVS
   expl.: Voluêre vtroque nomine.
   6x Hexametrum sequitur dimetrum iambicum (Bl. 10r).
[2.] ohne besondere Überschrift
   inc.: Dum studio, FRANCISCE, tuo
   expl.: proximus ille Ioui.
   5 Distichen (Bl. 10r).

Parerga: *Posthius nahm das zweite seiner Gedichte in seine Parerga auf, wobei er das letzte Distichon überarbeitete:*
    expl.: proximus ille Deo.
    (nur zweite Ausgabe Pars altera, S. 61f).
Literatur: *Lehmann: Modius (1908), S. 43f; VD 16, M 5739.*

1584/2
Zwei enkomiastische Gedichte über die Bemühungen des Crusius um griechische Sprache und griechische Geschichte
in: Crusius: Turcograeciae libri (1584):

TVRCOGRAECIAE ‖ LIBRI OCTO ‖ A ` ‖ MARTINO CRVSIO, IN ACA-
DEMIA ‖ Tybingensi Graeco & Latino Professore, ‖ vtraque lingua edita. ‖
QVIBUS GRAECORVM STATVS SVB IMPERIO ‖ Turcico, in Politia et Eccle-
sia, Oeconomia et Scholis, iam inde ab ‖ amissa Constantinopoli, ad haec usque
tempora, luculen- ‖ ter describitur. ‖ CVM INDICE COPIOSISSIMO. ‖
BASILEAE, ‖ PER LEONARDVM OSTENIVM, ‖ SEBASTIANI HENRIC-
PETRI ‖ IMPENSA. ‖ [Datierbar ins Jahr 1584].

Umfang und Format: *[22] Bl., 557, [1] S., 2°.*
Ausstattung: *Druckermarke, Holzschnitte, Randleisten.*
Zahlreiche weitere Beiträger, *u. a.: Dauid Sigemundus, Paulus Melissus, Franciscus Modius, Leonh. Engelhart und Laurentius Rhodomannus (alle diese vor dem liber primus).*
Benutztes Exemplar: *Erlangen UB 2° Phl. IX, 22 (angebunden an die Ger-manograeciae des Crusius; vgl. Werkverzeichnis 1573/1a).*

Die Widmungsvorrede an die Landgrafen Wilhelmus, Ludovicus und Georgius von Hessen verfaßte Crusius am 24.2.1584 in Tübingen.
    Die beiden Posthiusgedichte sind zwischen denen von Melissus und Modius abge-druckt.
[1.] mit der Überschrift "DE MARTINO CRVSIO ‖ VIRO CLARISS. ‖ "
    inc.: NOn tantùm veteres
    expl.: quis putet esse solo?
    5 Distichen (Bl. 7v).
[2.] mit der Überschrift "Ad eundem."
    inc.: Teutonis ora tibi
    expl.: quòd posuêre tuis.
    3 Distichen (Bl. 7v).

Parerga: *Die angeführten Gedichte wurden nicht abgedruckt.*
Literatur: *VD 16, c 6153.*

1584/3

Ein enkomiastisches Gedicht für ein historisches Werk des Reineccius:
in: Reineccius: Chronicon (1584):

Chronicon ‖ HIEROSOLYMI = ‖ TANVM, ‖ Id est, ‖ DE BELLO SACRO
HI- ‖ STORIA, EXPOSITA LIBRIS XII. ‖ & nunc primùm in lucem edita, ‖
Opera & studio ‖ REINERI REINECCII ‖ Steinhemij. ‖ Quae Operis subiecti
est ‖ PARS PRIMA. ‖ Suntque omnia in studiosi lectoris gratiam, et maioris per-
spi- ‖ cuitatis ergò, breuibus scholijs, et alijs enarratio- ‖ nibus illustrata. ‖ Cum
indice locupletissimo. ‖
HELMAESTADII Typis Iacobi Lucij. ‖ M.DLXXXIIII. ‖

Umfang und Format: [20], 268, [60] Bl., 4°.
Ausstattung: Druckermarke, Zierleisten.
Beiträger eines Gedichtes über den Braunschweiger Löwen: Henricus Meibomius; Bei-
träger enkomiastischer Prosatexte zum Lob der Geschichtsschreibung: Nicetas Cho-
niates, Nicephorus Gregora, Sallustius, Otho Frisingensis und Paulus Aemilius; Bei-
träger enkomiastischer Gedichte auf Reineccius und sein Werk: Ioachimus Mynsinge-
rus, Paulus Melissus (datiert Nürnberg 1583), Iohann. Posthius, Ioannes Bukelius, Se-
bast. Leonhart, Hartuicus Smidenstet und Henricus Meibomius.
Benutztes Exemplar: Wolfenbüttel HAB Alvensleben Jl 197 (mit einer autographen
Widmung des Autors im vorderen Einbanddeckel oben links: "M. Reinerus Reineccius
nobiliss: ‖ viro D. Joachimo ab Alvensleven d: ddt ‖ ").

Die am 7.3.1583 in Helmstedt verfaßte Widmungsvorrede richtete Reineccius an den
Bischof Henricus Iulius von Halberstadt und an die Braunschweiger Herzöge Iulius,
Ericus, Gulielmus und Wolfgangus. Das Werk enthält nur ein Posthiusgedicht.
[1.] mit einer Widmung an Reinerus Reineccius
    inc.: *CVm tibi cura*
    expl.: *temporis historicos.*
    4 Distichen (Bl. 16r vor Beginn der Paginierung, Lage d ₄).

Parerga: Posthius nahm sein angeführtes Gedicht in seine Parerga auf; der Wortlaut ist
dabei an mehreren Stellen leicht geändert (nur zweite Ausgabe Pars altera, S. 49).
Literatur: VD 16, R 856.

1584/4 (veröffentlicht 1625)

Ein deutsches Gutachten über den Nutzen des Bades von Castell
in: Hornungus: Cista medica (1625):

CISTA MEDICA, ‖ Quâ in ‖ EPISTOLAE CLARIS- ‖ SIMORUM GERMA-
NIAE ME- ‖ dicorum, familiares, & in Re Medica, tàm ‖ quoad Hermetica &
Chymica, quàm etiam Ga- ‖ lenica principia, lectu jucundae & utiles, ‖ cum diu
reconditis Experimen- ‖ tis asservantur. ‖ Potissimùm es posthuma Clarissimi ‖
quondam Philosophiae et Medicinae Doctoris, ‖ Dn. Sigismundi Schnitzeri, Ul-
mensis, Archiatri ‖ Babebergensis p. m. Bibliotheca, publico Medicorum ‖ bono

communicata, et fideliter, non necessa- ‖ riis omissis, ad praelum ela- ‖ borata,
etc. ‖ á ‖ IOANNE HORNUNGO Rotenburgo- ‖ Tuberano, Phil. & Medic.
Doct. Illustriss. Prin- ‖ cipis ac March. Badens. Dn. Georgii- ‖ Friderici Archiatro.
NORIMBERGAE, ‖ Sumptibus SIMONIS HALBMAYRI. ‖ [1625].

Umfang und Format: *[12] Bl., 516 S., 4°.*
Ausstattung: *Titeleinfassung, Druckermarke, Randleisten.*
Beiträger *enkomiastischer Gedichte am Beginn der Sammlung: Sebastianus Stromajer,*
Laurentius Frisaeus, Joann. Philippus Ebelius, Joann. Baptista Hebenstreit, Joannes
Februarius, Joannes Theophilus Bollingerus, Tobias Wagnerus, Georgius Schmidt,
Christianus Hornung und Hieronymus Jos; die Sammlung selbst umfaßt 281 Briefe
von 60 Autoren.
Benutzte Exemplare: *Wolfenbüttel HAB 32.1 Med.*
Augsburg SuStB 4° Med. 556.

Iohannes Hornungus publizierte eine umfangreiche Sammlung von Arztbriefen, die er
zum größten Teil im Nachlaß des Bamberger Archiaters Sigismundus Schnitzerus ge-
funden hatte. Den Widmungsbrief verfaßte er am 31.12.1625. Diese Sammlung enthält
einen Posthiustext, nämlich ein Gutachten des Posthius mit dem Titel: "Kurtzer Be-
richt zu was Kranckheiten das ‖ *Bad zu Castell gut sey/ vnd wie man es recht* ‖ *ge-*
brauchen soll. ‖ *" (S. 367f, Brief CXC). Eine frühere Publikation dieses Gutachtens ist*
nicht bekannt, doch dürfte es vermutlich in den letzten Jahren des Würzburgaufenthal-
tes von Posthius verfaßt worden sein, also etwa 1584.

1585/1 (verfaßt vermutlich 1578)
20 ergänzende Epigramme zu des Reusnerus naturkundlichen Gedichten
in: Lauterbachius: Physiosophia (1585):

IOANNIS LAVTERBACHII ‖ Poetae Nobilis et Co= ‖ ronati ‖ ΦΥΣΙΟΣΟΦΙΑ
‖ siue ‖ THEATRVM SAPIEN= ‖ TIAE NATVRALIS. ‖ AD ‖ V. CL. NICO-
LAVM REVSNE- ‖ RVM, Poëtam & Iurisconsultum ‖ Nobilem. ‖ Cum Paradi-
siacis Posthi Melisseis. ‖ (IN PARADISVM ‖ SIVE HORTVLVM MV- ‖ sarum
Nicolai Reus- ‖ neri I. C. ‖ FARRAGO IOAN. POSTHII ‖ P. L. ‖ - ‖ P. ME-
LISSI. ‖ PARADISIACA.)
ARGENTORATI ‖ Typis Antonij Bertrami. Anno ‖ M.D.LXXXV. ‖

Umfang und Format: *[24] Bl., 4°.*
Ausstattung: *Kleinerer Zierrat (Zierleisten etc.).*
Beiträger: *Außer den im Titel genannten Beiträgern nur ein Martialiszitat.*
Benutztes Exemplar: *Stuttgart WLB HB 200 K (fr. Di. poet. 6095).*

Des Reusnerus naturkundliche Gedichte haben - meist als einfache Distichen - jeweils
ein Tier, eine Pflanze, eine Frucht oder ein Naturprodukt zum Gegenstand und erläu-
tern deren Bedeutung für die Medizin. Reusnerus publizierte sie 1578 (vgl. Lite-
raturverzeichnis unter Reusnerus: Polyanthea). Diese naturkundlichen Gedichte regten
Posthius zu eigenen ergänzenden Epigrammen an. Als sieben Jahre später Lauter-

bachius eine Sammlung eigener naturkundlicher Gedichte als Ergänzung für die Gedichte des Reusnerus zusammenstellte, berücksichtigte er dabei - neben thematisch verwandten Versen des Melissus - auch die Posthiusepigramme, wobei nicht ganz klar wird, ob er sie von Reusnerus oder direkt von Posthius erhalten hatte.

Von Posthius enthält die Sammlung des Lauterbachius unter der oben angeführten Überschrift folgende Gedichte:

[1.] *mit der Überschrift "Pauo."*
　　inc.: PEnna quidem varijs
　　expl.: et mala mixta bonis.
　　Tetrastichon (Bl. 20v)

[2.] *mit der Überschrift "Passer."*
　　inc.: Quòd feror in dulcem
　　expl.: rebus habere modum.
　　Tetrastichon (Bl. 20v).

[3.] *mit der Überschrift "Columbae."*
　　inc.: Quid prodest sceleris
　　expl.: dat gula dira neci?
　　Distichon (Bl. 20v).

[4.] *mit der Überschrift "Hirundines."*
　　inc.: Implumes nido rapimur
　　expl.: creditur esse malo.
　　Distichon (Bl. 20v).

[5.] *mit der Überschrift "Gallus."*
　　inc.: Martia dicor auis
　　expl.: conuenit esse duces.
　　Distichon (Bl. 20v).

[6.] *mit der Überschrift "Capo."*
　　inc.: Me gula castrauit
　　expl.: masculus vtilior.
　　Distichon (Bl. 21r).

[7.] *mit der Überschrift "Idem."*
　　inc.: Si Veneri et Baccho
　　expl.: pestis in articulos?
　　Distichon (Bl. 21r).

[8.] *mit der Überschrift "Anser."*
　　inc.: Anseris indicio
　　expl.: gratia facti.
　　2 Hexameter (Bl. 21r).

[9.] *mit der Überschrift "Canis venaticus."*
　　inc.: Non mihi, sed domino venor
　　expl.: plurima praeda meo.
　　Distichon (Bl. 21r).

[10] mit der Überschrift "Canis domesticus."
  inc.: Non mihi, sed domino custodio
  expl.: nocte silente metum.
  Distichon (Bl. 21r).
[11.] mit der Überschrift "Catellus melitaeus."
  inc.: Sit mihi formosae
  expl.: mensa torusque mihi est.
  Distichon (Bl. 21r).
[12.] mit der Überschrift "Vulpes."
  inc.: Quòd pellis preciosa
  expl.: insidiosa petor.
  Distichon (Bl. 21r).
[13.] mit der Überschrift "Lepus."
  inc.: Quadrupedes inter
  expl.: gloria vana nocet.
  Distichon (Bl. 21r).
[14.] mit der Überschrift "Sus."
  inc.: Ni reparet numerosa
  expl.: villa cruore madet?
  Tetrastichon (Bl. 21r).
[15.] mit der Überschrift "Formica."
  inc.: Sole sub ardenti
  expl.: certa alimenta tuis.
  Tetrastichon (Bl. 21v).
[16.] mit der Überschrift "Cicada."
  inc.: Cantando aestatem
  expl.: sidere muta famem.
  Distichon (Bl. 21v).
[17.] mit der Überschrift "Vitis."
  inc.: Me temerè excindi
  expl.: ebria turba, luam?
  Distichon (Bl. 21v).
[18.] mit der Überschrift "Centaureum minus."
  inc.: Flos mihi suaue rubet
  expl.: bile aperitque iecur.
  Distichon (Bl. 21v).
[19.] mit der Überschrift "Genista."
  inc.: Et cinis, et flores
  expl.: sentit ab ijsdem.
  2 Hexameter (Bl. 21v).
[20.] mit der Überschrift "Iuniperus."
  inc.: In precio magè
  expl.: littore missa placent.
  Tetrastichon (Bl. 21v).

Parerga: Posthius nahm seine angeführten Gedichte in derselben Reihenfolge, doch mit teilweise variierten Texten, in seine Parerga auf, wobei nicht klar feststellbar ist, welche Textfassung die frühere ist. Änderungen bestehen in den obigen Nummern 1 bis 4, 7 und 8; u. a. weicht in der obigen Nummer 1 der letzte Pentameter ab:

expl.: sunt mala mixta bonis.

In der obigen Nummer 3 beginnt der Hexameter:

inc.: Quid prodest puram

In der obigen Nummer 7 endet das Gedicht:

expl.: illa venit pedibus? (in der ersten Ausgabe Bl. 70v ff).

Dieselben Textfassungen finden sich in der zweiten Ausgabe der Parerga (Pars prima, S. 121-123); lediglich in der Orthographie bestehen Abweichungen, z. B. in der obigen Nummer 20:

expl.: litore missa placent.)

Literatur: VD 16, L 750.

1585/1a

Wiederabdruck von vier dieser naturkundlichen Gedichte in einer Rätselsammlung

in: Reusnerus: Aenigmatographia (1599):

AENIGMATOGRAPHIA ‖ Siue ‖ SYLLOGE ‖ AENIGMATVM ‖ ET GRIPHORVM ‖ conuiualium. ‖ Ex varijs et diuersis auctoribus, tam anti- ‖ quis, quam nouis, collectorum, et vno ‖ volumine comprehen- ‖ sorum. ‖ Quorum Indicem sequens post praefationem ‖ pagina demonstrat. ‖ EX RECENSIONE ‖ NICOLAI REVSNERI ‖ LEORINI, IVRISC. COMITIS ‖ Palatini Caesarei, & Consiliarij ‖ Saxonici. ‖
FRANCOFVRTI ‖ Impensis M. Georgij Draudij & ‖ Philippi Angeli. ‖ M. D. IC.

Umfang und Format: [12] Bl., 120 S., neu paginiert 358 S., 12°.

Ausstattung: Kleinerer Zierrat (Zierleiste, Initialen).

Beiträger eines enkomiastischen Gedichtes zu Beginn des Gesamtwerkes: Frider.[icus] Taubmanus; als Beiträger von Rätseln werden mit Posthius 241 Namen angeführt.

Benutztes Exemplar: Wolfenbüttel HAB Lb 77, mit zahlreichen handschriftlichen Eintragungen im Text und auf zusätzlich eingebundenen Seiten am Werkende, v. a. von Gedichttexten; auf dem Titelblatt ist rechts unten ein Name notiert ("P. Selge"?).

Weitere Auflage: Reusnerus gab seine Sammlung in erweiterter Form im Jahre 1602 abermals heraus; sie enthält nun Rätsel von - mit Posthius - 280 Verfassern und hat einen Umfang von 8 Bl. und 409 S. Die Posthiusgedichte sind darin im selben Wortlaut wie 1599 abgedruckt (S. 341; weitere Angaben vgl. Literaturverzeichnis).

Die an die Herzöge Ioannes Christianus und Georgius Rudolphus von Schlesien gerichtete Widmungsvorrede verfaßte Reusnerus am 1.2.1599 in Jena.

Reusnerus übernahm vier der Gedichte des Posthius in diese berühmte Rätselsammlung, die 1599 erstmals erschien; dort weicht der Text an zwei Stellen von dem der Parerga, an drei Stellen von dem in der Sammlung des Lauterbachius ab, und *zwar sind von Posthius die obigen Nummern 5, 2, 1 und 15 auf S. 154 abgedruckt; geändert wurde in der obigen Nummer 2 der erste Hexameter:*

   inc.: Quod feror in Venerem

und in der obigen Nummer 1 der zweite Hexameter; der letzte Pentameter dieses Gedichtes deckt sich mit der Fassung der Parerga:

   expl.: sunt mala mixta bonis.

Literatur: *VD 16, R 1370.*

1585/1b

**Wiederabdruck von 16 der naturkundlichen Gedichte sowie von vier weiteren ähnlichen Gedichte aus den "Parerga", ergänzt durch ein zusätzliches Epigramm ähnlicher Thematik, in einer Anthologie
in: Dornavius: Amphitheatrum sapientiae (1619):**

Amphitheatrum ‖ SAPIENTIAE SOCRATICAE IOCO-SERIAE, ‖ HOC EST, ‖ ENCOMIA ET ‖ COMMENTARIA ‖ AVTORVM, QVA VETERVM, ‖ QVA RECENTIORVM PROPE OMNI- ‖ VM: QVIBVS RES, AVT PRO VI- LIBVS VVLGO ‖ aut damnosis habitae, styli patrocinio vindicantur, ‖ exornantur: ‖ OPVS AD MYSTERIA NATVRAE DISCENDA, ‖ ad omnem amoenitatem, sapientiam, virtutem, publice pri- ‖ uatimque vtilißimum: in ‖ DVOS TOMOS ‖ PARTIM EX LIBRIS EDITIS; PARTIM MANV- ‖ scriptis congestum tributumque, ‖ à ‖ CASPARE DORNAVIO PHILOS. ET MEDICO. ‖ - Ridentem dicere verum ‖ Quid vetat? ‖ HANOVIAE, ‖ Typis Wechelianis, Impensis Danielis ac Dauidis ‖ Aubriorum, & Clementis Schleichii. ‖ M.DC.XIX. ‖

Umfang und Format: *[6] Bl., 854 S., separat paginierter zweiter Teil mit 305 S., 2°.*
Ausstattung: *Druckermarke.*
Zahlreiche Beiträger (Anthologie!); keine Beiträger von enkomiastischen Gedichten über diese Anthologie.
Benutztes Exemplar: *München BSB 2° L. eleg. m. 21^{m}.*

Dornavius publizierte in seiner Anthologie scherzhafter Gedichte insgesamt 21 Posthiusgedichte über verschiedenste Tiere; 20 davon entnahm er den Parerga, wobei 16 aus dem Zyklus stammen, den Lauterbachius in seiner "Physiosophia" publizierte; von dem 21. Gedicht - es handelt vom Wappenpferd eines französischen Königs - war die Quelle bislang nicht feststellbar.
[21.] mit der Überschrift "... ‖ IN EQVVM GALLO- ‖ rum Regis. ‖ "
   inc.: TV, qui nobilibus
   expl.: Fama, veheris equo.
Tetrastichon (S. 493).

Parerga: *Während das angeführte Posthiusgedicht in den Parerga fehlt, deckt sich der Text der übrigen 20 von Dornavius abgedruckten Posthiusgedichte mit deren Wortlaut in der zweiten Ausgabe der Parerga von 1595. 16 dieser Gedichte entnahm Dornavius*

einem bestimmten Zyklus (vgl. Werkverzeichnis 1585/1); bei ihm fehlen die oben an-
geführten Nummern 1, 18, 19 und 20; die übrigen Gedichte des Zyklus druckte er ver-
streut in seiner Sammlung ab, passend zur jeweiligen Thematik (Nr. 2 auf S. 461, Nr. 3
auf S. 379, Nr. 4 auf S. 459, Nr. 5-7 auf S. 419, Nr. 8 auf S. 404, Nr. 9-11 auf S. 526,
Nr. 12 auf S. 563, Nr. 13 auf S. 603, Nr. 14 auf S. 602, Nr. 15 auf S. 96, Nr. 16 auf S.
170 und Nr. 17 auf S. 200).

Außerdem verwendete er die Posthiusgedichte "SIt Philomela ..." (in der ersten Aus-
gabe Bl. 96r, in der zweiten Pars prima, S. 162, bei Dornavius S. 366), "REx ego sum
..." (in der ersten Ausgabe in abweichendem Wortlaut Bl. 59r f, in der zweiten in identi-
scher Fassung Pars prima, S. 102, bei Dornavius S. 419), "PAsser Catulli ..." (in der er-
sten Ausgabe Bl. 52v, in der zweiten Pars prima, S. 91, bei Dornavius S. 461) und
"EDite Teutonicis ..." (in der ersten Ausgabe der Parerga Bl. 38v f, in der zweiten Pars
prima, S. 68, bei Dornavius S. 493).

1585/2

Ein enkomiastisches Epigramm für eine Gedichtsammlung des Schosserus und
drei zu verschiedenen Anlässen an die Familie des Schosserus gerichtete Gedichte
in: Schosserus: Poematum libri (1585):

Poëmatum ‖ IOHANNIS ‖ SCHOSSERI AEMILIANI, ‖ CONSILIARII
BRANDENBVR- ‖ gici, et Professoris Eloquentiae in Aca- ‖ demia Francofor-
diana, ‖ LIBRI XI. ‖ ACCESSERVNT ‖ EPISTOLARVM CVM IPSIVS ‖
Schosseri, tum amicorum eius maxi- ‖ me illustrium, ‖ LIBRI III. ‖
FRANCOFORDIAE AD VIA- ‖ drum excudebat Andreas Eichorn, im- ‖ pensis
auctoris, Anno Christi ‖ M.D.LXXXV. ‖

Umfang und Format: *[280] Bl., 8°.*
Beiträger *enkomiastischer Gedichte vor Beginn des Gesamtbandes: Ioachimus [I]*
Camerarius (datiert 1563) und Iohannes Stigelius (datiert 1552); Beiträger zusätzlicher
Gedichte für des Schosserus "De insignibus clarorum virorum liber": Georgius Sabinus
(Enkomion auf das Wappen des Schosserus), Gregorius Bersmanus (Enkomion auf
Wappen und Wahlspruch des Posthius), Nathan Chytraeus (Enkomia auf die Wappen
von Posthius und Melissus) und Iohannes Posthius (Enkomion auf das Buch "De in-
signibus" des Schosserus); zahlreiche weitere im Gesamtwerk verstreute Beiträger, dar-
unter Posthius im "Epigrammatum liber" und im "Epistolarum liber II".
Benutztes Exemplar: *Münster UB X 3663 (mit dem handschriftlichen Besitzereintrag*
"Liber Mon. Wedinghausen" auf dem Titelblatt).

Die Widmungsvorrede, die Schosserus am 9.1.1585 in Frankfurt an der Oder verfaßte,
ist an den Brandenburger Markgrafen Iohannes Georgius und an dessen Sohn Io-
achimus Fridericus gerichtet. Neben den eigenen vermischten Gedichten publizierte
Schosserus auch zahlreiche Briefe, darunter den des Posthius vom 26.6.1565, und eine
Sammlung von enkomiastischen Epigrammen über Wappen. Zum Lobpreis dieser
Sammlung verfaßte Posthius ein Gedicht, das Schosserus am Ende seiner Sammlung
publizierte. Drei weitere Posthiusgedichte nahm Schosserus in sein

"EPIGRAMMATVM ‖ Liber. ‖ " auf: In einem preist Posthius die dichterischen Fä-
higkeiten des Schosserus und erwähnt dabei dessen Lehrmeister Sabinus. In dem
zweiten bedankt er sich bei des Schosserus Bruder für die Übersendung eines Exempla-
res von Schosserusgedichten (deren Titel wird nicht erwähnt), und im dritten ermuntert
er den gleichnamigen Neffen des Schosserus zur Vervollkommnung seiner Studien,
wohl deshalb, weil dieser Neffe einen Band mit ersten eigenen literarischen Versuchen
zur Begutachtung an Posthius geschickt hatte.

Gedichte von Posthius in dieser Schrift:

[1.] mit der Überschrift "AD IOHANNEM SCHOSSE- ‖ rum AE.[milianum]
clarorum virorum insignia ce- ‖ lebrantem ... ‖ ... ‖ "
  inc.: Clara virûm celebrans
  expl.: dignus et ille cani.
  3 Distichen (Bl. 123r, Lage Q ɟ).

[2.] mit einer Widmung an Iohan. Schosserus
  inc.: Te velut est summo
  expl.: gloria rara tuae es.
  4 Distichen (Bl. 138v, Lage S ɣ).

[3.] mit einer Widmung an Theophilus Schosserus, den Präfekten "in Holtzkirchen"
[und Bruder des Iohannes]
  inc.: Missa tui nuper
  expl.: se mihi pandit amor.
  Tetrastichon (Bl. 138v, Lage S ɣ).

[4.] mit einer Widmung an Iohan. Schosserus Secundus, den Sohn des Theophilus
  inc.: Occultos Sophiae
  expl.: fama secunda tui.
  4 Distichen (Bl. 139r, Lage S ɟ).

Parerga: *Die angeführten Gedichte wurden nicht abgedruckt.*

1585/2a
Wiederabdruck des enkomiastischen Gedichtes für eine Gedichtsammlung des
Schosserus in einem Neudruck der Schosserussammlung
in: Sincerus: Bibliotheca (1736):

[RS:] THEOPHILI SINCERI ‖ BIBLIOTHECA ‖ HISTORICO-CRITICA ‖
LIBRORUM OPUSCULO- ‖ RUMQUE VARIORUM ET ‖ RARIORUM; ‖
Oder: ‖ ANALECTA ‖ LITTERARIA ‖ von ‖ lauter alten und raren ‖ Bue-
chern und Schrifften. ‖
Nuernberg, verlegts Adam Jonathan ‖ Felßeckers seel. Erben. An. 1736. ‖

Umfang und Format: *[4] Bl., 432, [15] S., Groß- 8°.*
Ausstattung: *Druckermarke, kleinerer Zierrat.*
Beiträger *im Buch "De insignibus" des Schosserus: Georgius Sabinus, Gregorius Bers-*
manus, Nathan Chytraeus und Iohannes Posthius. Die weiteren Teile des Gesamt-
bandes enthalten Texte verschiedener weiterer Autoren.

Benutztes Exemplar: *Erlangen UB Bblgr. I, 63.*

Georg Jakob Schwindel, der sich gelehrt Theophilus Sincerus nannte, interessierte sich aus der Sicht des 18. Jahrhunderts für bibliophile Raritäten. 1736 publizierte er seine Forschungen und druckte dabei aus der Werkausgabe des Schosserus das komplette Buch "De insignibus clarorum virorum liber" ab.

    Die Vorrede des Gesamtbandes wurde am 24.10.1736 in Nürnberg verfaßt. Für das Schosserusbuch, das in diesem Band als Text Nr. LXXV. abgedruckt wurde, benützte Sincerus eigenen Angaben zufolge nicht nur die Edition der Schosseruswerke von 1585, sondern auch eine handschriftliche Fassung eben dieses Schosserusbuches (S. 264-311, nebst einer einleitenden Vorbemerkung S. 263). Der Titel dieses Buches lautet bei Sincerus "INSIGNIA ‖ IOHANNIS SCHOSSERI ‖ AEMILIANI DE IN-SIGNIBVS ‖ CLARORVM VIRORVM, ‖ LIBER. ‖ " (S. 264). Der Text des Posthiusgedichtes, das dieses Buch abschließt, wurde dabei im selben Wortlaut wie 1585 abgedruckt (S. 311).

1585/3

Zwei Glückwunschgedichte zur Dichterkrönung des Frenzelius am 12.3.1584 in: Frenzelius: Poemata sacra (1585):

SALOMONIS FRENZELII ‖ Vratislaviensis, Poëtae Laureati ‖ POEMATA SACRA ‖ ET NOVA: QVIBVS PRIMVM ‖ REDEMPTIONIS NOSTRAE OPVS, ‖ succincta serie et integra, usque ad Ministerium ‖ Christi conscriptum est: libris quinque distincta, ‖ quorum priores quatuor de partu Vir- ‖ ginis: quintus de nomine ‖ IESV. ‖ HIS ACCESSIT ACTVS SOLENNIS, ‖ & lectu jucundus: ‖ quo Authori, in magnifico consessu, Laurea ‖ poëtica, AVTHO-RITATE IMPERATORIA, ‖ imposita est: adiunctis clarissimorum ‖ virorum judiciis. ‖ Cum praefatione NICODEMI FRISCHLINI, ‖ Comitis Palatini Caesarii, et Poetae ‖ Laureati. ‖

ARGENTORATI ‖ Excudebat Antonius Bertramus. Anno ‖ M.D.LXXXV. ‖

Umfang und Format: *[120] Bl., 8°.*

Ausstattung: *Holzschnitt (Porträt des Frenzelius), Zierleisten.*

Beiträger *von Prosatexten am Beginn des Gesamtwerkes sowie am Beginn des 5. Buches: Ioannes Sturmius, Nicodemus Frischlinus und Melchior Iunius; Beiträger zweier Reden bei der Dichterkrönung: Hartmannus Hartmanni; Beiträger von Gratulationsbriefen zur Dichterkrönung: Ioannes Sturmius, Michael Neander, David Wolckenstein, Salomon Frenzelius Senior und Theodorus Zwingerus; Beiträger von Gratulationsgedichten zur Dichterkrönung (nicht alle sind an Frenzelius gerichtet): Nicod. Frischlinus, Paulus Melissus, Paschasius Brismannus, Ioannes Postius, Nicolaus Reusnerus, Ioannes Lauterbachius, Christianus Egenolphus, Ioannes Lundorpius, Petrus Portius, Ioan. Huldenreich, Ianus Ferschius, Iohannes Baderus, Ioannes Patiens, Georgius Sartor, Abrahamus Guntherodt und zwei Brüder des Frenzelius, Lucas und Ambrosius; weitere Beiträger (nach VD 16, F 2660): Martinus Crusius und Ioannes Frenzelius.*

Benutztes Exemplar: *München UB 8° P. lat. rec. 504, mit einer autographen Widmung des Frenzelius an Petrus Stevartius, den Rektor der Ingolstädter Universität: "M.D.XXCVI. ‖ Reverendo ac excellentis = ‖ simo viro, Domino Petro ‖ Stevartio S. Theol. Doct. ‖ et Jllustris Academiae ‖ Jngolst. Rectori Magni = ‖ fico, bene merito: Domi = ‖ no suo còlendo ddt. ‖ Author ‖ OBSERVANTIAE ERGO. ‖ ... ‖ ... ‖ "*

Der Band beginnt mit einem Bild des Frenzelius, mit einem Brief des Ioannes Sturmius aus "Northemii" vom 5.2.1585 an Frenzelius, mit einer an Georgius Chiselius gerichteten Widmungsvorrde des Frenzelius, die der am 1.1.1585 in Tübingen verfaßt hatte, und mit weiteren ähnlichen Texten, darunter mit einer von Frischlinus im März [1585] in Straßburg geschriebenen Vorrede an den Leser. Mit einer eigenen Vorrede beginnt das fünfte Buch der "Poemata sacra"; Frenzelius verfaßte sie am 1.2.1585 in Straßburg und richtete sie an Pfalzgraf Carolus.

In einer Art Anhang fügte Frenzelius an seine geistlichen Gedichte die Texte an, die er im Zusammenhang mit seiner Dichterkrönung erhalten hatte; Hartmannus Hartmanni, der als Titularpfalzgraf das Recht zu Dichterkrönungen besaß, hatte nämlich dem Frenzelius am 12.3.1584 feierlich den Titel eines Poeta Laureatus verliehen.

Dieser Anhang beginnt mit einem eigenen Titelblatt (Bl. 61r) und einer eigenen, auf den 13.12.1584 datierten Widmungsvorrede des Frenzelius, die er aus Tübingen an Nicolaus Rhedingerus richtete. Darauf folgen die anläßlich der Krönung vorgetragenen Gedichte, Reden und Formeln. Unter dem eigenen Titel "EPISTOLAE ET EPIGRAM = ‖ mata gratulatoria aliquot, doctis = ‖ simorum virorum. ‖ " schließen sich die brieflichen und poetischen Glückwünsche an, die Frenzelius zu seiner Krönung erhielt (Bl. 82v). Teilweise fügte Frenzelius auch seine Antwortbriefe und -gedichte hinzu, u. a. ein auf die beiden Posthiusglückwunschgedichte antwortendes Epigramm ("Ecce manum, ecce ..."; drei Distichen).

Posthius gratuliert in seinem ersten Gedicht zur vollzogenen Dichterkrönung und verspricht in seinem zweiten scherzhaft dem Frenzelius die Hand seiner Tochter, da diese ja schon lange von Frenzelius geliebt werde - geboren sei diese Tochter aus des Posthius Kopf, ihr Name sei "Musa" ...

[1.] Mit einer Widmung an Sal.[omo] Frenzelius
    inc.: IAm tibi phoebeis
    expl.: regna beata canunt.
    5 Distichen (Bl. 87r).

[2.] ohne besondere Überschrift
    inc.: ERgo meam Salomon
    expl.: ex Helicone petat?
    8 Distichen (Bl. 87v).

Parerga: *Posthius nahm das zweite seiner angeführten Gedichte in seine Parerga auf (nur zweite Ausgabe Pars altera, S. 112); der Wortlaut wurde dabei unwesentlich an zwei Stellen abgeändert.*
Literatur: *VD 16, F 2660.*

1585/4

Entwurf einer Aufschrift für das Grab der vier frühverstorbenen Kinder von Pfalzgraf Johann Casimir und Pfalzgräfin Elisabeth

Autograph (geschrieben vermutlich 1585)

Umfang und Format: Einzelblatt, 2°.
Fundort: Heidelberg UB Pal. germ. 832, Bl. 159 (bei Pal. germ. 832 handelt es sich um einen Sammelband "Aktenstücke zur Geschichte des sechzehnten und siebzehnten Jahrhunderts").

Posthius wurde vermutlich gleich nach seiner Übersiedlung nach Heidelberg im Frühjahr 1585 um die Abfassung eines Epitaphiums für vier Kinder des Pfalzverwesers Johann Casimir und seiner Gattin Elisabeth von Sachsen gebeten. Anlaß war wohl ein am 17.2.1585 tot geborenes Kind, wohl die sechste Schwangerschaft Elisabeths: Am 15.9.1573 war ein Knabe tot geboren, am 28.2.1584 endete eine Schwangerschaft ebenfalls mit einem toten Kind. Die Töchter Maria (26.7.1576-22.2.1577) und Elisabeth (5.5.1578-20. oder 27.10.1580) verstarben beide als Kleinkinder, nur die am 6.1.1581 geborene Dorothea überlebte (Kluckhohn: Die Ehe, 1873, S. 102, 129, 136, 143, 150; Krollmann: Die Selbstbiographie des Fabian zu Dohna, 1905, S. 31).
[1.] mit der Überschrift "Epitaphium || Vier furstlichen Kinder, welche Zu || Heydelberg in der Schloßkirchen || begraben seindt. || "
    inc.: Drey Schwestern, vnd ein Brüderlein
       liegen hie vnder dießem stein
    expl.: Der helff vnß dahin all Zu gleich.
    14 paarweis gereimte vierhebige Verse;
das Blatt ist nur einseitig beschrieben und rechts unten im Eck in kleiner Schrift mit "Johan: Posthius. M. D." unterzeichnet.

Parerga: Das angeführte Gedicht wurde nicht abgedruckt.
Literatur: Wille: Handschriften (1903), S. 137; dort ist das Blatt publiziert, allerdings nicht in allen Lesungen verläßlich.

1585/5

**Zwei enkomiastische Gedichte für Psalmennachdichtungen des Buchananus
in: Buchananus: Psalmorum paraphrasis (1585):**

PSALMORVM || DAVIDIS || Paraphrasis poëtica || GEORGII BVCHANANI || SCOTI: || Argumentis ac melodiis explicata || atque illustrata, || Opera & studio || NATHANIS CHYTRAEI, || P. L. ||
FRANCOFORTI, || MDXXCV. || (FRANCOFORTI ad Moe- || num, excvdebat Christo- || phoros Corvinus, anno || MDXVC. ||)

Umfang und Format: [6] Bl., 467 S., 12°.
Ausstattung: Titelholzschnitt, Zierleisten.

Beiträger enkomiastischer Gedichte über die Psalmennachdichtungen des Buchananus: Ein Anonymus, Iul. Caes. Scaliger, Car. Utenhovius, Franciscus Portus, Henricus Stephanus und Paulus Melissus; Beiträger enkomiastischer Prosatexte (Zitate) über die Psalmennachdichtungen des Buchananus: Adrianus Tornebus und Georgius Fabricius; Beiträger spezieller enkomiastischer Gedichte für die vorliegende Ausgabe durch Chytraeus: Io. Posthius, Frid. Sylburgius, Io. Lundorpius und Christianus Egenolphus.

Benutzte Exemplare: Göttingen NSuUB 8° Theol. bibl. 746/42 (mit mehreren schwer lesbaren Besitzereinträgen und weiteren handschriftlichen Vermerken).
Wolfenbüttel HAB 206 Poet. (2); bei diesem Exemplar handelt es sich um die Auflage von 1588.

Weitere Auflagen: Von der durch Chytraeus besorgten Ausgabe der Psalmennachdichtungen des Buchananus gibt es zahlreiche weitere, kaum veränderte Auflagen, die alle in Herborn erschienen: VD 16 und Index Aureliensis weisen Auflagen in den Jahren 1588, 1590, 1592, 1595 und 1600 nach (vgl. unten).

Diese Ausgabe der Psalmennachdichtungen des Buchananus hatte Nathan Chytraeus herausgegeben.

Der Band beginnt mit einem an den Braunschweiger Herzog Otho gerichteten Widmungsepigramm des Chytraeus und einem an die schottische Königin Maria gerichteten Widmungsepigramm des Buchananus. Während diese beiden Gedichte undatiert sind, beinhaltet ein diese Ausgabe ergänzender Kommentar des Chytraeus zu den Versen des Buchananus neben einem undatierten Widmungsgedicht an Ioachimus van der Luhe auch eine Prosavorrede an den Leser, die Chytraeus am 13.11.1584 in Rostock verfaßte (bei dem Wolfenbütteler Exemplar ist dieser Kommentar an die Textausgabe angebunden; vgl. Literaturverzeichnis unter Chytraeus: Collectanea).

Das Posthiusgedicht gehört zu einer Gruppe enkomiastischer Gedichte mit dem gemeinsamen Titel "*IN HANC EDITIONEM* || *Epigrammata.* || "
[1.] ohne besondere eigene Überschrift.
 inc.: SIdereum ascendit nuper
 expl.: Modulata Hebraea barbito.
 5x Hexametrum sequitur dimetrum iambicum (Bl. 5r).
[2.] mit der Überschrift "... || *DE NATHANE CHY-* || *traeo.* || "
 inc.: PIndaricis cantum
 expl.: quae Buchanana sonis?
 3 Distichen (Bl. 5r).

Parerga: Posthius nahm seine beiden Gedichte an verschiedenen Stellen in seine Parerga auf, und zwar das erste unverändert, das zweite mit einem im zweiten Distichon geänderten Wortlaut (nur zweite Ausgabe Pars altera, S. 124 und S. 120f).
Literatur: VD 16, B 3253 (Ausgabe von 1588), B 3259 (Ausgabe von 1595) und B 3266 (Ausgabe von 1600); Index Aureliensis 126.491 (Ausgabe von 1585), 126.498 (Ausgabe von 1588), 126.501 (Ausgabe von 1590), 126.505 (Ausgabe von 1592), 126.510 (Ausgabe von 1596) und 126.520 (Ausgabe von 1600).

1586/1
Verschiedene Texte für die Lotichiusausgabe des Hagius
in: Lotichius: Opera omnia (1586):

PETRI ‖ LOTICHII ‖ SECVNDI ‖ Opera omnia. ‖ QVIBVS ACCESSIT ‖ VITA EIVSDEM, ‖ Descripta per ‖ IOANNEM HAGIVM ‖ Fr. Poëtae, dum vi-xit, aequalium ‖ primum & intimum. ‖
LIPSIAE, ‖ M.D.LXXXVI. ‖ (LIPSIAE, ‖ IMPRIMEBAT IOHANNES ‖ STEINMAN. ‖ Anno M.D.LXXXVI. ‖ [für Ernst Vögelin])

Umfang und Format: [9] Bl., 583, [1] S., 8°.
Ausstattung: Druckermarke.
Beiträger zum ersten Teil: Erasmus Neustetterus; Beiträger zum zweiten Teil: Paulus Melissus, Ioannes Postius, Franciscus Modius, Carolus Hugelius, Abrahamus Loe-scherus, Georgius Cracovius, Joannes Mercurius, Hartmannus Hartmannus à Eppin-gen, Ioannes Nervius, Georgius Ostermarius, Nicolaus Cisnerus, Franciscus Thorius und Carolus Clusius; Beiträger zum dritten Teil: Ioan. Posthius, P. Melissus und Ge-orgius Poblingerus; weitere Beiträger (nach VD 16, L 2856): Georgius Fabricius, Ada-mus Gelphius und Ioannes Pedioneus.
Benutztes Exemplar: Nürnberg StB Hist. 1058, 8°.
Weitere Auflagen: Die von Hagius besorgte Ausgabe von Werk und Biographie des Lotichius wurde etliche Male neu aufgelegt (1594, 1603, 1609, 1622 und um 1700; vgl. Coppel: Bericht, 1978, S. 84); ich benutzte die Auflagen von 1594 und 1609 (vgl. Li-teraturverzeichnis). In der Auflage von 1609 sind der Werk- und der Biographienteil separat paginiert; im Werkteil sind die unter Werkverzeichnis 1560/2a, 1560/3a und 1561/1a angeführten Posthiusgedichte S. 293, 299-308 und 347-352 abgedruckt, im Biographienteil das enkomiastische Posthiusgedicht an Hagius S. 3 und der Po-sthiusbrief vom 31.1.1585 S. 94f.

Der erste Teil dieses Bandes enthält die gesammelten Gedichte des Lotichius, und zwar sechs Bücher Elegiae, zwei Bücher Carmina, sechs Bücher Eclogae, einige weitere Gedichte, einige Briefe des Lotichius und ein ergänzendes Buch mit sehr frühen Ge-dichten des Lotichius. Darauf folgen im zweiten Teil die zum Tode des Lotichius ver-faßten Trauergedichte (S. 313-380); Posthius stellte dem Hagius für diese Publikation Überarbeitungen seiner Epicedia nebst einem neuen kommentierenden Gedicht zur Verfügung (vgl. Werkverzeichnis 1560/2a, 1560/3a und 1561/1a).
Der dritte Teil dieses Bandes enthält die Lotichiusbiographie des Hagius; er beginnt mit einem eigenen Titelblatt: "VITA ‖ PETRI ‖ LOTICHII ‖ SECVNDI ‖ Per ‖ IOANNEM HAGIVM ‖ FRANCVM. ‖ AD JLLVSTREM ‖ ET MAGNIFICVM VIRVM ‖ Erasmum Neusteterum, ‖ cognomine Sturmerum, ‖ Equitem Fr. ‖ ANNO ‖ M.D.LXXXVI. ‖ " (S. 383). Für diese Lotichiusbiographie verfaßte Posthius quasi als Klappentext einen zur Veröffentlichung bestimmten Brief (S. 580-583; vgl. Brief vom 31.1.1585) sowie ein enkomiastisches Gedicht:

[1.] mit einer Widmung an Hagius
   inc.: Historico texens Hagi
   expl.: seque, suosque modo.
   4 Distichen (S. 385).

Burmannus übernahm 1754 in seine Ausgabe der Werke des Lotichius aus der Hagiusedition sowohl die Epicedia für Lotichius (Bd. II, S. 207-254, darunter Posthiustexte S. 212-218 und S. 249-253) als auch den kompletten Biographienteil (Bd. II, S. 66-140, darunter das enkomiastische Posthiusgedicht S. 70 und der Posthiusbrief vom 31.1.1585 S. 139f).

Parerga: *Das unter Nr. 1 angeführte Gedicht wurde nicht abgedruckt.*
Literatur: *VD 16, L 2856.*

1586/2
Zwei enkomiastische Gedichte für ein aufwendiges Werk des Modius über Hoffeste in: Modius: Pandectae triumphales (1586):

[RS:] PANDECTAE TRIVMPHALES, ‖ sive, ‖ POMPARVM, ET ‖ FE-STORVM AC SOLENNI- ‖ VM APPARATVVM, CONVIVIO- ‖ RVM, SPECTACVLORVM, SIMVLACRORVM ‖ BELLICORVM EQVESTRIVM, ET PEDESTRIVM; NAVMA- ‖ chiarum, ludorum denique omnium nobiliorum; quot hactenus vbique gentium re bello be- ‖ ne gesta, itemque in inaugurationibus, nuptijs, amicis congressibus, aut in- ‖ gressibus, funeribus postremum Jmperatorum, Regum Prin- ‖ cipumque edita concelebrataque sunt, ‖ TOMI DVO. ‖ (Es folgen weitere 17 Zeilen Titel) ... à ‖ FRANCISCO MODIO I. C. BRV-GENSI. ‖ (Es folgen weitere 9 Zeilen Titel).
Francofurti ad Moenum, impens. Sigismundi Feyrabendij. ‖ M.D.LXXXVI. ‖ (IMPRESSVM FRANCOFVRTI AD ‖ MOENVM APVD IOHANNEM FEYRA- ‖ bend, impensis Sigismundi Feyrabendij. ‖ Anno M.D.LXXXVI. ‖)

Umfang und Format: *[6], 236, [2] Bl., neu paginiert 264, [7] Bl., 2°.*
Ausstattung: *Druckermarke, Holzschnitte, Zierleisten.*
Einziger **Beiträger** *von enkomiastischen Gedichten ist Posthius.*
Benutztes Exemplar: *Nürnberg StB Hist. 95, 2°.*

Modius berichtet in seinem umfangreichen, gewichtig aufgemachten Werk von allen bisherigen prächtigen Hoffesten und dergleichen Veranstaltungen. Er widmete sein Werk mit zwei auf den 1.9.1586 datierten Widmungsvorreden dem Adel und dessen Syndikus Marcus Schweickherus. Unmittelbar darauf sind die enkomiastischen Posthiusgedichte auf einer eigenen Seite abgedruckt.
[1.] mit der Überschrift "... ‖ ... in Pandectas triumphales Fr. Modij. ‖ "
   inc.: LVdicra Germanus
   expl.: caetera dispereunt.
   6 Distichen (vor Beginn der Paginierung Bl. 5v).

[2.] ohne besondere Überschrift
   inc.: Pandectas Francisce tuos
   expl.: nobilitatis erit.
   3 Distichen (vor Beginn der Paginierung Bl. 5v).

Parerga: *Posthius nahm das zweite seiner beiden enkomiastischen Gedichte in seine Parerga auf; der Text ist an einer Stelle leicht geändert (nur zweite Ausgabe Pars altera, S. 113).*
Literatur: *Lehmann: Modius (1908), S. 21f; VD 16, M 5740.*

1586/3
Ein Distichon als Stammbucheintrag für einen Unbekannten

Autograph (datiert Heidelberg 1586)

Umfang und Format: *Nicht bekannt.*
Fundort: *Nicht bekannt.*

Dieser Stammbucheintrag wurde gegen Ende des 19. Jahrhunderts publiziert, ohne daß Verfasser oder Fundort angegeben wurden; da aber der Stammbucheintrag in Heidelberg erfolgte und Posthius sich mit demselben Distichon wenig später in andere Stammbücher eintrug (vgl. unten), ist es naheliegend, daß auch der Publikation von 1893 ein Autograph des Posthius vorlag.
[1.] Das Distichon ist in der publizierten Fassung ohne Überschrift.
   inc.: Hoc mihi propositum est
   expl.: et tolerare malos.
   Distichon.

Parerga: *Das angeführte Gedicht wurde nicht abgedruckt.*
Literatur: *Publiziert von Robert und Richard Keil: Die Deutschen Stammbücher des sechzehnten bis neunzehnten Jahrhunderts, Berlin 1893 (ein photomechanischer Nachdruck erfolgte Hildesheim 1975), S. 80, Nr. 230.*

1586/3a
Verwendung desselben Distichons als Stammbucheintrag für Ampelander

Autograph (geschrieben am 6.9.1588)

Umfang und Format: *Ein Blatt in einem durchschossenen Band, 8°.*
Fundort: *Bern Burgerbibliothek Ms. hist. helv. V. 142 (das Exemplar enthält auch Abbildungen, so ein Bildnis des Ampelander vom 18.11.1588).*

Der Berner (Johannes) Rodolphus Ampelanders/Hans Rudolff Rebmann (1566-1605) studierte von 1586 bis 1588 als Zögling des Sapienzenkollegiums in Heidelberg; dabei legte er am 14.4.1588 in einem durchschossenen Exemplar der Reusnerschen Icones von 1587 (vgl. Werkverzeichnis 1587/5) sein Stammbuch an, fügte jedoch auch einige ältere Einträge bei. Unter denen, die sich eintrugen, sind Georgius Ludouicus Ab Hut-

ten, Otto A Gruenrade, Franciscus Iunius, Daniel Tosanus, Julius Pacius, Henricus Smetius, Ioh. Iacobus Grynaeus, Felix Platerus, Paulus Melissus und Henricus Stephanus. Kurz nach dem Eintrag des Posthius kehrte Ampelander im Oktober 1588 wieder in die Schweiz zurück, wo er 1592 Pfarrer in Thun und 1604 Pfarrer in Muri wurde.

Der bei Ampelander eingetragene Text des Posthiusdistichons weicht sowohl am Beginn des Hexameters als auch am Beginn des Pentameters von der von Keil publizierten Fassung ab; im Pentameter ist das erste Wort "Nemini" durch die Worte "Nullj; &" ersetzt.

> inc.: Hic scopus unus erit
> expl.: & tolerare malos.
> Distichon (Bl. 429r, Eintrag Nr. 36).

Literatur: *Hagen: Briefe (1886), S. 18-23; Hagen zitiert mehrere Einträge in das Stammbuch, darunter den des Posthius (S. 21).*

1586/3b
Verwendung desselben Distichons als Stammbucheintrag für Hornmoldus

Abschrift (geschrieben etwa 1592/93 von Hornmoldus):
POESEOS ‖ aliquot ‖ EXERCITATIONES, CONSCRIPTAE IN LAUDEM ‖ DEI, opt: max: immortalis: in gratiam pa= ‖ triae, parentum, amicorum, etc. ‖ PER ‖ SEBASTIANUM HORNMOLDUM TUBIN= ‖ gensem, Iuris utriusqué Doctorem, Poetam ‖ nobilem ac Lauru coronatum: ‖ [o. O., o. J.]

Umfang und Format der Handschrift: *[535] Bl., von der Hand des Hornmoldus geschrieben; angebunden sind weitere Texte anderer Autoren; 2°.*
Weitere Beiträger: *Nicodemus Frischlinus (datiert Tübingen 13.8.1581), Iohannes Lauterbachius (drei Gedichte, eines datiert 1590), Nicolaus Reusnerus (datiert Straßburg 1590), Paulus Melissus (datiert 1589) und Leonhardus Engelhard (datiert Stuttgart 18.7.1592).*
Fundort: *Ulm StB Ms. 6728, Bl. 1-535.*

Hornmoldus arbeitete offenbar längere Zeit an der Zusammenstellung des gesamten Manuskriptes und führte darin auch Korrekturen aus; wahrscheinlich begann er 1592 oder kurz danach mit der Ausarbeitung. Die Sammlung enthält unter den Anagrammen eines über "Ioannes Posthius Medicus ac P. L." (Bl. 506v; es beginnt "Ordinem amat Deus ...").

Bevor mit Bl. 3v der eigentliche Text der Sammlung beginnt, sind auf den Blättern 1v bis 3v insgesamt acht an Hornmoldus gerichtete Gedichte anderer Autoren angeführt, die wohl teilweise dem Stammbuch des Hornmoldus entnommen wurden; sie sind insgesamt "EPIGRAMMATA ‖ POETARUM GERMANIAE CL: ‖ Sebastiano Hornmoldo LL. Doctori. ‖ " überschrieben.

Das Distichon des Posthius ist dem Sebastianus Hornmoldus gewidmet; der Text deckt sich mit dem Eintrag in das Stammbuch des Ampelander bis darauf, daß es statt "Nulli; &" wieder "Nemini" - wie bereits in der Fassung von 1586 - heißt (Bl. 3r).

1586/4
**Ein enkomiastisches Gedicht für eine Lateingrammatik des Frischlinus
in: Frischlinus: Grammatice Latina (1586):**

Nicodemi Frischlini ‖ GRAMMA- ‖ TICE LATINA, ‖ COMPENDIOSE SCRI-
‖ PTA, AC IN OCTO LIBROS DIS- ‖ tributa, nec non à pluribus quàm sescen- ‖
tis, tam veterum quàm recentium ‖ Grammaticorum erroribus, ‖ et innumeris
soloecismis ‖ liberata. ‖ ACCESSERVNT PRAE- ‖ TEREA AD FINEM
HVIVS ‖ editionis, etiam Paralipomena Gramma- ‖ ticalia, tam docentibus quàm
discen- ‖ tibus perqàm vtilia. ‖
FRANCOFORTI AD MOENVM, ‖ excudebat Ioannes Spies. ‖ M.D.LXXXVI.

Umfang und Format: [8] Bl., 464 S. (ohne die Tafeln), 8°.
Ausstattung: Einige beigebundene Tafeln mit Übersichten.
Beiträger von Briefen an Frischlinus: Ioannes Sambucus (datiert Wien 18.4., ohne Jahreangabe), Simon Fabricius (datiert Augsburg 15.9.1584) und Ioannes Lauterbachius (datiert Heilbronn 22.4.1585); Beiträger enkomiastischer Gedichte: Ioannes Lauterbachius, Andreas Fabricius und Ioannes Posthius.
Benutztes Exemplar: München BSB L. gen. 29:3 (Beiband, zusammengebunden mit des Frischlinus "Disputatio grammatica", vgl. Werkverzeichnis 1586/4a, und anderen Texten).
Weitere Auflage: Eine weitere, weitgehend identische Ausgabe erschien ebenfalls bei Spies in Frankfurt im Jahre 1592; sie enthält ebenfalls das Posthiusgedicht (vgl. VD 16, F 2944).

Die am 1.11.1585 in Tübingen abgefaßte Widmungsvorrede richtete Frischlinus an fünf seiner Schüler, und zwar an Christophorus und Acacius a Laimingen, an Ioannes Florianus Schulterus sowie an Ludouicus und Melior Iaegerus à Gaertringen.
   Das Werk enthält nur ein Gedicht des Posthius
[1.] mit der Überschrift "... ‖ ... Epigramma de eadem ‖ Grammatica. ‖ "
   inc.: Grammaticam laudare tuam
   expl.: iudico Grammaticos.
   3 Distichen (Bl. 8r).

Parerga: Das angeführte Gedicht wurde nicht abgedruckt.
Literatur: VD 16, F 2944.

1586/4a

Verwendung desselben enkomiastischen Gedichtes für Frischlinus in einer anderen Schrift des Frischlinus

in: Frischlinus: Disputatio grammatica (1586):

NICODEMI FRISCHLINI ‖ Disputatio Grammatica, ‖ TRIBUTA IN ‖ DV-
CENTAS ET PLV- ‖ RES PROPOSITIONES: IN QVI- ‖ bus demonstrantur, &
refutantur Soloecismi & ‖ Barbarismi: falsae & superfluae Regulae: absurdae, ‖ &
ab omni ratione alienae, definitiones & diuisio- ‖ nes Grammaticorum: quas res
plagiosi huius etatis ‖ Orbilij, teneris puerorum animis non sine ‖ multis verbe-
ribus, ipsi flagris dignio- ‖ res, inculcant. ‖ CVM PRAEFATIONE AD IACO- ‖
bum Andreae, Doctorem Theologiae: Academiae ‖ Tubingensis Cancellarium. ‖
1586. ‖ ARGENTORATI ‖ Excudebat Antonius Bertramus. ‖

Umfang und Format: [66] Bl., 8°.
Ausstattung: Druckermarke.
Weiterer Beiträger: Andreas Fabritius.
Benutztes Exemplar: München BSB L. gen. 29:2 (Beiband, zusammengebunden u. a.
mit der Lateingrammatik des Frischlinus; vgl. Werkverzeichnis 1586/4).

Die von Frischlinus am 1.2.1586 in Tübingen abgefaßte Widmungsvorrede ist an Iaco-
bus Andreae gerichtet.

Diese kleine Schrift enthält von Posthius nur das unter Werkverzeichnis 1586/4 an-
geführte Epigramm, allerdings in geänderter Form: Der Akkusativ im ersten Wort
wurde nach den unorthodoxen Grammatikregeln des Frischlinus mit einer griechi-
schen Endung versehen, und im letzten Pentameter ist auch der Text geändert; wahr-
scheinlich stammen diese Änderungen von Frischlinus, wobei es durchaus denkbar ist,
daß Posthius den Frischlinus im vor- oder nachhinein zu derartigen Änderungen er-
mächtigt hatte.
[1.] mit der Überschrift "... ‖ ... ‖ ... Epigramma, de eadem ‖ Grammatica. ‖ "
   inc.: Grammaticen laudare tuam (Bl. 66r, Lage I ʃ).
Frischlinus ließ dies Posthiusepigramm in dieser Form noch mehrmals in seinen
grammatischen Schriften abdrucken, so im Jahre 1588 im "Celetismus grammaticus"
(vgl. Werkverzeichnis 1588/7), im Jahre 1590 in den "Graecae grammaticae libri, pars
secunda" (Bl. 6v; vgl. Literaturverzeichnis) und im Jahre 1592 in einer erneuten Aus-
gabe der "Grammatice Latina" (Bl. 8r; vgl. Literaturverzeichnis).

Literatur: VD 16, F 2927.

1586/5

**Ein Scherzepigramm über die Podagraerkrankung des Pithopoeus
in: Pithopoeus: De studio poetices oratio I (1586):**

LAMBERTI LVDOLFI ‖ PITHOPOEI, DAVENTRIEN- ‖ SIS, POST RE-
DITVM IN Aca- ‖ demiam Eitelbergensem, ‖ DE STVDIO POETICES ‖ ORA-
TIO I. ‖ AD ILLVSTRISS. PRINCI- ‖ pem Fridericum, Ludouici VII. Ele- ‖ cto-
ris Palatini F. ‖
EITELBERGAE, ‖ Typis Iacobi Mylij, ‖ M.D.XXCVI. ‖

Umfang und Format: [52] Bl., 4°.
Ausstattung: Titeleinfassung, Holzschnitte (Wappen und Wahlspruch des Pithopoeus),
Kupferstich (Bildnis des Pfalzgrafen Friedrich III.), Druckermarke, weiterer Zierrat (z.
B. Initialen).
Weiterer Beiträger: Simon Stenius.
Benutztes Exemplar: München UB 4° Inc. lat. 857:5.

In dieser schmalen Schrift veröffentlichte Pithopoeus seine Rede "De studio poetices",
die er am 15.10.1584 vor der Heidelberger Universität gehalten hatte. Das an Pfalzgraf
Ludovicus VII. gerichtete Widmungsgedicht verfaßte Pithopoeus am 1.1.1586 in Hei-
delberg.

Das Bändchen enthält einen umfangreichen Anhang mit eigenen Gedichten zu ver-
schiedenen Anlässen, ergänzt durch einige Abbildungen und durch zwei Gedichte des
Stenius und des Posthius; die meisten der Gedichte sind datiert. Der Anhang beginnt
mit an die Heidelberger Fürstenfamilie gerichteten Versen, und zwar mit einer enko-
miastischen Elegie auf das Bildnis des Pfalzgrafen Friedrich III. (datiert 15.3.1577, er-
gänzt durch ein Bildnis), einem Epitaph-Epigramm für diesen Fürsten (verstorben am
26.11.1576) und einer an den Enkel dieses Pfalzgrafen, an Friedrich IV., gerichteten
Elegie (datiert 25.9.1585).

Darauf folgt ein 160 Distichen umfassendes Begrüßungsgedicht für den kurz zuvor
nach Heidelberg umgezogenen Posthius (datiert 27.11.1595; "SPonte sua, quae ...",
Lage G_{iij}r-H_{ij}v) und ein Gedicht an Ianus Douza, um mit diesem Freundschaft anzu-
knüpfen (datiert Heidelberg 11.1.1586). Es schließen sich enkomiastische Gedichte
über Texte von Smetius und Stenius an, und zwar über das "Carmen de artis medicae
antiquitate et praestantia" des Henricus Smetius (datiert 4.6.1585; vgl. Werkverzeichnis
1588/3) und über das "Poema saxonicum" des Rejnjre Voss de Olde (datiert
29.7.1580). Darauf folgt eine an Simon Stenius gerichtete Elegie zu einem grammati-
kalischen Problem (datiert 28.7.1585) samt dem Antwortepigramm des Stenius (datiert
29.7.1585).

Anschließend ist ein Posthiusgedicht abgedruckt, in dem der an Podagra leidende
Pithopoeus scherzhaft damit getröstet wird, die erzwungene Ruhe ermögliche erst die
poetische Tätigkeit; daran schließt sich ein Antwortepigramm des Pithopoeus an
(datiert 28.12.1584; "OCia grata quidem ...", Bl. 50r).

[1.] mit der Überschrift "IOHANNIS POSTHII AD ‖ LAMBERTVM PITHOPO-
EVM PO- ‖ DAGRA LABORANTEM IOCVS. ‖ "
inc.: OCia Phoebus amat
expl.: quae tibi causa boni.
7 Distichen (Bl. 49v, Lage N y).

Das schmale Bändchen endet mit einigen Pithopoeusgedichten über den eigenen
Wahlspruch; diese werden durch eine den Wahlspruch darstellende Abbildung veran-
schaulicht.

Pithopaeus nahm das angeführte Posthiusgedicht auch unverändert in den fünften
Band seiner Werkausgabe mit auf (vgl. Literaturverzeichnis unter Pithopoeus: Poe-
matum liber quinctus, 1588, dort S.66).

Parerga: *Posthius nahm sein Epigramm in seine Parerga auf, wobei er den Wortlaut*
an vier Stellen überarbeitete (nur zweite Ausgabe Pars altera, S. 99).

1586/6
Ein Epicedium zum Tod des Eilardus Alma (gestorben am 1.10.1586)
in: Milius: Consolatio (1586):

ABRAHAMI MILII ‖ AD LVGVBRES, ‖ TRISTES DEFVNCTI ‖ EILARDI
ALMA ‖ VTRVM- ‖ QVE PARENTEM, ET ‖ SOROREM VNICAM, ‖
CONSOLATIO. ‖ Cui adiuncta quorundam amicorum, nec non eiusdem ‖ MILI
aliquot in honorem defuncti, Epitaphia. ‖ Reliquit viuos Kal. Octobr. Anno
M.D.XXCVI. ‖ AEtatis XXII. sed aetas longè minor, quàm ‖ egregia eius eruditio
ferebat. ‖
HEIDELBERGAE, ‖ M.D.XXCVI. ‖ [bei Jakob Müller]

Umfang und Format: *27 S., 4°.*
Ausstattung: *Kleinerer Zierrat (Initialen, Zierleisten).*
Beiträger *eines Briefes: F. E. A.; Beiträger von Epicedien (außer Abraham vander*
Mile): Io. Posthius, Lambertus Ludolfus Pithopaeus, Simon Stenius und
H.[ieronymus] Commelinus.
Benutztes Exemplar: *Wolfenbüttel HAB 24.1. Rhet (4).*

Die schmale Schrift beginnt mit einem am 8.11.1586 in Heidelberg verfaßten, an Mi-
lius gerichteten Brief allgemeinmoralischen Inhalts, von dessen Verfasser, wohl einem
Verwandten des Verstorbenen, nur die Initialen "F. E. A." angegeben sind. Darauf folgt
ein als Vorrede dienendes, undatiertes Schreiben des Milius an die in Friesland woh-
nende Familie des erst 22jährigen Verstorbenen und, als zentraler Text des Bändchens,
die ebenfalls an die Familie gerichtete "CONSOLATIO" des Milius.

An diese Trostschrift in Prosa schließen sich etliche Epicedien an, deren erstes von
Posthius stammt.

[1.] mit der Überschrift "EILARDI ALMAE ‖ *TVMVLVS.* ‖ "
  inc.: HIc iacet extinctus
  expl.: Iehouae carmina.
  4x Hexametrum sequitur trimetrum iambicum (S. 22).

Parerga: *Das angeführte Gedicht wurde nicht abgedruckt.*
Literatur: *VD 16, M 5192.*

1587/1
Ein Epicedium zum Tod des Joachimus Ernestus von Anhalt (gestorben am 6.12.1586)
in: Iusta exsequalia (1587):

IVSTA EXSEQVALIA ‖ IN OBITVM IOACHIMI ‖ ERNESTI ILLVSTRISSIMI ‖ PRINCIPIS ANHALTINI, COMITIS ‖ ASCANIAE, domini Servestae ‖ & Bernburgi. ‖ AD PRAECELLENTISSIMOS ‖ ANHALTINOS PRINCIPES ‖ IOHANNEM GEORGIVM ET ‖ CHRISTIANVM, CETEROSQVE ‖ FRATRES, IOACHIMI ‖ Ernesti filios haeredes. ‖ Ex lacrimis Poëtarum in ‖ Myrtorum monte. ‖
ANNO M.D.LXXXVII. [o. O., offenbar Heidelberg; vgl. Werkverzeichnis 1587/4].

Umfang und Format: *[24] Bl. [Bl. 23 ist leer], 4°.*
Weitere Beiträger: *Paulus Melissus, Franciscus Iunius, Simon Stenius, Lambertus Ludolfus Pithopoeus, Io.[hannes] Esychius und Richardus Hemelius.*
Benutztes Exemplar: *Heidelberg UB BaH 192 int. 3 [c].*

Da das Widmungsgedicht dieser Schrift von Melissus verfaßt ist, hatte der sich offenbar um die Sammlung dieser Gedichte zum Tode des Fürsten Joachimus Ernestus von Anhalt bemüht, der seit 1561 regiert hatte.
  Die Sammlung enthält ein Gedicht des Posthius.
[1.] mit einer Widmung an Casp.[arus] Peucerus
  inc.: VERANE rumor ait, nostram
  expl.: quae dea fertur equis.
  43 Distichen (Bl. 9r-10r).

Parerga: *Posthius nahm seine Elegie in seiner Parerga als Elegie III, 5 auf, wobei er sie an zwei Stellen leicht überarbeitete (nur zweite Ausgabe Pars altera, S. 22-25). Die Elegie wurde in dieser Form auch von Turnemainnus in seine Anthologie übernommen (vgl. Werkverzeichnis 1592/2b, dort S. 539-542).*
Literatur: *VD 16, J 1161.*

1587/2
Ein Epigramm zum Tod des Petrus Beutterichus (gestorben am 12.2.1587)

Autograph (geschrieben vermutlich im Februar 1587)

Umfang und Format: Einzelblatt (einseitig beschrieben), 2°.
Fundort: Basel UB G II 9, S. 997.

Das Blatt enthält nur ein Gedicht:
[1.] mit der Überschrift "Ad Manes || Petrj Beutterichj, Virj clariss."
    inc.: Maximus ingenio, uario
    expl.: Petre beate, Vale.
    mit der Unterschrift "Jo. Posthius M. D. maerens f."
    5 Distichen.
    Dies Gedicht muß kurz nach dem Tod des Beutterichus, der am 12.2.1587 verstor-
ben war, entstanden sein. Der Verstorbene war unter Friedrich III. und vor allem unter
Johann Casimir einer der führenden Köpfe der Pfalz, seit dem 1.1.1585 "oberster
Rath". Als Unterhändler und Heerführer war er unter anderem an Aktionen in
Frankreich und im Kölner Krieg dabei: "Er war eine sehr energische und ehrgeizige
Natur, die die Politik Johann Casimirs immer in Unruhe brachte" (Kuhn: Pfalzgraf,
1960, S. 172).
    Das Blatt mit dem Gedicht zum Tod des Beutterichus stammt aus dem Besitz des
Johannes Jacobus Grynaeus; es wurde wohl mit einem nicht mehr erhaltenen Po-
sthiusbrief an Grynaeus geschickt; nicht auszuschließen ist, daß es dem Posthiusbrief
vom 15.4.1587 beilag, doch hätte in dem Falle Posthius wohl im Brief auf das beige-
legte Blatt verwiesen.

Parerga: Posthius nahm das Gedicht bis auf die Überschrift unverändert in seine
Parerga auf (nur zweite Ausgabe Pars altera, S. 115).

1587/3 (verfaßt teilweise vor 1580)
Mehrere enkomiastische Texte für Ianus Dousa
Posthius: Encomia Dousana (1587):

ENCOMIA || DOVSANA || Hoc est, || VARIA VARIORVM || Poëtarum in ho-
norem IANI DOV- || SAE NORDOVICIS, viri || nobilissimi || CARMINA. ||
Edita a || IOANNE POSTHIO GER- || MERSHEMIO, Principum || Palat. ad
Rhenum || Archiatro.
HAIDELBERGAE, || ANNO MDLXXXVII. ||

Umfang und Format: 47, [1] S., 8°.
Ausstattung: Druckermarke.
Beiträger: Paulus Melissus Schedius, Nicolaus Reusnerus, Henricus Smetius, Simon
Stenius, Franciscus Modius, Paschasius Brismannus, Nathan Chytraeus, Gregorius
Bersmanus, Iohannes Lauterbachius, Isaacus Memmius, Fridericus Sylburgius, Vol-
ratus Plessenus, Georgius Benedictus, Richardus Hemelius, Hieronymus Treutle-

rus/Teutlerus, Ianus Gruterus und H.[ieronymus] Commelinus (die Schreibweise der Namen in Text und Index ist nicht einheitlich; u. a. heißt es im Index fälschlicherweise Georgius Bersmanus).

Benutztes Exemplar: *Heidelberg UB F 6652.*

Posthius gab dieses Bändchen mit Gedichten zum Preise des Ianus Dousa heraus. Er verfaßte dazu die Widmungsvorrede (vgl. Brief vom 1.5.1587) ein Widmungsepigramm; außerdem steuerte er weitere drei Gedichte bei, von denen er eines bereits 1580 publiziert hatte.

[1.] mit einer Widmung an Ianus Dousa
    inc.: DOVSA decus Phoebi
    expl.: mihi iube, et Vale.
    11 Distichen (S. 5).
[2.] mit der Überschrift "... DE ‖ PVRIS IANI DOVSAE ‖ Iambis. ‖ "
    inc.: INsolitos placido
    expl.: Multis negata mortuis!
    9x Hexametrum sequitur dimetrum iambicum (S. 46).
[3.] mit einer Widmung an Dousa
    inc.: SI uolucres
    expl.: quae studiosa colit.
    datiert "COLONIAE Vbiorum. ‖ Anno 1579. ‖ "
    7 Distichen (S. 46f).
[4.] mit einer Widmung an Volradus a Plessen
    inc.: EXimio celebrans
    expl.: Dusica Musa libros.
    3 Distichen (S. 47).

Parerga: *Eines dieser Gedichte, das "Si volucres" beginnende Epigramm (Nr. 3), hatte Posthius bereits in der ersten, 1580 erschienenen Ausgabe seiner Parerga publiziert; der Text war dort bis auf das vorletzte Wort derselbe gewesen:*
    expl.: qua officiosa colit. (Bl. 74r f; ebenso in der zweiten Ausgabe Pars prima, S. 127).

    Die drei anderen Gedichte waren offenbar erst nach 1580 entstanden; Posthius nahm auch sie in seine Parerga auf, und zwar die obige Nr. 1 an einer Stelle leicht überarbeitet (nur zweite Ausgabe Pars altera, S. 133f), die Nr. 3 und Nr. 4 unverändert (nur zweite Ausgabe Pars altera, S. 94 und S. 133).

Literatur: *Collectio (1592), S. 585; dort ist 1588 als Erscheinungsjahr genannt, wohl weil das Werk 1588 erstmals auf der Frankfurter Messe verkauft wurde.*

1587/4

Ein Epigramm zum Tod des Caspar Peucerus (gestorben am 9.8.1587) sowie ein enkomiastisches Epigramm über ein Porträt von dessen Vater
in: Carmina paregorica (1587):

CARMINA PARE- ‖ GORICA ‖ AD clariss. Virum ‖ CASPAREM PEV-
CERVM, ‖ immaturo obitu filij CASPA- ‖ RIS Med. doctoris ‖ maerentem, ‖
SCRIPTA A ‖ PAVLO MELISSO ‖ IOANNE POSTHIO ‖ HERMANNO
VVITEKINDO ‖ SIMONE STENIO ‖ LAMBERTO PITHOPOEO ‖
RICHARDO HEMELIO ‖ GEORGIO BENEDICTO ‖ HIERONYMO COM-
MELINO. ‖
HAIDELBERGAE ‖ Anno M.D.LXXXVII. ‖

Umfang und Format: 16 S., 4°.
Benutztes Exemplar: Heidelberg UB BaH 192 int. 4 (mit einer Widmung des Hemelius auf dem Titelblatt: "D.[omino] Andreae Haugio suo d[ono] d[edit] R[ichardus] Hemelius").

Der Verstorbene, ein Arzt wie sein gleichnamiger bekannter Vater Caspar Peucerus, war noch sehr jung. Die Trauergedichte zu seinem Tod hatte offenbar Melissus gesammelt, da das Widmungsgedicht dieser Schrift an den Pfalzgrafen Friedrich IV. von Melissus verfaßt ist. Melissus veranlaßte wohl auch, daß ein enkomiastisches Gedicht, das Posthius über das Bildnis des Caspar Peucerus Senior verfaßt hatte, am Ende der Schrift abgedruckt wurde, vielleicht, um übrigen Platz zu füllen oder weil dies Gedicht bis dahin noch unpubliziert bei Posthius lag.
 Gedichte von Posthius in dieser Schrift:
[1.] mit der Überschrift "Tumulus ‖ CASPARIS PEVCERI ‖ Junioris, Med. doctiss. ‖ "
 inc.: CONDITVR hac tenui
 expl.: debiliora manent.
 4 Distichen (S. 6).
[2.] mit der Überschrift "Jn effigiem CASPARIS PEVCERI ‖ Senioris, Viri clariss. ‖ "
 inc.: NE totum in cineres
 expl.: tristia juris habent!
 5 Distichen (S. 16).

Parerga: Posthius nahm die beiden angeführten Gedichte in seine Parerga auf; während er dabei das erste unverändert ließ, überarbeitete er das zweite an einer Stelle unwesentlich (nur zweite Ausgabe Pars altera, S. 108 bzw. S. 107).

1587/5 (teils bereits 1560 und 1580 veröffentlicht)
Acht enkomiastische Gedichte für eine durch Elogen ergänzte Publikation von Holzschnitten berühmter Schriftsteller
in: Reusnerus: Icones (1587):

ICONES ‖ sive ‖ IMAGINES VIRO- ‖ RVM LITERIS ‖ ILLVSTRIVM ‖ QVORVM FIDE ET DO- ‖ ctrinâ religionis & bonarum lite- ‖ rarum studia, no- ‖ strâ patrumque memo- ‖ riâ, in Germaniâ praesertim, in ‖ integrum sunt resti- ‖ tuta. ‖ Additis eorundem elogijs ‖ diversorum auctorum. ‖ Recensente ‖ NICO- LAO REVSNERO ĬC. ‖ Curante ‖ BERNARDO IOBINO. ‖ ... ‖ ARGENTORATI. ‖ M D XIIIC. ‖

Umfang und Format: [212] Bl., 8°.
Ausstattung: *Titeleinfassung, Holzschnitte (ein Wappen und 99 Porträts), Randleisten. Zahlreiche Beiträger.*
Benutzte Exemplare (komplette Exemplare sind sehr selten, da die Bände oft wegen der in ihnen enthaltenen Holzschnitte zerstückelt wurden und werden): Nürnberg StB Solg. 2395. 8°.
München BSB Biogr. c. 272.
Bamberg SB Coll. im. o. 4° (Bl. R$_{vij}$ fehlt).
Bern Burgerbibliothek Ms. hist. helv. VII, 142 (durchschossenes Exemplar, das dem Rodolphus Ampelander als Stammbuch diente, mit Einträgen von Melissus, Posthius u. a.; vgl. Werkverzeichnis 1586/3a).
Gotha Forschungsbibliothek (ein fotomechanischer Nachdruck dieses Exemplares erschien 1973 in Leipzig und Gütersloh, hg. v. M. Lemmer).
Weitere Auflagen: Von diesem Werk gibt es mehrere Ausgaben: Noch im Jahre 1587 erschien eine deutsche Ausgabe ("Contrafacturbuch"), die allerdings auf die lateinischen Elogen verzichtete.
Die zweite lateinische Ausgabe von 1590 ist von der Ausstattung her schlichter, textlich jedoch gegenüber der lateinischen von 1587 kaum verändert (Exemplare: Nürnberg GNM 8° Bg. 9d und Nürnberg GNM 8° Hs. 198388; beide Exemplare sind sehr lückenhaft).
Eine weitere lateinische Ausgabe der Holzschnitte erschien 1719 in Frankfurt; sie verzichtet auf die Elogen (ein Exemplar: Nürnberg GNM 8° Bg. 16^m).

Posthius unterstützte den Reusnerus bei dessen Arbeit an durch enkomiastische Texte kommentierten Ausgaben von Holzschnitten berühmter Männer (vgl. Überblick, Kapitel 40). Für die angeführte Ausgabe stellte er acht Gedichte zur Verfügung, von denen er sechs bereits zuvor veröffentlicht hatte, und zwar zwei 1560 in einem Sammelbändchen von Epicedia für Melanchthon und vier in der ersten Ausgabe seiner Parerga von 1580.
[1.] *ohne besondere Überschrift, nach dem Bilde Melanchthons*
    inc.: *Has lacrymas, hos*
    expl.: *turba nouena Deo.*
    3 Distichen (Lage P$_{ij}$ v; vgl. Werkverzeichnis 1560/1, Nr. 1).

[2.] ohne besondere überschrift, nach dem Bilde Melanchthons
  inc.: Albi Pater, liquidum
  expl.: non dabit vlla dies?
  5 Distichen (Lage P $_{ij}$ y; vgl. Werkverzeichnis 1560/1, Nr. 2).
[3.] ohne besondere Überschrift, nach dem Bilde des Pfälzer Archiaters Ioannes Langius
  inc.: Hac facie spectandus
  expl.: ac Medicus bonus.
  4x Hexametrum sequitur trimetrum iambicum. (Lage R $_{vj}$ r und v).
[4.] ohne besondere Überschrift, nach dem Bilde des Juristen Nicolaus Cisnerus
  inc.: Maximus ingenio Cisnerus
  expl.: pulpita Gymnasij.
  4 Distichen (Lage a $_{ij}$ r).
[5.] ohne besondere Überschrift, direkt nach Nr.4
  inc.: Litterulas totidem
  expl.: conuenienter habet.
  Tetrastichon (Lage a $_{ij}$ r).
[6.] ohne besondere Überschrift, nach dem Bilde des Ioannes Sambucus
  inc.: Praestantes medicos
  expl.: Caesaris aula videt.
  Tetrastichon (Lage a $_{iiij}$ r).
[7.] ohne besondere Überschrift, nach dem Bilde des kaiserlichen Archiaters Ioannes Crato
  inc.: Caesaris effigiem
  expl.: planè vtriusque foret.
  Tetrastichon (Lage b $_{ij}$ v).
[8.] ohne besondere Überschrift, direkt nach Nr. 7
  inc.: Si, quibus est similis
  expl.: et tua, docte Crato.
  Distichon (Lage b $_{ij}$ v).

Als im Jahre 1588 des Nicolaus Reusnerus Bruder Ieremias die juristischen Kommentare des Cisnerus in einer großangelegten, aus vielen einzelnen Titeln bestehenden Ausgabe herausgab, ließ er dabei das oben als Nr. 4 angeführte Posthiusepigramm im Kommentar "ad titulum de iudiciis" abdrucken (vgl. Literaturverzeichnis; darin Bl. 4r vor Beginn der Paginierung); das oben unter Nr. 5 angeführte Posthiustetrastichon - ein Anagramm über den Namen des Cisnerus - übernahm er gleich an zwei Stellen unverändert, und zwar im Kommentar zum Titulus "De actionibus" (vgl. Werkverzeichnis 1588/4) und im Kommentar "De iure usucapionum" (vgl. Literaturverzeichnis; darin S. 6).

Aus den "Icones" des Reusnerus übernahm Melchior Adamus 1620 die beiden Posthiusgedichte für Cisnerus (obige Nr. 4 und Nr. 5) in seine "Vitae jureconsultorum" (vgl. Literaturverzeichnis, S. 261). Adam gibt dabei zwar als Quelle, der er die Gedichte entnommen habe, die Parerga des Posthius an, doch hat er von Nr. 4 nicht die

Textfassung der Parerga, sondern die aus den Reusnerschen Icones abgedruckt; auch sonst sind des Adamus Quellenangaben nicht verläßlich (vgl. Werkverzeichnis 1587/7).

Parerga: *Von den angeführten Gedichten hatte Posthius die Nummern 5 bis 8 bereits in der ersten Ausgabe der Parerga von 1580 veröffentlicht, davon Nr. 5, Nr. 7 und Nr. 8 mit dem gleichen Text (Bl. 62r und 142r; in der zweiten Ausgabe Pars prima, S. 107 und 237); in Nr. 6 hatte die zweite Hälfte des letzten Pentameters gelautet:*

 expl.: Maximilianus habet. (Bl. 140v; in der zweiten Ausgabe Pars prima, S. 235).

 Die beiden übrigen Gedichte, Nr. 3 und Nr. 4, hat Posthius offenbar eigens für die Sammlung des Reusnerus angefertigt; er nahm auch sie später in seine Parerga auf, beide überarbeitet, und zwar mit den Überschriften "In effigiem Iohannis Langij, Archiatri Palatini." und "In effigiem Nicolai Cisneri." (nur zweite Ausgabe Pars altera, S. 89 und S. 90).

Literatur: *Lemmer: Nachwort zum oben angeführten Nachdruck (1973), S. 431-449; Bezzel: Brusch (1982), S. 478, Nr. 193; VD 16, R 1427.*

1587/5a

Verwendung eines weiteren der angeführten Gedichte zur Ausschmückung eines Werkes des Langius
in: Langius: Epistolarum volumen (1589):

IOANN. LANGII LEMBERGII, ‖ V. Palatinorum Electorum ar- ‖ chiatri, ‖ EPISTOLARVM ‖ MEDICINALIVM VOLV- ‖ MEN TRIPARTITVM, DENVO ‖ recognitum, & dimidia sui parte ‖ auctum. ‖ Opus varia ac rara cum eruditione, tum re- ‖ rum scitu dignissimarum explicatione re- ‖ fertum: vt eius lectio non solum Medici- ‖ nae, sed omnis etiam naturalis historiae stu- ‖ diosis plurimum sit emolumenti allatura. ‖ Cum INDICE rerum & verborum co- ‖ piosissimo. ‖
FRANCOFVRDI ‖ Apud heredes Andreae Wecheli, ‖ Claudium Marnium & Ioann. Aubrium, ‖ MDLXXXIX. ‖

Umfang und Format: *[16] Bl., 1131, [1] S., 8°.*
Ausstattung: *Druckermarke, Holzschnitt (Porträt des Langius).*
Weitere Beiträger *enkomiastischer Gedichte: Martinus Praetorius und N.[icolaus] Reusnerus.*
Benutztes Exemplar: *München BSB Med. g. 273 (mit dem handgeschriebenen Besitzereintrag "Andr. Felicis Oefelij" unten auf dem Titelblatt).*

Diese Edition des in Briefform erschienenen medizinischen Werkes des Langius besorgte Reusnerus, der sich dafür offenbar von Posthius die Zustimmung zu einer erneuten Publikation des oben unter Nr. 3 angeführten Epigramms erbat. Posthius überarbeitete dafür sein Gedicht.

 Die Widmungsvorrede des Bandes - sie ist an Georgius Wirth gerichtet - verfaßte Nicolaus Reusnerus am 1.2.1589 in Jena.

 Das Posthiusgedicht ist eine Seite vor einem Holzschnittporträt des Langius abgedruckt, so daß beim Lesen die Gesichtszüge des Gepriesenen mit betrachtet werden können; es ist "JN EFFIGIEM ‖ *IOANNIS LANGII,* ‖ *...* ‖ *...* ‖ *" überschrieben. Außer einer Stelle im dritten Hexameter hat Posthius auch den letzten Vers leicht abgeändert:*

> *expl.: & Medicus bonus.*
> *mit der Unterschrift: "Johann Posthius M. D. f.* ‖ *Heidelbergae, Anno do-* ‖ *mini 1588.* ‖ *" (Bl. 9v).*

Parerga: *Posthius nahm dieses Gedicht in diesem Wortlaut in seine Parerga auf (nur zweite Ausgabe Pars altera, S. 89).*
Literatur: *VD 16, L 331.*

1587/6
Ein enkomiastisches Epigramm über ein Bildnis des Boissardus

Manuskript (geschrieben vermutlich 1587)

Umfang und Format der Handschrift: *6 Bl., 4°.*
Weitere Beiträger: *Iacobus Pascharius, Laelius Cleopassus, Petrus Lepidus, Michael Paxius, Ioannes Saracenus und Philippa Lazaea.*
Fundort: *Berlin DSB Ms. Ham. 103*

Diese schmale Handschrift enthält einen kurzen, möglicherweise autobiographischen Lebenslauf des Ianus Iacobus Boissardus, der bis ins Jahr 1587 reicht, also bis in dieselbe Zeit, in der Reusnerus seine durch Elogen erweiterten Porträtausgaben herausbrachte (vgl. Werkverzeichnis 1587/5) und in der Posthius sich von Clusius eine Autobiographie schicken ließ (vgl. Brief 204).

An die Biographie schließen sich unter dem Titel "Diversorum auctorum epigrammata ‖ *in effigiem Iani Iacobi* ‖ *Boissardi Vesuntini.* ‖ *" einige Elogen auf das Porträt des Boissardus an; auf dem letzten Blatt ist von anderer Hand ein in lateinische Worte gefaßtes Distichon des Timocreon Rhodios eingetragen.*

Unter den Elogen auf das Porträt des Boissardus ist eine von Posthius.
[1.] ohne besondere Überschrift.

> *inc.: Cedite Boissardo*
> *expl.: carmine, & ora manu.*
> *3 Distichen (Bl. 4r).*

Parerga: *Posthius nahm sein angeführtes Epigramm vollständig, doch am Beginn des letzten Pentameters überarbeitet, in seine Parerga auf (nur zweite Ausgabe Pars altera, S. 74).*
Literatur: *H. Boese: Die lateinischen Handschriften der Sammlung Hamilton zu Berlin, Wiesbaden 1966, S. 57, Nr. 103.*

1587/6a

Publikation eines Teiles des angeführten Epigrammes nebst eines weiteren ähnlichen Epigrammes in einer Werkausgabe des Boissardus
in: Boissardus: Poemata (1589):

IANI IACOBI ‖ BOISSARDI VESVN- ‖ TINI ‖ POEMATA. ‖ ELEGIARUM LIBRI II. ‖ HENDECASYLLABOR. LIB. II. ‖ TUMULORUM ET EPITA-PHIORUM LIB. I. ‖ EPIGRAMMATUM LIB. II. ‖ METIS, ‖ Excudebat Abrahamus Faber. ‖ M.D.XIC. ‖

Umfang und Format: [8] Bl., 406, [10] S., 8°.
Ausstattung: Kleinerer Zierrat (Zierleisten, Initialen).
Weitere Beiträger von Preisgedichten auf Boissardus am Beginn des Bandes: Paulus Melissus, Laelius Cleopassus, Rutilius Saravesa, Alardus Quintulus, Veturius Leontius, Petrus Friderus, Pomponius Ricius, Iacobus Pascharius, Petrus Lepidus, Michael Cormaeus, Ioannes Saracenus, Philippa Lazaea und Richartus Boissardus.
Benutztes Exemplar: Würzburg UB L. rr o. 290, mit dem Besitzervermerk "Nicolaus Baringius ‖ 1645 dono ‖ M. Godscalci Durij. ‖ " (?) auf dem Titelblatt und mit dem Besitzervermerk "M. Melchior Ludolph ‖ Sattler. ‖ 1666. ‖ " vor dem Titelblatt.

Die beiden Posthiusgedichte sind unmittelbar nach einem ersten Gedicht des Melissus abgedruckt:
[1.] mit der Überschrift "IN EADEM:" (sc. Poêmata Iani Iacobi Boissardi)
    inc.: CEdite Boissardo
    expl.: carmine, et ora manu.
    2 Distichen (Bl. 2v).
[2.] ohne besondere Überschrift
    inc.: EFfigies hominum
    expl.: mereatur honores?
    4 Hexameter (Bl. 2v).

Parerga: Von den angeführten Gedichten wurde nur das erste abgedruckt (vgl. Werkverzeichnis 1587/6).
Literatur: Index Aureliensis 121.327.

1587/7

Ein enkomiastisches Epigramm für die Hippokratesausgabe des Opsopoeus
in: Hippocrates: Iusiurandum (1587):

HIPPOCRA- ‖ TIS COI, MEDI- ‖ CORVM PRINCIPIS, ‖ Iusiurandum. ‖ Aphorismorum sectiones VIII. ‖ Prognostica. ‖ Porrheticorum lib. II. ‖ Coaca praesagia. ‖ GRAECVS ET LATINVS ‖ contextus accurate renouatus, lectionum ‖ varietate et CORN. CELSI ver- ‖ sione calci subdita: ‖ STVDIO ‖ Ioannis Opsopoei Brettani. ‖
FRANCOFVRDI ‖ Apud haeredes Andreae Wecheli Claudium ‖ Marnium & Ioann. Aubrium. ‖ MDLXXXVII. ‖

Umfang und Format: 833, [3] S., 16°.
Ausstattung: Druckermarke.
Weiterer Beiträger: Paulus Melissus.
Benutztes Exemplar: München BSB A. gr. b. 1903 (mit dem handschriftlichen Besitzervermerk "Jo.[hannis] Alberti Fabricii" auf dem Titelblatt).

In der Widmungsvorrede, die Opsopoeus am 30.6.1586 von Paris aus an Posthius richtete, begründet er die Notwendigkeit einer zweisprachigen - griechisch und lateinisch - Hippokratesedition und spricht dabei die Hoffnung aus, daß diese Edition für des Posthius [damals vierjährigen] Sohn Erasmus, der sich als sehr begabt zeige, einmal von Nutzen sein könne (S. 3-11).

Auf diesen Widmungsbrief folgt eine weitere, lange Vorrede des Opsopoeus an den Leser (S. 12-30) sowie eine an Opsopoeus gerichtete, im Juni 1585 in Paris verfaßte Ode des Melissus, bevor ab S. 33 die eigentliche, überwiegend zweispaltige (wegen der beigefügten lateinischen Übersetzungen) Textedition beginnt.

Das Posthiusgedicht ist nach dem Druckfehlerverzeichnis auf einem eigens beigefügten Blatt, das sonst nur noch auf der Rückseite eine Druckervignette enthält, abgedruckt.

[1.] mit einer Widmung an Iohannes Opsopoeus gerichtet.
    inc.: Bretta dedit magnum
    expl.: gloria, Iane, soli.
    4 Distichen (S. 835).

Dies Posthiusgedicht wurde 1620 von Melchior Adamus zur Ausschmückung seiner Opsopoeusvita in seinen "Vitae medicorum" verwendet (vgl. Werkverzeichnis 1557, dort S. 326); zwar gibt Adamus als Quelle die Parerga des Posthius an, doch ist diese Angabe nicht verläßlich (vgl. Werkverzeichnis 1587/5). Der Wortlaut bei Adamus deckt sich mit dem von Opsopoeus veröffentlichten, so daß wohl die angeführte Hippokratesedition des Opsopoeus die tatsächliche Quelle Adams war.

Parerga: Das angeführte Gedicht wurde nicht abgedruckt.
Literatur: VD 16, H 3785.

1587/8
Ein Gratulationsepigramm an den Pfalzgrafen Friedrich IV. zur Wahl zum Rektor der Universität Heidelberg (gewählt im Dezember 1576)
in: Melissus: Paraenetica (1587):

PARAENETICA ‖ Illustrissimo Principi ‖ FRIDERICO ‖ PALATINO COMITI ‖ AD RHENVM, DVCI ‖ BAVARIAE, ‖ ELECTORI ‖ FVTVRO, ‖ Dedicata a ‖ PAVLO MELISSO FRANCO, ‖ Sacri Palatij comite et equite, ‖ consiliario Palatino, Poëta ‖ laureato, cive Romano. ‖
SUB INITIVM ANNI ‖ M.D.LXXXVII. ‖ Haidelbergae. ‖

Umfang und Format: 23 S., 4°.
Ausstattung: Holzschnitte (Wappen der Pfalz recto und verso auf dem Titelblatt).

Keine weiteren Beiträger.

Benutztes Exemplar: *München BSB 4° Bavar. 2120 XI, 33.*

In dieser von Melissus verfaßten Gratulationsschrift ist ein Gedicht des Posthius abge-
druckt.

[1.] mit einer Widmung an den Pfalzgrafen Fridericus, den "recens creatum ‖ REC-
 TOREM ‖ "
    inc.: HVNC Friderice tibi
    expl.: quam reverenter habent!
    8 Distichen (S. 23).

Parerga: *Das angeführte Gedicht wurde nicht abgedruckt.*
Literatur: *Krauß: Melissus (1918), Bd. II, S. 210-213.*

1587/9 (verfaßt vermutlich bereits 1581)
Zwei Epithalamia zur Hochzeit von Bartholomaeus Hubnerus und Elisabetha
Schonera, die am 8.5.1581 heirateten
in: Hubnerus: Erotica casta (1587):

BARTHO = ‖ LOMAEI HVB = ‖ NERI, MEDICI ET PHI = ‖ LOSOPHI
ERPHOR- ‖ DIANI EROTICA ‖ CASTA. ‖ Quibus adiuncta est Nuptiali = ‖
um versuum, eidem ab amicis ‖ perscriptorum, Farrago. ‖
(ERPHORDIAE ‖ Imprimebat Iohannes Pistorius. ‖ [o. J., datierbar nach der
Widmungsvorrede ins Jahr 1587]).

Umfang und Format: *[48] Bl., 8°.*
Ausstattung: *Druckermarke.*
Weitere Beiträger *von Epithalamia: Sigismundus Strophius, Ioannes Vollandus,*
Ioh.[hannes] Gallus, Henricus Maius, Antonius Mokerus, Huldricus Schoberus,
Ioh.[hannes] Claius, VVendelinus ab Helbach II., Ioh.[annes] Mestnerus und
Ioh.[hannes] Richterus.
Benutztes Exemplar: *München BSB A. lat. a 2430: 2 (Beiband).*

Bei dem Brautpaar handelt es sich um den Erfurter Arzt und Dichters Bartholomaeus
Hubnerus und um Elisabetha, die Tochter des Iohannes Schonerus.
    Hubnerus publizierte die zu seiner Hochzeit in Erfurt erhaltenen Epithalamia 1587
im Anhang zur Ausgabe seiner Liebesgedichte. Die am 11.2.1587 in Erfurt verfaßte
Widmungsvorrede der Gesamtschrift ist an Gangolphus Thangelus gerichtet.
    Der Anhang des Bändchens mit den Epithalamia beginnt ab Bl. 25 mit einem ei-
genen Titelblatt: "NVPTIALIVM VER = ‖ SVVM FARRAGO. ‖ CONTINENS ‖
EPITHALAMIA ‖ ET CARMINA VARIA ‖ in Nuptias Cl. V. D. Bartho- ‖ lomaei
Hubneri, Philos. et ‖ Medici Erphordiani ‖ celeberr. ‖ Perscripta ‖ Ab Amicis, Be-
neuolentiae & ‖ obseruantiae gratia. ‖ " Er enthält zwei Posthiusgedichte:

[1.] mit einer Widmung an Barth. Hubnerus
  inc.: TE Maius vidit
  expl.: det potiora meis.
  6 Distichen (Bl. 36v f).
[2.] mit der Überschrift "De eodem Sponso ..."
  inc.: HVbnerus coecum medicus
  expl.: tempora cuncta suae.
  3 Distichen (Bl. 37r).

Parerga: *Das angeführte Gedicht wurde nicht abgedruckt.*
Literatur: *VD 16, N 2090.*

1587/10
Ein Epithalamium zur Hochzeit von Lambertus Ludolfus Pithopoeus und Margareta Ursina, die am 20.6.1587 heirateten
in: Carmina in nuptias Pithopoei (1587):

CARMINA ‖ IN NVPTIAS ‖ LAMB: LVDOLFI ‖ PITHOPOEI, ‖ ET ‖
MARGARETAE, VIDVAE ‖ DOCTORIS ZACHARIAE ‖ Vrsini, ‖ Celebr.
XX. Iunij, Anno ‖ M.D.LXXXVII. ‖
HEIDELBERGAE, ‖ [datierbar ins Jahr 1587.]

Umfang und Format: *[8] Bl., 4°.*
Weitere Beiträger *von Epithalamia: Georgius Sohn, Paulus Melissus, Nicolaus Reusnerus, Simon Stenius, David Pareus, der Bräutigam, die Braut sowie ein "C. H."*
Benutztes Exemplar: *Bibliotheca Apostolica Vaticana Stamp. Pal. IV 913 (lat. 1119).*

Bei dem Brautpaar handelt es sich um den aus den Niederlanden stammenden Heidelberger Eloquenzprofessor Lambertus Ludolfus Pithopoeus/Helm, der damit seine zweite Ehe einging, und um die Witwe Margareta des 1583 verstorbenen Theologen Zacharias Ursinus.

Die Glückwünsche wurden vom Brautpaar zusammen mit eigenen Beiträgen veröffentlicht. Darunter ist ein Posthiusgedicht.
[1.] mit der Überschrift "ELEGIA."
  inc.: ERGO iterum Lamberte
  expl.: CYpria diua rosis.
  21 Distichen (Bl. 3r f).

Ein im Text unveränderter Abdruck dieses Gedichtes erfolgte durch Pithopoeus im sechsten Band seiner Werkausgabe (vgl. Werkverzeichnis 1591/5).

Parerga: *Posthius nahm sein angeführtes Gedicht als zwölfte und letzte Elegie seines dritten Elegienbuches in seine Parerga auf und überarbeitete dabei den siebten Pentameter (nur zweite Ausgabe Pars altera, S. 32f).*
Literatur: *Mittler: Bibliotheca Palatina (Ausstellungskatalog), Textband (1986), S. 424, Nr. G 2.7.*

1588/1

Drei enkomiastische Gedichte über die Pfalzgrafen Johann Casimir und Friedrich IV. wegen deren Förderung von Kultur, Literatur und Wissenschaft in: Melissus: Odae Palatinae (1588):

ODAE PALATINAE ‖ Ad serenissimos illustrissimosque ‖ Principes ‖ IO-HANNEM CASIMI- ‖ RVM ADMINISTRATOREM, ET ‖ FRIDERICVM IV. ACADEMIAE RECTOREM, ‖ Comites Palatinos ad Rhenum, ‖ Duces Boiorum: ‖ SCRIPTAE A ‖ PAVLO MELISSO FRANCO: ‖ Addita sunt EPI-GRAMMATA ‖ quaedam MELISSI: ‖ Item POSTHII et BENEDICTI. ‖ HAIDELBERGAE, ‖ ANNO CHRISTI ‖ M D LXXXVIII. ‖

Umfang und Format: 29 S., 4°.
Weitere Beiträger: "S. G. P.", *Iohannes Mollerus und Georgius Benedictus.*
Benutztes Exemplar: Würzburg UB 30 an L. rr. q. 95.

Die Schrift enthält vor allem Oden des Melissus zu verschiedenen Anlässen der Jahre 1587 und 1588, z. B. zum zweiten Rektorat von Friedrich IV. (vgl. Kühlmann/Wiegand: Parnassus, 1989, S. 86-89 und 240), zu den Geburtstagen der beiden Fürsten oder zur Errichtung eines "Museums" neben der Bibliothek.

Unmittelbar auf die Gedichte des Melissus folgen die des Posthius:
[1.] mit der Überschrift "De illustriss. Principib. ‖ IOHANNE CASIMIRO ET ‖ FRIDERICO IIII. ‖ COM. PALAT. &c. ‖ "
    inc.: ATTENTA aure Duces
    expl.: Numina bina regunt.
    4 Distichen (S. 21).
[2.] mit der Überschrift "DE CONVIVIO PVBLICO. ‖ AD eosdem Principes. ‖ "
    inc.: NECTAR & Ambrosiam
    expl.: Venire vobis gloria amplior queat?
    7x Hexametrum sequitur trimetrum iambicum. (S. 21).
[3.] mit der Überschrift "De secundo Rectoratu ‖ FRIDERICI IV. ‖ PRINCIPIS PALATINI. ‖ Carmen eiusdem POSTHII. ‖ "
    inc.: MIRARIS, Princeps, tibi
    expl.: FRIDERICE juventae.
    34 Hexameter (S. 22f).

Parerga: Die angeführten Gedichte wurden nicht abgedruckt.
Literatur: Krauß: Melissus (1918), Bd. II, S. 213-216; Mittler: Bibliotheca Palatina (Ausstellungskatalog), Textband (1986), S. 255, Nr. E 8.8.

1588/2 (verfaßt vermutlich 1579)
Ein enkomiastisches Gedicht über das Wappen des Reusnerus
in: Reusnerus: Symbolorum classis tertia (1588):

NICOLAI REVSNERI ‖ LEORINI SILESII ‖ SYMBOLORVM ‖ IMPERA-
TORIO- ‖ RVM Classis Tertia. ‖ QVA CONTINENTVR SYMBOLA ‖ JMPP.
CAESARVMQVE ROMANORVM GER- ‖ MANICORVM: à CAROLO MA-
GNO PRI- ‖ MO CAES. GERMANICO, VSQVE AD ‖ RVDOLPHVM II.
CAES. ‖ Austriacum. ‖ OPVS IVCVNDISSIMAE ET VTI- ‖ lissimae lectionis.
FRANCOFVRTI AD MOENVM. ‖ Curante Ioanne Spießio. ‖ MDXIIC. ‖

Umfang und Format: [8] Bl., 312, [32] S., 8°.
Ausstattung: Holzschnitt (Wappen des Reusnerus), Randleisten.
Beiträger von Anagrammen auf den Erzherzog Matthias, dem dieser Band gewidmet
ist: N.[icolaus] Reusnerus und N.[icolaus] Clemens Trelaeus; Beiträger von Gedich-
ten auf das Wappen des Reusnerus: Paulus Melissus, Ioannes Posthius, Ianus Iacobus
Boissardus, Nicodemus Frischlinus, Ianus Ferschius, Ioannes Ortelius, Petrus Albi-
nus, Georgius Calaminus und Valentinus Thilo.
Benutztes Exemplar: München BSB Eur. 659.

Bei dem angeführten Band handelt es sich um den dritten Teil eines dreibändigen
Werkes über die Wahlsprüche ("Symbola") römischer und deutscher Kaiser. Alle drei
Bände wurden von Reusnerus im Oktober 1587 zum Druck aufbereitet und je einem
der Erzherzöge gewidmet, und zwar der erste Band dem Deutschordensgroßmeister
Maximilianus am 1.10.1587, der zweite dem Ernestus am 7.10.1587 und der dritte dem
Matthias am 15.10.1587. Die beiden ersten Bände enthalten etliche enkomiastische
Gedichte über die Wahlspruchsammlung des Reusnerus, und zwar im ersten Band von
Paulus Melissus, Martinus Crusius, Henr.[icus] Porsius, Bernh.[ardus] Praetorius und
I.[ohannes] Cattus, im zweiten Band von Christianus Distelmaierus à Radensleben,
Andreas Crusius, Henricus Porsius, Ianus Iacobus Boissardus, Casparus Rudolphus,
Ioannes Lauterbachius und Ioan.[nes] Mylius.

Im angeführten dritten Band seiner Sammlung publizierte Reusnerus statt weiterer
ähnlicher enkomiastischer Gedichte sein Wappen ("Insignia", Bl. 5v) nebst enko-
miastischer Gedichte verschiedener Autoren über dieses Wappen. Diese Gedichte hatte
er teilweise bereits viele Jahre zuvor erhalten, wie die Datierung der Verse des Melissus
ins Jahr 1578 und die der Verse des Thilo ins Jahr 1585 zeigen. Etwa zeitgleich mit
dem Melissusgedicht oder nur kurz danach dürfte das Posthiusgedicht über das Wap-
pen des Reusnerus entstanden sein, da Posthius es in die 1580 erschienene erste Aus-
gabe seiner Parerga mit aufnehmen konnte (siehe unten).

Die Gedichte über des Reusnerus Wappen beginnen mit einer eigenen Überschrift:
"Epigrammata ‖ AD INSIGNIA NIC. REV- ‖ SNERI LEORINI IC. ET P. C. ‖ "
(Bl. 6r). Als zweites ist das des Posthius abgedruckt:

[1.] ohne besondere Überschrift
   inc.: Formidanda gerens animosi
   expl.: Iam Caesari notißimae.
   4x Hexametrum sequitur dimetrum iambicum. (Bl. 6r).

   Reusnerus publizierte dies Posthiusgedicht im selben Wortlaut noch ein zweites Mal, und zwar 1591 im Anhang "Agalmatum Corollarium" zu einem seiner Emblematikbücher (vgl. Werkverzeichnis 1591/1).

Parerga: *Posthius hatte sein Gedicht, allerdings in einem an einer Stelle geänderten Wortlaut, bereits 1580 in der ersten Ausgabe seiner Parerga publiziert (Bl. 72v). Denselben Wortlaut behielt er in der zweiten Ausgabe von 1595 bei (Pars prima, S. 124).*
Literatur: *VD 16, R 1498.*

1588/3

Ein enkomiastisches Gedicht für ein Lehrgedicht des Smetius über die Vortrefflichkeit der Medizin

Manuskript (geschrieben vermutlich 1588)

Umfang und Format der Handschrift: *[16] Bl., 2°.*
Weitere Beiträger *enkomiastischer Gedichte auf das Smetiuscarmen: Franciscus Junius und Lamber.[tus] Ludolfus Pithopoeus.*
Fundort: *Bibliotheca Apostolica Vaticana Palatinus latinus 1905, Bl. 89r-104v.*

Bei dem Lehrgedicht des Henricus Smetius handelt es sich um ein längeres, Alter und Vortrefflichkeit der Medizin besingendes "Carmen", das Smetius an den jungen Pfalzgrafen Fridericus IV. während dessen zweiten Rektorats an der Universität Heidelberg richtete. Von diesem "Carmen" existiert in der Vatikanischen Bibliothek in einem Band mit Schriftstücken, die an die Pfalzgrafen und an Grynaeus gerichtet sind (vgl. Werkverzeichnis 1592/2), eine offenbar von einem Schreiber angefertigte Abschrift. Sie enthält außer diesem Text noch eine Widmung an Pfalzgraf Fridericus IV., einen Widmungsbrief, den Smetius am 1.1.1588 in Heidelberg verfaßte, sowie enkomiastische Gedichte mehrerer Autoren über das Smetiuscarmen. Darunter ist ein Epigramm des Posthius.

[1.] mit der Überschrift "De Henrico Smetio, ‖ Med. doctiss.[imo] ‖ "
   inc.: Dum medicam meritis
   expl.: se titulo esse probat.
   Tetrastichon (Bl. 90r),
   mit der Unterschrift: "Jo. Posthius aulae ‖ palatinae Medicus. ‖ "

   Das Wort "doctiss." in der Überschrift des Posthiusgedichtes ist durchgestrichen. Offenbar war das Wort vom Schreiber aus dem Autograph des Posthius übernommen worden. Getilgt wurde es wohl aus Bescheidenheit von Smetius selbst, bevor er die Texte dem Pfalzgrafen übergab.

   Smetius publizierte sein hexametrisches Gedicht über die Medizin mit dem Titel "De Antiquitate et praestantia ‖ Medicinae. ‖ EPOS ‖ " im Jahre 1611 in seinen

"Miscellanea medica", und zwar gleich als ersten Text zu Beginn des ersten Buches (vgl. Literaturverzeichnis, dort S. 1ff). Dabei verzichtete er jedoch auf eine Übernahme der Begleittexte: Weder die Widmungsvorrede noch die enkomiastischen Gedichte wurden publiziert, auch das des Posthius nicht.

Auf Grund dieser Publikation von 1611 wurde das Smetiuscarmen vor etwa 100 Jahren nebst einer Übersetzung ins Deutsche erneut herausgegeben: H. Smetius a Leda: Ueber Alter und Vortrefflichkeit der Medicin (Hg. G. Waltz), ohne Ort und Jahr [Heidelberg 1889]. Ein Ausschnitt daraus wurde von Kühlmann/Wiegand 1989 publiziert (in: Parnassus Palatinus, S. 138-147; vgl. auch Kühlmann/Telle: Humanismus, 1986, S. 277-281).

Parerga: *Das angeführte Gedicht wurde nicht abgedruckt.*

1588/4 (verfaßt teilweise vor 1580)
Ein enkomiastisches Gedicht über den Wahlspruch des Neustetterus
in: Cisnerus: Commentarius ad titulum de actionibus (1588):

MICOLAI (sic!) CIS- ‖ NERI IVRISCON- ‖ SVLTI ‖ COMMENTARIVS ‖ AD TIT. INSTITVTIO- ‖ num Imperialium ‖ DE ACTIONIBVS: ‖ Item & ‖ DE EXCEPTIONIBVS ‖ Cum praefatione NICOLAI REVS- ‖ NERI ‖ Iurisconsulti. ‖ Recognitus et in lucem editus ope- ‖ ra et fide ‖ IEREMIAE REVS- NERI LEO- ‖ RINI SILESII. ‖
Spirae Nemetum apud Bernardum ‖ Albinum M.D.XIIC. ‖

Umfang und Format: *[8] Bl., 169, [7] S., 8°.*
Ausstattung: *Kleinerer Zierrat (Zierleisten, Initialen).*
Beiträger *von Gedichten auf den Wahlspruch des Neustetterus: Nicolaus Reusnerus, Ioannes Posthius und Franciscus Modius; Beiträger von enkomiastischen Gedichten auf Cisnerus: Paulus Melissus, Ioan. Posthius und Ioannes Lauterbachius; Beiträger von Epicedia auf Cisnerus: Ioan.[nes] Lauterbachius, Paschasius Brismannus und Nicolaus Reusnerus; Beiträger eines Epicediums auf des Cisnerus Gattin Anna Hartmanna: Paschasius Brismannus.*
Benutztes Exemplar: *Dillingen Studienbibliothek 8° Jur. 657.*

Bei dem angeführten Band handelt es sich um einen Teil der großangelegten, aus vielen einzelnen Titeln bestehenden Ausgabe der juristischen Kommentare des Cisnerus, die - nach des Cisnerus Tod - im Jahre 1588 von Ieremias Reusnerus herausgegeben wurden. Nicolaus Reusnerus, ein Bruder des Herausgebers, förderte die Edition nach Kräften und verfaßte am 13.3.1588 eine an Erasmus Neustetterus gerichtete Widmungsvorrede; vermutlich war er es auch, der eine kleine Sammlung enkomiastischer Gedichte über den Wahlspruch des Neustetterus beisteuerte. Diese beginnt direkt nach der Widmungsvorrede mit einer eigenen Überschrift: "Epigrammata ‖ IN SYM- BOLVM IL- ‖ LVSTRIS ET MAGNIFICI D. ‖ ERASMI NEVSTETTERI cogn. ‖ STVRMERI Praesulis Comburgij, &c. ‖ AMAT ARDVA VIRTVS. ‖ ". Die Sammlung enthält ein Posthiusgedicht:

[1.] ohne besondere Überschrift
 inc.: Siue quis ingenio
 expl.: hocce symbolum.
 5x Hexametrum sequitur dimetrum iambicum (Bl. 6r).

 Auf diese Gedichte folgen die üblichen enkomiastischen Gedichte über den Autor, in dem Fall über den verstorbenen Nicolaus Cisnerus, und zwar wiederum nach einer eigenen Überschrift: "Epigrammata ‖ IN NICOLAVM CISNERVM ‖ Iureconsultum clariss. consul- ‖ tissimumque. ‖ " *(Bl. 7r). Unter diesen Gedichten ist auch ein* "Litterulas ..." *beginnendes Posthiusepigramm (Bl. 7r), das Nicolaus Reusnerus im selben Wortlaut bereits an anderer Stelle publiziert hatte (vgl. Werkverzeichnis 1587/5).*

Parerga: *Posthius nahm sein Gedicht über den Wahlspruch des Neustetterus mit mehrfach geändertem Wortlaut in seine Parerga auf (nur zweite Ausgabe Pars altera, S. 88).*
Literatur: *VD 16, C 3949.*

1588/5

Ein enkomiastisches Gedicht für die von Rittershusius geplante Oppianusausgabe

Autograph (geschrieben im Mai 1588)

Umfang und Format: *Einzelblatt, 4°.*
Fundort: *Hamburg SuUB Supellex epistolica 46, Bl. 265 (= Text Nr. 193b).*

Dies Blatt war dem Posthiusbrief vom 15.5.1588 beigelegt (vgl. auch Überblick, Kapitel 44); es enthält lediglich ein Epigramm.
[1.] mit der Überschrift "Jn Oppianum Conradj Ritters= ‖ husij, Saxonis. ‖ "
 inc.: Oppianum, Conrade, tuum
 expl.: cura librisque nocet.
 3 Distichen,
 mit der Unterschrift "Johan. Posthius Aulae Palat. ‖ Elect. Archiatrus f. ‖ "

Parerga: *Posthius nahm sein angeführtes Epigramm in seine Parerga auf, nur im Titel leicht verändert (nur zweite Ausgabe Pars altera, S. 138).*

1588/5a

Publikation des enkomiastischen Gedichte für die Oppianusausgabe in eben diesem Werk
in: Oppianus: De venatione libri (1597):

OPPIANI ‖ Poëtae Cilicis ‖ DE VENATIONE Lib. IIII. ‖ DE PISCATV Lib. V. ‖ Cum Interpretatione Latina, Commentariis, ‖ et Indice rerum in vtroque opere memo- ‖ rabilium locupletißimo, ‖ Confectis studio & opera ‖ CONRADI RITTERSHVSII ‖ Brunswicensis I. V. D. ‖ Qui & recensuit hos libros denuò, & Adr. ‖ Turnebi editionem Parisiensem cum trib. ‖ Mss. Palatinis contulit: inde & var. Lect. ‖ & Scholia Graeca excerpsit. ‖ ([Titel des zweiten Teiles:]

CONR:RITTERSHVSII ‖ COMMENTARIA ‖ IN ‖ OPPIANI ‖ QVAE EX-
STANT. ‖ [Titel des dritten Teiles:] SCHOLIA ‖ IN ‖ OPPIANI ‖ HALIEV-
TICA. ‖ Ex tribus Codicibus Manuscriptis, in qui- ‖ bus partim inter lineas ver-
suum, par- ‖ tim ad oram seu marginem adiecta ‖ erant, in vnum collecta à C. R.)
LVGDVNI BATAVORVM, ‖ EX OFFICINA PLANTINIANA, ‖ Apud Fran-
ciscum Raphelengium. ‖ M.D.XCVII. ‖

Umfang und Format der drei Teile: *[28] Bl., 376, [40] S., anschließend neu paginiert*
[8,] 344 S., anschließend neu paginiert 164, [3] S., 8°.
Ausstattung: *Druckermarke.*
Beiträger *von enkomiastischen Gedichten und Gedichtübersetzungen für den ersten*
Teil: Ioseppos Skalanos, Scipio Gentilis, Paulus Melissus, Iohannes Posthius, Grego-
rius Bersmanus, Nathan Chytraeus, Matthias Bergius, Philippus Henricus Homagius,
Richardus Hemelius, ein Anonymus, Solomo Risinius Pantherus, Henricus Meibo-
mius, Gasper Schoppus und Georgius Queccius; Beiträger des Indexes für den ersten
Teil: Lambertus Ludolfus Pithopoeus (erstellt am 14.7.1588 in Heidelberg); zahlreiche
weitere Beiträger von Testmonien über Oppianus und über Conradus Rittershusius im
ersten Teil; Beiträger von enkomiastischen Gedichten im zweiten Teil: Bon. Vulcanius
und Laurentius Rhodomanus.
Benutzte Exemplare: *Nürnberg StB Solg. 1781, 8° (enthält alle drei Teile).*
Bibliotheca Apostolica Vaticana R. I. V. 1667 (enthält lediglich den zweiten und drit-
ten Teil).
Venedig Bibliotheca Nazionale Marciana 69.D.151.

Die Oppianusausgabe des Rittershusius besteht aus drei Teilen: Die Widmungsvorrede
des ersten Teiles verfaßte Rittershusius im Dezember 1595 in Altdorf und richtete sie
an Henricus Iulius, den Bischof von Halberstadt. Während dieser erste Teil die ori-
ginalen Oppianustexte, Übersetzungen, ältere Kommentare, Testimonien, einen Index
usw. enthält, umfaßt der zweite Teil die Kommentare des Rittershusius zu den Kynege-
tika und - ab S. 162 - zu den Halieutika des Oppianus; außerdem enthält er vor dem
ersten Kommentar eine Widmungsvorrede vom 1.9.1588 an Balthasarus Rittershusius
und vor dem zweiten eine Widmungsvorrede vom selben Datum an Matthias Bergius
sowie, da Bergius zwischenzeitlich verstorben war, eine weitere Widmungsvorrede vom
1.9.1595 an Joachimus und Philippus Camerarius. Der dritte Teil schließlich - die von
Rittershusius zusammengetragenen Scholien zu des Oppianus Halieutika - beginnt mit
einer ebenfalls am 1.9.1595 abgefaßten Widmungsvorrede an Iohannes Posthius, Gre-
gorius Bersmanus, Nathan Chytraeus und Fridericus Sylburgius. Sämtliche
Widmungsvorreden wurden von C. Rittershusius in Altdorf abgefaßt (vgl. auch Über-
blick, Kapitel 44).
  Die Enkomia für den ersten Teil sind insgesamt "CARMINA ‖ ENCO-
MIASTICA, ‖ ET EPIDICTICA, ‖ De hac editione OPPIANI, ‖ Ad C. R. IC. ab
amicis aliquot ‖ conscripta. ‖ " überschrieben (Bl. 21v). Unter diesen enkomiastischen
Gedichten ist das oben als Autograph angeführte Posthiusgedicht mit folgender Über-
schrift: "IOHANNES POSTHIVS ‖ Siluarum lib. 2. In OPPIANVM ‖ CONRADI
RITTERSHVSII. ‖ " (Bl. 23r). Die Quellenangabe deutet darauf hin, daß der Publi-

kation nicht das Autograph als Textgrundlage diente, das Rittershusius wohl so lange nach dessen Abfassung und Übersendung nicht mehr bei der Hand hatte, sondern die inzwischen - im Jahre 1595 - erfolgte Publizierung in den "Parerga". Die Texte sind identisch.

1588/6

Zwei enkomiastische Gedichte für ein Werk des Freherus über die Öffentliche Meinung

in: Freherus: Tractatus (1588):

TRACTATVS DE ‖ FAMA PVBLICA, ‖ IN QVO TOTA VIS COM- ‖ MVNIS OPINIONIS HOMINVM, ‖ FAMAE VOCISQVE PVBLICAE ET RVMORVM, TAM ‖ IN GENERE QVAM IN EXEMPLIS PLENISSIME ET ACCVRA- ‖ tissime demonstratur, multis vicinis quaestionibus, de notorio, de testimonio au- ‖ ditus, de gloria, de existimatione & infamia, passim admixtis; ad proba- ‖ tionum forensium vsum apprime commodus. ‖ MARQVARDO FREHERO AVGV- STANO. F. ‖ Iurisconsulto et Electoralis Palatinatus consi- ‖ liario Auctore. ‖ ACCESSERVNT EIVSDEM AVCTORIS OBSERVATIONVM, ‖ quas Parerga inscripsit, libri duo. Quibus varia Iuris ciuilis loca nouè expli- ‖ cantur, emen- dantur, illustrantur. ‖ FRANCOFVRTI AD MOENVM, IMPENSIS ‖ SIGISMVNDI FEYRABENDII. ‖ M.D.LXXXVIII. ‖

Umfang und Format: *[4] Bl., 178 S., neu paginiert [2] Bl., 134 S., [5] Bl., 2°.*
Ausstattung: *Druckermarke, Zierleisten, prächtige Initialen, Zierholzschnitt.*
Weitere Beiträger *enkomiastischer Gedichte: Paulus Melissus (datiert Heidelberg 1587), Julius Pacius, Georgius Remus und F. P. (= Paulus Freherus ?).*
Benutztes Exemplar: *Wolfenbüttel HAB Li 4° 125.1, 2°.*

Die am 1.2.1588 verfaßte Widmungsvorrede richtete Freherus an den Pfalzgrafen Io- annes Casimirus.

Von den beiden Posthiusgedichten, die auf den ersten Seiten abgedruckt sind, preist das eine die "Fama" des Druckers Feyerabendius; bei dem zweiten handelt es sich um ein Enkomion auf des Freherus Werk:
[1.] mit der Überschrift "IN FAMAM ‖ Sigemundi Feyerabendi, Bibliopolae ‖ clariß."
   inc.: Candida Fama bonum
   expl.: Nobile pectus amat.
   5x Hexametrum sequitur hemiepes (Bl. 1v am Beginn der Schrift).
[2.] ohne besondere Überschrift.
   inc.: FAMA tuos voluens, operose
   expl.: digna labore venit?
   5 Distichen (Bl. 3v am Beginn der Schrift).

Parerga: *Posthius nahm nur sein unter Nummer 1 angeführtes Gedicht in seine Parerga auf. Der Wortlaut blieb dabei unverändert (nur zweite Ausgabe Pars altera, S. 110).*
Literatur: *Kornexl: Freher (1967), S. 42f und S. 109, Nr. 3; VD 16, F 2530 und F 2536.*

1588/6a
Wiederabdruck eines der beiden Gedichte für des Freherus Werk über die Öffentliche Meinung in einer späteren Auflage
in: Freherus: Tractatus (1591):

TRACTATVS ‖ DE FAMA ‖ PVBLICA, ‖ MARQVARDI FREHERI ‖ Iurisconsulti et Consiliarij ‖ Palatini. ‖
BASILEAE, ‖ PER SEBASTIANVM ‖ HENRICPETRI. ‖ (BASILEAE, ‖ PER SEBASTIANVM ‖ HENRICPETRI: ‖ Anno ‖ MDXCI. ‖)

Umfang und Format: *[8] Bl., 285, [23] S., 8°.*
Ausstattung: *Druckermarke, Initialen.*
Weitere Beiträger *enkomiastischer Gedichte: Paulus Melissus, Scipio Gentilis, Georgius Remus und Paulus Freherus.*
Benutztes Exemplar: *München BSB J. rom. m. 205ª, mit einer nicht eindeutig lesbaren Widmung auf dem Titelblatt: "Dan.[ieli] Imlin. ‖ Suo ‖ Dn. Adfini, ‖ et Amico in = ‖ timo recor = ‖ d[ati]o[n]is ergo a = ‖ mantissimae ‖ dono d[e]d[it] 20 ‖ Decembr. ‖ a[nn]o 1622 ‖ Joh. Schnitzer ‖ Hilph. Fr. ‖ "*

Das Posthiusgedicht ist abermals ohne besondere Überschrift; es ist im Text leicht geändert:

    inc.: FAMA tuos uoluens, praeclare (Bl. 5v f).

Literatur: *VD 16, F 2537.*

1588/7
Ein enkomiastisches Gedicht für eine Aristophanesausgabe des Frischlinus
in: Frischlinus: Celetismus grammaticus (1588):

Nicodemi Frischlini ‖ CELETIS = ‖ MVS GRAMMA = ‖ TICVS, TRIBVTVS ‖ in Dialogos duos, ‖ Aduersus ‖ MARTINI CRV = ‖ SII, PROFESSORIS ‖ TVBINGANI, DEFENSIONEM, ‖ non necessariam, sed potius nefa- ‖ riam, & planè veteratoriam: in qua ‖ non modo veteres ille errores ‖ grammaticos nouis erroribus & ‖ soloecismis, sed etiam veteres iniu- ‖ rias & contumelias in se iure re- ‖ gestas, nouis contumelijs, ‖ locupletavit. ‖ Salomo: ‖ Responde stulto secundum stultitiam suam, ‖ ne videatur sibi sapiens. ‖
M.D.LXXXVIII. ‖ [Oberursel, bei Nicolaus Henricus]

Umfang und Format: *[7], 162 Bl., 8°.*
Beiträger *von Gedichten oder Briefen mit rühmenden Äußerungen über des Frischlinus Grammatik: Iustus Lipsius (Brief), Ioannes Lauterbachius, Andreas Fabricius, Ioan-*

nes Posthius, Petrus Monavius, Io. Ladislaus, Iohannes à Ketteriz, Christianus Poden-
stein, Ioannes Sambucus (Brief), Simon Fabricius (Brief) und Hieremias Homberger
(Brief); Beiträger sonstiger Gedichte aus den Jahren 1586 und 1587: Matthaeus Bade-
rus, Rudolphus Cochlenius, Georgius Maelius (datiert Prag April 1587), Matthias
Bergius (datiert Altdorf 6.5.1587), Salomon Pantherus, Conradus Rittershusius, Henri-
cus Iulius Richius, Laurentius Risebergius, Iustus Zimmerman, Augustinus Heroldus,
Iohan. Postius, Bernhardus Praetorius, Melchior Neofanius und Thomas Poppelius
Belchrysius; Beiträger eines Gedichtes zum 40. Geburtstag des Frischlinus: Augustinus
Heroldus; weitere Beiträger (nach VD 16, F 2921): Martin Crusius und Melchior Jäger.
Benutztes Exemplar: *München BSB L. lat. 323/1.*

Die an Ioannes à Ketteriz gerichtete Widmungsvorrede verfaßte Frischlinus am
1.1.1588 in Wittenberg.

In dieser Schrift verteidigte Frischlinus seine Lateingrammatik (vgl. Werkverzeich-
nis 1586/4) in polemischer Form gegen die Kritik von Martinus Crusius. Um zu ver-
deutlichen, wie angesehen er, Frischlinus, in der Gelehrtenwelt sei, fügte er dieser Ver-
teidigungsschrift Texte verschiedenster Autoren bei, die ihm zu seiner Grammatik Bei-
fall gezollt hatten, darunter auch ein Posthiusgedicht, das er zuvor bereits zweimal
1586 publiziert hatte. Diese enkomiastischen Texte sind unter einer eigenen Überschrift
zusammengefaßt: "IN STRIGILIM ‖ GRAMMATICAM, ET ‖ OCTO LIBROS,
TOTIDEMQVE ‖ Dialogos, de re Grammatica, ‖ Nicodemi Frischlini, ‖ Elogia. ‖ "
(Bl. 133r). Darin ist das "Grammaticen laudare" beginnende Posthiusgedicht Bl. 136v
abgedruckt (vgl. Werkverzeichnis 1586/4a).

Außerdem ließ Frischlinus auch eine Zusammenstellung der von ihm in den Jah-
ren 1586 und 1587 unterwegs auf einer Reise erhaltenen Gedichte mitabdrucken, wohl
um zu zeigen, daß er nach wie vor ein geachteter Mann sei: "PROPEMPTICA. SCRI-
‖ pta Frischlino, ad ‖ Annum ‖ LXXXVI. & LXXXVII. ‖ diuersis in locis. ‖ " (Bl.
144v). Unter diesen Gedichten ist auch eines von Posthius, in dem die Aristophanes-
ausgabe des Frischlinus - sie war 1586 erschienen (vgl. Literaturverzeichnis) - gepriesen
wird.

[2.] mit der Überschrift "... ‖ Epigramma. ‖ In Aristophanem Nicode- ‖ mi
   Frischlini. ‖ "
   inc.: QVi Ranas, Equites, Nubes
   expl.: Dignasque cedro iudicant.
   5x Hexametrum sequitur dimetrum iambicum (Bl. 153r).

Parerga: *Posthius nahm sein Gedicht im selben Wortlaut in seine Parerga auf (nur*
zweite Ausgabe Pars altera, S. 136).
Literatur: *VD 16, F 2921.*

1589/1
Drei Epicedia zum Tod des Baseler Arztes Theodorus Zvingerus (gestorben am 10.3.1588)
in: Reusnerus: Icones (1589):

ICONES ‖ SIVE Imagines viuae, lite- ‖ ris Cl. Virorum, ITALIAE, ‖ GRAE-
CIAE, GERMANIAE, ‖ GALLIAE, ANGLIAE, ‖ VNGARIAE. ‖ Ex Typis
VALDKIRCHIA- ‖ NIS in lucem pro- ‖ ductae: ‖ Cum ELOGIIS variis: ‖ PER
‖ NICOLAVM REVSNERVM ‖ I. C. et P. C. ‖ (ICONES ‖ ALIQVOT ‖
CLARORVM ‖ VIRORVM ‖ GERMANIAE, ANGLIAE, ‖ GALLIAE, VN- ‖
GARIAE. ‖ CVM ‖ ELOGIIS ‖ & ‖ PARENTALIBVS ‖ factis ‖ THEO-
DORO ZVINGERO ‖ Med. Philos. et Polyhistori ‖ Clariß. ‖)
BASILEAE ‖ Apud CONR. VALDKIRCH. ‖ M D XIC. ‖

Umfang und Format: [144 und 32] Bl., 8°.
Ausstattung: Titeleinfassung, Holzschitte, Randleisten, Tabellen.
Beiträger enkomiastischer Gedichte auf das Gesamtwerk zu Beginn des ersten Teiles:
Nicolaus Clemens und Ian. Iac. Boissardus; zahlreiche weitere Beiträger im ersten Teil
(80 Namen); Beiträger von Epicedia zum Tode des Zvingerus im zweiten Teil: Valen-
tinus Thilo, Theodorus Zvingerus, "T. B. M. P.", "A. F. M. P.", "O. B. C. G.", Volradus
à Plessen, Nicolaus Reusnerus, Dionysius Lebeus Batillius, Ioan. Albosius, Ioan. Po-
sthius, Bartholomeus Hubnerus, Ioan. Pascharius und Gaspar Firlingus; Beiträger
weiterer, meist enkomiastischer Gedichte im zweiten Teil: Valentinus Thilo, Nicolaus
Reusnerus, Petrus Bembus, Ioan. Latomus, Germanus Brixius, B. Arias Montanus,
Ioannes Secundus, ein Anonymus, M. Ant.[onius] Flaminius, Blossius Palladius, "P.
R.", Ioan. Thomas Freigius, Iacobus Pascharius, Theobaldus Mullerus, Iul. Caes.
Scaligerus und "M. S.".
Benutztes Exemplar: Erlangen UB Ltg. 3$\frac{b}{}$ (die beiden angeführten Teile sind zusam-
mengebunden).

*Der Basler Drucker Peter Perna hatte um 1570 durch den Schaffhausener Künstler
Tobias Stimmer in Como Holzschnitte nach Porträts der Sammlung des Paolo Gio-
vio/Paulus Jovius (1483-1552) anfertigen lassen, um diese Holzschnitte zusammen mit
den zu den Porträts verfaßten Elogen des Giovio zu edieren. Das Unternehmen fand
großen Anklang und führte zu etlichen Publikationen; offenbar wegen dieses Erfolges
brachte Konrad Waldkirch nach dem Tod seines Schwiegervaters Perna die Holzschnitte abermals heraus, nach des Perna Vorbild getrennt nach Helden und Literaten;
für den Literatenband ließ er durch Reusnerus, der darin bereits Erfahrung hatte (vgl.
Werkverzeichnis 1587/5 und Überblick, Kapitel 40), Elogen verschiedenster Autoren
auf die Dargestellten - u. a. auf Aristoteles, Savonarola, Michelangelo - sammeln und
anfertigen. Diese Holzschnitte und Elogen bilden den ersten, 144 Blätter umfassenden
Teil der angeführten Schrift; sie sind - offenbar entsprechend den von Giovio gesammelten Porträts - Gelehrten aus Italien und Griechenland, antiken wie modernen,
vorbehalten.*

Um nun die Sammlung gegenüber den Pernaschen Ausgaben umfangreicher zu gestalten und damit neue Kaufanreize zu wecken, wollte man sie offenbar um zahlreiche Gelehrte anderer Länder erweitern. Konkurrenzunternehmen auf dem Buchmarkt erzwangen jedoch eine rasche, überhastete Edition: So sind bereits am Ende des ersten Teiles etliche Holzschnitte ohne begleitende Elogen abgedruckt, offenbar weil Reusnerus mit seiner Sammel- und Verfassertätigkeit noch nicht soweit gekommen war; auch wurde ein Holzschnitt bei der falschen Person abgebildet und der richtige daher am Ende dieses Teiles nachgetragen.

Die Widmungsvorrede des Gesamtbandes verfaßte Reusnerus am 13.2.1589 in Straßburg; er richtete sie an Nicolaus Caas.

Für den ergänzenden Teil mit den deutschen, französischen, englischen und ungarischen Gelehrten standen schließlich ganze neun Porträtholzschnitte zur Verfügung, und weil einer der Dargestellten, Theodorus Zvingerus, kurz vorher, am 10.3.1588, gestorben war und Valentinus Thilo zahlreiche Beiträge für eine Publikation von Trauergedichten gesammelt hatte, machte man diese Trauergedichte zum Hauptbestandteil der Ergänzung und fügte noch einige Verse hinzu, die Zvingerus kurz vor seinem Tod verfaßt hatte (in der Gesamtpublikation Bl. 145v-165v, im zweiten Teil Bl. 1v-21v); dazu kamen dann noch durch Elogen ergänzte Porträts von Iohannes Bauhinus, Christophorus Longolius, Thomas Morus, Ioannes Fischerus, Reinaldus Polus, Petrus Ramus, Stephanus Doletus und Stephanus Stegedinus. Dieser zweite Teil des Werkes verfügt über ein eigenes Titelblatt und konnte daher auch separat verkauft werden.

Posthius ist nur in dem Zvingerus gewidmeten Teil mit Beiträgen vertreten:
[1.] ohne besondere Überschrift
   inc.: Zuingerus, Basilea, tuum
   expl.: viuere posse modo?
   Tetrastichon (Bl. 13v, im Gesamtband Bl. 157v).
[2.] ohne besondere Überschrift
   inc.: Qui medicam docuit
   expl.: hortus vllus pharmaca.
   3x Hexametrum sequitur trimetrum iambicum (Bl. 13v).
[3.] ohne besondere Überschrift
   inc.: Zuingero, fugiente animâ
   expl.: tam potens est vinculum!
   2x Hexametrum sequitur trimetrum iambicum (Bl. 13v).

Parerga: *Posthius nahm seine drei Trauergedichte in seine Parerga auf, nur an zwei Stellen leicht überarbeitet (nur zweite Ausgabe Pars altera, S. 61).*
Literatur: *M. Lemmer: Nachwort zum Neudruck der Reusnerschen Icones von 1587 (vgl. Werkverzeichnis 1587/5), S. 434 (Lemmer gibt einen sehr informativen Überblick über die Geschichte der Porträtholzschnittpublikationen); VD 16, R 1430.*

1589/2
Ein enkomiastisches Gedicht für eine Epithetasammlung des Dinnerus
in: Dinnerus: Epithetorum Graecorum farrago (1589):

EPITHETORVM ‖ GRAECORVM FARRA- ‖ GO LOCVPLETISSIMA, ‖
PER CONRADVM DINNERVM ‖ ACRONIANVM, POETICES QVONDAM
IN ‖ Academia Friburgensi professorem publicum, magno labore ‖ ac studio
collecta; & nunc primum ab eodem I. C. & Con- ‖ siliario Francico Wirceburgico,
ad commu- ‖ nem philologorum vtilitatem in ‖ lucem edita. ‖ ... ‖ ... ‖ ... ‖ ... ‖
FRANCOFVRDI ‖ Apud Andreae Wecheli heredes, ‖ Claudium Marnium, & Ioann. Aubrium, ‖ MDLXXXIX. ‖

Umfang und Format: [12] Bl., 871, [1] S., 8°.
Ausstattung: Druckermarke, Holzschnitt (Wappen des Neustetterus), Randleisten.
*Weitere **Beiträger** von enkomiastischen Gedichten am Beginn des Bandes: Paulus Me-*
lissus, Richardus Hemelius, Fridericus Sylburgius und Moses Quadratus.
***Benutztes Exemplar:** Würzburg UB Phil. o. 58 (mit dem alten Besitzervermerk "Bibl:*
Acad: Herbipolensis." auf dem Titelblatt).
***Weitere Auflagen:** Von der "Epithetorum ... farrago" des Dinnerus erschien eine weitere*
Auflage 1605 in Hanau (vgl. Literaturverzeichnis); die Reihenfolge der einzelnen Teile
ist aus der ersten Auflage unverändert übernommen, doch erzwang das etwas kleinere
Format einen größeren Umfang. Das unten angeführte Posthiusgedicht ist in dieser
Auflage in unverändertem Wortlaut auf Bl. 14r abgedruckt. - Wahrscheinlich gab es
noch weitere Auflagen.

Die Widmungsvorrede des Bandes verfaßte Dinnerus am 15.3.1589 in Würzburg; er
richtete sie an Erasmus Neustetter. Der Band enthält ein Gedicht des Posthius.
[1.] mit der Überschrift "IN EPITHETA GRAECA, A CONRADO DIN- ‖ nero I. C.
  & Poeta doctissimo, collecta. ‖ "
  inc.: Perpetuae obtinuit
  expl.: interesse gloriae.
  6 Distichen (Bl. 10v).

***Parerga:** Posthius nahm sein Epigramm in an mehreren Stellen überarbeiteter Form in*
seine Parerga auf (nur zweite Ausgabe Pars altera, S. 45).; auch das Gedichtende ist
verändert:
  expl.: interesse laudibus.
***Literatur:** Schubert: Dinner (1973), S. 235ff (Schubert publizierte dabei das angeführte*
Posthiusgedicht vollständig S. 236); VD 16, D 1770.

1589/3

Ein enkomiastisches Gedicht für die Lukanedition des Gregorius Bersmanus in: Lucanus: De bello civili libri (1589):

M. ANNAEI ‖ LVCANI DE BEL- ‖ LO CIVILI, VEL ‖ PHARSALIAE ‖ Libri decem, ‖ GREGORII BERSMANI ‖ ANNAEBERGENSIS STVDIO ‖ & opera ex quatuor manu exaratis codicibus ‖ emendati, scholijsque illustrati. ‖ Reliqua eiusdem labore adiecta indicabit ‖ pagella auersa. ‖ 1589. ‖ Lipsiae. ‖ (LIPSIAE ‖ IMPRIMEBANT HAEREDES ‖ IOANNIS STEINMANNI, ‖ Impensis Henningi Grosij Bibliopolae. ‖ Anno M.D.LXXXIX.)

Umfang und Format: *[12] Bl., 533, [2] S., 8°.*
Ausstattung: *Druckermarke.*
Weiterer Beiträger: *Ianus Gruterus; außerdem arbeiteten mehrere Philologen mit (siehe unten), nach Angaben von VD 16 auch Giovanni Sulpizio.*
Benutztes Exemplar: *München BSB A. lat. a 748 (mit einem handgeschriebenen Besitzereintrag "Sum Ioh.[annis] Georgij à Werdenstein." auf dem Titelblatt sowie mit dem Exlibris der kurfürstlich-bayerischen Bibliothek von 1746 innen auf dem vorderen Einbanddeckel).*

Auf der Rückseite des Titelblattes gibt Bersmanus die Namen der Philologen an, auf deren Vorarbeiten er sich bei seiner Edition stützte: Hadrianus Iunius, Ioach.[imus I] Camerarius, Iosephus Scaligerus, Iacobus Micyllus und Theodorus Pulmannus. Die Widmungsvorrde an Carolus Baro à Zerotin verfaßte er am 16.7.1589 julianischer Zeitrechnung in Zerbst. Der Band enthält ein Posthiusgedicht.
[1.] mit der Überschrift "IN LVCANVM ‖ A` GREGORIO BERS- ‖ MANO EMENDATVM, ‖ SCHO- ‖ lijsque illustratum, ... ‖ ... ‖ ... epigramma. ‖ "
   inc.: SE tibi Virgilius
   expl.: Quae conferendae huic opes?
   5x Hexametrum sequitur dimetrum iambicum (Bl. 11r).

Parerga: *Das angeführte Gedicht wurde nicht abgedruckt.*
Literatur: *VD 16, L 2908.*

1589/4

Ein Epicedium zum Tod des Heidelberger Kirchenrates und Theologieprofessors Georgius Sohn (gestorben am 23.4.1589) in: Calvinus: Oratio (1589):

ORATIO ‖ DE VITA ET ‖ OBITV REVERENDI ‖ ET GRAVISSIMI HAC NO- ‖ STRA AETATE THEOLOGI, ‖ D.[omini] GEORGII SOHN, SACRARVM ‖ LITERARVM IN ACADEMIA ‖ HEIDELBERGENSI DOCTORIS ‖ AC PROFESSORIS LECTISSIMI, ‖ CONSILIARII ELECTORALIS ‖ IN ECCLESIASTICO ‖ SENATV PRVDENTIS- ‖ SIMI, &c. ‖ SCRIPTA ET RECITATA ‖ A ‖ IOANNE CALVINO WETTE- ‖ RANO,

PHILOSOPHIAE ETHICAE ‖ PROFESSORE. ‖ CVI ADDITA SVNT CLARORVM ET ‖ DOCTORVM VIRORVM EPICEDIA. ‖ HEIDELBERGAE, ‖ Typis Abrahami Smesmanni, ‖ M.D.LXXXIX. ‖

Umfang und Format: [17] Bl., 4°.
Weitere Beiträger von Epicedia: Paulus Melissus, Simon Stenius, Rodolphus Goclenius, Rodolphus Simlerus, Ioan. Molanus und Ioannes Arnoldus.
Benutztes Exemplar: München BSB 4° Biogr. 234.

Der Verfasser der Oratio ist der Heidelberger Professor Johannes Kahl/Calvinus.
    Die schmale Schrift enthält ein Trauergedicht des Posthius:
[1.] mit der Überschrift "ELEGIA."
    inc.: DVM gelidam sentit
    expl.: sanus obire modo?
    6 Distichen (Bl. 14v f).

Parerga: Posthius nahm sein Gedicht in seine Parerga auf; dabei überarbeitete er den 1., 2. und 3. Pentameter und strich das 5. Distichon völlig, so daß das Epigramm nunmehr nur 5 Distichen insgesamt umfaßt (nur zweite Ausgabe Pars altera, S. 126).
Literatur: Index Aureliensis 130.280; VD 16, K 21.

1589/5 (verfaßt bereits 1573)
Ein Epitaphium für das Grab des Antonius Ortenburgius (gestorben am 23.5.1573)
in: Epitaphia quorundam comitum (1589):

EPITAPHIA ‖ QVORVN- ‖ DAM COMITVM, EX ‖ ANTIQVISSIMA OR- ‖ TENBVRGENSIVM FAMILIA ‖ oriundorum, illorumque ‖ conjugum. ‖ QVORVM QVAEDAM ‖ PATAVII AD DANVBIVM, QVAE- ‖ dam MAT- TIGKOVII, quaedam OR- ‖ TENBVRGI: unicum verò ‖ VERONAE in Italia, in ‖ templis extant. ‖
NORIMBERGAE, ‖ TYPIS CHRISTOPHORI ‖ Lochneri, & Ioann. Hofmanni. ‖ ANNO M.D.LXXXIX. ‖

Umfang und Format: [18] Bl., davon 15 Bl. in 4° und 3 Bl. mit Abbildungen von Grabaufschriften in je nach Bedarf größerem Format (Bl. 10 bildet allein die Lage C).
Ausstattung: Titeleinfassung, Kupferstiche (Wappen der Grafen Ortenburg und zwei Epitaphe), Zierleisten, Initiale.
Beiträger von Epitaphien in Prosa und in Versen für die am 7.9.1570 verstorbene Ursula Fuggera: Ioachimus I Camerarius, Ioannes Sturmius und Esromus Rûdinger; Beiträger von Epitaphien für den am 23.5.1573 verstorbenen Antonius Ortenburgius: Hieronymus VVolfius, Esromus Ruedinger, Iohann Sturmius (Prosanachruf), I.[ohannes] Posthius, [Paulus] Melissus und Georgius Lupichius; Beiträger eines Epitaphs in Versen für die am 28.1.1587 (?) verstorbene Anna Iacoba Fuggera: Melissus (sein Text scheint auf dem Epitaph in Amberg verwendet worden zu sein); Beiträger einer Gedenkinschrift zur Kirchenrenovierung in der Form eines Hymnus: Theodo-

rus Zwingerus; die übrigen zehn auf den Gräbern verwendeten Epitaphien sind ohne Angabe ihres Verfassers.

Benutztes Exemplar: *München BSB Einbandsammlung 4° Bavar. 2120 VI, 7 (mit einem handschriftlichen Besitzereintrag: "Liber JOH. GEORG. STYRZELJ Augusta-Vindelicij ‖ Civis Rotenburgo-Tubarani ‖ ex dono ‖ Nob. & Consultiss. DN. CHRJ-STOPHORJ CONRADJ SEUTERJ ‖ V. J. D. et Reip. Rotenburgensis ad Tub. Consiliar. & Advocati etc. ‖ ").*

Das Bändchen enthält eine illustrierte Sammlung der Epitaphe der Grafen von Ortenburg. Angebunden ist in manchen Exemplaren eine Oratio funebris des Michael Reder für den in Verona begrabenen Leonhardus Comes in Ortenburg (vgl. VD 16, E 1748).

Die Texte zum Tode des Antonius Ortenburgius beginnen mit einem von VVolfius verfaßten Epitaph in Prosa, das auf dem Grabstein in Ortenburg Verwendung fand (Bl. 9v), und mit einer großformatigen Abbildung des gesamten, prächtigen, in Ortenburg aufgestellten Grabmales (Bl. 10r). Darauf folgen die lateinische und deutsche Fassung des Epicediums von Ruedinger (Bl. 11r f).

Die übrigen Texte zu diesem Anlaß schließen sich mit einer eigenen Überschrift an: "SEQVVNTVR NVNC ‖ EPITAPHIA ILLVSTRIS AT- ‖ QVE INCLYTI COMITIS AN- ‖ TONII foelicis memoriae. ‖ " (Bl. 12r-17r). Darunter sind ein Nachruf des Sturmius in Prosa und die griechische und lateinische Fassung eines Gedichtes des VVolfius sowie Texte von Melissus und Lupichius. Posthius ist mit einem Gedicht vertreten:

[1.] ohne eigene Überschrift

   inc.: *ANTONIVS sub hoc*

   expl.: *Puta supremum quemlibet.*

   13x *Trimetrum iambicum sequitur dimetrum iambicum (Bl. 13v, Lage D$_{iij}$v).*

Parerga: *Das angeführte Gedicht wurde nicht abgedruckt.*

Literatur: *VD 16, E 1748.*

1590/1

Ergänzende anatomische Beobachtungen zu einem medizinischen Standardwerk des Realdus Columbus:
in: Columbus: De re anatomica libri (1590):

[RS:] REALDI ‖ COLVMBI CRE- ‖ MONENSIS, IN ALMO ‖ GYMNASIO ROMANO ‖ Anatomici celeberrimi, ‖ De re Anatomica libri XV. ‖ Hisce iam accesserunt IOANNIS ‖ POSTHII Med. D. OBSERVA- ‖ TIONES ANATOMI-CAE. ‖
FRANCOFVRDI ‖ Apud Ioannem Wechelum, ‖ MDXC. ‖

Umfang und Format: *[4] Bl., 517 S., Groß-8°.*
Ausstattung: *Druckermarke, kleinerer Zierrat (Initialen, Zierleisten).*
Benutzte Exemplare: *Erlangen UB Trew C 410, 8°.*
Wolfenbüttel HAB 57.4 Medica.

*Von dem persönlichen Exemplar dieser Edition aus dem Besitz des Posthius ist nur
der Besitzereintrag mit den Worten "Ex libris Johanis Posthij M. D." erhalten
(Hamburg SuUB in scrin. 69, S. 355, Nr. 1238); dieser Besitzereintrag war wahrscheinlich im 18. Jahrhundert aus dem Band herausgeschnitten und einem Autographen-
sammelband einverleibt worden.*

*Das Werk des bedeutenden Anatomen Realdus Columbus (1516-1559) war seit
1559 bereits mehrfach erschienen. Die Ausgabe von 1590 beginnt mit der ursprünglichen, undatierten Widmungsvorrede an Papst Paul IIII. Darauf folgen die 15 Bücher
"De re anatomica" des Realdus Columbus, ein Brief des Posthius vom 1.3.1590 an Iohannes Wechelus (S. 496) und die mit Zwischenüberschriften versehenen anatomischen Beobachtungen des Posthius (S. 497-517).*

Literatur: *VD 16, C 4609.*

1590/1a

**Erweiterte Neuauflage der ergänzenden anatomischen Beobachtungen zu einem
medizinischen Standardwerk des Realdus Columbus:**
in: Columbus: De re anatomica libri (1593):

[RS:] REALDI ‖ COLVMBI CRE- ‖ MONENSIS, IN ALMO ‖ GYMNASIO
ROMANO ‖ Anatomici celeberrimi, ‖ De re Anatomica libri XV. ‖ Hisce iam
accesserunt IOANNIS PO- ‖ STHII Germershemij, Med. D. OBSERVATIONES
ANATOMICAE. ‖ Cum INDICE RERVM, quo hactenus ca- ‖ ruerunt, satis co-
pioso. ‖
FRANCOFVRDI ‖ Apud Martinum Lechlerum, sum- ‖ ptibus Petri Fischeri. ‖
MDXCIII. ‖

Umfang und Format: *[4] Bl., 519, [1] S., [12] Bl., Groß-8°.*
Ausstattung: *Druckermarke, kleinerer Zierrat (Initialen, Zierleisten).*
Benutztes Exemplar: *Erlangen UB Trew I 27, 8°.*
Wolfenbüttel HAB Mb 225.

*Der Wechsel von Drucker und Verleger gegenüber der ersten Ausgabe hängt mit den
Wirren im Verlagsgeschäft zusammen, die auf die Auflösung der Verlagsgemeinschaft
Fischer-Feierabent (1589) und auf den Tod Feierabents (22.4.1590) folgten. Der überarbeitete Begleitbrief des Posthius ist auf den 1.8.1593 datiert und an Petrus Fischerus
gerichtet (S. 496). Die anatomischen Beobachtungen des Posthius sind um zwei Seiten
erweitert (S. 497-519). Am Ende des Bandes ist der schon im Titel erwähnte Index
hinzugefügt.*

Literatur: *VD 16, C 4610.*

1590/2

**Ein Epicedium zum Tod des Antwerpener Druckers Christophorus Plantinus
(verstorben am 1.7.1589)**
in: Bochius: Epigrammata funebria (1590):

IOANNIS BOCHII ‖ VRBI ANTVERPIENSI A SECRETIS, ‖ Epigrammata
Funebria. ‖ AD ‖ CHRISTOPHORI PLANTINI ‖ Architypographi Regij Manes.
‖ Cum nonnullis aliorum eiusdem argumenti Elogiis. ‖
ANTVERPIAE; ‖ IN OFFICINA PLANTINIANA, ‖ APVD VIDVAM, ET IO-
ANNEM MORETVM. ‖ M.D.XC. ‖

Umfang und Format: *[10] Bl., 2°.*
Ausstattung: *Druckermarke, Kupferstich (Porträt des Plantinus).*
Weitere Beiträger: *Ioannes Moretus (Widmungsvorrede), Joh. Livineius [Lieviens],
N[icolas] Oud[aert], Michael Aitsingerus, Lambertus Schenck, C[orneille Kiel/] Ki-
lianus und Franciscus Raphelengius [d. J.].*
Benutztes Exemplar: *Antwerpen Museum Plantin-Moretus (vollständiges Exemplar).
Würzburg UB 2 an: H. p. f. 32 (unvollständig; das Exemplar enthält nur die ersten
sechs Blätter).*

*Die Widmungsvorrede dieser Sammlung wurde von Ioannes Moretus am 1.7.1590 in
Antwerpen verfaßt und an die Senatoren Antwerpens gerichtet, insbesondere an
Eduardus Vander Dilft und Carolus Malineus. Posthius ist in der Sammlung mit einem Gedicht vertreten:*
[1.] ohne Überschrift
    inc.: HOC tibi constituo
    expl.: patria post obitum!
    7 Distichen (Bl. 8v).

Parerga: *Posthius nahm sein Gedicht mit unverändertem Wortlaut und unter der Überschrift "Cenotaphium ‖ Christophori Plantini, Architypographi Regij. ‖ " in seine
Parerga auf (nur zweite Ausgabe Pars altera, S. 54f).*
Literatur: *M. Rooses: Christophe Plantin, Imprimeur Anversois, Antwerpen/Anvers
[2]1896, S. 370; J. Denucé (Hg.): Correspondance de Christophe Plantin, Bd. 8 und Bd.
9, Antwerpen-'s Gravenhage 1918, S. 573 (= Uitgaven der Antwerpsche Bibliophilen
Nr. 33 und Nr. 34); Index Aureliensis 120.565.*

1590/3 (verfaßt vor 1580)
**Drei enkomiastische Gedichte über den Heilbronner Juristen Stephanus Feiera-
bent**
in: Feierabent: De feierabetho carmen (1590):

DE FEIERABE- ‖ THO OMNIVM RE- ‖ RVM SOCIO AC FINE CAR- ‖
MEN TEMPORARIVM, IN QVO ‖ plurima cognitione digna conti- ‖ nentur
breuissimè. ‖ AVTHORE ‖ Stephano Feierabent iurium D. D. ‖ Aduocato et
Syndico Hailpronnensi. ‖

Impressum Francoforti ad Moenum. ‖ Anno M.D.LXXXX. ‖

Umfang und Format: 240 S., 8°.
Ausstattung: Druckermarke, kleinerer Zierrat.
Weiterer Beiträger: Iohannes Lauterbachius.
Benutztes Exemplar: Wolfenbüttel HAB P 1435 Helmst. 8° (3).

Der Band beginnt mit einem an den Leser gerichteten Gedicht und einer ebenfalls an
den Leser gerichteten undatierten Vorrede in Prosa.
    Unmittelbar darauf folgen die drei Posthiusgedichte; bei zweien davon handelt es
sich um geistreiche Wortspiele mit dem Namen das Angeredeten:
[1.] mit einer Widmung an Stephanus Feirabent
        inc.: ORnatißime vir, corona iuris
        expl.: Rara gloria, et vtrivsque iuris.
        23 Hendekasyllaben (S. 5).
[2.] mit der Überschrift "AD EIVSDEM COGNOMEN ‖ allusio. ‖ "
        inc.: TAm grati iniustus
        expl.: posse quiete frui.
        3 Distichen (S. 6).
[3.] ohne besondere Überschrift
        inc.: GAudia post lachrymas
        expl.: ocia longa facit.
        Tetrastichon (S. 6).

Parerga: Posthius hatte seine drei Gedichte bereits im selben Wortlaut in der ersten
Ausgabe seiner Parerga von 1580 publiziert (Bl. 97r-98r) und übernahm sie unverän-
dert auch in die zweite Ausgabe von 1595 (Pars prima, S. 164f).
Literatur: VD 16, F 907.

1590/4
Gutachten zum Tode der Pfalzgräfin Elisabeth
mehrere Kopien (nach dem Konzept vom 6.4. und 8.4.1590)

Dieser Bericht, eine "Beschreibung der Krankheit und des ablebens Pfalzgrafs Johan
Casimir gemahlin 1590" (vgl. Überblick, Kapitel 47), wurde offensichtlich nur hand-
schriftlich verbreitet; mehrere Kopien sind erhalten, andere aus den erhaltenen er-
schließbar:

1. Von Po-sthius selbst etwa am 10.4.1590 an Andreas Pancratius in Speyer versandt

Heute verschollen.

2. Von Pfalzgraf Johann Casimir am 10.4.1590 einem Brief an Kurfürst Christian I.
von Sachsen nach Dresden "beygeschloßen"

Fundort das Briefes: Dresden Sächsisches Hauptstaatsarchiv Loc. 8539, 116; über den Verbleib des dem Briefe beigelegten Posthiusberichtes, der im Brief ausdrücklich erwähnt wird, ist nach Auskunft des Hauptstaatsarchives nichts bekannt.
Literatur: Kluckkohn: Die Ehe (1873), S. 163.

3. Von Pfalzgrafen Karl von Birkenfeld mit einem Brief vom 26.4.1590 aus Ansbach an seinen Bruder, den Pfalzgrafen Philipp Ludwig, nach Neuburg versandt

Fundort: München Geheimes Hausarchiv, Korrespondenzakt Nr. 983.
Diese Kopie des Posthiusberichtes, den Karl von Birkenfeld von einem guten Freund des Po-sthius - wohl von Andreas Pancratius - aus Speyer erhalten hatte, ist nicht unterzeichnet. Karl von Birkenfeld übersandte mit dem Po-sthiusbericht auch noch eine Kopie der Todesanzeige, die Pfalzgraf Johann Casimir am 10.4.1590 an ihn geschickt hatte. In Neuburg traf das Briefbündel am 29.4.1590 ein.

4. Möglicherweise von Pfalzgraf Karl von Birkenfeld Ende April 1590 mit einem Brief aus Ansbach an seinen Bruder, den Pfalzgrafen Johann I., nach Zweibrücken versandt

Fundort: München Geheimes Hausarchiv, Korrespondenzakt Nr. 983.
Diese Kopie deckt sich weitgehend mit der von Pfalzgraf Karl von Birkenfeld an Pfalzgraf Philipp Ludwig übersandten Abschrift, doch enthält sie kleinere Änderungen wie den erläuternden und daher in Klammern gesetzten Zusatz zu den Worten "Hertzogin alhir" im ersten Satz: "(nebmlich Pfaltzgraff Johanni Casimirj gemahl)". Das Schreiben ist mit einem Schreiberzeichen unterzeichnet ("NN: ssst"); zudem ist noch unter dem Schreiben vermerkt: "sepulta est 15. Aprilis. a° 90. ibidem."

5. Von Andreas Pancratius mit einem Brief vom 31.5.1590 aus Speyer an den Pfalzgrafen Philipp Ludwig nach Neuburg versandt

Fundort: München Hauptstaatsarchiv, Kasten blau 336/20, Bl. 119.
Diese Kopie deckt sich wörtlich mit der vom Pfalzgraf Karl von Birkenfeld an Pfalzgraf Philipp Ludwig übersandten Abschrift mit dem einen Unterschied, daß der Einbalsamierungsbefund und die Bekräftigung des Posthius fehlen. Der Bericht ist in amtlicher Schönschrift geschrieben und mit "Johannes Posthius Hoff-Medicus daselbst" unterzeichnet; außerdem trägt er ein Schreibzeichen ("ssst"?).
Andreas Pancratius übersandte mit dem Po-sthiusbericht auch drei Urkunden: Zwei davon betreffen den Streit um die Tutel des noch unmündigen Pfalzgrafen Friedrich IV., bei der dritten dritten handelt es sich um einen Erlaß Johann Casimirs. Pfalzgraf Philipp Ludwig erhielt das Briefbündel am 17.6.1590 in Geislingen.
Literatur: Bezold: Briefe, Bd. III (1903), S. 303-305, Nr. 321 (Publikation des Po-sthiusberichtes, teils wörtlich, teils sinngemäß; Bezold publizierte auch Teile aus den anderen Bestandteilen des Briefbündels).

6. In der Dillenburger Korrespondenz in Wiesbaden

Fundort: Dillenburger Korrespondenz; Genaueres war nicht zu ermitteln; weder in den Beständen der Dillenburger Korrespondenz im Hessischen Hauptstaatsarchiv in Wies-

baden noch im Koninklijk Huisarchif in 's-Gravenhage wird nach Auskunft der be-
treffenden Archive der Posthiusbericht aufbewahrt.
Diese Kopie deckt sich, wie Bezold angibt, mit der von Pfalzgraf Karl von Birkenfeld
an Pfalzgraf Philipp Ludwig übersandten Abschrift mit dem einen Unterschied, daß
der letzte Satz ab "das möcht ir ..." fehlt.
Literatur: *Bezold: Briefe, Bd. III (1903), S. 305, Anm. 1.*

7. Von Po-sthius selbst wohl im Mai 1590 an David Chytraeus in Rostock versandt

Heute verschollen.

1590/5
Ein enkomiastisches Gedicht für eine Serenusausgabe des Rittershusius

Autograph (geschrieben vermutlich am 14.3.1590)

Umfang und Format: *Einzelblatt, 2°.*
Fundort: *Hamburg SuUB Supellex epistolica 46, Bl. 267 (= Brief 194b).*

Posthius hatte sein Epigramm mit seinem Brief vom 14.3.1590 dem Conradus Rit-
tershusius übersandt (vgl. auch Überblick, Kapitel 46).
[1.] mit der Überschrift "De Q.[uinto] Sereno Sam.[monico] per Conra- ‖ *dum Rit-*
tershusium restituto, Jo. ‖ *Posthij M. D. Epigramma.* ‖ *"*
   inc.: AEger erat praestans Medicus
   expl.: progeniem esse probas.
   Tetrastichon.
   Die von Rittershusius geplante Edition des "Liber medicinalis" des spätantiken
Arztes Quintus Serenus (4. Jh.) wurde offenbar nie verwirklicht (vgl. Überblick, Kapitel
46). Lange Zeit verwechselte man diesen Serenus mit dem kaiserzeitlichen Gelehrten
Serenus Sammonicus (2./3.Jh.).

Parerga: *Posthius nahm sein angeführtes Epigramm in seine Parerga auf, nur im Titel*
leicht verändert (nur zweite Ausgabe Pars altera, S. 114).

1591/1
Ein enkomiastisches Gedicht über den Wahlspruch des Reusnerus
in: Reusnerus: Aureolorum emblematum liber (1591):

[RS:] NICOLAI REVSNERI LEORINI ‖ AVREOLO- ‖ RVM EMBLE-
MATVM ‖ LIBER SINGVLARIS. ‖ THOBIAE STIMMERI ‖ ICONIBVS AF-
FABRE EF- ‖ fictis exornatus. ‖ AD SERENISSIMVM PRINCI- ‖ PEM D.
HVLDRICVM NORVE- ‖ giae Haeredem, Friderici II. Reg. ‖ Dan. Filium. ‖
(Agalmatum ‖ COROLLARIVM, ‖ Continens ‖ EPIGRAMMATA Cla- ‖
rorum virorum, scripta in honorem. ‖ NICOLAI REVSNERI, ‖ Iurisconsulti. ‖
De ‖ Effigie, Symbolo, Armis sive insignibus ‖ eiusdem gentilitijs. ‖)
Argentorati apud Bern. Iobinum. ‖ M.D.XCI. ‖

Umfang und Format: *[120] Bl., 8°.*

Ausstattung: *Druckermarke, Titeleinfassung, Randleisten, Holzschnitte (zu Emblemen, außerdem Wappen des Hauses Norwegen-Holstein und des dänischen Königs Fridericus II. sowie Bildnis und Wappen des Reusnerus).*

Weitere Beiträger *für das Corollarium: Ioannes Sambucus, Paulus Melissus, Paulus Fabricius, Ianus Iacobus Boissardus, N. Clemens Trelaeus, Ioannes Lauterbachius, Nicodemus Frischlinus, Georgius Calaminus, Christophorus VVinnerus, Georgius Frobenius, Ioannes Laetus, Ioannes Cellarius, Ioannes Ortelius, Henricus VVellingerus, Michael Fendus, Hieronymus Reusnerus, Petrus Albinus, Conradus Leius, Ianus Ferschius, Valentinus Thilo, Martinus Praetorius und Adamus Closus.*

Benutztes Exemplar: *Nürnberg GNM 8° K. 371hd (mit einer autographen Widmung des Bartholomaeus Copius maior an Gualterus Herbertis, datiert Juni 1593, direkt unter dem Posthiusgedicht am Ende des Bandes).*

Der Gesamtband beinhaltet insgesamt drei Titelblätter: Eines zur Emblemsammlung (Bl. 1r), eines zu Reusnerusgedichten über Embleme (73r) und eines zur Sammmlung "Agalmatum corollarium" (Bl. 109r). Dabei handelt es sich um eine Zusammenstellung von enkomiastischen Gedichten verschiedener Autoren über Bildnis, Wappen und Wahlspruch des Reusnerus. Diese Sammlung beginnt mit Abbildungen von Wappen und Bildnis (Bl. 109v und Bl. 110r) und enthält drei Gedichte des Posthius, je eines über das Bildnis, das Wappen und den Wahlspruch des Reusnerus. Zwei dieser Gedichte hatte Reusnerus bereits Jahre zuvor im selben Wortlaut publiziert, und zwar das über sein Bildnis (Bl. 111r) bereits 1578 im Anhang seiner "Monarchae" (vgl. Werkverzeichnis 1578/2) und das über sein Wappen (Bl. 115v) in einem dreibändigen Werk über die Wahlsprüche der Kaiser (vgl. Werkverzeichnis 1588/2). Entstanden waren diese beiden Posthiusgedichte möglicherweise bereits auf des Posthius großen Bildungsreisen. Von dem dritten Posthiusgedicht dagegen, das als letztes und abschließendes Gedicht in der Gruppe von Versen auf den Wahlspruch des Reusnerus abgedruckt ist, gab es wohl keine vorhergehende Publikation.

[3.] ohne besondere Überschrift

    inc.: Fortiter ut miseros

    expl.: Animoque, et aegro corpori.

    3x Hexametrum sequitur dimetrum iambicum (Bl. 112v).

Parerga: *Posthius nahm sein angeführtes Gedicht über des Reusnerus Wahlspruch nicht in seine Parerga mit auf, publizierte dafür aber vier weitere Gedichte über den Wahlspruch des Reusnerus. Diese beginnen "AEquo animo ...", "Vis ferri ...", "Suaviter vt ..." und "Ter, quod ferendum ..." (nur zweite Ausgabe Pars altera, S. 81).*

Die beiden erwähnten Posthiusgedichte über Porträt und Wappen des Reusnerus hatte Posthius bereits 1580 veröffentlicht (vgl. Werkverzeichnis 1578/2 und 1588/2).

Literatur: *VD 16, R 1381.*

1591/2 (verfaßt bereits 1579)
Zwei Epicedia für den kleinen Sohn des Bersmanus (gestorben am 5.9.1579)
in: Bersmanus: Poematum pars prior/pars altera (1591)

Poëmatum ‖ GREGORII ‖ BERSMANI ‖ Annaebergensis, ‖ IN PARTES
DVAS ‖ TRIBVTORVM, ‖ Pars prior ‖ CONTINENS LIBROS ‖ DVODE-
CIM. ‖ Editio secunda aliquot notis auctior. ‖ (POEMATVM ‖ Gregorij Bers-
mani ‖ ANNAEBERGENSIS ‖ PARS ALTERA, ‖ NVNC RECENS IN HVNC
‖ ORDINEM LIBRORVM DIGE- ‖ sta, quorum indicem XVI. indicabit pagella.
‖ ADIECTA SVNT CARMINI- ‖ bus epistolae aliquot virorum prae- ‖ stantis-
simorum. ‖)
1591. ‖ LIPSIAE ‖ IMPRIMEBAT MICHAEL ‖ LANTZENBERGER. ‖
Impensis Henningi Grosij ‖ Bibliopolae. ‖)

Umfang und Format: [9] Bl., 373, [1] S., neu paginiert [8] Bl., 351 S., 8°.
Ausstattung: Druckermarke, Zierleisten.
Beiträger im ersten Teil: Beiträger enkomiastischer Gedichte über Bersmanus: Iohan.
Posthius; Beiträger eines dem Bersmanus gewidmeten Gedichtes im "Carminum
sacrorum LIBER I.": Ioach[imus I] Camer.[arius]; Beiträger von Hochzeitsglückwün-
schen: dieselben wie in der ersten Ausgabe von 1576 (vgl. Werkverzeichnis 1576/1);
Beiträger von Briefen: Georgius Fabricius, Ioachim.[us I] Camer.[arius], Henric.[us]
Siberus, And.[reas] Ellinger, Christophorus Schellenbergius, ein Ungenannter aus
Straßburg, Iohan. Posthius, Hieron.[ymus] Vvolfius, Ludovicus Ioach.[imi I] F.[ilius]
Camerarius, Iohannes Caselius, Ioan.[nes] Sturmius (er diktierte dem Vespertilius),
ein "I. M." (Iacobus Monau/Monavius?), Adamus Siberus, Hiobus Madeburgus,
Iac.[obus] Monau, Gigas N. und Hubertus Languetus.
Beiträger im zweiten Teil: Beiträger eines enkomiastischen Gedichtes: Nicolaus Rudin-
gerus; Beiträger von Trauergedichten zum Tod des am 5.9.1579 verstorbenen Kleinkin-
des Iohannes Henricus Bersmanus, eines Sohnes des Gregorius Bersmanus: Io. Po-
sthius, Ad. Siberus, Michaêl Barth und Sebast. Leonhardus; Beiträger von Briefen:
Ioan. Sturmius, Barthol. Schonbornius, Henricus Mensingus, Christ. Herdesianus, ein
"Ioh. Harmar.", ein "Esr." aus Seelowitz in Mähren, N. Reusnerus, Vincentius Madius,
Ioannes Caselius, Sebastianus Egenolph., Nicolaus Hamelius, ein "VV." aus Straßburg
und Matth. Hamelius; bei einigen weiteren Briefen ist weder der Absender noch der
Absendeort angegeben; Beiträger enkomiastischer Gedichte über Bersmanus: Nathan
Chytraeus, Ianus Gruterus und Christianus Egenolphus.
Benutztes Exemplar: Augsburg SuStB NL 125 (mit dem Besitzervermerk "Societatis
Jesv Augustae." am oberen Rand des Titelblattes). Bei diesem Exemplar handelt es
sich um eines der Auflage von 1592, die sich - nach den Angaben von VD 16 - mit der
ersten sowohl im Umfang als auch in der Ausstattung völlig deckt bis darauf, daß im
Titel "1592." statt "1591." angegeben ist.
Weitere Auflage: Eine unveränderte weitere Auflage erschien 1592 (vgl. oben).

Bei dem angeführten Werk handelt es sich um die zweite, ergänzte Werkausgabe der
Gedichte des Bersmanus. Die erste war 1576 erschienen und hatte drei Po-

sthiusgedichte enthalten (vgl. Werkverzeichnis 1576/1). In dieser zweiten Werkausgabe ließ Bersmanus alle Texte aus der ersten Ausgabe, auch die erwähnten Posthiusgedichte, abermals abdrucken, ließ dabei Dubletten weg und fügte weitere Texte hinzu. Dieser Teil der Werkausgabe bildet den "Pars prior". An seinem Beginn sind wiederum die Widmungsvorrede an Posthius und - unverändert - die beiden enkomiastischen Epithalamia des Posthius abgedruckt, jedoch verzichtete Bersmanus auf deren zweiten Abdruck in seinem "Epithalamiorum ‖ LIBER ADOPTIVVS", so daß von Posthius an der Stelle nur noch sein drittes Gedicht - das über Magdalena Helbornia - abgedruckt ist, ebenfalls ohne eine Änderung (S. 135). Zusätzlich zu den bereits in der ersten Ausgabe publizierten Briefen sind am Ende des ersten Teiles weitere Briefe abgedruckt (ab S. 332), darunter zwei von Posthius verfaßte vom 9.3.1575 und vom 4.1.1578.

Der separat paginierte zweite Teil ist ähnlich aufgebaut wie der erste: Er beginnt mit einer Widmungsvorrede, die Bersmanus am 26.9.1591 julianischen Kalenders in Zerbst verfaßte und abermals an Posthius richtete (Bl. 2r-7v), und mit einem enkomiastischen Gedicht über des Bersmanus Gedichtband, das von Rudingerus stammt (Bl. 8r). Darauf folgen verschiedene Gedichtbücher des Bersmanus ((S. 1-276), eine Zwischenbemerkung des Druckers (S. 277) und etliche Briefe an Bersmanus (S. 278-351), darunter einer von Posthius vom 13.12.1579. Der Band schließt mit einigen enkomiastischen Gedichten auf des Bersmanus poetische Fähigkeiten (S. 351-356). Darunter ist ein an Posthius gerichtetes Gedicht des Chr. Egenolphus, in dem er sich bei Posthius bedankt, weil der ihm die Werke des Bersmanus - gemeint ist wohl die erste Ausgabe von 1576 (vgl. Werkverzeichnis 1576/1) - als Geschenk übersandt habe ("BERSMANI lepidißimas Camoenas ...", 24 Hendekasyllaben).

Von den einzelnen Gedichtbüchern im zweiten Teil beginnen drei mit an Posthius gerichteten Widmungsgedichten. Insgesamt ist dieser zweite Teil vom Drucker recht flüchtig gesetzt worden, so daß weder die Ordnung nach Büchern überall klar wird noch die Überschriften stets zu den einzelnen Büchern passen; auch sind bei der Seitenzählung mehrfach gravierende Fehler unterlaufen.

Unter den Bersmanusgedichten im zweiten Teil sind recht unvermittelt auf S. 53f (korrekterweise müßte es S. 54f heißen) auch einige an Bersmanus gerichtete Kondolenzgedichte anderer Autoren abgedruckt, in denen sie ihm ihr Beileid zum Tode seines am 5.9.1579 verstorbenen kleinen Sohnes Iohannes Henricus aussprechen (zu den einzelnen Beiträgern vgl. oben). Darunter sind auch zwei Kondolenzgedichte des Posthius:

[1.] unmittelbar auf eine einleitende Gesamtüberschrift der Kondolenzgedichte folgend:

inc.: INfans hac tegitur

expl.: optima quaeque manu.

3 Distichen (S. 53 [eigentlich S. 54]).

[2.] ohne besondere Überschrift
   inc.: NE mea fle genitor
   expl.: mens mea criminibus.
   Tetrastichon (S. 53 [eigentlich S. 54]).

Parerga: *Posthius hatte seine beiden angeführten Epicedia bereits 1580 in der ersten Ausgabe seiner Parerga mit demselben Wortlaut publiziert (Bl. 121r); er übernahm sie unverändert auch in die zweite Ausgabe von 1595 (Pars prima, S. 204).*
Literatur: *VD 16, B 2166 (Exemplar der Auflage 1591, aufbewahrt in Wolfenbüttel) und B 2167 (Exemplare der Auflage 1592, aufbewahrt in Aschaffenburg und Wolfenbüttel); Index Aureliensis 117.947f (Exemplare der Auflage 1591, aufbewahrt in Berlin und Wien) und 117.950 (Exemplare der Auflage 1592, aufbewahrt in Halle und Breslau/Wrocław).*

1591/3
Ein enkomiastisches Gedicht für eine Sammlung emblematischer Gedichte des Callias:
in: Callias: Emblemata sacra (1591):

EMBLEMA- ‖ TA SACRA ‖ E LIBRIS MO- ‖ sis excerpta: ‖ Auctore AVGVST. ‖ CALLIA I. C. ‖ Heidelbergae, ‖ MDXCI. ‖

Umfang und Format: *[4] Bl., 72, [3] S., 12°.*
Ausstattung: *Titeleinfassung.*
Weitere Beiträger *enkomiastischer Gedichte am Bandende: Paulus Melissus (datiert Heidelberg 1591) und Lud. Dodeu.*
Benutztes Exemplar: *Wolfenbüttel HAB 165.5 Ethica.*

Die an Pfalzgraf Fridericus gerichtete Widmungsvorrede verfaßte Callias 1591 in Heidelberg. Der Band enthält nur ein Posthiusgedicht.
[1.] ohne Überschrift
   inc.: Huc oculos pueri
   expl.: in superum choro.
   7x Hexametrum sequitur dimetrum iambicum (S. 74f).

Parerga: *Posthius nahm sein Gedicht in seine Parerga auf; dabei überarbeitete er die vier letzten Verse; der letzte Vers bekam einen völlig neuen Wortlaut:*
   expl.: sacrae musicae. (Nur zweite Ausgabe Pars altera, S. 111f).
Literatur: *VD 16, C 268; Index Aureliensis 129.579.*

1591/4

Ein Epigramm über einen ohne Arme geborenen Thomas, der gelernt hat, statt der Hände die Füße zu benutzen

in: Camerarius: Operae horarum (1591, erschienen in Altdorf):

OPERAE ‖ HORARVM ‖ SVCCISIVARVM ‖ SIVE ‖ MEDITATIONES ‖ HISTORICAE. ‖ Continentes accuratum delectum memorabilium Historia- ‖ rum, & rerum tam veterum, quàm recentium, singulari ‖ studio inuicem colla- tarum, quae omnia lectoribus & ‖ vberem admodum fructum, & liberalem pariter oble- ‖ ctationem afferre potuerunt. ‖ Vnà cum indice locupletißimo. ‖ PHIL- IPPO CAMERARIO I. F. IVRIS- ‖ CONSVLTO, ET REIPVB. NORICAE ‖ à consiliis, auctore. ‖
ALTORPHII, ‖ TYPIS CHRISTOPHORI LOCHNERI ET ‖ IOHANNIS HOFMANNI; TYPO- ‖ graphorum Academicorum. ‖ ANNO M D XCI. ‖

Umfang und Format: [16] Bl., 509, [1] S., [37] Bl., 4°.
Ausstattung: Zierleisten.
Beiträger von Briefen vor Beginn des Textes: "I. B. B. M. O." (für Iohannes Bernardi- nus Bonifacius de Oria) und ein Anonymus.- Außerdem werden innerhalb des Werk- textes zahlreiche, vor allem antike Autoren zitiert; unter den neueren Autoren sind Giovanni Bernardino Bonifacio d'Oria, Thomas More, George Buchanan, Giglio Gregorio Giraldi, Théodore de Béze, Daniel Hermann, Jakob Moltzer, Johannes Po- sthius, Henri Estienne, Jacopo Sannazaro, Georg Sabinus und Guillaume Budé (Namensformen nach VD 16, C 576).
Benutzte Exemplare: München BSB 4° H. misc. 22^m.
Erlangen UB Trew Q 414 (303d).
Weitere Ausgabe: Von des Philippus Camerarius Sammelwerk "Operae horarum" gibt es auch Exemplare aus demselben Erscheinungsjahr 1591 mit leicht abweichendem Titelblatt: Statt "ALTORPHII" erscheint dort die Ortsangabe "NORIBERGAE" (Erlangen UB 4° Misc. 303, mit dem handschriftlichen Besitzereintrag "M. Georgius Sigelius Norib. ‖ comparabat sibi Altdorfij ‖ A° 1594. ‖ " auf dem Titelblatt. Von demselben Sigelius sind die Initialen "M-G-S-N ‖ 1594 ‖ " auf dem Einband einge- prägt; innen im Einbanddeckel notierte Sigelius außerdem den Kaufpreis). Eine wei- tere Auflage erschien "1399" - gemeint ist 1599 - in Nürnberg bei Christophorus Loch- nerus (vgl. VD 16, C 578).

Das Posthiusepigramm, das die Lernfähigkeit des Menschen zeigen soll, wurde von Philippus Camerarius zur Ausschmückung einer betreffenden Textstelle verwendet; dort heißt es "... Hoc ipsum illustrauit ele- ‖ gantiss. epigrammate Iohannes Posthius Medicus & poëta exi- ‖ mius. Id, sicut ipse nuper ad me misit, huc asscribendum duxi: "
[1.] ohne eigene Überschrift
    inc.: Mira fides!
    expl.: perficit ingenium.
    5 Distichen (S. 157f).

Parerga: Das angeführte Gedicht wurde nicht abgedruckt.
Literatur: VD 16, C 576 (Druckort Altdorf) und C 577 (Druckort Nürnberg).

1591/5 (verfaßt teilweise 1586/87)
Drei an Pithopoeus zu verschiedenen Anlässen gerichtete Gedichte, darunter ein
Epicedium und ein bereits früher publiziertes Epithalamium
in: Pithopoeus: Poematum liber sextus (1591):

POEMATVM ‖ LAMBERTI ‖ LVDOLFI PITHO- ‖ POEI, DAVENTRI-
ENSIS, ‖ liber Sextus, ‖ qui est SILVARVM tertius, ‖ ad ‖ GEORGIVM LV-
DOVICVM ‖ AB HVTTEN, equitem Francum, ‖ et ‖ OTTONEM A GRVN-
RADE, ‖ equitem Misnicum. ‖
HEIDELBERGAE, ‖ typis Abrahami Smesmanni, ‖ impensis Bernharti Albini. ‖
M. D. XCI. ‖

Umfang und Format: 176 S., 8°.
Ausstattung: Titelholzschnitt (Wappen von der Pfalz und von Bayern), kleinerer
Zierrat (Zierleisten etc.).
Beiträger von Kondolationen zum Tode von drei im Jahr 1586 verstorbenen Familien-
angehörigen des Pithopoeus, und zwar zum Tod des 21jährigen Sohnes Ludolfus am
25.1.1586, zu dem des 19jährigen Sohnes Fridericus am 14.2.1586 und zu dem der
Gattin Adelheida Christophora am 8.9.1586: Iohannes Iungnitius (Rektor der Univer-
sität Heidelberg, Brief an die Universitätsangehörigen vom 10.9.1586), Daniel Tossa-
nus (undatierter Brief an Pithopoeus), Paulus Melissus, Iohannes Posthius, Donatus
Lebeüs, Hermannus Vitekindus, Hippolytus à Collibus, Simo Stenius, David Pareus,
Abrahamus Milus und Pithopoeus selbst; Beiträger von Texten zu verschiedenen An-
lässen: Daniel Tossanus (Dankesbrief für ein Gedicht, verfaßt 2.12.1586), Melissus
(Antwortgedicht, datiert Heidelberg 1587), ein "Rivalis" (wohl scherzhaft von Pitho-
poeus verfaßt) und Iohannes Lauterbachius (Freundschaftsgedicht, datiert 1.4.1587);
Beiträger von Gratulationen zur Wiederverheiratung am 20.6.1587 mit Margareta, der
Witwe des Zacharias Ursinus: Iohannes Lauterbachius, Georgius Sohn, Paulus Melis-
sus, Iohan. Posthius, Nicolaus Reusnerus, Simon Stenius, David Pareus, Pithopoeus
selbst, die Braut (fiktiv?), ein "C. H.", Martinus Lidius (Brief vom 10.8.1587) und Ia-
cobus Gruterus; Weitere Beiträger von Texten zu verschiedenen Anlässen: Eberhartus
Dedekinus (Gedicht, datiert Heidelberg 12.10.1582, mit einem Antwortgedicht des Pi-
thopoeus) und Iohannes Posthius (Antwortgedicht auf eine des Posthius Nachnamen
preisende Elegie des Pithopoeus); weitere Beiträger (nach VD 16, H 1746): Heinrich
Altenhofen, Stephan Isaac, Ambrosius Lobwassewr und Paul Otto.
Benutztes Exemplar: Wolfenbüttel HAB P 1540 Helmst. 8° (unvollständig, bricht im
Text auf S. 160 ab).

Pithopoeus veröffentlichte seine Gedichte in mehreren Bänden, die er im Laufe der
Jahre herausgab. Dabei publizierte er nicht nur eigene Texte, sondern auch - soweit sie
zum Thema paßten - Gedichte und Briefe, die an ihn gerichtet waren. Den sechsten
Band seiner Werke widmete Pithopoeus mit einem Widmungsgedicht den Pfälzer Rä-

*ten Georgius Ludovicus ab Hutten und Otto a Grunrade, das er am 1.1.1591 in Hei-
delberg verfaßte.*

*Der Band enthält drei Posthiusgedichte: Das erste betrauert den Tod dreier Familien-
angehöriger des Pithopoeus, die 1586 verstorben waren, das zweite gratuliert zur Wiederverheiratung im Jahre 1587 und im dritten dankt Posthius für ein erhaltenes Gedicht:*

[1.] mit einer Widmung an Lambertus Ludolfus Pithopoeus
    inc.: CARMINA quid dulceis
    expl.: hoc dubitas sequi?
    9x Hexametrum sequitur trimetrum iambicum (S. 59f).

[2.] mit der Überschrift "... || ... ELEGIA. || "
    inc.: ERGO iterum Lamberte
    expl.: Cypria diua rosis.
    21 Distichen (S. 105f).

[3.] mit einer Widmung an Lambertus Ludolfus Pithopoeus
    inc.: DOCTE et amabiliter
    expl.: vt decet bonum.
    6x Hexametrum sequitur dimetrum iambicum (S. 155).

*Von diesen drei Gedichten hatte Pithopoeus die Glückwunschelegie zu seiner
zweiten Hochzeit bereits 1587 publiziert (vgl. Werkverzeichnis 1587/10).*

Parerga: *Von seinen drei Gedichten nahm Posthius nur das zweite, die Glückwunschelegie zur zweiten Hochzeit des Pithopoeus, in seine Parerga auf (vgl. Werkverzeichnis 1587/10).*

Literatur: *Mittler: Bibliotheca Palatina (Ausstellungskatalog), Textband (1986), S.
436f, Nr. G 4.1.3; VD 16, H 1746.*

1591/6 (verfaßt vermutlich 1580)

**Ein enkomiastisches Epigramm für die Bändchen mit medizinischen Texten des
Lauinger Arztes Martinus Rulandus
in: Rulandus: Curationum centuria III. (1591):**

CVRATIONVM || EMPIRICA= || RVM NOVARVM || IN CERTIS LOCIS
ET || notis hominibus optimè ri- || teque probatarum & ex- || pertarum ||
CENTVRIA III. || Autore || MARTINO RVLANDO || Frisingense Bauaro, Me-
dico Pa- || latino & Laugin= || gano. || Cum INDICE continente morbos, ae- ||
grotorum nomina, Loca, et Medica- || menta iuxta Curationum || seriem digesto. ||
BASILEAE. || (BASILEAE, || PER SEBASTIANVM || HENRICPETRI, ||
Anno || MDXCI.)

*Bei diesem Band handelt es sich um den dritten von insgesamt zehn Zenturien, die ab
der sechsten Zenturie von des Martinus Rulandus gleichnamigem Sohn herausgegeben
wurden.*

Umfang, Format und Erscheinungsjahre der einzelnen Zenturien:
1. Zenturie von 1578/1581/1593: [16] Bl., 162 S., [14] Bl., 16°.

2. Zenturie von 1580: [15] Bl., 230 S., [17] Bl., 16°.

3. Zenturie von 1591/1595: 204 S., [10] Bl., 16°.

4. Zenturie von 1593: 172 S., [10] Bl., 16°.

5. Zenturie (o. O., o. J., wohl 1593): 171, [21] S., und [36] Bl., 16°.

6. Zenturie (o. O., o. J., datierbar nach der Widmungsvorrede vom Januar 1593): [32] Bl., 141 und [1 leere] S., [7] Bl., 16°.

7. Zenturie (abweichender Druckort: LAVINGAE, ‖ Excudebat Leonhardus ‖ Reinmichaelius. ‖ ANNO M.D.XCIV. ‖): [12] Bl., 235, [1] S., [14] Bl., 16°.

8. Zenturie von 1594: 150 S., [5] Bl., 16°.

9. Zenturie von 1595: 160 S., [14] Bl., 16°.

10. Zenturie von 1595: 362, [2] S., 16°.

Ausstattung: *Druckermarken in der ersten Zenturie (alle Ausgaben), in der dritten Zenturie (nur in der Ausgabe von 1595), in der vierten Zenturie, in der neunten Zenturie und in der zehnten Zenturie; Titeleinfassung in der siebten Zenturie.*

Beiträger *in der ersten Zenturie: Achilles P. Gasserus und Nicolaus Reusnerus; in der zweiten: Adolphus Occo, Iacobus Cellarius und Chilianus Piscator; in der dritten Zenturie: Christophorus Homagius, Iohan. Posthius, Nicolaus Reusnerus, Georg. Calaminus, Isaacus Amerbachius und Alexander Hienlin (undatierter Brief); in der vierten Zenturie (nach VD 16): Wilhelm Ursinus; in der fünften Zenturie: Andreas Libavius; in der sechsten: Andreas Libavius; in der siebten Zenturie: Caspar Bauhinus, Georgius Cleminius, Iacobus Cellarius und Michael Fendius.*

Benutzte Exemplare: *Augsburg SuStB (mit der dritten Zenturie von 1591).*

Erlangen UB Trew W 527 (nur die erste Zenturie von 1578).

Erlangen UB Med. II, 829 (sämtliche zehn Zenturien, zu fünf Bänden zusammengebunden, die erste Zenturie dabei von 1593 und die dritte von 1595).

Wolfenbüttel HAB Me 68 (sämtliche zehn Zenturien, die erste Zenturie dabei von 1581 und die dritte von 1595).

Weitere Auflage: *In der Auflage der dritten Zenturie von 1595 ist das unten angeführte Posthiusgedicht bis auf geringe orthographische Abweichungen unverändert abgedruckt. Überhaupt sind die Unterschiede zwischen dieser Auflage und der von 1591 nur sehr gering: Der Titel z. B. blieb unverändert bis darauf, daß nach dem Wort "expertarum" ein Komma hinzugefügt wurde; im Impressum wurden das zweite Komma durch einen Strichpunkt und die Jahreszahl durch "MDXCV." ersetzt (vgl. auch VD 16, R 3655).*

Bei den Zenturien des Rulandus handelt es sich um winzige Büchlein vermischten medizinisch-historischen Inhaltes, die zwischen 1578 und 1595 teils in mehreren Auflagen erschienen (zur ersten Zenturie vgl. Literaturverzeichnis).

Rulandus widmete die dritte Zenturie dem kaiserlichen Rat Iosephus Sighartten à Leonbach et Achleiden, ohne einen eigenen Widmungsbrief und damit ohne Datierung.

Posthius hatte sich über des Rulandus Methoden und weitreichende Absichten zunächst eher reserviert geäußert (vgl. Briefe vom 3.7.1580 und vom 7.8.1580), verfaßte aber dann doch ein enkomiastisches Epigramm für die Zenturien, vermutlich auf Bit-

ten des Rulandus und wohl noch im Jahr 1580. Rulandus publizierte dies Epigramm in der dritten seiner Zenturien, die - soweit bislang feststellbar - 1591 erstmals erschien.
[1.] mit der Überschrift "DE ‖ MARTINO RVLANDO ‖ Medico praestantiss. ‖ "
   inc.: GRassantûm vt quondam
   expl.: qui fugat arte malum.
   3 Distichen (S. 5f).

Parerga: *Das angeführte Gedicht wurde nicht abgedruckt.*

1591/7

Ein Epicedium für einen Sohn des Janus Dousa (gestorben 1590)

Autograph (geschrieben am 21.1.1591)

Umfang und Format: *Einzelblatt, beidseitig beschrieben, 2º.*
Fundort: *London BL Burney 370, Bl. 39 (ehemals Nr. 34).*

Posthius hatte dies Gedicht auf die Rückseite seines Briefes vom 21.1.1591 an Janus Dusa/Dousa notiert.
[1.] mit der Überschrift "De Jano Dousa lugente filium."
   inc.: Pars animae Patrj
   expl.: Calliopeia fleat?
   3 Distichen (verso),
   mit der Unterschrift "Jo. Posthius moerens f.[ecit]"

Parerga: *Das angeführte Gedicht wurde nicht abgedruckt.*

1592/1

Ein Epicedium zum Tod des sächsischen Kurfürsten Christian (verstorben am 25.7.1591)

in: Memoriae Christiani et Iohannis Casimiri (1592):

MEMORIAE ‖ NUNQVAM SATIS LAVDATAE ‖ CHRISTIANI: ‖ SAXO-NIAE DVCIS: ‖ ET ‖ IOHANNIS CASIMIRI ‖ COMITIS PALAT. RHENI: ‖ SACR. ROM. IMP. VICARIORVM ‖ ET ELECTORVM: ‖ HEROVM FOR-TISSIMORVM: ‖ PIETATIS DEFENSORVM: ‖ LIBERTATIS PATRIAE VINDICVM ‖ ACERRIMORVM: ‖ PRINCIPVM (HEV) IN- ‖ COM-PARABILIVM: ‖ IMMATVRE PLANE DEFVN- ‖ CTORVM ‖ SACRVM. ‖ ANNO CHRISTI, ‖ M. D. XCII. ‖ [o. O., wohl Heidelberg].

Umfang und Format: *44 S. (unvollständiges Exemplar; komplette Exemplare: 128 S.), 4º.*
Ausstattung: *Wenig Zierrat (eine Initiale).*
Weitere Beiträger: *Iohannes Ladislaus, Paulus Melissus, Nicolaus Bergholtz, Lambertus Ludolphus Pithopoeus, Theophilus Richius, Georgius Lupichius, Matthias Plato, Samuel Velthusius, Iohannes Heigerus Lasphaeus und Gerhardus Verstegus;*

*außerdem (in kompletten Exemplaren): Marquard Freher, Hendrik de Smet, Simon
Sten, Michael Haeber, Johannes Möller, Thomas Blaurer, Balthasar Cop, Michael
Brinck, Wigand Spanheim, Johannes Müller, Matthäus Troger, Nikolaus Gerbelius
und Bartholomaeus Röder (Angaben nach VD 16, M 4495).*
Benutztes Exemplar: *Würzburg UB 31 an L. rr. q. 95.*

*Diese Gedichtsammlung entstand nach dem Tode des sächsischen Kurfürsten Chri-
stian offenbar unter Federführung des Iohannes Ladislaus: Von ihm stammt die Vorrede und an ihn ist eines der Trauergedichte des Melissus gerichtet. Die Sammlung
sollte wohl zunächst dem Pfälzer Kurfürsten Johannes Casimirus gewidmet werden,
doch als dieser noch vor der Publikation der Sammlung plötzlich verstarb, verfaßte
Melissus rasch einige zusätzliche Gedichte zu diesem Anlaß und sorgte für deren Publikation in der Sammlung. Daher erscheint der Name des Johannes Casimirus auch
im Titel der Sammlung; sie enthält bis auf diese am Ende (ab S. 27) hinzugefügten
Melissusgedichte allerdings nur Epicedia zum Tod des sächsischen Kurfürsten; die
Trauergedichte anderer Autoren zum Tod des Johannes Casimirus wurden - ebenfalls
unter maßgeblicher Beteiligung des Melissus - in einer eigenen Publikation herausgegeben, wobei die erwähnten Melissusgedichte ein zweites Mal publiziert wurden (vgl.
Werkverzeichnis 1592/2a).*

*Das Epicedium von Posthius zum Tode des sächsischen Kurfürsten ist das dritte in
der Sammlung; es folgt auf zwei Gedichte von Melissus.*
*[1.] mit der Überschrift "De obitu ‖ ELECTORIS SAXONIAE, ‖ PRINCIPIS
CHRISTIANISSIMI."*
   inc.: TEne tàm citò, proh dolor, sepultum
   expl.: Heu desiderium tui relinquis.
   25 Hendekasyllaben (S. 10f).

Parerga: *Das angeführte Gedicht wurde nicht abgedruckt.*
Literatur: *VD 16, M 4495.*

1592/2

**Ein Epicedium zum Tod des Pfalzverwesers Johann Casimir (gestorben am
6.1.1592 Julianischer bzw. am 16.1.1592 Gregorianischer Zeit)**

Autograph (geschrieben vermutlich Anfang 1592)

Umfang und Format: *Einzelblatt, einseitig beschrieben, 2°.*
Fundort: *Bibliotheca Apostolica Vaticana Palatinus latinus 1905, Bl. 175.*

*Der Band, in dem das Gedicht aufbewahrt wird, enthält eine Sammlung verschie-
denster an die Pfalzgrafen Johann Casimir und Friedrich IV. sowie an Simon
Grynaeus gerichteter Schriftstücke.*

[1.] mit der Überschrift "De obitu || Jllustriss.[imi] Principis ac D[omi]nj D.[omini]
Johan[n]is || Casimirj, El.[ectoris] Pal.[atini] Administratoris, etc. || "
inc.: Dissoluj optabas, Casimire
expl.: utque imitetur auum.
5 Distichen,
mit der Unterschrift "J. P. m. f." [Johannes Posthius moerens fecit].

Parerga: *Siehe unter Werkverzeichnis 1592/2a.*
Literatur: *Auf die Zugehörigkeit dieses Blattes zu Posthius ist meines Wissens nirgends*
verwiesen; im handschriftlichen Katalog der Vatikanischen Bibliothek zu den Palati-
nahandschriften 922 bis 1956 sind lediglich die Initialen "J. P." angegeben.

1592/2a
Publikation des Epicediums zum Tod des Pfalzverwesers Johann Casimir nebst
sieben weiterer Epicedia zum selben Anlaß, noch ergänzt durch ein Epicedium
zum Tod der Gattin des Wamboldus
in: Parentalia in obitum Iohannis Casimiri (1592):

PARENTALIA || IN OBITVM || IOHANNIS CASIMIRI, || COMITIS PALA-
TINI AD RHENVM, || DVCIS BOIORVM, ADMINI- || STRATORIS ARCHI-
PAL. || PRINCIPIS ET FORTISSIMI || ET OPTIMI: || QVI DECESSIT ||
HAIDELBERGAE IN ARCE, || DIE VI IAN. ANTIQVI, || ANNO CHRISTI ||
M D XCII. ||
[HEIDELBERGAE ANNO CHR. MDXCII.]

Umfang und Format: 39 S., 4°.
Weitere Beiträger: Paulus Melissus, Vol.[radus] a Pl.[essen], Marquardus Freherus,
Henricus Smetius, Simon Stenius, ein "F. S.", Michael Haebererus und Iohannes
Mollerus.
Benutztes Exemplar: München BSB 4° Bavar. 2120.IX. 51(1.; in diesem Sammelband
geht den angeführten Epicedia für Johannes Casimirus ein Epicedium des Fr. Iunius
zum selben Anlaß voraus; dieses ist mit denselben Typen gedruckt, umfaßt 15 S. und
enthält Druckort und -jahr (vgl. Literaturverzeichnis). Es bildete offenbar mit dem an-
geführten Titel zusammen eine feste Einheit, so daß auf die erneute Angabe von
Druckort und -jahr verzichtet werden konnte.

Diese Sammlung wurde offenbar von Melissus besorgt (vgl. Überblick, Kapitel 48):
Dieser verfaßte die an Pfalzgraf Fridericus IV. gerichtete Widmung auf der Rückseite
des Titelblattes, acht Trauergedichte (diese waren bereits kurz zuvor in anderem Zu-
sammenhang publiziert worden; vgl. Werkverzeichnis 1592/1) und - für den Abschluß
der schmalen Schrift - drei weitere Gedichte.
Von Posthius enthält diese Sammlung insgesamt neun Gedichte, acht davon zum
Tod des Johannes Casimirus. Als erstes ist, an zwei Stellen überarbeitet, das oben als
Autograph angeführte Posthiusgedicht abgedruckt, gefolgt von sieben weiteren Epicedia
zum selben Anlaß; diese Gedichte sind durchnumeriert und insgesamt "EPI-
GRAMMATA." überschrieben.

An anderer Stelle in dem Bändchen ist ein weiteres Posthiusgedicht abgedruckt, das offenbar auf die Kunde hin entstand, die Frau und die (wohl neugeborenen) Kinder des Amberger Gouverneurs Philippus Wamboldus seien verstorben.

I. *ohne spezielle Überschrift*
    inc.: DISSOLVI optabas, CASIMIRE
    EXPL: utque imitetur avum.
    5 Distichen (S. 23).

II. *ohne spezielle Überschrift*
    inc.: ANNO ineunte novo
    expl.: gaudia, vera tenes.
    3 Distichen (S. 23).

III. *ohne spezielle Überschrift*
    inc.: OSCVLA defuncto
    expl.: vim, rapidusque dolor!
    3 Distichen (S. 23).

IV. *ohne spezielle Überschrift*
    inc.: TE verno melius
    expl.: sortisque futurae!
    6 Hexameter (S. 24).

V. *ohne spezielle Überschrift*
    inc.: QVAE te lux rapuit
    expl.: cernet habere genas.
    3 Distichen (S. 24).

VI. *mit der Überschrift "De CASIMIRANO collegio."*
    inc.: QVI fuit a teneris
    expl.: Martis alumnus opus?
    5 Distichen (S. 24).

VII. *ohne spezielle Überschrift*
    inc.: QVARTA novem lustris
    expl.: Dux CASIMIRVS heros.
    Distichon (S. 25).

VIII. *mit der Überschrift "AD FRIDERICVM IV. EL. PAL. ‖ Dominum suum clementiss. ‖ "*
    inc.: HACTENVS ille tuus
    expl.: carus erisque polo.
    6 Distichen (S. 25).

[9.] *mit der Überschrift "AD PHILIPPVM VVAMBOLDVM ‖ Proprincipem Ambergae, ‖ POSTHII Epigramma. ‖ "*
    inc.: DEFLEBAS generose tuam
    expl.: sunt graviora malis.
    5 Distichen (S. 36f).

Parerga: *Posthius nahm die ersten acht seiner Gedichte mit derselben Numerierung in seine Parerga auf (nur zweite Ausgabe Pars altera, S. 74-77); der Wortlaut ist dabei in* *den Nummern I, V und VI leicht überarbeitet, dabei in Nummer V auch am Beginn des Gedichtes:*

   inc.: Qua te lux rapuit (S. 75f).

Literatur: *Krauß: Melissus (1918), Bd. II, S. 240-246; Kühlmann/Wiegand: Parnassus (1989), S. 78f und 239 (Übersetzung und Erläuterung des unter Nr. VI angeführten Epigramms); VD 16, P 735.*

1592/2b

Wiederabdruck von dreien der Epicedia zum Tod des Johann Casimir in einer Anthologie, ergänzt durch zwei weitere Epigramme zum selben Anlaß, sowie Wiederabdruck von neun Gedichten aus den "Parerga"
in: Turnemainnus: Triumphus poeticus mortis (1624):

TRIVMPHVS POETI- ‖ cus Mortis, ‖ Hoc est, ‖ Selectißima Carmina ‖ IN OBITVM ‖ (I.) OMNIVM FERME IM- ‖ PERATORVM, (2.) QVAM PLVRI- ‖ MORVM REGVM SACRORVM SEV IVDAEORVM, ‖ Troianorum, Grae- corum, Hunnorum, Gotorum, Gallorum, ‖ Hispanorum, Anglorum, Scotorum, Polonorum, Hungaro- ‖ rum, Danorum, aliorumque populorum: (3.) nec non Electo- ‖ rum, Ducum & Principum Bohemiae, Palatinatus, Saxo ‖ niae: Holsat: Hass. Misn. Cliv. Braunsuic: Anhalt. Megapol. ‖ Lotharing. Sabaud. Burgund. Ve- net: plurimorumque aliorum ‖ (4.) vt & Comitum Flandriae, Hollandiae; Nas- souiae, Ha- ‖ nou. Solm Gleich. Schvvartzburg. Sein. Bentheim, Schom ‖ burg Arnsburg. Luxenburg. &c (5.) Et denique Baro- ‖ num, Smilzizki Lympurg Lam- perg, ‖ Schleinitz, Schon- ‖ berg, &c. ‖ EX OPTIMIS TOTIVS EVROPAE ‖ Poëtis conquisita. ‖ In salutarem mortis meditationem: ‖ In memoriam sempiter- nam, vt magnorum illorum Heroum, ‖ sic et ipsorum poetarum: ‖ Et denique in vsum Scholarum et Academiarum: et o ‖ mnium Poeseos amantium: ‖ Adornatus studio ‖ MATTHAEI TVRNEMAINNI ‖ Verbi Dei ministri ‖ PROSTAT FRANCOFVRTI; ‖ In Officina Gottfridi Bezerii: Anno 1624 ‖

Umfang und Format: *[8] Bl., 818, [5] S., 8°*
Ausstattung: *Titeleinfassung, Zierleisten.*
Beiträger *von Epicedia zum Tode des Pfalzgrafen Iohannes Casimirus: Paulus Melis- sus Schedius, Vol.[radus] a Pl.[essen], Marquardus Freherus, Jo.[annes] Posthius, Henricus Smetius, Joannes Mollerus und Lambertus Ludolfus Pithopoeus; Beiträger von "EPITAPHIA" zum Tode desselben Pfalzgrafen: Lambertus Ludolfus Pithopoeus, Melissus, Michael Hebererus, Joannes Posthius und Pantal.[eon] Candidus; zahlrei- che weitere Beiträger im Gesamtwerk (Anthologie!).*
Benutzte Exemplare: *Göttingen NSuUB 8° Poet. lat. rec. I, 810 (mit dem handschriftli- chen Besitzervermerk "Inservio Musis Henr. Chr. Henninĩ, A. 1692." unten auf dem Titelblatt).*
Wolfenbüttel HAB 91.1 Poetica (2).

Die Anthologie des Turnemainnus umfaßt sechs Teile, die sich nur grob mit den An- gaben im Titel decken: Sie beginnt und endet jeweils mit allgemeinen Kapiteln über

Tod und Leben des Menschen, in denen die Gedichte nach Themenkreisen geordnet sind, während die vier nach Ständen gegliederten Hauptteile Trauergedichte für bestimmte Personen enthalten. Die einleitende Rubrik "MEDITATIONES GENERA-LES MORTIS: ‖ " und die abschließende Rubrik "ADMONITIONES ‖ AD PRAE-PARA- ‖ TIONEM AD ‖ MORTEM. ‖ " verfügen lediglich über Seitentitel, die vier Hauptteile über Kaiser, Könige, Fürsten und niederen Adel dagegen über eigene, durchnumerierte Überschriften: "Sectio I. ‖ DE ‖ POTENTIS- ‖ SIMIS ET INVI- ‖ CTISSIMIS S. ROMANI ‖ IMPERI IMPERA- ‖ toribus. ‖ ", "SECTIO II. ‖ DE SERENMISSI- ‖ MIS ET POTEN- ‖ TISSIMIS REGIBUS ET ‖ REGINIS. ‖ ", "SECTIO III. ‖ DE ILLUSTRIS- ‖ SIMIS ET GENERO- ‖ SISSIMIS ELEC-TORI- ‖ BUS, PRINCIPIBUS ‖ & Ducibus. ‖ " und "SECTIO IV. ‖ DE ‖ ILLU-STRI- ‖ BUS ET GENEROSIS COMITIBUS ‖ ET BARONI- ‖ bus. ‖ " Die an den Leser gerichtete Widmungsvorrede ist undatiert.

Die Anthologie enthält insgesamt 14 Posthiusgedichte, von denen Turnemainnus neun den Parerga des Posthius entnahm. Diese Gedichte haben teils bestimmte Themen, teils bestimmte verstorbene Personen zum Gegenstand und sind daher über die Anthologie verteilt:

In der einleitenden Abteilung ist das "Vita fugit rapti ..." beginnende Posthiusgedicht abgedruckt (in der ersten Ausgabe der Parerga Bl. 37v f, in der zweiten Pars prima, S. 66; bei Turnemainnus S. 9). Die Sektion über die Kaiser enthält drei zum Tod Kaiser Maximilians II. verfaßte Gedichte (vgl. Werkverzeichnis 1576/3). Während in der Sektion über die Könige keine Posthiusverse zu finden sind, enthält die Sektion über die Fürsten Epicedia des Posthius für Johannes Casimirus (siehe unten) und für den Anhalter Fürsten Joachim Ernst (vgl. Werkverzeichnis 1587/1). In die Sektion über Grafen und Barone fanden zwei zum Tode des Albertus Baro Lympurgicus verfaßte Posthiusgedichte Eingang (vgl. Werkverzeichnis 1577/1). Die abschließende allgemeine Abteilung enthält zwei Posthiusgedichte, und zwar in den Themenkreisen "DE ‖ VITA PRAESENTE ‖ " und "DE ‖ VITA HUMANA ‖ ". Beim einen dieser Gedichte handelt es sich um ein "EXilium haec ..." beginnendes Epigramm (in der ersten Ausgabe der Parerga Bl. 120v, in der zweiten Ausgabe Pars prima, S. 203; bei Turnemainnus S. 802f), beim anderen um das aus Hexametern bestehende Gedicht "VIta brevis ..." (nur in der zweiten Ausgabe der Parerga Pars altera, S. 132; bei Turnemainnus S. 804).

Die restlichen fünf Posthiusgedichte, die Turnemainnus abdruckte, beschäftigen sich alle mit dem Tod des Pfalzverwesers Johannes Casimirus. Entsprechend sind sie in der dritten Sektion abgedruckt, und zwar im Kapitel "IN OBITUM ‖ IOHANNIS CASI- ‖ MIRI COMITIS PALATINI AD ‖ RHENUM, DUCIS BOIORUM, ‖ Administratoris Archipal. ‖ ". Dieses Kapitel enthält neben einem allgemeinen Teil eine spezielle Gedichtgruppe mit dem Titel "EPITAPHIA ‖ ". Im allgemeinen Teil ist ein Auszug aus der unter Werkverzeichnis 1592/2a angeführten Sammlung von Epicedia abgedruckt, darunter drei Posthiusgedichte, und zwar die oben unter Nr. I, Nr. II und Nr. V verzeichneten; ihr Wortlaut blieb unverändert (S. 289f). Die spezielle Gruppe der Epitaphia enthält zwei Posthiusgedichte, denen Turnemainnus in dieser Gruppe die

Nummern "V." und "VI." zuwies. Die Quelle, der Turnemainnus diese beiden Gedichte entnahm, ließ sich bislang nicht feststellen.
[10.] mit der Überschrift "Ipse Princeps loquitur."
  inc.: QVid mea mortales
  expl.: qui mea fata gemit.
  10 Distichen (S. 319f).
[11.] ohne besondere überschrift
  inc.: EXpertus mundi
  expl.: sancta nocere NIHIL.
  4 Distichen (S. 320).

Parerga: *Die beiden als Nummer 10 und 11 angeführten Epitaphia für Johannes Casimirus nahm Posthius nicht in seine Parerga auf. Alle übrigen bei Turnemainnus abgedruckten Gedichte sind in den Parerga im selben Wortlaut angeführt (vgl. oben).*

1592/3

Ein enkomiastisches Gedicht für ein Werk des Schraderus/Schradaeus über Inschriften in Italien
in: Schraderus: Monumentorum Italiae libri (1592):

MONVMENTO- ‖ RVM ITALIAE, ‖ Quae hoc nostro saeculo & à Christianis ‖ posita sunt, ‖ LIBRI QVATVOR. ‖ Editi â ‖ LAVRENTIO SCHRADERO ‖ HALBERSTADIEN: ‖ Saxone. ‖ HELMAESTADII ‖ Typis Iacobi Lucij Transyluani. ‖ M.D.XCII. ‖

Umfang und Format: *[8], 410, [1] Bl., Groß-2°.*
Ausstattung: *Druckermarke, Zierleisten.*
Weitere Beiträger *enkomiastischer Texte: Joachimus Camerarius, Ioannes Sturmius (Prosatext), Alexander Graphaeus, Joannes Caselius, Iacobus Cellarius, Adolphus Occo, Tobias Fisterus, Bernardus Mollerus, Otto Grummerus, Ioan:[nes] Gruterus, Andreas Ditmarus und Ioannes Sluterus.*
Benutztes Exemplar: *München BSB 2° Ital. 149 (mit einem Exlibris innen im vorderen Einbanddeckel von "Hieronymus ‖ Coeler" und einem weiteren Exlibris auf dem folgenden Blatt: "Ex bibliotheca Christ. Gottl. ‖ Schwarzii, Prof. P. Altorf.").*

Die an den Bremer Erzbischof Iohannes Adolphus gerichtete Widmungsvorrede des Werkes verfaßte Schraderus am 1.9.1592 in Osnabrück. Der Band enthält nur ein Posthiusgedicht, in dem der von Posthius "Schradaeus" genannte Autor zur Edition seiner Inschriftensammlung aufgefordert wird.
[1.]. mit einer Widmung an Laurentius Schradaeus
  inc.: QVid cunctaris adhuc
  expl.: officiosa tuos.
  4 Distichen (Bl. 3v vor Beginn der Blattzählung).

Parerga: *Das angeführte Gedicht wurde nicht abgedruckt.*

1592/4

Zwei Epithalamia zur Hochzeit des Conradus Rittershusius und der Helena Theodosia Staudnera, die am 14.11.1592 gefeiert wurde

Autograph (geschrieben vermutlich Ende 1592)

Umfang und Format: Einzelblatt, beidseitig beschrieben, 2°.
Fundort: Hamburg SuUB Supellex epistolica 47, Bl. 256 (= Nr. CCXLII).

Beim Bräutigam handelt es sich um den mit Posthius gut bekannten Conradus Rittershusius (1560-1613; vgl. Überblick, Kapitel 44 bis 46), bei der Braut Helena (1569-1607) um eine Tochter des Sulzbacher Pastors und Superintendenten Georgius Staudnerus.

   Das Blatt mit den Glückwunschgedichten des Posthius zu dieser Hochzeit sammelte Rittershusius mit den Gedichten anderer Autoren, die er zu verschiedensten Anlässen erhielt; diese Sammlung, die schließlich Texte von etwa 110 Autoren umfaßte, befindet sich heute geschlossen in Hamburg (Codex Supellex epistolica 47, Bl. 253 bis Bl. 373).

   Ein Begleitbrief des Posthius zu seinen Glückwunschgedichten hat sich nicht erhalten; vielleicht wurde das Blatt zusammen mit weiteren Gedichten zum selben Anlaß von Melissus oder Gruterus übersandt.

[1.] mit der Überschrift "In Nuptias || Conradj Rittershusij J. C. in celeberr. || Academia Altorfiana Professoris publ. || & || Helenae Staudneriae, etc. Virginis || honestiss. || "
   inc.: Non tantùm eximias
   expl.: sidera fausta polj.
   7 Distichen (recto)
[2.] mit der Überschrift "Aliud || Ad Sponsum || "
   inc.: Vndique circumstant nos
   expl.: fertile pacis opus.
   6 Distichen (recto und verso),
   mit der Unterschrift: "Johan. Posthius, Aulae || Pal. El. Medicus f.[ecit] || "

Parerga: Posthius nahm seine beiden Epithalamia in seine Parerga auf, wobei er das erste unverändert übernahm; im zweiten ersetzte er im ersten Pentameter das Wort "madefacta" durch "saturata" (nur zweite Ausgabe Pars altera, S. 100).

1592/4a

Publikation der Epithalamia zur Hochzeit des Conradus Rittershusius und der Helena Theodosia Staudnera durch Rittershusius
in: Amores Rittershusii (1592):

AMORES || CONRADI || RITTERSHVSII || BRVNSVV: || Clarißimorum
Poëtarum elogijs || celebrati. || AVCTORVM NO- || MINA. Scipio Gentilis ||
Paulus Melissus. Marquardus Freherus. || Iohannes Posthius. || Ianus Gruterus. ||
Franciscus Modius. || Nicolaus Taurellus. || Lamb. Ludolf. Pithopoeus. ||

(Fortsetzung in einer zweiten Spalte, neben Gentilis beginnend) Georgius Caroli-
des. ‖ Petrus Bertius. ‖ Matthias Nizolius. ‖ Dauid Hoeschelius. ‖ Georgius
Volckartus. ‖ Andreas Mollerus. ‖ Dauid Palladius. ‖ Georgius Staudnerus. ‖
ALTORFII. ‖ TYPIS CHRISTOPHORI LOCHNERI, ‖ TYPOGRAPHI ACA-
DEMICI. ‖ M.D.XCII. ‖

Umfang und Format: [13] Bl., 4°.
Ausstattung: Kleinerer Zierrat (Schmuckleiste, Initiale etc.).
Die Beiträger sind alle im Titel genannt.
Benutzte Exemplare: Würzburg UB 57 an L. rr. q. 95.
Erlangen UB Phl. IX, 29.

Rittershusius publizierte die beiden Posthiusgedichte im selben Wortlaut wie im Auto-
graph (Bl. 5v f).
Literatur: VD 16, A 2322.

1592/5

Ein enkomiastisches Gedicht für die Aristotelesausgabe des Pacius
in: Aristoteles: Organon (1592):

ΑΡΙΣΤΟΤΕΛΟΥΣ ‖ ΟΡΓΑΝΟΝ. ‖ ARISTOTELIS ‖ STAGIRITAE PERI-
PATETICORVM PRINCIPIS ‖ ORGANVM: ‖ Hoc est libri omnes ad Logicam
perti- ‖ nentes, Graecè, & Latinè, ‖ IVL. PACIO A BERIGA interprete. ‖ Cum
triplici INDICE. ‖ Editio secunda accuratè recognita & emendata. ‖
(ΠΟΡΦΥΡΙΟΥ ΕΙΣΑΓΩΓΗ. ‖ PORPHYRII ISAGOGE, ‖ IVL. PACIO inter-
prete. ‖)
FRANCOFVRTI ‖ Apud heredes Andreae Wecheli, ‖ Claudium Marnium, &
Ioan. Aubrium: ‖ MDXCII. ‖

Umfang und Format: [8] Bl., 919, [1] S., 8°.
Ausstattung: Druckermarke, Holzschnitte.
Weiterer Beiträger eines enkomiastischen Gedichtes: Lambertus Pithopoeus (datiert
Anfang Juli 1590).
Benutztes Exemplar: München BSB A. gr. b. 548.
Weitere Auflagen: Weitere Auflagen erfolgten in den Jahren 1597 und 1598 (vgl. VD
16, A 3528 und A 3529).

Die Aristotelesausgabe des Pacius war zunächst 1584 in Morges bei Laimarius er-
schienen (vgl. Literaturverzeichnis), wobei Pacius die Widmungsvorrede vom 7.3.1584
an Carolus Baro a Zerotin richtete. In der oben angeführten Frankfurter Ausgabe folgt
auf die Widmungsvorrede noch eine Vorrede des Druckers an die Leser.
   Posthius verfertigte sein Enkomion für diese Ausgabe wohl auf Betreiben der Kor-
rektoren der Wechelschen Offizin, zu der er langjährige Verbindungen hatte.

[1.] mit der Überschrift "IN ARISTOTELEM IVLII PACII ‖ *Philosophi & I. C. cla-*
rissimi. ‖ *"*
    inc.: Magnus ARISTOTELES
    EXPL: commoda plura feras.
    9 Distichen (Bl. 6r).

Parerga*: Posthius nahm sein Gedicht in seine Parerga mit unverändertem Wortlaut auf*
(nur zweite Ausgabe Pars altera, S. 52).
Literatur*: VD 16, A 3527; Index Aureliensis 108.718.*

1592/6
Ein an Henricus Stephanus gerichtetes Gedicht über den Sinn der Jagd
in: Stephanus: De venatione epigrammata (1592):

DE MARTINALI- ‖ TIA VENATIONE, ‖ Siue, ‖ DE THEROPHONIA SE- ‖
getum & vitium alexicaca, ‖ Edita ab illustriss. Principe, FRIDERI- ‖ CO IIII,
Palatino electore, &c. ‖ EPIGRAMMATA HEN- ‖ RICI STEPHANI. ‖
HEIDELBERGAE, ‖ Apud Abrahamum Smesmannum. ‖ ANNO M.D.XCII.
[handschriftlich verbessert zu "XCIII."] ‖

Umfang und Format*: 36 S., 4°.*
Ausstattung*: Druckermarke, Zierleisten und anderer kleinerer Zierrat.*
Beiträger*: Ianus Posthius und Paulus Melissus.*
Benutztes Exemplar*: Wolfenbüttel HAB 56.4 Poet.*

In dieser schmalen Schrift verarbeitete Stephanus in poetischer Form eine Martinijagd
des Pfälzer Hofes, vermutlich die des Jahres 1592.
    Die Schrift beginnt mit einem an Wolfgangus Zundelinus gerichteten Gedicht des
Stephanus, auf das ein an denselben gerichtetes, umfangreiches undatiertes Schreiben
des Stephanus folgt, in dem er u. a. über die Entstehung seiner Epigramme über die
Martinijagd berichtete. Es schließt sich ein Gedicht an die Leser an, das die Stelle ei-
ner Vorrede vertritt.
    Die eigentliche Gedichtsammlung besteht zunächst aus 22 Epigrammen, von
denen 16 an den Jagdherren, Pfalzgraf Friedrich IV., gerichtet sind; die restlichen sechs
wenden sich an die Jagdaufseher und an deren Hilfskräfte.
    Daran schließt sich ein Gedichtzyklus über den Sinn der Jagd an, in dem auch Po-
sthius und Melissus mit Versen vertreten sind: Zunächst wundert sich Stephanus in ei-
nem an Posthius gerichteten Epigramm über einen Massenabschuß von Tieren. Po-
sthius meint in seinem Antwortgedicht, man müsse zum Schutz der Landwirtschaft
das Wild noch viel stärker reduzieren und das erjagte Wildbret den Bauern zum Essen
überlassen. Stephanus antwortet mit zwölf speziellen Epigrammen und fragt in einem
dreizehnten den Melissus um dessen Meinung über den Vorschlag des Posthius. Der
Zyklus endet mit dem Antwortgedicht des Melissus.

[1.] mit der Überschrift "... EPIGR. AD ‖ HENR. STEPHANVM, de strage ferarum ‖ in iis qui praecedunt huius versibus memorata. ‖ "
inc.: *MVLTA Palatinis*
expl.: *Miseros beabis rusticos.*
5x Hexametrum sequitur dimetrum iambicum (S. 27).

Parerga: *Das angeführte Gedicht wurde nicht abgedruckt.*

1593/1
Elf Epithalamia zur Hochzeit des Pfalzgrafen Fridericus IV. und der Loisa Iuliana von Uranien-Nassau, die am 13.6.1593 in Dillenburg gefeiert wurde in: Emmetron in nuptias Friderici IV. et Loisae Iulianae (1593):

EMMETRON IN NVPTIAS ‖ SERENISSIMI ILLVSTRISSIMIQUE ‖ PRINCIPIS ELECTORIS ‖ FRIDERICI IV. ‖ COMITIS PALATINI AD ‖ RHENVM, DVCIS BOIORVM; ET ‖ ILLVSTRISSIMAE GENEROSIS- ‖ SIMAEQNE HEROINAE ‖ LOISAE IVLIANAE ‖ PRINCIPIS VRANIAE, CO- ‖ MITIS NASSOVIAE: ‖ MODVLATVM A ‖ PAVLO MELISSO FRANCO. ‖ Adiecta sunt Epigrammata Posthij, ‖ Freheri, Gruteri. item ‖ Elegia Melissi, quam scripsit calendis ‖ Ianuariis. ‖
ANNO CHRISTI ‖ M D XCIII. ‖ MENSE IVNIO: ‖ [o. O.]

Umfang und Format: *31 S., 4°.*
Beiträger: *vgl. Titel.*
Benutztes Exemplar: *München BSB 4° Bav. 2120 XI(29.*

Dies von Melissus herausgegebene Bändchen enthält elf durchnumerierte Epithalamia von Posthius (vgl. auch Überblick, Kapitel 48):
I. ohne besondere Überschrift
  inc.: *VNDE tibi legeres*
   expl.: *quem Dea tanta sinu?*
   3 Distichen (S. 13).
II. ohne Überschrift
  inc.: *ANTE novem fuerant*
  expl.: *abstulit inde meus.*
  Distichon (S. 13).
III. ohne Überschrift
  inc.: *LAETA dies veneris*
  expl.: *nomine clara magis.*
  3 Distichen (S. 13).
IIII. mit der Überschrift "LOISA PRINCEPS VRANIA. ‖ Anagramma ‖ EN SOLA PRINCIPIS AVRA. ‖ "
  inc.: *AVRA viatorem rapido*
  expl.: *sola quies animi.*
  Tetrastichon (S. 13)

V. ohne Überschrift
   inc.: VRANIE tenui dulces
   expl.: corda Deûmque potest.
   4 Distichen (S. 13f).
VI. ohne Überschrift
   inc.: VRANIA amißâ doctae
   expl.: Vraniosque dabit.
   Tetrastichon (S. 14).
VII. ohne Überschrift
   inc.: VISVS ES IN SOMNIS
   EXPL: vera monere solet.
   3 Distichen (S. 14).
VIII. ohne Überschrift
   inc.: DVM FRIDERICE aberas
   expl.: et comitatur Amor.
   5 Distichen (S. 14).
IX. ohne Überschrift
   inc.: STEMMA Palatinum
   expl.: annumeratis avos!
   4 Distichen (S. 15).
X. ohne Überschrift
   inc.: INGREDERIS thalamum
   expl.: sitis uterque comâ.
   Tetrastichon (S. 15).
XI. mit der Überschrift "AD SPONSAM:"
   inc.: ET pater et genetrix
   expl.: consilia alta Dei!
   4 Distichen (S. 15).

Parerga: *Die angeführten Gedichte wurden nicht abgedruckt.*
Literatur: *Krauß: Melissus (1918), Bd. II, S. 246-250; Kühlmann/Wiegand: Parnassus (1989), S. und 248f (Übersetzung und Erläuterung des Epithalamiums von Freherus zur Hochzeit von Fridericus IV. und Loisa Iuliana).*

1593/2

Ein Glückwunschgedicht zur Geburt von des Rittershusius Sohn Henricus im September 1593

Autograph (geschrieben im Dezember 1593)

Umfang und Format: *Einzelblatt, 2°*
Fundort: *Hamburg SuUB Supellex epistolica 46, Bl. 283 (= Text Nr. 208; eine Abschrift davon befindet sich in der Bibliotheca Apostolica Vaticana Vat. lat. 11059, Bl. 11v).*

Das Blatt enthält lediglich ein Gedicht; wenn darin auch der Name des Neugeborenen nicht genannt wird, so geht doch aus dem Text hervor, daß es sich um des Rittershusius ersten Sohn, den im September 1593 geborenen Henricus, handeln muß. Posthius übersandte das Gedicht mit einem Brief im Dezember 1593 (vgl. Werkverzeichnis 1593/2a).

[1.] *mit der Überschrift* "Johan. Posthius D. Conrado Rittershu = ‖ sio J. C. de recens nato filio gratulatur. ‖ "
  inc.: *Quòd proles, Conrade*
  expl.: *Cypris, Apollo fauent!*
  5 Distichen.

Parerga: *Posthius nahm dieses Gedicht in seine Parerga in unveränderter Form auf (nur zweite Ausgabe Pars altera, S. 141).*

1593/2a
Publikation des Glückwunschgedichtes zur Geburt des Rittershusiussohnes Henricus
in: Rittershusius: Epos de nuptiis Rosacii (1594):

EPOS ‖ CONRADI ‖ RITTERSHVSII BRVN- ‖ SWICEN. I. V. D. ‖ De Nuptiis ornatißimi virtute ‖ doctrináque viri, ‖ M. ADAMI ROSACII ‖ SVTICENSIS, THOMAE VIRI ‖ SENATORII F. EX PROFESSORE ‖ Antiquae Acad. Pragensis &c. ‖ Celebrandis Suticae in regio Bohemiae muni- ‖ cipio die Faustini, qui est XV. Februarii, ‖ ANNO ‖ MDXCIV. ‖ Cum honesta et venusta matrona ‖ ELIZABETHA, VIDVA ‖ DANIELIS BOCHAVFII, PIAE ‖ memoriae, civis quondam & Senatoris in ‖ eodem municipio. ‖ NORIBERGAE, ‖ TYPIS GERLACHIANIS. ‖ [1594]

Umfang und Format: *[4] Bl., 4°.*
Ausstattung: *Holzschnitte (Zierleisten).*
Weiterer Beiträger: *Samuel Picus.*
Benutztes Exemplar: *Gießen UB (mit handschriftlichen Unterstreichungen und einer Glosse in margine).*

Als Rittershusius am 3.1.1594 ein längeres Epithalamium in Hexametern zur Hochzeit des Adamus Rosacius mit Elizabetha, der Witwe des Daniel Bochaufius verfaßte und in Nürnberg zum Druck gab, ließ er das Glückwunschgedicht des Posthius zur Geburt seines Sohnes Henricus gleich mit publizieren samt einem Begleitschreiben, in dem er berichtete, er habe am selben Tage, also am 3.1.1594, dieses Posthiusgedicht erhalten und es wegen seiner für Posthiusgedichte kennzeichnenden Qualität für den Adressaten und für weitere Freunde abschreiben wollen, zumal er, Rittershusius, hoffe, daß sich des Posthius Wünsche für eine zahlreiche Nachkommenschaft auch beim Adressaten erfüllen würden. Der Einfachheit halber habe er, Rittershusius, das Gedicht jedoch nicht etliche Male abgeschrieben, sondern gleich mit dem Epithalamium publizieren lassen.

Der Text des Posthiusgedichtes deckt sich mit dem oben angeführten Autograph bis darauf, daß noch folgende Datierung hinzugefügt ist: "HEIDELBERGAE mense Decembri, ‖ Anno M.D.XCIII. ‖ " (Bl. 4r f; das erwähnte Begleitschreiben ist Bl. 4r abgedruckt).
Literatur: *Enchiridion renatae poesis Latinae in Bohemia et Moravia cultae, Bd. 4, Pragae 1973, S. 331; VD 16, R 2553.*

1593/3

Zwei Epithalamia zur Hochzeit des Marquardus Freherus und der Catharina Wiera/Weiera, die im Spätherbst 1593 heirateten

Manuskript, teils von der Hand des Posthius, teils von der seines Sohnes Erasmus (geschrieben vermutlich im Herbst 1593)

Umfang und Format: *[2] Bl., 2°.*
Fundort: *München BSB Clm. 28289, Bl. 15f.*

Bei dem Brautpaar handelt es sich um einen mit Posthius gut bekannten Pfälzer Rat und um eine Enkelin des als Bekämpfer des Hexenwahns bekannt gewordenen Johann Weyer. Von den beiden Blättern mit Posthiusgedichten weist nur das zweite eine ursprüngliche Überschrift auf; sie ist allerdings nicht von Posthius selbst, sondern ebenso wie auch der Gedichttext dieses zweiten Blattes von seinem Sohn Erasmus geschrieben; vermutlich hatte Posthius in seinem Entwurf mehrfach korrigiert und daher seinen Sohn mit einer saubereren Abschrift beauftragt; dabei wollte er wohl seinen damals elfjährigen Sohn frühzeitig an das Schreiben derartiger Glückwunschgedichte einschließlich der dazugehörenden Formalia gewöhnen.
[1.] ohne ursprüngliche Überschrift
   inc.: Laesus Acidalio
   expl.: gaudeat officio.
   5 Distichen (Bl. 15r),
   mit der Unterschrift "Johan. Posthius, Aulae ‖ Pal. Elect. Medicus f.[ecit] ‖ "
[2.] Mit einer Widmung an Marquardus Freherus
   inc.: Et nomen Dominae
   expl.: óptimumque Jovam.
   20 Elfsilbler (Bl. 16r),
   mit der Unterschrift "Johan. Posthius M.[edicinae] D.[octor] f.[ecit]"
Freherus, der Bräutigam, sammelte die beiden Blätter zusammen mit Epithalamien anderer Autoren, und zwar von Janus Gruterus, Georgius Remus, Wenceslavus Lescinus, Karolus Utenhovius, Hieronymus Arconatus, Henricus Smetius, Conradus Rittershusius, Janus Kotteritius und Johannes Stamlerus. Heute sind diese Texte in einer Mappe zusammengefügt; einige Teile sind fest gebunden, andere - darunter die beiden Blätter mit den Posthiusgedichten - nur lose dazwischengelegt.
Da Freherus offenbar eine Publikation aller dieser Texte plante, überarbeitete er die einzelnen Blätter für den Druck und notierte dabei Seitenzahl und Lage, für die die jeweiligen Texte bestimmt waren. Auch änderte er bei anderen Autoren oft den Wortlaut,

nahm jedoch am Text der Posthiusgedichte keine Korrekturen vor; offenbar galt ihm Posthius als Autorität, mit deren Können er seine eigenen Ideen nicht messen wollte. Allerdings änderte er an den beiden Posthiusgedichten Über- und Unterschriften: Bei dem ersten Posthiusgedicht fügte er die Überschrift "JOHANNIS POSTHI ‖ Archiatri Palatinj ‖ Epigrammata ‖ " hinzu und strich die Unterschrift, bei dem zweiten Posthiusgedicht strich er die Widmung und ersetzte sie durch das Wort "Eiusdem"; auch hier tilgte er die unnötig gewordene Unterschrift.

Offenbar starb noch während dieser Druckvorbereitungen des Freherus Gattin im Jahre 1598. Freherus fügte zwar die zwei Epicedia, die er zum Tod seiner Frau von Karolus Utenhovius und von Melißus erhielt, in seine Epithalamiasammlung ein, verlor jedoch aus verständlichen Gründen das Interesse an einer Edition der Epithalamia; jedenfalls ist von einer solchen Publikation des Freherus nichts bekannt.

Parerga: *Posthius nahm seine beiden Epithalamia in ihrer ursprünglichen Reihenfolge - also die obige Nr. 2 als erstes Gedicht - in seine Parerga auf; der Wortlaut der obigen Nummer 2 blieb dabei unverändert; in der obigen Nr. 1 überarbeitete Posthius den Beginn des letzten Pentameters (nur zweite Ausgabe Pars altera, S. 139f).*

1593/4 (verfaßt Anfang Januar 1591)
**Zehn Gedichte über bestimmte Pflanzen und natürliche Heilmittel
in: Monardes: Simplicium medicamentorum historia (1593):**

SIMPLICIVM ‖ MEDICAMENTORVM ‖ EX NOVO ORBE DELA- ‖ TORVM, QVORVM IN ‖ MEDICINA VSVS ‖ EST, HISTORIA; ‖ Hispanico sermone duobus libris descripta à ‖ D. NICOLAO MONARDIS, ‖ Hispalensi Medico; ‖ Latio deinde donata, et in vnum volumen contracta, in- ‖ super annotationibus, iconibusque affabre depictis illu- ‖ strata à CAROLO CLVSIO Atrebate. ‖ TERTIA EDITIO, AVCTIOR ET CA- ‖ stigatior es postrema Auctoris recognitione. ‖ ANTVERPIAE, ‖ EX OFFICINA PLANTINIANA, ‖ Apud Viduam, & Ioannem Moretum. ‖ M.D.XCIII. ‖

Umfang und Format: *[95] S., gezählt [S. 313, S. 314,] S. 315 bis S. 404, [S. 405 bis S. 408], 8°.*
Ausstattung: *Druckermarke, Holzschnitte.*
Keine weiteren Beiträger.
Benutztes Exemplar: *Bonn UB 2 an: Re 50.*
Weitere Auflage: *Ein unveränderter Abdruck der unten angeführten Posthiusgedichte erfolgte im Jahr 1605 in der nächsten Ausgabe des von Clusius herausgegebenen Heilpflanzenwerkes des Monardes. In dieser fünften Ausgabe ist das Monardeswerk mit zahlreichen weiteren botanischen Schriften zu einem umfangreichen, sorgfältig ausgestatteten Band im Folioformat vereinigt; das Monardeswerk bildet darin das zehnte Buch der "Exoticorum libri" (die unten angeführten Posthiusgedichte sind dort S. 355 zu finden). Zusätzlich zu den "Exoticorum libri" enthält der Band noch, jeweils separat*

paginiert, die von Clusius herausgegebenen "Observationes" des Petrus Bellonius und ein "Auctarium" (vgl. Literaturverzeichnis).

Dies Werk des Monardes wurde von Clusius zusammen mit drei weiteren pharma-zeutisch-botanischen Schriften über exotische Pflanzen herausgegeben; alle diese Texte hatte Clusius bereits zuvor ins Lateinische übersetzt und separat ediert, teilweise bereits mehrfach. Für die Ausgabe von 1593 überarbeitete Clusius diese vier Pflanzenbücher und kombinierte sie zu einer einzigen, umfangreichen Edition; daher sind die einzelnen Teilbände fortlaufend paginiert.

   Bei dem ersten Teilband handelt es sich um die vierte Edition eines Werkes über indische Heilpflanzen des Garcia ab Horto (vgl. Werkverzeichnis 1568/1a und Litera-turverzeichnis unter Clusius/ab Horto: Aromatum historia). Der zweite Teilband bein-haltet zur Ergänzung dieses Heilpflanzenbuches ein ähnliches Werk des portugiesi-schen Schiffschirurgen und Botanikers Christophorus a Costa (vgl. Literaturverzeichnis unter Clusius/a Costa: Aromatum liber). Der dritte und vierte Teilband umfassen das Heilpflanzenwerk des Monardes, wobei dessen Bücher eins und zwei bereits zum drit-ten Mal von Clusius ediert wurden; bei diesem dritten Teilband handelt es sich um den oben angeführten. Das dritte, von Monardes nachträglich seinem Pflanzenwerk hinzugefügte Buch bildet als eigenständiges Werk den vierten Teilband; es erschien in zweiter Auflage (vgl. Literaturverzeichnis unter Clusius/Monardes: Simplicium medi-camentorum historiae liber tertius).

   Zur Ausschmückung der Neuauflage des Monardeswerkes verfaßte Posthius - möglicherweise auf Bitten des Clusius hin - zehn pflanzenkundliche Gedichte und übersandte sie mit seinem Brief vom 13.1.1591. Clusius publizierte sie, wie von Po-sthius gewünscht, am Ende der ersten beiden Monardesbücher, also auf den letzten Seiten des dritten Teilbandes seiner umfangreichen Edition.

[1.] mit der überschrift "Tulipae."
   inc.: Multiplici vincit florum
   expl.: Tulipa missa iugis.
   Distichon (S. 401).

[2.] mit der Überschrift "Flos Solis."
   inc.: Flores flos supero
   expl.: Seror, lumina vt otiosa pascam.
   10 Hendekasyllaben (S. 401).

[3.] mit der Überschrift "Cassia."
   inc.: Nec fuit Hippocrati
   expl.: repetita subinde, dolores.
   5 Hexameter (S. 401).

[4.] mit der Überschrift "Manna."
   inc.: Manna tibi impuram
   expl.: conueniensque seni.
   Distichon (S. 401).

[5.] mit der Überschrift "Myrobalani."
  inc.: Quae Graecis fuerit
  expl.: Ad medici arbitrium.
  3x Hexametrum sequitur hemiepes (S. 401).
[6.] mit der Überschrift "Tamarindi."
  inc.: Et modicè siccat
  expl.: purgando euincere febres.
  3x Hexameter (S. 401f).
[7.] mit der Überschrift "Lapis Bezoar."
  inc.: Tristibus haud tantùm
  expl.: depellit corpore febres.
  2 Hexameter (S. 402).
[8.] mit der Überschrift "Tacamahaca."
  inc.: Indomitam lenit si
  expl.: Tristique sensu liberos?
  3x Hexametrum sequitur dimetrum iambicum (S. 402).
[9.] mit der Überschrift "Balsamum."
  inc.: Hoc fertur ex Hispania
  expl.: Miram ô Dei potentiam!
  12x Dimetrum iambicum (S. 402).
[10.] mit der Überschrift "Tabacum."
  inc.: Nulla salutifero
  expl.: exsuperat reliquas.
  Distichon (S. 402).

Parerga: *Posthius nahm seine zehn angeführten Gedichte im Text unverändert, doch in anderer Reihenfolge in seine Parerga auf, und zwar unter die Gedichte, die er für die zweite Ausgabe von 1595 dem Buch "Austriaca" neu hinzufügte (nur zweite Ausgabe Pars prima, S. 242f); dort beginnt der Zyklus mit dem oben unter Nr. 2 angeführten Gedicht; es folgen die Nummern 8, 1, 7, 4, 5, 6 und 3. Den Zyklus schließen die oben unter Nummer 9 und 10 angeführten Gedichte sowie ein weiteres, elftes Gedicht ähnlicher Thematik, das aus nicht klar ersichtlichen Gründen von Clusius in seine Editionen nicht aufgenommen wurde, obwohl es vermutlich ebenso wie zehn oben angeführten Gedichte mit dem Posthiusbrief vom 13.1.1591 übersandt worden war:*
[11.] mit der Überschrift "Poma Arantia."
  inc.: Lumina conspectu
  expl.: conditus viscera cortex.
  3 Hexameter (nur zweite Ausgabe Pars prima, S. 243).
Literatur: *Hunger: L' Escluse, Bd. I (1927), S. 209.*

1593/5
**Ein enkomiastisches Gedicht für die von Laurentius Scholzius in den Jahren 1591-
1594 herausgegebene große Edition der medizinischen Schriften des Crato
in: Crato: Consiliorum liber quintus (1593):**

CONSILIORVM ET ‖ Epistolarum Medicinalium, ‖ IOH. CRATONIS ‖ A
KRAFTHEIM AR- ‖ CHIATRI CAESAREI, ET ‖ ALIORVM PRAESTAN-
TISSI- ‖ morum Medicorum, ‖ LIBER QVINTVS; ‖ Nunc primùm labore et stu-
dio, ‖ LAVRENTII SCHOLZII ‖ MEDICI VRATISL. IN ‖ lucem editus. ‖
(IOH. CRATONIS, A ‖ KRAFTHEIM ARCHI- ‖ atri Caesarei, ‖ DE MORBO
‖ GALLICO COM- ‖ MENTARIVS, ‖ NVNC PRIMVM STVDIO ‖ et opera,
‖ LAVRENTII SCHOLZII, ‖ Medici Vratislauiensis in lu- ‖ cem editus. ‖)
1593 (Anno 1594. ‖). ‖ FRANCOFVRTI, ‖ Apud Andreae Wecheli heredes,
Claudium ‖ Marnium & Joan. Aubrium. ‖

Umfang und Format: 643, [1] S., 8°.
Ausstattung: Druckermarke, Zierleisten.
*Beiträger von enkomiastischen Gedichten am Beginn des Bandes: Iohannes Posthius
und Venceslaus Raphanus; Beiträger enkomiastischer Gedichte am Beginn des beige-
bundenen Cratotextes "De morbo Gallico": Iohannes Iessenius und Samuel
Latochius.*
*Benutztes Exemplar: München BSB Med. g. 111a(5; der Band gehörte früher "Joannes
Faber. ‖ Jenae ‖ " (nach dem handschriftlichen Besitzervermerk auf dem Titelblatt des
ersten Bandes des Crato-Werkausgabe).*
*Weitere Auflage: Es gibt auch Exemplare des angeführten Bandes mit der Jahreszahl
"1594" auf dem Titel am Beginn des Bandes (und nicht nur auf dem Titel des beigebundenen Textes "De morbo Gallico") und mit zusätzlicher Ausstattung (VD 16, C
5707).*

Bei dem angeführten Band handelt es sich um den fünften und letzten innerhalb der
großen Werkausgabe des Crato, die von Scholzius redigiert wurde. Der erste Band war
1591 erschienen (vgl. Literaturverzeichnis).

  Die Widmungsvorrede des fünften Bandes richtete Laurenzius Scholzius an Felix
Platerus und Caspar Bauhinus, eine zweite Widmungsvorrede für den beigebundenen
Cratotext "De morbo Gallico" an Iohan. Schenckius; dieser Zusatztext beginnt ab Seite
609 mit einem eigenen Titelblatt, dessen Jahreszahl "1594" von der des Gesamtbandes
abweicht; die Paginierung ist allerdings durchgehend.

  Das enkomiastische Posthiusgedicht ist am Beginn des Gesamtbandes abgedruckt
[1.] mit einer Widmung an den schlesischen Arzt Laurentius Scholzius
      inc.: IN lucem profert
      expl.: atque meretur honorem.
      2 Hexameter (S. 5).

*Parerga: Posthius nahm sein angeführtes Gedicht in seine Parerga auf; dabei überar-
beitete er den zweiten Hexameter:*
      expl.: ipse decusque meretur (nur zweite Ausgabe Pars altera, S. 80).

Literatur: VD 16, C 5706, Bl. 4 und C 5707.

1594/1
Ein enkomistisches Gedicht für die Anagrammbücher des Reusnerus
in: Reusnerus: Operum pars quarta (1594):

OPERVM ‖ NICOLAI ‖ REVSNERI LEO- ‖ RINI SILESII IV- ‖ RISC. ET CONSIL. ‖ SAXONICI, ‖ PARS QVARTA, ‖ continens ‖ ANNAGRAM-MATVM ‖ LIBROS IX. ‖ QVORVM ‖ PRIORIBVS VII. DE NO- ‖ MINIBVS IMPERATORVM, RE- ‖ gum, Principum, Comitum, Baronum, Equi- ‖ tum, aliorumque literis & armis ‖ clarorum virorum: ‖ POSTERIORIBVS DVOBVS ‖ de nomine ipsius Auctoris variorum et ‖ diversorum leguntur Epi- ‖ grammata. ‖ IENAE ‖ Typis Tobiae Steinmanni, ‖ Anno MDXCIV. ‖

Umfang und Format: [12] Bl., 634 S., 16 Bl., 8°.
Ausstattung: Druckermarke, Holzschnitt (Bildnis des Reusnerus).
Beiträger von Gedichten auf das Bildnis des Reusnerus: Hieronymus Arconatus und Henricus Meibomius (vgl. auch Werkverzeichnis 1578/2); Beiträger eines längeren En-komions auf Reusnerus: David Peiferus; Beiträger von enkomiastischen Gedichten für die Anagrammbücher des Reusnerus: Ioannes Posthius, Ianus Iacobus Boissardus und Christianus Gervinus; zahlreiche Beiträger von anagrammatischen Gedichten auf Reusnerus im Anhang des Werkes.
Benutztes Exemplar: Augsburg SuStB NL 928b (mit einer autographen, allerdings beim Beschneiden verstümmelten Widmung des Reusnerus: "Ampliss. nobiliss. & pru-dentiss. viro D. ‖ Marco VVelsero Patricio & Cos. ‖ Augustano etc memoriae & Gratul. ‖ [ergo dono dedit Auctor]"; von den letzten Worten sind nur die Oberlängen erhalten).

Bei den Anagrammbüchern des Reusnerus handelt es sich um den vierten Band von dessen gesammelten poetischen Werken, die nach Gattungen geordnet 1593/94 er-schienen: Der erste Band enthielt vor allem die Elegien, der zweite hexametrische und lyrische Dichtung und der dritte Epigramme (genaue Titel im Literaturverzeichnis).

Unmittelbar über dem enkomiastischen Posthiusgedicht für die Anagrammbücher des Reusnerus steht eine auch für die themengleichen Gedichte des Boissardus und Gervinus geltende Überschrift: "IN ANAGRAMMATO- ‖ GRAPHIAM NICOLAI ‖ REVSNERI IC. ‖ EPIGRAMMATA. ‖ ... ‖ ... ‖ ... ‖ "
[1.] ohne zusätzliche eigene Überschrift
    inc.: INtegros Anagrammatum libellos
    expl.: Criticos valere ineptos.
    17 Hendekasyllaben (Bl. 11r).

Parerga: Das angeführte Gedicht wurde nicht abgedruckt.
Literatur: VD 16, R 1368 (dort sind alle vier Bände der Reusnerschen Werkausgabe erfaßt).

1594/2
Ein enkomiastisches Gedicht für die Senecaausgabe des Gruterus
in: Seneca: Werke (1594):

L. ANNAEVS ‖ SENECA ‖ A ‖ M. ANTONIO MVRETO ‖ CORRECTVS ET NOTIS ‖ ILLVSTRATVS. ‖ ACCEDVNT SEORSIM ‖ ANIMADVERSIONES, In quibus, praeter omnes passim omnium ‖ huius superiorisque aeui doctorum hominum emendationes ‖ interpretationesque, quamplurima loca supplentur, confirman- ‖ tur, corriguntur, illustrantur, ope M. SS. quae in Bibliotheca ‖ Electoris Palatini: ‖ IANI GRVTERI opera ‖ (HIS ADDITAE NICOLAI FABRI ‖ ANNOTATIONES ‖ Ad Senecae patris Controuersias, et filij ‖ Apocolocynthosin. ‖)
Ex Typographeio Hieronymi Commelini, ‖ ANNO M.D.XCIIII. ‖

Umfang und Format: [2] Bl. (davon das zweite unbedruckt), 1031 S. sowie 4 zusätzliche Blätter zwischen S. 516 (bis dahin reicht der Textteil) und S. 517 (ab da beginnen die Kommentare), gezählt als S. I bis S. VII, Groß-2°.
Ausstattung: Druckermarke.
Weitere Beiträger enkomiastischer Gedichte auf den zusätzlich eingefügten Blättern: Paulus Melissus, Marquardus Freherus, Georgius Remus, Conradus Rittershusius, Tobias Scultetus und R. Thomson.
Benutztes Exemplar: München BSB 2° A. Lat. b. 642 (mit den handschriftlichen Besitzeintragungen "Ex libris Benedictpeuren Anno 1.5.96" und "Monasterij Beneditipurani. Anno 1606" auf dem Titelblatt).

Diese Senecaausgabe des Gruterus enthält nach einem Textteil (bis S. 516) einen ebenso umfangreichen Kommentarteil. Beide Teile sind durchgehend paginiert, doch sind vor Beginn des Kommentarteiles vier mit lateinischen Ziffern gezählte zusätzliche Blätter eingefügt worden. Das erste dieser Blätter dient als Titelblatt des Kommentarteiles ("IANI ‖ GRVTERI ‖ ANIMADVERSIONES ‖ IN ‖ L. ANNAEI SENECAE ‖ OPERA. ‖ ... ‖ "). Auf der Rückseite dieses Blattes verzeichnete Gruterus die von ihm zu seinem Kommentar benützte Literatur. Außerdem enthalten die zusätzlichen Blätter einen undatierten Widmungsbrief an den Landgrafen Mauricius von Hessen und enkomiastische Gedichte für den Kommentarteil, darunter eines von Posthius.
[1.] ohne besondere Überschrift
  inc.: DIVINI Senecae sunt
  expl.: tempore maior erit.
  4 Distichen (S. VI, rechte Spalte).

Parerga: Posthius nahm sein angeführtes Epigramm mit unverändertem Wortlaut in seine Parerga auf (nur zweite Ausgabe Pars altera, S. 146).
Literatur: Port: Commelinus (1938), S. 65, Nr. 112 und 112a.

1594/3

Ein enkomiastisches Epigramm für ein Bändchen mit Gedichten des Tobias Scultetus

in: Scultetus: Subsecivorum poeticorum tetras prima (1594):

TOBIAE SCVL- ‖ TETI OSSITIENSIS ‖ Subsecivorum Poëticorum ‖ TETRAS PRIMA; ‖ In qua ‖ SVSPIRIA; ‖ PHALEVCI; ‖ PHILOTESIA; ‖ EPI-GRAMMATA: ‖
MYRTILLETI AD NICRVM, ‖ Typis Abrahami Smesmanni. ‖ ANNO MDX-CIV. ‖

Umfang und Format: 143 S., 8°.
Ausstattung: Zierleisten.
Weitere Beiträger enkomiastischer *Gedichte: Janus Gruterus, Janus Kotteritius und Christophorus Arnoldus.*
Benutztes Exemplar: Wolfenbüttel HAB 157.20 Poetica (2).

Das Bändchen beginnt - nach einem Zitat aus des Ciceros Rede Pro Archia - mit einer im Juli 1594 in Heidelberg verfaßten Vorrede an den Leser. Außerdem hat Scultetus den vier Teilen seiner "Tetras" jeweils eigene Widmungsvorreden vorangestellt, die er an Paullus Melissus, Christophorus Pflugius, Sigismundus a Burchaus und Fridericus Borckius richtete; die zweite dieser Vorreden wurde am 24.7.1594, die übrigen wurden einen Tag später in Heidelberg verfaßt.

Von den Gedichten des Scultetus sind zwei an Posthius gerichtet. Sie sind "AD JOHAN. POSTHIUM ‖ V. CL. ‖ Ad Thermas euntem. ‖ " und "Ad Johannem Posthium V. Cl. ‖ In Podagram. ‖ " überschrieben und beginnen "NYmfae, quae ..." (S. 74) bzw. "POdagra, prima ..." (S. 141f).

Das Bändchen enthält ein enkomiastisches Gedicht des Posthius:
[1.] mit der Überschrift "DE SVSPIRIIS TO- ‖ BIAE SCVULTETI, ‖ Poëtae cul-tiss. ‖ "
   inc.: Post multas igitur
   expl.: quem Dea tanta fovet!
   4 Distichen (S. 8).

Parerga: Posthius nahm sein Epigramm ohne Veränderungen in seine Parerga auf (nur zweite Ausgabe Pars altera, S. 82).

1594/4

Ein enkomiastisches Gedicht für ein dichterisches Werk des Marquardus Frehe-rus

Autograph (geschrieben zwischen 1585 und 1595)

Umfang und Format: Einzelblatt (einseitig beschrieben), 2°.
Fundort: Wolfenbüttel HAB Cod. 15.3 Aug. fol., Bl. 445 (ehem. Nr. 326).

Das Blatt enthält nur ein Posthiusgedicht.

[1.] mit einer Widmung an Marquardus Freherus
   inc.: Bartholus, & Baldus
   expl.: deferet Alciatus.
   7 Distichen.

Parerga: *Posthius nahm sein angeführtes Gedicht in seine Parerga auf; dabei überar-beitete er den Wortlaut im zweiten Pentameter (nur zweite Ausgabe Pars altera, S. 83).*

1594/5

Ein enkomiastisches Gedicht über die dichterischen Fähigkeiten des jungen Ludo-vicus Camerarius

Autograph (geschrieben vermutlich am 1.4.1594)

Umfang und Format: *Einzelblatt, beidseitig beschrieben, 2°.*
Fundort: *Hamburg SuUB Supellex epistolica 46, Bl. 272 (= Brief 198b).*

Posthius hatte zu Beginn des Jahres 1594 von Joachimus II Camerarius ein Weih-nachtsgedicht von dessen Sohn Ludovicus, der damals in Altdorf bei Rittershusius Jura studierte, zugesandt bekommen. Posthius bedankte sich in seinem Brief vom 1.4.1595 dafür und legte als Anerkennung für die Leistung des Ludovicus ein Blatt mit einem enkomiastischen Gedicht bei. Darin empfahl er dem dichtenden Jurastudenten, in der Rechtswissenschaft wie in der Poesie den Vorbildern Conradus Rittershusius und Scipio Gentilis nachzueifern. Joachimus II Camerarius leitete wegen dieser rüh-menden Erwähnung des Rittershusius das Blatt entweder selbst oder über seinen Sohn Ludovicus nach Altdorf weiter, wo es Rittershusius in seine Korrespondenzsammlung einfügte.

[1.] mit einer Widmung an Ludouicus Camerarius
   inc.: Quis, cultissime Ludouice, quis te
   expl.: duplex trophaeum.
   22 Hendekasyllaben.

Parerga: *Posthius nahm sein Gedicht unverändert in seine Parerga auf (nur zweite Ausgabe Pars altera, S. 81).*

1594/5a

Publikation des enkomiastischen Gedichtes über die dichterischen Fähigkeiten des jungen Ludovicus Camerarius durch Rittershusius
in: Paulus: Sententiarum libri (1594):

IVLII PAVLI ‖ PATAVINI ‖ SENTENTIARVM ‖ RECEPTARVM ‖ AD FI-LIVM, ‖ Libri Quinque, ‖ Cum Interpretationibus Aniani ‖ Viri Spectabilis. ‖ Post omnes editiones, Almarici Bouchardi, ‖ Ioannis Sichardi, Petri Aegidii, & Ia-cobi ‖ Cujacii, denuo diligentissimè accuratissi- ‖ meque recogniti, multis in locis aucti, ‖ emendati & illustrati; ‖ PRAEFIXA QVOQVE PAVLI VITA ‖ Studio et opera ‖ CONRADI RITTERS- ‖ HVSII BRVNSV. I. V. D. ‖ Additus est ‖ IN-

DEX DILIGENTISSIMVS RERVM ET ‖ VERBORVM, tàm in Pauli Sententiis quàm ‖ in Aniani Interpretationibus memorabilium. ‖
NORIMBERGAE. ‖ M D XCIV. ‖ (IN OFFICINA TY- ‖ POGRAPHICA GER- ‖ LACHIANA, ‖ PER ‖ PAVLVM KAVFMANNVM. ‖)

Umfang und Format: [16] Bl., 459, [1] S., [18] Bl., 8°.
Ausstattung: Zierleisten.
Beiträger von Biographien des Iulius Paulus: Bernardinus Rutilius und Valent. Forsterus; Beiträger enkomiastischer Gedichte über Conradus Rittershusius, Ludovicus Camerarius und Iulius Paulus: Scip. Gentilis, Paulus Melissus, Iohan. Posthius, Marquardus Freherus und Ianus Gruterus.
Fundort: Wolfenbüttel HAB Li Sammelband 163 (1).

Rittershusius publizierte noch im Jahre 1594 das oben angeführte Posthiusenkomion über Ludovicus Camerarius in seiner Ausgabe der Sententiae des Juristen Iulius Paulus:

Die an den Studenten Ludovicus Camerarius gerichtete Widmungsvorrede verfaßte Rittershusius am 1.6.1594 in Altdorf.

Das enkomiastische Posthiusgedicht über Ludovicus Camerarius ist im selben Wortlaut wie im oben angeführten Autograph abgedruckt; vermutlich diente dies Autograph als Druckvorlage (Bl. 15v, vor Beginn der Paginierung).

Literatur: VD 16, P 1060.

1594/6

Ein enkomiastisches Epigramm sowie kürzere medizinische Prosatexte für ein umfangreiches medizinisches Sammelwerk des Ioannes Schenckius
in: Schenckius: Observationum medicarum liber secundus (1594):

OBSERVATIONVM ‖ MEDICARVM, ‖ RARARVM, NOVARVM, ‖ ADMI-RABILIVM, ET MON- ‖ STROSARVM, ‖ LIBER SECVNDVS ‖ DE PAR-TIBVS VITALIBVS, ‖ Thorace contentis. ‖ In quo, quae Medici doctissimi & ex-ercita- ‖ tissimi, abdita, vulgò incognita, gravia, peri- ‖ culosaque, in harum par-tium Conformatio- ‖ nibus, earundemque Morborum Causis, Si- ‖ gnis, Eventibus, & Curationibus accidere ‖ compererunt, Exemplis vt plurimum, & ‖ Historijs proposita exhibentur: ‖ Studio atque Opera ‖ IO. SCHENCKII A ` GRAFENBERG, ‖ apud Friburgum Brisgavorum Medici, mul- ‖ ta et varia lectione conquisita. ‖ Continentur praeterea hoc libro, illustrium aeta- ‖ tis no-strae Medicorum ANECDOTA complura, ‖ & nunquam publicata Exempla me-morabilia, ‖ quorum Autores singulari Catalo- ‖ go traduntur. ‖
FRIBVRGI BRISGOIAE, ‖ EX OFFICINA MARTINI BECKLERI: ‖ Anno M.D.XCIV. ‖

Umfang und Format: [16] Bl., 609, [1] S., [18] Bl., 8°.
Ausstattung: Kleinerer Zierrat (Zierleisten, Initialen).

Beiträger *von Briefen: Ioan. Crato de Kraftheim, Theodorus Zvingerus und Iacobus Oethaeus; Beiträger enkomiastischer Gedichte: Philippus Menzelius, Ioan. Posthius, Ioann. Iacobus Beurerus und Sebastianus Mayro.*

Beiträger enkomiastischer Gedichte in den anderen Bänden der Textsammlungen des Schenckius: im ersten Buch (1584): Iacobus Moccius, Iacobus Sutor, *Ioannes Brunnerus, Ioannes Iacobus Beurerus, Ioachimus Rosalechius und Ioannes Brectius; im ersten Teilband des dritten Buches (1595): Martinus Holtzapfel, Iacobus Sutor und Ioan. Iacobus Beurer; im zweiten Teilband des dritten Buches (1596): Sebastianus Mayro; im vierten Buch (1596): Atlanticus Gallus; im fünften Buch (1596): Fridericus Martinus und Bernardus Mosmillerus; im sechsten Buch (1597): Nicolaus Reusnerus, Sebastianus Mayro, Ioannes Iac. Beurerus und Ioachimus Rosalechius; im siebten Buch (1597): Ioannes Iacobus Beurerus senior und iunior.*

Benutztes Exemplar: *Erlangen UB Trew H 710 (zusammengebunden mit dem ersten Buch von 1584, Trew H 709).*

Weitere Auflagen: *Eine Neuauflage aller Bücher der "Observationes medicae" des Schenckius erfolgte im Jahre 1600 in nur zwei Bänden (vgl. Literaturverzeichnis); das Posthiusgedicht ist darin zu Beginn des ersten Bandes in unverändertem Wortlaut abgedruckt (Bl. 7v).*

Bei den "Observationes medicae" des Ioannes Schenckius handelt es sich um eine Sammlung medizinischer Beobachtungen verschiedenster Autoren, die in den Jahren 1584 bis 1597 in sieben umfangreichen Büchern erschienen. Schenckius stellte dafür sowohl publizierte als auch in sehr erheblichem Maße unpublizierte Texte zusammen, die er sich mittel- und unmittelbar von den Autoren erbat. Die einzelnen Bände sind verschiedenen Personen oder Institutionen gewidmet, so das zweite Buch dem bayrischen Herzog Wilhelmus. Das erste Buch enthält eine umfangreiche, undatierte Praefatio des Schenckius.

Während Posthius im ersten Buch - es erschien 1584 in Basel (vgl. Literaturverzeichnis) - noch nicht vertreten ist, lagen Schenckius 1594 für die Publikation des zweiten Buches bereits Posthiusbeiträge vor: Im Katalog der Übersender unpublizierter medizinischer Texte im zweiten Band ist sein Name angeführt, doch konnten die medizinischen Posthiusbeiträge wegen der Fülle des von Schenckius gesammelten Materials noch nicht berücksichtigt werden. Schenckius kündigte allerdings das Erscheinen der Folgebände bereits in seinem Vorwort zum erwähnten Katalog der Einsender an. In diesen Folgebänden ist Posthius mit eigenen medizinischen Beobachtungen in den Büchern III/1, III/2, IV und V vertreten, die 1596 in Freiburg erschienen.

Für das angeführte zweite Buch verwendete Schenckius ein enkomiastisches Posthiusepigramm, das Posthius ihm vermutlich zusammen mit seinen erwähnten medizinischen Texten übersandt hatte.

[1.] mit der Überschrift "IN OBSERVATIONES ME- ‖ *DICAS IOAN. SCENCKII (sic), VIRI* ‖ *Clariss. Epigramma ...* ‖ *...* ‖ *"*
inc.: A Capite exorsus
expl.: indè referre decus.
4 Distichen (Bl. 9v, vor Beginn der Paginierung).

Parerga: *Das angeführte Gedicht wurde nicht abgedruckt.*

1595/1 (verfaßt bereits etwa 1577)
Zwei enkomiastische Gedichte über den Wahlspruch des Monawus in: Symbolum Iacobi Monawi (1595):

SYMBOLVM ‖ IACOBI MONAWI. ‖ IPSE FACIET ‖ VARIIS ‖ VA- RIORVM AVCTO- ‖ RVM CARMINIBVS ‖ EXPRESSVM ET DE- ‖ CO- RATVM. ‖ Cum nonnullis appen- ‖ dicibus. ‖
GORLICII ‖ Iohannes Rhamba excudebat. ‖ M.D.XCV. ‖

Umfang und Format: *[4] Bl., 401 S. (da sowohl S. 152 als auch S. 153 mit "152" bezeichnet sind, kommen ab S. 153 die ungeraden Seiten verso und die geraden recto zu stehen), [13] S., 8°.*
Ausstattung: *Verschiedener Zierrat (Holzschnitte, Randleisten).*
*Insgesamt 234 **Beiträger**, darunter Iohann. Crato a Krafthaim, Paulus Melissus, Iohannes Sambucus, David und Nathan Chytraeus, Theodorus Zvvingerus, Nicolaus Reusnerus, Fridericus Sylburgius, Iustus Lipsius, Ianus Dousa, Abrahamus Ortelius, Adolphus Mekerchus, Franciscus Modius, Ianus Gruterus, Ioann. Iacobus Boissardus, Gregorius Bersmanus, Fridericus Taubmanus, Ioannes Lauterbach, Nicodemus Frischlinus, Lambertus Ludolphus Pithopoeus und Anna Palanda.*
Benutztes Exemplar: *Nürnberg StB 2864, 8° (mit einer autographen Widmung des Monawus unten auf dem Titelblatt: "Mag[nifi]co Viro: D[omi]no Hieron[ym]o Baum* ‖ *gartner etc.* ‖ *d. d. d. J. Monaw* ‖ *".*

Der Band enthält vor allem drei Bücher mit enkomiastischen Gedichten verschiedenster Autoren auf den Wahlspruch "Ipse faciet" des Monawus. Unter den Beiträgern ist fast der gesamte Freundeskreis des Posthius. Dies war nur möglich, weil Monawus jahrzehntelang planmäßig derartige Gedichte sich erbat und sammelte; die Beiträge des Posthius beispielsweise stammen aus der Zeit vor 1580.

An diese drei Bücher schließt sich ein "APPENDIX" mit verschiedensten an Monawus gerichteten Texten an (ab S. 204), der Psalmenversifizierungen, deutsche Lieder, Parodien usw. enthält. Außerdem publizierte Monawus mehrere eigene, an die Leser gerichtete kürzere Texte in Vers und Prosa, Teile von Psalmen und anderes. Der Band schließt mit einem Verzeichnis der Beiträger (nach Ende der Paginierung).

Unter den Gedichten im "Appendix" ist eines von Anna Palanda, das sie ursprünglich an Posthius gerichtet hatte. Daher vermerkte Monawus in margine, es gebe auch eine handschriftliche Fassung des Gedichtes, in der der Name des Posthius durch den des Monawus ersetzt sei. Dies Gedicht beginnt "Speque Fideque ..." (S. 221).

Der Band enhält unter den enkomiastischen Gedichten über des Monawus Wahl-spruch zwei Gedichte des Posthius im "LIBELLVS II.":
[1.] ohne besondere Überschrift
  inc.: PRouida mens Deus est
  expl.: posteritate domum.
  Tetrastichon (S. 102).
[2.] ohne besondere Überschrift
  inc.: Omnia qui fecitque
  expl.: IPSE FACIET vnus omnia.
  1x Hexametrum sequitur trimetrum iambicum (S. 102).

Parerga: _Posthius hatte das zweite seiner angeführten Gedichte bereits 1580 in der er-sten Ausgabe seiner Parerga im selben Wortlaut publiziert (Bl. 143r). Er übernahm es auch in die zweite Ausgabe von 1595 (Pars prima, S. 239). Das andere der beiden an-geführten Gedichte ließ Posthius nicht in seinen Parerga abdrucken._
Literatur: _VD 16, M 6138._

1595/2

Ein enkomiastisches Gedicht über die Verleihung der Würde eines Poeta Lau-reatus an Martinus Braschius
in: Braschius: Carmina (1595):

MARTINI ‖ BRASCHII ‖ CARMINA ‖ In itinere Germanico & ‖ ex eo nuper nata, ‖ HODOEPORICON. ‖ ELEGIAE. ‖ ODAE. ‖ EPIGRAMMATA. ‖ LIPSIAE, ‖ Anno M.D.XCV. ‖ (LIPSIAE ‖ IMPRIMEBAT MICHAEL ‖ LANTZENBERGER: ‖ Anno ‖ M.D.XCV. ‖)

Umfang und Format: _[56] Bl., 8°._
Ausstattung: _Druckermarke._
Weitere Beiträger: _Paulus Melissus (datiert Heidelberg 8.9.94) und Matthaeus Dresse-rus (datiert 1.3.1595)._
Benutztes Exemplar: _München BSB P. o. lat. 966:1 (Beiband), mit einer autographen Widmung des Braschius unten auf dem Titelblatt: "D[omi]no V. ‖ PAVLO ME-LISSO ‖ Poeti principi d. d. d. autor ‖ "._

Bei diesem Bändchen handelt es sich um eine kleine Sammlung von Gedichten des Braschius. Die am 24.12.1594 in Rostock verfaßte Widmungsvorrede richtete Bra-schius an den sächsischen Herzog Fridericus Wilhelmus.

Mehrere der Gedichte von Braschius beschäftigen sich mit Posthius: In einem be-dankt er sich für die ihm von Posthius geschenkte Gedichtsammlung "Columbae" des Taubmannus (vgl. Literaturverzeichnis); dies Gedicht beginnt "Paßim nunc ..." (Bl. 35r). In einem anderen Gedicht gratuliert Braschius dem Posthiussohn Erasmus zum Geburtstag ("QVae cunae? POSTI ...", Bl. 38r). Über Erasmus Posthius verfaßte Bra-schius auch ein Anagramm ("HIC Myrtilleti ...", Bl. 38r f). Ein weiteres Anagramm be-schäftigt sich mit Posthius selbst ("POstquam barbaricos ...", Bl. 40r).

Seine beiden erwähnten Gedichte über Erasmus Posthius hatte Braschius bereits ein Jahr zuvor separat als Einblattdruck veröffentlicht (vgl. Überblick, Kapitel 50).

Braschius publizierte in seiner Sammlung ein Posthiusgedicht, in dem ihm zur Verleihung der Poeta-Laureatus-Würde gratuliert wird, die dem Braschius durch Melissus verliehen worden war.

[1.] ohne besondere Überschrift

    inc.: NVlla quod Arctois

    expl.: et sua Musa facit.

    3 Distichen (Bl. 56r).

Parerga: *Posthius nahm sein angeführtes Gedicht in seine Parerga auf; der Wortlaut blieb dabei unverändert (nur zweite Ausgabe Pars altera, S. 87).*
Literatur: *Wiegand: Hodoeporica (1984), S. 286-296 und S. 449f; VD 16, B 7102; Index Aureliensis 123.845.*

1595/3

Ein Epithalamium zur Hochzeit des Janus Gruterus und der Anna Kimedontia, die im Sommer 1595 gefeiert wurde

Autograph (geschrieben vermutlich im Sommer 1595)

Umfang und Format: *Einzelblatt, einseitig beschrieben, 2°.*
Fundort: *Bibliotheca Apostolica Vaticana Palatinus latinus 1906, Bl. 137.*

Der Band, in dem sich das Blatt befindet, enthält an Gruterus gerichtete Texte, vor allem Gedichte, verschiedenster Autoren zu verschiedensten Anlässen ohne erkennbare Gliederung. Die Ehe mit Anna Kimedontia war für Gruterus die zweite.

Das Blatt enthält nur ein Posthiusgedicht.

[1.] mit der Überschrift "Cl. V. D. Jano Grutero J. C. ‖ secundas nuptias celebrantj cum ho = ‖ nestiss. Virgine Anna Kime = ‖ dontia .s. ‖ "

    inc.: Venturos iterum tibj

    expl.: sunt modò vota animj?

    5 Distichen,

    mit der Unterschrift "Johan. Posthius M. D. f."

Parerga: *Das angeführte Gedicht wurde nicht abgedruckt.*

1595/4 (verfaßt vermutlich 1563, 1583 und 1587)

Drei Gedichte, die sich mit Johannes Weidnerus und dessen Wohnort Schwäbisch Hall beschäftigen

Abschriften (geschrieben von Weidnerus vermutlich im Jahr 1595)

Umfang und Format: *[1] Blatt, beidseitig beschrieben, 8°.*
Fundort: *Bibliotheca Apostolica Vaticana Racc. gen. Neolat. V, 323 (das Blatt mit den handschriftlichen Gedichttexten ist nicht numeriert).*

Bei diesen drei Posthiusgedichten handelt es sich um Texte, deren Autographen sich offenbar in des Weidnerus Besitz befanden, so daß er sie in das Exemplar der Parerga des Posthius eintragen konnte, das Posthius ihm am 8.4.1595 geschickt hatte; Weidnerus hatte für derartige Nachträge eigens am Ende des Bandes acht leere Blätter mit einbinden lassen; von diesen ist nur das erste beschrieben, und zwar auf Vorder- und Rückseite. Wahrscheinlich erfolgten diese Gedichteinträge noch im Jahr 1595, da Weidnerus zu der Zeit eifrig in den Posthiusgedichten las und auch Pläne zu einer Kommentierung der Parerga erwog (vgl. Brief vom 3.10.1595).

Von den drei Posthiusgedichten sind zwei an Weidnerus gerichtet: In dem einen gratuliert Posthius zur Geburt der Tochter Katharina Secunda am 29.12.1582, im anderen verherrlicht er das Wappen des Weidnerus. Das Gratulationsgedicht zur Geburt der Tochter hatte Posthius mit seinem Brief vom 4.4.1583 an Weidnerus geschickt, das enkomiastische Gedicht auf des Weidnerus Wappen mit seinem Brief vom 23.11.1587.

Das dritte Gedicht, das in sehr anschaulicher und eindrücklicher Weise von einem verheerenden Unwetter in Schwäbisch Hall am 15.4.1563 erzählt, verfaßte Posthius vielleicht auf Grund eigenen Erlebens; immerhin könnte er sich in der fraglichen Zeit bei seinem Mäzen Neustetterus auf der Comburg aufgehalten haben.

[1.] mit der Überschrift [RS:] "Johan: Posthius Johanni Weidnero suo, ‖ de filia recens nata (. Katharina Secun = ‖ da, 29. Decemb. An. 82. gratulatur. ‖ "
    inc.: Nata pruinoso tibi
    expl.: quod audit nomine.
    5x Hexametrum sequitur trimetrum iambicum (recto).

[2.] mit der Überschrift [in roter Tinte]: "Jnsignia Weidnerorum. ‖ "
    inc.: Weidnerae cupiens Jnsignia
    expl.: Famam parit Musarum amor.
    5x Hexametrum sequitur dimetrum iambicum (recto),
    mit der Unterschrift "Johan: Posthius M. D. f. ‖ "

[3.] mit der Überschrift [RS:] "DE TVRRI ‖ fulmine dissipata Halae Suevorum, ‖ die Jovis 15. April. An. 1563. ‖ "
    inc.: Quindecies erat orta dies
    expl.: Teutonis ora suo.
    11 Distichen (verso).
    mit der Unterschrift "M. Joh. Posth: Auctor. ‖ "

Parerga: *Die angeführten Gedichte wurden nicht abgedruckt.*

1595/5
Drei deutsche Gedichte über richtige Ernährung
in: Fabricius: Christlicher Schlafftrunck (1624):

Christlicher Schlafftrunck ‖ Bey welchem ‖ Der Abriß einer im Jahr 1512. auff
dem Reichstag zu Coelln/ ‖ durch ein Himlisches Gesicht vnd Bottschafft außge-
theyltes Bild = ‖ nus (in welcher die verderbliche Laster/ so auß der Trunckenheit
ent = ‖ springen fuergemahlet werden) zu sehen/ vnd die Erklaerung ‖ derselben
zu lesen. ‖ Mit vorgehender Vorbereitung zum Schlafftrunck/ in wel = ‖ chem
<I.> auß grundt der Artzney angezeyget wirdt/ daß alle Kranckheiten/ ‖ von
vberfluessigem schlemmen vnd sauffen jhren Vrsprung haben. <2.> Daß die ‖
Trunckenheit ein Vrsach ist des Vndergangs vieler Staetten/ Landen/ vnd Regimen-
‖ ten/ Ja auch daß viel Menschen an Leib und Seel zu scheyter gehen. <3.> Daß
die ‖ vralte Teutschen nicht seyen also versoffene Leuth gewesen/ wie et- ‖ liche
von ihnen schreiben. ‖ Ferner ‖ Etliche Regelen/ die Gesundtheit zu erhalten/
Weylandt durch den Hoch = ‖ gelaehrten Herren Johann Posthium, Churf. Pfaelt-
zischen bestellten ‖ Leib Artzt beschrieben: ‖ Zu diesen betruebten Zeiten an
statt der Bachanalischen Schlafftruencken/ ‖ vnd koestlichen/ Heydnischen Mum-
mereyen vnd Auffzuegen/ nuetzlich ‖ vnd noethig zu lesen ... ‖ ... ‖ ... ‖ Durch
GVILHELMVM FABRICIVM HILDANVM. ‖
Franckfurt am Mayn/ in verlegung Ioh. Theodori de Bry, S. Erben ‖
MDC.XXIV. ‖

Umfang und Format: 96 S., 4°.
Ausstattung: Holzschnitt (Personifikation der Trunkenheit).
Beiträger: I. Grattern, David Milesius, Dan. Tauellus, Dan. Rhagorius und David Le
Clerc.
Benutztes Exemplar: Erlangen UB Tr. T. 315.
Weitere Auflagen: Siehe unten.

Etwa 1595 muß Posthius drei Gedichte in deutschen Versen mit Gesundheitsregeln
verfaßt und wohl auch publiziert haben, da es im Titel der Ausgaben von 1628 und
1655 (vgl. unten) heißt, Posthius habe sie "in einem Patent an Tag geben"; von diesem
"Patent" war bislang kein erhaltenes Exemplar feststellbar; daher kann auch sein Er-
scheinungsjahr nur ungefähr aus dem Schluß des dritten Gedichtes erschlossen wer-
den, wo Posthius auf sein "langs Leben" verweist, er also wohl bereits fast die 60 Jahre
erreicht hatte, das Alter, mit dem er 1597 starb.
Des Posthius Sohn Erasmus war mit dem Arzt Guilhelmus Hildanus befreundet,
und als der im Jahre 1624 in deutscher Sprache eine kleine Schrift mit Empfehlungen
zu gesunder Lebensweise und Ernährung herausgab, die dem breiten Publikum statt
Alkohol als "Schlafftrunck" dienen sollte, erhielt er von Erasmus Posthius zur Ergän-
zung dieser Schrift die erwähnten deutschen Posthiusgedichte; dies berichtet Fabricius
in der Vorrede zu seiner Schrift "Schatzkämmerlein" (vgl. unten). Er publizierte die drei
Posthiusgedichte im Anhang seiner Schrift nebst eigenen gereimten Texten und zwei
lateinischen Posthiusepigrammen.

Bei den deutschen Posthiusgedichten handelt es sich um ein umfangreiches deut-sches Lehrgedicht mit Gesundheitsregeln und um zwei kürzere Texte, die zur Mäßigung sowohl beim Alkoholgenuß als auch im Leben überhaupt aufrufen:

[1.] mit der Überschrift "Etliche Regelen/ die Gesundheit des ‖ Menschen zuerhalten/ sehr nuetzlich/ ..."

    inc.: WJltu lang in gesundheit leben/

    So merck auff diese Puncten eben/

    expl.: Darumb so seh dich fleißig fuer.

    94 paarweis gereimte vierhebige Verse (S. 92-95).

[2.] mit der Überschrift "Wider das Vollsauffen."

    inc.: Wann ein Esel nicht trincken mag/

    Thett man jhm an gleich alle plag/

    expl.: Wie du/ vnd wilt doch sein ein Christ.

    10 paarweis gereimte vierhebige Verse (S. 95).

[3.] mit der Überschrift "Gottsfoerchtig/ Gerecht/ Maeßig."

    inc.: Hab Gott für augen allezeit/

    Vergiß nicht was er dir gebeut.

    expl.: Das Gott der H E R R jhm auch gegeben.

    14 paarweis gereimte vierhebige Verse (S. 95f).

Die beiden lateinischen Posthiusepigramme, mit denen Fabricius seine Schrift "Schlafftrunck" abschloß, hatte er vermutlich einem Exemplar des "Votum" (Werkverzeichnis 1573/1) entnommen; es handelt sich dabei um die dort angeführten Nummern 4 und 5 in unverändertem Wortlaut, doch in umgekehrter Reihenfolge (bei Fabricius S. 96).

Vier Jahre später veröffentlichte Fabricius abermals das unter Nr. 1 angeführte umfangreiche Lehrgedicht des Posthius, diesmal als zentralen Bestandteil einer Publi-kation, und fügte ausführliche eigene Erläuterungen zu diesen Gesundheitsregeln hinzu (vgl. Literaturverzeichnis unter Fabricius: Schatzkämmerlein der Gesundheit, 1628). Eine weitere, praktisch unveränderte Ausgabe dieser Publikation erschien 1655 (vgl. Literaturverzeichnis unter Fabricius: Schatzkämmerlein der Gesundheit, 1655).

1596/1

64 Kirchenlieder zu den Sonntagsevangelien und zu einigen besonderen Anlässen
Posthius: Newe Gesäng (1596):

Newe Gesaeng ‖ Auff die Sontags ‖ Euangelia/ componirt ‖ Von ‖ Iohanne Posthio Ger- ‖ mershemio. M. D. ‖
Gedruckt zu Heydelberg/ bey ‖ Abraham Smesmans ‖ nach ge = ‖ lassen Witwe. ‖ [datierbar ins Jahr 1596].

Umfang und Format: *130 S., 12°.*
Ausstattung: *Druckermarke, Zierleisten, Initialen.*
Keine Beiträger.
Benutztes Exemplar: *Bibliotheca Apostolica Vaticana Palat. V, 201.*

Zum Anlaß dieses Gesangbuches vgl. Überblick, Kapitel 53. Es enthält nach einem am 13.7.1596 verfaßten Widmungsgedicht des Posthius an seinen Sohn Erasmus (vgl. Briefverzeichnis) 55 Lieder auf die Sonntagsevangelien, geordnet nach dem Ablauf des Kirchenjahres, die mit einem Weihnachtslied beginnen (S. 5 bis S. 108). Darauf "Volgen noch etlich andere Gesaeng", und zwar gegen Anfechtung, gegen Tyrannen, gegen den Türken, vom Gesetz Gottes, ein Hochzeitslied sowie zwei Abendmahls- und zwei Bittlieder (S. 109 bis S. 129). Das Bändchen schließt mit mit einem kurzen gereimten Nachwort, in dem Posthius wünscht, seine Lieder möchten oft gesungen werden (DJese Gesaeng hab ich zu ehrn ..., S. 130).

Die Anfänge der Posthiusgedichte sind im Gedichtverzeichnis im Anhang dieser Arbeit angeführt.

1596/1a
Weitere Auflage der Kirchenlieder zu den Sonntagsevangelien und zu einigen besonderen Anlässen
Posthius: Newe Gesäng (1597, gedruckt in Amberg):

Die nächste Auflage dieser Gesangbuchlieder erfolgte im folgenden Jahr 1597 in Amberg. Diese Ausgabe wird in älteren Bibliographien (bis etwa 1900) angeführt und auch von Posthius selbst in seinem Brief vom 3.5.1597 erwähnt, jedoch ließ sich weder über die großen gedruckten Bibliothekskataloge noch über die Zentralkataloge ein noch vorhandenes Exemplar ermitteln. Inhaltlich deckte sich diese Ausgabe vermutlich mit der von 1596 weitgehend, doch kam wohl eine in deutsche Verse gekleidete "Vorrede." des Mosbacher Pfarrers Thobias Fabricius hinzu, die er am 19.1.1597 verfaßte.

Literatur: *Adelung: Fortsetzung (1819), Sp. 731, Nr. 13 (hier wird als Erscheinungsjahr "1594" angegeben); C. Goedeke: Grundriß zur Geschichte der deutschen Dichtung, Bd. 2, Dresden 1884, S. 171; Wegele: Posthius (1888), S. 477.*

1596/1b
Posthius: Newe Gesäng (1597, gedruckt in Neustadt):

Im selben Jahr 1597 wurden diese Gesangbuchlieder auch in Neustadt an der Weinstraße gedruckt, wie aus dem Posthiusbrief vom 3.5.1597 zweifelsfrei hervorgeht; inhaltlich hat sich diese Ausgabe wohl weitgehend mit der Amberger desselben Jahres gedeckt. Diese Ausgabe wird weder in Bibliographien noch in den großen Bibliotheks- und Zentralkatalogen verzeichnet.

1596/1c
**Weitere Auflage der Kirchenlieder zu den Sonntagsevangelien und zu einigen be-
sonderen Anlässen, ergänzt um Texte anderer Autoren**
Posthius: Die Sontags-Evangelia (1608):

[RS:] Die ‖ SOntags= ‖ Evangelia gesangs= ‖ weise/ ‖ Componirt von ‖ JO-
HANNE POSTHIO ‖ Germershemio ‖ M. D. ‖ Sampt etlichen Psalmen vnd ‖
Kirchengesaengen/ von D. Martin ‖ Luther vnd andern Gottse = ‖ ligen Maen-
nern ge = ‖ stellet. ‖ Jetzund erstmals also zusam = ‖ men gedruckt. ‖
In der Churfürstl. Stadt Amberg/ ‖ durch Michael Forstern. ‖
MDCVIII. ‖

Umfang und Format: [4] Bl., 321, [6] S., 12°.
Ausstattung: Titeleinfassung, kleinerer Zierrat.
Beiträger einer Vorrede: Thobias Fabricius.
Benutztes Exemplar: Göttingen NSuUB Poet. Germ. II, 3622.

*Ausgaben der Gesangbuchlieder des Posthius in den Jahren 1598 bis 1607 sind nicht
bekannt, aber nicht auszuschließen. Im Jahre 1608 erfolgte dann in Amberg eine durch
zahlreiche Kirchenlieder anderer Autoren ergänzte Ausgabe.*

*Diese Ausgabe enthält sämtliche unter Werkverzeichnis 1562 angeführten Gesang-
buchlieder des Posthius, erweitert um eine sich an das Widmungsgedicht anschließende Vorrede von Tobias Fabricius, dem Pfarrer von Mosbach, die auf den 19.1.1597
datiert ist. Die Posthiusgedichte nehmen in der Ausgabe 137 Seiten ein; darauf folgen
drei von Fürsten gedichtete Lieder und ab Seite 151, unter neuem Titel, "Etliche Psalmen und andere geistliche Lieder so von christlichen gottseligen Männern gestellt und
auß den gemeinen Psalmbüchlein als die gebräuchlichsten unnd besten der christlich
Kirchen unnd Gemein zu gutem außgezogen und mit angehenckt werden".*

*Literatur: E. Koch: Geschichte des Kirchenliedes, Bd. 6, Stuttgart [3]1869 (Nachdruck
Hildesheim 1973), S. 13; Ph. Wackernagel: Das deutsche Kirchenlied von der ältesten
Zeit bis zu Anfang des XVII. Jahrhunderts, 5. Bd., Leipzig 1877, S. 300-303 (= Nr.
461-466, mit Abdruck von Textbeispielen); A. Fischer: Das deutsche evangelische Kirchenlied des 17. Jahrhunderts, Bd. VI, Gütersloh 1916, S. 14, Nr. 66; Trunz: Entwicklung (1938), S. 432; Marigold: Die deutschsprachige Dichtung (1973), passim.*

1596/1d
**Wiederabdruck der Kirchenlieder zu den Sonntagsevangelien und zu einigen be-
sonderen Anlässen in einem umfangreichen Gesangbuch**
in: Lobwasser: Psalter und Psalmen Davids (1619):

[RS:] Psalter vnd Psalmen Davids/ ‖ Nach Frantzoesi = ‖ scher Melodey in Teutsche ‖ Reimen artig gebracht: Auch ei = ‖ nes jedes Psalmen jnhaltt/ vnd ‖ kurtz
Gebetlein darauff: ‖ Durch ‖ Ambrosium Lobwasser/ D. ‖ Sampt D. Martin Lu-
thers/ vnd an = ‖ derer Gottseligen/ Geistlichen Kir = ‖ chengesaengen. Deßglei-
chen: ‖ Die Sontags Evangelia Reymen ‖ vnd Gesangsweiß componirt ‖ Von IO-

HAN. POSTHIO Med. Doct. ‖ Alles mit vier Stimmen/ doch jeder ‖ absonder-
lich. ‖ [Es folgt die Angabe der Stimme; vgl. benutzte Exemplare]. ‖
Gedruckt zur Newstadt an der Hard/ durch Hein= ‖ rich Starck/ Jn verlegung Johan Carl Vn= ‖ ckels/ Buchhaendlers zu Franck= ‖ furt am Mayn. ‖ ANNO
M.DC. XIX. ‖

*Umfang und Format: 5 separat paginierte Teile: [16] Bl. (Bl. 16 ist unbedruckt), 506
S., [3] Bl., neu paginiert 171, [5] S., neu paginiert 112 S., neu paginiert 136 S., neu paginiert 14 S., 4°*
*Ausstattung: Titeleinfassungen beim Gesamttitel, beim Titel der Hausgebetlein (vor
dem ersten Teil) und bei den Titeln des zweiten und dritten Teiles; Titelholzschnitte
beim Titel des zweiten, vierten (kurfürstliches Wappen) und fünften Teiles; Drucker-
marke beim Titel des dritten Teiles; Zierleisten und weiterer kleinerer Zierrat.*
*Beiträger eines Vorwortes: Johann Carl Unckel; etliche Beiträger von Kirchenliedern
im zweiten Teil; Beiträger einer Vorrede zum dritten Teil, also zu den Posthiusliedern:
Tobias Fabricius.*
*Benutzte Exemplare: Amberg Staatliche Provinzialbibliothek 2: Theol. bibl. 493
(Stimme "TENOR.").*
Wolfenbüttel HAB 317.74 Theol. 8° (Stimme "TENOR.")
Wolfenbüttel HAB Tl 179 (Stimme "DISCANTVS.")

*Die letzte mir bekannte Ausgabe der Gesangbuchlieder des Posthius erfolgte 1619 in
Neustadt an der Weinstraße, gemeinsam mit dem Lobwasser-Psalter; vielleicht diente
dem Drucker dabei ein Exemplar der verschollenen Neustädter Ausgabe von 1597 als
Vorlage.*

*Der Gesamtband beinhaltet insgesamt fünf separat paginierte Teile. Dem ersten
Teil, dem Lobwasserpsalter, geht das oben angeführte Titelblatt voraus, in dem der In-
halt der ersten drei Teile angezeigt wird. Zusätzlich beginnen die Teile zwei bis vier je-
weils mit eigenen Titelblättern; außerdem verfügen auch die zwischen Vorrede und
Lobwasserpsalter eingeschobenen Hausgebetlein über ein eigenes Titelblatt (zu diesem
Titel vgl. unten, zum Titel des zweiten Teiles vgl. Literaturverzeichnis unter Luther:
"Etliche Psalmen", zum Titel des dritten Teiles vgl. unten, zu den Titeln des vierten und
fünften Teiles vgl. Literaturverzeichnis unter "Catechismus" und "Erinnerung an alle
Kirchendiener").*

*Der Gesamtband beginnt mit einer in deutscher Prosa abgefaßten Widmungsvor-
rede des Verlegers Johann Carl Unckel, die er am 17.3.1619 an Schultheiße, Bürgermeister und Rat der Stadt Neustadt an der Hardt richtete. In dieser Vorrede gibt
Unckel als Anlaß zur Herausgabe des Bandes an, er habe den Lobwasserpsalter mit
den dazugesetzten deutschen Psalmenübersetzungen Martin Luthers ediert, weil die
ebenfalls mit den Lutherübersetzungen versehene Ausgabe des Neustädter Druckers
Nicolaus Schram vergriffen sei. Diesem Lobwasserpsalter habe er hinzugefügt, was
"weiter nützlich erachtet worden" sei. Von diesen weiteren Texten erwähnt Unckel eigens nur die Posthiuslieder, die er "in einem solchen format" habe herausbringen wollen, welches "alten vnd jungen dienlich sein kan". Auch habe er den Posthiusliedern in
margine die entsprechenden Evangeliumstexte mit hinzugefügt.*

Auf diese Vorrede folgen ab Blatt 5r mit einem eigenen, verzierten Titelblatt "Andaechtige/ ‖ Kurtze Hauß Ge= ‖ betlein/ auß Heiliger Goettli= ‖ cher Schrifft genommen/ vnd auff alle Tage ‖ der Wochen eingetheilet/ Morgends vnd ‖ Abends zu sprechen. ‖ " *Dies Titelblatt enthält keine Angaben über Drucker, Ort und Jahr.*

Ab Blatt 13r beginnt dann die Inhaltsübersicht zum Lobwasserpsalter, ohne daß an dieser Stelle oder auf S. 1 noch ein eigenes Titelblatt oder dergleichen eigens auf den Lobwasserpsalter aufmerksam macht.

Auf den Lobwasserpsalter folgen zunächst als zweiter Teil, neu paginiert, Kirchengesänge und dann, abermals neu paginiert, als dritter Teil die Posthiuslieder mit folgendem Titelblatt:

Newe Gesaeng/ ‖ Auff die Sontages ‖ Evangelia: Componirt ‖ Von ‖ JOHANNE POSTHIO, ‖ Germershemio, Med. D. ‖ Mit beygesetzten Evangelischen ‖ Texten. ‖
Newstadt an der Hardt/ ‖ Jn verlegung Johann Carl Vnckels. ‖
ANNO M.DC.XIX. ‖

Nach den beiden Vorreden des Johannes Posthius vom 13.7.1596 und des Mosbacher Pfarrers Tobias Fabricius vom 19.1.1597 sind die 55 Posthiuslieder zu den Sonntagsevangelien abgedruckt, in margine ergänzt durch entsprechende Bibelstellen. Auf die übrigen neun Posthiuslieder verzichtete Unckel, wohl weil diese Lieder nicht in direkter Verbindung mit Bibeltexten standen.

1596/2

Ein enkomiastisches Gedicht für die Sammlung spanischer antiker Inschriften des Adolphus Occo
in: Occo: Inscriptiones veteres (1596):

INSCRIPTIONES ‖ VETERES IN ‖ HISPANIA ‖ REPERTAE; ‖ AB ADOLPHO OCCONE ‖ MEDICO AVGVSTANO ‖ COLLECTAE, DIGESTAE, ET ‖ NVNC PRIMVM IN LVCEM ‖ EDITAE: ‖ AD GENEROSVM ET ILLVSTREM ‖ COMITEM MARCVM FVGGERVM. ‖
E TYPOGRAPHEIO H. COMMELINI, [Heidelberg] ‖ M DXCVI.

Umfang und Format: [2] Bl., 39 S., Groß- 2°.
Ausstattung: Druckermarke, Zierleisten sowie dem Inhalt angepaßte Rahmungen von Inschriften.
Weitere **Beiträger** *von enkomiastischen Gedichten am Beginn des Bandes: Franc. Modius, Iacobus Cellarius, Ioannes Ortelius, Michael Findius und Ioannes Faber.*
Benutztes Exemplar: München UB 2° H. aux. 786.

Adolphus Occo hatte das Konzept für seinen Inschriftenband offenbar bereits im Jahre 1585 fertiggestellt, denn er verfaßte die Widmungsvorrede am 22.5.1585; er richtete sie an Marcus Fuggerus. Nach dem Jahr 1585 blieb das Manuskript mehrere Jahre lang unveröffentlicht. Am 20.9.1591 berichtete dann Sylburg, der damals für Commelinus arbeitete, dem David Höschel - Rektor an St. Anna in Augsburg - von Plänen zur Her-

ausgabe des Manuskripts; bis zum endgültigen Erscheinen dauerte es trotzdem offenbar noch mehrere Jahre.

Die enkomiastischen Gedichte am Beginn des Bandes sind in zwei Spalten gedruckt und mit einer gemeinsamen, über beide Spalten gehenden Überschrift versehen: "IN ADOLPHI OCCONIS MEDICI ‖ ANTIQVITATES HISPANICAS EPIGRAMMATA: ‖" *Das Gedicht des Posthius ist dort an erster Stelle abgedruckt.*
[1.] ohne eigene Überschrift
   inc.: IN lucem e tenebris
   EXPL: idem quod optat omnibus.
   6x Hexametrum sequitur dimetrum iambicum (Bl. 2v).

Parerga: *Das angeführte Gedicht wurde nicht abgedruckt.*
Literatur: *Preisendanz: Friedrich Sylburg (1937), S. 197, Anm. 3; Port: Commelinus (1938), S. 69, Nr. 140 (das von Port verzeichnete Heidelberger Exemplar des Inschriftenbandes von Occo ist offenbar umfangreicher als das von mir benutzte Münchner, da Port zwischen den ungezählten zwei Blättern und den 39 gezählten Seiten weitere 28 gezählte Seiten anführt:* "2 Bl., XXVIII, XXXIX S."); *VD 16, O 187.*

1596/3

Ein enkomiastisches Gedicht für die Psalmennachdichtungen des Hornmoldus
in: Hornmoldus: Davidis Psalmi (1596):

Dauidis ‖ REGII ‖ PROPHETAE ‖ PSALMI, PVRIS ‖ ac perpetuis Iambis sine elisione ‖ expressi, ‖ PER ‖ SEBASTIANVM ‖ HORNMOLDVM, I. V. DO- ‖ ctorem, et Poëtam coro- ‖ natum. ‖ Cum Hymnis quibusdam itidem purè ‖ Iambicis. ‖ [Es folgt ein mit Überschrift fünf Zeilen umfassendes Gedicht.] TVBINGAE, ‖ Typis Georgij Gruppenbachij, ‖ ANNO 1596. ‖

Umfang und Format: *[1] Bl., 331 S., 12°.*
Ausstattung: *Nur kleinerer Zierrat (Initialen).*
Beiträger *von enkomiastischen Gedichten vor Beginn des Werkes: Paulus Melissus und Ioannes Posthius; Beiträger von enkomiastischen Gedichten am Ende des Werkes: Ioannes Harpprechtus, Laurentius Frisaeus und Huldenrichus Bollingerus; weitere Beiträger: Jakob Zückwolf, Martin Crusius, Leonhard Engelhart, Andreas Henaeus, Ulrich Buchner, Matthaeus Zuber und Konrad Leius (Namensformen nach VD 16, B 3262).*
Benutztes Exemplar: *Coburg LB Cas. A 2766 (mit beigebundenen handschriftlichen Vermerken und Preisangaben).*

Das Widmungsgedicht an Kaiser Rudolphus hat Hornmoldus nicht datiert. Das Werk enthält nur ein Posthiusgedicht:

[1.] ohne besondere Überschrift
  inc.: REGIA Ießiadae
  expl.: contemnit minas.
  5x Hexametrum sequitur dimetrum iambicum (S. 3).

Parerga: *Das angeführte Gedicht wurde nicht abgedruckt.*
Literatur: *VD 16, B 3262.*

1596/4

**Ein enkomiastisches Gedicht für ein botanisches Lehrbuch des Bauhinus
in: Bauhinus: Phytopinax seu enumeratio plantarum (1596):**

ΦΥΤΟΠΙΝΑΞ ‖ seu ‖ ENVMERATIO ‖ PLANTARVM ‖ ab Herbarijs nostro
seculo descriptarum, ‖ cum earum differentijs: ‖ CVI ‖ plurimarum hactenus ab
ijsdem non descriptarum ‖ succinctae descriptiones et denomina- ‖ tiones acceßêre: ‖ Additis aliquot hactenus non sculpta- ‖ rum PLANTARVM viuis ‖ Iconibus: ‖ CASPARO BAVHINO ‖ Botanico & Anatomico ‖ Acad. Basileens. ‖
ordin. ‖ AVCTORE. ‖
BASILEAE, ‖ PER SEBASTIANVM ‖ HENRICPETRI. ‖ (BASILEAE, ‖
PER SEBASTIANVM ‖ HENRICPETRI: ‖ Anno Christi ‖ M D XCVI. ‖)

Umfang und Format: *[22] Bl., 669, [11] S., 4°.*
Ausstattung: *Druckermarke, Holzschnitte.*
Beiträger *von enkomiastischen Gedichten über das Porträt des Bauhinus: Ioan. Albo-
sius, Paulus Maistraeus und Christophorus Rössler; Beiträger von enkomiastischen
Gedichten für das Werk des Bauhinus: Iohannes Posthius, Iacobus Cargillus und
Matthias Borbonius; Weiterer Beiträger: Jean Fernel (Namensform nach VD 16, B
846).*
Benutztes Exemplar: *München BSB 4° Phyt. 23.*

*Die von Bauhinus am 1.3.1596 verfaßte Widmungsvorrede ist an Paschalis Gallus, Ia-
cobus Zvingerus, Leonhardus Doldius und Io. Henricus Cherlerus gerichtet.*
  *Dies Pflanzenbuch enthält ein Posthiusgedicht. Posthius erwähnt darin sowohl
einen bereits 1588 erschienenen Traktat des Bauhinus ("De corporis humani partibus
tractatus", vgl. Literaturverzeichnis) als auch das neue, zur Abfassungszeit des Posthiusgedichtes erst angekündigte botanische Lehrbuch desselben Autors.*
[1.] mit der Überschrift "EPIGRAMMA."
  inc.: Corporis humani
  expl.: Totum per Orbem principes.
  6x Hexametrum sequitur dimetrum iambicum (Bl. 6v).

Parerga: *Posthius hatte sein Gedicht, das offenbar bereits vor dem 1.1.1595 entstanden
war, bereits vor der Publikation bei Bauhinus in der zweiten Ausgabe seiner Parerga
von 1595 veröffentlicht, und zwar im selben Wortlaut (Pars altera, S. 145).*
Literatur: *VD 16, B 846; Index Aureliensis 114.861.*

1596/5

Zwei Glückwunschgedichte an den Heidelberger Rat Marquardus Freherus

Autograph (geschrieben vermutlich im Frühjahr 1596)

Umfang und Format: Einzelblatt, einseitig beschrieben, 2°.
Fundort: Wolfenbüttel HAB Cod. 15.3. Aug. fol., Bl. 456 (ehem. Nr. 337).

Das Blatt enthält zwei Posthiusgedichte: Im einen gratuliert Posthius dazu, daß die durch den Tod des Pacius verwaiste Professur des Kodex an der Heidelberger Universität - dies war die vornehmste an der juristischen Fakultät - vom Kurfürsten Friedrich IV. am 8.1.1596 dem Freherus übertragen worden war; im anderen gratuliert Posthius zur Geburt einer namentlich nicht genannten Tochter.
[1.] mit einer Widmung an Marquardus Freherus
 inc.: Quos alij summo
 expl.: usque & usque posterj.
 5x Hexametrum sequitur trimetrum iambicum.
[2.] mit der Überschrift "Eidem de filia recens nata ‖ gratulatur. ‖ "
 inc.: Ante tibj puerum
 expl.: sunt ab ipso Apolline.
 3x Hexametrum sequitur trimetrum iambicum,
 mit der Unterschrift "Johan. Posthius. M. D."

Parerga: Die angeführten Gedichte wurden nicht abgedruckt.

1597/1

Ein enkomiastisches Epigramm für ein Werk des Schonerus über Lehensrecht in: Schonerus: Feudalium disputationum libri (1597):

FEVDALIVM ‖ DISPVTATIONVM ‖ LIBRI DVO, ‖ IOANNIS SCHONERI ‖ WALTERSHOFENSIS, I. V. D. ‖ Friderici IV. Electoris Palatini, &c. ‖ Consiliarii. ‖ QVIBVS ‖ Vniuersa feudorum materia vtilissima & nobilissima, ‖ pulcherrima methodo exposita est. ‖ Cum INDICE duplici, vno disputationum, altero rerum ‖ et verborum copiosissimo. ‖ FRANCOFVRTI, ‖ Apud Andreae Wecheli heredes, ‖ Claudium Marnium, & Ioan. Aubrium. ‖ MDXCVII. ‖

Umfang und Format: [10] Bl., 454 [und 8] S., 33 Bl. (die Rückseite von S. 367 blieb unbedruckt und ungezählt; darauf folgen drei ungezählte Blätter mit einem zweiten Titel und einer zweiten Widmungsvorrede; die Vorderseite von S. 368 ist ebenfalls ungezählt); 4°.
Ausstattung: Druckermarke.
Beiträger von an den Leser oder an Schonerus gerichteten Texten: Iohannes Gosenus, Paulus Melissus, Fridericus Borck und Urbanus Francius; Beiträger von enkomiastischen Gedichten für des Schonerus Werk: Iohannes Posthius, Tobias Schultetus, Clemens Timplerus und Richardus Hemelius.

Benutztes Exemplar: München BSB 4° Feud. 53 (mit einem schwer lesbaren Besitzereintrag auf dem Titelblatt, dessen Datierung als Chronogramm für 1607 verschlüsselt ist: "Salomon Jlnisch [?] A. ‖ A[nno] MVnDI reCeptI. ‖ Wittebg. ‖ " Dieselbe Jahreszahl und die Initialen sind auch auf dem Einbanddeckel eingeprägt: "*S*I* MDCVII").

Das Werk des Schonerus besteht aus zwei Teilen. Die Widmungsvorrede des ersten Teiles richtete der Autor am 24.8.1596 an den Pfälzer Kurfürsten Fridericus IIII., die des zweiten Buches am 25.8.1596 an die Pfälzer Sekretäre; beide Vorreden wurden in Heidelberg geschrieben; die zweite ist ebenso wie der Titel für das zweite Buch auf zusätzlich eingefügten Blättern nach S. 387 abgedruckt.

   Die enkomiastischen Gedichte am Anfang des Gesamtwerkes sind gemeinsam "EPIGRAMMATA AD DI- ‖ SPVTATIONES FEVDALES IO- ‖ HANNIS SCHONERI, I. V. D. ‖ viri clarissimi, Elect. Palat. Consiliarij. ‖ " überschrieben, worauf als erstes das enkomiastische Posthiusgedicht folgt:
[1.] ohne eigene weitere Überschrift
   inc.: INTEGRA de feudis
   expl.: principum est dignißimus?
   4x Hexametrum sequitur trimetrum iambicum (Bl. 6v).

Parerga: Das angeführte Gedicht wurde nicht abgedruckt.

1597/2
Ein enkomiastisches Gedicht für die Biographiensammlung des Boissardus in: Boissardus: Icones (1597):

ICONES ‖ QVINQVAGINTA VIRORVM ‖ illustrium doctrina & erudi= ‖ tione praestantium ad vivum ‖ effictae, cum eorum vitis ‖ descriptis ‖ a ‖ Ian. Iac. Boissardo Vesunti: ‖ (II. PARS ‖ ICONES VIRORVM ILLVSTRIVM, ‖ doctrina & eruditione praestanti- ‖ um contines (sic!), quorum alij inter ‖ vivos esse desierunt, alij nunc quoque ‖ vitatj aurâ fruuntur cum ‖ Vitis eorum, descriptes (sic!) ‖ a ‖ I. I. BOISSARDO Vesunt. ‖
Omnia recens in aes artificiosé ‖ incisa, et demum foras data ‖ per ‖ Theodorum de Bry Leodien: ‖ civem francofurtj ‖ Anno M.D. XCVII. ‖ (Recéns in aere artificiose o[mn]ia incisa ‖ & publicata a ‖ THEODORO DE BRY LEODIEN ‖ FRANCOFORDII ‖ ANNO MDIIC ‖)

Umfang und Format: 288, [8] S., neu paginiert 300, [8] S., 4°.
Ausstattung: Titeleinfassungen, Kupferstiche, Titelkupfer am Beginn des 2. Teiles (Hieronymus in seiner Klause).
Beiträger im ersten Teil von 1597: Petrus Lepidus und Theodorus de Bry; Beiträger im zweiten Teil von 1598: Paulus Melissus, Petrus Lepidus und Ioannes Posthius.
Benutztes Exemplar: Nürnberg StB Hist. 118, 4° (Teil I und II sind zusammengebunden).

Die sorgfältig mit Kupferstichen ausgestattete Biographiensammlung des Boissardus erschien in zwei Teilen 1597 und 1598. Beide Teile enthalten Bild und Biographie des Posthius, und zwar im ersten Teil an hervorragender Stelle direkt nach der Praefatio des de Bry und noch vor dem Widmnungsbrief des Boissardus (S. 10-16), im zweiten Teil an der durch die alphabetische Ordnung der Viten vorgegebenen Stelle (S. 74-82), wobei hier der Text noch um die (unkorrekte) Angabe des Todes von Posthius ergänzt ist: "Obiit Heidelbergae Anno 1597. Mense Augusto."

Das enkomiastische Posthiusgedicht für die Biographiensammlung des Boissardus ist nur im Teil II abgedruckt:

[1.] mit der Überschrift "IN EFFIGIES ‖ DOCTRINA CLARO- ‖ RVM VIRORVM ;
    A DOMINO ‖ IANO IACOBO BOISSARDO ‖ celebratorum, ‖ ... ‖ ... ‖ ... ‖ "
    inc.: ILLVSTRES animae
    EXPL: doctae in honore DEAE.
    10 Distichen (Teil II, S. 17f).

Parerga: *Das angeführte Gedicht wurde nicht abgedruckt.*
Literatur: *VD 16, B 6459.*

1597/3
Ein enkomiastisches Distichon für Ergänzungen des Schoppius zu einer Phädrus-ausgabe

Autograph (geschrieben am 16.4.1597)

Umfang und Format: *Einzelblatt, 2°.*
Fundort: *Hamburg SuUB Supellex epistolica 46, Bl. 281.*

Posthius fügte dies Distichon in den Text seines Briefes vom 16.4.1597 an Conradus Rittershusius ein. Offenbar hatte Rittershusius ihm berichtet, Gasparus Schoppius habe ergänzende Texte für eine von Rittershusius geplante Phädrusausgabe verfaßt; vielleicht hatte er Posthius auch die Schoppiustexte geschickt. Sie wurden im Jahr darauf zusammen mit der Phädrusausgabe von Rittershusius publiziert, ohne daß dabei das enkomiastische Posthiusgedicht berücksichtigt worden wäre (vgl. Werkverzeichnis 1598/1).

[1.] ohne Überschrift
    inc.: Talia cùm scribat
    expl.: proferet ille senex.
    Distichon.

Parerga: *Das angeführte Gedicht wurde nicht abgedruckt.*

1598/1 (verfaßt im Februar 1597)
Zwei enkomiastische Gedichte für die Phädrusausgabe des Rittershusius
in: Phaedrus: Fabularum libri (1598):

PHAEDRI, ‖ Aug. Liberti, ‖ FABVLARVM ‖ AESOPIARVM ‖ LIBRI V. ‖
Nuper à P. PITHOEO V. C. primum editi. ‖ Et iam emendati atque illustrati NO-
TIS ‖ A ‖ CVNRADO RITTERSHVSIO I. C. ‖ Professore Norico. ‖ Accessere,
in easdem Fabulas SPICILEGIVM Gasp. ‖ SchoppI Franci: et alia quam plurima
quae sequens ‖ pagella indicabit. ‖ (AENIGMATA ‖ SYMPOSII ‖ POETAE ‖
VETERIS; ‖ Cum Scholiis ‖ IOSEPHI CASTALIONIS ‖ ANCONITANI I. C. ‖)
(FABELLAE ‖ & ‖ AENIGMATA ‖ Veterum Poetarum, ‖ Graecorum & Lati-
norum. ‖ AUCTARIVM ad Phaedri Fabellas, ‖ et Caelij Symposij AEnigmata. ‖)
LVGDVNI BATAVORVM, ‖ EX OFFICINA PLANTINIANA, ‖ M. D. IIC. ‖

*Umfang und Format: 191, [1 leere] S., angebunden [8] Bl., außerdem neu paginiert 55
S., 8°.*
*Beiträger enkomiastischer Texte zu Beginn des Werkes: Schoppius, Iohannes Posthius,
Christophorus Colerus (mit Begleittext in Prosa vom 16.3.1597), Q. Sept. Florens Christianus und P. Pithoeus (Brief vom 23.8.1596 an Franciscus Pithoeus); Beiträger von
Zitaten: Avienus und Priscianus; Beiträger antiker Rätsel (außer den im Titel genann-
ten): Gabrias/Ignatius Diaconus, Hesiodus, ein Anonymus, Apologus Horatianus und
etliche namentlich nicht gezeichnete Gedichte; Beiträger von Übertragungen griechischer Rätsel ins Lateinische (soweit genannt): L. Gyraldus, H. St. (wohl Henricus Stephanus), Xylander und Iul. Caes. Scaligerus.*
*Benutztes Exemplar: Nürnberg StB Solg. 1880, 8° (mit zahlreichen handschriftlichen
Zusätzen in margine und am Ende des Bandes, auf zusätzlich eingebundenen sechs
Seiten).*

*Der Band besteht aus mehreren Teilen mit jeweils eigenen Titeln. Die Widmungs-
vorrede zum Gesamtband verfaßte Rittershusius am 19.4.1597 in Altdorf und richtete
sie an den schlesischen Ritter Sigismundus a Burghaus. Darauf folgen die enkomiastischen Texte, der Text der Phaedrusfabeln und ein Index dazu (S. 78-80). Daran
schließen sich die "NOTAE" des Rittershusius zu den Phaedrusfabeln an (S. 81-163),
eingeleitet von einer "Epistola praeliminaris", die Rittershusius zusammen mit einem
Gedicht von Altdorf aus am 18.11.1596 an Ioachimus Camerarius richtete (S. 83-97).
Auch das dann folgende "Spicilegium" des Gasper Schoppius (S. 165-180) wird von
einer eigenen Vorrede eingeleitet. Schoppius richtete sie am 28.4.1597 von Altdorf aus
an Sigismundus a Burghausen, dem ja auch der Gesamtband gewidmet ist. Mit S. 181
setzen dann die Scholien des Castalio zu den Rätseln des Symposius ein, eingeleitet
von einem am 14.10.1581 verfaßten Widmungsbrief des Castalio an Thomas Aualus
(S. 182f). Die Symposiusrätsel selbst sind unpaginiert, der Rest des Bandes ohne besondere Zusätze bis auf einen an den Leser gerichteten Text am Bandende (S. 46-55
der zweiten Paginierung).*
 *Unter den enkomiastischen Texten am Bandanfang befinden sich zwei Gedichte
des Posthius, die dieser im Februar 1597 verfaßt und am 24.2.1597 dem Rittershusius*

*geschickt hatte. Das Autograph ging offenbar beim Abdruck der Gedichte in der Phä-
drusedition, für die sie bestimmt waren, verloren:*

[1.] *mit der Überschrift* "... ‖ ... ‖ *in hanc iteratam Phaedri editionem* ‖ *EPI-
GRAMMA.* ‖ "

   inc.: PHAEDRI libellos primus

   expl.: Aucto Poëtarum choro.

   & trimetrum iambicum sequitur dimetrum iambicum (S. 8).

[2.] *ohne besondere Überschrift*

   inc.: Augusto fuerat qui

   expl.: sit Camerariades.

   7 Distichen (S. 8f).

Parerga: *Die angeführten Gedichte wurden nicht abgedruckt.*

1598/2

**Zwei enkomiastische Gedichte für die kommentierte Dioscoridesausgabe des Sa-
racenus**

in: Dioskorides/Dioscorides: Werke (1598):

ΠΕΔΑΚΙΟΥ ‖ ΔΙΟΣΚΟΡΙ– ‖ ΔΟΥ ΤΟΥ ΑΝΑ– ‖ ΖΑΡΒΕΩΣ ΤΑ ΣΩ– ‖
ΖΟ´ΜΕΝΑ Α΄΄ΠΑΝΤΑ. ‖ PEDACII DIOSCORI– ‖ DIS ANAZARBAEI OPERA
‖ QVAE EXTANT OMNIA. ‖ ´Ex noua interpretatione JANI-ANTONII SARA-
CENI ‖ Lugdunaei, Medici. ‖ Addita sunt ad calcem eiusdem Interpretis Scholia,
in quibus variae codicum ‖ variorum lectiones examinantur, diuersae de Medica
materia, seu prisco- ‖ rum, seu etiam recentiorum sententiae proponuntur, ac in-
terdum concilian- ‖ tur: ipsius denique Autoris corruptiora, obscuriora, diffi-
cilioraque loca resti- ‖ tuuntur, illustrantur, et explicantur. ‖
Sumtibus haeredem Andreae Wecheli, ‖ Claudii Marnii, & Ioan. Aubrii. ‖
MDXCVIII. ‖ [Frankfurt/Main].

Umfang und Format: *[18] Bl., 479 S., neu paginiert (Scholienteil) [1] Bl., 144, [1] S.,
neu paginiert (Medikamentenbuch des Dioscorides) [6] Bl., 135, [8] S., 2°.*

Ausstattung: *Druckermarke, Kupferstiche (Porträts von Dioscorides und Saracenus),
Zierleisten, Initialen etc.*

Beiträger *enkomiastischer Gedichte über die Porträts von Dioscorides und Saracenus:
Joan. Paludius und Paulus Stephanus; Beiträger enkomiastischer Gedichte für das
Werk des Saracenus: Is. Casaubonus, Th. B., Paulus Melissus (datiert Heidelberg
April 1587), Iohan. Posthius, Ioan. Tornaesius und Georg. Ienischius.*

Benutztes Exemplar: *München BSB 2° A. gr. b. 501 (nach Bl. 17 ist offenbar ein Blatt
herausgerissen).*

*Das Werk enthält zwei Widmungsvorreden des Saracenus; die am Beginn des Ge-
samtbandes vom 1.3.1598 ist an den französischen König Henricus IIII. gerichtet, die
am Beginn des dritten Werkteiles mit demselben Datum an Io. Saporta.*

Auf der Rückseite des Titelblattes ist ein Druckerprivileg von Kaiser Rodolphus (Rudolph II.) für sechs Jahre abgedruckt, das von IO. Baptista Weber und P. Obernburger am 25.5.1582 ausgestellt wurde.

Das Werk enthält zwei enkomiastische Posthiusgedichte:

[1.] mit der Überschrift "IN LVCVBRATIONES IANI ‖ ANTONII SARACENI. ‖ "
   inc.: Ingenio quantum Saracenus
   expl.: Prolem ô bonam boni patris.
   4x Hexametrum sequitur dimetrum iambicum (Bl. 8r im ersten Teil).

[2.] mit der Überschrift "IN DIOSCORIDEM EIVSDEM."
   inc.: Luce Dioscoridis
   expl.: non meritò ille ferat?
   4 Distichen (Bl. 8r f im ersten Teil).

Parerga: *Die angeführten Gedichte wurden nicht abgedruckt.*
Literatur: *VD 16, D 1999.*

1599/1 (verfaßt bereits Ende 1594)
Ein Epicedium zum Tod des Kleinkindes Marquardus Theodorus Freherus in: Freherus: De luctu minuendo epistola (1599):

MARQVARDI FREHERI ‖ DE LVCTV MINV- ‖ ENDO, ET DESIDERIO ‖ PRAEMISSAE CONIVGIS SOLANDO, ‖ Epistola ‖ AD IOHANNEM MVN- STERVM, ‖ Praefectum VViedanum. ‖ Epitaphium CATHARINAE WIERAE. HEIDELBERGAE ‖ MDXCIX. ‖

Umfang und Format: *64, [15] S., 8°.*
Ausstattung: *Holzschnitt (Wappen des Freherus), Zierleiste.*
Beiträger *von Epicedia zum Tod der Gattin Catharina: Der Gatte Marquardus Freherus, Melissus, Remus, H. D. C. und T. VV; Beiträger von Epicedia zum Tod des Sohnes Marquardus Theodorus: Iohan. Posthius, Ianus Gruterus und der Vater Marquardus Freherus; Beiträger eines Kondolenzbriefes zum Tod des Sohnes: Daniel Tossanus (8.10.1594); Beiträger von Kondolenzbriefen zum Tod der Gattin: Daniel Tossanus (17.4.1598), Iac. Lectius (28.8.1598), Marcus Velserus (28.6.1598) und Georgius Remus (1.7.1598).*
Benutzte Exemplare: *Wolfenbüttel HAB O 241 Helmst. 8° (2).*
Augsburg SuStB GS 3257 (mit einem als Exlibris dienenden kolorierten Wappen des Marcus Velserus).

Der Pfälzer Historiker, Jurist und Rat Marquardus Freherus, der im Herbst 1593 geheiratet hatte (vgl. Werkverzeichnis 1593/3), verlor seine Frau Catharina Wiera bereits 1598 wieder; zu ihrem Tod verfaßte er in antiker Tradition eine Trostschrift, die er zusammen mit Epicedien und Kondolenzbriefen ein Jahr nach dem Tod seiner Frau herausgab. Diese Schrift enthält auch Epicedien und einen Kondolenzbrief zum Tod seines Sohnes Marquardus Theodorus, der kurz nach seiner Geburt im Jahre 1594, wohl im Monat September, verstorben war.

Die kleine Schrift besteht aus der an Iohannes de Munster gerichteten, auf den 31.3.1599 datierten Trostschrift des Marquardus Freherus in Prosa, aus dem Epitaph der Catharina Wiera (S. 65), den Epicedia (S. 67-76) und den Kondolenzbriefen (ab S. 77). Unter den Epicedia zum Tode des Sohnes ist ein Posthiusgedicht:

[1.] *mit der Überschrift "Ad tumulum ‖ MARQVARDI THEODORI FREHERI, M.F. ‖ infantis suauiss. ‖ Pater loquitur. ‖ "*

> *inc.: TE nobis dederat*

> *expl.: et procul à lacrymis.*

> *6 Distichen (S. [75]; die Paginierung endet mit S. 64).*

Parerga: *Posthius nahm sein Gedicht in seine Parerga im selben Wortlaut auf (nur zweite Ausgabe Pars altera, S. 155).*
Literatur: *Kornexl: Freher (1967), S. 33, S. 41 und S. 113, Anm. 14; VD 16, F 2529.*

1599/2 (verfaßt vermutlich Ende 1594)
Ein Glückwunschgedicht an Nicolaus Reusnerus zu dessen Ernennung zum Pfalzgrafen, die am 14.9.1594 in Regensburg erfolgte
in: Imp. Rudolphi Comitiva Palatina concessa Reusnero (1599):

IMP. RVDOL= ‖ PHI SECVNDI, ROMA- ‖ NORVM CAESARIS ‖ SEMPER AVGVSTI, &C. ‖ Comitiva Palatina ‖ Ex singulari gratiâ concessa ‖ D. NICO-LAO REVSNERO ‖ IVRISCONSVLTO. ‖ Cum Epigrammatis variorum ‖ et diversorum auctorum in ‖ honorem eiusdem ‖ scriptis. ‖
IENAE ‖ Typis Tobiae Steinmanni, Anno 1599. ‖

Umfang und Format: *[36] Bl., 4°.*
Ausstattung: *Titeleinfassung, Zierleisten, Initiale und kleinerer Zierrat.*
Beiträger *von Glückwunschgedichten: Henricus Ranzovius, David Peiferus (mit ausführlichen Erläuterungen), Christianus Distelmeir, Paulus Melissus, Io. Posthius, Arnoldus Helius, Cunradus Rittershusius (datiert Altdorf 9.3.1596), ein "D. L.", Franciscus Hildesheim, Ian. Gruterus, Hieronymus Arconatus, Georgius Carolida, Zacharias Brendel, Casparus Arnoldus, Elias Reusnerus, Ieremias Reusnerus, Laurentius Rhodomanus, Heinricus Meibomius, Fridericus Taubmanus, Iohannes Wanckelius, Wolfgangus Heiderus, Ioannes Schuchius, Christophorus Colerus, Michael Virdungus, Caspar Bonifacius, Marcus Chemnitius, Sophonias Hasenmullerus, Hermannus Plaßius, Io. Milinaeus, Guilielmus Reineccerus und David Hessus.*
Benutztes Exemplar: *Wolfenbüttel HAB 102.6 Hur. int. 3.*

In dieser schmalen Schrift edierte Reusnerus das Schreiben, mit dem er von Jo. Wolf. Freymand und Jo. Barvitius im Namen des Kaisers Rudolphus zum Pfalzgraf ernannt worden war, sowie die von ihm aus diesem Anlaß erhaltenen Glückwünsche.

Das undatierte Widmungsgedicht des Reusnerus ist an den kaiserlichen Rat und Pfalzgrafen Iohannes Barvitius gerichtet, der das Ernennungsschreiben mit unterzeichnet hatte. Darauf folgt der Text des Ernennungsschreibens (bis Bl. 9v). Die anschließenden Glückwunschgedichte beginnen mit einem eigenen Titelblatt: "IN COMITI-

VAM ‖ *PALATINAM CAE=* ‖ *SAREAM* ‖ *D. NICOLAI REVSNERI* ‖ *LEO-*
RINI IVRISCONSVL- ‖ *ti Consiliarij Saxonici &c.* ‖ *EPIGRAMMATA VA-* ‖
riorum et diversorum ‖ *auctorum.* ‖ *JENAE* ‖ *M. D. IC.* ‖ " *Sie enthalten ein Po-*
sthiusgedicht.

[1.] mit der Überschrift "De Clariß. viro, ‖ *D. Nicolao Reusnero IC.* ‖ *& Comite Pa-*
latino, &c. ‖ "
    inc.: COntulit augustos
    expl.: alter ut sis Iuppiter.
    3 Distichen (Bl. 13v).

Parerga: *Das angeführte Gedicht wurde nicht abgedruckt.*
Literatur: *VD 16, D 1288.*

C. ANHÄNGE

I. Literaturverzeichnis

1. Titel vor 1800

Acosta: Aromatum liber (1593) vgl. *Clusius/a Costa: Aromatum liber.*

Acta oecumenicae tertiae synodi (1591)

ΤΑ ‖ ΠΡΑΚΤΙΚΑ ‖ ΤΗΣ ΟΙΚΟΥΜΕΝΙΚΗΣ ‖ ΤΡΙΤΗΣ ΣΥΝΟΔΟΥ ΤΗΣ ΕΝ ‖ ΕΦΕΣΩι ΣΥΓΚΡΟΤΗΘΕΙΣΗΣ ‖ ... ‖ ... ‖ ACTA OECVMENICAE ‖ TERTIAE SYNODI ‖ EPHESI HABITAE ‖ Ex sanctione Augg. Impp. THEODOSII & VALENTINIANI, ‖ adversus NESTORIVM haereticum: ‖ Graece nunc primum e REVCHLINIANAE BIBLIOTHECAE exemplari ‖ peruetusto fideliter expressa. ‖ ... ‖ ... ‖
HEIDELBERGAE, ‖ E Typographeio Hieronymi Commelini, ‖ MDXCI. ‖
Bibliotheca Apostolica Vaticana Stamp. Barb. C V 27 (4°).

Adamus: Apographum (1612)

APOGRAPHUM ‖ MONVMENTORVM ‖ HAIDELBERGENSIVM. ‖ ACCESSIT MANTISSA NEO- ‖ BURGICORUM AD NICRUM, ‖ & aliorum. ‖ ITEM ORATIO IN FUNERE MARSILII ‖ AB INGHEN, PRIMI RECTORIS ACAD. ‖ Haidelberg. Anno 1396. habita. ‖
ANNO MDCXII. ‖ HAIDELBERGAE, ‖ In Officina ANDREAE CAMBIERII.
Nürnberg GNM 8° Bg. 396^W (4°, mit 15 zusätzlich eingebundenen Blättern mit handschriftlichen Einträgen am Bandende).

Adamus: Vitae jureconsultorum (1620)

[RS:] VITAE ‖ GERMANORUM ‖ JURECONSULTORUM ‖ ET ‖ POLITICORUM: ‖ QVI ‖ SUPERIORI SECULO, ET ‖ QUOD EXCURRIT, FLO- ‖ RUERUNT: ‖ CONCINNATAE ‖ A ‖ MELCHIORE ADAMO. ‖ ... ‖ ... ‖
HAIDELBERGAE. ‖ Impensis heredum JONAE ROSAE, ‖ Excudit Johannes Georgius Geyder, Acad. Typogr. ‖ ANNO M.DC.XX. ‖
Erlangen UB Trew B 66.

Adamus: Vitae medicorum (1620) vgl. *Werkverzeichnis 1557.*

Adamus: Vitae philosophorum (1615)

[RS:] VITAE ‖ GERMANORUM ‖ PHILOSOPHORUM: ‖ QVI ‖ SECULO SUPERIORI, ET ‖ QUOD EXCURRIT, PHILOSO- ‖ PHICIS AC HUMANIORIBUS LITE- ‖ ris clari floruerunt. ‖ COLLECTAE ‖ A ‖ MELCHIORE ADAMO. ‖ ... ‖ ... ‖
HAIDELBERGAE' ‖ Impensis JONAE ROSAE Librarij Francof. ‖ Typis Johannis Lacelloti, Acad Typograph. ‖ ANNO MDCXV. ‖
Erlangen UB Trew B 68.

Adelung: Fortsetzung zu Jöchers Lexico (1784-1897)

Fortsetzung und Ergaentzungen ‖ zu Christian Gottlieb Joechers ‖ allgemeinem ‖ Gelehrten = Lexico, ‖ worin ‖ die Schriftsteller aller Staende nach ihren vornehmsten Lebensumstaenden ‖ und Schriften beschrieben werden; ‖ von ‖ Johann Christoph Adelung. [ab Band drei von Heinrich Wilhelm Rotermund, Band sieben von O. Günther] ‖ Erster Band [es folgen weitere sechs Bände]. ‖ A und B. ‖

Leipzig, ‖ in Johann Friedrich Gleditschens Handlung, ‖ 1784. ‖ [Band zwei Leipzig 1787, Band drei Delmenhorst 1810, Band vier Bremen 1813, Band fünf Bremen 1816, Band sechs Bremen 1819, Band sieben Leipzig 1897].
Erlangen UB H 20/AF 2071/5-11.

Aesopus: Fabulae lateinisch (1566) vgl. Werkverzeichnis 1566.

Aesopus: Fabulae deutsch (1566) vgl. Werkverzeichnis 1566a.

Aesopus: Fabulae lateinisch (1574) vgl. Werkverzeichnis 1566b.

Alciatus: Emblemata (1591)

EMBLEMATA V. C. ‖ ANDREAE ALCIATI ‖ MEDIOLANENSIS ‖ IVRICONSVLTI; ‖ Cum ... explicatione ... ‖ ... ‖ Per CLAVDIUM MINOEM Diuionensem. ‖ ... ‖ Ad calcem ALCIATI vita nuper ab eodem MINOE conscripta. ‖

LVGDVNI BATAVORVM, ‖ EX OFFICINA PLANTINIANA, ‖ Apud Franciscum Raphelengium. ‖ M.D.XCI. ‖
Bamberg SB Inc. typ. Ic. II. 46 (16°; durchschossenes Exemplar mit Stammbucheinträgen).

Amores Rittershusii (1592) vgl. Werkverzeichnis 1592/4a.

Am Wald: Kurtzer Bericht (1591)

[RS:] Kurtzer Bericht/ ‖ Wie/ was gestalt vnd ‖ warvmb das Panacea am Waldina/ ‖ als ein einige Medicin/ wider den Aussatz/ Fran = ‖ tzosen/ Zauberische Zuständt/ Pestilentz/ Gifft/ Gewalt ‖ Gottes/ kleinen Schlag/ Freyß/ hinfallendt Sucht/ Beraubung der ‖ Vernunfft/ Vnsinnigkeit/ Podagra/ Contractur/ Wassersucht/ Schwind = ‖ sucht ... ‖ (Es folgen neun Zeilen mit der Aufzählung von Krankheiten.) ‖ ... nach weiß vnd art deß Lapidis Philosophi = ‖ ci ... anzuwenden ‖ seye ... ‖ ... ‖ ... ‖ ... ‖ ... ‖ an Tag gegeben. Durch den Edlen Ehrvesten vnd Hochgelehrten Herren Georgen ‖ am Wald der Rechten Licentiaten/ Philosophiae vnd beyder Artze = ‖ neyen Doctorem/ An jetzo bestelten Physicum deß Heiligen ‖ Reichs Statt Thonawerdt. ‖ (Es folgt ein Bibelspruch).

Gedruckt zu Franckfurt am Mayn/ durch ‖ Nicolaum Bassaeum ‖ MDXCI. ‖ (... ‖ durch Martin Lechlern/ in Verle = ‖ gung Nicolai Bassaei. ‖ ... ‖ ... ‖)
Erlangen UB Med. I, 395 Beiband (4°).

Am Wald: Kurtzer Bericht (1592)

[RS:] Kurtzer Bericht/ ‖ Wie/ was gestalt vnd ‖ warvmb das Panacea am Waldina/ ‖ als ein einige Medicin/ wider den Aussatz/ Fran = ‖ tzosen/ Zauberische Zuständt/ Pestilentz/ Gifft/ Gewalt ‖ Gottes/ kleinen Schlag/ Freyß/ hinfallende Sucht/ Beraubung der ‖ Vernunfft/ Vnsinnigkeit/ Podagra/ Contractur/ Wassersucht/ Schwind = ‖ sucht/ ... ‖ (Es folgen neun Zeilen mit der Aufzählung von Krankheiten.) ‖ ... nach weiß vnd art deß Lapidis Philosophici ‖ ... anzuwenden ‖ seye/ ... ‖ ... ‖ ... ‖ ... ‖ ... ‖ an Tag gegeben. Durch den Edlen

Ehrnvesten vnd Hochgelehrten Herren/ Georgen ‖ am vnd vom Wald/ der Rechten Licentiaten/ Philosophiae vnd beyder ‖ Artzeneyen Doctorem, An jetzo zu Schwabach zwo Meylen ‖ von Nürnberg gelegen/ im Hochlöblichen Marg= ‖ graffenthumb Onoltzbach wohnendt. ‖ (Es folgt ein Bibelspruch). Gedruckt zu Franckfurt am Mayn/ durch ‖ Nicolaum Bassaeum. ‖ M. D. XCII. *Erlangen UB Diss. A. S. 1405/5 (4°).*

Am Wald: Vortrab (1595)

[RS:] Vortrab ‖ D. Georgen am vnd ‖ vom Wald auff Dürrnhoff/ etc. ‖ Auff ‖ Die in Truck außgefertigte Spott ‖ vnd Schmähkarten Andree Libauii/ der Ar= ‖ tzneyen Doctoris, Physici, Poëtae vnd Gymnasi- ‖ archae zu Rotenburg an der Tauber. ‖ Darin kurtz/ aber doch grundt vnd außfür= ‖ lich dargethan wirdt/ daß Libauius als ein Spötter der ‖ Gaben Gottes nicht weiß/ ... ‖ (Es folgen acht Zeilen mit genaueren Erläuterungen.) ‖

1595. ‖ Getruckt zu Hanaw bey Wilhelm Antoni/ ‖ in verlegung Nicolai Bassaei. ‖

Erlangen UB Diss. A. S. 1505/5 (4°).

Ancantherus: Pauli Silentiarii Hemiambia (1586) vgl. Paulus Silentiarius.

Andreae: Analecta (1789)

Q. D. O. M. B. V. ‖ ANALECTA HISTORICO- ‖ LITTERARIA ‖ DE ‖ HEIDELBERGENSI REFORMATORUM GYMNASIO. ‖ QUIBUS ‖ (Es folgen acht Zeilen mit genaueren Erläuterungen.) ‖ INVITAT ‖ IOANNES HENRICUS ANDREAE, ‖ ... ‖

A. D. XXIII. Sept. An. M.D.CCLXXXIX. hora secunda pomeridiana. ‖ Ex Officina JOANNIS WIESEN, Universitatis Typogr. ‖ (Schulprogramm des Heidelberger Gymnasiums)

München BSB 4°Diss. 5035 Beiband.

Andreae: Conatus (1762ff)

CONATUS HISTORICO-LITTERARIUS ‖ DE ‖ ILLUSTRI ET PRIMA-RIO PALATINATUS ‖ INFERIORIS ‖ GYMNASIO ‖ HEIDELBER-GENSI. ‖ QUEM ‖ LOCO PROGRAMMATIS ‖ EDIT, ‖ ... (Es folgen weitere 14 Zeilen mit genaueren Erläuterungen.) ‖ IOANNES HENRICUS ANDREAE ‖ S. O. C. ET ILLUST. GYMN. REFORM. HEIDELB. REC-TOR. ‖

A. D. XXII. Septemb. Anno MDCCLXII. hora 2. pomeridiana. ‖ Heilbronnae, Litteris ALLINGERIANIS. ‖ (Schulprogramm des Heidelberger Gymnasiums; Fortsetzungen erschienen als "Spicilegium alterum" bis "Spicilegium sextum et ultimum" in den Jahren 1764 bis 1770, darunter das "Spicilegium quartum" im Jahre 1566).

München BSB 4°Biogr. 234 Beibände (Das Exemplar enthält alle sechs Teile aus den Jahren 1762-1770).

Andreae: Riesmannus redivivus (1787f)

RIESMANNVS REDIVIVVS. ‖ HVIVS ‖ DISSERTATIONEM HISTORI-CAM ‖ DE ‖ HODIERNORVM ‖ PRINCIPVM PALATINORVM ‖ ORI-GINE, ‖ EORVMQVE ERGA LITTERAS FAVORE, ‖ DENVO EDIT,

EMENDAT, OBSERVATIONIBVS ‖ ILLVSTRAT, AD NOSTRAM AE-
TATEM CONTINVAT; ‖ IOANNES HENRICVS ANDREAE, ‖ ... ‖ ... ‖
HEIDELBERGAE, ‖ EX OFFICINA IOANNIS WIESEN, VNIVERSIT. TY-
POGR. ‖ 1787-1788 ‖
Erlangen UB Hist. 589ᵐ, 4°.

Annaberg, Lateinschule: Kurtze Nachricht (1724) vgl. Wilisch: Kurtze Nachricht.

Anthaeus: Reusneri urbes (1651) vgl. Reusnerus: Urbes imperiales.

Apographum (1612) vgl. Adamus: Apographum.

*Aristoteles: Organon (1584, 1592, 1597 und 1598) vgl. Pacius: Aristotelous Organon
und Werkverzeichnis 1592/5.*

Arrianus (1575) vgl. Stephanus: Arrianus.

Aubertus: De matallorum ortu (1575)
IACOBI ‖ AVBERTI ‖ VINDONIS DE ME- ‖ tallorum ortu & causis con- ‖
tra Chemistas breuis ‖ & dilucida ex- ‖ plicatio. ‖
LVGDVNI. ‖ APVD IOHANNEM ‖ BERION. ‖ 1575. ‖
*Erlangen UB Trew M 154 (zusammengebunden mit der Gegenschrift des Querce-
tanus: Ad Auberti explicationem responsio, 1575).*

Ausonius (1588) vgl. Commelinus: Ausonius.

Ausonius (1671) vgl. Tollius: Ausonius.

Baillet/Monnoye: Jugemens des savans (1725)
JUGEMENS ‖ DES SAVANS ‖ SUR LES ‖ PRINCIPAUX OUVRAGES ‖
DES AUTEURS, ‖ PAR ADRIEN BAILLET, ‖ Revûs, corrigez, & augmen-
tez par ‖ Mr. DE LA MONNOYE. ‖ NOUVELLE EDITION. ‖ (Es folgen
zwei Zeilen mit Bandangaben.) ‖
A AMSTERDAM, ‖ AUX DEPENS DE LA COMPAGNIE. ‖ MDCCXXV.
‖ (Sechs Bände, bestehend aus Teilbänden, und vier Ergänzungsbände)
Erlangen UB Ltg. IX, 92.

Bartholinus: Historiarum centuriae (1654ff)
THOMAE ‖ BARTHOLINI ‖ HISTORIARVM ‖ ANATOMICARVM ‖
RARIORVM ‖ Centuria I et II. ‖
HAFNIAE ‖ MDCLIV. ‖ Typis Accademicis Martzani ‖ Sumptibus Petri
Hauboldt Bibl. ‖ (In den folgenden Jahren erschienen weitere Zenturien, so
1651 die fünfte und sechste).

Bassaeus: Collectio (1592) vgl. Collectio.

Bauhinus: De corporis humani partibus tractatus (1588)
CASPARI ‖ BAVHINI, MEDICI ‖ ET PROFESSORIS ‖ BASILIENSIS ‖
DE ‖ CORPORIS HVMANI ‖ partibus externis ‖ Tractatus, hactenus non ‖
editus. ‖
BASILEAE, ‖ EX OFFICINA EPISCO= ‖ PIANA. M.D.XIIC. ‖
München BSB Anat. 256/3 (Angaben nach VD 16, B 845).

Bauhinus: De plantis Absynthii nomen habentibus (1593)
DE PLANTIS ‖ ABSYNTHII NO= ‖ MEN HABENTIBVS, ‖ CAPVT
DESVMPTVM ‖ EX CLARISSIMI ORNA= ‖ tißimique Viri D. Doct.

IOANNIS BAV- ‖ HINI Illustriß. Principis D. FRIDERICI, ‖ Comitis VVir-
temberg. Mompelgard. etc. Me- ‖ dici, laboriosißimo plantarum libro, cui ‖
CONSENSVS ET DISSEN- ‖ SVS circa stirpes, etc. ti- ‖ tulus est. ‖ TRAC-
TATVS ITEM DE AB- ‖ synthijs CLAVDII ROCARDI Frecen = ‖ sis, in
Campania pharmacopoei di- ‖ ligentissimus. ‖ [herausgegeben von Marcus
Morelotus].
MONTISBELIGARDI ‖ M.D.XCIII. ‖
München BSB Phyt. 28.

Bauhinus: De plantis a divis sanctisque nomen habentibus (1591) vgl. Werkverzeichnis
1571/1a.

Bauhinus: Phytopinax seu enumeratio plantarum (1596) vgl. Werkverzeichnis 1596/4.

Baurs/Xübry: Ovidii metamorphosis (1641)
OVIDII ‖ METAMORPHOSIS ‖ oder ‖ Verwandelungs Bücher, ‖ das ist, ‖
Hundert und Fünfzig neüe kunstreiche Kupffer Bil = ‖ dunge, aus des, zwar
Heidnischen, aber Sinnreichen Poeten Ovidij ‖ Fünfzehen Büchern von
seltzamer verwandelung der gestalten, Al ‖ lerhand der guten Künste Liebha-
bern, als Mahlern, Kupfferstechern, ‖ Bildhauern, Stein: und Formschneidern,
Gold: und Silberschmiden, ‖ Eisenschneidern und Waxposierern, auch allen
dergleichen Künst = ‖ lern zum dienst und nutzen erfunden, und mit Teütschen
‖ reimen öffentlich herauß gegeben ‖ Durch den kunstberühmten Johann ‖
Wilhelm Baur Inventirt. ‖ und ‖ Durch Abraham Xübry in Kupffer gestochen.
In Verlegung Paulus Fürsten Kunst = ‖ händlers in Nürnberg. ‖ (o. J., wohl
1641)
Erlangen UB 4° Phl. VIII, 526.

Bayrus: De medendis humani corporis malis Enchiridion (1563)
PETRI BAY ‖ RI TAVRINENSIS ‖ DE MEDENDIS HVNANI ‖ corporis
malis ENCHI- ‖ RIDION, ‖ Quod uulgò VENI MECVM uocant: cui ‖
adiunximus hac editione eiusdem Autho- ‖ ris Tractatum DE PESTE. ‖
BASILEAE, ‖ Apud Petrum Parnam. ‖ 1563. ‖
Nürnberg StB Med. 203.8°.

Bayrus: De medendis humani corporis malis Enchiridion (1565)
PETRI ‖ BAYRI TAV- ‖ RINENSIS ‖ MEDICI, ‖ De medendis humani
corporis ‖ malis Enchiridion, vulgò ‖ VENI MECVM ‖ dictum. ‖ Adiunximus
eiusdem Authoris Tra- ‖ ctatum DE PESTE. ‖
LVGDVNI, ‖ Apud Gulielmum Rouillium, ‖ Sub scuto Veneto. ‖ 1565. ‖
Nürnberg StB Med. 17.12°.

Bellonius: Observationes (1605) vgl. Clusius: Exoticorum libri (1605).

Bersmanus: Alcon (1574)
ALCON ECLOGA, ‖ SIVE ‖ QVERELA, ‖ DE OBITV ‖ VIRI REVE-
RENDI ‖ PIETATE, DOCTRINAEQVE ‖ ERVDITAE COPIA FACVL-
TATEQVE ‖ egregia, sapientia, virtute, ac dignitate cla- ‖ riss. Dn. IO-
ACHIMI CAMERARII, ‖ vtriusque linguae in celeberrima Academia ‖ Lip-
sensi Professoris eximij, ‖ adeoque incompara- ‖ bilis, ‖ SCRIPTA ‖ A ‖

Gregorio Bersmano Annaebergensi, ‖ studio amante Praeceptorum, Patronum, et ami- ‖ cum, perpetua obseruantia colendum. ‖
LIPSIAE ‖ Iohannes Rhamba imprimebat ‖ M.D.LXXIIII. ‖
Erlangen UB Trew T 141, 4°.

Bersmanus: Lucani De bello civili (1589) vgl. Werkverzeichnis 1589/3.

Bersmanus: Ovidii Metamorphoseon libri (1582) vgl. Werkverzeichnis 1582/2.

Bersmanus: Ovidii Metamorphoseon libri (1590) vgl. Ovidius: Metamorphoseon libri (1590).

Bersmanus: Ovidii Metamorphoseon libri (1596) vgl. Ovidius: Metamorphoseon libri, Bd. 2 (1596).

Bersmanus: Poemata (1576) vgl. Werkverzeichnis 1576/1.

Bersmanus: Poematum pars prior/pars altera (1591/92) vgl. Werkverzeichnis 1591/2.

Bibelausgaben und Bibelbearbeitungen:

AT und NT: Biblische Geschichte, nachgedichtet von Lauterbachius (1573) vgl. Werkverzeichnis 1573/5.

AT und NT: Illustrationen, angefertigt von Amman und herausgegeben von Bocksperger (1564) vgl. Bocksperger/Amman: Neuwe biblische Figuren.

AT: Psalmen, nachgedichtet von Buchananus (1585, 1588, 1590, 1592, 1595 und 1600) vgl. Werkverzeichnis 1585/5.

AT: Psalmen, nachgedichtet von Hornmoldus (1596) vgl. Werkverzeichnis 1596/3.

AT: Jesaja Kap. 53, Paraphrase von Rittershusius (1596) vgl. Rittershusius: In caput.

NT: Evangelien, zusammengefaßt von Lauterbachius (1563) vgl. Werkverzeichnis 1563/4.

NT: Evangelien, zu Liedern umgearbeitet von Posthius (1596, 1597, 1608 und 1619) vgl. Werkverzeichnis 1596/1.

NT: Evangelien, zu Elegien verarbeitet von Rudingerus (1573) vgl. Werkverzeichnis 1573/6.

Bischoff: Eine Christliche Leichpredigt (1577) vgl. Werkverzeichnis 1577/3.

Blyenburgus: Veneres Blyenburgicae (1600)

VENERES ‖ BLYENBVRGICAE, ‖ Sive ‖ AMORVM HORTVS: ‖ In ‖
QVINQVE AREOLAS ‖ divisus, ‖ et ‖ Fragantissimis. CXLViij. celeberrimorum ‖ Poetarum flosculis refertus, ‖ OPERA ‖ DAMASI BLYENBVRGY BATAVI. H. F. ‖
DORDRACI ‖ Ex Typographia Isaaci Canini, ‖ impensis Davidis Episcopij ‖
An: M.D.C. ‖
München BSB P. o. lat. 1666ͭ.

Bochius: Epigrammata funebria (1590) vgl. Werkverzeichnis 1590/2.

Bocksperger/Amman: Neuwe biblische Figuren (1564)

[RS] NEuwe Biblische Figuren/ ‖ deß Alten vnd Neuwen Testaments/ geordnet ‖ vnd gestellt durch den fuertrefflichen vnd Kunstreichen Johan Bockspergern ‖ von Saltzburg/ den juengern/ vnd nachgerissen mit sonderm fleiß durch den ‖ Kunstverstendigen vnd wolerfarnen Joß Am= ‖ man von Zuerych. ‖ Allen Kuenstlern/ als Malern/ Goldtschmiden/ Bildthau= ‖ wern/ Steinmetzen/ Schreinern/ etc. fast dienst= ‖ lich vnd nuetzlich. ‖

Getruckt zu Franckfurt am Mayn/ ... ‖ ... M.D.LXIIII. ‖ (Getruckt zu Franckfurt am Mayn/ ‖ durch Georg Raben/ Sigmund Feyerabend/ ‖ vnd Weygand
Hanen Erben. ‖)

Wien ÖNB 603.444 B.

Boissardus/de Bry: Icones (1597/98) vgl. Werkverzeichnis 1597/2.

Boissardus: Poemata (1589 und 1591) vgl. Werkverzeichnis 1587/6a.

Braschius: Carmina (1595) vgl. Werkverzeichnis 1595/2.

Braschius: Epigramma (1594)

EPIGRAMMA ‖ IN NATALEM ‖ ERASMI POSTII, ‖ FILII MAGNIFICI
ET ‖ CLARISSIMI VIRI DOMINI ‖ IOHANNIS POSTII, ME = ‖ DICI-
NAE DOCTORIS, POETAE LAV- ‖ reati & Archiatri Electoris Palatini. ‖
(MARTINVS BRASCHIVS ‖ Professor Academiae Rostochiensis. ‖)
ROSTOCHII ‖ TYPIS AVGVSTINI FERBERI IVNIORIS, ‖ ANNO
MDXCIV. ‖ (Einblattdruck)

*Wolfenbüttel HAB 49 Poet. (mit einer autographen Widmung des Braschius an
Bernhardus Praetorius).*

Brucker/Haid: Ehren-tempel (1747)

Ehren = tempel ‖ der Deutschen Gelehrsamkeit, ‖ in welchem ‖ die Bildnisse
‖ gelehrter, und um die schoenen und philologischen Wis = ‖ senschaften ver-
dienter Männer ‖ unter den ‖ Deutschen ‖ aus dem XV. XVI. und XVII.
Jahrhunderte ‖ aufgestellet, ‖ und ‖ ihre Geschichte, Verdienste und Merck-
wuer = ‖ digkeiten entworfen sind ‖ von ‖ Jacob Brucker, ‖ ... ‖ ... ‖ in
Kupfer gebracht ‖ von ‖ Johann Jacob Haid/ ‖ Maler und Kupferstecher. ‖
AUGSPURG, ‖ bey Johann Jacob Haid 1747. ‖

Erlangen UB Ltg. III, 22.

Bruele: Praxis medicinae (1579)

PRAXIS ‖ MEDICINAE ‖ THEORICA ET EMPIRICA ‖ FAMILIARIS-
SIMA ‖ GUALTHERI BRVELE: ‖ In qua pulcherrima dilucidissimáque ra-
tione morborum ‖ internorum cognitio, eorundemque curatio traditur. ‖
ANTVERPIAE, ‖ Ex officina Christophori Plantini, ‖ Architypographi Regij.
‖ M.D.LXXIX. ‖

Nürnberg StB Med. 53.2°.

Bruele: Praxis medicinae (1612)

PRAXIS ‖ MEDICINAE ‖ THEORICA ‖ ET EMPIRICA ‖ FAMILIARIS-
SIMA ‖ GVALTERI BRVELE: ‖ In qua pulcherrima dilucidissimaque ra-
tione ‖ morborum internorum cognitio, eorun- ‖ demque curatio traditur. ‖
EX OFFICINA PLANTINIANA ‖ RAPHELENGII, ‖ M.D.CXII. ‖

Erlangen UB Trew J 64.

de Bry: Icones (1587/88) vgl. Werkverzeichnis 1597/2.

*Buchananus: Psalmorum paraphrasis (1585, 1588, 1590, 1592, 1595 und 1600) vgl.
Werkverzeichnis 1585/5.*

Burmannus: Lotichii poemata omnia (1754)

[RS:] PETRI LOTICHII SECUNDI ‖ SOLITARIENSIS ‖ POEMATA OM-
NIA, ‖ QUOTQUOT REPERIRI POTUERUNT, EDITIS AUCTORIA ‖

ET LONGE EMENDATIORA. ‖ Accedunt ‖ EJUSDEM P. LOTICHII SE-
CUNDI ‖ Narratio Historica de Caede MELCHIORIS ZOBELLI, Episcopi
Herbipolensis. ‖ Epistolarum Libri Duo: Vita P. LOTICHII a diversis Auctoribus descripta. ‖ Adoptivorum Libri tres, & Virorum Doctorum Elogia ac Testimonia de LOTICHIO. ‖ Omnia ex codice Ms. a JOH. PETRO LOTICHIO
ad novam editionem adornato, ‖ et collata prima editione Parisina ac Voegeliana, ‖ recensuit, Notis et Praefatione instruxit ‖ PETRUS BURMANNUS
SECUNDUS. ‖ TOM. I. (TOM. II.) ‖
AMSTELAEDAMI ‖ EX OFFICINA SCHOUTENIANA. Anno MDCCLIV.
‖ (2 Bände, Folioformat).
Würzburg UB L. rr. q. 101/1 (mit handschriftlichen Einträgen des Antonius Ru-
land).

Burmannus: Sylloges epistolarum (1727)
SYLLOGES ‖ EPISTOLARUM ‖ A ‖ VIRIS ILLUSTRIBUS ‖
SCRIPTARUM ‖ TOMI QUINQUE, ‖ COLLECTI ET DIGESTI ‖ PER ‖
PETRUM BURMANNUM. ‖ NOMINA EXHIBEBIT POST TOMUM
QUINTUM INDEX PRIMUS. ‖
LEIDAE, ‖ Apud SAMUELEM LUCHTMANS, 1727. ‖
Erlangen UB 4° Ltg. V, 8.

Calceolarius: Iter Baldi (1586) vgl. Camerarius/Matthiolus: De plantis epitome (1586).
Callias: Emblemata (1591) vgl. Werkverzeichnis 1591/3.
Callimachus: Hymni (1571) vgl. Werkverzeichnis 1571/4.
Callimachus: Hymni (1577) vgl. Werkverzeichnis 1571/4a.
Calvinus: Oratio (1589) vgl. Werkverzeichnis 1589/4.
Camerarius/Matthiolus: De plantis epitome (1586)
DE PLANTIS ‖ Epitome vtilissima, ‖ PETRI ANDREAE ‖ MATTHIOLI
SENEN- ‖ SIS, MEDICI EXCEL- ‖ lentissimi, &c. ‖ NOVIS ICONIBVS ET
DESCRI- ‖ ptionibus pluribus nunc primum dili- ‖ genter aucta, à ‖ D. IO-
ACHIMO CAMERARIO ME- ‖ dico inclytae Reip. Noribergensis. ‖ AC-
CESSIT CATALOGVS PLANTARVM, ‖ quae in hoc compendio continentur,
exactiß. ‖
M.D.L.XXXVI. ‖ FRANCOFVRTI AD MOENVM. ‖ (Folioformat).
Wolfenbüttel HAB 10.1 Physica (in diesem Exemplar ist ein Großteil der zahlrei-
chen Holzschnitte koloriert; zwischen einigen Blättern liegen noch gepreßte Pflan-
zen).
Würzburg UB H. n. q. 86 (mit einem Exlibris des Joh. Jac. Bajerus und einem Exli-
bris des Christoph. Iac. Trew; dies Exemplar beginnt mit einem erweiterten Titel-
blatt, in dem auf einen beigebundenen Text des Veroneser Apothekers Franciscus
Calceolarius verwiesen wird; dasselbe erweiterte Titelblatt beinhaltet auch das Ex-
emplar aus dem Besitz des F. W. T. Hunger, das dieser 1942 veröffentlichte: Hun-
ger: L' Escluse, Bd. II, 1942, S. 24).

Camerarius: De re rustica (1577)
DE RE RVSTICA ‖ OPVSCVLA NON= ‖ NVLLA, LECTV CVM IVCVN-
‖ DA, TVM VTILIA, IAM PRIMVM PAR- ‖ TIM COMPOSITA, PARTIM
EDITA ‖ A ‖ D. IOACHIMO I. F. CAMERARIO, ME- ‖ DICO NO-
RIBERGENSI. ‖
NORIBERGAE. M.D.LXXVII. ‖ (..., ‖ In Officina Catharinae Gerlachin &
Haeredum ‖ Iohannis Montani. ‖ ... ‖)
Erlangen UB Cmr. VI,77 Qu.

Camerarius: Epistolarum libri (1583)
IOACHIMI ‖ CAMERARII BA- ‖ PENBERGEN- ‖ SIS ‖ EPISTO-
LARVM FAMI- ‖ LIARIVM LIBRI VI. ‖ Nunc primùm post ipsius obitum
singu- ‖ lari studio à filiis editi. ‖
FRANCOFVRTI ‖ Apud haeredes Andr. Wecheli, ‖ M.D.LXXXIII. ‖
Erlangen UB Phl. IX, 20^a.

Camerarius: Hortus medicus (1588)
HORTVS ‖ MEDICVS ET PHI- ‖ LOSOPHICVS: IN QVO ‖ PLVRI-
MARVM STIRPIVM BRE- ‖ VES DESCRIPTIONES, NOVAE ICONES ‖
... ‖ ... ‖ ... ‖ continentur. ‖ AVTORE IOACHIMO CAMERARIO ‖ Rei-
pub. Norimberg. Medico D. ‖ ITEM ‖ SYLVA HERCYNIA: ‖ ... ‖ ... ‖ ... ‖
... ‖ Omnia nunc primum in lucem edita. ‖ (SYLVA HERCYNIA, ‖ SIVE
CATALO- ‖ GVS PLANTARVM ‖ SPONTE NASCENTIVM IN ‖ MON-
TIBVS, ET LOCIS VICINIS HER- ‖ cyniae, quae respicit Saxoniam, con-
scriptus ‖ singulari studio, ‖ A ‖ IOANNE THALIO MEDICO ‖ Northu-
sano. ‖)
Francofurti ad Moenum. ‖ MD.LXXXVIII. ‖ (IMPRESSVM FRANCO- ‖
FVRTI AD MOENVM, APVD IO- ‖ HANNEM FEYERABEND, IMPEN-
SIS SI- ‖ gismundi Feyerabendij, Heinrici Dackij, ‖ & Petri Fischeri. ‖
M.D.LXXXVIII. ‖)
Nürnberg StB. Med. 371. 4°.

Camerarius: Libellus gnomologicus (1555 oder 1565)
Libellus gnomolo= ‖ gicus, id est, ‖ BONARVM VTILIVMQVE ‖ SEN-
TENTIARVM GENERALEM ‖ expositionem Graecam Latinamque conti- ‖
nens, ad puerilem ille quidem institutionem ‖ accomodatus, sed qui tamen
adul- ‖ tiorib. quoque opportunus ‖ esse possit, editus ‖ A ‖ Ioachimo Camerario. ‖
LIPSIAE, ‖ (o. J.?)
München BSB A. gr. Coll. 102 (ein Teil des Titelblattes fehlt; offenbar befand sich
darauf ein sammelnswertes Autograph).

Camerarius: Lotichii poemata (1563, 1572 und 1576) vgl. Lotichius: Poemata.
Camararius: Maranta (1576) vgl. Maranta: Libri (1576).
Camararius: Monosticha gnomica (1579) vgl. Werkverzeichnis 1579/1.
Camararius: Operae horarum (1591) vgl. Werkverzeichnis 1591/4 und 1591/4a.
Camerarius: Operae horarum (1599) vgl. Werkverzeichnis 1591/4a.

Camerarius: Plauti comoediae (1558)

M. ACCII ‖ Plauti ‖ COMOEDIAE XX. DILIGEN- ‖ te cura, & singulari studio IOACHIMI ‖ CAMERARII Pabeperg. emendati- ‖ us quàm antè un- quam ‖ ab ullo, editae: ‖ Adiectis etiam eiusdem ad singulas Co- ‖ moedias Argumentis & Anno- ‖ tationibus. ‖ Accesserunt iam Indicationes quoque multorum quae ad ‖ lectionem fabularum Plauti nonnihil momenti affer- ‖ re possunt, à GEORGIO FABRI- ‖ CIO Chemnicensi col- ‖ lectae. ‖ BASILEAE, PER IOAN- ‖ nem Heruagium & Bernhar- ‖ dum Brand. ‖ (Anno Salutis humanae M.D. ‖ LVIII. Mense ‖ Iulio.) ‖ (Quartformat). *Bibliotheca Apostolica Vaticana Stamp. Pal. IV 546/lat. 2576.*

Camerarius: Symbolorum centuria una (1590)

SYMBOLORVM ‖ et ‖ EMBLEMATVM EX ‖ RE HERBARIA ‖ DESVMTORVM ‖ CENTVRIA VNA ‖ COLLECTA ‖ A ‖ IOACHIMO CAMERARIO ‖ MEDICO NORIMBERG. ‖ In quibus rariores Stirpium pro ‖ prietates historicae ac Sententiae ‖ memorabiles non paucae bre = ‖ uiter exponuntur. ‖ ANNO SALVT: M.D.XC. ‖ (Noribergae impensis Johannis Hof- ‖ manni, et Huberti Camoxij ‖)

Nürnberg StB Phil. 624, 4°;
Nürnberg StB Phil. 623, 4° (mit einer autographen Widmung des Ludovicus Camerarius an die Stadt Nürnberg);
Nürnberg StB Amb. 165, 4°.

Camerarius: Symbolorum centuria altera (1595)

SYMBOLORVM ‖ et ‖ EMBLEMATVM EX ‖ ANIMALIBVS QVA = ‖ DRVPEDIPVS ‖ DESVMTORVM ‖ CENTVRIA ALTERA ‖ COLLECTA. ‖ A ‖ IOACHIMO CAMERARIO ‖ MEDICO NORIMBERG. ‖ Exponun- tur in hoc libro rariores ‖ tum animalium proprietates tum ‖ historiae ac sen- tentiae memorabiles. ‖ ANNO SALVT: M.D.XCV. ‖ (NORIBERGAE ‖ EXCVDEBAT PAVLVS ‖ KAVFMANN. ‖ M.D.XCV. ‖)

Nürnberg StB Phil. 624, 4°;
Nürnberg StB Phil. 623, 4°;
Nürnberg StB Amb. 165, 4°.

Camerarius: Symbolorum centuria tertia (1597)

SYMBOLORVM ‖ et ‖ EMBLEMATVM EX VO = ‖ LATILIBVS ET IN- SECTIS ‖ DESVMTORVM ‖ CENTVRIA TERTIA ‖ COLLECTA ‖ A ‖ IOACHIMO CAMERARIO ‖ MEDICO NORIMBERG. ‖ IN QVA MVL- TAE RARIORES ‖ PROPRIETATES AC HISTORIAE ‖ ET SENTEN- TIAE MEMORA = ‖ BILES EXPONVNTVR ‖ AN: SALVT. M.D.XCVI. (NORIBERGAE ‖ EXCVDEBAT PAV- ‖ LVS KAVFMANN. ‖ ANNO ‖ M.D.XCVII. ‖)

Nürnberg StB Phil. 624, 4°;
Nürnberg StB Phil. 623, 4°;
Nürnberg StB Amb. 165, 4°.

Camerarius: Symbolorum centuria quarta (1604)

SYMBOLORVM ‖ ET EMBLEMATVM EX ‖ AQVATILIBVS ET REPTI-
LIBVS ‖ Desumptorum ‖ Centuria Quarta ‖ A ‖ Joachimo Camerario Medi:
Nor: ‖ coepta: absoluta post eius obitum ‖ a ‖ Ludouico Camerario
J[uris]C[onsulto] ‖ Joach Fil. ‖ In qua itidem res memorabiles pluri = ‖ mae
exponuntur ‖
ANNO SALVT: MDCIV. ‖
*Nürnberg StB Amb. 165, 4° (mit einer autographen Widmung des Philippus
Camerarius an Henricus Fabricius aus dem Jahre 1606).*

Camerarius: Synopsis commentariorum de peste (1583)

SYNOPSIS ‖ COMMENTA- ‖ RIORVM DE ‖ PESTE. ‖ AVTORIBVS ‖
HIERONYMO DONZELLINO. ‖ IOANNE PHILIPPO INGRASSIA. ‖
CAESARE RINCIO. ‖ IOACHIMO CAMERARIO. ‖ Vsus multa docet, sed
pia vota juvant. ‖
NORIBERGAE. ‖ ANNO. ‖ MDLXXXIII. ‖ (IMPRESSVM FRAN-
COFVR- ‖ ti, apud Georgium Coruinum, Si- ‖ gismundum Feyerabent, & hæ-
redes ‖ VVygandi Galli. ‖ 1583. ‖)
Venedig Bibliotheca Nazionale Marciana 4.D.192.

Carmina in nuptias Pithopoei (1587) vgl. Werkverzeichnis 1587/10.

Carmina paregorica (1587) vgl. Werkverzeichnis 1587/4.

Catechismus (1619)

Catechismus, ‖ Oder ‖ Kurtzer Vnterrricht/ ‖ Christlicher Lehr/ wie der in
Kir = ‖ chen vnnd Schulen der Churfuerstlichen ‖ Pfaltz getrieben wirdt/ ‖
Sampt den XX Fragen/ Sprue = ‖ chen/ vnd Kirchen Legenden. ‖
Gedruckt in Churfuerstlicher Pfaltz zur Newstadt ‖ an der Hardt/ bey Henrich
Starcken/ Jn Verlegung ‖ Johann Carl Vnckels. ‖ Jm Jahr 1619. ‖ (Zu
angebundenen Texten vgl. Werkverzeichnis 1596/1d).
Amberg Staatliche Provinzialbibliothek 2: Theol. bibl. 493;
Wolfenbüttel HAB 317.74 Theol. 8°;
Wolfenbüttel HAB Tl 179.

Chytraeus: Collectanea (1588)

IN ‖ GEORGII BVCHA- ‖ NANI PARAPHRASIN ‖ PSALMORVM ‖
Collectanea ‖ NATHANIS CHYTRAEI. ‖ Quibus vocabula, & modi loquendi
tam ‖ poëtici, quàm aliàs difficiliores, & ‖ minùs vulgo obuii, perspicuè expli-
‖ cantur: ‖ In gratiam eorum, quibus huiusmodi, vt vi- ‖ dentur, minuta inue-
stigare aut non ‖ libet, aut non vacat. ‖
HERBORNAE ‖ Typis Christophori Coruini. ‖ M.D.LXXXVIII. ‖ (Zu
ergänzenden Texten vgl. Werkverzeichnis 1585/5).
Wolfenbüttel HAB 206 Poet. (2).

Chytraeus: Fastorum libri (1594) vgl. Werkverzeichnis 1579/3a.

Chytraeus: Poematum libri (1579) vgl. Werkverzeichnis 1579/3.

*Chytraeus: Psalmorum paraphrasis Buchanani (1585, 1588, 1590, 1592, 1595 und
1600) vgl. Werkverzeichnis 1585/5.*

Cisnerus: Commentarius ad titulum de actionibus (1588) vgl. Werkverzeichnis 1588/4.

Cisnerus: Commentarius ad titulum de iudiciis (1588)
NICOLAI ‖ CISNERI ‖ IVRISCON- ‖ SVLTI ‖ Commentarius ‖ AD TI-
TVLVM PANDECTA- ‖ rum siue digestorum ‖ DE IVDICIIS. ‖ Eiusdem ‖
COMMENTARIOLVM ‖ AD L. XIV. REM NON NOVAM. ‖ Cod. eod. tit.
De Iudicijs. ‖ E BIBLIOTHECA NICOLAI ‖ Reusneri, I. C. Recognita studio
et operâ ‖ IEREMIAE REVSNERI ‖ LEORINI. ‖ Additis in fine ‖ IOAN-
NIS OLDENDORPII IC. ‖ Progymnasmatis fori, ad ordinationem ‖ Camerae
Imperialis accom- ‖ modatis. ‖
BASILEAE, ‖ TYPIS LEONHARDI OSTENII. ‖ M.D.XIIC. ‖
München BSB Mor. 771/1 (2. Teil von Beiband 1).

Cisnerus: De iure usucapionum commentarius (1588)
NICOLAI CIS- ‖ NERI IVRISCON- ‖ SVLTI ‖ DE IVRE VSVCAPIO- ‖
num Commentarius, ‖ AD TIT. PANDECTARVM ‖ seu Digestorum de
vsurpationibus & ‖ Vsucapionibus. ‖ ADIVNCTIS ALIQVOT PRAESTAN-
‖ tißimorum Iurisconsultorum, N. REVSNERI OB. ‖ GIPHANI, G. OB-
REHTI, disputationibus: qui- ‖ bus tota Vsucapionum materia breuiter
quidem, ‖ sed luculentè perspicueque tradita ‖ continetur: ‖ Editus opera &
studio IEREMIAE REVSNE- ‖ RI LEORINI. ‖
Spirae Nemetum apud Bernardum ‖ Albinum M.D.XIIC. ‖
Wolfenbüttel HAB 169.45 Jur. 8° (5).
Dillingen Studienbibliothek 8° Jur. 657 (1).

Cisnerus: Opuscula (1611)
NIC. CISNERI ‖ JURECONSULTI, POLY- ‖ HISTORIS, ORATORIS ET
‖ POETAE CELEBERRIMI ‖ Imperial. olim Camerae Adsessoris, ‖ Consi-
liarij Palatini ‖ OPVSCVLA ‖ Historica & Politico- Philologica ‖ Tributa in ‖
LIBROS IV. ‖ ... ‖ ... ‖ Edita studio & Opera ‖ QUIRINI REUTERI D. ‖
PROFESSORIS IN ACADE- ‖ MIA HEIDELBERGENSI. ‖ Praefixit idem
‖ D. NICOL. CISNERI VITAM. ‖ ... ‖
FRANCOFVRTI, ‖ In Bibliopolio JONAE RHODII, ‖ MDCXI. ‖
Wolfenbüttel HAB Li 1402.

Clusius/ab Horto: Aromatum historia (1567)
AROMATVM ‖ ET ‖ SIMPLICIVM ALIQVOT ‖ MEDICAMENTORVM
APVD ‖ INDOS NASCENTIVM ‖ HISTORIA. ‖ Ante biennium quidem
Lusitanica lingua per ‖ Dialogos conscripta, D. GARCIA AB ‖ HORTO, Pro-
regis Indiae Medico, auctore: ‖ Nunc verò primùm Latina facta, et in Epitomen
‖ contracta à CAROLO CLVSIO Atrebate. ‖
ANTVERPIAE, ‖ Ex officina Christophori Plantini, ‖ M.D.LXVII.
Angaben nach dem Faksimile des Titelblattes bei Hunger: L' Escluse, Bd. I
(1927), S. 97.

Clusius/ab Horto: Aromatum historia (1574) vgl. Werkverzeichnis 1568/1a.

Clusius/ab Horto: Aromatum historia (1579)
AROMATVM, ‖ ET ‖ SIMPLICIVM ALIQVOT ‖ MEDICAMENTORVM
APVD ‖ INDOS NASCENTIVM ‖ HISTORIA: ‖ Primum quidem Lusitanica
lingua per Dialogos ‖ conscripta, à D. GARÇIA AB HORTO, ‖ Proregis In-

diae Medico: ‖ Deinde Latino sermone in Epitomen contracta, et iconi- ‖ bus ad viuum expreßis, locupletioribusque annotatiun- ‖ culis illustrata à CAROLO CLVSIO Atrebate. ‖ TERTIA EDITIO. ‖
ANTVERPIAE, ‖ Ex officina Christophori Plantini, ‖ Architypographi Regij. ‖ M.D.LXXIX.

Angaben nach dem Faksimile des Titelblattes bei Hunger: L' Escluse, Bd. I (1927), S. 142.

Clusius/ab Horto: Aromatum historia (1593)

AROMATVM, ‖ ET ‖ SIMPLICIVM ALIQVOT ‖ MEDICAMENTORVM APVD ‖ INDOS NASCENTIVM ‖ HISTORIA: ‖ Primùm quidem Lusitanica lingua διαλογιχῶς ‖ conscripta, à D GARCIA AB HORTO ‖ Proregis In- diae Medico: ‖ Deinde Latino sermone in Epitomen contracta, et iconi- ‖ bus ad viuum expreßis, locupletioribusque annotatiun- ‖ culis illustrata a CAROLO CLVSIO Atrebate. ‖ QVARTA EDITIO, ‖ Castigatior, & aliquot locis auc- tior. ‖
ANTVERPIAE, ‖ EX OFFICINA PLANTINIANA. ‖ Apud Viduam, & Io- annem Moretum. ‖ M.D.XCIII. ‖ (Zu ergänzenden Texten vgl. Werkver- zeichnis 1593/4).

Angaben nach dem Faksimile des Titelblattes bei Hunger: L' Escluse, Bd. I (1927), S. 208.

Clusius/a Costa: Aromatum liber (1593):

CHRISTOPHORI ‖ A COSTA, MEDICI ‖ ET CHEIRVRGI, ‖ Aromatum et medicamentorum ‖ in Orientali India nascentium ‖ LIBER: ‖ PLVRIMVM lucis adferens iis quae à Doctore ‖ GARCIA DE ORTA in hoc ge- ‖ nere scripta sunt: ‖ CAROLI CLVSII ATREBATIS operâ ex ‖ Hispanico sermone Latinus factus, in Epitomen ‖ contractus, et quibusdam notis illustratus. ‖ AL- TERA EDITIO, ‖ castigatior & auctior. ‖
ANTVERPIAE, ‖ EX OFFICINA PLANTINIANA, ‖ Apud Viduam, & Io- annem Moretum. ‖ M. D. XCIII. ‖

Angaben nach dem Faksimile des Titelblattes bei Hunger: L' Escluse, Bd. I (1927), S. 208.

Clusius: Exoticorum libri (1605):

CAROLI CLVSII ATREBATIS, ‖ Aulae Caesareae quondam Familiaris, ‖ EXOTICORVM ‖ LIBRI DECEM: ‖ Quibus Animalium, Plantarum, Aroma- tum, ‖ aliorumque peregrinorum Fructuum ‖ historiae describuntur: ‖ ITEM ‖ PETRI BELLONII OBSERVATIONES, ‖ eodem Carolo Clusio interprete. ‖ Series totius operis post Praefationem indicabitur. ‖ (AVCTARIVM ‖ ad Exoticorum Libros ‖ CAROLI CLVSII ‖ ATREBATIS. ‖)
Ex Officinâ Plantinianâ RAPHELENGII, 1605. (Folioband mit Titeleinfassung und Holzschnitten)

Erlangen UB 2° Med. III, 6.

Clusius: Rariorum stirpium historia (1583) vgl. Werkverzeichnis 1568/2a.

Clusius/Monardes: Simplicium medicamentorum historia (1593) vgl. Werkverzeichnis 1593/4.

Clusius/Monardes: Simplicium medicamentorum historiae liber tertius (1593)
SIMPLICIVM ‖ MEDICAMENTORVM ‖ EX NOVO ORBE DELATO- ‖ RVM, QVORVM IN MEDICINA ‖ VSVS EST, HISTORIAE ‖ LIBER TERTIVS: ‖ Hispanico sermone nuper descriptus à D. NICO- ‖ LAO MONARDES, Hispalensi Medico: ‖ Nunc verò primùm Latio donatum, et notis illustratus ‖ CAROLO CLVSIO A. ‖ ALTERA EDITIO, ‖ auctior & castigatior. ‖
ANTVERPIAE, ‖ EX OFFICINA PLANTINIANA, ‖ Apud Viduam, & Ioannem Moretum. ‖ M. D. XCIII. ‖
Angaben nach dem Faksimile des Titelblattes bei Hunger: L' Escluse, Bd. I, 1927, S. 209.

Collectio (1592)
COLLECTIO ‖ IN VNVM CORPVS, ‖ OMNIVM LIBRORVM HE- ‖ BRAEORVM, GRAECORVM, LATI- ‖ NORVM NECNON GERMANICE, ITALICE, ‖ Gallicè & Hispanicè scriptorum, qui in nundinis Francofurtensibus ab ‖ anno 1564. vsque ad nundinas Autumnales anni 1592. partim noui, par- ‖ tim noua forma, & diuersis in locis editi, venales extiterunt: desumpta ex ‖ omnibus Catalogis Villerianis singularum nundinarum ... ‖ ... ‖ ... ‖ ... ‖ ... ‖ ... ‖ ... ‖ ... ‖ Plerique in aedibus Georgij VVilleri ciuis & Bibliopolae Augu- ‖ stani, venales habentur. ‖
FRANCOFVRTI. ‖ Ex officina Typographica Nicolai Bassaei. ‖ M.D.XCII. ‖
Erlangen UB 4° Bblgr. IV, 101.
Collegii Posthimelissaei votum (1573) vgl. Werkverzeichnis 1573/1.
Columbus/Colombo: De re anatomica libri (1590) vgl. Werkverzeichnis 1590/1.
Columbus/Colombo: De re anatomica libri (1593) vgl. Werkverzeichnis 1590/1a.
Commelinus: Ta praktika/Acta (1591) vgl. Acta.

Commelinus: Ausonius (1588)
D. MAGNI ‖ AVSONII ‖ BVRDIGALENSIS, ‖ VIRI CONSVLARIS, ‖ AVGVSTORVM ‖ praeceptoris, ‖ Opera in meliorem ordinem digesta. ‖ Recognita sunt a IOSEPHO SCALIGERO Iulij ‖ Caes. F. & infinitis locis emendata. ‖ Eiusdem Iosephi Scaligeri Ausoniarum lectionum ‖ libri duo, ... ‖ ... ‖ ... ‖
IN OFFICINA ‖ SANCTANDREANA. ‖ M.D.LXXXVIII. ‖ (In anderen Exemplaren heißt es "Heidelbergae"; vgl. Port: Commelinus, 1938, S. 55, Nr. 49).
Erlangen UB Phl. VII, 823.

Cordus: Dispensatorium (ca. 1570)
PHARMA ‖ CORVM CONFI= ‖ ciendorum ratio. ‖ Vulgo uocant ‖ DIS- ‖ PEN- ‖ SATORIVM. ‖ Ex omni genere bonorum authorum, cum ueterum ‖ tum recentium collectum, et scholijs utilißimis il= ‖ lustratum, in quibus obiter, plurimum simplicium, ‖ hactenus non cognitorum, uera noticia traditur. ‖ Authore ‖ VALERIO CORDO. ‖ Cum Indice copioso. ‖
Norimbergae apud Ioh. Petreium. ‖
Nürnberg StB Med. 32.12°.
Costa: Aromatum liber (1593) vgl. Clusius/a Costa: Aromatum liber.

Costalius: Pema (1555)
PETRI COSTALII || PEGMA, || Cum narrationibus philosophicis. ||
LVGDVNI, || Apud Matthiam Bonhomme. || 1555 ||
Eichstätt Điözesanarchiv C 49.

Crato: Consiliorum liber (1591):
IO. CRATONIS || A KRAFTHEIM, || III. IMPP. ROMANORVM || ME-
DICI ET CONSILIARII || INTIMI, || Consiliorum et Epistolarum Me- ||
dicinalium, Liber, || Ex collectaneis clariss. viri Dn. PETRI MONA- || VII
URATISL. quondam Medici Caesarei, || selectus, Et nunc primùm à LAU-
RENTIO || SCHOLZIO SIL. Medico Uratislaviensi, in || lucem editus. ||
FRANCOFURTI, || Apud Andreae Wecheli haeredes, || Claudium Marnium
& Joan. Aubrium: || MDXCI. ||
München BSB Med. g. 111a(1.

Crato: Consiliorum liber quintus (1593/94) vgl. Werkverzeichnis 1593/5.

Crato: Oratio funebris (1577)
ORATIO FVNEBRIS || DE || DIVO MAXAEMI = || LIANO II. IMPE = ||
RATORE CAESARE || AVGVSTO, &c. || A || JOHANNE CRATONE || à
Craftheim, Consiliario et || Medico Caesareo, etc. || scripta. ||
VRATISLAVIAE. || IN OFFICINA TYPOGRAPHICA || CRISPINI
SCHARFFENBERGII. || M.D.LXXVII. ||
Erlangen UB Trew T 143, 4°.

Crenius: Animadversiones (1695)
THOMAE CRENII || ANIMADVERSIONES || PHILOLOGICAE || ET ||
HISTORICAE, || Novas librorum editiones, praefatio- || nes, indices, non-
nullasqve summorum || aliqvot virorum labeculas notatas || excutientes. ||
CUM || Qvibusdam Josephi Scaligeri, Theodori Bezae, || Hadriani Junii, Hu-
gonis Grotii, Claudii Sal- || masii, Andreae Riveti, Jo. Henr. Heideggeri, || et
non neminis de morbo morteqve Renati || des Cartes epistulis anteà nunqvam ||
editis lectu dignißimis. ||
ROTERODAMI, || Sumptibus ISAACI van RUYNEN, || MDCLXXXXV. ||
Nürnberg StB Solg. 1671, 8°.

Cropacius: Poemata (1581)
CROPACII || POEMATA. || CVNARVM CHRISTI LI- || BRI II. || VA-
RIOR. POEMATVM LI- || bri IX. || FRAGMENTA. || DVCES ET REGES
BOHE- || MIAE. ||
NORIBERGAE FRANCORVM || Excudebat Leonhardus Heusler. || ANNO
M D XXCI. ||
*Nürnberg StB Phil. 2865, 8° (mit einer autographen Widmung des Melissus an H.
Baumgartnerus).*

Crusius: Germanograeciae libri (1585) vgl. Werkverzeichnis 1573/1a.
Crusius: Turcograeciae libri (1584) vgl. Werkverzeichnis 1584/2.

Da Orta vgl. Orto und Clusius/Orto.
De caede Melchioris Zobelli (1558ff) vgl. Lotichius: De caede.

Delitiae poetarum Germanicorum (1612) vgl. Cruterus: Delitiae.
Delius: De arte iocandi libri (1578) vgl. Obsopoeus: De arte bibendi (1578).
De Lobel vgl. Lobelianus.
Deutschland vgl. Rudolphus II.
Dinnerus: De electione Iulii gratulatio (1573) vgl. Werkverzeichnis 1573/4.
Dinnerus: Epithetorum Graecorum farrago (1589) vgl. Werkverzeichnis 1589/2.
Dinnerus: Epithetorum Graecorum farrago (1605)

> EPITHETORVM ‖ GRAECORVM FARRAGO ‖ LOCVPLETISSIMA ‖
> PER CONRADVM DINNERVM ‖ ACRONIANVM, POETICES QVON-
> DAM IN ‖ Academia Friburgensi professorem publicum, magno la- ‖ bore ac
> studio collecta; & nunc iteratò ab eodem I. C. ‖ & Consiliario Francico
> Wirceburgico, ad communem ‖ philologorum vtilitatem in lucem edita. ‖ ... ‖
> ... ‖ ... ‖ ... ‖ ... ‖ Accessit ‖ EPITOME de poesi, seu prosodia Graecorum ‖
> ERASMI SIDELMANNI ‖ Northusani. ‖
> HANOVIAE, ‖ Typis Wechelianis apud Claudium Marnium, ‖ & haeredes
> Ioannis Aubrij. ‖ MDCV. ‖
> *Erlangen UB Phl. II, 613.*

Dioskorides/Dioscorides: Werke/Opera (1598) vgl. Werkverzeichnis 1598/2.
Dodonaeus: Stirpium historiae libri (1583) vgl. Werkverzeichnis 1583/4.
Dornavius: Amphitheatrum sapientiae (1619) vgl. Werkverzeichnis 1585/1b.
Douglas: Specimen (1734)

> BIBLIOGRAPHIAE ANATOMICAE ‖ SPECIMEN: ‖ SIVE ‖ CATALO-
> GUS ‖ Omnium penè Auctorum ‖ QUI AB ‖ HIPPOCRATE AD HAR-
> VAEVM ‖ REM ANATOMICAM ex professo, vel obiter, ‖ scriptis il-
> lustrârunt; ... ‖ ... ‖ CURA & STUDIO ‖ JACOBI DOUGLAS, ‖ ... ‖ ... ‖
> EDITIO SECUNDA, ‖ Priori auctior. ‖
> LUGDUNI BATAVORUM ‖ Apud GISBERTUM LANGERAK, ‖ MDC-
> CXXXIV. ‖
> *Erlangen UB Trew C 214.*

Dousa/Duza: Epodon libri (1584)

> IANI DOVSAE ‖ A NOORTWIICK ‖ EPODON ‖ EX ‖ PVRIS IAMBIS ‖
> LIBRI II. ‖
> ANTVERPIAE, ‖ Apud Christophorum Plantinum. ‖ M.D.LXXXIV. ‖
> *Augsburg SuStB NL 191, Beiband.*

Egenolphus: Anthologia gnomica (1579) vgl. Werkverzeichnis 1579/1.
Ellingerus: Hymnorum libri (1578) vgl. Werkverzeichnis 1578/1.
Epitaphii quorundam comitum (1589) vgl. Werkverzeichnis 1589/5.
Erinnerung an alle Kirchendiener (1619)

> Erinnerung an alle ‖ Kirchendiener der Churfuerstlichen ‖ Pfaltz: Wie sie sich
> in diesen geschwin = ‖ den gefaehrlichen leufften ‖ zu verhalten/ &c. ‖ Sambt
> Dreyen Geboten fuer die ge = ‖ genwertige Noth. ‖ Auß sonderbarem Befelch
> vnd an = ‖ ordnung deß durchleuchtigsten hochgebornen Fuer = ‖ sten vnd
> HErrn/ Herrn Friderichen Pfaltzgraffen bey ‖ Rhein/ deß H. Roemischen

Reichs ErtzTruchsessen/ ‖ Churfuersten vnd Vicarien/ Hertzo = ‖ gen in Bay-
ern/ &c. ‖
Jm Jahr 1619. ‖ (Zu angebundenen Texten vgl. Werkverzeichnis 1596/1d).
Amberg Staatliche Provinzialbibliothek 2: Theol. bibl. 493;
Wolfenbüitel HAB 317.74 Theol. 8° und Tl 179.
Estienne vgl. Stephanus.
Etliche Psalmen und geistliche Lieder (1619) vgl. Luther: Etliche Psalmen.

Fabricius: Christlicher Schlafftrunck (1624) vgl. Werkverzeichnis 1595/5.
Fabricius: Plauti comoediae (1558) vgl. Camerarius: Plauti comoediae (1558).
Fabricius: Schatzkämmerlein der Gesundheit (1628):
SchatzKaemmerlein der Gesundheit/ ‖ Jnhaltendt ‖ Fuenff vnd Zwantzig
auß = ‖ erlesene nuetzliche Regulen vnd Lehrstueck/ ‖ die Gesundheit lang zu
erhalten/ ‖ Durch den Weylandt Hochgelehrten/ vnd Weitberuehmb = ‖ ten P.
vnd Medicum ‖ Herrn JOHANNEM POSTHIUM, ‖ Churfuerstlicher Pfaltz
wohlbestelten Leibartzt/ zu samen ‖ bracht/ vnd in einem Patent an Tag geben/
‖ Nun aber/ dem gemeinen Mann zu gutem/ weitleufftig erklaert/ mit vielen
nuetzlichen ‖ vnd bewehrten Artzneyen geziert/ in dieses HandBuechlein ge-
bracht/ vnd ‖ an Tag geben: Durch ‖ GUILHELMUM FABRICIUM
HILDANUM, Fuerstl. Marggrae = ‖ vischen Badischen/ wie auch der Loeblichen Statt Bern bestelten Medico- ‖ Chirurgum Ordinarium. ‖
Gedruckt zu Franckfurt am Maeyn/ bey Erasmo Kempffern/ Jn Verle = ‖ gung
MATTHAEI MERIAN, Jm Jahr 1628. ‖
Erlangen UB Med. I/508 (4°).
Fabricius: Schatzkämmerlein der Gesundheit (1655):
Schatz = Kaemmerlein der Gesundheit/ ‖ Jnhaltendt ‖ Fuenff vnd Zwantzig
auß = ‖ erlesene nuetzliche Regulen vnd Lehrstueck/ ‖ die Gesundheit lang zu
erhalten/ ‖ Durch den Weylandt Hochgelaehrten/ vnd Weitberühmb = ‖ ten P.
vnd Medicum ‖ Herrn JOHANNEM POSTHIUM, ‖ Churfuerstlicher Pfaltz
wohlbestelten Leibartzt/ zusam = ‖ men bracht/ vnd in einem Patent an Tag
geben/ ‖ Nun aber/ dem gemeinen Mann zu gutem/ weitlaefftig erklaert/ mit
vielen ‖ nuetzlichen vnd bewehrten Artzneyen geziert/ in dieses
Hand = Buechlein ge = ‖ bracht/ vnd an Tag geben: Durch ‖ GUILHELMUM
FABRICIUM HILDANUM, Fuerstl. Marggrae = ‖ vischen Badischen/ wie
auch der Loeblichen Stadt Bern bestelten Medico- ‖ Chirurgum Ordinarium. ‖
Gedruckt zu Franckfurt am Maeyn/ ‖ Jn Verlegung Willhelm Serlius/ vnd Ge-
org Fickwirtts/ ‖ Jm Jahr Anno 1655 ‖
Eichstätt UB K 311.
Fabritius de Paduanis: Tractatus de morbis (1662) vgl. Seidelius: Liber morborum
causas exhibens.
Fechtius: Historiae (1684)
HISTORIAE ECCLESIASTICAE ‖ SECULI A. N. C. XVI. ‖ SUPPLEMEN-
TUM. ‖ PLURIMORUM ET CELEBERRIMORUM EX ILLO AEVO ‖
THEOLOGORUM EPISTOLIS, ‖ AD ‖ JOANNEM, ERASMUM ET

PHILIPPUM, ‖ MARBACHIOS, ‖ ANTEHAC SCRIPTIS, NUNC VERO
EX BIBLIO- ‖ THECA MARBACHIANA PRIMUM DEPROMPTIS, ‖
CONSTANS. ‖ ... ‖ ... ‖ ... ‖ UNA CUM ‖ APPARATV, ‖ ... ‖ ET ‖ TA-
BULIS CHRONOLOGICO-HISTORICIS, ‖ EDITVM A ‖ JO. FECHTIO, ...
‖ ... ‖ ..: ‖ ... ‖
FRANCOFVRTI et SPIRAE, ‖ IMPENSIS CHRISTOPHORI Olffen/
BIBLIOPOLAE. ‖ DVRLACI, ‖ TYPIS MARTINI MULLERI, ANNO
MDCLXXXIV.
Erlangen UB 4° Thl. VIII, 16.

Feder: Vitam Erasmi Neustetter enarrat (1799)

VITAM ‖ ERASMI NEVSTETTER, ‖ DICTI ‖ STVERMER, ‖ INDE AB
AN. MDXXXV, VSQVE AD AN. MDLXXXXIV, ‖ ... ‖ ... ‖ ENARRAT ‖
Dr. MICHAEL FEDER. ‖ ACCEDVNT ‖ POETARVM COAEVORVM
CARMINA ‖ NOTVLIS ILLVSTRATA, ‖ QVIBVS VERITAS NARRA-
TIONIS CONFIRMATVR. ‖
WIRCEBVRGI ‖ SVMTIBVS FRANC. XAVER. RIENNER, BIBLIO-
POLAE: ‖ M.DCC.XCIX. ‖
Würzburg UB Rp. XXIV. 343.

Feierabent vgl. Feyerabendt.

Fellerus: Monumenta (1714-1718)

MONUMENTORUM ‖ INEDITORUM ‖ VARIISQUE LINGUIS ‖ CON-
SCRIPTORUM, ‖ HISTORIAM INPRIMIS, ‖ GENERALOGIAS MEDII
AEVI, ET ‖ REM LITTERARIAM ILLU- ‖ STRANTIUM, ‖ FASCICULI
XII. ‖ Singulis Trimestribus hactenus ‖ publicati, ‖ è Museo ‖ JOACHIMI
FRIDERICI FELLERI, ‖ ... ‖ ... ‖
JENAE, ‖ Apud JO. FELICEM BIELCKIVM. 1718. ‖ (insgesamt zwölf
Trimester aus den Jahren 1714 bis 1718, bis Trimester elf mit eigenen Titelblät-
tern).
Erlangen UB 4° Hist. 118r.

Fernelius: Consiliorum medicinalium liber (1584)

IOANNIS ‖ FERNELII AM- ‖ BIANI, DOCTORIS ‖ MEDICI PARI-
SIENSIS, ‖ ARCHIATRI REGII, CON- ‖ siliorum Medicinalium ‖ Liber. ‖
Ex eius aduersarijs Quadringentarum ‖ Consultationum selectus. ‖ Nunc
denuo fidelius & accuratius quam an- ‖ tea editus, & a quam plurimis mendis,
‖ quibus antea scatebat, ‖ repurgatus. ‖ Cum INDICE accurato. ‖
FRANCOFVRTI ‖ Apud Ioannem Wechelum, ‖ MDLXXXIIII. ‖
Erlangen UB Trew S 420.

Feyerabendts/Feierabent: De feierabetho carmen (1590) vgl. Werkverzeichnis 1590/3.

Feyerabendt: Epigrammata Melanthonis (1583) vgl. Hegelundus: Epigrammata Me-
lanthonis.

Feyerabendt: P. Ovidii Metamorphosis (1581) vgl. Werkverzeichnis 1563/1d.

Freherus: De luctu minuendo epistola (1599) vgl. Werkverzeichnis 1599/1.

Freherus: Tractatus (1588) vgl. Werkverzeichnis 1588/6.

Freherus: Tractatus (1591) vgl. Werkverzeichnis 1588/6a.

Freherus: Theatrum virorum clarorum (1688)

D. PAVLI FREHERI ‖ Med. Norib. ‖ THEATRUM VIRORUM ‖ ERUDI-
TIONE CLARORUM. ‖ (Ein weiteres Titelblatt enthält umfangreichere Angaben).

NORIBERGAE. ‖ Impensis Johannis Hofmanni, ‖ et Typis ‖ Haeredum Andreae Knorzii. ‖ M.DC.LXXXVIII. ‖

Erlangen UB Trew E 48, 2°.

Frenzelius: Poemata sacra (1585) vgl. Werkverzeichnis 1585/3.

Freytag: Analecta litteraria (1750)

ANALECTA ‖ LITTERARIA ‖ DE ‖ LIBRIS RARIORIBVS ‖ EDITA ‖
A ‖ FRIDER. GOTTHILF. FREYTAG. I. C. ‖

LIPSIAE ‖ IN OFFICINA WEIDEMANNIANA. ‖ 1750. ‖

Erlangen UB Trew M 293.

*Friedrich IV. von der Pfalz: Erinnerung an alle Kirchendiener (1619) vgl. Erinnerung
an alle Kirchendiener.*

Frischlinus: Callimachi Hymni (1571) vgl. Werkverzeichnis 1571/4.

Frischlinus: Callimachi Hymni (1577) vgl. Werkverzeichnis 1571/4a.

Frischlinus: Celetismus grammaticus (1588) vgl. Werkverzeichnis 1588/7.

Frischlinus: Disputatio grammatica (1586) vgl. Werkverzeichnis 1586/4a.

*Frischlinus: Graecae grammaticae pars prima (1589) vgl. Frischlinus: Grammaticae
Graecae pars prima.*

Frischlinus: Graecae grammaticae libri, pars secunda (1590)

Nicodemi Frischlini ‖ GRAECAE ‖ GRAMMATICAE ‖ CVM LATINA
VERE ‖ congruentis, ‖ Libri quatuor posteriores: in quibus vni- ‖ uersa propè
Syntaxis traditur Regulis vtrique ‖ linguae communibus, ijsque paucissimis,
exem- ‖ plis verò quàm plurimis ac plerisque o- ‖ mnibus sententiosis. ‖ PARS
SECVNDA. ‖

HELMSTADII. Excudebat Iacobus Lu- ‖ cius, Impensis Ludolphi Brandes.
1590.

Wolfenbüttel HAB 75.6 Grammatica.

Frischlinus: Grammaticae Graecae pars prima (1589)

Nicodemi Frischlini ‖ GRAMMA = ‖ TICAE GRAECAE ‖ CVM LATINA
VE- ‖ rè congruentis. ‖ PARS PRIMA: ‖ IN QVA ORTHOGRAPHIA, ‖
Prosodia, et Etymologia, regulis et praeceptis v- ‖ trique linguae communibus,
ita perspicuè tra- ‖ duntur, vt puer vtramque linguam ‖ vno labore poßit perdi-
‖ scere. ‖

HELMSTADII. ‖ Excudebat Iacobus Lucius, impensis ‖ Ludolphi Brandes.
An. 1589. ‖

Wolfenbüttel HAB 75.6 Grammatica.

Frischlinus: Grammatice Latina (1586) vgl. Werkverzeichnis 1586/4.

Frischlinus: Grammatice Latina (1592)

Nicodemi Frischlini ‖ GRAMMA- ‖ TICE LATINA, COM- ‖ PENDIOSE
SCRIPTA, AC IN ‖ OCTO LIBROS DISTRIBVTA, NEC NON ‖ à pluribus
quàm sexcentis, tam veterum quàm ‖ recentium Grammaticorum erroribus, ‖

et innumeris Soloecismis ‖ liberata. ‖ ACCESSERVNT PRAE- ‖ TEREA
AD FINEM HVIVS ‖ editionis, etiam Paralipomena Grammati- ‖ calia, tam
docentibus quàm discen- ‖ tibus perquàm vtilia. ‖
FRANCOFORTI AD MOENVM, ‖ excudebat Ioannes Spies. ‖ M.D.XCII. ‖
Wolfenbüttel HAB 75.5 Grammatica.

Frischlinus: Hildegardis (1579) vgl. Werkverzeichnis 1579/2.

Frischlinus: In ebrietatem elegia (1578) vgl. Obsopoeus: De arte bibendi (1578).

Frischlinus: Operum pars elegiaca (1601)

OPERVM POETICORVM ‖ NICODEMI FRI- ‖ SCHLINI, BALINGENSIS,
‖ COM. PAL. CAES. POET. LAVR. ‖ Historici & Oratoris eminentissimi. ‖
PARS ELEGIACA: ‖ CONTINENS VIGINTI DVOS ‖ Elegiacorum carmi-
num libros, ad imitatio- ‖ nem Ovidij, & optimorum hoc in genere au- ‖
thorum scriptos, ‖ qui nunc demum post obi- ‖ tum auctoris congesti & pro
materiae ‖ diuersitate digesti in φιλομούσων ‖ gratiam eduntur. ‖ QVIBVS
ADHAERESCVNT EIVSDEM ‖ Auctoris Odarum libri tres: Anagram. vnus.
‖ CVM PRAEFATIONE M. GEORGII ‖ PFLVEGERI in qua etiam inter
caetera, ‖ paucis vita auctoris contra maleuolo- ‖ rum quorundam morsus ‖
defenditur. ‖
ARGENTORATI. ‖ Excudebant haeredes Bernh. Iobini. ‖ Anno, MDCI. ‖
München BSB P. o. lat. 1653ᵘ.

Frischlinus: Operum pars scenica (1585)

OPERVM POETICORVM ‖ NICODEMI ‖ FRISCHLINI POETAE, ‖
ORATORIS ET PHILOSO- ‖ phi, pars scenica: in qua sunt, ‖ COMOEDIAE
QVINQVE, ‖ REBECCA, ‖ SVSANNA, ‖ HILDEGARDIS, ‖ IVLIVS
REDIVIVVS ‖ PRISCIANVS, VAPVLANS, ‖ TRAGOEDIAE DVAE, ‖
VENVS, ‖ DIDO. ‖ Ex recentißima auctoris emendatione. ‖
Apud Bernhardum Iobinum. Anno 1585. ‖
Nürnberg StB Phil. 2828, 8°.

Frischlinus: Operum pars scenica (1587)

OPERVM POETICORVM ‖ NICODEMI ‖ FRISCHLINI POETAE, ‖
ORATORIS ET PHILOSOPHI ‖ pars scenica: in qua sunt, ‖ COMOEDIAE
QVINQVE. ‖ REBECCA, ‖ SVSANNA, ‖ HILDEGARDIS, ‖
IVLIVSREDIVIVVS, ‖ PRISCIANVS VAPVLANS. ‖ TRAGOEDIAE
DVAE. ‖ VENVS, ‖ DIDO. ‖ Ex recentißima auctoris emendatione. ‖
Excudebat Bernhardus Iobin. Anno 1587. ‖
Augsburg SuStB NL 467.

Frischlinus: Operum pars scenica (1589)

OPERVM POETICORVM ‖ NICODEMI ‖ FRISCHLINIPOETAE, ‖
ORATORIS ET PHILOSOPHI ‖ pars scenica: in qua sunt, ‖ COMOEDIAE
SEX. ‖ REBECCA. ‖ SVSANNA. ‖ HILDEGARDIS. ‖ IVLIVS RE-
DIVIVVS. ‖ PRISCIANVS VAPVLANS. ‖ HELVETIOGERMANI ‖
TRAGOEDIAE DVAE. ‖ VENVS. ‖ DIDO. ‖ Ex recentißima Auctoris
emendatione. ‖

Excudebat Eernhardus Iobin. ‖ Anno M.D.LXXXIX. ‖
Augsburg SuStB NL 468.

Frischlinus: Operum pars scenica (1592)
OPERVM POETICORVM ‖ NICODEMI ‖ FRISCHLINI, POETAE, ‖
ORATORIS ET PHILOSOPHI, ‖ pars scenica: in qua sunt ‖ COMOEDIAE
SEX: ‖ REBECCA, ‖ SVSANNA, ‖ HILDEGARDIS, ‖ IVLIVS RED-
IVIVVS, ‖ PRISCIANVS VAPVLANS, ‖ HELVETIOGERMANI. ‖ TRA-
GOEDIAE DVAE: ‖ VENVS, ‖ DIDO. ‖ Ex recentißima Auctoris emenda-
tione. ‖
Excudebat Bernhardus Iobin: 1592. ‖
Augsburg SuStB NL 469.

Frischlinus: Operum pars scenica (1595)
OPERVM POETICORVM ‖ NICODEMI ‖ FRISCHLINI, POETAE, ‖
ORATORIS, ET PHILOSOPHI, ‖ pars scenica: in qua sunt ‖ COMOEDIAE
SEPTEM: ‖ REBECCA, ‖ SVSANNA, ‖ HILDEGARDIS, ‖ IVLIVS RED-
IVIVVS, ‖ PRISCIANVS VAPVLANS, ‖ HELVETIOGERMANI, ‖
PHASMA. ‖ TRAGOEDIAE DVAE: ‖ VENVS, ‖ DIDO. ‖ Ex recentißima
ac omnium postrema ipsius Auctoris ‖ emendatione relicta. ‖
ARGENTORATI ‖ Excudebant Haeredes Bernhardi Iobini 1595. ‖
Augsburg SuStB NL 472.

Frischlinus: Operum pars scenica (1596, gedruckt in Straßburg)
OPERVM POETICORVM ‖ NICODEMI FRI = ‖ SCHLINI, POE. ORAT.
ET ‖ Philosophi, pars scenica: in ‖ qua sunt; ‖ COMOEDIAE SEX: ‖ RE-
BECCA. IVLIVS REDIVI. ‖ SVSANNA. PRISCIANVS VAPVL. ‖ HILDE-
GAR. HELVETIOGERM. ‖ TRAGOEDIAE DVAE: ‖ VENVS. ‖ DIDO. ‖
Ex postrema ipsius authoris emen- ‖ datione relicta. ‖
ARGENTORATI. ‖ Excudebant haeredes Bernh. Iobini. ‖ ANNO M.DXCVI.
München BSB P. o. lat. 1651u.

Frischlinus: Operum pars scenica (1596, gedruckt in Wittenberg)
OPERVM POETICORVM ‖ NICODEMI ‖ FRISCHLINI POETAE, ‖
Oratoris, & Philosophi, pars ‖ scenica, in qua sunt ‖ COMOEDIAE SEPTEM:
‖ Rebecca, Susanna, Hildegardis, ‖ Iulius rediuiuus, Priscianus Vapulans, Hel-
uetioger- ‖ mani, Phasma. ‖ TRAGOEDIAE DVAE; ‖ Venus, Dido. ‖ Ex re-
centissima ac omnium postrema ‖ ipsius Auctoris emendati- ‖ one relicta. ‖
VVITEBERGAE ‖ Impensis Clementis Bergeri ‖ Bibliop. VViteb. ‖
M.D.XCVI. ‖ (VVITEBERGAE. ‖ Typis Simonis Gronen- ‖ bergij. ‖
M.D.XCVI. ‖)
München UB 8° P. lat. rec. 701.

Frischlinus: Operum pars scenica (1604)
OPERVM POETICORVM ‖ NICODEMI FRI- ‖ SCHLINI, BALINGENSIS,
‖ COM. PAL. CAES. POET. LAVR. ‖ Doct. Orat. & Philosophi clarissimi. ‖
PARS SCENICA: ‖ in qua sunt; ‖ COMOEDIAE SEX: ‖ REBECCA. IV-
LIVS REDIVI. ‖ SVSANNA. PRISCIAN. VAPVL. ‖ HILDEGAR.
HELVETIOGERM. ‖ TRAGOEDIAE DVAE: ‖ VENVS. ‖ DIDO. ‖ HIS

NOVISSIME ACCESSE- ‖ runt eiusdem Autoris Elegia in Ebrietatem, Epistolae ‖ duae, carmine elegiaco scriptae: et omnium penè ‖ Scriptorum Elen-
chus. ‖

ARGENTORATI, ‖ Apud Tobiam Iobinum. ‖ ANNO M.D.CIIII. ‖
Erlangen UB Phl. IX, 40.

Frischlinus: Oratio in M. Vaganerum (1587)
Oratio ‖ NICODE- ‖ MI FRISCH = ‖ LINI IN M. VA- ‖ ganerum Frima-
riensem ‖ Saxonem. ‖

PRAGAE ‖ Excudebat Michael Peterle ‖ ANNO M.D. ‖ LXXXVII. ‖
München BSB Ph. sp. 297 Beiband.

Frischlinus: Priscianus vapulans, kürzere Ausgabe (1580) vgl. Werkverzeichnis 1580/2.

*Frischlinus: Priscianus vapulans, erweiterte Ausgabe (1580) vgl. Werkverzeichnis
1580/2a.*

Frischlinus: Priscianus vapulans (1581)
PRISCIANVS VAPVLANS. ‖ NICODEMI ‖ FRISCHLINI ALEMANNI
CO- ‖ MOEDIA LEPIDA, FACETA ET VTILIS, ‖ in qua demonstrantur
Soloecismi & Barbaris- ‖ mi, qui superioribus seculis omnia artium & ‖ doctri-
narum studia, quasi diluuio quodam ‖ inundârunt: scripta in laudem ‖ huius
seculi. ‖ Spectatum admißi risum teneatis amici. ‖

ERPHORDIAE: ‖ Apud Esaiam Mechlerum. ‖ ANNO M.D.LXXXI. ‖
Wolfenbüttel HAB 59.17 Grammatica (2).

Frischlinus: Rebecca (1576) vgl. Werkverzeichnis 1576/2.

Frischlinus: Strigilis grammatica (1587)
NICODEMI ‖ FRISCHLI- ‖ NI POETAE ET O = ‖ ratoris Laureati, Comi-
tis ‖ Palatini Caesarei: ‖ STRIGILIS GRAM- ‖ MATICA, DENVO AB ‖
auctore recognita, & aucta. ‖ EIVSDEM DIALOGI ‖ tres, aduersus
Martinum ‖ quendam Crusium, pro- ‖ fessorem Tubinganum. ‖ (Es folgt ein
Zitat). ‖

M.D.LXXXVII ‖ (o. O., wohl Prag).
Erlangen UB Phl. II, 21.

Frischlinus: Susanna (1583) vgl. Werkverzeichnis 1583/5.

Fulgentius (1589) vgl. Frischlinus: Fulgentius.

Garçia ab Horto vgl. Clusius/ab Horto.

Gelphius: Daphnis ecloga (1559) vgl. Werkverzeichnis 1559/1.

Gentilis: Paraphrasis epica (1597)
SCIPIONIS GENTILIS ‖ IVRISCONS. ‖ ET AN- ‖ TECESSORIS ‖ PARA-
PHRASIS ‖ EPICA ‖ PSALMORVM DAVIDICORVM ‖ LXVII et LXX. ‖
STRENAE MVTVAE ‖ LOCO MISSA ‖ Ad ‖ CVNRADVM RITTERS- ‖
HVSIVM IC. ‖ Kalend. Januar. ‖ ANNI à CHRISTO NATO ‖ M.D.XCVII.
‖ ACCESSERVNT et trium praecedentium ‖ annorum strenae, ab eodem ad
eundem missae: ‖ videlicet Psalmorum XC. II. XV. LXIII. ‖ CXXVIII. I. et
XXIII. Paraphrasis. ‖

NORIBERGAE ‖ Excudebat Paulus Kaufmann. ‖ [1597].

Augsburg SuStB NL 456, Beiband 1 (mit einer autographen Widmung des Cunra-dus Rittershusius an Marcus Velserus).

Gesnerus: Epistolae (1591) vgl. Werkverzeichnis 1571/1a.

Goldast: Politica imperialia (1614)

D. O. M. ‖ POLITICA ‖ IMPERIALIA, ‖ SIVE ‖ DISCVRSVS POLITICI, ‖ ACTA PVBLICA, ET TRA- ‖ CTATVS GENERALES, ‖ DE D. D. N. N. JMPERATORIS ET REGIS ROMANO- ‖ RVM, PONTIFICIS ROMANI, ELECTORVM, PRINCIPVM, ET COM- ‖ munium Sacri Romano-Germani Jmperij Ordinum, iuribus, priuilegiis, regalibus, digni- ‖ tatibus, praeeminentiis, aliisque rebus generalibus ad statum publicum Sacri ‖ Jmperij pertinentibus, tam religiosis quam ‖ profanis, etc. ‖ QVOTQVOT IVDICIO ET HORTATV AMPLISSIMORVM ‖ virorum colligi & publicari Reipubl. Germanae vtile, commodum ac licitum existimaban- ‖ tur, nec in Germanico Tomo simul nunc edito continentur; iuxta ordinem rerum ‖ ac materiarum congesti, & in certas partes digesti ‖ atque editi. ‖ Ex Bibliotheca Viri Nobilis et Clarissimi ‖ D. MELCHIORIS GOLDASTI HAIMINSFELDII ‖ CONSIL. SAXON. ‖ FRANCOFVRTI ‖ Ex Officina Typographica IOHANNIS BRINGERI. ‖ Anno M.DC.XIV. ‖

Augsburg SuStB 2° Stw. 160;
Wolfenbüttel HAB 2 Pol. fol.

Goltzius: Caesar Augustus (1574) vgl. Werkverzeichnis 1574/2.

Gruendtlicher Bericht (1582) vgl. Werkverzeichnis 1582/1.

Gruterus: Animadversiones in Senecae opera (1594) vgl. Werkverzeichnis 1594/2.

Gruterus: Delitiae poetarum Germanorum (1612)

DELITIAE ‖ POETARVM GER- ‖ MANORVM HVIVS SV- ‖ PERIORIS-QVE AEVI ‖ illustrium ‖ Pars I. (bis Pars VI.) ‖ Collectore ‖ A.[ntverpiano] F.[ilio Jano] G.[aulteri] G.[ruteri] ‖
FRANCOFVRTI ‖ Excudebat Nicolaus Hoffmannus, sumptibus ‖ Iacobi Fischeri. ‖ M.DC.XII. ‖

München BSB P. o. lat. 400(I.

Gruterus: Seneca (1594) vgl. Werkverzeichnis 1594/2.

Gubernatorus: Heroica Paradini et Symeonis Symbola (1563) vgl. Paradinus: Heroica.

Guevara: De vitae aulicae molestiis privataeque commodis (1578) vgl. Petreus: Aulica vita (1578).

Günther: Fortsetzung zu Jöchers Lexico (1897) vgl. Adelung: Fortsetzung zu Jöchers Lexico.

Guntherus: Ligurinus (1598) vgl. Rittershusius: Guntheri Ligurinus.

Hagius: Petri Lotichii opera omnia (1586) vgl. Werkverzeichnis 1586/1.

Hagius: Petri Lotichii opera omnia (1609)

PETRI ‖ LOTICHII ‖ SECVNDI ‖ Opera omnia. ‖ QVIBVS ACCESSIT ‖ VITA EIVSDEM, ‖ Descripta per ‖ JOANNEM HAGIVM ‖ Fr. Poëtae, dum vixit, aequalium ‖ primum & intimum. ‖

TYPIS, GOTTHARDI VOEGELINI, ‖ ANNO M.DC.IX. ‖
Erlangen UB Phl. IX, 194.

Hagius: Vita Petri Lotichii (1586) vgl. Werkverzeichnis 1586/1.

Haller: Bibliotheca medicinae practicae (1776f)

BIBLIOTHECA ‖ MEDICINAE PRACTICAE ‖ QUA ‖ SCRIPTA AD
PARTEM MEDICINAE PRACTICAM FACIENTIA ‖ A RERUM INITIIS
AD A. MDCCLXXV RECENSENTUR. ‖ AUCTORE ‖ ALBERTO von
HALLER ‖ (Es folgen acht Zeilen mit Titeln Hallers.) ‖ TOMUS I. ‖ AD
ANNUM MDXXXIII. ‖ (Weitere drei Bände folgten).
BERNAE apud EM. HALLER, & BASILEAE apud JOH. SCHWEIGHAU-
SER: ‖ MDCCLXXVI. [MDCCLXXVII.] ‖
Erlangen UB 4° Med. I, 2$\underline{d}$.

Handsch: New Kreüterbuch (1563) vgl. Matthiolus: New Kreüterbuch.

Hegelundus: Epigrammata Melanthonis (1583)

EPIGRAMMATA ‖ PHILIPPI ME- ‖ LANTHONIS SELE= ‖ CTIORA,
FORMVLIS PRE= ‖ CVM, HISTORIIS, PARAPHRASI DI- ‖ ctorum diui-
norum, & sententijs grauissimis maximè in- ‖ signia, ex edito Epigrammatum libello & aliunde excer- ‖ pta: ac vt pueris in pia institutione proponi & inculcari
‖ possint, seorsim cum indicatiunculis argumen- ‖ torum, ad capita certa ordine ali- ‖ quo collecta, s quo collecta, ‖ A ‖ M. PETRO HEGELVNDO ‖
Lectore Theolog. Ripensi: ‖ Insuper et Iconibus argumento conuenientibus,
ele- ‖ gantißimis exornata, ‖ A SIGISMVNDO FEYERABEND ‖ Bibliopola
Francofordiano. ‖
FRANCOFORTI ad Moenum 1583 (... ‖ ... apud Iohannem Feyrabendt,
impen- ‖ sis Sigismundi Feyrabendt. ‖ M.D.LXXXIII. ‖
München UB 4° Misc. 332:3;
Wolfenbüttel HAB 50.22 Poetica (2), 4°.

Heidelberger Katechismus (1619) vgl. Catechismus.

Helm vgl. Pithopoeus.

Heshusius: Epitaphium (1559) vgl. Werkverzeichnis 1559/2.

Heurnius: Institutiones medicinae (1592)

I. HEVRNII ‖ VLTRAIECTINI ‖ INSTITVTIONES ‖ MEDICINAE, ‖
Exceptae è dictantis eius ore. ‖ ACCESSIT MODVS STVDENDI ‖ eorum qui
Medicinae operam ‖ suam dicarunt. ‖ Ad HENRICVM RANZOVIVM ‖ Vi-
carium Regium ‖
LVGDVNI BATAVORVM, ‖ EX OFFICINA PLANTINIANA, ‖ Apud
Franciscum Raphelengium. ‖ M.D.XCII. ‖
Wolfenbüttel HAB 108.3 Medica (3).

Heydenus: De electione Maximiliani (1563) vgl. Werkverzeichnis 1562/3a.

Heydenus: Ierusalem (1563) vgl. Werkverzeichnis 1563/3.

Hippocrates: Iusiurandum (1587) vgl. Werkverzeichnis 1587/7.

Holzmann vgl. Xylander.

Hornmoldus: Davidis Psalmi (1596) vgl. Werkverzeichnis 1596/3.

Hornmoldus: In crapulam (1619) vgl. Werkverzeichnis 1573/1b.

Hornungus: Cista medica (1625) vgl. Werkverzeichnis 1584/4.
ab Horto vgl. Clusius/ab Horto.
Hubnerus: Erotica casta (1587) vgl. Werkverzeichnis 1587/9.

Imp. Rudolphi comitiva Palatina concessa Reusnero (1599) vgl. Werkverzeichnis 1599/2.
In caput paraphrasis (1596) vgl. Rittershusius: In caput.
In funere Lotichii lachrymae (1560) vgl. Werkverzeichnis 1560/2.
In nuptias Cisneri epithalamia (1562) vgl. Werkverzeichnis 1562/1.
In nuptias Marii epithalamia (1562) vgl. Werkverzeichnis 1562/2.
In nuptias Posthii carmina (1569) vgl. Werkverzeichnis 1569.
Jöcher: Lexicon (1750f)

> Allgemeines ‖ Gelehrten= ‖ LEXICON, ‖ Darinne ‖ die Gelehrten aller Staende ‖ sowohl maenn= ‖ als weiblichen Geschlechts, ‖ welche vom Anfange der Welt bis auf jetzige Zeit ‖ gelebt, und sich der gelehrten Welt bekannt ‖ gemacht, ‖ Nach ihrer Geburt, Leben, merckwuerdige Ge= ‖ schichten, Absterben und Schrifften ‖ aus den glaubwuerdigsten Scribenten ‖ in alphabetischer Ordnung beschrieben werden. ‖ Erster Theil ‖ A - C [insgesamt vier Teile] ‖ heraus gegeben von ‖ Christian Gottlieb Joecher, ‖ ... ‖ ... ‖ LEJPZJG, ‖ in Johann Friedrich Gleditschens Buchhandlung. ‖ MDCCL. [MDCCLI.] ‖ (vgl. auch Adelung/Rotermund: Fortsetzung zu Jöchers Lexico, 1784-1897).
>
> *Erlangen UB H 20/AF 02071/1-4.*

Johannes Chrysostomus (1585) vgl. Beurer: Johannes Chrysostomus.
Ioubertus: Opuscula (1571) vgl. Werkverzeichnis 1571/1.
Jovius: Elogia virorum bellica virtute illustrium (1596)

> PAVLI IOVII ‖ NOVOCOMENSIS ‖ EPISCOPI NVCERINI ‖ Elogia ‖ Virorum bellica virtute ‖ illustrium, ‖ Septem libris iam olim ab Authore ‖ comprehensa, ‖ Et nunc ex eiusdem MVSAEO ad viuum ‖ expressis Imaginibus ‖ exornata. ‖
> PETRI ‖ PERNAE TYPOGRAPHI ‖ BASIL. ‖ OPERA AC STVDIO ‖ MDXCVI. ‖
> *Würzburg UB H. p. f. 196, angebunden 1.*

Jovius: Elogia virorum literis illustrium (1577)

> PAVLI IOVII ‖ NOVOCOMENSIS ‖ EPISCOPI NVCERINI ‖ Elogia ‖ Virorum literis illustrium, ‖ quotquot vel nostra vel a- ‖ vorum memoria ‖ vixêre. ‖ Ex eiusdem MVSAEO (cuius descriptio- ‖ nem vnà exhibemus) ad viuum ‖ expressis imaginibus ‖ exornata. ‖
> PETRI ‖ PERNAE TYPOGRAPHI ‖ BASIL. ‖ OPERA AC STVDIO ‖ MDLXXVII. ‖
> *Würzburg UB H. p. f. 196, angebunden 2.*

Jovius: Vitae illustrium virorum (1. Teil 1586, 2. Teil 1577)
PAVLI IOVII ‖ NOVOCOMENSIS ‖ EPISCOPI NVCERINI ‖ Vitae ‖ Illustrium virorum ‖ Tomis duobus comprehensae, & pro- ‖ prijs imaginibus illustratae. ‖
PETRI ‖ PERNAE TYPOGRAPHI ‖ BASIL. ‖ OPERA AC STVDIO ‖ MDLXXXVIII. ‖ (BASILEAE, ‖ Ex Perniana officina sum- ‖ ptibus Henrici Petri, & ‖ Petri Pernae. ‖ ANNO ‖ M.D.LXXXVI. ‖)
[zweiter Teil:] PAVLI IOVII ‖ NO- ‖ VOCOMENSIS EPISCO= ‖ PI NVCERINI, ‖ Vitarum ‖ Illustrium aliquot virorum, ‖ Tomus II ‖ ... ‖ ... ‖ Cum Singulorum veris Imaginibus, ac Indice ‖ copiosissimo. ‖
BASILEAE ‖ Ex ‖ Officina Typographica Petri Pernae: suis & D. Henrici ‖ Petri sumtibus. ‖ M.D.LXXVII. ‖
Würzburg UB H. p. f. 196.
Isaacus Iudaeus: De diaetis libri (1570) vgl. Werkverzeichnis 1570.
Isaacus Iudaeus: Thesaurus sanitatis (1607) vgl. Werkverzeichnis 1570a.
Iudaeus vgl. Isaacus Iudaeus.
Iulius Paulus: Sententiarum libri (1594) vgl. Werkverzeichnis 1594/5a.
Iunius: Academia (1587)
FRANCISCI IVNII ‖ ACADEMIA. ‖ LIBELLVS HOC TEMPORE ‖ IVVENTUTI STUDIOSAE UTILIS ET ‖ necessarius, in quo ex linguarum & priscae variaeque ‖ historiae monumentis, ortus Academiarum, genera, ‖ & partes, itémque studiosorum & honorum gradus ‖ quos Academiae observant, & quae eo pertinent, ‖ exponuntur. ‖ Ad calcem adiectus est ‖ ACADEMIARVM ‖ TOTIVS EVROPAE, ‖ seu orbis Christiani ‖ CATALOGVS. ‖ HEIDELBERGAE, ‖ M.D.XXCVII. ‖
Erlangen UB an 4° Hist. 705$\underline{am}$.
Iunius: In obitum Ioannis Casimiri Libitina ecloga (1592)
IN OBITVM ‖ PRINCIPIS ILLVSTRISSIMI ‖ IOANNIS CASIMIRI, ‖ COMITIS PALATINI AD RHENVM, ‖ ADMINISTRATORIS ‖ IN ELECTORIO PALATINATV, ‖ BAVARIAE DVCIS, &c. ‖ LIBITINA. ‖ ECLOGA FR. IVNII ‖ BITVRIGIS. ‖
HEIDELBERGAE ‖ ANNO CHR. MDXCII. ‖
München BSB 4° Bavar. 2120. IX. 51.
Iusta exsequalia (1587) vgl. Werkverzeichnis 1587/1.

J vgl. I.

Kahl vgl. Calvinus.
Kallimachus vgl. Callimachus.
Katechismus vgl. Catechismus.
Koch vgl. Obsopoeus.
Königius: Bibliotheca (1678)
GEORGII MATTHIAE ‖ KÖNIGII ‖ BIBLIOTHECA ‖ VETUS ET NOVA. ‖ (Ein weiteres Titelblatt enthält umfangreichere Angaben).

ALTDORFI ‖ Impensis WOLFFGANGI MAURITII & Haeredum ‖ JOHANNIS ANDREAE ENDTERORUM, ‖ Bibliopol. Norimb. ‖ Typis HENRICI MEYERI, Typographi Acad. ‖ ANNO MDCLXXVIII. ‖
Erlangen UB 2° Ltg. III, 2.

Ladislaus: Memoriae Christiani et Iohannis Casimiri (1592) vgl. Werkverzeichnis 1592/1.

Langius: Epistolarum volumen (1589) vgl. Werkverzeichnis 1587/5c.

Lauterbachius: Enchiridion (1573) vgl. Werkverzeichnis 1573/5.

Lauterbachius: Epigrammatum libri (1562) vgl. Werkverzeichnis 1562/4.

Lauterbachius: Evangelia (1563) vgl. Werkverzeichnis 1563/4.

Lauterbachius/Lauterbach: Handbuechlein (1573) vgl. Werkverzeichnis 1573/5.

Lauterbachius: Φύσιοσοφία *sive theatrum sapientiae (1585) vgl. Werkverzeichnis 1585/1.*

Libavius: Tractatus duo physici (1594)

TRACTATVS ‖ DVO PHYSICI; ‖ PRIOR ‖ DE IMPOSTORIA VVL- ‖ NERVM PER VNGVENTVM ‖ armarium sanatione Paracelsicis ‖ vsitata commenda- ‖ taque. ‖ POSTERIOR ‖ DE CRVENTATIONE CA- ‖ DA-VERVM IN IVSTA CAEDE ‖ factorum praesente, qui occidisse ‖ creditur. ‖ AVTORE ‖ ANDREA LIBAVIO HA- ‖ lensi Sax. Med. Poe. & Physico ‖ Rotenburgotuberano. ‖ HIS ACCESSIT EPISTOLA DE ‖ examine Panaceae Amuualdinae, quo apertissi- ‖ mae loci prostituitur, vt quisque iudicare possit ‖ qua arte hactenus Amuualdus sit vsus. ‖
FRANCOFVRTI, ‖ Excudebat Ioannes Saur, impen- ‖ sis Petri Kopffij. ‖ M.D.XCIIII. ‖
Nürnberg StB Med. 119. 8°.

Linden: De scriptis medicis libri (1651)

IOH. ANTONIDAE ‖ VANDER LINDEN, ‖ ... ‖ ... ‖ DE ‖ SCRIPTIS ‖ MEDICIS ‖ LIBRI ‖ DVO. ‖ Editio altera, auctior et emendatior. ‖ AMSTELREDAMI, Apud IOHANNEM BLAEV, ‖ MDCLI. ‖
Erlangen UB C 63.

Lipsius: Epistolarum selectarum centuria prima (1586)

IVSTI LIPSII ‖ EPISTOLARVM ‖ SELECTARVM, ‖ Centuria prima. ‖ Ite-rata editio, emendatior. ‖
ANTVERPIAE, ‖ Apud Christophorum Plantinum. ‖ M.D.LXXXVI. ‖
Nürnberg StB Phil. 2964.8°.

Lipsius: Saturnalium sermonum libri (1585)

I. LIPSII ‖ SATVRNALIVM ‖ SERMONVM ‖ LIBRI DVO, ‖ Qui de Gladiatoribus. ‖ Nouiter correcti, aucti, & Formis ‖ aeneis illustrati. ‖ ANTVERPIAE, ‖ Apud Christophorum Plantinum. ‖ M.D.LXXXV. ‖
Nürnberg StB 2 an Phil. 165.4°.

Lipsius: Satyra Menippaea (1581)

I. LIPSII ‖ SATYRA MENIPPAEA. ‖ Somnivm. ‖ Lusus in nostri aeui Criti-cos. ‖

ANTVERPIAE, ‖ Ex officina Christophori Plantini, ‖ Architypographi Regij. ‖ M.D.LXXXI. ‖

Augsburg SuStB 4° Kult. 69d, Beiband.

De Lobel/L' Obel/Lobelianus: Plantarum historia (1576)

PLANTARVM ‖ SEV ‖ STIRPIVM ‖ HISTORIA, ‖ MATTHIAE DE LO-BEL ‖ INSVLANI. ‖ Cui annexum est ADVERSARIORVM ‖ VOLVMEN. ‖ ... ‖

ANTVERPIAE, ‖ Ex officina Christophori ‖ Plantini Architypographi ‖ Regij. MDLXXVI. ‖

Wolfenbüttel HAB 36.8 Physica Fol.;

Würzburg UB H. n. f. 92 (mit zahlreichen kolorierten Holzschnitten; am Bandende sind neun Pflanzenabbildungen 1591 nachgetragen worden).

De Lobel/L' Obel/Lobelianus: Stirpium adversaria nova (1571) vgl. Pena/de Lobel: Stirpium adversaria nova.

Lobwasser: Psalter und Psalmen Davids (1619) vgl. Werkverzeichnis 1596/1d.

Lotichius: De caede Zobelli (1558)

DE CAEDE RE= ‖ VERENDISS. PRIN= ‖ CIPIS, D. MELCHIO= ‖ RIS ZOBELLI HER= ‖ BIPOLENSIS EPISCO= ‖ PI, AC ORIENTA= ‖ LIS FRANCIAE ‖ DVCIS. ‖ (anonym).

Anno d[omi]ni M.D.LVIII. ‖ (DILLINGAE excudebat ‖ Sebaldus Mayer. ‖)

Würzburg UB Rp. XXIV, 545, 4°.

Lotichius: De caede Zobelli liber (1559)

DE CAEDE MEL= ‖ CHIORIS ZOBELLI HER- ‖ BIPOLENSIS EPISCO- ‖ PI, AC ORIENTALIS ‖ FRANCIAE ‖ DVCIS. ‖ LIBER. ‖ (anonym).

Anno d[omi]ni M.D.LIX. ‖ (o. O.)

Würzburg UB Rp. XXIV, 546, 4°.

Lotichius: De caede Zobelli historia (1561) vgl. Stiblinus: De caede Melchioris Zobell.

Lotichius: In obitum Melanchtonis (Heidelberg 1560) vgl. Werkverzeichnis 1560/1.

Lotichius: In obitum Melanthonis (Wittenberg 1560)

IN OBITVM CLA= ‖ RISSIMI VIRI D. PHILIPPI ME= ‖ LANTHONIS, AD D. GEORGIVM CRA= ‖ couium Iureconsultum, Illustriss. Principis ‖ Augusti Ducis Saxoniae: Electo= ‖ ris, &c Consilia= ‖ rium. ‖ P. LOTICHII SECVNDI ‖ ELEGIA. ‖

VITEBERGAE ‖ EXCUDEBAT IOHANNES ‖ CRATO. ‖ ANNO M.D.LX.

Nürnberg StB Strob. 1825.

Lotichius: Opera omnia (1586) vgl. Werkverzeichnis 1586/1.

Lotichius: Poemata (1561)

POEMATA ‖ DOCTRINAE ‖ ERVDITIONE, VIR= ‖ TVTE ET SAPIENTIA ‖ PRAESTANTIS VIRI ‖ PETRI LOTICHII ‖ SECVNDI, ARTIS MEDICI= ‖ NAE CLARISSIMI DOCTORIS, ‖ QVAE PASSIM EDITA, HOC ‖ LIBELLO COMPRAEHENSA ‖ SVNT, ET NVNC PRIMVM ‖ ISTA FORMA EX= ‖ PRESSA. ‖

LIPSIAE. ‖ IN OFFICINA ERNESTI ‖ VOEGELINI. ‖ ANNO M.D.LXI. ‖
Angaben nach Coppel: Bericht (1978), S. 98.

Lotichius: Poemata (1563)

Poemata ‖ PETRI LO = ‖ TICHII SECVN- ‖ di Solitariensis. ‖
Lipsiae, ‖ IN OFFICINA ‖ VOEGELIANA. ‖ (o. J.; die Widmungsvorrede
stammt vom 28.7.1563).
Erlangen UB Rab. 144 (das im VD 16, L 2869 angeführte Exemplar der BSB Mün-
chen, P. o. lat. 1652r/1 enthält ein möglicherweise zugehöriges Impressum: "Anno
‖ Christi Iesu M.D.LXIII. ‖ ").

Lotichius: Poemata (1572)

Poemata ‖ PETRI LO = ‖ TICHII SECVN- ‖ di Solitariensis. ‖
Lipsiae, ‖ ANNO M.D.LXXII. ‖ (LIPSIAE ‖ IMPRIMEBAT IOHANNES ‖
STEINMAN, TYPIS VOEGELIANANIS. ‖ Anno ‖ M.D.LXXII. ‖)
Wolfenbüttel HAB Li 5102.

Lotichius: Poemata (1576)

POEMATA ‖ PETRI LOTICHII II. ‖ SOLITARIENSIS. ‖ CVM ‖
PRAEFATIONE IOACHI- ‖ MI CAMERARII. ‖
LIPSIAE. ‖ IMPRIMEBAT IOHANNES ‖ STEINMAN, ‖ TYPIS VOEGE-
LIANIS. ‖ Anno ‖ M.D.LXXVI. ‖
Erlangen UB Phl. II, 129 Beiband.

Lotichius: Poemata omnia (1754) vgl. Burmannus: Lotichii poemata.

Lucanus: De bello civili libri (1589) vgl. Werkverzeichnis 1589/3.

Luther: Etliche Psalmen (1619)

Etliche Psalmen ‖ Vnd geistliche Lie = ‖ der/ so von D. Martin Luthern/ ‖
vnd andern Christlichen Maennern gestellet/ ‖ vnd auß dem gemeinen Psalm-
buechlein/ als die ‖ gebraeuchlichsten vnd besten/ auß = ‖ gezogen sind: Jn
jhrer gewoehnlichen Melodey/ auff vier Stimmen doch jeder absonder = ‖ lich
zu singen gerichtet ‖ [Es folgt die Angabe der Stimme].
Gedruckt zur Newstadt an der Hardt/ ‖ Jm Jahr 1619. ‖ (Zu beigebundenen
Texten vgl. Werkverzeichnis 1596/1d).
Theol. bibl. 493 (Stimme "TENOR.");
Wolfenbüttel HAB 317.74 Theol. 8° (Stimme "TENOR.");
Wolfenbüttel HAB Tl 179 (Stimme "DISCANTVS.").

Mangetus: Bibliotheca scriptorum medicorum (1731)

IOANNIS JACOBI ‖ MANGETI, ‖ MEDICINAE DOCTORIS, ‖ BIBLIO-
THECA ‖ SCRIPTORUM MEDICORUM, ‖ VETERUM ET RECEN-
TIORUM: ‖ In Quatuor Tomis comprehensa, ‖ CUM VARIIS ICONIBUS. ‖
GENEVAE ‖ Sumptibus PERACHON & CRAMER. ‖ M.D.CCXXXI. ‖
Erlangen UB Trew C 554-557 (vier Bände im Folioformat).

Maranta: Della theriaca libri (1572)

DELLA THERIACA ET ‖ DEL MITHRIDATO ‖ LIBRI DVE ‖ DI M.
BARTOLOMEO ‖ MARANTA, ‖ A. M. FERRANTE. ‖ IMPERATO; ‖

Ne quali s' insegna il uero modo di ‖ comporre i sudetti antidoti, et s' esami =
‖ nano con diligenza tutti i medicamenti, ‖ che u' entrano. ‖
IN VENEGIA ‖ Appreßo Marcantonio ‖ OLmo. ‖ M.D.LXXII. ‖
Nürnberg GNM 8° Nw. 1114x.

Maranta: *Libri de theriaca* (1576)

LIBRI DVO, ‖ DE THERIA- ‖ CA ET MITHRIDATIO, ‖ A BARTHOLO-
MAEO MARANTA, PHI- ‖ losopho & Medico Venusino excellentißimo, Ita-
lico ‖ sermone scripti: ‖ ... ‖ NVNC PRIMVM OPE = ‖ RA D. IOACHIMI
CAMERARII, ‖ Medici Norimbergensis, Latina ciuitate dona- ‖ ti. ... ‖
FRANC. HAER. CHRI. EGEN. 1576. ‖ (FRANCOFORTI AD ‖ MOENVM,
EX OFFICINA ‖ HAEREDVM CHRISTIANI ‖ Egenolphi, impensis Adami
‖ Loniceri, Ioannis Cnipij, ‖ Doctorum, & Pauli ‖ Steinmei- ‖ ers. ‖
M.D.LXXVI.)
Angaben nach Richter: Egenolffs Erben (1967), Sp. 983, Nr. 407).

Marius: Epicedion in obitum Lotichii (1561) vgl. Werkverzeichnis 1561/1.

Matthiolus: *Commentarii* (1570)

Petri Andreae ‖ MATTHIOLI ‖ SENENSIS ‖ MEDICI, ‖ Commentarij in
sex libros Pedacij Dioscoridis ‖ Anazarbei de Medica materia, ‖ IAM DENVO
AB IPSO AVTORE RECOGNITI, ‖ ET LOCIS PLVS MILLE AVCTI. ‖
Adiectis plantarum, & animalium Iconibus, supra priores editiones ‖ longè plu-
ribus, ad uiuum delineatis. ‖ Accesserunt quoque ad margines Graeci contextus
quàm plurimi, ex antiquissimis codicibus ‖ desumpti, qui Dioscoridis ipsius de-
prauatam lectionem restituunt. ‖ ... ‖ ... ‖
VENETIIS, ‖ Ex Officina Valgrisiana. MDLXX. ‖ (Folioband mit vielen
Abbildungen).
Erlangen UB Trew C 654.

*Matthiolus: De plantis epitome (1586) vgl. Camerarius/Matthiolus: De plantis epi-
tome.*

Matthiolus: *New Kreüterbuch* (1563)

[RS:] New Kreüterbuch ‖ Mit den allerschoensten vnd artlich = ‖ sten Figuren
aller Gewechß/ dergleichen vor = ‖ mals in keiner sprach nie an tag kommen.
‖ Von dem Hochgelerten vnd weit = ‖ beruembten Herrn Doctor Petro Andrea Matthiolo, Roe: Kay: ‖ May: Rath/ auch derselben/ vnd Fuersticher
Durchleuchtigkeit Ertz = ‖ hertzog Ferdinanden &c. Leibdoctor. Erstlich in
Latein ‖ gestellt. Folgendts durch Georgium Handsch/ der ‖ Artzney Doctorem verdeutscht/ vnnd endtlich ‖ zu gemeinem nutz vnd wolfart Deut = ‖ scher
Nation in druck ‖ verfertigt. ‖ Gezieret mit vilen feinen newen experimenten/
kuenstlichen ‖ Distillieroefen/ dreyen wolgeordneten Registern/ vnd anderer ‖
nutzbarkeit/ wie auß der Vorred zuersehen. ‖
Gedruckt zu Prag/ durch Georgen Malantrich von Auentin/ auff ‖ sein vnd Vin-
centi Valgriß Buchdruckers zu Venedig vncosten. ‖ M.D.LXIII. ‖ (Folioband).
Wolfenbüttel HAB Mf 2° 8.

Meetkercke: Theocriti epigrammata (1580) vgl. Werkverzeichnis 1580/1.
Mekerchus: Theocriti epigrammata (1580) vgl. Werkverzeichnis 1580/1.

Melanchthon: Epigrammata (1583) vgl. *Hegelundus: Epigrammata Melanthonis.*

Melissus: Carmina paregorica (1587) vgl. *Werkverzeichnis 1587/4.*

Melissus: Collegii Posthimelissaei votum (1573) vgl. *Werkverzeichnis 1573/1.*

Melissus: Cropacii poemata (1581) vgl. *Werkverzeichnis 1580/1b.*

Melissus: Emmetron in nuptias Friderici IV. et Loisae Iulianae (1593) vgl. *Werkverzeichnis 1593/1.*

Melissus: Epigrammata in urbes Italiae (1585)

MELISSI ‖ EPIGRAMMA- ‖ TA IN VRBES ITA- ‖ LIAE. ‖ CVM EIVS-DEM ODIS, ‖ AD ROMAM, PONT. ‖ Max. & Ducem Venetum. ‖ Item ‖ Tetrasticha Amoebaea Melissi & Anomoei. ‖

Anno M.D.LXXXV. ‖ [Straßburg B. Jobinus].

Wolfenbüttel HAB 108 Poetica (zusammengebunden mit Reusnerus: De Italia, 1585).

Melissus: Iusta exsequalia (1587) vgl. *Werkverzeichnis 1587/1.*

Melissus: Melematum libri (1595)

MELISSI ‖ MELEMATVM ‖ PIORVM LIBRI VIII. ‖ PARAENETI-CORVM II. ‖ PARODIARVM II. ‖ PSALMI ALIQVOT. ‖

ANNO CHRISTI MDVC. ‖ RECENS EDITI. ‖ VENEVNT ‖ FRANCO-FORTI AD MAENVM. ‖ IN HIERONYMI COMMELINI ‖ BIBLIOPOLIO. ‖

Augsburg SuStB L. R. 1162a Beiband.

Melissus: Odae Palatinae (1588) vgl. *Werkverzeichnis 1588/1.*

Melissus: Parentalia in obitum Iohannis Casimiri (1592) vgl. *Werkverzeichnis 1592/2a.*

Melissus: Schediasmata poetica (1574) vgl. *Werkverzeichnis 1574/4.*

Melissus: Schediasmatum reliquiae (1575) vgl. *Werkverzeichnis 1575/1.*

Melissus: Schediasmatum reliquiae (1576) vgl. *Werkverzeichnis 1575/1a.*

Memoriae Christiani edt Iohannis Casimiri (1592) vgl. *Werkverzeichnis 1592/1.*

Mercklinus: Lindenius renovatus (1686)

LINDENIUS RENOVATUS, ‖ SIVE, ‖ JOHANNIS ANTONIDAE van der LINDEN ‖ DE ‖ SCRIPTIS MEDICIS ‖ LIBRI DVO: ‖ (Es folgen 17 Zeilen mit erläuternden Angaben.) ‖ Continuati, dimidio penè amplificati, per plurimùm interpolati, & ab ‖ extantioribus mendis purgati ‖ à ‖ GEORGIO ABRAHAMO MERCKLINO, D. ‖ ... ‖ ... ‖ ... ‖

NORIMBERGAE, ‖ Impensis JOHANNIS GEORGII ENDTERI. ‖ ANNO CHRISTI M.DC.LXXXVI. ‖

Erlangen UB Med. I, 731.

Mercurius: In nuptias Cisneri epithalamia (1562) vgl. *Werkverzeichnis 1562/1.*

Mercurius: Institutionis puerilis rudimenta (1556) vgl. *Werkverzeichnis 1556.*

Mercurius: Propaideumata (1562) vgl. *Werkverzeichnis 1562/5.*

Micyllus: Ovidii Metamorphoseon libri (1563) vgl. *Ovidius: Metamorphoseon libri (1563).*

Micyllus: Sylvarum libri (1564) vgl. *Werkverzeichnis 1564.*

Milius/vander Mile: Consolatio (1586) vgl. *Werkverzeichnis 1586/6.*

Mizaldus: Opera (1576)
HISTORIA ‖ HORTENSIVM QVA= ‖ TVOR OPVSCVLIS METHODI- ‖
CIS CONTEXTA, ... ‖ (Es folgen zwölf erläuternde Zeilen.) ‖ AVCTORE
ANTONIO MIZALDO ‖ MONLVCENSI, MEDICO. ‖ Accesserunt et alia ...
‖ (ALEXIKE= ‖ PVS SEV AVXILIARIS ‖ ET MEDICVS HORTVS, RE
‖ RVM VARIARVM, ET SECRE- ‖ torum remediorum accessio- ‖ ne
locupletatus. ‖ ... ‖ ... ‖) (ARTIFICIO= ‖ SA METHODVS COM= ‖ PA-
RANDORVM HORTENSIVM ‖ FRVCTVVM, OLERVM, RADICVM, ‖
VVARVM, VINORVM, CARNIVM ET ‖ iusculorum, quae corpus clementer
pur- ‖ gent, & varijs morbis, absque vlla ‖ noxa & nausea, blandè ‖ succurrant.
‖ ... ‖ ... ‖).
COLONIAE AGRIPPINAE, ‖ Apud Ioannem Gymnicum sub Mono- ‖ ce-
rote, Anno M.D.LXXVI. ‖
Nürnberg StB Med. 36. 8° (Mehrere zusammengebundene Teilbände).
Modius: Hodoeporicum Francicum (1583) vgl. Werkverzeichnis 1583/2.
Modius: Novantiquae lectiones (1584) vgl. Werkverzeichnis 1584/1.
Modius: Pandectae triumphales (1586) vgl. Werkverzeichnis 1586/2.
Modius: Poemata (1583) vgl. Werkverzeichnis 1583/1.
Mokerchus: Libri de disciplina liberorum (1577) vgl. Werkverzeichnis 1577/2.
Moltzer vgl. Micyllus.
Monardes: Simplicium medicamentorum historia, Buch eins und zwei (1593) vgl.
    Werkverzeichnis 1593/4.
Monardes: Simplicium medicamentorum historiae liber tertius (1593) vgl. Clu-
    sius/Monardes: Simplicium medicamentorum historiae liber tertius (1593).
Monardes: Simplicium medicamentorum historia (1605) vgl. Clusius: Exoticorum libri
    (1605).
Monawus: Symbolum (1595) vgl. Werkverzeichnis 1595/1.
Monnoye: Jugemens des savans (1725) vgl. Baillet/Monnoye: Jugemens des savans.
Morelotus: De plantis Absynthii nomen habentibus (1593) vgl. Bauhinus: De plantis
    Absynthii nomen habentibus.
Morßhemius/Morshemius s. Mercurius.

Obel vgl. Lobelianus.
Obsopoeus: De arte bibendi (1578)
DE ARTE ‖ BIBENDI LI= ‖ BRI TRES, AVTORE ‖ Vincentio Obsopoeo
‖ Germano. ‖ Quibus adiunximus ‖ DE ARTE IO= ‖ CANDI LIBROS
QVATVOR, ‖ Matthiae Delij Hamburgensis, cum ‖ luculenta in eosdem Prae-
‖ fatione. ‖ (Die folgenden neun Zeilen enthalten ein Gedicht des Sebastianus
Hamaxurgus.) ‖ (IN EBRIETATEM, NICODEMI FRISCHLINI ELEGIA, ‖
Ad Iohan. Posthium. ‖)
Francoforti ad Moenum. 1578. ‖ (... ‖ ... ‖ ..., EX OFFICINA ‖ haeredum
Christiani Egenolphi, im- ‖ pensis Adami Loniceri, Ioannis ‖ Cnipij Andronici
Secundi, Do= ‖ ctorum, & Pauli Stein- ‖ meyers. ‖ ... ‖)

Augsburg SuStB Rw 2113 (eine bis auf die Jahreszahl 1582 offenbar weitgehend identische Ausgabe ist angeführt bei Kohl: Frischlin, 1967, S. 262).

Obsopoeus: De arte bibendi (1648)

VINC. OBSOPOEVS. ‖ DE ‖ ARTE BIBENDI ‖ LIB. QVATVOR, ‖ ET ‖ ARTE JOCANDI ‖ LIB. QVATVOR, ‖ Accedunt ‖ Artis AMANDI, DANSANDI Practica; ‖ item MERETRICVM Fides: ‖ aliqua Faceta. ‖ LVGD. BATAV. ‖ Ex Typographia rediviva. ‖ MDCXLVIII. ‖

Erlangen UB Phl. IX, 246.

Obsopoeus/Opsopoeus: Hippocratis iusiurandum (1587) vgl. Werkverzeichnis 1587/7.

Occo: Inscriptiones veteres (1596) vgl. Werkverzeichnis 1596/2.

Oppianus: De venatione libri (1597) vgl. Werkverzeichnis 1588/5a.

Opsopoeus vgl. Obsopoeus.

Orta/ab Horto vgl. Clusius/ab Horto.

Ortenburg: Epitaphia quorundam comitum (1589) vgl. Werkverzeichnis 1589/5.

Ovidius: Metamorphoseon libri (1563)

PVB. ‖ OVIDII NA = ‖ SONIS METAMORPHOSEON ‖ LIBRI XV. ‖ In singulas quasque Fabulas ‖ Argumenta. ‖ Ex postrema Iac. Micylli ‖ Recognitione. ‖

M.D.LXIII. ‖ [Frankfurt, mit der Titelvignette von Sicmund Feierabent, Georg Rab und Weigand Han].

Regensburg SB Class. 358.

Ovidius: Metamorphoseon libri, zusammengefaßt von Posthius (1563) vgl. Werkverzeichnis 1563/1 und 1563/1a.

Ovidius: Metamorphoses, zusammengefaßt von Sprengius (1563) vgl. Werkverzeichnis 1563/2.

Ovidius: Metamorphoseon libri, zusammengefaßt von Posthius (1569) vgl. Werkverzeichnis 1563/1b.

Ovidius, Metamorphoses, bearbeitet von Reusnerus: Picta poesis Ovidiana (1580) vgl. Werkverzeichnis 1563/1c.

Ovidius: Metamorphosis, bearbeitet von Feyerabendt (1581) vgl. Werkverzeichnis 1563/1d.

Ovidius: Metamorphoseon libri (1582) vgl. Werkverzeichnis 1582/2.

Ovidius: Metamorphoseon libri (1590)

P. OVIDII NASONIS ‖ OPERA, QVAE EXTANT, OMNIA ‖ TRIBVTA IN TOMOS TRES. ‖ (Es folgen sieben Zeilen mit Inhaltsangaben.) ‖ OMNIA CASTIGATIORA EX POSTREMA ‖ IACOBI MICYLLI recognitione, ‖ ET RECENSIONE NOVA GREGORII ‖ BERSMANI, cum indicatione diuersae scripturae, & locorum ‖ difficiliorum explanatione, cum ipsius, tum aliorum. ‖ EDITIO SECVNDA PRIORE ‖ aliquot locis auctior. ‖ 1590. ‖ Lipsiae, ‖ ... ‖ ... ‖ (drei Bände)

Erlangen UB Phl. VIII, 674.

Ovidius: Metamorphoseon libri, Band 2 (1596)

PVBL. OVIDII ‖ NASONIS OPERVM ‖ TOMVS II. ... ‖ ... ‖ ... ‖ Ex postrema Iacobi Micylli ‖ recognitione, ‖ ET RECENSIONE NOVA ‖

GREGORII BERSMANI, || ... || ... || ... || ... || Editio tertia aliquot locis auctior. ||
1596 || LIPSIAE, || ... || ... ||
Erlangen UB Phl. VIII, 675 (von dieser Ausgabe ist nur der zweite Band vorhanden).
Ovidius: Metamorphosis (1641?) vgl. Baur/Xübry: Ovidii Metamorphosis.

Pacius: Aristotelous Organon (1584)
ΑΡΙΣΤΟΤΕΛΟΥΣ || ΟΡΓΑΝΟΝ. || ARISTOTELIS || STAGIRITAE PE- || RIPATETICORVM || principis Organum, || Hoc est libri omnes ad Logicam pertinentes, || Graecè et Latinè. || IVL. PACIVS recensuit: è Graeca in Lati- || nam linguam conuertit: capitum & particu- || larum distinctionibus, argu- mentísque: prae- || terea variis lectionibus, necnon perpetuis no- || tis, & tabulis synopticis illustrauit. || Ad Illustrem et Generosum Dominum, Dominum || CA- ROLVM ` A ZEROTIN, || Namestij et Rossicij || Dominum, etc. || MORGIIS, || Excudebat Guillelmus Laimarius, || M.D.LXXXIIII. ||
Augsburg SuStB 4° LG 62.
Pacius: Aristotelous Organon (1592, 1597 und 1598) vgl. Werkverzeichnis 1592/5.
Paduanis: Tractatus de morbis (1662) vgl. Seidelius: Liber morborum causas exhibens.
Palmerius/Palmier: Spicilegiorum commentarius primus (1580) vgl. Werkverzeichnis 1580/3.
Pamingerus: Olophyrmos (1586) vgl. Werkverzeichnis 1561/2a.
Paracelsus: Astronomia magna (1571)
[RS:] ASTRONOMIA MAGNA: || Oder || Die gantze Philoso || phia sagax der grossen || vnd kleinen Welt/ des von Gott || hocherleuchten/ erfahrnen/ vnd bewerten teutschen Phi = || losophi vnd Medici/ Philippi Theophrasti Bombast/ || genannt Paracelsi magni. || Darinn er lehrt des gantzen natuerlichen Liechts vermoe = || gen/ vnd vnuermoegen/ auch alle Philosophische/ vnd Astronomi- sche ge = || heimnussen der grossen und kleinen Welt/ vnd deren rechten brauch/ vnd mißbrauch/ Zu || dem andern/ die Mysteria des Himlischen Liechts/ Zu dem dritten/ das vermoegen des || Glaubens/ Vnd zum vierdten/ was die Geister durch den Menschen || wircken/ etc. vor nie in Truck außgan- gen. ||
M.D.LXXI, || (Gedruckt zu Franckfurt am || Mayn/ bey Martin Lechler/ in verlegung || Hieronymi Feyerabends. || ANNO M.D.LXXI. ||)
Nürnberg GNM 2° Nw 2142 d.
Paradinus: Heroica (1563)
HEROICA || M. CLAVDII PARADINI, || BELLIIOCENSIS CANONICI, ET || D. Gabriëlis Symeônis, Symbola: iam re- || cèns ex idiomate Gallico in Lat. ad D. Ca- || rolum Baronem Berlemontanum, &c. & || D. Philippum Mommorensium, D. de || Hachicourt, &c. à Iohan. Guber- || natoro, patria Gediniense, conversa. ||

ANTVERPIAE. ‖ Ex officina Ioannis Stelsij, ‖ M.D.LXIII. ‖ (Excudebat Io-
annes Latius, ad insigne Rapi. ‖)
Bibliotheca Apostolica Vaticana Pal. lat. 2017 (als Stammbuch verwendet; vgl.
Werkverzeichnis 1567/1).

Parentalia in obitum Iohannis Casimiri (1592) vgl. Werkverzeichnis 1592/2a.

Paulus: Sententiarum libri (1594) vgl. Werkverzeichnis 1594/5a.

Paulus Silentiarius: Hemiambia (1586)

PAVLI ‖ SILENTIARII ‖ HEMIAMBIA DIMETRA ‖ CATALECTICA. ‖
IN THERMAS PYTHIAS ‖ Latinè facta Epico carmine. ‖ A ` CLAVDIO
ANCANTHERO ‖ MEDICO. ‖ Accesserunt luculentissimae Annotationes:
bruis item, non ‖ minus utilis, quàm iucunda de Thermis dissertatio, ‖ et non-
nulla poematia eodem Auctore. ‖ ... ‖ ... ‖
VENETIIS, ‖ Ex Typographia Georgii Angelerii. ‖ M.D.LXXXVI. ‖
Tübingen UB Cd 9712.

Pena/de Lobel: Stirpium adversaria nova (1571)

STIRPIVM ADVERSARIA NOVA ‖ perfacilis vestigatio, luculentaque ac-
ceßio ad Priscorum, praesertim ‖ DIOSCORIDIS & Recentiorum, Materiam
Medicam. ‖ QVIBVS PROPEDIEM ACCEDET ALTERA PARS. ‖ Qua ‖
Coniectaneorum de Plantis appendix, ‖ De succis medicatis et Metallicis sectio,
‖ Antiquae et nouatae Medicinae lectiorum remediorum ‖ thesaurus opulentis-
simus, ‖ De succedaneis libellus ‖ continentur. ‖ Authoribus Petro Pena. &
Mathia de Lobel, Medicis. ‖
(LONDINI. 1571. ‖ Calendis Ianuarijs, excudebat prelum Tho- ‖ mae Purfae-
tij, ad Lucretiae Symbolum. ‖)
Würzburg UB H. n. f. 92.

Petreus: Aulica vita (1577) vgl. Werkverzeichnis 1575/1b.

Petreus: Aulica vita (1578)

AVLICA VITA, ‖ Et opposita huic ‖ VITA PRIVATA: ‖ A DIVERSIS
TVM VETE- ‖ RIBVS, TVM RECENTIORI- ‖ bus autoribus luculenter descripta, & in ‖ hoc ENCHIRIDION collecta, at- ‖ que nunc denuo in lucem ‖
edita, ‖ AB ‖ Henrico Petreo Herdesiano. ‖ ACCESSERE RECENS ‖ AD
HANC SECVNDAM EDITIO- ‖ nem, cum alia probatißimorum autorum
opuscula, et ‖ Sententiae; tum Reuerendißimi D. Domini Antonij à ‖ Guevara,
Episcopi Mondeventani, de vitae Aulicae mo- ‖ lestijs, priuataeque commodis,
liber nusquam ante- ‖ hac latinè excus: vt sequens indi- ‖ cabit folium. ‖ ... ‖
15 Francoforti ad Moenum .78. ‖
München BSB Ph. Pr. 948.

Petreus: Hymnorum ab Ellingero emendatorum libri (1578) vgl. Werkverzeichnis
1578/1.

Pfalz: Erinnerung an alle Kirchendiener (1619) vgl. Erinnerung an alle Kirchendiener.

Phaedrus: Fabularum libri (1598) vgl. Werkverzeichnis 1598/1.

Pithopoeus: Carmina in nuptias (1587) vgl. Werkverzeichnis 1587/10.

Pithopoeus: De studio poetices oratio I (1586) vgl. Werkverzeichnis 1586/5.

Pithopoeus: Poematum liber quinctus (1588)
POEMATVM ‖ LAMBERTI LV= ‖ DOLFI PITHOPOEI, ‖ DAVENTRI-
ENSIS, LI- ‖ BER QVINCTVS, QVI EST ‖ SILVARVM secundus: ‖ ad ‖
HIPPOLYTVM à COLLIBVS, IVRIS ‖ Consultum & in Academia Eitelber-
gensi ‖ Antecessorem. ‖
SPIRAE NEMETVM. ‖ TYPIS BERNARDI ALBINI, ‖ ANNO 1588. ‖
Wolfenbüttel HAB P 1526 Helmst. 8° (7).

Pithopoeus: Poematum liber sextus (1591) vgl. Werkverzeichnis 1591/5.

Plautus: Comoedia (1558) vgl. Camerarius: Plauti comoediae.

Posthius: Aesopi fabulae lateinisch (1566) vgl. Werkverzeichnis 1566.

Posthius: Aesopi fabulae deutsch (1566) vgl. Werkverzeichnis 1566a.

Posthius: Aesopi fabulae (1574) vgl. Werkverzeichnis 1566b.

Posthius: Anthologia gnomica (1579) vgl. Werkverzeichnis 1579/1.

Posthius: Carmen gratularorium (1562) vgl. Werkverzeichnis 1562/3.

Posthius: Carmina paregorica (1587) vgl. Werkverzeichnis 1587/4.

Posthius: Christlicher Schlafftrunck (1624) vgl. Werkverzeichnis 1595/5.

Posthius: Collegii Posthimelissaei votum (1573) vgl. Werkverzeichnis 1573/1.

Posthius: Columbi De re anatomica libri (1590) vgl. Werkverzeichnis 1590/1.

Posthius: Columbi De re anatomica libri (1593) vgl. Werkverzeichnis 1590/1a.

Posthius: De obitu Maximiliani II. (1576) vgl. Werkverzeichnis 1576/3.

Posthius: De pia et liberali disciplina liberorum (1577) vgl. Werkverzeichnis 1577/2.

*Posthius: Emmetron in nuptias Friderici IV. et Loisae Iulianae (1593) vgl. Werkver-
zeichnis 1593/1.*

Posthius: Encomia Dousana (1587) vgl. Werkverzeichnis 1587/3.

*Posthius: Etliche Regelen die Gesundtheit zu erhalten (1624) vgl. Werkverzeichnis
1595/5.*

*Posthius: Fünff und zwantzig Regulen die Gesundheit lang zu erhalten (1628 und
1655) vgl. Werkverzeichnis 1595/5 und Fabricus: Schatzkämmerlein der Gesundheit.*

*Posthius: Germania (1563 und 1569) vgl. Werkverzeichnis 1562/3b und 1563/1,
1563/1a sowie 1563/1b.*

*Posthius: Gruendtlicher Bericht von dem neuwen Sauwrbrunnen zu Langen Schwal-
bach (1582) vgl. Werkverzeichnis 1582/1.*

Posthius: In funere Lotichii lachrymae (1560) vgl. Werkverzeichnis 1560/2.

Posthius: In nuptias Marii epithalamia (1562) vgl. Werkverzeichnis 1562/2.

Posthius: In nuptias Posthii carmina (1569) vgl. Werkverzeichnis 1569/1.

Posthius: In obitum Alberti Baronis Lympurgici (1577) vgl. Werkverzeichnis 1577/1.

Posthius: In obitum Dolmetiae (1562?) vgl. Werkverzeichnis 1562/6.

Posthius: In obitum Zolneri (1561) vgl. Werkverzeichnis 1561/2.

Posthius: In paradisum Reusneri (1585) vgl. Werkverzeichnis 1585/1.

*Posthius: In symbolum et insignia Posthii diversorum poetarum carmina (1579) vgl.
Werkverzeichnis 1579/1.*

Posthius: Isaaci Iudaei De diaetis libri (1570) vgl. Werkverzeichnis 1570.

Posthius: Iouberti opuscula (1571) vgl. Werkverzeichnis 1571/1.

Posthius: Iulio ex Echterorum familia carmina (1573) vgl. Werkverzeichnis 1573/3.

Posthius: Kurtzer Bericht zu was Kranckheiten das Bad zu Castell gut sey (1625) vgl. Werkverzeichnis 1584/4.

Posthius: Laur. Iouberti opuscula (1571) vgl. Werkverzeichnis 1571/1.

Posthius: Libri de pia et liberali disciplina liberorum (1577) vgl. Werkverzeichnis 1577/2.

Posthius: Newe gesäng (1596, 1597, 1608 und 1619) vgl. Werkverzeichnis 1596/1, 1596/1a, 1596/1b und 1596/1d.

Posthius: Observationes anatomicae (1590) vgl. Werkverzeichnis 1590/1.

Posthius: Observationes anatomicae (1593) vgl. Werkverzeichnis 1590/1a.

Posthius: Odae Palatinae (1588) vgl. Werkverzeichnis 1588/1.

Posthius: Parerga poetica (1580) vgl. Werkverzeichnis 1580/1.

Posthius: Parergorum poeticorum pars prima/pars altera (1595) vgl. Werkverzeichnis 1580/1a.

Posthius: Posthuma pietas (1618)

ERASMI POSTHII PHIL. ‖ ac Med. D. ‖ POSTHVMA ‖ PIETAS: ‖ Hoc est, ‖ CARMINA EPITA- ‖ phia à viris celeberr. ‖ IN OBITVM ‖ IOANNIS POSTHII ‖ Phil. Poëtae ac Medici, ‖ ET ‖ ROSINAE BRAESAMERAE ‖ Coniugis eius: ‖ PARENTVM DESIDERATISS. ‖ Nec non ‖ MARIAE POSTHIAE SO- ‖ rorculae suaviss. scripta. ‖ FRANCOFVRTI, ‖ In Bibliopoleio, IOANNIS CA- ‖ ROLI VNCKELII. ‖ Anno M.DC.XVIII. ‖

Regensburg SB 11: Lat. rec. 135.

Posthius: Psalter und Psalmen Davids (1619) vgl. Werkverzeichnis 1590/1d.

Posthius: Realdi Columbi De re anatomica libri (1590) vgl. Werkverzeichnis 1590/1.

Posthius: Realdi Columbi De re anatomica libri (1593) vgl. Werkverzeichnis 1590/1a.

Posthius: Reverendissimo Principi Iulio carmina (1573) vgl. Werkverzeichnis 1573/3.

Posthius: Schatzkämmerlein der Gesundheit (1628 und 1655) vgl. Fabricius: Schatzkämmerlein der Gesundheit

Posthius: Die Sontags = Evangelia (1608) vgl. Werkverzeichnis 1596/1c.

Posthius: Die Sontags = Evangelia (1619) vgl. Werkverzeichnis 1596/1d.

Posthius: Tetrasticha in Ovidii Metamor. (1563) vgl. Werkverzeichnis 1563/1 und 1563/1a.

Posthius: Tetrasticha in Ovidii Metamor. (1569) vgl. Werkverzeichnis 1563/1b.

Posthius: Thesaurus sanitatis ab Isaaco Iudaeo (1607) vgl. Werkverzeichnis 1570a.

Posthius: Votum (1573) vgl. Werkverzeichnis 1573/1.

Praedium rusticum (1554) vgl. Stephanus: Praedium rusticum.

Quenstedt: Dialogus (1691)

DIALOGUS ‖ DE ‖ PATRIIS ILLU- ‖ STRIUM DOCTRINA ET ‖ SCRIPTIS VIRORUM, ‖ OMNIUM ORDINVM AC FACULTATUM, ‖ Qvi ab initio Mundi per universum ‖ terrarum Orbem usque ad annum reparatae ‖ Gratiae M.DC. claruerunt; ‖ ... ‖ ... ‖ ... ‖ ... ‖ AUTORE ‖ JOH. ANDREA QUENSTEDT, ‖ ... ‖ ... ‖ ... ‖ Cum Indicibus necessariis. ‖ Editio Secunda. ‖

WITTEBERGAE, ‖ Sumpt. JOH. LUDOLPHI QVENSTEDTII, ‖ Excudebat
JOHANNES WILCHIUS, Ann. 1691. ‖
Erlangen UB Ltg. III, 7.

Quercetanus: Ad Auberti explicationem responsio (1575)
AD IACOBI ‖ AVBERTI VINDO- ‖ NIS DE ORTV ET CAVSIS ‖
METALLORVM CONTRA ‖ Chymicos Explicationem ‖ IOSEPHI QVER-
CETANI, ARME- ‖ niaci, D. Medici breuis Responsio. ‖ EIVSDEM DE
EXQVISITA ‖ Mineralium, Animalium, et Vegetabilium me- ‖ dicamentorum
Spagyrica praeparatione et ‖ vsu, perspicua Tractatio. ‖
LVGDVNI, ‖ Apud Ioannem Lertotium. ‖ M.D.LXXV. ‖
*Erlangen UB Trew M 155 (zusammengebunden mit Aubertus: De metallorum ortu,
1575).*

Rauwolff: Beschreibung der Reyß (1582)
[RS:] Beschreibung der Reyß ‖ Leonhardi Rau ‖ wolffen der Artzney ‖
Doctorn/ vnd bestellten Medici zu Augspurg/ so er vor die = ‖ ser zeit gegen
Auffgang in die Morgenlaender/ ... ‖ ... ‖ ... selbst vollbracht: ‖ (Es folgen sie-
ben Zeilen mit genaueren Erläuterungen.) ‖
Gedruckt zu Franckfurt am Mayn/ bey Christoff Raben. ‖ Anno MDLXXXII. ‖
Erlangen UB Ggr. XI, 211, Beiband, 4°.

Realdus Columbus: De re anatomica libri (1590) vgl. Werkverzeichnis 1590/1.

Realdus Columbus: De re anatomica libri (1593) vgl. Werkverzeichnis 1590/1a.

Reineccius: Chronicon Hierosolymitanum (1584) vgl. Werkverzeichnis 1584/3.

Reisnerus: Ierusalem (1563) vgl. Werkverzeichnis 1563/3.

Reusnerus: Aenigmatographia (1599) vgl. Werkverzeichnis 1585/1a.

Reusnerus: Aenigmatographia (1602)
AENIGMATOGRAPHIA ‖ Siue ‖ SYLLOGE ‖ AENIGMATVM ‖ ET
GRIPHORVM ‖ Conuiualium, ‖ Ex variis Auctoribus collectorum ‖ EDITIO
II. ‖ RECENSENTE NICOLAO ‖ REVSNERO LEORINO, IVRISC. ‖ Co-
mite Palatino Caesareo, & Consiliario ‖ Saxonico. ‖
FRANCOFVRTI ‖ E Collegio Musarum Paltheniano, ‖ M.DCII. ‖
Erlangen UB Phl. IX, 114, 8° (Format 12°).

Reusnerus: Agalmatum corollarium (1591) vgl. Werkverzeichnis 1591/1.

Reusnerus: Aureolorum emblematum liber (1591) vgl. Werkverzeichnis 1591/1.

*Reusnerus: Cisneri commentarius ad titulum de actionibus (1588) vgl.
Werkverzeichnis 1588/4.*

*Reusnerus: Cisneri commentarius ad titulum de iudiciis (1588) vgl. Werkverzeichnis
1587/5a.*

*Reusnerus: Cisneri de iure usucapionum commentarius (1588) vgl Werkverzeichnis
1587/5b.*

Reusnerus: De Italia (1585)
NICOLAI REVSNERI LEORI- ‖ NI SILESII ‖ DE ITALIA, RE- ‖ GIONE
EVROPAE ‖ NOBILISSIMA ‖ LIBRI DVO. ‖ QVORVM PRIMVS REGI-
ONVM, ‖ alter vrbium Italiae descriptiones continet. ‖ CVM BREVI NOTA-

TIONE OMNIVM ‖ ferè Italiae populorum, prouinciarum, insularum, vrbium, ‖ oppidorum, castrorum, montium, promontiorum, silua- ‖ rum, vallium, ma-rium, sinuum, lacuum, paludum, ‖ fluminum, fontium, & id genus alio- ‖ rum locorum. ‖ ITEM ‖ Elogia in urbes Italiae Poêtica, et oratoria. ‖ ARGENTINAE ‖ Apud Bernardum Iobinum. ‖ M.D.XVC. ‖
Wolfenbüttel HAB 108 Poetica (zu angebundenen Texten vgl. Melissus: Epigrammata in urbes Italiae, 1585);
Würzburg UB L. rr. o. 237;
Erlangen UB Ggr. I, 311 (ohne Titelblatt).

Reusnerus: Emblemata (1581) vgl. Werkverzeichnis 1581.

Reusnerus: Germania (1605)

GERMANIA, ‖ Siue ‖ MAIESTAS, ‖ GLORIA ET POTEN- ‖ TIA S. IMPERII ROMANI, VR- ‖ BIVM IMPERIALIVM LIBERARVM ‖ variis variorum authorum Elogiis & ‖ Praeconiis decantata & illu- ‖ strata: ‖ RE-CENSENTE ‖ NICOLAO REVSNERO, ‖ I. C. COMITE PALATINO CAE- ‖ SAREO ET CONSILIARIO ‖ Saxonico. ‖
VRSELLIS, ‖ APVD CORNELIVM SV- ‖ TORIVM. ‖ Impensis Ioann. Ludovici Bitschii. ‖ Anno Partus Virginei, 1605. ‖
Wolfenbüttel HAB P 1491 Helmst. 8° (11).

Reusnerus: Icones (1587) vgl. Werkverzeichnis 1587/5.
Reusnerus: Icones (1589) vgl. Werkverzeichnis 1589/1.

Reusnerus: Icones (1597)

ICONES ‖ SIVE ‖ IMAGINES IMPP. ‖ REGVM, PRINCIPVM, ELE- ‖ CTORVM ET DVCVM ‖ Saxoniae, ‖ Vnà cum eorundem elogijs ‖ NICOLAI REVSNERI LEORINI ‖ ... ‖ ... ‖
IENAE ‖ TYPIS TOBIAE STEINMANNI: Impensis ‖ HENNINGI GROSII ‖ ciuis & Bibliopolae Lipsensis, ‖ Anno M.D.XCVII. ‖
Bamberg SB J. H. Coll. Im. f. 22 (Folioformat).

Reusnerus: Imp. Rudolphi comitiva Palatina (1599) vgl. Werkverzeichnis 1599/2.
Reusnerus: Monarchae (1576) vgl. Reusnerus: Summorum regum libri (1576).
Reusnerus: Monarchae (1578) vgl. Werkverzeichnis 1578/2.

Reusnerus: Operum pars prima (1593)

OPERVM ‖ NICOLAI ‖ REVSNERI LEO- ‖ RINI SILESII IVRISCON- ‖ SVLTI ET CONSILIARII ‖ SAXONICI ‖ PARS PRIMA ‖ CONTINENS ‖ ELEGIARVM LIBROS VI. ‖ ELEGORVM GRAECANICORVM I. ‖ HEROIDVM FRAGMENTA. ‖
1593. ‖ IENAE, ‖ Apud Tobiam Steinmannum. ‖
Augsburg SuStB NL 928.

Reusnerus: Operum pars secunda (1593)

OPERVM ‖ NICOLAI ‖ REVSNERI LEO- ‖ RINI SILESII IVRISCON- ‖ SVLTI ET CONSILIARII ‖ SAXONICI ‖ PARS SECVNDA ‖ Continens li-bros ‖ EPICORVM II. ‖ HYMNORVM I. ‖ ODARVM II. ‖ EPODON II. ‖ PHILOTESIORVM III. ‖ SILVARVM I. ‖

1593. || IENAE, || Apud Tobiam Steinmannum. ||
Augsburg SuStB NL 928 Beiband.

Reusnerus: Operum pars tertia (1593)

OPERVM || NICOLAI REVS- || NERI LEORINI SILE- || SII IVRISC. ET
CON- || SIL. SAXONICI || PARS TERTIA || continens || EPIGRAM-
MATVM LI || BROS XXVI. INSCRI- || ptos nominibus || HORARVM III. ||
GRATIARVM III. || MVSARUM III. || HESPERIDVM III. || SIRENVM
III. || EVPHRONΩN III. || PARCARVM III. || Quibus acceßit || EPIGRAM-
MATVM GRAE- || CORVM LIBER SIN- || GVLARIS. ||
1593, || IENAE Typis Tobiae Steinmanni. ||
Augsburg SuStB NL 928 a.
München UB 8° P. lat. rec. 389.3

Reusnerus: Operum pars quarta (1594) vgl. Werkverzeichnis 1594/1.
Reusnerus: Picta poesis Ovidiana (1580) vgl. Werkverzeichnis 1563/1c.

Reusnerus: Polyanthea (1578)

POLYANTHEA, || Siue || PARADISVS POE = || TICVS: || OMNIBVS
PROPEMODVM AR- || boribus, plantis, & stirpibus consitus: om- || nique
genere animantium tàm terrestrium, || quàm aquatilium inhabitatus: & illu-
strium || Poëtarum riuulis, fonticulisque irrigatus: ad || horum uires co-
gnoscendas studiosis, || praesertim Medicinae, uti- || lissimus. || VNA ` CVM
PENV POETICA, VA- || rijs esculentis & potulentis, ad uictum || quotidianum
necessarijs, || referta. || AVTORE, || NICOLAO REVSNERO, LEORINO, ||
Poëta L. et I. C. clariß. || Editus opera, || IEREMIAE REVSNERI LEORINI.
BASILEAE. || (... || PER SEBASTIANVM HENRIC- || PETRI, ANNO
SALVTIS NOSTRAE || recuperatae M.D.LXXIIX. || Mense Martio. ||)
Bamberg SB L. r. r. o. 98;
Augsburg SuStB NL 926.

Reusnerus: Summorum regum libri (1576)

NICOLAI REVSNERI || LEORINI || SVMMORVM RE = || GVM SIVE
IMPERA = || TORVM || ASSYRIORVM, PER = || sarum, Graecorum, Ro-
manorum, || Constantinopolitanorum, Germanicorum || LIBRI SEPTEM. ||
ANNO CHRISTI || M.D.LXXVI. || (LOVANII SVEVORVM || excusa, apud
Philippum Vlbar = || dum, Typographum Palatinum. ||
Bamberg SB L. r. r. 93 (Format 12°).

Reusnerus: Summorum regum libri (1578) vgl. Werkverzeichnis 1578/2.
Reusnerus: Symbolorum classis prima (1588)

NICOLAI REVSNERI || LEORINI SILESII || SYMBOLORVM || IMPERA-
TORIO- || RVM || Classis Prima. || QVA SYMBOLA CONTINENTVR ||
JMPP. AC CAESARVM ROMANORVM || JTALICORVM: à C. JVLIO
CAESARE, || vsque ad CONSTANTINVM || MAGNVM. || OPVS
PHILOLOGICVM ET POLI- || TICVM, VEREQVE REGIVM AC IMPE- ||
ratorium: omnibus omnium ordinum, & cum || primis ciuilis sapientiae studio-
sis, lectu || futurum vtile ac iucundum. || ADDITVS EST CVILIBET CLASSI

|| tergeminus Elenchus: Symbolorum scilicet, Jmpe- || ratorum, tum quoque Rerum, et Sen- || tentiarum.

FRANCOFVRTI AD MOENVM. || Curante Ioanne Spießio. || MDXIIC. || *München BSB Eur. 659 (der Band enthält auch die classis secunda und classis tertia, beide ebenfalls 1588; vgl. Werkverzeichnis 1588/2).*

Reusnerus: Symbolorum classis tertia (1588) vgl. Werkverzeichnis 1588/2.

Reusnerus: Urbes imperiales (1651)

NICOLAI REUSNERI || JURISCONSULTI, || URBES || IMPERIALES. || Accessit || EMPORIUM || Francofordiense || HENRICI STEPHANI. || [Herausgegeben von Philippus Ludovicus Anthaeus].

Francofurti ad Moenum, || Impensis JOANNIS HÜTTERI, Bibliopol. || Typis JOANNIS KEMPFFERI, || Anno M.DC.LI. || *Bamberg SB L. r. r. o. 99.*

Reuterus: Cisneri opuscula (1611) vgl. Cisnerus: Opuscula.

Reverendissimo principi Iulio carmina (1573) vgl. Werkverzeichnis 1573/3.

Rittershusius: Amores (1592) vgl. Werkverzeichnis 1592/4a.

Rittershusius: Commentaria in Oppiani quae exstant (1597) vgl. Werkverzeichnis 1588/5a.

Rittershusius: Epos de nuptiis Rosacii (1594) vgl. Werkverzeichnis 1593/2a.

Rittershusius: Guntheri Ligurinus (1598)

Guntheri Li- || gurinus. || SEV || DE REBVS || GESTIS IMP. CAES. FRI- || DERICI PRIMI, PP. AVG. || cognomento Aenobarbi, siue || Barbarossae, || LIBRI X. || OPVS NON SOLVM POE- || TIS LECTV IVCVNDVM, SED ET || Historicis et Politicis et Aulicis, ad deliberationum, Consiliorum, || Legationum, Orationum et Epistolarum exempla; Iuriscon- || sultis quoque ad Iuris Feudistici cognitionem || vtile inprimis ac necessa- || rium. || CVN-RADVS RITTERS- || HVSIVS, IC. RECENSVIT: QVIN- || que editionibus inter se collatis mendas hinc passim plurimas || grauissimasque tam lectionum, quàm distinctionum sustulit: || NOTIS illustrauit; & accurato Rerum ac Ver- || borum memorabilium INDICE || nunc primùm locu- || pletauit. || TVBINGAE, || Apud Georgium Gruppenbachium || M.D.XCVIII. || *Nürnberg StB Hist. 1335. 8° (Dies Exemplar wurde von Rittershusius mit einer autographen Widmung der Nürnberger StB geschenkt).*

Rittershusius: Iulii Pauli Sententiarum libri (1594) vgl. Werkverzeichnis 1594/5a.

Rittershusius: Oppiani de venatione libri (1597) vgl. Werkverzeichnis 1588/5a.

Rittershusius: Phaedri fabularum libri (1598) vgl. Werkverzeichnis 1598/1.

Rittershusius: Scholia in Oppiani Halieutica (1597) vgl. Werkverzeichnis 1588/5a.

Rocardus: Tractatus (1593) vgl. Bauhinus: De plantis Absynthii nomen habentibus.

Rotermund: Fortsetzung zu Jöchers Lexico (1810-1897) vgl. Adelung: Fortsetzung zu Jöchers Lexico.

Rudingerus: Elegiarum evangelicarum libri (1573) vgl. Werkverzeichnis 1573/6.

Rudolphus II.: Comitiva Palatina (1599) vgl. Werkverzeichnis 1599/2.

Rulandus: Curationum centuria (1578)
  CVRATIONVM, ‖ EMPIRICA = ‖ RVM ET HISTORICA ‖ RVM IN
  CERTIS LOCIS ET ‖ notis personis optimè exper ‖ tarum, & ritè probata- ‖
  rum, CENTVRIA. ‖ AVTORE, ‖ D. MARTINO RV- ‖ LANDO Frisingensi
  Bauaro, ‖ Medico Palatino & Lau- ‖ gingano. ‖ Cum INDICE, continente
  mor- ‖ bos, personas, loca et medicamenta, ‖ secundùm Curationum seriem
  seu ‖ numerum digestio. ‖
  BASILEAE. ‖ (BASILEAE, ‖ EX OFFICINA HENRIC- ‖ PETRINA,
  ANNO ‖ M.D.LXXVIII. ‖ Mense Martio. ‖)
  Erlangen UB Trew W 527.
Rulandus: Curationum centuria (1581) vgl. Werkverzeichnis 1591/6.
Rulandus: Curationum centuria (1593) vgl. Werkverzeichnis 1591/6.
Rulandus: Curationum centuria tertia (1591) vgl. Werkverzeichnis 1591/6.
Rulandus: Curationum centuria tertia (1595) vgl. Werkverzeichnis 1591/6.

Sadoletus: Epistolarum libri (1550)
  IACOBI ‖ SADOLETI, EPISCO- ‖ PI CARPENTORA- ‖ CTI, S. R. E.
  CAR- ‖ DINALIS ‖ EPISTOLARVM ‖ LIBRI SEX- ‖ DECIM. ‖ Eiusdem
  ad Paulum Sadoletum Episto- ‖ larum liber unus. ‖ Vita eiusdem autoris per
  Antonium Florebellum. ‖
  APVD SEB. GRYPHIVM ‖ LVGDVNI, ‖ 1550. ‖
  Augsburg SuStB NL 959.
Sadoletus: Epistolarum libri (1560)
  IACOBI SA- ‖ DOLETI, EPISCOPI ‖ CARPENTORACTI, ‖ S. R. E.
  CARDI- ‖ NALIS ‖ EPISTOLARVM ‖ LIBRI SEXDECIM. ‖ Eiusdem ad
  Paulum Sadoletum Episto = ‖ larum liber unus. ‖ Vita eiusdem autoris per
  Antonium Florebellum. ‖
  LVGDVNI, APVD HAERED. ‖ SEB. GRYPHII. ‖ 1560. ‖
  Augsburg SuStB NL 960.
Saracenus: Dioscoridis opera (1598) vgl. Werkverzeichnis 1598/2.
Scaliger: Ausonius (1588) vgl. Commelinus: Ausonius.
Schardius: Historicum opus, tomus III (1574)
  (HISTORICVM ‖ OPVS, IN QVATVOR TO = ‖ MOS DIVISVM ‖)
  TOMVS III, ‖ HISTORIA = ‖ RVM, QVAE VENE- ‖ RVNT IN GVBER-
  NATIONE FER = ‖ DINANDI I. HVIVS NOMINIS IMP. VNA ` CVM ‖
  Epitoma rerum in varijs orbis terrarum partibus, à confirmatio = ‖ ne eiusdem
  Caesaris, videlicet ab anno Domini M.D.LVIII. ‖ vsque ad finem anni Domini
  M.D.LXIIII. gesta = ‖ rum: à D. Simone Schardio Iurisconsulto ex ‖ varijs
  aliorum scriptis collecta. ‖ AVTHORVM, LIBRORVM, ET ‖ TRAC-
  TATVVM, QVI HOC TOMO ‖ CONTINENTVR, ELENCHVM, ‖ sequenti
  folio inuenies. ‖
  BASILEAE. ‖ [1574?; die Widmungsvorrede wurde am 1.8.1574 abgefaßt].
  Erlangen UB 4° Hist. 276ª, III.
Schede vgl. Melissus.

Schelhornius: De vita Philippi Camerarii (1740)

[RS] JO. GEORGII SCHELHORNII ‖ DE ‖ VITA, FATIS AC MERITIS ‖ PHILIPPI ‖ CAMERARII ‖ JCTI, ‖ HISTORICI AC PHILOLOGI PEREXIMII ET ‖ PRIMI ACADEMIAE ALTORFINAE PROCANCEL-LARII, ‖ COMMENTARIUS. ‖ ACCEDIT ‖ PRAETER SELECTA ‖ EX EPISTOLIS ‖ VIRORUM CEL. ‖ AD IPSUM SCRIPTIS ‖ EIUS RELATIO ‖ DE ‖ CAPTIVITATE ‖ SUA ‖ ROMANA ‖ ET LIBERATIONE FERE MIRACULOSA ‖ NUNC PRIMUM E MS. EDITA.
Noribergae, ‖ Sumptibus Joh. Mich. Seitz & Christoph. Conr. Zell. MDCCXL.
Nürnberg StB Hist. 310.4°.

Schenckius: Observationes medicae (1584)

Observationes ‖ Medicae ‖ DE CAPITE ‖ HVMANO: ‖ Hoc est, EXEM-PLA Capitis ‖ morborum, causarum, signo ‖ rum, euentuum, curationum, ‖ vt singularia, sic abdita & ‖ monstrosa, ‖ Ex clariss. MEDICORVM, ueterum ‖ simul & recentiorum scriptis ‖ A ` ‖ IO. SCHENCKIO, DE GRAFEN- ‖ berg, apud nobile Brisgauorum Fri- ‖ burgum Medico, collecta. ‖ BASILEAE, ‖ EX OFFICINA FROBENIANA. ‖ MDXXCIV. ‖
Erlangen UB Trew H 709 (zu angebundenen Texten vgl. Werkverzeichnis 1594/6).

Schenckius: Observationum medicarum liber secundus (1594) vgl. Werkverzeichnis 1594/6.

Schenckius: Observationum medicarum tomus unus (1600)

[RS:] OBSERVATIONVM ‖ MEDICARVM, ‖ RARORVM, NOVARVM, ‖ ADMIRABILIVM, ET ‖ MONSTROSARVM, ‖ Tomus Unus, ‖ CONTI-NENS LIBRVM I. DE CAPITE, ‖ II. De partibus vitalibus thorace continentis. ‖ III. De partibus naturalibus, Ventriculo, In ‖ testinis, et Mesenterio. ‖ (Es folgen sechs Zeilen mit näheren Angaben.) ‖ A IOANNE SCHENCKIO A GRAFEN- ‖ berg, apud Friburgum Brisgoiorum Medico. ‖ CVM ILLV-STRIVM NOSTRAE AETATIS ‖ Medicorum ANECDOTIS compluribus & nunquam pu- ‖ blicatis exemplis memorabilibus, eorundemque ‖ Catalogo, & Indice. ‖
FRANCOFVRTI ‖ E Paltheniana, Sumtibus Ionae Rhodii Bibliopolae. ‖ (1600 ‖)
München BSB Med. g. 426 (zwei Bände).

Scholzius: Consiliorum et epistolarum Cratonis liber quintus (1593/94) vgl. Werkver-zeichnis 1593/5.

Scholzius: Cratonis consiliorum liber (1591) vgl. Crato: Consiliorum liber.

Schonerus: Feudalium disputationum libri (1597) vgl. Werkverzeichnis 1597/1.

Schopper: Aesopi fabulae (1566) vgl. Werkverzeichnis 1566a.

Schosserus: Poëmatum libri (1585) vgl. Werkverzeichnis 1585/2.

Schraderus/Schradaeus: Monumentorum Italiae libri (1592) vgl. Werkverzeichnis 1592/3.

Schwindel: Bibliotheca (1736) vgl. Werkverzeichnis 1585/2a.

Scriptorum in Academia Witebergensi. Tomus IV. (1561) vgl. Werkverzeichnis 1560/1b.

Scultetus: Subsecivorum poeticorum tetras prima (1594) vgl. Werkverzeichnis 1594/3.
Seidelius: Liber morborum causas explicans (1593)
    BRVNONIS SEIDELII ‖ LIBER ‖ MORBORVM ‖ INCVRABILIVM ‖
    CAVSAS, MIRA BREVITATE ‖ summa lectionis iucunditate ‖ erudite expli-
    cans. ‖ MEDICIS ATQVE THEOLOGIS ‖ apprime necessarius atque vtilis.
    ‖ CVM PRAEFATIONE AD ‖ IOANNEM POSTHIVM, & IOANNEM ‖
    OPSOPOEVM Med. D. ‖ Accessit elenchus auctorum et rerum. ‖
    FRANCOFVRTI, ‖ Apud Joannem Wechelum. ‖ MDXCIII. ‖
    Wolfenbüttel HAB 58 Medica (3).
Seidelius: Liber morborum causas exhibens (1662)
    BRVNONIS SEIDELII ‖ LIBER, ‖ Morborum incurabilium causa, mira
    brevitate, ‖ summa lectionis jucunditate exhibens, ‖ Medicis atque Theologis
    apprime ‖ necessarius atque utilis. ‖ Ad V. D. ‖ GUIDONEM PATINUM, ‖
    ... ‖ ... ‖ Cum Praefatione ad ‖ J. POSTHIUM & J. OBSOPOEUM, ‖
    Medicinae Doctores Eximios. ‖ ACCESSIT ‖ FABRITII DE PADUANIS ‖
    TRACTATUS ‖ DE MORBIS, ‖ In quibus praesentaneis uti convenit
    remediis. ‖
    LVGDVNI BATAVORVM, ‖ Apud PETRVM HACKIVM, Anno 1662. ‖
    Erlangen UB Trew J 336.
Seneca: Werke (1594) vgl. Werkverzeichnis 1594/2.
Sidelmannus: Epitome de poesi (1605) vgl. Dinnerus: Epithetorum farrago (1605).
Sincerus: Bibliotheca (1736) vgl. Werkverzeichnis 1585/2a.
Smetius: Miscellanea medica (1611)
    MISCELLANEA ‖ HENRICI SMETII ‖ A LEDA RUB. F. ALOSTANI ‖
    FLANDRI IN ACAD. HEIDEL- ‖ BERGENSI MED. PROFESSORIS ‖
    ordinarii, ‖ MEDICA. ‖ Cum praestantissimis quinque Medicis. ‖ D. THO-
    MAE ERASTO apud Heidelbergenses facult. Medicae antecessore. ‖ D.
    HENRICO BRUCAEO in Schola Rostochiana Artis Med. Professore primario.
    ‖ D. LEVINO BATTO ibidem Medicinam publicè multa cum laude ex ‖ pli-
    cante. ‖ D. JOANNE WEYERO Juliacensis & Clivensis aulae archiatro. ‖ D.
    HENR. WEYERO archiepiscopi Trevirensis electoris archiatro. ‖ COMMV-
    NICATA, ‖ ET IN LIBROS XII. DIGESTA. ‖ ... ‖ ... ‖ ... ‖
    ANNO M.DC.XI. ‖ Impensis JONAE RHODII, in cuius Bibliopolio prostant
    Francofu[rti] ‖
    Augsburg SuStB Med. 4243.
Sommerus: De inventione thermarum Carolis (1571)
    DE INVENTIONE, ‖ DESCRIPTIONE, TEM- ‖ PERIE, VIRIBVS, ET ‖
    INPRIMIS VSV, THER- ‖ marum D. CAROLI IIII. ‖ Imperatoris ‖ LI-
    BELLVS BREVIS ET ‖ VTILIS SCRIPTVS ‖ A ‖ FABIANO SOMMERO
    ‖ PHILOSOPHIAE ET AR- ‖ tis medicae Doctore, ex Thermis ‖ Carolinis
    oriundo. ‖
    (LIPSIAE ‖ IMPRIMEBAT IOHANNES ‖ STEINMAN. ‖ TYPIS VOEGE-
    LIANIS. ‖ Anno ‖ M.D.LXXI. ‖)
    Wolfenbüttel HAB Me 312.

Sommerus/Sommer: Ein kurtzes Buechlein von des Keyser Carls Warmbad (1592)

Ein kurtzes und sehr nütz= ‖ liches Buechlein/ von er= ‖ findung/ beschrei-
bung/ eigen= ‖ schafften/ krefften/ und Zuuorauß von ‖ dem heilsamen ge-
brauch des Keyser Carls ‖ Warmbad/ Lateinisch geschrieben/ von Fa= ‖
biano Sommer auß dem Carlsbad/ ‖ der Philosophien vnnd ‖ Medicin D. ‖
Auffs kürzest vnnd ein= ‖ feltigst verdeutscht/ ‖ Durch ‖ M. Matthiam
Sommer auß ‖ dem Carlsbad/ Vnd von ihm wi= ‖ derumb auffs new
vbersehen ‖ vnnd gebessert. ‖
Leipzig. ‖ Inn verlegung Valentin Voegelin ‖ Buchhendler. ‖ M.D.XCII. ‖
(Gedruckt zu Leipzig/ ‖ bey Michael Lantzen= ‖ berger. ‖ ... ‖ ... ‖ ... ‖ ... ‖)
Erlangen UB Trew I 375.

Spreng vgl. Sprengius.

Sprengel: Versuch einer Geschichte der Arzneikunde, 3. Teil (1794)

Versuch ‖ einer ‖ pragmatischen Geschichte ‖ der ‖ Arzneikunde ‖ von ‖
Kurt Sprengel. ‖ Dritter Theil. ‖
HALLE, ‖ bei Johann Jacob Gebauer, ‖ 1794. ‖
Erlangen UB Med. I. 118$^{\underline{z}}$.

Sprengius: Metamorphoses Ovidii (1563) vgl. Werkverzeichnis 1563/2.

Sprengius/Spreng: Ovidii Metamorphoses (1564)

P. Ouidij Na= ‖ sonis/ deß Sinnreichen vnd ‖ hochverstendigen Poeten/ Meta-
mor- ‖ phoses oder Verwandlung/ mit schoenen Figu= ‖ ren gezieret/ auch
kurtzen Argumenten vnd ‖ außlegungen erklaeret/ vnd in Teut= ‖ sche Reymen gebracht/ ‖ Durch ‖ M. Johan Spreng von ‖ Augspurg. ‖
Getruckt zu Franckfurt/ ‖ ... ‖ ... ‖ M.D.LXIIII. ‖ (... bey Georg Raben/ ‖ Sigmund Feyrabend/ vnd ‖ Weigand Hanen ‖ Erben. ‖)
Augsburg SuStB S 1208.

Stephanus: Anthologia gnomica (1575) vgl. Werkverzeichnis 1579/1.

Stephanus: De venatione epigrammata (1592/93) vgl. Werkverzeichnis 1592/6.

Stephanus: Emporium (1574)

FRANCOFORDIENSE ‖ EMPORIVM, ‖ SIVE FRANCOFORDIEN- ‖
SES NVNDINAE. ‖ Quàm varia mercium genera in hoc emporio ‖ prostent,
pagina septima indicabit. ‖ HENR. STEPHANVS ‖ de his suis nundinis. ‖ ...
‖ ... ‖
ANNO M.D.LXXIIII, ‖ Excudebat Henricus Stephanus. ‖
Erlangen UB Phl. VI, 91, Beiband 3.

Stephanus: Praedium rusticum (1554)

PRAEDIVM ‖ RVSTICVM, ‖ In quo cuiusuis soli vel culti vel in- ‖ culti plantarum vocabula ac descri- ‖ ptiones, earúmque conserendarum ‖ atque
excolendarum instrumen- ‖ ta suo ordine describuntur. ‖ ... ‖ ... ‖
LVTETIAE, ‖ Apud Carolum Stephanum ... ‖ M.D.LIIII. ‖
Erlangen UB Trew H 75.

Stephanus: Theocriti Idyllia (1579)

THEOCRITI ALIO- ‖ RVMQVE POETARVM ‖ IDYLLIA. ‖ Eiusdem
Epigrammata. ‖ SIMMIAE RHODII ‖ Ouum, Alae, Securis, Fistula. ‖

DOSIADIS ARA. ‖ Omnia cum interpretatione Latina. ‖ IN VIRGILIANAS
ET NAS. ‖ imitationes Theocriti, ‖ Obseruationes H. STEPHANI. ‖
Excudebat Henricus Stephanus, ‖ ANNO M.D.LXXIX. ‖
München BSB A. gr. a. 2421, 12°.

Stiblinus: De caede Melchioris Zobell carmen heroicum (1561)
DE CAEDE ‖ Reuerendiss. Prin- ‖ CIPIS ET DOMINI, ‖ D. MELCHIORIS
ZOBELL, ‖ Herbipolensis Episcopi, & ‖ Franciae Orientalis ‖ Ducis: ‖
CARMEN HEROICVM CA- ‖ SPARI STIBLINI, & Elegeia CON- ‖ RADI
DINNERI, ad IOANNEM ‖ AEGOLPHVM à Knoe- ‖ ringen. ‖ His adiecta
est eadem Historia ‖ Prosa oratione non minus do- ‖ ctè, quàm ad fidem ueri-
tatis de ‖ scripta, incerto [i. e. Petro Lotichio Secundo] au = ‖ tore. ‖
BASILEAE, PER IOAN- ‖ nem Oporinum. 1561. ‖ (... ‖ ... ‖ MD.LXI.
Mense Martio. ‖)
Würzburg UB Rp. XXIV, 547ᵃ.

Stroza/Strozius, Vater und Sohn: Werke (undatiert)
STROZII POETAE, PA = ‖ TER ET FILIVS. ‖
[o. O., o. J.; Anker und Delphin als Druckerzeichen].
Erlangen UB Phl. IX, 51 (dies Exemplar wurde 1577 von einem Caspar à Meynrad
verschenkt, wie aus einem handschriftlichen Eintrag hervorgeht).
Symbolum Iacobi Monawi (1595) vgl. Werkverzeichnis 1595/1.
Symeon: Symbola (1563) vgl. Paradinus: Heroica.

Tabernaemontanus vgl. Theodorus.
Ta praktika (1591) vgl. Acta oecumenicae tertiae synodi (1591).
Taubmanus: Columbae (1594)
FRIDERICI TAVBMANI, ‖ Franci ‖ Columbae Poeticae, ‖ sive ‖ Carminum
variorum ‖ LIBER. ‖ Ad Amplißimum ‖ MARCVM GERSTENBER-
GERVM, ‖ in Trakendorph, &c. ‖ Celsiß. Principis, ‖ FRIDERICI GV-
LIELMI, ‖ Ducis et Electurae Saxonicae Admi- ‖ nistratoris ‖ CANCELLA-
RIVM. ‖
VVITEBERGAE. ‖ M.D.XCIV. ‖ (EXCVDEBAT ‖ M. Georgius Mullerus,
sumptûs faciente ‖ PAVLLO HELLVVICHIO. ‖)
Erlangen UB Phl. IX, 21 (mit einer autographen Dedikation des Wittenbergers
Adamus Hantkius an Wenceslaus Gurckfelderus).
Thalius: Sylva Hercynia (1588) vgl. Camerarius: Hortus medicus (1588).
Theocritus: Epigrammata (1580) vgl. Werkverzeichnis 1580/1.
Theocritus: Idyllia (1579) vgl. Stephanus: Theocriti Idyllia.
Theodorus: Neuw Wasserschatz (1581)
Neuw Wasserschatz/ ‖ Das ist: ‖ Aller Heylsamen ‖ Metallischen Minerischen
Bae ‖ der vnd Wasser/ sonderlich aber der new ‖ erfundenen Sawrbrunnen zu
Langen Schwall ‖ bach in der NiderGraffschaffte Katzenelenbogen gele = ‖
gen: Auch aller anderer Sauwerbrunnen eigentliche ‖ beschreibung/ Sampt der-
selben Gehalt/ ‖ Natur/ krafft vnd wirckung. ‖ (Es folgen acht Zeilen mit nähe-

ren Erklärungen.) ‖ ... Durch ‖ Iacobum Theodorum Tabernaemontanum, ‖ Der Artzney Doctor vnd Stattartzt der ‖ freyen Reichstatt Wormbs. ‖ Getruckt zu Frankfurt am Mayn/ ‖ MD.LXXXI. ‖ (... ‖ ... durch Nicolaum ‖ Bassaeum. ‖ ... ‖)
Erlangen UB Trew F 848.

Theodorus: Neuw Wasserschatz (1584) vgl. Werkverzeichnis 1582/1a.

Theokrit vgl. Theocritus.

Thomingius/Tomingius: Decisiones (1579)
CL. I. C. ‖ IACOBI TO = ‖ MINGII, COLLEGII ‖ IVRIDICI IN ACADE = ‖ MIA LIPSENSI PRAESI = ‖ DIS ORDINARII ETC. ‖ Decisiones Quaestionum ‖ illustrium ‖
LIPSIAE. ‖ Anno ‖ M.D.LXXIX. ‖
Passau SB Th (b) 1, 4°.

Thomingius: Decisionum editio secunda (1596)
CL. I. C. ‖ DN. IACOBI ‖ THOMINGII, ‖ COLLEGII IVRIDICI ‖ IN ACADEMIA LIPSENSI ‖ quondam Praesidis ordinarij &c. ‖ DECISIONVM ‖ Editio secunda castigatior: ‖ CVI ACCESSERVNT DECEM ‖ ALIAE PRIVS OMISSAE, ‖ Et eiusdem autoris de studio iuris rectè in- ‖ stituendo Oratio. ‖
1596 ‖ Lipsiae ‖ ... ‖ Impensis HENNINGI GROSII Bibliopolae. ‖ (Lipsiae, ‖ IMPRIMEBAT MICHAEL ‖ LANTZENBERGER. ‖ Impensis HEN-NINGI GROSII Bibliopolae. ‖ ANNO ‖ M.D.XCVI. ‖)
München BSB 4° Decis. 142 (mit den Initialen "V + K" und der Jahreszahl "1598" auf dem Einband).

Tollius: Ausonius (1671)
D. MAGNI ‖ AVSONII ‖ BVRDIGALENSIS ‖ OPERA, ‖ IACOBVS TOL-LIVS, M. D. recensuit, ‖ ET INTEGRIS ‖ SCALIGERI, MARIANG. AC-CVRSII, ‖ FREHERI, SCRIVERII; ‖ SELECTIS ‖ VINETI, ‖ BARTHII, ACIDALII, ‖ GRONOVII, GRAEVII, ‖ Aliorumque NOTIS accuratissime digestis, ‖ nec non & suis animadversionibus ‖ illustravit. ‖
AMSTELODAMI, ‖ Apud IOANNEM BLAEV, ‖ MDCLXXI. ‖
Erlangen UB Phl. VIII, 501.

Tomingius vgl. Thomingius.

Trithemius: Chronica (1563, mit Orthographie "Trittenheim")
[RS] CHRONICA. ‖ Vom vrsprung ‖ herkommen/ vnd zunemen ‖ der Fran-cken/ erstlich durch den Ehr ‖ wirdigen vnd Hochberuempten herrn/ Jo = ‖ han von Trittenheim/ weiland Abt zu Spanheim/ auß ‖ alten glaubwirdigen Chroniken zusamen gelesen/ vnd in ‖ Latein beschrieben/ nachmals durch den Hochge = ‖ lerten Jacob Schenck/ der Rechte Doctorn/ ‖ verteutscht/ jetzund aber von neuwem mit besonderm fleiß uebersehen ‖ vnd gebessert. ‖
M.D.LXIII. ‖ (Getruckt zu Franckfurt ‖ am Mayn/ bey Hans Hechler ‖ in verlagung Sigmund Feyer = ‖ abends/ vnd Simon Hueters. ‖ 1563. ‖)
Nürnberg StB Amb. 151.8°.

Trithemius: Chronica (1563, mit Orthographie "Tritthemius")
[RS] CHRONICA. ‖ Vom vrsprung ‖ herkommen/ vnd zunemen ‖ der Fran-
cken/ Erstlich durch den ‖ Ehrwirdigen vnd Hochberuempten Herrn ‖ Johannem Tritthemium/ weiland Abt zu Span = ‖ heym/ auß alten glaubwirdigen
Chroniken zu = ‖ samen gelesen/ vnd in Latein beschrieben/ nach = ‖ mals
durch den Hochgelehrten Jacob Schenck/ ‖ der Rechte Doctorn/ verteutscht/
jetzund ‖ aber von newem mit besonderm fleiß ‖ uebersehen/ gebessert/ vnd
mit Ar = ‖ gumenten gemehret. ‖
Getruckt zu Franckfurt am Mayn. ‖ M.D.LXIII. ‖ (Getruckt zu Franckfurt ‖
am Mayn/ bey Hans Hechler ‖ in verlagung Sigmund Feyer = ‖ abends/ vnd
Simon Hueters. ‖ 1563. ‖)
Nürnberg StB Solg. 1327.8°.
Turnemainnus: Triumphus poeticus mortis (1624) vgl. Werkverzeichnis 1592/2b.

Wengerus: Oratio (1582) vgl. Werkverzeichnis 1582/3.
Wilisch: Kurtze Nachricht (1724)
Durch diese ‖ Kurtze Nachricht ‖ von der ‖ Oeffentlichen ‖ BI-
BLIOTHEQVE ‖ Der ‖ Schulen ‖ Zu ‖ St. Annenberg ‖ Wolte ‖ Zu einem
bevorstehenden ‖ ACTV DISPVTATORIO ‖ Die saemmtlichen hiesigen ‖
Schul = Patrone, Goenner und Freunde ‖ Pflicht = schuldigst und ergebenst ‖
einladen ‖ M. Christian Gotthold Wilisch ‖ Rector ‖
St. Annenberg ‖ Druckts August Valentin Friese. ‖ (d. 26. Febr. 1724. ‖)
Berlin SBPK 2 in Ao 6036.
Willerus: Collectio (1592) vgl. Collectio.
Wincklerus: Chronica herbarum (1571) vgl. Werkverzeichnis 1571/3.
Wittenberg, Universitätsschriften (1561)
SCRIPTORVM ‖ PVBLICE ‖ PROPOSITORVM ‖ A GVBERNATO-
RIBVS ‖ studiorum in Academia ‖ VVitebergensi. ‖ TOMVS ‖ QVARTVS.
‖ COMPLECTENS AN = ‖ num 1559. et duos sequentes vsque ‖ ad Festum
Michaelis. ‖
VVITEBERGAE ‖ EXCVSVS AB HAEREDI- ‖ bus Georgij Rhauu. ‖
ANNO M.D.LXI. ‖
München BSB H. lit. P. 344 l (4.

Xylander: In obitum Raunerae (1561) vgl. Werkverzeichnis 1561/3.

Yishaq ibn Sulaiman, Al-Isra'ili: De diaetis libri (1570) vgl. Werkverzeichnis 1570.
*Yishaq ibn Sulaiman, Al-Isra'ili: Thesaurus sanitatis (1607) vgl. Werkverzeichnis
1570a.*

Zedler: Lexicon (1732-1754)
Grosses vollstaendiges ‖ UNJVERSAL- ‖ LEXICON ‖ Aller Wissenschaften
und Kuenste, ‖ Welche bißhero durch menschlichen Verstand und Witz ‖ erfunden worden. ‖ (Die folgenden beiden Zeilen enthalten die Bandangabe.) ‖

Halle und Leipzig, ‖ Verlegts Johann Heinrich Zedler. ‖ Anno 1732 [ff] ‖ (74 Bände und 4 Bände Supplementes).

Angaben nach dem photomechanischen Neudruck, Graz 1961.

Zeidler: Vitae (1770)

VITAE ‖ PROFESSORVM ‖ IVRIS, ‖ QVI ‖ IN ACADEMIA ALTDORF-FINA ‖ INDE ‖ AB EIVS IACTIS FVNDAMENTIS ‖ VIXERVNT ‖ EX MONVMENTIS ‖ FIDE DIGNIS ‖ DESCRIPTAE ‖ A ‖ CAROLO SEBA-STIANO ZEIDLER, ‖ ... ‖ ... ‖

NORIMBERGAE ‖ IMPENSIS GEORGII PETRI MONATH ‖ MDCCLXX. ‖

Erlangen UB 4° Ltg. II, 100f.

Zolnerus, Georgius: In obitum Erasmi Zolneri (1561) vgl. Werkverzeichnis 1561/2.

614

2. Titel nach 1800:

ADB (1875ff)
Allgemeine Deutsche Biographie ... (Hg. von der Histor. Commission bei der Akademie der Wissenschaften), Leipzig 1875ff.

Baas: Grundriss (1876)
J. H. Baas: Grundriss der Geschichte der Medicin und des heilenden Standes, Stuttgart 1876.

Baron: Camerarius (1978)
F. Baron (Hg.): Joachim Camerarius, München 1978 (= Humanistische Bibliothek, Reihe I - Abhandlungen -, Bd. 24).

Becker: Arzt, Dichter und Postreiter (1936)
A. Becker: Arzt, Dichter und Postreiter. Ein Stück Kulturgeschichte um den Alt-Heidelberger Johann Posthius (1537-1597), in: Heidelberger Fremdenblatt Nr. 12, Heidelberg 1936, S. 7-10 (wieder abgedruckt in gekürzter Form mit dem Titel "Johann Posthius zum 400. Geburtstag 1537-1937 - Ein alter Pfälzer, der vom Wein nichts wissen wollte" in: Der Pfälzer in Berlin Nr. 17, Heft 8, Berlin 1937, S. 88-90).

Benzing: Verleger (1959)
J. Benzing: Die deutschen Verleger des 16. und 17. Jahrhunderts, in: Archiv für Geschichte des Buchwesens, Bd. II, Frankfurt 1959, S. 445-509.

Benzing: Buchdrucker (1963)
J. Benzing: Die Buchdrucker des 16. und 17. Jahrhunderts im deutschen Sprachgebiet, Wiebaden 1963 (= Beiträge zum Buch- und Bibliothekswesen, Bd. 12).

Bezold: Briefe (1882, 1884 und 1903)
F. v. Bezold: Briefe des Pfalzgrafen Johann Casimir mit verwandten Schriftstücken, 1. Bd.: 1576-82, München 1882; 2. Bd.: 1582-86, München 1884: 3. Bd.: 1587-92, München 1903.

Bezzel: Brusch (1982)
I. Bezzel: Kaspar Brusch (1518-1557), Poeta laureatus. Seine Bibliothek, seine Schriften, in: Archiv für Geschichte des Buchwesens, Bd. XXIII, Frankfurt 1982, Sp. 389-480.

Bolte: Georg Wickrams Werke (1905/06)
J. Bolte: Georg Wickrams Werke, Bd. 7 und 8, Tübingen 1905f (= 237. und 241. Publication des literarischen Vereins in Stuttgart, 55. bzw. 56. Jahrgang 1905/06, jeweils 3. Publication).

Brandt: Johann Kasimir (1909)
M. Brandt: Johann Kasimir und die pfälzische Politik in den Jahren 1588-1592, Diss. Heidelberg 1909.

Conrady: Die Erforschung (1955)
K. O. Conrady: Die Erforschung der neulateinischen Literatur, Probleme und Aufgaben, in: Euphorion 49, 1955, S. 413-445.

Conrady: Lateinische Dichtungstradition (1962)
K. O. Conrady: Lateinische Dichtungstradition und Deutsche Lyrik des 17. Jahrhunderts. Habilitationsschrift der Universität Münster, Bonn 1962 (= Bonner Arbeiten zur Deutschen Literatur, Hg. B. v. Wiese, Bd. 4).

Coppel: Bericht (1978)
B. Coppel: Bericht über Vorarbeiten zu einer neuen Lotichius-Edition, in: Daphnis, Bd. 7, Berlin 1978, S. 55-106.

Cunz: Die Regentschaft (1934)
D. Cunz: Die Regentschaft des Pfalzgrafen Johann Casimir in der Kurpfalz 1583-1592, Frankfurter Diss., Limburg an der Lahn 1934.

Diepgen: Geschichte (1949)
P. Diepgen: Geschichte der Medizin. Die historische Entwicklung der Heilkunde und des ärztlichen Lebens, I. Bd.: Von den Anfängen der Medizin bis zur Mitte des 18. Jahrhunderts, Berlin 1949.

Dulieu: Montpellier (1979)
L. Dulieu: La Mèdecine a Montpellier, Tome II: La Renaissance, o. O. (Montpellier) 1979.

Ellinger: Deutsche Lyriker (1893)
G. Ellinger (Hg.): Deutsche Lyriker des 16. Jahrhunderts, Berlin 1893.

Ellinger: Neulateinische Dichtung (1965)
G. Ellinger: Neulateinische Dichtung Deutschlands im 16. Jahrhundert (überarbeitet von B. Ristow), in: Reallexikon der Deutschen Literaturgeschichte (begründet von P. Merker und W. Stammler), Bd. 1, Berlin [2]1965, Sp. 620-645.

Elschenbroich: Die Fabel (1990)
A. Elschenbroich: Die deutsche und lateinische Fabel in der frühen Neuzeit, 2 Bände, Tübingen 1990.

Elschenbroich: Lotichius
A. Elschenbroich: Lotichius (Lexikonartikel), in: Neue Deutsche Biographie, Bd. 15, Berlin, S. 238-241.

Endres: Adam Kahl (1952)
H. Endres: Der Würzburger Bürger Adam Kahl (1539-1594) und sein Tagebuch (1559-1574), Würzburg 1952 (= Mainfränkische Hefte, Heft 14).

Fechner: Das Schicksal (1967)
J.-U. Fechner: Das Schicksal einer Heidelberger Professorenbibliothek. Jan Gruters Sammlung und ihr Verbleib, in: Heidelberger Jahrbücher 11, Berlin 1967, S. 98-117.

Festschrift Carolus Clusius (1973)
Festschrift anläßlich der 400jährigen Wiederkehr der wissenschaftlichen Tätigkeit von Carolus Clusius (Charles de l'Escluse) im pannonischen Raum, Eisenstadt 1973 (= Burgenländische Forschungen, Sonderheft V).

Gerlo: Lipsi epistolae (1978ff)
A. Gerlo und andere: Iusti Lipsi epistolae, mehrere Bände, Brussel 1978ff (bisher erschienen: Pars I: 1564-1583, bearbeitet von A. Gerlo, M. A. Nauwelaerts und H. D. L. Vervliet, 1978; Pars II: 1584-1587, bearbeitet von M. A. Nauwelaerts und S. Sué, 1983; Pars III: 1588-1590, bearbeitet von S. Sué und H. Peeters, 1987).

Gerstinger: Die Briefe (1968)
H. Gerstinger: Die Briefe des Johannes Sambucus 1554-1584, Wien 1968 (= Sitzungsberichte der österreichischen Akademie der Wissenschaften, philosophisch-historische Klasse, Bd. 255).

Hagen: Briefe (1886)   [Hermann Hagen]
H. Hagen: Briefe von Heidelberger Professoren und Studenten verfasst vor dreihundert Jahren, in: Litterarum Universitati Heidelbergensi Rupert-Carolae ... Saecularia quinta pie gratulatur Litterarum Universitatis Bernensis Rector et Senatus. Insunt Professorum atque Alumnorum Heidelbergensium epistulae ... Bernam missae et ab Hermanno Hageno nunc primum editae, Bernae MDCCCLXXXVI.

Halm: Über die Sammlung der Camerarii (1873)
K. Halm: Über die handschriftliche Sammlung der Camerarii und ihre Schicksale, in: Sitzungsberichte der königlich bayrischen Akademie der Wissenschaften zu München, philosoph.-philolog. und histor. Klasse, Bd. 3, München 1873, S. 241-271.

Häusser: Geschichte (1845)
L. Häusser: Geschichte der rheinischen Pfalz nach ihren politischen, kirchlichen und literarischen Verhältnissen, 2 Bände, Heidelberg 1845.

Hautz: Geschichte (1862 und 1864)
J. F. Hautz: Geschichte der Universität Heidelberg, 2 Bände (Hg. K. A. v. Reichlin-Meidegg), Mannheim 1862 und 1864.

Herrlinger: Coiter (1952)
R. Herrlinger: Volcher Coiter 1534-1576, Nürnberg 1952 (= Beiträge zur Geschichte der medizinischen und naturwissenschaftlichen Abbildung, Bd. I).

Hessels: Ortelii epistulae (1887)
J. H. Hessels: Abrahami Ortelii (Geographi Antverpiensis) et virorum eruditorum ad eundem et ad Jacobum Colium Ortelianum (Abrahami Ortelii sororis filium) Epistulae ..., Cantabrigae 1887 (= Ecclesiae Londino-Batavae Archivum. Tomus primus).

Heuser: Posthius (1928)

E. Heuser: Johannes Posthius, Hofmedicus in Heidelberg, in: Mannheimer Geschichtsblätter 29, 1928, Sp. 52-58.

Heyers: Marius (1957)

R. Heyers: Dr. Georg Marius, genannt Mayer von Würzburg (1533-1606), Diss. Würzburg 1957.

Hunger: L' Escluse (1927 und 1942)

F. W. T. Hunger: Charles de L' Escluse, Carolus Clusius, Nederlandsch kruidkundige 1526-1609, Bd. I, 's Gravenhage 1927; Bd. II, 's Gravenhage 1942.

Ijsewijn: Companion (1977)

J. Ijsewijn: Companion to Neo-Latin Studies, Amsterdam - New York - Oxford 1977.

Index Aureliensis (1962ff)

Index Aureliensis. Catalogus librorum sedecimo saeculo impressorum, Baden-Baden - Nieuwkoop 1962ff.

Irmischer: Handschriften-Katalog (1852)

J. C. Irmischer: Handschriften-Katalog der kgl. Universitätsbibliothek zu Erlangen, Frankfurt 1852.

Jan: Das Familienwappen des Posthius (1955)

H. v. Jan: Das Familienwappen des Johann Posthius. Eine Studie über das Posthorn in der Heraldik, in: Pfälzische Postgeschichte 10, Neustadt an der Weinstraße 1955, S. 7-9.

Jung: Beuther (1957)

O. Jung: Dr. Michael Beuther aus Karlstadt. Ein Geschichtschreiber des XVI. Jahrhunderts (1522-1587), Würzburg 1957 (= Mainfränkische Hefte, Heft 27).

Klöss: Weigand Han (1958-1960)

E. H. G. Klöss: Der Frankfurter Drucker-Verleger Weigand Han und seine Erben. Ein Beitrag zur Geschichte des Frankfurter Buchgewerbes im 16. Jahrhundert, Mainzer Diss., in: Archiv für Geschichte des Buchwesens, Bd. II, Frankfurt am Main o. J. (1958-1960), S. 309-374.

Klose: CAAC (1988)

W. Klose: Corpus Alborum Amicorum - CAAC -. Beschreibendes Verzeichnis der Stammbücher des 16. Jahrhunderts, Stuttgart 1988.

Kluckhohn: Die Ehe (1873)

A. Kluckhohn: Die Ehe des Pfalzgrafen Johann Casimir mit Elisabeth von Sachsen, in: Abhandlungen der königlich bayrischen Akademie der Wissenschaften, III. Klasse, XII. Bd., II. Abteilung, München 1873, S. 83-165.

Kohl: Frischlin (1967)

J. A. Kohl: Nicodemus Frischlin. Die Ständesatire in seinem Werk, Diss. Mainz 1967 (Maschinenschrift).

König: Palma (1961)
K. König: Der Nürnberger Stadtarzt Dr. Georg Palma (1543-1591), Stuttgart 1961 (= Medizin in Geschichte und Kultur, Bd. 1).

Kornexl: Freher (1967)
D. Kornexl: Studien zu Marquard Freher (1565-1614). Leben, Werke und gelehrtengeschichtliche Bedeutung, Freiburger Diss., Bamberg 1967.

Krauß: Ein Mäßigkeitsverein (1928)
L. Krauß: Ein vornehmlich von fränkischen Gelehrten im 16. Jahrhundert gestifteter Mäßigkeitsverein, Ansbach 1928.

Krauß: Melissus (1918)
L. Krauß: Paul Schede Melissus, 2 Bände, Nürnberg 1918 (unpubliziert; Autograph in Erlangen UB Handschrift B 77, frühere Signatur Ms. 2254).

Kristeller: Iter Italicum (1963ff)
P. O. Kristeller: Iter Italicum. A finding list of uncatalogued or incompletely catalogued humanistic manuscripts ..., bislang 6 Bände, London - Leiden 1963-1992.

Krollmann: Die Selbstbiographie des Fabian zu Dohna (1905)
C. Krollmann (Hg.): Die Selbstbiographie des Burggrafen Fabian zu Dohna (1550-1621), Leipzig 1905.

Kühlmann/Telle: Humanismus (1986)
W. Kühlmann und J. Telle: Humanismus und Medizin an der Universität Heidelberg im 16. Jahrhundert, in: SEMPER APERTUS: 600 Jahre Ruprecht-Karl-Universität Heidelberg 1386-1986 (Hg. W. Doerr), Festschrift Berlin 1986, Bd. I, S. 255-289.

Kühlmann/Wiegand: Parnassus (1989)
W. Kühlmann und H. Wiegand (Herausgeber): Parnassus Palatinus. Humanistische Dichtung in Heidelberg und der alten Kurpfalz Lateinisch - Deutsch, Heidelberg 1989.

Kuhn: Pfalzgraf (1960)
M. Kuhn: Palzgraf Johann Casimir von Pfalz-Lautern 1576-1583, Mainzer Diss., Otterbach 1960 (= Schriften zur Geschichte von Stadt und Landkreis Kaiserslautern, Bd. 3).

Küster: Aesop (1970)
Ch. L. Küster: Illustrierte Aesop-Ausgaben des 15. und 16. Jahrhunderts, zwei Teile (Teil I: Text und Teil II: Katalog und Abbildungen), Hamburger Diss., Hamburg 1970.

Lehmann: Modius (1908)
P. Lehmann: Franciscus Modius als Handschriftenforscher, München 1908 (= Quellen und Untersuchungen zur lateinischen Philologie des Mittelalters, Bd. 3, Heft 1).

Leitschuh: Quellen und Studien (1902)
F. Leitschuh: Quellen und Studien zur Geschichte des Kunst- und Geisteslebens in Franken, Würzburg 1902 (= Archiv des Historischen Vereins für Unterfranken und Aschaffenburg, Bd. 44).

Marigold: Die deutschsprachige Dichtung (1973)
G. W. Marigold: Die deutschsprachige Dichtung des Johannes Posthius, in: Mainfränkisches Jahrbuch für Geschichte und Kunst 25, Würzburg 1973, S. 33-48.

Merzbacher: Rittershusius (1977)
F. Merzbacher: Konrad Rittershusius, in: Fränkische Lebensbilder, Bd. 7, Hg. G. Pfeiffer und A. Wendehorst, Neustadt/Aisch 1977, S. 109-122.

Mittler: Bibliotheca Palatina (Ausstellungskatalog 1986)
E. Mittler (Hg.): Bibliotheca Palatina. Katalog zur Ausstellung vom 8. Juli bis 2. November 1986 Heiliggeistkirche Heidelberg, 2 Bände (Textband und Bildband), Heidelberg o. J. (= Heidelberger Bibliotheksschriften 24).

Mogge: Hellu (1980)
W. Mogge: Balthasar von Hellu (Um 1518-1577), in: Fränkische Lebensbilder, Bd. 9, Hg. A. Wendehorst und G. Pfeiffer, Neustadt/Aisch 1980, S. 124-142.

Müller: Posthius (1990)
R. Müller: Posthius (Lexikonartikel), in: Deutsches Literatur-Lexikon, begründet von W. Kosch, Bd. 12, Bern und Stuttgart 1990, S. 207.

Newald: Die deutsche Literatur (1967)
R. Newald: Die deutsche Literatur vom Späthumanismus zur Empfindsamkeit 1570-1750, München [6]1967 (= Geschichte der deutschen Literatur, Hg. H. de Boor und R. Newald, Bd. V).

Neumüllers-Klauser: Die Inschriften (1970)
R. Neumüllers-Klauser: Die Inschriften der Stadt und des Landkreises Heidelberg, Stuttgart 1970 (= Die deutschen Inschriften, 12. Bd., Heidelberger Reihe 4. Bd.)

Nolhac: Ronsard (1921)
P. de Nolhac: Ronsard et l' humanisme, Paris 1921, Neudruck 1966 (= École des hautes etudes: Bibliothèque. Sciences historiques et philologiques, Fasc. 227).

Nolhac: Un poète Rhènan (1923)
P. de Nolhac: Un poète Rhènan ami de la Pléiade. Paul Melissus, Paris 1923 (= Bibliothèque Littéraire de la Renaissance, nouvelle Série, Tome XI).

Pallmann: Feyerabend (1881)
H. Pallmann: Sigmund Feyerabend. Sein Leben und seine geschäftlichen Verbindungen. Nach archivalischen Quellen bearbeitet, Frankfurt am Main 1881 (= Archiv für Frankfurts Geschichte und Kunst, Neue Folge, 7. Bd.).

Parnassus Palatinus (1989) s. Kühlmann

Pfeiffer: Camerarius (1977)
G. Pfeiffer: Joachim Camerarius d. Ä., in: Fränkische Lebensbilder, Bd. 7, Hg. G. Pfeiffer und A. Wendehorst, Neustadt/Aisch 1977, S. 97-108.

Pfeiffer: Die Meistersingerschule (1919)
R. Pfeiffer: Die Meistersingerschule in Augsburg und der Homerübersetzer Johannes Spreng, München und Leipzig 1919 (= Schwäbische Geschichtsquellen und -Forschungen, 2. Heft).

Pölnitz: Echter (1934)
G. Freiherr v. Pölnitz: Julius Echter von Mespelbrunn. Fürstbischof von Würzburg und Herzog von Franken (1573 - 1617), München 1934 (= Schriftenreihe zur bayerischen Landesgeschichte. Herausgegeben von der Kommission für bayerische Landesgeschichte bei der Bayerischen Akademie der Wissenschaften, Bd. 17).

Port: Commelinus (1938)
W. Port: Hieronymus Commelinus 1550-1597. Leben und Werk eines Heidelberger Drucker-Verlegers, Leipzig 1938 (= Sammlung Bibliothekswissenschaftlicher Arbeiten Heft 47, 2. Serie Heft 30).

Preisendanz: Sylburg (1937)
K. Preisendanz: Friedrich Sylburg als Verlagsberater, in: Gutenberg-Jahrbuch, 12. Jahrgang, Mainz 1937, S. 193-201.

Preisendanz: Kleine Commeliana (1941)
K. Preisendanz: Kleine Commeliana, in: Gutenberg-Jahrbuch, 16. Jahrgang, Leipzig 1941, S. 186-195.

Preisendanz: Zur Heidelberger Gelehrtengeschichte (1913)
K. Preisendanz: Zur Heidelberger Gelehrtengeschichte, in: Neue Heidelberger Jahrbücher XVII, Heidelberg 1913, S. 1-8.

Press: Calvinismus (1970)
V. Press: Calvinismus und Territorialstaat. Regierung und Zentralbehörden der Kurpfalz 1559 - 1619, Stuttgart 1970 (= Kieler Historische Studien, Bd. 7).

Rädle: Carmina (1982)
F. Rädle: Carmina Heidelbergensia inedita (saec. XVI. ex.), in: From Wolfram and Petrarch to Goethe and Grass. Studies in Literature in Honour of Leonard Forster (Hg. D. H. Green u. a.), Baden-Baden 1982, S. 323-379 (= Saecvla Spiritalia Bd. 5).

Reifferscheid: Briefe (1889)
A. Reifferscheid: Briefe G. M. Lingelsheims, M. Berneggers und ihrer Freunde, Heilbronn 1889 (= Quellen zur Geschichte des geistigen Lebens in Deutschland während des 17. Jahrhunderts I).

Die Renaissance (Ausstellungskatalog 1986)
Die Renaissance im deutschen Südwesten zwischen Reformation und Dreißigjährigem Krieg, Ausstellungskatalog (Hg. Badisches Landesmuseum Karlsruhe), 2 Bände, Karlsruhe 1986.

Renouard: Annales (1843)

A. A. Renouard: Annales de l' imprimerie des Estienne, 2 Bände, Paris 1843, Neudruck New York 1960.

Richter: Egenolffs Erben (1967)

G. Richter: Christian Egenolffs Erben 1555-1667, in: Archiv für Geschichte des Buchwesens, Bd. VII, Frankfurt am Main 1967, Sp. 449-1130.

Ritter: Deutsche Geschichte (1889 und 1895)

M. Ritter: Deutsche Geschichte im Zeitalter der Gegenreformation und des Dreißigjährigen Krieges (1555-1648), 2 Bände, Stuttgart 1889 und 1895.

Roersch: Modius (1908)

A. Roersch: Particularités concernant François Modius (Rezension zu Lehmann: Modius, 1908), in: Musée belge 12, Louvain 1908, S. 73-85.

Roloff: Neulateinische Literatur (1984)

H.-G. Roloff: Neulateinische Literatur, in: Propyläen-Geschichte der Literatur, Bd. 3: Renaissance und Barock, Berlin 1984, S. 196-230.

Ruland: Neustetter (1853)

A. Ruland: Erasmus Neustetter der Maecenas des Franciscus Modius nach des letzteren Tagebuch, in: Archiv des Historischen Vereins für Unterfranken und Aschaffenburg, 12. Bd., 2. Heft, Würzburg 1853, S. 1-57.

Ruland: Modius (1853)

A. Ruland: Franciscus Modius und dessen Enchiridion, in: Serapeum 6-9, Leipzig 1853, S. 81-134.

Rupprich: Die deutsche Literatur (1973)

H. Rupprich: Die deutsche Literatur vom späten Mittelalter bis zum Barock, 2 Bände, München 1973 (= Geschichte der deutschen Literatur, Hg. H. de Boor und R. Newald, Bd. IV).

Schanz: Zum leben (1884)

M. Schanz: Zum leben des H. Stephanus, in: Philologus 43, Göttingen 1884, S. 365f und S. 414-416.

Schanz: Zum briefwechsel (1884)

M. Schanz: Zum briefwechsel des H. Stephanus, in: Philologus 43, Göttingen 1884, S. 548-559.

Schmidt-Herrling: Die Briefsammlung (1940)

E. Schmidt-Herrling: Die Briefsammlung des Nürnberger Arztes C. J. Trew in der Universitätsbibliothek Erlangen, Erlangen 1940 (= Katalog der Handschriften der UB Erlangen, Bd. V).

Schottenloher: Die Druckprivilegien (1933)

K. Schottenloher: Die Druckprivilegien des 16. Jahrhunderts, in: Gutenberg-Jahrbuch, 8. Jahrgang, Mainz 1933, S. 89-110.

Schottenloher: Dichterkrönungen (1925)
> K. Schottenloher: Kaiserliche Dichterkrönungen im Heiligen Römischen Reiche Deutscher Nation, in: Papsttum und Kaisertum. Forschungen zur politischen Geschichte und Geisteskultur des Mittelalters, Festschrift für P. Kehr, München 1925, S. 648-673.

Schottenloher: Pfalzgraf Ottheinrich (1927)
> K. Schottenloher: Pfalzgraf Ottheinrich und das Buch. Ein Beitrag zur Geschichte der evangelischen Publizistik, Münster 1927 (= Reformationsgeschichtliche Studien und Texte 50/51).

Schottenloher: Die Widmungsvorrede (1953)
> K. Schottenloher: Die Widmungsvorrede im Buch des 16. Jahrhunderts, Münster 1953 (= Reformationsgeschichtliche Studien und Texte 76/77).

Schottenloher: Widmungsvorreden (1942/43)
> K. Schottenloher: Widmungsvorreden deutscher Drucker und Verleger des 16. Jahrhunderts, in: Gutenberg-Jahrbuch , 17./18.Jahrgang, Leipzig 1942/43, S. 135ff.

Schreiner: Frischlins Oration vom Landleben (1972)
> K. Schreiner: Frischlins "Oration vom Landleben" und die Folgen, in: Attempto 43/44, Tübingen 1972, S. 122-135.

Schröter: Beiträge (1909)
> A. Schröter: Beiträge zur Geschichte der neulateinischen Poesie Deutschlands und Hollands, o. O. 1909.

Schubert: Dinner (1973)
> E. Schubert: Conrad Dinner. Ein Beitrag zur geistigen und sozialen Umwelt des Späthumanismus in Würzburg, in: Jahrbuch für fränkische Landesforschung, Bd. 33, Würzburg 1973, S. 213-238.

Schubert: Gegenreformationen in Franken (1968)
> E. Schubert: Gegenreformationen in Franken, in: Jahrbuch für fränkische Landesforschung, Bd. 28, Würzburg 1968, S. 275-307.

Schulz: Solis (1937)
> F. T. Schulz: Solis (Lexikonartikel), in: Allgemeines Lexikon der bildenden Künstler (Hg. U. Thieme und F. Becker), Bd. 31, Leipzig 1937, S. 248-253.

Seibt: Modius (1881/82)
> W. Seibt: Franciscus Modius, Rechtsgelehrter, Philologe und Dichter, der Corrector Sigmund Feyerabends. Eine kulturgeschichtliche Studie, in: Jahresbericht der Klingnerschule in Frankfurt am Main, 1881/82, S. 1-42.

Sieber: Untersuchungen (1969)
> U. Sieber: Untersuchungen zur Geschichte der Komburger Stiftbibliothek, Hausarbeit dem Bibliothekar-Lehrinstitut des Landes Nordrhein-Westfalen zur Prüfung für den höheren Dienst an wissenschaftlichen Bibliotheken im Frühjahr 1969 vorgelegt, Köln 1969 (Maschinenschrift).

Smend: Gruter (1939)

G. Smend: Jan Gruter. Sein Leben und Wirken. Ein Niederländer auf deutschen Hochschulen, letzter Bibliothekar der alten Palatina zu Heidelberg, o. O. (Bonn) 1939.

Sticker: Entwicklungsgeschichte (1932)

G. Sticker: Entwicklungsgeschichte der Medizinischen Fakultät an der Alma Mater Julia, in: M. Buchner (Hg.): Aus der Vergangenheit der Universität Würzburg, Festschrift zum 350jährigen Bestehen der Universität, Würzburg 1932, S. 383-799.

Strauß: Leben des Frischlin (1856)

D. F. Strauß: Leben und Schriften des Dichters und Philologen Nicodemus Frischlin. Ein Beitrag zur deutschen Culturgeschichte in der zweiten Hälfte des 16. Jahrhunderts, Frankfurt 1856.

Taegert: Stammbücher (1989)

W. Taegert: Stammbücher und Stammbuchblätter des 16. Jahrhunderts in der Staatsbibliothek Bamberg, in: Stammbücher des 16. Jahrhunderts, Hg. W. Harms, Wolfenbüttel 1989, S. 157-169 (= Wolfenbütteler Forschungen Bd. 42).

Taubert: Paul Schede (1884)

O. Taubert: Paul Schede (Melissus). Leben und Schriften, Programm des Gymnasiums zu Torgau vom 20.3.1864.

Toepke: Die Matrikel (1884, 1886 und 1893)

G. Toepke: Die Matrikel der Universität Heidelberg von 1386-1662, 3 Bände, Heidelberg 1884, 1886 und 1893.

Trunz: Die Entwicklung (1938)

E. Trunz: Die Entwicklung des barocken Langverses, in: Dichtung und Volkstum 39, 1938, S. 432-468.

VD 16 (1983ff)

Verzeichnis der im deutschen Sprachbereich erschienenen Drucke des XVI. Jahrhunderts - VD 16 - (Hg. Bayerische Staatsbibliothek in München in Verbindung mit der Herzog August Bibliothek in Wolfenbüttel), I. Abteilung: Verfasser - Körperschaften - Anonyma, Stuttgart 1983ff.

Wagner: Zur Biographie (1973)

D. Wagner: Zur Biographie des Nicasius Ellebodius (+ 1577) und zu seinen "Notae" zu den aristotelischen Magna Moralia, Heidelberg 1973 (= Sitzungsberichte der Heidelberger Akademie der Wissenschaften, Philos.-Histor. Klasse Jahrgang 1973, 5. Abhandlung).

Wegele: Geschichte (1882)

F. X. Wegele: Geschichte der Universität Würzburg, 2 Bände, Würzburg 1882.

Wegele: Posthius (1888)

F. X. Wegele: Posthius (Lexikonartikel), in: ADB, Bd. 26, Leipzig 1888, S. 473-477 (Nachtrag Bd. 29, S. 776).

Wiegand: Hodoeporica (1984)
    H. Wiegand: Hodoeporica. Studien zur neulateinischen Reisedichtung, Baden-Baden 1984 (= Saecvla Spiritalia, Bd. 12).
Wiegand: Posthius (1991)
    H. Wiegand: Posthius (Lexikonartikel), in: Literatur-Lexikon. Autoren und Werke deutscher Sprache (Hg. W. Killy), Bd. 9, Gütersloh-München 1991, S. 219.
Wilken: Geschichte (1817)
    F. Wilken: Geschichte der Bildung, Beraubung und Vernichtung der alten Heidelberger Büchersammlung. Ein Beytrag zur Literärgeschichte vornehmlich des 15. und 16. Jahrhunderts. Nebst einem beschreibenden Verzeichnis der im Jahr 1816 von dem Papst Pius VII. der Universität Heidelberg zurückgegebenen Handschriften, und einigen Stichproben, Heidelberg 1817.
Wille: Die deutschen Pfälzer Handschriften (1903)
    J. Wille: Die deutschen Pfälzer Handschriften des 16. und 17. Jahrhunderts in der Universitätsbibliothek Heidelberg, Heidelberg 1903 (= Katalog der Handschriften in der Universitätsbibliothek in Heidelberg II).
Wolfangel: Ayrer (1957)
    D. Wolfangel: Dr. Melchior Ayrer (1520-1579), Würzburger Diss., Würzburg 1957.

Zon: Lotichius (1983)
    S. Zon: Petrus Lotichius Secundus. Neo-Latin Poet, Berne - Frankfort on the Main - New York 1983 (= European University Studies, Series I, Vol. 719).

II. Indices

1. Personen-, Orts- und Sachverzeichnis

Die Schreibweise der Personennamen richtet sich nach den Gepflogenheiten der Quellen, die Ortsnamen sind in der heute üblichen Form angeführt. "Kap." verweist auf Kapitel im "Überblick über Leben, Briefe und Werke des Posthius", "Brief" auf Nummern im Briefverzeichnis und "Werk" auf Nummern im Werkverzeichnis dieser Arbeit.

Kap. 30 ≙ p. 77

672

3. Verzeichnis der Posthiusgedichte

Verzeichnet sind die Anfänge all der Posthiusgedichte, die mir bislang bekannt wurden.

Die **Angaben mit Jahreszahlen** *(z.B.1563/1) beziehen sich auf die entsprechende Nummer im Werkverzeichnis dieser Arbeit; auf Unternummern (z. B. 1563/1d) wurde nur verwiesen, wenn das betreffende Gedicht nicht bereits in den vorangehenden Nummern (z.B. in 1563/1 oder in 1563/1a) angeführt wurde. Außerdem wurden folgende Abkürzungen verwendet:*

*"**Äsop**" bezeichnet die Epigramme des Posthius zu Äsop (Werkverzeichnis 1566); neben der Nummer der betreffenden Fabel sind die Blätter angegeben, auf denen die Posthiusepigramme in den Ausgaben mit lateinischem Fabeltext abgedruckt sind (Werkverzeichnis 1566 und 1566b); leicht ausrechnen kann man sich die Blattangabe der Ausgabe mit deutschem Fabeltext (Werkverzeichnis 1566a): man muß zur zur Fabelnummer lediglich 7 hinzuzählen (Nr.1 ist auf Blatt 8 zu finden, Nr.2 auf Blatt 9 usw.).*

*"**Gesäng**" bezeichnet die deutschen Gesangbuchlieder des Posthius (Werkverzeichnis 1596/1).*

*"**Par.**" bezieht sich auf die Gesamtausgaben eigener Gedichte des Posthius von 1580 ("Parerga"; vgl. Werkverzeichnis 1580/1) bzw. von 1595 ("Parergorum pars prima/pars altera"; vgl. Werkverzeichnis 1580/1a).*

*"**Ovid**" bezieht sich auf des Posthius Tetrasticha zu Ovid (je nach Ausgabe Blatt- oder Seitenangabe; vgl. Werkverzeichnis 1563/1, 1563/1a und 1563/1b).*

A capite exorsus 1594/6

A coena facunde Par. Bl. 125v/Pars I, S. 211

A decimo octauus Par. Pars II, S. 86

A medicis igitur Par. Pars II, S. 73

Abductam patrijs Ovid Bl./S. 73

Abs te quod toties Par. Pars II, S. 83

Ach Gott wie viel hab ich der feind Gesäng S. 109

Achelous sein Gesten sagt Ovid Bl./S. 100

Achilles hett vnder sich gbracht Ovid Bl./S. 147

Acteon wirt hie vberwunden Ovid Bl./S. 41

Ad fontem Thisbe Ovid Bl./S. 47

Ad metam properare Par. Pars II, S. 131

Ad patrios fines Ovid Bl./S. 95

Ad placitum Par. Bl. 76v/Pars I, S. 131

Ad se qui quondam Par. Pars II, S. 114

Adam ist der Armselig Mann Gesäng S. 75

Adeste hendecasyllabi Par. Bl. 107v/Pars I, S. 181

Adeste ô Charites Par. Bl. 55r/Pars I, S. 95

Adonidi ein wildes Schwein Ovid Bl./S. 131

Aeacides Cygno crebris Ovid Bl./S. 147

Aeacus absumptos populos Ovid Bl./S. 87

Aeacus klagt dem Juppiter Ovid Bl./S. 87

Aede coronatum 1562/3a; Par. Bl. 104r/Pars I, S. 175

Aeger erat praestans 1590/5; Par. Pars II, S. 114

Aeneas seinen Vatter alt Ovid Bl./S. 159

Aequo animo fer Par. Pars II, S. 81

Aequoreo dilecta deo Ovid Bl./S. 148

Aërias testudo vias Äsop Nr.61 (Bl. 61r; Par. Pars II, S. 179)

Aesclapius in gstalt eins Schlangen Ovid Bl./S. 177

Calisto ein eins Ovid Bl./S. 26

Calisto war Ovid Bl./S. 25

Callimachus superas 1571/4a; Par. Bl.
    97r/Pars I, S. 164

Candescunt, Joachime, tibj 1574/6

Candida fama bonum 1588/6; Par. Pars
    II, S. 110

Candida Flora 1575/2

Candida si vitam Par. Pars II, S. 125

Cantando aestatem 1585/1; Par. Bl.
    71v/Pars I, S. 123

Capra bona Par. Pars II, S. 59

Capta consilium Par. Bl. 47r/Pars I, S.
    82

Cara adeò multis Äsop Nr.81 (Bl. 71r;
    Par. Pars II, S. 183)

Cara mihi queritur Par. Bl. 105r/Pars I,
    S. 176

Cara Rosina 1569; Par. Bl. 88r/Pars I, S.
    149

Carmen in obscaenos Par. Bl. 120v/Pars
    I, S. 203

Carmina dum Phoebo Par. Bl. 101r/Pars
    I, S. 170

Carmina nostra placent Par. Bl.
    64v/Pars I, S. 111

Carmina pollicitus Par. Bl. 43v/Pars I, S.
    76

Carmina quid dulceis 1591/5

Carnem fauce canis rapit Äsop Nr.34
    (Bl. 46v; Par. Pars II, S. 175)

Carnifices morbi Par. Bl. 53r/Pars I, S.
    92

Carole fortunae Par. Bl. 74v/Pars I, S.
    128

Carole Pieridum decus 1567/2; Par. Bl.
    66r/Pars I, S. 113

Carolus Hugeliae decus Par. Bl.
    40v/Pars I, S. 71

Carus es ipse Par. Bl. 141v/Pars I, S. 237

Cedendo melius superabitur Äsop
    Nr.143 (Bl. 102v; Par. Pars II, S. 190)

Cedite Boissardo 1587/6; Par. Pars II, S.
    74

Cellenses mihi Par. Pars II, S. 158

Cephalus von Athen gesandt Ovid Bl./S.
    85

Cephalus war ein Jaeger stoltz Ovid
    Bl./S. 88

Ceres ein Eichbaum hett Ovid Bl./S. 103

Ceres jr Kind sucht Ovid Bl./S. 65

Ceres schickt Ovid Bl./S. 104

Cernis honoratos Par. Bl. 54r/Pars I, S.
    97

Certa quòd humanas Par. Bl. 105v/Pars
    I, S. 178

Certus eram syluas Par. Pars II, S. 102

Ceu vatem vates Par. Bl. 80v/Pars I, S.
    137

Ceu voce ceruus Par. Pars II, S. 143

Ceycis faciem Ovid Bl./S. 143

Ceyx der Koeng Ovid Bl./S. 140

Chione zwey Kinder hett bracht Ovid
    Bl./S. 138

Christus der Herr sah an die Stadt Ge-
    säng S. 69

Christus ist heut erloest von Todtes ban-
    den Gesäng S. 32

Christus sihet ein Armen Krancken
    Mann Gesäng S. 83

Christus warnet all in gemein Gesäng S.
    65

Christus zeigt an sein Juengern lang zu-
    uoren Gesäng S. 21

Cippus zwey Hoerner gewann Ovid
    Bl./S. 175

Circe gab jren Gesten eyn Ovid Bl./S.
    165

Circe gifft in das Wasser goß Ovid Bl./S.
    163

Clara Augusta mihi Par. Bl. 43v/Pars I,
    S. 76

Clara tibi nimium Par. Bl. 41r/Pars I, S.
    72

Clara virûm celebrans 1585/2

Clare Vir, et certè 1557

Clarus erat iaculis Par. Bl. 100r/Pars I,
    S. 168

Cum tibi cura Ducum 1584/3; *Par. Pars II, S. 49*

Cùm tibi filiolum 1571/2; *Par. Bl. 90r/Pars I, S. 152*

Cum tibi Pierides Par. Pars II, S. 48

Cum tibi sit gemmis Par. Pars II, S. 130

Cum tibi sit stomachi Par. Pars II, S. 127

Cùm tot ab amne Par. Bl. 91v/Pars I, S. 154

Cùm tuus aethereas Par. Bl. 81r/Pars I, S. 138

Cùm tuus Italiae Par. Bl. 49v/Pars I, S. 86

Cum, Ioachime tibi iurans Par. Bl. 34r/Pars I, S. 61

Cupido scheußt in einer eyl Ovid Bl./S. 63

Cur ardua vestrum Par. Bl. 38r/Pars I, S. 67

Cur me saepe vocas Par. Pars II, S. 122

Cur miseris Par. Bl. 43r/Pars I, S. 75

Cur renuis nostri Par. Pars II, S. 44

Cur solito grauius 1560/2

Cur spretae iaceant Par. Pars II, S. 120

Cur vatum pars Par. Bl. 45v/Pars I, S. 79

Cur venerem pelago Par. Bl. 53r/Pars I, S. 92

Cur veniat vestras Par. Pars II, S. 42

Curarum tandem Par. Pars II, S. 144

Cyparissus schoß vngefehrd Ovid Bl./S. 120

Da Erisichthon schlaffend ligt Ovid Bl./S. 105

Da hebt sich zanck Ovid Bl./S. 5

Da nun Perseus Ovid Bl./S. 60

Da Pyramus fand Ovid Bl./S. 48

Da semper, Blandina Par. Bl. 99r/Pars I, S. 167

Damna ferunt interdum 1580/1a; *Par. Bl. 123r/Pars I, S. 207*

Dant reges aurum Par. Pars II, S. 101

Daphne zum Lorberbaum Ovid Bl./S. 14

Daphnen Phoebus amat Ovid Bl./S. 13

Das Christ warhafftig sey erstanden Gesäng S. 34

Das Christus vns zu gut Mensch worden sey Gesäng S. 101

Das Gott auß nichts geschaffen hatt Gesäng S. 5

Das Gott biß weiln den Boesen feindt nachgibet Gesäng S. 26

Das Gottes wort so rein gepredigt wuert Gesäng S. 107

Das Schifflein auff dem Meer so wilde Gesäng S. 16

De me certabant Par. Bl. 89r/Pars I, S. 151

De nato Phoebus Ovid Bl./S. 24

De patria magni lis 1574/2; *Par. Bl. 67v/Pars I, S. 116*

Debita, Grunradi Par. Pars II, S. 85

Dedecori est Par. Pars II, S. 165

Deflebas generose tuam 1592/2a

Degenerauerunt magis Ovid Bl./S. 5

Deijcit elatos animis Äsop Nr. 145 (Bl. 103v; Par. Pars II, S. 190)

Delitiae nostri cum 1560/2

Delitias ruris Par. Bl. 61v/Pars I, S. 106

Der Brunn Salmacis Ovid Bl./S. 51

Der Heuchler art in dieser Lehr Gesäng S. 95

Der Koengisch bitt mit grossem ernst den Herren Gesäng S. 92

Der Poet schreibt/ daß Neptunus Ovid Bl./S. 136

Der Weinberg den der Herr jhm zubereitet Gesäng S. 19

Der wuetend Koenig Ovid Bl./S. 54

Desine chare parens 1559/2

Desinite eximium, vates Par. Pars I, S. 247

Desperata salus Par. Bl. 42r/Pars I, S. 73

Destituit si fortè tuum Äsop Nr. 13 (Bl. 35r; Par. Pars II, S. 172)

Deucalion, coniuxque Ovid Bl./S. 11

Dextera fert Par. Pars II, S. 164

En Hymenaeus adest Par. Bl. 135r/Pars I, S. 227

En magni effigiem Par. Pars II, S. 119

En mea, meque tibi Par. Bl. 137v/Pars I, S. 230

En tua vix Par. Bl. 63v/Pars I, S. 109

Ense ferox, telisque Ovid Bl./S. 60

Eperien bissz todt Ovid Bl./S. 144

Erectam, baculo Par. Pars II, S. 165

Ergo graues capitis Par. Pars II, S. 98

Ergò ita nimbosas Par. Bl. 48v/Pars I, S. 84

Ergo iterum 1587/10 und 1591/5; Par. Pars II, S. 32 (Elegie III,12)

Ergo malam vxorem Par. Pars II, S. 285

Ergo meam, Salomon 1585/3; Par. Pars II, S. 112

Ergo sedet Nicri Par. Bl. 12v/Pars I, S. 22 (Elegie I,8)

Ergo te Musamque tuam Par. Bl. 32r/Pars I, S. 56 (Elegie II,11)

Ergò Teutonicas Par. Bl. 5v/Pars I, S. 9 (Elegie I,5)

Ergo tibi superat Par. Pars II, S. 77

Ergo tristia fata 1574/1; Par. Bl. 106v/Pars I, S. 179

Ergo tuus misera Par. Bl. 22r/Pars I, S. 38 (Elegie II,3)

Ergo tuus, Clusi Par. Pars II, S. 116

Ergò viuis adhuc Par. Bl. 90v/Pars I, S. 153

Errans lingua locuta Par. Bl. 47r/Pars I, S. 81

Es geing ein Seeman auß zuseen (Es ging ein Saemann auszusaeen) Gesäng S. 18

Es haben viel gelehrten sich 1563/1 (Brief vom 1.3.1563 an den Leser)

Es kam ein Weib von Canaan Gesäng S. 24

Es ligt ein gegent wol bekandt/ 1582/1

Es wundert viel wie es gehe zu Gesäng S. 104

Esse tibi curae 1573/3; Par. Bl. 132r/Pars I, S. 221

Esse tibi faciles Par. Pars II, S. 110

Est (mihi crede) mala nil Äsop Nr.84 (Bl. 73r; Par. Pars II, S. 183)

Est domus vna tribus Par. Pars II, S. 91

Est mihi Erasmiolus Par. Pars II, S. 129

Est mihi filiolus Par. Pars II, S. 129

Est miseris quaedam miseros Äsop Nr.57 (Bl. 58v; Par. Pars II, S. 179)

Et bona me et Par. Bl. 77r/Pars I, S. 132

Et cinis ante Par. Bl. 105r/Pars I, S. 177

Et cinis et flores 1585/1; Par. Bl. 72r/Pars I, S. 123

Et diues satis Par. Bl. 72r/Pars I, S. 123

Et doleo, irascorque Par. Pars II, S. 93

Et dura tamen 1559/1

Et face tartarea Ovid Bl./S. 53

Et facibus caret Par. Bl. 138v/Pars I, S. 232

Et genus et Par. Pars II, S. 46

Et laus ingenuas Par. Bl. 140r/Pars I, S. 234

Et libros facere Par. Bl. 84v/Pars I, S. 144

Et locus atque potens Äsop Nr.139 (Bl. 101r; Par. Pars II, S. 189)

Et lutulenta via Par. Bl. 49r/Pars I, S. 85

Et mento niger es Par. Pars II, S. 121

Et merito luges Par. Pars II, S. 28 (Elegie III,8)

Et merito noster Par. Pars II, S. 155

Et modice siccat 1593/4; Par. Pars I, S. 243

Et nomen dominae 1593/3; Par. Pars II, S. 139

Et nomen, Ludouice, tuum 1575/4; Par. Bl. 141v/Pars I, S. 236

Et pater et genetrix 1593/1

Et Phoebo et Musis Par. Pars II, S. 152

Et sociis constans, et Äsop Nr.101 (Bl. 82r; Par. Pars II, S. 185)

Et Themidi Par. Bl. 76v/Pars I, S. 130

Frustra luce fores Par. Bl. 142v/Pars I, S.
238
Furtiuos cum fratre suo Ovid Bl./S. 113

Gallus habet solam Par. Bl. 86v/Pars I,
S. 146
Gambara, felici Par. Bl. 38v/Pars I, S.
68
Gaude Musa ter Par. Bl. 40r/Pars I, S.
70
Gaude Suauia Par. Bl. 98v/Pars I, S.
166
Gaude, Iane, ter Par. Pars II, S. 87
Gaudebat Triuiae Ovid Bl./S. 25
Gaudeo, culte Par. Bl. 81r/Pars I, S. 138
Gaudia post hyemem nunc Par. Bl.
35v/Pars I, S. 63
Gaudia post lacrymas: gratus 1590/3;
Par. Bl. 97v/Pars I, S. 165
Gignere quae poßit Äsop Nr.147 (Bl.
104v; Par. Pars II, S. 190)
Gleich wie ein Herr sich frewet sehr Ge-
säng S. 56
Gleich wie man sicht im Wintter Kalt
Gesäng S. 97
Glueck zu glueck zu mein lieber Mann/
1582/1
Gott gibt Gnad/ glueck/ gedult besten-
diglich Gesäng S. 129
Gott richtet zu ein Malzeit groß Gesäng
S. 53
Gott will ich soll jhn lieben inniglich
Gesäng S. 86
Graeca senem Par. Bl. 111r/Pars I, S.
186
Graiis Hippocratem Par. Pars II, S. 146
Grammaticam laudare tuam 1586/4
Grammaticen laudare tuam 1586/4a
Grassantûm vt quondam 1591/6
Gratia magna tibi 1568/1; Par. Bl.
72v/Pars I, S. 124
Gregori Petre Par. Bl. 115r/Pars I, S. 193

Hab Gott für augen allezeit 1595/5
Hac facie spectandus 1587/5; Par. Pars
II, S. 89
Hac Gulielmus humo 1577/3; Par. Bl.
110v/Pars I, S. 186
Hac vates requiem Par. Bl. 112r/Pars I,
S. 188
Hactenus ad coenam me Par. Pars II, S.
34
Hactenus afflictam Par. Bl. 1v/Pars I, S.
2 (Elegie I,1)
Hactenus esse domi Par. Pars II, S. 55
Hactenus est nostro Par. Bl. 61v/Pars I,
S. 106
Hactenus ille tuus patruus 1592/2a; Par.
Pars II, S. 76
Hactenus vt maestus Par. Pars II, S. 142
Haec arma nostris Par. Bl. 35r/Pars I, S.
62
Haec ego cum Par. Bl. 139r/Pars I, S.
232
Haec ego, dum tumulum 1560/2
Haec est illa mei Par. Pars II, S. 147
Haec facies, haec Par. Bl. 61v/Pars I, S.
106
Haec iam tertia Par. Pars II, S. 117
Haec mihi me reddunt Par. Pars II, S.
90
Haec monumenta tibi Par. Bl. 43v/Pars
I, S. 76
Haec, Grutere, tibi Par. Pars II, S. 43
Haec, Neidharde, tibj 1574/3
Haeret in amplexu Ovid Bl./S. 49
Hanc bone Christe diem 1562/1
Hanc Citharam Par. Bl. 69v/Pars I, S.
120
Hanc ego iucundos Par. Pars II, S. 53
Hanc tua cum nuper Par. Bl. 136r/Pars
I, S. 228
Hanc, Benedicte, Par. Bl. 102r/Pars I, S.
172
Has lacrymas, hos 1560/1 und 1587/5

Haud modicè Modius Par. Bl. 81v/Pars I, S. 139

Hausto multa loqui Par. Bl. 47r/Pars I, S. 82

Hecuba begirig der rach Ovid Bl./S. 157

Hecuba weschen wolt Ovid Bl./S. 156

Hei quot habet vulpes Äsop Nr.7 (Bl. 32r; Par. Pars II, S. 171)

Heliades bey nacht Ovid Bl./S. 23

Heppolytus ward Ovid Bl./S. 174

Herbipolis dum laeta 1573/3

Hercules verbrannt Ovid Bl./S. 109

Hercules vmb Deianiram Ovid Bl./S. 107

Herculis Leib verbrennt die flam Ovid Bl./S. 110

Herculis vxorem Ovid Bl./S. 108

Heroum laudes 1562/4; Par. Bl. 98r/Pars I, S. 166

Herr Gott du hast beuollen Gesäng S. 118

Herr Gott ich bit erleucht mein Hertz vnd muth Gesäng S. 125

Hersilia weynt Ovid Bl./S. 173

Hesterna mihi Par. Bl. 51v/Pars I, S. 89

Heu serò miseris tandem Äsop Nr.77 (Bl. 69r; Par. Pars II, S. 182)

Heut ist Christus auffgefarn Gesäng S. 43

Heut ist erfuelt was der Prophet vorzeitten Gesäng S. 30

Heyliger Geist/ mein Gott vnd Herre Gesäng S. 39

Hic adit Inuidiam Ovid Bl./S. 34

Hîc ego te primum Par. Bl. 100v/Pars I, S. 169

Hic est Beza pater Par. Pars II, S. 98

Hîc iaceo Regina Par. Bl. 94v/Pars I, S. 159

Hic iacet Aonidum Par. Pars II, S. 106

Hic iacet extinctus 1586/6

Hîc patribus Ovid Bl./S. 176

Hic scopus unus erit 1586/3a

Hic situs est Schoras Par. Pars II, S. 48

Hic tandem, Languete Par. Pars II, S. 113

Hic vitae status Par. Bl. 47r/Pars I, S. 82

Hie fehrt der grausam Krieg Ovid Bl./S. 146

Hie wirt gemeldt wie Diana Ovid Bl./S. 40

Hinc aquila, inde Draco Par. Bl. 68v/Pars I, S. 117

Hine quamuis Par. Bl. 41r/Pars I, S. 72

Hippomenes Atalantam Durch wettlaufen Ovid Bl./S. 129

Hippomenes in einem Tempel Ovid Bl./S. 130

His, Blandina, rogas Par. Bl. 33r/Pars I, S. 59

His, Gurmande Par. Bl. 139v/Pars I, S. 233

Historico texens Hagi 1586/1

Hoc fertur ex Hispania 1593/4; Par. Pars I, S. 243

Hoc insigne gerit Par. Pars II, S. 136

Hoc lapide Albertus 1577/1; Par. Bl. 119a r/Pars I, S. 201

Hoc mihi propositum est 1586/3

Hoc placidum tumulo 1561/2

Hoc situs est tumulo Lotichius 1560/3

Hoc tibi constituo 1590/2; Par. Pars II, S. 54

Hoc vultu sacrae Par. Pars II, S. 68

Hoeret jhr Christen all zugleich Gesäng S. 62

Horrendae assiduo Par. Pars II, S. 161

Hos, Cisnere, tibi flores 1562/1

Hospes habe breuiter 1561/2

Hospitibus noua terra Ovid Bl./S. 2

Hospitibus viridi Ovid Bl./S. 100

Hospitio Musas recipit Ovid Bl./S. 62

Hoste laceßitus sapiens Äsop Nr.36 (Bl. 47v; Par. Pars II, S. 176)

Hosti nulla fides, qui vult Äsop Nr.66 (Bl. 63v; Par. Pars II, S. 180)

Hostibus est etiam Äsop Nr.99 (Bl. 81r; Par. Pars II, S. 185)

In precio magè 1585/1; Par. Bl. 72r/Pars I, S. 123

In scriptis, Bersmane Par. Pars II, S. 121

In thalamos nutrix Ovid Bl./S. 126

In turpes abiêre sues Ovid Bl./S. 165

Inachis induitur Ovid Bl./S. 16

Incerto mihi Par. Bl. 62v/Pars I, S. 108

Indomitam lenit si 1593/4; Par. Pars I, S. 242

Indomitis excussus equis Ovid Bl./S. 174

Induit Alcides Ovid Bl./S. 109

Infans hac tegitur 1591/2; Par. Bl. 121r/Pars I, S. 204

Infelix hominum genus 1573/5

Infelix nimium religata Ovid Bl./S. 57

Infernas vehitur Ovid Bl./S. 64

Inflicta misero 1580/2

Ingenio puerum praestantem Daedalus Ovid Bl./S. 96

Ingenio quantum Saracenus 1598/2

Ingeniosa tui Par. Pars II, S. 35

Ingenium tale est famulis Äsop Nr.45 (Bl. 52v;(Bl. 52; Par. Pars II, S. 177)

Ingens quercus erat Ovid Bl./S. 103

Ingentem numerum 1562/5

Ingenti tonitru Par. Bl. 137v/Pars I, S. 231

Ingenuo ingenuus delector amicus 1578/3; Par. Bl. 52r/Pars I, S. 90

Ingenuus magni Par. Bl. 46r/Pars I, S. 81

Ingrederis thalamum 1593/1

Innumeros fecit Par. Pars II, S. 114

Insequitur flagrans Ovid Bl./S. 66

Insidias alijs, et damna Äsop Nr.115 (Bl. 89r; Par. Pars II, S. 187)

Insidias auibus ponit dum Äsop Nr.32 (Bl. 45r; Par. Pars II, S. 175)

Insignem facie, censu Par. Pars II, S. 42

Insolitos placido 1587/3; Par. Pars II, S. 94

Instar theatri Par. Pars II, S. 69

Instat amans, genitor Ovid Bl./S. 14

Insultes licet vsque mihi Par. Pars I, S. 245

Integra de feudis 1597/1

Integros Anagrammatum libellos 1594/1

Interea Autumni Par. Bl. 85r/Pars I, S. 144

Interpone tuo Par. Pars II, S. 105

Inueni tandem Par. Pars II, S. 51

Inuenies qui magnificè Äsop Nr.52 (Bl. 56r; Par. Pars II, S. 178)

Inuidiae Aglauros stimulis Ovid Bl./S. 35

Inuiso penitus Par. Pars II, S. 35

Io eines Koenigs Ovid Bl./S. 15

Io verkehret ward Ovid Bl./S. 16

Iphi tibi Lygdus Ovid Bl./S. 116

Iphigenia solte seyn Ovid Bl./S. 145

Iphis Anaxareten miserum Ovid Bl./S. 171

Iphis ein Meydlin in Manns Kleyd Ovid Bl./S. 116

Ipsa licet Par. Pars II, S. 168

Irascor tibi Par. Pars II, S. 84

Ire pedes celsam Par. Bl. 86v/Pars I, S. 147

Iris ad Hersiliam Ovid Bl./S. 173

Iris kompt in deß Schlaffs Palast Ovid Bl./S. 142

Ista Nicasius Par. Bl. 140v/Pars I, S. 235

Iste liquor Nymphis 1582/1

Iste locus Phoebo Par. Bl. 125r/Pars I, S. 211

Iunius ante tibi Par. Pars II, S. 154

Iuno bittet die Furias Ovid Bl./S. 52

Iuno luem terris Ovid Bl./S. 86

Iuno schickt Ovid Bl./S. 86

Iupiter horrendo Par. Bl. 34v/Pars I, S. 61

Iuppiter ad thalamum Ovid Bl./S. 36

Iuppiter bey eim armen Mann Ovid Bl./S. 101

Iuppiter in eins Adlers gestalt Ovid Bl./S. 121

Mille premant 1562/3; Par. Bl. 103v/Pars I, S. 175

Millia multa uides 1568/2

Minos bekrieget Ovid Bl./S. 91

Mira fides! 1591/4

Mirabar solito citius 1562/1

Miraris nostrae Par. Pars II, S. 114

Miraris, Princeps, tibi 1588/1

Misnia quam dederat Par. Bl. 89v/Pars I, S. 151

Missa tui nuper 1585/2

Mitto tibj omnigenas 1575/2

Moenia dum Nisi Ovid Bl./S. 91

Moeonides fuerit Par. Bl. 33v/Pars I, S. 59

Mompelium cunas Par. Bl. 60r/Pars I, S. 103

Mompelium genuit Par. Bl. 61r/Pars I, S. 105

Monte ferus residens Ovid Bl./S. 160

Montibus accumulat Ovid Bl./S. 6

More suo canibus Ovid Bl./S. 88

Moribus his qui Par. Bl. 34v/Pars I, S. 61

Mors fera surpuerat Par. Bl. 114r/Pars I, S. 191

Mortales malè facta Par. Bl. 46r/Pars I, S. 80

Morte tua Par. Pars II, S. 170

Mortis et Inuidiae 1560/2

Muldnerum aspiciens Par. Bl. 101v/Pars I, S. 171

Multa licet dederit Par. Bl. 37v/Pars I, S. 66

Multa Palatinis 1592/6

Multa prius Medicos Par. Pars II, S. 135

Multa quidem facimus Par. Pars II, S. 52

Multa Sigismundo Par. Pars II, S. 154

Multiplici vincit 1593/4; Par. Pars I, S. 242

Multorum officiis Par. Pars II, S. 164

Multos Caesaribus Par. Pars II, S. 67

Munera dat Cephalo Ovid Bl./S. 89

Munus exiguum, Poeta Par. Bl. 112v/Pars I, S. 189

Musa, Dei cum 1573/6

Musarum Iuuenis 1580/3; Par. Bl. 75v/Pars I, S. 129

Musis amicus Par. Pars II, S. 59

Myrrha durch ein alt Weib Ovid Bl./S. 126

Myrrha entflog Ovid Bl./S. 127

Myrrha jrn Vatter zu eim Mann Ovid Bl./S. 125

Myrrha patrem fugiens Ovid Bl./S. 127

Myrrha patris Ovid Bl./S. 125

Nach dem der Regen Ovid Bl./S. 10

Nach der Suendflut Ovid Bl./S. 11

Nach deß Keysers Julij todt Ovid Bl./S. 178

Nachdem die Welte Ovid Bl./S. 4

Narcissus schauwet Ovid Bl./S. 43

Nata pruinoso tibi 1595/4

Natalem celebrare Par. Pars II, S. 53

Natalis, Sturmere 1583/2; Par. Pars II, S. 9 (Elegie III, 1)

Natura iam nunc Par. Pars II, S. 58

Naturae genius nulla est Äsop Nr.71 (Bl. 66r; Par. Pars II, S. 181)

Ne doleas, quòd nec Äsop Nr.58 (Bl. 59v; Par. Pars II, S. 179)

Ne mea fle genitor 1591/2; Par. Bl. 121r/Pars I, S. 204

Ne pater aspiceret 1560/2

Ne totum in cineres 1587/4; Par. Pars II, S. 107

Ne versus facerem Par. Pars II, S. 106

Nec fuit Hippocrati 1593/4; Par. Pars I, S. 243

Nec tua mî Par. Bl. 45r/Pars I, S. 79

Nectar & Ambrosiam 1588/1

Nemo senex adeò, nec Äsop Nr.146 (Bl. 104r)

Nempe mihj accendis 1575/5

Nempe suum sua 1580/3

Neptunus wolt Ovid Bl./S. 29

Papius hac tegitur Par. Pars II, S. 114

Parce pater lacrymis Par. Bl. 53v/Pars I,
S. 93

Parce tuae, Crusi 1561/3

Parcius vre tuum Par. Pars II, S. 42

Parente natus Par. Pars II, S. 130

Parrhasis infoelix Ovid Bl./S. 26

Pars animae Patrj 1591/7

Parto tui meliore Par. Bl. 77r/Pars I, S.
132

Parua licet teneas Äsop Nr.124 (Bl. 93r;
Par. Pars II, S. 188)

Parua Rudingeros Par. Bl. 113v/Pars I,
S. 191

Passer Catulli Par. Bl. 52v/Pars I, S. 91

Patria communis 1579/3; Par. Bl.
24v/Pars I, S. 43 (Elegie II,5)

Paucos ante dies Par. Bl. 126r/Pars I, S.
212

Paule, cui Par. Bl. 58v/Pars I, S. 101

Pauper diuitias, magnos Äsop Nr.140
(Bl. 101r; Par. Pars II, S. 189)

Peleus sein Ochsen glassen hat Ovid
Bl./S. 139

Penè puer Par. Bl. 76r/Pars I, S. 130

Penna quidem varijs 1585/1; Par. Bl.
70v/Pars I, S. 121

Pentheus wolt Ovid Bl./S. 46

Per missas Hecube Ovid Bl./S. 157

Percelebrem fama vidi Par. Pars II, S.
93

Perdix dem Dedalo verwandt Ovid Bl./S.
96

Perge sacer uates 1580/2

Perpetuae obtinuit 1589/2; Par. Pars II,
S. 45

Perseus ein nachtherrbrig begert Ovid
Bl./S. 56

Perseus erleget den Drachen Ovid Bl./S.
57

Pessima si coniux Par. Pars II, S. 284

Peste, fame, et ferro Par. Bl. 53v/Pars I,
S. 93

Phaedri libellos primus 1598/1

Phaeton das jung Ovid Bl./S. 21

Phaeton mit Wagen Ovid Bl./S. 22

Pharmaca contemnit Par. Pars II, S. 165

Phasias appositis Ovid Bl./S. 80

Phebus fuehrt Ovid Bl./S. 24

Phebus kam zu Ovid Bl./S. 50

Philemon vnd Baucis sein Weib Ovid
Bl./S. 102

Phillius dem Cygno fuerhin Ovid Bl./S.
82

Philtra petit Glaucus Ovid Bl./S. 163

Phoebi gloria Par. Bl. 47v/Pars I, S. 83

Phoebi munus 1575/1; Par. Bl. 92v/Pars
I, S. 156

Phoebigena augustum subito Ovid Bl./S.
177

Phoebum quj Camerarium utriusque
1574/1

Phoebus adest, Coruine Par. Bl.
16r/Pars I, S. 28 (Elegie I,12)

Picus der Koeng Ovid Bl./S. 166

Pierides lugent Ovid Bl./S. 133

Pindaricis cantum 1585/5; Par. Pars II,
S. 120

Plena catenato Par. Pars II, S. 105

Plurima noscendis Par. Bl. 51r/Pars I, S.
89

Pluto eilt mit Proserpina Ovid Bl./S. 64

Poeonias olim summis Par. Bl.
123v/Pars I, S. 208

Polyphemus den Acin sach Ovid Bl./S.
161

Polyphemus der grobe Knoll Ovid Bl./S.
160

Polyphemus die Menschen frist Ovid
Bl./S. 164

Polyxena Achilli z ehrn Ovid Bl./S. 155

Pomona aßiduè Ovid Bl./S. 170

Pomona hett Ovid Bl./S. 170

Ponat vt unda Ovid Bl./S. 145

Post domitos hostes Ovid Bl./S. 93

Post festum ad Par. Pars II, S. 74

Post multas igitur 1594/3; Par. Pars II,
S. 82

Qualis Hyperboreo 1573/2; *Par. Bl.*
102v/*Pars I, S.* 173

Qualis per tenebras 1573/3; *Par. Bl.*
131v/*Pars I, S.* 221

Quam bene conueniunt Par. Pars II, S.
66

Quâm benè deducis 1573/5

Quam fidus mihi sis Par. Bl. 62v/*Pars I,
S.* 108

Quam grauis immineat Par. Pars II, S.
97

*Quàm leuat auxilio diuina Äsop Nr.44
(Bl. 51v; Par. Pars II, S.* 177)

Quam mihi misisti Par. Bl. 11v/*Pars I,
S.* 21 (*Elegie I,7*)

Quàm Pabeberga tuo Par. Bl. 125v/*Pars
I, S.* 212

Quam prius Par. Pars II, S. 168

Quam rosa, quam violae 1579/2

Quam scriptis mihi Par. Bl. 119r/*Pars I,
S.* 199

Quam sequor, et cuius 1574/6; *Par. Bl.*
73r/*Pars I, S.* 125

Quam tibi cum reliquis Par. Bl.
104v/*Pars I, S.* 176

Quàm tibi sunt faciles Par. Bl. 119r/*Pars
I, S.* 199

Quam vaga Par. Pars II, S. 168

*Quamlibet exiguos nequeunt Äsop
Nr.*114 (*Bl.* 88v; *Par. Pars II, S.* 187)

*Quamlibet exiguum uideas Äsop Nr.*2
(*Bl.* 28v; *Par. Pars II, S.* 170)

Quamuis te memorem 1561/5

Quando hominum generi Par. Pars II, S.
78

Quando meos tandem Par. Bl. 82v/*Pars
I, S.* 140

Quanta Dei bonitas 1575/3; *Par. Bl.*
14v/*Pars I, S.* 26 (*Elegie I,10*)

Quanto nobilior Par. Pars II, S. 286

Quantùm vni debet Par. Bl. 54r/*Pars I,
S.* 97

Quarta nouem lustris 1592/2a; *Par. Pars
II, S.* 76

*Quartum nunc agitur, Petree Par. Pars
II, S.* 27 (*Elegie III,7*)

Quas emisti nuper Par. Pars II, S. 149

Quattuor Autumni iam 1571/1

Quem procul absentem Par. Pars II, S.
109

*Quem semel expertus fueris Äsop Nr.*28
(*Bl.* 43r; *Par. Pars II, S.* 174)

Quem sors dura Par. Bl. 46v/*Pars I, S.*
81

Qui benè te notum Par. Bl. 105v/*Pars I,
S.* 177

Qui cecinere chaos Ovid Bl./S. 1

Qui curis sine Par. Bl. 47r/*Pars I, S.* 82

Qui cygnos dulci Par. Bl. 91v/*Pars I, S.*
155

Qui cygnum superat 1575/1; *Par. Bl.*
92v/*Pars I, S.* 156

*Qui doctos habitu Äsop Nr.*113 (*Bl.* 88r;
Par. Pars II, S. 187)

*Qui duplices versant animos Äsop Nr.*70
(*Bl.* 65v; *Par. Pars II, S.* 181)

Qui faciles quondam Par. Bl. 99v/*Pars I,
S.* 167

Qui fuit a teneris 1592/2a; *Par. Pars II,
S.* 76

Qui geminos Par. Pars II, S. 165

*Qui gerit in prauo sceleratam Äsop Nr.*6
(*Bl.* 31r; *Par. Pars II, S.* 171)

*Qui laedunt tenues Äsop Nr.*1 (*Bl.* 28r)

Qui medicam docuit 1589/1; *Par. Pars
II, S.* 61

*Qui nimium leuiter promittere Äsop
Nr.*15 (*Bl.* 36r; *Par. Pars II, S.* 172)

Qui numerosa priùs Par. Bl. 83v/*Pars I,
S.* 142

Qui Phoebum Camerarium 1574/1; *Par.
Bl.* 107r/*Pars I, S.* 180

Qui puer ingenuas Par. Pars II, S. 47

Qui Ranas 1588/7; *Par. Pars II, S.* 136

*Qui sapit, is longè Äsop Nr.*137 (*Bl.*
100r; *Par. Pars II, S.* 189)

*Qui semel incolumis grauiora Äsop
Nr.*35 (*Bl.* 47r; *Par. Pars II, S.* 175)

Res leuis est flatus   Par. Pars II, S. 31
   (Elegie III,11)

Res mihi saepè   Par. Bl. 72v/Pars I, S.
   124

Restituit iuuenis   Par. Bl. 81v/Pars I, S.
   139

Rex ego sum   Par. Bl. 59r/Pars I, S. 102

Rex maris, ac Phoebus   Ovid Bl./S. 136

Rex Phrygiae stolidus   Ovid Bl./S. 134

Rex Priamus natum   Ovid Bl./S. 154

Riualem odit   Par. Pars II, S. 151

Romani Imperij dum   1576/3; Par. Bl.
   19v/Pars I, S. 34

Romulus vt tandem   Ovid Bl./S. 172

Roncilianus habet   Par. Bl. 45v/Pars I, S.
   79

Rondelete altum   Par. Bl. 11v/Pars I, S.
   20

Rondelete pater   Par. Bl. 50v/Pars I, S.
   88

Rondelete, iaces   Par. Bl. 60r/Pars I, S.
   103

Rondeletus erat genitor   Par. Bl. 53v/Pars
   I, S. 93

Rumor ait rapido   Par. Pars II, S. 64

Rumor vt hîc   1573/2; Par. Bl. 94r/Pars I,
   S. 159

Rustice inaequales   Par. Pars II, S. 166

Sadeelem eximium, Grunradi   Par. Pars
   II, S. 105

Saepe aliquem videas proprijs   Äsop
   Nr.21 (Bl. 39r; Par. Pars II, S. 173)

Saepè aliquem videas qui se   Äsop Nr.40
   (Bl. 49v; Par. Pars II, S. 176)

Saepe aliquis timidè   Äsop Nr.102 (Bl.
   82v)

Saepe bonis aliquem   Äsop Nr.100 (Bl.
   81v; Par. Pars II, S. 185)

Saepe cadit minimo superatus   Äsop
   Nr.149 (Bl. 105v; Par. Pars II, S. 190)

Saepe duces inter   1562/3; Par. Bl.
   103v/Pars I, S. 174

Saepe ferunt magni conuitia   Äsop
   Nr.148 (Bl. 105r; Par. Pars II, S. 190)

Saepe graues hominum sors   Äsop Nr.17
   (Bl. 37r; Par. Pars II, S. 173)

Saepè leuem Medicus cupiens   Äsop
   Nr.79 (Bl. 70r; Par. Pars II, S. 182)

Saepè locum fugiens   Äsop Nr.86 (Bl.
   74r; Par. Pars II, S. 183)

Saepè quis imprudens ab eo   Äsop Nr.8
   (Bl. 32v; Par. Pars II, S. 171)

Saepe quis imprudens aliquid   Äsop
   Nr.131 (Bl. 97r; Par. Pars II, S. 188)

Saepe suis insunt   Par. Bl. 26r/Pars I, S.
   46 (Elegie II,7)

Saepe tuos iterum   Par. Pars II, S. 56

Saepe venire iubes   Par. Pars II, S. 112

Saeua tibi ante   Par. Bl. 120r/Pars I, S.
   202

Saeuarum vt quondam   Par. Bl.
   123v/Pars I, S. 208

Saeuit hiems   Ovid Bl./S. 140

Saeuit Hyenis   Ovid Bl./S. 9

Salmacidis tepidas   Ovid Bl./S. 51

Salue cara mihì Leorini   1578/2; Par. Bl.
   45v/Pars I, S. 80

Salue Castalidum decus   1557

Salue perpetuùm, mellita   Par. Bl.
   52r/Pars I, S. 90

Saluete illustres   Par. Bl. 75v/Pars I, S.
   129

Sambuci exuuiae   Par. Pars II, S. 70

Sara boni patris   Par. Pars II, S. 37

Saxa voluta   Par. Pars II, S. 166

Scilla senem spoliat   Ovid Bl./S. 92

Scilla springt in das Wasser tieff   Ovid
   Bl./S. 93

Scire cupis quae   Par. Bl. 105r/Pars I, S.
   176

Scribebas olim   Par. Pars II, S. 142

Scribere versiculos   Par. Bl. 67r/Pars I, S.
   115

Scriptorum monumenta   Par. Bl.
   115v/Pars I, S. 194

Sit Philomela Par. Bl. 96r/Pars I, S. 162

Sit stolidus Par. Pars II, S. 167

Siue quis ingenio 1588/4; Par. Pars II, S. 88

Sol nihil in mundo Äsop Nr.111 (Bl. 87r; Par. Pars II, S. 186)

Sole sub ardenti mihi 1585/1; Par. Bl. 71v/Pars I, S. 123

Sole sub ardenti sitiens Ovid Bl./S. 69

Sollicitus metuis Par. Pars II, S. 55

Solui nodosam Par. Pars II, S. 157

Sparsa tui patris 1564

Spectabit quicunque 1583/5; Par. Bl. 143v/Pars I, S. 239

Sperne voluptates Par. Pars II, S. 168

Splendidus nihil Par. Bl. 59r/Pars I, S. 102

Stellatum, ecce Par. Bl. 81v/Pars I, S. 139

Stemma Palatinum 1593/1

Stulte quid in Par. Pars II, S. 166

Suauiter vt vitam Par. Pars II, S. 81

Sub liquido Par. Pars II, S. 166

Sum medicus vatesque Par. Pars II, S. 96

Sume animos, Iouberte 1571/1

Sume lyram Par. Pars II, S. 80

Sume puellarem Par. Bl. 34r/Pars I, S. 60

Sumturus mecum Par. Pars II, S. 125

Sunt congesta quidem chariβima Äsop Nr.33 (Bl. 46r; Par. Pars II, S. 175)

Sunt qui perpetua se Äsop Nr.39 (Bl. 49r; Par. Pars II, S. 176)

Sunt quibus eximiam Äsop Nr.11 (Bl. 34r; Par. Pars II, S. 172)

Suppressurus eram carmen juuenile 1560/2a

Supressurus eram nouum hunc 1580/1 (Brief vom 13.11.1580); Par. Bl. 146r

Sustinet immeritum Äsop Nr.116 (Bl. 89v; Par. Pars II, S. 187)

Sustinuit varios aetas 1582/3

Talia cùm scribat 1597/3

Tam benè miraris Par. Bl. 33v/Pars I, S. 60

Tàm grati iniustus 1590/3; Par. Bl. 97v/Pars I, S. 165

Tandem exacta Par. Pars II, S. 143

Tandem magnificam veni Par. Bl. 64v/Pars I, S. 111

Tandem profer, amice Par. Pars II, S. 127

Te bibulum quereris 1573/1b

Te iam, magne patrone Par. Pars II, S. 140

Te iuuenem esse Par. Bl. 113v/Pars I, S. 190

Te licet ex oculis Par. Pars II, S. 107

Te Maius vidit 1587/9

Te mecum affirmat Par. Pars II, S. 89

Te meritò oderunt Par. Bl. 73r/Pars I, S. 125

Te nobis dederat 1599/1; Par. Pars II, S. 155

Te noua rumor ait 1581; Par. Bl. 123r/Pars I, S. 207

Te prior ingressus Par. Pars II, S. 115

Te puerum Aonio Par. Bl. 105v/Pars I, S. 177

Te puerum in Phoebi Par. Pars II, S. 79

Te quoque constantes Par. Pars II, S. 40

Te quoque Gesnero Par. Bl. 60r/Pars I, S. 103

Te quoque Lotichio Par. Pars II, S. 74

Te quoque magnanimum Par. Bl. 120r/Pars I, S. 202

Te quoque Matthiolo Par. Pars I, S. 246

Te saepe insomnes Par. Pars II, S. 133

Te velut est summo 1585/2

Te verno melius 1592/2a Par. Pars II, S. 75

Telethusa ein Meydlin gewann Ovid Bl./S. 115

Tempestate frequens hac est Äsop Nr.103 (Bl. 83r; Par. Pars II, S. 186)

Vana quibus laus est Äsop Nr.88 (Bl. 75r; Par. Pars II, S. 184)

Vanus ego, Blandina Par. Bl. 40v/Pars I, S. 71

Vastabantur apro Ovid Bl./S. 97

Vatibus ac Musis Par. Bl. 45r/Pars I, S. 79

Vendere Caelestes bona cuncta Äsop Nr.22 (Bl. 40r; Par. Pars II, S. 173)

Venit, vidit, et obtinuit Par. Pars II, S. 44

Venturae est morbus Par. Bl. 142v/Pars I, S. 238

Venturos iterum tibj 1595/3

Venus Adonim liebet sehr Ovid Bl./S. 128

Venus bitt Ovid Bl./S. 169

Vera quidem, Tossane Par. Pars II, S. 72

Verane rumor ait, nostram 1587/1; Par. Pars II, S. 22 (Elegie III,5)

Veris opes varias Par. Pars II, S. 78

Versor in vndecimo Par. Pars II, S. 103

Videbar mihi Par. Pars II, S. 125

Viderat hunc titulum Par. Bl. 65r/Pars I, S. 112

Vim parat Aeacides Ovid Bl./S. 137

Vince iram Par. Bl. 46v/Pars I, S. 81

Vino vita simillima est Par. Bl. 47r/Pars I, S. 82

Vir bonus et sapiens aliam Äsop Nr.109 (Bl. 86r; Par. Pars II, S. 186)

Vis ferri, nil Par. Pars II, S. 81

Vis magna verbis Par. Pars II, S. 41

Visné, Modi, verum 1583/1

Visus es in somnis 1593/1

Vita breuis: Forma Par. Pars II, S. 132

Vita fugit rapti Par. Bl. 37v/Pars I, S. 66

Vita honesta manet Par. Bl. 46v/Pars I, S. 81

Vita quater denas Par. Bl. 124r/Pars I, S. 209

Vita salusque Deo Par. Bl. 114v/Pars I, S. 191

Vitae qui cecinit Par. Pars II, S. 47

Vitam inter mortemque Par. Pars II, S. 86

Viue pius, magnoque 1573/1; Par. Bl. 55r/Pars I, S. 95

Vix decimi ingressus Par. Pars II, S. 98

Vix hyemes Par. Pars II, S. 82

Vix, Joachime, aeuj 1574/5

Vltima iam properant 1576/3; Par. Bl. 18v/Pars I, S. 32 (Elegie II,1)

Vna mihi vitam Par. Bl. 95v/Pars I, S. 161

Vnde nouus tàm 1573/3; Par. Bl. 127v/Pars I, S. 214

Vnde rogas hominum Par. Bl. 69r/Pars I, S. 118

Vnde tibi aßiduis Par. Bl. 68r/Pars I, S. 117

Vnde tibi legeres 1593/1

Vndecimum clausi iam Par. Pars II, S. 108

Vndecimum vitae iam claudit Par. Pars II, S. 49

Vndecimum vitae tibi Par. Pars II, S. 131

Vndique circumstant 1592/4; Par. Pars II, S. 100

Vnica nata mihi Par. Bl. 30r/Pars I, S. 53 (Elegie II,10)

Vno saepè die Par. Bl. 52v/Pars I, S. 91

Voluntaria potio Par. Pars II, S. 79

Von Jugent auff hastu HErr Jesu Christ Gesäng S. 7

Von Juppiter der Mars begert Ovid Bl./S. 172

Vor hungers not Erisichthon Ovid Bl./S. 106

Votum, docte Iacobe Par. Bl. 116v/Pars I, S. 195

Vrania amißâ doctae 1593/1

Vranie tenui dulces 1593/1

Vrbs ea, qua sedem 1573/5; Par. Bl. 87r/Pars I, S. 147

Vrit Amor grauius Par. Pars II, S. 138

Vrsula quae thalamo Par. Pars II, S. 123

Vsque adeò cupidos vindictae Äsop
Nr.27 (Bl. 42v; Par. Pars II, S. 174)

Vt benè moratis Äsop Nr.46 (Bl. 53r;
Par. Pars II, S. 177)

Vt bibat haud sitiens 1573/1

Vt ceruum iaculo Ovid Bl./S. 120

Vt ferus inguen Ovid Bl./S. 131

Vt fragilis rapido Par. Pars II, S. 169

Vt gaudere pares paribus Äsop Nr.12
(Bl. 34v; Par. Pars II, S. 172)

Vt legi numerose 1578/2; Par. Bl.
70v/Pars I, S. 121

Vt legi, Boissarde Par. Pars II, S. 128

Vt leuis ambiguo Par. Bl. 58r/Pars I, S.
100

Vt manet Aethiopi color Äsop Nr.75 (Bl.
68v; Par. Pars II, S. 182)

Vt medicum vidi Par. Pars II, S. 140

Vt nisi principio Äsop Nr.48 (Bl. 54r;
Par. Pars II, S. 177)

Vt nobis placeat Par. Pars II, S. 155

Vt pater aethereas Par. Bl. 67r/Pars I, S.
115

Vt piscator aquas Äsop Nr.87 (Bl. 74v;
Par. Pars II, S. 183)

Vt primam socero Ovid Bl./S. 79

Vt quondam Par. Bl. 79r/Pars I, S. 135

Vt releues grauibus Par. Bl. 53v/Pars I,
S. 93

Vt sacer Buchananus Par. Pars II, S. 66

Vt satiet Iuno Ovid Bl./S. 52

Vt Stygij Regis Ovid Bl./S. 63

Vt teneram genitrix Par. Bl. 16v/Pars I,
S. 30 (Elegie I, 13)

Vt tu felici prognata Par. Bl. 122v/Pars I,
S. 206

Vt tuus extremam Par. Bl. 94v/Pars I, S.
160

Vt vitet Par. Pars II, S. 165

Vtere diuitijs Par. Bl. 91r/Pars I, S. 154

Vtilia interdum videas Äsop Nr.63 (Bl.
62r; Par. Pars II, S. 180)

Vulcanus Marti vnd seim Weib Ovid
Bl./S. 49

Vulneribus Caesar Ovid Bl./S. 178

Wan dir der Reich vnd milte Gott Ge-
säng S. 67

Wann ein Esel nicht trincken mag
1595/5

Warlich/ spricht Gottes Sohn/ wan jhr im
Namen mein Gesäng S. 41

Warumb bistu mein Seel in mir so gar
Gesäng S. 79

Was Gottes wort vor langest offenbaret
Gesäng S. 99

Waß Esais lang zuuoren Gesäng S. 103

Waß tobet jhr Tyrannen Gesäng S. 112

Weidnerae cupiens Jnsignia 1595/4

Wer an dem Leib fehl oder schmertzen
hat Gesäng S. 14

Wer hie begert zu leben seliglich
(verdruckt zu "Seeliglich") Gesäng S.
37

Wer mein wort helt/ spricht Gottes werder
Sohn Gesäng S. 29

Wer nicht gehoeret mit den Ohrn Gesäng
S. 73

Wer nicht will ewig sein verlorn Gesäng
S. 48

Wie kompts daß man der Leuth viel findt
Gesäng S. 59

Wiltu lang in gesundheit leben 1595/5

Zu Daphne ist Ovid Bl./S. 13

Zu Semele kam Juppiter Ovid Bl./S. 42

Zuingero fugiente 1589/1; Par. Pars II, S.
61

Zuingerus, Basilea 1589/1; Par. Pars II,
S. 61

GRATIA

Bamberger Schriften zur Renaissanceforschung

In Verbindung mit Stephan Füssel und Joachim Knape
herausgegeben von Dieter Wuttke

VERLAG OTTO HARRASSOWITZ · WIESBADEN

GRATIA

Bamberger Schriften zur Renaissanceforschung

In Verbindung mit Stephan Füssel und Joachim Knape
herausgegeben von Dieter Wuttke

VERLAG OTTO HARRASSOWITZ · WIESBADEN